상법
(기업법 I)

객관식 문제집

회계사 1차

시대에듀

2025 시대에듀 공인회계사 1차
객관식 상법(기업법 Ⅰ)

Always **with you**

사람의 인연은 길에서 우연하게 만나거나 함께 살아가는 것만을 의미하지는 않습니다.
책을 펴내는 출판사와 그 책을 읽는 독자의 만남도 소중한 인연입니다.
시대에듀는 항상 독자의 마음을 헤아리기 위해 노력하고 있습니다. 늘 독자와 함께하겠습니다.

PREFACE

머리말

2025년부터 시행되는 공인회계사 시험제도 개편안의 주요 내용은 ❶ IT 사전학점 이수제도의 도입, ❷ 출제범위 사전예고제 신설, ❸ 1차 및 2차 시험 과목의 변경입니다. 특히 1차 시험과 관련된 개편안의 주요 내용은 다음과 같습니다.

① 회계학 시험시간을 기존 80분에서 90분으로 연장한다.

② 경영학과 경제원론의 배점을 축소(100점 → 80점)하고, 경영학의 출제범위에서 생산관리와 마케팅을 제외한다.

③ 상법은 주식회사 등의 외부감사에 관한 법률과 공인회계사법을 추가하여 기업법으로 개편하고, 어음 · 수표법은 시험범위에서 제외한다.

1차 시험에 있어서 객관식 문제집을 통한 문제풀이 연습은 기출문제집을 통한 기출분석과 더불어 객관식 시험에 대비하는 가장 효율적인 학습법 중 하나입니다. 이에 국가자격시험 전문출판사인 시대에듀가 수험생의 입장에서 효율적인 1차 시험 대비를 위한 수험서로서 공인회계사 시험뿐만 아니라 유사 지문 등이 반복 출제되는 세무사, 법무사 기출문제도 함께 수록하여 본서를 출간하게 되었습니다.

「2025 시대에듀 공인회계사 1차 객관식 상법(기업법 Ⅰ)」의 특징은 다음과 같습니다.

❶ 시험제도 개편을 반영하여 기업법 Ⅰ(상법총칙, 상행위, 회사법)의 기출문제를 진도별로 수록하였습니다.

❷ 공인회계사 기출문제(2015~2024), 세무사 기출문제(2020~2024) 및 법무사 기출문제(2021~2024)를 수록하였습니다.

❸ 각 지문마다 O · X표시를 하여 지문별 개별학습이 가능하도록 하였고, 특히 틀린 지문의 해설에는 주요 부분에 밑줄을 그어 그 내용을 한눈에 확인할 수 있도록 하였습니다.

❹ 최신 법령(2025.1.31. 시행 개정상법) · 판례에 근거하여 해설하였으며, 개정사항이 적용되어야 할 문제는 이를 반영하고, 기출수정 표시를 하였습니다.

끝으로 본서가 공인회계사 1차 시험에 도전하는 수험생 여러분에게 합격을 위한 좋은 안내서가 되기를 바라며, 여러분의 합격을 기원합니다.

대표 편저자 씀

이 책의 구성 및 특징

STEP 1 기출문제 단원별 수록

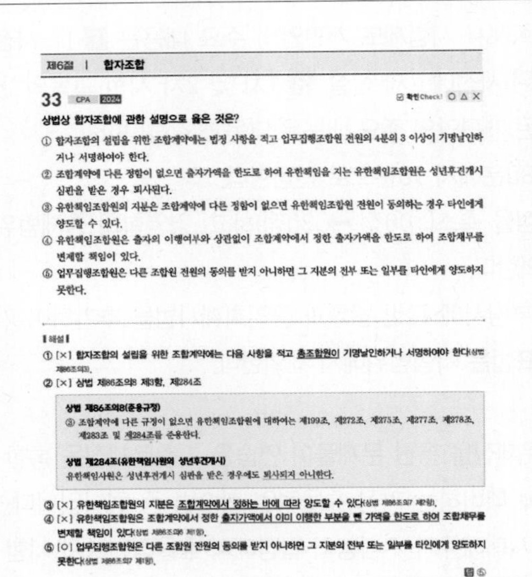

제6절 | 합자조합

33 CPA 2024 확인Check! ○ △ ✕

상법상 합자조합에 관한 설명으로 옳은 것은?

① 합자조합의 설립을 위한 조합계약에는 법정 사항을 적고 업무집행조합원 전원의 4분의 3 이상이 기명날인하거나 서명하여야 한다.
② 조합계약에 다른 정함이 없으면 출자가액을 한도로 하여 유한책임을 지는 유한책임조합원은 성년후견개시 심판을 받은 경우 퇴사된다.
③ 유한책임조합원의 지분은 조합계약에 다른 정함이 없으면 유한책임조합원 전원이 동의하는 경우 타인에게 양도할 수 있다.
④ 유한책임조합원은 출자의 이행여부와 상관없이 조합계약에서 정한 출자가액을 한도로 하여 조합채무를 변제할 책임이 있다.
⑤ 업무집행조합원은 다른 조합원 전원의 동의를 받지 아니하면 그 지분의 전부 또는 일부를 타인에게 양도하지 못한다.

해설

① [×] 합자조합의 설립을 위한 조합계약에는 다음 사항을 적고 총조합원이 기명날인하거나 서명하여야 한다(상법 제86조의3).
② [×] 상법 제86조의8 제3항, 제284조

상법 제86조의8(준용규정)
③ 조합계약에 다른 규정이 없으면 유한책임조합원에 대하여는 제199조, 제272조, 제275조, 제277조, 제278조, 제283조 및 제284조를 준용한다.

상법 제284조(유한책임사원의 성년후견개시)
유한책임사원은 성년후견개시 심판을 받은 경우에도 퇴사되지 아니한다.

③ [×] 유한책임조합원의 지분은 조합계약에서 정하는 바에 따라 양도할 수 있다(상법 제86조의7 제2항).
④ [×] 유한책임조합원은 조합계약에서 정한 출자가액에서 이미 이행한 부분을 뺀 가액을 한도로 하여 조합채무를 변제할 책임이 있다(상법 제86조의6 제1항).
⑤ [○] 업무집행조합원은 다른 조합원 전원의 동의를 받지 아니하면 그 지분의 전부 또는 일부를 타인에게 양도하지 못한다(상법 제86조의7 제1항).

답 ⑤

제7절 | 창고업

28 CPA 2024 확인Check! ○ △ ✕

상법상 창고업자에 관한 설명으로 틀린 것은?

① 창고증권소지인은 창고업자에 대하여 그 증권을 반환하고 임치물을 분할하여 각 부분에 대한 창고증권의 교부를 청구할 수 있다.
② 창고업자는 그 영업범위 내에서 무상으로 임치를 받은 경우에는 선량한 관리자의 주의로써 임치물을 보관하여야 한다.
③ 창고업자는 임치물의 일부출고의 경우에는 그 비율에 따른 보관료 기타의 비용과 체당금의 지급을 청구할 수 있다.
④ 창고업자는 임치물의 보관기간 경과 후에도 임치물을 출고한 때가 아니면 보관료 기타의 비용과 체당금의 지급을 청구하지 못한다.
⑤ 창고업자의 임치인 또는 창고증권소지인에 대한 채권은 그 물건을 출고한 날로부터 1년간 행사하지 아니하면 소멸시효가 완성한다.

해설

① [○] 창고증권소지인은 창고업자에 대하여 그 증권을 반환하고 임치물을 분할하여 각부분에 대한 창고증권의 교부를 청구할 수 있다(상법 제158조 제1항).
② [○] 상인이 그 영업범위내에서 물건의 임치를 받은 경우에는 보수를 받지 아니하는 때에도 선량한 관리자의 주의를 하여야 한다(상법 제62조).
③ [○] 임치물의 일부출고의 경우에는 창고업자는 그 비율에 따른 보관료 기타의 비용과 체당금의 지급을 청구할 수 있다(상법 제162조 제2항).
④ [×] 창고업자는 임치물을 출고할 때가 아니면 보관료 기타의 비용과 체당금의 지급을 청구하지 못한다. 그러나 보관기간 경과후에는 출고전이라도 이를 청구할 수 있다(상법 제162조 제1항).
⑤ [○] 창고업자의 임치인 또는 창고증권소지인에 대한 채권은 그 물건을 출고한 날로부터 1년간 행사하지 아니하면 소멸시효가 완성한다(상법 제167조).

답 ④

▸ 공인회계사 및 타 직렬 기출문제 단원별 수록

STEP 2 상세한 해설

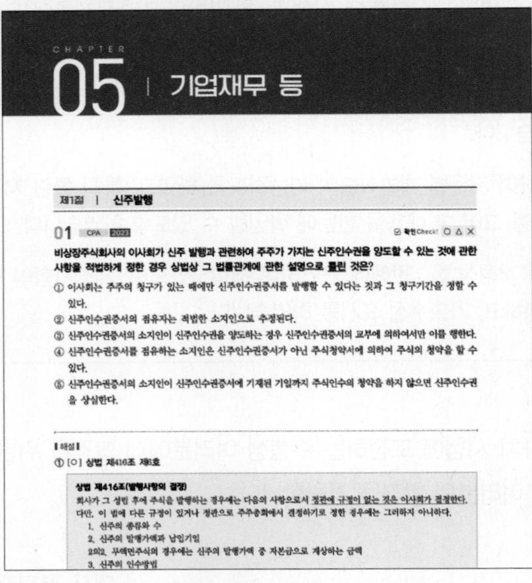

CHAPTER 05 | 기업재무 등

제1절 | 신주발행

01 CPA 2023 확인Check! ○ △ ✕

비상장주식회사의 이사회가 신주 발행과 관련하여 주주가 가지는 신주인수권을 양도할 수 있는 것에 관한 사항을 적법하게 정한 경우 상법상 그 법률관계에 관한 설명으로 틀린 것은?

① 이사회는 주주의 청구가 있는 때에만 신주인수권증서를 발행할 수 있다는 것과 그 청구기간을 정할 수 있다.
② 신주인수권증서의 점유자는 적법한 소지인으로 추정된다.
③ 신주인수권증서의 소지인이 신주인수권을 양도하는 경우 신주인수권증서의 교부에 의하여서만 이를 행한다.
④ 신주인수권증서를 점유하는 소지인은 신주인수권증서가 아닌 주식청약서에 의하여 주식의 청약을 할 수 있다.
⑤ 신주인수권증서의 소지인이 신주인수권증서에 기재된 기일까지 주식인수의 청약을 하지 않으면 신주인수권을 상실한다.

해설

① [○] 상법 제416조 제6호

상법 제416조(발행사항의 결정)
회사가 그 성립 후에 주식을 발행하는 경우에는 다음의 사항으로서 정관에 규정이 없는 것은 이사회가 결정한다. 다만, 이 법에 다른 규정이 있거나 정관으로 주주총회에서 결정하기로 정한 경우에는 그러하지 아니하다.
1. 신주의 종류와 수
2. 신주의 발행가액과 납입기일
2의2. 무액면주식의 경우에는 신주의 발행가액 중 자본금으로 계상하는 금액
3. 신주의 인수방법

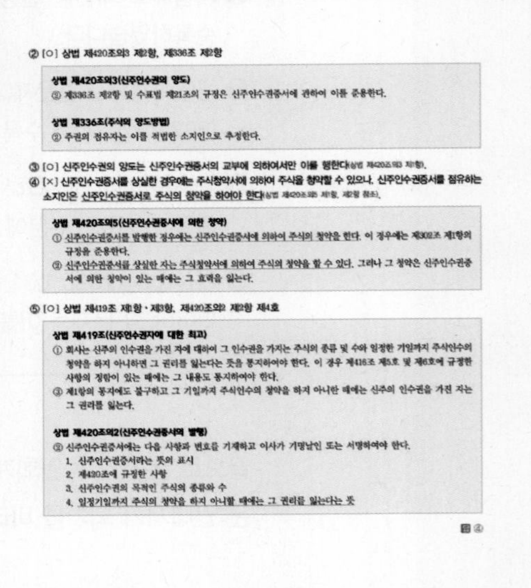

② [○] 상법 제420조의3 제2항, 제336조 제2항

상법 제420조의3(신주인수권의 양도)
② 제336조 제2항 및 수표법 제21조의 규정은 신주인수권증서에 관하여 이를 준용한다.

상법 제336조(주식의 양도방법)
② 주권의 점유자는 이를 적법한 소지인으로 추정한다.

③ [○] 신주인수권의 양도는 신주인수권증서의 교부에 의하여서만 이를 행한다(상법 제420조의3 제1항).
④ [×] 신주인수권증서를 상실한 경우에는 주식청약서에 의하여 주식을 청약할 수 있으나, 신주인수권증서를 점유하는 소지인은 신주인수권증서로 주식의 청약을 하여야 한다(상법 제420조의5 제1항, 제2항 참조).

상법 제420조의5(신주인수권증서에 의한 청약)
① 신주인수권증서를 발행한 경우에는 신주인수권증서에 의하여 주식의 청약을 한다. 이 경우에는 제302조 제1항의 규정을 준용한다.
② 신주인수권증서를 상실한 자는 주식청약서에 의하여 주식의 청약을 할 수 있다. 그러나 그 청약은 신주인수권증서에 의한 청약이 있는 때에는 그 효력을 잃는다.

⑤ [○] 상법 제419조 제1항·제3항, 제420조의2 제2항 제4호

상법 제419조(신주인수권자에 대한 최고)
① 회사는 신주의 인수권을 가진 자에 대하여 그 인수권을 가지는 주식의 종류 및 수와 일정한 기일까지 주식인수의 청약을 하지 아니하면 그 권리를 잃는다는 뜻을 통지하여야 한다. 이 경우 제416조 제5호 및 제6호에 규정한 사항의 정함이 있는 때에는 그 내용도 통지하여야 한다.
③ 제1항의 통지에도 불구하고 그 기일까지 주식인수의 청약을 하지 아니한 때에는 신주의 인수권을 가진 자는 그 권리를 잃는다.

상법 제420조의2(신주인수권증서의 발행)
② 신주인수권증서에는 다음 사항과 번호를 기재하고 이사가 기명날인 또는 서명하여야 한다.
1. 신주인수권증서라는 뜻의 표시
2. 제420조에 규정한 사항
3. 신주인수권의 목적인 주식의 종류와 수
4. 일정기일까지 주식의 청약을 하지 아니할 때에는 그 권리를 잃는다는 뜻

답 ②

▸ 문제풀이에 도움을 주는 상세한 해설

STEP 3 판례 & 법령

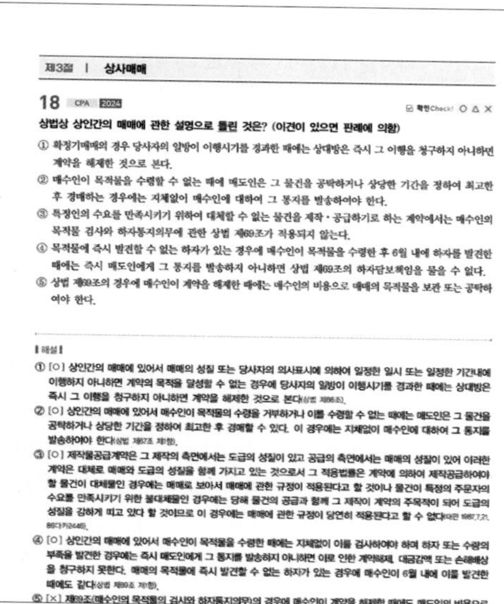

제3절 | 상사매매

18 CPA 2024 ☑ 확인Check! O △ X

상법상 상인간의 매매에 관한 설명으로 틀린 것은? (이견이 있으면 판례에 의함)

① 확정기매매의 경우 당사자의 일방이 이행시기를 경과한 때에는 상대방은 즉시 그 이행을 청구하지 아니하면 계약을 해제한 것으로 본다.
② 매수인이 목적물을 수령할 수 없는 때에 매도인은 그 물건을 공탁하거나 상당한 기간을 정하여 최고한 후 경매하는 경우에는 지체없이 매수인에 대하여 그 통지를 발송하여야 한다.
③ 특정인의 수요를 만족시키기 위하여 대체할 수 없는 물건을 제작・공급하기로 하는 계약에서는 매수인의 목적물 검사와 하자통지의무에 관한 상법 제69조가 적용되지 않는다.
④ 목적물에 즉시 발견할 수 없는 하자가 있는 경우에 매수인이 목적물을 수령한 후 6월 내에 하자를 발견한 때에는 즉시 매도인에게 그 통지를 발송하지 아니하면 상법 제69조의 하자담보책임을 물을 수 없다.
⑤ 상법 제69조의 경우에 매수인이 계약을 해제한 때에는 매수인의 비용으로 매매의 목적물을 보관 또는 공탁하여야 한다.

| 해설 |

① [O] 상인간의 매매에 있어서 매매의 성질 또는 당사자의 의사표시에 의하여 일정한 일시 또는 일정한 기간내에 이행하지 아니하면 계약의 목적을 달성할 수 없는 경우에 당사자의 일방이 이행시기를 경과한 때에는 상대방은 즉시 그 이행을 청구하지 아니하면 계약을 해제한 것으로 본다(상법 제68조).
② [O] 상인간의 매매에 있어서 매수인이 목적물의 수령을 거부하거나 이를 수령할 수 없는 때에는 매도인은 그 물건을 공탁하거나 상당한 기간을 정하여 최고한 후 경매할 수 있다. 이 경우에는 지체없이 매수인에 대하여 그 통지를 발송하여야 한다(상법 제67조 제1항).
③ [O] 제작물공급계약은 그 제작의 측면에서는 도급의 성질이 있고 공급의 측면에서는 매매의 성질이 있어 이러한 계약은 대체로 매매와 도급의 성질을 함께 가지고 있는 것으로서 그 적용법률은 계약에 의하여 제작공급하여야 할 물건이 대체물인 경우에는 매매로 보아서 매매에 관한 규정이 적용된다고 할 것이나 물건이 특정의 주문자의 수요를 만족시키기 위한 불대체물인 경우에는 당해 물건의 공급과 함께 그 제작이 계약의 주목적이 되어 도급의 성질을 강하게 띠고 있다 할 것이므로 이 경우에는 매매에 관한 규정이 당연히 적용된다고 할 수 없다(대판 1987.7.21. 86다카2446).
④ [O] 상인간의 매매에 있어서 매수인이 목적물을 수령한 때에는 지체없이 이를 검사하여야 하며 하자 또는 수량의 부족을 발견한 경우에는 즉시 매도인에게 그 통지를 발송하지 아니하면 이로 인한 계약해제, 대금감액 또는 손해배상을 청구하지 못한다. 매매의 목적물에 즉시 발견할 수 없는 하자가 있는 경우에 매수인이 6월 내에 이를 발견한 때에도 같다(상법 제69조 제1항).
⑤ [X] 제69조(매수인의 목적물의 검사와 하자통지의무)의 경우에 매수인이 계약을 해제한 때에도 매도인의 비용으로

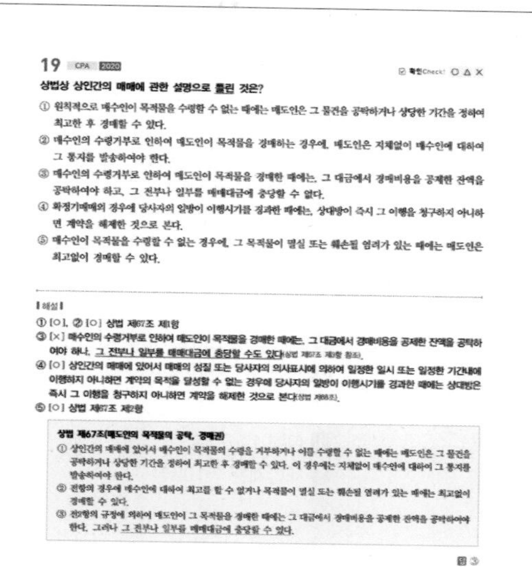

19 CPA 2020 ☑ 확인Check! O △ X

상법상 상인간의 매매에 관한 설명으로 틀린 것은?

① 원칙적으로 매수인이 목적물을 수령할 수 없는 때에는 매도인은 그 물건을 공탁하거나 상당한 기간을 정하여 최고한 후 경매할 수 있다.
② 매수인의 수령거부로 인하여 매도인이 목적물을 경매하는 경우에, 매도인은 지체없이 매수인에 대하여 그 통지를 발송하여야 한다.
③ 매수인의 수령거부로 인하여 매도인이 목적물을 경매한 때에는, 그 대금에서 경매비용을 공제한 잔액을 공탁하여야 하고, 그 전부나 일부를 매매대금에 충당할 수 없다.
④ 확정기매매의 경우에 당사자의 일방이 이행시기를 경과한 때에는, 상대방이 즉시 그 이행을 청구하지 아니하면 계약을 해제한 것으로 본다.
⑤ 매수인이 목적물을 수령할 수 없는 경우에, 그 목적물이 멸실 또는 훼손될 염려가 있는 때에는 매도인은 최고없이 경매할 수 있다.

| 해설 |

① [O], ② [O] 상법 제67조 제1항
③ [X] 매수인의 수령거부로 인하여 매도인이 목적물을 경매한 때에는, 그 대금에서 경매비용을 공제한 잔액을 공탁하여야 하나, 그 전부나 일부를 매매대금에 충당할 수도 있다(상법 제67조 제3항 참조).
④ [O] 상인간의 매매에 있어서 매매의 성질 또는 당사자의 의사표시에 의하여 일정한 일시 또는 일정한 기간내에 이행하지 아니하면 계약의 목적을 달성할 수 없는 경우에 당사자의 일방이 이행시기를 경과한 때에는 상대방은 즉시 그 이행을 청구하지 아니하면 계약을 해제한 것으로 본다(상법 제68조).
⑤ [O] 상법 제67조 제2항

상법 제67조(매도인의 목적물의 공탁, 경매권)
① 상인간의 매매에 있어서 매수인이 목적물의 수령을 거부하거나 이를 수령할 수 없는 때에는 매도인은 그 물건을 공탁하거나 상당한 기간을 정하여 최고한 후 경매할 수 있다. 이 경우에는 지체없이 매수인에 대하여 그 통지를 발송하여야 한다.
② 전항의 경우에 매수인에 대하여 최고를 할 수 없거나 목적물이 멸실 또는 훼손될 염려가 있는 때에는 최고없이 경매할 수 있다.
③ 전2항의 규정에 의하여 매도인이 그 목적물을 경매한 때에는 그 대금에서 경매비용을 공제한 잔액을 공탁하여야 한다. 그러나 그 전부나 일부를 매매대금에 충당할 수 있다.

답 ③

▸ 이해하기 어려운 내용을 쉽게 이해할 수 있게 도와주는 판례 & 법령

STEP 4 더 살펴보기

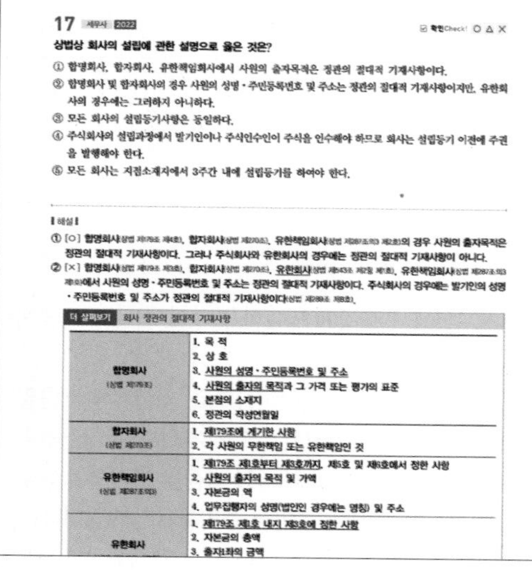

17 세무사 2022 ☑ 확인Check! O △ X

상법상 회사의 설립에 관한 설명으로 옳은 것은?

① 합명회사, 합자회사, 유한책임회사에서 사원의 출자목적은 정관의 절대적 기재사항이다.
② 합명회사 및 합자회사의 경우 사원의 성명・주민등록번호 및 주소는 정관의 절대적 기재사항이지만, 유한회사의 경우에는 그러하지 아니하다.
③ 모든 회사의 설립등기사항은 동일하다.
④ 주식회사의 설립과정에서 발기인이나 주식인수인이 주식을 인수해야 하므로 회사는 설립등기 이전에 주권을 발행해야 한다.
⑤ 모든 회사는 지점소재지에서 3주간 내에 설립등기를 하여야 한다.

| 해설 |

① [O] 합명회사(상법 제179조 제4호), 합자회사(상법 제270조), 유한책임회사(상법 제287조의3 제2호)의 경우 사원의 출자목적은 정관의 절대적 기재사항이다. 그러나 주식회사와 유한회사의 경우에는 정관의 절대적 기재사항이 아니다.
② [X] 합명회사(상법 제179조 제3호), 합자회사(상법 제270조), 유한회사(상법 제543조 제2항 제1호), 유한책임회사(상법 제287조의3 제1호)에서 사원의 성명・주민등록번호 및 주소는 정관의 절대적 기재사항이다. 주식회사의 경우에는 발기인의 성명・주민등록번호 및 주소가 정관의 절대적 기재사항이다(상법 제289조 제1항 제8호).

더 살펴보기 회사 정관의 절대적 기재사항

회사	절대적 기재사항
합명회사 (상법 제179조)	1. 목 적 2. 상 호 3. 사원의 성명・주민등록번호 및 주소 4. 사원의 출자의 목적과 그 가격 또는 평가의 표준 5. 본점의 소재지 6. 정관의 작성연월일
합자회사 (상법 제270조)	1. 제179조에 게기한 사항 2. 각 사원의 무한책임 또는 유한책임인 것
유한책임회사 (상법 제287조의3)	1. 제179조 제1호부터 제3호까지, 제5호 및 제6호에서 정한 사항 2. 사원의 출자의 목적 및 가액 3. 자본금의 액 4. 업무집행자의 성명(법인인 경우에는 명칭) 및 주소
유한회사	1. 제179조 제1호 내지 제3호에 정한 사항 2. 자본금의 총액 3. 출자1좌의 금액

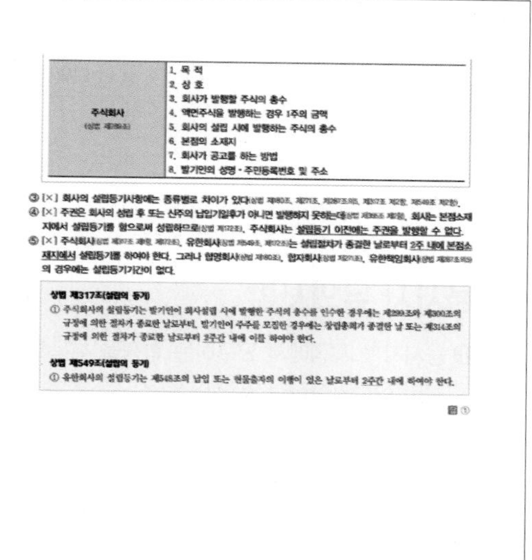

회사	절대적 기재사항
주식회사 (상법 제289조)	1. 목 적 2. 상 호 3. 회사가 발행할 주식의 총수 4. 액면주식을 발행하는 경우 1주의 금액 5. 회사의 설립 시에 발행하는 주식의 총수 6. 본점의 소재지 7. 회사가 공고를 하는 방법 8. 발기인의 성명・주민등록번호 및 주소

③ [X] 회사의 설립등기사항에는 종류별로 차이가 있다(상법 제180조, 제271조, 제287조의5, 제317조 제2항, 제549조 제2항).
④ [X] 주권은 회사의 성립 후 또는 신주의 납입기일후가 아니면 발행하지 못하는데(상법 제355조 제2항), 회사는 본점소재지에서 설립등기를 함으로써 성립하므로(상법 제172조), 주식회사는 설립등기 이전에는 주권을 발행할 수 없다.
⑤ [X] 주식회사(상법 제317조 제1항, 제172조), 유한회사(상법 제549조, 제172조)는 설립절차가 종결한 날로부터 2주 내에 본점소재지에서 설립등기를 하여야 한다. 그러나 합명회사(상법 제180조), 합자회사(상법 제271조), 유한책임회사(상법 제287조의5)의 경우에는 설립등기기간이 없다.

상법 제317조(설립의 등기)
① 주식회사의 설립등기는 발기인이 회사설립 시에 발행한 주식의 총수를 인수한 경우에는 제299조와 제300조의 규정에 의한 절차가 종료한 날로부터, 발기인이 주주를 모집한 경우에는 창립총회가 종결한 날 또는 제314조의 규정에 의한 절차가 종료한 날로부터 2주간 내에 이를 하여야 한다.

상법 제549조(설립의 등기)
① 유한회사의 설립등기는 제548조의 납입 또는 현물출자의 이행이 있은 날로부터 2주간 내에 하여야 한다.

답 ①

▸ 핵심내용을 비교・정리할 수 있는 더 살펴보기

공인회계사 1차 시험 소개

공인회계사 시험제도 개편

	현 행	개 선
사전학점 이수제도	과목별 최소 이수학점(총 24학점) ❶ 회계학 : 12학점 ❷ 경영학 : 9학점 ❸ 경제학 : 3학점	과목별 최소 이수학점(총 24학점) ❶ 회계학 : 12학점 ❷ 경영학 : 6학점 ❸ 정보기술(IT) : 3학점 ❹ 경제학 : 3학점
출제범위 사전 예고	별도의 사전안내 없음	시험 공고시 과목별 시험 출제범위 사전 안내
1차 시험	5개 과목(상대평가) ❶ 회계학 : 150점(시험시간 : 80분) ❷ 경영학 : 100점 ❸ 경제원론 : 100점 ❹ 상법 : 100점 ❺ 세법개론 : 100점	5개 과목(상대평가) ❶ 회계학 : 150점(시험시간 : 90분) ❷ 경영학 : 80점(생산관리, 마케팅 제외) ❸ 경제원론 : 80점 ❹ 기업법 : 100점(상법에서 어음수표법 제외, 공인회계사법, 외부감사법 포함) ❺ 세법개론 : 100점

1차 시험 상법 출제범위 사전 예고

구 분	내 용	비 중
분야 1	상법 – 제1편 총칙, 제2편 상행위	15%～25%
분야 2	상법 – 제3편 회사	55%～65%
분야 3	공인회계사법, 주식회사 등의 외부감사에 관한 법률	15%～25%

응시자 유의사항

❶ 응시자가 시험에서 요구하는 학점을 취득하였거나 공인영어시험에서 합격에 필요한 점수를 취득한 경우에는 미리 학점인정신청 및 영어성적인정신청을 하시기 바랍니다.

❷ 2025년도 제1차시험을 위한 과목인정신청, 학점인정신청 접수마감일이 각각 상이하므로, 시험서류 제출일정 등을 정확히 숙지하여 서류 미접수로 인해 시험에 응시하지 못하는 일이 발생하지 않도록 유의하시기 바랍니다.

❸ 학점인정 신청서류를 제출한 후 특정 과목 또는 특정 학기에 이수한 전 과목에 대하여 학점을 포기하여 응시자격이 소명되지 아니할 경우에는 원서를 접수하더라도 시험에 응시할 수 없으니 이점 주의하시기 바랍니다.

❹ 시험에 관한 확정 일정은 2024년 11월에 공고하는 “2025년도 제60회 공인회계사시험 시행계획 공고”를 참고하시기 바랍니다.

영어성적인정 신청서류

❶ 영어시험의 종류 및 합격에 필요한 점수

구 분	토 플(TOEFL)		토 익 (TOEIC)	텝 스 (TEPS)	지텔프 (G-TELP)	플렉스 (FLEX)	아이엘츠 (IELTS)
	PBT	iBT					
일반응시자	530점 이상	71점 이상	700점 이상	340점 이상	Level2 65점 이상	625점 이상	4.5점이상
청각장애인 응시자	352점 이상	35점 이상	350점 이상	204점 이상	Level2 43점 이상	375점 이상	–

※ 청각장애인 응시자의 합격에 필요한 점수는 해당 영어능력검정시험(지텔프는 제외)에서 듣기 부분을 제외한 나머지 부분에서 취득한 점수임

❷ 영어성적인정 신청

- 공인회계사시험 홈페이지(이하 '홈페이지', https://cpa.fss.or.kr) '영어성적인정 신청'란에서 해당 공인어학시험 종류를 선택하고 응시일자, 취득점수 등을 정확하게 입력한 후 제출합니다.
- 영어시험기관의 홈페이지를 통한 성적 확인 가능 여부에 따라 영어시험 종류별로 신청 시기를 다르게 운영하고 있사오니, 본인이 응시한 영어시험 종류를 확인한 후 신청 가능 시기에 맞추어 신청합니다.
- 유효기간이 경과된 경우 시험성적에 대한 진위를 확인할 수 없으므로, 유효기간 만료 전 영어성적인정 신청 후 '합격인정'을 받아야 합니다.

  ※ 유효기간 만료 전 신청이 아닌, 유효기간 만료 전 '합격인정'을 받은 경우임에 유의
- 영어성적인정 신청 당시 공인 영어시험기관의 유효기간이 경과하여 성적에 대한 진위확인을 할 수 없는 경우 영어성적신청 기간 내에 신청하더라도 영어성적을 인정할 수 없습니다. 유효기간(시험일 후 2년간)이 경과하기 전에 영어성적신청을 하여야 합니다.
- 국내외 공인영어시험기관의 전산 오류 등으로 발생하는 불이익(유효기간 경과, 당해 연도 영어성적 불인정 등)에 대한 책임은 신청인 본인에게 있으므로, 유효기간 만료 3개월 전까지 인정 신청할 것을 권고합니다.
- 영어성적인정 신청의 경우 성적표와 신청서는 별도로 제출하지 않습니다. 다만, 성적조회 결과 이상이 있는 경우에는 소명자료로 성적표 원본 제출을 요구할 수 있습니다.
- 영어시험성적은 국내외 공인 영어시험기관의 정규시험 성적만 인정됩니다. 수시시험 또는 특별시험에서 취득한 성적은 인정되지 아니하며, 토익의 경우 국외에서 취득한 성적은 일본에서 취득한 정규시험의 성적만 인정됩니다(성적확인동의서 1부 제출).

시험서류의 허위기재 행위에 대한 제재

❶ 학점인정 신청서류, 영어시험성적표 등 시험서류를 위조 · 변조하거나 허위 기재한 응시자는 부정행위자로 제재합니다.

❷ 부정행위자에 대하여는 해당 시험을 정지시키거나 합격 결정을 취소하고 그 처분이 있는 날로부터 5년간 시험의 응시자격을 정지합니다. 또한 업무집행 방해로 고발조치 될 수 있습니다.

공인회계사 1차 시험 소개

◇ 시험서류 제출 시기

❶ 시험서류는 접수기간 중에 접수를 완료하여야 합니다. 특히, 2025년 1차 시험에 응시하고자 하는 자는 2024년 하반기 시험서류 접수기간 중에 접수를 완료하여야 합니다.

시험서류 제출 시기

구 분	2024년 하반기	2025년 상반기
영어성적인정신청	상시 사전 인정신청(토익, 텝스, 지텔프) 매월 1일~ 10일(토플, 플렉스, 아이엘츠, 일본토익)	
학점인정신청	2024. 9. 9.(월) ~ 2025. 1. 10.(금) 18:00	2025. 4. 10.(목) ~ 2025. 4. 18.(금) 18:00
과목인정신청	2024. 9. 9.(월) ~ 2024. 11. 8.(금) 18:00	2025. 3. 24.(월) ~ 2025. 4. 1.(화) 18:00
1차 시험 면제신청	-	2025. 3. 5.(수) ~ 2025. 3. 18.(화) 18:00

1) 영어성적 유효기간이 만료되기 전에 성적인정 신청 제출

2) 1차 시험을 면제받고자 하는 자는 해당 시험서류 제출기간 중에 면제 신청서류를 제출하여야 합니다. 다만, 제출일 현재 경력기간 요건을 충족하지 못하는 경우 2차 시험 응시원서 접수 마감일 기준으로 경력기간 충족 증빙서류를 2차 시험 응시원서 접수 마감일로부터 7영업일 내에 제출할 수 있습니다.

❷ 홈페이지에서 신청서를 작성하고, 신청서와 시험서류를 서류접수 마감시각까지 금융감독원 회계감독국에 제출(영어성적인정 신청의 경우에는 홈페이지로 신청서 제출)해야 접수된 것으로 처리합니다(우편의 경우 접수마감일시까지 도달분만 유효).

- 시험서류 접수마감일이 응시원서 접수마감일과 같지 않으므로, 시험서류별 접수마감일에 유의하시기 바랍니다.
- 우편 접수시에는 수신처가 표기된 봉투레이블(홈페이지 '내문서보기 – 봉투레이블 출력')을 인쇄하여 사용하시기 바랍니다.

❸ 방문 접수의 경우 토요일과 공휴일에는 접수하지 아니합니다.

❹ 시험서류를 등기우편으로 제출한 응시자는 인터넷우체국(www.epost.go.kr)의 '배달 조회' 코너에서 등기번호를 입력하여 배달결과를 확인하시기 바랍니다.

◇ 시험서류 제출의 면제

❶ 이미 학점인정 신청을 하여 확인받은 경우에는 다시 신청하지 아니합니다.

❷ 이전에 제출한 영어시험성적이 유효한 경우에는 다시 신청하지 아니합니다. 다만, 영어성적 유효기간이 경과한 경우에는 유효한 성적으로 재신청하여 확인을 받아야 '25년 1차 시험 응시가 가능합니다.

❸ 회계업무 경력으로 제1차시험을 면제받고 이미 학점인정 신청을 하여 확인받은 자는 다시 신청하지 아니합니다.

❹ 시험서류 제출의 면제는 현행 공인회계사 시험제도가 그대로 유지되는 경우에 한합니다.

IT 출제(회계감사) 비중 확대

❶ 출제비중

제도 도입 초기 2년간(2025년, 2026년)은 데이터 분석을 포함한 IT 문제 비중을 15%를 상회(최대 25%)하는 수준으로 유지할 예정

❷ 데이터 분석 출제분야

회계정보시스템, 데이터베이스 등에 대한 이해를 바탕으로, 회계감사 중 필요한 데이터 분석 능력을 평가

- 데이터 형성에 대한 이해를 기반으로 한 데이터 준비와 데이터 구조 이해
- 데이터와 정보의 신뢰도 분석
- 데이터 분석의 활용

❸ DB 용어

회계감사 문제에 포함(2025년, 2026년)될 수 있는 데이터베이스(DB) 기본 용어(14개)를 안내

❹ 모의문제

회계감사 중 필요한 데이터 분석 능력에 대한 모의문제(4개)를 안내

공인회계사 1차 시험 통계자료

1차 시험 과목별 평균점수

구 분		경영학	경제원론	상 법	세법개론	회계학	전과목	최저 합격점수
2024년	전 체	54.10	45.60	56.60	42.60	50.60	49.90	384.5
	합격자	78.20	64.90	85.50	68.00	79.00	75.50	
2023년	전 체	47.90	42.50	54.90	46.50	38.90	45.50	351.0
	합격자	73.50	60.90	83.60	75.50	59.80	69.70	
2022년	전 체	62.00	47.30	57.90	46.20	48.10	51.90	396.0
	합격자	85.70	69.40	80.90	76.00	75.10	77.20	
2021년	전 체	51.37	41.15	60.86	44.06	47.13	48.75	368.5
	합격자	71.95	58.09	88.85	71.08	73.23	72.69	
2020년	전 체	58.50	46.30	62.52	50.89	50.16	53.35	383.5
	합격자	79.35	61.16	86.70	77.55	74.39	75.69	
2019년	전 체	55.63	53.40	58.83	46.93	47.23	81.93	368.5
	합격자	75.07	72.95	81.85	70.80	67.20	73.00	

※ 회계학(150점 만점)은 100점 만점으로 환산한 점수

연도별 합격자 현황

연 도	2024년	2023년	2022년	2021년	2020년	2019년
접 수	16,910	15,940	15,413	13,458	10,874	9,677
응 시	14,472	13,733	13,123	11,654	9,054	8,512
합 격	3,022	2,624	2,217	2,213	2,201	2,008

이 책의 차례

PART 1 상법총칙

PART 2 상행위법

PART 3 회사법

이 책의 차례

공인회계사 1차 객관식

상 법

(기업법 Ⅰ)

PART 1
상법총칙

합격의 공식 시대에듀 www.sdedu.co.kr

CHAPTER

01 | 상법서설

제1절 | 상법의 이념과 법원

01 CPA 2019

☑ 확인 Check! ○ △ ×

상법의 이념 및 법원에 관한 설명으로 틀린 것은?

① 상법은 원칙적으로 회사정관에 우선하여 적용된다.
② 기업의 영리성 보장에 관한 각종 제도는 기업의 존속 및 강화를 위한 것이다.
③ 공시제도 및 외관주의의 관철은 거래안전의 보호에 기여한다.
④ 자본시장과 금융투자업에 관한 법률과 채무자 회생 및 파산에 관한 법률은 상법에 우선하여 적용된다.
⑤ 영업양도 및 회사의 합병·분할에 관한 제도는 기업의 유지라는 상법이념의 구체화라고 볼 수 있다.

해설

① [×], ④ [O] 상사에 관하여는 '상사자치법(정관) → 상사특별법 → 상법전 → 상관습법 → 민사자치법 → 민사특별법 → 민법전'의 순서로 적용된다. 회사정관과 같은 상사자치법규는 강행법규에 반하지 않는 한 회사내부관계를 규율하는 법규로서 가장 우선적으로 적용되는 상법의 법원이다. 또한 자본시장과 금융투자업에 관한 법률, 주식회사의 외부감사에 관한 법률, 채무자 회생 및 파산에 관한 법률은 상법전과 독립된 상사특별법령으로 상법에 우선하여 적용된다.
② [O] 기업이란 영리를 목적으로 계속해서 반복적으로 거래행위를 하는 조직체를 말한다. 상법은 상인의 보수청구권(상법 제61조 참조)·이자청구권(상법 제55조 참조) 등을 명문으로 규정하여 영리성을 보장함으로써 기업활동의 동기를 부여하여 기업의 존속 및 강화를 도모한다.
③ [O] 기업거래는 대량·계속·반복적으로 이루어지고 신속하게 종결되므로 거래의 안전이 강하게 요구된다. 상법은 거래안전을 위하여 공시주의, 외관주의, 기업책임의 엄격화 등의 제도를 마련하고 있다.
⑤ [O] 영업양도 및 회사의 합병·분할에 관한 제도는 가능한 한 기업해체를 방지하기 위한 것으로 기업의 유지라는 상법이념의 구체화라고 볼 수 있다.

답 ①

02 CPA 2017

상법의 적용에 관한 설명으로 옳은 것은?

① 상인과 비상인 간의 상거래에 있어서 상인인 당사자에게는 상법이 적용되고 비상인인 당사자에게는 민법이 적용된다.
② 공법인의 상행위에 대하여는 법령에 다른 규정이 있는 경우에도 상법이 우선 적용된다.
③ 상사에 관하여 상법에 규정이 없으면 민법에 의하고 민법에 규정이 없으면 상관습법에 의한다.
④ 판례에 의하면 새마을금고가 상인인 회원에게 영업자금을 대출한 경우 그 대출금채권의 소멸시효에 관해서는 상법이 적용된다.
⑤ 민사회사는 영리를 목적으로 하지만 상행위를 하지 않으므로 상법이 아니라 민법이 적용된다.

해설

① [×] 당사자 중 그 1인의 행위가 상행위인 때에는 전원에 대하여 본법을 적용한다(상법 제3조).
② [×] 공법인의 상행위에 대하여는 법령에 다른 규정이 없는 경우에 한하여 본법을 적용한다(상법 제2조).
③ [×] 상사에 관하여 본법에 규정이 없으면 상관습법에 의하고 상관습법이 없으면 민법의 규정에 의한다(상법 제1조). 상사에 관하여는 '상사자치법(정관) → 상사특별법 → 상법전 → 상관습법 → 민사자치법 → 민사특별법 → 민법전'의 순서로 적용된다.
④ [O] 새마을금고가 상인인 회원에게 자금을 대출한 경우, 상인의 행위는 특별한 사정이 없는 한 영업을 위하여 하는 것으로 추정되므로 그 대출금채권은 상사채권으로서 5년의 소멸시효기간이 적용된다(대판 1998.7.10. 98다10793).
⑤ [×] 상행위 이외의 행위를 영리의 목적으로 하는 회사를 민사회사라고 하는데, 민사회사도 상인이므로 상법이 적용된다(상법 제5조 제2항 참조).

> **상법 제5조(동전-의제상인)**
> ① 점포 기타 유사한 설비에 의하여 상인적 방법으로 영업을 하는 자는 상행위를 하지 아니하더라도 상인으로 본다.
> ② 회사는 상행위를 하지 아니하더라도 전항과 같다.

답 ④

PART 1

CHAPTER

02 | 기업의 인적 요소

제1절 | 상 인

01 CPA 2023

☑ 확인 Check! ○ △ ×

상법상 상인 또는 상인자격에 관한 설명으로 옳은 것은 모두 몇 개인가?

ㄱ. 출판에 관한 행위를 영업으로 하는 자는 의제상인이다.
ㄴ. 미성년자에게 제조에 관한 행위를 영업으로 할 것을 허락한 법정대리인은 당연상인이다.
ㄷ. 자기명의로써 타인의 계산으로 물건의 매매를 영업으로 하는 자는 의제상인이다.
ㄹ. 자연인인 상인이 영업 중 피한정후견인이 된 경우 상인 자격을 상실한다.

① 0개
② 1개
③ 2개
④ 3개
⑤ 4개

해설

ㄱ. [×] 출판에 관한 행위를 영업으로 하는 자는 당연상인이다(상법 제4조, 제46조 제6호 참조).
ㄴ. [×] 제조에 관한 행위를 영업으로 하는 미성년자가 당연상인이다(상법 제4조, 제46조 제3호 참조). 즉 민법상 권리능력자는 상인능력을 가지므로 미성년자도 상인자격을 취득하여 상인은 될 수 있다. 다만 상행위 능력은 없어 법정대리인의 허락을 얻어야 특정한 영업에 관하여 성년자와 동일한 행위능력을 갖고 영업행위를 할 수 있다(민법 제8조 제1항 참조).
ㄷ. [×] 자기명의로써 타인의 계산으로 물건의 매매를 영업으로 하는 자는 위탁매매인으로 당연상인이다(상법 제4조, 제46조 제12호, 제101조 참조).

상법 제4조(상인-당연상인)
자기명의로 상행위를 하는 자를 상인이라 한다.

상법 제46조(기본적 상행위)
영업으로 하는 다음의 행위를 상행위라 한다. 그러나 오로지 임금을 받을 목적으로 물건을 제조하거나 노무에 종사하는 자의 행위는 그러하지 아니하다.
1. 동산, 부동산, 유가증권 기타의 재산의 매매
2. 동산, 부동산, 유가증권 기타의 재산의 임대차
3. 제조, 가공 또는 수선에 관한 행위

4. 전기, 전파, 가스 또는 물의 공급에 관한 행위
5. 작업 또는 노무의 도급의 인수
6. 출판, 인쇄 또는 촬영에 관한 행위

… (중략) …

12. 위탁매매 기타의 주선에 관한 행위

… (하략) …

상법 제101조(의의)

자기명의로써 타인의 계산으로 물건 또는 유가증권의 매매를 영업으로 하는 자를 위탁매매인이라 한다.

ㄹ. [×] 상인자격은 권리능력의 문제로서 자연인의 상인자격은 사망, 사실상 영업을 폐지·양도한 때에 상인자격을 상실한다. 따라서 자연인인 상인이 영업 중 피한정후견인이 된 경우에는 영업능력을 상실하지만 상인 자격을 상실하지는 않는다.

답 ①

PART 1

02 CPA 2017

☑ 확인 Check! ○ △ ×

상법상 상인자격에 관한 설명으로 옳은 것은? 기출수정

① 미성년자가 영업을 하는 경우 법정대리인의 허락을 얻은 때에 비로소 상인자격을 취득한다.

② 법정대리인이 피한정후견인을 위하여 영업을 하고자 하는 경우 이를 등기하는 때에 피한정후견인의 상인자격이 인정된다.

③ 판례에 의하면 공익법인은 설립등기를 하는 때에 상인자격을 취득한다.

④ 판례에 의하면 농업협동조합은 조합원의 생산물자에 대한 판매사업을 하는 때에도 상인자격이 인정되지 않는다.

⑤ 자연인의 상인자격은 그 상인이 사망한 때 상실되며 법인의 상인자격은 행정관청에 폐업신고를 하는 때에 상실된다.

▌해설▌

① [×] 민법상 권리능력자는 상인능력을 가지므로 법정대리인의 허락이 없어도 미성년자가 개업준비행위를 개시하여 영업의사를 객관적으로 인식가능한 때에 상인자격을 취득하여 상인이 될 수 있다(상법 제4조 참조). 다만 상행위 능력은 없어 법정대리인의 허락을 얻어야 특정한 영업에 관하여 성년자와 동일한 행위능력을 갖고 영업행위를 할 수 있다(민법 제8조 제1항 참조).

> **상법 제4조(상인-당연상인)**
> 자기명의로 상행위를 하는 자를 상인이라 한다.
>
> **민법 제8조(영업의 허락)**
> ① 미성년자가 법정대리인으로부터 허락을 얻은 특정한 영업에 관하여는 성년자와 동일한 행위능력이 있다.

② [×] 법정대리인이 미성년자, 피한정후견인 또는 피성년후견인을 위하여 영업을 하는 때에는 등기를 하여야 한다(상법 제8조 제1항). 그러나 피한정후견인의 상인자격은 피한정후견인이 개업준비행위를 개시하여 영업의사를 객관적으로 인식가능한 때에 상인자격을 취득한다(상법 제4조 참조).

③ [×] 공익법인은 상법상의 회사가 아니기 때문에 설립등기를 하는 때에 상인자격을 취득하는 것이 아니고, 자연인의 상인자격 취득시기와 마찬가지로 영업의사를 객관적으로 인식가능한 때에 상인자격을 취득한다.

④ [○] 농업협동조합법에 의하여 설립된 조합이 영위하는 사업의 목적은 조합원을 위하여 차별 없는 최대의 봉사를 함에 있을 뿐 영리를 목적으로 하는 것이 아니므로, 동 조합이 그 사업의 일환으로 조합원이 생산하는 물자의 판매사업을 한다 하여도 동 조합을 상인이라 할 수는 없고, 따라서 그 물자의 판매대금 채권은 3년의 단기소멸시효가 적용되는 민법 제163조 제6호 소정의 '상인이 판매한 상품의 대가'에 해당하지 아니한다(대판 2000.2.11. 99다53292).

⑤ [×] 자연인의 상인자격은 상인이 영업을 폐지, 양도, 사망 등에 의하여 영업활동을 사실상 종결하였을 때 상실한다. 법인 중 회사는 회사의 권리능력이 소멸한 때, 즉 청산을 사실상 종결한 때 상인자격을 상실하고, 비영리법인이나 공법인처럼 부수적으로 영업을 함으로써 상인자격을 취득한 경우는 자연인과 마찬가지로 영업활동을 사실상 종결하였을 때 상인자격을 상실한다.

답 ④

03 법무사 2022

☑ 확인Check! ○ △ ✕

상법상 상인과 상법의 적용에 관한 다음 설명 중 가장 옳지 않은 것은?

① 공법인의 상행위에 대하여는 법령에 다른 규정이 없는 경우에 한하여 상법이 적용된다.

② 행정관청에 대한 인・허가 명의나 국세청에 신고한 사업자등록상의 명의와 실제 영업상의 주체가 다를 경우 실제 영업상의 주체가 자기 명의로 상행위를 하는 자로서 상인이 된다.

③ 변호사와 법무사는 상법 제5조 제1항이 규정하는 '상인적 방법으로 영업을 하는 자'라고 볼 수 없다.

④ 자본금액이 1,000만원에 미치지 못하는 상인으로서 회사가 아닌 자인 소상인에게는 지배인, 상호, 상업장부, 상업등기, 영업양도에 관한 상법 규정이 적용되지 아니한다.

⑤ 새마을금고가 금고의 회원에게 자금을 대출하는 행위는 일반적으로 영리를 목적으로 하는 행위라고 보기 어렵지만, 대출을 받은 회원이 상인으로서 그 영업을 위하여 대출을 받았다면 그 대출금채권은 상사채권이라고 보아야 한다.

해설

① [○] 공법인의 상행위에 대하여는 법령에 다른 규정이 없는 경우에 한하여 본법을 적용한다(상법 제2조).

② [○] 상인은 자기 명의로 상행위를 하는 자를 의미하는데, 여기서 '자기 명의'란 상행위로부터 생기는 권리의무의 귀속주체로 된다는 뜻으로서 실질에 따라 판단하여야 하므로, 행정관청에 대한 인・허가 명의나 국세청에 신고한 사업자등록상의 명의와 실제 영업상의 주체가 다를 경우 후자가 상인이 된다(대판 2008.12.11. 2007다66590).

③ [○]

- 법령에 의하여 상당한 정도로 그 영리추구 활동이 제한됨과 아울러 직무의 공공성이 요구되는 법무사의 활동은 상인의 영업활동과는 본질적인 차이가 있고, 법무사의 직무 관련 활동과 그로 인하여 형성된 법률관계에 대하여 상인의 영업활동 및 그로 인하여 형성된 법률관계와 동일하게 상법을 적용하지 않으면 안 될 특별한 사회・경제적 필요 내지 요청이 있다고 볼 수도 없으므로, 법무사를 상법 제5조 제1항이 규정하는 '상인적 방법에 의하여 영업을 하는 자'라고 볼 수는 없다(대결 2008.6.26. 2007마996).
- 변호사의 영리추구 활동을 엄격히 제한하고 그 직무에 관하여 고도의 공공성과 윤리성을 강조하는 변호사법의 여러 규정에 비추어 보면, 변호사를 상법 제5조 제1항이 규정하는 '상인적 방법에 의하여 영업을 하는 자'라고 볼 수는 없다 할 것이므로, 변호사는 의제상인에 해당하지 아니한다(대결 2007.7.26. 2006마334).

④ [✕] 지배인, 상호, 상업장부와 상업등기에 관한 규정은 소상인에게 적용하지 아니한다(상법 제9조).

⑤ [○] 새마을금고법의 제반 규정에 의하면 새마을금고는 … 비영리법인이므로 새마을금고가 금고의 회원에게 자금을 대출하는 행위는 일반적으로는 영리를 목적으로 하는 행위라고 보기 어렵다고 할 것이다. 그러나 당사자 쌍방에 대하여 모두 상행위가 되는 행위로 인한 채권뿐만 아니라 당사자 일방에 대하여만 상행위에 해당하는 행위로 인한 채권도 상법 제64조 소정의 5년의 소멸시효기간이 적용되는 상사채권에 해당하는 것이고 그 상행위에는 상법 제46조 각 호에 해당하는 기본적 상행위뿐만 아니라 상인이 영업을 위하여 하는 보조적 상행위도 포함되는 것이므로 새마을금고로부터 대출을 받은 회원이 상인으로서 그 영업을 위하여 대출을 받았다면 그 대출금채권은 상사채권이라고 보아야 할 것이다(대판 1998.7.10. 98다10793).

답 ④

제2절 | 상업사용인

04 CPA 2024

☑ 확인 Check! ○ △ ×

상법상 지배인에 관한 설명으로 틀린 것은? (이견이 있으면 판례에 의함)

① 지배인은 지배인이 아닌 점원 기타 사용인을 선임 또는 해임할 수 있다.
② 지배인의 행위가 영업주의 영업에 관한 것인가의 여부는 지배인의 행위 당시의 주관적인 의사와는 관계없이 그 행위의 객관적인 성질에 따라 추상적으로 판단되어야 한다.
③ 지배인의 대리권에 대한 제한은 선의의 제3자에게 대항하지 못한다.
④ 표현지배인은 지배인과 동일한 권한이 있는 것으로 보나 재판상 행위에 관하여는 그러하지 아니하다.
⑤ 상인이 수인의 지배인에게 공동으로 대리권을 행사하게 한 경우 그 수인의 지배인은 선임등기를 함으로써 지배인의 권한을 갖는다.

해설

① [○] 지배인은 지배인이 아닌 점원 기타 사용인을 선임 또는 해임할 수 있다(상법 제11조 제2항).
② [○] 지배인은 영업주에 갈음하여 그 영업에 관한 재판상 또는 재판 외의 모든 행위를 할 수 있고, 지배인의 대리권에 대한 제한은 선의의 제3자에게 대항하지 못하며, 여기서 지배인의 어떤 행위가 영업주의 영업에 관한 것인가의 여부는 지배인의 행위 당시의 주관적인 의사와는 관계없이 그 행위의 객관적 성질에 따라 추상적으로 판단되어야 한다(대판 1997.8.26. 96다36753).
③ [○] 지배인의 대리권에 대한 제한은 선의의 제3자에게 대항하지 못한다(상법 제11조 제3항).
④ [○] 본점 또는 지점의 본부장, 지점장, 그 밖에 지배인으로 인정될 만한 명칭을 사용하는 자는 본점 또는 지점의 지배인과 동일한 권한이 있는 것으로 본다. 다만, 재판상 행위에 관하여는 그러하지 아니하다(상법 제14조 제1항).
⑤ [×] 공동지배인은 선임함으로써 지배인의 권한을 갖는다. 공동지배인의 선임은 등기사항(상법 제12조 제1항, 제13조 참조)이지만 효력발생요건이 아니라 대항요건에 불과하다(상법 제37조 제1항 참조).

상법 제12조(공동지배인)
① 상인은 수인의 지배인에게 공동으로 대리권을 행사하게 할 수 있다.

상법 제13조(지배인의 등기)
상인은 지배인의 선임과 그 대리권의 소멸에 관하여 영업소(회사의 경우 본점을 말한다)의 소재지에서 등기하여야 한다. 제12조 제1항에서 규정한 사항을 등기하는 경우와 그 사항을 변경하는 경우에도 같다.

상법 제37조(등기의 효력)
① 등기할 사항은 이를 등기하지 아니하면 선의의 제3자에게 대항하지 못한다.

답 ⑤

05 CPA 2021

☑ 확인 Check! ○ △ ×

상법상 지배인에 관한 설명으로 틀린 것은? 기출수정

① 지배인은 부분적 포괄대리권을 가진 사용인을 해임할 수 있다.
② 지배인은 영업주의 허락없이 다른 상인의 사용인이 되지 못한다.
③ 지배인에 관한 상법 규정은 소상인에게 적용하지 아니한다.
④ 표현지배인은 영업주의 영업에 관한 재판상 행위에 관하여 그 영업소의 지배인과 동일한 권한이 있는 것으로 본다.
⑤ 상인은 지배인의 대리권의 소멸에 관하여 영업소(회사의 경우 본점)의 소재지에서 등기하여야 한다.

해설

① [○] 지배인은 지배인이 아닌 점원 기타 사용인을 선임 또는 해임할 수 있다(상법 제11조 제2항).
② [○] 상업사용인은 영업주의 허락없이 자기 또는 제3자의 계산으로 영업주의 영업부류에 속한 거래를 하거나 회사의 무한책임사원, 이사 또는 다른 상인의 사용인이 되지 못한다(상법 제17조 제1항).
③ [○] 지배인, 상호, 상업장부와 상업등기에 관한 규정은 소상인에게 적용하지 아니한다(상법 제9조).
④ [×] 본점 또는 지점의 본부장, 지점장, 그 밖에 지배인으로 인정될 만한 명칭을 사용하는 자는 본점 또는 지점의 지배인과 동일한 권한이 있는 것으로 본다. 다만, 재판상 행위에 관하여는 그러하지 아니하다(상법 제14조 제1항).
⑤ [○] 상인은 지배인의 선임과 그 대리권의 소멸에 관하여 영업소(회사의 경우 본점을 말한다)의 소재지에서 등기하여야 한다. 제12조 제1항에서 규정한 사항을 등기하는 경우와 그 사항을 변경하는 경우에도 같다(상법 제13조).

답 ④

06 CPA 2017

☑ 확인Check! ○ △ ×

상법상 지배인에 관한 설명으로 틀린 것은?

① 지배인은 영업주에 갈음하여 그 영업에 관한 재판상 또는 재판외의 모든 행위를 할 수 있다.

② 판례에 의하면 표현지배인의 행위가 영업주의 영업에 관한 것인가의 여부는 표현지배인의 행위 당시의 주관적인 의사에 따라 구체적으로 판단하여야 한다.

③ 지배인의 대리권에 대한 제한은 선의의 제3자에게 대항하지 못한다.

④ 판례에 의하면 지배인의 대리권 제한에 대항할 수 있는 제3자에는 그 지배인으로부터 직접 어음을 취득한 상대방은 물론 그로부터 어음을 다시 배서·양도받은 자도 포함된다.

⑤ 지배인은 영업주의 허락없이 자기 또는 제3자의 계산으로 영업주의 영업부류에 속한 거래를 하거나 회사의 무한책임사원, 이사 또는 다른 상인의 사용인이 되지 못한다.

해설

① [O] 지배인은 영업주에 갈음하여 그 영업에 관한 재판상 또는 재판외의 모든 행위를 할 수 있다(상법 제11조 제1항).

② [×] 지배인의 어떤 행위가 영업주의 영업에 관한 것인가의 여부는 지배인의 행위 당시의 주관적인 의사와는 관계없이 그 행위의 객관적 성질에 따라 추상적으로 판단되어야 한다(대판 1997.8.26. 96다36753).

③ [O] 지배인의 대리권에 대한 제한은 선의의 제3자에게 대항하지 못한다(상법 제11조 제3항).

④ [O] 지배인이 내부적인 대리권 제한 규정에 위배하여 어음행위를 한 경우, 이러한 대리권의 제한에 대항할 수 있는 제3자의 범위에는 그 지배인으로부터 직접 어음을 취득한 상대방뿐만 아니라 그로부터 어음을 다시 배서양도받은 제3취득자도 포함된다(대판 1997.8.26. 96다36753).

⑤ [O] 상업사용인은 영업주의 허락없이 자기 또는 제3자의 계산으로 영업주의 영업부류에 속한 거래를 하거나 회사의 무한책임사원, 이사 또는 다른 상인의 사용인이 되지 못한다(상법 제17조 제1항).

답 ②

07 법무사 2024

☑ 확인 Check! ○ △ ✕

상법상 지배인에 관한 다음 설명 중 옳은 것을 모두 고른 것은?

ㄱ. 지배인은 영업주에 갈음하여 그 영업에 관한 재판상 또는 재판 외의 모든 행위를 할 수 있는 상업사용인이다.
ㄴ. 상인은 수인의 지배인에게 공동으로 대리권을 행사하게 할 수 있다. 이 경우 지배인 1인에 대한 의사표시만으로도 영업주에 대하여 효력이 있다.
ㄷ. 본점 또는 지점의 본부장, 지점장, 그 밖에 지배인으로 인정될 만한 명칭을 사용하는 자는 본점 또는 지점의 지배인과 동일한 권한이 있는 것으로 본다. 이는 재판상 행위에 관하여도 마찬가지이다.
ㄹ. 지배인의 행위가 영업주의 영업에 관한 것인지는 지배인의 행위 당시 주관적 의사와 관계없이 그 행위의 객관적 성질에 따라 추상적으로 판단하여야 한다. 지배인이 영업주 명의로 한 어음행위는 객관적으로 영업에 관한 행위로서 지배인의 대리권의 범위에 속하는 행위이므로 지배인이 개인적 목적을 위하여 어음행위를 한 경우에도 그 행위의 효력은 영업주에게 미친다. 이러한 법리는 표현지배인의 경우에도 동일하게 적용할 수 있다.
ㅁ. 상법상 지배인에 관한 규정은 소상인에게 적용되지 않는다.

① ㄴ, ㄷ
② ㄷ, ㄹ
③ ㄱ, ㄹ, ㅁ
④ ㄱ, ㄴ, ㄷ, ㅁ
⑤ ㄱ, ㄴ, ㄹ, ㅁ

PART 1

해설

ㄱ. [O] 지배인은 영업주에 갈음하여 그 영업에 관한 재판상 또는 재판 외의 모든 행위를 할 수 있다(상법 제11조 제1항).
ㄴ. [O] 상법 제12조 제1항, 제2항

> **상법 제12조(공동지배인)**
> ① 상인은 수인의 지배인에게 공동으로 대리권을 행사하게 할 수 있다.
> ② 전항의 경우에 지배인 1인에 대한 의사표시는 영업주에 대하여 그 효력이 있다.

ㄷ. [X] 본점 또는 지점의 본부장, 지점장, 그 밖에 지배인으로 인정될 만한 명칭을 사용하는 자는 본점 또는 지점의 지배인과 동일한 권한이 있는 것으로 본다. 다만, 재판상 행위에 관하여는 그러하지 아니하다(상법 제14조 제1항).
ㄹ. [O] 지배인의 행위가 영업주의 영업에 관한 것인가의 여부는 지배인의 행위 당시의 주관적인 의사와는 관계없이 그 행위의 객관적 성질에 따라 추상적으로 판단하여야 할 것인바, 지배인이 영업주 명의로 한 어음행위는 객관적으로 영업에 관한 행위로서 지배인의 대리권의 범위에 속하는 행위라 할 것이므로 지배인이 개인적 목적을 위하여 어음행위를 한 경우에도 그 행위의 효력은 영업주에게 미친다 할 것이고, 이러한 법리는 표현지배인의 경우에도 동일하다(대판 1998.8.21. 97다6704).
ㅁ. [O] 지배인, 상호, 상업장부와 상업등기에 관한 규정은 소상인에게 적용하지 아니한다(상법 제9조).

답 ⑤

08 법무사 2023 ☑ 확인Check! ○ △ ×

지배인에 관한 다음 설명 중 가장 옳지 않은 것은?

① 지배인의 행위가 영업주의 영업에 관한 행위로 판단되는 경우에 지배인이 영업주가 정한 대리권에 관한 제한 규정에 위반하여 한 행위에 대하여는 제3자가 위 대리권의 제한 사실을 알고 있었던 경우뿐만 아니라 알지 못한 데에 중대한 과실이 있는 경우에도 영업주는 그러한 사유를 들어 상대방에게 대항할 수 있고, 이러한 제3자의 악의 또는 중대한 과실에 대한 주장・입증책임은 영업주가 부담한다.

② 지배인은 영업주에 갈음하여 그 영업에 관한 재판상 또는 재판 외의 모든 행위를 할 수 있고, 지배인의 대리권에 대한 제한은 선의의 제3자에게 대항하지 못하며, 여기서 지배인의 어떤 행위가 영업주의 영업에 관한 것인가의 여부는 지배인의 행위 당시의 주관적인 의사뿐만 아니라 그 행위의 객관적 성질을 함께 고려하여 판단해야 한다.

③ 지배인의 행위가 영업에 관한 것으로서 대리권한 범위 내의 행위라 하더라도 영업주 본인의 이익이나 의사에 반하여 자기 또는 제3자의 이익을 도모할 목적으로 그 권한을 행사한 경우에 그 상대방이 지배인의 진의를 알았거나 알 수 있었을 때에는 민법 제107조 제1항 단서의 유추해석상 그 지배인의 행위에 대하여 영업주 본인은 아무런 책임을 지지 않는다.

④ 지배인이 내부적인 대리권 제한 규정에 위배하여 어음행위를 한 경우, 이러한 대리권의 제한에 대항할 수 있는 제3자의 범위에는 그 지배인으로부터 직접 어음을 취득한 상대방뿐만 아니라 그로부터 어음을 다시 배서양도받은 제3취득자도 포함된다.

⑤ 부분적 포괄대리권을 가진 사용인의 경우에는 표현지배인에 관한 상법 제14조의 규정이 유추적용되지 않는다.

▌해설▐

① [○] 지배인의 어떤 행위가 그 객관적 성질에 비추어 영업주의 영업에 관한 행위로 판단되는 경우에 지배인이 영업주가 정한 대리권에 관한 제한 규정에 위반하여 한 행위에 대하여는 제3자가 위 대리권의 제한 사실을 알고 있었던 경우뿐만 아니라 알지 못한 데에 중대한 과실이 있는 경우에도 영업주는 그러한 사유를 들어 상대방에게 대항할 수 있고, 이러한 제3자의 악의 또는 중대한 과실에 대한 주장・입증책임은 영업주가 부담한다(대판 1997.8.26. 96다36753).

② [×] 지배인은 영업주에 갈음하여 그 영업에 관한 재판상 또는 재판 외의 모든 행위를 할 수 있고, 지배인의 대리권에 대한 제한은 선의의 제3자에게 대항하지 못하며, 여기서 지배인의 어떤 행위가 영업주의 영업에 관한 것인가의 여부는 지배인의 행위 당시의 주관적인 의사와는 관계없이 그 행위의 객관적 성질에 따라 추상적으로 판단되어야 한다(대판 1997.8.26. 96다36753).

③ [○] 지배인의 행위가 영업에 관한 것으로서 대리권한 범위 내의 행위라 하더라도 영업주 본인의 이익이나 의사에 반하여 자기 또는 제3자의 이익을 도모할 목적으로 그 권한을 행사한 경우에 그 상대방이 지배인의 진의를 알았거나 알 수 있었을 때에는 민법 제107조 제1항 단서의 유추해석상 그 지배인의 행위에 대하여 영업주 본인은 아무런 책임을 지지 않는다(대판 1999.3.9. 97다7721).

④ [○] 지배인이 내부적인 대리권 제한 규정에 위배하여 어음행위를 한 경우, 이러한 대리권의 제한에 대항할 수 있는 제3자의 범위에는 그 지배인으로부터 직접 어음을 취득한 상대방뿐만 아니라 그로부터 어음을 다시 배서양도받은 제3취득자도 포함된다(대판 1997.8.26. 96다36753).

⑤ [○] 부분적 포괄대리권을 가진 사용인의 경우에는 상법은 그러한 사용인으로 오인될 만한 유사한 명칭에 대한 거래 상대방의 신뢰를 보호하는 취지의 규정을 따로 두지 않고 있는바, 그 대리권에 관하여 지배인과 같은 정도의 획일성, 정형성이 인정되지 않는 부분적 포괄대리권을 가진 사용인들에 대해서까지 그 표현적 명칭의 사용에 대한

거래 상대방의 신뢰를 무조건적으로 보호한다는 것은 오히려 영업주의 책임을 지나치게 확대하는 것이 될 우려가 있으며, 부분적 포괄대리권을 가진 사용인에 해당하지 않는 사용인이 그러한 사용인과 유사한 명칭을 사용하여 법률행위를 한 경우 그 거래 상대방은 민법 제125조의 표현대리나 민법 제756조의 사용자책임 등의 규정에 의하여 보호될 수 있다고 할 것이므로, 부분적 포괄대리권을 가진 사용인의 경우에도 표현지배인에 관한 상법 제14조의 규정이 유추적용되어야 한다고 할 수는 없다(대판 2007.8.23. 2007다23425).

답 ②

09 CPA 2024

☑ 확인Check! ○ △ ×

상법상 상업사용인의 경업금지의무에 관한 설명으로 틀린 것은?

① 상업사용인은 영업주의 허락없이 자기 또는 제3자의 계산으로 영업주의 영업부류에 속하는 거래를 하지 못한다.

② 상업사용인이 경업금지의무를 위반한 경우 그 거래가 자기의 계산으로 한 것인 때에는 영업주는 이를 영업주의 계산으로 한 것으로 볼 수 있다.

③ 상업사용인이 경업금지의무를 위반한 경우 그 거래가 제3자의 계산으로 한 것인 때에는 영업주는 상업사용인에 대하여 이로 인한 이득의 양도를 청구할 수 있다.

④ 영업주가 개입권을 행사한 경우에는 상업사용인에 대하여 손해배상의 청구를 하지 못한다.

⑤ 상업사용인에 대한 개입권은 영업주가 그 거래를 안 날로부터 2주간을 경과하거나 그 거래가 있은 날로부터 1년을 경과하면 소멸한다.

해설

① [O] 상법 제17조 제1항

② [O] 상법 제17조 제2항 전단

③ [O] 상법 제17조 제2항 후단

④ [×] 영업주의 개입권 행사는 영업주의 상업사용인에 대한 손해배상의 청구에 영향을 미치지 아니한다(상법 제17조 제3항 참조).

⑤ [O] 상법 제17조 제4항

상법 제17조(상업사용인의 의무)

① 상업사용인은 영업주의 허락없이 자기 또는 제3자의 계산으로 영업주의 영업부류에 속한 거래를 하거나 회사의 무한책임사원, 이사 또는 다른 상인의 사용인이 되지 못한다.

② 상업사용인이 전항의 규정에 위반하여 거래를 한 경우에 그 거래가 자기의 계산으로 한 것인 때에는 영업주는 이를 영업주의 계산으로 한 것으로 볼 수 있고 제3자의 계산으로 한 것인 때에는 영업주는 사용인에 대하여 이로 인한 이득의 양도를 청구할 수 있다.

③ 전항의 규정은 영업주로부터 사용인에 대한 계약의 해지 또는 손해배상의 청구에 영향을 미치지 아니한다.

④ 제2항에 규정한 권리는 영업주가 그 거래를 안 날로부터 2주간을 경과하거나 그 거래가 있은 날로부터 1년을 경과하면 소멸한다.

답 ④

10 CPA 2023

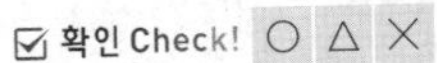

상법상 상업사용인에 관한 설명으로 옳은 것은?

① 지배인은 영업주의 소송대리인이 될 수 있으나 영업과 관련하여 영업주의 소송대리인을 선임하지 못한다.

② 부분적 포괄대리권을 가진 상업사용인은 영업의 특정한 종류 또는 특정한 사항에 대하여 위임을 받은 사항에 관한 재판상 또는 재판외의 모든 행위를 할 수 있다.

③ 표현지배인은 영업주에 갈음하여 그 영업에 관한 재판상 또는 재판외의 모든 행위를 할 수 있는 권한이 있는 것으로 본다.

④ 지배인의 대리권에 대한 제한은 이를 등기하는 경우에 한하여 선의의 제3자에게 대항할 수 있다.

⑤ 상업사용인이 영업주의 허락없이 제3자의 계산으로 영업주의 영업부류에 속한 거래를 한 경우 영업주는 사용인에 대하여 이로 인한 이득의 양도를 청구할 수 있다.

해설

① [×] 지배인은 영업주에 갈음하여 그 영업에 관한 재판상 또는 재판외의 모든 행위를 할 수 있다(상법 제11조 제1항). 여기서 재판상 행위란 소송행위를 말하므로, 지배인은 영업과 관련하여 영업주의 소송대리인이 될 수 있고 소송대리인을 선임할 수도 있다.

② [×] 영업의 특정한 종류 또는 특정한 사항에 대한 위임을 받은 사용인은 이에 관한 재판외의 모든 행위를 할 수 있다(상법 제15조 제1항).

③ [×] 본점 또는 지점의 본부장, 지점장, 그 밖에 지배인으로 인정될 만한 명칭을 사용하는 자는 본점 또는 지점의 지배인과 동일한 권한이 있는 것으로 본다. 다만, 재판상 행위에 관하여는 그러하지 아니하다(상법 제14조 제1항).

④ [×] 지배인의 대리권에 대한 제한은 선의의 제3자에게 대항하지 못한다(상법 제11조 제3항). 지배인의 대리권 제한은 등기할 수도 없다.

⑤ [O] 상법 제17조 제1항, 제2항

> **상법 제17조(상업사용인의 의무)**
> ① 상업사용인은 영업주의 허락없이 자기 또는 제3자의 계산으로 영업주의 영업부류에 속한 거래를 하거나 회사의 무한책임사원, 이사 또는 다른 상인의 사용인이 되지 못한다.
> ② 상업사용인이 전항의 규정에 위반하여 거래를 한 경우에 그 거래가 자기의 계산으로 한 것인 때에는 영업주는 이를 영업주의 계산으로 한 것으로 볼 수 있고 제3자의 계산으로 한 것인 때에는 영업주는 사용인에 대하여 이로 인한 이득의 양도를 청구할 수 있다.

답 ⑤

11 CPA 2020

☑ 확인 Check! ○ △ ✕

상법상 상업사용인에 관한 설명으로 틀린 것은?

① 상업사용인은 영업주의 허락없이 자기 또는 제3자의 계산으로 영업주의 영업부류에 속한 거래를 하지 못한다.
② 상인이 수인의 지배인에게 공동으로 대리권을 행사하게 한 경우 및 이를 변경한 경우에는 그 사항을 등기하여야 한다.
③ 상업사용인이 경업금지의무를 위반하여 거래를 한 경우, 그 거래가 제3자의 계산으로 한 것인 때에는 영업주는 그 제3자에 대하여 그 거래로 취득한 이득의 양도를 청구할 수 있다.
④ 영업의 특정한 종류 또는 특정한 사항에 대한 위임을 받은 사용인은 이에 관한 재판 외의 모든 행위를 할 수 있다.
⑤ 부분적 포괄대리권을 가진 상업사용인의 대리권에 대한 제한은 선의의 제3자에게 대항하지 못한다.

해설

① [O] 상법 제17조 제1항
② [O] 상법 제12조 제1항, 제13조

> **상법 제12조(공동지배인)**
> ① 상인은 수인의 지배인에게 공동으로 대리권을 행사하게 할 수 있다.
>
> **상법 제13조(지배인의 등기)**
> 상인은 지배인의 선임과 그 대리권의 소멸에 관하여 영업소(회사의 경우 본점을 말한다)의 소재지에서 등기하여야 한다. 제12조 제1항에서 규정한 사항을 등기하는 경우와 그 사항을 변경하는 경우에도 같다.

③ [✕] 상업사용인이 경업금지의무를 위반하여 거래를 한 경우, 그 거래가 제3자의 계산으로 한 것인 때에는 영업주는 사용인에 대하여 그 거래로 취득한 이득의 양도를 청구할 수 있다(상법 제17조 제2항 참조).

> **상법 제17조(상업사용인의 의무)**
> ① 상업사용인은 영업주의 허락없이 자기 또는 제3자의 계산으로 영업주의 영업부류에 속한 거래를 하거나 회사의 무한책임사원, 이사 또는 다른 상인의 사용인이 되지 못한다.
> ② 상업사용인이 전항의 규정에 위반하여 거래를 한 경우에 그 거래가 자기의 계산으로 한 것인 때에는 영업주는 이를 영업주의 계산으로 한 것으로 볼 수 있고 제3자의 계산으로 한 것인 때에는 영업주는 사용인에 대하여 이로 인한 이득의 양도를 청구할 수 있다.

④ [O] 상법 제15조 제1항
⑤ [O] 상법 제15조 제2항, 제11조 제3항

> **상법 제15조(부분적 포괄대리권을 가진 사용인)**
> ① 영업의 특정한 종류 또는 특정한 사항에 대한 위임을 받은 사용인은 이에 관한 재판외의 모든 행위를 할 수 있다.
> ② 제11조 제3항의 규정은 전항의 경우에 준용한다.

상법 제11조(지배인의 대리권)

③ 지배인의 대리권에 대한 제한은 선의의 제3자에게 대항하지 못한다.

답 ③

12 CPA 2018

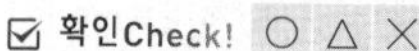

상법상 상업사용인에 관한 설명으로 옳은 것은? (이견이 있는 경우 판례에 의함)

① A가 운영하는 전기제품 판매점의 점원인 B가 그 판매점에서 외상으로 제품을 구매하였던 C의 사무실을 찾아가 A의 허락없이 C로부터 외상대금을 수령한 경우 C의 B에 대한 외상대금의 변제행위는 유효하다.

② 영업주로부터 지배인으로 선임된 A가 지배인 선임등기가 이루어지기 전에 B와 영업주의 영업상 거래를 한 경우 A와 B의 거래행위의 효력은 영업주에게 미친다.

③ 甲회사의 공동지배인 A, B, C는 D와 물품매매계약을 체결하고 계약금을 공동으로 수령한 후 1개월 뒤 D가 B에게만 잔금을 지급하였다면 甲회사에 대해서는 잔금지급의 효력이 인정되지 않는다.

④ 상업사용인은 영업주의 허락이 없어도 다른 회사의 무한책임사원이나 이사가 될 수 있다.

⑤ 영업의 특정한 종류 또는 특정한 사항에 대한 위임을 받은 사용인은 이에 관한 재판상 또는 재판외의 모든 행위를 할 수 있다.

해설

① [×] 물건을 판매하는 점포의 사용인은 그 판매에 관한 모든 권한이 있는 것으로 본다(상법 제16조 제1항). 이러한 물건판매점포의 사용인의 권한은 점포 내의 사용인의 행위에 대해 적용되며, 점포 밖에서의 판매 또는 대금수령 행위에 대하여는 적용되지 않는다(장소적 제한).

② [○] 지배인의 선임과 그 대리권의 소멸에 관하여 등기를 하여야 하지만(상법 제13조 참조), 이러한 등기는 효력요건이 아니라 대항요건에 불과하다(상법 제37조 제1항). 따라서 영업주가 지배인으로 선임하면 등기 전이라도 지배인은 대리권을 가지고 영업상 거래를 유효하게 할 수 있다.

상법 제13조(지배인의 등기)

상인은 지배인의 선임과 그 대리권의 소멸에 관하여 영업소(회사의 경우 본점을 말한다)의 소재지에서 등기하여야 한다. 제12조 제1항에서 규정한 사항을 등기하는 경우와 그 사항을 변경하는 경우에도 같다.

상법 제37조(등기의 효력)

① 등기할 사항은 이를 등기하지 아니하면 선의의 제3자에게 대항하지 못한다.

③ [×] 상대방이 공동지배인에게 의사표시를 하는 수동대리의 경우에는 공동지배인 중 1명에게 하여도 영업주에게 효력이 발생한다(상법 제12조 제2항 참조). 따라서 甲회사의 공동지배인 A, B, C는 D와 물품매매계약을 체결하고 계약금을 공동으로 수령한 후 1개월 뒤 D가 B에게만 잔금을 지급하였다면 甲회사에 대해서 잔금지급의 효력이 인정된다.

> **상법 제12조(공동지배인)**
> ① 상인은 수인의 지배인에게 공동으로 대리권을 행사하게 할 수 있다.
> ② 전항의 경우에 지배인 1인에 대한 의사표시는 영업주에 대하여 그 효력이 있다.

④ [×] 상업사용인은 영업주의 허락없이 자기 또는 제3자의 계산으로 영업주의 영업부류에 속한 거래를 하거나 회사의 무한책임사원, 이사 또는 다른 상인의 사용인이 되지 못한다(상법 제17조 제1항).

⑤ [×] 영업의 특정한 종류 또는 특정한 사항에 대한 위임을 받은 사용인은 이에 관한 재판외의 모든 행위를 할 수 있다(상법 제15조 제1항).

답 ②

13 CPA 2016

☑ 확인 Check! ○ △ ×

상법상 상업사용인에 관한 설명으로 옳은 것은?

① 지배인은 영업주의 허락 없이 영업주를 위하여 다른 영업을 양수하고 그 영업의 지배인을 선임할 수 있다.
② 회사가 구매부장의 구매업무에 관한 대리권을 제한하더라도 이로써 선의의 제3자에게 대항하지 못한다.
③ 표현지배인은 재판 외의 행위뿐만 아니라 재판상의 모든 행위에 관하여도 그 영업소의 지배인과 동일한 권한을 가진다.
④ 영업주는 상업사용인이 경업금지의무를 위반하여 한 거래행위가 제3자의 계산으로 한 경우 제3자에 대하여 그가 얻은 이득의 양도를 청구할 수 있다.
⑤ 주식회사의 지배인은 당해 회사의 감사의 직무를 겸할 수 있으며 지배인은 의사능력을 갖춘 자연인이어야 한다.

해설

① [×] 지배인의 영업에 관한 행위는 영업의 존속을 전제로 하여 그 범위 내의 것이어야 한다. 따라서 새로운 점포의 개설, 영업의 양도·폐지 등은 할 수 없다(상법 제11조 제1항 참조). 또한 다른 지배인의 선임·해임은 객관적으로 지배인의 권한 밖의 행위가 된다(상법 제11조 제2항 참조).

> **상법 제11조(지배인의 대리권)**
> ① 지배인은 영업주에 갈음하여 그 영업에 관한 재판상 또는 재판외의 모든 행위를 할 수 있다.
> ② 지배인은 지배인이 아닌 점원 기타 사용인을 선임 또는 해임할 수 있다.

② [O] 회사의 구매부장은 부분적 포괄대리권을 가진 사용인으로 구매 업무에 관하여 재판 외의 모든 행위를 할 수 있는 대리권을 가진다(상법 제15조 제1항 참조). 구매 업무에 관한 대리권 범위의 제한은 선의의 제3자에게 대항하지 못한다(상법 제15조 제2항, 제11조 제3항 참조).

> **상법 제15조(부분적 포괄대리권을 가진 사용인)**
> ① 영업의 특정한 종류 또는 특정한 사항에 대한 위임을 받은 사용인은 이에 관한 재판외의 모든 행위를 할 수 있다.
> ② 제11조 제3항의 규정은 전항의 경우에 준용한다.
>
> **상법 제11조(지배인의 대리권)**
> ③ 지배인의 대리권에 대한 제한은 선의의 제3자에게 대항하지 못한다.

③ [×] 본점 또는 지점의 본부장, 지점장, 그 밖에 지배인으로 인정될 만한 명칭을 사용하는 자는 본점 또는 지점의 지배인과 동일한 권한이 있는 것으로 본다. 다만, 재판상 행위에 관하여는 그러하지 아니하다(상법 제14조 제1항).

④ [×] 영업주는 상업사용인이 경업금지의무를 위반하여 한 거래행위가 제3자의 계산으로 한 경우 사용인에 대하여 그가 얻은 이득의 양도를 청구할 수 있다(상법 제17조 제2항 참조).

> **상법 제17조(상업사용인의 의무)**
> ① 상업사용인은 영업주의 허락없이 자기 또는 제3자의 계산으로 영업주의 영업부류에 속한 거래를 하거나 회사의 무한책임사원, 이사 또는 다른 상인의 사용인이 되지 못한다.
> ② 상업사용인이 전항의 규정에 위반하여 거래를 한 경우에 그 거래가 자기의 계산으로 한 것인 때에는 영업주는 이를 영업주의 계산으로 한 것으로 볼 수 있고 제3자의 계산으로 한 것인 때에는 영업주는 사용인에 대하여 이로 인한 이득의 양도를 청구할 수 있다.

⑤ [×] 주식회사의 지배인은 당해 회사의 감사의 직무를 겸할 수 없으며(상법 제411조 참조) 지배인은 의사능력을 갖춘 자연인이어야 하지만 반드시 행위능력자일 필요는 없다(민법 제117조 참조).

> **상법 제411조(겸임금지)**
> 감사는 회사 및 자회사의 이사 또는 지배인 기타의 사용인의 직무를 겸하지 못한다.
>
> **민법 제117조(대리인의 행위능력)**
> 대리인은 행위능력자임을 요하지 아니한다.

답 ②

14 CPA 2019

☑ 확인Check! ○ △ ✕

상법상 상인과 상업사용인에 관한 설명으로 틀린 것은?

① 자기명의로 상법 제46조의 기본적 상행위를 하는 자는 당연상인이다.
② 회사는 상행위를 하지 아니하더라도 상인으로 본다.
③ 회사가 아닌 자본금액 1천만원 미만의 상인에 대해서는 지배인, 상호, 상업등기와 상업장부에 관한 규정을 적용하지 아니한다.
④ 거래상대방이 영업주에게 하는 의사표시는 공동지배인 모두에게 하여야 영업주에게 효력이 있다.
⑤ 영업주는 상업사용인이 경업금지의무를 위반한 경우 개입권을 행사할 수 있고 사용인에 대하여 계약의 해지 또는 손해배상청구를 할 수 있다.

해설

① [O] 상법 제4조, 제46조

> **상법 제4조(상인-당연상인)**
> 자기명의로 상행위를 하는 자를 상인이라 한다.
>
> **상법 제46조(기본적 상행위)**
> 영업으로 하는 다음의 행위를 상행위라 한다. 그러나 오로지 임금을 받을 목적으로 물건을 제조하거나 노무에 종사하는 자의 행위는 그러하지 아니하다.
> … (각 호 생략) …

② [O] 상법 제5조 제2항

> **상법 제5조(동전-의제상인)**
> ① 점포 기타 유사한 설비에 의하여 상인적 방법으로 영업을 하는 자는 상행위를 하지 아니하더라도 상인으로 본다.
> ② 회사는 상행위를 하지 아니하더라도 전항과 같다.

③ [O] 상법 제9조, 상법 시행령 제2조

> **상법 제9조(소상인)**
> 지배인, 상호, 상업장부와 상업등기에 관한 규정은 소상인에게 적용하지 아니한다.
>
> **상법 시행령 제2조(소상인의 범위)**
> 「상법」(이하 "법"이라 한다) 제9조에 따른 소상인은 자본금액이 1천만원에 미치지 못하는 상인으로서 회사가 아닌 자로 한다.

④ [×] 거래상대방이 영업주에게 하는 의사표시는 공동지배인 중 1인에게 하여도 영업주에게 효력이 있다(상법 제12조 제1항, 제2항 참조).

> **상법 제12조(공동지배인)**
> ① 상인은 수인의 지배인에게 공동으로 대리권을 행사하게 할 수 있다.
> ② 전항의 경우에 지배인 1인에 대한 의사표시는 영업주에 대하여 그 효력이 있다.

⑤ [O] 상법 제17조 제1항, 제2항, 제3항

> **상법 제17조(상업사용인의 의무)**
> ① 상업사용인은 영업주의 허락없이 자기 또는 제3자의 계산으로 영업주의 영업부류에 속한 거래를 하거나 회사의 무한책임사원, 이사 또는 다른 상인의 사용인이 되지 못한다.
> ② 상업사용인이 전항의 규정에 위반하여 거래를 한 경우에 그 거래가 자기의 계산으로 한 것인 때에는 영업주는 이를 영업주의 계산으로 한 것으로 볼 수 있고 제3자의 계산으로 한 것인 때에는 영업주는 사용인에 대하여 이로 인한 이득의 양도를 청구할 수 있다.
> ③ 전항의 규정은 영업주로부터 사용인에 대한 계약의 해지 또는 손해배상의 청구에 영향을 미치지 아니한다.

답 ④

15 법무사 2024

☑ 확인 Check! ○ △ ×

부분적 포괄대리권을 가진 사용인에 관한 다음 설명 중 가장 옳지 않은 것은?

① 일반적으로 건설회사의 현장소장에게는 회사의 부담으로 될 채무보증 또는 채무인수 등과 같은 행위를 할 권한이나 회사가 공사와 관련하여 거래상대방에 대하여 취득한 채권을 대가 없이 일방적으로 포기할 권한이 회사로부터 위임되어 있다고 볼 수 없다.

② 부분적 포괄대리권을 가진 상업사용인이 특정된 영업이나 특정된 사항에 속하지 아니하는 행위를 한 경우, 영업주가 책임을 지기 위하여는 민법상의 표현대리의 법리에 의하여 그 상업사용인과 거래한 상대방이 그 상업사용인에게 그 권한이 있다고 믿을 만한 정당한 이유가 있어야 한다.

③ 상무이사는 주식회사의 기관에 해당하므로 상법 제15조 소정의 부분적 포괄대리권을 가지는 그 회사의 사용인을 겸임할 수 없다.

④ 일반적으로 주식회사의 경리부장은 경상자금의 수입과 지출, 은행거래, 경리장부의 작성 및 관리 등 경리사무 일체에 관하여 그 권한을 위임받은 것으로 봄이 타당하고, 특별한 사정이 없는 한 독자적인 자금차용은 회사로부터 위임되어 있지 않다고 보아야 할 것이므로 경리부장에게 자금차용에 관한 상법 제15조의 부분적 포괄대리권이 있다고 할 수 없다.

⑤ 부분적 포괄대리권을 가진 상업사용인이 그 범위 내에서 한 행위는 설사 상업사용인이 영업주 본인의 이익이나 의사에 반하여 자기 또는 제3자의 이익을 도모할 목적으로 그 권한을 남용한 것이라 할지라도 일단 영업주 본인의 행위로서 유효하나, 그 행위의 상대방이 상업사용인의 진의를 알았거나 알 수 있었을 때에는 민법 제107조 제1항 단서의 유추해석상 그 행위에 대하여 영업주 본인에 대하여 무효가 된다.

▌해설▐

① [O] 건설회사 현장소장은 일반적으로 특정된 건설현장에서 공사의 시공과 관련된 업무만을 담당하는 자이어서 특별한 사정이 없는 한 상법 제15조 소정의 영업의 특정한 종류 또는 특정한 사항에 대한 위임을 받은 사용인으로서 그 업무에 관한 부분적 포괄대리권만을 가지고 있다고 봄이 상당하고, 일반적으로 건설회사의 현장소장에게는 회사의 부담으로 될 채무보증 또는 채무인수 등과 같은 행위를 할 권한이나 회사가 공사와 관련하여 거래상대방에 대하여 취득한 채권을 대가 없이 일방적으로 포기할 권한이 회사로부터 위임되어 있다고 볼 수 없다(대판 2013.2.28. 2011다79838).

② [O] 부분적 포괄대리권을 가진 상업사용인이 특정된 영업이나 특정된 사항에 속하지 아니하는 행위를 한 경우, 영업주가 책임을 지기 위하여는 민법상의 표현대리의 법리에 의하여 그 상업사용인과 거래한 상대방이 그 상업사용인에게 그 권한이 있다고 믿을 만한 정당한 이유가 있어야 한다(대판 2006.6.15. 2006다13117).

③ [×] 주식회사의 기관인 상무이사라 하더라도 상법 제15조 소정의 부분적 포괄대리권을 가지는 그 회사의 사용인을 겸임할 수 있다(대판 1996.8.23. 95다39472).

④ [O] 일반적으로 주식회사의 경리부장은 경상자금의 수입과 지출, 은행거래, 경리장부의 작성 및 관리 등 경리사무 일체에 관하여 그 권한을 위임받은 것으로 봄이 타당하고 그 지위나 직책, 회사에 미치는 영향, 특히 회사의 자금차입을 위하여 이사회의 결의를 요하는 등의 사정에 비추어 보면 특별한 사정이 없는 한 독자적인 자금차용은 회사로부터 위임되어 있지 않다고 보아야 할 것이므로 경리부장에게 자금차용에 관한 상법 제15조의 부분적 포괄대리권이 있다고 할 수 없다(대판 1990.1.23. 88다카3250).

⑤ [O] 부분적 포괄대리권을 가진 상업사용인이 그 범위 내에서 한 행위는 설사 상업사용인이 영업주 본인의 이익이나 의사에 반하여 자기 또는 제3자의 이익을 도모할 목적으로 그 권한을 남용한 것이라 할지라도 일단 영업주 본인의 행위로서 유효하나, 그 행위의 상대방이 상업사용인의 진의를 알았거나 알 수 있었을 때에는 민법 제107조 제1항 단서의 유추해석상 그 행위에 대하여 영업주 본인에 대하여 무효가 되고, 그 상대방이 상업사용인의 표시된 의사가 진의 아님을 알았거나 알 수 있었는가의 여부는 표의자인 상업사용인과 상대방 사이에 있었던 의사표시 형성 과정과 그 내용 및 그로 인하여 나타나는 효과 등을 객관적인 사정에 따라 합리적으로 판단하여야 한다(대판 2008.7.10. 2006다43767).

답 ③

PART 1

16 법무사 2021

☑ 확인Check! ○ △ ✕

상법상 상업사용인에 관한 다음 설명 중 가장 옳지 않은 것은?

① 지배인은 영업주에 갈음하여 그 영업에 관한 재판상 또는 재판 외의 모든 행위를 할 수 있다.

② 지배인이 영업주가 정한 대리권에 관한 제한규정에 위반하여 한 행위에 대하여는 제3자가 위 대리권 제한사실을 알고 있었던 경우뿐만 아니라 알지 못한 데에 중대한 과실이 있는 경우에도 영업주는 그러한 사유를 들어 상대방에게 대항할 수 있다.

③ 상인은 수인의 지배인에게 공동으로 대리권을 행사하게 할 수 있는데, 이는 등기사항에는 해당하지 않는다.

④ 표현지배인은 본점 또는 지점의 본부장, 지점장, 그 밖에 지배인으로 인정될 만한 명칭을 사용하는 자를 말하므로, 지점차장이라는 명칭을 사용하는 자는 표현지배인이라고 볼 수 없다.

⑤ 부분적 포괄대리권을 가진 상업사용인이 특정된 영업이나 특정된 사항에 속하지 아니하는 행위를 한 경우, 영업주가 책임을 지기 위하여는 민법상의 표현대리의 법리에 의하여 그 상업사용인과 거래한 상대방이 그 상업사용인에게 그 권한이 있다고 믿을 만한 정당한 이유가 있어야 한다.

해설

① [O] 지배인은 영업주에 갈음하여 그 영업에 관한 재판상 또는 재판 외의 모든 행위를 할 수 있다(상법 제11조 제1항).

② [O] 지배인의 어떤 행위가 그 객관적 성질에 비추어 영업주의 영업에 관한 행위로 판단되는 경우에 지배인이 영업주가 정한 대리권에 관한 제한 규정에 위반하여 한 행위에 대하여는 제3자가 위 대리권의 제한 사실을 알고 있었던 경우뿐만 아니라 알지 못한 데에 중대한 과실이 있는 경우에도 영업주는 그러한 사유를 들어 상대방에게 대항할 수 있고, 이러한 제3자의 악의 또는 중대한 과실에 대한 주장・입증책임은 영업주가 부담한다(대판 1997.8.26. 96다36753).

③ [×] 상법 제13조

> **상법 제12조(공동지배인)**
> ① 상인은 수인의 지배인에게 공동으로 대리권을 행사하게 할 수 있다.
>
> **상법 제13조(지배인의 등기)**
> 상인은 지배인의 선임과 그 대리권의 소멸에 관하여 영업소(회사의 경우 본점을 말한다)의 소재지에서 등기하여야 한다. 제12조 제1항에서 규정한 사항을 등기하는 경우와 그 사항을 변경하는 경우에도 같다.

④ [O] 지점차장이라는 명칭은 그 명칭 자체로서 상위직의 사용인의 존재를 추측할 수 있게 하는 것이므로 상법 제14조 제1항 소정의 영업주임 기타 이에 유사한 명칭을 가진 사용인을 표시하는 것이라고 할 수 없고, 따라서 표현지배인이 아니다(대판 1993.12.10. 93다36974).

⑤ [O] 부분적 포괄대리권을 가진 상업사용인이 특정된 영업이나 특정된 사항에 속하지 아니하는 행위를 한 경우, 영업주가 책임을 지기 위하여는 민법상의 표현대리의 법리에 의하여 그 상업사용인과 거래한 상대방이 그 상업사용인에게 그 권한이 있다고 믿을 만한 정당한 이유가 있어야 한다(대판 2006.6.15. 2006다13117).

답 ③

CHAPTER

03 | 기업의 물적 요소

제1절 | 상 호

01 CPA 2020

☑ 확인Check! ○ △ ×

상법상 상호에 관한 설명으로 틀린 것은?

① 상인은 그 성명 기타의 명칭으로 상호를 정할 수 있다.
② 회사가 아닌 개인상인의 경우에는 동일한 영업에 대하여 단일상호를 사용하지 않아도 된다.
③ 누구든지 부정한 목적으로 타인의 영업으로 오인할 수 있는 상호를 사용하지 못한다.
④ 등기된 상호의 경우 상호의 양도는 등기하지 아니하면 제3자에게 대항하지 못한다.
⑤ 상호를 폐지한 경우, 2주간 내에 그 상호를 등기한 자가 폐지의 등기를 하지 아니하는 때에는 이해관계인은 그 등기의 말소를 청구할 수 있다.

▌해설▐

① [O] 상인은 그 성명 기타의 명칭으로 상호를 정할 수 있다(상법 제18조).
② [×] 동일한 영업에는 단일상호를 사용하여야 한다(상법 제21조 제1항). 이는 회사뿐만 아니라 개인상인의 경우에도 마찬가지이다.
③ [O] 누구든지 부정한 목적으로 타인의 영업으로 오인할 수 있는 상호를 사용하지 못한다(상법 제23조 제1항).
④ [O] 상호의 양도는 등기하지 아니하면 제3자에게 대항하지 못한다(상법 제25조 제2항).
⑤ [O] 상호를 변경 또는 폐지한 경우에 2주간내에 그 상호를 등기한 자가 변경 또는 폐지의 등기를 하지 아니하는 때에는 이해관계인은 그 등기의 말소를 청구할 수 있다(상법 제27조).

답 ②

PART 1

02 CPA 2019

☑ 확인 Check! ○ △ ✕

상법상 상호에 관한 설명으로 옳은 것으로만 묶은 것은?

> ㄱ. 회사가 상이한 수개의 영업을 영위하는 경우 단일상호를 사용할 수 없다.
> ㄴ. 상호를 등기한 자가 정당한 사유없이 2년간 상호를 사용하지 아니한 때에는 이를 폐지한 것으로 본다.
> ㄷ. 주식회사, 유한회사는 설립 시에 상호의 가등기를 신청할 수 있으나 상호와 목적을 변경할 때에는 상호의 가등기를 신청할 수 없다.
> ㄹ. 명의대여자는 명의차용자인 영업주의 거래상대방이 악의인 경우 이를 입증함으로써 면책될 수 있다.
> ㅁ. 부정한 목적으로 타인의 영업으로 오인할 수 있는 상호를 사용하는 자가 있는 경우 상호를 등기한 자만이 상호의 폐지를 청구할 수 있다.

① ㄱ, ㄴ
② ㄱ, ㄷ
③ ㄴ, ㄹ
④ ㄷ, ㅁ
⑤ ㄹ, ㅁ

해설

ㄱ. [✕] 동일한 영업에는 단일상호를 사용하여야 한다(상법 제21조 제1항). 반면에 상인이 수개의 영업을 하는 경우 개인상인은 각기 다른 상호를 사용할 수도 있고 단일상호를 사용할 수도 있다. 그러나 회사의 상호는 회사 자체를 표시하므로 회사는 수개의 영업을 하더라도 단일상호만 사용할 수 있다.

ㄴ. [O] 상호를 등기한 자가 정당한 사유없이 2년간 상호를 사용하지 아니하는 때에는 이를 폐지한 것으로 본다(상법 제26조).

ㄷ. [✕] 설립 시의 상호가등기는 주식회사와 유한회사 및 유한책임회사만 가능하나, 설립 이후 상호나 목적의 변경, 본점의 이전의 경우에는 모든 회사가 가능하다(상법 제22조의2 제1항, 제2항, 제3항 참조).

> **상법 제22조의2(상호의 가등기)**
> ① 유한책임회사, 주식회사 또는 유한회사를 설립하고자 할 때에는 본점의 소재지를 관할하는 등기소에 상호의 가등기를 신청할 수 있다.
> ② 회사는 상호나 목적 또는 상호와 목적을 변경하고자 할 때에는 본점의 소재지를 관할하는 등기소에 상호의 가등기를 신청할 수 있다.
> ③ 회사는 본점을 이전하고자 할 때에는 이전할 곳을 관할하는 등기소에 상호의 가등기를 신청할 수 있다.

ㄹ. [O] 상법 제24조에서 규정한 명의대여자의 책임은 명의자를 사업주로 오인하여 거래한 제3자를 보호하기 위한 것이므로 거래 상대방이 명의대여사실을 알았거나 모른 데 대하여 중대한 과실이 있는 때에는 책임을 지지 않는바, 이때 거래의 상대방이 명의대여사실을 알았거나 모른 데 대한 중대한 과실이 있었는지 여부에 대하여는 면책을 주장하는 명의대여자가 입증책임을 부담한다(대판 2008.1.24. 2006다21330).

ㅁ. [✕] 상법 제23조 제1항, 제2항

> **상법 제23조(주체를 오인시킬 상호의 사용금지)**
> ① 누구든지 부정한 목적으로 타인의 영업으로 오인할 수 있는 상호를 사용하지 못한다.
> ② 제1항의 규정에 위반하여 상호를 사용하는 자가 있는 경우에 이로 인하여 손해를 받을 염려가 있는 자 또는 상호를 등기한 자는 그 폐지를 청구할 수 있다.

답 ③

03 CPA 2018

☑ 확인Check! ○ △ ✕

상법상 상호에 관한 설명으로 옳은 것은?

① 개인 상인이 수개의 영업을 영위하는 경우에도 하나의 상호만을 사용하여야 한다.
② 상인의 상호는 영업내용 및 영업주의 실질과 일치하여야 한다.
③ 동일한 영업에는 단일상호를 사용하여야 하며 지점의 상호에는 본점과의 종속관계를 표시하여야 한다.
④ 상호를 등기한 자가 정당한 사유없이 1년간 상호를 사용하지 아니하는 때에는 이를 폐지한 것으로 본다.
⑤ 상인의 상호의 등기 여부는 자유이지만 등기한 상호에 대해서는 상법에 의한 보호를 받는다.

▌해설▐

① [×] 개인상인은 수개의 독립된 영업에 대하여 각기 다른 상호를 사용할 수도 있고 하나의 상호를 사용할 수도 있다. 그러나 회사는 그 상호가 회사 자체를 표시하므로 수개의 영업을 하더라도 하나의 상호만 사용할 수 있다.
② [×] 상인은 그 성명 기타의 명칭으로 상호를 정할 수 있다(상법 제18조). 즉, 우리 상법은 원칙적으로 상호자유주의를 채택하여 영업의 실질과 일치할 필요없이 상호를 자유롭게 선정할 수 있도록 하고 있다.
③ [O] 상법 제21조 제1항, 제2항

> **상법 제21조(상호의 단일성)**
> ① 동일한 영업에는 단일상호를 사용하여야 한다.
> ② 지점의 상호에는 본점과의 종속관계를 표시하여야 한다.

④ [×] 상호를 등기한 자가 정당한 사유없이 2년간 상호를 사용하지 아니하는 때에는 이를 폐지한 것으로 본다(상법 제26조).
⑤ [×] 회사의 상호는 반드시 등기해야 하는 절대적 등기사항이지만, 자연인의 상호는 등기가 강제되지 않는다(상법 제180조 제1호, 제271조, 제287조의5 제1항 제1호, 제317조 제2항 제1호, 제549조 제2항 제1호 참조). 또한 상호는 등기여부를 불문하고 상법의 보호를 받는다. 다만 상호를 등기하면 상호권의 보호가 더욱 강화된다.

> **상법 상법 제180조(설립의 등기)**
> 합명회사의 설립등기에 있어서는 다음의 사항을 등기하여야 한다.
> 1. 제179조 제1호 내지 제3호(목적, 상호, 사원의 성명·주민등록번호 및 주소) 및 제5호(본점의 소재지)의 사항과 지점을 둔 때에는 그 소재지. 다만, 회사를 대표할 사원을 정한 때에는 그 외의 사원의 주소를 제외한다.
> 2. 사원의 출자의 목적, 재산출자에는 그 가격과 이행한 부분
> 3. 존립기간 기타 해산사유를 정한 때에는 그 기간 또는 사유
> 4. 회사를 대표할 사원을 정한 경우에는 그 성명·주소 및 주민등록번호
> 5. 수인의 사원이 공동으로 회사를 대표할 것을 정한 때에는 그 규정

답 ③

PART 1

04 CPA 2015

☑ 확인Check! ○ △ ×

상법상 상호에 관한 설명으로 옳은 것은? (이견이 있으면 판례에 의함)

① 상법 제23조에서 말하는 타인의 영업으로 오인할 수 있는 상호란 그 타인의 영업과 동종영업에 사용되는 상호에 한정되지 않는다.

② 합명회사나 합자회사가 상호나 목적 또는 상호와 목적을 변경하는 경우에는 상호의 가등기를 신청할 수 없다.

③ 동일 또는 인접한 특별시・광역시・시・군에서 동종영업으로 타인이 등기한 상호를 사용하는 자는 부정한 목적으로 사용하는 것으로 추정한다.

④ 상법은 정당한 사유 없이 2년간 등기상호를 사용하지 아니하면 이를 폐지한 것으로 추정한다.

⑤ 타인이 자신의 성명이나 명칭을 이용하여 주체를 오인시킬 상호를 사용하는 경우에 상인이 아닌 자는 상법 제23조를 근거로 그 상호사용의 폐지를 청구할 수 없다.

해설

① [O] 상법 제23조 제1항은 누구든지 부정한 목적으로 타인의 영업으로 오인할 수 있는 상호를 사용하지 못한다고 규정하고 있는바, 타인의 영업으로 오인할 수 있는 상호는 그 타인의 영업과 동종 영업에 사용되는 상호만을 한정하는 것은 아니라고 할 것이나, 어떤 상호가 일반 수요자들로 하여금 영업주체를 오인・혼동시킬 염려가 있는 것인지를 판단함에 있어서는, 양 상호 전체를 비교 관찰하여 각 영업의 성질이나 내용, 영업방법, 수요자층 등에서 서로 밀접한 관련을 가지고 있는 경우로서 일반 수요자들이 양 업무의 주체가 서로 관련이 있는 것으로 생각하거나 또는 그 타인의 상호가 현저하게 널리 알려져 있어 일반 수요자들로부터 기업의 명성으로 인하여 절대적인 신뢰를 획득한 경우에 해당하는지 여부를 종합적으로 고려하여야 한다(대판 2002.2.26. 2001다73879).

② [×] 설립 시의 상호가등기는 주식회사와 유한회사 및 유한책임회사만 가능하나, 설립 이후 상호나 목적의 변경, 본점의 이전의 경우에는 모든 회사가 가능하다(상법 제22조의2 제1항, 제2항, 제3항 참조).

> **상법 제22조의2(상호의 가등기)**
> ① 유한책임회사, 주식회사 또는 유한회사를 설립하고자 할 때에는 본점의 소재지를 관할하는 등기소에 상호의 가등기를 신청할 수 있다.
> ② 회사는 상호나 목적 또는 상호와 목적을 변경하고자 할 때에는 본점의 소재지를 관할하는 등기소에 상호의 가등기를 신청할 수 있다.
> ③ 회사는 본점을 이전하고자 할 때에는 이전할 곳을 관할하는 등기소에 상호의 가등기를 신청할 수 있다.

③ [×] 동일한 특별시・광역시・시・군에서 동종영업으로 타인이 등기한 상호를 사용하는 자는 부정한 목적으로 사용하는 것으로 추정한다(상법 제23조 제4항).

④ [×] 상호를 등기한 자가 정당한 사유없이 2년간 상호를 사용하지 아니하는 때에는 이를 폐지한 것으로 본다(상법 제26조).

⑤ [×] 통설은 상법 제23조의 유추적용으로 상인이 아닌 자도 보호의 필요성이 인정된다면 상호폐지청구권을 행사할 수 있다는 입장이다.

상법 제23조(주체를 오인시킬 상호의 사용금지)
① 누구든지 부정한 목적으로 타인의 영업으로 오인할 수 있는 상호를 사용하지 못한다.
② 제1항의 규정에 위반하여 상호를 사용하는 자가 있는 경우에 이로 인하여 손해를 받을 염려가 있는 자 또는 상호를 등기한 자는 그 폐지를 청구할 수 있다.

답 ①

05 CPA 2018

☑ 확인 Check! ○ △ ×

상법상 상호의 가등기에 관한 설명으로 틀린 것은?

① 합명회사를 설립하고자 할 때에는 본점의 소재지를 관할하는 등기소에 상호의 가등기를 신청할 수 있다.
② 합자회사의 상호를 변경하고자 하는 경우에는 상호의 가등기를 신청할 수 있다.
③ 유한회사의 본점을 이전하고자 하는 경우에는 이전할 곳을 관할하는 등기소에 상호의 가등기를 신청할 수 있다.
④ 회사가 아닌 상인은 상호를 가등기할 수 없다.
⑤ 타인이 가등기한 상호는 동일한 특별시・광역시・시・군에서 동종영업의 상호로 등기하지 못한다.

해설

① [×] 유한책임회사, 주식회사 또는 유한회사를 설립하고자 할 때에는 본점의 소재지를 관할하는 등기소에 상호의 가등기를 신청할 수 있다(상법 제22조의2 제1항). 즉 설립 시의 상호가등기는 주식회사와 유한회사 및 유한책임회사만 가능하다.
② [O] 회사는 상호나 목적 또는 상호와 목적을 변경하고자 할 때에는 본점의 소재지를 관할하는 등기소에 상호의 가등기를 신청할 수 있다(상법 제22조의2 제2항).
③ [O] 회사는 본점을 이전하고자 할 때에는 이전할 곳을 관할하는 등기소에 상호의 가등기를 신청할 수 있다(상법 제22조의2 제3항).
④ [O] 상호가등기는 회사의 경우에만 인정된다.
⑤ [O] 상법 제22조의2 제4항, 제22조

상법 제22조의2(상호의 가등기)
④ 상호의 가등기는 제22조의 적용에 있어서는 상호의 등기로 본다.

상법 제22조(상호등기의 효력)
타인이 등기한 상호는 동일한 특별시・광역시・시・군에서 동종영업의 상호로 등기하지 못한다.

답 ①

PART 1

06 법무사 2022

☑ 확인 Check! ○ △ ✕

상법상 상호에 관한 다음 설명 중 가장 옳지 않은 것은?

① "타인이 등기한 상호는 동일한 특별시·광역시·시·군에서 동종영업의 상호로 등기하지 못한다"고 규정하고 있는 상법 제22조에 기하여 선등기자가 후등기자를 상대로 위 규정에 의하여 금지되는 상호등기의 말소청구의 소를 제기할 수 있다.

② 유한책임회사, 주식회사 또는 유한회사를 설립하고자 할 때 또는 회사의 상호와 목적을 변경하고자 할 때에는 본점의 소재지를 관할하는 등기소에 상호의 가등기를 신청할 수 있다.

③ 누구든지 부정한 목적으로 타인의 영업으로 오인할 수 있는 상호를 사용하지 못하므로, 이를 위반하여 상호를 사용하는 자가 있는 경우에 이로 인하여 손해를 받을 염려가 있는 자 또는 상호를 등기한 자는 그 폐지를 청구할 수 있고, 손해를 입은 자는 손해배상청구도 할 수 있다.

④ 동일한 특별시·광역시·시·군에서 동종영업으로 타인이 등기한 상호를 사용하는 자는 부정한 목적으로 사용하는 것으로 추정한다.

⑤ 상호는 영업을 폐지하거나 영업과 함께 하는 경우에 한하여 이를 양도할 수 있는데, 상호의 양도를 등기하지 않더라도 악의의 제3자에게는 대항할 수 있다.

해설

① [O] 상법 제22조의 규정은 동일한 특별시·광역시·시 또는 군 내에서는 동일한 영업을 위하여 타인이 등기한 상호 또는 확연히 구별할 수 없는 상호의 등기를 금지하는 효력과 함께 그와 같은 상호가 등기된 경우에는 선등기자가 후등기자를 상대로 그와 같은 등기의 말소를 소로써 청구할 수 있는 효력도 인정한 규정이라고 봄이 상당하다(대판 2004.3.26. 2001다72081).

② [O] 상법 제22조의2 제1항, 제2항

> **상법 제22조의2(상호의 가등기)**
> ① 유한책임회사, 주식회사 또는 유한회사를 설립하고자 할 때에는 본점의 소재지를 관할하는 등기소에 상호의 가등기를 신청할 수 있다.
> ② 회사는 상호나 목적 또는 상호와 목적을 변경하고자 할 때에는 본점의 소재지를 관할하는 등기소에 상호의 가등기를 신청할 수 있다.

③ [O], ④ [O] 상법 제23조

> **상법 제23조(주체를 오인시킬 상호의 사용금지)**
> ① 누구든지 부정한 목적으로 타인의 영업으로 오인할 수 있는 상호를 사용하지 못한다.
> ② 제1항의 규정에 위반하여 상호를 사용하는 자가 있는 경우에 이로 인하여 손해를 받을 염려가 있는 자 또는 상호를 등기한 자는 그 폐지를 청구할 수 있다.
> ③ 제2항의 규정은 손해배상의 청구에 영향을 미치지 아니한다.
> ④ 동일한 특별시·광역시·시·군에서 동종영업으로 타인이 등기한 상호를 사용하는 자는 부정한 목적으로 사용하는 것으로 추정한다.

⑤ [×] 상법 제37조 제1항의 상업등기의 일반적 효력으로서의 대항력과 달리 상호양도는 그 등기가 없으면 악의의 제3자에게도 대항하지 못한다.

> **상법 제25조(상호의 양도)**
> ① 상호는 영업을 폐지하거나 영업과 함께 하는 경우에 한하여 이를 양도할 수 있다.
> ② 상호의 양도는 등기하지 아니하면 제3자에게 대항하지 못한다.

 ⑤

07 CPA 2022

☑ 확인Check! ○ △ ×

상법상 명의대여자의 책임에 관한 설명으로 틀린 것은? (이견이 있으면 판례에 의함)

① 타인에게 자기의 성명 또는 상호를 사용하여 영업을 할 것을 허락한 자는 자기를 영업주로 오인하여 거래한 제3자에 대하여 그 타인과 연대하여 변제할 책임이 있다.
② 농약판매등록명의자가 그 등록명의를 위법하게 대여한 경우 상법상 명의대여자의 책임이 성립할 수 있다.
③ 명의차용자와 거래한 상대방이 명의대여 사실을 알았거나 모른데 대하여 중대한 과실이 있는 때에는, 명의대여자는 상법상 명의대여자의 책임을 지지 않는다.
④ 명의대여자가 상인이 아니면 명의차용자가 상인이라 하더라도 상법상 명의대여자의 책임이 성립하지 않는다.
⑤ 명의차용자의 불법행위에 대하여는 상법상 명의대여자의 책임이 인정되지 않는다.

해설

① [O] 타인에게 자기의 성명 또는 상호를 사용하여 영업을 할 것을 허락한 자는 자기를 영업주로 오인하여 거래한 제3자에 대하여 그 타인과 연대하여 변제할 책임이 있다(상법 제24조).
② [O] 농약관리법 제10조에 의하면 농약판매업을 하고자 하는 자는 그 등록명의를 다른 사람에게 빌려 준다든지 하는 일은 금지되고 있다 할 것이다. 그러나 만일 그 등록명의를 대여하였다거나 그 명의로 등록할 것을 다른 사람에게 허락하였다면 농약의 판매업에 관한한 등록명의자 스스로 영업주라는 것을 나타낸 것이라 할 것이고 상법 제24조에 의한 명의대여자로서 농약거래로 인하여 생긴 채무를 변제할 책임이 있다고 할 것이다(대판 1988.2.9. 87다카1304).
③ [O] 상법 제24조에서 규정한 명의대여자의 책임은 명의자를 사업주로 오인하여 거래한 제3자를 보호하기 위한 것이므로 거래 상대방이 명의대여사실을 알았거나 모른 데 대하여 중대한 과실이 있는 때에는 책임을 지지 않는바, 이때 거래의 상대방이 명의대여사실을 알았거나 모른 데 대한 중대한 과실이 있었는지 여부에 대하여는 면책을 주장하는 명의대여자가 입증책임을 부담한다(대판 2008.1.24. 2006다21330).

④ [×] 상법 제24조는 금반언의 법리 및 외관주의의 법리에 따라 타인에게 명의를 대여하여 영업을 하게 한 경우 그 명의대여자가 영업주인 줄로 알고 거래한 선의의 제3자를 보호하기 위하여 그 거래로 인하여 발생한 명의차용자의 채무에 대하여는 그 외관을 만드는데에 원인을 제공한 명의대여자에게도 명의차용자와 같이 변제책임을 지우자는 것으로서 그 명의대여자가 상인이 아니거나, 명의차용자의 영업이 상행위가 아니라 하더라도 위 법리를 적용하는데에 아무런 영향이 없다(대판 1987.3.24. 85다카2219).

⑤ [O] 상법 제24조 소정의 명의대여자 책임은 명의차용인과 그 상대방의 거래행위에 의하여 생긴 채무에 관하여 명의대여자를 진실한 상대방으로 오인하고 그 신용・명의 등을 신뢰한 제3자를 보호하기 위한 것으로, 불법행위의 경우에는 설령 피해자가 명의대여자를 영업주로 오인하고 있었더라도 그와 같은 오인과 피해의 발생 사이에 아무런 인과관계가 없으므로, 이 경우 신뢰관계를 이유로 명의대여자에게 책임을 지워야 할 이유가 없다(대판 1998.3.24. 97다55621).

답 ④

08 CPA 2017

☑ 확인 Check! ○ △ ×

A는 B로부터 영업용 대지와 사무실을 임차한 후 B의 허락을 얻어 B의 상호를 사용하여 영업을 하고 있다. 이에 대한 상법상 명의대여자의 책임에 관한 설명으로 옳은 것은? (이견이 있으면 판례에 의함)

① B가 상인이 아니라면 B는 책임을 부담하지 않는다.

② 만약 A가 C와의 거래를 위하여 B의 상호를 사용한 사실이 없었더라도 B는 그 거래에 대한 책임을 부담한다.

③ B는 영업과 관련없는 A의 불법행위로 인한 채무에 대하여 책임을 부담하지만 어음행위에 의한 채무에 대해서는 그 책임을 부담하지 않는다.

④ A의 상업사용인이 아닌 피용자가 B의 상호를 사용하여 D로부터 사업과 무관하게 금원을 차용한 경우 B는 D에 대한 대여금 반환채무에 대하여 책임을 부담한다.

⑤ B가 책임을 면하기 위하여는 A와 거래한 상대방의 악의 또는 중과실에 대한 입증책임을 부담한다.

해설

① [×] 상법 제24조는 금반언의 법리 및 외관주의의 법리에 따라 타인에게 명의를 대여하여 영업을 하게 한 경우 그 명의대여자가 영업주인 줄로 알고 거래한 선의의 제3자를 보호하기 위하여 그 거래로 인하여 발생한 명의차용자의 채무에 대하여는 그 외관을 만드는데에 원인을 제공한 명의대여자에게도 명의차용자와 같이 변제책임을 지우자는 것으로서 그 명의대여자가 상인이 아니거나, 명의차용자의 영업이 상행위가 아니라 하더라도 위 법리를 적용하는데에 아무런 영향이 없다(대판 1987.3.24. 85다카2219).

② [×] A가 C와의 거래를 위하여 B의 상호를 사용한 사실이 없다면 외관의 존재가 없는 것이므로 B에게 외관주의의 법리에 따른 명의대여자 책임을 부담시킬 수 없다.

③ [×] B는 영업과 관련없는 A의 불법행위로 인한 채무에 대하여 책임을 부담하지 않지만 어음행위에 의한 채무에 대해서는 그 책임을 부담한다.

> • 불법행위의 경우에는 설령 피해자가 명의대여자를 영업주로 오인하고 있었더라도 그와 같은 오인과 피해의 발생 사이에 아무런 인과관계가 없으므로, 이 경우 신뢰관계를 이유로 명의대여자에게 책임을 지워야 할 이유가 없다(대판 1998.3.24. 97다55621).
> • 보험회사는 그 회사 지사장의 약속어음 발행행위에 대하여 명의대여자로서 책임을 져야 한다(대판 1969.3.31. 68다2270).

④ [×] 상법 제24조의 명의대여자의 책임규정은 거래상의 외관보호와 금반언의 원칙을 표현한 것으로서 명의대여자가 영업주(여기의 영업주는 상법 제4조 소정의 상인보다는 넓은 개념이다)로서 자기의 성명이나 상호를 사용하는 것을 허락했을 때에는 명의차용자가 그것을 사용하여 법률행위를 함으로써 지게 된 거래상의 채무에 대하여 변제의 책임이 있다는 것을 밝히고 있는 것에 그치는 것이므로 여기에 근거한 명의대여자의 책임은 명의의 사용을 허락받은 자의 행위에 한하고 명의차용자의 피용자의 행위에 대해서까지 미칠 수는 없다(대판 1989.9.12. 88다카26390).

⑤ [O] 상법 제24조에서 규정한 명의대여자의 책임은 명의자를 사업주로 오인하여 거래한 제3자를 보호하기 위한 것이므로 거래 상대방이 명의대여사실을 알았거나 모른 데 대하여 중대한 과실이 있는 때에는 책임을 지지 않는바, 이때 거래의 상대방이 명의대여사실을 알았거나 모른 데 대한 중대한 과실이 있었는지 여부에 대하여는 면책을 주장하는 명의대여자가 입증책임을 부담한다(대판 2008.1.24. 2006다21330).

답 ⑤

PART 1

09 법무사 2021

☑ 확인 Check! ○ △ ×

상법상 명의대여자의 책임에 관한 다음 설명 중 가장 옳지 않은 것은?

① 명의대여자와 명의차용자의 책임은 동일한 경제적 목적을 가진 채무로서 서로 중첩되는 부분에 관하여 일방의 채무가 변제 등으로 소멸하면 타방의 채무도 소멸하는 이른바 부진정연대의 관계에 있다.

② 불법행위의 경우 피해자가 명의대여자를 영업주로 오인하였다면 명의대여자는 그 신뢰관계를 이유로 명의대여자책임을 부담한다.

③ 명의대여자는 거래 상대방이 명의대여사실을 알았거나 모른 데 대하여 중대한 과실이 있는 때에는 명의대여자책임을 지지 아니하고, 이때 거래 상대방의 악의, 중과실에 대하여는 면책을 주장하는 명의대여자가 증명책임을 부담한다.

④ 명의대여자의 책임은 명의사용을 허락받은 자의 행위에 한하고 명의차용자의 피용자의 행위에 대해서까지 미칠 수는 없다.

⑤ 건설업 면허를 대여한 자는 그 면허를 대여받은 자가 그 면허를 사용하여 면허를 대여한 자의 명의로 하도급거래를 한 경우 면허를 대여한 자를 영업의 주체로 오인한 하수급인에 대하여 명의대여자책임을 질 수 있다.

▌해설▐

① [O] 상법 제24조에 의한 명의대여자와 명의차용자의 책임은 동일한 경제적 목적을 가진 채무로서 서로 중첩되는 부분에 관하여 일방의 채무가 변제 등으로 소멸하면 타방의 채무도 소멸하는 이른바 부진정연대의 관계에 있다. 이와 같은 부진정연대채무에 서는 채무자 1인에 대한 이행청구 또는 채무자 1인이 행한 채무의 승인 등 소멸시효의 중단사유나 시효이익의 포기가 다른 채무자에게 효력을 미치지 아니한다(대판 2011.4.14. 2010다91886).

② [×] 상법 제24조 소정의 명의대여자책임은 명의차용인과 그 상대방의 거래행위에 의하여 생긴 채무에 관하여 명의대여자를 진실한 상대방으로 오인하고 그 신용・명의 등을 신뢰한 제3자를 보호하기 위한 것으로, 불법행위의 경우에는 설령 피해자가 명의대여자를 영업주로 오인하고 있었더라도 그와 같은 오인과 피해의 발생 사이에 아무런 인과관계가 없으므로, 이 경우 신뢰관계를 이유로 명의대여자에게 책임을 지워야 할 이유가 없다(대판 1998.3.24. 97다55621).

③ [O] 상법 제24조에서 규정한 명의대여자의 책임은 명의자를 사업주로 오인하여 거래한 제3자를 보호하기 위한 것이므로 거래 상대방이 명의대여사실을 알았거나 모른 데 대하여 중대한 과실이 있는 때에는 책임을 지지 않는바, 이때 거래의 상대방이 명의대여사실을 알았거나 모른 데 대한 중대한 과실이 있었는지 여부에 대하여는 면책을 주장하는 명의대여자가 입증책임을 부담한다(대판 2008.1.24. 2006다21330).

④ [O] 상법 제24조의 명의대여자의 책임규정은 거래상의 외관보호와 금반언의 원칙을 표현한 것으로서 명의대여자가 영업주(여기의 영업주는 상법 제4조 소정의 상인보다는 넓은 개념이다)로서 자기의 성명이나 상호를 사용하는 것을 허락했을 때에는 명의차용자가 그것을 사용하여 법률행위를 함으로써 지게 된 거래상의 채무에 대하여 변제의 책임이 있다는 것을 밝히고 있는 것에 그치는 것이므로 여기에 근거한 명의대여자의 책임은 명의의 사용을 허락받은 자의 행위에 한하고 명의차용자의 피용자의 행위에 대해서까지 미칠 수는 없다(대판 1989.9.12. 88다카26390).

⑤ [O] 상법 제24조는 명의를 대여한 자를 영업의 주체로 오인하고 거래한 상대방의 이익을 보호하기 위한 규정으로서 이에 따르면 명의대여자는 명의차용자가 영업거래를 수행하는 과정에서 부담하는 채무를 연대하여 변제할 책임이 있다. 그리고 건설업 면허를 대여한 자는 자기의 성명 또는 상호를 사용하여 건설업을 할 것을 허락하였다고 할 것인데, 건설업에서는 공정에 따라 하도급거래를 수반하는 것이 일반적이어서 특별한 사정이 없는 한 건설업 면허를 대여받은 자가 그 면허를 사용하여 면허를 대여한 자의 명의로 하도급거래를 하는 것도 허락하였다고 봄이 상당하므로, 면허를 대여한 자를 영업의 주체로 오인한 하수급인에 대하여도 명의대여자로서의 책임을 지고, 면허를 대여받은 자를 대리 또는 대행한 자가 면허를 대여한 자의 명의로 하도급거래를 한 경우에도 마찬가지이다(대판 2008.10.23. 2008다46555).

 ②

10 CPA 2022

☑ 확인Check! ○ △ ✕

상법상 상업장부에 관한 설명으로 틀린 것은?

① 상업장부에 관한 규정은 소상인에게 적용하지 아니한다.
② 회계장부에는 거래와 기타 영업상의 재산에 영향이 있는 사항을 기재하여야 한다.
③ 상인은 영업을 개시한 때와 매년 1회 이상 일정시기에, 회사는 성립한 때와 매 결산기에 대차대조표에 의하여 회계장부를 작성하여야 한다.
④ 법원은 직권으로 소송당사자에게 상업장부의 제출을 명할 수 있다.
⑤ 상인은 전표 또는 이와 유사한 서류는 5년간 보존하여야 한다.

해설

① [O] 지배인, 상호, 상업장부와 상업등기에 관한 규정은 소상인에게 적용하지 아니한다(상법 제9조).
② [O] 회계장부에는 거래와 기타 영업상의 재산에 영향이 있는 사항을 기재하여야 한다(상법 제30조 제1항).
③ [×] 상인은 영업을 개시한 때와 매년 1회 이상 일정시기에, 회사는 성립한 때와 매 결산기에 회계장부에 의하여 대차대조표를 작성하고, 작성자가 이에 기명날인 또는 서명하여야 한다(상법 제30조 제2항).
④ [O] 법원은 신청에 의하여 또는 직권으로 소송당사자에게 상업장부 또는 그 일부분의 제출을 명할 수 있다(상법 제32조).
⑤ [O] 상인은 10년간 상업장부와 영업에 관한 중요서류를 보존하여야 한다. 다만, 전표 또는 이와 유사한 서류는 5년간 이를 보존하여야 한다(상법 제33조 제1항).

답 ③

PART 1

11 CPA 2023

☑ 확인Check! ○ △ ✕

상법상 상업등기에 관한 설명으로 틀린 것은? (이견이 있으면 판례에 의함) 기출수정

① 상법에 따라 등기할 사항은 당사자의 신청에 의하여 영업소의 소재지(회사의 경우 본점)를 관할하는 법원의 상업등기부에 등기한다.

② 영업을 폐지하면서 등기된 상호를 양도하는 경우 상호의 양도는 등기하지 아니하면 제3자에게 대항하지 못한다.

③ 회사가 지점을 설치한 경우에는 본점의 소재지에서 2주일 내에 그 지점의 소재지와 설치 연월일을 등기하여야 한다.

④ 등기한 사항에 변경이 있거나 그 사항이 소멸한 때에는 당사자는 지체없이 변경 또는 소멸의 등기를 하여야 한다.

⑤ 등기신청인이 제대로 신청하였음에도 등기공무원의 과실로 인하여 사실과 상위한 사항이 등기된 때에는 그 상위를 선의의 제3자에게 대항하지 못한다.

해설

① [O] 이 법에 따라 등기할 사항은 당사자의 신청에 의하여 영업소(회사의 경우 본점을 말한다)의 소재지를 관할하는 법원의 상업등기부에 등기한다(상법 제34조).

② [O] 상법 제25조 제1항, 제2항

> **상법 제25조(상호의 양도)**
> ① 상호는 영업을 폐지하거나 영업과 함께 하는 경우에 한하여 이를 양도할 수 있다.
> ② 상호의 양도는 등기하지 아니하면 제3자에게 대항하지 못한다.

③ [O] 회사가 지점을 설치한 경우에는 본점의 소재지에서 2주일 내에 그 지점의 소재지와 설치 연월일을 등기하여야 한다(상법 제181조 제1항).

④ [O] 등기한 사항에 변경이 있거나 그 사항이 소멸한 때에는 당사자는 지체없이 변경 또는 소멸의 등기를 하여야 한다(상법 제40조).

⑤ [X] 고의 또는 과실로 인하여 사실과 상위한 사항을 등기한 자는 그 상위를 선의의 제3자에게 대항하지 못한다(상법 제39조). 여기서 고의 또는 과실은 등기신청인의 고의 또는 과실을 말한다. 따라서 등기신청인이 제대로 신청하였음에도 등기공무원의 과실로 인하여 사실과 상위한 사항이 등기된 때에는 그 상위를 선의의 제3자에게 대항할 수 있다.

답 ⑤

12 CPA 2016

☑ 확인 Check! ○ △ ✕

상법상 상업등기에 관한 설명으로 옳은 것은?

① 개인 상인의 상호가 일단 등기된 후에 이루어진 상호의 변경 또는 소멸은 지체없이 등기를 해야 하는 절대적 등기사항이다.

② 판례에 의하면 법원의 등기관은 등기신청요건에 관한 형식적 심사권은 물론 그 신청사항의 진위여부까지 심사할 실질적 심사권을 가진다.

③ 상인이 등기된 상호를 A, B순으로 이중양도한 경우 선의의 B가 먼저 등기하더라도 A에게 이를 대항할 수 없다.

④ 자본금액 2,000만원으로 미성년자가 법정대리인의 허락을 얻어 영업을 하는 때에는 등기를 하여야 하나 그 법정대리인이 미성년자를 위하여 영업을 하는 때에는 등기할 사항이 아니다.

⑤ 상인이 A를 지배인으로 선임하였으나 과실로 B를 지배인으로 선임등기한 경우 B가 지배인이 아니라는 사실을 선의의 제3자에게 대항할 수 있다.

해설

① [O] 회사의 상호는 반드시 등기해야 하는 절대적 등기사항이지만(상법 제180조 제1호, 제317조 제2항 제1호 참조), 자연인의 상호는 등기가 강제되지 않는다. 다만 자연인의 상호도 일단 등기하면 상호의 변경과 폐지는 절대적 등기사항이다(상법 제40조 참조).

> **상법 제40조(변경, 소멸의 등기)**
> 등기한 사항에 변경이 있거나 그 사항이 소멸한 때에는 당사자는 지체없이 변경 또는 소멸의 등기를 하여야 한다.

② [✕] 등기공무원은 등기신청에 대하여 실체법상의 권리관계와 일치하는 여부를 심사할 실질적 심사권한은 없고 오직 신청서 및 그 첨부서류와 등기부에 의하여 등기요건에 합당하는지 여부를 심사할 형식적 심사권한 밖에는 없다(대결 1995.1.20. 94마535).

③ [✕] 상호의 양도는 등기하지 아니하면 제3자에게 대항하지 못한다(상법 제25조 제2항). 상호 이중양도의 경우 양수인의 선의·악의를 따지지 않고 먼저 등기한 양수인이 상호권을 취득한다.

④ [✕] 자본금액이 2,000만원인 경우 소상인에 해당하지 않으므로 상업등기에 관한 규정이 적용된다(상법 제9조, 상법 시행령 제2조 참조). 따라서 미성년자가 법정대리인의 허락을 얻어 영업을 하는 때와 그 법정대리인이 미성년자를 위하여 영업을 하는 때 모두 등기를 하여야 한다(상법 제6조, 제8조 제1하 참조).

> **상법 제6조(미성년자의 영업과 등기)**
> 미성년자가 법정대리인의 허락을 얻어 영업을 하는 때에는 등기를 하여야 한다.
>
> **상법 제8조(법정대리인에 의한 영업의 대리)**
> ① 법정대리인이 미성년자, 피한정후견인 또는 피성년후견인을 위하여 영업을 하는 때에는 등기를 하여야 한다.

PART 1

상법 제9조(소상인)
지배인, 상호, 상업장부와 상업등기에 관한 규정은 소상인에게 적용하지 아니한다.

상법 시행령 제2조(소상인의 범위)
「상법」(이하 "법"이라 한다) 제9조에 따른 소상인은 자본금액이 1천만원에 미치지 못하는 상인으로서 회사가 아닌 자로 한다.

⑤ [×] 고의 또는 과실로 인하여 사실과 상위한 사항을 등기한 자는 그 상위를 선의의 제3자에게 대항하지 못한다(상법 제39조).

답 ①

13 법무사 2024

☑ 확인 Check! ○ △ ×

상업장부와 상업등기에 관한 다음 설명 중 가장 옳지 않은 것은?

① 상인은 영업상의 재산 및 손익의 상황을 명백히 하기 위하여 회계장부 및 대차대조표를 작성하여야 하고, 그 작성에 관하여 상법에 규정한 것을 제외하고는 일반적으로 공정·타당한 회계관행에 의한다.
② 상인은 상업장부와 영업에 관한 중요서류를 10년간 보존하여야 하지만 전표 또는 이와 유사한 서류는 5년간 이를 보존하면 된다. 상업장부에 관한 보존기간의 기산점은 그 장부를 폐쇄한 날이다.
③ 상법에 따라 등기할 사항을 등기하지 아니하면 선의의 제3자에게 대항할 수 없다. 그 등기를 한 후라도 제3자가 정당한 사유로 인하여 이를 알지 못한 때에는 마찬가지이다.
④ 법인등기부에 이사 또는 감사로 등재되어 있더라도 정당한 절차에 의하여 선임된 적법한 이사 또는 감사로 추정되지 않는다.
⑤ 회사등기에는 공신력이 인정되지 않는다. 따라서 합자회사의 사원 지분등기가 불실등기인 경우 그 불실등기를 믿고 합자회사 사원의 지분을 양수하였다 하여 그 지분을 양수한 것으로는 될 수 없다.

▌해설▐

① [O] 상법 제29조 제1항, 제2항

상법 제29조(상업장부의 종류·작성원칙)
① 상인은 영업상의 재산 및 손익의 상황을 명백히 하기 위하여 회계장부 및 대차대조표를 작성하여야 한다.
② 상업장부의 작성에 관하여 이 법에 규정한 것을 제외하고는 일반적으로 공정·타당한 회계관행에 의한다.

② [O] 상법 제33조 제1항, 제2항

상법 제33조(상업장부등의 보존)
① 상인은 10년간 상업장부와 영업에 관한 중요서류를 보존하여야 한다. 다만, 전표 또는 이와 유사한 서류는 5년간 이를 보존하여야 한다.
② 전항의 기간은 상업장부에 있어서는 그 폐쇄한 날로부터 기산한다.

③ [O] 상법 제37조 제1항, 제2항

> **상법 제37조(등기의 효력)**
> ① 등기할 사항은 이를 등기하지 아니하면 선의의 제3자에게 대항하지 못한다.
> ② 등기한 후라도 제3자가 정당한 사유로 인하여 이를 알지 못한 때에는 제1항과 같다.

④ [×] 법인등기부에 이사 또는 감사로 등재되어 있는 경우에는 특단의 사정이 없는 한 정당한 절차에 의하여 선임된 적법한 이사 또는 감사로 추정된다(대판 1983.12.27. 83다카331).

⑤ [O] 회사등기에는 공신력이 인정되지 아니하므로, 합자회사의 사원 지분등기가 불실등기인 경우 그 불실등기를 믿고 합자회사 사원의 지분을 양수하였다 하여 그 지분을 양수한 것으로는 될 수 없다(대판 1996.10.29. 96다19321).

답 ④

PART 1

14 법무사 2023

☑ 확인 Check! O △ X

상업등기의 효력에 관한 다음 설명 중 가장 옳지 않은 것은?

① 등기신청권자가 스스로 등기를 하지 않았더라도 그의 책임 있는 사유로 등기가 이루어지는 데에 관여하거나 불실등기의 존재를 알고 있음에도 이를 시정하지 않고 방치하는 등 등기신청권자의 고의・과실로 불실등기를 한 것과 동일시할 수 있는 특별한 사정이 있는 경우에는, 등기신청권자에 대하여 상법 제39조에 의한 불실등기 책임을 물을 수 있다.

② 상업등기는 이미 존재하는 사실관계를 공시함으로써 대항력을 갖추게 하는 효력만 가질 뿐이고, 등기된 대로의 효력을 부여하는 공신력이 인정되지는 않는 것이 원칙이다.

③ 상법에 따라 등기할 사항은 등기하지 아니하면 선의의 제3자에게 대항하지 못하고, 등기한 후라도 제3자가 정당한 사유로 인하여 이를 알지 못한 때에는 대항할 수 없다.

④ 창설적 효력이 인정되는 회사 설립등기 및 해산등기도 선의의 제3자에게 대항하지 못하고, 제3자가 정당한 사유로 등기의 내용을 알지 못한 경우에도 주장할 수 없다.

⑤ 이사 선임의 주주총회결의에 대한 취소판결이 확정되어 그 결의가 소급하여 무효가 된다고 하더라도 그 선임 결의가 취소되는 대표이사와 거래한 상대방은 상법 제39조의 적용 내지 유추적용에 의하여 보호될 수 있다.

해설

① [O] 등기신청권자에게 상법 제39조에 의한 불실등기 책임을 묻기 위해서는, 원칙적으로 등기가 등기신청권자에 의하여 고의·과실로 마쳐진 것임을 요하고, 주식회사의 경우 불실등기에 대한 고의·과실의 유무는 대표이사를 기준으로 판정하여야 하는 것이지만, 등기신청권자가 스스로 등기를 하지 아니하였다 하더라도 그의 책임 있는 사유로 등기가 이루어지는 데에 관여하거나 불실등기의 존재를 알고 있음에도 이를 시정하지 않고 방치하는 등 등기신청권자의 고의·과실로 불실등기를 한 것과 동일시할 수 있는 특별한 사정이 있는 경우에는, 등기신청권자에 대하여 상법 제39조에 의한 불실등기 책임을 물을 수 있다(대판 2011.7.28. 2010다70018).

② [O] 회사등기에는 공신력이 인정되지 아니하므로, 합자회사의 사원 지분등기가 불실등기인 경우 그 불실등기를 믿고 합자회사 사원의 지분을 양수하였다 하여 그 지분을 양수한 것으로는 될 수 없다(대판 1996.10.29. 96다19321). 즉, 상업등기는 일반적 효력으로 대항력이 인정되나 공신력은 인정되지 않는다.

③ [O] 상법 제37조 제1항, 제2항

> **상법 제37조(등기의 효력)**
> ① 등기할 사항은 이를 등기하지 아니하면 선의의 제3자에게 대항하지 못한다.
> ② 등기한 후라도 제3자가 정당한 사유로 인하여 이를 알지 못한 때에는 제1항과 같다.

④ [×] 상업등기의 일반적 효력은 회사의 설립등기나 회사의 합병등기와 같은 창설적 효력이 있는 등기에는 인정되지 않는다. 창설적 등기사항은 등기가 없으면 그 법률관계 자체가 효력을 발생하지 않는 것이지 법률관계는 존재하지만 이를 선의의 제3자에게 대항할 수 없음에 그치는 것이 아니다.

⑤ [O] 이사 선임의 주주총회결의에 대한 취소판결이 확정되어 그 결의가 소급하여 무효가 된다고 하더라도 그 선임 결의가 취소되는 대표이사와 거래한 상대방은 상법 제39조의 적용 내지 유추적용에 의하여 보호될 수 있으며, 주식회사의 법인등기의 경우 회사는 대표자를 통하여 등기를 신청하지만 등기신청권자는 회사 자체이므로 취소되는 주주총회결의에 의하여 이사로 선임된 대표이사가 마친 이사 선임 등기는 상법 제39조의 부실등기에 해당된다(대판 2004.2.27. 2002다19797).

답 ④

제4절 | 영업양도

15 CPA 2024

☑ 확인Check! ○ △ ×

상법상 영업양도에 관한 설명으로 틀린 것은?

① 양수인이 양도인의 상호를 계속 사용하는 경우 양수인이 영업양도를 받은 후 지체없이 양도인의 채무에 대한 책임이 없음을 제3자에 대하여 통지한 때에는 그 통지를 받은 제3자에 대하여 그 채무를 변제할 책임이 없다.

② 양수인이 양도인의 상호를 계속 사용하지 아니하는 경우에 양도인의 영업으로 인한 채무를 인수한 것을 광고한 때에는 양수인도 변제할 책임이 있다.

③ 양수인이 양도인의 상호를 계속 사용하는 경우 양도인의 영업으로 인한 채권에 대하여 채무자가 선의이며 중대한 과실없이 양수인에게 변제한 때에는 그 효력이 있다.

④ 양도인의 상호를 계속 사용하는 양수인이 양도인의 영업으로 인한 제3자의 채권에 대하여 변제의 책임을 지는 경우 양도인의 제3자에 대한 채무는 영업양도 후 2년이 경과하면 소멸한다.

⑤ 양도인이 동종영업을 하지 아니할 것을 약정한 때에는 동일한 특별시・광역시・시・군과 인접 특별시・광역시・시・군에 한하여 20년을 초과하지 아니한 범위 내에서 그 효력이 있다.

▌해설▐

① [×] 양수인이 양도인의 상호를 계속 사용하는 경우 양도인과 양수인이 지체없이 양도인의 채무에 대한 책임이 없음을 제3자에 대하여 통지한 때에는 그 통지를 받은 제3자에 대하여 그 채무를 변제할 책임이 없다(상법 제42조 제1항, 제2항 참조).

> **상법 제42조(상호를 속용하는 양수인의 책임)**
> ① 영업양수인이 양도인의 상호를 계속사용하는 경우에는 양도인의 영업으로 인한 제3자의 채권에 대하여 양수인도 변제할 책임이 있다.
> ② 전항의 규정은 양수인이 영업양도를 받은 후 지체없이 양도인의 채무에 대한 책임이 없음을 등기한 때에는 적용하지 아니한다. 양도인과 양수인이 지체없이 제3자에 대하여 그 뜻을 통지한 경우에 그 통지를 받은 제3자에 대하여도 같다.

② [○] 영업양수인이 양도인의 상호를 계속사용하지 아니하는 경우에 양도인의 영업으로 인한 채무를 인수한 것을 광고한 때에는 양수인도 변제할 책임이 있다(상법 제44조).

③ [○] 전조(상호를 속용하는 양수인의 책임) 제1항의 경우에 양도인의 영업으로 인한 채권에 대하여 채무자가 선의이며 중대한 과실없이 양수인에게 변제한 때에는 그 효력이 있다(상법 제43조).

④ [○] 영업양수인이 제42조(상호를 속용하는 양수인의 책임) 제1항 또는 전조(채무인수를 광고한 양수인의 책임)의 규정에 의하여 변제의 책임이 있는 경우에는 양도인의 제3자에 대한 채무는 영업양도 또는 광고후 2년이 경과하면 소멸한다(상법 제45조).

⑤ [○] 양도인이 동종영업을 하지 아니할 것을 약정한 때에는 동일한 특별시・광역시・시・군과 인접 특별시・광역시・시・군에 한하여 20년을 초과하지 아니한 범위내에서 그 효력이 있다(상법 제41조 제2항).

답 ①

16 CPA 2021

☑ 확인 Check! ○ △ ✕

상법상 영업양도에 관한 설명으로 옳은 것은? (이견이 있으면 판례에 의함)

① 양수인이 양도인의 상호를 속용하는 경우에는 채권의 양도가 없더라도 채권양도가 있는 것으로 간주되어 양도인의 채무자는 반드시 양수인에게 변제해야 한다.

② 영업양도에서의 영업은 영리적 목적을 수행하기 위해 결합시킨 조직적 재산으로 개개의 영업용 재산 또는 단순한 영업용 재산만을 가리키는 것이다.

③ 양수인이 양도인의 상호를 속용하지 않는 경우, 양도인의 영업으로 인한 채무를 인수할 것을 광고한 때에는 양수인도 변제할 책임을 진다.

④ 상호를 속용하는 양수인의 책임에 있어서, 영업으로 인하여 발생한 양도인의 채무에는 영업상의 활동과 관련하여 발생한 불법행위로 인한 채무는 포함되지 않는다.

⑤ 당사자간에 다른 약정이 없으면 양도인은 20년간 동일한 특별시・광역시・시・군에서 동종영업을 하지 못한다.

해설

① [✕] 양수인이 양도인의 상호를 속용하는 경우에도 개별 채권의 양도가 없었다면 양도인의 채무자는 양도인에게 변제해야 한다. 다만, 양도인의 영업으로 인한 채권에 대하여 채무자가 선의이며 중대한 과실없이 양수인에게 변제한 때에는 그 효력이 있다(상법 제42조 제1항, 제43조 참조).

> **상법 제42조(상호를 속용하는 양수인의 책임)**
>
> ① 영업양수인이 양도인의 상호를 계속사용하는 경우에는 양도인의 영업으로 인한 제3자의 채권에 대하여 양수인도 변제할 책임이 있다.
>
> **상법 제43조(영업양수인에 대한 변제)**
>
> 전조 제1항의 경우에 양도인의 영업으로 인한 채권에 대하여 채무자가 선의이며 중대한 과실없이 양수인에게 변제한 때에는 그 효력이 있다.

② [✕] 상법상의 영업양도는 일정한 영업목적에 의하여 조직화된 업체, 즉 인적・물적 조직을 그 동일성은 유지하면서 일체로서 이전하는 것을 의미하고, 영업양도가 이루어졌는가의 여부는 단지 어떠한 영업재산이 어느 정도로 이전되어 있는가에 의하여 결정되어야 하는 것이 아니고 거기에 종래의 영업조직이 유지되어 그 조직이 전부 또는 중요한 일부로서 기능할 수 있는가에 의하여 결정되어야 하므로, 영업재산의 일부를 유보한 채 영업시설을 양도했어도 그 양도한 부분만으로도 종래의 조직이 유지되어 있다고 사회관념상 인정되면 그것을 영업의 양도라 볼 것이지만, 반면에 영업재산의 전부를 양도했어도 그 조직을 해체하여 양도했다면 영업의 양도로 볼 수 없다(대판 2007.6.1. 2005다5812).

③ [O] 영업양수인이 양도인의 상호를 계속사용하지 아니하는 경우에 양도인의 영업으로 인한 채무를 인수한 것을 광고한 때에는 양수인도 변제할 책임이 있다(상법 제44조).

④ [✕] 영업으로 인하여 발생한 채무란 영업상의 활동에 관하여 발생한 모든 채무를 말하는 것이므로 불법행위로 인한 손해배상채무도 이에 포함된다(대판 1989.3.28. 88다카12100).

⑤ [✕] 영업을 양도한 경우에 다른 약정이 없으면 양도인은 10년간 동일한 특별시・광역시・시・군과 인접 특별시・광역시・시・군에서 동종영업을 하지 못한다(상법 제41조 제1항).

답 ③

17 CPA 2018

☑ 확인 Check! ○ △ ✕

상법상 영업양도에 관한 설명으로 틀린 것은?

① 영업양도계약에 있어 양수인은 반드시 상인일 필요가 없다.

② 영업양도계약 당사자 간에 별도의 합의가 없는 한 양도인의 영업상 채무가 당연히 양수인에게 이전되는 것은 아니다.

③ 채무인수를 광고한 양수인이 양도인의 영업상 채무에 대하여 변제책임을 부담하는 경우 채권자에 대한 양도인의 채무는 영업양도 후 2년이 경과하면 소멸한다.

④ 양도인의 영업으로 인한 채권의 채무자가 양도인의 상호를 계속 사용하는 양수인에게 선의이며 중대한 과실 없이 변제한 경우에는 변제의 효력이 인정된다.

⑤ 판례에 의하면 영업이 양도되면 반대의 특약이 없는 한 양도인과 근로자 간의 근로관계도 원칙적으로 양수인에게 승계된다.

▌해설▌

① [O] 영업양도계약에 있어 양도인은 반드시 상인이어야 하나, 양수인은 반드시 상인이어야 하는 것은 아니다. 다만, 양수인은 영업양도를 통하여 양수인의 개업의사가 상대방(양도인)에게 객관적으로 인식 가능한 상태일 때 상인자격을 취득한 것으로 볼 수 있다.

② [O] 영업양도는 채권계약이므로 양도인이 재산이전의무를 이행함에 있어서는 상속이나 회사의 합병의 경우와 같이 포괄적 승계가 인정되지 않고 특정 승계의 방법에 의하여 재산의 종류에 따라 개별적으로 이전행위를 하여야 한다(대판 1991.10.8. 91다22018). 마찬가지로 양도인의 채무는 영업상의 채무라 하여도 인수의 합의가 없는 한 영업양도에 의하여 당연히 양수인에게 승계되지는 않는다.

③ [X] 양수인이 상호를 계속사용하는 경우에는 양도인의 채무는 영업양도 후 2년이 경과하면 소멸한다. 양수인이 상호를 계속사용하지 않지만 채무인수를 광고한 경우에는 양도인의 영업상 채무에 대하여 변제책임을 부담하는 경우 채권자에 대한 양도인의 채무는 광고 후 2년이 경과하면 소멸한다(상법 제42조 제1항, 제44조, 제45조 참조).

④ [O] 상법 제42조 제1항, 제43조

> **상법 제42조(상호를 속용하는 양수인의 책임)**
>
> ① 영업양수인이 양도인의 상호를 계속사용하는 경우에는 양도인의 영업으로 인한 제3자의 채권에 대하여 양수인도 변제할 책임이 있다.
>
> **상법 제43조(영업양수인에 대한 변제)**
>
> 전조 제1항의 경우에 양도인의 영업으로 인한 채권에 대하여 채무자가 선의이며 중대한 과실없이 양수인에게 변제한 때에는 그 효력이 있다.
>
> **상법 제44조(채무인수를 광고한 양수인의 책임)**
>
> 영업양수인이 양도인의 상호를 계속사용하지 아니하는 경우에 양도인의 영업으로 인한 채무를 인수한 것을 광고한 때에는 양수인도 변제할 책임이 있다.
>
> **상법 제45조(영업양도인의 책임의 존속기간)**
>
> 영업양수인이 제42조 제1항 또는 전조의 규정에 의하여 변제의 책임이 있는 경우에는 양도인의 제3자에 대한 채무는 영업양도 또는 광고후 2년이 경과하면 소멸한다.

PART 1

⑤ [O] 영업양도가 이루어진 경우에는 원칙적으로 해당 근로자들의 근로관계가 양수하는 기업에 포괄적으로 승계되지만 근로자가 반대 의사를 표시함으로써 양수기업에 승계되는 대신 양도기업에 잔류하거나 양도기업과 양수기업 모두에서 퇴직할 수도 있다. 또한 이와 같은 경우 근로자가 자의에 의하여 계속근로관계를 단절할 의사로 양도기업에서 퇴직하고 양수기업에 새로이 입사할 수도 있다(대판 2012.5.10. 2011다45217).

답 ③

18 CPA 2017

☑ 확인 Check! ○ △ ✕

A는 B로부터 영업을 양수하여 B의 상호를 사용하면서 영업을 하고 있고, B는 C에 대하여 영업양도 전에 발생한 영업상 채무를 가지고 있다. 이에 대한 상법상 설명으로 틀린 것은?

① A는 B의 C에 대한 채무를 변제할 책임이 있다.
② A와 B가 지체없이 B의 C에 대한 채무에 대하여 A의 책임이 없음을 C에게 통지한 경우 A는 그 채무를 변제할 책임이 없다.
③ A가 지체없이 B의 C에 대한 채무에 대하여 책임이 없음을 등기한 경우 A는 그 채무를 변제할 책임이 없다.
④ 판례에 의하면 A는 B가 영업활동과 관련한 불법행위로 인하여 D에게 입힌 손해를 배상할 책임이 있다.
⑤ A는 영업양수 후 2년이 경과하면 B의 C에 대한 채무를 변제할 책임이 없다.

해설

① [O] 영업양도 시 양수인이 상호를 속용하는 경우이므로 양도인의 영업상 채무에 관하여 양수인도 변제책임을 진다(상법 제42조 제1항 참조).
② [O] 상법 제42조 제2항 후단
③ [O] 상법 제42조 제2항 전단

상법 제42조(상호를 속용하는 양수인의 책임)
① 영업양수인이 양도인의 상호를 계속사용하는 경우에는 양도인의 영업으로 인한 제3자의 채권에 대하여 양수인도 변제할 책임이 있다.
② 전항의 규정은 양수인이 영업양도를 받은 후 지체없이 양도인의 채무에 대한 책임이 없음을 등기한 때에는 적용하지 아니한다. 양도인과 양수인이 지체없이 제3자에 대하여 그 뜻을 통지한 경우에 그 통지를 받은 제3자에 대하여도 같다.

④ [O] 영업으로 인하여 발생한 채무란 영업상의 활동에 관하여 발생한 모든 채무를 말하는 것이므로 불법행위로 인한 손해배상채무도 이에 포함된다(대판 1989.3.28. 88다카12100).
⑤ [✕] 영업양수인이 제42조(상호를 속용하는 양수인의 책임) 제1항 또는 전조(채무인수를 광고한 양수인의 책임)의 규정에 의하여 변제의 책임이 있는 경우에는 양도인의 제3자에 대한 채무는 영업양도 또는 광고후 2년이 경과하면 소멸한다(상법 제45조). 즉 영업양도인 B는 영업양도 후 2년이 경과하면 C에 대한 채무를 변제할 책임이 없다. 영업양수인 A의 경우는 상사채권의 소멸시효 경과 전에는 C에 대한 채무를 변제할 책임이 있다.

답 ⑤

19 CPA 2015

☑ 확인Check! ○ △ ×

상법상 영업양도에 관한 설명으로 틀린 것은? (이견이 있으면 판례에 의함)

① 양도인이 영업재산의 이전의무를 이행함에 있어서는 특정승계의 방법에 의하여 재산의 종류에 따라 개별적으로 이전행위를 하여야 한다.

② 양도인이 동종영업을 하지 않을 것을 약정한 때에는 동일한 특별시・광역시・시・군과 인접 특별시・광역시・시・군에 한하여 20년을 초과하지 않는 범위 내에서 그 효력이 있다.

③ 양수인이 양도인의 상호를 계속 사용하는 경우에 양도인의 영업으로 인한 채권에 대하여 채무자가 선의이며 중대한 과실 없이 양수인에게 변제한 때에는 그 효력이 있다.

④ 상호의 속용으로 인하여 양수인이 양도인의 영업상 채무에 대하여 변제책임을 지는 경우 양수인은 지체 없이 채권자에게 영업상 채무에 대한 책임이 없음을 통지하면 통지를 받은 채권자에 대하여는 변제책임을 면한다.

⑤ 채무인수의 광고로 인하여 양수인이 양도인의 영업상의 채무에 대하여 변제책임을 지는 경우 채권자에 대한 양도인의 책임은 광고 후 2년이 경과하면 소멸한다.

▌해설▐

① [○] 영업양도는 채권계약이므로 양도인이 재산이전의무를 이행함에 있어서는 상속이나 회사의 합병의 경우와 같이 포괄적 승계가 인정되지 않고 특정 승계의 방법에 의하여 재산의 종류에 따라 개별적으로 이전행위를 하여야 한다(대판 1991.10.8. 91다22018).

② [○] 양도인이 동종영업을 하지 아니할 것을 약정한 때에는 동일한 특별시・광역시・시・군과 인접 특별시・광역시・시・군에 한하여 20년을 초과하지 아니한 범위내에서 그 효력이 있다(상법 제41조 제2항).

③ [○] 상법 제42조 제1항, 제43조

④ [×] 상호의 속용으로 인하여 양수인이 양도인의 영업상 채무에 대하여 변제책임을 지는 경우 양도인과 양수인이 지체 없이 채권자에게 영업상 채무에 대한 책임이 없음을 통지하면 통지를 받은 채권자에 대하여는 변제책임을 면한다(상법 제42조 제2항 참조).

> **상법 제42조(상호를 속용하는 양수인의 책임)**
>
> ① 영업양수인이 양도인의 상호를 계속 사용하는 경우에는 양도인의 영업으로 인한 제3자의 채권에 대하여 양수인도 변제할 책임이 있다.
>
> ② 전항의 규정은 양수인이 영업양도를 받은 후 지체없이 양도인의 채무에 대한 책임이 없음을 등기한 때에는 적용하지 아니한다. 양도인과 양수인이 지체 없이 제3자에 대하여 그 뜻을 통지한 경우에 그 통지를 받은 제3자에 대하여도 같다.
>
> **상법 제43조(영업양수인에 대한 변제)**
>
> 전조 제1항의 경우에 양도인의 영업으로 인한 채권에 대하여 채무자가 선의이며 중대한 과실없이 양수인에게 변제한 때에는 그 효력이 있다.

⑤ [O] 상법 제44조, 제45조

> **상법 제44조(채무인수를 광고한 양수인의 책임)**
> 영업양수인이 양도인의 상호를 계속사용하지 아니하는 경우에 양도인의 영업으로 인한 채무를 인수한 것을 광고한 때에는 양수인도 변제할 책임이 있다.
>
> **상법 제45조(영업양도인의 책임의 존속기간)**
> 영업양수인이 제42조 제1항 또는 전조의 규정에 의하여 변제의 책임이 있는 경우에는 양도인의 제3자에 대한 채무는 영업양도 또는 광고후 2년이 경과하면 소멸한다.

답 ④

20 법무사 2024

☑ 확인Check! ○ △ ×

상법상 영업양도에 관한 다음 설명 중 가장 옳은 것은?

① 영업양도는 일정한 영업목적에 의하여 조직화된 업체, 즉 인적・물적 조직을 그 동일성은 유지하면서 일체로서 이전하는 것으로서 영업의 일부만의 양도도 가능하다.

② 영업재산의 전부를 양도한 경우에 그 조직을 해체하여 양도했다 하더라도 영업의 양도로 볼 수 있다.

③ 영업양도가 이루어진 경우 별도의 특약이 있어야 해당 근로자들의 근로관계가 양수하는 기업에 포괄적으로 승계된다.

④ 영업을 양도한 경우에 다른 약정이 없으면 양도인은 5년간 동일한 특별시・광역시・시・군과 인접 특별시・광역시・시・군에서 동종영업을 하지 못한다.

⑤ 영업을 양도한 자가 동종영업을 하지 아니할 것을 약정한 때에는 동일한 특별시・광역시・시・군과 인접 특별시・광역시・시・군에 한하여 10년을 초과하지 아니한 범위 내에서 효력이 있다.

해설

① [O] 영업양도라 함은 일정한 영업목적에 의하여 조직화된 총체, 즉 인적, 물적 조직을 그 동일성을 유지하면서 일체로서 이전하는 것을 말하고, 영업의 일부만의 양도도 가능하지만 이 경우에도 해당 영업부문의 인적, 물적 조직이 그 동일성을 유지한 채 일체로서 이전되어야 한다(대판 1997.4.25. 96누19314).

② [×] 상법 제41조 소정의 영업의 양도란 영업목적을 위하여 조직화된 유기적 일체로서의 기능재산의 동일성이 유지된 일괄이전을 의미하는 것이고 영업의 동일성 여부는 일반사회관념에 의하여 결정되어져야 할 사실인정의 문제이기는 하지만, 영업재산의 전부를 양도했어도 그 조직을 해체하여 양도했다면 영업의 양도는 되지 않는 반면에 그 일부를 유보한 채 영업시설을 양도했어도 그 양도한 부분만으로도 종래의 조직이 유지되어 있다고 사회관념상 인정되기만 하면 그것을 영업의 양도라 하지 않을 수 없는 것이다(대판 1989.12.26. 88다카10128).

③ [×] 영업의 양도라 함은 일정한 영업목적에 의하여 조직화된 업체, 즉 인적 물적 조직을 그 동일성은 유지하면서 일체로서 이전하는 것을 말하고 영업이 포괄적으로 양도되면 반대의 특약이 없는 한 양도인과 근로자 간의 근로관계도 원칙적으로 양수인에게 포괄적으로 승계된다(대판 1994.6.28. 93다33173).

④ [×] 영업을 양도한 경우에 다른 약정이 없으면 양도인은 10년간 동일한 특별시·광역시·시·군과 인접 특별시·광역시·시·군에서 동종영업을 하지 못한다(상법 제41조 제1항).

⑤ [×] 양도인이 동종영업을 하지 아니할 것을 약정한 때에는 동일한 특별시·광역시·시·군과 인접 특별시·광역시·시·군에 한하여 20년을 초과하지 아니한 범위 내에서 그 효력이 있다(상법 제41조 제2항).

답 ①

21 법무사 2023

☑ 확인Check! ○ △ ×

상법상 영업양도인의 경업금지에 관한 다음 설명 중 가장 옳지 않은 것은?

① 영업양도인이 영업을 양도한 후에도 인근에서 동종영업을 한다면 영업양도는 유명무실해지고 영업양수인은 부당한 손실을 입게 되므로, 상법 제41조 제1항은 영업을 양도한 경우에 다른 약정이 없으면 영업양도인은 10년간 동일한 특별시·광역시·시·군과 인접 특별시·광역시·시·군에서 동종영업을 하지 못한다고 규정하고 있다.

② 경업이 금지되는 대상으로서의 동종 영업은 영업의 내용, 규모, 방식, 범위 등 여러 사정을 종합적으로 고려하여 볼 때 양도된 영업과 경쟁관계가 발생할 수 있는 영업을 의미한다고 보아야 한다.

③ 상인이 아닌 농업협동조합은 영업을 양도하더라도 경업금지의무를 부담하지 않는다.

④ 영업양도계약에서 경업금지청구권의 양도를 제한하는 등의 특별한 사정이 없다면 양도된 영업이 다시 동일성을 유지한 채 전전양도될 때 영업양수인의 경업금지청구권은 영업재산의 일부로서 영업과 함께 그 뒤의 영업양수인에게 전전양도되고, 그에 수반하여 지명채권인 경업금지청구권의 양도에 관한 통지권한도 전전이전된다.

⑤ 경업금지지역으로서의 동일 및 인접 특별시·광역시·시·군 지역은 영업양도인의 통상적인 영업활동이 이루어지던 지역을 기준으로 정할 것이 아니라 양도된 물적 설비가 있던 지역을 기준으로 정하여야 한다.

▌해설▐

① [O] 영업양도인이 영업을 양도한 후에도 인근에서 동종영업을 한다면 영업양도는 유명무실해지고 영업양수인은 부당한 손실을 입게 되므로, 영업양도의 실효성을 높이고 영업양수인을 보호하기 위해서는 영업양도인의 경업을 제한할 필요가 있다. 상법 제41조 제1항은 이러한 취지에서 영업을 양도한 경우에 다른 약정이 없으면 영업양도인은 10년간 동일한 특별시·광역시·시·군과 인접 특별시·광역시·시·군에서 동종영업을 하지 못한다고 규정하고 있다(대판 2022.11.30. 2021다227629).

② [O] 상법 제41조 제1항은 다른 약정이 없으면 영업양도인이 10년간 동일한 특별시·광역시·시·군과 인접 특별시·광역시·시·군에서 양도한 영업과 동종인 영업을 하지 못한다고 규정하고 있다. 위 조문에서 양도 대상으로 규정한 영업은 일정한 영업 목적에 의하여 조직화되어 유기적 일체로서 기능하는 재산의 총체를 말하는데, 여기에는 유형·무형의 재산 일체가 포함된다. 영업양도인이 영업을 양도하고도 동종 영업을 하면 영업양수인의 이익이 침해되므로 상법은 영업양수인을 보호하기 위하여 영업양도인의 경업금지의무를 규정하고 있다. 위와 같은 상법의 취지를 고려하여 보면, 경업이 금지되는 대상으로서의 동종 영업은 영업의 내용, 규모, 방식, 범위 등 여러 사정을 종합적으로 고려하여 볼 때 양도된 영업과 경쟁관계가 발생할 수 있는 영업을 의미한다고 보아야 한다(대판 2015.9.10. 2014다80440).

PART 1

③ [O] 상법상의 영업양도에 관한 규정은 양도인이 상인이 아닌 경우에는 적용할 수 없고, 또 농업협동조합법 제5조 제2항에 의하면, 동 조합은 영리나 투기사업을 하지 못하게 되어 있으므로 동 조합을 상인이라 할 수 없고 따라서 동 조합이 도정공장을 양도하였다 하더라도 동 조합은 양수인에 대하여 상법 제41조에 의한 경업금지의무는 없다(대판 1969.3.25. 68다1560).

④ [O] 영업이 동일성을 유지한 채 전전양도된 경우에도 최초 영업양도인이 인근에서 동종영업을 한다면 영업양도의 실효성이 크게 제한되어 영업양수인뿐만 아니라 전전 영업양수인들이 부당한 손실을 입게 되는 것은 마찬가지이므로, 최초 영업양도인과 전전 영업양수인들 사이에서도 위와 같은 상법 제41조 제1항의 취지가 참작되어야 한다. 그렇다면 영업양도계약에서 경업금지에 관하여 정함이 없는 경우 영업양수인은 영업양도인에 대해 상법 제41조 제1항에 근거하여 경업금지청구권을 행사할 수 있고, 나아가 영업양도계약에서 경업금지청구권의 양도를 제한하는 등의 특별한 사정이 없다면 위와 같이 양도된 영업이 다시 동일성을 유지한 채 전전양도될 때 영업양수인의 경업금지청구권은 영업재산의 일부로서 영업과 함께 그 뒤의 영업양수인에게 전전양도되고, 그에 수반하여 지명채권인 경업금지청구권의 양도에 관한 통지권한도 전전이전된다고 보는 것이 타당하다(대판 2022.11.30. 2021다227629).

⑤ [×] 상법 제41조 제1항은 영업양도인의 경업금지의무를 규정하면서 경업금지지역을 동일한 특별시·광역시·시·군과 인접 특별시·광역시·시·군으로 규정하고 있다. 위 조문에서 양도 대상으로 규정한 영업은 일정한 영업목적에 의하여 조직화되어 유기적 일체로서 기능하는 재산의 총체를 가리킨다는 점과 상법이 경업금지의무를 규정하고 있는 취지는 영업양수인을 보호하기 위한 것인 점을 고려하여 보면, <u>경업금지지역으로서의 동일 지역 또는 인접 지역은 양도된 물적 설비가 있던 지역을 기준으로 정할 것이 아니라 영업양도인의 통상적인 영업활동이 이루어지던 지역을 기준으로 정하여야 한다</u>. 이때 통상적인 영업활동인지 여부는 해당 영업의 내용, 규모, 방식, 범위 등 여러 사정을 종합적으로 고려하여 판단하여야 한다(대판 2015.9.10. 2014다80440).

답 ⑤

22 법무사 2022

☑ 확인 Check! ○ △ ×

상호를 속용하는 영업양수인의 책임에 관한 다음 설명 중 가장 옳지 않은 것은?

① 상법 제42조 제1항은 영업양수인이 양도인의 상호를 계속 사용하는 경우 양도인의 영업으로 인한 제3자의 채권에 대하여 양수인도 변제할 책임이 있다고 규정함으로써 양도인이 여전히 주채무자로서 채무를 부담하면서 양수인도 함께 변제책임을 지도록 하고 있는데, 영업양수인이 위 규정에 따라 책임지는 제3자의 채권은 영업양도 당시 발생한 채권과 영업양도 당시로 보아 가까운 장래에 발생될 것이 확실한 채권이다.

② 양수인에 의하여 속용되는 명칭이 상호 자체가 아닌 옥호 또는 영업표지인 때에도 그것이 영업주체를 나타내는 것으로 사용되는 경우에는 채권자가 영업주체의 교체나 채무인수 여부 등을 용이하게 알 수 없다는 점에서 일반적인 상호속용의 경우와 다를 바 없으므로, 양수인은 특별한 사정이 없는 한 상호를 속용하는 영업양수인의 책임을 정한 상법 제42조 제1항의 유추적용에 의하여 그 채무를 부담한다.

③ 채권자가 영업양도 무렵 채무인수 사실이 없음을 알지 못한 경우에는 특별한 사정이 없는 한 상호를 속용하는 영업양수인의 변제책임이 발생하고, 이후 채권자가 채무인수 사실이 없음을 알게 되었다고 하더라도 이미 발생한 영업양수인의 변제책임이 소멸하는 것은 아니다.

④ 영업임대차의 경우에 상호를 속용하는 영업양수인의 책임을 정한 상법 제42조 제1항을 유추적용할 수 없다.

⑤ 상법 제42조 제1항에 의하여 상호를 속용하는 영업양수인이 변제책임을 지는 양도인의 제3자에 대한 채무는 양도인의 영업으로 인한 채무로서 영업양도 전에 발생한 것이면 족하고, 반드시 영업양도 당시의 상호를 사용하는 동안 발생한 채무에 한하는 것은 아니다.

해설

① [×] 상법 제42조 제1항은 영업양수인이 양도인의 상호를 계속 사용하는 경우 양도인의 영업으로 인한 제3자의 채권에 대하여 양수인도 변제할 책임이 있다고 규정함으로써 양도인이 여전히 주채무자로서 채무를 부담하면서 양수인도 함께 변제책임을 지도록 하고 있으나, 위 규정이 영업양수인이 양도인의 영업자금과 관련한 피보증인의 지위까지 승계하도록 한 것이라고 보기는 어렵고, 영업양수인이 위 규정에 따라 책임지는 제3자의 채권은 영업양도 당시 채무의 변제기가 도래할 필요까지는 없다고 하더라도 그 당시까지 발생한 것이어야 하고, 영업양도 당시로 보아 가까운 장래에 발생될 것이 확실한 채권도 양수인이 책임져야 한다고 볼 수 없다(대판 2020.2.6. 2019다270217).

② [O] 상호를 속용하는 영업양수인의 책임을 정하고 있는 상법 제42조 제1항은, 일반적으로 영업상의 채권자의 채무자에 대한 신용은 채무자의 영업재산에 의하여 실질적으로 담보되어 있는 것이 대부분인데도 실제 영업의 양도가 이루어지면서 채무의 승계가 제외된 경우에는 영업상의 채권자의 채권이 영업재산과 분리되게 되어 채권자를 해치게 되는 일이 일어나므로 영업상의 채권자에게 채권추구의 기회를 상실시키는 것과 같은 영업양도의 방법, 즉 채무를 승계하지 않았음에도 불구하고 상호를 속용함으로써 영업양도의 사실이 대외적으로 판명되기 어려운 방법 또는 영업양도에도 불구하고 채무의 승계가 이루어지지 않은 사실이 대외적으로 판명되기 어려운 방법 등이 채용된 경우에 양수인에게도 변제의 책임을 지우기 위하여 마련된 규정이라고 해석된다. 따라서 양수인에 의하여 속용되는 명칭이 상호 자체가 아닌 옥호 또는 영업표지인 때에도 그것이 영업주체를 나타내는 것으로 사용되는 경우에는 영업상의 채권자가 영업주체의 교체나 채무승계 여부 등을 용이하게 알 수 없다는 점에서 일반적인 상호속용의 경우와 다를 바 없으므로, 양수인은 특별한 사정이 없는 한 상법 제42조 제1항의 유추적용에 의하여 그 채무를 부담한다(대판 2010.9.30. 2010다35138).

③ [O] 채권자 보호의 취지와 상법 제42조 제1항의 적용을 면하기 위하여 양수인의 책임 없음을 등기하거나 통지하는 경우에는 영업양도를 받은 후 지체 없이 하도록 규정한 상법 제42조 제2항의 취지를 종합하면, 채권자가 영업양도 당시 채무인수 사실이 없음을 알고 있었거나 그 무렵 알게 된 경우에는 영업양수인의 변제책임이 발생하지 않으나, 채권자가 영업양도 무렵 채무인수 사실이 없음을 알지 못한 경우에는 특별한 사정이 없는 한 상법 제42조 제1항에 따른 영업양수인의 변제책임이 발생하고, 이후 채권자가 채무인수 사실이 없음을 알게 되었다고 하더라도 이미 발생한 영업양수인의 변제책임이 소멸하는 것은 아니다(대판 2022.4.28. 2021다305659).

④ [O] 영업임대차의 경우에는 상법 제42조 제1항과 같은 법률규정이 없을 뿐만 아니라, 영업상의 채권자가 제공하는 신용에 대하여 실질적인 담보의 기능을 하는 영업재산의 소유권이 재고상품 등 일부를 제외하고는 모두 임대인에게 유보되어 있고 임차인은 사용・수익권만을 가질 뿐이어서 임차인에게 임대인의 채무에 대한 변제책임을 부담시키면서까지 임대인의 채권자를 보호할 필요가 있다고 보기 어렵다. 여기에 상법 제42조 제1항에 의하여 양수인이 부담하는 책임은 양수한 영업재산에 한정되지 아니하고 그의 전 재산에 미친다는 점 등을 더하여 보면, 영업임대차의 경우에 상법 제42조 제1항을 그대로 유추적용할 것은 아니다(대판 2016.8.24. 2014다9212).

⑤ [O] 상법 제42조 제1항에 의하여 상호를 속용하는 영업양수인이 변제책임을 지는 양도인의 제3자에 대한 채무는 양도인의 영업으로 인한 채무로서 영업양도 전에 발생한 것이면 족하고, 반드시 영업양도 당시의 상호를 사용하는 동안 발생한 채무에 한하는 것은 아니다(대판 2010.9.30. 2010다35138).

답 ①

PART 2
상행위법

CHAPTER

01 | 상행위법 통칙

제1절 | 상행위의 의의

01 CPA 2021 ☑ 확인Check! ○ △ ×

상법상 상행위에 관한 설명으로 옳은 것은? (이견이 있으면 판례에 의함)

① 상인이 영업을 위하여 하는 행위는 상행위로 추정한다.

② 상인의 행위는 영업을 위하여 하는 것으로 본다.

③ 상행위로 인하여 생긴 채권을 담보하기 위한 유질계약은 허용되고, 이 경우 질권설정자는 반드시 상인이어야 한다.

④ 상인이 그 영업범위 내에서 이자를 약정하지 않고 타인을 위하여 금전을 체당하였을 때에는 법정이자를 청구할 수 없다.

⑤ 오로지 임금을 받을 목적으로 물건을 제조하거나 노무에 종사하는 자의 행위가 아닌 한, 영업으로 하는 상호부금은 기본적 상행위에 해당한다.

해설

① [×] 상인이 영업을 위하여 하는 행위는 상행위로 본다(상법 제47조 제1항).

② [×] 상인의 행위는 영업을 위하여 하는 것으로 추정한다(상법 제47조 제2항).

③ [×] 질권설정계약에 포함된 유질약정이 상법 제59조에 따라 유효하기 위해서는 질권설정계약의 피담보채권이 상행위로 인하여 생긴 채권이면 충분하고, 질권설정자가 상인이어야 하는 것은 아니다. 또한 상법 제3조는 "당사자 중 그 1인의 행위가 상행위인 때에는 전원에 대하여 본법을 적용한다"라고 정하고 있으므로, 일방적 상행위로 생긴 채권을 담보하기 위한 질권에 대해서도 유질약정을 허용한 상법 제59조가 적용된다(대판 2017.7.18. 2017다207499).

> **상법 제59조(유질계약의 허용)**
> 민법 제339조의 규정은 상행위로 인하여 생긴 채권을 담보하기 위하여 설정한 질권에는 적용하지 아니한다.
>
> **민법 제339조(유질계약의 금지)**
> 질권설정자는 채무변제기전의 계약으로 질권자에게 변제에 갈음하여 질물의 소유권을 취득하게 하거나 법률에 정한 방법에 의하지 아니하고 질물을 처분할 것을 약정하지 못한다.

④ [×] 상인이 그 영업범위 내에서 타인을 위하여 금전을 체당(替當)하였을 때에는 체당한 날 이후의 법정이자를 청구할 수 있다(상법 제55조 제2항).

⑤ [O] 상법 제46조 제16호

> **상법 제46조(기본적 상행위)**
> 영업으로 하는 다음의 행위를 상행위라 한다. 그러나 오로지 임금을 받을 목적으로 물건을 제조하거나 노무에 종사하는 자의 행위는 그러하지 아니하다.
> … (중략) …
> 16. 상호부금 기타 이와 유사한 행위
> … (하략) …

답 ⑤

02 CPA 2016

☑ 확인Check! ○ △ ×

A는 당구장을 개업하기 위하여 자본금액 500만원으로 상업빌딩의 점포를 임차하고 장사를 시작하였다. 5년 후 당구장이 번창하자 B와 점포확장공사계약을 체결하고 완공한 다음 현재 운영하고 있다. 이에 대한 상법상의 설명으로 <u>틀린</u> 것은?

① A의 당구장 영업은 공중접객업에 해당한다.
② A의 당구장 개업을 위한 점포임대차계약의 체결은 보조적 상행위로 본다.
③ A의 당구장 영업을 위한 점포확장공사계약의 체결은 보조적 상행위로 본다.
④ A가 옆가게 음식점 주인 C에게 금전을 대여한 것은 영업을 위하여 하는 것으로 간주한다.
⑤ A가 자본금액 500만원으로 당구장을 개업한 당시에 지배인을 선임하더라도 상법상 지배인의 규정이 적용되지 않는다.

▌해설▌

① [O] 극장, 여관, 음식점, 그 밖의 공중이 이용하는 시설에 의한 거래를 영업으로 하는 자를 공중접객업자(公衆接客業者)라 한다(상법 제151조).

② [O], ③[O] 개업을 위한 점포임대차계약의 체결 및 영업을 위한 점포확장공사계약의 체결 모두 영업을 위하여 하는 행위이므로 보조적 상행위로 본다(상법 제47조 제1항 참조).

> **상법 제47조(보조적 상행위)**
> ① 상인이 영업을 위하여 하는 행위는 상행위로 본다.
> ② 상인의 행위는 영업을 위하여 하는 것으로 추정한다.

④ [×] 음식점업을 영위하는 상인이 부동산중개업을 영위하는 상인에게 금원을 대여한 행위는 상법 제47조 제2항에 의하여 영업을 위하여 하는 것으로 추정되고, 그 금전대여행위가 상호 고율의 이자소득을 얻기 위한 목적으로 행하여졌다는 사정만으로는 위 추정이 번복된다고 볼 수 없다(대판 2008.12.11. 2006다54378).

⑤ [O] 상법 제9조, 상법 시행령 제2조

> **상법 제9조(소상인)**
> 지배인, 상호, 상업장부와 상업등기에 관한 규정은 소상인에게 적용하지 아니한다.
>
> **상법 시행령 제2조(소상인의 범위)**
> 「상법」(이하 "법"이라 한다) 제9조에 따른 소상인은 자본금액이 1천만원에 미치지 못하는 상인으로서 회사가 아닌 자로 한다.

답 ④

03 법무사 2023

☑ 확인 Check! ○ △ ×

상인과 상행위에 관한 다음 설명 중 가장 옳지 않은 것은?

① 영업의 목적인 상행위를 개시하기 전에 한 영업을 위한 준비행위에는 상행위에 관한 상법의 규정이 적용될 수 있다.

② 영업을 위한 개업준비행위에 상행위에 관한 상법의 규정이 적용되기 위해서는 영업의사가 일반적·대외적으로 표시되어야 한다.

③ 회사는 상행위를 하지 아니하더라도 상인으로 본다.

④ 회사의 기관인 대표이사 개인이 회사의 운영 자금으로 사용하려고 돈을 빌리거나 투자를 받더라도 그것만으로 상행위에 해당하는 것은 아니다.

⑤ 상인이 그 영업과 상관없이 개인 자격에서 돈을 투자하는 행위는 상인의 기존 영업을 위한 보조적 상행위가 아니다.

해설

① [O], ② [×] 영업의 목적인 기본적 상행위를 개시하기 전에 영업을 위한 준비행위를 하는 자는 영업으로 상행위를 할 의사를 실현하는 것이므로 그 준비행위를 한 때 상인자격을 취득함과 아울러 이 개업준비행위는 영업을 위한 행위로서 그의 최초의 보조적 상행위가 되는 것이고, 이와 같은 개업준비행위는 반드시 상호등기·개업광고·간판 부착 등에 의하여 영업의사를 일반적·대외적으로 표시할 필요는 없으나 점포구입·영업양수·상업사용인의 고용 등 그 준비행위의 성질로 보아 영업의사를 상대방이 객관적으로 인식할 수 있으면 당해 준비행위는 보조적 상행위로서 여기에 상행위에 관한 상법의 규정이 적용된다(대판 1999.1.29. 98다1584).

③ [O] 상법 제5조 제2항

> **상법 제5조(동전-의제상인)**
> ① 점포 기타 유사한 설비에 의하여 상인적 방법으로 영업을 하는 자는 상행위를 하지 아니하더라도 상인으로 본다.
> ② 회사는 상행위를 하지 아니하더라도 전항과 같다.

④ [O], ⑤ [O] 상인은 상행위에서 생기는 권리·의무의 주체로서 상행위를 하는 것이고, 영업을 위한 행위가 보조적 상행위로서 상법의 적용을 받기 위해서는 행위를 하는 자 스스로 상인 자격을 취득하는 것을 당연한 전제로 한다. 회사가 상법에 의해 상인으로 의제된다고 하더라도 회사의 기관인 대표이사 개인이 상인이 되는 것은 아니다. 대표이사 개인이 회사의 운영 자금으로 사용하려고 돈을 빌리거나 투자를 받더라도 그것만으로 상행위에 해당하는 것은 아니다. 또한 상인이 영업과 상관없이 개인 자격에서 돈을 투자하는 행위는 상인의 기존 영업을 위한 보조적 상행위로 볼 수 없다(대판 2018.4.24. 2017다205127).

답 ②

PART 2

제2절 | 상행위의 특칙

제1항 민법 총칙편에 대한 특칙

04 CPA 2020 ☑ 확인Check! ○ △ ×

상법상 상행위에 관한 설명으로 틀린 것은?

① 상행위의 위임을 받은 자는 위임의 본지에 반하지 아니한 범위 내에서 위임을 받지 아니한 행위를 할 수 있다.

② 당사자간에 다른 약정이 없는 한, 상인간의 상행위로 인한 채권이 변제기에 있는 때에는 채권자는 변제를 받을 때까지 그 채무자에 대한 상행위로 인하여 자기가 점유하고 있는 채무자 소유의 물건을 유치할 수 있다.

③ 수인이 그 1인 또는 전원에게 상행위가 되는 행위로 인하여 채무를 부담한 때에는 연대하여 변제할 책임이 있다.

④ 상인이 그 영업범위 내에서 타인을 위하여 행위를 한 때에는 이에 대하여 상당한 보수를 청구할 수 있다.

⑤ 상인이 그 영업에 관하여 수여한 대리권은 본인의 사망으로 인하여 소멸한다.

해설

① [O] 상행위의 위임을 받은 자는 위임의 본지에 반하지 아니한 범위내에서 위임을 받지 아니한 행위를 할 수 있다(상법 제49조).

② [O] 상인간의 상행위로 인한 채권이 변제기에 있는 때에는 채권자는 변제를 받을 때까지 그 채무자에 대한 상행위로 인하여 자기가 점유하고 있는 채무자 소유의 물건 또는 유가증권을 유치할 수 있다. 그러나 당사자간에 다른 약정이 있으면 그러하지 아니하다(상법 제58조).

③ [O] 수인이 그 1인 또는 전원에게 상행위가 되는 행위로 인하여 채무를 부담한 때에는 연대하여 변제할 책임이 있다(상법 제57조 제1항).

④ [O] 상인이 그 영업범위 내에서 타인을 위하여 행위를 한 때에는 이에 대하여 상당한 보수를 청구할 수 있다(상법 제61조).

⑤ [×] 상인이 그 영업에 관하여 수여한 대리권은 본인의 사망으로 인하여 소멸하지 아니한다(상법 제50조).

답 ⑤

05 법무사 2024

☑ 확인Check! ○ △ ×

소멸시효에 관한 설명 중 가장 옳지 않은 것은?

① 甲이 乙에게 자신의 사업자명의를 사용하여 영업할 것을 허락하였고, 丙이 甲을 영업주로 오인하여 乙과 물품거래를 하였으며, 乙이 丙에게 물품대금 일부를 대물변제하였다면 乙의 시효중단 사유인 채무승인의 효력이 甲에게는 미치지 않는다.

② 채권자가 영업양도가 이루어진 뒤 영업양도인을 상대로 소를 제기하여 확정판결을 받았다면 그와 같은 소멸시효 중단이나 소멸시효 연장의 효과는 상호를 속용하는 영업양수인에게 미치지 않는다.

③ 창고업자인 甲이 선하증권이나 화물인도지시서와 상환하지 않고 임치물을 제3자에게 인도하였고, 임치물의 소유자인 乙이 甲에게 불법행위로 인한 손해배상을 청구하는 경우, 甲은 상법 제166조 제1항의 물건을 출고한 날로부터 1년의 소멸시효 항변을 할 수 있다.

④ 운송주선인이 자기 이름으로 운송계약을 체결한 경우 운송주선인에 대한 운송인의 채권은 1년의 단기소멸시효에 걸린다.

⑤ 기존회사가 채무를 면탈하기 위하여 기업의 형태・내용이 실질적으로 동일한 신설회사를 설립하여 기존회사의 채무면탈이라는 위법한 목적 달성을 위하여 회사제도를 남용한 것에 해당한다면, 기존회사에 대한 소멸시효가 완성되지 않은 상태에서 신설회사가 기존회사와 별도로 자신에 대하여 소멸시효가 완성되었다고 주장하는 것은 허용될 수 없다.

해설

① [○] 상법 제24조에 의한 명의대여자와 명의차용자의 책임은 동일한 경제적 목적을 가진 채무로서 서로 중첩되는 부분에 관하여 일방의 채무가 변제 등으로 소멸하면 타방의 채무도 소멸하는 이른바 부진정연대의 관계에 있다. 이와 같은 부진정연대채무에서는 채무자 1인에 대한 이행청구 또는 채무자 1인이 행한 채무의 승인 등 소멸시효의 중단사유나 시효이익의 포기가 다른 채무자에게 효력을 미치지 아니한다(대판 2011.4.14. 2010다91886).

② [○] 영업양도인의 영업으로 인한 채무와 상호를 속용하는 영업양수인의 상법 제42조 제1항에 따른 채무는 같은 경제적 목적을 가진 채무로서 서로 중첩되는 부분에 관하여는 일방의 채무가 변제 등으로 소멸하면 다른 일방의 채무도 소멸하는 이른바 부진정연대의 관계에 있다. 따라서 채권자가 영업양도인을 상대로 소를 제기하여 확정판결을 받아 소멸시효가 중단되거나 소멸시효 기간이 연장된 뒤 영업양도가 이루어졌다면 그와 같은 소멸시효 중단이나 소멸시효 연장의 효과는 상호를 속용하는 영업양수인에게 미치지만, 채권자가 영업양도가 이루어진 뒤 영업양도인을 상대로 소를 제기하여 확정판결을 받았다면 영업양도인에 대한 관계에서 소멸시효가 중단되거나 소멸시효 기간이 연장된다고 하더라도 그와 같은 소멸시효 중단이나 소멸시효 연장의 효과는 상호를 속용하는 영업양수인에게 미치지 않는다(대판 2023.12.7. 2020다225138).

③ [×]

- 해상운송화물은 선하증권과 상환으로 그 소지인에게 인도되어야 하는 것이고 선하증권 없이 화물이 적법하게 반출될 수는 없는 것이므로, 선하증권을 제출하지 못하여 운송인으로부터 화물인도지시서를 발급받지 못한 통지처의 요구에 따라 운송물을 인도하면 이 화물이 무단반출되어 선하증권의 소지인이 운송물을 인도받지 못하게 될 수 있음을 예견할 수 있음에도 불구하고, 보세장치장 설영자가 화물인도지시서나 운송인의 동의를 받지 않고 화물을 인도함으로 말미암아 선하증권의 소지인이 입은 손해에 대하여 불법행위에 기한 손해배상책임을 진다고 할 것이다(대판 2000.11.14. 2000다30950).

• 상법 제166조 소정의 창고업자의 책임에 관한 단기소멸시효는 창고업자의 계약상대방인 임치인의 청구에만 적용되며 임치물이 타인 소유의 물건인 경우에 소유권자인 타인의 청구에는 적용되지 아니한다(대판 2004.2.13. 2001다75318).

④ [O] 운송주선인의 책임은 수하인이 운송물을 수령한 날로부터 1년을 경과하면 소멸시효가 완성한다(상법 제121조 제1항).

⑤ [O] 기존회사가 채무를 면탈하기 위하여 기업의 형태·내용이 실질적으로 동일한 신설회사를 설립하였다면, 신설회사의 설립은 기존회사의 채무면탈이라는 위법한 목적 달성을 위하여 회사제도를 남용한 것에 해당한다. 이러한 경우에 기존회사의 채권자에 대하여 위 두 회사가 별개의 법인격을 갖고 있음을 주장하는 것은 신의성실의 원칙상 허용될 수 없으므로, 기존회사의 채권자는 두 회사 어느 쪽에 대하여도 채무의 이행을 청구할 수 있다. 나아가 기존회사에 대한 소멸시효가 완성되지 않은 상태에서 신설회사가 기존회사와 별도로 자신에 대하여 소멸시효가 완성되었다고 주장하는 것 역시 별개의 법인격을 갖고 있음을 전제로 하는 것이어서 신의성실의 원칙상 허용될 수 없다(대판 2024.3.28. 2023다265700).

답 ③

06 법무사 2022

☑ 확인 Check! ○ △ ×

소멸시효에 관한 다음 설명 중 가장 옳지 않은 것은?

① 단체협약에 기한 근로자의 유족들의 회사에 대한 위로금채권에는 5년의 상사소멸시효기간이 적용된다.

② 사용자가 근로계약에 수반되는 신의칙상의 부수적 의무인 보호의무를 위반하여 근로자에게 손해를 입힘으로써 발생한 근로자의 손해배상청구권은 특별한 사정이 없는 한 10년의 민사 소멸시효기간이 적용된다.

③ 한국전력공사와 다수의 전기수용가와 사이에 체결된 전기공급계약은 상법상 기본적 상행위에 해당하나 전기공급주체인 공법인은 상법이 적용되지 아니하므로, 전기공급계약에 근거한 위약금 지급채무는 10년의 민사 소멸시효기간이 적용된다.

④ 배당가능이익이 없는데도 이익의 배당이나 중간배당이 실시된 경우 회사나 채권자가 주주로부터 배당금을 회수하는 것은 회사의 자본충실을 도모하고 회사 채권자를 보호하는 데 필수적이므로, 위법배당에 따른 부당이득반환청구권은 10년의 민사 소멸시효기간이 적용된다.

⑤ 건설공사에 관한 도급계약이 상행위에 해당하는 경우 그 도급계약에 기한 수급인의 하자담보책임은 5년의 소멸시효기간이 적용된다.

해설

① [O] 근로계약이나 단체협약이 보조적 상행위에 해당하므로, 단체협약에 기한 근로자의 유족들의 회사에 대한 위로금채권에 5년의 상사소멸시효기간이 적용된다(대판 2006.4.27. 2006다1381).

② [O] 상법 제64조의 상사시효제도는 대량, 정형, 신속이라는 상거래 관계 특유의 성질에 기인한 제도임을 고려하면, 상인이 그의 영업을 위하여 근로자와 체결하는 근로계약은 보조적 상행위에 해당한다고 하더라도, 근로자의 근로계약상의 주의의무 위반으로 인한 손해배상청구권은 상거래 관계에 있어서와 같이 정형적으로나 신속하게 해결할 필요가 있다고 볼 것은 아니므로 특별한 사정이 없는 한 5년의 상사소멸시효기간이 아니라 10년의 민사 소멸시효기간이 적용된다(대판 2005.11.10. 2004다22742).

③ [×] 다수의 전기수용가와 사이에 체결되는 전기공급계약에 적용되는 약관 등에, 계약종별 외의 용도로 전기를 사용하면 그로 인한 전기요금 면탈금액의 2배에 해당하는 위약금을 부과한다고 되어 있지만, 그와 별도로 면탈한 전기요금 자체 또는 손해배상을 청구할 수 있도록 하는 규정은 없고 면탈금액에 대해서만 부가가치세 상당을 가산하도록 되어 있는 등의 사정이 있는 경우, 위 약관에 의한 위약금은 손해배상액의 예정과 위약벌의 성질을 함께 가지는 것으로 봄이 타당하다. 그리고 계약종별 위반으로 약관에 의하여 부담하는 위약금 지급채무는 전기의 공급에 따른 전기요금 채무 자체가 아니므로, 3년의 단기소멸시효가 적용되는 민법 제163조 제1호의 채권, 즉 '1년 이내의 기간으로 정한 금전의 지급을 목적으로 한 채권'에 해당하지 않는다. 그러나 '영업으로 하는 전기의 공급에 관한 행위'는 상법상 기본적 상행위에 해당하고(상법 제46조 제4호), <u>전기공급주체가 공법인인 경우에도 법령에 다른 규정이 없는 한 상법이 적용되므로</u>(상법 제2조), <u>그러한 전기공급계약에 근거한 위약금 지급채무 역시 상행위로 인한 채권으로서 상법 제64조에 따라 5년의 소멸시효기간이 적용된다</u>(대판 2013.4.11. 2011다112032).

④ [O] 이익의 배당이나 중간배당은 회사가 획득한 이익을 내부적으로 주주에게 분배하는 행위로서 회사가 영업으로 또는 영업을 위하여 하는 상행위가 아니므로 배당금지급청구권은 상법 제64조가 적용되는 상행위로 인한 채권이라고 볼 수 없다. 이에 따라 위법배당에 따른 부당이득반환청구권 역시 근본적으로 상행위에 기초하여 발생한 것이라고 볼 수 없다. 특히 배당가능이익이 없는데도 이익의 배당이나 중간배당이 실시된 경우 회사나 채권자가 주주로부터 배당금을 회수하는 것은 회사의 자본충실을 도모하고 회사 채권자를 보호하는 데 필수적이므로, 회수를 위한 부당이득반환청구권 행사를 신속하게 확정할 필요성이 크다고 볼 수 없다. 따라서 위법배당에 따른 부당이득반환청구권은 민법 제162조 제1항이 적용되어 10년의 민사 소멸시효에 걸린다고 보아야 한다(대판 2021.6.24. 2020다208621).

⑤ [O] 건설공사에 관한 도급계약이 상행위에 해당하는 경우 그 도급계약에 기한 수급인의 하자담보책임은 상법 제64조 본문에 의하여 원칙적으로 5년의 소멸시효에 걸리는 것으로 보아야 한다(대판 2011.12.8. 2009다25111).

답 ③

PART 2

07 법무사 2021

☑ 확인 Check! ○ △ ✕

상법상 상행위와 상사소멸시효에 관한 다음 설명 중 가장 옳지 않은 것은?

① 당사자 중 일방이 수인인 경우 그중 1인에게만 상행위가 되더라도 전원에 대하여 상사소멸시효가 적용된다.

② 상인이 영업을 위하여 하는 보조적 상행위에도 상사소멸시효가 적용된다.

③ 상인의 행위는 영업을 위하여 하는 것으로 추정되므로, 영업을 위하여 하는 것인지 아닌지 분명하지 않은 상인의 행위는 영업을 위하여 하는 것으로 추정된다.

④ 회사는 상행위를 하지 않더라도 상인으로 보기 때문에 회사 대표이사 개인이 회사의 운영자금으로 사용하려고 돈을 빌린 때에는 언제나 상행위로 본다.

⑤ 당사자 일방에 대하여만 상행위에 해당하는 행위로 인한 채권에도 상사소멸시효가 적용된다.

해설

① [O] 상법 제3조에 따라 당사자 중 1인의 행위가 상행위인 때에는 전원에 대하여 상법이 적용되므로, 당사자의 일방이 수인인 경우에 그중 1인에게만 상행위가 되더라도 전원에 대하여 상법이 적용된다고 해석된다(대판 2014.4.10. 2013다68207).

② [O], ⑤ [O] 당사자 쌍방에 대하여 모두 상행위가 되는 행위로 인한 채권뿐만 아니라 당사자 일방에 대하여만 상행위에 해당하는 행위로 인한 채권도 상법 제64조 소정의 5년의 소멸시효기간이 적용되는 상사채권에 해당하는 것이고, 그 상행위에는 상법 제46조 각 호에 해당하는 기본적 상행위뿐만 아니라, 상인이 영업을 위하여 하는 보조적 상행위도 포함된다(대판 1997.8.26. 97다9260).

③ [O] 상법 제47조 제1항은 "상인이 영업을 위하여 하는 행위는 상행위로 본다"고 규정하고 있고, 같은 조 제2항은 "상인의 행위는 영업을 위하여 하는 것으로 추정한다"고 규정하고 있으므로, 영업을 위하여 하는 것인지 아닌지가 분명치 아니한 상인의 행위는 영업을 위하여 하는 것으로 추정되고 그와 같은 추정을 번복하기 위해서는 그와 다른 반대사실을 주장하는 자가 이를 증명할 책임이 있다(대판 2008.12.11. 2006다54378).

④ [✕] 상인은 상행위로 인하여 생기는 권리・의무의 주체로서 상행위를 하는 것이고, 영업을 위하는 행위가 보조적 상행위로서 상법의 적용을 받기 위해서는 행위를 하는 자 스스로 상인 자격을 취득하는 것을 당연한 전제로 하며, 회사가 상법에 의해 상인으로 의제된다고 하더라도 회사의 기관인 대표이사 개인은 상인이 아니어서 비록 대표이사 개인이 회사 자금으로 사용하기 위해서 차용한다고 하더라도 상행위에 해당하지 아니하여 차용금채무를 상사채무로 볼 수 없다(대판 2015.3.26. 2014다70184).

답 ④

☑ 제2항 민법 물권편에 대한 특칙

08 CPA 2022

☑ 확인Check! ○ △ ×

상법 제58조의 일반상사유치권과 상법상 특별상사유치권에 관한 설명으로 틀린 것은? (이견이 있으면 판례에 의함)

① 일반상사유치권은 당사자 사이의 약정에 의하여 배제할 수 있다.
② 일반상사유치권의 목적물은 채무자의 소유이어야 한다.
③ 채무자 소유의 부동산에 관하여 이미 선행저당권이 설정되어 있는 상태에서 일반상사유치권이 성립한 경우, 그 상사유치권자는 선행저당권자에 대한 관계에서도 상사유치권으로 대항할 수 있다.
④ 운송주선인은 운송물에 관하여 받을 보수, 운임, 기타 위탁자를 위한 체당금이나 선대금에 관하여서만 그 운송물을 유치할 수 있다.
⑤ 대리상은 당사자간에 다른 약정이 없는 한, 거래의 대리로 인한 채권이 변제기에 있는 때에는 그 변제를 받을 때까지 본인을 위하여 점유하는 물건을 유치할 수 있다.

해설

① [O], ② [O] 상인간의 상행위로 인한 채권이 변제기에 있는 때에는 채권자는 변제를 받을 때까지 그 채무자에 대한 상행위로 인하여 자기가 점유하고 있는 채무자 소유의 물건 또는 유가증권을 유치할 수 있다. 그러나 당사자간에 다른 약정이 있으면 그러하지 아니하다(상법 제58조).

③ [×] 채무자 소유의 부동산에 관하여 이미 선행저당권이 설정되어 있는 상태에서 채권자의 상사유치권이 성립한 경우, 상사유치권자는 채무자 및 그 이후 채무자로부터 부동산을 양수하거나 제한물권을 설정받는 자에 대해서는 대항할 수 있지만, 선행저당권자 또는 선행저당권에 기한 임의경매절차에서 부동산을 취득한 매수인에 대한 관계에서는 상사유치권으로 대항할 수 없다(대판 2013.2.28. 2010다57350).

④ [O] 운송주선인은 운송물에 관하여 받을 보수, 운임, 기타 위탁자를 위한 체당금이나 선대금에 관하여서만 그 운송물을 유치할 수 있다(상법 제120조).

⑤ [O] 대리상은 거래의 대리 또는 중개로 인한 채권이 변제기에 있는 때에는 그 변제를 받을 때까지 본인을 위하여 점유하는 물건 또는 유가증권을 유치할 수 있다. 그러나 당사자간에 다른 약정이 있으면 그러하지 아니하다(상법 제91조).

[유치권의 내용 비교]

구 분	민사유치권 (민법 제320조)	일반 상사유치권 (상법 제58조)	특수 상사유치권	
			대리상·위탁매매인 (상법 제91조, 제111조)	운송인·운송주선인 (상법 제120조, 제147조)
견련성	필 요	불 요	불 요	필 요
채무자 소유	제한 없음	채무자 소유	제한 없음	제한 없음
담보목적물	물건·유가증권	물건·유가증권	물건·유가증권	운송물

답 ③

PART 2

09 CPA 2017

☑ 확인Check! ○ △ ×

상법상 유치권에 관한 설명으로 <u>틀린</u> 것은?

① 당사자 간 다른 약정이 없는 한 상인간의 상행위로 인한 채권이 변제기에 있는 경우 채권자는 변제를 받을 때까지 그 채무자에 대한 상행위로 인하여 자기가 점유하고 있는 채무자소유의 물건 또는 유가증권을 유치할 수 있다.

② 당사자 간 다른 약정이 없는 한 중개인은 거래의 중개로 인한 채권이 변제기에 있는 때에는 그 변제를 받을 때까지 본인을 위하여 점유하는 물건 또는 유가증권을 유치할 수 있다.

③ 당사자 간 다른 약정이 없는 한 대리상은 거래의 대리로 인한 채권이 변제기에 있는 때에는 그 변제를 받을 때까지 본인을 위하여 점유하는 물건 또는 유가증권을 유치할 수 있다.

④ 운송주선인은 운송물에 관하여 받을 보수, 운임, 기타 위탁자를 위한 체당금이나 선대금에 관하여서만 그 운송물을 유치할 수 있다.

⑤ 물건운송인은 운송물에 관하여 받을 보수, 운임, 기타 위탁자를 위한 체당금이나 선대금에 관하여서만 그 운송물을 유치할 수 있다.

해설

① [O] 상인간의 상행위로 인한 채권이 변제기에 있는 때에는 채권자는 변제를 받을 때까지 그 채무자에 대한 상행위로 인하여 자기가 점유하고 있는 채무자소유의 물건 또는 유가증권을 유치할 수 있다. 그러나 당사자간에 다른 약정이 있으면 그러하지 아니하다(상법 제58조).

② [×] <u>중개인의 경우 특별상사유치권 규정이 없다</u>. 따라서 상법 제58조의 일반상사유치권이 성립여부가 문제되는데 목적물이 채무자의 소유인지 여부에 대한 설시가 없으므로 틀린 지문이다.

③ [O] 대리상은 거래의 대리 또는 중개로 인한 채권이 변제기에 있는 때에는 그 변제를 받을 때까지 본인을 위하여 점유하는 물건 또는 유가증권을 유치할 수 있다. 그러나 당사자간에 다른 약정이 있으면 그러하지 아니하다(상법 제91조).

④ [O] 상법 제120조

⑤ [O] 상법 제147조, 제120조

> **상법 제120조(유치권)**
> 운송주선인은 운송물에 관하여 받을 보수, 운임, 기타 위탁자를 위한 체당금이나 선대금에 관하여서만 그 운송물을 유치할 수 있다.
>
> **상법 제147조(준용규정)**
> 제117조, 제120조 내지 제122조의 규정은 운송인에 준용한다.

 ②

10 법무사 2024

☑ 확인Check! ○ △ ✕

상법상 상사유치권(제58조) 또는 유질계약(제59조)에 관한 다음 설명 중 가장 옳지 않은 것은?

① 상행위로 인하여 생긴 채권을 담보하기 위한 질권설정계약에 대해서는 유질약정을 허용하고 있다.

② 상법은 유질약정이 체결된 경우 질권의 실행 방법이나 절차에 관하여는 아무런 규정을 두고 있지 않으므로, 유질약정이 포함된 질권설정계약이 체결된 경우 질권의 실행 방법이나 절차는 원칙적으로 질권설정계약에서 정한 바에 따라야 한다.

③ 상사유치권 배제의 특약은 묵시적 약정에 의해서도 가능하다.

④ 질권설정계약에 포함된 유질약정이 상법 제59조에 따라 유효하기 위해서는 질권설정자와 질권자 쌍방이 모두 상인이어야 한다.

⑤ 일방적 상행위로 생긴 채권을 담보하기 위한 질권에 대해서도 유질약정을 허용한 상법 제59조가 적용된다.

▌해설▐

① [O], ② [O] 상법 제59조는 "민법 제339조의 규정은 상행위로 인하여 생긴 채권을 담보하기 위하여 설정한 질권에는 적용하지 아니한다."라고 정함으로써 상행위로 인하여 생긴 채권을 담보하기 위한 질권설정계약에 대해서는 유질약정을 허용하고 있다. 다만 상법은 유질약정이 체결된 경우 질권의 실행 방법이나 절차에 관하여는 아무런 규정을 두고 있지 않으므로, 유질약정이 포함된 질권설정계약이 체결된 경우 질권의 실행 방법이나 절차는 원칙적으로 질권설정계약에서 정한 바에 따라야 한다(대판 2021.11.25. 2018다304007).

③ [O] 상법은 상인 간의 거래에서 신속하고 편리한 방법으로 담보를 취득하게 하기 위한 목적에서 민법상의 유치권과 별도로 상사유치권에 관한 규정을 두고 있다. 즉 상법 제58조 본문은 "상인 간의 상행위로 인한 채권이 변제기에 있는 때에는 채권자는 변제를 받을 때까지 그 채무자에 대한 상행위로 인하여 자기가 점유하고 있는 채무자 소유의 물건 또는 유가증권을 유치할 수 있다."고 규정하여 상사유치권을 인정하는 한편 같은 조 단서에서 "그러나 당사자 간에 다른 약정이 있으면 그러하지 아니하다."고 규정하여 상사유치권을 특약으로 배제할 수 있게 하였다. 이러한 상사유치권 배제의 특약은 묵시적 약정에 의해서도 가능하다(대판 2012.9.27. 2012다37176).

④ [X] 질권설정계약에 포함된 유질약정이 상법 제59조에 따라 유효하기 위해서는 질권설정계약의 피담보채권이 상행위로 인하여 생긴 채권이면 충분하고, 질권설정자가 상인이어야 하는 것은 아니다(대판 2017.7.18. 2017다207499).

⑤ [O] 상법 제3조는 "당사자 중 그 1인의 행위가 상행위인 때에는 전원에 대하여 본법을 적용한다."라고 정하고 있으므로, 일방적 상행위로 생긴 채권을 담보하기 위한 질권에 대해서도 유질약정을 허용한 상법 제59조가 적용된다(대판 2017.7.18. 2017다207499).

답 ④

11 법무사 2022

☑ 확인 Check! ○ △ ×

상법 제58조의 상사유치권에 관한 다음 설명 중 가장 옳지 않은 것은?

① 상법 제58조의 상사유치권은 피담보채권인 '상인 간의 상행위로 인한 채권'이 변제기에 있어야 하나, 민사유치권과 달리 피담보채권이 '목적물에 관하여' 생긴 것일 필요는 없다.

② 상법 제58조의 상사유치권은 당사자 사이의 특약에 의하여 배제될 수 있다.

③ 상법 제58조의 상사유치권의 목적물은, 채무자에 대한 상행위로 인하여 자기가 점유하고 있는 물건 또는 유가증권인데, 채무자의 소유일 필요는 없다.

④ 채무자 소유의 부동산에 관하여 이미 선행저당권이 설정되어 있는 상태에서 상법 제58조 상사유치권이 성립한 경우, 상사유치권자는 선행저당권자 또는 선행저당권에 기한 임의경매절차에서 부동산을 취득한 매수인에 대한 관계에서는 그 상사유치권으로 대항할 수 없다.

⑤ 상법 제58조의 상사유치권은 계약에 의하여 설정되는 것이 아니라 법이 정하는 일정한 객관적 요건을 갖춤으로써 발생하는 이른바 법정담보물권이나, 신의성실의 원칙에 반한다고 평가되는 유치권제도 남용의 유치권 행사는 허용될 수 없다.

해설

① [O] 상법 제58조의 상사유치권이 성립하기 위해서는 피담보채권은 채권자와 채무자 쌍방에게 상행위가 되는 행위로 발생하여야 하고, 변제기가 도래하여야 하나, 피담보채권이 목적물에 관하여 생긴 것일 필요는 없다. 즉, 피담보채권과 유치권의 개별적 견련성은 요구되지 않는다. 이 점에서 민법상 유치권과 구별된다.

② [O] 일반상사유치권은 당사자 간의 특약으로써 그 성립을 배제할 수 있다(상법 제58조 단서).

③ [×] 상법 제58조의 상사유치권의 목적물은 채무자 소유이어야 한다.

> **상법 제58조(상사유치권)**
> 상인 간의 상행위로 인한 채권이 변제기에 있는 때에는 채권자는 변제를 받을 때까지 그 채무자에 대한 상행위로 인하여 자기가 점유하고 있는 채무자 소유의 물건 또는 유가증권을 유치할 수 있다. 그러나 당사자 간에 다른 약정이 있으면 그러하지 아니하다.

④ [O] 채무자 소유의 부동산에 관하여 이미 선행저당권이 설정되어 있는 상태에서 채권자의 상사유치권이 성립한 경우, 상사유치권자는 채무자 및 그 이후 채무자로부터 부동산을 양수하거나 제한물권을 설정받는 자에 대해서는 대항할 수 있지만, 선행저당권자 또는 선행저당권에 기한 임의경매절차에서 부동산을 취득한 매수인에 대한 관계에서는 상사유치권으로 대항할 수 없다(대판 2013.2.28. 2010다57350).

⑤ [O] 유치권은 목적물의 소유자와 채권자와의 사이의 계약에 의하여 설정되는 것이 아니라 법이 정하는 일정한 객관적 요건(민법 제320조 제1항, 상법 제58조, 제91조, 제111조, 제120조, 제147조 등 참조)을 갖춤으로써 발생하는 이른바 법정담보물권이다. 법이 유치권제도를 마련하여 위와 같은 거래상의 부담을 감수하는 것은 유치권에 의하여 우선적으로 만족을 확보하여 주려는 그 피담보채권에 특별한 보호가치가 있다는 것에 바탕을 둔 것으로서, 그러한 보호가치는 예를 들어 민법 제320조 이하의 민사유치권의 경우에는 객관적으로 점유자의 채권과 그 목적물 사이에 특수한 관계(민법 제320조 제1항의 문언에 의하면 "그 물건에 관하여 생긴 채권"일 것, 즉 이른바 '물건과 채권과의 견련관계'가 있는 것)가 있는 것에서 인정된다. 나아가 상법 제58조에서 정하는 상사유치권은 단지 상인 간의 상행위에 기하여 채권을 가지는 사람이 채무자와의 상행위(그 상행위가 채권 발생의 원인이 된 상행위일 것이 요구되지 아니한다)에 기하여

채무자 소유의 물건을 점유하는 것만으로 바로 성립하는 것으로서, 피담보채권의 보호가치라는 측면에서 보면 위와 같이 목적물과 피담보채권 사이의 이른바 견련관계를 요구하는 민사유치권보다 그 인정범위가 현저하게 광범위하다. 이상과 같은 사정을 고려하여 보면, 유치권제도와 관련하여서는 거래당사자가 유치권을 자신의 이익을 위하여 고의적으로 작출함으로써 앞서 본 유치권의 최우선순위담보권으로서의 지위를 부당하게 이용하고 전체 담보권질서에 관한 법의 구상을 왜곡할 위험이 내재한다. 이러한 위험에 대처하여, 개별 사안의 구체적인 사정을 종합적으로 고려할 때 신의성실의 원칙에 반한다고 평가되는 유치권제도 남용의 유치권 행사는 이를 허용하여서는 안 될 것이다(대판 2011.12.22. 2011다84298).

답 ③

12 CPA 2019

☑ 확인 Check! ○ △ ✕

상법상 상행위 특칙에 관한 설명으로 틀린 것은?

① 상행위의 대리인이 본인을 위한 것임을 표시하지 아니하여도 그 행위는 본인에 대하여 효력이 있다.
② 상행위로 인한 채권은 상법에 다른 규정이 없고 다른 법령에 보다 단기의 시효규정이 없는 때에는 5년간 행사하지 아니하면 소멸시효가 완성한다.
③ 상행위로 인하여 생긴 채권을 담보하기 위하여 설정한 질권에 대해서 유질계약은 허용되지 않는다.
④ 상인이 그 영업에 관하여 금전을 대여한 경우에는 이자의 약정이 없더라도 연 6분의 법정이자를 청구할 수 있다.
⑤ 상인이 그 영업범위 내에서 물건의 임치를 받은 경우에는 보수를 받지 아니하는 때에도 선량한 관리자의 주의를 하여야 한다.

해설

① [○] 상행위의 대리인이 본인을 위한 것임을 표시하지 아니하여도 그 행위는 본인에 대하여 효력이 있다. 그러나 상대방이 본인을 위한 것임을 알지 못한 때에는 대리인에 대하여도 이행의 청구를 할 수 있다(상법 제48조).
② [○] 상행위로 인한 채권은 본법에 다른 규정이 없는 때에는 5년간 행사하지 아니하면 소멸시효가 완성한다. 그러나 다른 법령에 이보다 단기의 시효의 규정이 있는 때에는 그 규정에 의한다(상법 제64조).
③ [✕] 민사질권의 경우와 달리 상행위로 인하여 생긴 채권을 담보하기 위하여 설정한 질권은 유질계약이 허용된다(상법 제59조, 민법 제339조 참조).

상법 제59조(유질계약의 허용)
민법 제339조의 규정은 상행위로 인하여 생긴 채권을 담보하기 위하여 설정한 질권에는 적용하지 아니한다.

민법 제339조(유질계약의 금지)
질권설정자는 채무변제기전의 계약으로 질권자에게 변제에 갈음하여 질물의 소유권을 취득하게 하거나 법률에 정한 방법에 의하지 아니하고 질물을 처분할 것을 약정하지 못한다.

PART 2

④ [O] 상법 제54조, 제55조 제1항

상법 제54조(상사법정이율)
상행위로 인한 채무의 법정이율은 연 6분으로 한다.

상법 제55조(법정이자청구권)
① 상인이 그 영업에 관하여 금전을 대여한 경우에는 법정이자를 청구할 수 있다.

⑤ [O] 상인이 그 영업범위내에서 물건의 임치를 받은 경우에는 보수를 받지 아니하는 때에도 선량한 관리자의 주의를 하여야 한다(상법 제62조).

답 ③

☑ 제3항 민법 채권편에 대한 특칙

13 CPA 2023

☑ 확인Check! ○ △ ✕

상법상 「민법」에 대한 상행위의 특칙에 관한 설명으로 틀린 것은?

① 상행위의 대리인이 본인을 위한 것임을 표시하지 않더라도 그 행위는 본인에 대하여 효력이 있으나, 상대방이 본인을 위한 것임을 알지 못한 때에는 대리인에 대하여도 이행의 청구를 할 수 있다.

② 채권자의 지점에서의 거래로 인한 채무이행의 장소가 그 행위의 성질 또는 당사자의 의사표시에 의하여 특정되지 아니한 경우 특정물 인도채무는 그 지점을 이행장소로 본다.

③ 상인이 상시 거래관계에 있는 자로부터 그 영업부류에 속한 계약의 청약을 받은 때에는 지체없이 낙부의 통지를 발송하여야 하며 이를 해태한 때에는 승낙한 것으로 본다.

④ 보증인이 있는 경우에 그 보증이 상행위인 때에는 주채무자와 보증인은 연대하여 변제할 책임이 있다.

⑤ 상인이 그 영업범위내에서 물건의 임치를 받은 경우에는 보수를 받지 아니하는 때에도 선량한 관리자의 주의를 하여야 한다.

해설

① [○] 상행위의 대리인이 본인을 위한 것임을 표시하지 아니하여도 그 행위는 본인에 대하여 효력이 있다. 그러나 상대방이 본인을 위한 것임을 알지 못한 때에는 대리인에 대하여도 이행의 청구를 할 수 있다(상법 제48조).

② [✕] 채권자의 지점에서의 거래로 인한 채무이행의 장소가 그 행위의 성질 또는 당사자의 의사표시에 의하여 특정되지 아니한 경우 특정물 인도 외의 채무이행은 그 지점을 이행장소로 본다(상법 제56조). 특정물 인도채무는 민법 제467조의 일반원칙에 따라 채권성립 당시 그 물건이 있었던 장소가 이행장소가 된다.

③ [○] 상인이 상시 거래관계에 있는 자로부터 그 영업부류에 속한 계약의 청약을 받은 때에는 지체없이 낙부의 통지를 발송하여야 한다. 이를 해태한 때에는 승낙한 것으로 본다(상법 제53조).

④ [○] 보증인이 있는 경우에 그 보증이 상행위이거나 주채무가 상행위로 인한 것인 때에는 주채무자와 보증인은 연대하여 변제할 책임이 있다(상법 제57조 제2항).

⑤ [○] 상인이 그 영업범위내에서 물건의 임치를 받은 경우에는 보수를 받지 아니하는 때에도 선량한 관리자의 주의를 하여야 한다(상법 제62조).

답 ②

14 CPA 2022

☑ 확인 Check! ○ △ ✕

상법상 상행위에 관한 설명으로 틀린 것은?

① 대화자간의 상행위에 관한 계약의 청약은 상대방이 즉시 승낙하지 아니한 때에는 그 효력을 잃는다.

② 상인이 상시 거래관계에 있는 자로부터 그 영업부류에 속한 계약의 청약을 받은 때에는 지체없이 낙부의 통지를 발송하여야 하고, 이를 해태한 때에는 승낙한 것으로 본다.

③ 상인이 그 영업에 관하여 금전을 대여한 경우에는 법정이자를 청구할 수 있다.

④ 채권자의 지점에서의 상거래로 인한 채무이행의 장소가 그 행위의 성질 또는 당사자의 의사표시에 의하여 특정되지 아니한 경우, 특정물 인도의 채무이행은 그 지점을 이행장소로 본다.

⑤ 보증인이 있는 경우에 주채무가 상행위로 인한 것인 때에는 주채무자와 보증인은 연대하여 변제할 책임이 있다.

해설

① [O] 대화자간의 계약의 청약은 상대방이 즉시 승낙하지 아니한 때에는 그 효력을 잃는다(상법 제51조).

② [O] 상인이 상시 거래관계에 있는 자로부터 그 영업부류에 속한 계약의 청약을 받은 때에는 지체없이 낙부의 통지를 발송하여야 한다. 이를 해태한 때에는 승낙한 것으로 본다(상법 제53조).

③ [O] 상인이 그 영업에 관하여 금전을 대여한 경우에는 법정이자를 청구할 수 있다(상법 제55조 제1항).

④ [X] 채권자의 지점에서의 거래로 인한 채무이행의 장소가 그 행위의 성질 또는 당사자의 의사표시에 의하여 특정되지 아니한 경우 특정물 인도 외의 채무이행은 그 지점을 이행장소로 본다(상법 제56조). 특정물 인도 채무의 채무이행지는 민법의 원칙에 따라 채권성립 당시 그 물건이 있던 장소이다(민법 제467조 제1항 참조).

⑤ [O] 보증인이 있는 경우에 그 보증이 상행위이거나 주채무가 상행위로 인한 것인 때에는 주채무자와 보증인은 연대하여 변제할 책임이 있다(상법 제57조 제2항).

15 CPA 2018

☑ 확인Check! ○ △ ×

상법상 상행위에 관한 설명으로 틀린 것은?

① 대리의사의 표시가 없는 상사대리인과 거래하는 상대방이 본인을 위한 대리임을 알지 못한 경우에는 본인이 책임을 지는 외에 상대방은 대리인에 대하여도 이행의 청구를 할 수 있다.

② 판례에 의하면 새마을금고가 상인인 회원에게 자금을 대출한 경우 그 대출금채권은 상사채권으로서 5년의 소멸시효기간이 적용된다.

③ 채권자의 지점에서의 거래로 인한 채무이행의 장소가 그 행위의 성질 또는 당사자의 의사표시에 의하여 특정되지 아니한 경우 특정물 인도 외의 채무이행은 그 지점을 이행장소로 본다.

④ 주채무가 상행위로 인한 것이더라도 그 보증이 상행위가 아닌 경우에는 보증인은 주채무자와 연대하여 책임을 지지는 않는다.

⑤ 상인 간의 상행위인 확정기매매의 경우 당사자의 일방이 이행시기를 경과한 때에는 상대방이 즉시 그 이행을 청구하지 아니하면 계약은 해제된 것으로 본다.

해설

① [O] 상행위의 대리인이 본인을 위한 것임을 표시하지 아니하여도 그 행위는 본인에 대하여 효력이 있다. 그러나 상대방이 본인을 위한 것임을 알지 못한 때에는 대리인에 대하여도 이행의 청구를 할 수 있다(상법 제48조).

② [O] 새마을금고가 상인인 회원에게 자금을 대출한 경우, 상인의 행위는 특별한 사정이 없는 한 영업을 위하여 하는 것으로 추정되므로 그 대출금채권은 상사채권으로서 5년의 소멸시효기간이 적용된다(대판 1998.7.10. 98다10793).

③ [O] 채권자의 지점에서의 거래로 인한 채무이행의 장소가 그 행위의 성질 또는 당사자의 의사표시에 의하여 특정되지 아니한 경우 특정물 인도 외의 채무이행은 그 지점을 이행장소로 본다(상법 제56조).

④ [×] 보증인이 있는 경우에 그 보증이 상행위이거나 주채무가 상행위로 인한 것인 때에는 주채무자와 보증인은 연대하여 변제할 책임이 있다(상법 제57조 제2항).

⑤ [O] 상인간의 매매에 있어서 매매의 성질 또는 당사자의 의사표시에 의하여 일정한 일시 또는 일정한 기간내에 이행하지 아니하면 계약의 목적을 달성할 수 없는 경우에 당사자의 일방이 이행시기를 경과한 때에는 상대방은 즉시 그 이행을 청구하지 아니하면 계약을 해제한 것으로 본다(상법 제68조).

답 ④

16 CPA 2018 ☑ 확인 Check! ○ △ ×

다음 각 채권과 채무에 대해 연 6분의 상사법정이율이 적용되는 경우는 모두 몇 개인가? (이자지급 및 이율에 관한 별도의 약정이 없다고 가정하며 이견이 있는 경우에는 판례에 의함)

> ㉠ 甲주식회사의 대표이사 A가 개인 명의로 용도를 밝히지 않고 회사원인 친구 B로부터 금전을 차용한 경우의 차용금채무
> ㉡ 부동산중개업자 A가 B에게 건물을 매수해 오면 일정한 수수료를 지급하기로 약정하고 매수대금 용도로 B에게 금전을 대여한 경우의 대여금채권
> ㉢ 당구장을 경영하고 있는 A가 당구장에 사용할 재료를 구입하기 위해 자동차를 운전하던 중 교통사고로 노점상 B에게 상해를 입히게 되어 부담하게 되는 손해배상채무
> ㉣ A가 과수원에서 수확한 포도를 고속도로 휴게소에서 자신이 운영하는 판매점에서 고객 B에게 판매한 경우의 포도판매 대금채권

① 0개
② 1개
③ 2개
④ 3개
⑤ 4개

해설

ㄱ. [×] 상인은 상행위로 인하여 생기는 권리・의무의 주체로서 상행위를 하는 것이고, 영업을 위하는 행위가 보조적 상행위로서 상법의 적용을 받기 위해서는 행위를 하는 자 스스로 상인 자격을 취득하는 것을 당연한 전제로 하며, 회사가 상법에 의해 상인으로 의제된다고 하더라도 회사의 기관인 대표이사 개인은 상인이 아니어서 비록 대표이사 개인이 회사 자금으로 사용하기 위해서 차용한다고 하더라도 상행위에 해당하지 아니하여 차용금채무를 상사채무로 볼 수 없다(대판 2015.3.26. 2014다70184). 즉 A는 상인이 아니고 회사원 B도 상인이 아니므로 상사법정이율이 아닌 연 5%의 민사법정이율이 적용된다.

ㄴ. [○] 상인이 영업을 위하여 하는 행위는 상행위로 본다(상법 제47조 제1항). 따라서 상인인 부동산중개업자가 건물매수를 위하여 금전을 대여하는 것은 상행위이므로 연 6분의 상사법정이율이 적용된다.

ㄷ. [×] 상법 제54조의 상사법정이율은 상행위로 인한 채무나 이와 동일성을 가진 채무에 관하여 적용되는 것이고 상행위가 아닌 불법행위로 인한 손해배상채무에는 적용되지 아니한다(대판 1985.5.28. 84다카966).

ㄹ. [○] A가 과수원에서 수확한 포도를 단순히 판매하는 경우에는 상인이 아닐 수도 있다. 그러나 자신이 운영하는 판매점에서 판매하는 경우에는 설비상인으로서(상법 제5조 제1항 참조) 준상행위에 해당한다(상법 제66조 참조).

> **상법 제5조(동전-의제상인)**
> ① 점포 기타 유사한 설비에 의하여 상인적 방법으로 영업을 하는 자는 상행위를 하지 아니하더라도 상인으로 본다.
>
> **상법 제66조(준상행위)**
> 본장의 규정은 제5조의 규정에 의한 상인의 행위에 준용한다.

답 ③

17 CPA 2015

☑ 확인 Check! ○ △ ✕

상법상 상행위 특칙에 관한 설명으로 틀린 것은? (이견이 있으면 판례에 의함)

① 대화자 간의 상사계약에 있어서 계약의 청약을 받은 자가 즉시 승낙을 하지 않은 때에는 그 청약은 효력을 잃는다.

② 상인이 그 영업에 관하여 타인에게 금전을 대여한 경우에는 상대방이 상인인지 여부에 관계 없이 연 6분의 법정이자를 청구할 수 있다.

③ 채무자의 지점에서의 거래로 인한 채무이행의 장소가 그 행위의 성질 또는 당사자의 의사표시에 의하여 특정되지 아니한 경우 특정물 인도 외의 채무이행은 그 지점을 이행장소로 본다.

④ 상인간의 매매에 있어서 목적물의 하자가 즉시 발견할 수 없는 하자인 경우 매수인은 목적물을 수령한 후 6월 이내에 하자를 발견하여 즉시 통지를 발송하지 아니하면 목적물의 하자로 인한 담보책임을 물을 수 없다.

⑤ 상인이 그 영업범위 내에서 물건의 임치를 받은 경우에는 보수를 받지 아니하는 때에도 선량한 관리자의 주의를 하여야 한다.

해설

① [○] 대화자간의 계약의 청약은 상대방이 즉시 승낙하지 아니한 때에는 그 효력을 잃는다(상법 제51조).

② [○] 당사자 쌍방에 대하여 모두 상행위가 되는 행위로 인한 채권뿐만 아니라 당사자 일방에 대하여만 상행위가 되는 행위로 인한 채권도 상사법정이율이 적용되는 상사채권에 해당한다(대판 2000.10.27. 99다10189). 따라서 상인이 그 영업에 관하여 타인에게 금전을 대여한 경우에는 상대방이 상인인지 여부에 관계 없이 연 6분의 법정이자를 청구할 수 있다(상법 제54조, 제55조 제1항 참조).

> **상법 제54조(상사법정이율)**
> 상행위로 인한 채무의 법정이율은 연 6분으로 한다.
>
> **상법 제55조(법정이자청구권)**
> ① 상인이 그 영업에 관하여 금전을 대여한 경우에는 법정이자를 청구할 수 있다.

③ [✕] <u>채권자의 지점</u>에서의 거래로 인한 채무이행의 장소가 그 행위의 성질 또는 당사자의 의사표시에 의하여 특정되지 아니한 경우 특정물 인도 외의 채무이행은 그 지점을 이행장소로 본다(상법 제56조).

④ [○] 상인간의 매매에 있어서 매수인이 목적물을 수령한 때에는 지체없이 이를 검사하여야 하며 하자 또는 수량의 부족을 발견한 경우에는 즉시 매도인에게 그 통지를 발송하지 아니하면 이로 인한 계약해제, 대금감액 또는 손해배상을 청구하지 못한다. 매매의 목적물에 즉시 발견할 수 없는 하자가 있는 경우에 매수인이 6월 내에 이를 발견한 때에도 같다(상법 제69조 제1항).

⑤ [○] 상인이 그 영업범위내에서 물건의 임치를 받은 경우에는 보수를 받지 아니하는 때에도 선량한 관리자의 주의를 하여야 한다(상법 제62조).

답 ③

PART 2

18 CPA 2024

☑ 확인Check! ○ △ ×

상법상 상인간의 매매에 관한 설명으로 틀린 것은? (이견이 있으면 판례에 의함)

① 확정기매매의 경우 당사자의 일방이 이행시기를 경과한 때에는 상대방은 즉시 그 이행을 청구하지 아니하면 계약을 해제한 것으로 본다.

② 매수인이 목적물을 수령할 수 없는 때에 매도인은 그 물건을 공탁하거나 상당한 기간을 정하여 최고한 후 경매하는 경우에는 지체없이 매수인에 대하여 그 통지를 발송하여야 한다.

③ 특정인의 수요를 만족시키기 위하여 대체할 수 없는 물건을 제작·공급하기로 하는 계약에서는 매수인의 목적물 검사와 하자통지의무에 관한 상법 제69조가 적용되지 않는다.

④ 목적물에 즉시 발견할 수 없는 하자가 있는 경우에 매수인이 목적물을 수령한 후 6월 내에 하자를 발견한 때에는 즉시 매도인에게 그 통지를 발송하지 아니하면 상법 제69조의 하자담보책임을 물을 수 없다.

⑤ 상법 제69조의 경우에 매수인이 계약을 해제한 때에는 매수인의 비용으로 매매의 목적물을 보관 또는 공탁하여야 한다.

해설

① [○] 상인간의 매매에 있어서 매매의 성질 또는 당사자의 의사표시에 의하여 일정한 일시 또는 일정한 기간내에 이행하지 아니하면 계약의 목적을 달성할 수 없는 경우에 당사자의 일방이 이행시기를 경과한 때에는 상대방은 즉시 그 이행을 청구하지 아니하면 계약을 해제한 것으로 본다(상법 제68조).

② [○] 상인간의 매매에 있어서 매수인이 목적물의 수령을 거부하거나 이를 수령할 수 없는 때에는 매도인은 그 물건을 공탁하거나 상당한 기간을 정하여 최고한 후 경매할 수 있다. 이 경우에는 지체없이 매수인에 대하여 그 통지를 발송하여야 한다(상법 제67조 제1항).

③ [○] 제작물공급계약은 그 제작의 측면에서는 도급의 성질이 있고 공급의 측면에서는 매매의 성질이 있어 이러한 계약은 대체로 매매와 도급의 성질을 함께 가지고 있는 것으로서 그 적용법률은 계약에 의하여 제작공급하여야 할 물건이 대체물인 경우에는 매매로 보아서 매매에 관한 규정이 적용된다고 할 것이나 물건이 특정의 주문자의 수요를 만족시키기 위한 불대체물인 경우에는 당해 물건의 공급과 함께 그 제작이 계약의 주목적이 되어 도급의 성질을 강하게 띠고 있다 할 것이므로 이 경우에는 매매에 관한 규정이 당연히 적용된다고 할 수 없다(대판 1987.7.21. 86다카2446).

④ [○] 상인간의 매매에 있어서 매수인이 목적물을 수령한 때에는 지체없이 이를 검사하여야 하며 하자 또는 수량의 부족을 발견한 경우에는 즉시 매도인에게 그 통지를 발송하지 아니하면 이로 인한 계약해제, 대금감액 또는 손해배상을 청구하지 못한다. 매매의 목적물에 즉시 발견할 수 없는 하자가 있는 경우에 매수인이 6월 내에 이를 발견한 때에도 같다(상법 제69조 제1항).

⑤ [×] 제69조(매수인의 목적물의 검사와 하자통지의무)의 경우에 매수인이 계약을 해제한 때에도 매도인의 비용으로 매매의 목적물을 보관 또는 공탁하여야 한다. 그러나 그 목적물이 멸실 또는 훼손될 염려가 있는 때에는 법원의 허가를 얻어 경매하여 그 대가를 보관 또는 공탁하여야 한다(상법 제70조 제1항).

답 ⑤

19 CPA 2020

☑ 확인Check! ○ △ ×

상법상 상인간의 매매에 관한 설명으로 틀린 것은?

① 원칙적으로 매수인이 목적물을 수령할 수 없는 때에는 매도인은 그 물건을 공탁하거나 상당한 기간을 정하여 최고한 후 경매할 수 있다.

② 매수인의 수령거부로 인하여 매도인이 목적물을 경매하는 경우에, 매도인은 지체없이 매수인에 대하여 그 통지를 발송하여야 한다.

③ 매수인의 수령거부로 인하여 매도인이 목적물을 경매한 때에는, 그 대금에서 경매비용을 공제한 잔액을 공탁하여야 하고, 그 전부나 일부를 매매대금에 충당할 수 없다.

④ 확정기매매의 경우에 당사자의 일방이 이행시기를 경과한 때에는, 상대방이 즉시 그 이행을 청구하지 아니하면 계약을 해제한 것으로 본다.

⑤ 매수인이 목적물을 수령할 수 없는 경우에, 그 목적물이 멸실 또는 훼손될 염려가 있는 때에는 매도인은 최고없이 경매할 수 있다.

해설

① [○], ② [○] 상법 제67조 제1항

③ [×] 매수인의 수령거부로 인하여 매도인이 목적물을 경매한 때에는, 그 대금에서 경매비용을 공제한 잔액을 공탁하여야 하나, 그 전부나 일부를 매매대금에 충당할 수도 있다(상법 제67조 제3항 참조).

④ [○] 상인간의 매매에 있어서 매매의 성질 또는 당사자의 의사표시에 의하여 일정한 일시 또는 일정한 기간내에 이행하지 아니하면 계약의 목적을 달성할 수 없는 경우에 당사자의 일방이 이행시기를 경과한 때에는 상대방은 즉시 그 이행을 청구하지 아니하면 계약을 해제한 것으로 본다(상법 제68조).

⑤ [○] 상법 제67조 제1항, 제2항

상법 제67조(매도인의 목적물의 공탁, 경매권)

① 상인간의 매매에 있어서 매수인이 목적물의 수령을 거부하거나 이를 수령할 수 없는 때에는 매도인은 그 물건을 공탁하거나 상당한 기간을 정하여 최고한 후 경매할 수 있다. 이 경우에는 지체없이 매수인에 대하여 그 통지를 발송하여야 한다.

② 전항의 경우에 매수인에 대하여 최고를 할 수 없거나 목적물이 멸실 또는 훼손될 염려가 있는 때에는 최고없이 경매할 수 있다.

③ 전2항의 규정에 의하여 매도인이 그 목적물을 경매한 때에는 그 대금에서 경매비용을 공제한 잔액을 공탁하여야 한다. 그러나 그 전부나 일부를 매매대금에 충당할 수 있다.

답 ③

PART 2

20 CPA 2018

☑ 확인 Check! ○ △ ×

상법상 상사매매에 관한 설명으로 틀린 것은? (매도인은 선의이며 목적물의 인도장소가 매도인의 영업소 또는 주소와 다른 특별시 · 광역시 · 시 · 군이라고 가정함)

① 매수인이 목적물을 수령한 때에는 지체없이 이를 검사하여야 하며 목적물의 하자를 발견한 경우에는 즉시 매도인에게 하자통지를 발송하지 아니하면 매도인은 하자담보책임을 부담하지 않는다.

② 매매목적물에 즉시 발견할 수 없는 하자가 있는 경우에 매수인이 목적물 수령 후 6월 내에 하자를 발견한 때에는 매도인에게 즉시 하자통지 후 계약해제, 대금감액 또는 손해배상을 청구할 수 있다.

③ 매수인이 목적물 검사의무와 하자통지의무를 이행하고 매매목적물의 하자를 원인으로 매매계약을 해제한 경우 매수인은 매도인의 비용으로 매매목적물을 보관하거나 공탁하여야 한다.

④ 매수인이 목적물 검사의무와 하자통지의무를 이행하고 매매계약을 해제한 경우 매매목적물이 멸실될 염려가 있는 때에는 매수인은 법원의 허가를 얻어 경매하고 그 대가를 보관 또는 공탁하여야 한다.

⑤ 매수인이 목적물의 수령을 거부하는 경우에는 매도인은 그 물건을 공탁하거나 상당한 기간을 정하여 최고한 후 법원의 허가를 얻어 목적물을 경매할 수 있다.

해설

① [O], ② [O] 상인간의 매매에 있어서 매수인이 목적물을 수령한 때에는 지체없이 이를 검사하여야 하며 하자 또는 수량의 부족을 발견한 경우에는 즉시 매도인에게 그 통지를 발송하지 아니하면 이로 인한 계약해제, 대금감액 또는 손해배상을 청구하지 못한다. 매매의 목적물에 즉시 발견할 수 없는 하자가 있는 경우에 매수인이 6월 내에 이를 발견한 때에도 같다(상법 제69조 제1항).

③ [O], ④ [O] 제69조(매수인의 목적물의 검사와 하자통지의무)의 경우에 매수인이 계약을 해제한 때에도 매도인의 비용으로 매매의 목적물을 보관 또는 공탁하여야 한다. 그러나 그 목적물이 멸실 또는 훼손될 염려가 있는 때에는 법원의 허가를 얻어 경매하여 그 대가를 보관 또는 공탁하여야 한다(상법 제70조 제1항).

⑤ [×] 상인간의 매매에 있어서 매수인이 목적물의 수령을 거부하거나 이를 수령할 수 없는 때에는 매도인은 그 물건을 공탁하거나 상당한 기간을 정하여 최고한 후 경매할 수 있다. 이 경우에는 지체없이 매수인에 대하여 그 통지를 발송하여야 한다(상법 제67조 제1항). 즉 법원의 허가를 얻을 필요는 없다.

답 ⑤

21 CPA 2016

☑ 확인 Check! ○ △ ×

상법상 상사매매에 있어서 매수인의 목적물 검사와 하자통지의무를 규정하는 상법 제69조 제1항의 내용에 관한 설명으로 틀린 것은?

① 매수인의 목적물 검사 및 하자통지의무는 상인 간 매매에서 적용되고 상인과 비상인간의 매매에서는 적용되지 않는다.

② 판례에 의하면 특정한 주문자의 수요를 맞추기 위한 것과 같이 대체할 수 없는 물건을 제작 공급하는 계약에서는 적용되지 않는다.

③ 매수인이 상법의 규정대로 목적물을 검사하고 하자통지의무를 이행한 경우 선의의 매도인에게 손해배상 또는 대금감액을 청구할 수 있으나 계약해제는 할 수 없다.

④ 매수인이 목적물검사 및 하자통지의무를 위반한 경우 매수인은 선의의 매도인에 대하여 하자담보책임을 추궁할 수 없을 뿐 이로 인한 어떠한 책임이 생기는 것은 아니다.

⑤ 판례에 의하면 상법 제69조 제1항은 임의규정으로 당사자는 그 적용을 배제하는 특약을 할 수 있다.

해설

① [O] 매수인에게 즉시 목적물의 검사와 하자통지를 할 의무를 지우고 있는 상법 제69조의 규정은 상인간의 매매에 적용되는 것이며 매수인이 상인인 한 매도인이 상인인지 여부를 불문하고 위 규정이 적용되어야 하는 것은 아니다(대판 1993.6.11. 93다7174).

② [O] 당사자의 일방이 상대방의 주문에 따라 자기소유의 재료를 사용하여 만든 물건을 공급할 것을 약정하고 이에 대하여 상대방이 대가를 지급하기로 약정하는 이른바 제작물공급계약은 그 제작의 측면에서는 도급의 성질이 있고 공급의 측면에서는 매매의 성질이 있어 이러한 계약은 대체로 매매와 도급의 성질을 함께 가지고 있는 것으로서 그 적용법률은 계약에 의하여 제작공급하여야 할 물건이 대체물인 경우에는 매매로 보아서 매매에 관한 규정이 적용된다고 할 것이나 물건이 특정의 주문자의 수요를 만족시키기 위한 불대체물인 경우에는 당해 물건의 공급과 함께 그 제작이 계약의 주목적이 되어 도급의 성질을 강하게 띠고 있다 할 것이므로 이 경우에는 매매에 관한 규정이 당연히 적용된다고 할 수 없다(대판 1987.7.21. 86다카2446).

③ [×] 매수인이 상법의 규정대로 목적물을 검사하고 하자통지의무를 이행한 경우 선의의 매도인에게 계약해제, 대금감액 또는 손해배상을 청구할 수 있다(상법 제69조 제1항, 제2항 참조).

> **상법 제69조(매수인의 목적물의 검사와 하자통지의무)**
>
> ① 상인간의 매매에 있어서 매수인이 목적물을 수령한 때에는 지체없이 이를 검사하여야 하며 하자 또는 수량의 부족을 발견한 경우에는 즉시 매도인에게 그 통지를 발송하지 아니하면 이로 인한 계약해제, 대금감액 또는 손해배상을 청구하지 못한다. 매매의 목적물에 즉시 발견할 수 없는 하자가 있는 경우에 매수인이 6월 내에 이를 발견한 때에도 같다.
>
> ② 전항의 규정은 매도인이 악의인 경우에는 적용하지 아니한다.

④ [O] 매수인은 목적물의 검사 및 하자통지의무를 이행하지 않으면 매도인에게 담보책임을 물을 수 없게 된다. 그렇지만 이러한 의무불이행을 이유로 매도인에 대한 손해배상책임 등 별도의 책임이 생기는 것은 아니다.

⑤ [O] 상법 제69조 제1항은 민법상의 매도인의 담보책임에 대한 특칙으로 전문적 지식을 가진 매수인에게 신속한 검사와 통지의 의무를 부과함으로써 상거래를 신속하게 결말짓도록 하기 위한 규정으로서 그 성질상 임의규정으로 보아야 할 것이고 따라서 당사자 간의 약정에 의하여 이와 달리 정할 수 있다고 할 것이다(대판 2008.5.15. 2008다3671).

답 ③

22 법무사 2023

☑ 확인Check! ○ △ ×

상인 간 매매에 관한 상법상 특칙에 관한 다음 설명 중 가장 옳지 않은 것은?

① 상인 간의 매매에서 매수인이 목적물의 수령을 거부하거나 이를 수령할 수 없는 때에는 매도인은 그 물건을 공탁하거나 상당한 기간을 정하여 최고한 후 경매할 수 있다. 다만, 매수인에 대하여 최고를 할 수 없거나 목적물이 멸실 또는 훼손될 염려가 있는 때에는 최고 없이 경매할 수 있다.

② 상법 제68조에 정한 상인 간의 확정기매매의 경우 당사자의 일방이 이행시기를 경과하면 상대방은 이행의 최고나 해제의 의사표시 없이 바로 해제의 효력을 주장할 수 있는바, 상인 간의 확정기매매인지 여부는 매매목적물의 가격 변동성, 매매계약을 체결한 목적 및 그러한 사정을 상대방이 알고 있었는지 여부, 매매대금의 결제 방법 등과 더불어 선적기간의 표기가 불가결하고 중요한 약관이 있는지 여부, 계약 당사자 사이에 종전에 계약이 체결되어 이행된 방식, 당해 매매계약에서의 구체적인 이행 상황 등을 종합하여 판단하여야 한다.

③ 매수인에게 즉시 목적물의 검사와 하자통지를 할 의무를 지우고 있는 상법 제69조의 규정은 상인 간의 매매에 적용되는 것이고, 매수인이 상인인 한 매도인이 상인인지 여부를 불문하고 위 규정이 적용되어야 하는 것은 아니다.

④ 매매의 목적물에 상인에게 통상 요구되는 객관적인 주의의무를 다하여도 즉시 발견할 수 없는 하자가 있는 경우, 상법 제69조에 따라 매수인이 6월 내에 그 하자를 발견하여 지체 없이 이를 통지하지 아니하였더라도 매수인에게 과실이 없다면 매도인에게 여전히 하자담보책임을 물을 수 있다.

⑤ 상법 제69조의 경우에 매수인이 계약을 해제한 때에도 매도인의 비용으로 매매의 목적물을 보관 또는 공탁하여야 하나, 목적물의 인도장소가 매도인의 영업소 또는 주소와 동일한 특별시·광역시·시·군인 때에는 위와 같은 보관 또는 공탁 의무가 없다.

해설

① [○] 상법 제67조 제1항, 제2항

> **상법 제67조(매도인의 목적물의 공탁, 경매권)**
> ① 상인 간의 매매에 있어서 매수인이 목적물의 수령을 거부하거나 이를 수령할 수 없는 때에는 매도인은 그 물건을 공탁하거나 상당한 기간을 정하여 최고한 후 경매할 수 있다. 이 경우에는 지체 없이 매수인에 대하여 그 통지를 발송하여야 한다.
> ② 전항의 경우에 매수인에 대하여 최고를 할 수 없거나 목적물이 멸실 또는 훼손될 염려가 있는 때에는 최고 없이 경매할 수 있다.

② [○] 상법 제68조에 정한 상인 간의 확정기매매의 경우 당사자의 일방이 이행시기를 경과하면 상대방은 이행의 최고나 해제의 의사표시 없이 바로 해제의 효력을 주장할 수 있는바, 상인 간의 확정기매매인지 여부는 매매목적물의 가격 변동성, 매매계약을 체결한 목적 및 그러한 사정을 상대방이 알고 있었는지 여부, 매매대금의 결제 방법 등과 더불어 이른바 시.아이.에프(C. I. F.) 약관과 같이 선적기간의 표기가 불가결하고 중요한 약관이 있는지 여부, 계약 당사자 사이에 종전에 계약이 체결되어 이행된 방식, 당해 매매계약에서의 구체적인 이행 상황 등을 종합하여 판단하여야 한다(대판 2009.7.9. 2009다15565).

③ [O] 매수인에게 즉시 목적물의 검사와 하자통지를 할 의무를 지우고 있는 상법 제69조의 규정은 상인 간의 매매에 적용되는 것이며 매수인이 상인인 한 매도인이 상인인지 여부를 불문하고 위 규정이 적용되어야 하는 것은 아니다(대판 1993.6.11. 93다7174).

④ [X] 상법 제69조는 상거래의 신속한 처리와 매도인의 보호를 위한 규정인 점에 비추어 볼 때, 설령 매매의 목적물에 상인에게 통상 요구되는 객관적인 주의의무를 다하여도 즉시 발견할 수 없는 하자가 있는 경우에도 매수인은 6월 내에 그 하자를 발견하여 지체 없이 이를 통지하지 아니하면 매수인은 과실의 유무를 불문하고 매도인에게 하자담보책임을 물을 수 없다고 해석함이 상당하다(대판 1999.1.29. 98다1584).

⑤ [O] 상법 제70조 제1항, 제3항

> **상법 제70조(매수인의 목적물보관, 공탁의무)**
> ① 제69조의 경우에 매수인이 계약을 해제한 때에도 매도인의 비용으로 매매의 목적물을 보관 또는 공탁하여야 한다. 그러나 그 목적물이 멸실 또는 훼손될 염려가 있는 때에는 법원의 허가를 얻어 경매하여 그 대가를 보관 또는 공탁하여야 한다.
> ③ 제1항 및 제2항의 규정은 목적물의 인도장소가 매도인의 영업소 또는 주소와 동일한 특별시·광역시·시·군에 있는 때에는 이를 적용하지 아니한다.

답 ④

PART 2

23 법무사 2021

☑ 확인 Check! O △ X

상인 간 매매에 대한 상법상 특칙에 관한 다음 설명 중 가장 옳지 않은 것은?

① 제작물공급계약에 의하여 제작공급하여야 할 물건이 대체물인 경우에는 매수인의 목적물 검사와 하자통지 의무에 관한 상법 제69조 제1항이 적용된다고 하여도 무방할 것이나, 그 물건이 특정의 주문자의 수요를 만족시키기 위한 부대체물인 경우에는 위 규정이 당연히 적용된다고 할 수 없다.

② 상인 간의 매매에 있어서 매매의 성질 또는 당사자의 의사표시에 의하여 일정한 일시 또는 일정한 기간 내에 이행하지 아니하면 계약의 목적을 달성할 수 없는 경우에 당사자의 일방이 이행시기를 경과한 때에는 상대방은 즉시 그 이행을 청구하지 아니하면 계약을 해제한 것으로 본다.

③ 매수인이 목적물의 수령을 거부하는 경우 매도인은 목적물이 멸실 또는 훼손될 염려가 있는 때에는 법원의 허가를 얻어 경매할 수 있다.

④ 매수인이 매매 목적물을 수령한 후 하자를 이유로 적법하게 계약을 해제한 경우 매수인은 그 목적물이 멸실 또는 훼손될 염려가 있는 때에는 법원의 허가를 얻어 경매하여 그 대가를 보관 또는 공탁하여야 한다.

⑤ 상법 제69조 제1항은 성질상 임의규정이고 당사자 간의 약정에 의하여 이와 달리 정할 수 있다.

❙ 해설 ❙

① [O] 당사자의 일방이 상대방의 주문에 따라 자기소유의 재료를 사용하여 만든 물건을 공급할 것을 약정하고 이에 대하여 상대방이 대가를 지급하기로 약정하는 이른바 제작물공급계약은 그 제작의 측면에서는 도급의 성질이 있고 공급의 측면에서는 매매의 성질이 있어 이러한 계약은 대체로 매매와 도급의 성질을 함께 가지고 있는 것으로서 그 적용법률은 계약에 의하여 제작공급하여야 할 물건이 대체물인 경우에는 매매로 보아서 매매에 관한 규정이 적용된다고 할 것이나 물건이 특정의 주문자의 수요를 만족시키기 위한 불대체물인 경우에는 당해 물건의 공급과 함께 그 제작이 계약의 주목적이 되어 도급의 성질을 강하게 띠고 있다 할 것이므로 이 경우에는 매매에 관한 규정이 당연히 적용된다고 할 수 없다(대판 1987.7.21. 86다카2446). 따라서 제작물공급계약의 물건이 부대체물인 경우에는, 상사매매에 관한 규정인 상법 제69조가 당연히 적용된다고 할 수 없다.

② [O] 상인 간의 매매에 있어서 매매의 성질 또는 당사자의 의사표시에 의하여 일정한 일시 또는 일정한 기간 내에 이행하지 아니하면 계약의 목적을 달성할 수 없는 경우에 당사자의 일방이 이행시기를 경과한 때에는 상대방은 즉시 그 이행을 청구하지 아니하면 계약을 해제한 것으로 본다(상법 제68조).

③ [×] 매도인의 경매권의 경우 법원의 허가가 필요 없다.

> **상법 제67조(매도인의 목적물의 공탁, 경매권)**
>
> ① 상인 간의 매매에 있어서 매수인이 목적물의 수령을 거부하거나 이를 수령할 수 없는 때에는 매도인은 그 물건을 공탁하거나 상당한 기간을 정하여 최고한 후 경매할 수 있다. 이 경우에는 지체 없이 매수인에 대하여 그 통지를 발송하여야 한다.
>
> ② 전항의 경우에 매수인에 대하여 최고를 할 수 없거나 목적물이 멸실 또는 훼손될 염려가 있는 때에는 최고 없이 경매할 수 있다.

④ [O] 제69조(매수인의 목적물의 검사와 하자통지의무)의 경우에 매수인이 계약을 해제한 때에도 매도인의 비용으로 매매의 목적물을 보관 또는 공탁하여야 한다. 그러나 그 목적물이 멸실 또는 훼손될 염려가 있는 때에는 법원의 허가를 얻어 경매하여 그 대가를 보관 또는 공탁하여야 한다(상법 제70조 제1항).

⑤ [O] 상인 간의 매매에 있어서 매수인이 목적물을 수령한 때에는 지체 없이 이를 검사하여야 하며 하자 또는 수량의 부족을 발견한 경우에는 즉시, 즉시 발견할 수 없는 하자가 있는 경우에는 6월 내에 매수인이 매도인에게 그 통지를 발송하지 아니하면 이로 인한 계약해제, 대금감액 또는 손해배상을 청구하지 못하도록 규정하고 있는 상법 제69조 제1항은 민법상의 매도인의 담보책임에 대한 특칙으로 전문적 지식을 가진 매수인에게 신속한 검사와 통지의 의무를 부과함으로써 상거래를 신속하게 결말짓도록 하기 위한 규정으로서 그 성질상 임의규정으로 보아야 할 것이고 따라서 당사자 간의 약정에 의하여 이와 달리 정할 수 있다고 할 것이다(대판 2008.5.15. 2008다3671).

답 ③

제4절 | 상호계산

24 CPA 2019

☑ 확인Check! ○ △ ✕

상법상 상호계산에 관한 설명으로 옳은 것은?

① 상호계산은 민법상 상계와 유사한 제도로서 상인 간에만 적용된다.
② 상호계산기간은 6개월로 하며 당사자가 특약으로 다르게 정할 수 없다.
③ 어음·수표로 인한 채권채무는 상호계산에 계입될 수 없다.
④ 상호계산제도는 하나의 계산단위로 하는 것이므로 상계로 인한 잔액에 대해 이자가 발생할 여지가 없다.
⑤ 당사자가 채권채무의 각 항목을 기재한 계산서를 승인한 때에는 착오나 탈루가 있는 때를 제외하고는 그 각 항목에 대해 이의를 제기하지 못한다.

▌해설▌

① [✕] 상호계산은 상인간 또는 상인과 비상인간에 상시 거래관계가 있는 경우에 일정한 기간의 거래로 인한 채권채무의 총액에 관하여 상계하고 그 잔액을 지급할 것을 약정함으로써 그 효력이 생긴다(상법 제72조).
② [✕] 당사자가 상계할 기간을 정하지 아니한 때에는 그 기간은 6월로 한다(상법 제74조).
③ [✕] 어음 기타의 상업증권으로 인한 채권채무를 상호계산에 계입한 경우에 그 증권채무자가 변제하지 아니한 때에는 당사자는 그 채무의 항목을 상호계산에서 제거할 수 있다(상법 제73조). 즉 '어음·수표로 인한 채권채무'는 상호계산에 계입될 수 있다. 그러나 '어음·수표등의 유가증권상 채권채무'는 그 제시증권성 및 상환증권성으로 인하여 상호계산의 대상이 되지 못한다.
④ [✕] 상계로 인한 잔액에 대하여는 채권자는 계산폐쇄일 이후의 법정이자를 청구할 수 있다(상법 제76조 제1항).
⑤ [O] 당사자가 채권채무의 각 항목을 기재한 계산서를 승인한 때에는 그 각 항목에 대하여 이의를 하지 못한다. 그러나 착오나 탈루가 있는 때에는 그러하지 아니하다(상법 제75조).

답 ⑤

25 CPA 2016

☑ 확인 Check! ○ △ ✕

상법상 상호계산에 관한 설명으로 <u>틀린</u> 것은?

① 상인과 비상인간에 상시 거래관계가 있는 경우 상호계산계약을 체결할 수 있다.
② 각 당사자는 언제든지 상호계산계약을 해지할 수 있고 이 경우 즉시 계산을 폐쇄하고 그 잔액의 지급을 청구할 수 있다.
③ 상계로 인한 잔액채권에 대하여 채권자는 계산폐쇄일 이후의 법정이자를 청구할 수 있다.
④ 당사자가 채권채무의 각 항목을 기재한 계산서를 승인한 때라도 그 각 항목에 착오가 있는 경우 이의를 제기할 수 있다.
⑤ 어음으로 인한 채권채무가 상호계산에 계입된 경우 어음채무자가 변제하지 않더라도 당사자는 그 채무의 항목을 상호계산에서 제거할 수가 없다.

해설

① [O] 상호계산은 상인간 또는 상인과 비상인간에 상시 거래관계가 있는 경우에 일정한 기간의 거래로 인한 채권채무의 총액에 관하여 상계하고 그 잔액을 지급할 것을 약정함으로써 그 효력이 생긴다(상법 제72조).
② [O] 각 당사자는 언제든지 상호계산을 해지할 수 있다. 이 경우에는 즉시 계산을 폐쇄하고 잔액의 지급을 청구할 수 있다(상법 제77조).
③ [O] 상계로 인한 잔액에 대하여는 채권자는 계산폐쇄일 이후의 법정이자를 청구할 수 있다(상법 제76조 제1항).
④ [O] 당사자가 채권채무의 각 항목을 기재한 계산서를 승인한 때에는 그 각 항목에 대하여 이의를 하지 못한다. 그러나 착오나 탈루가 있는 때에는 그러하지 아니하다(상법 제75조).
⑤ [×] 어음 기타의 상업증권으로 인한 채권채무를 상호계산에 계입한 경우에 그 증권채무자가 변제하지 아니한 때에는 <u>당사자는 그 채무의 항목을 상호계산에서 제거할 수 있다</u>(상법 제73조).

답 ⑤

26 법무사 2021

☑ 확인 Check! ○ △ ✕

상호계산에 관한 다음 설명 중 가장 옳지 않은 것은?

① 어음으로 인한 채권·채무를 상호계산에 계입한 경우에 그 어음채무자가 변제하지 아니한 때에 당사자는 그 채무의 항목을 상호계산에서 제거할 수 있다.
② 상호계산의 계약체결당사자는 적어도 일방이 상인이면 된다.
③ 각 당사자는 계약의 존속기간을 정한 경우에도 언제든지 상호계산을 해지할 수 있다.
④ 상호계산기간에 대해 당사자 간 약정이 있으면 그 기간으로 하고, 약정이 없으면 6개월로 한다.
⑤ 상호계산제도에서는 상계로 인한 잔액에 대해 이자가 발생할 여지가 없다.

▌해설▐

① [O] 어음 기타의 상업증권으로 인한 채권채무를 상호계산에 계입한 경우에 그 증권채무자가 변제하지 아니한 때에는 당사자는 그 채무의 항목을 상호계산에서 제거할 수 있다(상법 제73조).
② [O] 상호계산은 상인 간 또는 상인과 비상인 간에 상시 거래관계가 있는 경우에 일정한 기간의 거래로 인한 채권채무의 총액에 관하여 상계하고 그 잔액을 지급할 것을 약정함으로써 그 효력이 생긴다(상법 제72조). 따라서 상호계산의 계약체결당사자는 적어도 일방이 상인이어야 한다.
③ [O] 각 당사자는 언제든지 상호계산을 해지할 수 있다. 이 경우에는 즉시 계산을 폐쇄하고 잔액의 지급을 청구할 수 있다(상법 제77조).
④ [O] 당사자가 상계할 기간을 정하지 아니한 때에는 그 기간은 6월로 한다(상법 제74조).
⑤ [X] 상법 제76조

> **상법 제76조(잔액채권의 법정이자)**
> ① 상계로 인한 잔액에 대하여는 채권자는 계산폐쇄일 이후의 법정이자를 청구할 수 있다.
> ② 전항의 규정에 불구하고 당사자는 각 항목을 상호계산에 계입한 날로부터 이자를 붙일 것을 약정할 수 있다.

답 ⑤

제5절 | 익명조합

27 CPA 2023

☑ 확인Check! ○ △ ×

상법상 익명조합에 관한 설명으로 옳은 것은 모두 몇 개인가? (이견이 있으면 판례에 의함)

ㄱ. 익명조합은 당사자 일방이 상대방의 영업을 위하여 출자하고 상대방은 그 영업으로 인한 이익의 여부와 상관없이 일정액을 지급할 것을 약정함으로써 그 효력이 있다.
ㄴ. 익명조합원의 출자의 목적물은 금전 또는 기타의 재산에 한정되고 신용 또는 노무를 출자의 목적으로 하지 못한다.
ㄷ. 영업자가 영업재산 또는 그 영업의 이익을 임의로 유용하는 경우에도 횡령죄가 성립하지 않는다.
ㄹ. 익명조합원이 자기의 성명을 영업자의 상호 중에 사용하게 한 때에는 그 사용 이후의 채무에 대하여 영업자와 연대하여 변제할 책임이 있다.
ㅁ. 익명조합원의 사망은 익명조합 계약의 종료사유에 해당한다.

① 1개
② 2개
③ 3개
④ 4개
⑤ 5개

해설

ㄱ. [×] 당사자의 일방이 상대방의 영업을 위하여 출자를 하는 경우라 할지라도 그 영업에서 이익이 난 여부를 따지지 않고 상대방이 정기적으로 일정한 금액을 지급하기로 약정한 경우는 가령 이익이라는 명칭을 사용하였다 하더라도 익명조합약정이라 할 수 없다(대판 1962.12.27. 62다660).

ㄴ. [○] 상법 제86조, 제272조

> **상법 제86조(준용규정)**
> 제272조, 제277조와 제278조의 규정은 익명조합원에 준용한다.
>
> **상법 제272조(유한책임사원의 출자)**
> 유한책임사원은 신용 또는 노무를 출자의 목적으로 하지 못한다.

ㄷ. [○] 조합 또는 내적 조합과 달리 익명조합의 경우에는 익명조합원이 영업을 위하여 출자한 금전 기타의 재산은 상대편인 영업자의 재산이 되므로 영업자는 타인의 재물을 보관하는 자의 지위에 있지 않고, 따라서 영업자가 영업이익금 등을 임의로 소비하였더라도 횡령죄가 성립할 수는 없다(대판 2011.11.24. 2010도5014).

ㄹ. [○] 익명조합원이 자기의 성명을 영업자의 상호 중에 사용하게 하거나 자기의 상호를 영업자의 상호로 사용할 것을 허락한 때에는 그 사용 이후의 채무에 대하여 영업자와 연대하여 변제할 책임이 있다(상법 제81조).

ㅁ. [×] 영업자의 사망은 익명조합 계약의 종료사유에 해당하나, 익명조합원의 사망은 계약의 종료사유가 아니다(상법 제84조 제2호 참조).

상법 제84조(계약의 종료)
조합계약은 다음의 사유로 인하여 종료한다.
1. 영업의 폐지 또는 양도
2. 영업자의 사망 또는 성년후견개시
3. 영업자 또는 익명조합원의 파산

답 ③

28 CPA 2021

☑ 확인Check! ○ △ ×

상법상 익명조합에 관한 설명으로 틀린 것은?

① 익명조합은 당사자의 일방이 상대방의 영업을 위하여 출자하고 상대방은 그 영업으로 인한 손실을 분담할 것을 약정함으로써 그 효력이 생긴다.
② 익명조합원이 자기의 상호를 영업자의 상호로 사용할 것을 허락한 때에는 그 사용 이후의 채무에 대하여 영업자와 연대하여 변제할 책임이 있다.
③ 조합계약이 종료한 때에는 영업자는 익명조합원에게 그 출자의 가액을 반환하여야 하지만, 출자가 손실로 인하여 감소된 때에는 그 잔액을 반환하면 된다.
④ 조합의 존속기간의 약정의 유무에 불구하고 부득이한 사정이 있는 때에는 각 당사자는 언제든지 계약을 해지할 수 있다.
⑤ 익명조합원의 파산은 익명조합계약의 종료사유이다.

▌해설▐

① [×] 익명조합은 당사자의 일방이 상대방의 영업을 위하여 출자하고 상대방은 그 영업으로 인한 이익을 분배할 것을 약정함으로써 그 효력이 생긴다(상법 제78조).
② [○] 익명조합원이 자기의 성명을 영업자의 상호 중에 사용하게 하거나 자기의 상호를 영업자의 상호로 사용할 것을 허락한 때에는 그 사용 이후의 채무에 대하여 영업자와 연대하여 변제할 책임이 있다(상법 제81조).
③ [○] 조합계약이 종료한 때에는 영업자는 익명조합원에게 그 출자의 가액을 반환하여야 한다. 그러나 출자가 손실로 인하여 감소된 때에는 그 잔액을 반환하면 된다(상법 제85조).
④ [○] 조합의 존속기간의 약정의 유무에 불구하고 부득이한 사정이 있는 때에는 각 당사자는 언제든지 계약을 해지할 수 있다(상법 제83조 제2항).
⑤ [○] 상법 제84조 제3호

상법 제84조(계약의 종료)
조합계약은 다음의 사유로 인하여 종료한다.
1. 영업의 폐지 또는 양도
2. 영업자의 사망 또는 성년후견개시
3. 영업자 또는 익명조합원의 파산

답 ①

29 CPA 2020

☑ 확인 Check! ○ △ ×

상법상 익명조합계약의 종료사유에 해당하는 것만을 모두 고른 것은?

ㄱ. 영업의 양도
ㄴ. 익명조합원의 사망
ㄷ. 영업자의 성년후견개시
ㄹ. 영업자의 파산

① ㄱ, ㄴ
② ㄴ, ㄷ
③ ㄱ, ㄴ, ㄹ
④ ㄱ, ㄷ, ㄹ
⑤ ㄴ, ㄷ, ㄹ

해설

ㄱ. [O] 상법 제84조 제1호
ㄴ. [×] 영업자의 경우 사망, 성년후견개시, 파산이 익명조합계약의 종료사유이나, 익명조합원은 파산만이 익명조합계약의 종료사유이다(상법 제84조 제2호, 제3호 참조).
ㄷ. [O] 상법 제84조 제2호
ㄹ. [O] 상법 제84조 제3호

상법 제84조(계약의 종료)
조합계약은 다음의 사유로 인하여 종료한다.
1. 영업의 폐지 또는 양도
2. 영업자의 사망 또는 성년후견개시
3. 영업자 또는 익명조합원의 파산

답 ④

30 CPA 2015

☑ 확인Check! ○ △ ✕

상법상 익명조합에 관한 설명으로 옳은 것은?

① 익명조합원의 출자는 금전 기타 재산으로 출자할 수 있을 뿐만 아니라 신용이나 노무의 출자도 허용된다.
② 익명조합원의 이익배당을 받을 권리 및 손실분담의무는 익명조합의 본질적 요소이기 때문에 당사자 간의 특약에 의하여 배제할 수 없다.
③ 익명조합계약은 영업자가 파산한 경우는 물론 익명조합원이 파산한 경우에도 종료한다.
④ 영업자의 손실이 출자액을 초과하는 경우 당사자 간에 다른 약정이 없으면 익명조합원은 이미 받은 이익을 반환하거나 추가로 출자할 의무가 있다.
⑤ 익명조합계약은 존속기간을 정하지 아니하거나 어느 당사자의 종신까지 존속할 것을 약정한 때에는 각 당사자는 3월 전에 상대방에게 예고를 하고 계약을 해지할 수 있다.

▌해설▐

① [✕] 상법 제86조, 제272조

> **상법 제86조(준용규정)**
> 제272조, 제277조와 제278조의 규정은 익명조합원에 준용한다.
>
> **상법 제272조(유한책임사원의 출자)**
> 유한책임사원은 신용 또는 노무를 출자의 목적으로 하지 못한다.

② [✕] 익명조합원의 이익배당을 받을 권리는 익명조합의 본질적 요소이므로 당사자 간의 특약에 의하여 배제할 수 없으나, 손실분담의무는 본질적 요소가 아니기 때문에 당사자 간의 특약에 의하여 배제할 수 있고, 익명조합원이 전혀 손실을 부담하지 않는다는 약정도 가능하다(상법 제82조 제3항 참조).

③ [O] 상법 제84조 제3호

> **상법 제84조(계약의 종료)**
> 조합계약은 다음의 사유로 인하여 종료한다.
> 1. 영업의 폐지 또는 양도
> 2. 영업자의 사망 또는 성년후견개시
> 3. 영업자 또는 익명조합원의 파산

④ [✕] 상법 제82조 제2항

> **상법 제82조(이익배당과 손실분담)**
> ① 익명조합원의 출자가 손실로 인하여 감소된 때에는 그 손실을 전보한 후가 아니면 이익배당을 청구하지 못한다.
> ② 손실이 출자액을 초과한 경우에도 익명조합원은 이미 받은 이익의 반환 또는 증자할 의무가 없다.
> ③ 전2항의 규정은 당사자간에 다른 약정이 있으면 적용하지 아니한다.

⑤ [✕] 조합계약으로 조합의 존속기간을 정하지 아니하거나 어느 당사자의 종신까지 존속할 것을 약정한 때에는 각 당사자는 영업연도말에 계약을 해지할 수 있다. 그러나 이 해지는 6월전에 상대방에게 예고하여야 한다(상법 제83조 제1항).

답 ③

31 법무사 2022

☑ 확인 Check! ○ △ ×

익명조합에 관한 다음 설명 중 가장 옳지 않은 것은?

① 익명조합은 당사자의 일방이 상대방의 영업을 위하여 출자하고 상대방은 그 영업으로 인한 이익을 분배할 것을 약정함으로써 그 효력이 생긴다.

② 익명조합원이 출자한 금전 기타의 재산은 영업자의 재산으로 본다.

③ 익명조합원이 자기의 성명을 영업자의 상호 중에 사용하게 하거나 자기의 상호를 영업자의 상호로 사용할 것을 허락한 때에는 그 사용 이후의 채무에 대하여 영업자와 연대하여 변제할 책임이 있다.

④ 당사자 간에 다른 약정이 없는 경우에, 익명조합원의 출자가 손실로 인하여 감소된 때에는 그 손실을 전보한 후가 아니면 이익배당을 청구하지 못하고, 손실이 출자액을 초과한 경우에는 증자할 의무가 있다.

⑤ 익명조합계약은 '영업의 폐지 또는 양도', '영업자의 사망 또는 성년후견개시', '영업자 또는 익명조합원의 파산'으로 인하여 종료한다.

해설

① [O] 익명조합은 당사자의 일방이 상대방의 영업을 위하여 출자하고 상대방은 그 영업으로 인한 이익을 분배할 것을 약정함으로써 그 효력이 생긴다(상법 제78조).

② [O] 익명조합원이 출자한 금전 기타의 재산은 영업자의 재산으로 본다(상법 제79조).

③ [O] 익명조합원이 자기의 성명을 영업자의 상호 중에 사용하게 하거나 자기의 상호를 영업자의 상호로 사용할 것을 허락한 때에는 그 사용 이후의 채무에 대하여 영업자와 연대하여 변제할 책임이 있다(상법 제81조).

④ [×] 상법 제82조

> **상법 제82조(이익배당과 손실분담)**
> ① 익명조합원의 출자가 손실로 인하여 감소된 때에는 그 손실을 전보한 후가 아니면 이익배당을 청구하지 못한다.
> ② 손실이 출자액을 초과한 경우에도 익명조합원은 이미 받은 이익의 반환 또는 증자할 의무가 없다.
> ③ 전2항의 규정은 당사자 간에 다른 약정이 있으면 적용하지 아니한다.

⑤ [O] 상법 제84조

> **상법 제84조(계약의 종료)**
> 조합계약은 다음의 사유로 인하여 종료한다.
> 1. 영업의 폐지 또는 양도
> 2. 영업자의 사망 또는 성년후견개시
> 3. 영업자 또는 익명조합원의 파산

답 ④

32 법무사 2021

☑ 확인 Check! ○ △ ×

甲은 출자를 하지 않고 乙과 丙이 각각 1억원을 출자하며, 甲이 단독으로 甲의 성명만이 들어간 상호를 사용하여 영업을 하고, 그 영업으로 인하여 발생한 이익의 25%씩을 乙과 丙에게 각각 분배하기로 하는 X약정을 체결하였다. 이에 관한 다음 설명 중 가장 옳지 않은 것은?

① 乙과 丙은 甲의 행위에 관하여는 제3자에 대하여 권리나 의무가 없다.

② 乙과 丙의 출자가 손실로 인하여 감소된 때에는 그 손실을 전보한 후가 아니면 이익배당을 청구하지 못한다.

③ 乙과 丙이 출자한 출자금 2억원은 甲의 재산으로 본다.

④ X약정이 종료한 때에는 甲은 乙과 丙에게 그 출자의 가액을 반환하여야 하고, 출자가 손실로 인하여 감소된 경우에도 마찬가지이다.

⑤ 당사자의 일방이 상대방의 영업을 위하여 출자를 하는 경우라 할지라도 그 영업에서 이익이 난 여부를 따지지 않고 상대방이 정기적으로 일정한 금액을 지급하기로 약정한 경우에는 X약정과 같은 성격의 약정으로 볼 수 없다.

해설

익명조합이란 당사자의 일방이 상대방의 영업을 위하여 출자하고 상대방은 그 영업으로 인한 이익을 분배할 것을 약정하는 계약이다(상법 제78조). 따라서 설문의 경우, 乙과 丙이 각각 1억원을 출자하고, 甲이 영업으로 인하여 발생한 이익을 乙과 丙에게 각각 분배하기로 하는 약정을 체결하였으므로, 익명조합에 관한 사례이다.

① [○] 익명조합원은 영업자의 행위에 관하여서는 제3자에 대하여 권리나 의무가 없으나(상법 제80조), 익명조합원이 자기의 성명을 영업자의 상호 중에 사용하게 하거나 자기의 상호를 영업자의 상호로 사용할 것을 허락한 때에는 그 사용 이후의 채무에 대하여 영업자와 연대하여 변제할 책임이 있다(상법 제81조). 즉, 甲이 단독으로 甲의 성명만이 들어간 상호를 사용하여 영업을 하였으므로, 乙과 丙은 甲의 행위에 관하여는 제3자에 대하여 권리나 의무가 없다.

② [○] 익명조합원의 출자가 손실로 인하여 감소된 때에는 그 손실을 전보한 후가 아니면 이익배당을 청구하지 못한다(상법 제82조 제1항).

③ [○] 익명조합원이 출자한 금전 기타의 재산은 영업자의 재산으로 본다(상법 제79조).

④ [×] 조합계약이 종료한 때에는 영업자는 익명조합원에게 그 출자의 가액을 반환하여야 한다. 그러나 출자가 손실로 인하여 감소된 때에는 그 잔액을 반환하면 된다(상법 제85조).

⑤ [○] 당사자의 일방이 상대방의 영업을 위하여 출자를 하는 경우라 할지라도 그 영업에서 이익이 난 여부를 따지지 않고 상대방이 정기적으로 일정한 금액을 지급하기로 약정한 경우는 가령 이익이라는 명칭을 사용하였다 하더라도 익명조합약정이라 할 수 없다(대판 1962.12.27. 62다660).

답 ④

PART 2

33 CPA 2024

☑ 확인Check! ○ △ ✕

상법상 합자조합에 관한 설명으로 옳은 것은?

① 합자조합의 설립을 위한 조합계약에는 법정 사항을 적고 업무집행조합원 전원의 4분의 3 이상이 기명날인하거나 서명하여야 한다.

② 조합계약에 다른 정함이 없으면 출자가액을 한도로 하여 유한책임을 지는 유한책임조합원은 성년후견개시 심판을 받은 경우 퇴사된다.

③ 유한책임조합원의 지분은 조합계약에 다른 정함이 없으면 유한책임조합원 전원이 동의하는 경우 타인에게 양도할 수 있다.

④ 유한책임조합원은 출자의 이행여부와 상관없이 조합계약에서 정한 출자가액을 한도로 하여 조합채무를 변제할 책임이 있다.

⑤ 업무집행조합원은 다른 조합원 전원의 동의를 받지 아니하면 그 지분의 전부 또는 일부를 타인에게 양도하지 못한다.

해설

① [✕] 합자조합의 설립을 위한 조합계약에는 다음 사항을 적고 총조합원이 기명날인하거나 서명하여야 한다(상법 제86조의3).

② [✕] 상법 제86조의8 제3항, 제284조

> **상법 제86조의8(준용규정)**
> ③ 조합계약에 다른 규정이 없으면 유한책임조합원에 대하여는 제199조, 제272조, 제275조, 제277조, 제278조, 제283조 및 제284조를 준용한다.
>
> **상법 제284조(유한책임사원의 성년후견개시)**
> 유한책임사원은 성년후견개시 심판을 받은 경우에도 퇴사되지 아니한다.

③ [✕] 유한책임조합원의 지분은 조합계약에서 정하는 바에 따라 양도할 수 있다(상법 제86조의7 제2항).

④ [✕] 유한책임조합원은 조합계약에서 정한 출자가액에서 이미 이행한 부분을 뺀 가액을 한도로 하여 조합채무를 변제할 책임이 있다(상법 제86조의6 제1항).

⑤ [O] 업무집행조합원은 다른 조합원 전원의 동의를 받지 아니하면 그 지분의 전부 또는 일부를 타인에게 양도하지 못한다(상법 제86조의7 제1항).

답 ⑤

34 CPA 2020

☑ 확인Check! ○ △ ×

상법상 합자조합에 관한 설명으로 틀린 것은?

① 업무집행조합원은 합자조합 설립 후 2주 내에 조합의 주된 영업소의 소재지에서 법정사항을 등기하여야 한다.

② 유한책임조합원이 업무를 집행하지 않는 경우에도, 그 유한책임조합원의 성명 또는 상호, 주소 및 주민등록번호는 등기하여야 한다.

③ 유한책임조합원은 조합계약에서 정한 출자가액에서 이미 이행한부분을 뺀 가액을 한도로 하여 조합채무를 변제할 책임이 있다.

④ 업무집행조합원은 조합계약에 다른 규정이 없으면 각자가 합자조합의 업무를 집행하고 대리할 권리와 의무가 있다.

⑤ 유한책임조합원의 지분을 양수한 자는 양도인의 조합에 대한 권리・의무를 승계한다.

해설

① [O] 상법 제86조의4 제1항

② [X] 유한책임조합원의 성명 또는 상호, 주소 및 주민등록번호는 유한책임조합원이 업무를 집행하는 경우에 한정하여 등기사항이 된다(상법 제86조의3 제4호, 제86조의4 제1항 제1호 참조).

상법 제86조의3(조합계약)

합자조합의 설립을 위한 조합계약에는 다음 사항을 적고 총조합원이 기명날인하거나 서명하여야 한다.

1. 목 적
2. 명 칭
3. 업무집행조합원의 성명 또는 상호, 주소 및 주민등록번호
4. 유한책임조합원의 성명 또는 상호, 주소 및 주민등록번호
5. 주된 영업소의 소재지
6. 조합원의 출자(出資)에 관한 사항
7. 조합원에 대한 손익분배에 관한 사항
8. 유한책임조합원의 지분(持分)의 양도에 관한 사항
9. 둘 이상의 업무집행조합원이 공동으로 합자조합의 업무를 집행하거나 대리할 것을 정한 경우에는 그 규정
10. 업무집행조합원 중 일부 업무집행조합원만 합자조합의 업무를 집행하거나 대리할 것을 정한 경우에는 그 규정
11. 조합의 해산 시 잔여재산 분배에 관한 사항
12. 조합의 존속기간이나 그 밖의 해산사유에 관한 사항
13. 조합계약의 효력 발생일

상법 제86조의4(등기)

① 업무집행조합원은 합자조합 설립 후 2주 내에 조합의 주된 영업소의 소재지에서 다음의 사항을 등기하여야 한다.

1. 제86조의3 제1호부터 제5호까지(제4호의 경우에는 유한책임조합원이 업무를 집행하는 경우에 한정한다), 제9호, 제10호, 제12호 및 제13호의 사항
2. 조합원의 출자의 목적, 재산출자의 경우에는 그 가액과 이행한 부분

PART 2

③ [O] 유한책임조합원은 조합계약에서 정한 출자가액에서 이미 이행한 부분을 뺀 가액을 한도로 하여 조합채무를 변제할 책임이 있다(상법 제86조의6 제1항).

④ [O] 업무집행조합원은 조합계약에 다른 규정이 없으면 각자가 합자조합의 업무를 집행하고 대리할 권리와 의무가 있다(상법 제86조의5 제1항).

⑤ [O] 유한책임조합원의 지분을 양수(讓受)한 자는 양도인의 조합에 대한 권리・의무를 승계한다(상법 제86조의7 제3항).

답 ②

35 CPA 2015

☑ 확인 Check! ○ △ ×

합자조합 甲은 무한책임조합원 A, B, C, 그리고 유한책임조합원 D가 공동사업을 경영하기 위하여 상호출자하여 설립한 조합이다. 甲조합계약상으로는 무한책임조합원이 업무집행에 대한 권한을 가진다. 이 경우에 관한 설명으로 <u>틀린</u> 것은?

① A, B, C는 조합계약에 다른 규정이 없으면 각자가 합자조합의 업무를 집행하고 대리할 권리와 의무가 있다.

② B는 A, C, D 전원의 동의를 받아야 자신의 지분을 타인에게 양도할 수 있다.

③ A는 자신의 업무집행에 대하여 B가 이의를 제기하는 경우 조합계약에 다른 정함이 없으면 그 행위를 중지하고 자신을 제외한 업무집행조합원 과반수의 결의에 따라야 한다.

④ D는 A와 B의 동의를 받은 경우 자기 또는 제3자의 계산으로 조합과 거래할 수 있다.

⑤ D는 다른 조합원의 동의를 받지 않아도 자기 또는 제3자의 계산으로 조합의 영업부류에 속하는 거래를 할 수 있다.

해설

① [O] 업무집행조합원은 조합계약에 다른 규정이 없으면 각자가 합자조합의 업무를 집행하고 대리할 권리와 의무가 있다(상법 제86조의5 제1항).

② [O] 업무집행조합원은 다른 조합원 전원의 동의를 받지 아니하면 그 지분의 전부 또는 일부를 타인에게 양도하지 못한다(상법 제86조의7 제1항).

③ [×] 둘 이상의 업무집행조합원이 있는 경우에 조합계약에 다른 정함이 없으면 그 각 업무집행조합원의 업무집행에 관한 행위에 대하여 다른 업무집행조합원의 이의가 있는 경우에는 그 행위를 중지하고 <u>업무집행조합원 과반수의 결의</u>에 따라야 한다(상법 제86조의5 제3항). 즉 <u>A를 포함한</u> 업무집행조합원 과반수의 결의에 따라야 한다.

④ [O] 상법 제86조의8 제3항, 제199조
⑤ [O] 상법 제86조의8 제3항, 제275조

상법 제86조의8(준용규정)
③ 조합계약에 다른 규정이 없으면 유한책임조합원에 대하여는 제199조, 제272조, 제275조, 제277조, 제278조, 제283조 및 제284조를 준용한다.

상법 제199조(사원의 자기거래)
사원은 다른 사원 과반수의 결의가 있는 때에 한하여 자기 또는 제3자의 계산으로 회사와 거래를 할 수 있다. 이 경우에는 민법 제124조의 규정을 적용하지 아니한다.

상법 제275조(유한책임사원의 경업의 자유)
유한책임사원은 다른 사원의 동의없이 자기 또는 제3자의 계산으로 회사의 영업부류에 속하는 거래를 할 수 있고 동종영업을 목적으로 하는 다른 회사의 무한책임사원 또는 이사가 될 수 있다.

답 ③

PART 2

36 법무사 2024

☑ 확인 Check! O △ X

상법 제78조의 익명조합 또는 상법 제86조의2의 합자조합에 관한 다음 설명 중 가장 옳은 것은?

① 합자조합에서 업무집행조합원은 다른 조합원 과반수의 동의를 받으면 그 지분의 전부 또는 일부를 타인에게 양도할 수 있다.
② 합자조합에서 둘 이상의 업무집행조합원이 있는 경우 조합계약에 다른 정함이 없으면 그 각 업무집행조합원의 업무집행에 관한 행위에 대하여 다른 업무집행조합원의 이의가 있는 경우에는 그 행위를 중지하고 업무집행조합원 과반수의 결의에 따라야 한다.
③ 익명조합원은 금전 기타 재산으로 출자할 수 있을 뿐만 아니라 신용이나 노무의 출자도 가능하다.
④ 시설투자자에게 영업에서 이익이 난 여부를 따지지 않고 정기적으로 일정액을 지급할 것을 약정하고, 대외적 거래관계는 타방(경영자)이 그 명의로 단독으로 하며 그에게만 권리의무가 귀속되도록 약정한 동업관계의 경우 상법상 익명조합에 해당한다.
⑤ 익명조합원은 조합의 사업에 손실이 발생해 출자금이 감소된 경우라 하더라도 그 손실을 채우지 않고서도 이익배당을 청구할 수 있다.

해설

① [×] 업무집행조합원은 다른 조합원 전원의 동의를 받지 아니하면 그 지분의 전부 또는 일부를 타인에게 양도하지 못한다(상법 제86조의7 제1항).

② [O] 둘 이상의 업무집행조합원이 있는 경우에 조합계약에 다른 정함이 없으면 그 각 업무집행조합원의 업무집행에 관한 행위에 대하여 다른 업무집행조합원의 이의가 있는 경우에는 그 행위를 중지하고 업무집행조합원 과반수의 결의에 따라야 한다(상법 제86조의5 제3항).

③ [×] 상법 제86조, 제272조

> **상법 제86조(준용규정)**
> 제272조, 제277조와 제278조의 규정은 익명조합원에 준용한다.
>
> **상법 제272조(유한책임사원의 출자)**
> 유한책임사원은 신용 또는 노무를 출자의 목적으로 하지 못한다.

④ [×] 음식점시설제공자의 이익여부에 관계없이 정기적으로 일정액을 지급할 것을 약정하되 대외적 거래관계는 경영자가 그 명의로 단독으로 하여 그 권리의무가 그에게만 귀속되는 동업관계는 상법상 익명조합도 아니고 민법상 조합도 아니어서 대외적으로는 오로지 경영자만이 권리를 취득하고 채무를 부담하는 것이고 그가 변제자력이 없거나 부족하다는 등의 특별한 사정이 있더라도 민법 제713조가 유추적용될 여지는 없다(대판 1983.5.10. 81다650).

⑤ [×] 익명조합원의 출자가 손실로 인하여 감소된 때에는 그 손실을 전보한 후가 아니면 이익배당을 청구하지 못한다(상법 제82조 제1항).

답 ②

CHAPTER

02 | 상행위법 각칙

제1절 | 대리상

01 CPA 2021

☑ 확인 Check! ○ △ ×

상법상 대리상에 관한 설명으로 틀린 것은?

① 대리상이 거래의 대리 또는 중개를 한 때에는 지체없이 본인에게 그 통지를 발송하여야 한다.
② 대리상은 본인의 허락없이 자기나 제3자의 계산으로 본인의 영업부류에 속한 거래를 하지 못한다.
③ 물건의 판매나 그 중개의 위탁을 받은 대리상은 매매의 목적물의 하자 또는 수량부족에 관한 통지를 받을 권한이 있다.
④ 대리상의 보상청구권은 대리상계약이 종료한 날부터 6월을 경과하면 소멸한다.
⑤ 상인이 아닌 자를 위해 그 거래의 대리 또는 중개를 영업으로 하는 자도 상법상 대리상이다.

PART 2

해설

① [O] 대리상이 거래의 대리 또는 중개를 한 때에는 지체없이 본인에게 그 통지를 발송하여야 한다(상법 제88조).
② [O] 대리상은 본인의 허락없이 자기나 제3자의 계산으로 본인의 영업부류에 속한 거래를 하거나 동종영업을 목적으로 하는 회사의 무한책임사원 또는 이사가 되지 못한다(상법 제89조 제1항).
③ [O] 물건의 판매나 그 중개의 위탁을 받은 대리상은 매매의 목적물의 하자 또는 수량부족 기타 매매의 이행에 관한 통지를 받을 권한이 있다(상법 제90조).
④ [O] 상법 제92조의2 제3항

> **상법 제92조의2(대리상의 보상청구권)**
> ① 대리상의 활동으로 본인이 새로운 고객을 획득하거나 영업상의 거래가 현저하게 증가하고 이로 인하여 계약의 종료후에도 본인이 이익을 얻고 있는 경우에는 대리상은 본인에 대하여 상당한 보상을 청구할 수 있다. 다만, 계약의 종료가 대리상의 책임있는 사유로 인한 경우에는 그러하지 아니하다.
> ③ 제1항의 규정에 의한 보상청구권은 계약이 종료한 날부터 6월을 경과하면 소멸한다.

⑤ [×] 일정한 상인을 위하여 상업사용인이 아니면서 상시 그 영업부류에 속하는 거래의 대리 또는 중개를 영업으로 하는 자를 대리상이라 한다(상법 제87조).

답 ⑤

02 CPA 2019

☑ 확인Check! ○ △ ×

A는 상인 B로부터 물건판매의 중개를 위탁받은 대리상이다. 상법상 이 경우에 관한 설명으로 틀린 것은?

① A는 해당 거래의 중개로 인한 채권이 변제기에 있는 때에는 다른 약정이 없는 한 그 변제를 받을 때까지 B의 소유가 아니더라도 B를 위하여 점유하는 물건 또는 유가증권을 유치할 수 있다.
② A는 매매목적물의 하자 또는 수량부족 기타 매매의 이행에 관하여 그 통지를 받을 권한이 있다.
③ A의 B에 대한 보상청구권에 의한 보상금액은 원칙적으로 계약종료전 5년간의 평균년보수액을 초과할 수 없다.
④ A는 B의 허락없이 자기나 제3자의 계산으로 B의 영업부류에 속한 거래를 하거나 동종영업을 목적으로 하는 회사의 무한책임사원 또는 이사가 되지 못한다.
⑤ 계약의 존속기간에 대한 약정이 있는 경우에도 A와 B는 2개월 전에 예고한 후 계약을 해지할 수 있다.

해설

① [○] 대리상은 거래의 대리 또는 중개로 인한 채권이 변제기에 있는 때에는 그 변제를 받을 때까지 본인을 위하여 점유하는 물건 또는 유가증권을 유치할 수 있다. 그러나 당사자간에 다른 약정이 있으면 그러하지 아니하다(상법 제91조). 대리상의 유치권은 목적물이 본인을 위하여 점유하는 물건 또는 유가증권이면 되고 본인(채무자) 소유가 아니어도 된다. 이 점에서 일반 상사유치권과 다르고 민법상의 유치권과 같다.
② [○] 물건의 판매나 그 중개의 위탁을 받은 대리상은 매매의 목적물의 하자 또는 수량부족 기타 매매의 이행에 관한 통지를 받을 권한이 있다(상법 제90조).
③ [○] 상법 제92조의2 제2항

> **상법 제92조의2(대리상의 보상청구권)**
> ① 대리상의 활동으로 본인이 새로운 고객을 획득하거나 영업상의 거래가 현저하게 증가하고 이로 인하여 계약의 종료후에도 본인이 이익을 얻고 있는 경우에는 대리상은 본인에 대하여 상당한 보상을 청구할 수 있다. 다만, 계약의 종료가 대리상의 책임있는 사유로 인한 경우에는 그러하지 아니하다.
> ② 제1항의 규정에 의한 보상금액은 계약의 종료전 5년간의 평균연보수액을 초과할 수 없다. 계약의 존속기간이 5년 미만인 경우에는 그 기간의 평균연보수액을 기준으로 한다.

④ [○] 대리상은 본인의 허락없이 자기나 제3자의 계산으로 본인의 영업부류에 속한 거래를 하거나 동종영업을 목적으로 하는 회사의 무한책임사원 또는 이사가 되지 못한다(상법 제89조 제1항).
⑤ [×] 당사자가 <u>계약의 존속기간을 약정하지 아니한 때에는</u> 각 당사자는 2월 전에 예고하고 계약을 해지할 수 있다(상법 제92조 제1항).

03 CPA 2015

☑ 확인Check! ○ △ ✕

상법상 대리상에 관한 설명으로 틀린 것은?

① 상인의 영업부류에 속하지 않는 거래의 대리 또는 중개를 하는 경우에는 상법상의 대리상이 아니다.
② 대리상은 거래의 대리 또는 중개로 인한 채권이 변제기에 있는 때에는 당사자 간에 다른 약정이 없으면 그 변제를 받을 때까지 본인을 위하여 점유하는 물건 또는 유가증권을 유치할 수 있다.
③ 대리상은 본인의 허락 없이 자기나 제3자의 계산으로 본인의 영업부류에 속한 거래를 하거나 동종영업을 목적으로 하는 회사의 무한책임사원 또는 이사가 되지 못한다.
④ 대리상의 보상청구권은 대리상계약의 종료가 대리상의 책임 있는 사유로 인한 경우에는 인정되지 않는다.
⑤ 중개대리상은 체약대리상과 달리 매매목적물의 하자 또는 수량부족 기타 매매의 이행에 관한 사항에 대하여 통지를 수령할 권한이 인정되지 않는다.

| 해설 |

① [O] 일정한 상인을 위하여 상업사용인이 아니면서 상시 그 영업부류에 속하는 거래의 대리 또는 중개를 영업으로 하는 자를 대리상이라 한다(상법 제87조). 즉, 대리상이 대리 또는 중개하는 거래는 본인의 영업부류에 속하는 행위, 즉 영업적 상행위이어야 한다. 참고로 위탁매매인의 경우 매매가 위탁자의 보조적 상행위라도 무방하다.
② [O] 대리상은 거래의 대리 또는 중개로 인한 채권이 변제기에 있는 때에는 그 변제를 받을 때까지 본인을 위하여 점유하는 물건 또는 유가증권을 유치할 수 있다. 그러나 당사자간에 다른 약정이 있으면 그러하지 아니하다(상법 제91조).
③ [O] 대리상은 본인의 허락없이 자기나 제3자의 계산으로 본인의 영업부류에 속한 거래를 하거나 동종영업을 목적으로 하는 회사의 무한책임사원 또는 이사가 되지 못한다(상법 제89조 제1항).
④ [O] 대리상의 활동으로 본인이 새로운 고객을 획득하거나 영업상의 거래가 현저하게 증가하고 이로 인하여 계약의 종료후에도 본인이 이익을 얻고 있는 경우에는 대리상은 본인에 대하여 상당한 보상을 청구할 수 있다. 다만, 계약의 종료가 대리상의 책임있는 사유로 인한 경우에는 그러하지 아니하다(상법 제92조의2 제1항).
⑤ [✕] <u>물건의 판매나 그 중개의 위탁을 받은 대리상</u>은 매매의 목적물의 하자 또는 수량부족 기타 매매의 이행에 관한 <u>통지를 받을 권한이 있다</u>(상법 제90조).

 ⑤

04 법무사 2023

☑ 확인 Check! ○ △ ×

상법상 대리상에 관한 다음 설명 중 가장 옳지 않은 것은?

① 대리상은 일정한 상인을 위하여 상업사용인이 아니면서 상시 그 영업부류에 속하는 거래의 대리 또는 중개를 영업으로 하는 자를 말한다.

② 어떤 자가 제조회사와 대리점 총판 계약이라고 하는 명칭의 계약을 체결하였다고 하여 곧바로 상법 제87조의 대리상으로 되는 것은 아니고, 그 계약 내용을 실질적으로 살펴 대리상인지 여부를 판단하여야 한다.

③ 대리상이 본인의 허락 없이 제3자의 계산으로 본인의 영업부류에 속하는 거래를 한 경우에 본인은 대리상과의 계약을 해지할 수 있고, 손해배상을 청구할 수 있으며, 그 거래로 인한 이득의 양도를 청구할 수도 있다.

④ 대리상은 거래의 대리 또는 중개로 인한 채권이 변제기에 있는 때에는 그 변제를 받을 때까지 본인을 위하여 점유하는 물건 또는 유가증권을 유치할 수 있는데, 위 물건 또는 유가증권은 본인 소유의 것이어야 한다.

⑤ 대리상의 활동으로 본인이 새로운 고객을 획득하거나 영업상의 거래가 현저하게 증가하고 이로 인하여 계약의 종료 후에도 본인이 이익을 얻고 있는 경우에는 대리상은 계약의 종료가 그의 책임 있는 사유로 인한 경우가 아닌 한 본인에 대하여 상당한 보상을 청구할 수 있다.

해설

① [○] 일정한 상인을 위하여 상업사용인이 아니면서 상시 그 영업부류에 속하는 거래의 대리 또는 중개를 영업으로 하는 자를 대리상이라 한다(상법 제87조).

② [○] 어떤 자가 제조회사와 대리점 총판 계약이라고 하는 명칭의 계약을 체결하였다고 하여 곧바로 상법 제87조의 대리상으로 되는 것은 아니고, 그 계약 내용을 실질적으로 살펴 대리상인지의 여부를 판단하여야 하는바, 제조회사와 대리점 총판 계약을 체결한 대리점이 위 제조회사로부터 스토어(노래방기기 중 본체)를 매입하여 위 대리점 스스로 10여 종의 주변기기를 부착하여 노래방기기 세트의 판매가격을 결정하여 위 노래방기기 세트를 소비자에게 판매한 경우에는 위 대리점을 제조회사의 상법상의 대리상으로 볼 수 없다(대판 1999.2.5. 97다26593).

③ [○] 상법 제89조 제1항·제2항, 제17조 제2항·제3항

> **상법 제89조(경업금지)**
> ① 대리상은 본인의 허락없이 자기나 제3자의 계산으로 본인의 영업부류에 속한 거래를 하거나 동종영업을 목적으로 하는 회사의 무한책임사원 또는 이사가 되지 못한다.
> ② 제17조 제2항 내지 제4항의 규정은 대리상이 전항의 규정에 위반한 경우에 준용한다.
>
> **상법 제17조(상업사용인의 의무)**
> ② 상업사용인이 전항의 규정에 위반하여 거래를 한 경우에 그 거래가 자기의 계산으로 한 것인 때에는 영업주는 이를 영업주의 계산으로 한 것으로 볼 수 있고 제3자의 계산으로 한 것인 때에는 영업주는 사용인에 대하여 이로 인한 이득의 양도를 청구할 수 있다.
> ③ 전항의 규정은 영업주로부터 사용인에 대한 계약의 해지 또는 손해배상의 청구에 영향을 미치지 아니한다.

④ [×] 대리상은 거래의 대리 또는 중개로 인한 채권이 변제기에 있는 때에는 그 변제를 받을 때까지 본인을 위하여 점유하는 물건 또는 유가증권을 유치할 수 있다. 그러나 당사자 간에 다른 약정이 있으면 그러하지 아니하다(상법 제91조). 대리상의 유치권은 목적물이 본인을 위하여 점유하는 물건 또는 유가증권이면 되고 본인(채무자) 소유가 아니어도 된다. 이 점에서 일반 상사유치권과 다르고 민법상의 유치권과 같다.

⑤ [O] 대리상의 활동으로 본인이 새로운 고객을 획득하거나 영업상의 거래가 현저하게 증가하고 이로 인하여 계약의 종료 후에도 본인이 이익을 얻고 있는 경우에는 대리상은 본인에 대하여 상당한 보상을 청구할 수 있다. 다만, 계약의 종료가 대리상의 책임 있는 사유로 인한 경우에는 그러하지 아니하다(상법 제92조의2 제1항).

답 ④

05 법무사 2021

☑ 확인 Check! ○ △ ✕

상행위에 관한 다음 설명 중 가장 옳은 것은?

① 대리상과 중개인은 모두 일정한 상인을 위하여 계속적으로 거래의 중개를 보조하는 자이다.
② 대리상, 중개인, 위탁매매인 모두 경업금지의무를 부담한다.
③ 위탁매매인이 위탁매매로 인하여 취득한 물건 또는 채권은 위탁자와 위탁매매인의 채권자 사이에서는 위탁매매인의 소유 또는 채권으로 본다.
④ 대리상은 일정한 상인(본인)의 명의로 본인을 대리하여 거래하고, 위탁매매인은 자기의 명의로 타인의 계산으로 거래하며, 가맹상은 자기의 명의와 계산으로 영업을 한다.
⑤ 가맹계약상 존속기간에 대한 약정의 유무와 관계없이 부득이한 사정이 있으면 즉시 가맹계약을 해지할 수 있다.

PART 2

해설

① [✕] 대리상은 일정한 상인을 보조하나, 중개인이나 위탁매매인은 불특정다수인을 보조한다.

> **상법 제87조(의의)**
> 일정한 상인을 위하여 상업사용인이 아니면서 상시 그 영업부류에 속하는 거래의 대리 또는 중개를 영업으로 하는 자를 대리상이라 한다.
>
> **상법 제93조(의의)**
> 타인 간의 상행위의 중개를 영업으로 하는 자를 중개인이라 한다.

② [✕] 대리상은 일정한 상인과 계속적 관계를 가지므로, 이익충돌을 방지하기 위하여 경업금지의무와 겸직금지의무를 부담하나(상법 제89조 제1항), 중개인·위탁매매인은 본인 또는 위탁자와 계속적 관계를 가지지 아니하므로, 경업금지의무와 겸직금지의무를 부담하지 아니한다.

> **상법 제89조(경업금지)**
> ① 대리상은 본인의 허락 없이 자기나 제3자의 계산으로 본인의 영업부류에 속한 거래를 하거나 동종영업을 목적으로 하는 회사의 무한책임사원 또는 이사가 되지 못한다.

③ [×] 위탁매매인이 위탁자로부터 받은 물건 또는 유가증권이나 위탁매매로 인하여 취득한 물건, 유가증권 또는 채권은 위탁자와 위탁매매인 또는 위탁매매인의 채권자 간의 관계에서는 이를 위탁자의 소유 또는 채권으로 본다(상법 제103조).

④ [O] 대리상은 일정한 상인을 위하여, 즉 본인의 명의로 본인을 대리하여 거래하고(상법 제87조 참조), 위탁매매인은 자기의 명의로써 타인의 계산으로 물건 또는 유가증권을 매매하며(상법 제101조 참조), 가맹상은 자기의 명의와 자기의 계산으로 영업을 한다.

⑤ [×] 가맹계약상 존속기간에 대한 약정의 유무와 관계없이 부득이한 사정이 있으면 각 당사자는 상당한 기간을 정하여 예고한 후 가맹계약을 해지할 수 있다(상법 제168조의10).

답 ④

제2절 | 중개업

06 CPA 2022

☑ 확인 Check! ○ △ ✕

상법상 중개인에 관한 설명으로 틀린 것은?

① 중개인의 보수는 당사자쌍방이 균분하여 부담한다.
② 당사자의 일방이 결약서의 수령을 거부한 때에는 중개인은 지체없이 상대방에게 그 통지를 발송하여야 한다.
③ 중개인은 당사자가 즉시 이행을 해야 하는 경우에도, 각 당사자로 하여금 결약서에 기명날인 또는 서명하게 한 후 그 상대방에게 교부하여야 한다.
④ 중개인은 결약서 교부의무에 관한 상법상 절차를 종료하지 아니하면 보수를 청구하지 못한다.
⑤ 당사자가 그 성명 또는 상호를 상대방에게 표시하지 아니할 것을 중개인에게 요구한 때에는 중개인은 그 상대방에게 교부할 결약서에 이를 기재하지 못한다.

해설

① [O] 중개인의 보수는 당사자쌍방이 균분하여 부담한다(상법 제100조 제2항).
② [O] 상법 제96조 제3항
③ [✕] 중개인은 당사자가 즉시 이행을 해야 하는 경우를 제외하고, 각 당사자로 하여금 결약서에 기명날인 또는 서명하게 한 후 그 상대방에게 교부하여야 한다(상법 제96조 제2항 참조).

> **상법 제96조(결약서교부의무)**
> ① 당사자간에 계약이 성립된 때에는 중개인은 지체없이 각 당사자의 성명 또는 상호, 계약년월일과 그 요령을 기재한 서면을 작성하여 기명날인 또는 서명한 후 각 당사자에게 교부하여야 한다.
> ② 당사자가 즉시 이행을 하여야 하는 경우를 제외하고 중개인은 각 당사자로 하여금 제1항의 서면에 기명날인 또는 서명하게 한 후 그 상대방에게 교부하여야 한다.
> ③ 제1항 및 제2항의 경우에 당사자의 일방이 서면의 수령을 거부하거나 기명날인 또는 서명하지 아니한 때에는 중개인은 지체없이 상대방에게 그 통지를 발송하여야 한다.

④ [O] 중개인은 제96조(결약서교부의무)의 절차를 종료하지 아니하면 보수를 청구하지 못한다(상법 제100조 제1항).
⑤ [O] 당사자가 그 성명 또는 상호를 상대방에게 표시하지 아니할 것을 중개인에게 요구한 때에는 중개인은 그 상대방에게 교부할 제96조(결약서교부의무) 제1항의 서면과 전조(중개인의 장부작성의무) 제2항의 등본에 이를 기재하지 못한다(상법 제98조).

 ③

PART 2

07 CPA 2020

☑ 확인 Check! ○ △ ×

상법상 중개인에 관한 설명으로 틀린 것은?

① 중개인이 그 중개한 행위에 관하여 견품을 받은 때에는 그 행위가 완료될 때까지 이를 보관하여야 한다.

② 중개에 의한 계약이 성립한 경우, 중개인이 임의로 당사자 일방의 성명 또는 상호를 상대방에게 표시하지 아니한 때에는 상대방은 중개인에 대하여 이행을 청구할 수 있다.

③ 중개인에 의해 당사자 간에 계약이 성립된 때에는 당사자는 지체없이 결약서를 작성하여 중개인에게 교부하여야 한다.

④ 다른 약정이나 관습이 없으면, 중개인은 그 중개한 행위에 관하여 당사자를 위하여 지급 기타의 이행을 받지 못한다.

⑤ 당사자는 언제든지 자기를 위하여 중개한 행위에 관한 장부의 등본의 교부를 청구할 수 있다.

해설

① [O] 중개인이 그 중개한 행위에 관하여 견품을 받은 때에는 그 행위가 완료될 때까지 이를 보관하여야 한다(상법 제95조).

② [O] 중개인이 임의로 또는 전조(성명, 상호 묵비의 의무)의 규정에 의하여 당사자의 일방의 성명 또는 상호를 상대방에게 표시하지 아니한 때에는 상대방은 중개인에 대하여 이행을 청구할 수 있다(상법 제99조).

③ [×] 당사자간에 계약이 성립된 때에는 중개인은 지체없이 각 당사자의 성명 또는 상호, 계약년월일과 그 요령을 기재한 서면을 작성하여 기명날인 또는 서명한 후 각 당사자에게 교부하여야 한다(상법 제96조 제1항).

④ [O] 중개인은 그 중개한 행위에 관하여 당사자를 위하여 지급 기타의 이행을 받지 못한다. 그러나 다른 약정이나 관습이 있으면 그러하지 아니하다(상법 제94조).

⑤ [O] 당사자는 언제든지 자기를 위하여 중개한 행위에 관한 장부의 등본의 교부를 청구할 수 있다(상법 제97조 제2항).

답 ③

제3절 | 위탁매매업

08 CPA 2023

☑ 확인Check! ○ △ ×

상법상 대리상 또는 위탁매매인에 관한 설명으로 옳은 것은?

① 대리상이 거래의 대리 또는 중개를 한 때에는 본인의 청구가 있는 경우에 한하여 본인에게 그 통지를 발송하여야 한다.

② 대리상은 본인의 허락없이 자기나 제3자의 계산으로 본인의 영업부류에 속한 거래를 하거나 동종영업을 목적으로 하지 않는 회사의 무한책임사원, 이사 또는 다른 상인의 사용인이 되지 못한다.

③ 위탁매매인이 거래소의 시세가 있는 물건의 매매를 위탁받은 경우 직접 그 매도인이나 매수인이 되는 때의 매매 대가는 위탁자가 위탁매매인으로부터 매매의 통지를 수령한 때의 거래소의 시세에 따른다.

④ 위탁매매인이 매수의 위탁을 받은 경우에 위탁자가 매수한 물건을 수령할 수 없는 때에는 원칙적으로 그 물건을 공탁하거나 상당한 기간을 정하여 최고한 후 경매할 수 있다.

⑤ 대리상계약의 존속기간 중에 본인이 사망하는 경우 대리상계약은 종료된다.

해설

① [×] 대리상이 거래의 대리 또는 중개를 한 때에는 지체없이 본인에게 그 통지를 발송하여야 한다(상법 제88조).

② [×] 대리상은 본인의 허락없이 자기나 제3자의 계산으로 본인의 영업부류에 속한 거래를 하거나 동종영업을 목적으로 하는 회사의 무한책임사원 또는 이사가 되지 못한다(상법 제89조 제1항).

③ [×] 위탁매매인이 거래소의 시세가 있는 물건 또는 유가증권의 매매를 위탁받은 경우에는 직접 그 매도인이나 매수인이 될 수 있다. 이 경우의 매매대가는 위탁매매인이 매매의 통지를 발송할 때의 거래소의 시세에 따른다(상법 제107조 제1항).

④ [O] 상법 제109조, 제67조 제1항

> **상법 제109조(매수물의 공탁, 경매권)**
> 제67조의 규정은 위탁매매인이 매수의 위탁을 받은 경우에 위탁자가 매수한 물건의 수령을 거부하거나 이를 수령할 수 없는 때에 준용한다.
>
> **상법 제67조(매도인의 목적물의 공탁, 경매권)**
> ① 상인간의 매매에 있어서 매수인이 목적물의 수령을 거부하거나 이를 수령할 수 없는 때에는 매도인은 그 물건을 공탁하거나 상당한 기간을 정하여 최고한 후 경매할 수 있다. 이 경우에는 지체없이 매수인에 대하여 그 통지를 발송하여야 한다.

⑤ [×] 상인이 그 영업에 관하여 수여한 대리권은 본인의 사망으로 인하여 소멸하지 아니한다(상법 제50조).

답 ④

PART 2

09 CPA 2023

☑ 확인Check! ○ △ ✕

상법상 이행담보책임을 부담하는 상인은? (다른 약정이나 관습은 고려하지 않음)

① 금융리스업자
② 육상운송인
③ 가맹상
④ 공중접객업자
⑤ 위탁매매인

▌해설▐

⑤ [O] 위탁매매인은 위탁자를 위한 매매에 관하여 상대방이 채무를 이행하지 아니하는 경우에는 위탁자에 대하여 이를 이행할 책임이 있다. 그러나 다른 약정이나 관습이 있으면 그러하지 아니하다(상법 제105조). 참고로 중개인의 경우에도 개입의무(이행담보책임)가 인정된다(상법 제99조 참조).

[상인의 의무 비교]

구분	의무
대리상	선관주의의무(민법 제681조), 통지의무, 경업피지의무, 영업비밀준수의무 등
중개인	선관주의의무(민법 제681조), 결약서교부의무, 장부작성 및 등본교부의무, 성명・상호묵비의무, 견품보관의무, 개입의무(이행담보책임) 등
위탁매매인	선관주의의무(민법 제681조), 매매통지의무・계산서제출의무, 지정가액준수의무, 개입의무(이행담보책임), 위탁물의 훼손・하자통지의무 등

답 ⑤

10 CPA 2022

☑ 확인 Check! ○ △ ✕

상법상 위탁매매업에 관한 설명으로 틀린 것은?

① 위탁매매인은 위탁자를 위한 매매로 인하여 상대방에 대하여 직접 권리를 취득하고 의무를 부담한다.

② 위탁매매인이 위탁자로부터 받은 물건은 위탁자의 채권자와 위탁매매인간의 관계에서는 이를 위탁자의 소유로 본다.

③ 다른 약정이나 관습이 없다면, 위탁매매인은 위탁자를 위한 매매에 관하여 상대방이 채무를 이행하지 아니하는 경우에는 위탁자에 대하여 이를 이행할 책임이 있다.

④ 위탁자가 지정한 가액보다 염가로 매도한 경우에도 위탁매매인이 그 차액을 부담한 때에는 그 매매는 위탁자에 대하여 효력이 있다.

⑤ 위탁매매인이 개입권을 행사한 경우에도 위탁매매인은 위탁자에게 보수를 청구할 수 있다.

해설

① [O] 위탁매매인은 위탁자를 위한 매매로 인하여 상대방에 대하여 직접 권리를 취득하고 의무를 부담한다(상법 제102조).

② [✕] 위탁매매인이 위탁자로부터 받은 물건 또는 유가증권이나 위탁매매로 인하여 취득한 물건, 유가증권 또는 채권은 위탁자와 위탁매매인 또는 위탁매매인의 채권자간의 관계에서는 이를 위탁자의 소유 또는 채권으로 본다(상법 제103조).

③ [O] 위탁매매인은 위탁자를 위한 매매에 관하여 상대방이 채무를 이행하지 아니하는 경우에는 위탁자에 대하여 이를 이행할 책임이 있다. 그러나 다른 약정이나 관습이 있으면 그러하지 아니하다(상법 제105조).

④ [O] 위탁자가 지정한 가액보다 염가로 매도하거나 고가로 매수한 경우에도 위탁매매인이 그 차액을 부담한 때에는 그 매매는 위탁자에 대하여 효력이 있다(상법 제106조 제1항).

⑤ [O] 상법 제107조 제1항, 제2항

> **상법 제107조(위탁매매인의 개입권)**
> ① 위탁매매인이 거래소의 시세가 있는 물건 또는 유가증권의 매매를 위탁받은 경우에는 직접 그 매도인이나 매수인이 될 수 있다. 이 경우의 매매대가는 위탁매매인이 매매의 통지를 발송할 때의 거래소의 시세에 따른다.
> ② 제1항의 경우에 위탁매매인은 위탁자에게 보수를 청구할 수 있다.

답 ②

11 CPA 2019

☑ 확인Check! ○ △ ×

상법상 위탁매매업에 관한 설명으로 틀린 것은?

① 위탁매매인이 위탁받은 매매를 한 때에는 지체없이 위탁자에 대하여 그 계약의 요령과 상대방의 주소, 성명의 통지를 발송하여야 하며 계산서를 제출하여야 한다.

② 위탁매매인이 거래소의 시세가 있는 물건의 매수를 위탁받은 경우에는 직접 그 매도인이 될 수 있으며 이 경우 매매대가는 위탁자가 목적물을 수령한 때의 거래소의 시세에 따른다.

③ 물건의 매수위탁을 받은 위탁매매인은 위탁자가 목적물의 수령을 거부하는 경우 위탁자가 비상인이더라도 목적물을 공탁하거나 상당한 기간을 정하여 최고한 후 경매할 수 있다.

④ 매수위탁자가 상인인 경우 목적물을 수령한 때에는 지체없이 이를 검사하여야 하며 하자 또는 수량의 부족을 발견한 경우에는 즉시 위탁매매인에게 그 통지를 발송하지 아니하면 이로 인한 계약해제, 대금감액 또는 손해배상을 청구하지 못한다.

⑤ 확정기매매위탁계약의 이행시기가 도래하였음에도 위탁매매인이 이행하지 않는 경우 상인인 매수위탁자가 즉시 그 이행을 청구하지 아니하면 계약을 해제한 것으로 본다.

해설

① [○] 위탁매매인이 위탁받은 매매를 한 때에는 지체없이 위탁자에 대하여 그 계약의 요령과 상대방의 주소, 성명의 통지를 발송하여야 하며 계산서를 제출하여야 한다(상법 제104조).

② [×] 위탁매매인이 거래소의 시세가 있는 물건 또는 유가증권의 매매를 위탁받은 경우에는 직접 그 매도인이나 매수인이 될 수 있다. 이 경우의 매매대가는 위탁매매인이 매매의 통지를 발송할 때의 거래소의 시세에 따른다(상법 제107조 제1항).

③ [○] 매수위탁의 경우에 매도인의 공탁·경매권은 위탁자가 상인이 아니어도 준용된다(상법 제109조, 제67조 참조).

> **상법 제109조(매수물의 공탁, 경매권)**
> 제67조의 규정은 위탁매매인이 매수의 위탁을 받은 경우에 위탁자가 매수한 물건의 수령을 거부하거나 이를 수령할 수 없는 때에 준용한다.
>
> **상법 제67조(매도인의 목적물의 공탁, 경매권)**
> ① 상인간의 매매에 있어서 매수인이 목적물의 수령을 거부하거나 이를 수령할 수 없는 때에는 매도인은 그 물건을 공탁하거나 상당한 기간을 정하여 최고한 후 경매할 수 있다. 이 경우에는 지체없이 매수인에 대하여 그 통지를 발송하여야 한다.

④ [○], ⑤ [○] 상법 제109조와 달리 제110조는 위탁자가 상인인 경우에 한하여 상사매매에 관한 제68조(확정기매매의 해제), 제69조(매수인의 목적물의 검사와 하자통지의무), 제70조(매수인의 목적물보관, 공탁의무), 제71조(동전-수량초과 등의 경우)의 규정을 준용하고 있다.

> **상법 제110조(매수위탁자가 상인인 경우)**
> 상인인 위탁자가 그 영업에 관하여 물건의 매수를 위탁한 경우에는 위탁자와 위탁매매인간의 관계에는 제68조 내지 제71조의 규정을 준용한다.

> **상법 제68조(확정기매매의 해제)**
> 상인간의 매매에 있어서 매매의 성질 또는 당사자의 의사표시에 의하여 일정한 일시 또는 일정한 기간내에 이행하지 아니하면 계약의 목적을 달성할 수 없는 경우에 당사자의 일방이 이행시기를 경과한 때에는 상대방은 즉시 그 이행을 청구하지 아니하면 계약을 해제한 것으로 본다.
>
> **상법 제69조(매수인의 목적물의 검사와 하자통지의무)**
> ① 상인간의 매매에 있어서 매수인이 목적물을 수령한 때에는 지체없이 이를 검사하여야 하며 하자 또는 수량의 부족을 발견한 경우에는 즉시 매도인에게 그 통지를 발송하지 아니하면 이로 인한 계약해제, 대금감액 또는 손해배상을 청구하지 못한다. 매매의 목적물에 즉시 발견할 수 없는 하자가 있는 경우에 매수인이 6월 내에 이를 발견한 때에도 같다.

답 ②

12 CPA 2015

☑ 확인Check! ○ △ ✕

상법상 위탁매매인에 관한 설명으로 틀린 것은?

① 위탁매매인은 그 영업행위로서 매매계약을 체결한 경우 거래상대방에 대하여 직접 계약상의 권리를 취득하고 의무를 부담한다.

② 상인인 위탁자가 그 영업에 관하여 확정기거래로서 물건의 매수를 위탁한 경우 그 이행시기가 경과한 때에 위탁자가 즉시 그 이행을 청구하지 않으면 위탁계약은 해제된 것으로 간주된다.

③ 위탁매매인은 당사자간에 다른 약정이 없으면 위탁자를 위한 물건 또는 유가증권의 매매로 인하여 생긴 채권이 변제기에 있는 때에는 그 변제를 받을 때까지 위탁자를 위하여 점유하고 있는 물건 또는 유가증권을 유치할 수 있다.

④ 위탁매매인은 위탁자를 위한 매매에 관하여 상대방이 채무를 이행하지 아니하는 경우에는 다른 약정이나 관습이 없으면 위탁자에 대하여 이를 이행할 책임이 있다.

⑤ 위탁매매인이 매수위탁을 받고 이를 이행하였으나 위탁자가 매수물의 수령을 거부하거나 수령할 수 없는 경우 위탁매매인은 위탁자가 상인인 경우에 한하여 매수물을 공탁 또는 경매할 수 있다.

해설

① [O] 위탁매매인은 위탁자를 위한 매매로 인하여 상대방에 대하여 직접 권리를 취득하고 의무를 부담한다(상법 제102조).
② [O] 상법 제110조, 제68조

> **상법 제110조(매수위탁자가 상인인 경우)**
> 상인인 위탁자가 그 영업에 관하여 물건의 매수를 위탁한 경우에는 위탁자와 위탁매매인간의 관계에는 제68조 내지 제71조의 규정을 준용한다.

PART 2

> **상법 제68조(확정기매매의 해제)**
> 상인간의 매매에 있어서 매매의 성질 또는 당사자의 의사표시에 의하여 일정한 일시 또는 일정한 기간내에 이행하지 아니하면 계약의 목적을 달성할 수 없는 경우에 당사자의 일방이 이행시기를 경과한 때에는 상대방은 즉시 그 이행을 청구하지 아니하면 계약을 해제한 것으로 본다.

③ [O] 상법 제111조, 제91조

> **상법 제111조(준용규정)**
> 제91조의 규정은 위탁매매인에 준용한다.
>
> **상법 제91조(대리상의 유치권)**
> 대리상은 거래의 대리 또는 중개로 인한 채권이 변제기에 있는 때에는 그 변제를 받을 때까지 본인을 위하여 점유하는 물건 또는 유가증권을 유치할 수 있다. 그러나 당사자간에 다른 약정이 있으면 그러하지 아니하다.

④ [O] 위탁매매인은 위탁자를 위한 매매에 관하여 상대방이 채무를 이행하지 아니하는 경우에는 위탁자에 대하여 이를 이행할 책임이 있다. 그러나 다른 약정이나 관습이 있으면 그러하지 아니하다(상법 제105조).

⑤ [×] 제67조(매도인의 목적물의 공탁, 경매권)의 규정은 위탁매매인이 매수의 위탁을 받은 경우에 위탁자가 매수한 물건의 수령을 거부하거나 이를 수령할 수 없는 때에 준용한다(상법 제109조). 즉 위탁매매인의 매수물의 공탁·경매권은 위탁자가 상인이 아닌 경우에도 인정된다.

답 ⑤

13 법무사 2024

확인 Check! ○ △ ×

위탁매매업에 관한 다음 설명 중 가장 옳지 않은 것은?

① 채권매매거래의 위탁계약의 성립 시기는 위탁금이나 위탁채권을 받을 직무상의 권한이 있는 직원이 채권매매거래를 위탁한다는 의사로 이를 위탁하는 고객으로부터 금원이나 채권을 수령하면 곧바로 위탁계약이 성립하고, 그 이후에 그 직원의 금원수납에 관한 처리는 계약의 성립에 영향이 없다.

② 위탁매매인이 그가 제3자에 대하여 부담하는 채무를 담보하기 위하여 그 채권자에게 위탁매매로 취득한 채권을 양도한 경우에 위탁매매인은 위탁자에 대한 관계에서는 위탁자에 속하는 채권을 무권리자로서 양도한 것이므로, 그 채권양도는 무권리자의 처분 일반에서와 마찬가지로 양수인이 그 채권을 선의취득하였다는 등의 특별한 사정이 없는 한 위탁자에 대하여 효력이 없다.

③ 위탁매매란 자기의 명의로 타인의 계산에 의하여 물품을 매수 또는 매도하고 보수를 받는 것으로서 명의와 계산의 분리를 본질로 한다.

④ 위탁자의 위탁상품 공급으로 인한 위탁매매인에 대한 이득상환청구권이나 이행담보책임 이행청구권은 위탁자의 위탁매매인에 대한 상품 공급과 서로 대가관계에 있으므로 민법 제163조 제6호 소정의 '상인이 판매한 상품의 대가'에 해당하여 3년의 단기소멸시효가 적용된다.

⑤ 위탁매매인이 위탁자로부터 받은 물건 또는 유가증권이나 위탁매매로 인하여 취득한 물건, 유가증권 또는 채권은 위탁자와 위탁매매인 또는 위탁매매인의 채권자 간의 관계에서는 이를 위탁자의 소유 또는 채권으로 본다.

▌해설▌

① [O] 채권매매거래의 위탁계약의 성립 시기는 위탁금이나 위탁채권을 받을 직무상의 권한이 있는 직원이 채권매매거래를 위탁한다는 의사로 이를 위탁하는 고객으로부터 금원이나 채권을 수령하면 곧바로 위탁계약이 성립하고, 그 이후에 그 직원의 금원수납에 관한 처리는 계약의 성립에 영향이 없다(대판 1997.2.14. 95다19140).

② [O] 위탁매매인이 그가 제3자에 대하여 부담하는 채무를 담보하기 위하여 그 채권자에게 위탁매매로 취득한 채권을 양도한 경우에 위탁매매인은 위탁자에 대한 관계에서는 위탁자에 속하는 채권을 무권리자로서 양도한 것이고, 따라서 그 채권양도는 무권리자의 처분 일반에서와 마찬가지로 양수인이 그 채권을 선의취득하였다는 등의 특별한 사정이 없는 한 위탁자에 대하여 효력이 없다. 이는 채권양수인이 양도의 목적이 된 채권의 귀속 등에 대하여 선의였다거나 그 진정한 귀속을 알지 못하였다는 점에 관하여 과실이 없다는 것만으로 달라지지 아니한다(대판 2011.7.14. 2011다31645).

③ [O] 위탁매매라 함은 자기의 명의로 타인의 계산에 의하여 물품을 구입 또는 판매하고 보수를 받는 것으로서 명의와 계산이 분리되는 것을 본질로 하는 것이므로, 어떠한 계약이 일반 매매계약인지 위탁매매계약인지는 계약의 명칭 내지 형식적인 문언을 떠나 그 실질을 중시하여 판단하여야 한다(대판 2008.5.29. 2005다6297).

④ [×] 위탁자의 위탁상품 공급으로 인한 위탁매매인에 대한 이득상환청구권이나 이행담보책임 이행청구권은 위탁자의 위탁매매인에 대한 상품 공급과 서로 대가관계에 있지 아니하여 등가성이 없으므로 민법 제163조 제6호 소정의 '상인이 판매한 상품의 대가'에 해당하지 아니하여 3년의 단기소멸시효의 대상이 아니고, 한편 위탁매매는 상법상 전형적 상행위이며 위탁매매인은 당연한 상인이고 위탁자도 통상 상인일 것이므로, 위탁자의 위탁매매인에 대한 매매 위탁으로 인한 위의 채권은 다른 특별한 사정이 없는 한 통상 상행위로 인하여 발생한 채권이어서 상법 제64조 소정의 5년의 상사소멸시효의 대상이 된다(대판 1996.1.23. 95다39854).

⑤ [O] 위탁매매인이 위탁자로부터 받은 물건 또는 유가증권이나 위탁매매로 인하여 취득한 물건, 유가증권 또는 채권은 위탁자와 위탁매매인 또는 위탁매매인의 채권자 간의 관계에서는 이를 위탁자의 소유 또는 채권으로 본다(상법 제103조).

답 ④

PART 2

14 CPA 2024

확인Check! ○ △ ×

상법상 운송주선인에 관한 설명으로 틀린 것은?

① 운송주선인은 다른 약정이 없으면 직접운송할 수 있으며, 이 경우에는 운송주선인은 운송인과 동일한 권리의무가 있다.
② 운송주선인은 운송물을 운송인에게 인도한 때에는 즉시 보수를 청구할 수 있으나 운송주선계약으로 운임의 액을 정한 경우에는 다른 약정이 없으면 따로 보수를 청구하지 못한다.
③ 수인이 순차로 운송주선을 하는 경우에는 후자는 전자에 갈음하여 그 권리를 행사할 의무를 부담하며 후자가 전자에게 변제한 때에는 전자의 권리를 취득한다.
④ 운송주선인은 운송물에 관하여 받을 보수, 운임, 기타 위탁자를 위한 체당금이나 선대금에 관하여서만 그 운송물을 유치할 수 있다.
⑤ 운송주선인이 수하인의 청구에 의하여 화물상환증을 작성한 때에는 직접운송하는 것으로 추정한다.

해설

① [O] 운송주선인은 다른 약정이 없으면 직접운송할 수 있다. 이 경우에는 운송주선인은 운송인과 동일한 권리의무가 있다(상법 제116조 제1항).
② [O] 상법 제119조 제1항, 제2항

> **상법 제119조(보수청구권)**
> ① 운송주선인은 운송물을 운송인에게 인도한 때에는 즉시 보수를 청구할 수 있다.
> ② 운송주선계약으로 운임의 액을 정한 경우에는 다른 약정이 없으면 따로 보수를 청구하지 못한다.

③ [O] 상법 제117조 제1항, 제2항

> **상법 제117조(중간운송주선인의 대위)**
> ① 수인이 순차로 운송주선을 하는 경우에는 후자는 전자에 갈음하여 그 권리를 행사할 의무를 부담한다.
> ② 전항의 경우에 후자가 전자에게 변제한 때에는 전자의 권리를 취득한다.

④ [O] 운송주선인은 운송물에 관하여 받을 보수, 운임, 기타 위탁자를 위한 체당금이나 선대금에 관하여서만 그 운송물을 유치할 수 있다(상법 제120조).
⑤ [X] 운송주선인이 위탁자의 청구에 의하여 화물상환증을 작성한 때에는 직접운송하는 것으로 본다(상법 제116조 제2항).

답 ⑤

15 CPA 2021

☑ 확인 Check! ○ △ ✕

상법상 운송주선인에 관한 설명으로 틀린 것은?

① 운송주선인이란 자기의 명의로 물건운송의 주선을 영업으로 하는 자를 말한다.

② 선의의 운송주선인의 책임은 운송인이 운송물을 수령한 날로부터 1년을 경과하면 소멸시효가 완성한다.

③ 운송주선인은 다른 약정이 없으면 직접 운송할 수 있고, 이 경우 그 운송주선인은 운송인과 동일한 권리의무가 있다.

④ 운송주선인은 운송물에 관하여 받을 보수, 운임, 기타 위탁자를 위한 체당금이나 선대금에 관하여서만 그 운송물을 유치할 수 있다.

⑤ 수인이 순차로 운송주선을 하는 경우에, 후자는 전자에 갈음하여 그 권리를 행사할 의무를 부담한다.

▌해설▌

① [O] 자기의 명의로 물건운송의 주선을 영업으로 하는 자를 운송주선인이라 한다(상법 제114조).

② [✕] 선의의 운송주선인의 책임은 수하인이 운송물을 수령한 날로부터 1년을 경과하면 소멸시효가 완성한다(상법 제121조 제1항, 제3항 참조).

> **상법 제121조(운송주선인의 책임의 시효)**
> ① 운송주선인의 책임은 수하인이 운송물을 수령한 날로부터 1년을 경과하면 소멸시효가 완성한다.
> ③ 전2항의 규정은 운송주선인이나 그 사용인이 악의인 경우에는 적용하지 아니한다.

③ [O] 운송주선인은 다른 약정이 없으면 직접운송할 수 있다. 이 경우에는 운송주선인은 운송인과 동일한 권리의무가 있다(상법 제116조 제1항).

④ [O] 운송주선인은 운송물에 관하여 받을 보수, 운임, 기타 위탁자를 위한 체당금이나 선대금에 관하여서만 그 운송물을 유치할 수 있다(상법 제120조).

⑤ [O] 수인이 순차로 운송주선을 하는 경우에는 후자는 전자에 갈음하여 그 권리를 행사할 의무를 부담한다(상법 제117조 제1항).

답 ②

PART 2

16 CPA 2018

☑ 확인Check! ○ △ ×

상법상 운송주선업에 관한 설명으로 틀린 것은?

① 운송주선인의 위탁자 또는 수하인에 대한 채권은 1년간 행사하지 아니하면 소멸시효가 완성한다.
② 운송주선인은 자기의 명의로 물건운송의 주선을 영업으로 하는 자를 말하며 여객운송의 주선을 영업으로 하는 자는 운송주선인이 아니다.
③ 운송주선인이 위탁자의 청구에 의하여 화물상환증을 작성한 경우에는 직접 운송하는 것으로 본다.
④ 운송주선인이 송하인의 지정가액보다 염가로 운송계약을 체결한 경우 그 차액은 다른 약정이 없으면 운송주선인의 이익으로 한다.
⑤ 운송주선인은 운송물에 관하여 받을 보수, 운임, 기타 위탁자를 위한 체당금이나 선대금에 관하여서만 그 운송물을 유치할 수 있다.

해설

① [O] 운송주선인의 위탁자 또는 수하인에 대한 채권은 1년간 행사하지 아니하면 소멸시효가 완성한다(상법 제122조).
② [O] 자기의 명의로 물건운송의 주선을 영업으로 하는 자를 운송주선인이라 한다(상법 제114조). 물건이 아닌 여객의 운송을 주선하면 운송주선인이 아니라 준위탁매매인에 해당한다.
③ [O] 운송주선인이 위탁자의 청구에 의하여 화물상환증을 작성한 때에는 직접운송하는 것으로 본다(상법 제116조 제2항).
④ [×] 운송주선인이 송하인의 지정가액보다 염가로 운송계약을 체결한 경우 그 차액은 다른 약정이 없으면 위탁자의 이익으로 한다(상법 제123조, 제106조 제2항 참조).

> **상법 제123조(준용규정)**
> 운송주선인에 관하여는 본장의 규정외에 위탁매매인에 관한 규정을 준용한다.
>
> **상법 제106조(지정가액준수의무)**
> ② 위탁자가 지정한 가액보다 고가로 매도하거나 염가로 매수한 경우에는 그 차액은 다른 약정이 없으면 위탁자의 이익으로 한다.

⑤ [O] 운송주선인은 운송물에 관하여 받을 보수, 운임, 기타 위탁자를 위한 체당금이나 선대금에 관하여서만 그 운송물을 유치할 수 있다(상법 제120조).

답 ④

17 CPA 2016

☑ 확인Check! ○ △ ×

상법상 운송주선업을 영업으로 하는 A가 B로부터 물건운송주선을 위탁받았다. 이에 대한 상법상 설명으로 틀린 것은?

① A가 B와의 운송주선계약으로 운임의 액을 정한 경우에는 다른 약정이 없으면 따로 보수를 청구하지 못한다.
② A가 B의 청구에 의하여 화물상환증을 작성한 경우에는 직접 운송하는 것으로 본다.
③ A의 경과실로 물건이 전부 멸실한 경우 A의 B에 대한 채무불이행책임에는 운송인의 정액배상책임규정이 준용된다.
④ A는 운송물에 관하여 받을 보수, 운임, 기타 위탁자를 위한 체당금이나 선대금에 관하여서만 그 운송물을 유치할 수 있다.
⑤ A의 B 또는 수하인에 대한 채권은 1년간 행사하지 않으면 소멸시효가 완성된다.

해설

① [O] 운송주선계약으로 운임의 액을 정한 경우에는 다른 약정이 없으면 따로 보수를 청구하지 못한다(상법 제119조 제2항).
② [O] 운송주선인이 위탁자의 청구에 의하여 화물상환증을 작성한 때에는 직접운송하는 것으로 본다(상법 제116조 제2항).
③ [×] 운송주선인의 손해배상책임에 대해서는 상법 제137조와 같은 육상운송인의 정액배상주의에 관한 규정의 적용이 없다. 따라서 운송주선인의 손해배상액은 민법의 일반원칙에 따라 결정한다.
④ [O] 운송주선인은 운송물에 관하여 받을 보수, 운임, 기타 위탁자를 위한 체당금이나 선대금에 관하여서만 그 운송물을 유치할 수 있다(상법 제120조).
⑤ [O] 운송주선인의 위탁자 또는 수하인에 대한 채권은 1년간 행사하지 아니하면 소멸시효가 완성한다(상법 제122조).

답 ③

18 CPA 2016

☑ 확인 Check! ○ △ ×

상법상 개입제도에 대한 설명으로 옳은 것은?

① 대리상이 본인의 허락없이 자기의 계산으로 경업거래를 한 경우 본인이 개입권을 행사하면 직접 대리상의 거래상대방에 대하여 그 계약상의 권리를 취득한다.

② 이사의 경업거래금지의무위반에 대한 주식회사의 개입권은 그 거래가 있은 날로부터 1년이 경과하면 소멸한다.

③ 위탁매매인이 개입권을 행사한 경우 위탁매매인이 직접 그 매도인이나 매수인이 되기 때문에 위탁매매인은 위탁자에게 보수를 청구할 수 없다.

④ 운송주선인이 개입권을 행사하기 위해서는 운임에 관한 거래소의 시세가 있어야 한다.

⑤ 중개인이 임의로 당사자 일방의 성명 또는 상호를 상대방에게 표시하지 않은 경우 중개인은 그 상대방에 대하여 중개한 계약의 당사자가 된다.

▌해설▐

① [×] 대리상의 경업금지의무에서 인정되는 개입권은 실질적(내부적) 개입권으로 경업거래로 인한 이익을 본인에게 귀속하게 하는 것에 그치고, 본인이 직접 거래당사자가 되는 것은 아니다(상법 제89조 제1항 · 제2항, 제17조 제2항 참조).

> **상법 제89조(경업금지)**
> ① 대리상은 본인의 허락없이 자기나 제3자의 계산으로 본인의 영업부류에 속한 거래를 하거나 동종영업을 목적으로 하는 회사의 무한책임사원 또는 이사가 되지 못한다.
> ② 제17조 제2항 내지 제4항의 규정은 대리상이 전항의 규정에 위반한 경우에 준용한다.
>
> **상법 제17조(상업사용인의 의무)**
> ② 상업사용인이 전항의 규정에 위반하여 거래를 한 경우에 그 거래가 자기의 계산으로 한 것인 때에는 영업주는 이를 영업주의 계산으로 한 것으로 볼 수 있고 제3자의 계산으로 한 것인 때에는 영업주는 사용인에 대하여 이로 인한 이득의 양도를 청구할 수 있다.

② [O] 상법 제397조 제1항, 제2항, 제3항

> **상법 제397조(경업금지)**
> ① 이사는 이사회의 승인이 없으면 자기 또는 제3자의 계산으로 회사의 영업부류에 속한 거래를 하거나 동종영업을 목적으로 하는 다른 회사의 무한책임사원이나 이사가 되지 못한다.
> ② 이사가 제1항의 규정에 위반하여 거래를 한 경우에 회사는 이사회의 결의로 그 이사의 거래가 자기의 계산으로 한 것인 때에는 이를 회사의 계산으로 한 것으로 볼 수 있고 제3자의 계산으로 한 것인 때에는 그 이사에 대하여 이로 인한 이득의 양도를 청구할 수 있다.
> ③ 제2항의 권리는 거래가 있은 날로부터 1년을 경과하면 소멸한다.

③ [×] 상법 제107조 제1항, 제2항

> **상법 제107조(위탁매매인의 개입권)**
> ① 위탁매매인이 거래소의 시세가 있는 물건 또는 유가증권의 매매를 위탁받은 경우에는 직접 그 매도인이나 매수인이 될 수 있다. 이 경우의 매매대가는 위탁매매인이 매매의 통지를 발송할 때의 거래소의 시세에 따른다.
> ② 제1항의 경우에 위탁매매인은 위탁자에게 보수를 청구할 수 있다.

④ [×] 운송주선인은 다른 약정이 없으면 직접운송할 수 있다. 이 경우에는 운송주선인은 운송인과 동일한 권리의무가 있다(상법 제116조 제1항).

⑤ [×] 중개인이 임의로 또는 전조(성명, 상호 묵비의 의무)의 규정에 의하여 당사자의 일방의 성명 또는 상호를 상대방에게 표시하지 아니한 때에는 상대방은 중개인에 대하여 이행을 청구할 수 있다(상법 제99조). 중개인은 거래의 당사자가 되는 것이 아니라 개입의무로서 이행담보책임을 진다.

[상법상의 개입권 또는 개입의무]

<table>
<tr><th>구 분</th><th colspan="3">개입권</th><th colspan="2">개입의무</th></tr>
<tr><td rowspan="2">의 의</td><td>실질적(내부적) 개입권</td><td colspan="2">전면적(외부적) 개입권</td><td colspan="2" rowspan="2">이행담보책임</td></tr>
<tr><td>거래의 당사자×
(경제적 효과의 귀속)</td><td colspan="2">거래의 당사자 ○</td></tr>
<tr><td>해당하는 경우</td><td>상업사용인, 대리상, 무한책임사원, 이사</td><td>(준)위탁매매인</td><td>운송주선인</td><td>중개인</td><td>(준)위탁매매인</td></tr>
<tr><td>내 용</td><td>① 자기의 계산으로 한 것인 때에는 이를 영업주(본인, 회사)의 계산으로 한 것으로 볼 수 있다.
② 제3자의 계산으로 한 것인 때에는 영업주(본인, 회사)는 사용인(대리상, 이사)에 대하여 이로 인한 이득의 양도를 청구할 수 있다.</td><td>① 거래소의 시세가 있는 물건 또는 유가증권의 매매를 위탁받은 경우에는 직접 그 매도인이나 매수인이 될 수 있다.
② 별도로 보수를 청구할 수 있다.</td><td>① 다른 약정이 없으면 직접 운송할 수 있다.
② 화물상환증을 작성한 때에는 직접 운송하는 것으로 본다.</td><td>중개인이 임의로 또는 성명·상호 묵비의 의무 규정에 의하여 당사자의 일방의 성명 또는 상호를 상대방에게 표시하지 아니한 때에는 상대방은 중개인에 대하여 이행을 청구할 수 있다.</td><td>상대방이 채무를 이행하지 아니하는 경우에는 위탁자에 대하여 이를 이행할 책임이 있다.</td></tr>
</table>

답 ②

19 법무사 2023　　☑ 확인Check! ○ △ ×

운송주선업에 관한 다음 설명 중 가장 옳지 않은 것은?

① 자기의 명의로 물건운송의 주선을 영업으로 하는 자를 운송주선인이라 하고, 여객운송의 주선은 이에 해당되지 않는다.

② 운송주선인이 상법 제116조에 따라 위탁자의 청구에 의하여 화물상환증을 작성하거나 상법 제119조 제2항에 따라 운송주선계약에서 운임의 액을 정한 경우에는 운송인으로서의 지위도 취득할 수 있지만, 운송주선인이 위 각 조항에 따라 운송인의 지위를 취득하지 않는 한, 운송인의 대리인으로서 운송계약을 체결하였더라도 운송의뢰인에 대한 관계에서는 여전히 운송주선인의 지위에 있다.

③ 운송주선인의 책임은 수하인이 운송물을 수령한 날 또는 운송물이 전부 멸실한 경우 그 운송물을 인도할 날로부터 1년을 경과하면 소멸시효가 완성되고, 이는 운송주선인이 악의인 경우에도 마찬가지이다.

④ 운송주선인은 위탁자를 위하여 물건운송계약을 체결할 것 등의 위탁을 인수하는 것을 본래적인 영업 목적으로 하나, 이러한 운송주선인이 다른 사람의 운송목적의 실현에 도움을 주는 부수적 업무를 담당할 수도 있는 것이어서 상품의 통관절차, 운송물의 검수, 보관, 부보, 운송물의 수령인도 등의 업무를 담당하고 있는 것이 상례이다.

⑤ 상법 제115조에 의하면, 운송주선인은 자기나 그 사용인이 운송물의 수령, 인도, 보관, 운송인이나 다른 운송주선인의 선택, 기타 운송에 관하여 주의를 해태하지 아니하였음을 증명하지 아니하면 운송물의 멸실, 훼손 또는 연착으로 인한 손해를 배상할 책임을 면하지 못한다.

해설

① [○] 자기의 명의로 물건운송의 주선을 영업으로 하는 자를 운송주선인이라 한다(상법 제114조). 물건이 아닌 여객의 운송을 주선하면 운송주선인이 아니라 준위탁매매인에 해당한다.

② [○] 운송주선인이 상법 제116조에 따라 위탁자의 청구에 의하여 화물상환증을 작성하거나 같은 법 제119조 제2항에 따라 운송주선계약에서 운임의 액을 정한 경우에는 운송인으로서의 지위도 취득할 수 있지만, 운송주선인이 위 각 조항에 따라 운송인의 지위를 취득하지 않는 한, 운송인의 대리인으로서 운송계약을 체결하였더라도 운송의뢰인에 대한 관계에서는 여전히 운송주선인의 지위에 있다(대판 2007.4.27. 2007다4943).

③ [×] 상법 제121조

> **상법 제121조(운송주선인의 책임의 시효)**
> ① 운송주선인의 책임은 수하인이 운송물을 수령한 날로부터 1년을 경과하면 소멸시효가 완성한다.
> ② 전항의 기간은 운송물이 전부멸실한 경우에는 그 운송물을 인도할 날로부터 기산한다.
> ③ 전2항의 규정은 운송주선인이나 그 사용인이 악의인 경우에는 적용하지 아니한다.

④ [○] 운송주선인은 위탁자를 위하여 물건운송계약을 체결할 것 등의 위탁을 인수하는 것을 본래적인 영업 목적으로 하나, 이러한 운송주선인이 다른 사람의 운송목적의 실현에 도움을 주는 부수적 업무를 담당할 수도 있는 것이어서 상품의 통관절차, 운송물의 검수, 보관, 부보, 운송물의 수령인도 등의 업무를 담당하고 있는 것이 상례이다(대판 2018.12.13. 2015다246186).

⑤ [○] 운송주선인은 자기나 그 사용인이 운송물의 수령, 인도, 보관, 운송인이나 다른 운송주선인의 선택 기타 운송에 관하여 주의를 해태하지 아니하였음을 증명하지 아니하면 운송물의 멸실, 훼손 또는 연착으로 인한 손해를 배상할 책임을 면하지 못한다(상법 제115조).

답 ③

20 CPA 2021

☑ 확인 Check! ○ △ ×

상법상 운송업에 관한 설명으로 틀린 것은? (이견이 있으면 판례에 의함)

① 송하인은 운송인의 청구에 의하여 화물명세서를 교부하여야 한다.
② 여객운송인은 여객으로부터 인도를 받은 수하물에 관하여는 그 수하물에 관한 운임을 받은 경우에 한하여 물건운송인과 동일한 책임이 있다.
③ 여객운송의 경우 손해배상의 액을 정함에는 법원은 피해자와 그 가족의 정상을 참작하여야 한다.
④ 화폐, 유가증권 기타의 고가물에 대하여는 송하인이 운송을 위탁할 때에 그 종류와 가액을 명시한 경우에 한하여 운송인은 그 채무불이행으로 인한 손해를 배상할 책임이 있다.
⑤ 송하인 또는 화물상환증이 발행된 때에는 그 소지인이 운송인에 대하여 운송의 중지, 운송물의 반환 기타의 처분을 청구할 수 있다.

해설

① [O] 송하인은 운송인의 청구에 의하여 화물명세서를 교부하여야 한다(상법 제126조 제1항).
② [X] 운송인은 여객으로부터 인도를 받은 수하물에 관하여는 운임을 받지 아니한 경우에도 물건운송인과 동일한 책임이 있다(상법 제149조 제1항).
③ [O] (여객운송에서) 손해배상의 액을 정함에는 법원은 피해자와 그 가족의 정상을 참작하여야 한다(상법 제148조 제2항).
④ [O] 화폐, 유가증권 기타의 고가물에 대하여는 송하인이 운송을 위탁할 때에 그 종류와 가액을 명시한 경우에 한하여 운송인이 손해를 배상할 책임이 있다(상법 제136조).
⑤ [O] 송하인 또는 화물상환증이 발행된 때에는 그 소지인이 운송인에 대하여 운송의 중지, 운송물의 반환 기타의 처분을 청구할 수 있다. 이 경우에 운송인은 이미 운송한 비율에 따른 운임, 체당금과 처분으로 인한 비용의 지급을 청구할 수 있다(상법 제139조 제1항).

답 ②

21 CPA 2017

☑ 확인 Check! ○ △ ×

서울에 있는 송하인 A는 운송인 B와 고가의 물건을 부산에 있는 수하인 C에게 운송해 줄 것을 내용으로 하는 계약을 체결하였다. 이에 대한 상법상 설명으로 옳은 것은?

① A가 운송물의 종류 및 가액을 명시한 때에는 운송물이 일부 멸실된 경우 B의 손해배상액은 명시가액을 최고한도로 하여 인도한 날의 도착지 가격에 의한다.

② A가 운송물의 종류 및 가액을 명시한 때에는 운송물이 전부멸실된 경우 B의 손해배상액은 명시가액을 최고한도로 하여 운송계약을 체결한 날의 출발지 가격에 의한다.

③ 판례에 의하면 A는 B의 하도급을 받아 물건을 운송하는 자에게까지 운송물의 종류 및 가액을 명시하여야 B에게 운송물에 대한 손해배상책임을 물을 수 있다.

④ A가 운송물의 종류 및 가액을 명시하지 않은 때에는 운송물이 연착된 경우 B의 손해배상액은 운송물을 인도한 날의 도착지 가격에 의한다.

⑤ 판례에 의하면 A가 운송물의 종류 및 가액을 명시하지 않은 경우 B는 채무불이행으로 인한 손해배상책임은 물론 불법행위로 인한 손해배상책임도 부담한다.

해설

① [O] 운송물이 일부 멸실된 경우의 손해배상액은 인도한 날의 도착지 가격에 의하며(상법 제137조 제2항 참조), 운송물이 고가물이라면 송하인이 그 종류와 가액을 명시한 경우에 한하여 명시가액이 손해배상액의 최고한도가 된다(상법 제136조 참조).

② [×] 운송물이 전부멸실된 경우의 손해배상액은 인도할 날의 도착지 가격에 의하며(상법 제137조 제1항 참조), 운송물이 고가물이라면 송하인이 그 종류와 가액을 명시한 경우에 한하여 명시가액이 손해배상액의 최고한도가 된다(상법 제136조 참조).

> **상법 제136조(고가물에 대한 책임)**
> 화폐, 유가증권 기타의 고가물에 대하여는 송하인이 운송을 위탁할 때에 그 종류와 가액을 명시한 경우에 한하여 운송인이 손해를 배상할 책임이 있다.
>
> **상법 제137조(손해배상의 액)**
> ① 운송물이 전부멸실 또는 연착된 경우의 손해배상액은 인도할 날의 도착지의 가격에 따른다.
> ② 운송물이 일부 멸실 또는 훼손된 경우의 손해배상액은 인도한 날의 도착지의 가격에 의한다.

③ [×] 기계의 소유자가 기계의 운송 및 하역을 운수회사에게 맡기면서 그 운송물의 내용을 알렸는데 운수회사의 의뢰를 받아 크레인으로 위 기계의 하역작업을 하던 중기회사의 크레인 운전업무상 과실로 기계가 파손된 경우 소유자는 중기회사에 대하여까지 위 기계가 고가물임을 알릴 의무가 있다 할 수 없으므로 이를 이유로 내세운 과실상계항변은 이유 없다(대판 1991.1.11. 90다8947).

④ [×] 통설은 상법 제136조를 면책조항으로 보고 송하인이 고가물임을 명시하지 않은 경우 운송인은 운송인으로서의 손해배상책임을 전혀 지지 않는다고 해석한다.

⑤ [×] 상법 제136조와 관련되는 고가물불고지로 인한 면책규정은 일반적으로 운송인의 운송계약상의 채무불이행으로 인한 청구에만 적용되고, 불법행위로 인한 손해배상청구에는 그 적용이 없다(대판 1991.8.23. 91다15409).

답 ①

22 CPA 2015

☑ 확인Check! ○ △ ×

상법상 육상운송인에 관한 설명으로 옳은 것은? (이견이 있으면 판례에 의함)

① 운송인은 운송물을 수하인 또는 화물상환증소지인에게 현실적으로 인도한 때에 한하여 운임의 지급을 청구할 수 있다.

② 운송인의 책임은 수하인 또는 화물상환증소지인이 유보없이 운송물을 수령하고 운임 기타의 비용을 지급한 때에는 소멸하는 것이 원칙이다.

③ 운송인의 책임은 수하인이 운송물을 수령한 날로부터 6개월을 경과하면 소멸시효가 완성한다.

④ 운송인의 책임이 동시에 계약상의 채무불이행책임과 불법행위 책임이 인정되는 경우 불법행위로 인한 손해배상책임이 배제되고 채무불이행으로 인한 손해배상책임만 인정된다.

⑤ 수하인이 운송물의 수령을 거부하는 경우에는 운송인은 송하인에 대한 최고에 갈음하여 수하인에 대하여 운송물의 수령을 최고하고 운송물을 수령하지 않으면 운송물을 경매할 수 있다.

▌해설▌

① [×] 운임은 특약 또는 관습이 없는 한 상법이 인정하는 예외적인 경우를 제외하고는 운송을 완료함으로써 청구할 수 있는 것이고, 운송의 완료라 함은 운송물을 현실적으로 인도할 필요는 없으나 운송물을 인도할 수 있는 상태를 갖추면 충분하다(대판 1993.3.12. 92다32906).

② [○] 운송인의 책임은 수하인 또는 화물상환증소지인이 유보없이 운송물을 수령하고 운임 기타의 비용을 지급한 때에는 소멸한다. 그러나 운송물에 즉시 발견할 수 없는 훼손 또는 일부 멸실이 있는 경우에 운송물을 수령한 날로부터 2주간내에 운송인에게 그 통지를 발송한 때에는 그러하지 아니하다(상법 제146조 제1항).

③ [×] 상법 제147조, 제121조 제1항

> **상법 제147조(준용규정)**
> 제117조, 제120조 내지 제122조의 규정은 운송인에 준용한다.
>
> **상법 제121조(운송주선인의 책임의 시효)**
> ① 운송주선인의 책임은 수하인이 운송물을 수령한 날로부터 1년을 경과하면 소멸시효가 완성한다.
> ② 전항의 기간은 운송물이 전부멸실한 경우에는 그 운송물을 인도할 날로부터 기산한다.

④ [×] 해상운송인이 운송 도중 운송인이나 그 사용인 등의 고의 또는 과실로 인하여 운송물을 감실 훼손시킨 경우, 선하증권 소지인은 운송인에 대하여 운송계약상의 채무불이행으로 인한 손해배상청구권과 아울러 소유권 침해의 불법행위로 인한 손해배상 청구권을 취득하며 그중 어느 쪽의 손해배상 청구권이라도 선택적으로 행사할 수 있다(대판 [전합] 1983.3.22. 82다카1533). 즉, 운송인이 운송물을 멸실·훼손한 것이 불법행위의 요건을 충족하면 계약책임과 불법행위책임은 서로 별개로 성립하고, 피해자는 두 청구권을 선택적으로 행사할 수 있다는 청구권 경합설이 통설과 판례의 입장이다.

⑤ [×] 수하인이 운송물의 수령을 거부하는 경우에는 운송인은 먼저 수하인에 대하여 상당한 기간을 정하여 운송물의 수령을 최고를 하고, 그 다음 송하인에 대하여 최고한 후에 경매할 수 있다(상법 제142조 제2항, 제143조 제1항·제2항 참조).

상법 제142조(수하인불명의 경우의 공탁, 경매권)

① 수하인을 알 수 없는 때에는 운송인은 운송물을 공탁할 수 있다.
② 제1항의 경우에 운송인은 송하인에 대하여 상당한 기간을 정하여 운송물의 처분에 대한 지시를 최고하여도 그 기간내에 지시를 하지 아니한 때에는 운송물을 경매할 수 있다.

상법 제143조(운송물의 수령거부, 수령불능의 경우)

① 전조의 규정은 수하인이 운송물의 수령을 거부하거나 수령할 수 없는 경우에 준용한다.
② 운송인이 경매를 함에는 송하인에 대한 최고를 하기 전에 수하인에 대하여 상당한 기간을 정하여 운송물의 수령을 최고하여야 한다.

답 ②

23 CPA 2021

☑ 확인Check! ○ △ ×

상법상 화물상환증이 작성된 경우 그 효력에 관한 설명으로 틀린 것은?

① 운송물에 관한 처분은 화물상환증으로써 하여야 한다.
② 화물상환증과 상환하지 아니하면 운송물의 인도를 청구할 수 없다.
③ 배서를 금지하는 뜻의 기재가 없는 한, 화물상환증은 기명식인 경우에도 배서에 의하여 양도할 수 있다.
④ 운송인과 송하인 사이에는 화물상환증에 적힌 대로 운송계약이 체결되고 운송물을 수령한 것으로 본다.
⑤ 화물상환증에 의하여 운송물을 받을 수 있는 자에게 화물상환증을 교부한 때에는, 운송물 위에 행사하는 권리의 취득에 관하여 운송물을 인도한 것과 동일한 효력이 있다.

▌해설▌

① [O] 화물상환증을 작성한 경우에는 운송물에 관한 처분은 화물상환증으로써 하여야 한다(상법 제132조).
② [O] 화물상환증을 작성한 경우에는 이와 상환하지 아니하면 운송물의 인도를 청구할 수 없다(상법 제129조).
③ [O] 화물상환증은 기명식인 경우에도 배서에 의하여 양도할 수 있다. 그러나 화물상환증에 배서를 금지하는 뜻을 기재한 때에는 그러하지 아니하다(상법 제130조).
④ [×] 제128조에 따라 화물상환증이 발행된 경우에는 운송인과 송하인 사이에 화물상환증에 적힌 대로 운송계약이 체결되고 운송물을 수령한 것으로 추정한다(상법 제131조 제1항).
⑤ [O] 화물상환증에 의하여 운송물을 받을 수 있는 자에게 화물상환증을 교부한 때에는 운송물 위에 행사하는 권리의 취득에 관하여 운송물을 인도한 것과 동일한 효력이 있다(상법 제133조).

답 ④

24 CPA 2017

☑ 확인 Check! ○ △ ×

상법상 화물상환증에 관한 설명으로 옳은 것은?

① 화물상환증이 발행된 때에는 운송인과 송하인 사이에 화물상환증에 적힌 대로 운송계약이 체결되고 운송물을 수령한 것으로 간주한다.

② 화물상환증이 발행되지 않은 때에는 수하인이 운송인에 대하여 운송의 중지, 운송물의 반환 기타의 처분을 청구할 수 있다.

③ 화물상환증에 의하여 운송물을 받을 수 있는 자에게 화물상환증을 교부한 때에는 운송물 위에 행사하는 권리의 취득에 관하여 운송물을 인도한 것과 동일한 효력이 있다.

④ 운송인이 화물상환증과 상환하지 않고 운송물을 인도한 때에는 정당한 화물상환증 소지인에 대하여 채무불이행으로 인한 손해배상책임을 부담하지 않는다.

⑤ 화물상환증이 발행된 때에는 운송물에 관한 처분은 화물상환증으로써 하여야 하며 화물상환증이 기명식인 경우에는 배서에 의해서도 양도할 수 없다.

해설

① [×] 제128조에 따라 화물상환증이 발행된 경우에는 운송인과 송하인 사이에 화물상환증에 적힌 대로 운송계약이 체결되고 운송물을 수령한 것으로 추정한다(상법 제131조 제1항).

② [×] 송하인 또는 화물상환증이 발행된 때에는 그 소지인이 운송인에 대하여 운송의 중지, 운송물의 반환 기타의 처분을 청구할 수 있다. 이 경우에 운송인은 이미 운송한 비율에 따른 운임, 체당금과 처분으로 인한 비용의 지급을 청구할 수 있다(상법 제139조 제1항).

③ [O] 화물상환증에 의하여 운송물을 받을 수 있는 자에게 화물상환증을 교부한 때에는 운송물 위에 행사하는 권리의 취득에 관하여 운송물을 인도한 것과 동일한 효력이 있다(상법 제133조).

④ [×] 화물상환증을 작성한 경우에는 이와 상환하지 아니하면 운송물의 인도를 청구할 수 없다(상법 제129조). 이러한 화물상환증의 상환증권성으로 인해 화물상환증의 정당한 소지인만이 운송물 인도청구권을 가지므로, 운송인이 화물상환증과 상환하지 않고 운송물을 인도한 때에는 정당한 화물상환증 소지인에 대하여 채무불이행으로 인한 손해배상책임을 부담한다.

⑤ [×] 화물상환증이 발행된 때에는 운송물에 관한 처분은 화물상환증으로써 하여야 하며 화물상환증이 기명식인 경우에도 배서에 의해서 양도할 수 있다(상법 제130조, 132조 참조).

상법 제130조(화물상환증의 당연한 지시증권성)

화물상환증은 기명식인 경우에도 배서에 의하여 양도할 수 있다. 그러나 화물상환증에 배서를 금지하는 뜻을 기재한 때에는 그러하지 아니하다.

상법 제132조(화물상환증의 처분증권성)

화물상환증을 작성한 경우에는 운송물에 관한 처분은 화물상환증으로써 하여야 한다.

 ③

PART 2

25 법무사 2021

☑ 확인Check! ○ △ ×

상법상 육상운송업에 관한 다음 설명 중 가장 옳지 않은 것은?

① 운송인은 송하인의 청구에 의하여 화물상환증을 교부하여야 하고, 그 경우 화물상환증의 소지인은 화물상환증과 상환하지 아니하면 운송물의 인도를 청구할 수 없다.

② 화물상환증이 발행되지 않은 경우 운송인이 수하인과의 계약으로 물건에 대한 권리를 취득한 자에게 인도하였다면 수하인의 의사에 따른 것이므로 물건의 인도에 관한 의무위반으로 볼 수 없다.

③ 운송인은 자기 또는 운송주선인이나 사용인, 그 밖에 운송을 위하여 사용한 자가 운송물의 수령, 인도, 보관 및 운송에 관하여 주의를 게을리하지 아니하였음을 증명하지 아니하면 운송물의 멸실, 훼손 또는 연착으로 인한 손해를 배상할 책임이 있다.

④ 해상운송에 있어서 해상강도로 인한 운송물의 멸실이 운송인의 면책사유로 인정되는 것과는 달리 육상에서의 강도로 인한 운송물의 멸실은 반드시 그 자체로서 불가항력으로 인한 면책사유가 된다고 할 수 없다.

⑤ 상법 제136조 고가물불고지로 인한 면책규정은 일반적으로 운송인의 운송계약상의 채무불이행으로 인한 청구에만 적용되고 불법행위로 인한 손해배상청구에는 그 적용이 없다.

해설

① [O] 상법 제128조 제1항, 제129조

> **상법 제128조(화물상환증의 발행)**
> ① 운송인은 송하인의 청구에 의하여 화물상환증을 교부하여야 한다.
>
> **상법 제129조(화물상환증의 상환증권성)**
> 화물상환증을 작성한 경우에는 이와 상환하지 아니하면 운송물의 인도를 청구할 수 없다.

② [×] 운송인이 수하인 이외의 제3자에게 물건을 인도하여 수하인이 물건을 인도받을 수 없게 되였다면 그 제3자가 수하인과의 계약으로 물건의 소유권을 취득한 자라 하더라도 운송인의 수하인과의 관계에 있어서 물건의 인도에 관하여 주의를 해태하지 아니하였다고 할 수 없다(대판 1965.10.19. 65다697). 판례가 이와 같이 판시한 이유는, 운송물에 대한 인도청구권을 계약당사자가 아닌 수하인으로 확대하는 규정은 예외적인 특칙이므로, 이를 제3자에게까지도 인정하는 것은 엄격하게 해석하여야 하기 때문이다.

③ [O] 운송인은 자기 또는 운송주선인이나 사용인, 그 밖에 운송을 위하여 사용한 자가 운송물의 수령, 인도, 보관 및 운송에 관하여 주의를 게을리하지 아니하였음을 증명하지 아니하면 운송물의 멸실, 훼손 또는 연착으로 인한 손해를 배상할 책임이 있다(상법 제135조).

④ [O] 해상운송에 있어서 해상강도로 인한 운송물의 멸실이 운송인의 손해배상책임을 면하게 하는 면책사유의 하나로서 인정되는 것과는 달리 육상에서의 강도로 인한 운송물의 멸실은 반드시 그 자체로서 불가항력으로 인한 면책사유가 된다고 할 수 없으므로, 다시 운송인이나 그 피용자에게 아무런 귀책사유도 없었는지 여부를 판단하여야 할 것이고, 그 경우 운송인이나 피용자의 무과실이 경험칙상 추단된다고 할 수도 없다(대판 1999.12.10. 98다9038).

⑤ [O] 상법 제136조와 관련되는 고가물불고지로 인한 면책규정은 일반적으로 운송인의 운송계약상의 채무불이행으로 인한 청구에만 적용되고 불법행위로 인한 손해배상청구에는 그 적용이 없으므로 운송인의 운송이행업무를 보조하는 자가 운송과 관련하여 고의 또는 과실로 송하인에게 손해를 가한 경우 동인은 운송계약의 당사자가 아니어서 운송계약상의 채무불이행으로 인한 책임은 부담하지 아니하나 불법행위로 인한 손해배상책임을 부담하므로 위 면책규정은 적용될 여지가 없다(대판 1991.8.23. 91다15409).

답 ②

26 CPA 2024

☑ 확인Check! ○ △ ×

상법상 여객운송에 관한 설명으로 틀린 것은?

① 운송인은 수하물이 도착지에 도착한 날로부터 1주 이내에 여객이 그 인도를 청구하지 아니한 때에는 여객에 대한 최고와 통지없이 수하물을 경매할 수 있다.

② 법원은 운송으로 인하여 여객이 받은 손해를 배상할 액을 정함에는 피해자와 그 가족의 정상을 참작하여야 한다.

③ 운송인은 여객으로부터 인도를 받은 수하물에 관하여는 운임을 받지 아니한 경우에도 물건운송인과 동일한 책임이 있다.

④ 운송인은 자기 또는 사용인이 운송에 관한 주의를 해태하지 아니하였음을 증명하지 아니하면 여객이 운송으로 인하여 받은 손해를 배상할 책임을 면하지 못한다.

⑤ 운송인은 여객으로부터 인도를 받지 아니한 수하물의 멸실 또는 훼손에 대하여는 자기 또는 사용인의 과실이 없으면 손해를 배상할 책임이 없다.

해설

① [×] 운송인은 수하물이 도착지에 도착한 날로부터 10일 이내에 여객이 그 인도를 청구하지 아니한 때에는 여객에 대해 상당한 기간을 정하여 최고한 후 경매할 수 있다. 이 경우에는 지체없이 여객에 대하여 그 통지를 발송하여야 한다(상법 제149조 제2항, 제67조 제1항 참조).

> **상법 제149조(인도를 받은 수하물에 대한 책임)**
> ② 수하물이 도착지에 도착한 날로부터 10일 내에 여객이 그 인도를 청구하지 아니한 때에는 제67조의 규정을 준용한다. 그러나 주소 또는 거소를 알지 못하는 여객에 대하여는 최고와 통지를 요하지 아니한다.
>
> **상법 제67조(매도인의 목적물의 공탁, 경매권)**
> ① 상인간의 매매에 있어서 매수인이 목적물의 수령을 거부하거나 이를 수령할 수 없는 때에는 매도인은 그 물건을 공탁하거나 상당한 기간을 정하여 최고한 후 경매할 수 있다. 이 경우에는 지체없이 매수인에 대하여 그 통지를 발송하여야 한다.
> ② 전항의 경우에 매수인에 대하여 최고를 할 수 없거나 목적물이 멸실 또는 훼손될 염려가 있는 때에는 최고없이 경매할 수 있다.

② [O] 손해배상의 액을 정함에는 법원은 피해자와 그 가족의 정상을 참작하여야 한다(상법 제148조 제2항).

③ [O] 운송인은 여객으로부터 인도를 받은 수하물에 관하여는 운임을 받지 아니한 경우에도 물건운송인과 동일한 책임이 있다(상법 제149조 제1항).

④ [O] 운송인은 자기 또는 사용인이 운송에 관한 주의를 해태하지 아니하였음을 증명하지 아니하면 여객이 운송으로 인하여 받은 손해를 배상할 책임을 면하지 못한다(상법 제148조 제1항).

⑤ [O] 운송인은 여객으로부터 인도를 받지 아니한 수하물의 멸실 또는 훼손에 대하여는 자기 또는 사용인의 과실이 없으면 손해를 배상할 책임이 없다(상법 제150조).

답 ①

27 CPA 2020

☑ 확인 Check! ○ △ ×

상법상 공중접객업에 관한 설명으로 틀린 것은?

① 극장, 여관, 음식점, 그 밖의 공중이 이용하는 시설에 의한 거래를 영업으로 하는 자를 공중접객업자라 한다.

② 공중접객업자는 자기 또는 그 사용인이 고객으로부터 임치받은 물건의 보관에 관하여 주의를 게을리하지 아니하였음을 증명하지 아니하면, 그 물건의 멸실 또는 훼손으로 인한 손해를 배상할 책임이 있다.

③ 공중접객업자는 고객으로부터 임치받지 아니한 경우에도 그 시설 내에 휴대한 물건이 자기 또는 그 사용인의 과실로 인하여 멸실 또는 훼손되었을 때에는 그 손해를 배상할 책임이 있다.

④ 공중접객업자는 고객의 휴대물에 대하여 책임이 없음을 알린 경우에, 그 물건의 멸실이나 훼손으로 인한 손해에 대하여 배상책임을 면한다.

⑤ 상법은 화폐, 유가증권, 그 밖의 고가물(高價物)에 대하여는 고객이 그 종류와 가액을 명시하여 임치하지 아니하면, 공중접객업자는 그 물건의 멸실 또는 훼손으로 인한 손해를 배상할 책임이 없다고 규정하고 있다.

❚ 해설 ❚

① [O] 극장, 여관, 음식점, 그 밖의 공중이 이용하는 시설에 의한 거래를 영업으로 하는 자를 공중접객업자(公衆接客業者)라 한다(상법 제151조).

② [O] 상법 제152조 제1항

③ [O] 상법 제152조 제2항

④ [×] 공중접객업자가 일방적으로 고객의 휴대물에 대하여 책임이 없음을 알린 것만으로는, 그 물건의 멸실이나 훼손으로 인한 손해에 대하여 배상책임을 면하지 못한다(상법 제152조 제3항 참조).

> **상법 제152조(공중접객업자의 책임)**
> ① 공중접객업자는 자기 또는 그 사용인이 고객으로부터 임치(任置)받은 물건의 보관에 관하여 주의를 게을리하지 아니하였음을 증명하지 아니하면 그 물건의 멸실 또는 훼손으로 인한 손해를 배상할 책임이 있다.
> ② 공중접객업자는 고객으로부터 임치받지 아니한 경우에도 그 시설 내에 휴대한 물건이 자기 또는 그 사용인의 과실로 인하여 멸실 또는 훼손되었을 때에는 그 손해를 배상할 책임이 있다.
> ③ 고객의 휴대물에 대하여 책임이 없음을 알린 경우에도 공중접객업자는 제1항과 제2항의 책임을 면하지 못한다.

⑤ [O] 화폐, 유가증권, 그 밖의 고가물(高價物)에 대하여는 고객이 그 종류와 가액(價額)을 명시하여 임치하지 아니하면 공중접객업자는 그 물건의 멸실 또는 훼손으로 인한 손해를 배상할 책임이 없다(상법 제153조).

답 ④

제7절 | 창고업

28 CPA 2024

☑ 확인Check! ○ △ ×

상법상 창고업자에 관한 설명으로 틀린 것은?

① 창고증권소지인은 창고업자에 대하여 그 증권을 반환하고 임치물을 분할하여 각 부분에 대한 창고증권의 교부를 청구할 수 있다.

② 창고업자는 그 영업범위 내에서 무상으로 임치를 받은 경우에는 선량한 관리자의 주의로써 임치물을 보관하여야 한다.

③ 창고업자는 임치물의 일부출고의 경우에는 그 비율에 따른 보관료 기타의 비용과 체당금의 지급을 청구할 수 있다.

④ 창고업자는 임치물의 보관기간 경과 후에도 임치물을 출고한 때가 아니면 보관료 기타의 비용과 체당금의 지급을 청구하지 못한다.

⑤ 창고업자의 임치인 또는 창고증권소지인에 대한 채권은 그 물건을 출고한 날로부터 1년간 행사하지 아니하면 소멸시효가 완성한다.

해설

① [O] 창고증권소지인은 창고업자에 대하여 그 증권을 반환하고 임치물을 분할하여 각부분에 대한 창고증권의 교부를 청구할 수 있다(상법 제158조 제1항).

② [O] 상인이 그 영업범위내에서 물건의 임치를 받은 경우에는 보수를 받지 아니하는 때에도 선량한 관리자의 주의를 하여야 한다(상법 제62조).

③ [O] 임치물의 일부출고의 경우에는 창고업자는 그 비율에 따른 보관료 기타의 비용과 체당금의 지급을 청구할 수 있다(상법 제162조 제2항).

④ [×] 창고업자는 임치물을 출고할 때가 아니면 보관료 기타의 비용과 체당금의 지급을 청구하지 못한다. 그러나 보관기간 경과후에는 출고전이라도 이를 청구할 수 있다(상법 제162조 제1항).

⑤ [O] 창고업자의 임치인 또는 창고증권소지인에 대한 채권은 그 물건을 출고한 날로부터 1년간 행사하지 아니하면 소멸시효가 완성한다(상법 제167조).

답 ④

PART 2

29 CPA 2022

☑ 확인Check! ○ △ ×

상법상 창고업에 관한 설명으로 틀린 것은?

① 창고업자는 임치인의 청구에 의하여 창고증권을 교부하여야 한다.

② 창고증권소지인은 영업시간 내에 언제든지 창고업자에 대하여 임치물의 검사를 요구할 수 있다.

③ 창고증권소지인은 창고업자에 대하여 그 증권을 반환하고 임치물을 분할하여 각 부분에 대한 창고증권의 교부를 청구할 수 있다.

④ 창고업자는 자기 또는 사용인이 임치물의 보관에 관하여 주의를 해태하지 아니하였음을 증명하지 아니하면 임치물의 멸실 또는 훼손에 대하여 손해를 배상할 책임을 면하지 못한다.

⑤ 창고증권이 발행된 경우, 당사자가 임치기간을 정하지 아니한 때에는 창고업자는 창고증권을 발행한 날로부터 3월을 경과한 후에는 언제든지 이를 반환할 수 있다.

▌해설▌

① [○] 창고업자는 임치인의 청구에 의하여 창고증권을 교부하여야 한다(상법 제156조 제1항).

② [○] 임치인 또는 창고증권소지인은 영업시간 내에 언제든지 창고업자에 대하여 임치물의 검사 또는 견품의 적취를 요구하거나 그 보존에 필요한 처분을 할 수 있다(상법 제161조).

③ [○] 창고증권소지인은 창고업자에 대하여 그 증권을 반환하고 임치물을 분할하여 각부분에 대한 창고증권의 교부를 청구할 수 있다(상법 제158조 제1항).

④ [○] 창고업자는 자기 또는 사용인이 임치물의 보관에 관하여 주의를 해태하지 아니하였음을 증명하지 아니하면 임치물의 멸실 또는 훼손에 대하여 손해를 배상할 책임을 면하지 못한다(상법 제160조).

⑤ [×] 당사자가 임치기간을 정하지 아니한 때에는 창고업자는 임치물을 받은 날로부터 6월을 경과한 후에는 언제든지 이를 반환할 수 있다(상법 제163조 제1항).

답 ⑤

제8절 | 새로운 상행위

30 CPA 2023

☑ 확인 Check! ○ △ ✕

상법상 가맹업, 금융리스업 또는 채권매입업에 관한 설명으로 틀린 것은?

① 금융리스이용자는 중대한 사정변경으로 인하여 금융리스물건을 계속 사용할 수 없는 경우에는 예고 없이 금융리스계약을 해지할 수 있다.

② 가맹상은 가맹계약이 종료한 후에도 계약과 관련하여 알게 된 가맹업자의 영업상의 비밀을 준수하여야 한다.

③ 금융리스업자가 금융리스물건수령증을 발급한 경우에는 금융리스계약 당사자 사이에 적합한 금융리스물건이 수령된 것으로 추정한다.

④ 가맹상은 가맹업자의 동의를 받아 그 영업을 양도할 수 있다.

⑤ 영업채권의 채무자가 그 채무를 이행하지 아니하는 경우 채권매입업자는 다른 약정이 없는 한 채권매입계약의 채무자에게 그 영업채권액의 상환을 청구할 수 있다.

▌해설▐

① [×] 금융리스이용자는 중대한 사정변경으로 인하여 금융리스물건을 계속 사용할 수 없는 경우에는 3개월 전에 예고하고 금융리스계약을 해지할 수 있다. 이 경우 금융리스이용자는 계약의 해지로 인하여 금융리스업자에게 발생한 손해를 배상하여야 한다(상법 제168조의5 제3항).

② [O] 가맹상은 계약이 종료한 후에도 가맹계약과 관련하여 알게 된 가맹업자의 영업상의 비밀을 준수하여야 한다(상법 제168조의8 제2항).

③ [O] 상법 제168조의3 제3항

> **상법 제168조의3(금융리스업자와 금융리스이용자의 의무)**
> ① 금융리스업자는 금융리스이용자가 금융리스계약에서 정한 시기에 금융리스계약에 적합한 금융리스물건을 수령할 수 있도록 하여야 한다.
> ③ 금융리스물건수령증을 발급한 경우에는 제1항의 금융리스계약 당사자 사이에 적합한 금융리스물건이 수령된 것으로 추정한다.

④ [O] 가맹상은 가맹업자의 동의를 받아 그 영업을 양도할 수 있다(상법 제168조의9 제1항).

⑤ [O] 영업채권의 채무자가 그 채무를 이행하지 아니하는 경우 채권매입업자는 채권매입계약의 채무자에게 그 영업채권액의 상환을 청구할 수 있다. 다만, 채권매입계약에서 다르게 정한 경우에는 그러하지 아니하다(상법 제168조의12).

답 ①

PART 2

31 CPA 2022

☑ 확인 Check! ○ △ ×

상법상 금융리스업에 관한 설명으로 옳은 것은?

① 금융리스업자는 금융리스이용자가 금융리스계약에서 정한 시기에 금융리스계약에 적합한 금융리스물건을 수령할 수 있도록 하여야 한다.

② 금융리스물건수령증을 발급한 경우에는 금융리스계약 당사자 사이에 적합한 금융리스물건이 수령된 것으로 본다.

③ 금융리스업자는 금융리스물건을 수령한 이후에는 선량한 관리자의 주의로 금융리스물건을 유지 및 관리하여야 한다.

④ 금융리스이용자의 책임 있는 사유로 금융리스계약을 해지하는 경우에는 금융리스물건의 공급자는 금융리스이용자에 대하여 잔존 금융리스료 상당액의 일시 지급 또는 금융리스물건의 반환을 청구할 수 있다.

⑤ 금융리스물건이 공급계약에서 정한 시기와 내용에 따라 공급되지 아니한 경우 금융리스이용자는 공급자에게 직접 손해배상을 청구할 수 없다.

해설

① [○] 금융리스업자는 금융리스이용자가 금융리스계약에서 정한 시기에 금융리스계약에 적합한 금융리스물건을 수령할 수 있도록 하여야 한다(상법 제168조의3 제1항).

② [×] 금융리스물건수령증을 발급한 경우에는 제1항의 금융리스계약 당사자 사이에 적합한 금융리스물건이 수령된 것으로 추정한다(상법 제168조의3 제3항).

③ [×] 금융리스이용자는 금융리스물건을 수령한 이후에는 선량한 관리자의 주의로 금융리스물건을 유지 및 관리하여야 한다(상법 제168조의3 제4항).

④ [×] 금융리스이용자의 책임 있는 사유로 금융리스계약을 해지하는 경우에는 금융리스업자는 잔존 금융리스료 상당액의 일시 지급 또는 금융리스물건의 반환을 청구할 수 있다(상법 제168조의5 제1항).

⑤ [×] 금융리스물건이 공급계약에서 정한 시기와 내용에 따라 공급되지 아니한 경우 금융리스이용자는 공급자에게 직접 손해배상을 청구하거나 공급계약의 내용에 적합한 금융리스물건의 인도를 청구할 수 있다(상법 제168조의4 제2항).

답 ①

32 CPA 2019

☑ 확인Check! ○ △ ×

상법상 새로운 상행위에 관한 설명으로 틀린 것은?

① 금융리스물건수령증을 발급한 경우에는 금융리스계약 당사자 사이에 적합한 금융리스물건이 수령된 것으로 추정한다.

② 금융리스물건이 공급계약에서 정한 시기와 내용에 따라 공급되지 아니한 경우 금융리스이용자는 직접 공급자에 대하여 공급계약의 내용에 적합한 금융리스물건의 인도를 청구할 수 없다.

③ 금융리스이용자는 중대한 사정변경으로 인하여 금융리스물건을 계속 사용할 수 없는 경우에는 3개월 전에 예고하고 금융리스계약을 해지할 수 있다.

④ 가맹계약상 존속기간에 대한 약정의 유무에 관계없이 부득이한 사정이 있으면 각 당사자는 상당한 기간을 정하여 예고한 후 가맹계약을 해지할 수 있다.

⑤ 영업채권의 채무자가 채무를 이행하지 아니하는 경우 채권매입업자는 다른 약정이 없는 한 채권매입계약의 채무자에게 그 영업채권액의 상환을 청구할 수 있다.

해설

① [O] 상법 제168조의3 제3항

> **상법 제168조의3(금융리스업자와 금융리스이용자의 의무)**
> ① 금융리스업자는 금융리스이용자가 금융리스계약에서 정한 시기에 금융리스계약에 적합한 금융리스물건을 수령할 수 있도록 하여야 한다.
> ③ 금융리스물건수령증을 발급한 경우에는 제1항의 금융리스계약 당사자 사이에 적합한 금융리스물건이 수령된 것으로 추정한다.

② [×] 금융리스물건이 공급계약에서 정한 시기와 내용에 따라 공급되지 아니한 경우 금융리스이용자는 공급자에게 직접 손해배상을 청구하거나 공급계약의 내용에 적합한 금융리스물건의 인도를 청구할 수 있다(상법 제168조의4 제2항).

③ [O] 금융리스이용자는 중대한 사정변경으로 인하여 금융리스물건을 계속 사용할 수 없는 경우에는 3개월 전에 예고하고 금융리스계약을 해지할 수 있다. 이 경우 금융리스이용자는 계약의 해지로 인하여 금융리스업자에게 발생한 손해를 배상하여야 한다(상법 제168조의5 제3항).

④ [O] 가맹계약상 존속기간에 대한 약정의 유무와 관계없이 부득이한 사정이 있으면 각 당사자는 상당한 기간을 정하여 예고한 후 가맹계약을 해지할 수 있다(상법 제168조의10).

⑤ [O] 영업채권의 채무자가 그 채무를 이행하지 아니하는 경우 채권매입업자는 채권매입계약의 채무자에게 그 영업채권액의 상환을 청구할 수 있다. 다만, 채권매입계약에서 다르게 정한 경우에는 그러하지 아니하다(상법 제168조의12).

답 ②

33 CPA 2016

☑ 확인 Check! ○ △ ✕

상법상 가맹업에 관한 설명으로 틀린 것은?

① 가맹업자는 가맹상의 영업을 위하여 필요한 지원을 하여야 한다.
② 가맹상이 그 영업을 양도하기 위하여 가맹업자에게 동의를 요구하는 경우 가맹업자는 특별한 사유가 없더라도 동의하지 않을 수 있다.
③ 가맹상은 계약이 종료한 후에도 가맹계약과 관련하여 알게 된 가맹업자의 영업상의 비밀을 준수하여야 한다.
④ 가맹업자는 다른 약정이 없으면 가맹상의 영업지역 내에서 동일 또는 유사한 업종의 영업을 하거나 동일 또는 유사한 업종의 가맹계약을 체결할 수 없다.
⑤ 가맹계약상 존속기간에 대한 약정이 있더라도 부득이한 사정이 있다면 각 당사자는 상당한 기간을 정하여 예고한 후 가맹계약을 해지할 수 있다.

해설

① [O] 가맹업자는 가맹상의 영업을 위하여 필요한 지원을 하여야 한다(상법 제168조의7 제1항).
② [×] 상법 제168조의9 제1항, 제2항

> **상법 제168조의9(가맹상의 영업양도)**
> ① 가맹상은 가맹업자의 동의를 받아 그 영업을 양도할 수 있다.
> ② 가맹업자는 특별한 사유가 없으면 제1항의 영업양도에 동의하여야 한다.

③ [O] 가맹상은 계약이 종료한 후에도 가맹계약과 관련하여 알게 된 가맹업자의 영업상의 비밀을 준수하여야 한다(상법 제168조의8 제2항).
④ [O] 가맹업자는 다른 약정이 없으면 가맹상의 영업지역 내에서 동일 또는 유사한 업종의 영업을 하거나, 동일 또는 유사한 업종의 가맹계약을 체결할 수 없다(상법 제168조의7 제2항).
⑤ [O] 가맹계약상 존속기간에 대한 약정의 유무와 관계없이 부득이한 사정이 있으면 각 당사자는 상당한 기간을 정하여 예고한 후 가맹계약을 해지할 수 있다(상법 제168조의10 제2항).

답 ②

34 법무사 2024

☑ 확인 Check! ○ △ ×

리스계약에 관한 다음 설명 중 가장 옳지 않은 것은?

① 금융리스계약은 금융리스업자가 금융리스이용자에게 금융리스물건을 취득 또는 대여하는 데 소요되는 자금에 관한 금융의 편의를 제공하는 것을 본질적 내용으로 한다.

② 금융리스업자는 금융리스이용자가 공급자로부터 상법 제168조의3 제1항에 따라 적합한 금융리스물건을 수령할 수 있도록 협력할 의무와 함께 독자적인 금융리스물건 인도의무 또는 검사・확인의무도 부담한다.

③ 리스계약은 형식에서는 임대차계약과 유사하나 그 실질은 물적 금융이며 임대차계약과는 여러 가지 다른 특질이 있기 때문에 민법의 임대차에 관한 규정이 바로 적용되지 아니한다.

④ 리스계약은 물건의 인도를 계약성립의 요건으로 하지 않는 낙성계약으로서 리스이용자가 리스물건수령증서를 리스회사에 발급한 이상 현실적으로 리스물건이 인도되기 전이라고 하여도 이때부터 리스기간이 개시되고 리스이용자의 리스료 지급의무도 발생한다.

⑤ 일반적으로 리스계약에 있어서는 리스물건의 소유권이 리스회사에게 유보되는 것 자체가 리스이용자의 리스회사에 대한 계약상의 채무 이행을 담보하는 기능을 가지고 있어 리스물건의 변환물이라고 할 수 있는 리스물건에 관한 리스회사의 보험금청구권 역시 그와 같은 담보적 기능을 가지고 있다.

해설

① [O] 금융리스계약은 금융리스업자가 금융리스이용자에게 금융리스물건을 취득 또는 대여하는 데 소요되는 자금에 관한 금융의 편의를 제공하는 것을 본질적 내용으로 한다(대판 2019.2.14. 2016다245418).

② [×] 금융리스계약 당사자 사이에 금융리스업자가 직접 물건의 공급을 담보하기로 약정하는 등의 특별한 사정이 없는 한, 금융리스업자는 금융리스이용자가 공급자로부터 상법 제168조의3 제1항에 따라 적합한 금융리스물건을 수령할 수 있도록 협력할 의무를 부담할 뿐이고, 이와 별도로 독자적인 금융리스물건 인도의무 또는 검사・확인의무를 부담한다고 볼 수는 없다(대판 2019.2.14. 2016다245418).

③ [O] 시설대여(리스)는 시설대여회사가 대여시설이용자가 선정한 특정 물건을 새로이 취득하거나 대여받아 그 물건에 대한 직접적인 유지・관리책임을 지지 아니하면서 대여시설이용자에게 일정기간 사용하게 하고 그 기간종료 후에 물건의 처분에 관하여는 당사자 간의 약정으로 정하는 계약으로서, 형식에서는 임대차계약과 유사하나 그 실질은 물적 금융이며 임대차계약과는 여러 가지 다른 특질이 있기 때문에 시설대여(리스)계약은 비전형계약(무명계약)이고, 따라서 이에 대하여는 민법의 임대차에 관한 규정이 바로 적용되지 아니한다(대판 1994.11.8. 94다23388).

④ [O] 리스계약은 물건의 인도를 계약성립의 요건으로 하지 않는 낙성계약으로서 리스이용자가 리스물건 수령증서를 리스회사에 발급한 이상, 특별한 사정이 없는 한, 현실적인 리스물건이 인도되기 전이라고 하여도 이때부터 리스기간이 개시된다(대판 1995.9.29. 93다3417).

⑤ [O] 일반적으로 리스계약에 있어서는 리스물건의 소유권이 리스회사에게 유보되는 것 자체가 리스이용자의 리스회사에 대한 계약상의 채무 이행을 담보하는 기능을 가지고 있어 리스물건의 변환물이라고 할 수 있는 리스물건에 관한 리스회사의 보험금청구권 역시 그와 같은 담보적 기능을 가지고 있다(대판 1997.11.14. 95다11009).

답 ②

PART 2

PART 3
회사법

CHAPTER

01 | 통칙

제1절 | 회사의 의의 · 종류 · 능력

01 CPA 2019

☑ 확인Check! ○ △ ×

상법상 1인회사에 관한 설명으로 틀린 것은? (이견이 있으면 판례에 의함)

① 합명회사와 합자회사는 1인회사가 인정되지 않지만 주식회사, 유한회사, 유한책임회사는 1인회사가 인정된다.

② 1인주식회사에서 주주총회의 소집절차가 위법하더라도 1인주주가 참석하여 총회개최에 동의하고 아무 이의없이 결의한 것이라면 그 결의는 효력이 있다.

③ 이사의 자기거래에 대하여 사전에 1인주주의 동의가 있었다면 그 1인주식회사는 이사회의 승인이 없었음을 이유로 책임을 회피할 수 없다.

④ 1인주식회사에서 1인주주인 대표이사가 임무위반행위로써 회사에 재산상의 손해를 발생케 하였더라도 배임죄가 성립되지 않는다.

⑤ 1인주식회사에서 1인주주가 회사 소유의 돈을 임의로 소비하였다면 횡령죄가 성립한다.

▌해설▐

① [O] 합명회사와 합자회사는 설립 시 2인 이상의 사원이 있어야 하나(상법 제178조, 제268조 참조), 주식회사, 유한회사, 유한책임회사는 그와 같은 제한이 없어 1인 회사 설립이 가능하다(상법 제287조의2, 제288조, 제543조 참조).

> **상법 제178조(정관의 작성)**
> 합명회사의 설립에는 2인 이상의 사원이 공동으로 정관을 작성하여야 한다.
>
> **상법 제268조(회사의 조직)**
> 합자회사는 무한책임사원과 유한책임사원으로 조직한다.
>
> **상법 제287조의2(정관의 작성)**
> 유한책임회사를 설립할 때에는 사원은 정관을 작성하여야 한다.
>
> **상법 제288조(발기인)**
> 주식회사를 설립함에는 발기인이 정관을 작성하여야 한다.

> **상법 제543조(정관의 작성, 절대적 기재사항)**
> ① 유한회사를 설립함에는 사원이 정관을 작성하여야 한다.

② [O] 주주총회의 소집절차가 위법하다 하더라도 1인 주주회사에서 그 주주가 참석하여 총회 개최에 동의하고 아무 이의 없이 결의한 것이라면 그 결의 자체를 위법한 것이라고 할 수 없다(대판 1966.9.20. 66다1187).

③ [O] 회사의 채무부담행위가 상법 제398조 소정의 이사의 자기거래에 해당하여 이사회의 승인을 요한다고 할지라도, 위 규정의 취지가 회사 및 주주에게 예기치 못한 손해를 끼치는 것을 방지함에 있다고 할 것이므로, 그 채무부담행위에 대하여 사전에 주주 전원의 동의가 있었다면 회사는 이사회의 승인이 없었음을 이유로 그 책임을 회피할 수 없다(대판 2002.7.12. 2002다20544).

④ [×], ⑤ [O] 피고인이 사실상 자기 소유인 1인주주 회사들 중의 한 개 회사 소유의 금원을 자기 소유의 다른 회사의 채무변제를 위하여 지출하거나 그 다른 회사의 어음결제대금으로 사용한 경우, 주식회사의 주식이 사실상 1인의 주주에 귀속하는 1인회사에 있어서는 행위의 주체와 그 본인 및 다른 회사와는 별개의 인격체이므로, 그 법인인 주식회사 소유의 금원은 임의로 소비하면 횡령죄가 성립되고 그 본인 및 주식회사에게 손해가 발생하였을 때에는 배임죄가 성립한다(대판 1996.8.23. 96도1525).

답 ④

02 CPA 2015

☑ 확인 Check! ○ △ ×

상법상 회사의 법률관계에 관한 설명으로 옳은 것은? (이견이 있으면 판례에 의함)

① 회사는 상행위나 그 밖의 영리를 목적으로 설립한 법인으로서 그 종류에 관계없이 1인 회사를 설립할 수 있다.

② 1인 주식회사에서 주주총회가 정관상 요구되는 이사회 소집결의 없이 이루어진 경우 1인주주가 아무런 이의 없이 참석하여 결의하고 의사록이 작성되었더라도 그 결의는 무효이다.

③ 1인 주식회사에서 주주총회의 특별결의를 요하는 회사의 영업전부를 양도하는 경우 1인 주주의 의사결정으로 주주총회의 특별결의를 대체할 수 없다.

④ 이사가 1인인 주식회사에서 이사가 자기 또는 제3자의 계산으로 회사와 거래하기 위해서는 미리 주주총회에서 해당 거래에 관한 중요사실을 밝히고 주주총회의 승인을 받아야 한다.

⑤ 상법은 이사가 2인인 주식회사에서 감사는 이사가 법령 또는 정관에 위반한 행위를 하거나 그 행위를 할 염려가 있다고 인정되는 경우 주주총회를 소집하여 이를 보고하도록 규정하고 있다.

해설

① [×] 합명회사와 합자회사는 설립 시 2인 이상의 사원이 있어야 해서 1인 회사가 인정되지 않으나(상법 제178조, 제268조 참조), 주식회사, 유한회사, 유한책임회사는 그와 같은 제한이 없어 1인 회사 설립이 가능하다(상법 제287조의2, 제288조, 제543조 참조).

PART 3

상법 제178조(정관의 작성)
합명회사의 설립에는 2인 이상의 사원이 공동으로 정관을 작성하여야 한다.

상법 제268조(회사의 조직)
합자회사는 무한책임사원과 유한책임사원으로 조직한다.

상법 제287조의2(정관의 작성)
유한책임회사를 설립할 때에는 사원은 정관을 작성하여야 한다.

상법 제288조(발기인)
주식회사를 설립함에는 발기인이 정관을 작성하여야 한다.

상법 제543조(정관의 작성, 절대적 기재사항)
① 유한회사를 설립함에는 사원이 정관을 작성하여야 한다.

② [×] 주식회사에 있어서 회사가 설립된 이후 총주식을 한 사람이 소유하게 된 이른바 1인 회사의 경우에는 그 주주가 유일한 주주로서 주주총회에 출석하면 전원 총회로서 성립하고 그 주주의 의사대로 결의가 될 것임이 명백하므로 따로 총회소집절차가 필요 없고, 실제로 총회를 개최한 사실이 없었다 하더라도 그 1인 주주에 의하여 의결이 있었던 것으로 주주총회의사록이 작성되었다면 특별한 사정이 없는 한 그 내용의 결의가 있었던 것으로 볼 수 있고, 이는 실질적으로 1인 회사인 주식회사의 주주총회의 경우도 마찬가지이며, 그 주주총회의사록이 작성되지 아니한 경우라도 증거에 의하여 주주총회결의가 있었던 것으로 볼 수 있다(대판 2004.12.10. 2004다25123).

③ [×] 실질상 1인 회사의 소유재산을 그 회사의 대표이자 1인 주주가 처분하였다면 그러한 처분의사결정은 곧 주주총회의 특별결의에 대치되는 것이라 할 것이므로 그 재산이 회사의 유일한 영업재산이라 하더라도 동 처분은 유효하다(대판 1976.5.11. 73다52).

④ [○] 자본금 10억원 미만의 소규모회사로서 이사가 1명 또는 2명인 경우 이사회가 구성되지 않고, 이사회 결의사항 중 일부는 주주총회 결의로 하고(상법 제383조 제4항 참조), 일부는 이사(대표이사)가 결정한다(상법 제383조 제6항 참조). 대체로 이사의 권한남용이 우려되는 것은 주주총회가 결정하고, 일반적인 집행권한은 이사가 결정하도록 규정하고 있다.

상법 제383조(원수, 임기)
① 이사는 3명 이상이어야 한다. 다만, 자본금 총액이 10억원 미만인 회사는 1명 또는 2명으로 할 수 있다.
④ 제1항 단서의 경우에는 제302조 제2항 제5호의2, 제317조 제2항 제3호의2, 제335조 제1항 단서 및 제2항, 제335조의2 제1항·제3항, 제335조의3 제1항·제2항, 제335조의7 제1항, 제340조의3 제1항 제5호, 제356조 제6호의2, 제397조 제1항·제2항, 제397조의2 제1항, 제398조, 제416조 본문, 제451조 제2항, 제461조 제1항 본문 및 제3항, 제462조의3 제1항, 제464조의2 제1항, 제469조, 제513조 제2항 본문 및 제516조의2 제2항 본문(준용되는 경우를 포함한다) 중 "이사회"는 각각 "주주총회"로 보며, 제360조의5 제1항 및 제522조의3 제1항 중 "이사회의 결의가 있는 때"는 "제363조 제1항에 따른 주주총회의 소집통지가 있는 때"로 본다.

상법 제398조(이사 등과 회사 간의 거래)
다음 각 호의 어느 하나에 해당하는 자가 자기 또는 제3자의 계산으로 회사와 거래를 하기 위하여는 미리 이사회에서 해당 거래에 관한 중요사실을 밝히고 이사회의 승인을 받아야 한다. 이 경우 이사회의 승인은 이사 3분의 2 이상의 수로써 하여야 하고, 그 거래의 내용과 절차는 공정하여야 한다.
1. 이사 또는 제542조의8 제2항 제6호에 따른 주요주주
2. 제1호의 자의 배우자 및 직계존비속

> 3. 제1호의 자의 배우자의 직계존비속
> 4. 제1호부터 제3호까지의 자가 단독 또는 공동으로 의결권 있는 발행주식 총수의 100분의 50 이상을 가진 회사 및 그 자회사
> 5. 제1호부터 제3호까지의 자가 제4호의 회사와 합하여 의결권 있는 발행주식총수의 100분의 50 이상을 가진 회사

⑤ [×] 감사는 이사가 법령 또는 정관에 위반한 행위를 하거나 그 행위를 할 염려가 있다고 인정한 때에는 이사회에 이를 보고하여야 하지만, 자본금 10억원 미만의 소규모회사로서 이사가 1명 또는 2명인 경우에는 적용하지 않는다(상법 제383조 제5항, 제391조의2 제2항 참조).

> **상법 제383조(원수, 임기)**
>
> ⑤ 제1항 단서의 경우에는 제341조 제2항 단서, 제390조, 제391조, 제391조의2, 제391조의3, 제392조, 제393조 제2항부터 제4항까지, 제399조 제2항, 제408조의2 제3항·제4항, 제408조의3 제2항, 제408조의4 제2호, 제408조의5 제1항, 제408조의6, 제408조의7, 제412조의4, 제449조의2, 제462조 제2항 단서, 제526조 제3항, 제527조 제4항, 제527조의2, 제527조의3 제1항 및 제527조의5 제2항은 적용하지 아니한다.
>
> **상법 제391조의2(감사의 이사회출석·의견진술권)**
>
> ② 감사는 이사가 법령 또는 정관에 위반한 행위를 하거나 그 행위를 할 염려가 있다고 인정한 때에는 이사회에 이를 보고하여야 한다.

답 ④

PART 3

03 CPA 2020

☑ 확인 Check! ○ △ ×

상법상 회사에 관한 설명으로 옳은 것만을 모두 고른 것은?

> ㄱ. 합명회사는 주식회사의 주주가 될 수 없다.
> ㄴ. 판례에 의하면, 1인회사의 경우 실제로 주주총회를 개최한 사실이 없더라도 1인주주에 의하여 의결이 있었던 것으로 주주총회 의사록이 작성되었다면 특별한 사정이 없는 한 그 내용의 결의가 있었던 것으로 볼 수 있다.
> ㄷ. 판례에 의하면, 회사의 권리능력은 회사의 정관상의 목적에 의하여 제한되나 그 목적범위 내의 행위라 함은 정관에 명시된 목적 자체에 국한되는 것이 아니라, 그 목적을 수행하는 데 있어 직접 또는 간접으로 필요한 행위는 모두 포함된다.
> ㄹ. 회사는 정관으로 정하지 않아도 이사회 결의에 의하여 발행된 액면주식을 무액면주식으로 전환할 수 있다.

① ㄱ, ㄴ
② ㄱ, ㄷ
③ ㄱ, ㄹ
④ ㄴ, ㄷ
⑤ ㄴ, ㄷ, ㄹ

| 해설 |

ㄱ. [×] 회사는 다른 회사의 무한책임사원이 되지 못한다(상법 제173조). 그러나 주식회사의 주주는 유한책임을 지므로 회사도 주식회사의 주주가 될 수 있다.

ㄴ. [O] 주식회사에 있어서 회사가 설립된 이후 총주식을 한 사람이 소유하게 된 이른바 1인 회사의 경우에는 그 주주가 유일한 주주로서 주주총회에 출석하면 전원 총회로서 성립하고 그 주주의 의사대로 결의가 될 것임이 명백하므로 따로 총회소집절차가 필요 없고, 실제로 총회를 개최한 사실이 없었다 하더라도 그 1인 주주에 의하여 의결이 있었던 것으로 주주총회의사록이 작성되었다면 특별한 사정이 없는 한 그 내용의 결의가 있었던 것으로 볼 수 있고, 이는 실질적으로 1인 회사인 주식회사의 주주총회의 경우도 마찬가지이며, 그 주주총회의사록이 작성되지 아니한 경우라도 증거에 의하여 주주총회결의가 있었던 것으로 볼 수 있다(대판 2004.12.10. 2004다25123).

ㄷ. [O] 회사의 권리능력은 회사의 설립 근거가 된 법률과 회사의 정관상의 목적에 의하여 제한되나 그 목적범위 내의 행위라 함은 정관에 명시된 목적 자체에 국한되는 것이 아니라, 그 목적을 수행하는 데 있어 직접, 간접으로 필요한 행위는 모두 포함되고 목적수행에 필요한지의 여부는 행위의 객관적 성질에 따라 판단할 것이고 행위자의 주관적, 구체적 의사에 따라 판단할 것은 아니다(대판 1999.10.8. 98다2488).

ㄹ. [×] 회사는 정관으로 정하는 바에 따라 발행된 액면주식을 무액면주식으로 전환하거나 무액면주식을 액면주식으로 전환할 수 있다(상법 제329조 제4항).

답 ④

04 CPA 2017

☑ 확인Check! ○ △ ×

상법상 회사의 능력에 관한 설명으로 옳은 것은?

① 판례에 의하면 회사의 형법상 일반적인 범죄능력은 인정되지 않는다.

② 회사는 다른 회사의 유한책임사원이 될 수 없고 청산중의 회사는 청산의 목적범위 내로 권리능력이 제한된다.

③ 판례에 의하면 회사는 정관에서 정한 목적범위 내로 그 권리능력이 제한되지 않는다.

④ 대표이사가 그 업무집행으로 인하여 타인에게 손해를 가한 경우 그 타인에 대하여 회사가 배상할 책임이 있고 대표이사는 책임을 지지 않는다.

⑤ 회사는 친권, 상속권, 유증을 받을 권리 등 자연인에게 인정되는 특유한 권리를 가질 수 없다.

| 해설 |

① [O] 형법 제355조 제2항의 배임죄에 있어서 타인의 사무를 처리할 의무의 주체가 법인이 되는 경우라도 법인은 다만 사법상의 의무주체가 될 뿐 범죄능력이 없는 것이며 그 타인의 사무는 법인을 대표하는 자연인인 대표기관의 의사결정에 따른 대표행위에 의하여 실현될 수 밖에 없어 그 대표기관은 마땅히 법인이 타인에 대하여 부담하고 있는 의무내용 대로 사무를 처리할 임무가 있다 할 것이므로 법인이 처리할 의무를 지는 타인의 사무에 관하여는 법인이 배임죄의 주체가 될 수 없고 그 법인을 대표하여 사무를 처리하는 자연인인 대표기관이 바로 타인의 사무를 처리하는 자 즉 배임죄의 주체가 된다(대판[전합] 1984.10.10. 82도2595).

② [×] 회사는 다른 회사의 무한책임사원은 될 수 없으나 유한책임사원은 될 수 있고(상법 제173조 참조), 청산 중의 회사는 청산의 목적범위 내로 권리능력이 제한된다(상법 제245조 참조).

> **상법 제173조(권리능력의 제한)**
> 회사는 다른 회사의 무한책임사원이 되지 못한다.
>
> **상법 제245조(청산 중의 회사)**
> 회사는 해산된 후에도 청산의 목적범위내에서 존속하는 것으로 본다.

③ [×] 회사의 권리능력은 회사의 설립 근거가 된 법률과 회사의 정관상의 목적에 의하여 제한되나 그 목적범위 내의 행위라 함은 정관에 명시된 목적 자체에 국한되는 것이 아니라, 그 목적을 수행하는 데 있어 직접, 간접으로 필요한 행위는 모두 포함되고 목적수행에 필요한지의 여부는 행위의 객관적 성질에 따라 판단할 것이고 행위자의 주관적, 구체적 의사에 따라 판단할 것은 아니다(대판 1999.10.8. 98다2488).

④ [×] 대표이사가 그 업무집행으로 인하여 타인에게 손해를 가한 경우 그 타인에 대하여 회사와 대표이사가 연대하여 배상할 책임이 있다(상법 제389조 제3항, 제210조 참조).

> **상법 제389조(대표이사)**
> ③ 제208조 제2항, 제209조, 제210조와 제386조의 규정은 대표이사에 준용한다.
>
> **상법 제210조(손해배상책임)**
> 회사를 대표하는 사원이 그 업무집행으로 인하여 타인에게 손해를 가한 때에는 회사는 그 사원과 연대하여 배상할 책임이 있다.

⑤ [×] 회사는 자연인이 아니므로 그 성질에 의한 권리능력의 제한을 받는다. 즉 회사는 생명·신체에 대한 권리와 친족권·상속권 등 자연인을 전제로 한 권리의 주체가 될 수 없다. 하지만 유증은 자연인뿐만 아니라 법인, 권리능력 없는 사단·재단도 받을 수 있는데 회사는 법인이므로 유증을 받을 권리가 인정된다.

답 ①

PART 3

05 CPA 2015

☑ 확인Check! ○ △ ×

상법상 회사의 능력에 관한 설명으로 틀린 것은? (이견이 있으면 판례에 의함)

① 회사의 권리능력은 회사의 설립근거가 된 법률과 회사의 정관상의 목적에 의하여 제한을 받는다.
② 회사를 대표하는 이사가 회사의 업무집행으로 인하여 타인에게 손해를 가한 경우에는 회사의 불법행위책임이 인정된다.
③ 회사의 대표기관 이외의 임원 또는 사용인이 회사의 업무집행으로 인하여 타인에게 불법행위를 한 경우에는 회사의 사용자배상책임이 인정되지 않는다.
④ 회사는 다른 회사의 주주나 유한책임사원 또는 유한책임회사의 업무집행자가 될 수 있으나 다른 회사의 무한책임사원은 될 수 없다.
⑤ 회사는 신체상의 자유권, 생명권, 친족권 또는 상속권 등의 권리는 없으나 유증을 받을 수는 있다.

| 해설 |

① [O] 회사의 권리능력은 회사의 설립 근거가 된 법률과 회사의 정관상의 목적에 의하여 제한되나 그 목적범위 내의 행위라 함은 정관에 명시된 목적 자체에 국한되는 것이 아니라, 그 목적을 수행하는 데 있어 직접, 간접으로 필요한 행위는 모두 포함되고 목적수행에 필요한지의 여부는 행위의 객관적 성질에 따라 판단할 것이고 행위자의 주관적, 구체적 의사에 따라 판단할 것은 아니다(대판 1999.10.8. 98다2488).

② [O] 주식회사의 대표이사가 업무집행을 하면서 고의 또는 과실에 의한 위법행위로 타인에게 손해를 가한 경우 주식회사는 상법 제389조 제3항, 제210조에 의하여 제3자에게 손해배상책임을 부담하게 되고, 대표이사도 민법 제750조 또는 상법 제389조 제3항, 제210조에 의하여 주식회사와 연대하여 불법행위책임을 부담하게 된다(대판 2013.6.27. 2011다50165).

> **상법 제389조(대표이사)**
> ③ 제208조 제2항, 제209조, 제210조와 제386조의 규정은 대표이사에 준용한다.
>
> **상법 제210조(손해배상책임)**
> 회사를 대표하는 사원이 그 업무집행으로 인하여 타인에게 손해를 가한 때에는 회사는 그 사원과 연대하여 배상할 책임이 있다.

③ [×] 대표기관 이외의 임원 또는 사용자는 대표기관이 아니기 때문에 그들이 회사의 업무집행과 관련하여 불법행위를 하더라도 회사의 불법행위가 성립하지는 않는다. 그러나 회사는 사용자배상책임을 질 수는 있다(민법 제756조 제1항 참조).

> **민법 제756조(사용자의 배상책임)**
> ① 타인을 사용하여 어느 사무에 종사하게 한 자는 피용자가 그 사무집행에 관하여 제3자에게 가한 손해를 배상할 책임이 있다. 그러나 사용자가 피용자의 선임 및 그 사무감독에 상당한 주의를 한 때 또는 상당한 주의를 하여도 손해가 있을 경우에는 그러하지 아니하다.

④ [O] 회사는 다른 회사의 무한책임사원이 되지 못하나(상법 제173조 참조), 유한책임을 지는 다른 회사의 주주나 유한책임사원이 될 수는 있다. 또한 유한책임회사의 업무집행자가 될 수 있다(상법 제287조의3 제4호 참조).

> **상법 제173조(권리능력의 제한)**
> 회사는 다른 회사의 무한책임사원이 되지 못한다.
>
> **상법 제287조의3(정관의 기재사항)**
> 정관에는 다음 각 호의 사항을 적고 각 사원이 기명날인하거나 서명하여야 한다.
> … (중략) …
> 4. 업무집행자의 성명(법인인 경우에는 명칭) 및 주소

⑤ [O] 회사는 자연인이 아니므로 그 성질에 의한 권리능력의 제한을 받는다. 즉 회사는 생명・신체에 대한 권리와 친족권・상속권 등 자연인을 전제로 한 권리의 주체가 될 수 없다. 하지만 유증은 자연인뿐만 아니라 법인, 권리능력 없는 사단・재단도 받을 수 있는데 회사는 법인이므로 유증을 받을 권리가 인정된다.

답 ③

06 세무사 2024

☑ 확인 Check! ○ △ ×

상법상 회사에 관한 설명으로 옳은 것은?

① 회사란 기본적 상행위만을 통한 영리추구를 목적으로 하여 설립된 법인을 말한다.
② 해산후의 회사는 다른 해산후의 회사를 존속하는 회사로 하여 합병할 수 있다.
③ 회사는 다른 회사의 무한책임사원이 될 수 있다.
④ 회사의 종류는 합명회사, 상호회사, 유한책임회사, 유한회사, 주식회사의 5종류로 한다.
⑤ 회사가 정당한 사유없이 설립 후 1년 이상 영업을 휴지하는 때에는 법원은 이해관계인이나 검사의 청구에 의하여 그 해산을 명할 수 있다.

▌해설▌

① [×] 이 법에서 "회사"란 상행위나 그 밖의 영리를 목적으로 하여 설립한 법인을 말한다(상법 제169조).
② [×] 해산후의 회사는 존립 중의 회사를 존속하는 회사로 하는 경우에 한하여 합병을 할 수 있다(상법 제174조 제3항).
③ [×] 회사는 다른 회사의 무한책임사원이 되지 못한다(상법 제173조).
④ [×] 회사는 합명회사, 합자회사, 유한책임회사, 주식회사와 유한회사의 5종으로 한다(상법 제170조).
⑤ [O] 상법 제176조 제1항 제2호

> **상법 제176조(회사의 해산명령)**
> ① 법원은 다음의 사유가 있는 경우에는 이해관계인이나 검사의 청구에 의하여 또는 직권으로 회사의 해산을 명할 수 있다.
> 1. 회사의 설립목적이 불법한 것인 때
> 2. 회사가 정당한 사유없이 설립 후 1년 내에 영업을 개시하지 아니하거나 1년 이상 영업을 휴지하는 때
> 3. 이사 또는 회사의 업무를 집행하는 사원이 법령 또는 정관에 위반하여 회사의 존속을 허용할 수 없는 행위를 한 때

답 ⑤

PART 3

07 세무사 2023

☑ 확인 Check! ○ △ ×

상법상 회사에 관한 설명으로 옳은 것은?

① 회사는 상행위 기타 영리를 목적으로 하는 사단법인이므로 설립 시에는 사원이 적어도 2인 이상이어야 한다.
② 회사는 유한책임회사의 업무집행자가 될 수 있다.
③ 회사는 주식회사의 주주가 되지 못한다.
④ 회사는 해산등기를 한 때에 권리능력이 소멸한다.
⑤ 회사의 권리능력은 제한될 수 없다.

▌해설▌

① [×] 회사는 영리성과 법인성을 개념요소로 하지만 사단성은 개념요소가 아니다(상법 제169조 참조). 그리고 합명회사와 합자회사는 설립 시 2인 이상의 사원이 있어야 하나(상법 제178조, 제268조 참조), 주식회사, 유한회사, 유한책임회사는 그와 같은 제한이 없어 1인 설립이 가능하다(상법 제287조의2, 제288조, 제543조 참조).

> **상법 제169조(회사의 의의)**
> 이 법에서 "회사"란 상행위나 그 밖의 영리를 목적으로 하여 설립한 법인을 말한다.
>
> **상법 제178조(정관의 작성)**
> 합명회사의 설립에는 2인 이상의 사원이 공동으로 정관을 작성하여야 한다.
>
> **상법 제268조(회사의 조직)**
> 합자회사는 무한책임사원과 유한책임사원으로 조직한다.
>
> **상법 제287조의2(정관의 작성)**
> 유한책임회사를 설립할 때에는 사원은 정관을 작성하여야 한다.
>
> **상법 제288조(발기인)**
> 주식회사를 설립함에는 발기인이 정관을 작성하여야 한다.
>
> **상법 제543조(정관의 작성, 절대적 기재사항)**
> ① 유한회사를 설립함에는 사원이 정관을 작성하여야 한다.

② [O] 유한책임회사는 법인이 업무집행자가 될 수 있고(상법 제287조의15 제1항 참조), 회사는 법인이므로(상법 제169조 참조) 유한책임회사의 업무집행자가 될 수 있다.

> **상법 제287조의15(법인이 업무집행자인 경우의 특칙)**
> ① 법인이 업무집행자인 경우에는 그 법인은 해당 업무집행자의 직무를 행할 자를 선임하고, 그 자의 성명과 주소를 다른 사원에게 통지하여야 한다.

③ [×] 회사는 다른 회사의 무한책임사원이 되지 못한다(상법 제173조). 그러나 주식회사의 주주는 간접·유한책임만 지므로 회사는 주식회사의 주주가 될 수 있다.

④ [×] 회사는 해산된 후에도 청산의 목적 범위 내에서 존속하고(상법 제245조), 청산절차를 거쳐 청산을 사실상 종결하였을 때 권리능력이 소멸한다.

⑤ [×] 회사의 권리능력은 회사의 설립 근거가 된 법률과 회사의 정관상의 목적에 의하여 제한되나 그 목적범위 내의 행위라 함은 정관에 명시된 목적 자체에 국한되는 것이 아니라, 그 목적을 수행하는 데 있어 직접, 간접으로 필요한 행위는 모두 포함되고 목적수행에 필요한지의 여부는 행위의 객관적 성질에 따라 판단할 것이고 행위자의 주관적, 구체적 의사에 따라 판단할 것은 아니다(대판 1999.10.8. 98다2488).

답 ②

08 세무사 2022

☑ 확인 Check! ○ △ ✕

상법상 회사에 관한 설명으로 옳지 않은 것은?

① 모든 회사는 법인이다.
② 회사의 주소는 지점소재지에 있는 것으로 한다.
③ 주식회사는 합명회사의 무한책임사원이 될 수 없다.
④ 회사는 권리의무의 당사자가 된다.
⑤ 회사편의 규정에 의하여 등기할 사항으로서 관청의 허가 또는 인가를 요하는 것에 관하여는 그 서류가 도달한 날로부터 등기기간을 기산한다.

해설

① [O] 이 법에서 "회사"란 상행위나 그 밖의 영리를 목적으로 하여 설립한 법인을 말한다(상법 제169조). 즉, 회사는 영리성과 법인성을 개념요소로 하므로 모든 회사는 법인이다.
② [✕] 회사의 주소는 본점소재지에 있는 것으로 한다(상법 제171조).
③ [O] 회사는 다른 회사의 무한책임사원이 되지 못한다(상법 제173조).
④ [O] 법인은 법률의 규정에 좇아 정관으로 정한 목적의 범위내에서 권리와 의무의 주체가 되는데(민법 제34조), 회사는 법인이므로 권리의무의 당사자가 된다.
⑤ [O] 본편(회사편)의 규정에 의하여 등기할 사항으로서 관청의 허가 또는 인가를 요하는 것에 관하여는 그 서류가 도달한 날로부터 등기기간을 기산한다(상법 제177조).

답 ②

PART 3

09 세무사 2022

☑ 확인 Check! ○ △ ✕

상법상 회사의 능력에 관한 설명으로 옳은 것은?

① 회사는 자연인과 동일한 범위의 권리능력이 인정된다.
② 합명회사는 유한책임회사의 업무집행자가 될 수 없다.
③ 회사는 재산권은 물론 명예권·상호권과 같은 권리를 향유할 수 있다.
④ 회사에는 친권, 상속과 유증을 받을 권리가 인정되지 않는다.
⑤ 합명회사가 총사원의 동의로 해산한 경우 즉시 권리능력을 상실한다.

해설

① [×] 회사는 법인이므로 권리·의무의 주체가 될 수 있는 권리능력이 있지만, 자연인과 달리 성질, 법령, 목적에 의한 제한을 받는다.

② [×] 유한책임회사는 법인이 업무집행자가 될 수 있고(상법 제287조의15 제1항 참조), 회사는 법인이므로(상법 제169조 참조) 합명회사는 유한책임회사의 업무집행자가 될 수 있다.

> **상법 제287조의15(법인이 업무집행자인 경우의 특칙)**
> ① 법인이 업무집행자인 경우에는 그 법인은 해당 업무집행자의 직무를 행할 자를 선임하고, 그 자의 성명과 주소를 다른 사원에게 통지하여야 한다.
>
> **상법 제169조(회사의 의의)**
> 이 법에서 "회사"란 상행위나 그 밖의 영리를 목적으로 하여 설립한 법인을 말한다.

③ [O], ④ [×] 회사는 권리능력을 가지므로 재산권, 명예·신용에 관한 인격권과 상호권의 주체가 될 수 있다. 그러나 회사는 자연인이 아니므로 그 성질에 의한 권리능력의 제한을 받는다. 즉 회사는 생명·신체에 대한 권리와 친족권·상속권 등 자연인을 전제로 한 권리의 주체가 될 수 없다. 하지만 유증은 자연인뿐만 아니라 법인, 권리능력 없는 사단·재단도 받을 수 있는데 회사는 법인이므로 유증을 받을 권리가 인정된다.

⑤ [×] 회사는 해산된 후에도 청산의 목적범위내에서 존속하는 것으로 본다(상법 제245조).

답 ③

10 세무사 2021

☑ 확인Check! ○ △ ×

상법상 회사에 관한 설명으로 옳지 않은 것은?

① 회사란 상행위나 그 밖의 영리를 목적으로 하여 설립한 법인을 말한다.
② 주식회사와 합명회사가 신설합병을 하는 경우, 그 설립되는 회사는 주식회사이어야 한다.
③ 회사는 다른 회사의 무한책임사원이 되지 못한다.
④ 해산후의 회사가 합병하는 경우, 해산후의 회사를 존속하는 회사로 할 수 있다.
⑤ 법원은 회사의 설립목적이 불법한 것인 때에는 직권으로 그 회사의 해산을 명할 수 있다.

해설

① [O] 이 법에서 "회사"란 상행위나 그 밖의 영리를 목적으로 하여 설립한 법인을 말한다(상법 제169조).

② [O] 합병을 하는 회사의 일방 또는 쌍방이 주식회사, 유한회사 또는 유한책임회사인 경우에는 합병 후 존속하는 회사나 합병으로 설립되는 회사는 주식회사, 유한회사 또는 유한책임회사이어야 한다(상법 제174조 제2항).

③ [O] 회사는 다른 회사의 무한책임사원이 되지 못한다(상법 제173조).

④ [×] 해산후의 회사는 존립 중의 회사를 존속하는 회사로 하는 경우에 한하여 합병을 할 수 있다(상법 제174조 제3항).

⑤ [O] 상법 제176조 제1항 제1호

> **상법 제176조(회사의 해산명령)**
> ① 법원은 다음의 사유가 있는 경우에는 이해관계인이나 검사의 청구에 의하여 또는 직권으로 회사의 해산을 명할 수 있다.
> 1. 회사의 설립목적이 불법한 것인 때
> 2. 회사가 정당한 사유없이 설립후 1년 내에 영업을 개시하지 아니하거나 1년 이상 영업을 휴지하는 때
> 3. 이사 또는 회사의 업무를 집행하는 사원이 법령 또는 정관에 위반하여 회사의 존속을 허용할 수 없는 행위를 한 때

답 ④

11 법무사 2024

확인Check! ○ △ ×

1인 회사에 관한 다음 설명 중 가장 옳지 않은 것은?

① 주식회사에서 총 주식을 한 사람이 소유하고 있는 1인 회사의 경우에는 실제로 주주총회를 개최한 사실이 없다 하더라도 1인 주주에 의하여 의결이 있었던 것으로 주주총회 의사록이 작성되었다면 특별한 사정이 없는 한 그 내용의 결의가 있었던 것으로 볼 수 있어 형식적인 사유에 의하여 결의가 없었던 것으로 다툴 수는 없다.

② 위 ①항의 법리는 한 사람이 다른 사람의 명의를 빌려 주주로 등재하였으나 총 주식을 실질적으로 그 한 사람이 모두 소유한 경우에는 적용되지 않는다.

③ 주식의 소유가 실질적으로 분산되어 있는 경우에는 설령 1인이 총 주식의 대다수를 가지고 있고 그 지배주주에 의하여 의결이 있었던 것으로 주주총회 의사록이 작성되어 있다 하더라도 특별한 사정이 없는 한 그 내용의 결의가 있었던 것으로 볼 수 없다.

④ 실질상 1인 회사의 소유 재산을 그 회사의 대표이사자 1인 주주가 처분하였다면 주주총회의 특별결의가 없고 그 재산이 회사의 유일한 영업재산이라 하더라도 유효하다.

⑤ 임원퇴직금지급규정에 관하여 주주총회 결의가 있거나 주주총회의사록이 작성된 적은 없으나 위 규정에 따른 퇴직금이 사실상 1인 회사의 실질적 1인 주주의 결재·승인을 거쳐 관행적으로 지급되었다다면 위 규정에 대하여 주주총회의 결의가 있었던 것으로 볼 수 있다.

해설

① [O] 주식회사에서 총 주식을 한 사람이 소유하고 있는 1인회사의 경우에는 그 주주가 유일한 주주로서 주주총회에 출석하면 전원총회로서 성립하고 그 주주의 의사대로 결의될 것임이 명백하므로 따로이 총회소집절차가 필요 없다 할 것이고, 실제로 총회를 개최한 사실이 없다 하더라도 1인주주에 의하여 의결이 있었던 것으로 주주총회 의사록이 작성되었다면 특별한 사정이 없는 한 그 내용의 결의가 있었던 것으로 볼 수 있어 형식적인 사유에 의하여 결의가 없었던 것으로 다툴 수는 없다(대판 1993.6.11. 93다8702).

② [×], ③ [O] 주식회사에 있어서 총 주식을 한 사람이 소유한 이른바 1인 회사의 경우 그 주주가 유일한 주주로서 주주총회에 출석하면 전원 총회로서 성립하고 그 주주의 의사대로 결의가 될 것임이 명백하므로 따로 총회소집절차가 필요 없으며, 실제로 총회를 개최한 사실이 없었다 하더라도 그 1인 주주에 의하여 의결이 있었던 것으로 주주총회 의사록이 작성되었다면 특별한 사정이 없는 한 그 내용의 결의가 있었던 것으로 볼 수 있고, 이 점은 한 사람이 다른 사람의 명의를 빌려 주주로 등재하였으나 총 주식을 실질적으로 그 한 사람이 모두 소유한 경우에도 마찬가지라고 할 수 있으나, 이와 달리 주식의 소유가 실질적으로 분산되어 있는 경우에는 상법상의 원칙으로 돌아가 실제의 소집절차와 결의절차를 거치지 아니한 채 주주총회의 결의가 있었던 것처럼 주주총회 의사록을 허위로 작성한 것이라면 설사 1인이 총 주식의 대다수를 가지고 있고 그 지배주주에 의하여 의결이 있었던 것으로 주주총회 의사록이 작성되어 있다 하더라도 도저히 그 결의가 존재한다고 볼 수 없을 정도로 중대한 하자가 있는 때에 해당하여 그 주주총회의 결의는 부존재하다고 보아야 한다(대판 2007.2.22. 2005다73020).

④ [O] 실질상 1인회사의 소유 재산을 그 회사의 대표이사이자 1인주주가 처분하였다면 그러한 처분의사결정은 곧 주주총회의 특별결의에 대치되는 것이라 할 것이므로 그 재산이 회사의 유일한 영업재산이라 하더라도 동처분은 유효하다(대판 1976.5.11. 73다52).

⑤ [O] 임원퇴직금지급규정에 관하여 주주총회 결의가 있거나 주주총회의사록이 작성된 적은 없으나 위 규정에 따른 퇴직금이 사실상 1인회사의 실질적 1인 주주의 결재·승인을 거쳐 관행적으로 지급되었다면 위 규정에 대하여 주주총회의 결의가 있었던 것으로 볼 수 있다(대판 2004.12.10. 2004다25123).

답 ②

12 법무사 2023

☑ 확인 Check! ○ △ ×

상법상 회사에 관한 다음 설명 중 가장 옳지 않은 것은?

① 회사는 본점소재지에서 설립등기를 함으로써 성립되고, 주식회사의 경우 설립등기가 마쳐지면 주식인수인이 주식청약서 요건의 흠결을 이유로 그 인수의 무효를 주장하거나 사기, 강박 또는 착오를 이유로 그 인수를 취소하지 못한다.

② 회사는 합명회사, 합자회사, 유한책임회사, 주식회사, 유한회사의 5종으로 한다.

③ 개인이 회사를 설립하지 않고 영업을 하다가 그와 영업목적이나 물적 설비, 인적 구성원 등이 동일한 회사를 설립하는 경우에 그 회사가 외형상으로는 법인의 형식을 갖추고 있으나 법인의 형태를 빌리고 있는 것에 지나지 않고, 실질적으로는 완전히 그 법인격의 배후에 있는 개인의 개인기업에 불과하거나, 회사가 개인에 대한 법적 책임을 회피하기 위한 수단으로 함부로 이용되고 있는 예외적인 경우에는 회사의 법인격을 부인하여 그 배후에 있는 개인에게 책임을 물을 수 있다.

④ 개인과 회사의 주주들이 경제적 이해관계를 같이 하는 등 개인이 새로 설립한 회사를 실질적으로 운영하면서 자기 마음대로 이용할 수 있는 지배적 지위에 있다고 인정되는 경우로서, 제반 사정에 비추어 회사와 개인이 별개의 인격체임을 내세워 회사 설립 전 개인의 채무 부담행위에 대한 회사의 책임을 부인하는 것이 심히 정의와 형평에 반한다고 인정되는 때에는 회사에 대하여 회사 설립 전에 개인이 부담한 채무의 이행을 청구하는 것도 가능하다.

⑤ 회사의 법인격이 형해화되었다고 볼 수 있는지 여부는 원칙적으로 회사가 성립되는 설립등기를 한 시점을 기준으로, 회사의 법인격이 형해화될 정도에 이르지 않더라도 개인이 회사의 법인격을 남용하였는지 여부는 채무면탈 등의 남용행위를 한 시점을 기준으로 각 판단하여야 한다.

▌해설▌

① [O] 상법 제172조, 제320조 제1항

> **상법 제172조(회사의 성립)**
> 회사는 본점소재지에서 설립등기를 함으로써 성립한다.
>
> **상법 제320조(주식인수의 무효 주장, 취소의 제한)**
> ① (주식)회사성립 후에는 주식을 인수한 자는 주식청약서의 요건의 흠결을 이유로 하여 그 인수의 무효를 주장하거나 사기, 강박 또는 착오를 이유로 하여 그 인수를 취소하지 못한다.

② [O] 회사는 합명회사, 합자회사, 유한책임회사, 주식회사와 유한회사의 5종으로 한다(상법 제170조).

③ [O], ④ [O] 주식회사는 주주와 독립된 별개의 권리주체이므로 그 독립된 법인격이 부인되지 않는 것이 원칙이다. 그러나 개인이 회사를 설립하지 않고 영업을 하다가 그와 영업목적이나 물적 설비, 인적 구성원 등이 동일한 회사를 설립하는 경우에 그 회사가 외형상으로는 법인의 형식을 갖추고 있으나 법인의 형태를 빌리고 있는 것에 지나지 않고, 실질적으로는 완전히 그 법인격의 배후에 있는 개인의 개인기업에 불과하거나, 회사가 개인에 대한 법적 책임을 회피하기 위한 수단으로 함부로 이용되고 있는 예외적인 경우까지 회사와 개인이 별개의 인격체임을 이유로 개인의 책임을 부정하는 것은 신의성실의 원칙에 반하므로, 이러한 경우에는 회사의 법인격을 부인하여 그 배후에 있는 개인에게 책임을 물을 수 있다. 나아가 그 개인과 회사의 주주들이 경제적 이해관계를 같이하는 등 개인이 새로 설립한 회사를 실질적으로 운영하면서 자기 마음대로 이용할 수 있는 지배적 지위에 있다고 인정되는 경우로서, 회사 설립과 관련된 개인의 자산 변동 내역, 특히 개인의 자산이 설립된 회사에 이전되었다면 그에 대하여 정당한 대가가 지급되었는지 여부, 개인의 자산이 회사에 유용되었는지 여부와 그 정도 및 제3자에 대한 회사의 채무 부담 여부와 그 부담 경위 등을 종합적으로 살펴보아 회사와 개인이 별개의 인격체임을 내세워 회사 설립 전 개인의 채무 부담행위에 대한 회사의 책임을 부인하는 것이 심히 정의와 형평에 반한다고 인정되는 때에는 회사에 대하여 회사 설립 전에 개인이 부담한 채무의 이행을 청구하는 것도 가능하다고 보아야 한다(대판 2021.4.15. 2019다293449).

⑤ [×] 개인의 채무 부담행위에 대한 회사의 책임을 부인하는 것이 심히 정의와 형평에 반한다고 인정되어 회사에 대하여 개인이 부담한 채무의 이행을 청구하는 법리는 채무면탈을 목적으로 회사가 새로 설립된 경우뿐 아니라 같은 목적으로 기존 회사의 법인격이 이용되는 경우에도 적용되는데, 여기에는 회사가 이름뿐이고 실질적으로는 개인기업에 지나지 않은 상태로 될 정도로 형해화된 경우와 회사의 법인격이 형해화될 정도에 이르지 않더라도 개인이 회사의 법인격을 남용하는 경우가 있을 수 있다. 이때 회사의 법인격이 형해화되었다고 볼 수 있는지 여부는 원칙적으로 문제가 되고 있는 법률행위나 사실행위를 한 시점을 기준으로, 회사의 법인격이 형해화될 정도에 이르지 않더라도 개인이 회사의 법인격을 남용하였는지 여부는 채무면탈 등의 남용행위를 한 시점을 기준으로 각 판단하여야 한다(대판 2023.2.2. 2022다276703).

답 ⑤

제2절 | 회사의 설립

13 CPA 2018

☑ 확인Check! ○ △ ×

상법상 회사에 관한 설명으로 옳은 것은?

① 민사회사는 상행위 이외의 행위를 영업으로 하는 회사로서 영리성이 없기 때문에 상법상 회사가 될 수 없다.

② 회사가 아니면 상호에 회사임을 표시하는 문구를 사용하지 못하지만 회사의 영업을 양수한 경우에는 그러하지 아니하다.

③ 유한책임회사의 외부관계에 관하여는 정관이나 상법에 다른 규정이 없으면 합명회사에 관한 규정을 준용한다.

④ 합자회사의 유한책임사원은 신용 또는 노무를 출자의 목적으로 할 수 있다.

⑤ 합명회사의 사원은 신용 또는 노무는 물론 채권을 출자의 목적으로 할 수 있다.

해설

① [×] 이 법에서 "회사"란 상행위나 그 밖의 영리를 목적으로 하여 설립한 법인을 말한다(상법 제169조). 따라서 상행위 이외의 행위를 영리의 목적으로 하는 회사인 민사회사도 상법상 회사이다.

② [×] 회사가 아니면 상호에 회사임을 표시하는 문자를 사용하지 못한다. 회사의 영업을 양수한 경우에도 같다(상법 제20조).

③ [×] 유한책임회사의 내부관계에 관하여는 정관이나 이 법에 다른 규정이 없으면 합명회사에 관한 규정을 준용한다(상법 제287조의18).

④ [×], ⑤ [○] 대외적으로 채권자에게 무한책임을 지는 합명회사의 사원과 합자회사의 무한책임사원은 출자의 목적에 제한이 없어 채권 뿐만 아니라 노무와 신용을 출자의 목적으로 할 수 있으나, 유한책임을 지는 합자회사의 유한책임사원, 유한회사와 유한책임회사의 사원, 주식회사의 주주는 노무와 신용을 출자의 목적으로 할 수 없다.

> **상법 제272조(유한책임사원의 출자)**
> (합자회사의) 유한책임사원은 신용 또는 노무를 출자의 목적으로 하지 못한다.

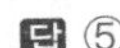 ⑤

14 CPA 2015

☑ 확인 Check! ○ △ ✕

상법상 회사설립 시 신용이나 노무의 출자가 허용되는 자는?

① 합명회사의 사원
② 합자회사의 유한책임사원
③ 유한책임회사의 사원
④ 주식회사의 주주
⑤ 유한회사의 사원

해설

대외적으로 채권자에게 무한책임을 지는 합명회사의 사원과 합자회사의 무한책임사원은 노무와 신용을 출자의 목적으로 할 수 있으나, 유한책임을 지는 합자회사의 유한책임사원, 유한회사와 유한책임회사의 사원, 주식회사의 주주는 노무와 신용을 출자의 목적으로 할 수 없다.

① [O] (합명회사에서) 퇴사한 사원은 노무 또는 신용으로 출자의 목적으로 한 경우에도 그 지분의 환급을 받을 수 있다. 그러나 정관에 다른 규정이 있는 때에는 그러하지 아니하다(상법 제222조).
② [✕] (합자회사의) 유한책임사원은 신용 또는 노무를 출자의 목적으로 하지 못한다(상법 제272조).
③ [✕] (유한책임회사의) 사원은 신용이나 노무를 출자의 목적으로 하지 못한다(상법 제287조의4 제1항).
④ [✕] 상법 제303조, 제305조 제1항

상법 제303조(주식인수인의 의무)
주식인수를 청약한 자는 발기인이 배정한 주식의 수에 따라서 인수가액을 납입할 의무를 부담한다.

상법 제305조(주식에 대한 납입)
① 회사설립 시에 발행하는 주식의 총수가 인수된 때에는 발기인은 지체없이 주식인수인에 대하여 각 주식에 대한 인수가액의 전액을 납입시켜야 한다.

⑤ [✕] 상법 제546조, 제548조 제1항

상법 제546조(출자 1좌의 금액의 제한)
(유한회사에서) 출자 1좌의 금액은 100원 이상으로 균일하게 하여야 한다.

상법 제548조(출자의 납입)
① (유한회사의) 이사는 사원으로 하여금 출자전액의 납입 또는 현물출자의 목적인 재산전부의 급여를 시켜야 한다.

답 ①

15 세무사 2020

☑ 확인Check! ○ △ ✕

상법상 회사설립 시 신용 또는 노무를 출자의 목적으로 할 수 있는 자는?

① 유한회사의 사원
② 합자회사의 유한책임사원
③ 유한책임회사의 사원
④ 주식회사의 주주
⑤ 합명회사의 사원

해설

대외적으로 채권자에게 무한책임을 지는 합명회사의 사원과 합자회사의 무한책임사원은 노무와 신용을 출자의 목적으로 할 수 있으나, 유한책임을 지는 합자회사의 유한책임사원, 유한회사와 유한책임회사의 사원, 주식회사의 주주는 노무와 신용을 출자의 목적으로 할 수 없다.

① [✕] 상법 제546조, 제548조 제1항

상법 제546조(출자 1좌의 금액의 제한)
(유한회사에서) 출자 1좌의 금액은 100원 이상으로 균일하게 하여야 한다.

상법 제548조(출자의 납입)
① (유한회사의) 이사는 사원으로 하여금 출자전액의 납입 또는 현물출자의 목적인 재산전부의 급여를 시켜야 한다.

② [✕] (합자회사의) 유한책임사원은 신용 또는 노무를 출자의 목적으로 하지 못한다(상법 제272조).
③ [✕] (유한책임회사의) 사원은 신용이나 노무를 출자의 목적으로 하지 못한다(상법 제287조의4 제1항).
④ [✕] 상법 제303조, 제305조 제1항

상법 제303조(주식인수인의 의무)
주식인수를 청약한 자는 발기인이 배정한 주식의 수에 따라서 인수가액을 납입할 의무를 부담한다.

상법 제305조(주식에 대한 납입)
① 회사설립 시에 발행하는 주식의 총수가 인수된 때에는 발기인은 지체없이 주식인수인에 대하여 각 주식에 대한 인수가액의 전액을 납입시켜야 한다.

⑤ [O] (합명회사에서) 퇴사한 사원은 노무 또는 신용으로 출자의 목적으로 한 경우에도 그 지분의 환급을 받을 수 있다. 그러나 정관에 다른 규정이 있는 때에는 그러하지 아니하다(상법 제222조).

답 ⑤

16 세무사 2023

☑ 확인 Check! ○ △ ×

상법상 회사의 설립에 관한 설명으로 옳지 않은 것은?

① 회사는 설립등기함으로써 성립한다.
② 본점의 소재지는 정관의 절대적 기재사항이다.
③ 회사가 설립 시 지점을 둔 경우에 지점소재지는 설립등기사항이다.
④ 모든 회사에서 정관은 정관에 일정한 사항을 기재하고 사원 또는 발기인이 기명날인 또는 서명한 후 공증인의 인증을 받아야 효력이 발생한다.
⑤ 회사의 설립무효의 소의 제기기간은 회사성립일로부터 2년 내이다.

해설

① [O] 회사는 본점소재지에서 설립등기를 함으로써 성립한다(상법 제172조).

② [O] 합명회사(상법 제179조 제5호 참조), 합자회사(상법 제270조 참조), 유한책임회사(상법 제287조의3 제1호 참조), 주식회사(상법 제289조 제1항 제6호 참조), 유한회사(상법 제543조 제2항 제5호 참조) 모두 본점의 소재지는 정관의 절대적 기재사항이다.

③ [O] 합명회사(상법 제180조 제1호 참조), 합자회사(상법 제271조 참조), 유한책임회사(상법 제287조의5 제1항 제1호 참조), 주식회사(상법 제317조 제2항 제3호의4 참조), 유한회사(상법 제549조 제2항 제1호 참조) 모두 회사가 설립 시 지점을 둔 때에는 그 소재지는 설립등기사항이다.

④ [×] 주식회사와 유한회사의 경우에는 공증인의 인증을 받아야 정관의 효력이 발생하나(상법 제292조, 제543조 제3항 참조), 합명회사, 합자회사, 유한책임회사의 경우에는 정관에 공증인의 인증을 요하지 않는다.

> **상법 제292조(정관의 효력발생)**
> (주식회사) 정관은 공증인의 인증을 받음으로써 효력이 생긴다. 다만, 자본금 총액이 10억원 미만인 회사를 제295조 제1항에 따라 발기설립하는 경우에는 제289조 제1항에 따라 각 발기인이 정관에 기명날인 또는 서명함으로써 효력이 생긴다.
>
> **상법 제543조(정관의 작성, 절대적 기재사항)**
> ③ 제292조의 규정은 유한회사에 준용한다.

⑤ [O] 합명회사(상법 제184조 제1항 참조), 합자회사(상법 제269조 참조), 유한책임회사(상법 제287조의6 참조), 주식회사(상법 제328조 제1항 참조), 유한회사(상법 제552조 제1항 참조) 모두 설립무효의 소의 제소기간은 회사성립의 날로부터 2년 내이다.

답 ④

PART 3

17 세무사 2022

☑ 확인Check! ○ △ ×

상법상 회사의 설립에 관한 설명으로 옳은 것은?

① 합명회사, 합자회사, 유한책임회사에서 사원의 출자목적은 정관의 절대적 기재사항이다.
② 합명회사 및 합자회사의 경우 사원의 성명 · 주민등록번호 및 주소는 정관의 절대적 기재사항이지만, 유한회사의 경우에는 그러하지 아니하다.
③ 모든 회사의 설립등기사항은 동일하다.
④ 주식회사의 설립과정에서 발기인이나 주식인수인이 주식을 인수해야 하므로 회사는 설립등기 이전에 주권을 발행해야 한다.
⑤ 모든 회사는 지점소재지에서 3주간 내에 설립등기를 하여야 한다.

해설

① [O] 합명회사(상법 제179조 제4호), 합자회사(상법 제270조), 유한책임회사(상법 제287조의3 제2호)의 경우 사원의 출자목적은 정관의 절대적 기재사항이다. 그러나 주식회사와 유한회사의 경우에는 정관의 절대적 기재사항이 아니다.
② [×] 합명회사(상법 제179조 제3호), 합자회사(상법 제270조), 유한회사(상법 제543조 제2항 제1호), 유한책임회사(상법 제287조의3 제1호)에서 사원의 성명 · 주민등록번호 및 주소는 정관의 절대적 기재사항이다. 주식회사의 경우에는 발기인의 성명 · 주민등록번호 및 주소가 정관의 절대적 기재사항이다(상법 제289조 제8호).

더 살펴보기 회사 정관의 절대적 기재사항

회사	절대적 기재사항
합명회사 (상법 제179조)	1. 목 적 2. 상 호 3. 사원의 성명 · 주민등록번호 및 주소 4. 사원의 출자의 목적과 그 가격 또는 평가의 표준 5. 본점의 소재지 6. 정관의 작성연월일
합자회사 (상법 제270조)	1. 제179조에 게기한 사항 2. 각 사원의 무한책임 또는 유한책임인 것
유한책임회사 (상법 제287조의3)	1. 제179조 제1호부터 제3호까지, 제5호 및 제6호에서 정한 사항 2. 사원의 출자의 목적 및 가액 3. 자본금의 액 4. 업무집행자의 성명(법인인 경우에는 명칭) 및 주소
유한회사 (상법 제543조 제2항)	1. 제179조 제1호 내지 제3호에 정한 사항 2. 자본금의 총액 3. 출자1좌의 금액 4. 각 사원의 출자좌수 5. 본점의 소재지

주식회사 (상법 제289조)	1. 목 적 2. 상 호 3. 회사가 발행할 주식의 총수 4. 액면주식을 발행하는 경우 1주의 금액 5. 회사의 설립 시에 발행하는 주식의 총수 6. 본점의 소재지 7. 회사가 공고를 하는 방법 8. 발기인의 성명・주민등록번호 및 주소

③ [×] 회사의 설립등기사항에는 종류별로 차이가 있다(상법 제180조, 제271조, 제287조의5, 제317조 제2항, 제549조 제2항).

④ [×] 주권은 회사의 성립 후 또는 신주의 납입기일후가 아니면 발행하지 못하는데(상법 제355조 제2항), 회사는 본점소재지에서 설립등기를 함으로써 성립하므로(상법 제172조), 주식회사는 설립등기 이전에는 주권을 발행할 수 없다.

⑤ [×] 주식회사(상법 제317조 제1항, 제172조), 유한회사(상법 제549조, 제172조)는 설립절차가 종결한 날로부터 2주 내에 본점소재지에서 설립등기를 하여야 한다. 그러나 합명회사(상법 제180조), 합자회사(상법 제271조), 유한책임회사(상법 제287조의5)의 경우에는 설립등기기간이 없다.

상법 제317조(설립의 등기)

① 주식회사의 설립등기는 발기인이 회사설립 시에 발행한 주식의 총수를 인수한 경우에는 제299조와 제300조의 규정에 의한 절차가 종료한 날로부터, 발기인이 주주를 모집한 경우에는 창립총회가 종결한 날 또는 제314조의 규정에 의한 절차가 종료한 날로부터 2주간 내에 이를 하여야 한다.

상법 제549조(설립의 등기)

① 유한회사의 설립등기는 제548조의 납입 또는 현물출자의 이행이 있은 날로부터 2주간 내에 하여야 한다.

답 ①

PART 3

18 세무사 2022

☑ 확인Check! ○ △ ✕

상법상 회사설립무효의 소에 관한 설명으로 옳지 않은 것은?

① 합명회사의 설립의 무효는 그 사원에 한하여 소만으로 이를 주장할 수 있다.
② 합자회사의 설립무효의 소의 제소기간은 회사성립의 날로부터 2년 내이다.
③ 주식회사의 설립무효의 소의 경우 주주 뿐만 아니라 이사도 소를 제기할 수 있다.
④ 유한책임회사의 설립무효의 소의 경우 그 소를 제기할 수 있는 자는 사원에 한정된다.
⑤ 유한회사의 설립무효의 소는 감사도 제기할 수 있다.

▌해설▌

① [O] (합명)회사의 설립의 무효는 그 사원에 한하여, 설립의 취소는 그 취소권있는 자에 한하여 회사성립의 날로부터 2년 내에 소만으로 이를 주장할 수 있다(상법 제184조 제1항).
② [O] 합자회사에는 본장에 다른 규정이 없는 사항은 합명회사에 관한 규정을 준용한다(상법 제269조).
③ [O] (주식)회사설립의 무효는 주주・이사 또는 감사에 한하여 회사성립의 날로부터 2년 내에 소만으로 이를 주장할 수 있다(상법 제328조 제1항).
④ [X] 유한책임회사의 설립의 무효와 취소에 관하여는 제184조부터 제194조까지의 규정을 준용한다. 이 경우 제184조(설립무효, 취소의 소) 중 "사원"은 "사원 및 업무집행자"로 본다(상법 제287조의6). 따라서 유한책임회사의 경우 사원 및 업무집행자가 설립무효의 소의 제소권자이다.
⑤ [O] (유한)회사의 설립의 무효는 그 사원, 이사와 감사에 한하여 설립의 취소는 그 취소권있는 자에 한하여 회사설립의 날로부터 2년 내에 소만으로 이를 주장할 수 있다(상법 제552조 제1항).

더 살펴보기 회사설립무효의 소 제소권자 및 제소기간

구 분	합명・합자회사	유한책임회사	주식회사	유한회사
제소권자	사원	사원, 업무집행자	주주, 이사, 감사	사원, 이사, 감사
제소기간	회사설립의 날로부터 2년			

답 ④

19 법무사 2022

☑ 확인Check! ○ △ ✕

합명회사의 설립무효, 취소에 관한 다음 설명 중 가장 옳지 않은 것은? 기출수정

① 회사의 설립의 무효는 그 사원에 한하여, 설립의 취소는 그 취소권 있는 자에 한하여 회사성립의 날로부터 2년 내에 소만으로 이를 주장할 수 있는데, 사원은 사원의 주소지 법원에 설립무효의 소를 제기할 수 있다.
② 설립무효의 판결 또는 설립취소의 판결은 제3자에 대하여도 그 효력이 있으나 판결확정 전에 생긴 회사와 사원 및 제3자 간의 권리의무에 영향을 미치지 아니한다.
③ 수개의 설립무효의 소 또는 설립취소의 소가 제기된 때에는 법원은 이를 병합심리하여야 한다.
④ 설립무효의 판결 또는 설립취소의 판결이 확정된 때에는 본점의 소재지에서 등기하여야 한다.
⑤ 설립무효의 판결 또는 설립취소의 판결이 확정된 때에는 해산의 경우에 준하여 청산하여야 한다.

해설

① [✕] 상법 제184조 제1항, 제186조

> **상법 제184조(설립무효, 취소의 소)**
> ① 회사의 설립의 무효는 그 사원에 한하여, 설립의 취소는 그 취소권 있는 자에 한하여 회사성립의 날로부터 2년 내에 소만으로 이를 주장할 수 있다.
>
> **상법 제186조(전속관할)**
> 전2조의 소는 본점소재지의 지방법원의 관할에 전속한다.

② [O] 설립무효의 판결 또는 설립취소의 판결은 제3자에 대하여도 그 효력이 있다. 그러나 판결확정 전에 생긴 회사와 사원 및 제3자 간의 권리의무에 영향을 미치지 아니한다(상법 제190조).
③ [O] 수개의 설립무효의 소 또는 설립취소의 소가 제기된 때에는 법원은 이를 병합심리하여야 한다(상법 제188조).
④ [O] 설립무효의 판결 또는 설립취소의 판결이 확정된 때에는 본점의 소재지에서 등기하여야 한다(상법 제192조).
⑤ [O] 설립무효의 판결 또는 설립취소의 판결이 확정된 때에는 해산의 경우에 준하여 청산하여야 한다(상법 제193조 제1항).

답 ①

20 법무사 2021

☑ 확인 Check! ○ △ ×

회사의 설립에 관한 다음 설명 중 가장 옳지 않은 것은?

① 설립 중의 회사로서의 실체가 갖추어지기 이전에 발기인이 취득한 권리의무는 구체적인 사정에 따라 발기인 개인 또는 발기인 조합에 귀속되고, 이후 양수나 계약자 지위인수 등의 특별한 이전행위 없이 설립 후의 회사에게 귀속된다.

② 주식회사 설립의 무효는 주주・이사 또는 감사에 한하여 회사성립의 날로부터 2년 내에 소만으로 이를 주장할 수 있다.

③ 합명회사와 합자회사에서는 설립무효의 판결 또는 설립취소의 판결이 확정된 경우에 그 무효나 취소의 원인이 특정한 사원에 한한 것인 때에는 다른 사원 전원의 동의로써 회사를 계속할 수 있다.

④ 주식회사의 설립과정에서 설립 중의 회사는 정관이 작성되고 발기인이 적어도 1주 이상의 주식을 인수하였을 때 성립한다.

⑤ 주식회사설립무효의 소가 그 심리 중에 원인이 된 하자가 보완되고 회사의 현황과 제반사정을 참작하여 설립을 무효로 하는 것이 부적당하다고 인정한 때에는 법원은 그 청구를 기각할 수 있다.

▌해설▐

① [×] 설립 중의 회사로서의 실체가 갖추어지기 이전에 발기인이 취득한 권리의무는 구체적인 사정에 따라 발기인 개인 또는 발기인 조합에 귀속되는 것으로서, <u>이들에게 귀속된 권리의무를 설립 후의 회사에게 귀속시키기 위하여는 양수나 계약자 지위인수 등의 특별한 이전행위가 있어야 한다</u>(대판 1998.5.12. 97다56020).

② [○], ⑤ [○] 상법 제328조, 제189조

> **상법 제328조(설립무효의 소)**
> ① 회사설립의 무효는 주주・이사 또는 감사에 한하여 회사성립의 날로부터 2년 내에 소만으로 이를 주장할 수 있다.
> ② 제186조 내지 제193조의 규정은 제1항의 소에 준용한다.
>
> **상법 제189조(하자의 보완 등과 청구의 기각)**
> 설립무효의 소 또는 설립취소의 소가 그 심리 중에 원인이 된 하자가 보완되고 회사의 현황과 제반사정을 참작하여 설립을 무효 또는 취소하는 것이 부적당하다고 인정한 때에는 법원은 그 청구를 기각할 수 있다.

③ [○] 합자회사에는 합명회사의 설립무효, 취소와 회사계속에 관한 규정인 상법 제194조를 준용한다.

> **상법 제194조(설립무효, 취소와 회사계속)**
> ① 설립무효의 판결 또는 설립취소의 판결이 확정된 경우에 그 무효나 취소의 원인이 특정한 사원에 한한 것인 때에는 다른 사원 전원의 동의로써 회사를 계속할 수 있다.
>
> **상법 제269조(준용규정)**
> 합자회사에는 본장에 다른 규정이 없는 사항은 합명회사에 관한 규정을 준용한다.

④ [○] 설립 중의 회사는 정관이 작성되고 발기인이 적어도 1주 이상의 주식을 인수하였을 때 비로소 성립한다(대판 1998.5.12. 97다56020).

답 ①

21 세무사 2020

☑ 확인Check! ○ △ ✕

상법상 소송의 원고적격에 관한 설명으로 옳은 것을 모두 고른 것은?

ㄱ. 합명회사의 사원이 그 채권자를 해할 것을 알고 회사를 설립한 때에는 채권자는 그 사원과 회사에 대한 소로 회사의 설립취소를 청구할 수 있다.
ㄴ. 주식회사의 채권자는 주주총회결의 취소의 소를 제기할 수 없으나 설립무효의 소는 제기할 수 있다.
ㄷ. 주식의 포괄적 교환을 승인하지 아니한 채권자는 포괄적 교환 무효의 소를 제기할 수 있다.
ㄹ. 분할에 찬성한 주주는 분할무효의 소를 제기할 수 없다.

① ㄱ
② ㄱ, ㄷ
③ ㄱ, ㄹ
④ ㄴ, ㄷ
⑤ ㄴ, ㄹ

해설

ㄱ. [O] 사원이 그 채권자를 해할 것을 알고 회사를 설립한 때에는 채권자는 그 사원과 회사에 대한 소로 회사의 설립취소를 청구할 수 있다(상법 제185조).

ㄴ. [×] 주식회사의 설립무효의 소, 주주총회결의 취소의 소 모두 주주・이사・감사가 제기할 수 있고 채권자는 제기할 수 없다(상법 제328조 제1항, 제376조 제1항 참조).

> **상법 제328조(설립무효의 소)**
> ① 회사설립의 무효는 주주・이사 또는 감사에 한하여 회사성립의 날로부터 2년 내에 소만으로 이를 주장할 수 있다.
>
> **상법 제376조(결의취소의 소)**
> ① 총회의 소집절차 또는 결의방법이 법령 또는 정관에 위반하거나 현저하게 불공정한 때 또는 그 결의의 내용이 정관에 위반한 때에는 주주・이사 또는 감사는 결의의 날로부터 2월 내에 결의취소의 소를 제기할 수 있다.

ㄷ. [×] 주식교환의 무효는 각 회사의 주주・이사・감사・감사위원회의 위원 또는 청산인에 한하여 주식교환의 날부터 6월 내에 소만으로 이를 주장할 수 있다(상법 제360조의14 제1항).

ㄹ. [×] 주주는 분할에 찬성・반대와 관계없이 분할무효의 소를 제기할 수 있다(상법 제530조의11 제1항, 제529조 제1항 참조).

> **상법 제530조의11(준용규정)**
> ① 분할 또는 분할합병의 경우에는 제234조, 제237조부터 제240조까지, 제329조의2, 제440조부터 제443조까지, 제526조, 제527조, 제527조의6, 제528조 및 제529조를 준용한다. 다만, 제527조의 설립위원은 대표이사로 한다.
>
> **상법 제529조(합병무효의 소)**
> ① 합병무효는 각 회사의 주주・이사・감사・청산인・파산관재인 또는 합병을 승인하지 아니한 채권자에 한하여 소만으로 이를 주장할 수 있다.

답 ①

PART 3

제3절 | 회사의 합병

22 CPA 2023

☑ 확인 Check! ○ △ ×

상법상 회사에 관한 설명으로 옳은 것은?

① 기본적 상행위가 아닌 그 밖의 행위를 영리 목적으로 하여 설립한 법인은 회사가 될 수 없다.

② 합명회사는 다른 합명회사의 사원이 될 수 있다.

③ 이해관계인이나 검사는 부득이한 사유가 있는 때에는 유한회사의 해산판결을 법원에 청구할 수 있다.

④ 해산후의 회사는 존립 중의 회사를 존속하는 회사로 하는 경우에 한하여 합병을 할 수 있다.

⑤ 합자회사와 주식회사의 합병으로 인하여 신회사를 설립하는 경우에는 정관의 작성 기타 설립에 관한 행위는 주식회사에서 선임한 설립위원이 단독으로 하여야 한다.

해설

① [×] 이 법에서 "회사"란 상행위나 그 밖의 영리를 목적으로 하여 설립한 법인을 말한다(상법 제169조). 참고로 상행위를 영업으로 하는 회사를 상사회사라 하고, 상행위 외의 행위를 영업으로 하는 회사를 민사회사라 한다.

② [×] 회사는 다른 회사의 무한책임사원이 되지 못한다(상법 제173조). 따라서 합명회사는 무한책임사원으로만 구성되므로 합명회사는 다른 합명회사의 사원이 될 수 없다.

③ [×] 발행주식의 총수의 100분의 10 이상에 해당하는 출자좌수를 가진 사원은 부득이한 사유가 있는 때에는 유한회사의 해산판결을 법원에 청구할 수 있다(상법 제613조 제1항, 제520조 제1항 참조). 참고로 이해관계인이나 검사는 해산명령을 법원에 청구할 수 있다(상법 제176조 참조).

> **상법 제613조(준용규정)**
>
> ① 제228조, 제245조, 제252조 내지 제255조, 제259조, 제260조, 제264조, 제520조, 제531조 내지 제537조, 제540조와 제541조의 규정은 유한회사에 준용한다.
>
> **상법 제520조(해산판결)**
>
> ① 다음의 경우에 부득이한 사유가 있는 때에는 발행주식의 총수의 100분의 10 이상에 해당하는 주식을 가진 주주는 회사의 해산을 법원에 청구할 수 있다.
> 1. 회사의 업무가 현저한 정돈상태를 계속하여 회복할 수 없는 손해가 생긴 때 또는 생길 염려가 있는 때
> 2. 회사재산의 관리 또는 처분의 현저한 실당으로 인하여 회사의 존립을 위태롭게 한 때
>
> **상법 제176조(회사의 해산명령)**
>
> ① 법원은 다음의 사유가 있는 경우에는 이해관계인이나 검사의 청구에 의하여 또는 직권으로 회사의 해산을 명할 수 있다.
> 1. 회사의 설립목적이 불법한 것인 때
> 2. 회사가 정당한 사유없이 설립후 1년 내에 영업을 개시하지 아니하거나 1년 이상 영업을 휴지하는 때
> 3. 이사 또는 회사의 업무를 집행하는 사원이 법령 또는 정관에 위반하여 회사의 존속을 허용할 수 없는 행위를 한 때

④ [O] 해산후의 회사는 존립 중의 회사를 존속하는 회사로 하는 경우에 한하여 합병을 할 수 있다(상법 제174조 제3항).
⑤ [×] 회사의 합병으로 인하여 신회사를 설립하는 경우에는 정관의 작성 기타 설립에 관한 행위는 각 회사에서 선임한 설립위원이 공동으로 하여야 한다(상법 제175조 제1항).

답 ④

23 CPA 2020

☑ 확인Check! ○ △ ×

상법상 회사에 관한 설명으로 틀린 것은?

① 회사란 상행위나 그 밖의 영리를 목적으로 하여 설립한 법인을 말한다.
② 회사는 본점소재지에서 설립등기를 함으로써 성립한다.
③ 회사의 주소는 본점소재지에 있는 것으로 한다.
④ 회사의 업무를 집행하는 사원이 정관에 위반하여 회사의 존속을 허용할 수 없는 행위를 한 때에는, 법원은 직권으로 회사의 해산을 명할 수 있다.
⑤ 해산 후의 회사는 존립 중의 회사를 존속하는 회사로 하는 경우에는 합병할 수 없다.

해설

① [O] 이 법에서 "회사"란 상행위나 그 밖의 영리를 목적으로 하여 설립한 법인을 말한다(상법 제169조).
② [O] 회사는 본점소재지에서 설립등기를 함으로써 성립한다(상법 제172조).
③ [O] 회사의 주소는 본점소재지에 있는 것으로 한다(상법 제171조).
④ [O] 상법 제176조 제1항 제3호

상법 제176조(회사의 해산명령)

① 법원은 다음의 사유가 있는 경우에는 이해관계인이나 검사의 청구에 의하여 또는 직권으로 회사의 해산을 명할 수 있다.
1. 회사의 설립목적이 불법한 것인 때
2. 회사가 정당한 사유없이 설립후 1년 내에 영업을 개시하지 아니하거나 1년 이상 영업을 휴지하는 때
3. 이사 또는 회사의 업무를 집행하는 사원이 법령 또는 정관에 위반하여 회사의 존속을 허용할 수 없는 행위를 한 때

⑤ [×] 해산 후의 회사는 존립 중의 회사를 존속하는 회사로 하는 경우에 한하여 합병을 할 수 있다(상법 제174조 제3항).

답 ⑤

PART 3

24 CPA 2015

☑ 확인 Check! ○ △ ✕

상법상 회사의 합병에 관한 설명 중 틀린 것은?

① 합병을 하는 회사의 일방 또는 쌍방이 주식회사, 유한회사 또는 유한책임회사인 경우에는 합병 후 존속하는 회사나 합병으로 설립되는 회사는 주식회사, 유한회사 또는 유한책임회사이어야 한다.

② 유한회사와 주식회사가 합병하는 경우 합병 후 존속하는 회사 또는 합병으로 인하여 설립되는 회사가 주식회사인 때에는 법원의 인가를 얻어야 한다.

③ 유한회사와 주식회사의 합병으로 인하여 존속하는 회사가 유한회사인 경우 주식회사는 사채의 상환을 완료하여야 한다.

④ 주식회사 간 흡수합병의 경우 소멸회사 총주주의 동의가 있거나 그 회사 발행주식총수의 90% 이상을 존속회사가 소유하고 있는 때에는 존속회사 주주총회 승인을 이사회 승인으로 갈음할 수 있다.

⑤ 주식회사 간 흡수합병의 경우 존속회사가 소멸회사의 주주에게 제공하는 재산이 존속회사의 모회사주식을 포함하는 때에는 존속회사는 그 지급을 위하여 모회사주식을 취득할 수 있다.

▌해설▐

① [O] 합병을 하는 회사의 일방 또는 쌍방이 주식회사, 유한회사 또는 유한책임회사인 경우에는 합병 후 존속하는 회사나 합병으로 설립되는 회사는 주식회사, 유한회사 또는 유한책임회사이어야 한다(상법 제174조 제1항).

② [O] 유한회사가 주식회사와 합병하는 경우에 합병후 존속하는 회사 또는 합병으로 인하여 설립되는 회사가 주식회사인 때에는 법원의 인가를 얻지 아니하면 합병의 효력이 없다(상법 제600조 제1항).

③ [O] 합병을 하는 회사의 일방이 사채의 상환을 완료하지 아니한 주식회사인 때에는 합병후 존속하는 회사 또는 합병으로 인하여 설립되는 회사는 유한회사로 하지 못한다(상법 제600조 제2항).

④ [✕] 합병할 회사의 일방이 합병후 존속하는 경우에 합병으로 인하여 소멸하는 회사의 총주주의 동의가 있거나 그 회사의 발행주식총수의 100분의 90이상을 합병후 존속하는 회사가 소유하고 있는 때에는 합병으로 인하여 소멸하는 회사의 주주총회의 승인은 이를 이사회의 승인으로 갈음할 수 있다(상법 제527조의2 제1항).

⑤ [O] 제342조의2(자회사에 의한 모회사주식의 취득금지)에도 불구하고 제523조(흡수합병의 합병계약서) 제4호에 따라 소멸하는 회사의 주주에게 제공하는 재산이 존속하는 회사의 모회사주식을 포함하는 경우에는 존속하는 회사는 그 지급을 위하여 모회사주식을 취득할 수 있다(상법 제523조의2 제1항).

답 ④

25 세무사 2024

☑ 확인Check! ○ △ ✕

상법상 회사의 합병에 관한 설명으로 옳지 않은 것은?

① 합명회사와 주식회사는 합병할 수 있다.
② 유한회사가 주식회사를 존속회사로 하여 합병하는 경우에는 법원의 인가를 얻어야 한다.
③ 회사의 합병으로 인하여 신회사를 설립하는 경우에는 정관의 작성 기타 설립에 관한 행위는 각 회사에서 선임한 설립위원이 공동으로 하여야 한다.
④ 합병무효의 소의 제소기간은 합병등기가 있은 날부터 3월 이내이다.
⑤ 합병무효 판결의 효력은 소급하지 않는다.

해설

① [O] 합명회사와 주식회사는 합병할 수 있다. 다만 이 경우 합병 후 존속하는 회사나 합병으로 설립되는 회사는 주식회사이어야 한다(상법 제174조 제1항, 제2항 참조).

> **상법 제174조(회사의 합병)**
> ① 회사는 합병을 할 수 있다.
> ② 합병을 하는 회사의 일방 또는 쌍방이 주식회사, 유한회사 또는 유한책임회사인 경우에는 합병 후 존속하는 회사나 합병으로 설립되는 회사는 주식회사, 유한회사 또는 유한책임회사이어야 한다.

② [O] 유한회사가 주식회사와 합병하는 경우에 합병후 존속하는 회사 또는 합병으로 인하여 설립되는 회사가 주식회사인 때에는 법원의 인가를 얻지 아니하면 합병의 효력이 없다(상법 제600조 제1항). 주식회사 설립에 관한 엄격한 규제를 피하기 위한 방법으로 유한회사 설립 후 주식회사와 합병하는 것을 방지하기 위한 것이다.
③ [O] 회사의 합병으로 인하여 신회사를 설립하는 경우에는 정관의 작성 기타 설립에 관한 행위는 각 회사에서 선임한 설립위원이 공동으로 하여야 한다(상법 제175조 제1항).
④ [X] 합병무효의 소의 제소기간은 합병등기가 있은 날부터 6월 이내이다(상법 제236조 제2항, 제269조, 제529조 제2항, 제603조 참조).

> **상법 제236조(합병무효의 소의 제기)**
> ① 회사의 합병의 무효는 각 회사의 사원, 청산인, 파산관재인 또는 합병을 승인하지 아니한 회사채권자에 한하여 소만으로 이를 주장할 수 있다.
> ② 전항의 소는 제233조의 등기가 있은 날로부터 6월 내에 제기하여야 한다.
>
> **상법 제269조(준용규정)**
> 합자회사에는 본장에 다른 규정이 없는 사항은 합명회사에 관한 규정을 준용한다.
>
> **상법 제529조(합병무효의 소)**
> ① 합병무효는 각 회사의 주주·이사·감사·청산인·파산관재인 또는 합병을 승인하지 아니한 채권자에 한하여 소만으로 이를 주장할 수 있다.
> ② 제1항의 소는 제528조의 등기가 있은 날로부터 6월 내에 제기하여야 한다.

상법 제603조(준용규정)
제232조, 제234조, 제235조, 제237조 내지 제240조, 제443조, 제522조 제1항·제2항, 제522조의2, 제523조, 제524조, 제526조 제1항·제2항, 제527조 제1항 내지 제3항 및 제529조의 규정은 유한회사의 합병의 경우에 준용한다.

⑤ [○] 합병무효판결은 소급효를 제한하는 상법 제190조 단서를 준용하고 있으므로 장래효만 인정된다(상법 제240조, 제269조, 제530조 제2항, 제603조 참조).

상법 제240조(준용규정)
제186조 내지 제191조의 규정은 합병무효의 소에 준용한다.

상법 제190조(판결의 효력)
설립무효의 판결 또는 설립취소의 판결은 제3자에 대하여도 그 효력이 있다. 그러나 판결확정 전에 생긴 회사와 사원 및 제3자간의 권리의무에 영향을 미치지 아니한다.

상법 제269조(준용규정)
합자회사에는 본장에 다른 규정이 없는 사항은 합명회사에 관한 규정을 준용한다.

상법 제530조(준용규정)
② 제234조, 제235조, 제237조 내지 제240조, 제329조의2, 제374조 제2항, 제374조의2 제2항 내지 제5항 및 제439조 제3항의 규정은 주식회사의 합병에 관하여 이를 준용한다.

상법 제603조(준용규정)
제232조, 제234조, 제235조, 제237조 내지 제240조, 제443조, 제522조 제1항·제2항, 제522조의2, 제523조, 제524조, 제526조 제1항·제2항, 제527조 제1항 내지 제3항 및 제529조의 규정은 유한회사의 합병의 경우에 준용한다.

답 ④

26 세무사 2022

☑ 확인 Check! ○ △ ×

상법상 회사의 합병에 관한 설명으로 옳은 것은?

① 합명회사와 주식회사가 합병하는 경우 합명회사를 존속하는 회사로 할 수 있다.
② 합명회사와 합자회사가 합병하는 경우 합병승인의 결의는 사원총회의 특별결의로 한다.
③ 해산 후의 회사가 존립 중의 회사와 합병하는 경우 그 해산 후의 회사를 존속회사로 할 수 있다.
④ 주식회사를 존속회사로 정하여 주식회사와 유한회사가 합병하는 경우 물적회사 간의 합병이므로 법원의 인가는 필요없다.
⑤ 회사의 합병으로 인해 신회사를 설립하는 경우에는 정관의 작성 기타 설립에 관한 행위는 각 회사에서 선임한 설립위원이 공동으로 해야 한다.

▌해설▌

① [×] 합병을 하는 회사의 일방 또는 쌍방이 주식회사, 유한회사 또는 유한책임회사인 경우에는 합병 후 존속하는 회사나 합병으로 설립되는 회사는 주식회사, 유한회사 또는 유한책임회사이어야 한다(상법 제174조 제2항).

② [×] 합명회사와 합자회사가 합병하는 경우 합병승인의 결의는 총사원의 동의가 있어야 한다(상법 제230조, 제269조 참조).

③ [×] 해산후의 회사는 존립 중의 회사를 존속하는 회사로 하는 경우에 한하여 합병을 할 수 있다(상법 제174조 제3항).

④ [×] 유한회사가 주식회사와 합병하는 경우에 합병후 존속하는 회사 또는 합병으로 인하여 설립되는 회사가 주식회사인 때에는 법원의 인가를 얻지 아니하면 합병의 효력이 없다(상법 제600조 제1항). 주식회사 설립에 관한 엄격한 규제를 피하기 위한 방법으로 유한회사 설립 후 주식회사와 합병하는 것을 방지하기 위한 것이다.

⑤ [O] 회사의 합병으로 인하여 신회사를 설립하는 경우에는 정관의 작성 기타 설립에 관한 행위는 각 회사에서 선임한 설립위원이 공동으로 하여야 한다(상법 제175조 제1항).

답 ⑤

27 세무사 2020

☑ 확인 Check! ○ △ ×

상법상 합병에 관한 설명으로 옳은 것은?

① 간이합병이란 소멸회사의 주주에게 교부하기 위해 존속회사가 발행하는 신주의 총수가 발행주식총수의 10%를 초과하지 않는 합병을 말한다.

② 간이합병의 경우 채권자보호절차를 거쳐야 하나 소규모합병의 경우 채권자보호절차가 필요하지 않다.

③ 소규모합병의 경우 존속회사의 주주총회 개최가 없더라도 합병에 반대하는 존속회사의 주주에게는 주식매수청구권이 인정된다.

④ 존속하는 회사가 합병으로 소멸하는 회사의 주주에게 그 대가의 전부를 금전으로 제공할 수 없다.

⑤ 합병후 존속하는 회사가 주식회사인 경우에 합병할 회사의 일방 또는 쌍방이 합명회사 또는 합자회사인 때에는 총사원의 동의를 얻어 합병계약서를 작성하여야 한다.

▌해설▌

① [×] 합병할 회사의 일방이 합병후 존속하는 경우에 합병으로 인하여 소멸하는 회사의 총주주의 동의가 있거나 그 회사의 발행주식총수의 100분의 90이상을 합병후 존속하는 회사가 소유하고 있는 때에는 합병으로 인하여 소멸하는 회사의 주주총회의 승인은 이를 이사회의 승인으로 갈음할 수 있는데(상법 제527조의2 제1항) 이를 간이합병이라고 한다.

> **상법 제527조의5(채권자보호절차)**
> ① 회사는 제522조의 주주총회의 승인결의가 있은 날부터 2주 내에 채권자에 대하여 합병에 이의가 있으면 1월이상의 기간내에 이를 제출할 것을 공고하고 알고 있는 채권자에 대하여는 따로따로 이를 최고하여야 한다.
> ② 제1항의 규정을 적용함에 있어서 제527조의2(간이합병) 및 제527조의3(소규모합병)의 경우에는 이사회의 승인결의를 주주총회의 승인결의로 본다.

PART 3

② [×] 간이합병과 소규모합병 모두 채권자보호절차를 거쳐야 하고, 이 경우 이사회 승인결의를 주주총회 승인결의로 본다(상법 제527조의5 제2항 참조).

③ [×] 소규모합병의 경우 합병에 반대하는 존속회사의 주주는 주식매수청구권을 행사할 수 없다(상법 제527조의3 제5항 참조).

> **상법 제527조의3(소규모합병)**
>
> ① 합병 후 존속하는 회사가 합병으로 인하여 발행하는 신주 및 이전하는 자기주식의 총수가 그 회사의 발행주식총수의 100분의 10을 초과하지 아니하는 경우에는 그 존속하는 회사의 주주총회의 승인은 이를 이사회의 승인으로 갈음할 수 있다. 다만, 합병으로 인하여 소멸하는 회사의 주주에게 제공할 금전이나 그 밖의 재산을 정한 경우에 그 금액 및 그 밖의 재산의 가액이 존속하는 회사의 최종 대차대조표상으로 현존하는 순자산액의 100분의 5를 초과하는 경우에는 그러하지 아니하다.
>
> ⑤ 제1항 본문의 경우에는 제522조의3(합병반대주주의 주식매수청구권)의 규정은 이를 적용하지 아니한다.

④ [×] 존속하는 회사가 합병으로 소멸하는 회사의 주주에게 그 대가의 전부를 금전으로 제공할 수 있다(상법 제523조 제4호 참조).

> **상법 제523조(흡수합병의 합병계약서)**
>
> 합병할 회사의 일방이 합병 후 존속하는 경우에는 합병계약서에 다음의 사항을 적어야 한다.
>
> 1. 존속하는 회사가 합병으로 인하여 그 발행할 주식의 총수를 증가하는 때에는 그 증가할 주식의 총수, 종류와 수
> 2. 존속하는 회사의 자본금 또는 준비금이 증가하는 경우에는 증가할 자본금 또는 준비금에 관한 사항
> 3. 존속하는 회사가 합병을 하면서 신주를 발행하거나 자기주식을 이전하는 경우에는 발행하는 신주 또는 이전하는 자기주식의 총수, 종류와 수 및 합병으로 인하여 소멸하는 회사의 주주에 대한 신주의 배정 또는 자기주식의 이전에 관한 사항
> 4. 존속하는 회사가 합병으로 소멸하는 회사의 주주에게 제3호에도 불구하고 그 대가의 전부 또는 일부로서 금전이나 그 밖의 재산을 제공하는 경우에는 그 내용 및 배정에 관한 사항
> 5. 각 회사에서 합병의 승인결의를 할 사원 또는 주주의 총회의 기일
> 6. 합병을 할 날
> 7. 존속하는 회사가 합병으로 인하여 정관을 변경하기로 정한 때에는 그 규정
> 8. 각 회사가 합병으로 이익배당을 할 때에는 그 한도액
> 9. 합병으로 인하여 존속하는 회사에 취임할 이사와 감사 또는 감사위원회의 위원을 정한 때에는 그 성명 및 주민등록번호

⑤ [O] 합병후 존속하는 회사 또는 합병으로 인하여 설립되는 회사가 주식회사인 경우에 합병할 회사의 일방 또는 쌍방이 합명회사 또는 합자회사인 때에는 총사원의 동의를 얻어 합병계약서를 작성하여야 한다(상법 제525조 제1항).

답 ⑤

28 CPA 2018

☑ 확인Check! ○ △ ✕

상법상 회사의 조직변경에 관한 설명으로 옳은 것은?

① 유한회사가 주식회사와 합병하여 합병후 존속하는 회사가 주식회사인 경우에는 이를 법원에 신고하여야 한다.

② 유한책임회사가 총사원의 동의에 의하여 주식회사로 변경하는 경우 조직변경할 때 발행하는 주식의 발행가액 총액은 회사에 현존하는 순재산액을 초과하지 못한다.

③ 주식회사가 유한회사로 변경하는 경우에는 사채의 상환을 완료한 때에 한하여 주주총회에 출석한 주주의 의결권의 3분의 2 이상의 수와 발행주식총수의 3분의 1 이상의 수의 결의로 그 조직을 변경할 수 있다.

④ 유한회사가 주식회사로 그 조직을 변경하는 경우 회사에 현존하는 순재산액이 조직변경으로 발행하는 주식의 발행가액 총액에 부족할 때에는 조직변경된 주식회사의 이사 및 감사는 연대하여 회사에 그 부족액을 지급할 책임이 있다.

⑤ 유한회사 또는 유한책임회사가 주식회사로 조직변경하는 경우에는 합병에서와 같은 채권자보호절차를 거치지 않아도 된다.

▌해설▐

① [✕] 유한회사가 주식회사와 합병하는 경우에 합병후 존속하는 회사 또는 합병으로 인하여 설립되는 회사가 주식회사인 때에는 법원의 인가를 얻지 아니하면 합병의 효력이 없다(상법 제600조 제1항).

② [O] 상법 제287조의44, 제607조 제1항·제2항

> **상법 제287조의44(준용규정)**
> 유한책임회사의 조직의 변경에 관하여는 제232조 및 제604조부터 제607조까지의 규정을 준용한다.
>
> **상법 제607조(유한회사의 주식회사로의 조직변경)**
> ① 유한회사는 총사원의 일치에 의한 총회의 결의로 주식회사로 조직을 변경할 수 있다. 다만, 회사는 그 결의를 정관으로 정하는 바에 따라 제585조의 사원총회의 결의로 할 수 있다.
> ② 제1항에 따라 조직을 변경할 때 발행하는 주식의 발행가액의 총액은 회사에 현존하는 순재산액을 초과하지 못한다.

③ [✕] 주식회사는 총주주의 일치에 의한 총회의 결의로 그 조직을 변경하여 이를 유한회사로 할 수 있다. 그러나 사채의 상환을 완료하지 아니한 경우에는 그러하지 아니하다(상법 제604조 제1항).

④ [✕] 유한회사가 주식회사로 그 조직을 변경하는 경우 회사에 현존하는 순재산액이 조직변경으로 발행하는 주식의 발행가액 총액에 부족할 때에는 조직변경 결의 당시의 유한회사의 이사, 감사 및 사원은 연대하여 회사에 그 부족액을 지급할 책임이 있다(상법 제607조 제1항, 제4항 참조).

PART 3

상법 제607조(유한회사의 주식회사로의 조직변경)

① 유한회사는 총사원의 일치에 의한 총회의 결의로 주식회사로 조직을 변경할 수 있다. 다만, 회사는 그 결의를 정관으로 정하는 바에 따라 제585조의 사원총회의 결의로 할 수 있다.

④ 제1항에 따라 조직을 변경하는 경우 회사에 현존하는 순재산액이 조직변경으로 발행하는 주식의 발행가액 총액에 부족할 때에는 제1항의 결의 당시의 이사, 감사 및 사원은 연대하여 회사에 그 부족액을 지급할 책임이 있다. 이 경우에 제550조 제2항 및 제551조 제2항·제3항을 준용한다.

⑤ [×] 유한회사 또는 유한책임회사가 주식회사로 조직변경하는 경우에는 합병에서와 같은 채권자보호절차를 거쳐야 한다(상법 제287조의44, 제608조, 제232조 참조).

상법 제287조의44(준용규정)

유한책임회사의 조직의 변경에 관하여는 제232조 및 제604조부터 제607조까지의 규정을 준용한다.

상법 제608조(준용규정)

제232조의 규정은 제604조와 제607조(유한회사의 주식회사로의 조직변경)의 조직변경의 경우에 준용한다.

상법 제232조(채권자의 이의)

① 회사는 합병의 결의가 있은 날부터 2주 내에 회사채권자에 대하여 합병에 이의가 있으면 일정한 기간내에 이를 제출할 것을 공고하고 알고 있는 채권자에 대하여는 따로따로 이를 최고하여야 한다. 이 경우 그 기간은 1월 이상이어야 한다.

② 채권자가 제1항의 기간내에 이의를 제출하지 아니한 때에는 합병을 승인한 것으로 본다.

③ 이의를 제출한 채권자가 있는 때에는 회사는 그 채권자에 대하여 변제 또는 상당한 담보를 제공하거나 이를 목적으로 하여 상당한 재산을 신탁회사에 신탁하여야 한다.

답 ②

29 세무사 2024

☑ 확인Check! ○ △ ×

상법상 회사의 조직변경에 관한 설명으로 옳은 것은? 기출수정

① 유한책임사원 전원이 퇴사한 경우에도 합자회사는 남아 있는 무한책임사원 과반수의 동의로 합명회사로 변경하여 계속할 수 있다.

② 합자회사의 유한책임사원이 전부 퇴사하여 무한책임사원 1인만 남은 경우, 무한책임사원을 새로 가입시켜 합자회사로 계속할 수 있다.

③ 주식회사는 주주총회의 특별결의로 유한회사로 조직변경을 할 수 있다.

④ 조직변경을 한 경우에는 본점의 소재지에서 3주일 내에 변경전의 회사는 해산등기를, 변경후의 회사는 설립등기를 해야 조직변경의 효력이 발생한다.

⑤ 유한회사에서 주식회사로 조직변경시 발행하는 주식의 발행가액의 총액은 회사에 현존하는 순자산액을 초과하지 못한다.

해설

① [×] 유한책임사원전원이 퇴사한 경우에도 무한책임사원은 그 전원의 동의로 합명회사로 변경하여 계속할 수 있다(상법 제286조 제2항).

② [×] 합자회사의 유한책임사원이 전부 퇴사하여 무한책임사원 1인만 남은 경우, 합자회사는 무한책임사원과 유한책임사원으로 구성되므로 유한책임사원을 새로 가입시켜 합자회사로 계속할 수 있다(상법 제268조, 제285조 제2항 참조).

> **상법 제268조(회사의 조직)**
> 합자회사는 무한책임사원과 유한책임사원으로 조직한다.
>
> **상법 제285조(해산, 계속)**
> ① 합자회사는 무한책임사원 또는 유한책임사원의 전원이 퇴사한 때에는 해산된다.
> ② 전항의 경우에 잔존한 무한책임사원 또는 유한책임사원은 전원의 동의로 새로 유한책임사원 또는 무한책임사원을 가입시켜서 회사를 계속할 수 있다.

③ [×] 주식회사는 총주주의 일치에 의한 총회의 결의로 그 조직을 변경하여 이를 유한회사로 할 수 있다. 그러나 사채의 상환을 완료하지 아니한 경우에는 그러하지 아니하다(상법 제604조 제1항).

④ [×] 조직변경을 한 경우에는 본점소재지에서 2주일 내에 변경전의 회사는 해산등기를, 변경후의 회사는 설립등기를 해야한다(상법 제243조, 제286조 제3항, 제287조의44, 제606조, 제607조 제5항 참조). 조직변경의 효력발생시기에 대하여는 등기시라는 것이 다수설이다.

> **상법 제243조(조직변경의 등기)**
> 합명회사를 합자회사로 변경한 때에는 본점의 소재지에서 2주일 내에 합명회사의 해산등기, 합자회사의 설립등기를 하여야 한다.
>
> **상법 제286조(조직변경)**
> ① 합자회사는 사원전원의 동의로 그 조직을 합명회사로 변경하여 계속할 수 있다.
> ③ 제1항과 제2항의 경우에는 본점의 소재지에서 2주일 내에 합자회사의 해산등기, 합명회사의 설립등기를 하여야 한다.
>
> **상법 제287조의44(준용규정)**
> 유한책임회사의 조직의 변경에 관하여는 제232조 및 제604조부터 제607조까지의 규정을 준용한다.
>
> **상법 제606조(조직변경의 등기)**
> 주식회사가 제604조에 따라 그 조직을 변경한 때에는 본점의 소재지에서 2주일 내에 주식회사의 해산등기, 유한회사의 설립등기를 하여야 한다.
>
> **상법 제607조(유한회사의 주식회사로의 조직변경)**
> ⑤ 제1항에 따라 조직을 변경하는 경우 제340조 제3항, 제601조 제1항, 제604조 제3항 및 제606조를 준용한다.

⑤ [O] 상법 제607조 제2항

> **상법 제607조(유한회사의 주식회사로의 조직변경)**
> ① 유한회사는 총사원의 일치에 의한 총회의 결의로 주식회사로 조직을 변경할 수 있다. 다만, 회사는 그 결의를 정관으로 정하는 바에 따라 제585조의 사원총회의 결의로 할 수 있다.
> ② 제1항에 따라 조직을 변경할 때 발행하는 주식의 발행가액의 총액은 회사에 현존하는 순재산액을 초과하지 못한다.

답 ⑤

30 세무사 2023

☑ 확인 Check! ○ △ ✕

상법상 조직변경이 인정되는 것을 모두 고른 것은?

ㄱ. 합명회사의 유한책임회사로의 조직변경
ㄴ. 합자회사의 합명회사로의 조직변경
ㄷ. 유한책임회사의 유한회사로의 조직변경
ㄹ. 유한회사의 주식회사로의 조직변경
ㅁ. 주식회사의 유한책임회사로의 조직변경

① ㄱ, ㄴ, ㄷ
② ㄱ, ㄷ, ㄹ
③ ㄴ, ㄷ, ㄹ
④ ㄴ, ㄹ, ㅁ
⑤ ㄷ, ㄹ, ㅁ

해설

ㄱ. [✕], ㄴ. [O], ㄷ. [✕], ㄹ. [O], ㅁ. [O] 상법상 회사의 조직변경은 성질이 비슷한 합명회사와 합자회사 상호 간(상법 제242조, 제286조 참조), 주식회사와 유한회사 상호 간(상법 제604조, 제607조 참조), 주식회사와 유한책임회사 상호 간(상법 제287조의43 참조)에만 허용된다.

답 ④

31 세무사 2020

☑ 확인 Check! ○ △ ×

상법상 회사의 조직변경에 관한 설명으로 옳지 않은 것은?

① 사채를 발행한 주식회사가 유한회사로 조직변경하기 위해서는 사채의 상환을 완료하여야 한다.
② 유한회사가 주식회사로 조직변경하는 경우 법원의 인가를 받지 아니하면 효력이 없다.
③ 주식회사가 유한회사로 조직변경한 후, 회사에 현존하는 순재산액이 자본금의 총액에 부족하여 결의당시의 이사가 부담하는 그 부족액에 대한 지급책임은 총사원의 동의로도 면제할 수 없다.
④ 합명회사의 사원으로서 조직변경에 의하여 합자회사의 유한책임사원이 된 자는 본점 등기 전에 생긴 회사채무에 대하여 등기 후 2년 내에는 무한책임사원의 책임을 면하지 못한다.
⑤ 유한회사는 정관에 규정이 있는 경우 사원총회 특별결의로 주식회사로 조직을 변경할 수 있다.

▌해설▌

① [O] 주식회사는 총주주의 일치에 의한 총회의 결의로 그 조직을 변경하여 이를 유한회사로 할 수 있다. 그러나 사채의 상환을 완료하지 아니한 경우에는 그러하지 아니하다(상법 제604조 제1항).
② [O] 상법 제607조 제3항
③ [×] 주식회사가 유한회사로 조직변경한 후, 회사에 현존하는 순재산액이 자본금의 총액에 부족하여 결의당시의 이사와 감사가 부담하는 그 부족액에 대한 지급책임은 총사원의 동의로 면제할 수 있다(상법 제605조 제2항, 제551조 제3항 참조). 그러나 주주의 책임은 총사원의 동의로도 면제할 수 없다(상법 제605조 제2항, 제551조 제2항 참조).

> **상법 제605조(이사, 주주의 순재산액전보책임)**
> ① 전조의 조직변경(주식회사의 유한회사에의 조직변경)의 경우에 회사에 현존하는 순재산액이 자본금의 총액에 부족하는 때에는 전조 제1항의 결의당시의 이사와 주주는 회사에 대하여 연대하여 그 부족액을 지급할 책임이 있다.
> ② 제550조 제2항과 제551조 제2항, 제3항의 규정은 전항의 경우에 준용한다.
>
> **상법 제551조(출자미필액에 대한 회사성립시의 사원 등의 책임)**
> ① 회사성립후에 출자금액의 납입 또는 현물출자의 이행이 완료되지 아니하였음이 발견된 때에는 회사성립당시의 사원, 이사와 감사는 회사에 대하여 그 납입되지 아니한 금액 또는 이행되지 아니한 현물의 가액을 연대하여 지급할 책임이 있다.
> ② 전항의 사원의 책임은 면제하지 못한다.
> ③ 제1항의 이사와 감사의 책임은 총사원의 동의가 없으면 면제하지 못한다.

④ [O] 합명회사사원으로서 제242조(조직변경) 제1항의 규정에 의하여 유한책임사원이 된 자는 전조의 규정에 의한 본점등기를 하기 전에 생긴 회사채무에 대하여는 등기 후 2년 내에는 무한책임사원의 책임을 면하지 못한다(상법 제244조).
⑤ [O] 상법 제607조 제1항 단서

> **상법 제607조(유한회사의 주식회사로의 조직변경)**
> ① 유한회사는 총사원의 일치에 의한 총회의 결의로 주식회사로 조직을 변경할 수 있다. 다만, 회사는 그 결의를 정관으로 정하는 바에 따라 제585조(정관변경의 특별결의)의 사원총회의 결의로 할 수 있다.
> ③ 제1항의 조직변경은 법원의 인가를 받지 아니하면 효력이 없다.

답 ③

PART 3

32 CPA 2024

☑ 확인Check! ○ △ ×

상법상 주식회사의 해산사유에 해당하는 것은 모두 몇 개인가?

ㄱ. 존립기간의 만료 기타 정관으로 정한 사유의 발생
ㄴ. 합 병
ㄷ. 주주총회의 보통결의
ㄹ. 파 산
ㅁ. 주주가 1인으로 된 때
ㅂ. 법원의 해산명령 또는 해산판결

① 1개
② 2개
③ 3개
④ 4개
⑤ 5개

해설

ㄱ. [O] 상법 제517조 제1호, 제227조 제1호
ㄴ. [O] 상법 제517조 제1호, 제227조 제4호
ㄷ. [×] 주식회사의 해산은 주주총회의 특별결의에 의하여 한다(상법 제517조 제2호, 제518조 참조).
ㄹ. [O] 상법 제517조 제1호, 제227조 제5호
ㅁ. [×] 합명회사・합자회사는 사원이 1인으로 된 경우 해산사유에 해당한다(상법 제227조 제3호, 제269조 참조). 그러나 주식회사・유한회사・유한책임회사에서는 사원이 1인으로 되어도 해산사유에 해당하지 않는다(상법 제517조 제1호, 제609조 제1항 제1호, 제287조의38 제1호 참조).
ㅂ. [O] 상법 제517조 제1호, 제227조 제6호

상법 제517조(해산사유)

주식회사는 다음의 사유로 인하여 해산한다.

1. 제227조 제1호, 제4호 내지 제6호에 정한 사유

> **상법 제227조(해산원인)**
>
> 회사는 다음의 사유로 인하여 해산한다.
>
> 1. 존립기간의 만료 기타 정관으로 정한 사유의 발생
> 2. 총사원의 동의
> 3. 사원이 1인으로 된 때
> 4. 합 병
> 5. 파 산
> 6. 법원의 명령 또는 판결

1의2. 제530조의2의 규정에 의한 회사의 분할 또는 분할합병
2. 주주총회의 결의

상법 제518조(해산의 결의)
해산의 결의는 제434조의 규정에 의하여야 한다.

답 ④

33 CPA 2022

☑ 확인Check! ○ △ ×

상법상 비상장주식회사의 청산에 관한 설명으로 틀린 것은?

① 회사는 해산된 후에도 청산의 목적범위 내에서 존속하는 것으로 본다.
② 청산인은 법원이 선임한 경우 외에는 언제든지 주주총회의 결의로 이를 해임할 수 있다.
③ 청산인이 그 임무를 집행함에 현저하게 부적임하거나 중대한 임무에 위반한 행위가 있는 때에는 발행주식총수의 100분의 3 이상에 해당하는 주식을 가진 주주는 법원에 그 청산인의 해임을 청구할 수 있다.
④ 청산사무가 종료한 때에는 청산인은 지체없이 결산보고서를 작성하고 이를 주주총회에 제출하여 특별결의로 승인을 얻어야 한다.
⑤ 감사가 있는 회사의 청산인은 정기총회 회일로부터 4주간 전에 대차대조표 및 그 부속명세서와 사무보고서를 작성하여 감사에게 제출하여야 한다.

해설

① [O] 상법 제542조 제1항, 제245조

상법 제542조(준용규정)
① 제245조, 제252조 내지 제255조, 제259조, 제260조와 제264조의 규정은 주식회사에 준용한다.

상법 제245조(청산 중의 회사)
회사는 해산된 후에도 청산의 목적범위내에서 존속하는 것으로 본다.

② [O] 청산인은 법원이 선임한 경우 외에는 언제든지 주주총회의 결의로 이를 해임할 수 있다(상법 제539조 제1항).
③ [O] 청산인이 그 업무를 집행함에 현저하게 부적임하거나 중대한 임무에 위반한 행위가 있는 때에는 발행주식의 총수의 100분의 3 이상에 해당하는 주식을 가진 주주는 법원에 그 청산인의 해임을 청구할 수 있다(상법 제539조 제2항).
④ [×] 청산사무가 종결한 때에는 청산인은 지체없이 결산보고서를 작성하고 이를 주주총회에 제출하여 승인을 얻어야 한다(상법 제540조 제1항). 즉, 주주총회 보통결의사항이다.
⑤ [O] 청산인은 정기총회회일로부터 4주간 전에 대차대조표 및 그 부속명세서와 사무보고서를 작성하여 감사에게 제출하여야 한다(상법 제534조 제1항).

답 ④

34 CPA 2021

☑ 확인 Check! ○ △ ✕

상법상 회사의 해산에 관한 설명으로 옳은 것은?

① 회사의 분할은 합자회사의 해산사유이다.

② 사원이 1인으로 된 때는 유한책임회사의 해산사유이다.

③ 휴면회사의 해산의제는 유한회사의 해산사유이다.

④ 유한책임사원 전원이 퇴사한 때는 합명회사의 해산사유이다.

⑤ 회사가 정당한 사유없이 설립 후 1년 내에 영업을 개시하지 아니하는 때에는 법원은 직권으로 회사의 해산을 명할 수 있다.

해설

① [✕] 회사의 분할은 주식회사의 해산사유이다(상법 제517조 제1호의2 참조). 참고로 상법상 회사분할은 주식회사에만 인정되는 제도이다.

> **상법 제517조(해산사유)**
> 주식회사는 다음의 사유로 인하여 해산한다.
> 1. 제227조 제1호(존립기간의 만료 기타 정관으로 정한 사유의 발생), 제4호(합병) 내지 제6호(법원의 명령 또는 판결)에 정한 사유
>
> 1의2. 제530조의2의 규정에 의한 회사의 분할 또는 분할합병
>
> 2. 주주총회의 결의

② [✕] 합명회사·합자회사는 사원이 1인으로 된 경우 해산사유에 해당한다(상법 제227조 제3호, 제269조 참조). 그러나 주식회사·유한회사·유한책임회사에서는 사원이 1인으로 되어도 해산사유에 해당하지 않는다(상법 제517조 제1호, 제609조 제1항 제1호, 제287조의38 제1호 참조).

> **상법 제287조의38(해산 원인)**
> 유한책임회사는 다음 각 호의 어느 하나에 해당하는 사유로 해산한다.
> 1. 제227조 제1호·제2호 및 제4호부터 제6호까지에서 규정한 사항에 해당하는 경우
>
> > **상법 제227조(해산원인)**
> > 회사는 다음의 사유로 인하여 해산한다.
> > 1. 존립기간의 만료 기타 정관으로 정한 사유의 발생
> > 2. 총사원의 동의
> > 3. 사원이 1인으로 된 때
> > 4. 합 병
> > 5. 파 산
> > 6. 법원의 명령 또는 판결
>
> 2. 사원이 없게 된 경우

③ [×] 휴면회사의 해산의제는 주식회사에만 있는 제도이다(상법 제520조의2 참조).

> **상법 제520조의2(휴면회사의 해산)**
> ① 법원행정처장이 최후의 등기후 5년을 경과한 회사는 본점의 소재지를 관할하는 법원에 아직 영업을 폐지하지 아니하였다는 뜻의 신고를 할 것을 관보로써 공고한 경우에, 그 공고한 날에 이미 최후의 등기후 5년을 경과한 회사로써 공고한 날로부터 2월 이내에 대통령령이 정하는 바에 의하여 신고를 하지 아니한 때에는 그 회사는 그 신고기간이 만료된 때에 해산한 것으로 본다. 그러나 그 기간내에 등기를 한 회사에 대하여는 그러하지 아니하다.

④ [×] 합자회사는 무한책임사원 또는 유한책임사원의 전원이 퇴사한 때에는 해산된다(상법 제285조 제1항). 합명회사는 2인 이상의 무한책임사원으로만 구성되는 회사로서 유한책임사원이 존재하지 않는다.

⑤ [O] 상법 제176조 제1항 제2호

> **상법 제176조(회사의 해산명령)**
> ① 법원은 다음의 사유가 있는 경우에는 이해관계인이나 검사의 청구에 의하여 또는 직권으로 회사의 해산을 명할 수 있다.
> 1. 회사의 설립목적이 불법한 것인 때
> 2. 회사가 정당한 사유없이 설립후 1년 내에 영업을 개시하지 아니하거나 1년 이상 영업을 휴지하는 때
> 3. 이사 또는 회사의 업무를 집행하는 사원이 법령 또는 정관에 위반하여 회사의 존속을 허용할 수 없는 행위를 한 때

답 ⑤

35 CPA 2019

☑ 확인 Check! ○ △ ×

상법상 주식회사가 다음의 사유로 인하여 해산한 때에 청산절차에 들어가지 않는 경우로만 묶은 것은?

ㄱ. 합 병	ㄴ. 해산판결
ㄷ. 파 산	ㄹ. 해산명령
ㅁ. 분 할	
ㅂ. 주주총회 특별결의	

① ㄱ, ㄴ, ㄷ　　② ㄱ, ㄷ, ㅁ
③ ㄴ, ㄹ, ㅂ　　④ ㄷ, ㄹ, ㅁ
⑤ ㄹ, ㅁ, ㅂ

해설

ㄱ. [**청산절차** ×], ㅁ. [**청산절차** ×] 주식회사가 합병・분할・분할합병에 의해 해산하는 경우에는 회사재산의 포괄승계가 있게 되므로 청산절차가 필요 없다.
ㄷ. [**청산절차** ×] 주식회사가 파산한 경우에는 파산절차로 이전되기 때문에 청산절차에 들어가지 않는다.

답 ②

PART 3

36 세무사 2024

☑ 확인Check! ○ △ ×

상법상 회사의 해산 및 청산에 관한 설명으로 옳지 않은 것은?

① 합자회사는 무한책임사원 또는 유한책임사원의 전원이 퇴사한 때에는 해산된다.
② 합명회사가 총사원의 동의로 해산하는 경우에는 청산절차를 거치지 않고 소멸한다.
③ 유한회사에서는 사원이 1인으로 되어도 해산사유가 되지 않는다.
④ 사원이 1인으로 되어 합명회사가 해산하는 경우 법원은 이해관계인이나 검사의 청구에 의하여 또는 직권으로 청산인을 선임한다.
⑤ 합명회사가 해산한 경우 총사원 과반수의 결의로 청산인을 선임한다.

▌해설▌

① [○] 합자회사는 무한책임사원 또는 유한책임사원의 전원이 퇴사한 때에는 해산된다(상법 제285조 제1항).
② [×] 회사가 해산시 청산절차를 거치지 않는 경우는 합병, 분할, 분할합병, 파산의 경우이다. 합명회사가 총사원의 동의로 해산하는 경우에는 청산절차를 거쳐야 한다(상법 제227조 제2호, 제247조 제2항 참조).

> **상법 제227조(해산원인)**
> 회사는 다음의 사유로 인하여 해산한다.
> 1. 존립기간의 만료 기타 정관으로 정한 사유의 발생
> 2. 총사원의 동의
> 3. 사원이 1인으로 된 때
> 4. 합 병
> 5. 파 산
> 6. 법원의 명령 또는 판결
>
> **상법 제247조(임의청산)**
> ① 해산된 회사의 재산처분방법은 정관 또는 총사원의 동의로 이를 정할 수 있다. 이 경우에는 해산사유가 있는 날로부터 2주간내에 재산목록과 대차대조표를 작성하여야 한다.
> ② 전항의 규정은 회사가 제227조 제3호 또는 제6호의 사유로 인하여 해산한 경우에는 이를 적용하지 아니한다.

③ [○] 상법 제609조 제1항

> **상법 제609조(해산사유)**
> ① 유한회사는 다음의 사유로 인하여 해산한다.
> 1. 제227조 제1호·제4호 내지 제6호에 규정된 사유(존립기간의 만료 기타 정관으로 정한 사유의 발생, 합병, 파산, 법원의 해산명령·법원의 해산판결)
> 2. 사원총회의 결의

④ [○] (합명)회사가 제227조 제3호(사원이 1인으로 된 때) 또는 제6호(법원의 명령 또는 판결)의 사유로 인하여 해산된 때에는 법원은 사원 기타의 이해관계인이나 검사의 청구에 의하여 또는 직권으로 청산인을 선임한다(상법 제252조).
⑤ [○] (합명)회사가 해산된 때에는 총사원 과반수의 결의로 청산인을 선임한다(상법 제251조 제1항).

답 ②

37 세무사 2021

☑ 확인 Check! ○ △ ×

상법상 주식회사의 청산에 관한 설명으로 옳지 않은 것은?

① 청산사무가 종결한 때에는 청산인은 지체없이 결산보고서를 작성하고 이를 주주총회에 제출하여 승인을 얻어야 한다.
② 청산인은 대차대조표 및 사무보고서를 정기총회에 제출하여 그 승인을 요구하여야 한다.
③ 청산인의 임기는 3년을 초과할 수 없다.
④ 청산인은 법원이 선임한 경우 외에는 언제든지 주주총회의 결의로 이를 해임할 수 있다.
⑤ 청산에서 제외된 채권자는 분배되지 아니한 잔여재산에 대하여서만 변제를 청구할 수 있다.

▌해설▌

① [O] 청산사무가 종결한 때에는 청산인은 지체없이 결산보고서를 작성하고 이를 주주총회에 제출하여 승인을 얻어야 한다(상법 제540조 제1항).
② [O] 청산인은 대차대조표 및 사무보고서를 정기총회에 제출하여 그 승인을 요구하여야 한다(상법 제534조 제5항).
③ [X] 청산인의 임기에 관하여 상법상 별도의 규정이 없다.
④ [O] 청산인은 법원이 선임한 경우 외에는 언제든지 주주총회의 결의로 이를 해임할 수 있다(상법 제539조 제1항).
⑤ [O] 청산에서 제외된 채권자는 분배되지 아니한 잔여재산에 대하여서만 변제를 청구할 수 있다(상법 제537조 제1항).

답 ③

PART 3

38 CPA 2017

☑ 확인Check! ○ △ ×

상법상 회사의 해산명령에 관한 설명으로 틀린 것은?

① 법원은 회사의 설립목적이 불법한 것인 때에는 직권으로 회사의 해산을 명할 수 있다.

② 법원은 회사가 정당한 사유없이 1년 이상 영업을 휴지하는 때에는 이해관계인의 청구에 의하여 회사의 해산을 명할 수 있다.

③ 법원은 이사가 법령에 위반하여 회사의 존속을 허용할 수 없는 행위를 한 때에는 검사의 청구에 의하여 회사의 해산을 명할 수 있다.

④ 법원은 이해관계인이 회사의 해산을 청구한 때에는 직권으로 그 이해관계인에 대하여 상당한 담보를 제공할 것을 명할 수 있다.

⑤ 법원은 해산을 명하기 전이라도 이해관계인이나 검사의 청구 또는 직권으로 회사재산의 보전을 위하여 관리인을 선임할 수 있다.

해설

① [O] 상법 제176조 제1항 제1호

② [O] 상법 제176조 제1항 제2호

③ [O] 상법 제176조 제1항 제3호

④ [×] 법원은 이해관계인이 회사의 해산을 청구한 때에는 회사의 청구에 의하여 그 이해관계인에 대하여 상당한 담보를 제공할 것을 명할 수 있다(상법 제176조 제3항 참조).

⑤ [O] 상법 제176조 제2항

> **상법 제176조(회사의 해산명령)**
>
> ① 법원은 다음의 사유가 있는 경우에는 이해관계인이나 검사의 청구에 의하여 또는 직권으로 회사의 해산을 명할 수 있다.
>
> 1. 회사의 설립목적이 불법한 것인 때
> 2. 회사가 정당한 사유없이 설립후 1년 내에 영업을 개시하지 아니하거나 1년 이상 영업을 휴지하는 때
> 3. 이사 또는 회사의 업무를 집행하는 사원이 법령 또는 정관에 위반하여 회사의 존속을 허용할 수 없는 행위를 한 때
>
> ② 전항의 청구가 있는 때에는 법원은 해산을 명하기 전일지라도 이해관계인이나 검사의 청구에 의하여 또는 직권으로 관리인의 선임 기타 회사재산의 보전에 필요한 처분을 할 수 있다.
>
> ③ 이해관계인이 제1항의 청구를 한 때에는 법원은 회사의 청구에 의하여 상당한 담보를 제공할 것을 명할 수 있다.

39 CPA 2015

☑ 확인Check! ○ △ ×

상법상 주식회사의 해산 및 청산에 관한 설명으로 틀린 것은?

① 회사의 업무가 현저한 정돈상태를 계속하여 회복할 수 없는 손해가 생긴 경우 발행주식총수의 100분의 10 이상에 해당하는 주식을 가진 주주는 회사의 해산을 법원에 청구할 수 있다.

② 회사가 청산절차에 들어간 경우 종전의 감사는 그 지위를 상실한다.

③ 정관에 회사의 존립기간을 설립 후 10년으로 정한 경우 회사는 그 기간의 만료로 인하여 해산한다.

④ 회사가 법원의 해산명령이나 해산판결에 의해 해산하는 경우에는 주주총회의 특별결의에 의하여도 회사를 계속할 수 없다.

⑤ 회사가 해산한 때에는 합병・분할・분할합병 또는 파산의 경우 외에는 정관에 다른 정함이 있거나 주주총회에서 타인을 선임한 경우가 아니라면 이사가 청산인이 된다.

해설

① [O] 상법 제520조 제1항 제1호

> **상법 제520조(해산판결)**
> ① 다음의 경우에 부득이한 사유가 있는 때에는 발행주식의 총수의 100분의 10 이상에 해당하는 주식을 가진 주주는 회사의 해산을 법원에 청구할 수 있다.
> 1. 회사의 업무가 현저한 정돈상태를 계속하여 회복할 수 없는 손해가 생긴 때 또는 생길 염려가 있는 때
> 2. 회사재산의 관리 또는 처분의 현저한 실당으로 인하여 회사의 존립을 위태롭게 한 때

② [×] 회사가 청산절차에 들어가더라도 업무집행과 무관한 주주총회 및 감사는 그대로 존속한다.

③ [O] 상법 제517조 제1호, 제227조 제1호

> **상법 제517조(해산사유)**
> 주식회사는 다음의 사유로 인하여 해산한다.
> 1. 제227조 제1호, 제4호 내지 제6호에 정한 사유
>
> > **상법 제227조(해산원인)**
> > 회사는 다음의 사유로 인하여 해산한다.
> > 1. 존립기간의 만료 기타 정관으로 정한 사유의 발생
> > 2. 총사원의 동의
> > 3. 사원이 1인으로 된 때
> > 4. 합 병
> > 5. 파 산
> > 6. 법원의 명령 또는 판결
>
> 1의2. 제530조의2의 규정에 의한 회사의 분할 또는 분할합병
> 2. 주주총회의 결의

PART 3

④ [O] 회사가 존립기간의 만료 기타 정관에 정한 사유의 발생 또는 주주총회의 결의에 의하여 해산한 경우에는 제434조의 규정에 의한 결의로 회사를 계속할 수 있다(상법 제519조).

⑤ [O] 회사가 해산한 때에는 합병·분할·분할합병 또는 파산의 경우 외에는 이사가 청산인이 된다. 다만, 정관에 다른 정함이 있거나 주주총회에서 타인을 선임한 때에는 그러하지 아니하다(상법 제531조 제1항).

답 ②

40 세무사 2024

☑ 확인 Check! O △ X

상법상 회사의 해산 및 청산에 관한 설명으로 옳지 않은 것은?

① 합자회사는 무한책임사원 또는 유한책임사원의 전원이 퇴사한 때에는 해산된다.

② 합명회사가 총사원의 동의로 해산하는 경우에는 청산절차를 거치지 않고 소멸한다.

③ 유한회사에서는 사원이 1인으로 되어도 해산사유가 되지 않는다.

④ 사원이 1인으로 되어 합명회사가 해산하는 경우 법원은 이해관계인이나 검사의 청구에 의하여 또는 직권으로 청산인을 선임한다.

⑤ 합명회사가 해산한 경우 총사원 과반수의 결의로 청산인을 선임한다.

| 해설 |

① [O] 합자회사는 무한책임사원 또는 유한책임사원의 전원이 퇴사한 때에는 해산된다(상법 제285조 제1항).

② [X] 회사가 해산시 청산절차를 거치지 않는 경우는 합병, 분할, 분할합병, 파산의 경우이다. 합명회사가 총사원의 동의로 해산하는 경우에는 청산절차를 거쳐야 한다(상법 제227조 제2호, 제247조 제2항 참조).

상법 제227조(해산원인)

회사는 다음의 사유로 인하여 해산한다.

1. 존립기간의 만료 기타 정관으로 정한 사유의 발생
2. 총사원의 동의
3. 사원이 1인으로 된 때
4. 합 병
5. 파 산
6. 법원의 명령 또는 판결

상법 제247조(임의청산)

① 해산된 회사의 재산처분방법은 정관 또는 총사원의 동의로 이를 정할 수 있다. 이 경우에는 해산사유가 있는 날로부터 2주간내에 재산목록과 대차대조표를 작성하여야 한다.

② 전항의 규정은 회사가 제227조 제3호 또는 제6호의 사유로 인하여 해산한 경우에는 이를 적용하지 아니한다.

③ [O] 상법 제609조 제1항

> **상법 제609조(해산사유)**
> ① 유한회사는 다음의 사유로 인하여 해산한다.
> 1. 제227조 제1호 · 제4호 내지 제6호에 규정된 사유(존립기간의 만료 기타 정관으로 정한 사유의 발생, 합병, 파산, 법원의 해산명령 · 법원의 해산판결)
> 2. 사원총회의 결의

④ [O] (합명)회사가 제227조 제3호(사원이 1인으로 된 때) 또는 제6호(법원의 명령 또는 판결)의 사유로 인하여 해산된 때에는 법원은 사원 기타의 이해관계인이나 검사의 청구에 의하여 또는 직권으로 청산인을 선임한다(상법 제252조).

⑤ [O] (합명)회사가 해산된 때에는 총사원 과반수의 결의로 청산인을 선임한다(상법 제251조 제1항).

답 ②

41 세무사 2020

☑ 확인 Check! ○ △ ×

상법상 주식회사의 해산과 청산에 관한 설명으로 옳은 것은?

① 주식회사가 파산으로 해산하는 때에는 이사가 청산인이 된다.

② 주식회사는 합명회사와 달리 주주가 1인이 되어도 해산사유가 아니고, 주주총회의 특별결의에 의해 해산할 수 있다.

③ 회사재산의 관리 또는 처분의 현저한 실당으로 인하여 회사의 존립을 위태롭게 한 때에는 법원은 직권으로 회사의 해산명령을 내릴 수 있다.

④ 주식회사의 청산인은 법원이 선임한 경우 외에는 언제든지 주주총회의 결의로 이를 해임할 수 있는데, 그 결의는 특별결의이어야 한다.

⑤ 주식회사의 청산인은 변제기에 이르지 않은 회사채무에 대하여는 이를 미리 변제할 수 없다.

해설

① [×] 회사가 해산한 때에는 합병 · 분할 · 분할합병 또는 파산의 경우 외에는 이사가 청산인이 된다. 다만, 정관에 다른 정함이 있거나 주주총회에서 타인을 선임한 때에는 그러하지 아니하다(상법 제531조 제1항). 주식회사가 파산으로 해산하는 경우에는 파산절차에 따라 파산관재인이 선임된다.

② [O] 합명회사 · 합자회사는 사원이 1인으로 된 경우 해산사유에 해당한다(상법 제227조 제3호, 제269조 참조). 그러나 주식회사 · 유한회사 · 유한책임회사에서는 사원이 1인으로 되어도 해산사유에 해당하지 않는다(상법 제517조 제1호, 제609조 제1항 제1호, 제287조의38 제1호 참조). 한편 주식회사는 주주총회의 특별결의에 의해 해산할 수 있다(상법 제517조 제2호, 제518조).

PART 3

상법 제517조(해산사유)

주식회사는 다음의 사유로 인하여 해산한다.

1. 제227조 제1호, 제4호 내지 제6호에 정한 사유

1의2. 제530조의2의 규정에 의한 회사의 분할 또는 분할합병

2. 주주총회의 결의

상법 제518조(해산의 결의)

해산의 결의는 제434조의 규정에 의하여야 한다.

③ [×] 회사재산의 관리 또는 처분의 현저한 실당으로 인하여 회사의 존립을 위태롭게 한 때에는 해산명령사유가 아니라(상법 제176조 참조), 해산판결사유이다(상법 제520조 제1항 제2호 참조).

상법 제176조(회사의 해산명령)

① 법원은 다음의 사유가 있는 경우에는 이해관계인이나 검사의 청구에 의하여 또는 직권으로 회사의 해산을 명할 수 있다.

1. 회사의 설립목적이 불법한 것인 때
2. 회사가 정당한 사유없이 설립후 1년 내에 영업을 개시하지 아니하거나 1년 이상 영업을 휴지하는 때
3. 이사 또는 회사의 업무를 집행하는 사원이 법령 또는 정관에 위반하여 회사의 존속을 허용할 수 없는 행위를 한 때

상법 제520조(해산판결)

① 다음의 경우에 부득이한 사유가 있는 때에는 발행주식의 총수의 100분의 10 이상에 해당하는 주식을 가진 주주는 회사의 해산을 법원에 청구할 수 있다.

1. 회사의 업무가 현저한 정돈상태를 계속하여 회복할 수 없는 손해가 생긴 때 또는 생길 염려가 있는 때
2. 회사재산의 관리 또는 처분의 현저한 실당으로 인하여 회사의 존립을 위태롭게 한 때

④ [×] 청산인은 법원이 선임한 경우 외에는 언제든지 주주총회의 결의로 이를 해임할 수 있다(상법 제539조 제1항). 청산인 해임결의는 주주총회 보통결의에 의한다.

⑤ [×] 주식회사의 청산인은 변제기에 이르지 않은 회사채무에 대하여도 이를 변제할 수 있다(상법 제542조 제1항, 제259조 제1항 참조).

상법 제542조(준용규정)

① 제245조, 제252조 내지 제255조, 제259조, 제260조와 제264조의 규정은 주식회사에 준용한다.

상법 제259조(채무의 변제)

① 청산인은 변제기에 이르지 아니한 회사채무에 대하여도 이를 변제할 수 있다.

답 ②

42 법무사 2024

☑ 확인Check! ○ △ ×

청산 및 해산에 관한 다음 설명 중 가장 옳지 않은 것은?

① 청산 중인 주식회사의 청산인을 피신청인으로 하여 그 직무집행을 정지하고 직무대행자를 선임하는 가처분 결정이 있은 후, 그 선임된 청산인 직무대행자가 주주들의 요구에 따라 소집한 주주총회에서 회사를 계속하기로 하는 결의와 아울러 새로운 이사들과 감사를 선임하는 결의가 있었던 경우 그 주주총회의 결의에 의하여 청산인 직무대행자의 권한이 당연히 소멸하는 것은 아니다.

② 당사자 쌍방이 현금과 현물(토지)을 출자하여 공동으로 주식회사를 설립하여 운영하고, 그 회사를 공동으로 경영함에 따르는 비용의 부담과 이익의 분배를 지분 비율에 따라 할 것을 내용으로 하는 동업계약에 따라 회사가 설립되어 그 실체가 갖추어진 이상, 주식회사의 청산에 관한 상법의 규정에 따라 청산절차가 이루어지지 않는 한 일방 당사자가 잔여재산을 분배받을 수 없다.

③ 상법 제520조의2의 규정에 의하여 주식회사가 해산되고 그 청산이 종결된 것으로 보게 되는 회사라도 어떤 권리관계가 남아 있어 현실적으로 정리할 필요가 있으면 그 회사의 해산 당시의 이사는 정관에 다른 규정이 있거나 주주총회에서 따로 청산인을 선임하지 아니한 경우에 당연히 청산인이 되고, 그러한 청산인이 없는 때에는 이해관계인의 청구에 의하여 법원이 선임한 자가 청산인이 된다.

④ 청산법인에서는 이사에 갈음하여 청산인만이 회사의 청산사무를 집행하고 회사를 대표하는 기관이 된다.

⑤ 주식회사에 대하여 법원의 해산판결이 선고, 확정되어 해산등기가 마쳐졌고 아울러 법원이 적법하게 그 청산인을 선임하여 그 취임등기까지 경료되었으나 해산 당시 이사가 해산판결 선고 이전에 부적법하게 해임된 바 있어 주주총회의 이사해임 결의가 무효인 경우, 그 이사는 해산판결 전에 이루어진 회사의 주주총회 결의나 이사회 결의의 무효확인을 구할 법률상 이익이 있다.

▌해설▐

① [O] 청산 중인 주식회사의 청산인을 피신청인으로 하여 그 직무집행을 정지하고 직무대행자를 선임하는 가처분결정이 있은 후, 그 선임된 청산인 직무대행자가 주주들의 요구에 따라 소집한 주주총회에서 회사를 계속하기로 하는 결의와 아울러 새로운 이사들과 감사를 선임하는 결의가 있었다고 하여, 그 주주총회의 결의에 의하여 청산인 직무대행자의 권한이 당연히 소멸하는 것은 아니다(대판 1997.9.9. 97다12167).

② [O] 당사자 쌍방이 토지 등을 출자하여 공동으로 주식회사를 설립하여 운영하고, 그 회사를 공동으로 경영함에 따르는 비용의 부담과 이익의 분배를 지분 비율에 따라 할 것을 내용으로 하는 동업계약은 당사자들 사이에서 공동사업을 주식회사의 명의로 하고 대외관계 및 대내관계에서 주식회사의 법리에 따름을 전제로 하는 것이어서 이에 관한 청산도 주식회사의 청산에 관한 상법의 규정에 따라 이루어져야 하고, 따라서 그러한 동업약정에 따라 회사가 설립되어 그 실체가 갖추어진 이상, 주식회사의 청산에 관한 상법의 규정에 따라 청산절차가 이루어지지 않는 한 일방 당사자가 잔여재산을 분배받을 수도 없다(대판 2005.4.15. 2003도7773).

③ [O] 상법 제520조의2에 따라서 주식회사가 해산되고 그 청산이 종결된 것으로 보게 되는 회사라도 어떤 권리관계가 남아 있어 현실적으로 정리할 필요가 있으면 그 범위에서는 아직 완전히 소멸하지 않고, 이러한 경우 그 회사의 해산 당시의 이사는 정관에 다른 정함이 있거나 주주총회에서 따로 청산인을 선임하지 않은 경우에 당연히 청산인이 되며, 그러한 청산인이 없는 때에 비로소 이해관계인의 청구에 따라 법원이 선임한 자가 청산인이 되어 청산 중 회사의 청산사무를 집행하고 대표하는 유일한 기관이 된다(대판[전합] 2019.10.23. 2012다46170).

PART 3

④ [O] 주식회사가 법원의 해산판결로 해산되는 경우에 그 주주는 여전히 위 권리를 보유하지만 그 이사의 지위는 전혀 다르다. 왜냐하면 상법은 이 경우 이사가 당연히 청산인으로 되는게 아니라 법원이 임원 기타 이해관계인 또는 검사의 청구에 의하여 또는 직권으로 청산인을 선임하도록 규정하고 있고(제542조 제1항에 의한 제252조의 준용), 청산법인에서는 이사에 갈음하여 청산인만이 회사의 청산사무를 집행하고 회사를 대표하는 기관이 되기 때문이다(대판 1991.11.22. 91다22131).

⑤ [×] 주식회사에 대하여 법원의 해산판결이 선고 확정되어 해산등기가 마쳐졌고 아울러 법원이 적법하게 그 청산인을 선임하여 그 취임등기까지 경료된 경우, 해산 당시 이사가 설사 해산판결 선고 이전에 부적법하게 해임된 바 있어 주주총회의 이사해임 결의가 무효라 하더라도 그 이사로서는 청산인의 지위에 이를 방도가 없게 되었고, 한편 그 이사가 주식회사의 주주라 하여도 위와 같이 회사가 적법하게 해산된 데다가 적법한 청산인이 선임된 이상 주주의 지위에는 아무 영향이 없다 할 것이므로, 결국 위 이사로서는 해산판결 전에 이루어진 회사의 주주총회 결의나 이사회 결의의 무효확인을 구할 법률상 이익이 없다(대판 1991.11.22. 91다22131).

답 ⑤

CHAPTER

02 | 주식회사의 설립

제1절 | 주식회사의 기초

01 세무사 2024

☑ 확인Check! ○ △ ×

상법상 주식회사의 자본금에 관한 설명으로 옳은 것은?

① 무액면주식을 발행하는 회사를 설립하는 경우 설립 시 발행되는 주식의 발행가액 중 자본금으로 계상하는 금액은 발기인의 과반수 결의로 정한다.
② 무액면주식을 발행하는 회사가 설립 이후 주식을 발행하는 경우 이사회는 주식 발행가액 전액에 대해 자본금을 계상할 수 있다.
③ 액면주식을 발행한 회사가 액면주식을 무액면주식으로 전환하면 그 회사의 자본금이 증가한다.
④ 무액면주식을 발행하여 온 회사는 기존의 무액면주식을 존속시키면서 새로 액면주식을 발행할 수 있다.
⑤ 액면주식을 발행하는 회사는 기발행된 액면주식의 1주 액면금액은 변경하지 않은 채 1주 액면금액을 감액하여 신주를 발행할 수 있다.

PART 3

▌해설▌

① [×] 상법 제291조 제3호

> **상법 제291조(설립 당시의 주식발행사항의 결정)**
> 회사설립 시에 발행하는 주식에 관하여 다음의 사항은 정관으로 달리 정하지 아니하면 발기인 전원의 동의로 이를 정한다.
> 1. 주식의 종류와 수
> 2. 액면주식의 경우에 액면 이상의 주식을 발행할 때에는 그 수와 금액
> 3. 무액면주식을 발행하는 경우에는 주식의 발행가액과 주식의 발행가액 중 자본금으로 계상하는 금액

② [O] 회사가 무액면주식을 발행하는 경우 회사의 자본금은 주식 발행가액의 2분의 1 이상의 금액으로서 이사회(제416조 단서에서 정한 주식발행의 경우에는 주주총회를 말한다)에서 자본금으로 계상하기로 한 금액의 총액으로 한다. 이 경우 주식의 발행가액 중 자본금으로 계상하지 아니하는 금액은 자본준비금으로 계상하여야 한다(상법 제451조 제2항). 따라서 이사회는 무액면주식 발행가액 전액에 대해서도 자본금으로 계상할 수 있다.

③ [×] 회사의 자본금은 액면주식을 무액면주식으로 전환하거나 무액면주식을 액면주식으로 전환함으로써 변경할 수 없다(상법 제451조 제3항).

④ [×] 회사는 정관으로 정한 경우에는 주식의 전부를 무액면주식으로 발행할 수 있다. 다만, 무액면주식을 발행하는 경우에는 액면주식을 발행할 수 없다(상법 제329조 제1항).

⑤ [×] 액면주식의 금액은 균일하여야 한다(상법 제329조 제2항). 따라서 액면주식을 발행하는 회사는 기발행된 액면주식의 1주 액면금액은 변경하지 않은 채 1주 액면금액을 감액하여 신주를 발행할 수 없다.

답 ②

제2절 | 설립의 방법과 절차

02 CPA 2020

☑ 확인 Check! ○ △ ×

상법상 주식회사 정관의 절대적 기재사항이 아닌 것은?

① 이사의 성명 · 주민등록번호 및 주소
② 회사가 발행할 주식의 총수
③ 액면주식을 발행하는 경우 1주의 금액
④ 회사의 설립 시에 발행하는 주식의 총수
⑤ 회사가 공고를 하는 방법

해설

① [×] 발기인의 성명 · 주민등록번호 및 주소는 정관의 절대적 기재사항이나(상법 제289조 제8호 참조), 이사의 성명 · 주민등록번호 및 주소는 정관의 절대적 기재사항이 아니다. 다만 이사의 성명과 주민등록번호는 등기사항이다(상법 제317조 제2항 제8호 참조).
② [○] 상법 제289조 제3호
③ [○] 상법 제289조 제4호
④ [○] 상법 제289조 제5호
⑤ [○] 상법 제289조 제7호

> **상법 제289조(정관의 작성, 절대적 기재사항)**
> ① 발기인은 정관을 작성하여 다음의 사항을 적고 각 발기인이 기명날인 또는 서명하여야 한다.
> 1. 목 적
> 2. 상 호
> 3. 회사가 발행할 주식의 총수
> 4. 액면주식을 발행하는 경우 1주의 금액
> 5. 회사의 설립 시에 발행하는 주식의 총수
> 6. 본점의 소재지
> 7. 회사가 공고를 하는 방법
> 8. 발기인의 성명 · 주민등록번호 및 주소

답 ①

PART 3

03 CPA 2018

☑ 확인Check! ○ △ ✕

상법상 주식회사의 정관의 절대적 기재사항이 아니면서 설립등기사항인 것은?

① 상 호
② 자본금의 액
③ 회사가 발행할 주식의 총수
④ 회사의 공고방법
⑤ 회사의 설립 시 발행하는 주식의 총수

▌해설▌

① [✕] 상호는 주식회사의 정관의 절대적 기재사항이자 설립등기사항이다(상법 제289조 제1항 제2호, 제317조 제2항 제1호 참조).
② [O] 자본금의 액은 정관의 절대적 기재사항은 아니지만 설립등기사항에는 해당한다(상법 제317조 제2항 제2호 참조).
③ [✕] 회사가 발행할 주식의 총수는 주식회사의 정관의 절대적 기재사항이자 설립등기사항이다(상법 제289조 제1항 제3호, 제317조 제2항 제1호 참조).
④ [✕] 회사의 공고방법은 주식회사의 정관의 절대적 기재사항이자 설립등기사항이다(상법 제289조 제1항 제7호, 제317조 제2항 제1호 참조).
⑤ [✕] 회사의 설립 시에 발행하는 주식의 총수는 정관의 절대적 기재사항이지만 설립등기사항은 아니다(상법 제289조 제1항 제5호 참조).

상법 제289조(정관의 작성, 절대적 기재사항)

① 발기인은 정관을 작성하여 다음의 사항을 적고 각 발기인이 기명날인 또는 서명하여야 한다.
1. 목 적
2. 상 호
3. 회사가 발행할 주식의 총수
4. 액면주식을 발행하는 경우 1주의 금액
5. 회사의 설립 시에 발행하는 주식의 총수
6. 본점의 소재지
7. 회사가 공고를 하는 방법
8. 발기인의 성명·주민등록번호 및 주소

상법 제317조(설립의 등기)

② 제1항의 설립등기에 있어서는 다음의 사항을 등기하여야 한다.
1. 제289조 제1항 제1호 내지 제4호, 제6호와 제7호에 게기한 사항
2. 자본금의 액
3. 발행주식의 총수, 그 종류와 각종주식의 내용과 수
3의2. 주식의 양도에 관하여 이사회의 승인을 얻도록 정한 때에는 그 규정
3의3. 주식매수선택권을 부여하도록 정한 때에는 그 규정
3의4. 지점의 소재지
4. 회사의 존립기간 또는 해산사유를 정한 때에는 그 기간 또는 사유
5. 삭제 〈2011.4.14.〉

6. 주주에게 배당할 이익으로 주식을 소각할 것을 정한 때에는 그 규정
7. 전환주식을 발행하는 경우에는 제347조에 게기한 사항
8. 사내이사, 사외이사, 그 밖에 상무에 종사하지 아니하는 이사, 감사 및 집행임원의 성명과 주민등록번호
9. 회사를 대표할 이사 또는 집행임원의 성명·주민등록번호 및 주소
10. 둘 이상의 대표이사 또는 대표집행임원이 공동으로 회사를 대표할 것을 정한 경우에는 그 규정
11. 명의개서대리인을 둔 때에는 그 상호 및 본점소재지
12. 감사위원회를 설치한 때에는 감사위원회 위원의 성명 및 주민등록번호

04 세무사 2021

☑ 확인Check! ○ △ ×

상법상 주식회사의 정관에 관한 설명으로 옳은 것은?

① 회사가 집행임원을 둔 경우, 집행임원의 성명·주민등록번호 및 주소는 정관의 절대적 기재사항이다.
② 회사설립의 경우, 발기인 전원의 동의로 정관을 작성하고 대표발기인만 기명날인 또는 서명하면 된다.
③ 자본금 총액이 10억원 미만인 회사를 발기설립하는 경우, 회사의 정관은 공증인의 인증을 받아야 효력이 생긴다.
④ 회사가 정관으로 정하는 바에 따라 전자적 방법으로 공고하려는 경우, 회사의 인터넷 홈페이지에 게재하는 방법으로 하여야 한다.
⑤ 회사가 무액면주식을 발행하는 경우, 주식의 발행가액과 자본금으로 계상하는 금액은 정관의 절대적 기재사항이다.

▌해설▐

① [×] 집행임원의 성명과 주민등록번호, 회사를 대표할 집행임원의 성명·주민등록번호 및 주소는 등기사항이지만(상법 제317조 제2항 제8호, 제9호 참조), 정관의 절대적 기재사항은 아니다(상법 제289조 제1항 참조).
② [×] 상법 제288조, 제289조

상법 제288조(발기인)
주식회사를 설립함에는 발기인이 정관을 작성하여야 한다.

상법 제289조(정관의 작성, 절대적 기재사항)
① 발기인은 정관을 작성하여 다음의 사항을 적고 각 발기인이 기명날인 또는 서명하여야 한다.
1. 목 적
2. 상 호
3. 회사가 발행할 주식의 총수
4. 액면주식을 발행하는 경우 1주의 금액
5. 회사의 설립 시에 발행하는 주식의 총수
6. 본점의 소재지
7. 회사가 공고를 하는 방법
8. 발기인의 성명・주민등록번호 및 주소
9. 삭제 〈1984.4.10.〉

③ [×] 정관은 공증인의 인증을 받음으로써 효력이 생긴다. 다만, 자본금 총액이 10억원 미만인 회사를 제295조 제1항에 따라 발기설립하는 경우에는 제289조 제1항에 따라 각 발기인이 정관에 기명날인 또는 서명함으로써 효력이 생긴다(상법 제292조).

④ [○] 상법 제289조 제3항, 상법 시행령 제6조 제1항

상법 제289조(정관의 작성, 절대적 기재사항)
③ 회사의 공고는 관보 또는 시사에 관한 사항을 게재하는 일간신문에 하여야 한다. 다만, 회사는 그 공고를 정관으로 정하는 바에 따라 전자적 방법으로 할 수 있다.

상법 시행령 제6조(전자적 방법을 통한 회사의 공고)
① 법 제289조 제3항 단서에 따라 회사가 전자적 방법으로 공고하려는 경우에는 회사의 인터넷 홈페이지에 게재하는 방법으로 하여야 한다.

⑤ [×] 액면주식을 발행하는 경우 1주의 금액은 정관의 절대적 기재사항이나(상법 제289조 제1항 제4호 참조), 무액면주식을 발행하는 경우 주식의 발행가액과 자본금으로 계상하는 금액은 임의적 기재사항으로 정관에서 정하지 아니하면 발기인 전원의 동의로 정한다(상법 제291조 제3호 참조).

상법 제291조(설립 당시의 주식발행사항의 결정)
회사설립 시에 발행하는 주식에 관하여 다음의 사항은 정관으로 달리 정하지 아니하면 발기인 전원의 동의로 이를 정한다.
1. 주식의 종류와 수
2. 액면주식의 경우에 액면 이상의 주식을 발행할 때에는 그 수와 금액
3. 무액면주식을 발행하는 경우에는 주식의 발행가액과 주식의 발행가액 중 자본금으로 계상하는 금액

답 ④

05 세무사 2020

☑ 확인 Check! ○ △ ×

상법상 주식회사 설립 시 정관의 절대적 기재사항 또는 설립등기사항에 관한 설명으로 옳은 것은?

① 회사의 존립기간을 정한 때에 그 기간은 설립등기사항이다.
② 발기인의 성명과 주민등록번호는 설립등기사항이다.
③ 회사의 설립 시에 발행하는 주식의 총수는 설립등기사항이다.
④ 지점의 소재지는 정관의 절대적 기재사항이다.
⑤ 회사를 대표할 이사의 성명, 주민등록번호 및 주소는 정관의 절대적 기재사항이다.

해설

① [O] 상법 제317조 제2항 제4호
② [×] 발기인의 성명 · 주민등록번호 및 주소는 정관의 절대적 기재사항이지만 설립등기사항은 아니다(상법 제289조 제1항 제8호 참조).
③ [×] 회사의 설립 시에 발행하는 주식의 총수는 정관의 절대적 기재사항이지만 설립등기사항은 아니다(상법 제289조 제1항 제5호 참조). 그러나 발행주식의 총수, 그 종류와 각종주식의 내용과 수는 설립등기사항이다(상법 제317조 제2항 제3호 참조).
④ [×] 지점의 소재지는 설립등기사항이지만 정관의 절대적 기재사항은 아니다(상법 제317조 제2항 제3의4호 참조). 그러나 본점의 소재지는 정관의 절대적 기재사항이면서 설립등기사항이다(상법 제289조 제1항 제6호, 제317조 제2항 제1호 참조).
⑤ [×] 회사를 대표할 이사 또는 집행임원의 성명 · 주민등록번호 및 주소는 설립등기사항이지만 정관의 절대적 기재사항은 아니다(상법 제317조 제2항 제9호 참조).

상법 제289조(정관의 작성, 절대적 기재사항)

① 발기인은 정관을 작성하여 다음의 사항을 적고 각 발기인이 기명날인 또는 서명하여야 한다.
1. 목 적
2. 상 호
3. 회사가 발행할 주식의 총수
4. 액면주식을 발행하는 경우 1주의 금액
5. 회사의 설립 시에 발행하는 주식의 총수
6. 본점의 소재지
7. 회사가 공고를 하는 방법
8. 발기인의 성명 · 주민등록번호 및 주소

상법 제317조(설립의 등기)

② 제1항의 설립등기에 있어서는 다음의 사항을 등기하여야 한다.
1. 제289조 제1항 제1호 내지 제4호, 제6호와 제7호에 게기한 사항
2. 자본금의 액
3. 발행주식의 총수, 그 종류와 각종주식의 내용과 수
3의2. 주식의 양도에 관하여 이사회의 승인을 얻도록 정한 때에는 그 규정
3의3. 주식매수선택권을 부여하도록 정한 때에는 그 규정
3의4. 지점의 소재지
4. 회사의 존립기간 또는 해산사유를 정한 때에는 그 기간 또는 사유
5. 삭제 〈2011.4.14.〉

> 6. 주주에게 배당할 이익으로 주식을 소각할 것을 정한 때에는 그 규정
> 7. 전환주식을 발행하는 경우에는 제347조에 게기한 사항
> 8. 사내이사, 사외이사, 그 밖에 상무에 종사하지 아니하는 이사, 감사 및 집행임원의 성명과 주민등록번호
> 9. 회사를 대표할 이사 또는 집행임원의 성명·주민등록번호 및 주소
> 10. 둘 이상의 대표이사 또는 대표집행임원이 공동으로 회사를 대표할 것을 정한 경우에는 그 규정
> 11. 명의개서대리인을 둔 때에는 그 상호 및 본점소재지
> 12. 감사위원회를 설치한 때에는 감사위원회 위원의 성명 및 주민등록번호

 ①

06 CPA 2023

확인Check! ○ △ ×

상법상 주식회사의 설립에 관한 설명으로 옳은 것은? (이견이 있으면 판례에 의함)

① 회사설립 시에 발행하는 주식의 종류와 수는 정관으로 달리 정하지 아니하면 발기인의 과반수로 이를 정한다.
② 정관은 발기인 2인 이상이 공동으로 작성하여야 한다.
③ 설립 중의 회사는 정관이 작성되고 발기인이 적어도 1주 이상의 주식을 인수하면 성립한다.
④ 정관은 설립등기를 함으로써 효력이 생기지만 자본금 총액이 10억원 미만인 회사의 경우 공증인의 인증을 받음으로써 효력이 생긴다.
⑤ 회사가 성립되었으나 인수된 주식의 납입을 완료하지 아니한 때에는 발기인이 이를 공동으로 인수한 것으로 본다.

▌해설▐

① [×] 회사설립 시에 발행하는 주식의 종류와 수는 정관으로 달리 정하지 아니하면 발기인 전원의 동의로 이를 정한다(상법 제291조 제1호 참조).

> **상법 제291조(설립 당시의 주식발행사항의 결정)**
> 회사설립 시에 발행하는 주식에 관하여 다음의 사항은 정관으로 달리 정하지 아니하면 발기인 전원의 동의로 이를 정한다.
> 1. 주식의 종류와 수
> 2. 액면주식의 경우에 액면 이상의 주식을 발행할 때에는 그 수와 금액
> 3. 무액면주식을 발행하는 경우에는 주식의 발행가액과 주식의 발행가액 중 자본금으로 계상하는 금액

② [×] 주식회사를 설립함에는 발기인이 정관을 작성하여야 한다(상법 제288조). 즉, 발기인은 1인 이상이면 된다.
③ [O] 설립 중의 회사는 정관이 작성되고 발기인이 적어도 1주 이상의 주식을 인수하였을 때 비로소 성립한다(대판 1998.5.12. 97다56020).

④ [×] 정관은 공증인의 인증을 받음으로써 효력이 생긴다. 다만, 자본금 총액이 10억원 미만인 회사를 제295조 제1항에 따라 발기설립하는 경우에는 제289조 제1항에 따라 각 발기인이 정관에 기명날인 또는 서명함으로써 효력이 생긴다(상법 제292조).

⑤ [×] 회사성립 후 제295조 제1항 또는 제305조 제1항의 규정에 의한 납입을 완료하지 아니한 주식이 있는 때에는 발기인은 연대하여 그 납입을 하여야 한다(상법 제321조 제2항).

답 ③

07 CPA 2021

☑ 확인 Check! ○ △ ×

상법상 주식회사의 설립에 관한 설명으로 틀린 것은?

① 본점의 소재지는 정관의 절대적 기재사항이다.

② 회사가 부담할 설립비용과 발기인이 받을 보수액은 정관에 기재함으로써 그 효력이 있다.

③ 모집설립 시 납입장소를 변경할 때에는 창립총회의 결의가 있으면 법원의 허가를 얻을 필요가 없다.

④ 모집설립 시 창립총회의 결의는 출석한 주식인수인의 의결권의 3분의 2 이상이며 인수된 주식의 총수의 과반수에 해당하는 다수로 하여야 한다.

⑤ 법원이 선임한 검사인이 악의 또는 중대한 과실로 인하여 그 임무를 해태한 때에는 회사 또는 제3자에 대하여 손해를 배상할 책임이 있다.

해설

① [○] 상법 제289조 제1항 제6호

> **상법 제289조(정관의 작성, 절대적 기재사항)**
> ① 발기인은 정관을 작성하여 다음의 사항을 적고 각 발기인이 기명날인 또는 서명하여야 한다.
> 1. 목 적
> 2. 상 호
> 3. 회사가 발행할 주식의 총수
> 4. 액면주식을 발행하는 경우 1주의 금액
> 5. 회사의 설립 시에 발행하는 주식의 총수
> 6. 본점의 소재지
> 7. 회사가 공고를 하는 방법
> 8. 발기인의 성명·주민등록번호 및 주소

② [○] 상법 제290조 제4호

> **상법 제290조(변태설립사항)**
> 다음의 사항은 정관에 기재함으로써 그 효력이 있다.
> 1. 발기인이 받을 특별이익과 이를 받을 자의 성명
> 2. 현물출자를 하는 자의 성명과 그 목적인 재산의 종류, 수량, 가격과 이에 대하여 부여할 주식의 종류와 수
> 3. 회사성립 후에 양수할 것을 약정한 재산의 종류, 수량, 가격과 그 양도인의 성명
> 4. 회사가 부담할 설립비용과 발기인이 받을 보수액

③ [×] (모집설립 시) 납입금의 보관자 또는 납입장소를 변경할 때에는 법원의 허가를 얻어야 한다(상법 제306조).

④ [O] 창립총회의 결의는 출석한 주식인수인의 의결권의 3분의 2 이상이며 인수된 주식의 총수의 과반수에 해당하는 다수로 하여야 한다(상법 제309조).

⑤ [O] 법원이 선임한 검사인이 악의 또는 중대한 과실로 인하여 그 임무를 해태한 때에는 회사 또는 제3자에 대하여 손해를 배상할 책임이 있다(상법 제325조).

답 ③

08 세무사 2022

☑ 확인Check! ○ △ ×

상법상 주식회사의 변태설립사항이 아닌 것은?

① 회사가 그 성립 후 2년 내에 그 성립 전부터 존재하는 재산으로서 영업을 위하여 계속하여 사용하여야 할 것을 자본금의 100분의 5 이상에 해당하는 대가로 취득하는 계약

② 발기인이 받을 특별이익과 이를 받을 자의 성명

③ 현물출자를 하는 자의 성명과 그 목적인 재산의 종류, 수량, 가격과 이에 대해 부여할 주식의 종류와 수

④ 회사성립 후에 양수할 것을 약정한 재산의 종류, 수량, 가격과 그 양도인의 성명

⑤ 회사가 부담할 설립비용과 발기인이 받을 보수액

해설

① [**변태설립사항** ×] 회사가 그 성립 후 2년 내에 그 성립 전부터 존재하는 재산으로서 영업을 위하여 계속하여 사용하여야 할 것을 자본금의 100분의 5 이상에 해당하는 대가로 취득하는 계약을 하는 경우에는 제374조(영업양도, 양수, 임대등)를 준용한다(상법 제375조). 이러한 계약을 사후설립이라고 한다.

② [**변태설립사항** O] 발기인의 특별이익(상법 제290조 제1호)

③ [**변태설립사항** O] 현물출자(상법 제290조 제2호)

④ [**변태설립사항** O] 재산인수(상법 제290조 제3호)

⑤ [**변태설립사항** O] 설립비용, 발기인의 보수(상법 제290조 제4호)

> **상법 제290조(변태설립사항)**
> 다음의 사항은 정관에 기재함으로써 그 효력이 있다.
> 1. 발기인이 받을 특별이익과 이를 받을 자의 성명
> 2. 현물출자를 하는 자의 성명과 그 목적인 재산의 종류, 수량, 가격과 이에 대하여 부여할 주식의 종류와 수
> 3. 회사성립 후에 양수할 것을 약정한 재산의 종류, 수량, 가격과 그 양도인의 성명
> 4. 회사가 부담할 설립비용과 발기인이 받을 보수액

답 ①

09 법무사 2022

☑ 확인Check! ○ △ ×

다음 중 상법 제290조의 변태설립사항에 해당하지 않는 것은?

① 발기인이 받을 특별이익과 이를 받을 자의 성명
② 현물출자를 하는 자의 성명과 그 목적인 재산의 종류, 수량, 가격과 이에 대하여 부여할 주식의 종류와 수
③ 액면주식의 경우에 액면 이상의 주식을 발행할 때에는 그 수와 금액
④ 회사성립 후에 양수할 것을 약정한 재산의 종류, 수량, 가격과 그 양도인의 성명
⑤ 회사가 부담할 설립비용과 발기인이 받을 보수액

▌해설▐

① [○], ② [○], ③ [×], ④ [○], ⑤ [○] 상법 제290조

> **상법 제290조(변태설립사항)**
> 다음의 사항은 정관에 기재함으로써 그 효력이 있다.
> 1. 발기인이 받을 특별이익과 이를 받을 자의 성명
> 2. 현물출자를 하는 자의 성명과 그 목적인 재산의 종류, 수량, 가격과 이에 대하여 부여할 주식의 종류와 수
> 3. 회사성립 후에 양수할 것을 약정한 재산의 종류, 수량, 가격과 그 양도인의 성명
> 4. 회사가 부담할 설립비용과 발기인이 받을 보수액

답 ③

PART 3

10 세무사 2023

☑ 확인Check! ○ △ ×

상법상 주식회사 설립 시 현물출자에 관한 설명으로 옳은 것은?

① 정관에 출자의 목적인 부동산의 종류와 가격만 기재되어 있으면, 누구든 그 부동산을 유효하게 현물출자할 수 있다.
② 현물출자자인 이사도 회사의 설립에 관한 모든 사항이 법령 또는 정관의 규정에 위반되지 아니하는지 여부의 조사에 참여할 수 있다.
③ 현물출자 및 재산인수의 재산의 총액에 관계없이 법원이 선임한 검사인에 의해 현물출자의 이행에 대한 조사를 받아야 한다.
④ 모집설립에서 현물출자가 부당한 경우 그 변경은 법원만이 할 수 있다.
⑤ 모집설립 시 현물출자의 이행에 관하여 공인된 감정인의 감정으로 검사인의 조사에 갈음하는 경우 감정인은 감정결과를 창립총회에 보고하여야 한다.

▌해설▌

① [×] 정관에 현물출자를 하는 자의 성명이 기재되어야 하므로 그 자만이 현물출자를 할 수 있다(상법 제290조 제2호 참조).

> **상법 제290조(변태설립사항)**
> 다음의 사항은 정관에 기재함으로써 그 효력이 있다.
> 2. 현물출자를 하는 자의 성명과 그 목적인 재산의 종류, 수량, 가격과 이에 대하여 부여할 주식의 종류와 수

② [×] 상법 제298조 제2항

> **상법 제298조(이사 · 감사의 조사 · 보고와 검사인의 선임청구)**
> ① 이사와 감사는 취임후 지체없이 회사의 설립에 관한 모든 사항이 법령 또는 정관의 규정에 위반되지 아니하는지의 여부를 조사하여 발기인에게 보고하여야 한다.
> ② 이사와 감사 중 발기인이었던 자 · 현물출자자 또는 회사성립후 양수할 재산의 계약당사자인 자는 제1항의 조사 · 보고에 참가하지 못한다.
> ③ 이사와 감사의 전원이 제2항에 해당하는 때에는 이사는 공증인으로 하여금 제1항의 조사 · 보고를 하게 하여야 한다.

③ [×] 상법 제299조 제1항, 제2항 제1호

> **상법 제299조(검사인의 조사, 보고)**
> ① 검사인은 제290조 각 호의 사항과 제295조에 따른 현물출자의 이행을 조사하여 법원에 보고하여야 한다.
> ② 제1항은 다음 각 호의 어느 하나에 해당할 경우에는 적용하지 아니한다.
> 1. 제290조 제2호(현물출자) 및 제3호(재산인수)의 재산총액이 자본금의 5분의 1을 초과하지 아니하고 대통령령으로 정한 금액(5천만원)을 초과하지 아니하는 경우
> 2. 제290조 제2호 또는 제3호의 재산이 거래소에서 시세가 있는 유가증권인 경우로서 정관에 적힌 가격이 대통령령으로 정한 방법으로 산정된 시세를 초과하지 아니하는 경우
> 3. 그 밖에 제1호 및 제2호에 준하는 경우로서 대통령령으로 정하는 경우

④ [×], ⑤ [○] 변태설립사항의 조사는 검사인(공증인, 감정인)이 조사한다. 다만, 모집설립의 경우에는 검사인 선임 신청을 발기인이 하고(발기설립은 이사), 보고 대상과 변경 주체가 창립총회(발기설립은 법원)라는 점이 발기설립과 다르다(상법 제310조 제2항, 제314조 제1항 참조).

> **상법 제310조(변태설립의 경우의 조사)**
> ① 정관으로 제290조에 게기한 사항을 정한 때에는 발기인은 이에 관한 조사를 하게 하기 위하여 검사인의 선임을 법원에 청구하여야 한다.
> ② 전항의 검사인의 보고서는 이를 창립총회에 제출하여야 한다.
> ③ 제298조 제4항 단서 및 제299조의2의 규정은 제1항의 조사에 관하여 이를 준용한다.
>
> **상법 제314조(변태설립사항의 변경)**
> ① 창립총회에서는 제290조에 게기한 사항이 부당하다고 인정한 때에는 이를 변경할 수 있다.

더 살펴보기 **발기설립과 모집설립 비교**

구 분		발기설립	모집설립
주식인수		발기인	발기인 + 모집주주
납입 불이행		실권절차 ×(강제이행)	실권절차 ○
기관구성(이사・감사)		발기인이 선임	창립총회가 선임
일반설립경과	조사・보고자	이사・감사	
	조사・보고대상	발기인	창립총회
변태설립사항	조사・보고자	검사인(공증인, 감정인)	
	검사인 선임청구	이사가 청구, 법원이 선임	발기인이 청구, 법원이 선임
	조사・보고대상	법 원	창립총회
	변경권	법 원	창립총회

답 ⑤

11 세무사 2021

☑ 확인 Check! ○ △ ×

상법상 주식회사의 발기설립에 관한 설명으로 옳은 것은?

① 각 발기인은 주식청약서에 의하여 주식을 인수하여야 한다.
② 발기인이 이사와 감사를 선임하는 경우, 각 발기인은 인수한 주식수와 상관없이 각자 1개의 의결권을 가진다.
③ 법원이 부당한 변태설립사항을 변경하여 각 발기인에게 통고한 경우, 발기인은 그 변경에 불복하여 그 주식의 인수를 취소할 수 없다.
④ 변태설립사항의 조사를 위하여 선임된 공증인 또는 감정인은 조사 또는 감정결과를 발기인에게 보고하여야 한다.
⑤ 이사와 감사 전원이 발기인이었던 자에 해당하는 때에는 이사는 공증인으로 하여금 설립경과의 조사・보고를 하게 하여야 한다.

해설

① [×] 각 발기인은 서면에 의하여 주식을 인수하여야 한다(상법 제293조).
② [×] 상법 제296조 제1항, 제2항

상법 제296조(발기설립의 경우의 임원선임)
① 전조의 규정에 의한 납입과 현물출자의 이행이 완료된 때에는 발기인은 지체없이 의결권의 과반수로 이사와 감사를 선임하여야 한다.
② 발기인의 의결권은 그 인수주식의 1주에 대하여 1개로 한다.

③ [×] 상법 제300조 제1항, 제2항

> **상법 제300조(법원의 변경처분)**
> ① 법원은 검사인 또는 공증인의 조사보고서 또는 감정인의 감정결과와 발기인의 설명서를 심사하여 제290조의 규정에 의한 사항을 부당하다고 인정한 때에는 이를 변경하여 각 발기인에게 통고할 수 있다.
> ② 제1항의 변경에 불복하는 발기인은 그 주식의 인수를 취소할 수 있다. 이 경우에는 정관을 변경하여 설립에 관한 절차를 속행할 수 있다.

④ [×] 변태설립사항의 조사는 검사인이 한다. 발기설립의 경우에는 이사가 검사인을 선임 신청하고, 검사인은 조사결과를 법원에 보고하며(상법 제298조 제4항, 제299조 제1항 참조), 모집설립의 경우에는 발기인이 검사인을 선임 신청을 하고, 검사인은 보고서를 창립총회에 보고한다(상법 제310조 제1항 · 제2항 · 제3항 참조). 이러한 검사인의 조사는 발기인의 특별이익, 설립비용, 발기인의 보수인 경우에는 공증인의 조사 · 보고로, 현물출자, 재산인수인 경우에는 공인된 감정인의 감정으로 대체할 수 있다(상법 제298조 제4항 단서, 제299조의2 참조).

> **상법 제298조(이사 · 감사의 조사 · 보고와 검사인의 선임청구)**
> ④ 정관으로 제290조 각 호의 사항을 정한 때에는 이사는 이에 관한 조사를 하게 하기 위하여 검사인의 선임을 법원에 청구하여야 한다. 다만, 제299조의2의 경우에는 그러하지 아니하다.
>
> **상법 제299조(검사인의 조사, 보고)**
> ① 검사인은 제290조 각 호의 사항과 제295조에 따른 현물출자의 이행을 조사하여 법원에 보고하여야 한다.
>
> **상법 제299조의2(현물출자 등의 증명)**
> 제290조 제1호 및 제4호에 기재한 사항에 관하여는 공증인의 조사 · 보고로, 제290조 제2호 및 제3호의 규정에 의한 사항과 제295조의 규정에 의한 현물출자의 이행에 관하여는 공인된 감정인의 감정으로 제299조 제1항의 규정에 의한 검사인의 조사에 갈음할 수 있다. 이 경우 공증인 또는 감정인은 조사 또는 감정결과를 법원에 보고하여야 한다.

⑤ [O] 상법 제298조 제1항, 제2항, 제3항

> **상법 제298조(이사 · 감사의 조사 · 보고와 검사인의 선임청구)**
> ① 이사와 감사는 취임후 지체없이 회사의 설립에 관한 모든 사항이 법령 또는 정관의 규정에 위반되지 아니하는지의 여부를 조사하여 발기인에게 보고하여야 한다.
> ② 이사와 감사 중 발기인이었던 자 · 현물출자자 또는 회사성립후 양수할 재산의 계약당사자인 자는 제1항의 조사 · 보고에 참가하지 못한다.
> ③ 이사와 감사의 전원이 제2항에 해당하는 때에는 이사는 공증인으로 하여금 제1항의 조사 · 보고를 하게 하여야 한다.

 ⑤

12 CPA 2024

☑ 확인Check! ○ △ ×

상법상 주식회사의 모집설립 절차에 관한 설명으로 틀린 것은?

① 설립절차를 주관하는 자는 정관에 발기인으로 기명날인 또는 서명을 하지 않은 이상 주식을 인수할 의무가 없다.

② 발기인이 현물출자를 하는 경우 발기인의 성명과 그 목적인 재산의 종류, 수량, 가격과 이에 대하여 부여할 주식의 종류와 수를 주식청약서에 기재해야 한다.

③ 주식청약서에 기재된 주소로 주식청약인에 대한 통지 또는 최고가 이루어진 경우, 그 통지 또는 최고는 보통 그 도달할 시기에 도달한 것으로 본다.

④ 주식인수인이 인수가액을 납입하지 않은 때에는 실권절차를 거치지 않아도 그 권리를 잃는다.

⑤ 창립총회에서는 정관에 기재되어 있는 발기인이 받을 보수액이 부당하다고 인정한 때에는 이를 변경할 수 있다.

▌해설▐

① [O] 발기인은 정관에 발기인으로 기명날인 또는 서명한 자를 말한다(상법 제289조 제1항 참조). 설립과 관련된 법률관계에서 발기인은 형식적으로 결정되므로 설립사무에 종사하였더라도 정관에 발기인으로 기재되어 기명날인 또는 서명을 하지 않은 이상 회사설립과 관련하여 발기인으로서의 책임을 지지 않는다.

> **상법 제289조(정관의 작성, 절대적 기재사항)**
> ① 발기인은 정관을 작성하여 다음의 사항을 적고 각 발기인이 기명날인 또는 서명하여야 한다.
> 1. 목 적
> 2. 상 호
> 3. 회사가 발행할 주식의 총수
> 4. 액면주식을 발행하는 경우 1주의 금액
> 5. 회사의 설립 시에 발행하는 주식의 총수
> 6. 본점의 소재지
> 7. 회사가 공고를 하는 방법
> 8. 발기인의 성명·주민등록번호 및 주소

② [O] 상법 제302조 제2항 제2호, 제290조 제2호

> **상법 제302조(주식인수의 청약, 주식청약서의 기재사항)**
> ② 주식청약서는 발기인이 작성하고 다음의 사항을 적어야 한다.
> 1. 정관의 인증연월일과 공증인의 성명
> 2. 제289조 제1항과 제290조에 게기한 사항
>
> > **상법 제290조(변태설립사항)**
> > 다음의 사항은 정관에 기재함으로써 그 효력이 있다.
> > 1. 발기인이 받을 특별이익과 이를 받을 자의 성명
> > 2. 현물출자를 하는 자의 성명과 그 목적인 재산의 종류, 수량, 가격과 이에 대하여 부여할 주식의 종류와 수

PART 3

3. 회사성립 후에 양수할 것을 약정한 재산의 종류, 수량, 가격과 그 양도인의 성명
4. 회사가 부담할 설립비용과 발기인이 받을 보수액

3. 회사의 존립기간 또는 해산사유를 정한 때에는 그 규정
4. 각 발기인이 인수한 주식의 종류와 수
5. 제291조에 게기한 사항
5의2. 주식의 양도에 관하여 이사회의 승인을 얻도록 정한 때에는 그 규정
6. 삭제 〈2011.4.14.〉
7. 주주에게 배당할 이익으로 주식을 소각할 것을 정한 때에는 그 규정
8. 일정한 시기까지 창립총회를 종결하지 아니한 때에는 주식의 인수를 취소할 수 있다는 뜻
9. 납입을 맡을 은행 기타 금융기관과 납입장소
10. 명의개서대리인을 둔 때에는 그 성명·주소 및 영업소

③ [O] 상법 제304조 제1항, 제2항

상법 제304조(주식인수인 등에 대한 통지, 최고)
① 주식인수인 또는 주식청약인에 대한 통지나 최고는 주식인수증 또는 주식청약서에 기재한 주소 또는 그 자로부터 회사에 통지한 주소로 하면 된다.
② 전항의 통지 또는 최고는 보통 그 도달할 시기에 도달한 것으로 본다.

④ [×] 발기설립과 달리 모집설립에서는 납입이 이루어지지 않은 경우 실권절차가 마련되어 있다. 즉, 발기인은 납입불이행자에게 일정한 기일을 정하여 그 기일 내에 납입을 하지 아니하면 그 권리를 잃는다는 뜻을 기일의 2주간 전에 통지하여야 하고, 주식인수인이 그 기일 내에 납입의 이행을 하지 아니한 때에는 그 권리를 잃는다(상법 제307조 제1항, 제2항 참조).

상법 제307조(주식인수인의 실권절차)
① 주식인수인이 제305조의 규정에 의한 납입을 하지 아니한 때에는 발기인은 일정한 기일을 정하여 그 기일내에 납입을 하지 아니하면 그 권리를 잃는다는 뜻을 기일의 2주간 전에 그 주식인수인에게 통지하여야 한다.
② 전항의 통지를 받은 주식인수인이 그 기일내에 납입의 이행을 하지 아니한 때에는 그 권리를 잃는다. 이 경우에는 발기인은 다시 그 주식에 대한 주주를 모집할 수 있다.

⑤ [O] 창립총회에서는 제290조(변태설립사항)에 게기한 사항이 부당하다고 인정한 때에는 이를 변경할 수 있다(상법 제314조 제1항).

답 ④

13 CPA 2020

☑ 확인Check! ○ △ ✕

상법상 주식회사의 모집설립에 관한 설명으로 옳은 것은?

① 정관으로 회사가 부담할 설립비용과 발기인이 받을 보수액을 정한 때에는, 이사는 이에 관한 조사를 하게 하기 위하여 검사인의 선임을 법원에 청구하여야 한다.

② 이사와 감사는 취임 후 지체없이 회사의 설립에 관한 모든 사항이 법령 또는 정관의 규정에 위반되지 아니하는지의 여부를 조사하여 창립총회에 보고하여야 한다.

③ 자본금 총액이 10억원 미만인 회사를 모집설립하는 경우에는, 은행의 납입금 보관금액에 관한 증명서를 그 잔고증명서로 대체할 수 있다.

④ 납입과 현물출자의 이행이 완료된 때에는 발기인은 지체없이 의결권의 과반수로 이사와 감사를 선임하여야 한다.

⑤ 법원은 변태설립사항이 부당하다고 인정한 때에는 이를 변경하여 각 발기인에게 통고할 수 있다.

▌해설▐

① [✕], ⑤ [✕] 변태설립사항의 조사는 검사인이 조사한다. 모집설립의 경우에는 발기인이 검사인 선임 신청을 하고, 검사인은 보고서를 창립총회에 보고하며, 부당한 사항을 창립총회가 변경한다(상법 제310조 제1항 · 제2항, 제314조 제1항 참조). 반면에 발기설립의 경우에는 이사가 검사인을 선임 신청하고, 검사인은 조사 결과를 법원에 보고하며, 부당한 사항을 법원이 변경한다(상법 제298조 제4항, 제299조 제1항, 제300조 제1항 참조).

상법 제298조(이사 · 감사의 조사 · 보고와 검사인의 선임청구)

④ 정관으로 제290조 각 호의 사항을 정한 때에는 이사는 이에 관한 조사를 하게 하기 위하여 검사인의 선임을 법원에 청구하여야 한다. 다만, 제299조의2의 경우에는 그러하지 아니하다.

상법 제299조(검사인의 조사, 보고)

① 검사인은 제290조 각 호의 사항과 제295조에 따른 현물출자의 이행을 조사하여 법원에 보고하여야 한다.

상법 제300조(법원의 변경처분)

① 법원은 검사인 또는 공증인의 조사보고서 또는 감정인의 감정결과와 발기인의 설명서를 심사하여 제290조의 규정에 의한 사항을 부당하다고 인정한 때에는 이를 변경하여 각 발기인에게 통고할 수 있다.

상법 제310조(변태설립의 경우의 조사)

① 정관으로 제290조에 게기한 사항을 정한 때에는 발기인은 이에 관한 조사를 하게 하기 위하여 검사인의 선임을 법원에 청구하여야 한다.

② 전항의 검사인의 보고서는 이를 창립총회에 제출하여야 한다.

상법 제314조(변태설립사항의 변경)

① 창립총회에서는 제290조에 게기한 사항이 부당하다고 인정한 때에는 이를 변경할 수 있다.

PART 3

② [O] 이사와 감사는 취임후 지체없이 회사의 설립에 관한 모든 사항이 법령 또는 정관의 규정에 위반되지 아니하는지의 여부를 조사하여야 한다. 다만 모집설립의 경우에는 창립총회에 보고하며(상법 제313조 제1항 참조), 발기설립의 경우에는 발기인에게 보고하여야 한다(상법 제298조 제1항).

상법 제298조(이사 · 감사의 조사 · 보고와 검사인의 선임청구)

① 이사와 감사는 취임후 지체없이 회사의 설립에 관한 모든 사항이 법령 또는 정관의 규정에 위반되지 아니하는지의 여부를 조사하여 발기인에게 보고하여야 한다.

상법 제313조(이사, 감사의 조사, 보고)

① 이사와 감사는 취임후 지체없이 회사의 설립에 관한 모든 사항이 법령 또는 정관의 규정에 위반되지 아니하는지의 여부를 조사하여 창립총회에 보고하여야 한다.

③ [×] 자본금 총액이 10억원 미만인 회사를 제295조 제1항에 따라 발기설립하는 경우에는 제1항의 증명서를 은행이나 그 밖의 금융기관의 잔고증명서로 대체할 수 있다(상법 제318조 제3항).

④ [×] 모집설립의 경우에는 창립총회에서 이사와 감사를 선임한다(상법 제312조 참조). 반면에 발기설립의 경우에는 발기인총회에서 이사와 감사를 선임한다(상법 제296조 제1항 참조).

상법 제296조(발기설립의 경우의 임원선임)

① 전조의 규정에 의한 납입과 현물출자의 이행이 완료된 때에는 발기인은 지체없이 의결권의 과반수로 이사와 감사를 선임하여야 한다.

상법 제312조(임원의 선임)

창립총회에서는 이사와 감사를 선임하여야 한다.

답 ②

14 CPA 2018

☑ 확인 Check! ○ △ ×

상법상 주식회사의 모집설립에 관한 설명으로 옳은 것은?

① 발기인은 주식인수가액의 납입을 맡을 은행 기타 금융기관과 납입장소를 정하여야 한다.

② 발기인은 납입금의 보관자 또는 납입장소를 변경한 때에는 이를 법원에 신고하여야 한다.

③ 이사는 변태설립사항에 관한 조사를 하게 하기 위하여 검사인의 선임을 법원에 청구하여야 한다.

④ 창립총회의 결의는 출석한 주식인수인의 의결권의 과반수와 인수된 주식총수의 3분의 1 이상의 수로써 하여야 한다.

⑤ 법원이 선임한 검사인이 악의 또는 과실로 인하여 그 임무를 해태한 때에는 회사 또는 제3자에 대하여 손해를 배상할 책임이 있다.

▌해설▌

① [O] 발기설립(상법 제295조 제1항 참조)뿐만 아니라 모집설립(상법 제302조 제2항 제9호 참조)의 경우에도 발기인은 주식인수가액의 납입을 맡을 은행 기타 금융기관과 납입장소를 정하여야 한다.

> **상법 제295조(발기설립의 경우의 납입과 현물출자의 이행)**
> ① 발기인이 회사의 설립 시에 발행하는 주식의 총수를 인수한 때에는 지체없이 각 주식에 대하여 그 인수가액의 전액을 납입하여야 한다. 이 경우 발기인은 납입을 맡을 은행 기타 금융기관과 납입장소를 지정하여야 한다.
>
> **상법 제302조(주식인수의 청약, 주식청약서의 기재사항)**
> ② 주식청약서는 발기인이 작성하고 다음의 사항을 적어야 한다.
> … (중략) …
> 9. 납입을 맡을 은행 기타 금융기관과 납입장소
> … (하략) …

② [×] 납입금의 보관자 또는 납입장소를 변경할 때에는 법원의 허가를 얻어야 한다(상법 제306조).

③ [×] 변태설립사항의 조사는 검사인이 조사한다. 모집설립의 경우에는 발기인이 검사인 선임 신청을 법원에 하고, 검사인은 보고서를 창립총회에 보고하며, 부당한 사항을 창립총회가 변경한다(상법 제310조 제1항 · 제2항, 제314조 제1항 참조). 반면에 발기설립의 경우에는 이사가 검사인 선임 신청을 법원에 하고, 검사인은 조사 결과를 법원에 보고하며, 부당한 사항을 법원이 변경한다(상법 제298조 제4항, 제299조 제1항, 제300조 제1항 참조).

> **상법 제298조(이사 · 감사의 조사 · 보고와 검사인의 선임청구)**
> ④ 정관으로 제290조 각 호의 사항을 정한 때에는 이사는 이에 관한 조사를 하게 하기 위하여 검사인의 선임을 법원에 청구하여야 한다. 다만, 제299조의2의 경우에는 그러하지 아니하다.
>
> **상법 제299조(검사인의 조사, 보고)**
> ① 검사인은 제290조 각 호의 사항과 제295조에 따른 현물출자의 이행을 조사하여 법원에 보고하여야 한다.
>
> **상법 제300조(법원의 변경처분)**
> ① 법원은 검사인 또는 공증인의 조사보고서 또는 감정인의 감정결과와 발기인의 설명서를 심사하여 제290조의 규정에 의한 사항을 부당하다고 인정한 때에는 이를 변경하여 각 발기인에게 통고할 수 있다.
>
> **상법 제310조(변태설립의 경우의 조사)**
> ① 정관으로 제290조에 게기한 사항을 정한 때에는 발기인은 이에 관한 조사를 하게 하기 위하여 검사인의 선임을 법원에 청구하여야 한다.
> ② 전항의 검사인의 보고서는 이를 창립총회에 제출하여야 한다.
>
> **상법 제314조(변태설립사항의 변경)**
> ① 창립총회에서는 제290조에 게기한 사항이 부당하다고 인정한 때에는 이를 변경할 수 있다.

④ [×] 창립총회의 결의는 출석한 주식인수인의 의결권의 3분의 2 이상이며 인수된 주식의 총수의 과반수에 해당하는 다수로 하여야 한다(상법 제309조).

⑤ [×] 법원이 선임한 검사인이 악의 또는 중대한 과실로 인하여 그 임무를 해태한 때에는 회사 또는 제3자에 대하여 손해를 배상할 책임이 있다(상법 제325조).

답 ①

15 세무사 2021

☑ 확인Check! ○ △ ×

상법상 주식회사의 창립총회에 관한 설명으로 옳지 않은 것은?

① 창립총회의 결의는 출석한 주식인수인의 의결권의 3분의 2 이상이며 인수된 주식의 총수의 과반수에 해당하는 다수로 하여야 한다.

② 주식인수인은 대리인으로 하여금 창립총회에서 그 의결권을 행사하게 할 수 있다.

③ 창립총회에서의 정관변경 결의는 소집통지서에 그 뜻의 기재가 없는 경우에는 이를 할 수 없다.

④ 발기인은 회사의 창립에 관한 사항을 서면에 의하여 창립총회에 보고하여야 한다.

⑤ 창립총회에서는 설립의 폐지를 결의할 수 있다.

해설

① [O] 창립총회의 결의는 출석한 주식인수인의 의결권의 3분의 2 이상이며 인수된 주식의 총수의 과반수에 해당하는 다수로 하여야 한다(상법 제309조).

② [O] 상법 제308조 제2항, 제368조 제2항

> **상법 제308조(창립총회)**
> ② 제363조 제1항ㆍ제2항, 제364조, 제368조 제2항ㆍ제3항, 제368조의2, 제369조 제1항, 제371조 제2항, 제372조, 제373조, 제376조 내지 제381조와 제435조의 규정은 창립총회에 준용한다.
>
> **상법 제368조(총회의 결의방법과 의결권의 행사)**
> ② 주주는 대리인으로 하여금 그 의결권을 행사하게 할 수 있다. 이 경우에는 그 대리인은 대리권을 증명하는 서면을 총회에 제출하여야 한다.

③ [×], ⑤ [O] 상법 제316조 제1항, 제2항

> **상법 제316조(정관변경, 설립폐지의 결의)**
> ① 창립총회에서는 정관의 변경 또는 설립의 폐지를 결의할 수 있다.
> ② 전항의 결의는 소집통지서에 그 뜻의 기재가 없는 경우에도 이를 할 수 있다.

④ [O] 발기인은 회사의 창립에 관한 사항을 서면에 의하여 창립총회에 보고하여야 한다(상법 제311조 제1항).

 ③

16 CPA 2017

☑ 확인Check! ○ △ ×

상법상 주식회사의 설립에 관한 설명으로 틀린 것은?

① 판례에 의하면 설립 중의 회사는 정관이 작성되고 발기인이 적어도 1주 이상의 주식을 인수하였을 때에 성립한다.

② 판례에 의하면 발기인이 설립 중의 회사 명의로 그 권한 내에서 한 행위의 효과는 회사의 설립과 동시에 그 설립된 회사에 귀속된다.

③ 발기인이 받을 보수액은 정관에 기재해야 효력이 있고 법원이 선임한 검사인의 조사를 받거나 공증인의 조사·보고를 받아야 한다.

④ 발기설립에서 이사와 감사는 취임 후 지체없이 회사의 설립에 관한 모든 사항이 법령 또는 정관의 규정에 위반되지 아니하는지의 여부를 조사하여 발기인에게 보고하여야 한다.

⑤ 모집설립에서 검사인은 현물출자와 그 이행을 조사하여 법원에 보고하여야 하고 법원은 현물출자가 부당하다고 인정하면 이를 변경할 수 있다.

해설

① [O], ② [O] 설립 중의 회사라 함은 주식회사의 설립과정에서 발기인이 회사의 설립을 위하여 필요한 행위로 인하여 취득하게 된 권리의무가 회사의 설립과 동시에 그 설립된 회사에 귀속되는 관계를 설명하기 위한 강학상의 개념으로서 정관이 작성되고 발기인이 적어도 1주 이상의 주식을 인수하였을 때 비로소 성립하는 것이고, 이러한 설립 중의 회사로서의 실체가 갖추어지기 이전에 발기인이 취득한 권리, 의무는 구체적 사정에 따라 발기인 개인 또는 발기인조합에 귀속되는 것으로서 이들에게 귀속된 권리의무를 설립 후의 회사에 귀속시키기 위하여는 양수나 채무인수 등의 특별한 이전행위가 있어야 한다(대판 1994.1.28. 93다50215).

③ [O] 상법 제290조 제4호, 제299조 제1항, 제299조의2

상법 제290조(변태설립사항)

다음의 사항은 정관에 기재함으로써 그 효력이 있다.

1. 발기인이 받을 특별이익과 이를 받을 자의 성명
2. 현물출자를 하는 자의 성명과 그 목적인 재산의 종류, 수량, 가격과 이에 대하여 부여할 주식의 종류와 수
3. 회사성립 후에 양수할 것을 약정한 재산의 종류, 수량, 가격과 그 양도인의 성명
4. 회사가 부담할 설립비용과 발기인이 받을 보수액

상법 제299조(검사인의 조사, 보고)

① 검사인은 제290조 각 호의 사항과 제295조에 따른 현물출자의 이행을 조사하여 법원에 보고하여야 한다.

상법 제299조의2(현물출자 등의 증명)

제290조 제1호 및 제4호에 기재한 사항에 관하여는 공증인의 조사·보고로, 제290조 제2호 및 제3호의 규정에 의한 사항과 제295조의 규정에 의한 현물출자의 이행에 관하여는 공인된 감정인의 감정으로 제299조 제1항의 규정에 의한 검사인의 조사에 갈음할 수 있다. 이 경우 공증인 또는 감정인은 조사 또는 감정결과를 법원에 보고하여야 한다.

④ [O] (발기설립에서) 이사와 감사는 취임후 지체없이 회사의 설립에 관한 모든 사항이 법령 또는 정관의 규정에 위반되지 아니하는지의 여부를 조사하여 발기인에게 보고하여야 한다(상법 제298조 제1항). 참고로 모집설립의 경우 이사와 감사는 창립총회에 보고한다(상법 제313조 제1항 참조).

⑤ [×] 변태설립사항의 조사는 검사인이 한다. 모집설립의 경우에는 발기인이 검사인 선임 신청을 하고, 검사인은 보고서를 창립총회에 보고하며, 부당한 사항을 창립총회가 변경한다(상법 제310조 제1항・제2항, 제314조 제1항 참조). 반면에 발기설립의 경우에는 이사가 검사인을 선임 신청하고, 검사인은 조사 결과를 법원에 보고하며, 부당한 사항을 법원이 변경한다(상법 제298조 제4항, 제299조 제1항, 제300조 제1항 참조).

상법 제298조(이사・감사의 조사・보고와 검사인의 선임청구)

④ 정관으로 제290조 각 호의 사항을 정한 때에는 이사는 이에 관한 조사를 하게 하기 위하여 검사인의 선임을 법원에 청구하여야 한다. 다만, 제299조의2의 경우에는 그러하지 아니하다.

상법 제299조(검사인의 조사, 보고)

① 검사인은 제290조 각 호의 사항과 제295조에 따른 현물출자의 이행을 조사하여 법원에 보고하여야 한다.

상법 제300조(법원의 변경처분)

① 법원은 검사인 또는 공증인의 조사보고서 또는 감정인의 감정결과와 발기인의 설명서를 심사하여 제290조의 규정에 의한 사항을 부당하다고 인정한 때에는 이를 변경하여 각 발기인에게 통고할 수 있다.

상법 제310조(변태설립의 경우의 조사)

① 정관으로 제290조에 게기한 사항을 정한 때에는 발기인은 이에 관한 조사를 하게 하기 위하여 검사인의 선임을 법원에 청구하여야 한다.

② 전항의 검사인의 보고서는 이를 창립총회에 제출하여야 한다.

상법 제314조(변태설립사항의 변경)

① 창립총회에서는 제290조에 게기한 사항이 부당하다고 인정한 때에는 이를 변경할 수 있다.

더 살펴보기 발기설립과 모집설립 비교

구 분		발기설립	모집설립
주식인수		발기인	발기인 + 모집주주
납입 불이행		실권절차 ×(강제이행)	실권절차 O
기관구성(이사・감사)		발기인이 선임	창립총회가 선임
일반설립경과	조사・보고자	이사・감사	
	조사・보고대상	발기인	창립총회
변태설립사항	조사・보고자	검사인(공증인, 감정인)	
	검사인 선임청구	이사가 청구, 법원이 선임	발기인이 청구, 법원이 선임
	조사・보고대상	법 원	창립총회
	변경권	법 원	창립총회

답 ⑤

17 세무사 2024

☑ 확인 Check! ○ △ ×

상법상 주식회사의 설립에 관한 설명으로 옳지 않은 것은?

① 모집설립 시 주식인수인이 납입기일 내에 주금을 납입하지 않으면 그 다음 날 권리를 상실한다.
② 회사는 그 공고를 정관으로 정하는 바에 따라 전자적 방법으로도 할 수 있다.
③ 발기설립 방식으로 자본금총액 10억원 미만의 회사를 설립할 경우 각 발기인이 정관에 기명날인 또는 서명함으로써 정관의 효력이 발생한다.
④ 발기설립 시 주식가액의 납입과 현물출자의 이행이 완료된 때에는 발기인은 지체없이 의결권의 과반수로 이사와 감사를 선임해야 한다.
⑤ 발기설립 시 선임된 이사와 감사는 취임 후 지체없이 회사의 설립에 관한 모든 사항이 법령 또는 정관규정에 위반되는지를 조사하여 발기인에게 보고하여야 한다.

해설

① [×] 발기설립과 달리 모집설립에서는 납입이 이루어지지 않은 경우 실권절차가 마련되어 있다. 즉, 발기인은 납입불이행자에게 일정한 기일을 정하여 그 기일 내에 납입을 하지 아니하면 그 권리를 잃는다는 뜻을 기일의 2주간 전에 통지하여야 하고, 주식인수인이 그 기일 내에 납입의 이행을 하지 아니한 때에는 그 권리를 잃는다(상법 제307조 제1항, 제2항 참조).

> **상법 제307조(주식인수인의 실권절차)**
> ① 주식인수인이 제305조의 규정에 의한 납입을 하지 아니한 때에는 발기인은 일정한 기일을 정하여 그 기일내에 납입을 하지 아니하면 그 권리를 잃는다는 뜻을 기일의 2주간 전에 그 주식인수인에게 통지하여야 한다.
> ② 전항의 통지를 받은 주식인수인이 그 기일내에 납입의 이행을 하지 아니한 때에는 그 권리를 잃는다. 이 경우에는 발기인은 다시 그 주식에 대한 주주를 모집할 수 있다.

② [O] 회사의 공고는 관보 또는 시사에 관한 사항을 게재하는 일간신문에 하여야 한다. 다만, 회사는 그 공고를 정관으로 정하는 바에 따라 전자적 방법으로 할 수 있다(상법 제289조 제3항).
③ [O] 정관은 공증인의 인증을 받음으로써 효력이 생긴다. 다만, 자본금 총액이 10억원 미만인 회사를 제295조 제1항에 따라 발기설립하는 경우에는 제289조 제1항에 따라 각 발기인이 정관에 기명날인 또는 서명함으로써 효력이 생긴다(상법 제292조).
④ [O] 상법 제295조 제1항, 제296조 제1항

> **상법 제295조(발기설립의 경우의 납입과 현물출자의 이행)**
> ① 발기인이 회사의 설립 시에 발행하는 주식의 총수를 인수한 때에는 지체없이 각 주식에 대하여 그 인수가액의 전액을 납입하여야 한다. 이 경우 발기인은 납입을 맡을 은행 기타 금융기관과 납입장소를 지정하여야 한다.
>
> **상법 제296조(발기설립의 경우의 임원선임)**
> ① 전조의 규정에 의한 납입과 현물출자의 이행이 완료된 때에는 발기인은 지체없이 의결권의 과반수로 이사와 감사를 선임하여야 한다.

⑤ [O] 발기설립 시 이사와 감사는 취임후 지체없이 회사의 설립에 관한 모든 사항이 법령 또는 정관의 규정에 위반되지 아니하는지의 여부를 조사하여 발기인에게 보고하여야 한다(상법 제298조 제1항 참조). 참고로 모집설립 시에는 설립경과에 대한 조사보고를 창립총회에 한다(상법 제313조 제1항 참조).

답 ①

PART 3

18 세무사 2020

☑ 확인Check! ○ △ ×

상법상 주식회사 설립 시 현물출자 사항에 대한 검사인의 조사·보고에 관한 설명으로 옳지 않은 것은?

① 현물출자의 이행에 관하여는 공인된 감정인의 감정으로 검사인의 조사에 갈음할 수 있다.
② 발기설립 시 법원은 검사인의 조사보고서를 심사하여 현물출자 사항을 부당하다고 인정한 때에는 이를 변경하여 각 발기인에게 통고할 수 있다.
③ 모집설립 시 이사는 검사인의 선임을 법원에 청구하여야 한다.
④ 발기설립 시 검사인은 현물출자의 이행을 조사하여 법원에 보고하여야 한다.
⑤ 모집설립 시 검사인은 현물출자의 이행을 조사하여 그 보고서를 창립총회에 제출하여야 한다.

▌해설▐

① [○] 제290조 제1호 및 제4호에 기재한 사항에 관하여는 공증인의 조사·보고로, 제290조 제2호 및 제3호의 규정에 의한 사항과 제295조의 규정에 의한 현물출자의 이행에 관하여는 공인된 감정인의 감정으로 제299조 제1항의 규정에 의한 검사인의 조사에 갈음할 수 있다. 이 경우 공증인 또는 감정인은 조사 또는 감정결과를 법원에 보고하여야 한다(상법 제299조의2).

② [○] 법원은 검사인 또는 공증인의 조사보고서 또는 감정인의 감정결과와 발기인의 설명서를 심사하여 제290조의 규정에 의한 사항을 부당하다고 인정한 때에는 이를 변경하여 각 발기인에게 통고할 수 있다(상법 제300조 제1항).

③ [×], ⑤ [○] 모집설립의 경우에는 발기인이 변태설립사항을 조사할 검사인의 선임 신청을 하고, 검사인은 보고서를 창립총회에 보고한다(상법 제310조 제1항, 제2항 참조).

> **상법 제310조(변태설립의 경우의 조사)**
> ① 정관으로 제290조에 게기한 사항을 정한 때에는 발기인은 이에 관한 조사를 하게 하기 위하여 검사인의 선임을 법원에 청구하여야 한다.
> ② 전항의 검사인의 보고서는 이를 창립총회에 제출하여야 한다.

④ [○] 발기설립의 경우에는 이사가 변태설립사항을 조사할 검사인을 선임 신청하고, 검사인은 조사 또는 감정결과를 법원에 보고한다(상법 제298조 제4항, 제299조 제1항 참조).

> **상법 제298조(이사·감사의 조사·보고와 검사인의 선임청구)**
> ④ 정관으로 제290조 각 호의 사항을 정한 때에는 이사는 이에 관한 조사를 하게 하기 위하여 검사인의 선임을 법원에 청구하여야 한다. 다만, 제299조의2의 경우에는 그러하지 아니하다.
>
> **상법 제299조(검사인의 조사, 보고)**
> ① 검사인은 제290조 각 호의 사항과 제295조에 따른 현물출자의 이행을 조사하여 법원에 보고하여야 한다.

더 살펴보기 **발기설립과 모집설립 비교**

구 분		발기설립	모집설립
주식인수		발기인	발기인 + 모집주주
납입 불이행		실권절차 ×(강제이행)	실권절차 ○
기관구성(이사 · 감사)		발기인이 선임	창립총회가 선임
일반설립경과	조사 · 보고자	이사 · 감사	
	조사 · 보고대상	발기인	창립총회
변태설립사항	조사 · 보고자	검사인(공증인, 감정인)	
	검사인 선임청구	이사가 청구, 법원이 선임	발기인이 청구, 법원이 선임
	조사 · 보고대상	법 원	창립총회
	변경권	법 원	창립총회

답 ③

19 세무사 2021

☑ 확인 Check! ○ △ ×

상법상 주식회사의 모집설립 시 주식인수에 관한 설명으로 옳지 않은 것은?

① 회사설립 시에 발행한 주식으로서 회사성립후에 주식인수의 청약이 취소된 때에는 발기인은 다시 주주를 모집하여야 한다.

② 주식인수인이 주식의 인수로 인한 권리를 회사설립 전에 양도한 경우, 그 권리의 양도는 회사에 대하여 효력이 없다.

③ 주식을 인수한 자는 회사성립후에는 주식청약서의 요건의 흠결을 이유로 그 인수의 무효를 주장하지 못한다.

④ 회사설립 시에 발행하는 주식의 총수가 인수된 때에는 발기인은 지체없이 주식인수인에 대하여 각 주식에 대한 인수가액의 전액을 납입시켜야 한다.

⑤ 주식인수인에 대한 통지 또는 최고는 보통 그 도달할 시기에 도달한 것으로 본다.

해설

① [×] 회사설립 시에 발행한 주식으로서 회사성립후에 아직 인수되지 아니한 주식이 있거나 주식인수의 청약이 취소된 때에는 발기인이 이를 공동으로 인수한 것으로 본다(상법 제321조 제1항). 즉, 발기인 전원이 공동인수인으로 의제되고 주금액을 연대하여 납입할 책임을 부담하게 된다(상법 제333조 제1항 참조).

② [O] 주식의 인수로 인한 권리의 양도는 회사에 대하여 효력이 없다(상법 제319조).

③ [O] 회사성립 후에는 주식을 인수한 자는 주식청약서의 요건의 흠결을 이유로 하여 그 인수의 무효를 주장하거나 사기, 강박 또는 착오를 이유로 하여 그 인수를 취소하지 못한다(상법 제320조 제1항).

④ [O] 회사설립 시에 발행하는 주식의 총수가 인수된 때에는 발기인은 지체없이 주식인수인에 대하여 각 주식에 대한 인수가액의 전액을 납입시켜야 한다(상법 제305조 제1항).

⑤ [O] 상법 제304조 제2항

> **상법 제304조(주식인수인 등에 대한 통지, 최고)**
> ① 주식인수인 또는 주식청약인에 대한 통지나 최고는 주식인수증 또는 주식청약서에 기재한 주소 또는 그 자로부터 회사에 통지한 주소로 하면 된다.
> ② 전항의 통지 또는 최고는 보통 그 도달할 시기에 도달한 것으로 본다.

답 ①

확인Check! ○ △ ×

20 CPA 2015

甲주식회사의 발기인 A와 B는 납입자본금총액을 1억6천만원으로 정한 후 A는 1억원을 현금으로 납입하고, B는 甲회사의 창고부지로 사용하기 위하여 6천만원에 상당하는 B소유 토지를 현물출자하기로 하였다. 상법상 다음의 설명 중 옳은 것은? (이견이 있으면 판례에 의함)

① A가 납입금 1억원 중 9천만원을 사채업자로부터 일시차입하여 주금납입의 외형을 갖추고 회사설립절차를 마친 후 바로 납입금을 인출하여 차입금을 변제하였다면 이는 회사설립의 중대한 하자가 되어 회사설립무효의 원인이 된다.

② B는 자신의 성명, 현물출자하는 재산의 종류와 가격 및 이에 대하여 부여할 주식의 종류와 수를 정관에 기재하고 납입기일에 지체없이 해당 토지에 대한 소유권 이전등기를 마쳐야 한다.

③ B가 현물출자한 재산총액이 자본총액의 5분의 1을 초과하고 대통령령으로 정한 금액을 초과하기 때문에 현물출자의 이행에 관하여 법원이 선임한 검사인 또는 공인된 감정인의 조사를 받아야 한다.

④ 법원이 선임한 검사인은 B의 현물출자 재산이 과대평가되었다고 판단한 경우에 한하여 그 결과를 법원에 보고하고 법원은 조사결과 보고서를 각 발기인에게 교부하여야 한다.

⑤ B의 현물출자에 대한 법원선임 검사인의 조사는 공인된 감정인의 감정으로 대신할 수 있으며 이 경우 감정인은 조사 또는 감정결과를 발기인에게 보고하여야 한다.

| 해설 |

① [×] 주식회사를 설립하면서 일시적인 차입금으로 주금납입의 외형을 갖추고 회사 설립절차를 마친 다음 바로 그 납입금을 인출하여 차입금을 변제하는 이른바 가장납입의 경우에도 주금납입의 효력을 부인할 수는 없다(대판 1998.12.23. 97다20649).

② [×] B는 자신의 성명, 현물출자하는 재산의 종류와 가격 및 이에 대하여 부여할 주식의 종류와 수를 정관에 기재하고 납입기일에 지체없이 해당 토지에 대한 소유권 이전등기에 필요한 서류만 완비하여 교부하면 되고 소유권이전등기를 마칠 필요는 없다(상법 제290조 제2호, 제295조 제2항 참조).

상법 제290조(변태설립사항)

다음의 사항은 정관에 기재함으로써 그 효력이 있다.

1. 발기인이 받을 특별이익과 이를 받을 자의 성명
2. 현물출자를 하는 자의 성명과 그 목적인 재산의 종류, 수량, 가격과 이에 대하여 부여할 주식의 종류와 수
3. 회사성립 후에 양수할 것을 약정한 재산의 종류, 수량, 가격과 그 양도인의 성명
4. 회사가 부담할 설립비용과 발기인이 받을 보수액

상법 제295조(발기설립의 경우의 납입과 현물출자의 이행)

② 현물출자를 하는 발기인은 납입기일에 지체없이 출자의 목적인 재산을 인도하고 등기, 등록 기타 권리의 설정 또는 이전을 요할 경우에는 이에 관한 서류를 완비하여 교부하여야 한다.

③ [O] B가 현물출자한 재산총액이 6천만원으로 자본총액의 5분의 1(3200만원)을 초과하고 대통령령으로 정한 금액(5천만원)을 초과하기 때문에 검사인의 조사·보고가 제외되는 경우에 해당하지 않는다(상법 제299조 제2항 제1호, 상법 시행령 제7조 제1항 참조).

④ [×] 법원이 선임한 검사인은 B의 현물출자 재산의 과대평가 여부를 불문하고 현물출자의 사항과 이행을 조사하여 법원에 보고하고, 검사인이 조사보고서 등본을 각 발기인에게 교부하여야 한다(상법 제299조 제1항, 제3항 참조).

상법 제299조(검사인의 조사, 보고)

① 검사인은 제290조 각 호의 사항과 제295조에 따른 현물출자의 이행을 조사하여 법원에 보고하여야 한다.

② 제1항은 다음 각 호의 어느 하나에 해당할 경우에는 적용하지 아니한다.

1. 제290조 제2호 및 제3호의 재산총액이 자본금의 5분의 1을 초과하지 아니하고 대통령령으로 정한 금액을 초과하지 아니하는 경우

상법 시행령 제7조(검사인의 조사, 보고의 면제)

① 법 제299조 제2항 제1호에서 "대통령령으로 정한 금액"이란 5천만원을 말한다.

2. 제290조 제2호 또는 제3호의 재산이 거래소에서 시세가 있는 유가증권인 경우로서 정관에 적힌 가격이 대통령령으로 정한 방법으로 산정된 시세를 초과하지 아니하는 경우
3. 그 밖에 제1호 및 제2호에 준하는 경우로서 대통령령으로 정하는 경우

③ 검사인은 제1항의 조사보고서를 작성한 후 지체 없이 그 등본을 각 발기인에게 교부하여야 한다.

⑤ [×] 제290조 제1호 및 제4호에 기재한 사항에 관하여는 공증인의 조사·보고로, 제290조 제2호 및 제3호의 규정에 의한 사항과 제295조의 규정에 의한 현물출자의 이행에 관하여는 공인된 감정인의 감정으로 제299조 제1항의 규정에 의한 검사인의 조사에 갈음할 수 있다. 이 경우 공증인 또는 감정인은 조사 또는 감정결과를 법원에 보고하여야 한다(상법 제299조의2).

답 ③

PART 3

21 CPA 2022

☑ 확인 Check! ○ △ ×

상법상 주식회사의 설립에 관한 설명으로 옳은 것은? (이견이 있으면 판례에 의함)

① 발기설립의 경우 납입과 현물출자의 이행이 완료된 때 발기인은 지체없이 의결권의 과반수로 이사와 감사를 선임하여야 하는데, 발기인의 의결권은 1인에 대하여 1개로 한다.

② 발기인이 납입취급은행 이외의 제3자로부터 납입금액을 차입하여 주금을 납입한 다음 회사가 성립하면 즉시 납입금 전액을 인출하는 방식으로 가장납입을 한 경우에도 주금납입의 효력은 있다.

③ 회사의 설립 당시 주식발행사항의 결정에 관하여 정관에 달리 정하고 있지 않은 경우, 발기인의 전원이 동의하더라도 전환주식은 발행할 수 없다.

④ 회사 설립무효는 소만으로 주장할 수 있고, 원고가 승소한 경우 소급효가 인정된다.

⑤ 회사가 성립하지 못한 경우에 발기인은 회사의 설립에 관하여 지급한 비용을 부담하지 않는다.

해설

① [×] 발기설립의 경우 납입과 현물출자의 이행이 완료된 때 발기인은 지체없이 의결권의 과반수로 이사와 감사를 선임하여야 하는데, 발기인의 의결권은 그 인수주식의 1주에 대하여 1개로 한다(상법 제296조 제1항, 제2항 참조).

> **상법 제296조(발기설립의 경우의 임원선임)**
> ① 전조의 규정에 의한 납입과 현물출자의 이행이 완료된 때에는 발기인은 지체없이 의결권의 과반수로 이사와 감사를 선임하여야 한다.
> ② 발기인의 의결권은 그 인수주식의 1주에 대하여 1개로 한다.

② [O] 주식회사를 설립하면서 일시적인 차입금으로 주금납입의 외형을 갖추고 회사 설립절차를 마친 다음 바로 그 납입금을 인출하여 차입금을 변제하는 이른바 가장납입의 경우에도 주금납입의 효력을 부인할 수는 없다(대판 1998.12.23. 97다20649).

③ [×] 회사의 설립 당시 주식발행사항의 결정에 관하여 정관에 달리 정하고 있지 않은 경우, 발기인의 전원이 동의로 주식의 종류와 수를 정하게 되므로 전환주식을 발행할 수 있다(상법 제291조 제1호 참조).

> **상법 제291조(설립 당시의 주식발행사항의 결정)**
> 회사설립 시에 발행하는 주식에 관하여 다음의 사항은 정관으로 달리 정하지 아니하면 발기인 전원의 동의로 이를 정한다.
> 1. 주식의 종류와 수
> 2. 액면주식의 경우에 액면 이상의 주식을 발행할 때에는 그 수와 금액
> 3. 무액면주식을 발행하는 경우에는 주식의 발행가액과 주식의 발행가액 중 자본금으로 계상하는 금액

④ [×] 회사설립무효는 소만으로 주장할 수 있고, 원고가 승소한 경우 장래효가 인정된다(상법 제328조 제1항 · 제2항, 제190조 참조).

> **상법 제328조(설립무효의 소)**
> ① 회사설립의 무효는 주주 · 이사 또는 감사에 한하여 회사성립의 날로부터 2년 내에 소만으로 이를 주장할 수 있다.
> ② 제186조 내지 제193조의 규정은 제1항의 소에 준용한다.

> **상법 제190조(판결의 효력)**
> 설립무효의 판결 또는 설립취소의 판결은 제3자에 대하여도 그 효력이 있다. 그러나 판결확정 전에 생긴 회사와 사원 및 제3자간의 권리의무에 영향을 미치지 아니한다.

⑤ [×] 상법 제326조 제2항

> **상법 제326조(회사불성립의 경우의 발기인의 책임)**
> ① 회사가 성립하지 못한 경우에는 발기인은 그 설립에 관한 행위에 대하여 연대하여 책임을 진다.
> ② 전항의 경우에 회사의 설립에 관하여 지급한 비용은 발기인이 부담한다.

 ②

22 CPA 2019

☑ 확인 Check! ○ △ ×

발기인 A는 甲주식회사를 설립하면서 B로부터 일시적으로 자금을 차입하여 주식인수대금으로 납입하고 회사설립등기를 한 후 곧바로 그 납입금을 인출하여 B에 대한 차입금을 변제하였다. 상법상 이에 관한 설명으로 틀린 것은? (이견이 있으면 판례에 의함)

① 이 경우 금원의 이동에 따른 현실의 납입이 있으므로 주식인수대금 납입으로서의 효력이 인정된다.
② 주식인수대금 납입절차는 일단 완료되고 설립절차상의 다른 하자가 없는 한 甲회사 설립의 효력이 있으며 A는 주주로서의 지위를 갖는다.
③ A가 납입한 돈은 일단 회사의 자본금이 되는 것이기 때문에 나중에 A가 이를 인출하여 차입금을 변제한 것은 업무상횡령죄가 성립한다.
④ 甲회사는 A에 대하여 주식인수대금 상당액의 상환을 청구할 수 있다.
⑤ A가 인출한 납입금을 회사를 위하여 사용한 것이 아니라 B에 대한 차입금을 변제하였으므로 실질적으로 회사의 자본이 늘어난 것이 아니어서 납입가장죄가 성립한다.

PART 3

해설

① [○] 주식회사를 설립하면서 일시적인 차입금으로 주금납입의 외형을 갖추고 회사 설립절차를 마친 다음 바로 그 납입금을 인출하여 차입금을 변제하는 이른바 가장납입의 경우에도 주금납입의 효력을 부인할 수는 없다(대판 1998.12.23. 97다20649).
② [○] 주금납입의 효력이 인정되므로 회사설립등기까지 이루어졌다면 A는 주주로서의 지위를 갖는다.

③ [×], ⑤ [O] 상법 제628조 제1항 소정의 납입가장죄는 회사의 자본충실을 기하려는 법의 취지를 유린하는 행위를 단속하려는 데 그 목적이 있는 것이므로, 당초부터 진실한 주금납입으로 회사의 자금을 확보할 의사 없이 형식상 또는 일시적으로 주금을 납입하고 이 돈을 은행에 예치하여 납입의 외형을 갖추고 주금납입증명서를 교부받아 설립등기나 증자등기의 절차를 마친 다음 바로 그 납입한 돈을 인출한 경우에는, 이를 회사를 위하여 사용하였다는 특별한 사정이 없는 한 실질적으로 회사의 자본이 늘어난 것이 아니어서 납입가장죄 및 공정증서원본불실기재죄와 불실기재공정증서원본행사죄가 성립하고, 다만 납입한 돈을 곧바로 인출하였다고 하더라도 그 인출한 돈을 회사를 위하여 사용한 것이라면 자본충실을 해친다고 할 수 없으므로 주금납입의 의사 없이 납입한 것으로 볼 수는 없고, 한편 주식회사의 설립업무 또는 증자업무를 담당한 자와 주식인수인이 사전 공모하여 주금납입취급은행 이외의 제3자로부터 납입금에 해당하는 금액을 차입하여 주금을 납입하고 납입취급은행으로부터 납입금보관증명서를 교부받아 회사의 설립등기절차 또는 증자등기절차를 마친 직후 이를 인출하여 위 차용금채무의 변제에 사용하는 경우, 위와 같은 행위는 실질적으로 회사의 자본을 증가시키는 것이 아니고 등기를 위하여 납입을 가장하는 편법에 불과하여 주금의 납입 및 인출의 전과정에서 회사의 자본금에는 실제 아무런 변동이 없다고 보아야 할 것이므로, 그들에게 회사의 돈을 임의로 유용한다는 불법영득의 의사가 있다고 보기 어렵다 할 것이고, 이러한 관점에서 상법상 납입가장죄의 성립을 인정하는 이상 회사 자본이 실질적으로 증가됨을 전제로 한 업무상횡령죄가 성립한다고 할 수는 없다(대판[전합] 2004.6.17. 2003도7645).

④ [O] 주금의 가장납입의 경우에도 주금납입의 효력을 부인할 수 없으므로 주금납입절차는 일단 완료되고 주식인수인이나 주주의 주금납입의무도 종결되었다고 보아야 하나, 이러한 가장납입에 있어서 회사는 일시 차입금을 가지고 주주들의 주금을 체당 납입한 것과 같이 볼 수 있으므로 주금납입의 절차가 완료된 후에 회사는 주주에 대하여 체당 납입한 주금의 상환을 청구할 수 있다(대판 1985.1.29. 84다카1823).

답 ③

23 CPA 2017

☑ 확인Check! ○ △ ×

상법상 주식회사의 설립 시 주금의 납입에 관한 설명으로 틀린 것은?

① 모집설립에서 납입금의 보관자 또는 납입장소를 변경할 때에는 법원의 허가를 얻어야 한다.
② 납입금을 보관한 은행이 발기인 또는 이사의 청구에 따라 그 보관금액에 관하여 증명서를 발급한 경우 그 금액의 반환에 제한이 있다는 것을 이유로 회사에 대항하지 못한다.
③ 자본금 총액이 10억원 미만인 회사가 발기설립을 하는 경우에는 납입금의 보관금액에 관한 증명서를 은행이나 그 밖의 금융기관의 잔고증명서로 대체할 수 있다.
④ 판례에 의하면 발기인이 제3자로부터 일시적으로 금전을 차입하여 주금을 납입하고 회사 성립 후 즉시 인출하여 차입금을 변제한 경우에는 주금납입으로서의 효력이 없다.
⑤ 타인의 승낙을 얻어 그 명의로 주식을 인수한 자는 그 타인과 연대하여 주금을 납입할 책임이 있다.

| 해설 |

① [O] (모집설립 시) 납입금의 보관자 또는 납입장소를 변경할 때에는 법원의 허가를 얻어야 한다(상법 제306조).
② [O] 상법 제318조 제1항, 제2항
③ [O] 상법 제318조 제3항

> **상법 제318조(납입금 보관자의 증명과 책임)**
> ① 납입금을 보관한 은행이나 그 밖의 금융기관은 발기인 또는 이사의 청구를 받으면 그 보관금액에 관하여 증명서를 발급하여야 한다.
> ② 제1항의 은행이나 그 밖의 금융기관은 증명한 보관금액에 대하여는 납입이 부실하거나 그 금액의 반환에 제한이 있다는 것을 이유로 회사에 대항하지 못한다.
> ③ 자본금 총액이 10억원 미만인 회사를 제295조 제1항에 따라 발기설립하는 경우에는 제1항의 증명서를 은행이나 그 밖의 금융기관의 잔고증명서로 대체할 수 있다.

④ [×] 주식회사를 설립하면서 일시적인 차입금으로 주금납입의 외형을 갖추고 회사 설립절차를 마친 다음 바로 그 납입금을 인출하여 차입금을 변제하는 이른바 가장납입의 경우에도 주금납입의 효력을 부인할 수는 없다(대판 1998.12.23. 97다20649).
⑤ [O] 타인의 승낙을 얻어 그 명의로 주식을 인수한 자는 그 타인과 연대하여 납입할 책임이 있다(상법 제332조 제2항).

답 ④

PART 3

24 세무사 2023

☑ 확인 Check! ○ △ ✕

상법상 주식회사의 설립에 관한 설명으로 옳은 것은?

① 설립 시에 발행하는 주식의 종류와 수에 관한 사항은 정관으로 달리 정하지 아니하면 발기인 과반수의 동의로 이를 정한다.
② 자본금 총액이 10억원 미만인 회사의 정관도 공증인의 인증을 받아야 효력이 생긴다.
③ 각 발기인은 구두 또는 서면에 의하여 주식을 인수할 수 있다.
④ 발기설립 시 주금의 납입을 맡을 은행 기타 금융기관과 납입장소는 발기인이 정하여야 한다.
⑤ 설립의 하자는 회사성립의 날로부터 2년 내에 설립취소의 소 또는 설립무효의 소로써 이를 주장할 수 있다.

해설

① [✕] 상법 제291조 제1호

> **상법 제291조(설립 당시의 주식발행사항의 결정)**
> 회사설립 시에 발행하는 주식에 관하여 다음의 사항은 정관으로 달리 정하지 아니하면 발기인 전원의 동의로 이를 정한다.
> 1. 주식의 종류와 수
> 2. 액면주식의 경우에 액면 이상의 주식을 발행할 때에는 그 수와 금액
> 3. 무액면주식을 발행하는 경우에는 주식의 발행가액과 주식의 발행가액 중 자본금으로 계상하는 금액

② [✕] 정관은 공증인의 인증을 받음으로써 효력이 생긴다. 다만, 자본금 총액이 10억원 미만인 회사를 제295조 제1항에 따라 발기설립하는 경우에는 제289조 제1항에 따라 각 발기인이 정관에 기명날인 또는 서명함으로써 효력이 생긴다(상법 제292조).
③ [✕] 각 발기인은 서면에 의하여 주식을 인수하여야 한다(상법 제293조).
④ [O] 발기인이 회사의 설립 시에 발행하는 주식의 총수를 인수한 때에는 지체없이 각 주식에 대하여 그 인수가액의 전액을 납입하여야 한다. 이 경우 발기인은 납입을 맡을 은행 기타 금융기관과 납입장소를 지정하여야 한다(상법 제295조 제1항).
⑤ [✕] 주식회사의 경우에는 설립무효의 소만이 가능하며 설립취소의 소를 인정하지 않는다. 또한 사원의 개성이 중시되지 않으므로 객관적 하자만이 설립무효의 소의 원인이 된다.

> **상법 제328조(설립무효의 소)**
> ① 회사설립의 무효는 주주·이사 또는 감사에 한하여 회사성립의 날로부터 2년 내에 소만으로 이를 주장할 수 있다.

답 ④

25 세무사 2020

☑ 확인Check! ○ △ ✕

상법상 주식회사 설립 시 주금납입에 관한 설명으로 옳지 않은 것은?

① 모집설립 시 주식인수인은 주식청약서에 기재한 납입장소에서 납입하여야 한다.
② 회사성립 후 납입을 완료하지 아니한 주식이 있는 때에는 발기인은 연대하여 그 납입을 하여야 한다.
③ 납입금 보관은행은 증명한 보관금액에 대하여 납입이 부실하거나 그 금액의 반환에 제한이 있다는 것을 이유로 회사에 대항할 수 있다.
④ 모집설립 시 납입금의 보관자 또는 납입장소를 변경할 때에는 법원의 허가를 얻어야 한다.
⑤ 자본금 총액이 10억원 미만인 주식회사를 발기설립하는 경우에는 납입금보관증명서를 은행이나 그 밖의 금융기관의 잔고증명서로 대체할 수 있다.

▌해설▌

① [O] 상법 제305조 제2항

> **상법 제305조(주식에 대한 납입)**
> ① 회사설립시에 발행하는 주식의 총수가 인수된 때에는 발기인은 지체없이 주식인수인에 대하여 각 주식에 대한 인수가액의 전액을 납입시켜야 한다.
> ② 전항의 납입은 주식청약서에 기재한 납입장소에서 하여야 한다.

② [O] 회사성립 후 제295조 제1항 또는 제305조 제1항의 규정에 의한 납입을 완료하지 아니한 주식이 있는 때에는 발기인은 연대하여 그 납입을 하여야 한다(상법 제321조 제2항).
③ [✕] 상법 제318조 제2항
④ [O] 납입금의 보관자 또는 납입장소를 변경할 때에는 법원의 허가를 얻어야 한다(상법 제306조).
⑤ [O] 상법 제318조 제3항

> **상법 제318조(납입금 보관자의 증명과 책임)**
> ① 납입금을 보관한 은행이나 그 밖의 금융기관은 발기인 또는 이사의 청구를 받으면 그 보관금액에 관하여 증명서를 발급하여야 한다.
> ② 제1항의 은행이나 그 밖의 금융기관은 증명한 보관금액에 대하여는 납입이 부실하거나 그 금액의 반환에 제한이 있다는 것을 이유로 회사에 대항하지 못한다.
> ③ 자본금 총액이 10억원 미만인 회사를 제295조 제1항에 따라 발기설립하는 경우에는 제1항의 증명서를 은행이나 그 밖의 금융기관의 잔고증명서로 대체할 수 있다.

답 ③

PART 3

제3절 | 설립관여자의 책임

☑ 확인 Check! ○ △ ×

26 CPA 2020

상법상 주식회사의 설립에 관한 설명으로 옳은 것은?

① 발기인이 악의 또는 중대한 과실로 인하여 그 임무를 해태한 때에는 그 발기인은 제3자에 대하여도 연대하여 손해를 배상할 책임이 있다.

② 회사설립 시에 발행하는 주식에 관하여 그 주식의 종류와 수에 관한 사항은 정관으로 달리 정하지 아니하면 발기인의 의결권의 과반수로 이를 정한다.

③ 회사설립의 무효는 주주·이사 또는 이해관계 있는 채권자에 한하여 회사성립의 날로부터 2년 내에 소만으로 이를 주장할 수 있다.

④ 상법은 회사의 설립 시에 발행하는 주식의 총수는 회사가 발행할 주식의 총수의 4분의 1 이상이어야 한다고 규정하고 있다.

⑤ 회사성립 후에는 주식을 인수한 자는 사기·강박 또는 착오를 이유로 하여 그 인수를 취소할 수 있다.

해설

① [○] 발기인이 악의 또는 중대한 과실로 인하여 그 임무를 해태한 때에는 그 발기인은 제3자에 대하여도 연대하여 손해를 배상할 책임이 있다(상법 제322조 제2항).

② [×] 회사설립 시에 발행하는 주식에 관하여 그 주식의 종류와 수에 관한 사항은 정관으로 달리 정하지 아니하면 발기인 전원의 동의로 이를 정한다(상법 제291조 제1호 참조).

> **상법 제291조(설립 당시의 주식발행사항의 결정)**
> 회사설립 시에 발행하는 주식에 관하여 다음의 사항은 정관으로 달리 정하지 아니하면 발기인 전원의 동의로 이를 정한다.
> 1. 주식의 종류와 수
> 2. 액면주식의 경우에 액면 이상의 주식을 발행할 때에는 그 수와 금액
> 3. 무액면주식을 발행하는 경우에는 주식의 발행가액과 주식의 발행가액 중 자본금으로 계상하는 금액

③ [×] 회사설립의 무효는 주주·이사 또는 감사에 한하여 회사성립의 날로부터 2년 내에 소만으로 이를 주장할 수 있다(상법 제328조 제1항).

④ [×] 회사의 설립 시에 발행하는 주식의 총수는 회사가 발행할 주식의 총수의 4분의 1 이상이어야 한다는 규정은 2011년 상법 개정에서 삭제되었다. 이에 따라 현행 상법은 완전한 수권주식주의를 취하고 있다.

⑤ [×] 회사성립 후에는 주식을 인수한 자는 주식청약서의 요건의 흠결을 이유로 하여 그 인수의 무효를 주장하거나 사기, 강박 또는 착오를 이유로 하여 그 인수를 취소하지 못한다(상법 제320조 제1항).

답 ①

27 CPA 2016

☑ 확인 Check! ○ △ ✕

상법상 주식회사 발기인의 회사에 대한 자본충실책임에 관한 설명으로 틀린 것은?

① 설립등기 후 주식인수인의 주식인수의 청약이 취소된 때는 별도의 의사표시가 없어도 발기인이 이를 인수한 것으로 본다.

② 설립등기 후 주식인수인이 납입을 완료하지 않은 주식이 있는 때는 발기인이 납입담보책임을 부담한다.

③ 주식인수인이 납입을 해태한 경우 발기인이 납입담보책임을 이행하면 주식인수인이 그 주식을 취득한다.

④ 주식인수인이 인수를 취소한 주식에 대해 발기인이 인수담보책임을 이행하면 발기인이 그 주식을 취득한다.

⑤ 발기인의 인수담보책임이나 납입담보책임은 총주주의 동의로 면제할 수 있다.

해설

① [O], ④ [O] 회사설립 시에 발행한 주식으로서 회사성립후에 아직 인수되지 아니한 주식이 있거나 주식인수의 청약이 취소된 때에는 발기인이 이를 공동으로 인수한 것으로 본다(상법 제321조 제1항). 즉, 발기인 전원이 공동인수인으로 의제되고 주금액을 연대하여 납입할 책임을 부담한다(상법 제333조 제1항 참조). 인수담보책임을 이행하면 발기인 전원이 주주가 되고 그 주식을 공유하게 된다.

② [O], ③ [O] 회사성립 후 제295조 제1항 또는 제305조 제1항의 규정에 의한 납입을 완료하지 아니한 주식이 있는 때에는 발기인은 연대하여 그 납입을 하여야 한다(상법 제321조 제2항). 발기인과 주식인수인은 주금 납입에 대하여 부진정연대채무를 부담하는 것이며, 인수담보책임과 달리 발기인이 납입담보책임을 이행하더라도 주주가 되는 것은 아니고 주식인수인이 주주가 된다. 다만, 주금을 납입한 발기인은 주식인수인에게 구상권을 행사할 수 있다.

⑤ [X] 발기인의 인수・납입담보책임은 회사의 성립을 전제로 하는 책임이며 자본금충실의 요청에 따라 특별히 인정한 법정책임으로서 무과실책임이다. 또한 채권자 보호를 위한 책임이므로 총주주의 동의로도 면제할 수 없다.

답 ⑤

28 세무사 2024

☑ 확인Check! ○ △ ×

상법상 주식회사의 설립에 관한 설명으로 옳은 것은?

① 발기인이 경과실로 인하여 그 임무를 해태한 때에는 그 발기인은 제3자에 대하여 연대하여 손해를 배상할 책임이 있다.

② 회사설립의 취소는 주주・이사 또는 감사에 한하여 회사성립의 날로부터 2년 내에 소만으로 이를 주장할 수 있다.

③ 회사불성립 시 회사설립과 관련하여 지급한 비용은 발기인이 부담한다.

④ 발기인의 인수담보책임과 납입담보책임은 총주주의 동의로 면제할 수 있다.

⑤ 회사설립 시에 발행하는 주식의 총수가 인수된 때에는 이사는 지체없이 주식인수인에 대하여 각 주식에 대한 인수가액의 전액을 납입시켜야 한다.

해설

① [×] 발기인이 악의 또는 중대한 과실로 인하여 그 임무를 해태한 때에는 그 발기인은 제3자에 대하여도 연대하여 손해를 배상할 책임이 있다(상법 제322조 제2항).

② [×] 회사설립의 무효는 주주・이사 또는 감사에 한하여 회사성립의 날로부터 2년 내에 소만으로 이를 주장할 수 있다(상법 제328조 제1항). 설립의 하자가 있는 경우 주식회사는 다른 종류의 회사와 달리 설립무효의 소만이 가능하며 설립취소의 소를 인정하지 않는다.

③ [O] 상법 제326조 제2항

> **상법 제326조(회사불성립의 경우의 발기인의 책임)**
> ① 회사가 성립하지 못한 경우에는 발기인은 그 설립에 관한 행위에 대하여 연대하여 책임을 진다.
> ② 전항의 경우에 회사의 설립에 관하여 지급한 비용은 발기인이 부담한다.

④ [×] 발기인의 인수・납입담보책임은 회사의 성립을 전제로 하는 책임이며 자본금충실의 요청에 따라 특별히 인정한 법정책임으로서 무과실책임이다. 또한 채권자 보호를 위한 책임이므로 총주주의 동의로도 면제할 수 없다.

⑤ [×] 회사설립 시에 발행하는 주식의 총수가 인수된 때에는 발기인은 지체없이 주식인수인에 대하여 각 주식에 대한 인수가액의 전액을 납입시켜야 한다(상법 제305조 제1항).

답 ③

29 세무사 2021

☑ 확인Check! ○ △ ✕

상법상 주식회사설립에 관여한 자의 책임에 관한 설명으로 옳지 않은 것은?

① 회사성립 후 납입을 완료하지 아니한 주식이 있는 때에는 발기인은 연대하여 그 납입을 하여야 한다.
② 발기인이 회사설립에 관한 임무해태로 인하여 회사에 대하여 부담하는 손해배상책임은 주주 전원의 동의가 있어도 면제할 수 없다.
③ 회사가 성립하지 못한 경우, 회사의 설립에 관하여 지급한 비용은 발기인이 부담한다.
④ 이사 또는 감사는 설립경과조사보고의 임무를 해태하여 회사에 손해가 발생한 경우, 회사에 대하여 손해를 배상할 책임이 있다.
⑤ 법원이 선임한 검사인이 악의 또는 중대한 과실로 인하여 그 임무를 해태한 때에는 회사 또는 제3자에 대하여 손해를 배상할 책임이 있다.

해설

① [O] 회사성립 후 제295조 제1항 또는 제305조 제1항의 규정에 의한 납입을 완료하지 아니한 주식이 있는 때에는 발기인은 연대하여 그 납입을 하여야 한다(상법 제321조 제2항).

② [✕] 상법 제322조 제1항, 제324조, 제400조 제1항

> **상법 제322조(발기인의 손해배상책임)**
> ① 발기인이 회사의 설립에 관하여 그 임무를 해태한 때에는 그 발기인은 회사에 대하여 연대하여 손해를 배상할 책임이 있다.
>
> **상법 제324조(발기인의 책임면제, 주주의 대표소송)**
> 제400조, 제403조부터 제406조까지 및 제406조의2는 발기인에 준용한다.
>
> **상법 제400조(회사에 대한 책임의 감면)**
> ① 제399조(회사에 대한 책임)에 따른 이사의 책임은 주주 전원의 동의로 면제할 수 있다.

③ [O] 상법 제326조 제2항

> **상법 제326조(회사불성립의 경우의 발기인의 책임)**
> ① 회사가 성립하지 못한 경우에는 발기인은 그 설립에 관한 행위에 대하여 연대하여 책임을 진다.
> ② 전항의 경우에 회사의 설립에 관하여 지급한 비용은 발기인이 부담한다.

④ [O] 이사 또는 감사가 제313조(이사, 감사의 조사, 보고) 제1항의 규정에 의한 임무를 해태하여 회사 또는 제3자에 대하여 손해를 배상할 책임을 지는 경우에 발기인도 책임을 질때에는 그 이사, 감사와 발기인은 연대하여 손해를 배상할 책임이 있다(상법 제323조).

⑤ [O] 법원이 선임한 검사인이 악의 또는 중대한 과실로 인하여 그 임무를 해태한 때에는 회사 또는 제3자에 대하여 손해를 배상할 책임이 있다(상법 제325조).

 ②

30 세무사 2020

☑ 확인 Check! ○ △ ✕

주식회사의 모집설립 절차에 관여한 자의 책임에 관한 설명으로 옳은 것은?

① 회사설립 시에 발행한 주식으로서 회사성립후에 아직 인수되지 아니한 주식이 있는 때에는 발기인이 이를 공동으로 인수한 것으로 본다.

② 회사설립 시에 발행한 주식으로서 주식인수의 청약이 취소된 때에는 이사가 이를 공동으로 인수한 것으로 본다.

③ 창립총회에 출석하여 그 권리를 행사한 주식인수인은 회사가 성립하기 전에는 사기, 강박, 착오를 이유로 주식의 인수를 취소할 수 있다.

④ 법원이 선임한 검사인이 경과실로 그 임무를 해태한 때에는 회사에 대하여 손해를 배상할 책임이 있다.

⑤ 발기인이 회사설립에 관하여 임무를 해태하여 회사에 손해배상책임을 부담하는 경우 이는 총주주의 동의로 면제할 수 없다.

해설

① [○], ② [✕] 회사설립 시에 발행한 주식으로서 회사성립후에 아직 인수되지 아니한 주식이 있거나 주식인수의 청약이 취소된 때에는 발기인이 이를 공동으로 인수한 것으로 본다(상법 제321조 제1항).

③ [✕] 상법 제320조 제2항

> **상법 제320조(주식인수의 무효 주장, 취소의 제한)**
> ① 회사성립 후에는 주식을 인수한 자는 주식청약서의 요건의 흠결을 이유로 하여 그 인수의 무효를 주장하거나 사기, 강박 또는 착오를 이유로 하여 그 인수를 취소하지 못한다.
> ② 창립총회에 출석하여 그 권리를 행사한 자는 회사의 성립 전에도 전항과 같다.

④ [✕] 법원이 선임한 검사인이 악의 또는 중대한 과실로 인하여 그 임무를 해태한 때에는 회사 또는 제3자에 대하여 손해를 배상할 책임이 있다(상법 제325조).

⑤ [✕] 상법 제324조, 제400조

> **상법 제324조(발기인의 책임면제, 주주의 대표소송)**
> 제400조, 제403조부터 제406조까지 및 제406조의2는 발기인에 준용한다.
>
> **상법 제400조(회사에 대한 책임의 감면)**
> ① 제399조에 따른 이사의 책임은 주주 전원의 동의로 면제할 수 있다.

답 ①

제4절 | 설립의 무효

31 CPA 2015

☑ 확인 Check! ○ △ ✕

상법상 회사설립의 무효 또는 취소의 소에 관한 설명 중 틀린 것은?

① 합명회사 설립의 무효는 그 사원에 한하여, 설립의 취소는 그 취소권있는 자에 한하여 회사성립의 날로부터 2년 내에 소만으로 이를 주장할 수 있다.

② 주식회사 설립의 무효는 주주, 이사 또는 감사에 한하여 회사성립의 날로부터 2년 내에 소만으로 이를 주장할 수 있다.

③ 주식회사 설립무효의 소에서 원고가 승소한 경우 그 판결의 대세적 효력과 소급적 효력이 인정되며 회사는 해산에 준하여 청산절차가 개시된다.

④ 창립총회에 출석하여 권리를 행사한 주식인수인은 회사성립 전에도 사기, 강박 또는 착오를 이유로 하여 그 인수를 취소하지 못한다.

⑤ 주식회사 설립무효의 소에서 원고가 패소한 경우 원고에게 악의 또는 중대한 과실이 있는 때에는 회사에 대하여 연대하여 손해를 배상할 책임이 있다.

▌해설▐

① [O] (합명)회사의 설립의 무효는 그 사원에 한하여, 설립의 취소는 그 취소권있는 자에 한하여 회사성립의 날로부터 2년 내에 소만으로 이를 주장할 수 있다(상법 제184조 제1항).

② [O] 상법 제328조 제1항

③ [×] 설립무효판결은 대세적 효력이 인정되어 당사자 이외의 제3자도 그 무효를 다투지 못한다. 그러나 소급효는 인정되지 않으므로 설립이 무효가 되더라도 이미 성립된 당사자들의 권리의무에 영향을 미치지 않는다. 설립무효의 판결이 확정된 때에는 해산의 경우에 준하여 청산절차가 개시된다(상법 제328조 제2항, 제190조, 제193조 제1항 참조).

④ [O] 상법 제320조 제1항, 제2항

> **상법 제320조(주식인수의 무효 주장, 취소의 제한)**
>
> ① 회사성립 후에는 주식을 인수한 자는 주식청약서의 요건의 흠결을 이유로 하여 그 인수의 무효를 주장하거나 사기, 강박 또는 착오를 이유로 하여 그 인수를 취소하지 못한다.
>
> ② 창립총회에 출석하여 그 권리를 행사한 자는 회사의 성립전에도 전항과 같다.

⑤ [O] 상법 제328조 제2항, 제191조

> **상법 제328조(설립무효의 소)**
>
> ① 회사설립의 무효는 주주·이사 또는 감사에 한하여 회사성립의 날로부터 2년 내에 소만으로 이를 주장할 수 있다.
>
> ② 제186조 내지 제193조의 규정은 제1항의 소에 준용한다.
>
> **상법 제190조(판결의 효력)**
>
> 설립무효의 판결 또는 설립취소의 판결은 제3자에 대하여도 그 효력이 있다. 그러나 판결확정 전에 생긴 회사와 사원 및 제3자간의 권리의무에 영향을 미치지 아니한다.

PART 3

> **상법 제191조(패소원고의 책임)**
> 설립무효의 소 또는 설립취소의 소를 제기한 자가 패소한 경우에 악의 또는 중대한 과실이 있는 때에는 회사에 대하여 연대하여 손해를 배상할 책임이 있다.
>
> **상법 제193조(설립무효, 취소판결의 효과)**
> ① 설립무효의 판결 또는 설립취소의 판결이 확정된 때에는 해산의 경우에 준하여 청산하여야 한다.

답 ③

32 세무사 2020

☑ 확인Check! ○ △ ×

상법상 주식회사 설립무효의 소에 관한 설명으로 옳지 않은 것은?

① 감사는 설립무효의 소를 제기할 수 있다.
② 설립무효의 소에서 원고가 승소한 경우 그 판결의 대세적 효력과 소급적 효력이 인정된다.
③ 설립의 무효는 회사성립의 날부터 2년 내에 소만으로 이를 주장할 수 있다.
④ 설립무효의 판결이 확정된 때에는 해산의 경우에 준하여 청산하여야 한다.
⑤ 설립무효의 소를 제기한 자가 패소한 경우에 중대한 과실이 있는 때에는 회사에 대하여 연대하여 손해를 배상할 책임이 있다.

▌해설▐

① [O], ③ [O] 상법 제328조 제1항
② [×] 대세적 효력은 인정되나 소급적 효력은 인정되지 않는다(상법 제328조 제2항, 제190조 참조).
④ [O] 상법 제328조 제2항, 제193조 제1항
⑤ [O] 상법 제328조 제2항, 제191조

> **상법 제328조(설립무효의 소)**
> ① 회사설립의 무효는 주주·이사 또는 감사에 한하여 회사성립의 날로부터 2년 내에 소만으로 이를 주장할 수 있다.
> ② 제186조 내지 제193조의 규정은 제1항의 소에 준용한다.
>
> **상법 제190조(판결의 효력)**
> 설립무효의 판결 또는 설립취소의 판결은 제3자에 대하여도 그 효력이 있다. 그러나 판결확정 전에 생긴 회사와 사원 및 제3자간의 권리의무에 영향을 미치지 아니한다.
>
> **상법 제191조(패소원고의 책임)**
> 설립무효의 소 또는 설립취소의 소를 제기한 자가 패소한 경우에 악의 또는 중대한 과실이 있는 때에는 회사에 대하여 연대하여 손해를 배상할 책임이 있다.
>
> **상법 제193조(설립무효, 취소판결의 효과)**
> ① 설립무효의 판결 또는 설립취소의 판결이 확정된 때에는 해산의 경우에 준하여 청산하여야 한다.

답 ②

CHAPTER

03 | 주식과 주주

제1절 | 주 식

01 CPA 2023

☑ 확인 Check! ○ △ ×

상법상 비상장주식회사의 주식에 관한 설명으로 옳은 것은?

① 액면주식을 발행하는 회사는 정관으로 정한 경우에 주식의 일부를 무액면주식으로 발행할 수 있다.
② 회사는 발행된 액면주식의 전부 또는 일부를 무액면주식으로 전환할 수 있다.
③ 회사는 무액면주식을 액면주식으로 전환할 경우 1월 이상의 기간을 정하여 그 뜻과 그 기간 내에 주권을 회사에 제출할 것을 공고하고 주주명부에 기재된 주주와 질권자에 대하여는 각별로 통지하여야 한다.
④ 무액면주식을 발행한 회사의 자본금은 발행가의 총액으로 한다.
⑤ 회사는 주주총회의 보통결의로 액면미달의 가액으로 신주를 발행할 수 있다.

해설

① [×] 회사는 정관으로 정한 경우에는 주식의 전부를 무액면주식으로 발행할 수 있다. 다만, 무액면주식을 발행하는 경우에는 액면주식을 발행할 수 없다(상법 제329조 제1항).
② [×] 회사는 정관으로 정하는 바에 따라 발행된 액면주식을 무액면주식으로 전환하거나 무액면주식을 액면주식으로 전환할 수 있다(상법 제329조 제4항). 즉, 전부전환만이 가능하고 일부전환은 할 수 없다.
③ [O] 상법 제329조 제4항 · 제5항, 제440조

> **상법 제329조(자본금의 구성)**
> ④ 회사는 정관으로 정하는 바에 따라 발행된 액면주식을 무액면주식으로 전환하거나 무액면주식을 액면주식으로 전환할 수 있다.
> ⑤ 제4항의 경우에는 제440조, 제441조 본문 및 제442조를 준용한다.
>
> **상법 제440조(주식병합의 절차)**
> 주식을 병합할 경우에는 회사는 1월 이상의 기간을 정하여 그 뜻과 그 기간 내에 주권을 회사에 제출할 것을 공고하고 주주명부에 기재된 주주와 질권자에 대하여는 각별로 그 통지를 하여야 한다.

④ [×] 회사가 무액면주식을 발행하는 경우 회사의 자본금은 주식 발행가액의 2분의 1 이상의 금액으로서 이사회(제416조 단서에서 정한 주식발행의 경우에는 주주총회를 말한다)에서 자본금으로 계상하기로 한 금액의 총액으로 한다. 이 경우 주식의 발행가액 중 자본금으로 계상하지 아니하는 금액은 자본준비금으로 계상하여야 한다(상법 제451조 제2항).

⑤ [×] 회사가 성립한 날로부터 2년을 경과한 후에 주식을 발행하는 경우에는 회사는 제434조의 규정에 의한 주주총회의 결의와 법원의 인가를 얻어서 주식을 액면미달의 가액으로 발행할 수 있다(상법 제417조 제1항).

답 ③

02 CPA 2021

☑ 확인Check! ○ △ ×

상법상 주식에 관한 설명으로 옳은 것은?

① 회사의 자본금은 액면주식을 무액면주식으로 전환함으로써 변경할 수 없으나, 무액면주식을 액면주식으로 전환함으로써 변경할 수 있다.
② 회사는 정관으로 정한 경우에는 분할 후의 액면주식 1주의 금액을 100원 미만으로 하는 주식분할을 할 수 있다.
③ 회사설립 시 무액면주식을 발행하는 경우에는 주식의 발행가액 중 자본금으로 계상하는 금액에 관한 사항은 정관으로 달리 정하지 아니하면 발기인 과반수의 동의로 이를 정한다.
④ 수인이 공동으로 주식을 인수한 자는 연대하여 납입할 책임이 있다.
⑤ 주식이 수인의 공유에 속하는 때 공유자는 주주의 권리를 행사할 자 1인을 정하여야 하고, 주주의 권리를 행사할 자가 없는 때에는 공유자에 대한 통지는 공유자 전원에 대하여 하여야 한다.

해설

① [×] 회사의 자본금은 액면주식을 무액면주식으로 전환하거나 무액면주식을 액면주식으로 전환함으로써 변경할 수 없다(상법 제451조 제3항).

② [×] 회사는 분할 후의 액면주식 1주의 금액을 100원 미만으로 하는 주식분할을 할 수 없다(상법 제329조의2 제2항 참조).

> **상법 제329조의2(주식의 분할)**
> ① 회사는 제434조의 규정에 의한 주주총회의 결의로 주식을 분할할 수 있다.
> ② 제1항의 경우에 분할 후의 액면주식 1주의 금액은 제329조 제3항에 따른 금액(100원) 미만으로 하지 못한다.

③ [×] 회사설립 시 무액면주식을 발행하는 경우에는 주식의 발행가액 중 자본금으로 계상하는 금액에 관한 사항은 정관으로 달리 정하지 아니하면 발기인 전원의 동의로 이를 정한다(상법 제291조 제3호 참조).

> **상법 제291조(설립 당시의 주식발행사항의 결정)**
> 회사설립 시에 발행하는 주식에 관하여 다음의 사항은 정관으로 달리 정하지 아니하면 발기인 전원의 동의로 이를 정한다.
> 1. 주식의 종류와 수
> 2. 액면주식의 경우에 액면 이상의 주식을 발행할 때에는 그 수와 금액
> 3. 무액면주식을 발행하는 경우에는 주식의 발행가액과 주식의 발행가액 중 자본금으로 계상하는 금액

④ [O] 수인이 공동으로 주식을 인수한 자는 연대하여 납입할 책임이 있다(상법 제333조 제1항).

⑤ [×] 상법 제333조 제2항, 제3항

> **상법 제333조(주식의 공유)**
> ② 주식이 수인의 공유에 속하는 때에는 공유자는 주주의 권리를 행사할 자 1인을 정하여야 한다.
> ③ 주주의 권리를 행사할 자가 없는 때에는 공유자에 대한 통지나 최고는 그 1인에 대하여 하면 된다.

답 ④

PART 3

03 CPA 2017

☑ 확인Check! ○ △ ×

상법상 주식회사의 액면주식과 무액면주식에 관한 설명으로 틀린 것은?

① 액면주식의 경우 1주의 금액은 100원 이상이어야 하고 액면을 초과하여 발행한 경우 그 초과액은 자본준비금으로 적립하여야 한다.

② 무액면주식을 발행한 회사의 자본금은 주식 발행가액의 2분의 1 이상의 금액으로서 이사회(정관으로 신주발행을 주주총회에서 결정하기로 정한 경우에는 주주총회)에서 자본금으로 계상하기로 한 금액의 총액으로 한다.

③ 회사는 정관으로 정하는 바에 따라 액면주식 또는 무액면주식을 선택하여 발행할 수 있지만 무액면주식을 발행하는 경우에는 액면주식을 발행할 수 없다.

④ 무액면주식을 병합할 경우 회사는 1월 이상의 기간을 정하여 그 뜻과 그 기간 내에 주권을 회사에 제출할 것을 공고하고 주주명부에 기재된 주주와 질권자에 대하여는 각별로 그 통지를 하여야 한다.

⑤ 액면주식을 무액면주식으로 전환하는 경우 자본금이 동일하게 유지되어야 하므로 전환에 의해 발행되는 무액면주식의 수는 기존의 주식 수와 동일하여야 한다.

▌해설▌

① [O] 상법 제329조 제3항, 제459조 제1항

> **상법 제329조(자본금의 구성)**
> ③ 액면주식 1주의 금액은 100원 이상으로 하여야 한다.
>
> **상법 제459조(자본준비금)**
> ① 회사는 자본거래에서 발생한 잉여금을 대통령령으로 정하는 바에 따라 자본준비금으로 적립하여야 한다.

② [O] 상법 제451조 제2항, 제416조 단서

> **상법 제451조(자본금)**
> ② 회사가 무액면주식을 발행하는 경우 회사의 자본금은 주식 발행가액의 2분의 1 이상의 금액으로서 이사회(제416조 단서에서 정한 주식발행의 경우에는 주주총회를 말한다)에서 자본금으로 계상하기로 한 금액의 총액으로 한다. 이 경우 주식의 발행가액 중 자본금으로 계상하지 아니하는 금액은 자본준비금으로 계상하여야 한다.
>
> **상법 제416조(발행사항의 결정)**
> 회사가 그 성립 후에 주식을 발행하는 경우에는 다음의 사항으로서 정관에 규정이 없는 것은 이사회가 결정한다. 다만, 이 법에 다른 규정이 있거나 정관으로 주주총회에서 결정하기로 정한 경우에는 그러하지 아니하다.
> … (각 호 생략) …

③ [O] 회사는 정관으로 정한 경우에는 주식의 전부를 무액면주식으로 발행할 수 있다. 다만, 무액면주식을 발행하는 경우에는 액면주식을 발행할 수 없다(상법 제329조 제1항).

④ [O] 주식을 병합할 경우에는 회사는 1월 이상의 기간을 정하여 그 뜻과 그 기간 내에 주권을 회사에 제출할 것을 공고하고 주주명부에 기재된 주주와 질권자에 대하여는 각별로 그 통지를 하여야 한다(상법 제440조). 이는 액면주식이든 무액면주식이든 동일하다.

⑤ [×] 회사의 자본금은 액면주식을 무액면주식으로 전환하거나 무액면주식을 액면주식으로 전환함으로써 변경할 수 없다(상법 제451조 제3항). 따라서 액면주식을 무액면주식으로 전환하는 경우 자본금이 동일하게 유지되어야 한다. 하지만 무액면주식을 발행한 회사에서 자본금과 주식수는 아무런 상관이 없으므로 전환에 의해 발행되는 무액면주식의 수는 기존의 주식 수와 동일할 필요는 없다(상법 제451조 제2항 참조).

답 ⑤

04 세무사 2023

☑ 확인 Check! ○ △ ✕

상법상 주식 등에 관한 설명으로 옳지 않은 것은?

① 주식이 수인의 공유에 속하는 경우에 공유자라면 누구나 주주의 권리를 행사할 수 있어야 하므로 주주의 권리를 행사할 자 1인을 정하여서는 안 된다.
② 주식의 질권자는 계속하여 주권을 점유하지 아니하면 그 질권으로써 제3자에게 대항하지 못한다.
③ 타인의 승낙을 얻어 그 명의로 주식을 인수한 자는 그 타인과 연대하여 납입할 책임이 있다.
④ 회사는 정관이 정하는 바에 의하여 명의개서대리인을 둘 수 있다.
⑤ 회사의 권리를 실행함에 있어 그 목적을 달성하기 위하여 필요한 경우 회사는 발행주식총수의 20분의 1을 초과하여 자기의 주식을 질권의 목적으로 할 수 있다.

해설

① [✕] 주식이 수인의 공유에 속하는 때에는 공유자는 주주의 권리를 행사할 자 1인을 정하여야 한다(상법 제333조 제2항).
② [O] 질권자는 계속하여 주권을 점유하지 아니하면 그 질권으로써 제3자에게 대항하지 못한다(상법 제338조 제2항).
③ [O] 타인의 승낙을 얻어 그 명의로 주식을 인수한 자는 그 타인과 연대하여 납입할 책임이 있다(상법 제332조 제2항).
④ [O] 회사는 정관이 정하는 바에 의하여 명의개서대리인을 둘 수 있다. 이 경우 명의개서대리인이 취득자의 성명과 주소를 주주명부의 복본에 기재한 때에는 제1항의 명의개서가 있는 것으로 본다(상법 제337조 제2항).
⑤ [O] 상법 제341조의3, 제341조의2 제2호

상법 제341조의3(자기주식의 질취)

회사는 발행주식총수의 20분의 1을 초과하여 자기의 주식을 질권의 목적으로 받지 못한다. 다만, 제341조의2 제1호 및 제2호의 경우에는 그 한도를 초과하여 질권의 목적으로 할 수 있다.

상법 제341조의2(특정목적에 의한 자기주식의 취득)

회사는 다음 각 호의 어느 하나에 해당하는 경우에는 제341조에도 불구하고 자기의 주식을 취득할 수 있다.
1. 회사의 합병 또는 다른 회사의 영업전부의 양수로 인한 경우
2. 회사의 권리를 실행함에 있어 그 목적을 달성하기 위하여 필요한 경우
3. 단주(端株)의 처리를 위하여 필요한 경우
4. 주주가 주식매수청구권을 행사한 경우

답 ①

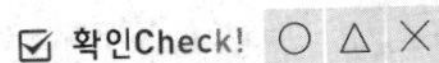

05 세무사 2023

상법상 비상장주식회사의 주식 등에 관한 설명으로 옳지 않은 것은?

① 회사는 정관으로 정하는 바에 따라 회사의 이익으로써 소각할 수 있는 종류주식을 발행할 수 있다.
② 회사가 정관으로 정하는 바에 따라 주주가 인수한 주식을 다른 종류주식으로 전환할 것을 청구할 수 있는 종류주식을 발행한 경우 그 주주가 전환을 청구한 때에 전환의 효력이 발생한다.
③ 이사는 신주의 인수인으로 하여금 그 배정한 주수(株數)에 따라 납입기일에 그 인수한 주식에 대한 인수가액의 전액을 납입시켜야 한다.
④ 회사가 무액면주식을 발행하는 경우 주식의 발행가액 중 자본금으로 계상하지 아니하는 금액은 자본준비금으로 계상하여야 한다.
⑤ 회사의 자본금은 무액면주식을 액면주식으로 전환함으로써 변경할 수 없지만, 액면주식을 무액면주식으로 전환함으로써는 변경할 수 있다.

해설

① [O] 회사는 정관으로 정하는 바에 따라 회사의 이익으로써 소각할 수 있는 종류주식을 발행할 수 있다. 이 경우 회사는 정관에 상환가액, 상환기간, 상환의 방법과 상환할 주식의 수를 정하여야 한다(상법 제345조 제1항).
② [O] 주식의 전환은 주주가 전환을 청구한 경우에는 그 청구한 때에, 회사가 전환을 한 경우에는 제346조 제3항 제2호의 기간(주권제출기간 만료 시)이 끝난 때에 그 효력이 발생한다(상법 제350조 제1항).
③ [O] 이사는 신주의 인수인으로 하여금 그 배정한 주수(株數)에 따라 납입기일에 그 인수한 주식에 대한 인수가액의 전액을 납입시켜야 한다(상법 제421조 제1항).
④ [O] 회사가 무액면주식을 발행하는 경우 회사의 자본금은 주식 발행가액의 2분의 1 이상의 금액으로서 이사회(제416조 단서에서 정한 주식발행의 경우에는 주주총회를 말한다)에서 자본금으로 계상하기로 한 금액의 총액으로 한다. 이 경우 주식의 발행가액 중 자본금으로 계상하지 아니하는 금액은 자본준비금으로 계상하여야 한다(상법 제451조 제2항).
⑤ [X] 회사의 자본금은 액면주식을 무액면주식으로 전환하거나 무액면주식을 액면주식으로 전환함으로써 변경할 수 없다(상법 제451조 제3항).

06 세무사 2022

☑ 확인Check! ○ △ ✕

상법상 주식 등에 관한 설명으로 옳은 것은?

① 회사는 정관으로 정한 경우에는 주식의 전부를 무액면주식으로 발행할 수 있다.
② 회사는 주주총회의 보통결의로 액면주식을 무액면주식으로 전환하거나 무액면주식을 액면주식으로 전환할 수 있다.
③ 회사는 주주총회의 보통결의로 주식을 분할할 수 있으나 분할 후의 액면주식 1주의 금액은 100원 미만으로 하지 못한다.
④ 주식이 수인의 공유에 속하나 그 주식에 관한 주주의 권리를 행사할 자가 없는 경우 공유자에 대한 통지나 최고는 그 전원에 대하여 하여야 한다.
⑤ 주주의 책임은 그가 가진 주식의 액면가액을 한도로 한다.

해설

① [O] 회사는 정관으로 정한 경우에는 주식의 전부를 무액면주식으로 발행할 수 있다. 다만, 무액면주식을 발행하는 경우에는 액면주식을 발행할 수 없다(상법 제329조 제1항).
② [✕] 회사는 정관으로 정하는 바에 따라 발행된 액면주식을 무액면주식으로 전환하거나 무액면주식을 액면주식으로 전환할 수 있다(상법 제329조 제4항).
③ [✕] 주식분할은 주주총회의 특별결의로 할 수 있다(상법 제329조의2 제1항 참조).

> **상법 제329조의2(주식의 분할)**
> ① 회사는 제434조의 규정에 의한 주주총회의 결의로 주식을 분할할 수 있다.
> ② 제1항의 경우에 분할 후의 액면주식 1주의 금액은 제329조 제3항에 따른 금액(100원) 미만으로 하지 못한다.

④ [✕] 상법 제333조 제3항

> **상법 제333조(주식의 공유)**
> ② 주식이 수인의 공유에 속하는 때에는 공유자는 주주의 권리를 행사할 자 1인을 정하여야 한다.
> ③ 주주의 권리를 행사할 자가 없는 때에는 공유자에 대한 통지나 최고는 그 1인에 대하여 하면 된다.

⑤ [✕] 주주의 책임은 그가 가진 주식의 인수가액을 한도로 한다(상법 제331조).

답 ①

PART 3

07 세무사 2021

☑ 확인 Check! ○ △ ✕

상법상 주식에 관한 설명으로 옳지 않은 것은?

① 회사가 정관으로 정하여 무액면주식을 발행하는 경우에는 액면주식을 발행할 수 없다.
② 주식의 분할에는 주주총회의 특별결의가 필요하다.
③ 회사는 성립한 날부터 1년을 경과한 후에 주주총회의 특별결의와 법원의 인가를 얻어서 주식을 액면미달의 가액으로 발행할 수 있다.
④ 타인의 승낙을 얻어 그 명의로 주식을 인수한 자는 그 타인과 연대하여 납입할 책임이 있다.
⑤ 수인이 공동으로 주식을 인수한 경우, 이들은 연대하여 납입할 책임이 있다.

해설

① [O] 회사는 정관으로 정한 경우에는 주식의 전부를 무액면주식으로 발행할 수 있다. 다만, 무액면주식을 발행하는 경우에는 액면주식을 발행할 수 없다(상법 제329조 제1항).
② [O] 회사는 제434조의 규정에 의한 주주총회의 결의로 주식을 분할할 수 있다(상법 제329조의2 제1항).
③ [✕] 회사가 성립한 날로부터 2년을 경과한 후에 주식을 발행하는 경우에는 회사는 제434조의 규정에 의한 주주총회의 결의와 법원의 인가를 얻어서 주식을 액면미달의 가액으로 발행할 수 있다(상법 제417조 제1항).
④ [O] 타인의 승낙을 얻어 그 명의로 주식을 인수한 자는 그 타인과 연대하여 납입할 책임이 있다(상법 제332조 제2항).
⑤ [O] 수인이 공동으로 주식을 인수한 자는 연대하여 납입할 책임이 있다(상법 제333조 제1항).

답 ③

08 세무사 2020

☑ 확인 Check! ○ △ ✕

상법상 주식의 발행이 허용되지 않는 경우를 모두 고른 것은?

ㄱ. 회사가 성립한 날부터 1년이 되는 시점에서 액면미달의 가액으로 주식 발행
ㄴ. 1주당 액면가 5천원인 주식을 100주로 분할하여 1주당 액면가 50원으로의 주식 발행
ㄷ. 1주당 발행가액을 5천원으로 정하고 그 1주당 1천원을 자본금으로 계상하기로 하는 무액면주식의 발행

① ㄴ
② ㄱ, ㄴ
③ ㄱ, ㄷ
④ ㄴ, ㄷ
⑤ ㄱ, ㄴ, ㄷ

해설

ㄱ. [✕] 회사가 성립한 날로부터 2년을 경과한 후에 주식을 발행하는 경우에는 회사는 제434조의 규정에 의한 주주총회의 결의와 법원의 인가를 얻어서 주식을 액면미달의 가액으로 발행할 수 있다(상법 제417조 제1항).
ㄴ. [✕] 분할 후의 액면주식 1주의 금액은 제329조 제3항에 따른 금액(100원) 미만으로 하지 못한다(상법 제329조의2 제2항).

ㄷ. [×] 회사가 무액면주식을 발행하는 경우 회사의 자본금은 주식 발행가액의 2분의 1 이상의 금액으로서 이사회(제416조 단서에서 정한 주식발행의 경우에는 주주총회를 말한다)에서 자본금으로 계상하기로 한 금액의 총액으로 한다. 이 경우 주식의 발행가액 중 자본금으로 계상하지 아니하는 금액은 자본준비금으로 계상하여야 한다(상법 제451조 제2항).

답 ⑤

09 CPA 2023

☑ 확인Check! ○ △ ×

상법상 비상장주식회사의 종류주식에 관한 설명으로 옳은 것만을 모두 고른 것은?

ㄱ. 회사는 정관에 정한 바에 따라 이익의 배당, 잔여재산의 분배, 주주총회에서의 의결권의 행사, 상환 및 전환 등에 관하여 내용이 다른 종류의 주식을 발행할 수 있다.
ㄴ. 회사가 종류주식을 발행할 때 정관에 정함이 없으면 회사의 합병·분할로 인한 주식의 배정에 관하여 주식의 종류에 따라 특수하게 정할 수 없다.
ㄷ. 의결권이 없거나 제한되는 종류주식의 수는 발행주식총수의 4분의 1을 초과하지 못한다.
ㄹ. 회사는 상환주식을 상환할 때 그 주식의 취득 대가로 현금 외에 다른 종류주식이나 그 밖의 자산을 교부할 수 있다.
ㅁ. 전환주식의 전환으로 인하여 신주식을 발행하는 경우에는 전환전의 주식의 발행가액을 신주식의 발행가액으로 한다.

① ㄱ, ㄴ, ㄷ
② ㄱ, ㄷ, ㅁ
③ ㄱ, ㄹ, ㅁ
④ ㄴ, ㄷ, ㄹ
⑤ ㄴ, ㄹ, ㅁ

해설

ㄱ. [O] 회사는 이익의 배당, 잔여재산의 분배, 주주총회에서의 의결권의 행사, 상환 및 전환 등에 관하여 내용이 다른 종류의 주식(이하 "종류주식"이라 한다)을 발행할 수 있다(상법 제344조 제1항).
ㄴ. [×] 회사가 종류주식을 발행하는 때에는 정관에 다른 정함이 없는 경우에도 주식의 종류에 따라 신주의 인수, 주식의 병합·분할·소각 또는 회사의 합병·분할로 인한 주식의 배정에 관하여 특수하게 정할 수 있다(상법 제344조 제3항).

ㄷ. [O] 상법 제344조의3 제1항, 제2항

> **상법 제344조의3(의결권의 배제 · 제한에 관한 종류주식)**
> ① 회사가 의결권이 없는 종류주식이나 의결권이 제한되는 종류주식을 발행하는 경우에는 정관에 의결권을 행사할 수 없는 사항과, 의결권행사 또는 부활의 조건을 정한 경우에는 그 조건 등을 정하여야 한다.
> ② 제1항에 따른 종류주식의 총수는 발행주식총수의 4분의 1을 초과하지 못한다. 이 경우 의결권이 없거나 제한되는 종류주식이 발행주식총수의 4분의 1을 초과하여 발행된 경우에는 회사는 지체 없이 그 제한을 초과하지 아니하도록 하기 위하여 필요한 조치를 하여야 한다.

ㄹ. [X] 회사는 상환주식을 상환할 때 회사의 다른 종류주식을 상환대가로 지급할 수 없다(상법 제345조 제4항 참조). 이를 허용하면 상환주식이 아니라 전환주식이라는 의미가 되기 때문이다.

> **상법 제345조(주식의 상환에 관한 종류주식)**
> ① 회사는 정관으로 정하는 바에 따라 회사의 이익으로써 소각할 수 있는 종류주식을 발행할 수 있다. 이 경우 회사는 정관에 상환가액, 상환기간, 상환의 방법과 상환할 주식의 수를 정하여야 한다.
> ③ 회사는 정관으로 정하는 바에 따라 주주가 회사에 대하여 상환을 청구할 수 있는 종류주식을 발행할 수 있다. 이 경우 회사는 정관에 주주가 회사에 대하여 상환을 청구할 수 있다는 뜻, 상환가액, 상환청구기간, 상환의 방법을 정하여야 한다.
> ④ 제1항 및 제3항의 경우 회사는 주식의 취득의 대가로 현금 외에 유가증권(다른 종류주식은 제외한다)이나 그 밖의 자산을 교부할 수 있다. 다만, 이 경우에는 그 자산의 장부가액이 제462조에 따른 배당가능이익을 초과하여서는 아니 된다.

ㅁ. [O] 전환으로 인하여 신주식을 발행하는 경우에는 전환전의 주식의 발행가액을 신주식의 발행가액으로 한다(상법 제348조).

답 ②

10 CPA 2020

☑ 확인 Check! ○ △ ×

상법상 종류주식에 관한 설명으로 틀린 것은?

① 의결권이 없거나 제한되는 종류주식이 발행주식총수의 4분의 1을 초과하여 발행된 경우, 회사는 지체없이 그 제한을 초과하지 않도록 하기 위하여 필요한 조치를 하여야 한다.

② 회사가 의결권이 없거나 제한되는 종류주식을 발행하는 때에는, 정관에 의결권을 행사할 수 없는 사항과, 의결권행사 또는 부활의 조건을 정한 경우에는 그 조건 등을 정하여야 한다.

③ 회사가 정관으로 정하는 바에 따라 회사의 이익으로써 소각할 수 있는 종류주식을 발행하는 경우, 회사는 정관에 상환가액, 상환기간, 상환의 방법과 상환할 주식의 수를 정하여야 한다.

④ 회사가 종류주식을 발행하는 경우에는, 정관에 정함이 없더라도 주주는 인수한 주식을 다른 종류주식으로 전환할 것을 청구할 수 있다.

⑤ 회사가 잔여재산의 분배에 관하여 내용이 다른 종류주식을 발행하는 경우에는, 정관에 잔여재산의 종류, 잔여재산의 가액의 결정방법, 그 밖에 잔여재산분배에 관한 내용을 정하여야 한다.

▌해설▌

① [O] 상법 제344조의3 제2항

② [O] 상법 제344조의3 제1항

> **상법 제344조의3(의결권의 배제 · 제한에 관한 종류주식)**
> ① 회사가 의결권이 없는 종류주식이나 의결권이 제한되는 종류주식을 발행하는 경우에는 정관에 의결권을 행사할 수 없는 사항과, 의결권행사 또는 부활의 조건을 정한 경우에는 그 조건 등을 정하여야 한다.
> ② 제1항에 따른 종류주식의 총수는 발행주식총수의 4분의 1을 초과하지 못한다. 이 경우 의결권이 없거나 제한되는 종류주식이 발행주식총수의 4분의 1을 초과하여 발행된 경우에는 회사는 지체 없이 그 제한을 초과하지 아니하도록 하기 위하여 필요한 조치를 하여야 한다.

③ [O] 회사는 정관으로 정하는 바에 따라 회사의 이익으로써 소각할 수 있는 종류주식을 발행할 수 있다. 이 경우 회사는 정관에 상환가액, 상환기간, 상환의 방법과 상환할 주식의 수를 정하여야 한다(상법 제345조 제1항).

④ [×] 회사가 종류주식을 발행하는 경우에는 정관으로 정하는 바에 따라 주주는 인수한 주식을 다른 종류주식으로 전환할 것을 청구할 수 있다. 이 경우 전환의 조건, 전환의 청구기간, 전환으로 인하여 발행할 주식의 수와 내용을 정하여야 한다(상법 제346조 제1항).

⑤ [O] 회사가 잔여재산의 분배에 관하여 내용이 다른 종류주식을 발행하는 경우에는 정관에 잔여재산의 종류, 잔여재산의 가액의 결정방법, 그 밖에 잔여재산분배에 관한 내용을 정하여야 한다(상법 제344조의2 제2항).

답 ④

PART 3

11 CPA 2015

☑ 확인 Check! ○ △ ×

상법상 종류주식에 관한 설명으로 틀린 것은?

① 회사가 종류주식을 발행하는 경우 정관에 다른 정함이 없어도 주식의 종류에 따라 신주의 인수, 주식의 병합·분할·소각 또는 회사의 합병·분할로 인한 주식의 배정에 관하여 특수하게 정할 수 있다.

② 상환에 관한 종류주식을 발행한 경우 회사는 주식취득의 대가로 배당가능이익의 범위 내에서 현금 외에 다른 종류주식을 포함한 유가증권이나 그 밖의 자산을 교부할 수 있다.

③ 의결권배제·제한에 관한 종류주식의 총수는 발행주식총수의 4분의 1을 초과하지 못하며 정관에 그 조건을 규정하지 않은 경우에는 의결권을 행사하거나 의결권을 부활하지 못한다.

④ 전환에 관한 종류주식의 경우 전환청구기간 또는 전환기간 내에는 정관에서 정한 다른 종류주식의 발행예정주식총수 중에서 전환으로 인하여 새로 발행할 주식의 수는 그 발행을 유보하여야 한다.

⑤ 잔여재산분배에 관한 종류주식을 발행하는 경우 회사는 정관에 잔여재산의 종류, 잔여재산의 가액의 결정방법, 그 밖에 잔여재산분배에 관한 내용을 정하여야 한다.

해설

① [O] 회사가 종류주식을 발행하는 때에는 정관에 다른 정함이 없는 경우에도 주식의 종류에 따라 신주의 인수, 주식의 병합·분할·소각 또는 회사의 합병·분할로 인한 주식의 배정에 관하여 특수하게 정할 수 있다(상법 제344조 제3항).

② [×] 상환에 관한 종류주식을 발행한 경우 회사의 다른 종류주식을 상환대가로 지급할 수 없다(상법 제345조 제4항 참조). 이를 허용하면 상환주식이 아니라 전환주식이라는 의미가 되기 때문이다.

> **상법 제345조(주식의 상환에 관한 종류주식)**
>
> ① 회사는 정관으로 정하는 바에 따라 회사의 이익으로써 소각할 수 있는 종류주식을 발행할 수 있다. 이 경우 회사는 정관에 상환가액, 상환기간, 상환의 방법과 상환할 주식의 수를 정하여야 한다.
>
> ③ 회사는 정관으로 정하는 바에 따라 주주가 회사에 대하여 상환을 청구할 수 있는 종류주식을 발행할 수 있다. 이 경우 회사는 정관에 주주가 회사에 대하여 상환을 청구할 수 있다는 뜻, 상환가액, 상환청구기간, 상환의 방법을 정하여야 한다.
>
> ④ 제1항 및 제3항의 경우 회사는 주식의 취득의 대가로 현금 외에 유가증권(다른 종류주식은 제외한다)이나 그 밖의 자산을 교부할 수 있다. 다만, 이 경우에는 그 자산의 장부가액이 제462조에 따른 배당가능이익을 초과하여서는 아니 된다.

③ [O] 상법 제344조의3 제1항, 제2항

> **상법 제344조의3(의결권의 배제·제한에 관한 종류주식)**
>
> ① 회사가 의결권이 없는 종류주식이나 의결권이 제한되는 종류주식을 발행하는 경우에는 정관에 의결권을 행사할 수 없는 사항과, 의결권행사 또는 부활의 조건을 정한 경우에는 그 조건 등을 정하여야 한다.
>
> ② 제1항에 따른 종류주식의 총수는 발행주식총수의 4분의 1을 초과하지 못한다. 이 경우 의결권이 없거나 제한되는 종류주식이 발행주식총수의 4분의 1을 초과하여 발행된 경우에는 회사는 지체 없이 그 제한을 초과하지 아니하도록 하기 위하여 필요한 조치를 하여야 한다.

④ [O] 상법 제344조 제2항, 제346조 제2항

> **상법 제344조(종류주식)**
>
> ① 회사는 이익의 배당, 잔여재산의 분배, 주주총회에서의 의결권의 행사, 상환 및 전환 등에 관하여 내용이 다른 종류의 주식(이하 "종류주식"이라 한다)을 발행할 수 있다.
>
> ② 제1항의 경우에는 정관으로 각 종류주식의 내용과 수를 정하여야 한다.
>
> **상법 제346조(주식의 전환에 관한 종류주식)**
>
> ④ 제344조 제2항에 따른 종류주식의 수 중 새로 발행할 주식의 수는 전환청구기간 또는 전환의 기간 내에는 그 발행을 유보하여야 한다.

⑤ [O] 회사가 잔여재산의 분배에 관하여 내용이 다른 종류주식을 발행하는 경우에는 정관에 잔여재산의 종류, 잔여재산의 가액의 결정방법, 그 밖에 잔여재산분배에 관한 내용을 정하여야 한다(상법 제344조의2 제2항).

답 ②

12 CPA 2022

☑ 확인Check! ○ △ ×

상법상 주식에 관한 설명으로 틀린 것은? (이견이 있으면 판례에 의함)

① 정관이나 상환주식인수계약 등에서 특별한 정함이 없는 경우, 상환주식의 상환권자인 주주가 상환권을 행사하였다면, 회사로부터 상환금을 지급받지 않더라도 그 행사시점에 주주의 지위를 상실한다.

② 회사의 자본금은 액면주식을 무액면주식으로 전환함으로써 변경할 수 없다.

③ 3개월 전부터 계속하여 발행주식총수의 100분의 3에 해당하는 주식을 가진 상장회사의 주주는 임시주주총회의 소집청구권을 갖는다.

④ 액면주식을 발행한 회사는 주주총회의 특별결의로 주식을 분할할 수 있다.

⑤ 비상장회사는 정관이 정하는 바에 따라 그 발행하는 주식의 양도에 관하여 이사회의 승인을 받도록 할 수 있다.

▌해설▌

① [×] 주주가 상환권을 행사하면 회사는 주식 취득의 대가로 주주에게 상환금을 지급할 의무를 부담하고, 주주는 상환금을 지급받음과 동시에 회사에게 주식을 이전할 의무를 부담한다. 따라서 정관이나 상환주식인수계약 등에서 특별히 정한 바가 없으면 주주가 회사로부터 상환금을 지급받을 때까지는 상환권을 행사한 이후에도 여전히 주주의 지위에 있다(대판 2020.4.9. 2017다251564).

② [O] 회사의 자본금은 액면주식을 무액면주식으로 전환하거나 무액면주식을 액면주식으로 전환함으로써 변경할 수 없다(상법 제451조 제3항).

③ [O] 비상장회사의 경우에는 발행주식총수의 100분의 3 이상에 해당하는 주식을 보유한 주주는 임시주주총회의 소집을 청구할 수 있고(상법 제366조 제1항 참조), 상장회사의 경우에는 발행주식총수의 1,000분의 15 이상에 해당하는 주식을 6개월 전부터 계속 보유한 주주가 임시주주총회의 소집을 청구할 수 있다(상법 제542조의6 제1항 참조). 하지만 소수주주권에 관한 상장회사의 특례규정은 일반적인 소수주주권의 규정과 선택적으로 적용가능하므로(상법 제542조의6 제10항 참조), 상장회사의 경우에도 발행주식총수의 100분의 3 이상에 해당하는 주식을 보유하고 있는 주주라면 주식보유기간과 상관없이 임시주주총회의 소집을 청구할 수 있다.

> **상법 제366조(소수주주에 의한 소집청구)**
>
> ① 발행주식총수의 100분의 3 이상에 해당하는 주식을 가진 주주는 회의의 목적사항과 소집의 이유를 적은 서면 또는 전자문서를 이사회에 제출하여 임시총회의 소집을 청구할 수 있다.
>
> **상법 제542조의6(소수주주권)**
>
> ① 6개월 전부터 계속하여 상장회사 발행주식총수의 1천분의 15 이상에 해당하는 주식을 보유한 자는 제366조(제542조에서 준용하는 경우를 포함한다) 및 제467조에 따른 주주의 권리를 행사할 수 있다.
>
> ⑩ 제1항부터 제7항까지는 제542조의2 제2항에도 불구하고 이 장의 다른 절에 따른 소수주주권의 행사에 영향을 미치지 아니한다.

④ [O] 회사는 제434조의 규정에 의한 주주총회의 결의로 주식을 분할할 수 있다(상법 제329조의2 제1항).

⑤ [O] 주식은 타인에게 양도할 수 있다. 다만, 회사는 정관으로 정하는 바에 따라 그 발행하는 주식의 양도에 관하여 이사회의 승인을 받도록 할 수 있다(상법 제335조 제1항).

답 ①

13 세무사 2023

☑ 확인 Check! ○ △ ×

상법상 甲회사, 乙회사 그리고 丙회사에 관한 설명으로 옳지 않은 것은? (단, 각 회사는 모두 비상장주식회사임)

① 甲회사가 乙회사의 발행주식총수의 10분의 1을 초과하여 취득한 때에는 甲회사는 乙회사에 대하여 지체없이 이를 통지하여야 한다.

② 甲회사는 정관에 의하여 의결권이 제한되는 것에 불과한 종류주식을 발행하는 경우에는 그 종류주식의 발행총수에 제한을 받지 않는다.

③ 甲회사가 丙회사의 발행주식총수의 100분의 96을 자기의 계산으로 보유하고 있는 주주이고 乙회사가 丙회사의 발행주식총수의 100분의 4를 보유하고 있는 주주라면 乙회사는 언제든지 甲회사에게 보유주식의 매수를 청구할 수 있다.

④ 甲회사가 乙회사와 주식의 포괄적 교환을 하여 완전모회사가 되었다면, 甲회사와 乙회사의 이사는 주식교환의 날로부터 6월 내에 주식교환무효의 소를 제기할 수 있다.

⑤ 甲회사가 신주의 납입기일 전에 신주의 주권을 발행하여 그 주권이 무효가 되어도 甲회사에 대한 손해배상청구에 영향을 미치지 않는다.

해설

① [O] 회사가 다른 회사의 발행주식총수의 10분의 1을 초과하여 취득한 때에는 그 다른 회사에 대하여 지체없이 이를 통지하여야 한다(상법 제342조의3).

② [×] 상법 제344조의3 제2항

> **상법 제344조의3(의결권의 배제 · 제한에 관한 종류주식)**
>
> ① 회사가 의결권이 없는 종류주식이나 의결권이 제한되는 종류주식을 발행하는 경우에는 정관에 의결권을 행사할 수 없는 사항과, 의결권행사 또는 부활의 조건을 정한 경우에는 그 조건 등을 정하여야 한다.
>
> ② 제1항에 따른 종류주식의 총수는 발행주식총수의 4분의 1을 초과하지 못한다. 이 경우 의결권이 없거나 제한되는 종류주식이 발행주식총수의 4분의 1을 초과하여 발행된 경우에는 회사는 지체 없이 그 제한을 초과하지 아니하도록 하기 위하여 필요한 조치를 하여야 한다.

③ [O] 丙회사는 甲회사가 발행주식총수의 100분의 96을 자기의 계산으로 보유하여 지배주주로 있는 회사이므로 소수주주인 乙회사는 지배주주인 甲회사에게 그 보유주식의 매수를 청구할 수 있다(상법 제360조의25 제1항 참조).

> **상법 제360조의24(지배주주의 매도청구권)**
>
> ① 회사의 발행주식총수의 100분의 95 이상을 자기의 계산으로 보유하고 있는 주주(이하 이 관에서 "지배주주"라 한다)는 회사의 경영상 목적을 달성하기 위하여 필요한 경우에는 회사의 다른 주주(이하 이 관에서 "소수주주"라 한다)에게 그 보유하는 주식의 매도를 청구할 수 있다.
>
> **상법 제360조의25(소수주주의 매수청구권)**
>
> ① 지배주주가 있는 회사의 소수주주는 언제든지 지배주주에게 그 보유주식의 매수를 청구할 수 있다.

④ [O] 주식교환의 무효는 각 회사의 주주 · 이사 · 감사 · 감사위원회의 위원 또는 청산인에 한하여 주식교환의 날부터 6월 내에 소만으로 이를 주장할 수 있다(상법 제360조의14 제1항).

⑤ [O] 상법 제355조 제3항

> **상법 제355조(주권발행의 시기)**
> ② 주권은 회사의 성립후 또는 신주의 납입기일후가 아니면 발행하지 못한다.
> ③ 전항의 규정에 위반하여 발행한 주권은 무효로 한다. 그러나 발행한 자에 대한 손해배상의 청구에 영향을 미치지 아니한다.

답 ②

14 세무사 2020

☑ 확인 Check! ○ △ ×

상법상 의결권이 없거나 제한되는 종류주식에 관한 설명으로 옳지 않은 것은?

① 주주총회의 결의에 관하여는 의결권이 없는 종류주식의 수는 발행주식총수에 산입하지 아니한다.
② 의결권이 없거나 제한되는 종류주식이 발행주식총수의 4분의 1을 초과하여 발행된 경우에는 회사는 지체 없이 그 제한을 초과하지 아니하도록 하기 위하여 필요한 조치를 하여야 한다.
③ 의결권이 없는 주식을 보유한 주주는 주식회사가 유한회사로의 조직변경을 위한 주주총회에서 의결권을 행사할 수 있다.
④ 의결권이 없는 주식을 보유한 주주는 회사의 분할 또는 분할합병의 승인을 위한 주주총회의 결의가 그에게 손해를 미치는 경우에 한하여 그 주주총회에서 의결권을 행사할 수 있다.
⑤ 회사가 의결권이 없거나 제한되는 종류주식을 발행하는 경우에는 정관에 의결권을 행사할 수 없는 사항과, 의결권행사 또는 부활의 조건을 정한 경우에는 그 조건 등을 정하여야 한다.

해설

① [O] 총회의 결의에 관하여는 제344조의3 제1항(의결권이 배제되는 종류주식)과 제369조 제2항(자기주식) 및 제3항(의결권 없는 상호주)의 의결권 없는 주식의 수는 발행주식총수에 산입하지 아니한다(상법 제371조 제1항).
② [O] 제1항에 따른 종류주식의 총수는 발행주식총수의 4분의 1을 초과하지 못한다. 이 경우 의결권이 없거나 제한되는 종류주식이 발행주식총수의 4분의 1을 초과하여 발행된 경우에는 회사는 지체 없이 그 제한을 초과하지 아니하도록 하기 위하여 필요한 조치를 하여야 한다(상법 제344조의3 제2항).
③ [O] 주식회사는 총주주의 일치에 의한 총회의 결의로 그 조직을 변경하여 이를 유한회사로 할 수 있다. 그러나 사채의 상환을 완료하지 아니한 경우에는 그러하지 아니하다(상법 제604조 제1항). 총주주의 동의가 필요하므로 의결권이 없는 종류주식을 보유한 주주도 의결권을 행사할 수 있다.
④ [×] 손해를 미치는지 여부와 관계 없이 의결권이 있다(상법 제530조의3 제3항 참조).

> **상법 제530조의3(분할계획서 · 분할합병계약서의 승인)**
> ① 회사가 분할 또는 분할합병을 하는 때에는 분할계획서 또는 분할합병계약서를 작성하여 주주총회의 승인을 얻어야 한다.
> ② 제1항의 승인결의는 제434조의 규정에 의하여야 한다.
> ③ 제2항의 결의에 관하여는 제344조의3 제1항에 따라 의결권이 배제되는 주주도 의결권이 있다.

⑤ [O] 회사가 의결권이 없는 종류주식이나 의결권이 제한되는 종류주식을 발행하는 경우에는 정관에 의결권을 행사할 수 없는 사항과, 의결권행사 또는 부활의 조건을 정한 경우에는 그 조건 등을 정하여야 한다(상법 제344조의3 제1항).

답 ④

15 CPA 2021

☑ 확인Check! ○ △ ×

상법상 상환주식에 관한 설명으로 틀린 것은?

① 회사는 정관으로 정하는 바에 따라 회사의 이익으로써 소각할 수 있는 종류주식을 발행할 수 있다.
② 회사는 주식 취득의 대가로 현금 외에 다른 종류주식을 교부할 수 있다.
③ 회사는 정관으로 정하는 바에 따라 주주가 회사에 대하여 상환을 청구할 수 있는 종류주식을 발행할 수 있다.
④ 주주가 회사에 대하여 상환을 청구할 수 있는 종류주식을 발행하는 경우, 회사는 정관에 주주가 회사에 대하여 상환을 청구할 수 있다는 뜻, 상환가액, 상환청구기간, 상환의 방법을 정하여야 한다.
⑤ 상환주식은 종류주식(상환과 전환에 관한 것은 제외한다)에 한정하여 발행할 수 있다.

해설

① [O] 상법 제345조 제1항
② [×] 회사는 주식 취득의 대가로 현금 외에 다른 종류주식을 교부할 수 없다(상법 제345조 제4항 참조). 이를 허용하면 상환주식이 아니라 전환주식이라는 의미가 되기 때문이다.
③ [O], ④ [O] 상법 제345조 제3항
⑤ [O] 상법 제345조 제5항

> **상법 제345조(주식의 상환에 관한 종류주식)**
> ① 회사는 정관으로 정하는 바에 따라 회사의 이익으로써 소각할 수 있는 종류주식을 발행할 수 있다. 이 경우 회사는 정관에 상환가액, 상환기간, 상환의 방법과 상환할 주식의 수를 정하여야 한다.
> ③ 회사는 정관으로 정하는 바에 따라 주주가 회사에 대하여 상환을 청구할 수 있는 종류주식을 발행할 수 있다. 이 경우 회사는 정관에 주주가 회사에 대하여 상환을 청구할 수 있다는 뜻, 상환가액, 상환청구기간, 상환의 방법을 정하여야 한다.
> ④ 제1항 및 제3항의 경우 회사는 주식의 취득의 대가로 현금 외에 유가증권(다른 종류주식은 제외한다)이나 그 밖의 자산을 교부할 수 있다. 다만, 이 경우에는 그 자산의 장부가액이 제462조에 따른 배당가능이익을 초과하여서는 아니 된다.
> ⑤ 제1항과 제3항에서 규정한 주식은 종류주식(상환과 전환에 관한 것은 제외한다)에 한정하여 발행할 수 있다.

답 ②

16 CPA 2024

☑ 확인 Check! ○ △ ×

상법상 액면주식을 발행하는 비상장주식회사의 상환주식 또는 전환주식에 관한 설명으로 옳은 것은?

① 회사가 상환주식을 이익으로써 소각한 경우 회사의 자본금도 감소한다.
② 회사가 상환주식을 상환할 때에는 그 회사의 자회사가 발행한 종류주식을 취득의 대가로 교부할 수 있다.
③ 전환주식을 소유한 주주가 전환을 청구한 경우 회사가 이에 대해 승낙을 한 시점에 전환의 효력이 발생한다.
④ 상환주식과 전환주식의 종류와 내용은 회사가 발행하는 주권에 기재하지 않아도 무방하다.
⑤ 주주명부 폐쇄기간 중에 전환된 주식의 주주는 그 기간 중의 주주총회 결의에 관하여 의결권을 행사할 수 있다.

해설

① [×] 상환주식은 배당가능이익으로 상환하므로(상법 제345조 제1항 참조) 상환이 이루어지더라도 자본금은 감소하지 않는다. 따라서 채권자보호절차를 거칠 필요가 없고, 액면주식을 발행한 회사의 자본금은 발행주식의 액면총액이라는 등식은 예외적으로 깨진다.

② [O] 회사는 회사가 미리 정관에서 정한 바에 따라 주식 상환의 대가로 현금 외의 유가증권(다른 종류주식은 제외한다)이나 그 밖의 자산을 교부할 수 있다(상법 제345조 제4항 본문 참조). 즉, 현물상환을 인정하고 있다. 이때 그 회사의 다른 종류주식을 상환대가로 지급하는 것은 상환주식이 아니라 전환주식이라는 의미가 되므로 허용되지 않으나 그 회사의 자회사가 발행한 종류주식은 이러한 제한에 해당하지 않으므로 취득의 대가로 교부할 수 있다.

③ [×] 주식의 전환은 주주가 전환을 청구한 경우에는 그 청구한 때에, 회사가 전환을 한 경우에는 제346조 제3항 제2호의 기간(2주 이상의 일정한 기간 내에 그 주권을 회사에 제출하여야 한다는 뜻)이 끝난 때에 그 효력이 발생한다(상법 제350조 제1항).

④ [×] 종류주식이 있는 경우에는 그 주식의 종류와 내용은 회사가 발행하는 주권에 기재하여야 한다(상법 제356조 제6호 참조).

> **상법 제356조(주권의 기재사항)**
> 주권에는 다음의 사항과 번호를 기재하고 대표이사가 기명날인 또는 서명하여야 한다.
> 1. 회사의 상호
> 2. 회사의 성립연월일
> 3. 회사가 발행할 주식의 총수
> 4. 액면주식을 발행하는 경우 1주의 금액
> 5. 회사의 성립후 발행된 주식에 관하여는 그 발행 연월일
> 6. 종류주식이 있는 경우에는 그 주식의 종류와 내용
> 6의2. 주식의 양도에 관하여 이사회의 승인을 얻도록 정한 때에는 그 규정

⑤ [×] 제354조 제1항의 기간(주주명부 폐쇄기간) 중에 전환된 주식의 주주는 그 기간 중의 총회의 결의에 관하여는 의결권을 행사할 수 없다(상법 제350조 제2항).

답 ②

PART 3

17 CPA 2018

상법상 주식회사의 종류주식에 관한 설명으로 옳은 것은? 기출수정

① 회사가 잔여재산의 분배에 관하여 내용이 다른 종류주식을 발행하는 경우에는 정관의 규정이 없더라도 이사회 결의로 잔여재산의 종류, 잔여재산의 가액의 결정방법, 그 밖에 잔여재산분배에 관한 내용을 정할 수 있다.

② 회사가 종류주식을 발행하는 경우 정관에 다른 정함이 있는 경우에 한하여 그 종류에 따라 회사의 합병・분할로 인한 주식의 배정에 관하여 특수하게 정할 수 있다.

③ 회사가 의결권의 배제・제한에 관한 종류주식을 발행주식총수의 4분의 1을 초과하여 발행한 경우 그 초과 발행된 종류주식에 대하여 그 발행일로부터 6월 이내에 회사의 이익으로써 소각하여야 한다.

④ 회사가 주식의 상환에 관한 종류주식을 발행하는 경우 주식의 취득의 대가로 현금 외에 다른 종류주식을 포함한 유가증권 또는 그 밖의 자산을 교부할 수 있다.

⑤ 회사가 주식의 전환에 관한 종류주식을 발행한 경우 전환으로 인하여 발행된 주식의 이익배당에 관하여는 전환 이후에는 다른 신주식과 동일한 배당을 한다.

해설

① [×] 회사가 잔여재산의 분배에 관하여 내용이 다른 종류주식을 발행하는 경우에는 정관에 잔여재산의 종류, 잔여재산의 가액의 결정방법, 그 밖에 잔여재산분배에 관한 내용을 정하여야 한다(상법 제344조의2 제2항).

② [×] 회사가 종류주식을 발행하는 때에는 정관에 다른 정함이 없는 경우에도 주식의 종류에 따라 신주의 인수, 주식의 병합・분할・소각 또는 회사의 합병・분할로 인한 주식의 배정에 관하여 특수하게 정할 수 있다(상법 제344조 제3항).

③ [×] 회사가 의결권의 배제・제한에 관한 종류주식을 발행주식총수의 4분의 1을 초과하여 발행한 경우 회사는 지체 없이 그 제한을 초과하지 아니하도록 하기 위하여 필요한 조치를 하여야 한다(상법 제344조의3 제2항 참조). 그 필요한 조치에는 회사의 이익으로써 소각하는 방법이외에도 의결권이 있는 주식을 추가로 더 발행하는 방법 등 다른 방법도 가능하다. 다만 6개월이 아닌 지체 없이 하여야 한다.

> **상법 제344조의3(의결권의 배제・제한에 관한 종류주식)**
> ① 회사가 의결권이 없는 종류주식이나 의결권이 제한되는 종류주식을 발행하는 경우에는 정관에 의결권을 행사할 수 없는 사항과, 의결권행사 또는 부활의 조건을 정한 경우에는 그 조건 등을 정하여야 한다.
> ② 제1항에 따른 종류주식의 총수는 발행주식총수의 4분의 1을 초과하지 못한다. 이 경우 의결권이 없거나 제한되는 종류주식이 발행주식총수의 4분의 1을 초과하여 발행된 경우에는 회사는 지체 없이 그 제한을 초과하지 아니하도록 하기 위하여 필요한 조치를 하여야 한다.

④ [×] 회사의 다른 종류주식을 상환대가로 지급할 수 없다(상법 제345조 제4항 참조). 이를 허용하면 상환주식이 아니라 전환주식이라는 의미가 되기 때문이다.

상법 제345조(주식의 상환에 관한 종류주식)

① 회사는 정관으로 정하는 바에 따라 회사의 이익으로써 소각할 수 있는 종류주식을 발행할 수 있다. 이 경우 회사는 정관에 상환가액, 상환기간, 상환의 방법과 상환할 주식의 수를 정하여야 한다.

④ 제1항 및 제3항의 경우 회사는 주식의 취득의 대가로 현금 외에 유가증권(다른 종류주식은 제외한다)이나 그 밖의 자산을 교부할 수 있다. 다만, 이 경우에는 그 자산의 장부가액이 제462조에 따른 배당가능이익을 초과하여서는 아니 된다.

⑤ [O] 종래에는 전환된 주식의 이익배당에 관하여 일할배당을 인정하는 것을 전제로 상법 제350조 제3항에 당해 또는 직전 영업연도 말에 전환된 것으로 보는 규정을 두었다. 그러나 2020년 상법 개정에서 이 규정을 삭제하여 일할배당의 가능성을 배제하였으므로 전환 이후에는 배당기준일에 다른 신주식과 동일한 배당을 하게 된다.

상법 제350조(전환의 효력발생)

① 주식의 전환은 주주가 전환을 청구한 경우에는 그 청구한 때에, 회사가 전환을 한 경우에는 제346조 제3항 제2호의 기간이 끝난 때에 그 효력이 발생한다.

③ 삭제 〈2020.12.29.〉

답 ⑤

PART 3

18 CPA 2016

☑ 확인Check! ○ △ ×

상법상 상환에 관한 종류주식과 전환에 관한 종류주식에 관한 설명으로 옳은 것은?

① 회사가 의결권이 제한되는 종류주식을 발행하면서 그 주주에게 당해 주식의 상환을 청구할 수 있는 권리를 부여할 수 없다.

② 회사가 상환권을 가진 상환에 관한 종류주식을 발행한 회사가 그 종류주식을 상환하면 회사의 자본금은 감소한다.

③ 상환에 관한 종류주식을 발행한 회사가 그 종류주식을 상환할 경우 다른 회사가 발행한 종류주식을 상환의 대가로 교부할 수 있다.

④ 주주명부 폐쇄기간 중에 전환에 관한 종류주식을 가진 주주가 의결권 있는 주식으로 전환을 청구하면 그 폐쇄기간 중의 주주총회결의에서 전환으로 발행된 신주의 의결권을 행사할 수 있다.

⑤ 전환에 관한 종류주식의 경우 전환으로 인해 발행되는 신주 1주의 액면가와 전환으로 인해 소멸하는 전환주식 1주의 액면가는 다를 수 있다.

해설

① [×] 상환주식에는 회사가 상환권을 갖는 회사상환주식과 주주가 상환을 청구할 수 있는 주주상환주식이 있는데(상법 제345조 제1항, 제3항 참조), 상환주식과 전환주식을 제외한 이익배당・잔여재산분배에 관한 종류주식과 의결권이 없거나 제한된 종류주식에 한정하여 상환주식으로 발행할 수 있다(상법 제345조 제5항 참조).

② [×] 상환주식의 상환은 배당가능이익으로 하게 되므로 주식의 소각에도 불구하고 자본금이 감소하지 않는다.

③ [O] 회사는 회사가 미리 정관에서 정한 바에 따라 주식 상환의 대가로 현금 외의 유가증권(다른 종류주식은 제외한다)이나 그 밖의 자산을 교부할 수 있다(상법 제345조 제4항 본문 참조). 즉, 현물상환을 인정하고 있다. 이때 그 회사의 다른 종류주식을 상환대가로 지급하는 것은 상환주식이 아니라 전환주식이라는 의미가 되므로 허용되지 않으나 다른 회사가 발행한 종류주식은 이러한 제한에 해당하지 않으므로 취득의 대가로 교부할 수 있다.

> **상법 제345조(주식의 상환에 관한 종류주식)**
> ① 회사는 정관으로 정하는 바에 따라 회사의 이익으로써 소각할 수 있는 종류주식을 발행할 수 있다. 이 경우 회사는 정관에 상환가액, 상환기간, 상환의 방법과 상환할 주식의 수를 정하여야 한다.
> ③ 회사는 정관으로 정하는 바에 따라 주주가 회사에 대하여 상환을 청구할 수 있는 종류주식을 발행할 수 있다. 이 경우 회사는 정관에 주주가 회사에 대하여 상환을 청구할 수 있다는 뜻, 상환가액, 상환청구기간, 상환의 방법을 정하여야 한다.
> ④ 제1항 및 제3항의 경우 회사는 주식의 취득의 대가로 현금 외에 유가증권(다른 종류주식은 제외한다)이나 그 밖의 자산을 교부할 수 있다. 다만, 이 경우에는 그 자산의 장부가액이 제462조에 따른 배당가능이익을 초과하여서는 아니 된다.
> ⑤ 제1항과 제3항에서 규정한 주식은 종류주식(상환과 전환에 관한 것은 제외한다)에 한정하여 발행할 수 있다.

④ [×] 제354조 제1항의 기간(주주명부폐쇄기간) 중에 전환된 주식의 주주는 그 기간 중의 총회의 결의에 관하여는 의결권을 행사할 수 없다(상법 제350조 제2항).

⑤ [×] 액면주식의 금액은 균일하여야 한다(상법 제329조 제2항). 이는 전환주식의 전환의 경우에도 마찬가지이어야 한다.

답 ③

19 세무사 2022

☑ 확인 Check! ○ △ ×

상법상 종류주식 등에 관한 설명으로 옳지 않은 것은?

① 회사가 종류주식을 발행할 경우 정관에 다른 정함이 없는 경우에도 주식의 종류에 따라 신주의 인수, 주식의 병합・분할・소각 또는 회사의 합병・분할로 인한 주식의 배정에 관하여 특수하게 정할 수 있다.

② 회사는 이익배당이나 잔여재산분배에 관하여 내용이 다른 종류주식을 발행할 수 있다.

③ 의결권의 배제・제한에 관한 종류주식이 발행주식총수의 4분의 1을 초과하여 발행된 경우에는 회사는 지체 없이 그 제한을 초과하지 아니하도록 하기 위하여 필요한 조치를 하여야 한다.

④ 회사는 회사의 이익으로써 소각할 수 있는 종류주식 또는 주주가 회사에 대하여 상환을 청구할 수 있는 종류주식을 정관으로 정하는 바에 따라 발행할 수 있다.

⑤ 주식의 상환에 관한 종류주식을 발행한 회사는 그 주식 취득의 대가로 그 회사의 다른 종류주식을 교부할 수 있다.

해설

① [O] 회사가 종류주식을 발행하는 때에는 정관에 다른 정함이 없는 경우에도 주식의 종류에 따라 신주의 인수, 주식의 병합·분할·소각 또는 회사의 합병·분할로 인한 주식의 배정에 관하여 특수하게 정할 수 있다(상법 제344조 제3항).

② [O] 회사는 이익의 배당, 잔여재산의 분배, 주주총회에서의 의결권의 행사, 상환 및 전환 등에 관하여 내용이 다른 종류의 주식(이하 "종류주식"이라 한다)을 발행할 수 있다(상법 제344조 제1항).

③ [O] 제1항에 따른 종류주식(의결권의 배제·제한에 관한 종류주식)의 총수는 발행주식총수의 4분의 1을 초과하지 못한다. 이 경우 의결권이 없거나 제한되는 종류주식이 발행주식총수의 4분의 1을 초과하여 발행된 경우에는 회사는 지체 없이 그 제한을 초과하지 아니하도록 하기 위하여 필요한 조치를 하여야 한다(상법 제344조의3 제2항).

④ [O] 상법 제345조 제1항, 제3항

⑤ [X] 상법 제345조 제4항

> **상법 제345조(주식의 상환에 관한 종류주식)**
>
> ① 회사는 정관으로 정하는 바에 따라 회사의 이익으로써 소각할 수 있는 종류주식을 발행할 수 있다. 이 경우 회사는 정관에 상환가액, 상환기간, 상환의 방법과 상환할 주식의 수를 정하여야 한다.
>
> ③ 회사는 정관으로 정하는 바에 따라 주주가 회사에 대하여 상환을 청구할 수 있는 종류주식을 발행할 수 있다. 이 경우 회사는 정관에 주주가 회사에 대하여 상환을 청구할 수 있다는 뜻, 상환가액, 상환청구기간, 상환의 방법을 정하여야 한다.
>
> ④ 제1항 및 제3항의 경우 회사는 주식의 취득의 대가로 현금 외에 유가증권(다른 종류주식은 제외한다)이나 그 밖의 자산을 교부할 수 있다. 다만, 이 경우에는 그 자산의 장부가액이 제462조에 따른 배당가능이익을 초과하여서는 아니 된다.

답 ⑤

PART 3

20 세무사 2021

☑ 확인 Check! ○ △ ×

상법상 종류주식에 관한 설명으로 옳지 않은 것은?

① 회사가 종류주식을 발행하는 경우, 정관으로 각 종류주식의 내용과 수를 정하여야 한다.

② 종류주주총회의 결의는 출석한 주주의 의결권의 3분의 2 이상의 수와 그 종류의 발행주식총수의 3분의 1 이상의 수로써 하여야 한다.

③ 주식의 상환에 관한 종류주식의 경우, 회사는 주식의 취득의 대가로 현금 외에 유가증권(다른 종류주식은 제외한다)이나 그 밖의 자산을 교부할 수 있으며, 이 경우 그 자산의 장부가액이 상법 규정에 따른 배당가능이익을 초과하여서는 아니 된다.

④ 주식의 전환에 관한 종류주식에서 전환으로 인하여 신주식을 발행하는 경우에는 전환 전의 주식의 발행가액을 신주식의 발행가액으로 한다.

⑤ 회사가 의결권이 제한되는 종류주식을 발행주식총수의 4분의 1을 초과하여 발행한 경우, 그 초과된 부분의 발행은 당연히 무효로 된다.

해설

① [O] 상법 제344조 제2항

> **상법 제344조(종류주식)**
> ① 회사는 이익의 배당, 잔여재산의 분배, 주주총회에서의 의결권의 행사, 상환 및 전환 등에 관하여 내용이 다른 종류의 주식(이하 "종류주식"이라 한다)을 발행할 수 있다.
> ② 제1항의 경우에는 정관으로 각 종류주식의 내용과 수를 정하여야 한다.

② [O] 상법 제435조 제2항

> **상법 제435조(종류주주총회)**
> ① 회사가 종류주식을 발행한 경우에 정관을 변경함으로써 어느 종류주식의 주주에게 손해를 미치게 될 때에는 주주총회의 결의 외에 그 종류주식의 주주의 총회의 결의가 있어야 한다.
> ② 제1항의 결의는 출석한 주주의 의결권의 3분의 2 이상의 수와 그 종류의 발행주식총수의 3분의 1 이상의 수로써 하여야 한다.

③ [O] 상법 제345조 제4항

> **상법 제345조(주식의 상환에 관한 종류주식)**
> ① 회사는 정관으로 정하는 바에 따라 회사의 이익으로써 소각할 수 있는 종류주식을 발행할 수 있다. 이 경우 회사는 정관에 상환가액, 상환기간, 상환의 방법과 상환할 주식의 수를 정하여야 한다.
> ③ 회사는 정관으로 정하는 바에 따라 주주가 회사에 대하여 상환을 청구할 수 있는 종류주식을 발행할 수 있다. 이 경우 회사는 정관에 주주가 회사에 대하여 상환을 청구할 수 있다는 뜻, 상환가액, 상환청구기간, 상환의 방법을 정하여야 한다.
> ④ 제1항 및 제3항의 경우 회사는 주식의 취득의 대가로 현금 외에 유가증권(다른 종류주식은 제외한다)이나 그 밖의 자산을 교부할 수 있다. 다만, 이 경우에는 그 자산의 장부가액이 제462조에 따른 배당가능이익을 초과하여서는 아니 된다.

④ [O] 전환으로 인하여 신주식을 발행하는 경우에는 전환전의 주식의 발행가액을 신주식의 발행가액으로 한다(상법 제348조).

⑤ [×] 의결권의 배제·제한 종류수식의 발행한도를 초과하여 발행하여도 무효가 되는 것이 아니고, 단지 회사에 필요한 조치를 취할 의무만 발생할 뿐이다(상법 제344조의3 제2항 참조).

> **상법 제344조의3(의결권의 배제·제한에 관한 종류주식)**
> ① 회사가 의결권이 없는 종류주식이나 의결권이 제한되는 종류주식을 발행하는 경우에는 정관에 의결권을 행사할 수 없는 사항과, 의결권행사 또는 부활의 조건을 정한 경우에는 그 조건 등을 정하여야 한다.
> ② 제1항에 따른 종류주식의 총수는 발행주식총수의 4분의 1을 초과하지 못한다. 이 경우 의결권이 없거나 제한되는 종류주식이 발행주식총수의 4분의 1을 초과하여 발행된 경우에는 회사는 지체 없이 그 제한을 초과하지 아니하도록 하기 위하여 필요한 조치를 하여야 한다.

답 ⑤

21 세무사 2020

☑ 확인Check! ○ △ ×

상법상 종류주식에 관한 설명으로 옳은 것은?

① 회사는 의결권이 없는 종류주식을 주주가 회사에 대하여 상환을 청구할 수 있는 종류주식으로 발행할 수 있다.

② 주식의 전환은 회사가 전환을 청구한 경우에는 그 청구한 때에, 주주가 전환을 한 경우에는 주권제출기간이 끝난 때에 그 효력이 발생한다.

③ 회사가 상환에 관한 종류주식을 상환할 때 그 회사가 발행한 전환에 관한 종류주식을 상환의 대가로 교부할 수 있다.

④ 전환에 관한 종류주식의 경우 전환으로 인해 발행되는 신주 1주의 액면가는 전환으로 인해 소멸하는 전환주식 1주의 액면가와 다르다.

⑤ 의결권이 없는 종류주식을 의결권이 있는 종류주식으로 전환할 수 있는 전환주식을 가진 주주가 주주명부폐쇄기간 중에 전환청구를 하면 그 폐쇄기간 중의 주주총회 결의에서 의결권을 행사할 수 있다.

해설

① [O] 상환주식에는 회사가 상환권을 갖는 회사상환주식과 주주가 상환을 청구할 수 있는 주주상환주식이 있는데(상법 제345조 제1항, 제3항 참조), 상환주식과 전환주식을 제외한 이익배당 · 잔여재산분배에 관한 종류주식과 의결권이 없거나 제한된 종류주식에 한정하여 상환주식으로 발행할 수 있다(상법 제345조 제5항 참조).

② [×] 주식의 전환은 주주가 전환을 청구한 경우에는 그 청구한 때에, 회사가 전환을 한 경우에는 제346조 제3항 제2호의 기간(주권제출기간)이 끝난 때에 그 효력이 발생한다(상법 제350조 제1항).

③ [×] 회사의 다른 종류주식을 상환대가로 지급할 수 없다(상법 제345조 제4항 참조). 이를 허용하면 상환주식이 아니라 전환주식이라는 의미가 되기 때문이다.

④ [×] 액면주식의 금액은 균일하여야 한다(상법 제329조 제2항). 이는 전환주식의 전환의 경우에도 마찬가지이어야 한다.

⑤ [×] 제354조 제1항의 기간(주주명부폐쇄기간) 중에 전환된 주식의 주주는 그 기간 중의 총회의 결의에 관하여는 의결권을 행사할 수 없다(상법 제350조 제2항).

답 ①

22 세무사 2024

☑ 확인 Check! ○ △ ✕

상법상 회사에게 전환권이 부여된 전환주식에 관한 설명으로 옳지 않은 것은?

① 회사는 종류주식을 발행하는 경우 정관에 일정한 사유가 발생할 때 회사가 주주의 인수 주식을 다른 종류주식으로 전환할 수 있음을 정할 수 있다.

② 회사가 전환주식의 주주 및 주주명부에 적힌 권리자에게 전환할 주식, 주권제출기간 및 그 기간 내에 주권을 제출하지 않으면 주권이 무효가 된다는 뜻을 통지한 경우, 주권제출기간이 끝난 때에 전환의 효력이 발생한다.

③ 주주명부 폐쇄기간 중에 전환이 이루어져 의결권 있는 주식을 발행받은 주주는 그 기간 중의 총회 결의에 관하여는 의결권을 행사할 수 없다.

④ 회사가 전환주식을 발행할 때에는 전환의 기간을 주식청약서 또는 신주인수권증서에 기재해야 한다.

⑤ 회사가 전환주식을 전환하면 정관에 기재된 회사가 발행할 주식의 총수가 감소한다.

해설

① [O] 상법 제346조 제2항

② [O] 상법 제346조 제3항, 제350조 제1항

> **상법 제346조(주식의 전환에 관한 종류주식)**
>
> ② 회사가 종류주식을 발행하는 경우에는 정관에 일정한 사유가 발생할 때 회사가 주주의 인수 주식을 다른 종류주식으로 전환할 수 있음을 정할 수 있다. 이 경우 회사는 전환의 사유, 전환의 조건, 전환의 기간, 전환으로 인하여 발행할 주식의 수와 내용을 정하여야 한다.
>
> ③ 제2항의 경우에 이사회는 다음 각 호의 사항을 그 주식의 주주 및 주주명부에 적힌 권리자에게 따로 통지하여야 한다. 다만, 통지는 공고로 갈음할 수 있다.
>
> 1. 전환할 주식
> 2. 2주 이상의 일정한 기간 내에 그 주권을 회사에 제출하여야 한다는 뜻
> 3. 그 기간 내에 주권을 제출하지 아니할 때에는 그 주권이 무효로 된다는 뜻
>
> **상법 제350조(전환의 효력발생)**
>
> ① 주식의 전환은 주주가 전환을 청구한 경우에는 그 청구한 때에, 회사가 전환을 한 경우에는 제346조 제3항 제2호의 기간이 끝난 때에 그 효력이 발생한다.

③ [O] 제354조 제1항의 기간(주주명부폐쇄기간) 중에 전환된 주식의 주주는 그 기간 중의 총회의 결의에 관하여는 의결권을 행사할 수 없다(상법 제350조 제2항).

④ [O] 상법 제347조 제4호

> **상법 제347조(전환주식발행의 절차)**
>
> 제346조(주식의 전환에 관한 종류주식)의 경우에는 주식청약서 또는 신주인수권증서에 다음의 사항을 적어야 한다.
>
> 1. 주식을 다른 종류의 주식으로 전환할 수 있다는 뜻
> 2. 전환의 조건

3. 전환으로 인하여 발행할 주식의 내용
4. 전환청구기간 또는 전환의 기간

⑤ [×] 주식의 전환으로 인하여 소멸한 종류주식의 수만큼 발행할 주식의 총수 중 미발행부분이 증가하는데, 이 부분에서 다시 신주식을 발행할 수 있다고 보는 것이 통설이다.

답 ⑤

23 세무사 2022

☑ 확인Check! ○ △ ×

상법상 전환주식에 관한 설명으로 옳지 않은 것은?

① 전환주식을 발행하는 경우 정관으로 정하는 바에 따라 주주는 인수한 주식을 다른 종류주식으로 전환할 것을 청구할 수 있다.
② 전환주식을 발행하는 경우 정관에 일정한 사유가 발생할 때 회사가 주주의 인수 주식을 다른 종류주식으로 전환할 수 있음을 정할 수 있다.
③ 종류주식의 수 중 새로 발행할 주식의 수는 전환청구기간 또는 전환의 기간 내에는 그 발행을 유보(留保)하여야 한다.
④ 전환으로 인하여 신주식을 발행하는 경우에는 전환전의 주식의 액면가액을 신주식의 발행가액으로 한다.
⑤ 주식의 전환은 주주가 전환을 청구한 경우에는 그 청구한 때에 그 효력이 발생한다.

해설

① [O] 회사가 종류주식을 발행하는 경우에는 정관으로 정하는 바에 따라 주주는 인수한 주식을 다른 종류주식으로 전환할 것을 청구할 수 있다. 이 경우 전환의 조건, 전환의 청구기간, 전환으로 인하여 발행할 주식의 수와 내용을 정하여야 한다(상법 제346조 제1항).
② [O] 회사가 종류주식을 발행하는 경우에는 정관에 일정한 사유가 발생할 때 회사가 주주의 인수 주식을 다른 종류주식으로 전환할 수 있음을 정할 수 있다. 이 경우 회사는 전환의 사유, 전환의 조건, 전환의 기간, 전환으로 인하여 발행할 주식의 수와 내용을 정하여야 한다(상법 제346조 제2항).
③ [O] 제344조 제2항에 따른 종류주식의 수 중 새로 발행할 주식의 수는 전환청구기간 또는 전환의 기간 내에는 그 발행을 유보(留保)하여야 한다(상법 제346조 제4항).
④ [×] 전환으로 인하여 신주식을 발행하는 경우에는 전환전의 주식의 발행가액을 신주식의 발행가액으로 한다(상법 제348조). 여기서의 발행가액은 전체 주식의 발행가액을 의미한다.
⑤ [O] 주식의 전환은 주주가 전환을 청구한 경우에는 그 청구한 때에, 회사가 전환을 한 경우에는 제346조 제3항 제2호의 기간(전환기간)이 끝난 때에 그 효력이 발생한다(상법 제350조 제1항).

답 ④

24 세무사 2024

☑ 확인 Check! ○ △ ×

상법상 의결권 없는 주식을 제외한 발행주식총수를 기준으로 하여 소수주주권 행사를 위한 주식의 보유비율을 정하고 있는 경우는?

① 집중투표청구권
② 발기인의 회사에 대한 손해배상책임을 추궁하는 대표소송제기권
③ 청산인해임청구권
④ 해산판결청구권
⑤ 주주총회소집청구권

▌해설▐

① [O] 2인 이상의 이사의 선임을 목적으로 하는 총회의 소집이 있는 때에는 의결권 없는 주식을 제외한 발행주식총수의 100분의 3 이상에 해당하는 주식을 가진 주주는 정관에서 달리 정하는 경우를 제외하고는 회사에 대하여 집중투표의 방법으로 이사를 선임할 것을 청구할 수 있다(상법 제382조의2 제1항).

② [×] 상법 제322조, 제324조, 제403조 제1항

> **상법 제322조(발기인의 손해배상책임)**
> ① 발기인이 회사의 설립에 관하여 그 임무를 해태한 때에는 그 발기인은 회사에 대하여 연대하여 손해를 배상할 책임이 있다.
>
> **상법 제324조(발기인의 책임면제, 주주의 대표소송)**
> 제400조, 제403조부터 제406조까지 및 제406조의2는 발기인에 준용한다.
>
> **상법 제403조(주주의 대표소송)**
> ① 발행주식의 총수의 100분의 1 이상에 해당하는 주식을 가진 주주는 회사에 대하여 이사의 책임을 추궁할 소의 제기를 청구할 수 있다.

③ [×] 청산인이 그 업무를 집행함에 현저하게 부적임하거나 중대한 임무에 위반한 행위가 있는 때에는 발행주식의 총수의 100분의 3 이상에 해당하는 주식을 가진 주주는 법원에 그 청산인의 해임을 청구할 수 있다(상법 제539조 제2항).

④ [×] 상법 제520조 제1항

> **상법 제520조(해산판결)**
> ① 다음의 경우에 부득이한 사유가 있는 때에는 발행주식의 총수의 100분의 10 이상에 해당하는 주식을 가진 주주는 회사의 해산을 법원에 청구할 수 있다.
> 1. 회사의 업무가 현저한 정돈상태를 계속하여 회복할 수 없는 손해가 생긴 때 또는 생길 염려가 있는 때
> 2. 회사재산의 관리 또는 처분의 현저한 실당으로 인하여 회사의 존립을 위태롭게 한 때

⑤ [×] 발행주식총수의 100분의 3 이상에 해당하는 주식을 가진 주주는 회의의 목적사항과 소집의 이유를 적은 서면 또는 전자문서를 이사회에 제출하여 임시총회의 소집을 청구할 수 있다(상법 제366조 제1항).

답 ①

25 세무사 2023

☑ 확인 Check! ○ △ ✕

A는 상법상 비상장주식회사인 甲주식회사의 발행주식총수의 100분의 2를 보유하고 있는 주주이고, 비상장주식회사인 乙회사는 甲회사의 자회사이다. 아래의 권리 중 A가 상법상 행사할 수 있는 주주로서의 권리를 모두 고른 것은? (단, A의 주식보유는 주주명부를 기준으로 하고, A는 乙회사의 주식을 전혀 보유하고 있지 않으며, 甲회사 및 乙회사의 발행주식에는 의결권이 없거나 의결권을 행사할 수 없는 주식은 없음)

> ㄱ. 乙회사의 이사에 대한 위법행위 유지청구
> ㄴ. 甲회사의 재무제표의 열람
> ㄷ. 乙회사의 이사에 대한 다중대표소송제기
> ㄹ. 甲회사의 임시주주총회의 소집청구
> ㅁ. 甲회사의 이사에게 주주총회 목적사항의 제안

① ㄱ, ㄴ
② ㄱ, ㅁ
③ ㄴ, ㄷ
④ ㄱ, ㄷ, ㄹ
⑤ ㄷ, ㄹ, ㅁ

해설

ㄱ. [✕] 발행주식의 총수의 100분의 1 이상을 보유하고 있는 주주는 위법행위 유지청구를 할 수 있다(상법 제402조 참고). 그러나 우리 상법은 다중대표소송은 인정하고 있으나, 모회사의 주주가 자회사의 이사에 대한 위법행위 유지청구는 명문의 규정이 없어 인정되기 어렵다.

ㄴ. [O] 주주의 재무제표열람청구권은 단독주주권이다(상법 제448조 제2항 참조).

> **상법 제448조(재무제표 등의 비치 · 공시)**
> ① 이사는 정기총회회일의 1주간 전부터 제447조 및 제447조의2의 서류와 감사보고서를 본점에 5년간, 그 등본을 지점에 3년간 비치하여야 한다.
> ② 주주와 회사채권자는 영업시간내에 언제든지 제1항의 비치서류를 열람할 수 있으며 회사가 정한 비용을 지급하고 그 서류의 등본이나 초본의 교부를 청구할 수 있다.

ㄷ. [O] 모회사 발행주식총수의 100분의 1 이상에 해당하는 주식을 가진 주주는 자회사에 대하여 자회사 이사의 책임을 추궁할 소의 제기를 청구할 수 있다(상법 제406조의2 제1항).

ㄹ. [✕] 발행주식총수의 100분의 3 이상에 해당하는 주식을 가진 주주는 회의의 목적사항과 소집의 이유를 적은 서면 또는 전자문서를 이사회에 제출하여 임시총회의 소집을 청구할 수 있다(상법 제366조 제1항).

ㅁ. [✕] 의결권 없는 주식을 제외한 발행주식총수의 100분의 3 이상에 해당하는 주식을 가진 주주는 이사에게 주주총회일(정기주주총회의 경우 직전 연도의 정기주주총회일에 해당하는 그 해의 해당일. 이하 이 조에서 같다)의 6주 전에 서면 또는 전자문서로 일정한 사항을 주주총회의 목적사항으로 할 것을 제안(이하 '주주제안'이라 한다)할 수 있다(상법 제363조의2 제1항).

PART 3

더 살펴보기	주주권	
단독주주		의결권, 설립무효판결청구권, 재무제표열람권
소수주주	1%	위법행위유지청구권, 대표소송 제기권
	3%	주주제안권, 주주총회소집청구권, 집중투표청구권, 이사・감사・청산인 해임청구권, 회계장부열람청구권, 업무검사권
	10%	해산판결청구권

답 ③

26 세무사 2022

확인Check! ○ △ ×

상법상 비상장회사의 소수주주권과 그 행사요건으로서의 주식소유 비율이 옳지 않은 것은?

① 회계장부열람권-발행주식총수의 100분의 1 이상
② 주주총회소집청구권-발행주식총수의 100분의 3 이상
③ 이사해임청구권-발행주식총수의 100분의 3 이상
④ 감사해임청구권-발행주식총수의 100분의 3 이상
⑤ 청산인해임청구권-발행주식총수의 100분의 3 이상

해설

① [×] 발행주식의 총수의 100분의 3 이상에 해당하는 주식을 가진 주주는 이유를 붙인 서면으로 회계의 장부와 서류의 열람 또는 등사를 청구할 수 있다(상법 제466조 제1항).
② [○] 발행주식총수의 100분의 3 이상에 해당하는 주식을 가진 주주는 회의의 목적사항과 소집의 이유를 적은 서면 또는 전자문서를 이사회에 제출하여 임시총회의 소집을 청구할 수 있다(상법 제366조 제1항).
③ [○] 상법 제385조 제2항
④ [○] 상법 제415조, 제385조 제2항

상법 제385조(해임)
② 이사가 그 직무에 관하여 부정행위 또는 법령이나 정관에 위반한 중대한 사실이 있음에도 불구하고 주주총회에서 그 해임을 부결한 때에는 발행주식의 총수의 100분의 3 이상에 해당하는 주식을 가진 주주는 총회의 결의가 있은 날부터 1월 내에 그 이사의 해임을 법원에 청구할 수 있다.

상법 제415조(준용규정)
제382조 제2항, 제382조의4, 제385조, 제386조, 제388조, 제400조, 제401조, 제403조부터 제406조까지, 제406조의2 및 제407조는 감사에 준용한다.

⑤ [○] 청산인이 그 업무를 집행함에 현저하게 부적임하거나 중대한 임무에 위반한 행위가 있는 때에는 발행주식의 총수의 100분의 3 이상에 해당하는 주식을 가진 주주는 법원에 그 청산인의 해임을 청구할 수 있다(상법 제539조 제2항).

답 ①

27 세무사 2021

☑ 확인Check! ○ △ ✕

상법상 비상장주식회사 주주의 소수주주권 행사를 위한 주식 보유비율이 다른 하나는?

① 주주제안권
② 회계장부열람권
③ 이사・감사의 해임청구권
④ 임시주주총회의 소집청구권
⑤ 이사의 위법행위에 대한 유지청구권

해설

① **[100분의 3 이상]** 의결권 없는 주식을 제외한 발행주식총수의 100분의 3 이상에 해당하는 주식을 가진 주주는 이사에게 주주총회일(정기주주총회의 경우 직전 연도의 정기주주총회일에 해당하는 그 해의 해당일. 이하 이 조에서 같다)의 6주 전에 서면 또는 전자문서로 일정한 사항을 주주총회의 목적사항으로 할 것을 제안(이하 '주주제안'이라 한다)할 수 있다(상법 제363조의2 제1항).
② **[100분의 3 이상]** 발행주식의 총수의 100분의 3 이상에 해당하는 주식을 가진 주주는 이유를 붙인 서면으로 회계의 장부와 서류의 열람 또는 등사를 청구할 수 있다(상법 제466조 제1항).
③ **[100분의 3 이상]** 이사가 그 직무에 관하여 부정행위 또는 법령이나 정관에 위반한 중대한 사실이 있음에도 불구하고 주주총회에서 그 해임을 부결한 때에는 발행주식의 총수의 100분의 3 이상에 해당하는 주식을 가진 주주는 총회의 결의가 있은 날부터 1월 내에 그 이사의 해임을 법원에 청구할 수 있다(상법 제385조 제2항).
④ **[100분의 3 이상]** 발행주식총수의 100분의 3 이상에 해당하는 주식을 가진 주주는 회의의 목적사항과 소집의 이유를 적은 서면 또는 전자문서를 이사회에 제출하여 임시총회의 소집을 청구할 수 있다(상법 제366조 제1항).
⑤ **[100분의 1 이상]** 이사가 법령 또는 정관에 위반한 행위를 하여 이로 인하여 회사에 회복할 수 없는 손해가 생길 염려가 있는 경우에는 감사 또는 발행주식의 총수의 100분의 1 이상에 해당하는 주식을 가진 주주는 회사를 위하여 이사에 대하여 그 행위를 유지할 것을 청구할 수 있다(상법 제402조).

더 살펴보기 주주권

단독주주		의결권, 설립무효판결청구권, 재무제표열람권
소수주주	1%	위법행위유지청구권, 대표소송 제기권
	3%	주주제안권, 주주총회소집청구권, 집중투표청구권, 이사・감사・청산인 해임청구권, 회계장부열람청구권, 업무검사권
	10%	해산판결청구권

답 ⑤

PART 3

28 법무사 2024

☑ 확인 Check! ○ △ ✕

주주평등의 원칙에 관한 다음 설명 중 옳은 것을 모두 고른 것은?

ㄱ. 주주는 원칙적으로 회사와의 법률관계에서 그가 가진 주식의 수에 따라 평등한 취급을 받아야 하지만, 회사가 일부 주주에게 우월한 권리나 이익을 부여하여 다른 주주들과 다르게 대우하는 경우에도 법률이 허용하는 절차와 방식에 따르거나 그 차등적 취급을 정당화할 수 있는 특별한 사정이 있는 경우에는 이를 허용할 수 있다. 회사의 주주에 대한 차등적 취급을 허용할 수 있는지 여부는 제반 사정을 고려하여 일부 주주에게 우월적 권리나 이익을 부여하여 주주를 차등 취급하는 것이 주주와 회사 전체의 이익에 부합하는지를 따져서 정의와 형평의 관념에 비추어 신중하게 판단하여야 한다.

ㄴ. 회사와 주주가 회사의 중요 의사결정에 대하여 일부 주주의 사전동의를 받도록 하는 약정을 체결하였고 그 약정에 따른 일부 주주에 대한 차등적 취급이 예외적으로 허용되는 경우에 그 동의권 부여 약정 위반으로 인한 손해배상 명목의 금원을 지급하는 약정을 함께 체결하였다면, 그 금원 지급 약정이 사전동의를 받을 의무 위반으로 주주가 입은 손해를 배상 또는 전보하고 의무의 이행을 확보하기 위한 것이라 하더라도, 이는 투하자본의 회수를 절대적으로 보장함으로써 주주평등의 원칙에 위배되는 것이다.

ㄷ. 주주가 회사와 계약을 체결할 때 회사의 다른 주주 내지 이사 개인이 함께 당사자로 참여한 경우에는 주주와 회사의 다른 주주 내지 이사 개인의 법률관계에도 주주평등의 원칙을 직접 적용할 수 있다.

ㄹ. 주주가 회사의 다른 주주 내지 이사 개인과 체결한 계약의 내용을 해석할 때에는 계약의 형식과 내용, 계약이 체결된 동기와 경위 및 목적, 당사자의 진정한 의사 등을 종합적으로 고려하여 논리와 경험의 법칙, 사회일반의 상식과 거래의 통념에 따라 합리적으로 해석해야 하는 등 계약 해석에 관한 일반 원칙을 적용할 수 있다.

① ㄱ, ㄴ
② ㄱ, ㄷ
③ ㄱ, ㄹ
④ ㄴ, ㄷ
⑤ ㄴ, ㄹ

해설

ㄱ. [O] 주주평등 원칙이란, 주주는 회사와의 법률관계에서 그가 가진 주식의 수에 따라 평등한 취급을 받아야 함을 의미한다. 이를 위반하여 회사가 일부 주주에게만 우월한 권리나 이익을 부여하기로 하는 약정은 특별한 사정이 없는 한 무효이다. 다만 회사가 일부 주주에게 우월한 권리나 이익을 부여하여 다른 주주들과 다르게 대우하는 경우에도 법률이 허용하는 절차와 방식에 따르거나 그 차등적 취급을 정당화할 수 있는 특별한 사정이 있는 경우에는 이를 허용할 수 있다. 나아가 차등적 취급을 허용할 수 있는지 여부는, 차등적 취급의 구체적 내용, 회사가 차등적 취급을 하게 된 경위와 목적, 차등적 취급이 회사 및 주주 전체의 이익을 위해 필요하였는지 여부와 정도, 일부 주주에 대한 차등적 취급이 상법 등 관계 법령에 근거를 두었는지 아니면 상법 등의 강행법규와 저촉되거나 채권자보다 후순위에 있는 주주로서의 본질적인 지위를 부정하는지 여부, 일부 주주에게 회사의 경영참여 및 감독과 관련하여 특별한 권한을 부여하는 경우 그 권한 부여로 회사의 기관이 가지는 의사결정 권한을 제한하여 종국적으로 주주의 의결권을 침해하는지 여부를 비롯하여 차등적 취급에 따라 다른 주주가 입는 불이익의 내용과 정도, 개별 주주가 처분할 수 있는 사항에 관한 차등적 취급으로 불이익을 입게 되는 주주의 동의 여부와 전반적인 동의율, 그 밖에 회사의 상장 여부, 사업목적, 지배구조, 사업현황, 재무상태 등 제반 사정을 고려하여 일부 주주에게 우월적 권리나 이익을 부여하여 주주를 차등 취급하는 것이 주주와 회사 전체의 이익에 부합하는지를 따져서 정의와 형평의 관념에 비추어 신중하게 판단하여야 한다(대판 2023.7.13. 2021다293213).

ㄴ. [×] 회사와 주주가 체결한 동의권 부여 약정에 따른 차등적 취급이 예외적으로 허용되는 경우에 동의권 부여 약정 위반으로 인한 손해배상 명목의 금원을 지급하는 약정을 함께 체결하였고 그 약정이 사전동의를 받을 의무 위반으로 주주가 입은 손해를 배상 또는 전보하고 의무의 이행을 확보하기 위한 것이라고 볼 수 있다면, 이는 회사와 주주 사이에 채무불이행에 따른 손해배상액의 예정을 약정한 것으로서 특별한 사정이 없는 한 유효하고, 일부 주주에 대하여 투하자본의 회수를 절대적으로 보장함으로써 주주평등의 원칙에 위배된다고 단정할 것은 아니다. 다만 손해배상액의 예정 약정이 유효하다고 하더라도, 그 금액이 부당히 과다하다면 민법 제398조 제2항에 따라 법원이 이를 감액할 수 있다(대판 2023.7.13. 2021다293213).

ㄷ. [×], ㄹ. [O] 주주평등의 원칙은 주주와 회사의 법률관계에 적용되는 원칙이고, 주주가 회사와 계약을 체결할 때 회사의 다른 주주 내지 이사 개인이 함께 당사자로 참여한 경우 주주와 다른 주주 사이의 계약은 주주평등과 관련이 없으므로, 주주와 회사의 다른 주주 내지 이사 개인의 법률관계에는 주주평등의 원칙이 직접 적용되지 않는다. 주주는 회사와 계약을 체결하면서 사적자치의 원칙상 다른 주주 내지 이사 개인과도 회사와 관련한 계약을 체결할 수 있고, 그 계약의 효력은 특별한 사정이 없는 한 주주와 회사가 체결한 계약의 효력과는 별개로 보아야 한다. 나아가 주주가 회사의 다른 주주 내지 이사 개인과 체결한 계약의 내용을 해석할 때에는 계약의 형식과 내용, 계약이 체결된 동기와 경위 및 목적, 당사자의 진정한 의사 등을 종합적으로 고려하여 논리와 경험의 법칙, 사회일반의 상식과 거래의 통념에 따라 합리적으로 해석해야 하는 등 계약 해석에 관한 일반 원칙을 적용할 수 있다(대판 2023.7.13. 2022다224986).

답 ③

PART 3

29 법무사 2023

☑ 확인 Check! ○ △ ×

다음 설명 중 가장 옳지 않은 것은?

① 주주평등의 원칙에 위반하여 회사가 일부 주주에게만 우월한 권리나 이익을 부여하기로 하는 약정은 특별한 사정이 없는 한 무효이다.

② 회사가 직원들을 유상증자에 참여시키면서 퇴직 시 그 출자 손실금을 전액 보전해 주는 약정은 사용자와 근로자의 관계를 규율하는 단체협약이나 취업규칙의 성격을 함께 가지고 있더라도 무효이다.

③ 잔여재산은 각 주주가 가진 주식 수에 따라 주주에게 분배하여야 한다. 그러나 회사가 잔여 재산의 분배 등에 관하여 내용이 다른 종류의 주식을 발행한 경우에는 그러하지 아니하다.

④ 회사가 주주에게 투하자본의 회수를 절대적으로 보장하는 내용의 약정은 원칙적으로 무효이지만 주주 전원의 동의를 받았다는 특별한 사정이 인정된다면 유효하다.

⑤ 주주와 다른 주주 사이의 계약은 주주평등의 원칙과 관련이 없다.

해설

① [O] 주주평등의 원칙이란, 주주는 회사와의 법률관계에서는 그가 가진 주식의 수에 따라 평등한 취급을 받아야 함을 의미한다. 이를 위반하여 회사가 일부 주주에게만 우월한 권리나 이익을 부여하기로 하는 약정은 특별한 사정이 없는 한 무효이다(대판 2018.9.13. 2018다9920).

② [O] 회사가 직원들을 유상증자에 참여시키면서 퇴직 시 출자 손실금을 전액 보전해 주기로 약정한 경우, 그러한 내용의 '손실보전합의 및 퇴직금 특례지급기준'은 회사가 주주에 대하여 투하자본의 회수를 절대적으로 보장하는 셈이 되고 다른 주주들에게 인정되지 않는 우월한 권리를 부여하는 것으로서 주주평등의 원칙에 위반되어 무효이다. 비록 그 손실보전약정이 사용자와 근로자의 관계를 규율하는 단체협약 또는 취업규칙의 성격을 겸하고 있고, 위 손실보전약정 당시 그들이 회사의 직원이었고 또한 시가가 액면에 현저히 미달하는 상황이었다는 사정을 들어 달리 볼 수는 없다(대판 2007.6.28. 2006다38161).

③ [O] 상법 제538조, 제344조 제1항

> **상법 제538조(잔여재산의 분배)**
> 잔여재산은 각 주주가 가진 주식의 수에 따라 주주에게 분배하여야 한다. 그러나 제344조 제1항의 규정을 적용하는 경우에는 그러하지 아니하다.
>
> **상법 제344조(종류주식)**
> ① 회사는 이익의 배당, 잔여재산의 분배, 주주총회에서의 의결권의 행사, 상환 및 전환 등에 관하여 내용이 다른 종류의 주식(이하 "종류주식"이라 한다)을 발행할 수 있다.

④ [×] 회사가 신주를 인수하여 주주의 지위를 갖게 되는 사람에게 금전 지급을 약정한 경우, 그 약정이 실질적으로는 회사가 주주의 지위를 갖게 되는 자와 사이에 주식인수대금으로 납입한 돈을 전액 보전해 주기로 약정하거나, 상법 제462조 등 법률의 규정에 의한 배당 외에 다른 주주들에게는 지급되지 않는 별도의 수익을 지급하기로 약정한다면, 이는 회사가 해당 주주에 대하여만 투하자본의 회수를 절대적으로 보장함으로써 다른 주주들에게 인정되지 않는 우월한 권리를 부여하는 것으로서 주주평등의 원칙에 위배되어 무효이다. 이러한 약정은 회사의 자본적 기초를 위태롭게 하여 회사와 다른 주주의 이익을 해하고 주주로서 부담하는 본질적 책임에서조차 벗어나게 하여 특정 주주에게 상법이 허용하는 범위를 초과하는 권리를 부여하는 것에 해당하므로, 회사의 다른 주주 전원이 그와 같은 차등적 취급에 동의하였다고 하더라도 주주평등의 원칙을 위반하여 효력이 없다(대판 2023.7.13. 2022다224986).

⑤ [O] 주주평등의 원칙은 주주와 회사의 법률관계에 적용되는 원칙이고, 주주가 회사와 계약을 체결할 때 회사의 다른 주주 내지 이사 개인이 함께 당사자로 참여한 경우 주주와 다른 주주 사이의 계약은 주주평등과 관련이 없으므로, 주주와 회사의 다른 주주 내지 이사 개인의 법률관계에는 주주평등의 원칙이 직접 적용되지 않는다(대판 2023.7.13. 2022다224986).

답 ④

제3절 | 주권과 주주명부

30 CPA 2024

☑ 확인 Check! ○ △ ✕

상법상 주권의 기재사항으로 규정되어 있지 않은 것은?

① 무액면주식을 발행하는 경우 1주의 발행가액
② 회사의 상호
③ 회사가 발행할 주식의 총수
④ 액면주식을 발행하는 경우 1주의 금액
⑤ 회사의 성립 후 발행된 주식의 발행 연월일

해설

① [✕] 무액면주식을 발행하는 경우 1주의 발행가액은 주권의 기재사항이 아니다.
② [○] 상법 제356조 제1호
③ [○] 상법 제356조 제3호
④ [○] 상법 제356조 제4호
⑤ [○] 상법 제356조 제5호

상법 제356조(주권의 기재사항)
주권에는 다음의 사항과 번호를 기재하고 대표이사가 기명날인 또는 서명하여야 한다.
1. 회사의 상호
2. 회사의 성립연월일
3. 회사가 발행할 주식의 총수
4. 액면주식을 발행하는 경우 1주의 금액
5. 회사의 성립후 발행된 주식에 관하여는 그 발행 연월일
6. 종류주식이 있는 경우에는 그 주식의 종류와 내용
6의2. 주식의 양도에 관하여 이사회의 승인을 얻도록 정한 때에는 그 규정

답 ①

PART 3

31 CPA 2023

☑ 확인Check! ○ △ ×

상법상 비상장주식회사의 주권에 관한 설명으로 틀린 것은?

① 주권은 공시최고의 절차에 의하여 이를 무효로 할 수 있다.

② 회사는 적법한 주권의 불소지 신고가 있는 때에는 지체없이 주권을 발행하지 아니한다는 뜻을 주주명부와 그 복본에 기재하여야 한다.

③ 주권은 회사의 성립후 또는 신주의 납입기일후가 아니면 발행하지 못한다.

④ 주권이 발행된 경우 정관에 정함이 없으면 주주는 그 주식에 대하여 주권의 소지를 하지 아니하겠다는 뜻을 회사에 신고할 수 없다.

⑤ 주권을 상실한 자는 제권판결을 얻지 아니하면 회사에 대하여 주권의 재발행을 청구하지 못한다.

▌해설▐

① [O] 주권은 공시최고의 절차에 의하여 이를 무효로 할 수 있다(상법 제360조 제1항).

② [O] 상법 제358조의2 제1항, 제2항

③ [O] 주권은 회사의 성립 후 또는 신주의 납입기일 후가 아니면 발행하지 못한다(상법 제355조 제2항).

④ [×] 주권 발행 전후를 불문하고 정관에 다른 정함이 있는 경우를 제외하고는 주주는 그 주식에 대하여 주권의 소지를 하지 아니하겠다는 뜻을 회사에 신고할 수 있다. 다만, 주권이 발행된 이후에는 이미 발행된 주권을 회사에 제출해야 한다(상법 제358조의2 제1항, 제3항 참조).

> **상법 제358조의2(주권의 불소지)**
>
> ① 주주는 정관에 다른 정함이 있는 경우를 제외하고는 그 주식에 대하여 주권의 소지를 하지 아니하겠다는 뜻을 회사에 신고할 수 있다.
>
> ② 제1항의 신고가 있는 때에는 회사는 지체없이 주권을 발행하지 아니한다는 뜻을 주주명부와 그 복본에 기재하고, 그 사실을 주주에게 통지하여야 한다. 이 경우 회사는 그 주권을 발행할 수 없다.
>
> ③ 제1항의 경우 이미 발행된 주권이 있는 때에는 이를 회사에 제출하여야 하며, 회사는 제출된 주권을 무효로 하거나 명의개서대리인에게 임치하여야 한다.

⑤ [O] 주권을 상실한 자는 제권판결을 얻지 아니하면 회사에 대하여 주권의 재발행을 청구하지 못한다(상법 제360조 제2항).

답 ④

32 CPA 2024

☑ 확인Check! ○ △ ×

상법상 비상장주식회사 주주의 주권 불소지 신고에 관한 설명으로 틀린 것은? (정관에서 주권 불소지 신고를 금지하고 있지 않음)

① 주주가 주권이 발행되기 전에 주권 불소지를 신고하였음에도 주권이 발행된 경우 그 주권은 선의취득의 대상이 될 수 없다.

② 주주가 주권이 발행되기 전에 주권 불소지를 신고한 이상 그 후 다른 주주들에게 주권이 발행되더라도 불소지를 신고한 주주는 주권의 교부 없이 주식을 양도할 수 있다.

③ 주권을 발행받은 주주가 주권 불소지 신고를 하려면 주권을 회사에 제출해야 한다.

④ 주권을 발행받은 주주가 주권 불소지 신고를 한 경우 회사는 제출된 주권을 무효로 하거나 명의개서대리인에게 임치하여야 한다.

⑤ 주권을 발행받은 주주가 주권 불소지 신고를 한 경우 그 주주는 언제든지 회사에 대해 주권의 발행 또는 반환을 청구할 수 있다.

▌해설▐

① [○] 주권의 선의취득이 성립하기 위해서는 주권이 유효한 것이어야 한다. 그런데 주권발행 전 불소지신고가 있는 때에는 회사는 지체 없이 주권을 발행하지 아니한다는 뜻을 주주명부와 그 복본에 기재하고, 그 사실을 주주에게 통지하여야 한다. 이 경우 회사는 그 주권을 발행할 수 없고(상법 제358조의2 제2항 참조), 이에 위반해 회사가 발행한 주권은 무효이므로 선의취득의 대상이 되지 않는다.

② [×], ⑤ [○] 주주가 불소지신고를 한 경우에도 주주는 언제든지 회사에 대하여 주권의 발행 또는 반환을 청구할 수 있다(상법 제358조의2 제4항 참조). 불소지신고를 한 주주가 주식을 양도 또는 입질하려면 반드시 회사로부터 주권을 발행 또는 반환받아 주권을 교부하는 방법으로 하여야 하며, <u>주권 없이 지명채권 양도방법으로 할 수 없다</u>.

③ [○], ④ [○] 상법 제358조의2 제3항

> **상법 제358조의2(주권의 불소지)**
> ① 주주는 정관에 다른 정함이 있는 경우를 제외하고는 그 주식에 대하여 주권의 소지를 하지 아니하겠다는 뜻을 회사에 신고할 수 있다.
> ② 제1항의 신고가 있는 때에는 회사는 지체없이 주권을 발행하지 아니한다는 뜻을 주주명부와 그 복본에 기재하고, 그 사실을 주주에게 통지하여야 한다. 이 경우 회사는 그 주권을 발행할 수 없다.
> ③ 제1항의 경우 이미 발행된 주권이 있는 때에는 이를 회사에 제출하여야 하며, 회사는 제출된 주권을 무효로 하거나 명의개서대리인에게 임치하여야 한다.
> ④ 제1항 내지 제3항의 규정에 불구하고 주주는 언제든지 회사에 대하여 주권의 발행 또는 반환을 청구할 수 있다.

 ②

PART 3

33 세무사 2020

☑ 확인 Check! ○ △ ×

상법상 주권불소지제도에 관한 설명으로 옳은 것은?

① 주주는 정관에 다른 정함이 있는 경우를 제외하고는 그 주식에 대하여 주권의 소지를 하지 아니하겠다는 뜻을 회사에 신고할 수 있다.

② 회사가 주권을 발행하기 전에는 주권불소지 신고를 할 수 없다.

③ 주주의 주권불소지 신고와 함께 이미 발행된 주권이 회사에 제출된 경우, 회사는 제출된 주권을 무효로 할 수는 없고 명의개서대리인에게 임치하여야 한다.

④ 주권불소지 신고를 한 주주가 회사에 대하여 주권의 재발행을 청구하기 위해서는 주주총회의 승인을 얻어야 한다.

⑤ 주권불소지 신고를 한 주주는 주주명부 폐쇄기간 중에는 주권의 재발행을 청구할 수 없다.

▌해설▐

① [O] 상법 제358조의2 제1항

② [×] 주권불소지 신고는 주권발행 전후를 막론하고 가능하다. 다만 주권발행 이후에 신고를 하는 경우에는 이미 발행된 주권을 회사에 제출해야 한다(상법 제358조의2 제3항 참조).

③ [×] 제출된 주권을 무효로 하거나 명의개서대리인에게 임치하여야 한다(상법 제358조의2 제3항 참조).

④ [×], ⑤ [×] 주권불소지 신고를 한 주주는 언제든지 주권의 발행을 청구할 수 있다(상법 제358조의2 제4항 참조). 이는 주식양도 자유의 본질적 내용이므로 정관에 의해서도 다르게 정할 수 없다.

> **상법 제358조의2(주권의 불소지)**
> ① 주주는 정관에 다른 정함이 있는 경우를 제외하고는 그 주식에 대하여 주권의 소지를 하지 아니하겠다는 뜻을 회사에 신고할 수 있다.
> ③ 제1항의 경우 이미 발행된 주권이 있는 때에는 이를 회사에 제출하여야 하며, 회사는 제출된 주권을 무효로 하거나 명의개서대리인에게 임치하여야 한다.
> ④ 제1항 내지 제3항의 규정에 불구하고 주주는 언제든지 회사에 대하여 주권의 발행 또는 반환을 청구할 수 있다.

답 ①

34 CPA 2020

☑ 확인 Check! ○ △ ✕

상법상 주식 및 주권에 관한 설명으로 틀린 것은?

① 원칙적으로 주식의 이전은 취득자의 성명과 주소를 주주명부에 기재하지 아니하면 회사에 대항하지 못한다.
② 이미 발행된 주권이 주주의 주권불소지 신고에 의하여 회사에 제출된 경우, 회사는 그 제출된 주권을 무효로 해야 하므로 이를 임치할 수 없다.
③ 주식의 소각, 병합, 분할 또는 전환이 있는 때에는 이로 인하여 종전의 주주가 받을 금전이나 주식에 대하여도 종전의 주식을 목적으로 한 질권을 행사할 수 있다.
④ 주식을 질권의 목적으로 하는 때에는 주권을 질권자에게 교부하여야 한다.
⑤ 주식의 등록질의 경우에는, 질권자는 회사로부터 이익배당에 따른 금전의 지급을 받아 다른 채권자에 우선하여 자기채권의 변제에 충당할 수 있다.

해설

① [O] 주식의 이전은 취득자의 성명과 주소를 주주명부에 기재하지 아니하면 회사에 대항하지 못한다(상법 제337조 제1항).

② [X] 이미 발행된 주권이 주주의 주권불소지 신고에 의하여 회사에 제출된 경우, 회사는 그 제출된 주권을 무효로 하거나 명의개서대리인에게 임치하여야 한다(상법 제358조의2 제3항 참조).

> **상법 제358조의2(주권의 불소지)**
> ① 주주는 정관에 다른 정함이 있는 경우를 제외하고는 그 주식에 대하여 주권의 소지를 하지 아니하겠다는 뜻을 회사에 신고할 수 있다.
> ③ 제1항의 경우 이미 발행된 주권이 있는 때에는 이를 회사에 제출하여야 하며, 회사는 제출된 주권을 무효로 하거나 명의개서대리인에게 임치하여야 한다.

③ [O] 주식의 소각, 병합, 분할 또는 전환이 있는 때에는 이로 인하여 종전의 주주가 받을 금전이나 주식에 대하여도 종전의 주식을 목적으로한 질권을 행사할 수 있다(상법 제339조).

④ [O] 주식을 질권의 목적으로 하는 때에는 주권을 질권자에게 교부하여야 한다(상법 제338조 제1항).

⑤ [O] 주식을 질권(質權)의 목적으로 한 경우에 회사가 질권설정자의 청구에 따라 그 성명과 주소를 주주명부에 덧붙여 쓰고 그 성명을 주권(株券)에 적은 경우에는 질권자는 회사로부터 이익배당, 잔여재산의 분배 또는 제339조(질권의 물상대위)에 따른 금전의 지급을 받아 다른 채권자에 우선하여 자기채권의 변제에 충당할 수 있다(상법 제340조 제1항).

답 ②

PART 3

35 세무사 2022

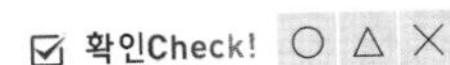

상법상 주권 등에 관한 설명으로 옳지 않은 것은?

① 주권, 신주인수권증서, 신주인수권증권을 점유한 자는 각각 적법한 소지인으로 추정된다.
② 주식의 질권자가 그 질권으로써 제3자에게 대항하려면 계속하여 주권을 점유하여야 한다.
③ 주식의 소각이 있는 경우 이로 인하여 종전의 주주가 받을 금전이나 주식에 대하여도 종전의 주식을 목적으로 한 질권을 행사할 수 있다.
④ 주식의 양도에 관하여 이사회의 승인을 얻도록 정한 때에는 그 규정을 주권에 기재하여야 한다.
⑤ 주주가 그 주식에 대하여 주권의 소지를 하지 아니하겠다는 뜻을 회사에 신고하려면 정관에 근거가 있어야 한다.

해설

① [O] 상법 제336조 제2항, 제420조의3 제2항, 제516조의6 제2항

> **상법 제336조(주식의 양도방법)**
> ② 주권의 점유자는 이를 적법한 소지인으로 추정한다.
>
> **상법 제420조의3(신주인수권의 양도)**
> ② 제336조 제2항 및 수표법 제21조의 규정은 신주인수권증서에 관하여 이를 준용한다.
>
> **상법 제516조의6(신주인수권의 양도)**
> ② 제336조 제2항, 제360조 및 수표법 제21조의 규정은 신주인수권증권에 관하여 이를 준용한다.

② [O] 질권자는 계속하여 주권을 점유하지 아니하면 그 질권으로써 제3자에게 대항하지 못한다(상법 제338조 제2항).
③ [O] 주식의 소각, 병합, 분할 또는 전환이 있는 때에는 이로 인하여 종전의 주주가 받을 금전이나 주식에 대하여도 종전의 주식을 목적으로한 질권을 행사할 수 있다(상법 제339조).
④ [O] 상법 제356조 제6호의2

> **상법 제356조(주권의 기재사항)**
> 주권에는 다음의 사항과 번호를 기재하고 대표이사가 기명날인 또는 서명하여야 한다.
> 1. 회사의 상호
> 2. 회사의 성립연월일
> 3. 회사가 발행할 주식의 총수
> 4. 액면주식을 발행하는 경우 1주의 금액
> 5. 회사의 성립후 발행된 주식에 관하여는 그 발행 연월일
> 6. 종류주식이 있는 경우에는 그 주식의 종류와 내용
> 6의2. 주식의 양도에 관하여 이사회의 승인을 얻도록 정한 때에는 그 규정

⑤ [X] 주주는 정관에 다른 정함이 있는 경우를 제외하고는 그 주식에 대하여 주권의 소지를 하지 아니하겠다는 뜻을 회사에 신고할 수 있다(상법 제358조의2 제1항).

답 ⑤

36 세무사 2021

☑ 확인Check! ○ △ ×

상법상 주권에 관한 설명으로 옳지 않은 것은?

① 주권은 회사의 성립후 또는 신주의 납입기일후가 아니면 발행하지 못한다.
② 회사가 전자등록부에 등록한 주식에 대하여는 선의취득이 인정되지 않는다.
③ 주주는 정관에 다른 정함이 있는 경우를 제외하고는 그 주식에 대하여 주권의 소지를 하지 아니하겠다는 뜻을 회사에 신고할 수 있다.
④ 주권은 공시최고의 절차에 의하여 이를 무효로 할 수 있다.
⑤ 주권을 상실한 자는 제권판결을 얻지 아니하면 회사에 대하여 주권의 재발행을 청구하지 못한다.

해설

① [O] 주권은 회사의 성립후 또는 신주의 납입기일후가 아니면 발행하지 못한다(상법 제355조 제2항).
② [×] 전자등록부에 주식을 등록한 자는 그 등록된 주식에 대한 권리를 적법하게 보유한 것으로 추정하며, 이러한 전자등록부를 선의로, 그리고 중대한 과실 없이 신뢰하고 제2항의 등록에 따라 권리를 취득한 자는 그 권리를 적법하게 취득한다(상법 제356조의2 제3항).
③ [O] 주주는 정관에 다른 정함이 있는 경우를 제외하고는 그 주식에 대하여 주권의 소지를 하지 아니하겠다는 뜻을 회사에 신고할 수 있다(상법 제358조의2 제1항).
④ [O] 주권은 공시최고의 절차에 의하여 이를 무효로 할 수 있다(상법 제360조 제1항).
⑤ [O] 주권을 상실한 자는 제권판결을 얻지 아니하면 회사에 대하여 주권의 재발행을 청구하지 못한다(상법 제360조 제2항).

답 ②

PART 3

37 세무사 2020

☑ 확인 Check! ○ △ ×

상법상 비상장회사의 주권에 관한 설명으로 옳지 않은 것은? (단, 주식의 전자등록은 고려하지 않음)

① 회사는 성립후 또는 신주의 납입기일후 지체없이 주권을 발행하여야 한다.

② 주식의 양도에 있어서는 주권을 교부하여야 한다.

③ 주권을 상실한 자는 공시최고의 절차를 마치면 제권판결을 얻지 아니하더라도 회사에 대하여 주권의 재발행을 청구할 수 있다.

④ 주식을 질권의 목적으로 하는 때에는 주권을 질권자에게 교부하여야 한다.

⑤ 질권자는 계속하여 주권을 점유하지 아니하면 그 질권으로써 제3자에게 대항하지 못한다.

해설

① [O] 회사는 성립후 또는 신주의 납입기일후 지체없이 주권을 발행하여야 한다(상법 제355조 제1항).

② [O] 주식의 양도에 있어서는 주권을 교부하여야 한다(상법 제336조 제1항).

③ [×] 주권을 상실한 자는 제권판결을 얻지 아니하면 회사에 대하여 주권의 재발행을 청구하지 못한다(상법 제360조 제2항).

④ [O] 주식을 질권의 목적으로 하는 때에는 주권을 질권자에게 교부하여야 한다(상법 제338조 제1항).

⑤ [O] 질권자는 계속하여 주권을 점유하지 아니하면 그 질권으로써 제3자에게 대항하지 못한다(상법 제338조 제2항).

답 ③

38 법무사 2021

☑ 확인Check! ○ △ ✕

상법상 주권에 관한 다음 설명 중 가장 옳지 않은 것은?

① 대표이사가 정관에 규정된 병합 주권의 종류와 다른 주권을 발행하였다고 하더라도 회사가 이미 발행한 주식을 표창하는 주권을 발행한 것이라면, 위와 같은 정관 규정에 위배되었다는 사유만으로 이미 발행된 위 주권이 무효라고 할 수는 없다.

② 주식의 양도에 있어서는 주권을 교부하여야 하고, 주권이 발행되어 있는 주식을 양수한 자는 주권을 제시하여 양수사실을 증명함으로써 회사에 대해 단독으로 명의개서를 청구할 수 있다.

③ 주권이 발행되어 있는 주식을 양수한 자가 단독으로 명의개서를 청구한 경우, 회사는 청구자가 진정한 주주인가에 대한 실질적 자격을 심사하여 명의개서 여부를 결정하여야 한다.

④ 주주의 주권불소지신고에 의해 회사가 주주명부에 주권을 발행하지 아니한다는 뜻을 기재하고 그 사실을 주주에게 통지한 경우, 회사는 그 주권을 발행할 수 없다.

⑤ 주권을 상실한 자는 제권판결을 얻지 아니하면 회사에 대하여 주권의 재발행을 청구하지 못한다.

▌해설▐

① [O] 설사 대표이사가 정관에 규정된 병합 주권의 종류와 다른 주권을 발행하였다고 하더라도 회사가 이미 발행한 주식을 표창하는 주권을 발행한 것이라면, 단순히 정관의 임의적 기재사항에 불과한 병합 주권의 종류에 관한 규정에 위배되었다는 사유만으로 이미 발행된 주권이 무효라고 할 수는 없다(대판 1996.1.26. 94다24039).

② [O], ③ [X] 주권의 점유자는 적법한 소지인으로 추정되므로(상법 제336조 제2항), 주권을 점유하는 자는 반증이 없는 한 그 권리자로 인정되고 이를 다투는 자는 반대사실을 입증하여야 한다. 주권이 발행되어 있는 주식을 양도할 때에는 주권을 교부하여야 하고(상법 제336조 제1항), 주권이 발행되어 있는 주식을 양수한 자는 주권을 제시하여 양수사실을 증명함으로써 회사에 대해 단독으로 명의개서를 청구할 수 있다. 이때 회사는 청구자가 진정한 주권을 점유하고 있는가에 대한 형식적 자격만을 심사하면 족하고, 나아가 청구자가 진정한 주주인가에 대한 실질적 자격까지 심사할 의무는 없다. 따라서 주권이 발행되어 있는 주식을 취득한 자가 주권을 제시하는 등 그 취득사실을 증명하는 방법으로 명의개서를 신청하고, 그 신청에 관하여 주주명부를 작성할 권한 있는 자가 형식적 심사의무를 다하였으며, 그에 따라 명의개서가 이루어졌다면, 특별한 사정이 없는 한 그 명의개서는 적법한 것으로 보아야 한다(대판 2019.8.14. 2017다231980).

④ [O] 상법 제358조의2 제2항

> **상법 제358조의2(주권의 불소지)**
> ① 주주는 정관에 다른 정함이 있는 경우를 제외하고는 그 주식에 대하여 주권의 소지를 하지 아니하겠다는 뜻을 회사에 신고할 수 있다.
> ② 제1항의 신고가 있는 때에는 회사는 지체 없이 주권을 발행하지 아니한다는 뜻을 주주명부와 그 복본에 기재하고, 그 사실을 주주에게 통지하여야 한다. 이 경우 회사는 그 주권을 발행할 수 없다.

⑤ [O] 주권을 상실한 자는 제권판결을 얻지 아니하면 회사에 대하여 주권의 재발행을 청구하지 못한다(상법 제360조 제2항).

답 ③

PART 3

39 세무사 2023

☑ 확인 Check! ○ △ ×

상법상 자본금총액이 10억원 이상인 비상장주식회사의 주식, 주권 및 주주명부 등에 관한 설명으로 옳은 것은?

① 이사회의 결의에 의하여 회사가 보유하는 자기주식을 소각하는 경우에도 자본금 감소에 관한 규정에 따라야 한다.

② 주주는 정관에 다른 정함이 있는 경우를 제외하고는 그 주식에 대하여 주권의 소지를 하지 아니하겠다는 뜻을 회사에 신고할 수 있는데, 이미 발행된 주권이 있는 경우에는 이같은 신고를 할 수 없다.

③ 정관에 주식의 양도에 관하여 이사회의 승인을 얻도록 정한 때에는 그 규정을 주권에 기재하여야 한다.

④ 주주가 회사에 대하여 상환을 청구할 수 있는 종류주식의 발행을 정한 정관규정은 무효이다.

⑤ 회사는 정관에 정하는 바가 없어도 전자문서로 주주명부를 작성할 수 있다.

❚해설❚

① [×] 주식은 자본금 감소에 관한 규정에 따라서만 소각할 수 있다. 다만, 이사회의 결의에 의하여 회사가 보유하는 자기주식을 소각하는 경우에는 그러하지 아니하다(상법 제343조 제1항).

② [×] 주권이 발행된 경우에도 주주는 주권의 불소지 신고를 할 수 있다. 다만 이 경우에는 주주는 그 주권을 회사에 제출하여야 한다(상법 제358조의2 제1항, 제3항 참조).

> **상법 제358조의2(주권의 불소지)**
> ① 주주는 정관에 다른 정함이 있는 경우를 제외하고는 그 주식에 대하여 주권의 소지를 하지 아니하겠다는 뜻을 회사에 신고할 수 있다.
> ③ 제1항의 경우 이미 발행된 주권이 있는 때에는 이를 회사에 제출하여야 하며, 회사는 제출된 주권을 무효로 하거나 명의개서대리인에게 임치하여야 한다.

③ [O] 상법 제335조 제1항, 제356조 제6호의2

> **상법 제335조(주식의 양도성)**
> ① 주식은 타인에게 양도할 수 있다. 다만, 회사는 정관으로 정하는 바에 따라 그 발행하는 주식의 양도에 관하여 이사회의 승인을 받도록 할 수 있다.
>
> **상법 제356조(주권의 기재사항)**
> 주권에는 다음의 사항과 번호를 기재하고 대표이사가 기명날인 또는 서명하여야 한다.
> … (중략) …
> 6의2. 주식의 양도에 관하여 이사회의 승인을 얻도록 정한 때에는 그 규정

④ [×] 회사는 정관으로 정하는 바에 따라 주주가 회사에 대하여 상환을 청구할 수 있는 종류주식을 발행할 수 있다. 이 경우 회사는 정관에 주주가 회사에 대하여 상환을 청구할 수 있다는 뜻, 상환가액, 상환청구기간, 상환의 방법을 정하여야 한다(상법 제345조 제3항).

⑤ [×] 회사는 정관으로 정하는 바에 따라 전자문서로 주주명부(이하 "전자주주명부"라 한다)를 작성할 수 있다(상법 제352조의2 제1항).

답 ③

40 CPA 2023

☑확인 Check! ○ △ ×

상법상 비상장주식회사의 주주명부와 명의개서에 관한 설명으로 틀린 것은? (이견이 있으면 판례에 의함)

① 명의개서를 하지 아니한 주식의 양수인은 회사에 대항하지 못한다.

② 회사는 명의개서를 마치지 않은 주식양수인에게 의결권 행사를 허락할 수 있으나 특별한 사정이 있으면 그러하지 아니하다.

③ 주주명부의 폐쇄기간은 3월을 초과할 수 없고, 회사는 정관에 폐쇄기간의 정함이 없으면 폐쇄기간 개시 2주간 전에 이를 공고하여야 한다.

④ 회사는 정관으로 정하는 바에 따라 전자문서로 주주명부를 작성할 수 있다.

⑤ 회사가 명의개서대리인을 둔 때에는 주주명부나 사채원부 또는 그 복본을 명의개서대리인의 영업소에 비치할 수 있다.

❙해설❙

① [O] 주식을 양수하였으나 아직 주주명부에 명의개서를 하지 아니하여 주주명부에는 양도인이 주주로 기재되어 있는 경우뿐만 아니라, 주식을 인수하거나 양수하려는 자가 타인의 명의를 빌려 회사의 주식을 인수하거나 양수하고 타인의 명의로 주주명부에의 기재까지 마치는 경우에도, 회사에 대한 관계에서는 주주명부상 주주만이 주주로서 의결권 등 주주권을 적법하게 행사할 수 있다. 이는 주주명부에 주주로 기재되어 있는 자는 특별한 사정이 없는 한 회사에 대한 관계에서 주식에 관한 의결권 등 주주권을 적법하게 행사할 수 있고, 회사의 주식을 양수하였더라도 주주명부에 기재를 마치지 아니하면 주식의 양수를 회사에 대항할 수 없다는 법리에 비추어 볼 때 자연스러운 결과이다(대판[전합] 2017.3.23. 2015다248342).

② [×] 주주명부상의 주주만이 회사에 대한 관계에서 주주권을 행사할 수 있다는 법리는 주주에 대하여만 아니라 회사에 대하여도 마찬가지로 적용되므로, 회사는 특별한 사정이 없는 한 주주명부에 기재된 자의 주주권 행사를 부인하거나 주주명부에 기재되지 아니한 자의 주주권 행사를 인정할 수 없다(대판[전합] 2017.3.23. 2015다248342).

③ [O] 상법 제354조 제1항, 제2항, 제4항

> **상법 제354조(주주명부의 폐쇄, 기준일)**
> ① 회사는 의결권을 행사하거나 배당을 받을 자 기타 주주 또는 질권자로서 권리를 행사할 자를 정하기 위하여 일정한 기간을 정하여 주주명부의 기재변경을 정지하거나 일정한 날에 주주명부에 기재된 주주 또는 질권자를 그 권리를 행사할 주주 또는 질권자로 볼 수 있다.
> ② 제1항의 기간은 3월을 초과하지 못한다.
> ④ 회사가 제1항의 기간 또는 날을 정한 때에는 그 기간 또는 날의 2주간 전에 이를 공고하여야 한다. 그러나 정관으로 그 기간 또는 날을 지정한 때에는 그러하지 아니하다.

④ [O] 회사는 정관으로 정하는 바에 따라 전자문서로 주주명부(이하 "전자주주명부"라 한다)를 작성할 수 있다(상법 제352조의2 제1항).

⑤ [O] 이사는 회사의 정관, 주주총회의 의사록을 본점과 지점에, 주주명부, 사채원부를 본점에 비치하여야 한다. 이 경우 명의개서대리인을 둔 때에는 주주명부나 사채원부 또는 그 복본을 명의개서대리인의 영업소에 비치할 수 있다(상법 제396조 제1항).

답 ②

PART 3

41 CPA 2022

☑ 확인Check! ○ △ ×

상법상 주권을 발행한 비상장회사의 주주명부에 관한 설명으로 틀린 것은? (이견이 있으면 판례에 의함)

① 주식의 이전은 취득자의 성명과 주소를 주주명부에 기재하지 아니하면 회사에 대항하지 못한다.

② 주식을 취득한 자는 특별한 사정이 없는 한 점유하고 있는 주권의 제시 등의 방법으로 자신이 주식을 취득한 사실을 증명함으로써 회사에 대하여 단독으로 그 명의개서를 청구할 수 있다.

③ 정관이 정하는 바에 따라 전자문서로 주주명부를 작성한 경우에는 그 주주명부에 전자우편주소를 적어야 한다.

④ 회사는 의결권을 행사할 자를 정하기 위하여 주주로서 권리를 행사할 날에 앞선 3월 내의 일정한 날에 주주명부에 기재된 주주를 그 권리를 행사할 주주로 볼 수 있다.

⑤ 주식양수인이 명의개서를 청구한 경우 회사는 그 청구자가 진정한 주주인가에 대하여 실질적인 자격 여부까지 심사할 의무를 부담한다.

▌해설▌

① [O] 주식의 이전은 취득자의 성명과 주소를 주주명부에 기재하지 아니하면 회사에 대항하지 못한다(상법 제337조 제1항).

② [O] 주식을 취득한 자는 특별한 사정이 없는 한 점유하고 있는 주권의 제시 등의 방법으로 자신이 주식을 취득한 사실을 증명함으로써 회사에 대하여 단독으로 그 명의개서를 청구할 수 있다(대판 2019.5.16. 2016다240338).

③ [O] 상법 제352조의2 제1항, 제2항

> **상법 제352조의2(전자주주명부)**
> ① 회사는 정관으로 정하는 바에 따라 전자문서로 주주명부(이하 "전자주주명부"라 한다)를 작성할 수 있다.
> ② 전자주주명부에는 제352조 제1항의 기재사항 외에 전자우편주소를 적어야 한다.

④ [O] 상법 제354조 제1항, 제3항

> **상법 제354조(주주명부의 폐쇄, 기준일)**
> ① 회사는 의결권을 행사하거나 배당을 받을 자 기타 주주 또는 질권자로서 권리를 행사할 자를 정하기 위하여 일정한 기간을 정하여 주주명부의 기재변경을 정지하거나 일정한 날에 주주명부에 기재된 주주 또는 질권자를 그 권리를 행사할 주주 또는 질권자로 볼 수 있다.
> ③ 제1항의 날은 주주 또는 질권자로서 권리를 행사할 날에 앞선 3월 내의 날로 정하여야 한다.

⑤ [×] 주권이 발행되어 있는 주식을 양도할 때에는 주권을 교부하여야 하고(상법 제336조 제1항), 주권이 발행되어 있는 주식을 양수한 자는 주권을 제시하여 양수사실을 증명함으로써 회사에 대해 단독으로 명의개서를 청구할 수 있다. 이때 회사는 청구자가 진정한 주권을 점유하고 있는가에 대한 형식적 자격만을 심사하면 족하고, 나아가 청구자가 진정한 주주인가에 대한 실질적 자격까지 심사할 의무는 없다. 따라서 주권이 발행되어 있는 주식을 취득한 자가 주권을 제시하는 등 그 취득사실을 증명하는 방법으로 명의개서를 신청하고, 그 신청에 관하여 주주명부를 작성할 권한 있는 자가 형식적 심사의무를 다하였으며, 그에 따라 명의개서가 이루어졌다면, 특별한 사정이 없는 한 그 명의개서는 적법한 것으로 보아야 한다(대판 2019.8.14. 2017다231980).

답 ⑤

42 CPA 2019

☑ 확인Check! ○ △ ✕

상법상 주주명부와 명의개서에 관한 설명으로 틀린 것은? (이견이 있으면 판례에 의함)

① 회사는 특별한 사정이 없는 한 주주명부에 기재를 마치지 아니한 자의 주주권 행사를 인정할 수 없다.

② 회사는 주주명부상 주주 외에 실제 주식을 인수한 자가 따로 존재하는 사실을 안 경우 주주명부상 주주의 주주권 행사를 부인할 수 있다.

③ 회사가 명의개서청구를 부당하게 지연하는 경우 주식양수인은 명의개서를 하지 않고도 회사에 대한 관계에서 주주권을 행사할 수 있다.

④ 주주명부상의 주주는 실질적 권리를 증명하지 않아도 주주권을 행사할 수 있지만 주주명부의 기재에 창설적 효력이 인정되는 것은 아니다.

⑤ 주식양도인은 특별한 사정이 없는 한 회사에 대하여 주식양수인 명의로 명의개서를 하여 달라고 청구할 권리가 없다.

▌해설▐

① [O], ② [X] 특별한 사정이 없는 한, 주주명부에 적법하게 주주로 기재되어 있는 자는 회사에 대한 관계에서 주식에 관한 의결권 등 주주권을 행사할 수 있고, 회사 역시 주주명부상 주주 외에 실제 주식을 인수하거나 양수하고자 하였던 자가 따로 존재한다는 사실을 알았든 몰랐든 간에 주주명부상 주주의 주주권 행사를 부인할 수 없으며, 주주명부에 기재를 마치지 아니한 자의 주주권 행사를 인정할 수도 없다(대판[전합] 2017.3.23. 2015다248342).

③ [O] 주주명부에 기재를 마치지 않고도 회사에 대한 관계에서 주주권을 행사할 수 있는 경우는 주주명부에의 기재 또는 명의개서청구가 부당하게 지연되거나 거절되었다는 등의 극히 예외적인 사정이 인정되는 경우에 한한다(대판[전합] 2017.3.23. 2015다248342).

④ [O] 주주명부에 기재된 명의상의 주주는 회사에 대한 관계에 자신의 실질적 권리를 증명하지 않아도 주주의 권리를 행사할 수 있는 자격수여적 효력을 인정받을 뿐이지 주주명부의 기재에 의하여 창설적 효력을 인정받는 것은 아니므로, 실질상 주식을 취득하지 못한 사람이 명의개서를 받았다고 하여 주주의 권리를 행사할 수 있는 것이 아니다(대판 2006.9.14. 2005다45537).

⑤ [O] 명의개서청구권은 기명주식을 취득한 자가 회사에 대하여 주주권에 기하여 그 기명주식에 관한 자신의 성명, 주소 등을 주주명부에 기재하여 줄 것을 청구하는 권리로서 기명주식을 취득한 자만이 그 기명주식에 관한 명의개서청구권을 행사할 수 있다. 또한 기명주식의 취득자는 원칙적으로 취득한 기명주식에 관하여 명의개서를 할 것인지 아니면 명의개서 없이 이를 타인에게 처분할 것인지 등에 관하여 자유로이 결정할 권리가 있으므로, 주식 양도인은 다른 특별한 사정이 없는 한 회사에 대하여 주식 양수인 명의로 명의개서를 하여 달라고 청구할 권리가 없다. 이러한 법리는 주권이 발행되어 주권의 인도에 의하여 기명주식이 양도되는 경우뿐만 아니라, 회사성립 후 6월이 경과하도록 주권이 발행되지 아니하여 양도인과 양수인 사이의 의사표시에 의하여 기명주식이 양도되는 경우에도 동일하게 적용된다(대판 2010.10.14. 2009다89665).

PART 3

43 CPA 2019

☑ 확인 Check! ○ △ ✕

상법상 주주명부에 관한 설명으로 틀린 것은?

① 회사는 정관으로 정하는 바에 따라 전자주주명부를 작성할 수 있으며 전자주주명부에는 전자우편주소를 적어야 한다.

② 회사는 배당을 받을 자를 정하기 위하여 3개월 이내의 일정한 기간을 정하여 주주명부의 기재변경을 정지할 수 있다.

③ 회사가 정관으로 주주명부의 폐쇄기간을 정한 때에는 그 기간의 2주간 전에 이를 공고하여야 한다.

④ 판례에 의하면 주주가 주주명부의 열람·등사청구를 한 경우 회사는 그 청구에 정당한 목적이 없다는 점을 증명하여 이를 거절할 수 있다.

⑤ 주주 또는 질권자에 대한 회사의 통지 또는 최고는 주주명부에 기재한 주소 또는 그 자로부터 회사에 통지한 주소로 하면 된다.

해설

① [O] 상법 제352조의2 제1항, 제2항

> **상법 제352조의2(전자주주명부)**
> ① 회사는 정관으로 정하는 바에 따라 전자문서로 주주명부(이하 "전자주주명부"라 한다)를 작성할 수 있다.
> ② 전자주주명부에는 제352조 제1항의 기재사항 외에 전자우편주소를 적어야 한다.

② [O] 상법 제354조 제1항, 제2항

③ [✕] 상법 제354조 제1항, 제4항

> **상법 제354조(주주명부의 폐쇄, 기준일)**
> ① 회사는 의결권을 행사하거나 배당을 받을 자 기타 주주 또는 질권자로서 권리를 행사할 자를 정하기 위하여 일정한 기간을 정하여 주주명부의 기재변경을 정지하거나 일정한 날에 주주명부에 기재된 주주 또는 질권자를 그 권리를 행사할 주주 또는 질권자로 볼 수 있다.
> ② 제1항의 기간은 3월을 초과하지 못한다.
> ④ 회사가 제1항의 기간 또는 날을 정한 때에는 그 기간 또는 날의 2주간 전에 이를 공고하여야 한다. 그러나 정관으로 그 기간 또는 날을 지정한 때에는 그러하지 아니하다.

④ [O] 주주 또는 회사채권자가 상법 제396조 제2항에 의하여 주주명부 등의 열람·등사청구를 한 경우 회사는 그 청구에 정당한 목적이 없는 등의 특별한 사정이 없는 한 이를 거절할 수 없고, 이 경우 정당한 목적이 없다는 점에 관한 증명책임은 회사가 부담한다. 이러한 법리는 상법 제396조 제2항을 유추적용하여 실질주주명부의 열람·등사청구권을 인정하는 경우에도 동일하게 적용된다(대판 2017.11.9. 2015다235841).

⑤ [O] 주주 또는 질권자에 대한 회사의 통지 또는 최고는 주주명부에 기재한 주소 또는 그 자로부터 회사에 통지한 주소로 하면 된다(상법 제353조 제1항).

답 ③

44 세무사 2024

☑ 확인 Check! ○ △ ×

주주명부상 주주인 甲은 자신이 소유한 A주식회사의 주식 1만주의 주권을 乙에게 양도하였다. 그러나 아직 乙의 명의로 명의개서가 이루어지지 아니한 경우에 관한 설명으로 옳지 않은 것은?

① A회사가 乙이 주식을 양수한 사실을 알고 있다면 乙에게 주주권 행사를 인정해야 한다.
② 乙이 A회사에게 주권을 제시하여 명의개서를 청구하는 경우 주권의 적법한 소지인으로 추정된다.
③ 乙이 A회사에게 주권을 제시하여 명의개서를 청구하는 경우 단독으로 명의개서를 청구할 수 있다.
④ 乙이 명의개서를 청구하였음에도 부당하게 거절된 경우 乙은 A회사를 상대로 명의개서 이행을 구하는 소를 제기할 수 있다.
⑤ 甲이 주식을 양도하였음을 알지 못한 A회사가 甲에게 주식배당을 한 경우 그 배당의 효력이 있다.

해설

① [×] 주주명부상의 주주만이 회사에 대한 관계에서 주주권을 행사할 수 있다는 법리는 주주에 대하여만 아니라 회사에 대하여도 마찬가지로 적용되므로, 회사는 특별한 사정이 없는 한 주주명부에 기재된 자의 주주권 행사를 부인하거나 주주명부에 기재되지 아니한 자의 주주권 행사를 인정할 수 없다(대판[전합] 2017.3.23. 2015다248342).

② [O], ③ [O] 주권의 점유자는 적법한 소지인으로 추정되므로(상법 제336조 제2항), 주권을 점유하는 자는 반증이 없는 한 그 권리자로 인정되고 이를 다투는 자는 반대사실을 입증하여야 한다. 주권이 발행되어 있는 주식을 양도할 때에는 주권을 교부하여야 하고(상법 제336조 제1항), 주권이 발행되어 있는 주식을 양수한 자는 주권을 제시하여 양수사실을 증명함으로써 회사에 대해 단독으로 명의개서를 청구할 수 있다(대판 2019.8.14. 2017다231980).

④ [O] 명의개서 부당거절의 경우 취득자는 회사를 상대로 민법상 강제이행의 유형으로서 명의개서청구소송을 제기할 수 있다(민법 제389조 제2항 참조).

⑤ [O] 주주명부에 명의개서를 한 주식양수인은 회사에 대하여 자신이 권리자라는 사실을 따로 증명하지 않고도 의결권, 배당금청구권, 신주인수권 등 주주로서의 권리를 적법하게 행사할 수 있다. 회사로서도 주주명부에 기재된 자를 주주로 보고 주주로서의 권리를 인정한 경우 주주명부상 주주가 진정한 주주가 아니더라도 책임을 지지 않는다(대판 2018.10.12. 2017다221501).

답 ①

45 세무사 2023

☑ 확인Check! ○ △ ✕

상법상 비상장주식회사의 주주명부 등에 관한 설명으로 옳지 않은 것은?

① 주주 또는 질권자에 대한 회사의 통지 또는 최고는 주주명부에 기재한 주소 또는 그 자로부터 회사에 통지한 주소로 하면 되는데, 그 통지 또는 최고는 보통 그 도달할 시기에 도달한 것으로 본다.

② 주주명부의 폐쇄기간은 3월을 초과하지 못한다.

③ 정관으로 기준일을 지정한 때에는 기준일의 공고절차를 생략할 수 있다.

④ 이사는 주주명부를 본점에 비치하여야 하고 명의개서대리인의 영업소에는 비치할 수 없다.

⑤ 주식양수인이 주권을 제시하면서 명의개서를 청구하는 경우 그 양수인은 적법한 소지인으로 추정된다.

해설

① [O] 상법 제353조 제1항 · 제2항, 제304조 제2항

② [O], ③ [O] 상법 제354조 제2항, 제4항

④ [X] 이사는 회사의 정관, 주주총회의 의사록을 본점과 지점에, 주주명부, 사채원부를 본점에 비치하여야 한다. 이 경우 명의개서대리인을 둔 때에는 주주명부나 사채원부 또는 그 복본을 명의개서대리인의 영업소에 비치할 수 있다(상법 제396조 제1항).

⑤ [O] 주권의 점유자는 이를 적법한 소지인으로 추정한다(상법 제336조 제2항). 따라서 주권의 소지자는 자기가 권리자임을 증명하지 않아도 회사에 대하여 명의개서를 청구할 수 있고, 오히려 회사는 그 청구자가 무권리자임을 입증하지 못하는 한 명의개서를 해주어야 한다.

답 ④

46 세무사 2022

☑ 확인Check! ○ △ ✕

상법상 주주명부 등에 관한 설명으로 옳지 않은 것은?

① 회사는 정관으로 정하는 바에 따라 전자문서로 주주명부를 작성할 수 있으며 이 경우 그 주주명부에 전자우편주소를 적어야 한다.

② 주주 또는 질권자에 대한 회사의 통지 또는 최고는 주주명부에 기재한 주소 또는 그 자로부터 회사에 통지한 주소로 하면 되며, 이러한 통지 또는 최고는 보통 그 도달할 시기에 도달한 것으로 본다.

③ 주주명부의 기준일은 주주 또는 질권자로서 권리를 행사할 날에 앞선 2월 내의 날로 정하여야 하며 주주명부의 폐쇄 기간은 2월을 초과하지 못한다.

④ 회사의 주주명부는 본점에 비치되어야 하나 명의개서대리인을 둔 때에는 주주명부를 명의개서대리인의 영업소에 비치할 수 있다.

⑤ 명의개서대리인이 주식 취득자의 성명과 주소를 주주명부의 복본에 기재한 때에는 그 주식 취득자는 주식의 이전을 회사에 대항할 수 있다.

▌해설▌

① [O] 상법 제352조의2 제1항, 제2항

> **상법 제352조의2(전자주주명부)**
> ① 회사는 정관으로 정하는 바에 따라 전자문서로 주주명부(이하 "전자주주명부"라 한다)를 작성할 수 있다.
> ② 전자주주명부에는 제352조 제1항의 기재사항 외에 전자우편주소를 적어야 한다.

② [O] 상법 제353조 제1항·제2항, 제304조 제2항

> **상법 제353조(주주명부의 효력)**
> ① 주주 또는 질권자에 대한 회사의 통지 또는 최고는 주주명부에 기재한 주소 또는 그 자로부터 회사에 통지한 주소로 하면 된다.
> ② 제304조 제2항의 규정은 전항의 통지 또는 최고에 준용한다.
>
> **상법 제304조(주식인수인 등에 대한 통지, 최고)**
> ② 전항의 통지 또는 최고는 보통 그 도달할 시기에 도달한 것으로 본다.

③ [×] 주주명부의 기준일은 주주 또는 질권자로서 권리를 행사할 날에 앞선 3월 내의 날로 정하여야 하며 주주명부의 폐쇄 기간은 3월을 초과하지 못한다(상법 제354조 제2항, 제3항 참조).

> **상법 제354조(주주명부의 폐쇄, 기준일)**
> ① 회사는 의결권을 행사하거나 배당을 받을 자 기타 주주 또는 질권자로서 권리를 행사할 자를 정하기 위하여 일정한 기간을 정하여 주주명부의 기재변경을 정지하거나 일정한 날에 주주명부에 기재된 주주 또는 질권자를 그 권리를 행사할 주주 또는 질권자로 볼 수 있다.
> ② 제1항의 기간은 3월을 초과하지 못한다.
> ③ 제1항의 날은 주주 또는 질권자로서 권리를 행사할 날에 앞선 3월 내의 날로 정하여야 한다.

④ [O] 이사는 회사의 정관, 주주총회의 의사록을 본점과 지점에, 주주명부, 사채원부를 본점에 비치하여야 한다. 이 경우 명의개서대리인을 둔 때에는 주주명부나 사채원부 또는 그 복본을 명의개서대리인의 영업소에 비치할 수 있다(상법 제396조 제1항).

⑤ [O] 상법 제337조 제1항, 제2항

> **상법 제337조(주식의 이전의 대항요건)**
> ① 주식의 이전은 취득자의 성명과 주소를 주주명부에 기재하지 아니하면 회사에 대항하지 못한다.
> ② 회사는 정관이 정하는 바에 의하여 명의개서대리인을 둘 수 있다. 이 경우 명의개서대리인이 취득자의 성명과 주소를 주주명부의 복본에 기재한 때에는 제1항의 명의개서가 있는 것으로 본다.

답 ③

PART 3

47 법무사 2024

☑ 확인Check! ○ △ ✕

주주명부와 명의개서에 관한 다음 설명 중 가장 옳지 않은 것은?

① 주주 또는 회사채권자가 상법 제396조 제2항에 의하여 주주명부 등의 열람·등사청구를 한 경우 회사는 그 청구에 정당한 목적이 없는 등의 특별한 사정이 없는 한 이를 거절할 수 없는데, 이 경우 주주 또는 회사채권자가 정당한 목적이 있다는 점에 관한 증명책임을 부담한다.

② 주주명부에 명의개서를 한 주식양수인은 회사에 대하여 자신이 권리자라는 사실을 따로 증명하지 않고도 의결권, 배당금청구권, 신주인수권 등 주주로서의 권리를 적법하게 행사할 수 있다.

③ 주식회사는 주주명부상 주주 외에 실제 주식을 인수하거나 양수하고자 하였던 자가 따로 존재한다는 사실을 알았든 몰랐든 간에 주주명부상 주주의 주주권 행사를 부인할 수 없으며, 주주명부에 기재를 마치지 아니한 자의 주주권 행사를 인정할 수도 없다.

④ 주식을 취득한 자가 회사에 대하여 의결권을 주장할 수 있기 위하여는 주주명부에 주주로서 명의개서를 하여야 하므로, 명의개서를 하지 아니한 주식양수인에 대하여 주주총회소집통지를 하지 않았다고 하여 주주총회결의에 절차상의 하자가 있다고 할 수 없다.

⑤ 주권이 발행되어 있는 주식을 양수한 자는 주권을 제시하여 양수사실을 증명함으로써 회사에 대해 단독으로 명의개서를 청구할 수 있다. 이때 회사는 청구자가 진정한 주권을 점유하고 있는가에 대한 형식적 자격만을 심사하면 족하고, 나아가 청구자가 진정한 주주인가에 대한 실질적 자격까지 심사할 의무는 없다.

해설

① [✕] 주주 또는 회사채권자가 상법 제396조 제2항에 의하여 주주명부 등의 열람등사청구를 한 경우 회사는 그 청구에 정당한 목적이 없는 등의 특별한 사정이 없는 한 이를 거절할 수 없고, 이 경우 정당한 목적이 없다는 점에 관한 증명책임은 회사가 부담한다(대판 2010.7.22. 2008다37193).

② [○] 상법은 주식의 유통성으로 인해 주주가 계속 변동되는 단체적 법률관계의 특성을 고려하여 주주들과 회사 간의 권리관계를 획일적이고 안정적으로 처리할 수 있도록 명의개서제도를 마련해 두고 있다. 즉, 주식을 양수하여 기명주식을 취득한 자가 회사에 대하여 주주의 권리를 행사하려면 자기의 성명과 주소를 주주명부에 기재하여야 한다(상법 제337조 제1항). 주주명부에 명의개서를 한 주식양수인은 회사에 대하여 자신이 권리자라는 사실을 따로 증명하지 않고도 의결권, 배당금청구권, 신주인수권 등 주주로서의 권리를 적법하게 행사할 수 있다. 회사로서도 주주명부에 기재된 자를 주주로 보고 주주로서의 권리를 인정한 경우 주주명부상 주주가 진정한 주주가 아니더라도 책임을 지지 않는다(대판 2018.10.12. 2017다221501).

③ [○] 특별한 사정이 없는 한, 주주명부에 적법하게 주주로 기재되어 있는 자는 회사에 대한 관계에서 주식에 관한 의결권 등 주주권을 행사할 수 있고, 회사 역시 주주명부상 주주 외에 실제 주식을 인수하거나 양수하고자 하였던 자가 따로 존재한다는 사실을 알았든 몰랐든 간에 주주명부상 주주의 주주권 행사를 부인할 수 없으며, 주주명부에 기재를 마치지 아니한 자의 주주권 행사를 인정할 수도 없다. 주주명부에 기재를 마치지 않고도 회사에 대한 관계에서 주주권을 행사할 수 있는 경우는 주주명부에의 기재 또는 명의개서청구가 부당하게 지연되거나 거절되었다는 등의 극히 예외적인 사정이 인정되는 경우에 한한다(대판[전합] 2017.3.23. 2015다248342).

④ [○] 주식을 취득한 자가 회사에 대하여 의결권을 주장할 수 있기 위하여는 주주명부에 주주로서 명의개서를 하여야 하므로, 명의개서를 하지 아니한 주식양수인에 대하여 주주총회소집통지를 하지 않았다고 하여 주주총회결의에 절차상의 하자가 있다고 할 수 없다(대판 1996.12.23. 96다32768).

⑤ [O] 주권의 점유자는 적법한 소지인으로 추정되므로(상법 제336조 제2항), 주권을 점유하는 자는 반증이 없는 한 그 권리자로 인정되고 이를 다투는 자는 반대사실을 입증하여야 한다. 주권이 발행되어 있는 주식을 양도할 때에는 주권을 교부하여야 하고(상법 제336조 제1항), 주권이 발행되어 있는 주식을 양수한 자는 주권을 제시하여 양수사실을 증명함으로써 회사에 대해 단독으로 명의개서를 청구할 수 있다. 이때 회사는 청구자가 진정한 주권을 점유하고 있는가에 대한 형식적 자격만을 심사하면 족하고, 나아가 청구자가 진정한 주주인가에 대한 실질적 자격까지 심사할 의무는 없다. 따라서 주권이 발행되어 있는 주식을 취득한 자가 주권을 제시하는 등 그 취득사실을 증명하는 방법으로 명의개서를 신청하고, 그 신청에 관하여 주주명부를 작성할 권한 있는 자가 형식적 심사의무를 다하였으며, 그에 따라 명의개서가 이루어졌다면, 특별한 사정이 없는 한 그 명의개서는 적법한 것으로 보아야 한다(대판 2019.8.14. 2017다231980).

답 ①

48 CPA 2021

☑ 확인Check! O △ X

상법상 주권이 발행된 경우의 주식양도에 관한 설명으로 틀린 것은? (이견이 있으면 판례에 의함)

① 주식의 양도에 있어서는 주권을 교부하여야 한다.

② 주권의 점유자는 이를 적법한 소지인으로 추정한다.

③ 주식의 이전은 취득자의 성명과 주소를 주주명부에 기재하지 아니하면 회사에 대항하지 못하는 것이 원칙이다.

④ 회사는 정관이 정하는 바에 의하여 명의개서대리인을 둘 수 있다.

⑤ 주식을 양수하려는 자가 타인의 명의를 빌려 회사의 주식을 양수하고 타인의 명의로 주주명부에의 기재까지 마치는 경우, 회사에 대한 관계에서는 주주명부상 주주가 아니라 그 타인의 명의를 차용한 자만이 주주로서 의결권 등 주주권을 적법하게 행사할 수 있다.

해설

① [O] 주식의 양도에 있어서는 주권을 교부하여야 한다(상법 제336조 제1항).

② [O] 주권의 점유자는 이를 적법한 소지인으로 추정한다(상법 제336조 제2항).

③ [O] 주식의 이전은 취득자의 성명과 주소를 주주명부에 기재하지 아니하면 회사에 대항하지 못한다(상법 제337조 제1항).

④ [O] 회사는 정관이 정하는 바에 의하여 명의개서대리인을 둘 수 있다. 이 경우 명의개서대리인이 취득자의 성명과 주소를 주주명부의 복본에 기재한 때에는 제1항의 명의개서가 있는 것으로 본다(상법 제337조 제2항).

⑤ [X] 주식을 양수하였으나 아직 주주명부에 명의개서를 하지 아니하여 주주명부에는 양도인이 주주로 기재되어 있는 경우뿐만 아니라, 주식을 인수하거나 양수하려는 자가 타인의 명의를 빌려 회사의 주식을 인수하거나 양수하고 타인의 명의로 주주명부에의 기재까지 마치는 경우에도, 회사에 대한 관계에서는 주주명부상 주주만이 주주로서 의결권 등 주주권을 적법하게 행사할 수 있다(대판[전합] 2017.3.23. 2015다248342).

답 ⑤

49 법무사 2022

☑ 확인 Check! ○ △ ×

주식회사의 주식양도 내지 명의개서에 관한 다음 설명 중 가장 옳지 않은 것은?

① 상법 제335조 제3항 소정의 주권발행 전에 한 주식의 양도는 회사성립 후 6월이 경과한 때에는 회사에 대하여 효력이 있는 것으로서, 이 경우 주식의 양도는 지명채권의 양도에 관한 일반원칙에 따라 당사자의 의사표시만으로 효력이 발생하는 것이고, 상법 제337조 제1항에 규정된 주주명부상의 명의개서는 주식의 양수인이 회사에 대한 관계에서 주주의 권리를 행사하기 위한 대항요건에 지나지 아니한다.

② 상법 제335조 제1항의 본문 및 단서에 의하면, 주식은 원칙적으로 타인에게 양도할 수 있고, 예외적으로 회사가 정관으로 정하는 바에 따라 그 발행하는 주식의 양도에 관하여 이사회의 승인을 받도록 할 수 있을 뿐이므로, 주주 사이에서 주식의 양도를 일부 제한하는 약정은 원칙적으로 무효이다.

③ 주권발행 전 주식의 양도가 회사성립 후 6월이 경과한 후에 이루어진 때에는 당사자의 의사표시만으로 회사에 대하여 효력이 있으므로, 주식양수인은 특별한 사정이 없는 한 양도인의 협력을 받을 필요 없이 단독으로 자신이 주식을 양수한 사실을 증명함으로써 회사에 대하여 명의개서를 청구할 수 있다.

④ 주권발행 전에 한 주식의 양도가 회사성립 후 또는 신주의 납입기일 후 6월이 경과하기 전에 이루어졌다고 하더라도 그 이후 6월이 경과하고 그때까지 회사가 주권을 발행하지 않았다면, 그 하자는 치유되어 회사에 대하여도 유효한 주식양도가 된다.

⑤ 명의개서청구권은 기명주식을 취득한 자가 회사에 대하여 주주권에 기하여 그 기명주식에 관한 자신의 성명, 주소 등을 주주명부에 기재하여 줄 것을 청구하는 권리로서 기명주식을 취득한 자만이 그 기명주식에 관한 명의개서청구권을 행사할 수 있다. 또한 기명주식의 취득자는 원칙적으로 취득한 기명주식에 관하여 명의개서를 할 것인지 아니면 명의개서 없이 이를 타인에게 처분할 것인지 등에 관하여 자유로이 결정할 권리가 있으므로, 주식 양도인은 다른 특별한 사정이 없는 한 회사에 대하여 주식 양수인 명의로 명의개서를 하여 달라고 청구할 권리가 없다.

해설

① [O] 상법 제335조 제3항 소정의 주권발행 전에 한 주식의 양도는 회사성립 후 6월이 경과한 때에는 회사에 대하여 효력이 있는 것으로서, 이 경우 주식의 양도는 지명채권의 양도에 관한 일반원칙에 따라 당사자의 의사표시만으로 효력이 발생하는 것이고, 상법 제337조 제1항에 규정된 주주명부상의 명의개서는 주식의 양수인이 회사에 대한 관계에서 주주의 권리를 행사하기 위한 대항요건에 지나지 아니한다(대판 2003.10.24. 2003다29661).

② [×] 주식의 양도를 제한하는 방법으로서 이사회의 승인을 요하도록 정관에 정할 수 있다는 상법 제335조 제1항 단서의 취지에 비추어 볼 때, 주주들 사이에서 주식의 양도를 일부 제한하는 내용의 약정을 한 경우, 그 약정은 주주의 투하자본회수의 가능성을 전면적으로 부정하는 것이 아니고, 공서양속에 반하지 않는다면 당사자 사이에서는 원칙적으로 유효하다고 할 것이다(대판 2008.7.10. 2007다14193).

③ [O] 주권발행 전 주식의 양도가 회사성립 후 6월이 경과한 후에 이루어진 때에는 당사자의 의사표시만으로 회사에 대하여 효력이 있으므로, 그 주식양수인은 특별한 사정이 없는 한 양도인의 협력을 받을 필요 없이 단독으로 자신이 주식을 양수한 사실을 증명함으로써 회사에 대하여 그 명의개서를 청구할 수 있다(대판 2016.3.24. 2015다71795).

④ [O] 주권발행 전의 주식의 양도는 지명채권의 양도에 관한 일반원칙에 따라 당사자의 의사표시만으로 효력이 발생하는 것이고, 한편 주권발행 전에 한 주식의 양도가 회사성립 후 또는 신주의 납입기일 후 6월이 경과하기 전에 이루어졌다고 하더라도 그 이후 6월이 경과하고 그때까지 회사가 주권을 발행하지 않았다면, 그 하자는 치유되어 회사에 대하여도 유효한 주식양도가 된다고 봄이 상당하다(대판 2002.3.15. 2000두1850).

⑤ [O] 명의개서청구권은 기명주식을 취득한 자가 회사에 대하여 주주권에 기하여 그 기명주식에 관한 자신의 성명, 주소 등을 주주명부에 기재하여 줄 것을 청구하는 권리로서 기명주식을 취득한 자만이 그 기명주식에 관한 명의개서청구권을 행사할 수 있다. 또한 기명주식의 취득자는 원칙적으로 취득한 기명주식에 관하여 명의개서를 할 것인지 아니면 명의개서 없이 이를 타인에게 처분할 것인지 등에 관하여 자유로이 결정할 권리가 있으므로, 주식 양도인은 다른 특별한 사정이 없는 한 회사에 대하여 주식 양수인 명의로 명의개서를 하여 달라고 청구할 권리가 없다. 이러한 법리는 주권이 발행되어 주권의 인도에 의하여 기명주식이 양도되는 경우뿐만 아니라, 회사성립 후 6월이 경과하도록 주권이 발행되지 아니하여 양도인과 양수인 사이의 의사표시에 의하여 기명주식이 양도되는 경우에도 동일하게 적용된다(대판 2010.10.14. 2009다89665).

답 ②

50 법무사 2021

☑ 확인 Check! O △ X

상법상 주식의 양도 및 명의개서에 관한 다음 설명 중 가장 옳지 않은 것은?

① 주권발행 전 주식의 양도가 회사성립 후 6월이 경과한 후에 이루어진 때에는 당사자의 의사표시만으로 회사에 대하여 효력이 있으므로, 주식양수인은 특별한 사정이 없는 한 양도인의 협력을 받을 필요 없이 단독으로 자신이 주식을 양수한 사실을 증명함으로써 회사에 대하여 명의개서를 청구할 수 있다.

② 회사성립 후 또는 신주의 납입기간 후 6월이 지나도록 주권이 발행되지 않아 주권 없이 채권담보를 목적으로 체결된 주식양도계약에 따른 주식의 양도담보권자와 동일 주식에 대하여 압류명령을 집행한 자 사이의 우열은 그들이 주주명부에 명의개서를 하였는지 여부와는 상관없이 확정일자 있는 증서에 의한 양도통지 또는 승낙의 일시와 압류명령의 송달일시를 비교하여 그 선후에 따라 결정된다.

③ 상법은 주주명부의 기재를 회사에 대한 대항요건으로 정하고 있을 뿐 주식이전의 효력발생요건으로 정하고 있지 않으므로 명의개서가 이루어졌다고 하여 무권리자가 주주가 되는 것은 아니고, 명의개서가 이루어지지 않았다고 해서 주주가 그 권리를 상실하는 것도 아니다.

④ 주식을 인수하거나 양수하려는 자가 타인의 명의를 빌려 회사의 주식을 인수하거나 양수하고 타인의 명의로 주주명부에의 기재까지 마친 경우, 주주명부상의 주주가 아니라 명의를 빌려 실제 주식을 인수하거나 양수한 자가 회사에 대한 관계에서 주주로서 의결권 등 주주권을 적법하게 행사할 수 있다.

⑤ 주주가 양도의 상대방을 지정하여 줄 것을 청구한 경우, 이사회가 2주간 내에 주주에게 상대방 지정의 통지를 하지 아니한 때에는 주식의 양도에 관하여 이사회의 승인이 있는 것으로 본다.

PART 3

해설

① [O] 주권발행 전 주식의 양도가 회사성립 후 6월이 경과한 후에 이루어진 때에는 당사자의 의사표시만으로 회사에 대하여 효력이 있으므로, 그 주식양수인은 특별한 사정이 없는 한 양도인의 협력을 받을 필요 없이 단독으로 자신이 주식을 양수한 사실을 증명함으로써 회사에 대하여 그 명의개서를 청구할 수 있다(대판 2016.3.24. 2015다71795).

② [O] 회사성립 후 또는 신주의 납입기간 후 6월이 지나도록 주권이 발행되지 않아 주권 없이 채권담보를 목적으로 체결된 주식양도계약은 바로 주식양도담보의 효력이 생기고, 양도담보권자가 대외적으로는 주식의 소유자가 된다. 주권발행 전 주식의 양도담보권자와 동일 주식에 대하여 압류명령을 집행한 자 사이의 우열은 주식양도의 경우와 마찬가지로 확정일자 있는 증서에 의한 양도통지 또는 승낙의 일시와 압류명령의 송달일시를 비교하여 그 선후에 따라 결정된다. 이때 그들이 주주명부에 명의개서를 하였는지 여부와는 상관없다(대판 2018.10.12. 2017다221501).

③ [O] 상법은 주주명부의 기재를 회사에 대한 대항요건으로 정하고 있을 뿐 주식이전의 효력발생요건으로 정하고 있지 않으므로 명의개서가 이루어졌다고 하여 무권리자가 주주가 되는 것은 아니고, 명의개서가 이루어지지 않았다고 해서 주주가 그 권리를 상실하는 것도 아니다(대판 2020.6.11. 2017다278385).

④ [X] 주식을 양수하였으나 아직 주주명부에 명의개서를 하지 아니하여 주주명부에는 양도인이 주주로 기재되어 있는 경우뿐만 아니라, 주식을 인수하거나 양수하려는 자가 타인의 명의를 빌려 회사의 주식을 인수하거나 양수하고 타인의 명의로 주주명부에의 기재까지 마치는 경우에도, <u>회사에 대한 관계에서는 주주명부상 주주만이 주주로서 의결권 등 주주권을 적법하게 행사할 수 있다</u>(대판[전합] 2017.3.23. 2015다248342).

⑤ [O] 상법 제335조의3 제2항

상법 제335조의3(양도상대방의 지정청구)

① 주주가 양도의 상대방을 지정하여 줄 것을 청구한 경우에는 이사회는 이를 지정하고, 그 청구가 있은 날부터 2주간 내에 주주 및 지정된 상대방에게 서면으로 이를 통지하여야 한다.

② 제1항의 기간 내에 주주에게 상대방 지정의 통지를 하지 아니한 때에는 주식의 양도에 관하여 이사회의 승인이 있는 것으로 본다.

답 ④

51 CPA 2019

☑ 확인Check! ○ △ ×

상법상 주권의 선의취득과 제권판결에 관한 설명으로 <u>틀린</u> 것은?

① 주권이 발행되지 않고 전자등록부에 등록된 주식을 취득하여 등록한 경우에는 주식의 선의취득이 인정되지 않는다.

② 주주가 주권의 불소지 신고를 하여 제출한 주권을 회사가 무효로 한 경우에는 그 주권에 대한 선의취득이 인정될 수 없다.

③ 상속이나 회사의 합병과 같이 법률의 규정에 의하여 주권을 취득한 경우에는 선의취득이 인정되지 않는다.

④ 판례에 의하면 주권의 선의취득은 양도인이 무권리자인 경우뿐만 아니라 무권대리인인 경우에도 인정된다.

⑤ 주권을 상실한 자는 제권판결을 얻지 아니하면 회사에 대하여 주권의 재발행을 청구하지 못한다.

해설

① [X] 주권이 발행되지 않고 전자등록부에 등록된 주식을 취득하여 등록한 경우에도 주식의 <u>선의취득이 인정된다</u>(상법 제356조의2 제2항, 제3항 참조).

> **상법 제356조의2(주식의 전자등록)**
> ① 회사는 주권을 발행하는 대신 정관으로 정하는 바에 따라 전자등록기관(유가증권 등의 전자등록 업무를 취급하는 기관을 말한다. 이하 같다)의 전자등록부에 주식을 등록할 수 있다.
> ② 전자등록부에 등록된 주식의 양도나 입질(入質)은 전자등록부에 등록하여야 효력이 발생한다.
> ③ 전자등록부에 주식을 등록한 자는 그 등록된 주식에 대한 권리를 적법하게 보유한 것으로 추정하며, 이러한 전자등록부를 선의(善意)로, 그리고 중대한 과실 없이 신뢰하고 제2항의 등록에 따라 권리를 취득한 자는 그 권리를 적법하게 취득한다.

② [O] 주권의 선의취득이 성립하기 위해서는 주권이 유효해야 한다. 따라서 주주가 주권의 불소지 신고를 하여 제출한 주권을 회사가 무효로 한 경우에는 그 주권에 대한 선의취득이 인정될 수 없다.
③ [O] 주권의 선의취득은 거래의 안전을 보호하기 위한 것이므로 주식을 양도에 의해 취득하는 경우에 인정된다. 따라서 상속이나 회사의 합병과 같이 법률의 규정에 의하여 주권을 취득한 경우에는 선의취득이 인정되지 않는다.
④ [O] 주권의 선의취득은 양도인이 무권리자인 경우뿐만 아니라 무권대리인인 경우에도 인정된다(대판 1997.12.12. 95다49646).
⑤ [O] 주권을 상실한 자는 제권판결을 얻지 아니하면 회사에 대하여 주권의 재발행을 청구하지 못한다(상법 제360조 제2항).

답 ①

52 세무사 2024

☑ 확인 Check! ○ △ ×

주권의 선의취득이 인정될 수 있는 자는?

① 타인 소유의 주권을 보관 중인 자가 사망한 경우 그 상속인
② 회사의 설립등기가 이루어지기 전에 발행된 주권을 양수한 자
③ 제권판결 선고 이후에 분실된 그 주권을 양수한 자
④ 불소지 신고가 이루어졌으나 무효가 되지 않은 채 보관 중인 주권을 절취한 자로부터 그 주권을 양수한 자
⑤ 위조된 주권을 양수한 자

PART 3

해설

① [×] 주권의 선의취득은 거래의 안전을 보호하기 위한 것이므로 주식을 양도에 의해 취득하는 경우에 인정된다. 따라서 상속·합병 등 포괄승계의 경우에는 선의취득이 인정되지 않는다.
② [×] 주권의 선의취득이 성립하기 위해서는 주권이 유효해야 한다. 따라서 회사는 본점소재지에서 설립등기를 함으로써 성립하고(상법 제172조), 회사성립 전에 발행된 주권은 무효이므로(상법 제355조 제3항 참조) 회사의 설립등기가 이루어지기 전에 발행된 주권을 양수한 자에게는 주권의 선의취득이 인정되지 않는다.
③ [×] 제권판결이 내려지면 주권은 무효가 되므로 제권판결 이후에는 그 주권에 대해 선의취득이 불가능하다.
④ [O] 주권발행 후 불소지신고가 된 경우 주주는 발행된 주권을 회사에 제출하여야 하며, 회사는 제출된 주권을 무효로 하거나 명의개서대리인에게 임치하여야 한다(상법 제358조의2 제3항 참조). 따라서 불소지 신고가 이루어졌으나 무효가 되지 않은 주권은 유효하므로 그 주권을 절취한 자로부터 양수한 자에게는 선의취득이 인정된다.
⑤ [×] 위조된 주권은 무효이므로 그 주권을 양수한 자에게는 선의취득이 인정되지 않는다.

답 ④

53 CPA 2024

☑ 확인 Check! ○ △ ×

상법상 주식 양도시 이사회의 승인을 얻을 것을 정관에서 정하고 있는 비상장주식회사의 주주가 주식을 양도하고자 하는 경우에 관한 설명으로 옳은 것은?

① 주식을 양도할 경우 이사회 승인이 요구된다는 사정은 설립등기시 등기해야 할 사항에 포함되지 않는다.
② 양도인이 회사에 대해 주식양도에 대한 승인을 청구하지 않은 경우 양수인은 회사에 대해 주식 취득의 승인을 청구할 수 없다.
③ 양도인이 회사에 대해 주식양도에 대한 승인을 청구하였으나 그날로부터 1월 내에 회사가 거부 통지를 하지 않으면 이사회의 승인이 있는 것으로 본다.
④ 양도인이 회사에 대해 주식양도에 대한 승인을 청구할 때에는 서면이 아닌 구두에 의하여도 할 수 있다.
⑤ 만약 회사의 자본금 총액이 10억원 미만이고 이사 1인만 재직 중이라면 그 이사가 단독으로 주식양도에 대한 승인 여부를 결정한다.

해설

① [×] 주식을 양도할 경우 이사회 승인이 요구된다는 사정은 설립등기시 등기해야 할 사항에 포함된다(상법 제317조 제2항 제3호의2 참조).

> **상법 제317조(설립의 등기)**
> ② 제1항의 설립등기에 있어서는 다음의 사항을 등기하여야 한다.
> 1. 제289조 제1항 제1호 내지 제4호, 제6호와 제7호에 게기한 사항
> 2. 자본금의 액
> 3. 발행주식의 총수, 그 종류와 각종주식의 내용과 수
> 3의2. 주식의 양도에 관하여 이사회의 승인을 얻도록 정한 때에는 그 규정
> 3의3. 주식매수선택권을 부여하도록 정한 때에는 그 규정
> 3의4. 지점의 소재지
> 4. 회사의 존립기간 또는 해산사유를 정한 때에는 그 기간 또는 사유
> 5. 삭제 〈2011.4.14.〉
> 6. 주주에게 배당할 이익으로 주식을 소각할 것을 정한 때에는 그 규정
> 7. 전환주식을 발행하는 경우에는 제347조에 게기한 사항
> 8. 사내이사, 사외이사, 그 밖에 상무에 종사하지 아니하는 이사, 감사 및 집행임원의 성명과 주민등록번호
> 9. 회사를 대표할 이사 또는 집행임원의 성명·주민등록번호 및 주소
> 10. 둘 이상의 대표이사 또는 대표집행임원이 공동으로 회사를 대표할 것을 정한 경우에는 그 규정
> 11. 명의개서대리인을 둔 때에는 그 상호 및 본점소재지
> 12. 감사위원회를 설치한 때에는 감사위원회 위원의 성명 및 주민등록번호

② [×] 주식의 양도에 관하여 이사회의 승인을 얻어야 하는 경우에 주식을 취득한 자는 회사에 대하여 그 주식의 종류와 수를 기재한 서면으로 그 취득의 승인을 청구할 수 있다(상법 제335조의7 제1항).
③ [O] 상법 제335조의2 제2항, 제3항

④ [×] 양도인이 회사에 대해 주식양도에 대한 승인을 청구할 때에는 서면으로 양도의 승인을 청구할 수 있다(상법 제335조의2 제1항 참조).

> **상법 제335조의2(양도승인의 청구)**
> ① 주식의 양도에 관하여 이사회의 승인을 얻어야 하는 경우에는 주식을 양도하고자 하는 주주는 회사에 대하여 양도의 상대방 및 양도하고자 하는 주식의 종류와 수를 기재한 서면으로 양도의 승인을 청구할 수 있다.
> ② 회사는 제1항의 청구가 있는 날부터 1월 이내에 주주에게 그 승인여부를 서면으로 통지하여야 한다.
> ③ 회사가 제2항의 기간내에 주주에게 거부의 통지를 하지 아니한 때에는 주식의 양도에 관하여 이사회의 승인이 있는 것으로 본다.

⑤ [×] 만약 회사의 자본금 총액이 10억원 미만이고 이사 1인만 재직 중이라면 주주총회가 주식양도에 대한 승인 여부를 결정한다(상법 제383조 제1항, 제4항, 제335조 제1항 단서 참조).

> **상법 제383조(원수, 임기)**
> ① 이사는 3명 이상이어야 한다. 다만, 자본금 총액이 10억원 미만인 회사는 1명 또는 2명으로 할 수 있다.
> ④ 제1항 단서의 경우에는 제302조 제2항 제5호의2, 제317조 제2항 제3호의2, 제335조 제1항 단서 및 제2항, 제335조의2 제1항·제3항, 제335조의3 제1항·제2항, 제335조의7 제1항, 제340조의3 제1항 제5호, 제356조 제6호의2, 제397조 제1항·제2항, 제397조의2 제1항, 제398조, 제416조 본문, 제451조 제2항, 제461조 제1항 본문 및 제3항, 제462조의3 제1항, 제464조의2 제1항, 제469조, 제513조 제2항 본문 및 제516조의2 제2항 본문(준용되는 경우를 포함한다) 중 "이사회"는 각각 "주주총회"로 보며, 제360조의5 제1항 및 제522조의3 제1항 중 "이사회의 결의가 있는 때"는 "제363조 제1항에 따른 주주총회의 소집통지가 있는 때"로 본다.
>
> **상법 제335조(주식의 양도성)**
> ① 주식은 타인에게 양도할 수 있다. 다만, 회사는 정관으로 정하는 바에 따라 그 발행하는 주식의 양도에 관하여 이사회의 승인을 받도록 할 수 있다.

답 ③

PART 3

54 CPA 2018

☑ 확인Check! ○ △ ×

2017년 1월 5일에 설립등기를 마친 비상장주식회사인 甲회사는 정관에 주식의 양도에 관하여 이사회의 승인을 받도록 하는 규정을 두었다. 甲회사 주주 A는 2017년 7월 15일 자신이 보유한 주식을 B에게 양도하였다. 상법상 이에 관한 설명으로 옳은 것은?

① 주식의 양도에 있어서는 주권을 교부하여야 하며 주권의 점유자는 이를 적법한 소지인으로 간주한다.

② 판례에 의하면 A가 주식양도에 관하여 이사회의 승인을 받지 않은 경우 그 주식양도는 당사자인 A와 B 사이에 효력이 없다.

③ 甲회사가 주식양도시까지 주권을 발행하지 않은 경우에는 A가 이사회의 승인을 받았다고 하더라도 A와 B 사이의 주식양도는 甲회사에 대하여 그 효력이 없다.

④ A가 甲회사에 대하여 주식양도의 승인을 청구하였으나 甲회사가 20일 내에 이를 거절한 때에는 A는 그 거절의 통지를 받은 날로부터 1월 이내에 甲회사에 대하여 주식양도의 상대방의 지정을 청구할 수 있다.

⑤ A가 甲회사에 대하여 주식양도의 상대방의 지정을 청구한 경우 이사회는 그 청구가 있은 날로부터 2주간 내에 이를 지정하고 A와 지정된 상대방에게 서면으로 이를 통지하여야 한다.

해설

① [×] 상법 제336조 제1항, 제2항

> **상법 제336조(주식의 양도방법)**
> ① 주식의 양도에 있어서는 주권을 교부하여야 한다.
> ② 주권의 점유자는 이를 적법한 소지인으로 추정한다.

② [×] 주식의 양도는 이사회의 승인을 얻도록 규정되어 있는 회사의 정관에도 불구하고 이사회의 승인을 얻지 아니하고 주식을 양도한 경우에 그 주식의 양도는 회사에 대하여 효력이 없을 뿐, 주주 사이의 주식양도계약 자체가 무효라고 할 수는 없다(대판 2008.7.10. 2007다14193).

③ [×] 주권발행전에 한 주식의 양도는 회사에 대하여 효력이 없다. 그러나 회사성립후 또는 신주의 납입기일후 6월이 경과한 때에는 그러하지 아니하다(상법 제335조 제3항). 따라서 甲 주식회사의 회사 성립일인 2017년 1월 5일로부터 6월이 경과한 2017년 7월 15일에 한 A의 주권발행전 주식양도는 甲 주식회사에 대하여 효력이 있다.

④ [×] A가 甲회사에 대하여 주식양도의 승인을 청구하였으나 甲회사가 1월 내에 이를 거절한 때에는 A는 그 거절의 통지를 받은 날로부터 20일 이내에 甲회사에 대하여 주식양도의 상대방의 지정을 청구할 수 있다(상법 제335조의2 제1항, 제2항, 제4항 참조).

> **상법 제335조의2(양도승인의 청구)**
> ① 주식의 양도에 관하여 이사회의 승인을 얻어야 하는 경우에는 주식을 양도하고자 하는 주주는 회사에 대하여 양도의 상대방 및 양도하고자 하는 주식의 종류와 수를 기재한 서면으로 양도의 승인을 청구할 수 있다.
> ② 회사는 제1항의 청구가 있는 날부터 1월 이내에 주주에게 그 승인여부를 서면으로 통지하여야 한다.
> ④ 제2항의 양도승인거부의 통지를 받은 주주는 통지를 받은 날부터 20일 내에 회사에 대하여 양도의 상대방의 지정 또는 그 주식의 매수를 청구할 수 있다.

⑤ [O] 주주가 양도의 상대방을 지정하여 줄 것을 청구한 경우에는 이사회는 이를 지정하고, 그 청구가 있은 날부터 2주간 내에 주주 및 지정된 상대방에게 서면으로 이를 통지하여야 한다(상법 제335조의3 제1항).

답 ⑤

55 CPA 2017

☑ 확인 Check! ○ △ ×

상법상 주식양도의 제한에 관한 설명으로 틀린 것은?

① 판례에 의하면 주식의 양도에 관하여 이사회의 승인을 받도록 규정한 정관에도 불구하고 이사회의 승인 없이 주식을 양도한 경우 주주 사이의 주식양도계약 자체가 효력이 없다.

② 회사가 권리를 실행함에 있어 그 목적을 달성하기 위하여 필요한 경우에는 자기주식의 취득가액 총액이 배당가능이익의 금액을 초과하더라도 자기주식을 취득할 수 있다.

③ 주권 발행 전 주식의 양도가 회사성립 후 또는 신주의 납입기일 후 6월이 경과한 후에 이루어진 경우에는 회사에 대하여 효력이 있다.

④ 자회사는 주식의 포괄적 교환으로 인하여 모회사의 주식을 취득한 경우 그 주식을 취득한 날로부터 6월 이내에 이를 처분하여야 한다.

⑤ 회사가 다른 회사의 발행주식총수의 10분의 1을 초과하여 주식을 취득한 때에는 그 다른 회사에 대하여 지체없이 이를 통지하여야 한다.

해설

① [×] 주식의 양도는 이사회의 승인을 얻도록 규정되어 있는 회사의 정관에도 불구하고 이사회의 승인을 얻지 아니하고 주식을 양도한 경우에 그 주식의 양도는 회사에 대하여 효력이 없을 뿐, 주주 사이의 주식양도계약 자체가 무효라고 할 수는 없다(대판 2008.7.10. 2007다14193).

② [O] 상법 제341조 제1항, 제341조의2 제2호

> **상법 제341조(자기주식의 취득)**
>
> ① 회사는 다음의 방법에 따라 자기의 명의와 계산으로 자기의 주식을 취득할 수 있다. 다만, 그 취득가액의 총액은 직전 결산기의 대차대조표상의 순자산액에서 제462조(이익의 배당) 제1항 각 호의 금액을 뺀 금액을 초과하지 못한다.
>
> 1. 거래소에서 시세(時勢)가 있는 주식의 경우에는 거래소에서 취득하는 방법
> 2. 제345조 제1항의 주식의 상환에 관한 종류주식의 경우 외에 각 주주가 가진 주식 수에 따라 균등한 조건으로 취득하는 것으로서 대통령령으로 정하는 방법
>
> **상법 제341조의2(특정목적에 의한 자기주식의 취득)**
>
> 회사는 다음 각 호의 어느 하나에 해당하는 경우에는 제341조에도 불구하고 자기의 주식을 취득할 수 있다.
>
> 1. 회사의 합병 또는 다른 회사의 영업전부의 양수로 인한 경우
> 2. 회사의 권리를 실행함에 있어 그 목적을 달성하기 위하여 필요한 경우
> 3. 단주(端株)의 처리를 위하여 필요한 경우
> 4. 주주가 주식매수청구권을 행사한 경우

③ [O] 주권발행전에 한 주식의 양도는 회사에 대하여 효력이 없다. 그러나 회사성립후 또는 신주의 납입기일후 6월이 경과한 때에는 그러하지 아니하다(상법 제335조 제3항).

④ [O] 상법 제342조의2 제1항 제1호, 제2항

> **상법 제342조의2(자회사에 의한 모회사주식의 취득)**
>
> ① 다른 회사의 발행주식의 총수의 100분의 50을 초과하는 주식을 가진 회사(이하 "모회사"라 한다)의 주식은 다음의 경우를 제외하고는 그 다른 회사(이하 "자회사"라 한다)가 이를 취득할 수 없다.
>
> 1. 주식의 포괄적 교환, 주식의 포괄적 이전, 회사의 합병 또는 다른 회사의 영업전부의 양수로 인한 때
> 2. 회사의 권리를 실행함에 있어 그 목적을 달성하기 위하여 필요한 때
>
> ② 제1항 각 호의 경우 자회사는 그 주식을 취득한 날로부터 6월 이내에 모회사의 주식을 처분하여야 한다.

⑤ [O] 회사가 다른 회사의 발행주식총수의 10분의 1을 초과하여 취득한 때에는 그 다른 회사에 대하여 지체없이 이를 통지하여야 한다(상법 제342조의3).

답 ①

56 CPA 2015

☑ 확인Check! ○ △ ✕

상법상 다음의 ( )에 들어갈 내용으로 바르게 묶은 것은?

> 주식의 양도에 관하여 정관에 따라 이사회 승인을 얻어야 하는 경우 주식을 양도하고자 하는 주주는 회사에 대하여 양도 상대방 및 양도하고자 하는 주식의 종류와 수를 기재한 서면으로 양도승인을 청구할 수 있다. 회사는 이 청구가 있는 날부터 (ㄱ) 내에 주주에게 그 승인여부를 서면으로 통지하여야 하며, 양도승인거부의 통지를 한 경우 주주는 통지를 받은 날부터 (ㄴ) 내에 회사에 대하여 양도 상대방의 지정 또는 그 주식의 매수를 청구할 수 있다. 이 경우 이사회가 양도 상대방을 지정하면, 그 청구가 있은 날부터 (ㄷ) 내에 주주 및 지정된 상대방에게 서면으로 이를 통지하여야 한다. 상대방으로 지정된 자는 지정통지를 받은 날부터 (ㄹ) 내에 지정청구를 한 주주에 대하여 서면으로 그 주식을 자기에게 매도할 것을 청구할 수 있다.

	ㄱ	ㄴ	ㄷ	ㄹ
①	1월	20일	2주간	10일
②	2주간	10일	1주간	20일
③	1월	30일	2주간	10일
④	2주간	10일	1주간	30일
⑤	1월	20일	2주간	20일

▌해설▌

ㄱ. [**1월**] 상법 제335조의2 제2항

ㄴ. [**20일**] 상법 제335조의2 제4항

> **상법 제335조의2(양도승인의 청구)**
> ① 주식의 양도에 관하여 이사회의 승인을 얻어야 하는 경우에는 주식을 양도하고자 하는 주주는 회사에 대하여 양도의 상대방 및 양도하고자 하는 주식의 종류와 수를 기재한 서면으로 양도의 승인을 청구할 수 있다.
> ② 회사는 제1항의 청구가 있는 날부터 1월 이내에 주주에게 그 승인여부를 서면으로 통지하여야 한다.
> ④ 제2항의 양도승인거부의 통지를 받은 주주는 통지를 받은 날부터 20일 내에 회사에 대하여 양도의 상대방의 지정 또는 그 주식의 매수를 청구할 수 있다.

ㄷ. [**2주간**] 주주가 양도의 상대방을 지정하여 줄 것을 청구한 경우에는 이사회는 이를 지정하고, 그 청구가 있은 날부터 2주간 내에 주주 및 지정된 상대방에게 서면으로 이를 통지하여야 한다(상법 제335조의3 제1항).

ㄹ. [**10일**] 제335조의3(양도상대방의 지정청구) 제1항의 규정에 의하여 상대방으로 지정된 자는 지정통지를 받은 날부터 10일 이내에 지정청구를 한 주주에 대하여 서면으로 그 주식을 자기에게 매도할 것을 청구할 수 있다(상법 제335조의4 제1항).

답 ①

57 세무사 2022

☑ 확인Check! ○ △ ✕

甲주식회사는 그 발행하는 주식의 양도에 관하여 이사회의 승인을 받도록 하는 정관규정을 두고 있다. 상법상 주식 양도 등에 관한 설명으로 옳은 것은?

① 甲회사 이사회의 승인을 얻지 아니한 주식의 양도는 주식 양도인과 양수인 간에 효력이 없다.

② 甲회사의 주주가 甲회사에 대하여 서면으로 양도의 승인을 청구한 경우 甲회사는 2월 이내에 주주에게 그 승인여부를 서면으로 통지하여야 한다.

③ 양도승인거부의 통지를 받은 주주는 통지를 받은 날부터 30일 이내에 甲회사에 대하여 양도의 상대방의 지정을 청구할 수 있으나 주식매수는 청구할 수 없다.

④ 주주가 양도의 상대방 지정을 청구한 경우 이사회가 그 청구가 있은 날부터 2주간 내에 주주에게 상대방 지정의 통지를 하지 아니한 때에는 주식의 양도에 관하여 이사회의 승인이 있는 것으로 본다.

⑤ 甲회사의 주식을 취득한 자는 甲회사에 대하여 그 주식의 종류와 수를 기재한 서면으로 그 취득의 승인을 청구할 수 없다.

▌해설▐

① [✕] 주식의 양도는 이사회의 승인을 얻도록 규정되어 있는 회사의 정관에도 불구하고 이사회의 승인을 얻지 아니하고 주식을 양도한 경우에 그 주식의 양도는 회사에 대하여 효력이 없을 뿐, 주주 사이의 주식양도계약 자체가 무효라고 할 수는 없다(대판 2008.7.10. 2007다14193).

② [✕], ③ [✕] 상법 제335조의2 제1항, 제2항, 제4항

> **상법 제335조의2(양도승인의 청구)**
> ① 주식의 양도에 관하여 이사회의 승인을 얻어야 하는 경우에는 주식을 양도하고자 하는 주주는 회사에 대하여 양도의 상대방 및 양도하고자 하는 주식의 종류와 수를 기재한 서면으로 양도의 승인을 청구할 수 있다.
> ② 회사는 제1항의 청구가 있는 날부터 1월 이내에 주주에게 그 승인여부를 서면으로 통지하여야 한다.
> ④ 제2항의 양도승인거부의 통지를 받은 주주는 통지를 받은 날부터 20일 내에 회사에 대하여 양도의 상대방의 지정 또는 그 주식의 매수를 청구할 수 있다.

④ [O] 상법 제335조의3 제1항, 제2항

> **상법 제335조의3(양도상대방의 지정청구)**
> ① 주주가 양도의 상대방을 지정하여 줄 것을 청구한 경우에는 이사회는 이를 지정하고, 그 청구가 있은 날부터 2주간 내에 주주 및 지정된 상대방에게 서면으로 이를 통지하여야 한다.
> ② 제1항의 기간내에 주주에게 상대방지정의 통지를 하지 아니한 때에는 주식의 양도에 관하여 이사회의 승인이 있는 것으로 본다.

⑤ [✕] 주식의 양도에 관하여 이사회의 승인을 얻어야 하는 경우에 주식을 취득한 자는 회사에 대하여 그 주식의 종류와 수를 기재한 서면으로 그 취득의 승인을 청구할 수 있다(상법 제335조의7 제1항).

답 ④

PART 3

58 세무사 2021

☑ 확인 Check! ○ △ ×

상법상 정관으로 정하는 바에 따라 이사회의 승인을 얻어야 하는 주식의 양도에 관한 설명으로 옳은 것은?

① 회사는 주식을 양도하고자 하는 주주의 양도승인 청구가 있는 날부터 20일 이내에 주주에게 그 승인여부를 서면으로 통지하여야 한다.

② 회사가 주주의 양도승인 청구를 거부한 경우, 거부의 통지를 받은 주주는 회사에 대하여 우선적으로 양도의 상대방의 지정을 청구하여야 한다.

③ 주주의 양도상대방 지정청구에 대하여 청구가 있은 날부터 2주간 내에 회사가 상대방 지정의 통지를 하지 않은 경우, 해당 주주는 양도할 주식의 매수를 회사에 청구하여야 한다.

④ 이사회의 승인을 얻지 않고 주식을 취득한 자는 회사에 대하여 그 주식의 종류와 수를 기재한 서면으로 그 취득의 승인을 청구할 수 있다.

⑤ 이사회의 승인을 얻지 아니한 주식의 양도는 주주총회의 특별결의가 있으면 회사에 대하여 효력이 있다.

해설

① [×] 상법 제335조의2 제2항

② [×] 상법 제335조의2 제4항

> **상법 제335조의2(양도승인의 청구)**
> ① 주식의 양도에 관하여 이사회의 승인을 얻어야 하는 경우에는 주식을 양도하고자 하는 주주는 회사에 대하여 양도의 상대방 및 양도하고자 하는 주식의 종류와 수를 기재한 서면으로 양도의 승인을 청구할 수 있다.
> ② 회사는 제1항의 청구가 있는 날부터 1월 이내에 주주에게 그 승인여부를 서면으로 통지하여야 한다.
> ④ 제2항의 양도승인거부의 통지를 받은 주주는 통지를 받은 날부터 20일 내에 회사에 대하여 양도의 상대방의 지정 또는 그 주식의 매수를 청구할 수 있다.

③ [×] 상법 제335조의3 제1항, 제2항

> **상법 제335조의3(양도상대방의 지정청구)**
> ① 주주가 양도의 상대방을 지정하여 줄 것을 청구한 경우에는 이사회는 이를 지정하고, 그 청구가 있은 날부터 2주간내에 주주 및 지정된 상대방에게 서면으로 이를 통지하여야 한다.
> ② 제1항의 기간내에 주주에게 상대방지정의 통지를 하지 아니한 때에는 주식의 양도에 관하여 이사회의 승인이 있는 것으로 본다.

④ [O] 주식의 양도에 관하여 이사회의 승인을 얻어야 하는 경우에 주식을 취득한 자는 회사에 대하여 그 주식의 종류와 수를 기재한 서면으로 그 취득의 승인을 청구할 수 있다(상법 제335조의7 제1항).

⑤ [×] 회사에 대하여 효력이 없으며 주주총회의 특별결의로 이를 유효하게 할 수 없다(상법 제335조 제2항 참조).

> **상법 제335조(주식의 양도성)**
> ① 주식은 타인에게 양도할 수 있다. 다만, 회사는 정관으로 정하는 바에 따라 그 발행하는 주식의 양도에 관하여 이사회의 승인을 받도록 할 수 있다.
> ② 제1항 단서의 규정에 위반하여 이사회의 승인을 얻지 아니한 주식의 양도는 회사에 대하여 효력이 없다.

답 ④

59 세무사 2020

☑ 확인 Check! ○ △ ✕

상법상 정관의 규정에 의한 주식양도의 제한에 관한 설명으로 옳은 것은? (다툼이 있으면 판례에 따름)

① 이사회의 승인 없이 주식을 취득한 자는 회사에 대하여 양도승인의 청구를 할 수는 없으나 양도상대방의 지정청구권은 행사할 수 있다.

② 이사회의 승인 없이 한 주식양도는 양도인과 양수인 간에도 효력이 없다.

③ 양도승인거부의 통지를 받은 주주는 통지를 받은 날부터 20일 내에 회사에 대하여 양도상대방의 지정 또는 그 주식의 매수를 청구할 수 있다.

④ 이사회가 주식양도의 상대방으로 지정한 자가 그 지정통지를 받은 날부터 10일 이내에 지정청구를 한 주주에게 주식매도를 청구하지 않은 때에는 이사회가 다른 상대방을 지정하여야 한다.

⑤ 양도상대방으로 지정된 자가 매도청구를 한 경우, 그 주식의 매도가액은 회사와 매도청구인간의 협의로 이를 결정한다.

해설

① [✕], ③ [O] 주식의 양도에 이사회의 승인을 얻어야 하는 경우 양도승인의 청구는 양도인 뿐만 아니라(상법 제335조의2 제1항 참조), 양수인도 할 수 있다(상법 제335조의7 제1항 참조). 양도승인거부의 통지를 받은 양도인은 통지를 받은 날부터 20일 내에 회사에 대하여 양도상대방의 지정 또는 그 주식의 매수를 청구할 수 있는데(상법 제335조의2 제4항 참조), 양수인도 마찬가지이다(상법 제335조의7 제2항 참조).

> **상법 제335조의2(양도승인의 청구)**
> ① 주식의 양도에 관하여 이사회의 승인을 얻어야 하는 경우에는 주식을 양도하고자 하는 주주는 회사에 대하여 양도의 상대방 및 양도하고자 하는 주식의 종류와 수를 기재한 서면으로 양도의 승인을 청구할 수 있다.
> ② 회사는 제1항의 청구가 있는 날부터 1월 이내에 주주에게 그 승인여부를 서면으로 통지하여야 한다.
> ④ 제2항의 양도승인거부의 통지를 받은 주주는 통지를 받은 날부터 20일 내에 회사에 대하여 양도의 상대방의 지정 또는 그 주식의 매수를 청구할 수 있다.
>
> **상법 제335조의7(주식의 양수인에 의한 승인청구)**
> ① 주식의 양도에 관하여 이사회의 승인을 얻어야 하는 경우에 주식을 취득한 자는 회사에 대하여 그 주식의 종류와 수를 기재한 서면으로 그 취득의 승인을 청구할 수 있다.
> ② 제335조의2 제2항 내지 제4항, 제335조의3 내지 제335조의6의 규정은 제1항의 경우에 이를 준용한다.

② [✕] 주식의 양도는 이사회의 승인을 얻도록 규정되어 있는 회사의 정관에도 불구하고 이사회의 승인을 얻지 아니하고 주식을 양도한 경우에 그 주식의 양도는 회사에 대하여 효력이 없을 뿐, 주주 사이의 주식양도계약 자체가 무효라고 할 수는 없다(대판 2008.7.10. 2007다14193).

④ [✕] 이사회가 주식양도의 상대방으로 지정한 자가 그 지정통지를 받은 날부터 10일 이내에 지정청구를 한 주주에게 주식매도를 청구하지 않은 때에는 이사회의 승인이 있는 것으로 본다(상법 제335조의4 제2항, 제335조의3 제2항 참조).

⑤ [✕] 양도상대방으로 지정된 자가 매도청구를 한 경우, 그 주식의 매도가액은 주주와 매도청구인간의 협의로 이를 결정한다(상법 제335조의5 제1항 참조).

상법 제335조의4(지정된 자의 매도청구권)

① 제335조의3 제1항의 규정에 의하여 상대방으로 지정된 자는 지정통지를 받은 날부터 10일 이내에 지정청구를 한 주주에 대하여 서면으로 그 주식을 자기에게 매도할 것을 청구할 수 있다.

② 제335조의3 제2항의 규정은 주식의 양도상대방으로 지정된 자가 제1항의 기간내에 매도의 청구를 하지 아니한 때에 이를 준용한다.

> **상법 제335조의3(양도상대방의 지정청구)**
>
> ② 제1항의 기간내에 주주에게 상대방지정의 통지를 하지 아니한 때에는 주식의 양도에 관하여 이사회의 승인이 있는 것으로 본다.

상법 제335조의5(매도가액의 결정)

① 제335조의4의 경우에 그 주식의 매도가액은 주주와 매도청구인간의 협의로 이를 결정한다.

답 ③

60 법무사 2024

☑ 확인Check! ○ △ ×

주식회사 甲의 다음 행위 중 현행 상법 및 판례에 의할 때 허용되는 것을 모두 고른 것은?

ㄱ. 주식회사 甲이 발행주식 총수 1,000주 중 500주를 액면가 5,000원에 발행하였는데, 추가로 신주 500주를 액면가 10,000원에 발행하는 행위

ㄴ. 임원 A와 퇴직합의를 체결하면서 A가 보유한 주식회사 甲 발행 주식을 주식회사 甲이 매수하게 하는 주식매수청구권을 부여하였는데, 그 후 주식회사 甲이 배당가능이익이 없음에도 위 약정에 기한 A의 주식매수청구권 행사에 따라 주식을 취득한 행위

ㄷ. 주식회사 甲이 주주 B로부터 주식회사 甲 발행 주식을 무상으로 양수하는 행위

ㄹ. 주식회사 甲의 대표이사가 주주총회에 참석하여 주식회사 甲이 취득한 자기주식으로 의결권을 행사하는 행위

ㅁ. 주식회사 甲 발행 주식을 C, D가 공유하는데, 그 주주권을 행사할 자가 지정되지 않는 등으로 권리행사자가 없는 상황에서 주식회사 甲이 주소와 연락처를 알고 있는 C에게만 주주권 행사 관련 통지를 하는 행위

① ㄱ, ㄷ
② ㄱ, ㅁ
③ ㄴ, ㄷ
④ ㄴ, ㄹ
⑤ ㄷ, ㅁ

해설

ㄱ. [×] 액면주식의 금액은 균일하여야 한다(상법 제329조 제2항).

ㄴ. [×] 2012.4.15.부터 시행된 개정 상법은 종래 자기주식 취득을 엄격히 불허하였던 것에서 이를 완화하여, 제341조에서 회사가 배당가능이익의 한도 내에서 거래소에서 취득하는 방법 등으로 자기의 명의와 계산으로 자기주식을 취득할 수 있도록 허용하고, 제341조의2에서는 각 호에서 규정한 특정한 목적이 있는 경우에는 구 상법과 마찬가지로 배당가능이익이나 취득 방법 등의 제한 없이 자기주식을 취득할 수 있도록 허용하면서, 제4호에서 주주가 주식매수청구권을 행사한 경우를 들고 있다. 따라서 개정 상법 제360조의5 제1항, 제374조의2 제1항, 제522조의3 제1항 등에 따라 주주가 주식매수청구권을 행사하는 경우에는 개정 상법 제341조의2 제4호에 따라 회사가 제한 없이 자기주식을 취득할 수 있으나, 회사가 특정 주주와 사이에 특정한 금액으로 주식을 매수하기로 약정함으로써 사실상 매수청구를 할 수 있는 권리를 부여하여 주주가 그 권리를 행사하는 경우는 개정 상법 제341조의2 제4호가 적용되지 않으므로, 개정 상법 제341조에서 정한 요건하에서만 회사의 자기주식취득이 허용된다. 다만 이와 같이 개정 상법이 자기주식취득 요건을 완화하였다고 하더라도 여전히 법이 정한 경우에만 자기주식취득이 허용된다는 원칙에는 변함이 없고 따라서 위 규정에서 정한 요건 및 절차에 의하지 않은 자기주식취득 약정은 효력이 없다(대판 2021.10.28. 2020다208058).

ㄷ. [O] 회사는 원칙적으로 자기의 계산으로 자기의 주식을 취득하지 못하는 것이지만, 회사가 무상으로 자기주식을 취득하는 때와 같이 회사의 자본적 기초를 위태롭게 하거나 회사 채권자와 주주의 이익을 해한다고 할 수가 없는 경우에는 예외적으로 자기주식의 취득을 허용할 수 있다(대판 1996.6.25. 96다12726).

ㄹ. [×] 회사가 가진 자기주식은 의결권이 없다(상법 제369조 제2항).

ㅁ. [O] 상법 제333조 제3항

> **상법 제333조(주식의 공유)**
> ② 주식이 수인의 공유에 속하는 때에는 공유자는 주주의 권리를 행사할 자 1인을 정하여야 한다.
> ③ 주주의 권리를 행사할 자가 없는 때에는 공유자에 대한 통지나 최고는 그 1인에 대하여 하면 된다.

답 ⑤

61 법무사 2021 ☑ 확인Check! ○ △ ×

주식양도의 제한에 관한 다음 설명 중 가장 옳지 않은 것은? (다툼이 있는 경우 판례에 따르고 전원합의체 판결의 경우 다수의견에 의함. 이하 같음)

① 상법 등에서 명시적으로 자기주식의 취득을 허용하는 경우 외에 회사의 자본적 기초를 위태롭게 하거나 주주 등의 이익을 해한다고 할 수 없는 것이 유형적으로 명백한 경우에도 자기주식의 취득이 예외적으로 허용되지만, 그 밖의 경우에는, 설령 회사 또는 주주나 회사채권자 등에게 생길지도 모르는 중대한 손해를 회피하기 위하여 부득이한 사정이 있다고 하더라도 자기주식의 취득은 허용되지 않고 위와 같은 금지규정에 위반하여 회사가 자기주식을 취득하는 것은 당연히 무효이다.

② 정관에 의하여 양도가 제한된 주식을 보유한 주주는 이사회로부터 양도승인거부의 통지를 받은 경우 통지를 받은 날부터 20일 내에 회사에 대하여 양도 상대방의 지정 또는 그 주식의 매수를 청구할 수 있다.

③ 상법 제335조 제1항 단서는 주식의 양도를 전제로 하고, 다만 이를 제한하는 방법으로서 이사회의 승인을 요하도록 정관에 정할 수 있다는 취지이지 주식의 양도 그 자체를 금지할 수 있음을 정할 수 있다는 뜻은 아니기 때문에, 정관의 규정으로 주식의 양도를 제한하는 경우에도 주식양도를 전면적으로 금지하는 규정을 둘 수는 없다.

④ 甲회사가 乙회사의 발생주식총수의 10분의 1을 초과하여 취득한 때에는 乙회사에 지체 없이 이를 통지하여야 하고, 이 경우 乙회사가 가지고 있는 甲회사의 주식은 의결권이 없다.

⑤ 주식의 양도에 관하여 이사회의 승인을 얻어야 하는 경우에 주식을 취득하였으나 회사로부터 양도승인거부의 통지를 받은 양수인은 상법 제335조의7에 따라 회사에 대하여 주식매수청구권을 행사할 수 있다. 이와 관련하여 주식을 취득하지 못한 양수인이 회사에 대하여 주식매수청구를 하더라도 이는 효력이 없으나, 사후적으로 양수인이 주식 취득의 요건을 갖추게 되면 그 하자가 치유될 수 있다.

▌해설▌

① [○] 상법 제341조, 제341조의2, 제342조의2 또는 증권거래법 등에서 명시적으로 자기주식의 취득을 허용하는 경우 외에, 회사가 자기주식을 무상으로 취득하는 경우 또는 타인의 계산으로 자기주식을 취득하는 경우 등과 같이, 회사의 자본적 기초를 위태롭게 하거나 주주 등의 이익을 해한다고 할 수 없는 것이 유형적으로 명백한 경우에도 자기주식의 취득이 예외적으로 허용되지만, 그 밖의 경우에 있어서는, 설령 회사 또는 주주나 회사채권자 등에게 생길지도 모르는 중대한 손해를 회피하기 위하여 부득이한 사정이 있다고 하더라도 자기주식의 취득은 허용되지 아니하는 것이고 위와 같은 금지규정에 위반하여 회사가 자기주식을 취득하는 것은 당연히 무효이다(대판 2003.5.16. 2001다44109).

② [○] 상법 제335조 제1항, 제335조의2 제4항

> **상법 제335조(주식의 양도성)**
> ① 주식은 타인에게 양도할 수 있다. 다만, 회사는 정관으로 정하는 바에 따라 그 발행하는 주식의 양도에 관하여 이사회의 승인을 받도록 할 수 있다.

상법 제335조의2(양도승인의 청구)

① 주식의 양도에 관하여 이사회의 승인을 얻어야 하는 경우에는 주식을 양도하고자 하는 주주는 회사에 대하여 양도의 상대방 및 양도하고자 하는 주식의 종류와 수를 기재한 서면으로 양도의 승인을 청구할 수 있다.
② 회사는 제1항의 청구가 있는 날부터 1월 이내에 주주에게 그 승인 여부를 서면으로 통지하여야 한다.
④ 제2항의 양도승인거부의 통지를 받은 주주는 통지를 받은 날부터 20일 내에 회사에 대하여 양도의 상대방의 지정 또는 그 주식의 매수를 청구할 수 있다.

③ [O] 상법 제335조 제1항 단서는 주식의 양도를 전제로 하고, 다만 이를 제한하는 방법으로서 이사회의 승인을 요하도록 정관에 정할 수 있다는 취지이지 주식의 양도 그 자체를 금지할 수 있음을 정할 수 있다는 뜻은 아니기 때문에, 정관의 규정으로 주식의 양도를 제한하는 경우에도 주식양도를 전면적으로 금지하는 규정을 둘 수는 없다(대판 2000.9.26. 99다48429).

④ [O] 상법 제342조의3, 제369조 제3항

상법 제342조의3(다른 회사의 주식취득)

회사가 다른 회사의 발행주식 총수의 10분의 1을 초과하여 취득한 때에는 그 다른 회사에 대하여 지체 없이 이를 통지하여야 한다.

상법 제369조(의결권)

③ 회사, 모회사 및 자회사 또는 자회사가 다른 회사의 발행주식의 총수의 10분의 1을 초과하는 주식을 가지고 있는 경우 그 다른 회사가 가지고 있는 회사 또는 모회사의 주식은 의결권이 없다.

⑤ [X] 주식의 양도에 관하여 이사회의 승인을 얻어야 하는 경우에 주식을 취득하였으나 회사로부터 양도승인거부의 통지를 받은 양수인은 상법 제335조의7에 따라 회사에 대하여 주식매수청구권을 행사할 수 있다. 이러한 주식매수청구권은 주식을 취득한 양수인에게 인정되는 이른바 형성권으로서 그 행사로 회사의 승낙 여부와 관계없이 주식에 관한 매매계약이 성립하게 되므로, 주식을 취득하지 못한 양수인이 회사에 대하여 주식매수청구를 하더라도 이는 아무런 효력이 없고, 사후적으로 양수인이 주식 취득의 요건을 갖추게 되더라도 하자가 치유될 수는 없다(대판 2014.12.24. 2014다221258).

답 ⑤

PART 3

62 CPA 2021

☑ 확인 Check! ○ △ ×

상법상 회사성립 후 6월이 경과한 이후의 주권발행 전 주식양도에 관한 설명으로 틀린 것은? (이견이 있으면 판례에 의함)

① 주권발행 전 주식의 양도는 지명채권의 양도에 관한 일반원칙에 따라 당사자의 의사표시만으로 효력이 발생한다.

② 주권발행 전 주식을 양수한 자는 특별한 사정이 없는 한 양도인의 협력을 받아 양도인과 공동으로 회사에 대하여 그 명의개서를 청구하여야 한다.

③ 회사 이외의 제3자에 대하여 주식의 양도 사실을 대항하기 위하여는 지명채권의 양도에 준하여 확정일자 있는 증서에 의한 양도통지 또는 승낙을 갖추어야 한다.

④ 주권발행 전 주식의 이중양도가 문제되는 경우, 이중양수인 상호간의 우열은 지명채권 이중양도의 경우에 준하여 확정일자 있는 양도통지가 회사에 도달한 일시 또는 확정일자 있는 승낙의 일시의 선후에 의하여 결정하는 것이 원칙이다.

⑤ 만약 주권발행 전에 한 주식양도가 회사성립 후 6월이 경과하기 전에 이루어졌다고 하더라도 그 회사성립 후 6월이 경과하고 그때까지 회사가 주권을 발행하지 않았다면, 그 하자는 치유되어 회사에 대하여도 유효한 주식양도가 된다.

▌해설▌

① [O], ⑤ [O] 상법 제335조 제3항은 "주권발행 전에 한 주식의 양도는 회사에 대하여 효력이 없다. 그러나 회사성립 후 또는 신주의 납입기일 후 6월이 경과한 때에는 그러하지 아니하다"라고 규정하고 있는바, 주권발행 전의 주식의 양도는 지명채권의 양도에 관한 일반원칙에 따라 당사자의 의사표시만으로 효력이 발생하는 것이고, 한편 주권발행 전에 한 주식의 양도가 회사성립 후 또는 신주의 납입기일 후 6월이 경과하기 전에 이루어졌다고 하더라도 그 이후 6월이 경과하고 그때까지 회사가 주권을 발행하지 않았다면, 그 하자는 치유되어 회사에 대하여도 유효한 주식양도가 된다고 봄이 상당하다(대판 2002.3.15. 2000두1850).

② [×], ③ [O] 주권발행 전 주식의 양도는 당사자의 의사표시만으로 효력이 발생하고, <u>주권발행 전 주식을 양수한 사람은 특별한 사정이 없는 한 양도인의 협력을 받을 필요 없이 단독으로 자신이 주식을 양수한 사실을 증명함으로써 회사에 대하여 그 명의개서를 청구할 수 있다.</u> 다만, 회사 이외의 제3자에 대하여 양도사실을 대항하기 위하여는 지명채권의 양도에 준하여 확정일자 있는 증서에 의한 양도통지 또는 승낙을 갖추어야 한다는 점을 고려할 때, 양도인은 회사에 그와 같은 양도통지를 함으로써 양수인으로 하여금 제3자에 대한 대항요건을 갖출 수 있도록 해 줄 의무를 부담하는바, 주권발행 전 주식의 매매에 있어서 매수인은 스스로 이행에 착수하거나 매도인이 회사에 대하여 주식의 양도사실을 통지하거나 통지하기 위하여 필요한 전제행위를 하기 전까지는 계약금을 포기하고 매매계약을 해제할 수 있다고 보아야 한다(대판 2008.10.23. 2007다72274,72281).

④ [O] 주주명부에 기재된 명의상의 주주는 회사에 대한 관계에 자신의 실질적 권리를 증명하지 않아도 주주의 권리를 행사할 수 있는 자격수여적 효력을 인정받을 뿐이지 주주명부의 기재에 의하여 창설적 효력을 인정받는 것은 아니므로, 실질상 주식을 취득하지 못한 사람이 명의개서를 받았다고 하여 주주의 권리를 행사할 수 있는 것이 아니다. 따라서 주권발행 전 주식의 이중양도가 문제되는 경우, 그 이중양수인 중 일부에 대하여 이미 명의개서가 경료되었는지 여부를 불문하고 누가 우선순위자로서 권리취득자인지를 가려야 하고, 이때 이중양수인 상호간의 우열은 지명채권 이중양도의 경우에 준하여 확정일자 있는 양도통지가 회사에 도달한 일시 또는 확정일자 있는 승낙의 일시의 선후에 의하여 결정하는 것이 원칙이다(대판 2006.9.14. 2005다45537).

답 ②

63 CPA 2019

☑ 확인 Check! ○ △ ×

甲주식회사는 2018년 5월 10일 설립되었는데 2019년 2월 24일 현재까지 주권을 발행하지 않고 있는 상태에서 甲회사의 주주가 그 주식을 양도하고자 한다. 상법상 이에 관한 설명으로 틀린 것은? (이견이 있으면 판례에 의함)

① 甲회사의 주주가 주식을 양도하는 경우 회사에 대해서도 효력이 있고 그 양도는 지명채권의 양도에 관한 일반원칙에 따라 당사자의 의사표시만으로 효력이 발생한다.

② 甲회사의 주식을 양수하는 자는 특별한 사정이 없는 한 양도인의 협력을 받을 필요없이 단독으로 자신이 주식을 양수한 사실을 증명함으로써 회사에 대하여 명의개서를 청구할 수 있다.

③ 甲회사 주식의 이중양도가 문제되는 경우 그 이중양수인 상호간의 우열은 확정일자 있는 양도통지가 회사에 도달한 일시 또는 확정일자 있는 승낙의 일시의 선후에 의하여 결정한다.

④ 甲회사의 주식에 대한 양도통지가 확정일자 없는 증서에 의하여 이루어졌더라도 나중에 그 증서에 확정일자를 얻은 경우에는 원래의 양도통지일에 소급하여 제3자에 대한 대항력을 취득한다.

⑤ 甲회사의 주식을 양수한 자가 회사에 대하여 의결권을 행사하기 위해서는 주주명부에 주주로서 명의개서를 해야 한다.

해설

① [O], ② [O] 주권발행 전에 한 주식의 양도도 회사성립 후 또는 신주의 납입기일 후 6월이 경과한 때에는 회사에 대하여 효력이 있는 것으로서, 이 경우 주식의 양도는 지명채권의 양도에 관한 일반원칙에 따라 당사자의 의사표시만으로 효력이 발생하는 것이고, 상법 제337조 제1항에 규정된 주주명부상의 명의개서는 주식의 양수인이 회사에 대한 관계에서 주주의 권리를 행사하기 위한 대항요건에 지나지 않는 것이므로, 회사성립 후 또는 신주의 납입기일 후 6월이 경과하도록 회사가 주권을 발행하지 아니한 경우에 당사자간의 의사표시만으로 주식을 양수한 사람은 특별한 사정이 없는 한 양도인의 협력을 받을 필요 없이 단독으로 자신이 주식을 양수한 사실을 증명함으로써 회사에 대하여 그 명의개서를 청구할 수 있다(대판 1992.10.27. 92다16386).

③ [O] 주권발행 전 주식의 이중양도가 문제되는 경우, 그 이중양수인 중 일부에 대하여 이미 명의개서가 경료되었는지 여부를 불문하고 누가 우선순위자로서 권리취득자인지를 가려야 하고, 이때 이중양수인 상호 간의 우열은 지명채권 이중양도의 경우에 준하여 확정일자 있는 양도통지가 회사에 도달한 일시 또는 확정일자 있는 승낙의 일시의 선후에 의하여 결정하는 것이 원칙이다(대판 2006.9.14. 2005다45537).

④ [×] 주식의 양도통지가 확정일자 없는 증서에 의하여 이루어짐으로써 제3자에 대한 대항력을 갖추지 못하였더라도 확정일자 없는 증서에 의한 양도통지나 승낙 후에 그 증서에 확정일자를 얻은 경우에는 그 일자 이후에는 제3자에 대한 대항력을 취득하는 것이나, <u>그 대항력 취득의 효력이 당초 주식 양도통지일로 소급하여 발생하는 것은 아니라 할 것이다</u>(대판 2010.4.29. 2009다88631).

⑤ [O] 주식의 이전은 취득자의 성명과 주소를 주주명부에 기재하지 아니하면 회사에 대항하지 못한다(상법 제337조 제1항).

답 ④

PART 3

64 세무사 2024

☑ 확인Check! ○ △ ✕

주권을 발행하지 않고 있는 A주식회사 주식을 소유하고 있는 甲이 乙에게 주식전부를 양도하는 경우에 관한 설명으로 옳지 않은 것은? (주주명부상 여전히 甲이 주주임)

① A회사가 설립된 지 6개월이 지나기 전에 주식양도가 이루어졌다면 乙의 주식양수는 A회사에 대하여 효력이 없다.

② 적법하게 주권불소지 신고를 한 甲이 A회사가 설립된 지 6개월이 지나기 전에 乙에게 주식을 양도하였다면 A회사에 대해 그 효력이 있다.

③ A회사가 설립된 지 6개월이 지난 후 주식양도가 이루어졌다면 乙은 주식을 취득할 수 있다.

④ A회사가 설립된 지 6개월이 지난 후 주식양도가 이루어진 경우 乙은 주식의 적법한 소지인으로 추정되지 않는다.

⑤ A회사가 설립된 후 즉시 주식양도가 이루어진 후 주권 미발행 상태로 6개월이 경과하였다면 乙의 양수행위의 하자는 치유된다.

해설

① [O], ② [✕], ③ [O] 주권발행전에 한 주식의 양도는 회사에 대하여 효력이 없다. 그러나 회사성립후 또는 신주의 납입기일후 6월이 경과한 때에는 그러하지 아니하다(상법 제335조 제3항). 이는 주권불소지 신고를 해서 주권이 발행이 되지 않은 경우에도 마찬가지이다.

④ [O] 주권의 점유자는 이를 적법한 소지인으로 추정한다(상법 제336조 제2항). 그런데 A회사가 설립된 지 6개월이 지난 후 주식양도가 이루어졌어도 주권의 발행이 없었으므로 乙은 주식의 적법한 소지인으로 추정되지 않는다.

⑤ [O] 주권발행 전의 주식의 양도는 지명채권의 양도에 관한 일반원칙에 따라 당사자의 의사표시만으로 효력이 발생하는 것이고, 한편 주권발행 전에 한 주식의 양도가 회사성립 후 또는 신주의 납입기일 후 6월이 경과하기 전에 이루어졌다고 하더라도 그 이후 6월이 경과하고 그때까지 회사가 주권을 발행하지 않았다면, 그 하자는 치유되어 회사에 대하여도 유효한 주식양도가 된다고 봄이 상당하다(대판 2002.3.15. 2000두1850).

답 ②

65 세무사 2023

☑ 확인Check! ○ △ ✕

비상장회사인 甲주식회사는 2022.5.2.에 성립되었다. A는 甲회사 설립 시 주식을 인수한 자로 甲회사의 주식 1천주를 보유하고 있으며, 주주명부에 주주로 기재되어 있다. 상법상 이에 관한 설명으로 옳지 않은 것은? (단, 甲회사의 정관에는 주식양도 및 주식의 전자등록에 관하여 특별하게 정하고 있는 것이 없음)

① A가 2022.4.10.에 주식의 인수로 인한 권리를 B에게 양도했다면 이 양도는 甲회사에 대하여 효력이 없다.

② 甲회사가 2022.4.15.에 주권을 발행하였다면 이 주권은 무효이다.

③ A가 2022.6.1.에 C에게 주식을 양도하였다면 甲회사가 주권을 발행하지 않아 주권 없이 양도하였어도 甲회사에 대하여 양도의 효력이 있다.

④ 甲회사가 2022.7.1.에 주권을 발행하였다면 A는 그 후의 주식양도에 있어서 주권을 교부하여야 한다.

⑤ A가 2022.12.3.에 D에게 주식을 양도하였다면 D는 자신의 성명과 주소를 주주명부에 기재하지 아니하면 甲회사에 주식의 양도로 대항하지 못한다.

▌해설▌

① [O] 주식의 인수로 인한 권리의 양도는 회사에 대하여 효력이 없다(상법 제319조).

② [O] 상법 제355조 제3항

> **상법 제355조(주권발행의 시기)**
> ① 회사는 성립후 또는 신주의 납입기일후 지체없이 주권을 발행하여야 한다.
> ② 주권은 회사의 성립후 또는 신주의 납입기일후가 아니면 발행하지 못한다.
> ③ 전항의 규정에 위반하여 발행한 주권은 무효로 한다. 그러나 발행한 자에 대한 손해배상의 청구에 영향을 미치지 아니한다.

③ [×] 주권발행전에 한 주식의 양도는 회사에 대하여 효력이 없다. 그러나 회사성립후 또는 신주의 납입기일후 6월이 경과한 때에는 그러하지 아니하다(상법 제335조 제3항). 그러나 A가 C에게 주식을 양도한 2022.6.1.은 회사성립일인 2022.5.2.로부터 아직 6월이 경과하기 전이므로 甲회사에 대하여 양도의 효력이 없다.

④ [O] 주식의 양도에 있어서는 주권을 교부하여야 한다(상법 제336조 제1항). 따라서 甲회사가 회사성립일 이후인 2022.7.1.에 주권을 발행하였다면 A는 그 후의 주식양도에 있어서는 주권을 교부하여야 한다.

⑤ [O] 주식의 이전은 취득자의 성명과 주소를 주주명부에 기재하지 아니하면 회사에 대항하지 못한다(상법 제337조 제1항).

 ③

66 CPA 2016

☑ 확인Check! ○ △ ×

비상장회사인 甲주식회사는 직전 결산기의 배당가능이익을 재원으로 하여 주주들로부터 일정기간 신청을 받아 자기주식을 취득하려 한다. 이에 관한 상법상 설명으로 옳은 것은?

① 甲회사는 甲회사의 명의와 계산으로 자기주식을 취득할 수 있다.

② 상법은 甲회사가 취득할 수 있는 자기주식의 종류와 수 등을 결정할 수 있는 기관을 주주총회로 한정하고 있다.

③ 甲회사가 자기주식을 취득한 영업연도의 결산기에 결손이 발생한 경우 이사가 과실로 결손을 예견하지 못했음을 甲회사가 증명해야 이사에게 배상책임을 물을 수 있다.

④ 甲회사는 취득한 자기주식을 상당한 기간 내에 처분해야 할 의무를 부담한다.

⑤ 甲회사가 자기주식을 처분하는 경우 상법은 명문의 규정으로 주주들에게 자신의 주식 소유비율에 따라 우선적으로 자기주식을 양수할 수 있는 권리를 인정한다.

PART 3

해설

① [O] 상법 제341조 제1항

② [×] 상법은 甲회사가 취득할 수 있는 자기주식의 종류와 수 등을 결정할 수 있는 기관으로 주주총회를 원칙으로 하지만, 이사회의 결의로 이익배당을 할 수 있다고 정관으로 정하고 있는 경우에는 이사회도 가능하다고 규정하고 있다(상법 제341조 제2항 제1호 참조).

③ [×] 甲회사가 자기주식을 취득한 영업연도의 결산기에 결손이 발생한 경우 이사가 무과실을 증명해야 이사는 배상책임을 면할 수 있다(상법 제341조 제4항 참조).

> **상법 제341조(자기주식의 취득)**
>
> ① 회사는 다음의 방법에 따라 자기의 명의와 계산으로 자기의 주식을 취득할 수 있다. 다만, 그 취득가액의 총액은 직전 결산기의 대차대조표상의 순자산액에서 제462조 제1항 각 호의 금액을 뺀 금액을 초과하지 못한다.
>
> 1. 거래소에서 시세(時勢)가 있는 주식의 경우에는 거래소에서 취득하는 방법
> 2. 제345조 제1항의 주식의 상환에 관한 종류주식의 경우 외에 각 주주가 가진 주식 수에 따라 균등한 조건으로 취득하는 것으로서 대통령령으로 정하는 방법
>
> ② 제1항에 따라 자기주식을 취득하려는 회사는 미리 주주총회의 결의로 다음 각 호의 사항을 결정하여야 한다. 다만, 이사회의 결의로 이익배당을 할 수 있다고 정관으로 정하고 있는 경우에는 이사회의 결의로써 주주총회의 결의를 갈음할 수 있다.
>
> 1. 취득할 수 있는 주식의 종류 및 수
> 2. 취득가액의 총액의 한도
> 3. 1년을 초과하지 아니하는 범위에서 자기주식을 취득할 수 있는 기간
>
> ③ 회사는 해당 영업연도의 결산기에 대차대조표상의 순자산액이 제462조 제1항 각 호의 금액의 합계액에 미치지 못할 우려가 있는 경우에는 제1항에 따른 주식의 취득을 하여서는 아니 된다.
>
> ④ 해당 영업연도의 결산기에 대차대조표상의 순자산액이 제462조 제1항 각 호의 금액의 합계액에 미치지 못함에도 불구하고 회사가 제1항에 따라 주식을 취득한 경우 이사는 회사에 대하여 연대하여 그 미치지 못한 금액을 배상할 책임이 있다. 다만, 이사가 제3항의 우려가 없다고 판단하는 때에 주의를 게을리하지 아니하였음을 증명한 경우에는 그러하지 아니하다.

④ [×] 종전에는 취득한 자기주식을 즉시 처분하도록 하였으나, 2011년 개정 상법은 자기주식의 처분을 이사회의 재량으로 정하도록 하고 있지만 처분기간에 대해서는 규정이 없다(상법 제342조 참조).

⑤ [×] 회사가 보유하는 자기의 주식을 처분하는 경우, 주식을 처분할 상대방은 정관에 규정이 없는 이상 이사회가 재량으로 결정한다(상법 제342조 제3호 참조).

> **상법 제342조(자기주식의 처분)**
>
> 회사가 보유하는 자기의 주식을 처분하는 경우에 다음 각 호의 사항으로서 정관에 규정이 없는 것은 이사회가 결정한다.
>
> 1. 처분할 주식의 종류와 수
> 2. 처분할 주식의 처분가액과 납입기일
> 3. 주식을 처분할 상대방 및 처분방법

답 ①

67 CPA 2023

☑ 확인 Check! ○ △ ×

상법상 비상장주식회사의 주식양도에 관한 설명으로 틀린 것은? (이견이 있으면 판례에 의함)

① 주식의 인수로 인한 권리의 양도는 회사가 승인하면 회사에 대하여 효력이 있다.

② 회사는 정관으로 정하는 바에 따라 그 발행하는 주식의 양도에 관하여 이사회의 승인을 받도록 할 수 있다.

③ 신주의 납입기일 후 6월이 경과한 때에는 주권발행 전에 주식을 양도하더라도 그 양도는 회사에 대하여 효력이 있다.

④ 회사성립 후 6월 경과 전에 주권발행 전의 주식을 양도한 때에는 6월이 경과하도록 회사가 주권을 발행하지 않으면 그 양도의 하자가 치유된다.

⑤ 회사는 다른 회사의 영업전부의 양수로 인한 경우 자기의 주식을 취득할 수 있다.

▌해설▐

① [×] 주식의 인수로 인한 권리의 양도는 회사에 대하여 효력이 없다(상법 제319조). 다수설과 판례는 회사에 대하여는 효력이 없다는 것은 양수인이 회사에 대하여 양도의 효력을 주장할 수 없음은 물론이고 회사도 양도의 효력을 승인할 수 없다는 의미로 본다(대판 1965.12.7. 65다2069 참조).

② [○] 주식은 타인에게 양도할 수 있다. 다만, 회사는 정관으로 정하는 바에 따라 그 발행하는 주식의 양도에 관하여 이사회의 승인을 받도록 할 수 있다(상법 제335조 제1항).

③ [○] 주권발행 전에 한 주식의 양도는 회사에 대하여 효력이 없다. 그러나 회사성립 후 또는 신주의 납입기일 후 6월이 경과한 때에는 그러하지 아니하다(상법 제335조 제3항).

④ [○] 주권발행 전의 주식의 양도는 지명채권의 양도에 관한 일반원칙에 따라 당사자의 의사표시만으로 효력이 발생하는 것이고, 한편 주권발행 전에 한 주식의 양도가 회사성립 후 또는 신주의 납입기일 후 6월이 경과하기 전에 이루어졌다고 하더라도 그 이후 6월이 경과하고 그때까지 회사가 주권을 발행하지 않았다면, 그 하자는 치유되어 회사에 대하여도 유효한 주식양도가 된다고 봄이 상당하다(대판 2002.3.15. 2000두1850).

⑤ [○] 상법 제341조의2 제1호

> **상법 제341조의2(특정목적에 의한 자기주식의 취득)**
> 회사는 다음 각 호의 어느 하나에 해당하는 경우에는 제341조에도 불구하고 자기의 주식을 취득할 수 있다.
> 1. 회사의 합병 또는 다른 회사의 영업전부의 양수로 인한 경우
> 2. 회사의 권리를 실행함에 있어 그 목적을 달성하기 위하여 필요한 경우
> 3. 단주(端株)의 처리를 위하여 필요한 경우
> 4. 주주가 주식매수청구권을 행사한 경우

 ①

68 CPA 2022

☑ 확인 Check! ○ △ ×

상법상 비상장주식회사에 관한 설명으로 틀린 것은?

① 회사가 취득하여 가지고 있는 자기주식은 의결권이 없다.

② 회사가 보유하는 자기의 주식을 처분하는 경우, 정관에 규정이 없으면 처분할 주식의 종류와 수, 처분가액과 납입기일, 처분할 상대방 및 처분방법을 이사회가 결정한다.

③ A회사가 B회사의 발행주식총수의 10분의 1을 초과하여 취득한 때에는 B회사에 대하여 지체없이 이를 통지하여야 한다.

④ A회사의 자회사인 C회사가 D회사의 발행주식총수의 100분의50을 초과하는 주식을 보유하고 있다면, D회사는 상법의 적용에 있어 A회사의 자회사로 본다.

⑤ A회사가 E회사와 주식의 포괄적 교환을 하여 E회사의 모회사가 되었다면, 주식의 교환 전에 E회사가 보유하고 있던 A회사의 주식은 교환 즉시 소멸된다.

해설

① [O] 회사가 가진 자기주식은 의결권이 없다(상법 제369조 제2항).

② [O] 상법 제342조

> **상법 제342조(자기주식의 처분)**
> 회사가 보유하는 자기의 주식을 처분하는 경우에 다음 각 호의 사항으로서 정관에 규정이 없는 것은 이사회가 결정한다.
> 1. 처분할 주식의 종류와 수
> 2. 처분할 주식의 처분가액과 납입기일
> 3. 주식을 처분할 상대방 및 처분방법

③ [O] 회사가 다른 회사의 발행주식총수의 10분의 1을 초과하여 취득한 때에는 그 다른 회사에 대하여 지체없이 이를 통지하여야 한다(상법 제342조의3).

④ [O] 다른 회사의 발행주식의 총수의 100분의 50을 초과하는 주식을 모회사 및 자회사 또는 자회사가 가지고 있는 경우 그 다른 회사는 이 법의 적용에 있어 그 모회사의 자회사로 본다(상법 제342조의2 제3항).

⑤ [×] A회사가 E회사와 주식의 포괄적 교환을 하여 E회사의 모회사가 되었다면, 주식의 교환 전에 E회사가 보유하고 있던 A회사의 주식은 포괄적 교환 후에도 E회사가 보유한다. 다만 6개월 이내에 처분해야 한다(상법 제342조의2 제1항 제1호, 제2항 참조).

> **상법 제342조의2(자회사에 의한 모회사주식의 취득)**
> ① 다른 회사의 발행주식의 총수의 100분의 50을 초과하는 주식을 가진 회사(이하 "모회사"라 한다)의 주식은 다음의 경우를 제외하고는 그 다른 회사(이하 "자회사"라 한다)가 이를 취득할 수 없다.
> 1. 주식의 포괄적 교환, 주식의 포괄적 이전, 회사의 합병 또는 다른 회사의 영업전부의 양수로 인한 때
> 2. 회사의 권리를 실행함에 있어 그 목적을 달성하기 위하여 필요한 때
>
> ② 제1항 각 호의 경우 자회사는 그 주식을 취득한 날로부터 6월 이내에 모회사의 주식을 처분하여야 한다.

답 ⑤

69 세무사 2022

☑확인 Check! ○ △ ✕

상법상 자기주식에 관한 설명으로 옳지 않은 것은? (단, 특정목적에 의한 자기주식 취득의 경우는 제외)

① 회사는 거래소에서 시세(時勢)가 있는 주식의 경우에는 거래소에서 취득하는 방법에 따라 자기의 명의와 계산으로 자기주식을 취득할 수 있다.

② 회사가 자기주식을 취득할 경우 그 취득가액의 총액은 직전 결산기 기준으로 상법 규정에 따라 산정된 배당가능이익을 초과하지 못한다.

③ 회사는 자기주식을 취득하는 해당 영업연도의 결산기에 상법 규정에 따라 산정된 배당가능이익이 없을 우려가 있더라도 자기주식을 취득할 수 있고, 이에 관한 이사의 회사에 대한 손해배상책임은 성립할 여지가 없다.

④ 회사는 발행주식총수의 20분의 1을 초과하여 자기주식을 질권의 목적으로 받지 못한다.

⑤ 이사회의 결의에 의하여 회사가 보유하는 자기주식을 소각하는 경우 자본금 감소에 관한 규정을 따르지 아니하고 소각(消却)할 수 있다.

▌해설▌

① [O] 상법 제341조 제1항 제1호
② [O] 상법 제341조 제1항 단서
③ [✕] 상법 제341조 제3항, 제4항

> **상법 제341조(자기주식의 취득)**
>
> ① 회사는 다음의 방법에 따라 자기의 명의와 계산으로 자기의 주식을 취득할 수 있다. 다만, 그 취득가액의 총액은 직전 결산기의 대차대조표상의 순자산액에서 제462조 제1항 각 호의 금액을 뺀 금액(배당가능이익)을 초과하지 못한다.
>
> 1. 거래소에서 시세(時勢)가 있는 주식의 경우에는 거래소에서 취득하는 방법
> 2. 제345조 제1항의 주식의 상환에 관한 종류주식의 경우 외에 각 주주가 가진 주식 수에 따라 균등한 조건으로 취득하는 것으로서 대통령령으로 정하는 방법
>
> ③ 회사는 해당 영업연도의 결산기에 대차대조표상의 순자산액이 제462조 제1항 각 호의 금액의 합계액에 미치지 못할 우려가 있는 경우에는 제1항에 따른 주식의 취득을 하여서는 아니 된다.
>
> ④ 해당 영업연도의 결산기에 대차대조표상의 순자산액이 제462조 제1항 각 호의 금액의 합계액에 미치지 못함에도 불구하고 회사가 제1항에 따라 주식을 취득한 경우 이사는 회사에 대하여 연대하여 그 미치지 못한 금액을 배상할 책임이 있다. 다만, 이사가 제3항의 우려가 없다고 판단하는 때에 주의를 게을리하지 아니하였음을 증명한 경우에는 그러하지 아니하다.

④ [O] 회사는 발행주식총수의 20분의 1을 초과하여 자기의 주식을 질권의 목적으로 받지 못한다. 다만, 제341조의2 제1호(회사의 합병 또는 다른 회사의 영업전부의 양수로 인한 경우) 및 제2호(회사의 권리를 실행함에 있어 그 목적을 달성하기 위하여 필요한 경우)의 경우에는 그 한도를 초과하여 질권의 목적으로 할 수 있다(상법 제341조의3).

⑤ [O] 주식은 자본금 감소에 관한 규정에 따라서만 소각(消却)할 수 있다. 다만, 이사회의 결의에 의하여 회사가 보유하는 자기주식을 소각하는 경우에는 그러하지 아니하다(상법 제343조 제1항).

답 ③

70 세무사 2021 ☑ 확인Check! ○ △ ×

상법상 특정목적에 의한 자기주식의 취득이 허용되는 경우를 모두 고른 것은?

ㄱ. 회사의 합병으로 인한 경우
ㄴ. 다른 회사의 영업 일부의 양수로 인한 경우
ㄷ. 회사의 권리를 실행함에 있어 그 목적을 달성하기 위하여 필요한 경우
ㄹ. 주주가 주식매수청구권을 행사한 경우

① ㄱ, ㄴ, ㄷ
② ㄱ, ㄴ, ㄹ
③ ㄱ, ㄷ, ㄹ
④ ㄴ, ㄷ, ㄹ
⑤ ㄱ, ㄴ, ㄷ, ㄹ

| 해설 |

ㄱ. [O] 상법 제341조의2 제1호
ㄴ. [×] 다른 회사의 영업 일부의 양수로 인한 경우가 아니라 영업 전부의 양수로 인한 경우에 특정목적에 의한 자기주식의 취득이 허용된다(상법 제341조의2 제1호 참조).
ㄷ. [O] 상법 제341조의2 제2호
ㄹ. [O] 상법 제341조의2 제4호

상법 제341조의2(특정목적에 의한 자기주식의 취득)
회사는 다음 각 호의 어느 하나에 해당하는 경우에는 제341조에도 불구하고 자기의 주식을 취득할 수 있다.
1. 회사의 합병 또는 다른 회사의 영업전부의 양수로 인한 경우
2. 회사의 권리를 실행함에 있어 그 목적을 달성하기 위하여 필요한 경우
3. 단주(端株)의 처리를 위하여 필요한 경우
4. 주주가 주식매수청구권을 행사한 경우

답 ③

71 세무사 **2020** ☑ 확인Check! ○ △ ✕

상법상 자기주식에 관한 설명으로 옳지 않은 것은? (단, 특정목적에 의한 자기주식 취득의 경우는 제외)

① 회사가 자기주식 취득에 사용할 수 있는 총액은 직전 결산기의 배당가능이익을 초과할 수 없다.

② 상법은 배당가능이익을 재원으로 하는 이상 회사가 타인 명의와 자기 계산으로 자기주식을 취득할 수 있음을 명시적으로 인정하고 있다.

③ 회사가 보유하는 자기의 주식을 처분하는 경우에 주식을 처분할 상대방 및 처분방법에 관하여 정관에 규정이 없는 것은 이사회가 결정한다.

④ 이사회 결의로 이익배당을 할 수 있도록 정관으로 정하고 있는 회사는 이사회 결의로 취득할 수 있는 주식의 종류 및 수, 취득가액의 총액의 한도, 1년을 초과하지 아니하는 범위에서 자기주식을 취득할 수 있는 기간을 정할 수 있다.

⑤ 자기주식을 취득하고자 하는 날이 속하는 영업연도의 결산기에 배당가능이익이 존재하지 않을 우려가 있는 경우에는 자기주식을 취득하여서는 아니 된다.

해설

① [O], ② [X] 회사는 배당가능이익의 범위 내에서 자기의 명의와 계산으로 자기주식을 취득할 수 있다(상법 제341조 제1항, 제462조 제1항 참조).

③ [O] 상법 제342조 제3호

> **상법 제342조(자기주식의 처분)**
> 회사가 보유하는 자기의 주식을 처분하는 경우에 다음 각 호의 사항으로서 정관에 규정이 없는 것은 이사회가 결정한다.
> 1. 처분할 주식의 종류와 수
> 2. 처분할 주식의 처분가액과 납입기일
> 3. 주식을 처분할 상대방 및 처분방법

④ [O] 상법 제341조 제2항 단서

⑤ [O] 상법 제341조 제3항

> **상법 제341조(자기주식의 취득)**
> ① 회사는 다음의 방법에 따라 자기의 명의와 계산으로 자기의 주식을 취득할 수 있다. 다만, 그 취득가액의 총액은 직전 결산기의 대차대조표상의 순자산액에서 제462조 제1항 각 호의 금액을 뺀 금액(배당가능이익)을 초과하지 못한다.
> 1. 거래소에서 시세가 있는 주식의 경우에는 거래소에서 취득하는 방법
> 2. 제345조 제1항의 주식의 상환에 관한 종류주식의 경우 외에 각 주주가 가진 주식 수에 따라 균등한 조건으로 취득하는 것으로서 대통령령으로 정하는 방법
>
> ② 제1항에 따라 자기주식을 취득하려는 회사는 미리 주주총회의 결의로 다음 각 호의 사항을 결정하여야 한다. 다만, 이사회의 결의로 이익배당을 할 수 있다고 정관으로 정하고 있는 경우에는 이사회의 결의로써 주주총회의 결의를 갈음할 수 있다.

PART 3

1. 취득할 수 있는 주식의 종류 및 수
2. 취득가액의 총액의 한도
3. 1년을 초과하지 아니하는 범위에서 자기주식을 취득할 수 있는 기간

③ 회사는 해당 영업연도의 결산기에 대차대조표상의 순자산액이 제462조 제1항 각 호의 금액의 합계액에 미치지 못할 우려가 있는 경우에는 제1항에 따른 주식의 취득을 하여서는 아니 된다.

상법 제462조(이익의 배당)

① 회사는 대차대조표의 순자산액으로부터 다음의 금액을 공제한 액을 한도로 하여 이익배당을 할 수 있다.
1. 자본금의 액
2. 그 결산기까지 적립된 자본준비금과 이익준비금의 합계액
3. 그 결산기에 적립하여야 할 이익준비금의 액
4. 대통령령으로 정하는 미실현이익

답 ②

72 법무사 2022

☑ 확인 Check! ○ △ ×

상법상 자기주식에 관한 설명으로 가장 옳지 않은 것은?

① 상법 제341조의2에서 정한 특정목적에 의한 자기주식 취득이 아닌 경우에 회사는 직전 결산기의 배당가능이익을 초과하지 않는 범위에서 자기주식을 취득할 수 있다.

② 배당가능이익으로 하는 자기주식 취득에서 매수할 주식의 종류와 수, 취득가액의 총액 한도 등은 주주총회 결의로 정하지만, 정관에서 이사회의 결의로 이익배당을 할 수 있다고 정하는 경우에는 이사회 결의로 정할 수 있다.

③ 회사의 합병 또는 다른 회사의 영업전부의 양수로 인한 경우, 회사의 권리를 실행함에 있어 그 목적을 달성하기 위하여 필요한 경우, 단주의 처리를 위하여 필요한 경우, 주주가 주식매수청구권을 행사한 경우에는 배당가능이익과 무관하게 자기주식을 취득할 수 있다.

④ 회사가 자기주식을 취득한 경우 상법 제341조의2에서 정한 특정목적에 의한 자기주식 취득이 아닌 이상 지체 없이 주식실효의 절차를 밟아야 한다.

⑤ 자기주식의 취득이 예외적으로 허용되는 경우를 제외하고, 상법에서 정한 요건과 절차에 따르지 않은 자기주식 취득은 당연히 무효이다.

해설

① [O], ② [O] 상법은 배당가능이익의 범위 내에서의 자기주식 취득(상법 제341조)과 특정한 목적에 의한 자기주식 취득(상법 제341조의2)을 인정하고 있다.

> **상법 제341조(자기주식의 취득)**
> ① 회사는 다음의 방법에 따라 자기의 명의와 계산으로 자기의 주식을 취득할 수 있다. 다만, 그 취득가액의 총액은 직전 결산기의 대차대조표상의 순자산액에서 제462조 제1항 각 호의 금액(자본금과 법정준비금)을 뺀 금액(배당가능이익)을 초과하지 못한다.
> 1. 거래소에서 시세가 있는 주식의 경우에는 거래소에서 취득하는 방법
> 2. 제345조 제1항의 주식의 상환에 관한 종류주식의 경우 외에 각 주주가 가진 주식 수에 따라 균등한 조건으로 취득하는 것으로서 대통령령으로 정하는 방법
>
> ② 제1항에 따라 자기주식을 취득하려는 회사는 미리 주주총회의 결의로 다음 각 호의 사항을 결정하여야 한다. 다만, 이사회의 결의로 이익배당을 할 수 있다고 정관으로 정하고 있는 경우에는 이사회의 결의로써 주주총회의 결의를 갈음할 수 있다.
> 1. 취득할 수 있는 주식의 종류 및 수
> 2. 취득가액의 총액의 한도
> 3. 1년을 초과하지 아니하는 범위에서 자기주식을 취득할 수 있는 기간

③ [O] 상법 제341조의2

> **상법 제341조의2(특정목적에 의한 자기주식의 취득)**
> 회사는 다음 각 호의 어느 하나에 해당하는 경우에는 제341조에도 불구하고 자기의 주식을 취득할 수 있다.
> 1. 회사의 합병 또는 다른 회사의 영업전부의 양수로 인한 경우
> 2. 회사의 권리를 실행함에 있어 그 목적을 달성하기 위하여 필요한 경우
> 3. 단주(端株)의 처리를 위하여 필요한 경우
> 4. 주주가 주식매수청구권을 행사한 경우

④ [×] 종전에는 취득한 자기주식을 즉시 처분하도록 하였으나, 2011년 개정 상법은 자기주식의 처분을 이사회의 재량으로 정하도록 하고 있다.

> **상법 제342조(자기주식의 처분)**
> 회사가 보유하는 자기의 주식을 처분하는 경우에 다음 각 호의 사항으로서 정관에 규정이 없는 것은 이사회가 결정한다.
> 1. 처분할 주식의 종류와 수
> 2. 처분할 주식의 처분가액과 납입기일
> 3. 주식을 처분할 상대방 및 처분방법

⑤ [O] 상법은 주식회사가 자기의 계산으로 자기주식을 취득하는 것을 원칙적으로 금지하면서, 예외적으로 일정한 경우에만 그 취득이 허용되는 것으로 명시하고 있다. 따라서 상법 제341조, 제341조의2, 제342조의2 또는 증권거래법 등이 명시적으로 이를 허용하고 있는 경우 외에는, 회사의 자본적 기초를 위태롭게 하거나 주주 등의 이익을 해한다고 할 수 없는 것이 유형적으로 명백한 경우가 아닌 한 자기주식의 취득은 허용되지 아니하고, 위와 같은 금지규정에 위반하여 회사가 자기주식을 취득하거나 취득하기로 하는 약정은 무효이다(대판 2006.10.12. 2005다75729).

답 ④

PART 3

73 CPA 2016

☑ 확인Check! ○ △ ×

甲주식회사는 乙주식회사의 발행주식총수의 60%를 소유하고 있으며, 아울러 丙주식회사의 발행주식총수의 10%를 소유하고 있다. 한편 丙회사는 甲회사의 주식 7%를 소유하고 있다. 이러한 주식 소유관계에 관한 상법상 설명으로 틀린 것은? (각 지문은 독립된 것임)

① 甲, 乙, 丙회사가 더 이상 주식을 취득하지 않는다면 丙회사가 가진 甲회사 주식 7%는 의결권이 있다.

② 乙회사가 丙회사 주식을 1% 추가로 취득하면 丙회사가 가진 甲회사 주식 7%는 의결권이 없다.

③ 丙회사가 甲회사의 주식을 5% 추가로 취득하면 甲회사가 가진 丙회사의 주식 10%는 의결권이 없다.

④ 甲회사가 丙회사의 주식을 1% 추가로 취득하면 丙회사가 가진 甲회사 주식 7%는 의결권이 없다.

⑤ 丙회사가 乙회사의 주식을 11% 추가로 취득하면 甲회사가 가진 丙회사의 주식 10%는 의결권이 없다.

▌해설▐

회사, 모회사 및 자회사 또는 자회사가 다른 회사의 발행주식의 총수의 10분의 1을 초과하는 주식을 가지고 있는 경우 그 다른 회사가 가지고 있는 회사 또는 모회사의 주식은 의결권이 없다(상법 제369조 제3항). 이를 상호주의 의결권 제한이라고 하는데 이를 각 지문에 적용하면 다음과 같다.

① [○] 甲, 乙, 丙회사가 더 이상 주식을 취득하지 않는다면, 회사(甲회사)가 다른 회사(丙회사)의 발행주식의 총수의 10분의 1을 초과하는 주식을 가지고 있는 경우가 아니므로(10% 보유) 그 다른 회사(丙회사)가 가지고 있는 회사(甲회사)의 주식 7%는 의결권이 있다.

② [○] 乙회사가 丙회사 주식을 1% 추가로 취득하면, 모회사(甲회사) 및 자회사(乙회사)가 함께 다른 회사(丙회사)의 발행주식의 총수의 10분의 1을 초과[11%(甲회사가 10%, 乙회사가 1%)]하는 주식을 가지고 있는 경우이므로 그 다른 회사(丙회사)가 가지고 있는 모회사(甲회사)의 주식 7%는 의결권이 없다.

③ [○] 丙회사가 甲회사의 주식을 5% 추가로 취득하면, 회사(丙회사)가 다른 회사(甲회사)의 발행주식의 총수의 10분의 1을 초과(12% 보유)하는 주식을 가지고 있는 경우이므로 그 다른 회사(甲회사)가 가지고 있는 회사(丙회사)의 주식 10%는 의결권이 없다.

④ [○] 甲회사가 丙회사의 주식을 1% 추가로 취득하면, 회사(甲회사)가 다른 회사(丙회사)의 발행주식의 총수의 10분의 1을 초과하는 주식을 가지고 있는 경우이므로(11% 보유) 그 다른 회사(丙회사)가 가지고 있는 회사(甲회사)의 주식 7%는 의결권이 없다.

⑤ [×] 丙회사가 자회사(乙회사)의 주식을 11% 추가로 취득하여도, 모회사(甲회사)가 가진 丙회사의 주식의 의결권에는 영향이 없다. 참고로 乙회사가 丙회사의 주식을 11% 추가로 취득하면, 자회사(乙회사)가 다른 회사(丙회사)의 발행주식의 총수의 10분의 1을 초과(11% 보유)하는 주식을 가지고 있는 경우이므로 그 다른 회사(丙회사)가 가지고 있는 모회사(甲회사)의 주식 10%는 의결권이 없다.

답 ⑤

74 CPA 2015

☑ 확인 Check! ○ △ ✕

甲, 乙, 丙, 丁회사는 비상장주식회사로서 甲회사는 乙회사 발행주식총수의 63%, 丙회사 발행주식총수의 12%를 취득하였다. 乙회사는 丙회사 발행주식총수의 41%를 취득하였고, 丙회사는 丁회사 발행주식총수의 15%를 취득하였다. 丁회사는 甲회사 발행주식총수의 8%를 취득하였다. 상법상 甲, 乙, 丙, 丁회사의 법률관계에 관한 다음의 설명 중 옳은 것은?

① 乙회사는 어떠한 경우에도 甲회사의 주식을 취득할 수 없다.
② 丙회사가 甲회사 및 乙회사의 주식을 취득하는 것은 금지된다.
③ 丁회사가 乙회사 및 丙회사의 주식을 취득하는 것은 금지된다.
④ 丙회사는 丁회사에게 주식취득사실을 통지할 필요가 없다.
⑤ 丁회사는 자신이 보유하고 있는 甲회사의 주식에 대하여 의결권을 행사할 수 없다.

┃해설┃

① [×] 甲회사는 乙회사 발행주식총수의 63%를 취득하였으므로 甲회사와 乙회사는 모자관계가 인정된다. 원칙적으로 자회사에 의한 모회사주식의 취득은 금지되나, 예외적으로 주식의 포괄적 교환・이전, 합병, 영업전부양수, 권리실행 등에서 자회사(乙회사)가 모회사(甲회사)주식을 취득할 수 있는 경우가 인정된다(상법 제342조의2 제1항 제1호, 제2호 참조).

> **상법 제342조의2(자회사에 의한 모회사주식의 취득)**
> ① 다른 회사의 발행주식의 총수의 100분의 50을 초과하는 주식을 가진 회사(이하 "모회사"라 한다)의 주식은 다음의 경우를 제외하고는 그 다른 회사(이하 "자회사"라 한다)가 이를 취득할 수 없다.
> 1. 주식의 포괄적 교환, 주식의 포괄적 이전, 회사의 합병 또는 다른 회사의 영업전부의 양수로 인한 때
> 2. 회사의 권리를 실행함에 있어 그 목적을 달성하기 위하여 필요한 때

② [×] 모회사(甲회사) 및 자회사(乙회사)가 다른 회사(丙회사)의 발행주식총수의 53%(甲회사 12%+乙회사 41%)를 가지고 있으므로 다른 회사(丙회사)는 그 모회사(甲회사)의 자회사로 본다(상법 제342조의2 제3항 참조). 따라서 丙회사는 원칙적으로 甲회사의 주식을 취득할 수 없다. 그러나 乙회사는 丙회사의 발행주식총수의 41%만 취득하고 있으므로 모자관계에 있지 아니하므로 丙회사는 乙회사의 주식을 취득할 수 있다(상법 제342조의2 제1항 참조).

> **상법 제342조의2(자회사에 의한 모회사주식의 취득)**
> ③ 다른 회사의 발행주식의 총수의 100분의 50을 초과하는 주식을 모회사 및 자회사 또는 자회사가 가지고 있는 경우 그 다른 회사는 이 법의 적용에 있어 그 모회사의 자회사로 본다.

③ [×] 丁회사가 乙회사 또는 丙회사와 모자관계에 있는 것도 아니고, 乙회사가 丙회사와 모자관계에 있는 것도 아니므로 丁회사는 乙회사 및 丙회사의 주식을 취득할 수 있다.

④ [×] 회사가 다른 회사의 발행주식총수의 10분의 1을 초과하여 취득한 때에는 그 다른 회사에 대하여 지체없이 이를 통지하여야 한다(상법 제342조의3). 丙회사는 丁회사 발행주식총수의 15%를 취득하였으므로 丙회사는 丁회사에게 주식취득사실을 통지하여야 한다.

⑤ [O] 위 ②번 해설과 같이 丙회사는 甲회사의 자회사로 본다(상법 제342조의2 제3항 참조). 따라서 자회사(丙회사)가 다른 회사(丁회사)의 발행주식의 총수의 15%를 가지고 있으므로 그 다른 회사(丁회사)가 가지고 있는 모회사(甲회사)의 주식은 의결권이 없다(상법 제369조 제3항 참조).

PART 3

> **상법 제369조(의결권)**
> ③ 회사, 모회사 및 자회사 또는 자회사가 다른 회사의 발행주식의 총수의 10분의 1을 초과하는 주식을 가지고 있는 경우 그 다른 회사가 가지고 있는 회사 또는 모회사의 주식은 의결권이 없다.

 ⑤

75 세무사 2020

☑ 확인Check! ○ △ ×

상법상 상호보유주식에 관한 설명으로 옳지 않은 것은? (단, B회사는 A회사와 S회사의 모회사가 아님)

① A회사가 B회사 주식을 15% 보유하는 경우, B회사가 보유하는 A회사 주식은 의결권이 없다.
② A회사가 그 자회사인 S회사와 함께 B회사 주식을 11%(A회사가 7%, S회사가 4%) 보유하는 경우, B회사가 보유하는 A회사 주식은 의결권이 없다.
③ A회사의 자회사인 S회사가 단독으로 B회사 주식을 15% 보유하는 경우, B회사가 보유하는 A회사 및 S회사의 주식은 의결권이 없다.
④ B회사가 A회사 주식을 30% 매수한 경우, A회사가 B회사 주식을 15% 취득하면 B회사가 보유하는 A회사 주식은 의결권이 없다.
⑤ A회사가 그 자회사인 S회사와 함께 B회사 주식을 11%(A회사가 7%, S회사가 4%) 보유하는 경우, B회사가 보유하는 S회사 주식은 의결권이 없다.

해설

회사, 모회사 및 자회사 또는 자회사가 다른 회사의 발행주식의 총수의 10분의 1을 초과하는 주식을 가지고 있는 경우 그 다른 회사가 가지고 있는 회사 또는 모회사의 주식은 의결권이 없다(상법 제369조 제3항). 이를 상호주의 의결권 제한이라고 하는데 이를 각 지문에 적용하면 다음과 같다.

① [O] 회사(A회사)가 다른 회사(B회사)의 발행주식의 총수의 10분의 1을 초과(15% 보유)하는 주식을 가지고 있는 경우 그 다른 회사(B회사)가 가지고 있는 회사(A회사)의 주식은 의결권이 없다.
② [O], ⑤ [X] 모회사(A회사) 및 자회사(S회사)가 함께 다른 회사(B회사)의 발행주식의 총수의 10분의 1을 초과[11%(A회사가 7%, S회사가 4%)]하는 주식을 가지고 있는 경우 그 다른 회사(B회사)가 가지고 있는 모회사(A회사)의 주식은 의결권이 없다. 그러나 다른 회사(B회사)가 보유하는 자회사(S회사) 주식은 의결권이 있다. 다른 회사가 가지고 있는 자회사의 주식에 대하여는 의결권이 없다고 규정되어 있지 않기 때문이다.
③ [O] 자회사(S회사)가 다른 회사(B회사)의 발행주식의 총수의 10분의 1을 초과(15% 보유)하는 주식을 가지고 있는 경우 그 다른 회사(B회사)가 가지고 있는 모회사(A회사)의 주식은 의결권이 없고, 동시에 회사(S회사)가 다른 회사(B회사)의 발행주식의 총수의 10분의 1을 초과(15% 보유)하는 주식을 가지고 있는 경우 그 다른 회사(B회사)가 가지고 있는 회사(S회사)의 주식은 의결권이 없다. 즉, 모회사(A회사)는 자회사(S회사)가 다른 회사(B회사)의 주식을 소유하기 때문에 의결권이 없는 것이고, 자회사(S회사)의 의결권은 모회사(A회사) 상관없이 법조문의 앞부분의 회사로서 단독으로 다른 회사(B회사)와 상호소유가 성립하기 때문에 의결권이 없는 것이다.
④ [O] 회사(A회사)가 다른 회사(B회사)의 발행주식의 총수의 10분의 1을 초과(15% 보유)하는 주식을 가지고 있는 경우 그 다른 회사(B회사)가 가지고 있는 회사(A회사)의 주식은 의결권이 없다. B회사 역시 A회사의 발행주식의 총수의 10분의 1을 초과(30% 보유)하는 주식을 보유하고 있으므로 A회사가 보유하는 B회사의 주식도 의결권이 없다.

답 ⑤

제5절 | 주식의 담보

76 CPA 2021

☑ 확인Check! ○ △ ✕

상법상 주권 발행 후에 이루어진 주식의 입질에 관한 설명으로 틀린 것은?

① 주식을 질권의 목적으로 하는 때에는 주권을 질권자에게 교부하여야 한다.

② 질권자는 계속하여 주권을 점유하지 아니하면 그 질권으로써 제3자에게 대항하지 못한다.

③ 주식의 소각, 병합, 분할 또는 전환이 있는 때에는 이로 인하여 종전의 주주가 받을 금전이나 주식에 대하여도 종전의 주식을 목적으로 한 질권을 행사할 수 있다.

④ 주식의 등록질권자는 회사로부터 이익배당 또는 잔여재산의 분배에 따른 금전의 지급을 받아 다른 채권자에 우선하여 자기채권의 변제에 충당할 수 있다.

⑤ 상법은 주식의 약식질권도 신주인수권에 대하여 그 우선변제적 효력이 미친다고 규정하고 있다.

해설

① [O] 주식을 질권의 목적으로 하는 때에는 주권을 질권자에게 교부하여야 한다(상법 제338조 제1항).

② [O] 질권자는 계속하여 주권을 점유하지 아니하면 그 질권으로써 제3자에게 대항하지 못한다(상법 제338조 제2항).

③ [O] 주식의 소각, 병합, 분할 또는 전환이 있는 때에는 이로 인하여 종전의 주주가 받을 금전이나 주식에 대하여도 종전의 주식을 목적으로한 질권을 행사할 수 있다(상법 제339조).

④ [O] 주식을 질권(質權)의 목적으로 한 경우에 회사가 질권설정자의 청구에 따라 그 성명과 주소를 주주명부에 덧붙여 쓰고 그 성명을 주권(株券)에 적은 경우에는 질권자는 회사로부터 이익배당, 잔여재산의 분배 또는 제339조에 따른 금전의 지급을 받아 다른 채권자에 우선하여 자기채권의 변제에 충당할 수 있다(상법 제340조 제1항).

⑤ [✕] 주주의 신주인수권에 질권의 효력이 미치는지에 대하여 약식질, 등록질 모두 상법상 규정이 없다. 통설은 신주인수권의 행사에는 주금납입이 필요하므로 주식의 변형물이라고 볼 수 없어 신주인수권에 질권의 효력이 미치지 않는다는 입장이다.

답 ⑤

PART 3

77 CPA 2017

☑ 확인 Check! ○ △ ✕

상법상 주식의 담보에 관한 설명으로 틀린 것은?

① 등록질권자가 회사에 대하여 질권자로서의 권리를 행사하기 위하여는 주권을 제시하여야 한다.
② 주식의 양도담보는 관습법상 인정되고 있는 제도로서 약식양도담보와 등록양도담보가 모두 가능하다.
③ 등록질권자는 회사로부터 잔여재산의 분배에 따른 금전의 지급을 받아 다른 채권자에 우선하여 자기채권의 변제에 충당할 수 있다.
④ 회사는 합병 또는 다른 회사의 영업전부를 양수하는 경우 발행주식총수의 20분의 1을 초과하여 자기의 주식을 질권의 목적으로 받을 수 있다.
⑤ 주식의 소각, 병합, 분할 또는 전환으로 인하여 종전의 주주가 받을 금전이나 주식에 대하여도 종전의 주식을 목적으로 한 질권을 행사할 수 있다.

해설

① [✕] 등록질은 질권설정의 합의와 주권의 교부 이외에 회사가 질권설정자의 청구에 따라 질권자의 성명과 주소를 주주명부에 기재함으로써 성립한다(상법 제340조 제1항 참조). 등록질권자는 이미 주주명부에 질권을 등록하였으므로 회사에 대하여 질권자로서의 권리를 행사하기 위하여 주권을 제시할 필요가 없다.
② [O] 주식의 양도담보란 채무담보의 목적으로 소유권을 채권자에게 이전하는 형식을 취하는 비전형담보의 일종으로서 관습법에 의해 인정된 것이다. 주식의 양도담보도 질권과 마찬가지로 양도담보의 합의와 주권의 교부만으로 성립하는 약식양도담보와 양도담보의 합의, 주권의 교부, 명의개서를 요하는 등록양도담보로 나눌 수 있다.
③ [O] 주식을 질권(質權)의 목적으로 한 경우에 회사가 질권설정자의 청구에 따라 그 성명과 주소를 주주명부에 덧붙여 쓰고 그 성명을 주권(株券)에 적은 경우에는 질권자는 회사로부터 이익배당, 잔여재산의 분배 또는 제339조(질권의 물상대위)에 따른 금전의 지급을 받아 다른 채권자에 우선하여 자기채권의 변제에 충당할 수 있다(상법 제340조 제1항).
④ [O] 상법 제341조의3, 제341조의2 제1호

> **상법 제341조의3(자기주식의 질취)**
> 회사는 발행주식총수의 20분의 1을 초과하여 자기의 주식을 질권의 목적으로 받지 못한다. 다만, 제341조의2 제1호 및 제2호의 경우에는 그 한도를 초과하여 질권의 목적으로 할 수 있다.
>
> **상법 제341조의2(특정목적에 의한 자기주식의 취득)**
> 회사는 다음 각 호의 어느 하나에 해당하는 경우에는 제341조에도 불구하고 자기의 주식을 취득할 수 있다.
> 1. 회사의 합병 또는 다른 회사의 영업전부의 양수로 인한 경우
> 2. 회사의 권리를 실행함에 있어 그 목적을 달성하기 위하여 필요한 경우
> 3. 단주(端株)의 처리를 위하여 필요한 경우
> 4. 주주가 주식매수청구권을 행사한 경우

⑤ [O] 주식의 소각, 병합, 분할 또는 전환이 있는 때에는 이로 인하여 종전의 주주가 받을 금전이나 주식에 대하여도 종전의 주식을 목적으로한 질권을 행사할 수 있다(상법 제339조).

답 ①

78 세무사 2024

☑ 확인 Check! ○ △ ✕

상법상 주식의 입질에 관한 설명으로 옳지 않은 것은?

① 회사가 신주발행 후 6월이 지나도 주권을 발행하지 않는 경우 주권이 발행되지 않은 주식에 대한 질권을 설정할 수 있다.

② 전환주식에 대한 약식질권자는 전환으로 인하여 발행되는 신주식에 대해 종전 주식을 목적으로 하는 질권을 행사할 수 있다.

③ 등록질권자는 질권의 목적인 주식에 대한 이익배당을 받아 다른 채권자에 우선하여 자기 채권의 변제에 충당할 수 있다.

④ 질권의 목적인 주식이 분할된 경우 등록질권자는 분할에 의해 새로 발행되는 주식에 대한 주권의 교부를 청구할 수 없다.

⑤ 약식질권자가 계속하여 주권을 점유하지 아니하면 그 질권으로써 제3자에게 대항하지 못한다.

해설

① [O] 주권발행 전의 주식에 대한 양도도 인정되고, 주권발행 전 주식의 담보제공을 금하는 법률규정도 없으므로 주권발행 전 주식에 대한 질권설정도 가능하다고 할 것이지만, 상법 제338조 제1항은 기명주식을 질권의 목적으로 하는 때에는 주권을 교부하여야 한다고 규정하고 있으나, 이는 주권이 발행된 기명주식의 경우에 해당하는 규정이라고 해석함이 상당하므로, 주권발행 전의 주식 입질에 관하여는 상법 제338조 제1항의 규정이 아니라 권리질권설정의 일반원칙인 민법 제346조로 돌아가 그 권리의 양도방법에 의하여 질권을 설정할 수 있다고 보아야 한다(대결 2000.8.16. 99그1).

② [O], ④ [X] 주식의 소각, 병합, 분할 또는 전환이 있는 때에는 이로 인하여 종전의 주주가 받을 금전이나 주식에 대하여도 종전의 주식을 목적으로한 질권을 행사할 수 있다(상법 제339조). 약식질, 등록질 모두 물상대위가 인정된다.

③ [O] 주식을 질권의 목적으로 한 경우에 회사가 질권설정자의 청구에 따라 그 성명과 주소를 주주명부에 덧붙여 쓰고 그 성명을 주권(株券)에 적은 경우에는 질권자는 회사로부터 이익배당, 잔여재산의 분배 또는 제339조에 따른 금전의 지급을 받아 다른 채권자에 우선하여 자기채권의 변제에 충당할 수 있다(상법 제340조 제1항).

⑤ [O] 질권자는 계속하여 주권을 점유하지 아니하면 그 질권으로써 제3자에게 대항하지 못한다(상법 제338조 제2항).

 ④

79 CPA 2018

☑ 확인Check! ○ △ ×

상법상 주식매수선택권에 관한 설명으로 옳은 것은?

① 주식매수선택권의 부여는 정관이 정하는 바에 따라 이사회 결의로 정할 수 있으며 이사회 결의는 이사 3분의 2 이상의 수로써 하여야 한다.

② 주식매수선택권의 행사가액은 자기주식을 양도하는 경우에는 주식매수선택권의 부여일을 기준으로 한 주식의 실질가액 이상이어야 한다.

③ 주식매수선택권의 행사가액은 신주를 발행하는 경우에는 주식매수선택권의 행사일을 기준으로 한 주식의 실질가액과 주식의 권면액 중 높은 금액 이상이어야 한다.

④ 주식매수선택권의 행사가액이 주식의 실질가액보다 낮은 경우에 회사는 그 차액을 금전으로 지급할 수 있으며 이 경우 주식의 실질가액은 주식매수선택권의 부여일을 기준으로 평가한다.

⑤ 주식매수선택권은 그 부여일로부터 3년 이상 재임 또는 재직하여야 행사할 수 있으며 이를 양도할 수 없다.

▌해설▐

① [×], ④ [×] 회사는 정관으로 정하는 바에 따라 제434조의 주주총회의 결의로 회사의 설립・경영 및 기술혁신 등에 기여하거나 기여할 수 있는 회사의 이사, 집행임원, 감사 또는 피용자(被用者)에게 미리 정한 가액(이하 "주식매수선택권의 행사가액"이라 한다)으로 신주를 인수하거나 자기의 주식을 매수할 수 있는 권리(이하 "주식매수선택권"이라 한다)를 부여할 수 있다. 다만, 주식매수선택권의 행사가액이 주식의 실질가액보다 낮은 경우에 회사는 그 차액을 금전으로 지급하거나 그 차액에 상당하는 자기의 주식을 양도할 수 있다. 이 경우 주식의 실질가액은 주식매수선택권의 행사일을 기준으로 평가한다(상법 제340조의2 제1항).

② [O] 상법 제340조의2 제4항 제2호

③ [×] 상법 제340조의2 제4항 제1호

> **상법 제340조의2(주식매수선택권)**
>
> ④ 제1항의 주식매수선택권의 행사가액은 다음 각 호의 가액 이상이어야 한다.
>
> 1. 신주를 발행하는 경우에는 주식매수선택권의 부여일을 기준으로 한 주식의 실질가액과 주식의 권면액(券面額) 중 높은 금액. 다만, 무액면주식을 발행한 경우에는 자본으로 계상되는 금액 중 1주에 해당하는 금액을 권면액으로 본다.
> 2. 자기의 주식을 양도하는 경우에는 주식매수선택권의 부여일을 기준으로 한 주식의 실질가액

⑤ [×] 상법 제340조의4 제1항, 제2항

> **상법 제340조의4(주식매수선택권의 행사)**
>
> ① 제340조의2 제1항의 주식매수선택권은 제340조의3(주식매수선택권의 부여) 제2항 각 호의 사항을 정하는 주주총회결의일부터 2년 이상 재임 또는 재직하여야 이를 행사할 수 있다.
>
> ② 제340조의2 제1항의 주식매수선택권은 이를 양도할 수 없다. 다만, 동조 제2항의 규정에 의하여 주식매수선택권을 행사할 수 있는 자가 사망한 경우에는 그 상속인이 이를 행사할 수 있다.

답 ②

80 세무사 2024

☑ 확인Check! ○ △ ✕

상법상 비상장회사의 주식매수선택권에 관한 설명으로 옳지 않은 것은?

① 주식매수선택권의 행사로 회사가 양도할 자기주식은 회사의 발행주식총수의 100분의 10을 초과할 수 없다.
② 회사는 주주총회의 특별결의에 의하여 주식매수선택권을 부여받은 자와 계약을 체결하여야 한다.
③ 주식매수선택권을 행사할 수 있는 자가 사망한 경우에는 그 상속인이 이를 행사할 수 있다.
④ 주식매수선택권을 부여받은 자는 주식매수선택권에 관한 주주총회 결의일로부터 2년 이상 재임 또는 재직하여야 이를 행사할 수 있다.
⑤ 회사는 이사의 해임 등 회사의 주요 경영사항에 대하여 사실상 영향력을 행사하는 자의 직계존비속에 대하여 주식매수선택권을 부여할 수 있다.

해설

① [O] 상법 제340조의2 제3항
② [O] 상법 제340조의2 제1항, 제340조의3 제2항・제3항
③ [O] 제340조의2 제1항의 주식매수선택권은 이를 양도할 수 없다. 다만, 동조 제2항의 규정에 의하여 주식매수선택권을 행사할 수 있는 자가 사망한 경우에는 그 상속인이 이를 행사할 수 있다(상법 제340조의4 제2항).
④ [O] 제340조의2 제1항의 주식매수선택권은 제340조의3 제2항 각 호의 사항을 정하는 주주총회결의일부터 2년 이상 재임 또는 재직하여야 이를 행사할 수 있다(상법 제340조의4 제1항).
⑤ [✕] 상법 제340조의2 제2항 제3호

상법 제340조의2(주식매수선택권)

① 회사는 정관으로 정하는 바에 따라 제434조의 주주총회의 결의로 회사의 설립・경영 및 기술혁신 등에 기여하거나 기여할 수 있는 회사의 이사, 집행임원, 감사 또는 피용자에게 미리 정한 가액(이하 "주식매수선택권의 행사가액"이라 한다)으로 신주를 인수하거나 자기의 주식을 매수할 수 있는 권리(이하 "주식매수선택권"이라 한다)를 부여할 수 있다. 다만, 주식매수선택권의 행사가액이 주식의 실질가액보다 낮은 경우에 회사는 그 차액을 금전으로 지급하거나 그 차액에 상당하는 자기의 주식을 양도할 수 있다. 이 경우 주식의 실질가액은 주식매수선택권의 행사일을 기준으로 평가한다.
② 다음 각 호의 어느 하나에 해당하는 자에게는 제1항의 주식매수선택권을 부여할 수 없다.
1. 의결권 없는 주식을 제외한 발행주식총수의 100분의 10 이상의 주식을 가진 주주
2. 이사・집행임원・감사의 선임과 해임 등 회사의 주요 경영사항에 대하여 사실상 영향력을 행사하는 자
3. 제1호와 제2호에 규정된 자의 배우자와 직계존비속
③ 제1항에 따라 발행할 신주 또는 양도할 자기의 주식은 회사의 발행주식총수의 100분의 10을 초과할 수 없다.

상법 제340조의3(주식매수선택권의 부여)

② 제340조의2 제1항의 주식매수선택권에 관한 주주총회의 결의에 있어서는 다음 각 호의 사항을 정하여야 한다.
1. 주식매수선택권을 부여받을 자의 성명
2. 주식매수선택권의 부여방법
3. 주식매수선택권의 행사가액과 그 조정에 관한 사항

PART 3

4. 주식매수선택권의 행사기간
5. 주식매수선택권을 부여받을 자 각각에 대하여 주식매수선택권의 행사로 발행하거나 양도할 주식의 종류와 수

③ 회사는 제2항의 주주총회결의에 의하여 주식매수선택권을 부여받은 자와 계약을 체결하고 상당한 기간내에 그에 관한 계약서를 작성하여야 한다.

답 ⑤

81 세무사 2023

확인 Check! ○ △ ×

상법상 비상장주식회사에서의 주식매수선택권에 관한 설명으로 옳은 것을 모두 고른 것은?

ㄱ. 의결권 없는 주식을 제외한 발행주식총수의 100분의 10 이상의 주식을 가진 주주에게 주식매수선택권을 부여할 수 있다.
ㄴ. 주식매수선택권에 따라 발행할 신주 또는 양도할 자기의 주식은 회사의 발행 주식총수의 100분의 10을 초과할 수 없다.
ㄷ. 주식매수선택권을 부여한 회사의 주주에게는 주식매수선택권을 양도할 수 있다.
ㄹ. 회사는 주주총회결의에 의하여 주식매수선택권을 부여받은 자와 계약을 체결하고 상당한 기간 내에 그에 관한 계약서를 작성하여야 한다.

① ㄱ, ㄴ
② ㄱ, ㄹ
③ ㄴ, ㄹ
④ ㄱ, ㄷ, ㄹ
⑤ ㄴ, ㄷ, ㄹ

해설

ㄱ. [×] 상법 제340조의2 제2항 제1호

상법 제340조의2(주식매수선택권)
② 다음 각 호의 어느 하나에 해당하는 자에게는 제1항의 주식매수선택권을 부여할 수 없다.
1. 의결권 없는 주식을 제외한 발행주식총수의 100분의 10 이상의 주식을 가진 주주
2. 이사·집행임원·감사의 선임과 해임 등 회사의 주요 경영사항에 대하여 사실상 영향력을 행사하는 자
3. 제1호와 제2호에 규정된 자의 배우자와 직계존비속

ㄴ. [○] 제1항에 따라 발행할 신주 또는 양도할 자기의 주식은 회사의 발행주식총수의 100분의 10을 초과할 수 없다(상법 제340조의2 제3항).
ㄷ. [×] 제340조의2 제1항의 주식매수선택권은 이를 양도할 수 없다. 다만, 동조 제2항의 규정에 의하여 주식매수선택권을 행사할 수 있는 자가 사망한 경우에는 그 상속인이 이를 행사할 수 있다(상법 제340조의4 제2항).
ㄹ. [○] 회사는 제2항의 주주총회결의에 의하여 주식매수선택권을 부여받은 자와 계약을 체결하고 상당한 기간내에 그에 관한 계약서를 작성하여야 한다(상법 제340조의3 제3항).

답 ③

82 세무사 2022

☑ 확인Check! ○ △ ×

상법상 비상장회사의 주식매수선택권에 관한 설명으로 옳지 않은 것은?

① 회사의 기술혁신에 기여할 수 있는 피용자(被用者)에 대하여 회사는 정관으로 정하는 바에 따라 주주총회 특별결의로 주식매수선택권을 부여할 수 있다.

② 주식매수선택권은 양도할 수 없으나 주식매수선택권을 행사할 수 있는 자가 사망한 경우 그 상속인이 이를 행사할 수 있다.

③ 주식매수선택권의 행사일을 기준으로 평가한 주식의 실질가액이 주식매수선택권의 행사가액보다 높은 경우에 회사는 그 차액을 금전으로 지급하거나 그 차액에 상당하는 자기의 주식을 양도할 수 있다.

④ 이사・집행임원・감사의 선임과 해임 등 회사의 주요 경영사항에 대하여 사실상 영향력을 행사하는 자가 회사의 경영에 기여하거나 기여할 수 있다면 그에게 주식매수선택권을 부여할 수 있다.

⑤ 주식매수선택권의 부여에 따라 발행할 신주 또는 양도할 자기의 주식은 회사의 발행주식총수의 100분의 10을 초과할 수 없다.

해설

① [O], ③ [O] 상법 제340조의2 제1항

② [O] 제340조의2 제1항의 주식매수선택권은 이를 양도할 수 없다. 다만, 동조 제2항의 규정에 의하여 주식매수선택권을 행사할 수 있는 자가 사망한 경우에는 그 상속인이 이를 행사할 수 있다(상법 제340조의4 제2항).

④ [×] 상법 제340조의2 제2항 제2호

⑤ [O] 상법 제340조의2 제3항

상법 제340조의2(주식매수선택권)

① 회사는 정관으로 정하는 바에 따라 제434조의 주주총회의 결의로 회사의 설립・경영 및 기술혁신 등에 기여하거나 기여할 수 있는 회사의 이사, 집행임원, 감사 또는 피용자(被用者)에게 미리 정한 가액(이하 "주식매수선택권의 행사가액"이라 한다)으로 신주를 인수하거나 자기의 주식을 매수할 수 있는 권리(이하 "주식매수선택권"이라 한다)를 부여할 수 있다. 다만, 주식매수선택권의 행사가액이 주식의 실질가액보다 낮은 경우에 회사는 그 차액을 금전으로 지급하거나 그 차액에 상당하는 자기의 주식을 양도할 수 있다. 이 경우 주식의 실질가액은 주식매수선택권의 행사일을 기준으로 평가한다.

② 다음 각 호의 어느 하나에 해당하는 자에게는 제1항의 주식매수선택권을 부여할 수 없다.

1. 의결권 없는 주식을 제외한 발행주식총수의 100분의 10 이상의 주식을 가진 주주
2. 이사・집행임원・감사의 선임과 해임 등 회사의 주요 경영사항에 대하여 사실상 영향력을 행사하는 자
3. 제1호와 제2호에 규정된 자의 배우자와 직계존비속

③ 제1항에 따라 발행할 신주 또는 양도할 자기의 주식은 회사의 발행주식총수의 100분의 10을 초과할 수 없다.

답 ④

PART 3

83 세무사 2021

☑ 확인 Check! ○ △ ×

상법상 비상장주식회사인 甲회사의 주식은 A가 95%, A의 배우자 B가 5%를 소유하고 있고, 甲회사에는 A의 자녀인 C와 D 그리고 A의 자매인 E가 이사로 재임하고 있다. 이 경우 甲회사가 주식매수선택권을 부여할 수 없는 자를 모두 묶은 것은?

① A, B, C, D, E
② A, B, C, D
③ A, B, C
④ A, B
⑤ A

해설

② [O] 의결권 없는 주식을 제외한 발행주식총수의 100분의 10 이상의 주식을 가진 주주 A(상법 제340조의2 제2항 제1호 참조)와 A의 배우자 B, A의 직계비속인 자녀 C와 D에게는 주식매수선택권을 부여할 수 없다(상법 제340조의2 제2항 제3호 참조). 그러나 A의 자매인 이사 E에게는 주식매수선택권을 부여할 수 있다.

> **상법 제340조의2(주식매수선택권)**
> ② 다음 각 호의 어느 하나에 해당하는 자에게는 제1항의 주식매수선택권을 부여할 수 없다.
> 1. 의결권 없는 주식을 제외한 발행주식총수의 100분의 10 이상의 주식을 가진 주주
> 2. 이사·집행임원·감사의 선임과 해임 등 회사의 주요 경영사항에 대하여 사실상 영향력을 행사하는 자
> 3. 제1호와 제2호에 규정된 자의 배우자와 직계존비속

답 ②

84 법무사 2024

☑ 확인 Check! ○ △ ×

주식매수선택권에 관한 다음 설명 중 가장 옳지 않은 것은?

① 주식매수선택권 제도는 회사의 설립·경영과 기술혁신 등에 기여하거나 기여할 수 있는 임직원에게 장차 주식매수로 인한 이득을 유인동기로 삼아 직무에 충실하도록 유도하기 위한 일종의 성과보상제도이다.
② 주식매수선택권 부여에 관한 주주총회 결의는 회사의 의사결정절차에 그치는 것이 아니므로, 특정인에 대한 주식매수선택권의 구체적 내용은 주주총회 결의를 통해서 정해진다.
③ 본인의 귀책사유가 아닌 사유로 퇴임 또는 퇴직하게 되더라도 퇴임 또는 퇴직일까지 상법 제340조의4 제1항의 '2년 이상 재임 또는 재직' 요건을 충족하지 못한다면 위 조항에 따른 주식매수선택권을 행사할 수 없다.
④ 회사는 주식매수선택권을 부여받은 자의 권리를 부당하게 제한하지 않고 정관의 기본 취지나 핵심 내용을 해치지 않는 범위에서 주주총회 결의와 개별 계약을 통해서 주식매수선택권을 부여받은 자가 언제까지 선택권을 행사할 수 있는지를 자유롭게 정할 수 있다.
⑤ 회사가 주식매수선택권 부여에 관한 계약을 체결할 때 주식매수선택권의 행사기간 등을 일부 변경하거나 조정한 경우 그것이 주식매수선택권을 부여받은 자, 기존 주주 등 이해관계인들 사이의 균형을 해치지 않고 주주총회 결의에서 정한 본질적인 내용을 훼손하는 것이 아니라면 유효하다고 보아야 한다.

해설

① [O] 회사는 정관으로 정하는 바에 따라 상법 제434조가 정한 주주총회의 특별결의로 회사의 설립・경영과 기술혁신 등에 기여하거나 기여할 수 있는 회사의 이사, 집행임원, 감사 또는 피용자에게 미리 정한 가액으로 신주를 인수하거나 자기의 주식을 매수할 수 있는 권리(이하 '주식매수선택권'이라 한다)를 부여할 수 있다(상법 제340조의2 제1항). 이러한 주식매수선택권 제도는 회사의 설립・경영과 기술혁신 등에 기여하거나 기여할 수 있는 임직원에게 장차 주식매수로 인한 이득을 유인동기로 삼아 직무에 충실하도록 유도하기 위한 일종의 성과보상제도이다(대판 2018.7.26. 2016다237714).

② [×] 주식매수선택권 부여에 관한 주주총회 결의는 회사의 의사결정절차에 지나지 않고, 특정인에 대한 주식매수선택권의 구체적 내용은 일반적으로 회사가 체결하는 계약을 통해서 정해진다. 주식매수선택권을 부여받은 자는 계약에서 주어진 조건에 따라 계약에서 정한 기간 내에 선택권을 행사할 수 있다(대판 2018.7.26. 2016다237714).

③ [O] 상법 제340조의4 제1항과 구 증권거래법 및 그 내용을 이어받은 상법 제542조의3 제4항이 주식매수선택권 행사요건에서 차별성을 유지하고 있는 점, 위 각 법령에서 '2년 이상 재임 또는 재직' 요건의 문언적인 차이가 뚜렷한 점, 비상장법인, 상장법인, 벤처기업은 주식매수선택권 부여 법인과 부여 대상, 부여 한도 등에서 차이가 있는 점, 주식매수선택권 제도는 임직원의 직무 충실로 야기된 기업가치 상승을 유인동기로 하여 직무에 충실하게 하고자 하는 제도인 점, 상법의 규정은 주주, 회사의 채권자 등 다수의 이해관계인에게 영향을 미치는 단체법적 특성을 가지는 점 등을 고려하면, 상법 제340조의4 제1항에서 정하는 주식매수선택권 행사요건을 판단할 때에는 구 증권거래법 및 그 내용을 이어받은 상법 제542조의3 제4항을 적용할 수 없고, 정관이나 주주총회의 특별결의를 통해서도 상법 제340조의4 제1항의 요건을 완화하는 것은 허용되지 않는다고 해석하여야 한다. 따라서 본인의 귀책사유가 아닌 사유로 퇴임 또는 퇴직하게 되더라도 퇴임 또는 퇴직일까지 상법 제340조의4 제1항의 '2년 이상 재임 또는 재직' 요건을 충족하지 못한다면 위 조항에 따른 주식매수선택권을 행사할 수 없다(대판 2011.3.24. 2010다85027).

④ [O] 상법은 주식매수선택권을 부여하기로 한 주주총회 결의일(상장회사에서 이사회결의로 부여하는 경우에는 이사회 결의일)부터 2년 이상 재임 또는 재직하여야 주식매수선택권을 행사할 수 있다고 정하고 있다(상법 제340조의4 제1항, 제542조의3 제4항, 상법 시행령 제30조 제5항). 이와 같이 상법은 주식매수선택권을 행사할 수 있는 시기만을 제한하고 있을 뿐 언제까지 행사할 수 있는지에 관해서는 정하지 않고 회사의 자율적인 결정에 맡기고 있다. 따라서 회사는 주식매수선택권을 부여받은 자의 권리를 부당하게 제한하지 않고 정관의 기본 취지나 핵심 내용을 해치지 않는 범위에서 주주총회 결의와 개별 계약을 통해서 주식매수선택권을 부여받은 자가 언제까지 선택권을 행사할 수 있는지를 자유롭게 정할 수 있다고 보아야 한다(대판 2018.7.26. 2016다237714).

⑤ [O] 나아가 주식매수선택권을 부여하는 주주총회 결의에서 주식매수선택권의 부여 대상과 부여방법, 행사가액, 행사기간, 주식매수선택권의 행사로 발행하거나 양도할 주식의 종류와 수 등을 정하도록 한 것은 이해관계를 가지는 기존 주주들로 하여금 회사의 의사결정 단계에서 중요 내용을 정하도록 함으로써 주식매수선택권의 행사에 관한 예측가능성을 도모하기 위한 것이다. 그러나 주주총회 결의 시 해당 사항의 세부적인 내용을 빠짐없이 정하도록 예정한 것으로 보기는 어렵다. 이후 회사가 주식매수선택권 부여에 관한 계약을 체결할 때 주식매수선택권의 행사기간 등을 일부 변경하거나 조정한 경우 그것이 주식매수선택권을 부여받은 자, 기존 주주 등 이해관계인들 사이의 균형을 해치지 않고 주주총회 결의에서 정한 본질적인 내용을 훼손하는 것이 아니라면 유효하다고 보아야 한다(대판 2018.7.26. 2016다237714).

답 ②

85 CPA 2020

☑ 확인Check! ○ △ ×

상법상 주식에 관한 설명으로 옳은 것만을 모두 고른 것은?

ㄱ. 주식은 자본금 감소에 관한 규정에 따라서만 소각(消却)할 수 있다. 다만 이사회의 결의에 의하여 회사가 보유하는 자기주식을 소각하는 경우에는 그러하지 아니하다.
ㄴ. 회사가 다른 회사의 발행주식총수의 10분의 1을 초과하여 취득한 때에는 그 다른 회사에 대하여 6개월 이내에 이를 통지하여야 한다.
ㄷ. 회사가 보유하는 자기주식을 처분하는 경우에 처분할 주식의 종류와 수에 관하여 정관에 규정이 없는 것은 주주총회가 결정한다.
ㄹ. 주식양도시 이사회의 승인을 얻도록 규정된 정관에도 불구하고 이사회의 승인 없이 주식을 양도한 경우, 이는 회사에 대하여 효력이 없으므로 그 주식의 양수인은 회사에 대하여 주식양도의 승인을 청구할 수 없다.

① ㄱ
② ㄱ, ㄴ
③ ㄱ, ㄹ
④ ㄴ, ㄷ
⑤ ㄴ, ㄹ

해설

ㄱ. [O] 주식은 자본금 감소에 관한 규정에 따라서만 소각(消却)할 수 있다. 다만, 이사회의 결의에 의하여 회사가 보유하는 자기주식을 소각하는 경우에는 그러하지 아니하다(상법 제343조 제1항).
ㄴ. [×] 회사가 다른 회사의 발행주식총수의 10분의 1을 초과하여 취득한 때에는 그 다른 회사에 대하여 지체없이 이를 통지하여야 한다(상법 제342조의3).
ㄷ. [×] 상법 제342조 제1호

상법 제342조(자기주식의 처분)
회사가 보유하는 자기의 주식을 처분하는 경우에 다음 각 호의 사항으로서 정관에 규정이 없는 것은 이사회가 결정한다.
1. 처분할 주식의 종류와 수
2. 처분할 주식의 처분가액과 납입기일
3. 주식을 처분할 상대방 및 처분방법

ㄹ. [×] 주식의 양도에 관하여 이사회의 승인을 얻어야 하는 경우에 주식을 취득한 자는 회사에 대하여 그 주식의 종류와 수를 기재한 서면으로 그 취득의 승인을 청구할 수 있다(상법 제335조의7 제1항).

답 ①

86 CPA 2024

☑ 확인Check! ○ △ ✕

액면주식의 주권을 발행한 비상장주식회사의 상법 제329조의2 소정의 주식분할에 관한 설명으로 옳은 것은?

① 주식분할을 하기 위해서는 주주총회의 특별결의를 거쳐야 한다.

② 회사가 공고한 주권제출기간 중에 주주가 주권을 제출하면 그 시점에 주식분할의 효력이 발생한다.

③ 주식분할이 이루어져도 발행주식총수는 증가하지 않는다.

④ 주식분할이 이루어져도 1주의 액면금액은 감소하지 않는다.

⑤ 주식분할이 이루어지면 회사의 자본금이 증가한다.

해설

① [O] 회사는 제434조의 규정에 의한 주주총회의 결의로 주식을 분할할 수 있다(상법 제329조의2 제1항).

② [✕] 회사가 공고한 주권제출기간 중에 주주가 주권을 제출하면 주권제출기간이 만료한 때에 주식분할의 효력이 발생한다(상법 제329조의2 제3항, 제440조, 제441조 참조).

> **상법 제329조의2(주식의 분할)**
> ③ 제440조부터 제443조까지의 규정은 제1항의 규정에 의한 주식분할의 경우에 이를 준용한다.
>
> **상법 제440조(주식병합의 절차)**
> 주식을 병합할 경우에는 회사는 1월 이상의 기간을 정하여 그 뜻과 그 기간 내에 주권을 회사에 제출할 것을 공고하고 주주명부에 기재된 주주와 질권자에 대하여는 각별로 그 통지를 하여야 한다.
>
> **상법 제441조(동전)**
> 주식의 병합은 전조의 기간이 만료한 때에 그 효력이 생긴다. 그러나 제232조의 규정에 의한 절차가 종료하지 아니한 때에는 그 종료한 때에 효력이 생긴다.

③ [✕] 주식의 분할이란 기존의 주식을 나누어 발행주식수를 증가시키는 것을 말한다.

④ [✕] 액면주식을 분할하면 액면가액이 감소된다.

⑤ [✕] 주식분할은 주식병합과 달리 자본금에는 변동이 없고 발행주식수만 증가하게 된다. 액면주식의 경우에는 발행주식수는 증가하지만 액면가액이 감소하므로 자본금의 변동이 없고, 무액면주식의 경우에는 발행주식수와 무관하게 자본금이 결정되므로 발행주식수가 증가하더라도 자본금의 변동은 없다.

답 ①

PART 3

87 CPA 2016

☑ 확인 Check! ○ △ ✕

상법상 주식의 병합, 분할, 소각에 관한 설명으로 틀린 것은?

① 무액면주식을 발행한 회사가 배당가능이익을 재원으로 하여 취득한 자기주식은 자본금 감소 없이 이사회 결의만으로 소각할 수 있다.

② 액면주식을 분할하기 위해서는 정관변경 절차를 거쳐야 한다.

③ 액면주식이 분할된 경우 이로 인해 종전의 주주가 받을 주식에 대하여도 종전의 주식을 목적으로 한 질권을 행사할 수 있다.

④ 액면주식이 분할되면 발행주식총수가 증가하지만 자본금에는 변화가 없다.

⑤ 회사의 이익을 주주들에게 분배할 목적으로 액면주식을 병합하는 방법으로 행하는 자본금 감소는 채권자이의절차가 완료되지 않았더라도 주권제출기간이 종료하면 그 효력이 생긴다.

❙ 해설 ❙

① [O] 주식은 자본금 감소에 관한 규정에 따라서만 소각할 수 있다. 다만, 이사회의 결의에 의하여 회사가 보유하는 자기주식을 소각하는 경우에는 그러하지 아니하다(상법 제343조 제1항). 즉, 배당가능이익으로 취득한 자기주식을 소각하는 것은 이익소각에 해당하므로 자본금의 감소 없이 이사회 결의만으로 소각할 수 있다.

② [O] 액면주식을 분할하면 정관의 절대적 기재사항인 액면가가 변하므로 정관변경의 절차를 거쳐야 한다(상법 제289조 제1항 제4호 참조).

> **상법 제289조(정관의 작성, 절대적 기재사항)**
>
> ① 발기인은 정관을 작성하여 다음의 사항을 적고 각 발기인이 기명날인 또는 서명하여야 한다.
>
> 1. 목 적
> 2. 상 호
> 3. 회사가 발행할 주식의 총수
> 4. 액면주식을 발행하는 경우 1주의 금액
> 5. 회사의 설립 시에 발행하는 주식의 총수
> 6. 본점의 소재지
> 7. 회사가 공고를 하는 방법
> 8. 발기인의 성명・주민등록번호 및 주소

③ [O] 주식의 소각, 병합, 분할 또는 전환이 있는 때에는 이로 인하여 종전의 주주가 받을 금전이나 주식에 대하여도 종전의 주식을 목적으로한 질권을 행사할 수 있다(상법 제339조).

④ [O] 주식의 분할이란 자본금을 증가시키지 않으면서 기존의 주식을 나누어 발행주식수를 증가시키는 것을 말한다. 액면주식의 경우 주식의 분할로 인하여 주식 수가 늘어나지만 액면가가 줄어들어 자본금에는 변동이 없게 된다.

⑤ [✕] 자본금을 감소시키는 방법으로 주식의 병합을 이용하는 경우 주권제출기간이 만료한 때에 자본금 감소의 효력이 발생하지만, 채권자보호절차가 종료하지 아니한 때에는 그 종료한 때에 효력이 생긴다. 그러나 채권자보호 절차가 필요 없는 결손보전 목적의 자본금 감소는 주권제출기간이 만료한 때 효력이 발생한다(상법 제440조, 제441조 참조).

> **상법 제440조(주식병합의 절차)**
>
> 주식을 병합할 경우에는 회사는 1월 이상의 기간을 정하여 그 뜻과 그 기간 내에 주권을 회사에 제출할 것을 공고하고 주주명부에 기재된 주주와 질권자에 대하여는 각별로 그 통지를 하여야 한다.

> **상법 제441조(동전)**
> 주식의 병합은 전조의 기간이 만료한 때에 그 효력이 생긴다. 그러나 제232조(채권자의 이의)의 규정에 의한 절차가 종료하지 아니한 때에는 그 종료한 때에 효력이 생긴다.

 ⑤

88 세무사 2024

☑ 확인 Check! ○ △ ✕

상법상 주식의 소각·분할에 관한 설명으로 옳지 않은 것은?

① 회사가 보유하는 자기주식을 이사회 결의에 의하여 소각하는 경우에는 채권자보호절차를 밟아야 한다.
② 주식은 자본금 감소에 관한 규정에 따라서 소각할 수 있다.
③ 주식분할을 위해서는 주주총회의 특별결의가 필요하다.
④ 액면주식을 발행한 회사가 주식을 분할하려면 정관변경의 절차를 거쳐야 한다.
⑤ 주식분할 후의 액면주식 1주의 금액은 100원 미만으로 하지 못한다.

해설

① [✕], ② [O] 주식은 자본금 감소에 관한 규정에 따라서만 소각할 수 있다. 다만, 이사회의 결의에 의하여 회사가 보유하는 자기주식을 소각하는 경우에는 그러하지 아니하다(상법 제343조 제1항). 자본금 감소 규정에 의한 소각의 경우에는 채권자에게 중대한 영향을 미치므로 주주총회의 특별결의와 채권자보호절차를 거쳐야 하나, 회사가 보유하는 자기주식을 이사회 결의에 의하여 소각하는 경우에는 자본금이 감소하지 않으므로 채권자보호절차를 거치지 않는다.

③ [O] 회사는 제434조의 규정에 의한 주주총회의 결의로 주식을 분할할 수 있다(상법 제329조의2 제1항).

④ [O] 액면주식을 분할하면 정관의 절대적 기재사항인 액면가가 변하므로 정관변경의 절차를 거쳐야 한다(상법 제289조 제1항 제4호 참조).

> **상법 제289조(정관의 작성, 절대적 기재사항)**
> ① 발기인은 정관을 작성하여 다음의 사항을 적고 각 발기인이 기명날인 또는 서명하여야 한다.
> 1. 목 적
> 2. 상 호
> 3. 회사가 발행할 주식의 총수
> 4. 액면주식을 발행하는 경우 1주의 금액
> 5. 회사의 설립 시에 발행하는 주식의 총수
> 6. 본점의 소재지
> 7. 회사가 공고를 하는 방법
> 8. 발기인의 성명·주민등록번호 및 주소

⑤ [O] 제1항의 경우에 분할 후의 액면주식 1주의 금액은 제329조 제3항에 따른 금액(100원) 미만으로 하지 못한다(상법 제329조의2 제2항).

답 ①

PART 3

89 세무사 2023

☑ 확인Check! ○ △ ×

상법상 액면주식을 발행한 회사의 주식 분할에 관한 설명으로 옳은 것은?

① 주식의 분할이 이루어지면 회사의 자본금이 증가한다.

② 주식의 분할 후의 주식 1주의 금액은 100원 미만으로 할 수 있다.

③ 주식의 분할이 있으면 이로 인하여 종전의 주주가 받을 주식에 대하여는 종전의 주식을 목적으로 한 질권을 행사할 수 없다.

④ 주식의 분할에 적당하지 아니한 수의 주식이 있는 때에 그 분할에 적당하지 아니한 부분에 대하여 발행한 신주는 거래소 시세있는 주식이라 할지라도 반드시 경매가 이루어져야 한다.

⑤ 회사가 종류주식을 발행하는 때에는 정관에 다른 정함이 없는 경우에도 주식의 종류에 따라 주식의 분할로 인한 주식의 배정에 관하여 특수하게 정할 수 있다.

해설

① [×] 주식의 분할이란 자본금을 증가시키지 않으면서 기존의 주식을 나누어 발행주식수를 증가시키는 것을 말한다. 액면주식의 경우 주식의 분할로 인하여 주식 수가 늘어나지만 액면가가 줄어들어 자본금에는 변동이 없게 된다.

② [×] 분할 후의 액면주식 1주의 금액은 제329조 제3항에 따른 금액(100원) 미만으로 하지 못한다(상법 제329조의2 제2항).

③ [×] 주식의 소각, 병합, 분할 또는 전환이 있는 때에는 이로 인하여 종전의 주주가 받을 금전이나 주식에 대하여도 종전의 주식을 목적으로 한 질권을 행사할 수 있다(상법 제339조).

④ [×] 상법 제329조의2 제3항, 제443조 제1항

> **상법 제329조의2(주식의 분할)**
>
> ③ 제440조부터 제443조까지의 규정은 제1항의 규정에 의한 주식분할의 경우에 이를 준용한다.
>
> **상법 제443조(단주의 처리)**
>
> ① 병합에 적당하지 아니한 수의 주식이 있는 때에는 그 병합에 적당하지 아니한 부분에 대하여 발행한 신주를 경매하여 각 주수에 따라 그 대금을 종전의 주주에게 지급하여야 한다. 그러나 거래소의 시세 있는 주식은 거래소를 통하여 매각하고, 거래소의 시세 없는 주식은 법원의 허가를 받아 경매외의 방법으로 매각할 수 있다.

⑤ [O] 회사가 종류주식을 발행하는 때에는 정관에 다른 정함이 없는 경우에도 주식의 종류에 따라 신주의 인수, 주식의 병합·분할·소각 또는 회사의 합병·분할로 인한 주식의 배정에 관하여 특수하게 정할 수 있다(상법 제344조 제3항).

답 ⑤

90 세무사 2020

☑ 확인 Check! ○ △ ×

상법상 주식의 분할과 소각에 관한 설명으로 옳은 것을 모두 고른 것은?

ㄱ. 회사는 주주총회의 보통결의로 주식을 분할할 수 있다.
ㄴ. 주식은 자본금 감소에 관한 규정에 따라서만 소각할 수 있다. 다만, 이사회의 결의에 의하여 회사가 보유하는 자기주식을 소각하는 경우에는 그러하지 아니하다.
ㄷ. 주당 액면가 1만원인 주식 1만주를 1주당 액면가 5천원인 주식 2만주로 분할하려면 정관변경 절차도 거쳐야 한다.

① ㄱ
② ㄱ, ㄴ
③ ㄱ, ㄷ
④ ㄴ, ㄷ
⑤ ㄱ, ㄴ, ㄷ

해설

ㄱ. [×] 회사는 제434조의 규정에 의한 주주총회의 결의로 주식을 분할할 수 있다(상법 제329조의2 제1항).
ㄴ. [○] 주식은 자본금 감소에 관한 규정에 따라서만 소각할 수 있다. 다만, 이사회의 결의에 의하여 회사가 보유하는 자기주식을 소각하는 경우에는 그러하지 아니하다(상법 제343조 제1항).
ㄷ. [○] 액면주식의 분할은 액면분할을 의미하고, 액면가는 정관의 절대적 기재사항이므로(상법 제289조 제1항 제4호 참조) 주식분할 시 정관변경 절차도 거쳐야 한다.

답 ④

제8절 | 지배주주에 의한 소수주식의 전부취득

91 CPA 2024

☑ 확인Check! ○ △ ×

A주식회사는 B주식회사의 모회사이고, A회사와 B회사는 주권을 발행한 C주식회사의 발행주식총수의 70%와 26%를 각각 자기의 계산으로 보유하고 있다. A회사가 경영상 목적을 달성하기 위하여 C회사의 소수주주를 상대로 상법상 지배주주의 매도청구권을 행사하고자 할 경우, 이에 관한 설명으로 틀린 것은?

① A회사가 C회사의 지배주주인지 여부를 판단할 때 B회사가 보유한 C회사의 주식 26%를 합산한다.
② A회사가 C회사의 소수주주에게 매도청구를 하기 전에 C회사 주주총회의 승인을 얻어야 한다.
③ A회사의 매도청구를 받은 C회사의 소수주주는 매도청구를 받은 날로부터 2개월 내에 A회사에게 그 주식을 매도해야 한다.
④ A회사의 매도청구를 받은 날로부터 30일 내에 매매가액의 협의가 이루어지지 아니한 경우 C회사의 소수주주 또는 A회사는 법원에 매매가액 결정을 청구할 수 있다.
⑤ A회사가 C회사의 소수주주에게 매매가액을 지급한 경우 C회사의 소수주주가 가진 주식은 C회사의 주권을 A회사에게 교부한 시점에 이전된다.

해설

① [O] 회사의 발행주식총수의 100분의 95 이상을 자기의 계산으로 보유하고 있는 주주를 지배주주라고 하고 소수주주에 대한 매도청구권이 인정되는데, 보유주식의 수를 산정할 때 모회사(A회사)와 자회사(B회사)가 보유한 주식을 합산한다(상법 제360조의24 제1항, 제2항 참조).
② [O] 상법 제360조의24 제1항, 제3항
③ [O] 상법 제360조의24 제1항, 제6항
④ [O] 상법 제360조의24 제1항, 제8항

> **상법 제360조의24(지배주주의 매도청구권)**
> ① 회사의 발행주식총수의 100분의 95 이상을 자기의 계산으로 보유하고 있는 주주(이하 이 관에서 "지배주주"라 한다)는 회사의 경영상 목적을 달성하기 위하여 필요한 경우에는 회사의 다른 주주(이하 이 관에서 "소수주주"라 한다)에게 그 보유하는 주식의 매도를 청구할 수 있다.
> ② 제1항의 보유주식의 수를 산정할 때에는 모회사와 자회사가 보유한 주식을 합산한다. 이 경우 회사가 아닌 주주가 발행주식총수의 100분의 50을 초과하는 주식을 가진 회사가 보유하는 주식도 그 주주가 보유하는 주식과 합산한다.
> ③ 제1항의 매도청구를 할 때에는 미리 주주총회의 승인을 받아야 한다.
> ⑥ 제1항의 매도청구를 받은 소수주주는 매도청구를 받은 날부터 2개월 내에 지배주주에게 그 주식을 매도하여야 한다.
> ⑧ 제1항의 매도청구를 받은 날부터 30일 내에 제7항의 매매가액에 대한 협의가 이루어지지 아니한 경우에는 매도청구를 받은 소수주주 또는 매도청구를 한 지배주주는 법원에 매매가액의 결정을 청구할 수 있다.

⑤ [×] 제360조의24(지배주주의 매도청구권)와 제360조의25(소수주주의 매수청구권)에 따라 주식을 취득하는 지배주주가 매매가액을 소수주주에게 지급한 때에 주식이 이전된 것으로 본다(상법 제360조의26 제1항).

답 ⑤

92 CPA 2022

☑ 확인Check! ○ △ ✕

상법상 주권을 발행한 비상장회사의 주식에 관한 설명으로 옳은 것만을 모두 고른 것은? (이견이 있으면 판례에 의함)

ㄱ. 회사의 발행주식총수의 100분의 95를 자기의 계산으로 보유하고 있는 주주는 회사의 경영상 목적을 달성하기 위하여 필요한 경우 회사의 다른 주주에게 그 보유하는 주식 전부의 매도를 청구할 수 있다.
ㄴ. 주권을 상실한 자는 공시최고의 절차가 진행되었으면 제권판결을 얻지 아니하였어도 회사에 대하여 주권의 재발행을 청구할 수 있다.
ㄷ. 회사는 의결권 없는 주식을 제외한 발행주식총수의 100분의 10의 주식을 가진 주주에게 주식매수선택권을 부여할 수 없다.
ㄹ. 주식의 양도에 있어서는 주권을 교부하여야 하지만, 주식을 질권의 목적으로 하는 때에는 주권을 질권자에게 교부하지 않아도 질권이 성립한다.

① ㄱ, ㄴ
② ㄱ, ㄷ
③ ㄱ, ㄹ
④ ㄴ, ㄷ
⑤ ㄷ, ㄹ

▌해설▐

ㄱ. [O] 회사의 발행주식총수의 100분의 95 이상을 자기의 계산으로 보유하고 있는 주주(이하 이 관에서 "지배주주"라 한다)는 회사의 경영상 목적을 달성하기 위하여 필요한 경우에는 회사의 다른 주주(이하 이 관에서 "소수주주"라 한다)에게 그 보유하는 주식의 매도를 청구할 수 있다(상법 제360조의24 제1항).

ㄴ. [X] 주권을 상실한 자는 제권판결을 얻지 아니하면 회사에 대하여 주권의 재발행을 청구하지 못한다(상법 제360조 제2항).

ㄷ. [O] 상법 제340조의2 제2항 제1호

> **상법 제340조의2(주식매수선택권)**
> ② 다음 각 호의 어느 하나에 해당하는 자에게는 제1항의 주식매수선택권을 부여할 수 없다.
> 1. 의결권 없는 주식을 제외한 발행주식총수의 100분의 10 이상의 주식을 가진 주주
> 2. 이사·집행임원·감사의 선임과 해임 등 회사의 주요 경영사항에 대하여 사실상 영향력을 행사하는 자
> 3. 제1호와 제2호에 규정된 자의 배우자와 직계존비속

ㄹ. [X] 주식을 질권의 목적으로 하는 때에는 주권을 질권자에게 교부하여야 한다(상법 제338조 제1항).

답 ②

PART 3

93 CPA 2017

☑ 확인 Check! ○ △ ×

상법상 지배주주의 매도청구권 및 소수주주의 매수청구권에 관한 설명으로 옳은 것은?

① 소수주주의 보유주식에 대한 지배주주의 매도청구는 상장회사의 경우에는 인정되지 않는다.

② 지배주주인지 여부를 판단할 때 자연인인 주주가 어느 회사의 발행주식총수의 100분의 50을 초과하는 주식을 가진 경우 그 회사가 보유하는 주식은 그 주주가 보유하는 주식과 합산한다.

③ 소수주주가 지배주주에 대하여 그 보유주식의 매수를 청구하기 위해서는 주주총회의 사전승인이 필요하다.

④ 소수주주가 지배주주에 대하여 그 보유주식의 매수를 청구한 경우 지배주주는 매수청구한 날을 기준으로 2개월 내에 그 주식을 매수하거나 그 청구를 거절할 수 있다.

⑤ 지배주주인지 여부를 판단하기 위한 보유주식수를 산정할 때에는 지배주주의 명의로써 타인의 계산으로 보유한 주식을 산입한다.

해설

① [×] 지배주주의 매도청구권은 비상장회사 뿐만 아니라 상장회사의 경우에도 인정된다.

② [O] 상법 제360조의24 제2항

③ [×] 지배주주가 있는 회사의 소수주주는 언제든지 지배주주에게 그 보유주식의 매수를 청구할 수 있다(상법 제360조의25 제1항). 반면에 지배주주가 매도청구를 할 경우에는 미리 주주총회의 승인을 받아야 한다(상법 제360조의24 제3항 참조).

④ [×] 제1항의 매수청구를 받은 지배주주는 매수를 청구한 날을 기준으로 2개월 내에 매수를 청구한 주주로부터 그 주식을 매수하여야 한다(상법 제360조의25 제2항). 소수주주의 매수청구권도 지배주주의 매도청구권과 동일하게 형성권으로서, 상대방의 승낙여부와 상관없이 매매계약이 체결되며 상대방이 이를 거절할 수 없다.

⑤ [×] 지배주주인지 여부를 판단하기 위한 보유주식수를 산정할 때에는 명의와 상관없이 자기계산인지를 기준으로 한다(상법 제360조의24 제1항 참조).

> **상법 제360조의24(지배주주의 매도청구권)**
>
> ① 회사의 발행주식총수의 100분의 95 이상을 자기의 계산으로 보유하고 있는 주주(이하 이 관에서 "지배주주"라 한다)는 회사의 경영상 목적을 달성하기 위하여 필요한 경우에는 회사의 다른 주주(이하 이 관에서 "소수주주"라 한다)에게 그 보유하는 주식의 매도를 청구할 수 있다.
>
> ② 제1항의 보유주식의 수를 산정할 때에는 모회사와 자회사가 보유한 주식을 합산한다. 이 경우 회사가 아닌 주주가 발행주식총수의 100분의 50을 초과하는 주식을 가진 회사가 보유하는 주식도 그 주주가 보유하는 주식과 합산한다.
>
> ③ 제1항의 매도청구를 할 때에는 미리 주주총회의 승인을 받아야 한다.

 ②

94 세무사 2024

☑ 확인 Check! ○ △ ✕

A주식회사는 B주식회사의 발행주식총수의 52%를 보유하고 있으며 A회사와 B회사는 C주식회사 발행주식총수의 65%, 31%를 각각 자기 계산으로 보유하고 있다. A회사가 C회사의 소수주주들에게 상법상 지배주주의 매도청구권을 행사하는 경우에 관한 설명으로 옳지 않은 것은?

① A회사가 적법하게 매도청구권을 행사하기 위해서는 C회사의 주주총회에서 승인결의를 얻어야 한다.
② A회사가 적법하게 매도청구권을 행사한 경우 C회사의 소수주주들은 주권을 A회사에게 교부해야 한다.
③ A회사가 적법하게 매도청구권을 행사한 경우 A회사가 매매가액을 C회사의 소수주주들에게 지급한 때에 주식이 A회사에게 이전된 것으로 본다.
④ A회사가 매도청구권을 행사하기 위해서는 경영상 목적을 달성하기 위하여 필요한 경우이어야 한다.
⑤ A회사가 B회사의 주식 일부를 처분하여 40% 지분만을 갖게 된 경우에도 A회사는 매도청구권을 행사할 수 있다.

▌해설▐

① [O] 지배주주가 매도청구를 할 때에는 미리 주주총회의 승인을 받아야 한다(상법 제360조의24 제3항 참조).
② [O] 지배주주의 매도청구를 받은 소수주주는 매도청구를 받은 날부터 2개월 내에 지배주주에게 그 주식을 매도하여야 한다(상법 제360조의24 제6항 참조).
③ [O] 제360조의24(지배주주의 매도청구권)와 제360조의25(소수주주의 매수청구권)에 따라 주식을 취득하는 지배주주가 매매가액을 소수주주에게 지급한 때에 주식이 이전된 것으로 본다(상법 제360조의26 제1항).
④ [O] 상법 제360조의24 제1항
⑤ [X] A회사가 지배주주의 매도청구권자가 되기 위해서는 A회사 단독으로 C회사의 발행주식총수의 100분의 95 이상을 단독으로 자기의 계산으로 보유하고 있거나(상법 제360조의24 제1항 참조), 자회사가 보유한 주식을 합산하여 C회사의 발행주식총수의 100분의 95 이상을 보유하고 있어야 한다(상법 제360조의24 제2항 참조). 모회사가 되기 위해서는 다른 회사의 발행주식의 총수의 100분의 50을 초과하는 주식을 가져야 하므로(상법 제342조의2 제1항 참조) A회사가 B회사의 주식 일부를 처분하여 40% 지분만을 갖게 된 경우에는 A회사는 B회사의 모회사가 되지 못한다. 따라서 C회사의 발행주식총수의 65%만을 보유한 A회사는 매도청구권을 행사할 수 없다.

상법 제360조의24(지배주주의 매도청구권)

① 회사의 발행주식총수의 100분의 95 이상을 자기의 계산으로 보유하고 있는 주주(이하 이 관에서 "지배주주"라 한다)는 회사의 경영상 목적을 달성하기 위하여 필요한 경우에는 회사의 다른 주주(이하 이 관에서 "소수주주"라 한다)에게 그 보유하는 주식의 매도를 청구할 수 있다.
② 제1항의 보유주식의 수를 산정할 때에는 모회사와 자회사가 보유한 주식을 합산한다. 이 경우 회사가 아닌 주주가 발행주식총수의 100분의 50을 초과하는 주식을 가진 회사가 보유하는 주식도 그 주주가 보유하는 주식과 합산한다.
③ 제1항의 매도청구를 할 때에는 미리 주주총회의 승인을 받아야 한다.
⑥ 제1항의 매도청구를 받은 소수주주는 매도청구를 받은 날부터 2개월 내에 지배주주에게 그 주식을 매도하여야 한다.

PART 3

95 세무사 2021

☑ 확인 Check! ○ △ ✕

상법상 지배주주에 의한 소수주식의 전부 취득에 관한 설명으로 옳지 않은 것은?

① 지배주주가 있는 회사의 소수주주는 정관의 규정이 있는 경우에 한하여 지배주주에게 그 보유주식의 매수를 청구할 수 있다.
② 지배주주의 보유주식 수를 산정할 때에는 모회사와 자회사가 보유한 주식을 합산한다.
③ 지배주주가 소수주주에게 그 보유주식의 매도를 청구할 때에는 미리 주주총회의 승인을 받아야 한다.
④ 지배주주로부터 매도청구를 받은 소수주주는 매도청구를 받은 날부터 2개월 내에 지배주주에게 그 주식을 매도하여야 한다.
⑤ 지배주주가 소수주주에게 그 보유하는 주식의 매도를 청구한 경우, 지배주주가 매매가액을 소수주주에게 지급한 때에 주식이 이전된 것으로 본다.

해설

① [✕] 지배주주가 있는 회사의 소수주주는 언제든지 지배주주에게 그 보유주식의 매수를 청구할 수 있다(상법 제360조의25 제1항).
② [O] 상법 제360조의24 제2항
③ [O] 상법 제360조의24 제3항
④ [O] 상법 제360조의24 제6항

> **상법 제360조의24(지배주주의 매도청구권)**
> ① 회사의 발행주식총수의 100분의 95 이상을 자기의 계산으로 보유하고 있는 주주(이하 이 관에서 "지배주주"라 한다)는 회사의 경영상 목적을 달성하기 위하여 필요한 경우에는 회사의 다른 주주(이하 이 관에서 "소수주주"라 한다)에게 그 보유하는 주식의 매도를 청구할 수 있다.
> ② 제1항의 보유주식의 수를 산정할 때에는 모회사와 자회사가 보유한 주식을 합산한다. 이 경우 회사가 아닌 주주가 발행주식총수의 100분의 50을 초과하는 주식을 가진 회사가 보유하는 주식도 그 주주가 보유하는 주식과 합산한다.
> ③ 제1항의 매도청구를 할 때에는 미리 주주총회의 승인을 받아야 한다.
> ⑥ 제1항의 매도청구를 받은 소수주주는 매도청구를 받은 날부터 2개월 내에 지배주주에게 그 주식을 매도하여야 한다.

⑤ [O] 제360조의24와 제360조의25에 따라 주식을 취득하는 지배주주가 매매가액을 소수주주에게 지급한 때에 주식이 이전된 것으로 본다(상법 제360조의26 제1항).

답 ①

96 법무사 2023

☑ 확인 Check! ○ △ ✕

상법상 지배주주에 의한 소수주식의 전부 취득에 관한 다음 설명 중 가장 옳지 않은 것은?

① 회사의 발행주식총수의 100분의 90 이상을 자기의 계산으로 보유하고 있는 주주는 회사의 경영상 목적을 달성하기 위하여 필요한 경우에는 회사의 다른 주주에게 그 보유하는 주식의 매도를 청구할 수 있다.

② 지배주주가 소수주주에게 그가 보유하는 주식의 매도청구를 할 때에는 미리 주주총회의 승인을 받아야 한다.

③ 지배주주가 있는 회사의 소수주주는 언제든지 지배주주에게 그 보유주식의 매수를 청구할 수 있다.

④ 지배주주가 소수주주에 대한 매도청구에 따라 소수주주의 주식을 취득하는 경우, 지배주주가 매매가액을 소수주주에게 지급한 때에 주식이 이전된 것으로 본다.

⑤ 자회사의 소수주주가 상법 제360조의25 제1항에 따라 모회사에 주식매수청구를 한 경우, 모회사가 지배주주에 해당하는지는 자회사가 보유한 자기주식을 발행주식 총수 및 모회사의 보유주식에 각각 합산하여 판단하여야 한다.

해설

① [✕], ② [○] 상법 제360조의24 제1항, 제3항

> **상법 제360조의24(지배주주의 매도청구권)**
> ① 회사의 발행주식총수의 100분의 95 이상을 자기의 계산으로 보유하고 있는 주주(이하 이 관에서 "지배주주"라 한다)는 회사의 경영상 목적을 달성하기 위하여 필요한 경우에는 회사의 다른 주주(이하 이 관에서 "소수주주"라 한다)에게 그 보유하는 주식의 매도를 청구할 수 있다.
> ③ 제1항의 매도청구를 할 때에는 미리 주주총회의 승인을 받아야 한다.

③ [○] 지배주주가 있는 회사의 소수주주는 언제든지 지배주주에게 그 보유주식의 매수를 청구할 수 있다(상법 제360조의25 제1항).

④ [○] 제360조의24와 제360조의25에 따라 주식을 취득하는 지배주주가 매매가액을 소수주주에게 지급한 때에 주식이 이전된 것으로 본다(상법 제360조의26 제1항).

⑤ [○] 자회사의 소수주주가 상법 제360조의25 제1항에 따라 모회사에게 주식매수청구를 한 경우에 모회사가 지배주주에 해당하는지 여부를 판단함에 있어, 상법 제360조의24 제1항은 회사의 발행주식총수를 기준으로 보유주식의 수의 비율을 산정하도록 규정할 뿐 발행주식총수의 범위에 제한을 두고 있지 않으므로 자회사의 자기주식은 발행주식총수에 포함되어야 한다. 또한 상법 제360조의24 제2항은 보유주식의 수를 산정할 때에는 모회사와 자회사가 보유한 주식을 합산하도록 규정할 뿐 자회사가 보유한 자기주식을 제외하도록 규정하고 있지 않으므로 자회사가 보유하고 있는 자기주식은 모회사의 보유주식에 합산되어야 한다(대결 2017.7.14. 2016마230).

답 ①

PART 3

CHAPTER

04 | 주식회사의 기관

제1절 | 주식총회

제1항 주주총회의 의의와 권한

01 세무사 2022 ☑ 확인 Check! ○ △ ×

상법상 주주총회의 결의사항을 모두 고른 것은?

ㄱ. 중간배당의 결정
ㄴ. 정관에서 규정하지 아니한 이사의 보수 결정
ㄷ. 주식의 포괄적 교환
ㄹ. 자본금의 감소

① ㄱ, ㄹ
② ㄴ, ㄷ
③ ㄱ, ㄴ, ㄷ
④ ㄱ, ㄷ, ㄹ
⑤ ㄴ, ㄷ, ㄹ

해설

ㄱ. [×] (이사회 결의사항) 년 1회의 결산기를 정한 회사는 영업년도 중 1회에 한하여 이사회의 결의로 일정한 날을 정하여 그날의 주주에 대하여 이익을 배당(이하 이 조에서 "중간배당"이라 한다)할 수 있음을 정관으로 정할 수 있다(상법 제462조의3 제1항).

ㄴ. [○] (주주총회 결의사항) 이사의 보수는 정관에 그 액을 정하지 아니한 때에는 주주총회의 결의로 이를 정한다(상법 제388조).

ㄷ. [○] (주주총회 결의사항) 주식교환을 하고자 하는 회사는 주식교환계약서를 작성하여 주주총회의 승인을 얻어야 한다(상법 제360조의3 제1항).

ㄹ. [○] (주주총회 결의사항) 자본금의 감소에는 제434조(정관변경의 특별결의)에 따른 결의가 있어야 한다(상법 제438조 제1항).

답 ⑤

제2항 주주총회의 소집

02 CPA 2024

☑ 확인Check! ○ △ ×

상법상 주주총회의 소집 등에 관한 설명으로 틀린 것은? (의결권 없는 주주는 제외함)

① 주주총회 소집통지가 주주명부상 주주의 주소에 계속 3년간 도달하지 아니한 경우에는 회사는 해당 주주에게 주주총회의 소집을 통지하지 아니할 수 있다.

② 자본금 총액이 10억원 미만인 회사가 주주총회를 소집하는 경우에는 주주총회일의 10일 전에 각 주주에게 서면으로 통지를 발송하거나 각 주주의 동의를 받아 전자문서로 통지를 발송할 수 있다.

③ 자본금 총액이 10억원 미만인 회사는 주주 전원의 동의가 있을 경우 소집절차 없이 주주총회를 개최할 수 있다.

④ 상장회사의 경우 의결권 있는 발행주식총수의 100분의 1 이하의 주식을 소유하는 주주에 대하여는 정관으로 정하는 바에 따라 주주총회일의 2주 전에 주주총회를 소집하는 뜻과 회의의 목적사항을 둘 이상의 일간신문에 각각 2회 이상 공고함으로써 소집통지를 갈음할 수 있다.

⑤ 자본금 총액이 10억원 미만인 회사는 주주총회 결의의 목적사항에 대하여 주주 과반수가 서면으로 동의를 한 때에는 서면에 의한 결의가 있는 것으로 본다.

해설

① [O] 주주총회를 소집할 때에는 주주총회일의 2주 전에 각 주주에게 서면으로 통지를 발송하거나 각 주주의 동의를 받아 전자문서로 통지를 발송하여야 한다. 다만, 그 통지가 주주명부상 주주의 주소에 계속 3년간 도달하지 아니한 경우에는 회사는 해당 주주에게 총회의 소집을 통지하지 아니할 수 있다(상법 제363조 제1항).

② [O] 제1항에도 불구하고 자본금 총액이 10억원 미만인 회사가 주주총회를 소집하는 경우에는 주주총회일의 10일 전에 각 주주에게 서면으로 통지를 발송하거나 각 주주의 동의를 받아 전자문서로 통지를 발송할 수 있다(상법 제363조 제3항).

③ [O], ⑤ [X] 자본금 총액이 10억원 미만인 회사는 주주 전원의 동의가 있을 경우에는 소집절차 없이 주주총회를 개최할 수 있고, 서면에 의한 결의로써 주주총회의 결의를 갈음할 수 있다. 결의의 목적사항에 대하여 <u>주주 전원이</u> 서면으로 동의를 한 때에는 서면에 의한 결의가 있는 것으로 본다(상법 제363조 제4항).

④ [O] 상장회사가 주주총회를 소집하는 경우 대통령령으로 정하는 수(발행주식총수의 100분의 1) 이하의 주식을 소유하는 주주에게는 정관으로 정하는 바에 따라 주주총회일의 2주 전에 주주총회를 소집하는 뜻과 회의의 목적사항을 둘 이상의 일간신문에 각각 2회 이상 공고하거나 대통령령으로 정하는 바에 따라 전자적 방법으로 공고함으로써 제363조 제1항의 소집통지를 갈음할 수 있다(상법 제542조의4 제1항, 상법 시행령 제31조 제1항).

답 ⑤

03 CPA 2021

☑ 확인Check! ○ △ ×

상법상 비상장 주식회사의 주주총회 소집에 관한 설명으로 틀린 것은? (이견이 있으면 판례에 의함)

① 주주총회의 목적사항에 합병계약서 승인사항이 포함된 경우, 의결권 없는 주주에게는 총회소집을 통지하지 않아도 된다.

② 연 2회 이상의 결산기를 정한 회사는 매기에 정기총회를 소집하여야 한다.

③ 발행주식총수의 100분의 3 이상에 해당하는 주식을 가진 주주는 회의의 목적사항과 소집의 이유를 적은 서면 또는 전자문서를 이사회에 제출하여 임시총회의 소집을 청구할 수 있다.

④ 회사 또는 발행주식총수의 100분의 1 이상에 해당하는 주식을 가진 주주는 총회의 소집절차의 적법성을 조사하기 위하여 총회 전에 법원에 검사인의 선임을 청구할 수 있다.

⑤ 임시주주총회가 법령 및 정관상 요구되는 이사회의 결의 및 소집절차 없이 이루어졌다 하더라도, 주주명부상의 주주 전원이 참석하여 총회를 개최하는데 동의하고 아무런 이의 없이 만장일치로 결의가 이루어졌다면 그 결의는 특별한 사정이 없는 한 유효하다.

▌해설▌

① [×] 주주총회의 목적사항에 합병계약서 승인사항과 같이 반대주주의 주식매수청구권이 인정되는 사항이 포함된 경우, 의결권 없는 주주에게도 총회소집을 통지 하여야 한다(상법 제363조 제1항 · 제7항, 제522조의3 제1항, 제522조 제1항 참조).

> **상법 제363조(소집의 통지)**
>
> ① 주주총회를 소집할 때에는 주주총회일의 2주 전에 각 주주에게 서면으로 통지를 발송하거나 각 주주의 동의를 받아 전자문서로 통지를 발송하여야 한다. 다만, 그 통지가 주주명부상 주주의 주소에 계속 3년간 도달하지 아니한 경우에는 회사는 해당 주주에게 총회의 소집을 통지하지 아니할 수 있다.
>
> ⑦ 제1항부터 제4항까지의 규정은 의결권 없는 주주에게는 적용하지 아니한다. 다만, 제1항의 통지서에 적은 회의의 목적사항에 제360조의5, 제360조의22, 제374조의2, 제522조의3 또는 제530조의11에 따라 반대주주의 주식매수청구권이 인정되는 사항이 포함된 경우에는 그러하지 아니하다.
>
> **상법 제522조의3(합병반대주주의 주식매수청구권)**
>
> ① 제522조 제1항에 따른 결의사항에 관하여 이사회의 결의가 있는 때에 그 결의에 반대하는 주주(의결권이 없거나 제한되는 주주를 포함한다. 이하 이 조에서 같다)는 주주총회 전에 회사에 대하여 서면으로 그 결의에 반대하는 의사를 통지한 경우에는 그 총회의 결의일부터 20일 이내에 주식의 종류와 수를 기재한 서면으로 회사에 대하여 자기가 소유하고 있는 주식의 매수를 청구할 수 있다.
>
> **상법 제522조(합병계약서와 그 승인결의)**
>
> ① 회사가 합병을 함에는 합병계약서를 작성하여 주주총회의 승인을 얻어야 한다.

② [○] 연 2회 이상의 결산기를 정한 회사는 매기에 총회를 소집하여야 한다(상법 제365조 제2항).

③ [○] 발행주식총수의 100분의 3 이상에 해당하는 주식을 가진 주주는 회의의 목적사항과 소집의 이유를 적은 서면 또는 전자문서를 이사회에 제출하여 임시총회의 소집을 청구할 수 있다(상법 제366조 제1항).

④ [O] 회사 또는 발행주식총수의 100분의 1 이상에 해당하는 주식을 가진 주주는 총회의 소집절차나 결의방법의 적법성을 조사하기 위하여 총회 전에 법원에 검사인의 선임을 청구할 수 있다(상법 제367조 제2항).

⑤ [O] 주식회사의 임시주주총회가 법령 및 정관상 요구되는 이사회의 결의 및 소집절차 없이 이루어졌다 하더라도, 주주명부상의 주주 전원이 참석하여 총회를 개최하는 데 동의하고 아무런 이의 없이 만장일치로 결의가 이루어졌다면 그 결의는 특별한 사정이 없는 한 유효하다(대판 2002.12.24. 2000다69927).

답 ①

04 CPA 2017

☑ 확인Check! ○ △ ×

상법상 비상장주식회사의 주주총회 소집절차에 관한 설명으로 틀린 것은?

① 정기총회는 매년 1회 일정한 시기에 이를 소집하여야 하지만 연 2회 이상의 결산기를 정한 회사는 매기에 총회를 소집하여야 한다.

② 발행주식총수의 100분의 3 이상에 해당하는 주식을 가진 주주는 회의의 목적사항과 소집의 이유를 적은 서면 또는 전자문서를 이사회에 제출하여 임시총회의 소집을 청구할 수 있다.

③ 주주총회에서 회의의 속행 또는 연기의 결의를 한 경우 총회소집절차에서와 같은 방법으로 주주들에게 이를 통지하여야 한다.

④ 판례에 의하면 주주총회 소집을 통지한 후에 소집을 철회하기 위해서는 소집의 경우에 준하여 이사회의 결의를 거쳐 대표이사가 그 뜻을 소집에서와 같은 방법으로 통지하여야 한다.

⑤ 판례에 의하면 주주명부상의 주주 전원이 출석하여 총회를 개최하는 데 동의하고 아무런 이의 없이 만장일치로 결의가 이루어졌다면 그 결의는 특별한 사정이 없는 한 유효하다.

PART 3

해설

① [O] 상법 제365조 제1항, 제2항

> **상법 제365조(총회의 소집)**
> ① 정기총회는 매년 1회 일정한 시기에 이를 소집하여야 한다.
> ② 연 2회 이상의 결산기를 정한 회사는 매기에 총회를 소집하여야 한다.

② [O] 발행주식총수의 100분의 3 이상에 해당하는 주식을 가진 주주는 회의의 목적사항과 소집의 이유를 적은 서면 또는 전자문서를 이사회에 제출하여 임시총회의 소집을 청구할 수 있다(상법 제366조 제1항).

③ [×] 상법 제372조 제1항, 제2항

> **상법 제372조(총회의 연기, 속행의 결의)**
> ① 총회에서는 회의의 속행 또는 연기의 결의를 할 수 있다.
> ② 전항의 경우에는 제363조(소집의 통지)의 규정을 적용하지 아니한다.

④ [O] 주식회사 대표이사가 이사회결의를 거쳐 주주들에게 임시주주총회 소집통지서를 발송하였다가 다시 이를 철회하기로 하는 이사회결의를 거친 후 총회 개최장소 출입문에 총회 소집이 철회되었다는 취지의 공고문을 부착하고, 이사회에 참석하지 않은 주주들에게는 퀵서비스를 이용하여 총회 소집이 철회되었다는 내용의 소집철회통지서를 보내는 한편, 전보와 휴대전화(직접 통화 또는 메시지 녹음)로도 같은 취지의 통지를 한 경우, 임시주주총회 소집을 철회하기로 하는 이사회결의를 거친 후 주주들에게 소집통지와 같은 방법인 서면에 의한 소집철회통지를 한 이상 임시주주총회 소집은 적법하게 철회되었다(대판 2011.6.24. 2009다35033).

⑤ [O] 주식회사의 임시주주총회가 법령 및 정관상 요구되는 이사회의 결의 및 소집절차 없이 이루어졌다 하더라도, 주주명부상의 주주 전원이 참석하여 총회를 개최하는 데 동의하고 아무런 이의 없이 만장일치로 결의가 이루어졌다면 그 결의는 특별한 사정이 없는 한 유효하다(대판 2002.12.24. 2000다69927).

답 ③

05 세무사 2023

확인Check! ○ △ ×

상법상 주주총회의 소집에 관한 설명으로 옳은 것을 모두 고른 것은?

ㄱ. 6개월 전부터 계속하여 상장회사 발행주식총수의 1천분의 15 이상에 해당하는 주식을 보유한 자는 이사회에 임시주주총회의 소집을 청구할 수 있다.
ㄴ. 감사는 회의의 목적사항과 소집의 이유를 기재한 서면을 이사회에 제출하여 임시주주총회의 소집을 청구할 수 있다.
ㄷ. 비상장회사의 발행주식총수의 100분의 3 이상에 해당하는 주식을 가진 주주가 임시주주총회소집의 청구가 있은 후 지체 없이 이사회가 주주총회소집의 절차를 밟지 아니한 때에는 청구한 주주는 즉시 주주총회를 소집할 수 있다.
ㄹ. 주주총회를 소집할 때에는 주주 과반수의 동의를 받아 전자문서로 통지를 발송할 수 있다.

① ㄱ, ㄴ
② ㄱ, ㄹ
③ ㄴ, ㄷ
④ ㄱ, ㄴ, ㄹ
⑤ ㄱ, ㄷ, ㄹ

해설

ㄱ. [O] 6개월 전부터 계속하여 상장회사 발행주식총수의 1천분의 15 이상에 해당하는 주식을 보유한 자는 제366조(소수주주에 의한 소집청구)(제542조에서 준용하는 경우를 포함한다) 및 제467조(회사의 업무, 재산상태의 검사)에 따른 주주의 권리를 행사할 수 있다(상법 제542조의6 제1항).

ㄴ. [O] 감사는 회의의 목적사항과 소집의 이유를 기재한 서면을 이사회에 제출하여 임시총회의 소집을 청구할 수 있다(상법 제412조의3 제1항).

ㄷ. [×] 상법 제366조 제1항, 제2항

> **상법 제366조(소수주주에 의한 소집청구)**
> ① 발행주식총수의 100분의 3 이상에 해당하는 주식을 가진 주주는 회의의 목적사항과 소집의 이유를 적은 서면 또는 전자문서를 이사회에 제출하여 임시총회의 소집을 청구할 수 있다.
> ② 제1항의 청구가 있은 후 지체 없이 총회소집의 절차를 밟지 아니한 때에는 청구한 주주는 법원의 허가를 받아 총회를 소집할 수 있다. 이 경우 주주총회의 의장은 법원이 이해관계인의 청구나 직권으로 선임할 수 있다.

ㄹ. [×] 주주총회를 소집할 때에는 주주총회일의 2주 전에 각 주주에게 서면으로 통지를 발송하거나 각 주주의 동의를 받아 전자문서로 통지를 발송하여야 한다. 다만, 그 통지가 주주명부상 주주의 주소에 계속 3년간 도달하지 아니한 경우에는 회사는 해당 주주에게 총회의 소집을 통지하지 아니할 수 있다(상법 제363조 제1항).

답 ①

06 세무사 2021

☑ 확인Check! ○ △ ×

상법상 자본금 총액이 10억원인 비상장주식회사의 주주총회 소집에 관한 설명으로 옳지 않은 것은? (다툼이 있으면 판례에 따름)

① 총회의 소집은 상법에 다른 규정이 있는 경우 외에는 이사회가 이를 결정한다.

② 총회는 정관에 다른 정함이 없으면 본점소재지 또는 이에 인접한 지에 소집하여야 한다.

③ 총회 소집통지가 주주명부상 주주의 주소에 계속 3년간 도달하지 아니한 경우, 회사는 해당 주주에게 총회의 소집을 통지하지 아니할 수 있다.

④ 정기총회는 매년 1회 일정한 시기에 이를 소집하여야 하고, 연 2회 이상의 결산기를 정한 회사는 매기에 총회를 소집하여야 한다.

⑤ 명의개서를 하지 아니한 주식양수인에 대하여 주주총회 소집통지를 하지 않은 경우, 그 주주총회의 결의에는 절차상의 하자가 인정된다.

▌해설▐

① [○] 총회의 소집은 본법에 다른 규정이 있는 경우 외에는 이사회가 이를 결정한다(상법 제362조).

② [○] 총회는 정관에 다른 정함이 없으면 본점소재지 또는 이에 인접한 지에 소집하여야 한다(상법 제364조).

③ [○] 주주총회를 소집할 때에는 주주총회일의 2주 전에 각 주주에게 서면으로 통지를 발송하거나 각 주주의 동의를 받아 전자문서로 통지를 발송하여야 한다. 다만, 그 통지가 주주명부상 주주의 주소에 계속 3년간 도달하지 아니한 경우에는 회사는 해당 주주에게 총회의 소집을 통지하지 아니할 수 있다(상법 제363조 제1항).

④ [O] 상법 제365조 제1항, 제2항

> **상법 제365조(총회의 소집)**
> ① 정기총회는 매년 1회 일정한 시기에 이를 소집하여야 한다.
> ② 연 2회 이상의 결산기를 정한 회사는 매기에 총회를 소집하여야 한다.

⑤ [×] 주식을 취득한 자가 회사에 대하여 의결권을 주장할 수 있기 위하여는 주주명부에 주주로서 명의개서를 하여야 하므로, 명의개서를 하지 아니한 주식양수인에 대하여 주주총회소집통지를 하지 않았다고 하여 주주총회결의에 절차상의 하자가 있다고 할 수 없다(대판 2014.4.30. 2013다99942).

답 ⑤

07 세무사 2020

☑ 확인Check! ○ △ ×

상법상 비상장회사의 주주총회 소집에 관한 설명으로 옳지 않은 것은?

① 주주총회 소집통지서에는 회의의 목적사항을 적어야 한다.
② 주주총회의 소집통지가 주주명부상 주주의 주소에 계속 2년간 도달하지 아니한 경우에는 회사는 해당 주주에게 총회의 소집을 통지하지 아니할 수 있다.
③ 연 2회 이상의 결산기를 정한 회사는 매기에 주주총회를 소집하여야 한다.
④ 자본금 총액이 10억원 미만인 회사가 주주총회를 소집하는 경우에는 주주총회일의 10일 전에 각 주주에게 서면으로 통지를 발송하거나 각 주주의 동의를 받아 전자문서로 통지를 발송할 수 있다.
⑤ 자본금 총액이 10억원 미만인 회사는 주주 전원의 동의가 있을 경우에는 소집절차 없이 주주총회를 개최할 수 있고, 서면에 의한 결의로써 주주총회의 결의를 갈음할 수 있다.

해설

① [O] 상법 제363조 제2항
② [×] 주주총회의 소집통지가 주주명부상 주주의 주소에 계속 3년간 도달하지 아니한 경우에는 회사는 해당 주주에게 총회의 소집을 통지하지 아니할 수 있다(상법 제363조 제1항 단서 참조).
③ [O] 연 2회 이상의 결산기를 정한 회사는 매기에 총회를 소집하여야 한다(상법 제365조 제2항).
④ [O] 상법 제363조 제3항
⑤ [O] 상법 제363조 제4항

> **상법 제363조(소집의 통지)**
> ① 주주총회를 소집할 때에는 주주총회일의 2주 전에 각 주주에게 서면으로 통지를 발송하거나 각 주주의 동의를 받아 전자문서로 통지를 발송하여야 한다. 다만, 그 통지가 주주명부상 주주의 주소에 계속 3년간 도달하지 아니한 경우에는 회사는 해당 주주에게 총회의 소집을 통지하지 아니할 수 있다.
> ② 제1항의 통지서에는 회의의 목적사항을 적어야 한다.

③ 제1항에도 불구하고 자본금 총액이 10억원 미만인 회사가 주주총회를 소집하는 경우에는 주주총회일의 10일 전에 각 주주에게 서면으로 통지를 발송하거나 각 주주의 동의를 받아 전자문서로 통지를 발송할 수 있다.
④ 자본금 총액이 10억원 미만인 회사는 주주 전원의 동의가 있을 경우에는 소집절차 없이 주주총회를 개최할 수 있고, 서면에 의한 결의로써 주주총회의 결의를 갈음할 수 있다. 결의의 목적사항에 대하여 주주 전원이 서면으로 동의를 한 때에는 서면에 의한 결의가 있는 것으로 본다.

답 ②

08 법무사 2023

☑ 확인Check! ○ △ ×

소수주주에 의한 주주총회 소집에 관한 다음 설명 중 가장 옳지 않은 것은?

① 상법 제366조 제1항에서 정한 소수주주는 회의의 목적사항과 소집 이유를 적은 서면 또는 전자문서를 이사회에 제출하는 방법으로 임시주주총회의 소집을 청구할 수 있는데, 이때 '이사회'는 원칙적으로 대표이사를 의미하고, 예외적으로 대표이사 없이 이사의 수가 1인 또는 2인인 소규모 회사의 경우에는 각 이사를 의미한다.
② 소수주주가 상법 제366조에 따라 임시총회 소집에 관한 법원의 허가를 신청할 때 주주총회의 권한에 속하는 결의사항이 아닌 것을 회의 목적사항으로 할 수는 없다.
③ 상법 제366조 제1항에서 정한 '전자문서'에는 전자우편은 포함되나 휴대전화 문자메시지・모바일 메시지는 포함되지 않는다.
④ 법원은 상법 제366조 제2항에 따라 총회의 소집을 구하는 소수주주에게 회의의 목적사항을 정하여 이를 허가할 수 있는데, 법원이 총회의 소집기간을 구체적으로 정하지 않은 경우에 총회소집허가결정일로부터 상당한 기간이 경과하도록 총회가 소집되지 않았다면, 소집허가결정에 따른 소집권한은 특별한 사정이 없는 한 소멸한다.
⑤ 소수주주가 임시총회 소집에 관한 법원의 허가를 신청한 경우, 법원은 직권으로 주주총회의 의장을 선임할 수 있다.

▌해설▐

① [O] 상법 제366조 제1항에서 정한 소수주주는 회의의 목적사항과 소집 이유를 적은 서면 또는 전자문서를 이사회에 제출하는 방법으로 임시주주총회의 소집을 청구할 수 있다(상법 제366조 제1항). 이때 '이사회'는 원칙적으로 대표이사를 의미하고, 예외적으로 대표이사 없이 이사의 수가 1인 또는 2인인 소규모 회사의 경우에는 각 이사를 의미한다(상법 제383조 제6항)(대결 2022.12.16. 2022그734).
② [O] 소수주주가 상법 제366조에 따라 임시총회 소집에 관한 법원의 허가를 신청할 때 주주총회의 권한에 속하는 결의사항이 아닌 것을 회의 목적사항으로 할 수는 없다. 이때 임시총회소집청구서에 기재된 회의의 목적사항과 소집의 이유가 이사회에 먼저 제출한 청구서와 서로 맞지 않는다면 법원의 허가를 구하는 재판에서 그 청구서에 기재된 소집의 이유에 맞추어 회의의 목적사항을 일부 수정하거나 변경할 수 있고, 법원으로서는 위와 같은 불일치 등에 관하여 석명하거나 지적함으로써 신청인에게 의견을 진술하게 하고 회의 목적사항을 수정・변경할 기회를 주어야 한다(대결 2022.9.7. 2022마5372).

③ [×] 상법 제366조 제1항에서 정한 '전자문서'란 정보처리시스템에 의하여 전자적 형태로 작성·변환·송신·수신·저장된 정보를 의미하고, 이는 작성·변환·송신·수신·저장된 때의 형태 또는 그와 같이 재현될 수 있는 형태로 보존되어 있을 것을 전제로 그 내용을 열람할 수 있는 것이어야 하므로, 이와 같은 성질에 반하지 않는 한 전자우편은 물론 휴대전화 문자메시지·모바일 메시지 등까지 포함된다(대결 2022.12.16. 2022그734).

④ [O] 법원은 상법 제366조 제2항에 따라 총회의 소집을 구하는 소수주주에게 회의의 목적사항을 정하여 이를 허가할 수 있다. 이때 법원이 총회의 소집기간을 구체적으로 정하지 않은 경우에도 소집허가를 받은 주주는 소집의 목적에 비추어 상당한 기간 내에 총회를 소집하여야 한다. 총회소집허가결정일로부터 상당한 기간이 경과하도록 총회가 소집되지 않았다면, 소집허가결정에 따른 소집권한은 특별한 사정이 없는 한 소멸한다(대판 2018.3.15. 2016다275679).

⑤ [O] 상법 제366조 제2항

> **상법 제366조(소수주주에 의한 소집청구)**
> ① 발행주식총수의 100분의 3 이상에 해당하는 주식을 가진 주주는 회의의 목적사항과 소집의 이유를 적은 서면 또는 전자문서를 이사회에 제출하여 임시총회의 소집을 청구할 수 있다.
> ② 제1항의 청구가 있은 후 지체 없이 총회소집의 절차를 밟지 아니한 때에는 청구한 주주는 법원의 허가를 받아 총회를 소집할 수 있다. 이 경우 주주총회의 의장은 법원이 이해관계인의 청구나 직권으로 선임할 수 있다.

답 ③

09 법무사 2021

☑ 확인Check! ○ △ ×

상법상 주주총회에 관한 다음 설명 중 가장 옳지 않은 것은?

① 주식회사의 임시주주총회가 법령 및 정관상 요구되는 이사회의 결의 및 소집절차 없이 이루어졌다 하더라도, 주주명부상의 주주 전원이 참석하여 총회를 개최하는 데 동의하고 아무런 이의 없이 만장일치로 결의가 이루어졌다면 그 결의는 특별한 사정이 없는 한 유효하다.

② 회사의 총주식을 한 사람이 소유하게 된 1인 회사의 경우에는 실제 총회를 개최한 사실이 없었다 하더라도 그 1인 주주에 의하여 의결이 있었던 것으로 주주총회의사록이 작성되었다면 특별한 사정이 없는 한 그 내용의 결의가 있었던 것으로 볼 수 있다.

③ 자본금 총액이 10억원 미만인 회사가 주주총회를 소집하는 경우에는 주주총회일의 10일 전에 각 주주에게 서면으로 통지를 발송하거나 각 주주의 동의를 받아 전자문서로 통지를 발송할 수 있고, 주주 전원의 동의가 있을 경우에는 소집절차 없이 주주총회를 개최할 수도 있다.

④ 주주총회의 소집을 철회·취소하는 경우에는 반드시 총회의 소집과 동일한 방식으로 그 철회·취소를 총회 구성원들에게 통지하여야 할 필요는 없고, 주주에게 소집의 철회·취소결정이 있었음이 알려질 수 있는 적절한 조치를 취하면 된다.

⑤ 총회의 소집절차 또는 결의방법이 법령 또는 정관에 위반하거나 현저하게 불공정한 때 또는 그 결의의 내용이 정관에 위반한 때에 주주는 2월 내에 결의취소의 소를 제기할 수 있고, 하자가 일부 주주에게만 있는 경우 다른 주주도 그 하자를 주장하여 소를 제기할 수 있다.

▌해설▌

① [O] 주식회사의 임시주주총회가 법령 및 정관상 요구되는 이사회의 결의 및 소집절차 없이 이루어졌다 하더라도, 주주명부상의 주주 전원이 참석하여 총회를 개최하는 데 동의하고 아무런 이의 없이 만장일치로 결의가 이루어졌다면 그 결의는 특별한 사정이 없는 한 유효하다(대판 2002.12.24. 2000다69927).

② [O] 주식회사에 있어서 회사가 설립된 이후 총주식을 한 사람이 소유하게 된 이른바 1인회사의 경우에는 그 주주가 유일한 주주로서 주주총회에 출석하면 전원 총회로서 성립하고 그 주주의 의사대로 결의가 될 것임이 명백하므로 따로이 총회소집절차가 필요 없고 실제로 총회를 개최한 사실이 없었다 하더라도 그 1인 주주에 의하여 의결이 있었던 것으로 주주총회 의사록이 작성되었다면 특별한 사정이 없는 한 그 내용의 결의가 있었던 것으로 볼 수 있다(대판 1976.4.13. 74다1755).

③ [O] 상법 제363조 제3항·제4항

> **상법 제363조(소집의 통지)**
> ③ 제1항에도 불구하고 자본금 총액이 10억원 미만인 회사가 주주총회를 소집하는 경우에는 주주총회일의 10일 전에 각 주주에게 서면으로 통지를 발송하거나 각 주주의 동의를 받아 전자문서로 통지를 발송할 수 있다.
> ④ 자본금 총액이 10억원 미만인 회사는 주주 전원의 동의가 있을 경우에는 소집절차 없이 주주총회를 개최할 수 있고, 서면에 의한 결의로써 주주총회의 결의를 갈음할 수 있다. 결의의 목적사항에 대하여 주주 전원이 서면으로 동의를 한 때에는 서면에 의한 결의가 있는 것으로 본다.

④ [×] 주주총회 소집의 통지·공고가 행하여진 후 소집을 철회하거나 연기하기 위해서는 소집의 경우에 준하여 이사회의 결의를 거쳐 대표이사가 그 뜻을 <u>그 소집에서와 같은 방법으로 통지·공고하여야 한다</u>(대판 2009.3.26. 2007도8195).

⑤ [O] 주주는 다른 주주에 대한 소집절차의 하자를 이유로 주주총회결의 취소의 소를 제기할 수도 있다(대판 2003.7.11. 2001다45584).

> **상법 제376조(결의취소의 소)**
> ① 총회의 소집절차 또는 결의방법이 법령 또는 정관에 위반하거나 현저하게 불공정한 때 또는 그 결의의 내용이 정관에 위반한 때에는 주주·이사 또는 감사는 결의의 날로부터 2월 내에 결의취소의 소를 제기할 수 있다.

 ④

10 CPA 2023

☑ 확인 Check! ○ △ ×

상법상 주주제안권에 관한 설명으로 틀린 것은?

① 비상장회사의 경우 주주제안권자는 의결권 없는 주식을 제외한 발행주식총수의 100분의 3 이상에 해당하는 주식을 보유한 주주이다.

② 상장회사의 경우 의결권 없는 주식을 제외한 발행주식총수의 100분의 3 이상에 해당하는 주식을 6개월 미만의 기간동안 보유하고 있는 주주는 주주제안권을 가진다.

③ 주주제안권을 가진 자는 이사에게 주주총회일의 6주 전에 서면 또는 전자문서로 제안 사항을 주주총회의 목적사항으로 할 것과 당해 주주가 제출하는 의안의 요령을 주주총회소집통지에 기재할 것을 청구할 수 있다.

④ 이사회는 주주제안의 내용이 법령에 위반하지 않는 한 이를 주주총회 목적사항으로 하여야 한다.

⑤ 적법하게 주주제안을 한 자의 청구가 있는 때에는 주주총회에서 당해 의안을 설명할 기회를 주어야 한다.

▌해설▌

① [O], ② [O] 비상장회사의 경우 주주제안권자는 의결권 없는 주식을 제외한 발행주식총수의 100분의 3 이상에 해당하는 주식을 보유한 주주이고(상법 제363조의2 제1항 참조), 상장회사의 경우 의결권 없는 주식을 제외한 발행주식총수의 1,000분의 10 이상(자본금이 1,000억원 이상인 회사는 1,000분의 5 이상)에 해당하는 주식을 6개월 전부터 계속 보유한 주주이다(상법 제542조의6 제2항, 상법 시행령 제32조 참조). 하지만 소수주주권에 관한 상장회사의 특례규정은 일반적인 소수주주권의 규정과 선택적으로 적용가능하므로(상법 제542조의6 제10항 참조), 상장회사의 경우에도 의결권 없는 주식을 제외한 발행주식총수의 100분의 3 이상에 해당하는 주식을 보유하고 있는 주주라면 주식보유기간과 상관없이 주주제안을 할 수 있다.

③ [O] 상법 제363조의2 제2항

④ [×] 이사회는 주주제안의 내용이 <u>법령 또는 정관을 위반하는 경우와 그 밖에 대통령령으로 정하는 경우를 제외하고</u>는 이를 주주총회의 목적사항으로 하여야 한다(상법 제363조의2 제3항 참조).

⑤ [O] 상법 제363조의2 제3항

> **상법 제363조의2(주주제안권)**
>
> ① 의결권 없는 주식을 제외한 발행주식총수의 100분의 3 이상에 해당하는 주식을 가진 주주는 이사에게 주주총회일(정기주주총회의 경우 직전 연도의 정기주주총회일에 해당하는 그 해의 해당일. 이하 이 조에서 같다)의 6주 전에 서면 또는 전자문서로 일정한 사항을 주주총회의 목적사항으로 할 것을 제안(이하 '주주제안'이라 한다)할 수 있다.
>
> ② 제1항의 주주는 이사에게 주주총회일의 6주 전에 서면 또는 전자문서로 회의의 목적으로 할 사항에 추가하여 당해 주주가 제출하는 의안의 요령을 제363조에서 정하는 통지에 기재할 것을 청구할 수 있다.
>
> ③ 이사는 제1항에 의한 주주제안이 있는 경우에는 이를 이사회에 보고하고, 이사회는 주주제안의 내용이 법령 또는 정관을 위반하는 경우와 그 밖에 대통령령으로 정하는 경우를 제외하고는 이를 주주총회의 목적사항으로 하여야 한다. 이 경우 주주제안을 한 자의 청구가 있는 때에는 주주총회에서 당해 의안을 설명할 기회를 주어야 한다.

상법 제542조의6(소수주주권)

② 6개월 전부터 계속하여 상장회사의 의결권 없는 주식을 제외한 발행주식총수의 1천분의 10(대통령령으로 정하는 상장회사의 경우에는 1천분의 5) 이상에 해당하는 주식을 보유한 자는 제363조의2(제542조에서 준용하는 경우를 포함한다)에 따른 주주의 권리를 행사할 수 있다.

⑩ 제1항부터 제7항까지는 제542조의2 제2항에도 불구하고 이 장의 다른 절에 따른 소수주주권의 행사에 영향을 미치지 아니한다.

 ④

11 CPA 2018

☑ 확인Check! ○ △ ×

甲회사는 2017년 11월 21일에 주주총회를 개최하여 2인의 이사를 추가로 선임하고 乙회사 영업의 일부를 양수하는 결의를 하고자 하였다. 상법상 이에 관한 설명으로 옳은 것은 모두 몇 개인가? (甲회사와 乙회사는 비상장주식회사임)

㉠ 甲회사의 의결권 없는 주식을 제외한 발행주식총수의 100분의 3을 가진 주주는 2017년 10월 2일 이사에게 정관변경의 건을 주주총회의 목적사항으로 할 것을 서면으로 제안할 수 있다.
㉡ 甲회사의 의결권 없는 주식을 제외한 발행주식총수의 100분의 3을 가진 주주는 2017년 11월 17일 회사에 대하여 집중투표의 방식으로 이사를 선임할 것을 전자문서로 청구할 수 있다.
㉢ 甲회사의 의결권 없는 주식을 제외한 발행주식총수의 100분의 3을 가진 주주가 정관변경의 건을 제안하여 이사회가 이를 주주총회의 목적사항으로 하였다면 이사는 그 주주의 청구가 있는 경우에 한하여 주주총회의 소집통지에 그 의안의 요령을 기재할 수 있다.
㉣ 甲회사가 양수하는 乙회사 영업의 일부가 甲회사의 영업에 중대한 영향을 미치는 경우 그 결의는 출석한 주주의 의결권의 3분의 2 이상의 수와 발행주식 총수의 과반수로써 한다.
㉤ 甲회사의 보통주 2만주를 보유한 주주는 주주총회일 이전에 회사에 대하여 의결권의 불통일 행사에 대한 통지를 하지 않았더라도 乙회사 영업의 일부를 양수하는 안건에 대하여 주주총회일에 8,000주는 찬성, 12,000주는 반대로 의결권을 행사할 수 있다.

① 1개
② 2개
③ 3개
④ 4개
⑤ 5개

PART 3

▌해설▌

ㄱ. [O] 의결권 없는 주식을 제외한 발행주식총수의 100분의 3을 가진 주주이고, 2017년 10월 2일은 주주총회일 6주 전이므로 주주제안권을 행사할 수 있다(상법 제363조의2 제1항 참조).

ㄴ. [×] 의결권 없는 주식을 제외한 발행주식총수의 100분의 3을 가진 주주는 주주총회일의 7일 전인 2017년 11월 14일까지 회사에 대하여 집중투표의 방식으로 이사를 선임할 것을 전자문서로 청구할 수 있다(상법 제382조의2 제1항, 제2항 참조).

> **상법 제382조의2(집중투표)**
> ① 2인 이상의 이사의 선임을 목적으로 하는 총회의 소집이 있는 때에는 의결권 없는 주식을 제외한 발행주식총수의 100분의 3 이상에 해당하는 주식을 가진 주주는 정관에서 달리 정하는 경우를 제외하고는 회사에 대하여 집중투표의 방법으로 이사를 선임할 것을 청구할 수 있다.
> ② 제1항의 청구는 주주총회일의 7일 전까지 서면 또는 전자문서로 하여야 한다.

ㄷ. [×] 정관변경의 경우에는 주주의 청구가 없더라도 이사는 주주총회의 소집통지에 그 의안의 요령을 기재하여야 한다(상법 제363조의2 제2항, 제433조 제2항 참조).

> **상법 제363조의2(주주제안권)**
> ① 의결권 없는 주식을 제외한 발행주식총수의 100분의 3 이상에 해당하는 주식을 가진 주주는 이사에게 주주총회일(정기주주총회의 경우 직전 연도의 정기주주총회일에 해당하는 그 해의 해당일. 이하 이 조에서 같다)의 6주 전에 서면 또는 전자문서로 일정한 사항을 주주총회의 목적사항으로 할 것을 제안(이하 '주주제안'이라 한다)할 수 있다.
> ② 제1항의 주주는 이사에게 주주총회일의 6주 전에 서면 또는 전자문서로 회의의 목적으로 할 사항에 추가하여 당해 주주가 제출하는 의안의 요령을 제363조에서 정하는 통지에 기재할 것을 청구할 수 있다.
>
> **상법 제433조(정관변경의 방법)**
> ② 정관의 변경에 관한 의안의 요령은 제363조에 따른 통지에 기재하여야 한다.

ㄹ. [×] 甲회사가 양수하는 乙회사 영업의 일부가 甲회사의 영업에 중대한 영향을 미치는 경우 그 결의는 출석한 주주의 의결권의 3분의 2 이상의 수와 발행주식 총수의 3분의 1 이상의 수로써 한다(상법 제374조 제1항 제3호, 제434조).

> **상법 제374조(영업양도, 양수, 임대등)**
> ① 회사가 다음 각 호의 어느 하나에 해당하는 행위를 할 때에는 제434조에 따른 결의가 있어야 한다.
> 1. 영업의 전부 또는 중요한 일부의 양도
> 2. 영업 전부의 임대 또는 경영위임, 타인과 영업의 손익 전부를 같이 하는 계약, 그 밖에 이에 준하는 계약의 체결・변경 또는 해약
> 3. 회사의 영업에 중대한 영향을 미치는 다른 회사의 영업 전부 또는 일부의 양수
>
> **상법 제434조(정관변경의 특별결의)**
> 제433조 제1항의 결의는 출석한 주주의 의결권의 3분의 2 이상의 수와 발행주식총수의 3분의 1 이상의 수로써 하여야 한다.

ㅁ. [×] 주주가 2 이상의 의결권을 가지고 있는 때에는 이를 통일하지 아니하고 행사할 수 있다. 이 경우 주주총회일의 3일전에 회사에 대하여 서면 또는 전자문서로 그 뜻과 이유를 통지하여야 한다(상법 제368조의2 제1항).

답 ①

12 CPA 2015

☑ 확인 Check! ○ △ ×

A는 비상장주식회사인 甲회사의 의결권 없는 주식을 제외한 발행주식총수의 5%를 보유하고 있는 주주이다. 甲회사는 2014년 3월 20일 개최되는 정기주주총회에서 재무제표에 대한 승인을 구하고자 하였다. 한편 A는 임기 중에 있는 이사 乙을 해임하자는 주주제안을 하였다. 상법상 다음의 설명 중 옳은 것은?

① A가 2014년 2월 10일 甲회사 이사에게 서면으로 한 주주제안은 유효하다.

② A가 주주제안한 내용을 주주총회에서 설명하고자 하는 때에는 이를 주주제안과 함께 이사에게 청구하고 이사회의 승인을 얻어야 한다.

③ 甲회사는 주주총회 소집통지를 발송할 때 A의 주주제안이유와 의안의 요령을 소집통지서에 기재하여야 한다.

④ A의 주주제안을 받은 甲회사의 이사회는 주주제안의 내용이 법령 또는 정관을 위반하는 경우와 대통령령으로 정하는 경우를 제외하고는 이를 주주총회의 목적사항으로 하여야 한다.

⑤ 임기 중에 있는 임원의 해임에 관한 사항은 이사가 주주제안을 거부할 수 있는 사유에 해당하므로 甲회사는 이사 乙의 해임에 관한 A의 주주제안은 거부할 수 있다.

해설

① [×] 주주제안은 주주총회일 6주 전에 하여야 하므로, 정기주주총회일인 2014년 3월 20일로부터 38일 전인 2014년 2월 10일에 한 주주제안은 유효하지 않다(상법 제363조의2 제1항 참조).

② [×] 이사는 주주제안을 한 자의 청구가 있는 때에는 주주총회에서 당해 의안을 설명할 기회를 주어야 한다. 이 경우 이사회의 승인을 받을 필요는 없다(상법 제363조의2 제3항 참조).

③ [×] 주주의 청구가 있는 경우 甲회사는 주주총회 소집통지를 발송할 때 주주가 제안한 의안의 요령을 소집통지서에 기재하여야 하지만, 주주제안의 이유까지 기재하지는 않는다(상법 제363조의2 제2항 참조).

④ [○] 상법 제363조의2 제3항

⑤ [×] 임기 중에 있는 임원의 해임에 관한 사항은 상장회사인 경우에만 주주제안을 거부할 수 있는 사유에 해당하므로 비상장회사인 甲회사는 이사 乙의 해임에 관한 A의 주주제안을 거부할 수 없다(상법 시행령 제12조 제4호 참조).

> **상법 제363조의2(주주제안권)**
>
> ① 의결권 없는 주식을 제외한 발행주식총수의 100분의 3 이상에 해당하는 주식을 가진 주주는 이사에게 주주총회일(정기주주총회의 경우 직전 연도의 정기주주총회일에 해당하는 그 해의 해당일. 이하 이 조에서 같다)의 6주 전에 서면 또는 전자문서로 일정한 사항을 주주총회의 목적사항으로 할 것을 제안(이하 '주주제안'이라 한다)할 수 있다.
>
> ② 제1항의 주주는 이사에게 주주총회일의 6주 전에 서면 또는 전자문서로 회의의 목적으로 할 사항에 추가하여 당해 주주가 제출하는 의안의 요령을 제363조에서 정하는 통지에 기재할 것을 청구할 수 있다.
>
> ③ 이사는 제1항에 의한 주주제안이 있는 경우에는 이를 이사회에 보고하고, 이사회는 주주제안의 내용이 법령 또는 정관을 위반하는 경우와 그 밖에 대통령령으로 정하는 경우를 제외하고는 이를 주주총회의 목적사항으로 하여야 한다. 이 경우 주주제안을 한 자의 청구가 있는 때에는 주주총회에서 당해 의안을 설명할 기회를 주어야 한다.

PART 3

상법 시행령 제12조(주주제안의 거부)
법 제363조의2 제3항 전단에서 "대통령령으로 정하는 경우"란 주주제안의 내용이 다음 각 호의 어느 하나에 해당하는 경우를 말한다.

1. 주주총회에서 의결권의 100분의 10 미만의 찬성밖에 얻지 못하여 부결된 내용과 같은 내용의 의안을 부결된 날부터 3년 내에 다시 제안하는 경우
2. 주주 개인의 고충에 관한 사항인 경우
3. 주주가 권리를 행사하기 위하여 일정 비율을 초과하는 주식을 보유해야 하는 소수주주권에 관한 사항인 경우
4. 임기 중에 있는 임원의 해임에 관한 사항[법 제542조의2 제1항에 따른 상장회사(이하 "상장회사"라 한다)만 해당한다]인 경우
5. 회사가 실현할 수 없는 사항 또는 제안 이유가 명백히 거짓이거나 특정인의 명예를 훼손하는 사항인 경우

답 ④

13 세무사 2022

☑ 확인Check! ○ △ ✕

상법상 주주제안권에 관한 설명으로 옳지 않은 것은?

① 주주제안권은 소수주주권이다.
② 주주제안은 이사에게 하여야 한다.
③ 주주제안을 할 수 있는 주주는 주주총회일의 6주전에 서면으로 일정한 사항을 주주총회의 목적사항으로 할 것을 제안할 수 있다.
④ 이사회는 주주제안의 모든 내용을 주주총회의 목적사항으로 하여야 한다.
⑤ 주주제안을 주주총회의 목적사항으로 한 경우, 주주제안을 한 자의 청구가 있는 때에는 주주총회에서 당해 의안을 설명할 기회를 주어야 한다.

해설

① [O], ② [O], ③ [O] 상법 제363조의2 제1항
④ [X] 이사회는 주주제안의 내용이 법령 또는 정관을 위반하는 경우와 그 밖에 대통령령으로 정하는 경우에는 주주총회의 목적사항으로 하지 않을 수 있다(상법 제363조의2 제2항 참조).
⑤ [O] 상법 제363조의2 제2항

상법 제363조의2(주주제안권)
① 의결권 없는 주식을 제외한 발행주식총수의 100분의 3 이상에 해당하는 주식을 가진 주주는 이사에게 주주총회일(정기주주총회의 경우 직전 연도의 정기주주총회일에 해당하는 그 해의 해당일. 이하 이 조에서 같다)의 6주 전에 서면 또는 전자문서로 일정한 사항을 주주총회의 목적사항으로 할 것을 제안(이하 '株主提案'이라 한다)할 수 있다.
③ 이사는 제1항에 의한 주주제안이 있는 경우에는 이를 이사회에 보고하고, 이사회는 주주제안의 내용이 법령 또는 정관을 위반하는 경우와 그 밖에 대통령령으로 정하는 경우를 제외하고는 이를 주주총회의 목적사항으로 하여야 한다. 이 경우 주주제안을 한 자의 청구가 있는 때에는 주주총회에서 당해 의안을 설명할 기회를 주어야 한다.

답 ④

14 세무사 2020

☑ 확인 Check! ○ △ ×

상법상 주주제안권에 관한 설명으로 옳은 것은?

① 주주제안은 감사에게 하여야 한다.

② 주주제안권은 모든 주주에게 인정된다.

③ 의결권이 없는 주식을 보유한 주주는 이사회에 주주총회일의 2주 전에 서면 또는 전자문서로 일정한 사항을 주주총회의 목적사항으로 할 것을 제안할 수 있다.

④ 주주제안에 따라 이사회에서 이를 주주총회의 목적사항으로 한 경우, 주주제안을 한 자의 청구가 있는 때에는 주주총회에서 당해 의안을 설명할 기회를 주어야 한다.

⑤ 3개월 전부터 계속하여 발행주식총수의 1천분의 1에 해당하는 주식을 보유한 상장회사의 주주는 주주제안을 할 수 있다.

해설

① [×], ② [×], ③ [×] 의결권 없는 주식을 제외한 발행주식총수의 100분의 3 이상에 해당하는 주식을 가진 주주는 이사에게 주주총회일(정기주주총회의 경우 직전 연도의 정기주주총회일에 해당하는 그 해의 해당일. 이하 이 조에서 같다)의 6주 전에 서면 또는 전자문서로 일정한 사항을 주주총회의 목적사항으로 할 것을 제안(이하 '주주제안'이라 한다)할 수 있다(상법 제363조의2 제1항).

④ [○] 이사는 제1항에 의한 주주제안이 있는 경우에는 이를 이사회에 보고하고, 이사회는 주주제안의 내용이 법령 또는 정관을 위반하는 경우와 그 밖에 대통령령으로 정하는 경우를 제외하고는 이를 주주총회의 목적사항으로 하여야 한다. 이 경우 주주제안을 한 자의 청구가 있는 때에는 주주총회에서 당해 의안을 설명할 기회를 주어야 한다(상법 제363조의2 제3항).

⑤ [×] 6개월 전부터 계속하여 상장회사의 의결권 없는 주식을 제외한 발행주식총수의 1천분의 10(대통령령으로 정하는 상장회사의 경우에는 1천분의 5) 이상에 해당하는 주식을 보유한 자는 제363조의2(제542조에서 준용하는 경우를 포함한다)에 따른 주주의 권리(주주제안권)를 행사할 수 있다(상법 제542조의6 제2항).

답 ④

PART 3

제3항 주주의 의결권

15 CPA 2024

☑ 확인 Check! ○ △ ×

상법상 주주의 의결권 행사에 관한 설명으로 틀린 것은?

① 주주총회의 결의에 관하여 특별한 이해관계가 있는 주주는 의결권을 행사하지 못한다.
② 주주가 타인을 위하여 주식을 가지고 있는 경우에는 회사는 주주의 의결권의 불통일행사를 거부할 수 없다.
③ 동일한 주식에 관하여 서면에 의한 의결권 행사와 전자적 방법에 의한 의결권 행사가 모두 가능한 경우에는 둘 중 어느 하나의 방법을 선택하여야 한다.
④ 전자적 방법에 의한 의결권 행사는 정관에 근거가 있어야 가능하다.
⑤ 서면에 의한 의결권 행사의 경우 회사는 주주총회의 소집통지서에 주주가 의결권을 행사하는데 필요한 서면과 참고자료를 첨부하여야 한다.

▌해설▐

① [○] 총회의 결의에 관하여 특별한 이해관계가 있는 자는 의결권을 행사하지 못한다(상법 제368조 제3항).
② [○] 주주가 주식의 신탁을 인수하였거나 기타 타인을 위하여 주식을 가지고 있는 경우외에는 회사는 주주의 의결권의 불통일행사를 거부할 수 있다(상법 제368조의2 제2항).
③ [○] 동일한 주식에 관하여 제1항(전자적 방법에 의한 의결권 행사) 또는 제368조의3 제1항(서면에 의한 의결권의 행사)에 따라 의결권을 행사하는 경우 전자적 방법 또는 서면 중 어느 하나의 방법을 선택하여야 한다(상법 제368조의4 제4항).
④ [×] 회사는 이사회의 결의로 주주가 총회에 출석하지 아니하고 전자적 방법으로 의결권을 행사할 수 있음을 정할 수 있다(상법 제368조의4 제1항).
⑤ [○] 상법 제368조의3 제2항

> **상법 제368조의3(서면에 의한 의결권의 행사)**
> ① 주주는 정관이 정한 바에 따라 총회에 출석하지 아니하고 서면에 의하여 의결권을 행사할 수 있다.
> ② 회사는 총회의 소집통지서에 주주가 제1항의 규정에 의한 의결권을 행사하는데 필요한 서면과 참고자료를 첨부하여야 한다.

답 ④

16 CPA 2023

☑ 확인Check! ○ △ ✕

상법상 비상장주식회사의 주주총회 운영에 관한 설명으로 틀린 것은?

① 주주가 주식의 신탁을 인수한 경우 회사는 그 주주의 의결권의 불통일행사를 거부할 수 있다.

② 회사가 전자적 방법으로 주주총회에서 의결권을 행사할 수 있도록 한 경우에는 출석한 주주의 의결권의 과반수로써 감사의 선임을 결의할 수 있다.

③ 회사가 종류주식을 발행한 경우에 정관을 변경함으로써 어느 종류주식의 주주에게 손해를 미치게 될 때에는 주주총회의 특별결의 외에 그 종류주식 주주의 총회의 결의가 필요하다.

④ 연 2회의 결산기를 정하고 있는 회사는 각 결산기마다 정기주주총회를 개최하여야 한다.

⑤ 회사가 가진 자기주식의 수는 주주총회의 결의에 관하여는 발행주식총수에 산입하지 않는다.

해설

① [✕] 주주가 주식의 신탁을 인수하였거나 기타 타인을 위하여 주식을 가지고 있는 경우 외에는 회사는 주주의 의결권의 불통일행사를 거부할 수 있다(상법 제368조의2 제2항).

② [O] 회사가 제368조의4 제1항에 따라 전자적 방법으로 의결권을 행사할 수 있도록 한 경우에는 제368조 제1항에도 불구하고 출석한 주주의 의결권의 과반수로써 제1항에 따른 감사의 선임을 결의할 수 있다(상법 제409조 제3항).

③ [O] 회사가 종류주식을 발행한 경우에 정관을 변경함으로써 어느 종류주식의 주주에게 손해를 미치게 될 때에는 주주총회의 결의 외에 그 종류주식의 주주의 총회의 결의가 있어야 한다(상법 제435조 제1항).

④ [O] 연 2회 이상의 결산기를 정한 회사는 매기에 총회를 소집하여야 한다(상법 제365조 제2항).

⑤ [O] 상법 제371조 제1항, 제369조 제2항

상법 제371조(정족수, 의결권수의 계산)

① 총회의 결의에 관하여는 제344조의3 제1항과 제369조 제2항 및 제3항의 의결권 없는 주식의 수는 발행주식총수에 산입하지 아니한다.

상법 제369조(의결권)

② 회사가 가진 자기주식은 의결권이 없다.

답 ①

PART 3

17 CPA 2019

☑ 확인 Check! ○ △ ×

상법상 주주총회에서의 의결권 행사방법에 관한 설명으로 틀린 것은?

① 주주는 정관이 정하는 바에 따라 총회에 출석하지 아니하고 서면에 의하여 의결권을 행사할 수 있다.

② 회사는 정관에 규정이 없더라도 이사회 결의로 주주가 총회에 출석하지 아니하고 전자적 방법으로 의결권을 행사할 수 있음을 정할 수 있다.

③ 판례에 의하면 주주가 타인에게 의결권 행사를 위임하는 경우 구체적이고 개별적인 사항을 특정하여 위임해야 하고 포괄적으로 위임할 수는 없다.

④ 주주의 의결권을 대리행사하고자 하는 자는 대리권을 증명하는 서면을 총회에 제출하여야 한다.

⑤ 판례에 의하면 의결권 불통일행사의 통지가 주주총회일의 3일 전보다 늦게 도착하였더라도 회사가 이를 받아들여 허용한 것이라면 특별한 사정이 없는 한 위법하다고 볼 수는 없다.

해설

① [O] 주주는 정관이 정한 바에 따라 총회에 출석하지 아니하고 서면에 의하여 의결권을 행사할 수 있다(상법 제368조의3 제1항).

② [O] 회사는 이사회의 결의로 주주가 총회에 출석하지 아니하고 전자적 방법으로 의결권을 행사할 수 있음을 정할 수 있다(상법 제368조의4 제1항).

③ [×] 주식회사의 주주는 상법 제368조 제2항에 따라 타인에게 의결권 행사를 위임하거나 대리행사하도록 할 수 있다. 이 경우 의결권의 행사를 구체적이고 개별적인 사항에 국한하여 위임해야 한다고 해석하여야 할 근거는 없고 포괄적으로 위임할 수도 있다(대판 2014.1.23. 2013다56839).

④ [O] 주주는 대리인으로 하여금 그 의결권을 행사하게 할 수 있다. 이 경우에는 그 대리인은 대리권을 증명하는 서면을 총회에 제출하여야 한다(상법 제368조 제2항).

⑤ [O] 상법 제368조의2 제1항은 "주주가 2 이상의 의결권을 가지고 있는 때에는 이를 통일하지 아니하고 행사할 수 있다. 이 경우 회일의 3일 전에 회사에 대하여 서면으로 그 뜻과 이유를 통지하여야 한다"고 규정하고 있는바, 여기서 3일의 기간이라 함은 의결권의 불통일행사가 행하여지는 경우에 회사 측에 그 불통일행사를 거부할 것인가를 판단할 수 있는 시간적 여유를 주고, 회사의 총회 사무운영에 지장을 주지 아니하도록 하기 위하여 부여된 기간으로서, 그 불통일행사의 통지는 주주총회 회일의 3일 전에 회사에 도달할 것을 요한다. 다만, 위와 같은 3일의 기간이 부여된 취지에 비추어 보면, 비록 불통일행사의 통지가 주주총회 회일의 3일 전이라는 시한보다 늦게 도착하였다고 하더라도 회사가 스스로 총회운영에 지장이 없다고 판단하여 이를 받아들이기로 하고 이에 따라 의결권의 불통일행사가 이루어진 것이라면, 그것이 주주평등의 원칙을 위반하거나 의결권 행사의 결과를 조작하기 위하여 자의적으로 이루어진 것이라는 등의 특별한 사정이 없는 한, 그와 같은 의결권의 불통일행사를 위법하다고 볼 수는 없다(대판 2009.4.23. 2005다22701).

답 ③

18 CPA 2017

☑ 확인 Check! ○ △ ✕

상법상 주주총회에서 의결권을 행사할 수 있는 경우에 해당하는 것은? (이견이 있으면 판례에 의함)

① 주권발행 전의 주식의 양도인이 회사에 대하여 양수인으로의 명의개서를 요구하였으나 아직 양수인 앞으로 명의개서가 이루어지지 않은 경우 그 주식양수인

② 주식양수인이 회사에 명의개서를 청구하였으나 회사의 대표이사가 정당한 사유 없이 명의개서를 거절하여 아직 명의개서가 이루어지지 않은 경우 그 주식양수인

③ 주식에 대하여 질권이 설정되고 질권자의 성명과 주소가 주주명부에 기재된 경우 그 질권자

④ 자회사가 다른 회사의 발행주식총수의 10분의 1을 초과하는 주식을 가지고 있는 경우 그 다른 회사가 가지고 있는 모회사의 주식

⑤ 주주총회가 재무제표를 승인한 후 2년 내에 이사의 책임을 추궁하는 결의를 할 때 당해 이사가 주주인 경우

해설

① [**의결권 ×**] 명의개서청구권은 기명주식을 취득한 자가 회사에 대하여 주주권에 기하여 그 기명주식에 관한 자신의 성명, 주소 등을 주주명부에 기재하여 줄 것을 청구하는 권리로서 기명주식을 취득한 자만이 그 기명주식에 관한 명의개서청구권을 행사할 수 있다. 또한 기명주식의 취득자는 원칙적으로 취득한 기명주식에 관하여 명의개서를 할 것인지 아니면 명의개서 없이 이를 타인에게 처분할 것인지 등에 관하여 자유로이 결정할 권리가 있으므로, 주식 양도인은 다른 특별한 사정이 없는 한 회사에 대하여 주식 양수인 명의로 명의개서를 하여 달라고 청구할 권리가 없다. 이러한 법리는 주권이 발행되어 주권의 인도에 의하여 기명주식이 양도되는 경우뿐만 아니라, 회사성립 후 6월이 경과하도록 주권이 발행되지 아니하여 양도인과 양수인 사이의 의사표시에 의하여 기명주식이 양도되는 경우에도 동일하게 적용된다(대판 2010.10.14. 2009다89665). 따라서 주식의 양도인의 명의개서 청구에 대해 회사가 거절하는 것은 정당한 거절이므로 그 주식양수인은 주주총회에서 의결권을 행사할 수 없다.

② [**의결권 ○**] 주식을 양도받은 주식양수인들이 명의개서를 청구하였는데도 위 주식양도에 입회하여 그 양도를 승낙하였고 더구나 그 후 주식양수인들의 주주로서의 지위를 인정한 바 있는 회사의 대표이사가 정당한 사유 없이 그 명의개서를 거절한 것이라면 회사는 그 명의개서가 없음을 이유로 그 양도의 효력과 주식양수인의 주주로서의 지위를 부인할 수 없다(대판 1993.7.13. 92다40952).

③ [**의결권 ×**] 주식에 대해 질권이 설정되었다고 하더라도 질권설정계약 등에 따라 질권자가 담보제공자인 주주로부터 의결권을 위임받아 직접 의결권을 행사하기로 약정하는 등의 특별한 약정이 있는 경우를 제외하고 질권설정자인 주주는 여전히 주주로서의 지위를 가지고 의결권을 행사할 수 있다(대판 2017.8.18. 2015다5569).

④ [**의결권 ×**] 회사, 모회사 및 자회사 또는 자회사가 다른 회사의 발행주식의 총수의 10분의 1을 초과하는 주식을 가지고 있는 경우 그 다른 회사가 가지고 있는 회사 또는 모회사의 주식은 의결권이 없다(상법 제369조 제3항).

⑤ [**의결권 ×**] 주주총회가 재무제표를 승인한 후 2년 내에 이사의 책임을 추궁하는 결의를 할 때 당해 이사인 주주는 특별이해관계인이므로 그 주주총회에서 의결권을 행사할 수 없다(상법 제368조, 제450조 참조).

> **상법 제368조(총회의 결의방법과 의결권의 행사)**
> ③ 총회의 결의에 관하여 특별한 이해관계가 있는 자는 의결권을 행사하지 못한다.

PART 3

> **상법 제450조(이사, 감사의 책임해제)**
> 정기총회에서 전조 제1항의 승인을 한 후 2년 내에 다른 결의가 없으면 회사는 이사와 감사의 책임을 해제한 것으로 본다. 그러나 이사 또는 감사의 부정행위에 대하여는 그러하지 아니하다.

답 ②

19 CPA 2016

☑ 확인Check! ○ △ ×

甲주식회사의 주주총회결의와 관련하여 주주가 의결권을 행사할 수 있는지 여부에 관한 상법상 설명으로 틀린 것은?

① 주주 A는 자신이 개인적으로 운영하는 영업을 甲회사가 양수하는 것을 승인하기 위한 주주총회결의에서 의결권을 행사할 수 없다.
② 주주이자 이사인 B는 자신의 이사직 수행에 대한 보수액을 결정하기 위한 주주총회결의에서 의결권을 행사할 수 있다.
③ 주주 C를 이사로 선임하기 위한 주주총회결의에서 C는 의결권을 행사할 수 있다.
④ 판례에 의하면 정관에 대리인의 자격을 주주로 한정하고 있어도 주주인 乙회사의 피용자는 乙회사의 의결권을 대리행사 할 수 있다.
⑤ 주주이자 이사인 B를 이사직에서 해임하기 위한 주주총회결의에서 B는 의결권을 행사할 수 있다.

❚ 해설 ❚

① [O] 영업양도·영업양수는 상대방인 주주 개인의 경제적 이익과 관련되어 있으므로, 영업양도·영업양수 등의 결의에서 그 상대방인 주주는 특별이해관계가 있다.
② [×] 이사직 수행에 대한 보수액은 상대방인 주주 개인의 경제적 이익과 관련되어 있으므로, 이사보수를 정하는 결의에서 그 이사인 주주는 특별이해관계가 있다.
③ [O], ⑤ [O] 이사·감사의 선임·해임은 회사의 지배관계에 대한 것이므로, 이사·감사의 선임·해임결의에서 그 당사자인 주주에게는 특별이해관계가 부정된다.
④ [O] 상법 제368조 제3항의 규정은 주주의 대리인의 자격을 제한할 만한 합리적인 이유가 있는 경우 정관의 규정에 의하여 상당하다고 인정되는 정도의 제한을 가하는 것까지 금지하는 취지는 아니라고 해석되는바, 대리인의 자격을 주주로 한정하는 취지의 주식회사의 정관 규정은 주주총회가 주주 이외의 제3자에 의하여 교란되는 것을 방지하여 회사 이익을 보호하는 취지에서 마련된 것으로서 합리적인 이유에 의한 상당한 정도의 제한이라고 볼 수 있으므로 이를 무효라고 볼 수는 없다. 그런데 위와 같은 정관규정이 있다 하더라도 주주인 국가, 지방공공단체 또는 주식회사 등이 그 소속의 공무원, 직원 또는 피용자 등에게 의결권을 대리행사하도록 하는 때에는 특별한 사정이 없는 한 그들의 의결권 행사에는 주주 내부의 의사결정에 따른 대표자의 의사가 그대로 반영된다고 할 수 있고 이에 따라 주주총회가 교란되어 회사 이익이 침해되는 위험은 없는 반면에, 이들의 대리권 행사를 거부하게 되면 사실상 국가, 지방공공단체 또는 주식회사 등의 의결권 행사의 기회를 박탈하는 것과 같은 부당한 결과를 초래할 수 있으므로, 주주인 국가, 지방공공단체 또는 주식회사 소속의 공무원, 직원 또는 피용자 등이 그 주주를 위한 대리인으로서 의결권을 대리행사하는 것은 허용되어야 하고 이를 가리켜 정관 규정에 위반한 무효의 의결권 대리행사라고 할 수는 없다(대판 2009.4.23. 2005다22701).

더 살펴보기 **특별이해관계**

특별이해관계의 의미에 대해 통설 · 판례는 특정한 주주가 결의에 있어서 주주의 지위를 떠나 개인적으로 이해관계를 가지는 경우를 의미한다고 본다(개인법설). 즉 결의에 관하여 주주의 지위를 떠나 개인적인 경제적 이해관계는 특별이해관계이지만, 주주의 지위에서 회사의 지배에 관한 이해관계는 특별이해관계가 아니다.

> **상법 제368조(총회의 결의방법과 의결권의 행사)**
> ③ 총회의 결의에 관하여 특별한 이해관계가 있는 자는 의결권을 행사하지 못한다.

답 ②

20 CPA 2015

☑ 확인Check! ○ △ ×

A는 甲주식회사 발행주식총수의 35%, A의 아들 B는 1%를 보유하고 있는 주주이다. A는 이사선임을 위한 정기주주총회에 참석할 수 없게 되자 B로 하여금 의결권을 대리행사하도록 하였다. 한편 甲회사 정관에는 대리인 자격에 관한 아무런 제한 규정을 두지 않고 있다. 상법상 다음의 설명 중 옳은 것은? (이견이 있으면 판례에 의함)

① A가 B에게 의결권의 대리행사를 위임하면서 명시적인 반대의 의사표시가 없는 한 B는 C에게 다시 의결권의 대리행사를 위임할 수 있다.
② A가 총회의 결의에 관하여 특별한 이해관계가 있는 경우에도 B는 의결권의 대리행사를 할 수 있다.
③ A는 B에게 대리권을 수여한 이상 총회에 출석하여 의결권을 행사할 수 없다.
④ A는 B에게 D후보자에게 찬성투표하도록 하였으나 B는 E에게 찬성투표하여 E가 이사로 선임된 경우 A는 결의방법에 중대한 하자를 이유로 주주총회 결의의 효력을 다툴 수 있다.
⑤ 만일 B가 甲회사의 주주가 아니라면 A의 의결권 행사를 위한 대리인으로 선임될 수 없다.

PART 3

❚ 해설 ❚

① [O] 대리의 목적인 법률행위의 성질상 대리인 자신에 의한 처리가 필요하지 아니한 경우에는 본인이 복대리금지의 의사를 명시하지 아니하는 한 복대리인의 선임에 관하여 묵시적인 승낙이 있는 것으로 보는 것이 타당하므로, 외국인 주주로부터 의결권 행사를 위임받은 상임대리인은 특별한 사정이 없는 한 그 의결권 행사의 취지에 따라 제3자에게 그 의결권의 대리행사를 재위임할 수 있다(대판 2009.4.23. 2005다22701).
② [×] 총회의 결의에 관하여 특별한 이해관계가 있는 주주는 의결권을 스스로 행사할 수 없고 대리의 방식으로도 행사할 수 없다.
③ [×] 주주가 일정 기간 주주권을 포기하고 타인에게 주주로서의 의결권 행사권한을 위임하기로 약정한 사정만으로는 그 주주가 주주로서의 의결권을 직접 행사할 수 없게 되었다고 볼 수 없다(대판 2002.12.24. 2002다54691).
④ [×] 대리인은 본인의 의사와 다르게 대리권을 행사할 수 있다. 따라서 B가 A의 의사와 다르게 E에게 찬성투표하여 E가 이사로 선임되었더라도 주주총회의 효력에는 영향이 없다.
⑤ [×] 원칙적으로 대리인의 자격에는 제한이 없으나, 대리인의 자격을 주주로 제한하는 정관은 효력이 있다. 그러나 甲회사 정관에는 대리인 자격에 관한 아무런 제한 규정을 두지 않고 있으므로 주주가 아니라도 A의 의결권 행사를 위한 대리인으로 선임될 수 있다.

답 ①

21 CPA 2022

☑ 확인 Check! ○ △ ×

상법상 전자적 방법에 의한 의결권의 행사(이하 '전자투표'라 한다)를 정한 비상장회사의 경우, 주주의 의결권행사에 관한 설명으로 틀린 것은?

① 회사는 이사회의 결의로 주주가 총회에 출석하지 아니하고 전자투표를 할 수 있음을 정할 수 있다.

② 회사는 주주총회의 소집통지를 할 때에는 주주가 전자투표의 방법으로 의결권을 행사할 수 있다는 내용을 통지하여야 한다.

③ 회사는 전자투표를 정한 경우, 의결권행사에 필요한 양식과 참고자료를 주주에게 전자적 방법으로 제공하여야 한다.

④ 감사를 전자투표로 선임하는 경우, 전자투표된 주식의 의결권 수를 총회에 출석한 주주의 의결권수에 가산하고, 출석주주 의결권의 과반수와 발행주식총수의 4분의 1 이상으로써만 그 선임을 결의하여야 한다.

⑤ 회사는 의결권행사에 관한 전자적 기록을 총회가 끝난 날부터 3개월간 본점에 갖추어 두어 열람하게 하고 총회가 끝난 날부터 5년간 보존하여야 한다.

해설

① [O] 상법 제368조의4 제1항

② [O] 상법 제368조의4 제2항

③ [O] 상법 제368조의4 제3항

> **상법 제368조의4(전자적 방법에 의한 의결권의 행사)**
> ① 회사는 이사회의 결의로 주주가 총회에 출석하지 아니하고 전자적 방법으로 의결권을 행사할 수 있음을 정할 수 있다.
> ② 회사는 제363조에 따라 소집통지를 할 때에는 주주가 제1항에 따른 방법으로 의결권을 행사할 수 있다는 내용을 통지하여야 한다.
> ③ 회사가 제1항에 따라 전자적 방법에 의한 의결권행사를 정한 경우에 주주는 주주 확인절차 등 대통령령으로 정하는 바에 따라 의결권을 행사하여야 한다. 이 경우 회사는 의결권행사에 필요한 양식과 참고자료를 주주에게 전자적 방법으로 제공하여야 한다.

④ [×] 회사가 제368조의4 제1항에 따라 전자적 방법으로 의결권을 행사할 수 있도록 한 경우에는 제368조 제1항에도 불구하고 출석한 주주의 의결권의 과반수로써 제1항에 따른 감사의 선임을 결의할 수 있다(상법 제409조 제3항). 즉 전자투표로 감사를 선임하는 경우에는 발행주식총수 4분의 1 이상이라는 결의요건을 충족하지 않아도 된다. 이는 감사위원회위원 선임의 경우에도 마찬가지이다(상법 제542조의12 제8항 참조).

⑤ [O] 회사는 의결권행사에 관한 전자적 기록을 총회가 끝난 날부터 3개월간 본점에 갖추어 두어 열람하게 하고 총회가 끝난 날부터 5년간 보존하여야 한다(상법 제368조의4 제5항).

답 ④

22 세무사 2024

☑ 확인 Check! ○ △ ×

상법상 주주의 의결권행사방법에 관한 설명으로 옳지 않은 것은?

① 주주가 대리인으로 하여금 그 의결권을 행사하게 하는 경우에 그 대리인은 대리권을 증명하는 서면을 주주총회에 제출하여야 한다.

② 회사는 주주총회의 결의로 주주가 총회에 출석하지 아니하고 전자적 방법으로 의결권을 행사할 수 있음을 정할 수 있다.

③ 주주가 주식의 신탁을 인수한 경우에는 회사는 주주의 의결권의 불통일행사를 거부할 수 없다.

④ 주주가 동일한 주식에 관하여 전자적 방법 또는 서면에 의하여 의결권을 행사할 수 있을 때 어느 하나의 방법을 선택하여야 한다.

⑤ 주주가 2개 이상의 의결권을 불통일행사하는 경우에 주주총회일의 3일전에 주식회사에 대하여 서면 또는 전자문서로 그 뜻과 이유를 통지하여야 한다.

해설

① [O] 주주는 대리인으로 하여금 그 의결권을 행사하게 할 수 있다. 이 경우에는 그 대리인은 대리권을 증명하는 서면을 총회에 제출하여야 한다(상법 제368조 제2항).

② [×] 회사는 이사회의 결의로 주주가 총회에 출석하지 아니하고 전자적 방법으로 의결권을 행사할 수 있음을 정할 수 있다(상법 제368조의4 제1항).

③ [O] 주주가 주식의 신탁을 인수하였거나 기타 타인을 위하여 주식을 가지고 있는 경우외에는 회사는 주주의 의결권의 불통일행사를 거부할 수 있다(상법 제368조의2 제2항).

④ [O] 동일한 주식에 관하여 제1항(전자적 방법에 의한 의결권의 행사) 또는 제368조의3(서면에 의한 의결권의 행사) 제1항에 따라 의결권을 행사하는 경우 전자적 방법 또는 서면 중 어느 하나의 방법을 선택하여야 한다(상법 제368조의4 제4항).

⑤ [O] 주주가 2 이상의 의결권을 가지고 있는 때에는 이를 통일하지 아니하고 행사할 수 있다. 이 경우 주주총회일의 3일전에 회사에 대하여 서면 또는 전자문서로 그 뜻과 이유를 통지하여야 한다(상법 제368조의2 제1항).

답 ②

23 세무사 2023

☑ 확인Check! ○ △ ✕

상법상 주주의 의결권 행사에 관한 설명으로 옳지 않은 것은?

① 회사가 가진 자기주식은 의결권이 없다.
② 회사가 다른 회사의 발행주식의 총수의 10분의 1을 초과하는 주식을 가지고 있는 경우 그 다른 회사가 가지고 있는 회사의 주식은 의결권이 없다.
③ 회사가 가진 의결권 없는 자기주식의 수는 발행주식총수에 산입하지 아니한다.
④ 주주가 주식의 신탁을 인수한 경우일지라도 회사는 주주의 의결권의 불통일행사를 거부할 수 있다.
⑤ 주주총회의 결의에 관하여 특별한 이해관계가 있는 자는 의결권을 행사하지 못한다.

해설

① [O] 회사가 가진 자기주식은 의결권이 없다(상법 제369조 제2항).
② [O] 회사, 모회사 및 자회사 또는 자회사가 다른 회사의 발행주식의 총수의 10분의 1을 초과하는 주식을 가지고 있는 경우 그 다른 회사가 가지고 있는 회사 또는 모회사의 주식은 의결권이 없다(상법 제369조 제3항).
③ [O] 총회의 결의에 관하여는 제344조의3 제1항(의결권의 배제・제한에 관한 종류주식)과 제369조 제2항(자기주식) 및 제3항(상호주)의 의결권 없는 주식의 수는 발행주식총수에 산입하지 아니한다(상법 제371조 제1항).
④ [✕] 주주가 주식의 신탁을 인수하였거나 기타 타인을 위하여 주식을 가지고 있는 경우 외에는 회사는 주주의 의결권의 불통일행사를 거부할 수 있다(상법 제368조의2 제2항).
⑤ [O] 총회의 결의에 관하여 특별한 이해관계가 있는 자는 의결권을 행사하지 못한다(상법 제368조 제3항).

답 ④

24 세무사 2023

☑ 확인Check! ○ △ ✕

상법상 주주총회에 관한 설명으로 옳은 것은?

① 의결권을 대리행사하는 경우에 그 대리인은 대리권을 증명하는 서면을 주주총회에 제출할 필요가 없다.
② 회사가 전자적 방법으로 의결권을 행사하는 경우에는 출석주주의 의결권의 과반수와 발행주식총수의 4분의 1 이상의 수로써 감사를 선임하여야 한다.
③ 주주총회의 의장은 정관에서 정함이 없는 때에는 이사회에서 선임한다.
④ 회사는 이사회의 결의로 주주가 주주총회에 출석하지 아니하고 전자적 방법으로 의결권을 행사할 수 있음을 정할 수 있다.
⑤ 주주총회는 정당한 사유가 있는 경우에 보통결의로 이사를 해임할 수 있다.

해설

① [✕] 주주는 대리인으로 하여금 그 의결권을 행사하게 할 수 있다. 이 경우에는 그 대리인은 대리권을 증명하는 서면을 총회에 제출하여야 한다(상법 제368조 제2항).

② [×] 감사는 주주총회의 보통결의(출석한 주주의 의결권의 과반수와 발행주식총수의 4분의 1 이상의 수)로 선임하지만, 회사가 전자적 방법으로 의결권을 행사할 수 있도록 한 경우에는 출석한 주주의 의결권의 과반수로써 감사를 선임할 수 있다(상법 제409조 제1항, 제3항 참조).

> **상법 제409조(선임)**
> ① 감사는 주주총회에서 선임한다.
> ③ 회사가 제368조의4 제1항에 따라 전자적 방법으로 의결권을 행사할 수 있도록 한 경우에는 제368조 제1항에도 불구하고 출석한 주주의 의결권의 과반수로써 제1항에 따른 감사의 선임을 결의할 수 있다.

③ [×] 총회의 의장은 정관에서 정함이 없는 때에는 총회에서 선임한다(상법 제366조의2 제1항).
④ [O] 회사는 이사회의 결의로 주주가 총회에 출석하지 아니하고 전자적 방법으로 의결권을 행사할 수 있음을 정할 수 있다(상법 제368조의4 제1항).
⑤ [×] 이사는 언제든지 제434조의 규정에 의한 주주총회의 결의(특별결의)로 이를 해임할 수 있다. 그러나 이사의 임기를 정한 경우에 정당한 이유없이 그 임기만료전에 이를 해임한 때에는 그 이사는 회사에 대하여 해임으로 인한 손해의 배상을 청구할 수 있다(상법 제385조 제1항).

답 ④

25 세무사 2022

☑ 확인 Check! ○ △ ×

상법상 주주총회에서의 주주의 의결권 행사방법에 관한 설명으로 옳은 것은?

① 기명주식을 가진 주주는 주권을 제시하여야 의결권을 행사할 수 있다.
② 의결권의 대리행사의 경우에 주주만이 대리권을 증명하는 서면을 총회에 제출할 수 있다.
③ 주식의 신탁을 인수한 주주가 2 이상의 의결권에 대하여 불통일 행사하고자 하는 경우 회사는 이를 거부할 수 있다.
④ 주주는 이사회의 결의에 따라 총회에 출석하지 아니하고 서면에 의하여 의결권을 행사할 수 있다.
⑤ 회사는 이사회의 결의로 주주가 총회에 출석하지 아니하고 전자적 방법으로 의결권을 행사할 수 있음을 정할 수 있다.

해설

① [×] 주주명부에 명의개서를 한 자는 주주로 추정되므로 자신의 실질적 권리를 증명하지 않고도 회사에 대하여 주주로서의 권리를 행사할 수 있다. 이를 명의개서의 추정력이라하는데, 통설은 '주식의 이전은 취득자의 성명과 주소를 주주명부에 기재하지 아니하면 회사에 대항하지 못한다'는 상법 제337조 제2항을 근거로 본다.
② [×] 주주는 대리인으로 하여금 그 의결권을 행사하게 할 수 있다. 이 경우에는 그 대리인은 대리권을 증명하는 서면을 총회에 제출하여야 한다(상법 제368조 제2항).
③ [×] 주주가 주식의 신탁을 인수하였거나 기타 타인을 위하여 주식을 가지고 있는 경우 외에는 회사는 주주의 의결권의 불통일행사를 거부할 수 있다(상법 제368조의2 제2항).
④ [×] 주주는 정관이 정한 바에 따라 총회에 출석하지 아니하고 서면에 의하여 의결권을 행사할 수 있다(상법 제368조의3 제1항).
⑤ [O] 회사는 이사회의 결의로 주주가 총회에 출석하지 아니하고 전자적 방법으로 의결권을 행사할 수 있음을 정할 수 있다(상법 제368조의4 제1항).

답 ⑤

PART 3

26 세무사 2020

☑ 확인Check! ○ △ ×

상법상 주주의 의결권의 대리에 관한 설명으로 옳은 것을 모두 고른 것은? (다툼이 있으면 판례에 따름)

ㄱ. 의결권을 대리할 대리인은 대리권을 증명하는 서면을 주주총회에 제출하여야 한다.
ㄴ. 특별한 사정이 없는 한 대리권을 증명하는 서면은 원본이어야 한다.
ㄷ. 타인에게 의결권 행사를 위임하거나 대리행사하도록 하는 경우, 의결권의 행사를 구체적이고 개별적인 사항에 국한하여 위임해야 한다고 해석하여야 하므로 포괄적으로 위임할 수는 없다.

① ㄴ
② ㄱ, ㄴ
③ ㄱ, ㄷ
④ ㄴ, ㄷ
⑤ ㄱ, ㄴ, ㄷ

해설

ㄱ. [O] 주주는 대리인으로 하여금 그 의결권을 행사하게 할 수 있다. 이 경우에는 그 대리인은 대리권을 증명하는 서면을 총회에 제출하여야 한다(상법 제368조 제2항).

ㄴ. [O] 상법 제368조 제3항은 주주의 의결권을 대리행사하고자 하는 자는 대리권을 증명하는 서면을 총회에 제출하도록 규정하고 있는바, 그 규정은 대리권의 존부에 관한 법률관계를 명확히 하여 주주총회 결의의 성립을 원활하게 하기 위한 데 그 목적이 있다고 할 것이므로, 대리권을 증명하는 서면은 위조나 변조 여부를 쉽게 식별할 수 있는 원본이어야 하고 특별한 사정이 없는 한 사본은 그 서면에 해당하지 않는다(대판 1995.2.28. 94다34579).

ㄷ. [X] 주식회사의 주주는 상법 제368조 제2항에 따라 타인에게 의결권 행사를 위임하거나 대리행사하도록 할 수 있다. 이 경우 의결권의 행사를 구체적이고 개별적인 사항에 국한하여 위임해야 한다고 해석하여야 할 근거는 없고 포괄적으로 위임할 수도 있다(대판 2014.1.23. 2013다56839).

답 ②

☑ 제4항 주주총회의 결의

27 CPA 2023

☑ 확인Check! ○ △ ✕

다음 중 상법상 주주총회 특별결의사항이 아닌 것은?

① 액면주식의 분할
② 사후설립
③ 법정준비금의 감소
④ 회사의 계속
⑤ 감사의 해임

▌해설▐

① [O] 회사는 제434조의 규정에 의한 주주총회의 결의로 주식을 분할할 수 있다(상법 제329조의2 제1항).
② [O] 상법 제375조, 제374조 제1항

> **상법 제375조(사후설립)**
> 회사가 그 성립 후 2년 내에 그 성립 전부터 존재하는 재산으로서 영업을 위하여 계속하여 사용하여야 할 것을 자본금의 100분의 5 이상에 해당하는 대가로 취득하는 계약을 하는 경우에는 제374조를 준용한다.
>
> **상법 제374조(영업양도, 양수, 임대등)**
> ① 회사가 다음 각 호의 어느 하나에 해당하는 행위를 할 때에는 제434조에 따른 결의가 있어야 한다.

③ [✕] 회사는 적립된 자본준비금 및 이익준비금의 총액이 자본금의 1.5배를 초과하는 경우에 주주총회의 결의에 따라 그 초과한 금액 범위에서 자본준비금과 이익준비금을 감액할 수 있다(상법 제461조의2).
④ [O] 회사가 존립기간의 만료 기타 정관에 정한 사유의 발생 또는 주주총회의 결의에 의하여 해산한 경우에는 제434조의 규정에 의한 결의로 회사를 계속할 수 있다(상법 제519조).
⑤ [O] 상법 제415조, 제385조 제1항

> **상법 제415조(준용규정)**
> 제382조 제2항, 제382조의4, 제385조, 제386조, 제388조, 제400조, 제401조, 제403조부터 제406조까지, 제406조의2 및 제407조는 감사에 준용한다.
>
> **상법 제385조(해임)**
> ① 이사는 언제든지 제434조의 규정에 의한 주주총회의 결의로 이를 해임할 수 있다. 그러나 이사의 임기를 정한 경우에 정당한 이유없이 그 임기만료전에 이를 해임한 때에는 그 이사는 회사에 대하여 해임으로 인한 손해의 배상을 청구할 수 있다.

답 ③

PART 3

28 CPA 2021

☑ 확인 Check! ○ △ ✕

상법상 주주총회의 결의에 관한 설명으로 틀린 것은?

① 총회의 결의는 상법 또는 정관에 다른 정함이 있는 경우를 제외하고는 출석한 주주의 의결권의 과반수와 발행주식총수의 4분의 1 이상의 수로써 하여야 한다.

② 주주는 대리인으로 하여금 그 의결권을 행사하게 할 수 있으며, 이 경우 그 대리인은 대리권을 증명하는 서면을 총회에 제출하여야 한다.

③ 주주가 2 이상의 의결권을 가지고 있는 때에는 이를 통일하지 아니하고 행사할 수 있고, 이 경우 주주총회일의 3일 전에 회사에 대하여 서면 또는 전자문서로 그 뜻과 이유를 통지하여야 한다.

④ 주주는 정관이 정한 바에 따라 총회에 출석하지 아니하고 서면에 의하여 의결권을 행사할 수 있고, 이 경우 회사는 총회의 소집통지서에 주주가 서면에 의한 의결권을 행사하는데 필요한 서면과 참고자료를 첨부하여야 한다.

⑤ 회사는 정관의 규정이 있는 경우에 한하여 주주가 총회에 출석하지 아니하고 전자적 방법으로 의결권을 행사하도록 할 수 있다.

▌해설▌

① [O] 총회의 결의는 이 법 또는 정관에 다른 정함이 있는 경우를 제외하고는 출석한 주주의 의결권의 과반수와 발행주식총수의 4분의 1 이상의 수로써 하여야 한다(상법 제368조 제1항).

② [O] 주주는 대리인으로 하여금 그 의결권을 행사하게 할 수 있다. 이 경우에는 그 대리인은 대리권을 증명하는 서면을 총회에 제출하여야 한다(상법 제368조 제2항).

③ [O] 주주가 2 이상의 의결권을 가지고 있는 때에는 이를 통일하지 아니하고 행사할 수 있다. 이 경우 주주총회일의 3일전에 회사에 대하여 서면 또는 전자문서로 그 뜻과 이유를 통지하여야 한다(상법 제368조의2 제1항).

④ [O] 상법 제368조의3 제1항, 제2항

> **상법 제368조의3(서면에 의한 의결권의 행사)**
> ① 주주는 정관이 정한 바에 따라 총회에 출석하지 아니하고 서면에 의하여 의결권을 행사할 수 있다.
> ② 회사는 총회의 소집통지서에 주주가 제1항의 규정에 의한 의결권을 행사하는데 필요한 서면과 참고자료를 첨부하여야 한다.

⑤ [✕] 회사는 이사회의 결의로 주주가 총회에 출석하지 아니하고 전자적 방법으로 의결권을 행사할 수 있음을 정할 수 있다(상법 제368조의4 제1항).

 ⑤

29 CPA 2020

☑ 확인 Check! ○ △ ✕

상법상 주주총회의 특별결의사항이 아닌 것은?

① 재무제표의 승인

② 경영위임

③ 회사의 계속

④ 타인과 영업의 손익 전부를 같이하는 계약

⑤ 회사의 영업에 중대한 영향을 미치는 다른 회사의 영업 일부의 양수

해설

① [✕] 이사는 제447조(재무제표의 작성)의 각 서류를 정기총회에 제출하여 그 승인을 요구하여야 한다(상법 제449조 제1항). 즉 재무제표의 승인은 보통결의사항이다.

② [O], ④ [O] 상법 제374조 제1항 제2호

③ [O] 회사가 존립기간의 만료 기타 정관에 정한 사유의 발생 또는 주주총회의 결의에 의하여 해산한 경우에는 제434조의 규정에 의한 결의로 회사를 계속할 수 있다(상법 제519조).

⑤ [O] 상법 제374조 제1항 제3호

> **상법 제374조(영업양도, 양수, 임대등)**
>
> ① 회사가 다음 각 호의 어느 하나에 해당하는 행위를 할 때에는 제434조에 따른 결의가 있어야 한다.
>
> 1. 영업의 전부 또는 중요한 일부의 양도
> 2. 영업 전부의 임대 또는 경영위임, 타인과 영업의 손익 전부를 같이 하는 계약, 그 밖에 이에 준하는 계약의 체결·변경 또는 해약
> 3. 회사의 영업에 중대한 영향을 미치는 다른 회사의 영업 전부 또는 일부의 양수

 ①

30 CPA 2020

☑ 확인Check! ○ △ ×

상법상 주주총회의 소집 및 결의에 관한 설명으로 틀린 것은? (의결권 없는 주식은 제외함)

① 주주총회는 정관에 다른 정함이 없으면 본점소재지 또는 이에 인접한 지에 소집하여야 한다.
② 주주총회 소집통지서에는 회의의 목적사항을 적어야 한다.
③ 판례에 의하면, 임시주주총회가 법령 및 정관상 요구되는 이사회의 결의 및 소집절차 없이 이루어졌다 하더라도, 주주명부상의 주주 전원이 참석하여 총회를 개최하는 데 동의하고 아무런 이의 없이 만장일치로 결의가 이루어졌다면 그 결의는 특별한 사정이 없는 한 유효하다.
④ 자본금 총액이 10억원 미만인 회사는 주주 전원의 동의가 있을 경우에는 소집절차 없이 주주총회를 개최할 수 있다.
⑤ 자본금 총액이 10억원 미만인 회사의 경우 주주 전원이 동의하지 않더라도 서면에 의한 결의로써 주주총회의 결의를 갈음할 수 있다.

해설

① [O] 총회는 정관에 다른 정함이 없으면 본점소재지 또는 이에 인접한 지에 소집하여야 한다(상법 제364조).
② [O] 상법 제363조 제2항

> **상법 제363조(소집의 통지)**
> ① 주주총회를 소집할 때에는 주주총회일의 2주 전에 각 주주에게 서면으로 통지를 발송하거나 각 주주의 동의를 받아 전자문서로 통지를 발송하여야 한다. 다만, 그 통지가 주주명부상 주주의 주소에 계속 3년간 도달하지 아니한 경우에는 회사는 해당 주주에게 총회의 소집을 통지하지 아니할 수 있다.
> ② 제1항의 통지서에는 회의의 목적사항을 적어야 한다.

③ [O] 주식회사의 임시주주총회가 법령 및 정관상 요구되는 이사회의 결의 및 소집절차 없이 이루어졌다 하더라도, 주주명부상의 주주 전원이 참석하여 총회를 개최하는 데 동의하고 아무런 이의 없이 만장일치로 결의가 이루어졌다면 그 결의는 특별한 사정이 없는 한 유효하다(대판 2002.12.24. 2000다69927).
④ [O], ⑤ [×] 자본금 총액이 10억원 미만인 회사는 주주 전원의 동의가 있을 경우에는 소집절차 없이 주주총회를 개최할 수 있고, 서면에 의한 결의로써 주주총회의 결의를 갈음할 수 있다. 결의의 목적사항에 대하여 주주 전원이 서면으로 동의를 한 때에는 서면에 의한 결의가 있는 것으로 본다(상법 제363조 제4항).

답 ⑤

31 CPA 2019

☑ 확인Check! ○ △ ✕

상법상 주주총회에 관한 설명으로 틀린 것은?

① 주주총회에서 회의를 연기할 것을 결의한 경우 연기하는 주주총회일을 정하여 그 2주 전에 각 주주에게 서면으로 소집통지를 발송하여야 한다.

② 주주총회가 재무제표를 승인한 후 2년 내에 감사의 책임을 추궁하는 결의를 하는 경우 당해 감사인 주주는 그 결의에 관한 특별이해관계인으로서 의결권을 행사하지 못한다.

③ 이사선임의 주주총회결의에 대한 취소판결이 확정된 경우 그 결의에 의하여 선임된 이사들로 구성된 이사회에서 선정된 대표이사는 소급하여 그 자격을 상실한다.

④ 판례에 의하면 주주총회에서 여러 개의 안건이 상정되어 각기 결의가 행하여진 경우 결의취소의 소의 제소기간의 준수 여부는 각 안건에 대한 결의마다 별도로 판단되어야 한다.

⑤ 주주가 결의취소의 소를 제기한 때에는 법원은 회사의 청구에 의하여 상당한 담보를 제공할 것을 명할 수 있으나 그 주주가 이사 또는 감사인 때에는 그러하지 아니하다.

해설

① [✕] 주주총회에서 회의를 연기할 것을 결의한 경우 다시 소집절차를 거치지 않아도 된다(상법 제372조 제1항, 제2항 참조). 두 주주총회 사이에 동일성이 유지되기 때문이다.

> **상법 제372조(총회의 연기, 속행의 결의)**
> ① 총회에서는 회의의 속행 또는 연기의 결의를 할 수 있다.
> ② 전항의 경우에는 제363조(소집의 통지)의 규정을 적용하지 아니한다.

② [O] 주주총회가 재무제표를 승인한 후 2년 내에 이사와 감사의 책임을 추궁하는 결의를 하는 경우 당해 이사와 감사인 주주는 회사로부터 책임을 추궁당하는 위치에 서게 되어 주주의 입장을 떠나 개인적으로 이해관계를 가지는 경우로서 그 결의에 관한 특별이해관계인에 해당한다(대판 2007.9.6. 2007다40000).

③ [O] 이사 선임의 주주총회결의에 대한 취소판결이 확정된 경우 그 결의에 의하여 이사로 선임된 이사들에 의하여 구성된 이사회에서 선정된 대표이사는 소급하여 그 자격을 상실하고, 그 대표이사가 이사 선임의 주주총회결의에 대한 취소판결이 확정되기 전에 한 행위는 대표권이 없는 자가 한 행위로서 무효가 된다(대판 2004.2.27. 2002다19797).

④ [O] 주주총회결의 취소의 소는 상법 제376조 제1항에 따라 그 결의의 날로부터 2개월 내에 제기하여야 하고, 이 기간이 지난 후에 제기된 소는 부적법하다. 그리고 주주총회에서 여러 개의 안건이 상정되어 각기 결의가 행하여진 경우 위 제소기간의 준수 여부는 각 안건에 대한 결의마다 별도로 판단되어야 한다(대판 2010.3.11. 2007다51505).

⑤ [O] 주주가 결의취소의 소를 제기한 때에는 법원은 회사의 청구에 의하여 상당한 담보를 제공할 것을 명할 수 있다. 그러나 그 주주가 이사 또는 감사인 때에는 그러하지 아니하다(상법 제377조 제1항).

답 ①

32 CPA 2016

☑ 확인Check! ○ △ ×

상법상 甲주식회사의 주주총회 결의요건 계산에 관한 설명으로 옳은 것은?

① 甲회사가 乙주식회사의 발행주식총수의 12%를 소유한 경우 乙회사가 소유한 甲회사의 주식은 甲회사의 발행주식총수에 산입되지 않는다.

② 甲회사가 가진 자기주식의 수는 발행주식총수에 산입된다.

③ 甲회사의 주주총회결의와 관련하여 특별이해관계 있는 주주가 가진 의결권의 수는 출석한 주주의 의결권 수에 산입된다.

④ 甲회사의 감사 선임결의에서 의결권 없는 주식을 제외한 발행주식총수의 5%를 소유한 주주의 의결권 수는 출석한 주주의 의결권 수에 전부 산입된다.

⑤ 甲회사가 발행한 의결권이 없는 종류주식은 甲회사의 발행주식총수에 산입된다.

해설

① [O] 甲회사가 乙주식회사의 발행주식총수의 12%를 소유한 경우 乙회사가 소유한 甲회사의 주식은 상호주로 의결권이 없고, 그 의결권이 없는 주식은 甲회사의 발행주식총수에 산입되지 않는다(상법 제371조 제1항, 제369조 제3항 참조).

② [×] 甲회사가 가진 자기주식은 의결권이 없고, 그 의결권이 없는 주식은 발행주식총수에 산입되지 않는다(상법 제371조 제1항, 제369조 제2항 참조).

③ [×] 甲회사의 주주총회결의와 관련하여 특별이해관계 있는 주주가 가진 의결권의 수는 출석한 주주의 의결권의 수에 산입되지 않는다(상법 제371조 제2항, 제368조 제3항 참조).

④ [×] 甲회사의 의결권 없는 주식을 제외한 발행주식총수의 5%를 소유한 주주는 3%를 초과하는 2%의 주식에 관하여 감사 선임결의에서 출석한 주주의 의결권 수에 산입되지 않는다(상법 제371조 제2항, 제409조 제2항 참조).

> **상법 제371조(정족수, 의결권수의 계산)**
>
> ② 총회의 결의에 관하여는 제368조 제3항에 따라 행사할 수 없는 주식의 의결권 수와 제409조 제2항 및 제542조의12 제4항에 따라 그 비율을 초과하는 주식으로서 행사할 수 없는 주식의 의결권 수는 출석한 주주의 의결권의 수에 산입하지 아니한다.
>
> **상법 제368조(총회의 결의방법과 의결권의 행사)**
>
> ③ 총회의 결의에 관하여 특별한 이해관계가 있는 자는 의결권을 행사하지 못한다.
>
> **상법 제409조(선임)**
>
> ② 의결권 없는 주식을 제외한 발행주식의 총수의 100분의 3(정관에서 더 낮은 주식 보유비율을 정할 수 있으며, 정관에서 더 낮은 주식 보유비율을 정한 경우에는 그 비율로 한다)을 초과하는 수의 주식을 가진 주주는 그 초과하는 주식에 관하여 제1항의 감사의 선임에 있어서는 의결권을 행사하지 못한다.

⑤ [×] 甲회사가 발행한 의결권이 없는 종류주식은 甲회사의 발행주식총수에 산입되지 않는다(상법 제371조 제1항, 제344조의3 제1항 참조).

상법 제371조(정족수, 의결권수의 계산)

① 총회의 결의에 관하여는 제344조의3 제1항과 제369조 제2항 및 제3항의 의결권 없는 주식의 수는 발행주식총수에 산입하지 아니한다.

상법 제344조의3(의결권의 배제 · 제한에 관한 종류주식)

① 회사가 의결권이 없는 종류주식이나 의결권이 제한되는 종류주식을 발행하는 경우에는 정관에 의결권을 행사할 수 없는 사항과, 의결권행사 또는 부활의 조건을 정한 경우에는 그 조건 등을 정하여야 한다.

상법 제369조(의결권)

② 회사가 가진 자기주식은 의결권이 없다.

③ 회사, 모회사 및 자회사 또는 자회사가 다른 회사의 발행주식의 총수의 10분의 1을 초과하는 주식을 가지고 있는 경우 그 다른 회사가 가지고 있는 회사 또는 모회사의 주식은 의결권이 없다.

답 ①

PART 3

33 CPA 2022

☑ 확인Check! ○ △ ×

상법상 주주총회의 결의에 관한 설명으로 틀린 것은? (이견이 있으면 판례에 의함)

① 상법은 주주총회의 보통결의 요건에 관하여 의사정족수를 따로 정하고 있지는 않지만, 보통결의 요건을 정관에서 달리 정할 수 있음을 허용하고 있으므로, 정관에 의하여 의사정족수를 규정하는 것은 가능하다.

② 보통결의 사항에 반대하는 주주는 주주총회 전에 회사에 대하여 서면으로 그 결의에 반대하는 의사를 통지한 경우에는 주식매수청구권을 행사할 수 있다.

③ 다른 회사의 영업 일부의 양수가 양수회사의 영업에 중대한 영향을 미치는 경우 그 양수회사의 주주총회 특별결의가 필요하다.

④ 중요한 영업용 재산의 양도가 양도회사 영업의 중단 또는 폐지를 초래하는 경우에는 그 양도회사의 주주총회 특별결의가 필요하다.

⑤ 영업 전부를 임대하는 회사의 발행주식총수의 100분의 90 이상을 그 상대방이 소유하고 있는 경우에는 그 회사의 주주총회의 승인은 이를 이사회의 승인으로 갈음할 수 있다.

해설

① [O] 상법 제368조 제1항은 주주총회의 보통결의 요건에 관하여 "총회의 결의는 이 법 또는 정관에 다른 정함이 있는 경우를 제외하고는 출석한 주주의 의결권의 과반수와 발행주식총수의 4분의 1 이상의 수로써 하여야 한다"라고 규정하여 주주총회의 성립에 관한 의사정족수를 따로 정하고 있지는 않지만, 보통결의 요건을 정관에서 달리 정할 수 있음을 허용하고 있으므로, 정관에 의하여 의사정족수를 규정하는 것은 가능하다(대판 2017.1.12. 2016다217741).

② [×] 주주총회의 특별결의 사항 중 영업양도·양수(상법 제374조의2 제1항), 합병(상법 제522조의3), 분할합병(상법 제530조의11 제2항), 주식의 포괄적 교환(상법 제360조의5), 주식의 포괄적 이전(상법 제360조의22) 등에서 주식매수청구가 인정된다. 그러나 보통결의 사항은 반대주주의 주식매수청구권의 대상이 되지 않는다.

더 살펴보기 **주식매수청구권 인정 여부**

인정되는 경우	부정되는 경우
• 주식의 포괄적 교환 및 이전(상법 제360조의5, 제360조의22) • 영업양도·양수 등(상법 제374조의2) • 합병(상법 제522조의3) • 간이합병(상법 제527조의2) • 분할합병(상법 제530조의11)	• 정관변경 • 자본금 감소 • 주식분할 • 해 산 • 분 할 • 소규모 (흡수)합병의 존속회사의 주주 • 소규모 분할(흡수)합병의 존속회사의 주주 • 소규모 주식교환의 완전모회사의 주주

③ [O] 상법 제374조 제1항 제3호

상법 제374조(영업양도, 양수, 임대등)

① 회사가 다음 각 호의 어느 하나에 해당하는 행위를 할 때에는 제434조에 따른 결의가 있어야 한다.
1. 영업의 전부 또는 중요한 일부의 양도
2. 영업 전부의 임대 또는 경영위임, 타인과 영업의 손익 전부를 같이 하는 계약, 그 밖에 이에 준하는 계약의 체결·변경 또는 해약
3. 회사의 영업에 중대한 영향을 미치는 다른 회사의 영업 전부 또는 일부의 양수

④ [O] 주주총회의 특별결의가 있어야 하는 상법 제374조 제1호 소정의 '영업의 전부 또는 중요한 일부의 양도'라 함은 일정한 영업목적을 위하여 조직되고 유기적 일체로 기능하는 재산의 전부 또는 중요한 일부를 총체적으로 양도하는 것을 의미하는 것으로서 이에는 양수회사에 의한 양도회사의 영업적 활동의 전부 또는 중요한 일부의 승계가 수반되어야 하는 것이므로 단순한 영업용재산의 양도는 이에 해당하지 않으나 다만 영업용재산의 처분으로 말미암아 회사영업의 전부 또는 일부를 양도하거나 폐지하는 것과 같은 결과를 가져오는 경우에는 주주총회의 특별결의가 필요하다(대판 1987.6.9. 86다카2428).

⑤ [O] 제374조(영업양도, 양수, 임대등) 제1항 각 호의 어느 하나에 해당하는 행위를 하는 회사의 총주주의 동의가 있거나 그 회사의 발행주식총수의 100분의 90 이상을 해당 행위의 상대방이 소유하고 있는 경우에는 그 회사의 주주총회의 승인은 이를 이사회의 승인으로 갈음할 수 있다(상법 제374조의3 제1항).

답 ②

34 법무사 2023

☑ 확인 Check! ○ △ ×

주식회사의 주주총회에 관한 다음 설명 중 가장 옳지 않은 것은? (다툼이 있는 경우 판례에 따르고 전원합의체 판결의 경우 다수의견에 의함. 이하 같음)

① 주주총회는 상법 또는 정관이 정하는 사항에 한하여 결의할 수 있고, 총회의 소집은 상법에 다른 규정이 있는 경우 외에는 이사회가 결정한다.

② 주주총회 결의사항은 정관이나 주주총회의 결의에 의하더라도 이를 다른 기관이나 제3자에게 위임할 수 있으므로, 정관 또는 주주총회에서 임원의 보수 총액 내지 한도액만을 정하고 개별 이사에 대한 지급액 등 구체적인 사항을 이사회에 위임하는 것은 물론 이사의 보수에 관한 사항을 이사회에 포괄적으로 위임하는 것도 허용된다.

③ 주주총회를 소집할 권한이 없는 자가 이사회의 주주총회 소집결정도 없이 소집한 주주총회에서 이루어진 결의는 특별한 사정이 없는 한 총회 및 결의라고 볼만한 것이 사실상 존재한다고 하더라도 그 성립과정에 중대한 하자가 있어 법률상 존재하지 않는다고 보아야 한다.

④ 주식회사가 영업의 전부 또는 중요한 일부를 양도한 후 주주총회의 특별결의가 없었다는 이유를 들어 스스로 그 약정의 무효를 주장하더라도 주주 전원이 그와 같은 약정에 동의한 것으로 볼 수 있는 등 특별한 사정이 인정되지 않는다면 위와 같은 무효 주장이 신의성실 원칙에 반한다고 할 수는 없다.

⑤ 1인회사가 아닌 주식회사에서는 특별한 사정이 없는 한, 주주총회의 의결정족수를 충족하는 주식을 가진 주주들이 동의하거나 승인하였다는 사정만으로 주주총회에서 그러한 내용의 결의가 이루어질 것이 명백하다거나 또는 그러한 내용의 주주총회 결의가 있었던 것과 마찬가지라고 볼 수는 없다.

▌해설▐

① [O] 상법 제361조, 제362조

> **상법 제361조(총회의 권한)**
> 주주총회는 본법 또는 정관에 정하는 사항에 한하여 결의할 수 있다.
>
> **상법 제362조(소집의 결정)**
> 총회의 소집은 본법에 다른 규정이 있는 경우 외에는 이사회가 이를 결정한다.

② [X] 상법 제361조는 "주주총회는 본법 또는 정관에 정하는 사항에 한하여 결의할 수 있다"라고 규정하고 있는데, 이러한 주주총회 결의사항은 반드시 주주총회가 정해야 하고 정관이나 주주총회의 결의에 의하더라도 이를 다른 기관이나 제3자에게 위임하지 못한다. 따라서 정관 또는 주주총회에서 임원의 보수 총액 내지 한도액만을 정하고 개별 이사에 대한 지급액 등 구체적인 사항을 이사회에 위임하는 것은 가능하지만, 이사의 보수에 관한 사항을 이사회에 포괄적으로 위임하는 것은 허용되지 아니한다. 그리고 주주총회에서 이사의 보수에 관한 구체적 사항을 이사회에 위임한 경우에도 이를 주주총회에서 직접 정하는 것도 상법이 규정한 권한의 범위에 속하는 것으로서 가능하다(대판 2020.6.4. 2016다241515).

③ [O] 주주총회를 소집할 권한이 없는 자가 이사회의 주주총회 소집결정도 없이 소집한 주주총회에서 이루어진 결의는 특별한 사정이 없는 한 총회 및 결의라고 볼만한 것이 사실상 존재한다고 하더라도 그 성립과정에 중대한 하자가 있어 법률상 존재하지 않는다고 보아야 한다(대판 2022.11.10. 2021다271282).

PART 3

④ [O] 상법 제374조 제1항 제1호는 주식회사가 영업의 전부 또는 중요한 일부의 양도행위를 할 때에는 제434조에 따라 출석한 주주의 의결권의 3분의 2 이상의 수와 발행주식총수의 3분의 1 이상의 수로써 결의가 있어야 한다고 규정하고 있는데 이는 주식회사가 주주의 이익에 중대한 영향을 미치는 계약을 체결할 때에는 주주총회의 특별결의를 얻도록 하여 그 결정에 주주의 의사를 반영하도록 함으로써 주주의 이익을 보호하려는 강행법규이므로, 주식회사가 영업의 전부 또는 중요한 일부를 양도한 후 주주총회의 특별결의가 없었다는 이유를 들어 스스로 그 약정의 무효를 주장하더라도 주주 전원이 그와 같은 약정에 동의한 것으로 볼 수 있는 등 특별한 사정이 인정되지 않는다면 위와 같은 무효 주장이 신의성실 원칙에 반한다고 할 수는 없다(대판 2018.4.26. 2017다288757).

⑤ [O] 주식회사의 총주식을 한 사람이 소유하는 이른바 1인회사의 경우에는 그 주주가 유일한 주주로서 주주총회에 출석하면 전원 총회로서 성립하고 그 주주의 의사대로 결의가 될 것이 명백하다. 이러한 이유로 주주총회 소집절차에 하자가 있거나 주주총회의사록이 작성되지 않았더라도, 1인주주의 의사가 주주총회의 결의내용과 일치한다면 증거에 의하여 그러한 내용의 결의가 있었던 것으로 볼 수 있다. 그러나 이는 주주가 1인인 1인회사에 한하여 가능한 법리이다. 1인회사가 아닌 주식회사에서는 특별한 사정이 없는 한, 주주총회의 의결정족수를 충족하는 주식을 가진 주주들이 동의하거나 승인하였다는 사정만으로 주주총회에서 그러한 내용의 결의가 이루어질 것이 명백하다거나 또는 그러한 내용의 주주총회 결의가 있었던 것과 마찬가지라고 볼 수 없다(대판 2020.6.4. 2016다241515).

답 ②

35 법무사 2022

☑ 확인Check! ○ △ ×

다음 설명 중 가장 옳지 않은 것은?

① 회사가 '영업의 전부 또는 중요한 일부의 양도', '영업 전부의 임대 또는 경영위임, 타인과 영업의 손익 전부를 같이 하는 계약, 그 밖에 이에 준하는 계약의 체결・변경 또는 해약', '회사의 영업에 중대한 영향을 미치는 다른 회사의 영업 전부 또는 일부의 양수'를 할 때에는 주주총회의 특별결의가 있어야 한다.

② 회사의 영업 그 자체가 아닌 영업용재산의 처분이라고 하더라도 그로 인하여 회사의 영업의 전부 또는 중요한 일부를 양도하거나 폐지하는 것과 같은 결과를 가져오는 경우에는 그 처분행위를 함에 있어서 상법 제374조 제1항 제1호 소정의 주주총회의 특별결의를 요하는 것이고, 다만 회사가 위와 같은 회사존속의 기초가 되는 영업재산을 처분할 당시에 이미 영업을 폐지하거나 중단하고 있었던 경우에는 그 처분으로 인하여 비로소 영업의 전부 또는 일부가 폐지되거나 중단되기에 이른 것이라고 할 수 없으므로 주주총회의 특별결의를 요하지 않는 것이고, 위에서 '영업의 중단'이라고 함은 영업의 계속을 포기하고 일체의 영업활동을 중단한 것으로서 영업의 폐지에 준하는 상태를 말하고 단순히 회사의 자금사정 등 경영상태의 악화로 일시 영업활동을 중지한 경우는 여기에 해당하지 않는다.

③ 상법 제374조 제1항 제1호는 주식회사가 영업의 전부 또는 중요한 일부의 양도행위를 할 때에는 제434조에 따라 출석한 주주의 의결권의 3분의 2 이상의 수와 발행주식총수의 3분의 1 이상의 수로써 결의가 있어야 한다고 규정하고 있으나, 거래 상대방이 아닌 주식회사가 영업의 전부 또는 중요한 일부를 양도한 후 주주총회의 특별결의가 없었다는 이유를 들어 스스로 그 약정의 무효를 주장하는 것은 특별한 사정이 없는 한 신의성실 원칙에 반한다.

④ 영업양도에 반대하는 주주의 주식매수청구권은 이른바 형성권으로서 그 행사로 회사의 승낙 여부와 관계없이 주식에 관한 매매계약이 성립하고, 상법 제374조의2 제2항의 '매수 청구 기간이 종료하는 날부터 2개월'은 주식매매대금 지급의무의 이행기를 정한 것이라고 해석된다. 그리고 이러한 법리는 위 2개월 이내에 주식의 매수가액이 확정되지 아니하였다고 하더라도 다르지 아니하다.

⑤ 영업양도에 반대하는 주주의 주식매수청구권 행사에 따른 주식의 매수가액은 주주와 회사 간의 협의에 의하여 결정하고, 매수청구기간이 종료하는 날부터 30일 이내에 그 협의가 이루어지지 아니한 경우에는 회사 또는 주식의 매수를 청구한 주주는 법원에 대하여 매수가액의 결정을 청구할 수 있다.

▌해설▐

① [O] 상법 제374조 제1항

> **상법 제374조(영업양도, 양수, 임대등)**
> ① 회사가 다음 각 호의 어느 하나에 해당하는 행위를 할 때에는 제434조(정관변경의 특별결의)에 따른 결의가 있어야 한다.
> 1. 영업의 전부 또는 중요한 일부의 양도
> 2. 영업 전부의 임대 또는 경영위임, 타인과 영업의 손익 전부를 같이 하는 계약, 그 밖에 이에 준하는 계약의 체결·변경 또는 해약
> 3. 회사의 영업에 중대한 영향을 미치는 다른 회사의 영업 전부 또는 일부의 양수

② [O] 회사의 영업 그 자체가 아닌 영업용재산의 처분이라고 하더라도 그로 인하여 회사의 영업의 전부 또는 중요한 일부를 양도하거나 폐지하는 것과 같은 결과를 가져오는 경우에는 그 처분행위를 함에 있어서 상법 제374조 제1호 소정의 주주총회의 특별결의를 요하는 것이고, 다만 회사가 위와 같은 회사존속의 기초가 되는 영업재산을 처분할 당시에 이미 영업을 폐지하거나 중단하고 있었던 경우에는 그 처분으로 인하여 비로소 영업의 전부 또는 일부가 폐지되거나 중단되기에 이른 것이라고 할 수 없으므로 주주총회의 특별결의를 요하지 않는 것이고, 위에서 '영업의 중단'이라고 함은 영업의 계속을 포기하고 일체의 영업활동을 중단한 것으로서 영업의 폐지에 준하는 상태를 말하고 단순히 회사의 자금사정 등 경영상태의 악화로 일시 영업활동을 중지한 경우는 여기에 해당하지 않는다(대판 1992.8.18. 91다14369).

③ [×] 상법 제374조 제1항 제1호는 주식회사가 영업의 전부 또는 중요한 일부의 양도행위를 할 때에는 제434조에 따라 출석한 주주의 의결권의 3분의 2 이상의 수와 발행주식총수의 3분의 1 이상의 수로써 결의가 있어야 한다고 규정하고 있는데 이는 주식회사가 주주의 이익에 중대한 영향을 미치는 계약을 체결할 때에는 주주총회의 특별결의를 얻도록 하여 그 결정에 주주의 의사를 반영하도록 함으로써 주주의 이익을 보호하려는 강행법규이므로, 주식회사가 영업의 전부 또는 중요한 일부를 양도한 후 주주총회의 특별결의가 없었다는 이유를 들어 스스로 그 약정의 무효를 주장하더라도 주주 전원이 그와 같은 약정에 동의한 것으로 볼 수 있는 등 특별한 사정이 인정되지 않는다면 위와 같은 무효 주장이 신의성실 원칙에 반한다고 할 수는 없다(대판 2018.4.26. 2017다288757).

④ [O] 영업양도에 반대하는 주주의 주식매수청구권에 관하여 규율하고 있는 상법 제374조의2 제1항 내지 제4항의 규정 취지에 비추어 보면, 영업양도에 반대하는 주주의 주식매수청구권은 이른바 형성권으로서 그 행사로 회사의 승낙 여부와 관계없이 주식에 관한 매매계약이 성립하고, 상법 제374조의2 제2항의 '회사가 주식매수청구를 받은 날로부터 2월'은 주식매매대금 지급의무의 이행기를 정한 것이라고 해석된다. 그리고 이러한 법리는 위 2월 이내에 주식의 매수가액이 확정되지 아니하였다고 하더라도 다르지 아니하다(대판 2011.4.28. 2010다94953).

⑤ [O] 상법 제374조의2 제3항·제4항

> **상법 제374조의2(반대주주의 주식매수청구권)**
> ③ 제2항의 규정에 의한 주식의 매수가액은 주주와 회사 간의 협의에 의하여 결정한다.
> ④ 매수청구기간이 종료하는 날부터 30일 이내에 제3항의 규정에 의한 협의가 이루어지지 아니한 경우에는 회사 또는 주식의 매수를 청구한 주주는 법원에 대하여 매수가액의 결정을 청구할 수 있다.

답 ③

☑ 제5항 반대주주의 주식매수청구권

36 CPA 2023 ☑ 확인 Check! ○ △ ×

상법상 비상장주식회사의 영업전부의 양도에 반대하는 주주의 주식매수청구권에 관한 설명으로 틀린 것은? (이견이 있으면 판례에 의함)

① 의결권 없는 종류주식을 보유한 주주도 주식매수청구권을 행사할 수 있다.
② 주식매수청구권은 그 행사로 회사와 주식에 관한 매매계약이 성립한다.
③ 주식매수청구를 받으면 해당 회사는 청구를 받은 날부터 2개월 이내에 그 주식을 매수하여야 한다.
④ 매수가액에 관하여 매수청구기간이 종료하는 날부터 30일 이내에 회사와 주주간 협의가 이루어지지 않는 경우, 회사 또는 주식매수를 청구한 주주는 법원에 대하여 매수가액의 결정을 청구할 수 있다.
⑤ 반대하는 주주로부터 회사가 매수한 주식의 처분에 대해서 정관에 규정이 없는 것은 이사회가 결정한다.

해설

① [O] 상법 제374조의2 제1항
② [O] 영업양도에 반대하는 주주의 주식매수청구권에 관하여 규율하고 있는 상법 제374조의2 제1항 내지 제4항의 규정 취지에 비추어 보면, 영업양도에 반대하는 주주의 주식매수청구권은 이른바 형성권으로서 그 행사로 회사의 승낙 여부와 관계없이 주식에 관한 매매계약이 성립한다(대판 2011.4.28. 2010다94953).
③ [×] 주식매수청구를 받으면 해당 회사는 매수청구기간이 종료하는 날부터 2개월 이내에 그 주식을 매수하여야 한다(상법 제374조의2 제2항 참조).
④ [O] 상법 제374조의2 제3항, 제4항

상법 제374조의2(반대주주의 주식매수청구권)
① 제374조에 따른 결의사항에 반대하는 주주(의결권이 없거나 제한되는 주주를 포함한다. 이하 이 조에서 같다)는 주주총회 전에 회사에 대하여 서면으로 그 결의에 반대하는 의사를 통지한 경우에는 그 총회의 결의일부터 20일 이내에 주식의 종류와 수를 기재한 서면으로 회사에 대하여 자기가 소유하고 있는 주식의 매수를 청구할 수 있다.
② 제1항의 청구를 받으면 해당 회사는 같은 항의 매수 청구 기간(이하 이 조에서 "매수청구기간"이라 한다)이 종료하는 날부터 2개월 이내에 그 주식을 매수하여야 한다.
③ 제2항의 규정에 의한 주식의 매수가액은 주주와 회사간의 협의에 의하여 결정한다.
④ 매수청구기간이 종료하는 날부터 30일 이내에 제3항의 규정에 의한 협의가 이루어지지 아니한 경우에는 회사 또는 주식의 매수를 청구한 주주는 법원에 대하여 매수가액의 결정을 청구할 수 있다.

⑤ [O] 상법 제342조

상법 제342조(자기주식의 처분)
회사가 보유하는 자기의 주식을 처분하는 경우에 다음 각 호의 사항으로서 정관에 규정이 없는 것은 이사회가 결정한다.
1. 처분할 주식의 종류와 수
2. 처분할 주식의 처분가액과 납입기일
3. 주식을 처분할 상대방 및 처분방법

답 ③

37 CPA 2019

☑ 확인 Check! ○ △ ×

상법상 주식회사의 영업 전부의 양도에 반대하는 주주의 주식매수청구권에 관한 설명으로 옳은 것은?

① 의결권이 없거나 제한되는 주주는 영업양도를 승인하는 주주총회에서 의결권을 행사할 수 없으므로 주식매수청구권이 인정되지 않는다.

② 주주는 주주총회 전에 회사에 대하여 구두 또는 서면으로 그 결의에 반대하는 의사를 통지하고 그 총회의 결의일부터 1개월 이내에 구두 또는 서면으로 주식의 매수를 청구할 수 있다.

③ 판례에 의하면 주주가 회사에 대하여 주식매수청구를 하고 회사가 이를 승낙하여 의사의 합치가 이루어져야 주식에 관한 매매계약이 성립한다.

④ 주식매수청구를 받으면 회사는 주식매수청구를 받은 날로부터 2개월 이내에 그 주식을 매수하여야 한다.

⑤ 영업양도를 하는 회사의 발행주식총수의 100분의 90 이상을 상대방인 영업양수인이 소유하고 있는 경우에도 양도회사의 주주에게 주식매수청구권이 인정된다.

해설

① [×], ② [×] 제374조(영업양도, 양수, 임대등)에 따른 결의사항에 반대하는 주주(의결권이 없거나 제한되는 주주를 포함한다. 이하 이 조에서 같다)는 주주총회 전에 회사에 대하여 서면으로 그 결의에 반대하는 의사를 통지한 경우에는 그 총회의 결의일부터 20일 이내에 주식의 종류와 수를 기재한 서면으로 회사에 대하여 자기가 소유하고 있는 주식의 매수를 청구할 수 있다(상법 제374조의2 제1항).

③ [×] 영업양도에 반대하는 주주의 주식매수청구권에 관하여 규율하고 있는 상법 제374조의2 제1항 내지 제4항의 규정 취지에 비추어 보면, 영업양도에 반대하는 주주의 주식매수청구권은 이른바 형성권으로서 그 행사로 회사의 승낙 여부와 관계없이 주식에 관한 매매계약이 성립한다(대판 2011.4.28. 2010다94953).

④ [×] 제1항의 청구(주식매수청구)를 받으면 해당 회사는 같은 항의 매수 청구 기간(이하 이 조에서 "매수청구기간"이라 한다)이 종료하는 날부터 2개월 이내에 그 주식을 매수하여야 한다(상법 제374조의2 제2항).

⑤ [O] 상법 제374조의3 제1항, 제2항, 제3항

> **상법 제374조의3(간이영업양도, 양수, 임대 등)**
>
> ① 제374조 제1항 각 호의 어느 하나에 해당하는 행위를 하는 회사의 총주주의 동의가 있거나 그 회사의 발행주식총수의 100분의 90 이상을 해당 행위의 상대방이 소유하고 있는 경우에는 그 회사의 주주총회의 승인은 이를 이사회의 승인으로 갈음할 수 있다.
>
> ② 제1항의 경우에 회사는 영업양도, 양수, 임대 등의 계약서 작성일부터 2주 이내에 주주총회의 승인을 받지 아니하고 영업양도, 양수, 임대 등을 한다는 뜻을 공고하거나 주주에게 통지하여야 한다. 다만, 총주주의 동의가 있는 경우에는 그러하지 아니하다.
>
> ③ 제2항의 공고 또는 통지를 한 날부터 2주 이내에 회사에 대하여 서면으로 영업양도, 양수, 임대 등에 반대하는 의사를 통지한 주주는 그 기간이 경과한 날부터 20일 이내에 주식의 종류와 수를 기재한 서면으로 회사에 대하여 자기가 소유하고 있는 주식의 매수를 청구할 수 있다. 이 경우 제374조의2 제2항부터 제5항까지의 규정을 준용한다.

 ⑤

38 CPA 2018

☑ 확인Check! ○ △ ✕

상법상 주주가 행사할 수 있는 주식매수청구권 중에서 주식매수청구기간이 다른 것은? (주식매수청구권을 행사하기 위한 다른 요건은 모두 충족한 것으로 함)

① 주식의 양도승인거부의 통지를 받은 주주의 주식매수청구권
② 회사의 발행주식총수의 100분의 95 이상을 자기계산으로 보유하고 있는 지배주주가 있는 회사의 소수주주의 주식매수청구권
③ 회사가 영업의 전부를 양도하는 경우 영업양도에 반대하는 주주의 주식매수청구권
④ 다른 회사의 영업의 전부를 양수하는 회사가 그 다른 회사의 발행주식총수의 100분의 90 이상을 보유하는 때에 영업양수를 반대하는 영업양수회사 주주의 주식매수청구권
⑤ 회사가 합병하는 경우 합병에 반대하는 의결권이 없는 종류주식을 가진 주주의 주식매수청구권

해설

① [**20일**] 제2항의 양도승인거부의 통지를 받은 주주는 통지를 받은 날부터 20일 내에 회사에 대하여 양도의 상대방의 지정 또는 그 주식의 매수를 청구할 수 있다(상법 제335조의2 제4항).
② [**언제든지**] 지배주주가 있는 회사의 소수주주는 언제든지 지배주주에게 그 보유주식의 매수를 청구할 수 있다(상법 제360조의25 제1항).
③ [**20일**] 상법 제374조 제1항 제1호, 제374조의2 제1항
④ [**20일**] 간이영업양도에서 반대주주의의 주식매수청구권은 영업양도 등의 행위를 하는 회사의 발행주식총수의 100분의 90이상을 그 상대방회사가 소유하고 있을 경우에 영업양도 등의 행위를 하는 회사의 주주에게 인정된다(상법 제374조의3 제1항, 제2항, 제3항 참조). 그러나 지문은 영업양도 등의 행위를 하는 회사가 그 상대방 회사의 발행주식총수의 100분의 90이상을 소유하고 있는 경우이므로 간이영업양도의 문제가 아니고 일반영업양도의 문제로서 영업양수회사의 주주는 주주총회의 결의일부터 20일 이내에 주식매수청구권을 행사할 수 있다(상법 제374조 제1항 제3호, 제374조의2 제1항).

상법 제374조(영업양도, 양수, 임대등)
① 회사가 다음 각 호의 어느 하나에 해당하는 행위를 할 때에는 제434조에 따른 결의가 있어야 한다.
1. 영업의 전부 또는 중요한 일부의 양도
2. 영업 전부의 임대 또는 경영위임, 타인과 영업의 손익 전부를 같이 하는 계약, 그 밖에 이에 준하는 계약의 체결·변경 또는 해약
3. 회사의 영업에 중대한 영향을 미치는 다른 회사의 영업 전부 또는 일부의 양수

상법 제374조의2(반대주주의 주식매수청구권)
① 제374조에 따른 결의사항에 반대하는 주주(의결권이 없거나 제한되는 주주를 포함한다. 이하 이 조에서 같다)는 주주총회 전에 회사에 대하여 서면으로 그 결의에 반대하는 의사를 통지한 경우에는 그 총회의 결의일부터 20일 이내에 주식의 종류와 수를 기재한 서면으로 회사에 대하여 자기가 소유하고 있는 주식의 매수를 청구할 수 있다.

상법 제374조의3(간이영업양도, 양수, 임대 등)
① 제374조 제1항 각 호의 어느 하나에 해당하는 행위를 하는 회사의 총주주의 동의가 있거나 그 회사의 발행주식총수의 100분의 90 이상을 해당 행위의 상대방이 소유하고 있는 경우에는 그 회사의 주주총회의 승인은 이를 이사회의 승인으로 갈음할 수 있다.
② 제1항의 경우에 회사는 영업양도, 양수, 임대 등의 계약서 작성일부터 2주 이내에 주주총회의 승인을 받지 아니하고 영업양도, 양수, 임대 등을 한다는 뜻을 공고하거나 주주에게 통지하여야 한다. 다만, 총주주의 동의가 있는 경우에는 그러하지 아니하다.
③ 제2항의 공고 또는 통지를 한 날부터 2주 이내에 회사에 대하여 서면으로 영업양도, 양수, 임대 등에 반대하는 의사를 통지한 주주는 그 기간이 경과한 날부터 20일 이내에 주식의 종류와 수를 기재한 서면으로 회사에 대하여 자기가 소유하고 있는 주식의 매수를 청구할 수 있다. 이 경우 제374조의2 제2항부터 제5항까지의 규정을 준용한다.

⑤ [**20일**] 상법 제522조 제1항, 제522조의3 제1항

상법 제522조(합병계약서와 그 승인결의)
① 회사가 합병을 함에는 합병계약서를 작성하여 주주총회의 승인을 얻어야 한다.

상법 제522조의3(합병반대주주의 주식매수청구권)
① 제522조 제1항에 따른 결의사항에 관하여 이사회의 결의가 있는 때에 그 결의에 반대하는 주주(의결권이 없거나 제한되는 주주를 포함한다. 이하 이 조에서 같다)는 주주총회 전에 회사에 대하여 서면으로 그 결의에 반대하는 의사를 통지한 경우에는 그 총회의 결의일부터 20일 이내에 주식의 종류와 수를 기재한 서면으로 회사에 대하여 자기가 소유하고 있는 주식의 매수를 청구할 수 있다.

답 ②

PART 3

39 CPA 2015

☑ 확인Check! ○ △ ×

비상장주식회사인 甲회사는 2015년 2월 5일 임시주주총회를 개최하여 특별결의로 회사 영업에 중대한 영향을 미치는 乙회사의 영업 전부양수를 결의하였다. 甲회사는 2015년 1월 15일 유일한 총회 안건이었던 乙회사 영업 전부양수에 관한 사항만 명시하여 총회소집 통지를 하였다. A는 甲회사 발행주식총수의 1%를 보유하고 있는 주주이다. 상법상 다음의 설명 중 옳은 것은? (이견이 있으면 판례에 의함)

① A는 주주총회 결의에 반대하더라도 3% 소수주주 요건을 충족하지 못하였으므로 주식매수청구권을 행사할 수 없다.

② A가 총회소집통지를 받은 후 총회 전 그 결의에 반대하는 의사를 서면 통지한 경우에는 2015년 3월 2일 주식의 종류와 수를 기재한 서면으로 주식매수청구를 할 수 있다.

③ A가 주식매수청구권을 행사하는 경우 이와 함께 주주총회 소집절차상의 하자를 이유로 주주총회결의취소의 소를 제기할 수 있다.

④ A가 주식매수청구권을 행사한 경우에는 甲회사는 그 청구일 기준 2월 이내에 그 승낙여부를 A에게 통지하여야 한다.

⑤ A가 주식매수청구권을 행사하고 甲회사가 주식을 매수하는 경우 그 매수가격은 우선적으로 법원이 결정하는 가액을 기준으로 한다.

해설

① [×] 반대주주의 주식매수청구권은 단독주주권이므로 A는 주식매수청구권을 행사할 수 있다(상법 제374조의2 제1항 참조).

② [×] 반대주주의 주식매수청구권은 주주총회의 결의일부터 20일 이내에 청구해야 하므로 A는 2015년 2월 25일 이내에 주식의 종류와 수를 기재한 서면으로 주식매수청구를 해야 한다(상법 제374조의2 제1항 참조).

③ [O] 회사의 영업에 중대한 영향을 미치는 다른 회사의 영업 전부 또는 일부의 양수에 관한 주주총회의 소집의 통지를 하는 때에 주식매수청구권의 내용 및 행사방법을 명시하여야 한다(상법 제374조 제1항 제3호, 제2항 참조). 甲회사는 乙회사 영업 전부양수에 관한 사항만 명시하여 총회소집 통지를 하였으므로 A는 주주총회 소집절차상의 하자를 이유로 주주총회결의취소의 소를 제기할 수 있다. 또한 A의 주식이 甲회사에게 이전되기 전까지는 주주로서의 권리를 행사할 수 있으므로 A는 주식매수청구권을 행사하는 것과 함께 주주총회결의취소의 소를 제기할 수 있다.

> **상법 제374조(영업양도, 양수, 임대등)**
> ① 회사가 다음 각 호의 어느 하나에 해당하는 행위를 할 때에는 제434조에 따른 결의가 있어야 한다.
> 1. 영업의 전부 또는 중요한 일부의 양도
> 2. 영업 전부의 임대 또는 경영위임, 타인과 영업의 손익 전부를 같이 하는 계약, 그 밖에 이에 준하는 계약의 체결・변경 또는 해약
> 3. 회사의 영업에 중대한 영향을 미치는 다른 회사의 영업 전부 또는 일부의 양수
>
> ② 제1항의 행위에 관한 주주총회의 소집의 통지를 하는 때에는 제374조의2 제1항 및 제2항의 규정에 의한 주식매수청구권의 내용 및 행사방법을 명시하여야 한다.

④ [×] 영업양도에 반대하는 주주의 주식매수청구권에 관하여 규율하고 있는 상법 제374조의2 제1항 내지 제4항의 규정 취지에 비추어 보면, 영업양도에 반대하는 주주의 주식매수청구권은 이른바 형성권으로서 그 행사로 회사의 승낙 여부와 관계없이 주식에 관한 매매계약이 성립한다(대판 2011.4.28. 2010다94953). 이 경우 주식매수청구를 받으면 甲회사는 매수청구기간이 종료하는 날부터 2개월 이내에 그 주식을 매수하여야 한다(상법 제374조의2 제2항 참조).

⑤ [×] 원칙적으로 주식의 매수가액은 주주와 회사 간의 협의에 의하여 결정하고, 협의가 이루어지지 않는 경우 회사 또는 매수청구를 하는 주주는 법원에 대하여 매수가격의 결정을 청구할 수 있다(상법 제374조의2 제3항, 제4항 참조).

상법 제374조의2(반대주주의 주식매수청구권)

① 제374조에 따른 결의사항에 반대하는 주주(의결권이 없거나 제한되는 주주를 포함한다. 이하 이 조에서 같다)는 주주총회 전에 회사에 대하여 서면으로 그 결의에 반대하는 의사를 통지한 경우에는 그 총회의 결의일부터 20일 이내에 주식의 종류와 수를 기재한 서면으로 회사에 대하여 자기가 소유하고 있는 주식의 매수를 청구할 수 있다.

② 제1항의 청구를 받으면 해당 회사는 같은 항의 매수 청구 기간(이하 이 조에서 "매수청구기간"이라 한다)이 종료하는 날부터 2개월 이내에 그 주식을 매수하여야 한다.

③ 제2항의 규정에 의한 주식의 매수가액은 주주와 회사간의 협의에 의하여 결정한다.

④ 매수청구기간이 종료하는 날부터 30일 이내에 제3항의 규정에 의한 협의가 이루어지지 아니한 경우에는 회사 또는 주식의 매수를 청구한 주주는 법원에 대하여 매수가액의 결정을 청구할 수 있다.

답 ③

40 세무사 2024

☑ 확인Check! ○ △ ×

상법상 반대주주의 주식매수청구권이 규정된 경우를 모두 고른 것은?

ㄱ. 주식의 포괄적 교환
ㄴ. 소규모합병
ㄷ. 간이주식교환
ㄹ. 간이합병
ㅁ. 소규모주식교환

① ㄱ, ㄴ, ㄷ
② ㄱ, ㄷ, ㄹ
③ ㄴ, ㄷ, ㄹ
④ ㄴ, ㄹ, ㅁ
⑤ ㄷ, ㄹ, ㅁ

해설

ㄱ. [O] 상법 제360조의3 제1항, 제360조의5 제1항

상법 제360조의3(주식교환계약서의 작성과 주주총회의 승인 및 주식교환대가가 모회사 주식인 경우의 특칙)

① 주식교환을 하고자 하는 회사는 주식교환계약서를 작성하여 주주총회의 승인을 얻어야 한다.

상법 제360조의5(반대주주의 주식매수청구권)

① 제360조의3 제1항의 규정에 의한 승인사항에 관하여 이사회의 결의가 있는 때에 그 결의에 반대하는 주주(의결권이 없거나 제한되는 주주를 포함한다. 이하 이 조에서 같다)는 주주총회전에 회사에 대하여 서면으로 그 결의에 반대하는 의사를 통지한 경우에는 그 총회의 결의일부터 20일 이내에 주식의 종류와 수를 기재한 서면으로 회사에 대하여 자기가 소유하고 있는 주식의 매수를 청구할 수 있다.

ㄴ. [×] 상법 제527조의3 제1항, 제5항

상법 제527조의3(소규모합병)

① 합병 후 존속하는 회사가 합병으로 인하여 발행하는 신주 및 이전하는 자기주식의 총수가 그 회사의 발행주식총수의 100분의 10을 초과하지 아니하는 경우에는 그 존속하는 회사의 주주총회의 승인은 이를 이사회의 승인으로 갈음할 수 있다. 다만, 합병으로 인하여 소멸하는 회사의 주주에게 제공할 금전이나 그 밖의 재산을 정한 경우에 그 금액 및 그 밖의 재산의 가액이 존속하는 회사의 최종 대차대조표상으로 현존하는 순자산액의 100분의 5를 초과하는 경우에는 그러하지 아니하다.

⑤ 제1항 본문의 경우에는 제522조의3(합병반대주주의 주식매수청구권)의 규정은 이를 적용하지 아니한다.

ㄷ. [O] 상법 제360조의5 제2항, 제360조의9 제1항・제2항

상법 제360조의5(반대주주의 주식매수청구권)

② 제360조의9 제2항의 공고 또는 통지를 한 날부터 2주 내에 회사에 대하여 서면으로 주식교환에 반대하는 의사를 통지한 주주는 그 기간이 경과한 날부터 20일 이내에 주식의 종류와 수를 기재한 서면으로 회사에 대하여 자기가 소유하고 있는 주식의 매수를 청구할 수 있다.

상법 제360조의9(간이주식교환)

① 완전자회사가 되는 회사의 총주주의 동의가 있거나 그 회사의 발행주식총수의 100분의 90 이상을 완전모회사가 되는 회사가 소유하고 있는 때에는 완전자회사가 되는 회사의 주주총회의 승인은 이를 이사회의 승인으로 갈음할 수 있다.

② 제1항의 경우에 완전자회사가 되는 회사는 주식교환계약서를 작성한 날부터 2주 내에 주주총회의 승인을 얻지 아니하고 주식교환을 한다는 뜻을 공고하거나 주주에게 통지하여야 한다. 다만, 총주주의 동의가 있는 때에는 그러하지 아니하다.

ㄹ. [O] 상법 제522조의3 제2항, 제527조의2 제1항・제2항

상법 제522조의3(합병반대주주의 주식매수청구권)

② 제527조의2 제2항의 공고 또는 통지를 한 날부터 2주 내에 회사에 대하여 서면으로 합병에 반대하는 의사를 통지한 주주는 그 기간이 경과한 날부터 20일 이내에 주식의 종류와 수를 기재한 서면으로 회사에 대하여 자기가 소유하고 있는 주식의 매수를 청구할 수 있다.

상법 제527조의2(간이합병)

① 합병할 회사의 일방이 합병후 존속하는 경우에 합병으로 인하여 소멸하는 회사의 총주주의 동의가 있거나 그 회사의 발행주식총수의 100분의 90이상을 합병후 존속하는 회사가 소유하고 있는 때에는 합병으로 인하여 소멸하는 회사의 주주총회의 승인은 이를 이사회의 승인으로 갈음할 수 있다.

② 제1항의 경우에 합병으로 인하여 소멸하는 회사는 합병계약서를 작성한 날부터 2주 내에 주주총회의 승인을 얻지 아니하고 합병을 한다는 뜻을 공고하거나 주주에게 통지하여야 한다. 다만, 총주주의 동의가 있는 때에는 그러하지 아니하다.

ㅁ. [×] 상법 제360조의10 제1항, 제7항

> **상법 제360조의10(소규모 주식교환)**
> ① 완전모회사가 되는 회사가 주식교환을 위하여 발행하는 신주 및 이전하는 자기주식의 총수가 그 회사의 발행주식 총수의 100분의 10을 초과하지 아니하는 경우에는 그 회사에서의 제360조의3 제1항의 규정에 의한 주주총회의 승인은 이를 이사회의 승인으로 갈음할 수 있다. 다만, 완전자회사가 되는 회사의 주주에게 제공할 금전이나 그 밖의 재산을 정한 경우에 그 금액 및 그 밖의 재산의 가액이 제360조의4 제1항 제3호에서 규정한 최종 대차대조표에 의하여 완전모회사가 되는 회사에 현존하는 순자산액의 100분의 5를 초과하는 때에는 그러하지 아니하다.
> ⑦ 제1항 본문의 경우에는 제360조의5의 규정은 이를 적용하지 아니한다.

답 ②

41 세무사 2023

☑ 확인 Check! ○ △ ×

상법상 비상장주식회사의 영업 전부의 양도에 반대하는 주주의 주식매수청구권에 관한 설명으로 옳지 않은 것은?

① 회사는 주주총회의 결의에 반대하는 주주가 주식매수를 청구하면 그 결의일로부터 20일 이내에 그 주식을 매수하여야 한다.
② 반대주주가 주식매수청구권을 행사한 경우에 회사는 자기의 주식을 취득할 수 있다.
③ 의결권이 제한되는 주주도 반대주주의 주식매수청구권을 행사할 수 있다.
④ 회사의 총주주가 동의하여 주주총회의 승인을 이사회의 승인으로 갈음하는 경우에도 반대하는 주주는 주식의 매수를 청구할 수 있다.
⑤ 반대주주의 주식매수청구권이 행사된 경우 주식의 매수가액은 원칙적으로 주주와 회사 간의 협의에 의하여 결정한다.

해설

① [×] 제1항의 청구(반대주주의 주식매수청구)를 받으면 해당 회사는 같은 항의 매수 청구 기간이 종료하는 날부터 2개월 이내에 그 주식을 매수하여야 한다(상법 제374조의2 제2항).
② [○] 상법 제341조의2 제4호

> **상법 제341조의2(특정목적에 의한 자기주식의 취득)**
> 회사는 다음 각 호의 어느 하나에 해당하는 경우에는 제341조에도 불구하고 자기의 주식을 취득할 수 있다.
> 1. 회사의 합병 또는 다른 회사의 영업전부의 양수로 인한 경우
> 2. 회사의 권리를 실행함에 있어 그 목적을 달성하기 위하여 필요한 경우
> 3. 단주(端株)의 처리를 위하여 필요한 경우
> 4. 주주가 주식매수청구권을 행사한 경우

③ [O] 제374조에 따른 결의사항에 반대하는 주주(의결권이 없거나 제한되는 주주를 포함한다. 이하 이 조에서 같다)는 주주총회 전에 회사에 대하여 서면으로 그 결의에 반대하는 의사를 통지한 경우에는 그 총회의 결의일부터 20일 이내에 주식의 종류와 수를 기재한 서면으로 회사에 대하여 자기가 소유하고 있는 주식의 매수를 청구할 수 있다(상법 제374조의2 제1항).

④ [X] 간이영업양도 등의 경우에 반대주주의 주식매수청구권이 인정되기 위해서는 회사가 주주총회의 승인을 받지 아니하고 영업양도, 양수, 임대 등을 한다는 뜻을 공고하거나 주주에게 통지하여야 하는데, 총주주의 동의로 주주총회의 승인을 이사회의 승인으로 갈음한 경우에는 이러한 통지나 공고를 하지 않으므로(상법 제374조의3 제2항 단서 참조) 반대주주는 주식매수청구권을 행사할 수 없다. 또한 개념적으로 총주주가 동의한 경우이므로 반대주주가 있다는 것을 상정하기는 어렵다.

> **상법 제374조의3(간이영업양도, 양수, 임대 등)**
> ① 제374조 제1항 각 호의 어느 하나에 해당하는 행위를 하는 회사의 총주주의 동의가 있거나 그 회사의 발행주식총수의 100분의 90 이상을 해당 행위의 상대방이 소유하고 있는 경우에는 그 회사의 주주총회의 승인은 이를 이사회의 승인으로 갈음할 수 있다.
> ② 제1항의 경우에 회사는 영업양도, 양수, 임대 등의 계약서 작성일부터 2주 이내에 주주총회의 승인을 받지 아니하고 영업양도, 양수, 임대 등을 한다는 뜻을 공고하거나 주주에게 통지하여야 한다. 다만, 총주주의 동의가 있는 경우에는 그러하지 아니하다.
> ③ 제2항의 공고 또는 통지를 한 날부터 2주 이내에 회사에 대하여 서면으로 영업양도, 양수, 임대 등에 반대하는 의사를 통지한 주주는 그 기간이 경과한 날부터 20일 이내에 주식의 종류와 수를 기재한 서면으로 회사에 대하여 자기가 소유하고 있는 주식의 매수를 청구할 수 있다. 이 경우 제374조의2 제2항부터 제5항까지의 규정을 준용한다.

⑤ [O] 제2항의 규정에 의한 주식의 매수가액은 주주와 회사간의 협의에 의하여 결정한다(상법 제374조의2 제3항). 매수청구기간이 종료하는 날부터 30일 이내에 회사와 주주 간의 가격결정에 관한 협의가 이루어지지 아니한 경우에는 회사 또는 매수청구를 하는 주주는 법원에 대하여 매수가격의 결정을 청구할 수 있다(상법 제374조의2 제4항).

답 ①·④ (복수정답 인정)

42 세무사 2022

☑ 확인Check! ○ △ ×

상법상 반대주주의 주식매수청구권이 인정되는 경우를 모두 고른 것은?

ㄱ. 간이영업양도·양수에 반대하는 주주
ㄴ. 소규모합병을 반대하는 소멸회사의 주주
ㄷ. 주주총회의 결의에 의하여 해산한 회사에서 회사 계속의 결의에 반대하는 주주
ㄹ. 영업 일부의 임대에 반대하는 주주
ㅁ. 타인과 영업의 손익 전부를 같이 하는 계약의 체결·변경 또는 해약에 반대하는 주주

① ㄱ, ㄴ, ㄷ
② ㄱ, ㄴ, ㅁ
③ ㄱ, ㄹ, ㅁ
④ ㄴ, ㄷ, ㄹ
⑤ ㄷ, ㄹ, ㅁ

❚ 해설 ❚

ㄱ. [O] 상법 제374조의3 제3항

> **상법 제374조의3(간이영업양도, 양수, 임대 등)**
> ① 제374조 제1항 각 호의 어느 하나에 해당하는 행위를 하는 회사의 총주주의 동의가 있거나 그 회사의 발행주식총수의 100분의 90 이상을 해당 행위의 상대방이 소유하고 있는 경우에는 그 회사의 주주총회의 승인은 이를 이사회의 승인으로 갈음할 수 있다.
> ② 제1항의 경우에 회사는 영업양도, 양수, 임대 등의 계약서 작성일부터 2주 이내에 주주총회의 승인을 받지 아니하고 영업양도, 양수, 임대 등을 한다는 뜻을 공고하거나 주주에게 통지하여야 한다. 다만, 총주주의 동의가 있는 경우에는 그러하지 아니하다.
> ③ 제2항의 공고 또는 통지를 한 날부터 2주 이내에 회사에 대하여 서면으로 영업양도, 양수, 임대 등에 반대하는 의사를 통지한 주주는 그 기간이 경과한 날부터 20일 이내에 주식의 종류와 수를 기재한 서면으로 회사에 대하여 자기가 소유하고 있는 주식의 매수를 청구할 수 있다. 이 경우 제374조의2 제2항부터 제5항까지의 규정을 준용한다.

ㄴ. [O] 일반적인 합병의 경우 반대주주에게 주식매수청구권이 인정된다(상법 제522조의3 참조). 하지만 소규모합병의 경우 존속회사의 주주는 합병에 반대하더라도 주식매수청구권을 행사할 수 없다(상법 제527조의3 제5항 참조). 그러나 소멸회사의 반대주주에게는 이를 배제하는 규정이 없으므로 원칙으로 돌아가 주식매수청구권이 인정된다.

> **상법 제527조의3(소규모합병)**
> ① 합병 후 존속하는 회사가 합병으로 인하여 발행하는 신주 및 이전하는 자기주식의 총수가 그 회사의 발행주식총수의 100분의 10을 초과하지 아니하는 경우에는 그 존속하는 회사의 주주총회의 승인은 이를 이사회의 승인으로 갈음할 수 있다. 다만, 합병으로 인하여 소멸하는 회사의 주주에게 제공할 금전이나 그 밖의 재산을 정한 경우에 그 금액 및 그 밖의 재산의 가액이 존속하는 회사의 최종 대차대조표상으로 현존하는 순자산액의 100분의 5를 초과하는 경우에는 그러하지 아니하다.
> ⑤ 제1항 본문의 경우에는 제522조의3의 규정은 이를 적용하지 아니한다.
>
> **상법 제522조의3(합병반대주주의 주식매수청구권)**
> ① 제522조 제1항에 따른 결의사항에 관하여 이사회의 결의가 있는 때에 그 결의에 반대하는 주주(의결권이 없거나 제한되는 주주를 포함한다. 이하 이 조에서 같다)는 주주총회 전에 회사에 대하여 서면으로 그 결의에 반대하는 의사를 통지한 경우에는 그 총회의 결의일부터 20일 이내에 주식의 종류와 수를 기재한 서면으로 회사에 대하여 자기가 소유하고 있는 주식의 매수를 청구할 수 있다.
> ② 제527조의2 제2항의 공고 또는 통지를 한 날부터 2주 내에 회사에 대하여 서면으로 합병에 반대하는 의사를 통지한 주주는 그 기간이 경과한 날부터 20일 이내에 주식의 종류와 수를 기재한 서면으로 회사에 대하여 자기가 소유하고 있는 주식의 매수를 청구할 수 있다.

ㄷ. [×] 회사가 존립기간의 만료 기타 정관에 정한 사유의 발생 또는 주주총회의 결의에 의하여 해산한 경우에는 제434조의 규정에 의한 결의로 회사를 계속할 수 있다(상법 제519조). 그러나 이 경우에 반대주주에게 주식매수청구권을 인정하는 규정이 없다.

ㄹ. [×] 영업 임대의 경우 전부 임대일 때 반대주주에게 주식매수청구권이 인정된다(상법 제374조의2 제1항, 제374조 제1항 제2호 참조).

ㅁ. [O] 상법 제374조의2 제1항, 제374조 제1항 제2호

상법 제374조의2(반대주주의 주식매수청구권)

① 제374조에 따른 결의사항에 반대하는 주주(의결권이 없거나 제한되는 주주를 포함한다. 이하 이 조에서 같다)는 주주총회 전에 회사에 대하여 서면으로 그 결의에 반대하는 의사를 통지한 경우에는 그 총회의 결의일부터 20일 이내에 주식의 종류와 수를 기재한 서면으로 회사에 대하여 자기가 소유하고 있는 주식의 매수를 청구할 수 있다.

상법 제374조(영업양도, 양수, 임대등)

① 회사가 다음 각 호의 어느 하나에 해당하는 행위를 할 때에는 제434조에 따른 결의가 있어야 한다.
1. 영업의 전부 또는 중요한 일부의 양도
2. 영업 전부의 임대 또는 경영위임, 타인과 영업의 손익 전부를 같이 하는 계약, 그 밖에 이에 준하는 계약의 체결・변경 또는 해약
3. 회사의 영업에 중대한 영향을 미치는 다른 회사의 영업 전부 또는 일부의 양수

답 ②

43 세무사 2020

☑ 확인Check! ○ △ ×

상법상 주주총회결의에 반대하는 주주의 주식매수청구권이 인정되지 않는 것은?

① 간이합병
② 회사의 해산
③ 영업 전부의 임대
④ 영업의 중요한 일부의 양도
⑤ 회사의 영업에 중대한 영향을 미치는 다른 회사의 영업 전부의 양수

해설

① [O] 상법 제522조의3 제2항, 제527조의2 제2항

상법 제522조의3(합병반대주주의 주식매수청구권)

② 제527조의2 제2항의 공고 또는 통지를 한 날부터 2주 내에 회사에 대하여 서면으로 합병에 반대하는 의사를 통지한 주주는 그 기간이 경과한 날부터 20일 이내에 주식의 종류와 수를 기재한 서면으로 회사에 대하여 자기가 소유하고 있는 주식의 매수를 청구할 수 있다.

상법 제527조의2(간이합병)

① 합병할 회사의 일방이 합병후 존속하는 경우에 합병으로 인하여 소멸하는 회사의 총주주의 동의가 있거나 그 회사의 발행주식총수의 100분의 90이상을 합병후 존속하는 회사가 소유하고 있는 때에는 합병으로 인하여 소멸하는 회사의 주주총회의 승인은 이를 이사회의 승인으로 갈음할 수 있다.

② 제1항의 경우에 합병으로 인하여 소멸하는 회사는 합병계약서를 작성한 날부터 2주 내에 주주총회의 승인을 얻지 아니하고 합병을 한다는 뜻을 공고하거나 주주에게 통지하여야 한다. 다만, 총주주의 동의가 있는 때에는 그러하지 아니하다.

② [×] 회사의 해산 결의에 반대하는 주주의 주식매수청구권을 인정하는 규정이 없다.
③ [O] 상법 제374조의2 제1항, 제374조 제1항 제2호
④ [O] 상법 제374조의2 제1항, 제374조 제1항 제1호
⑤ [O] 상법 제374조의2 제1항, 제374조 제1항 제3호

상법 제374조의2(반대주주의 주식매수청구권)

① 제374조에 따른 결의사항에 반대하는 주주(의결권이 없거나 제한되는 주주를 포함한다. 이하 이 조에서 같다)는 주주총회 전에 회사에 대하여 서면으로 그 결의에 반대하는 의사를 통지한 경우에는 그 총회의 결의일부터 20일 이내에 주식의 종류와 수를 기재한 서면으로 회사에 대하여 자기가 소유하고 있는 주식의 매수를 청구할 수 있다.

상법 제374조(영업양도, 양수, 임대등)

① 회사가 다음 각 호의 어느 하나에 해당하는 행위를 할 때에는 제434조에 따른 결의가 있어야 한다.
1. 영업의 전부 또는 중요한 일부의 양도
2. 영업 전부의 임대 또는 경영위임, 타인과 영업의 손익 전부를 같이 하는 계약, 그 밖에 이에 준하는 계약의 체결·변경 또는 해약
3. 회사의 영업에 중대한 영향을 미치는 다른 회사의 영업 전부 또는 일부의 양수

더 살펴보기 **주식매수청구권 인정 여부**

인정되는 경우	부정되는 경우
• 주식의 포괄적 교환 및 이전(상법 제360조의5, 제360조의22) • 영업양도·양수 등(상법 제374조의2) • 합병(상법 제522조의3) • 간이합병(상법 제527조의2) • 분할합병(상법 제530조의11)	• 정관변경 • 자본금 감소 • 주식분할 • 해 산 • 분 할 • 소규모 (흡수)합병의 존속회사의 주주 • 소규모 분할(흡수)합병의 존속회사의 주주 • 소규모 주식교환의 완전모회사의 주주

답 ②

☑ 제6항 주주총회결의의 하자

44 CPA 2024

☑ 확인 Check! ○ △ ×

상법상 주주총회결의의 하자를 다투는 소송에 관한 설명으로 틀린 것은? (이견이 있으면 판례에 의함)

① 주주총회의 결의의 내용이 법령에 위반한 때에는 결의취소의 소의 원인이 된다.

② 주주총회에서 여러 개의 안건이 상정되어 각기 결의가 행하여진 경우 결의취소의 소의 제소기간의 준수 여부는 각 안건에 대한 결의마다 별도로 판단되어야 한다.

③ 부당결의 취소·변경의 소는 결의일로부터 2월 내에 제기해야 한다.

④ 주주가 결의부존재확인의 소를 제기한 때에는 법원은 회사의 청구에 의하여 상당한 담보를 제공할 것을 명할 수 있으나, 그 주주가 이사 또는 감사인 때에는 그러하지 아니하다.

⑤ 감사가 제기한 결의취소의 소의 피고는 회사이고, 이 소에 관하여 대표이사가 회사를 대표한다.

해설

① [×] 제186조 내지 제188조, 제190조 본문, 제191조, 제377조와 제378조의 규정은 총회의 결의의 내용이 법령에 위반한 것을 이유로 하여 결의무효의 확인을 청구하는 소와 총회의 소집절차 또는 결의방법에 총회결의가 존재한다고 볼 수 없을 정도의 중대한 하자가 있는 것을 이유로 하여 결의부존재의 확인을 청구하는 소에 이를 준용한다(상법 제380조). 참고로 결의취소의 소의 원인은 총회의 소집절차 또는 결의방법이 법령 또는 정관에 위반하거나 현저하게 불공정한 때 또는 그 결의의 내용이 정관에 위반한 때이다(상법 제376조 제1항 참조).

② [O] 주주총회결의 취소의 소는 상법 제376조 제1항에 따라 그 결의의 날로부터 2개월 내에 제기하여야 하고, 이 기간이 지난 후에 제기된 소는 부적법하다. 그리고 주주총회에서 여러 개의 안건이 상정되어 각기 결의가 행하여진 경우 위 제소기간의 준수 여부는 각 안건에 대한 결의마다 별도로 판단되어야 한다(대판 2010.3.11. 2007다51505).

③ [O] 주주가 제368조 제3항의 규정에 의하여 의결권을 행사할 수 없었던 경우에 결의가 현저하게 부당하고 그 주주가 의결권을 행사하였더라면 이를 저지할 수 있었을 때에는 그 주주는 그 결의의 날로부터 2월 내에 결의의 취소의 소 또는 변경의 소를 제기할 수 있다(상법 제381조 제1항).

④ [O] 상법 제380조, 제377조 제1항

> **상법 제380조(결의무효 및 부존재확인의 소)**
> 제186조 내지 제188조, 제190조 본문, 제191조, 제377조와 제378조의 규정은 총회의 결의의 내용이 법령에 위반한 것을 이유로 하여 결의무효의 확인을 청구하는 소와 총회의 소집절차 또는 결의방법에 총회결의가 존재한다고 볼 수 없을 정도의 중대한 하자가 있는 것을 이유로 하여 결의부존재의 확인을 청구하는 소에 이를 준용한다.
>
> **상법 제377조(제소주주의 담보제공의무)**
> ① 주주가 결의취소의 소를 제기한 때에는 법원은 회사의 청구에 의하여 상당한 담보를 제공할 것을 명할 수 있다. 그러나 그 주주가 이사 또는 감사인 때에는 그러하지 아니하다.

⑤ [O] 주주총회결의 취소와 결의무효확인판결은 대세적 효력이 있으므로 그와 같은 소송의 피고가 될 수 있는 자는 그 성질상 회사로 한정된다(대판[전합] 1982.9.14. 80다2425). 대표이사는 회사의 영업에 관하여 재판상 행위를 할 권한이 있으므로 감사가 제기한 주주총회결의취소의 소에 관하여 회사를 대표한다(상법 제376조 제1항, 제389조 제3항, 제209조 제1항 참조).

상법 제376조(결의취소의 소)

① 총회의 소집절차 또는 결의방법이 법령 또는 정관에 위반하거나 현저하게 불공정한 때 또는 그 결의의 내용이 정관에 위반한 때에는 주주·이사 또는 감사는 결의의 날로부터 2월 내에 결의취소의 소를 제기할 수 있다.

상법 제389조(대표이사)

③ 제208조 제2항, 제209조, 제210조와 제386조의 규정은 대표이사에 준용한다.

상법 제209조(대표사원의 권한)

① 회사를 대표하는 사원은 회사의 영업에 관하여 재판상 또는 재판외의 모든 행위를 할 권한이 있다.

답 ①

45 CPA 2023

☑ 확인 Check! ○ △ ×

상법상 주주총회 결의의 하자를 다투는 소송에 관한 설명으로 틀린 것은? 기출수정

① 총회에서 결의한 사항이 등기된 경우에 결의부존재 확인판결이 확정된 때에는 본점의 소재지에서 등기하여야 한다.

② 주주총회 결의내용이 법령에 위반한 때에는 결의무효 확인의 소를 제기할 수 있다.

③ 주주총회 결의방법이 법령에 위반한 때에는 주주·이사 또는 감사는 결의의 날로부터 2월 내에 결의취소의 소를 제기할 수 있다.

④ 이사인 주주가 부당결의취소의 소를 제기한 때에는 법원은 회사의 청구에 의하여 제소주주로 하여금 상당한 담보를 제공할 것을 명할 수 있다.

⑤ 결의취소의 소에 대한 취소판결은 대세적 효력이 있으며 소급하여 효력을 가진다.

해설

① [O] 상법 제380조, 제378조

② [O] 상법 제380조

상법 제380조(결의무효 및 부존재확인의 소)

제186조 내지 제188조, 제190조 본문, 제191조, 제377조와 제378조의 규정은 총회의 결의의 내용이 법령에 위반한 것을 이유로 하여 결의무효의 확인을 청구하는 소와 총회의 소집절차 또는 결의방법에 총회결의가 존재한다고 볼 수 없을 정도의 중대한 하자가 있는 것을 이유로 하여 결의부존재의 확인을 청구하는 소에 이를 준용한다.

상법 제378조(결의취소의 등기)

결의한 사항이 등기된 경우에 결의취소의 판결이 확정된 때에는 본점의 소재지에서 등기하여야 한다.

③ [O] 상법 제376조 제1항

④ [×] 주주가 결의취소의 소를 제기한 때에는 법원은 회사의 청구에 의하여 상당한 담보를 제공할 것을 명할 수 있다. 그러나 그 주주가 이사 또는 감사인 때에는 그러하지 아니하다(상법 제377조 제1항).

⑤ [O] 결의취소의 소에서 원고가 승소한 경우 상법 제190조 본문을 준용하므로 대세효가 있지만, 상법 제190조 단서는 준용하지 아니하므로 장래효가 아닌 소급효가 있다(상법 제376조 제2항, 제190조 본문 참조). 이는 다른 주주총회결의의 하자에 대한 소에서도 마찬가지이다.

> **상법 제376조(결의취소의 소)**
> ① 총회의 소집절차 또는 결의방법이 법령 또는 정관에 위반하거나 현저하게 불공정한 때 또는 그 결의의 내용이 정관에 위반한 때에는 주주·이사 또는 감사는 결의의 날로부터 2월 내에 결의취소의 소를 제기할 수 있다.
> ② 제186조 내지 제188조, 제190조 본문과 제191조의 규정은 제1항의 소에 준용한다.
>
> **상법 제190조(판결의 효력)**
> 설립무효의 판결 또는 설립취소의 판결은 제3자에 대하여도 그 효력이 있다. 그러나 판결확정전에 생긴 회사와 사원 및 제3자간의 권리의무에 영향을 미치지 아니한다.

답 ④

46 CPA 2021

확인Check! ○ △ ×

상법상 주주총회의 결의하자를 다투는 소에 관한 설명으로 틀린 것은?

① 결의취소의 소는 본점소재지의 지방법원의 관할에 전속한다.

② 주주가 아닌 감사가 결의취소의 소를 제기한 경우, 법원은 회사의 청구에 의하여 상당한 담보를 제공할 것을 명할 수 있다.

③ 총회의 결의내용이 법령에 위반한 경우에 결의무효확인의 소를 제기할 수 있다.

④ 총회의 소집절차에 총회결의가 존재한다고 볼 수 없을 정도의 중대한 하자가 있는 경우에 결의부존재확인의 소를 제기할 수 있다.

⑤ 부당결의의 변경의 판결은 제3자에 대하여도 그 효력이 있다.

해설

① [O] 상법 제376조 제2항, 제186조

> **상법 제376조(결의취소의 소)**
> ① 총회의 소집절차 또는 결의방법이 법령 또는 정관에 위반하거나 현저하게 불공정한 때 또는 그 결의의 내용이 정관에 위반한 때에는 주주·이사 또는 감사는 결의의 날로부터 2월 내에 결의취소의 소를 제기할 수 있다.
> ② 제186조 내지 제188조, 제190조 본문과 제191조의 규정은 제1항의 소에 준용한다.
>
> **상법 제186조(전속관할)**
> 전2조의 소는 본점소재지의 지방법원의 관할에 전속한다.

② [×] 주주가 결의취소의 소를 제기한 때에는 법원은 회사의 청구에 의하여 상당한 담보를 제공할 것을 명할 수 있다. 그러나 그 주주가 이사 또는 감사인 때에는 그러하지 아니하다(상법 제377조 제1항).

③ [O], ④ [O] 제186조 내지 제188조, 제190조 본문, 제191조, 제377조와 제378조의 규정은 총회의 결의의 내용이 법령에 위반한 것을 이유로 하여 결의무효의 확인을 청구하는 소와 총회의 소집절차 또는 결의방법에 총회결의가 존재한다고 볼 수 없을 정도의 중대한 하자가 있는 것을 이유로 하여 결의부존재의 확인을 청구하는 소에 이를 준용한다(상법 제380조).

⑤ [O] 상법 제381조 제2항, 제190조 본문

상법 제381조(부당결의의 취소, 변경의 소)

① 주주가 제368조 제3항의 규정에 의하여 의결권을 행사할 수 없었던 경우에 결의가 현저하게 부당하고 그 주주가 의결권을 행사하였더라면 이를 저지할 수 있었을 때에는 그 주주는 그 결의의 날로부터 2월 내에 결의의 취소의 소 또는 변경의 소를 제기할 수 있다.

② 제186조 내지 제188조, 제190조 본문, 제191조, 제377조와 제378조의 규정은 제1항의 소에 준용한다.

상법 제190조(판결의 효력)

설립무효의 판결 또는 설립취소의 판결은 제3자에 대하여도 그 효력이 있다. 그러나 판결확정전에 생긴 회사와 사원 및 제3자간의 권리의무에 영향을 미치지 아니한다.

 ②

47 CPA 2020

확인Check! ○ △ ×

상법상 주주총회 결의의 하자를 다투는 소에 관한 설명으로 틀린 것은? 기출수정

① 주주총회의 소집절차 또는 결의방법이 법령에 위반하거나 현저하게 불공정한 때에는 결의의 날로부터 2월 내에 결의취소의 소를 제기할 수 있다.

② 결의취소의 소와 결의부존재확인의 소에는 모두 법원의 재량에 의한 청구 기각이 인정되지 않는다.

③ 결의취소의 소의 제소권자는 주주·이사 또는 감사이다.

④ 결의한 사항이 등기된 경우에 결의취소의 판결이 확정된 때에는 본점의 소재지에서 등기하여야 한다.

⑤ 결의취소 판결 및 결의무효확인 판결은 모두 대세적 효력과 소급효가 있다.

해설

① [O], ③ [O] 총회의 소집절차 또는 결의방법이 법령 또는 정관에 위반하거나 현저하게 불공정한 때 또는 그 결의의 내용이 정관에 위반한 때에는 주주·이사 또는 감사는 결의의 날로부터 2월 내에 결의취소의 소를 제기할 수 있다(상법 제376조 제1항).

② [×] 결의취소의 소가 제기된 경우에 결의의 내용, 회사의 현황과 제반사정을 참작하여 그 취소가 부적당하다고 인정한 때에는 법원은 그 청구를 기각할 수 있다(상법 제379조). 주주총회결의 하자의 소 중 재량기각은 결의취소의 소에서만 인정되고, 결의무효·부존재확인의 소, 부당결의취소·변경의 소에서는 인정되지 않는다.

④ [O] 결의한 사항이 등기된 경우에 결의취소의 판결이 확정된 때에는 본점의 소재지에서 등기하여야 한다(상법 제378조).

⑤ [O] 모든 주주총회결의의 하자에 대한 소는 상법 제190조 본문을 준용하므로 원고승소판결에 대세효가 있고, 소급효를 제한하는 상법 제190조 단서는 준용하지 아니하므로 소급효가 있다(상법 제376조 제2항, 제380조, 제381조 제2항, 제190조 본문 참조).

상법 제376조(결의취소의 소)

② 제186조 내지 제188조, 제190조 본문과 제191조의 규정은 제1항의 소에 준용한다.

상법 제380조(결의무효 및 부존재확인의 소)

제186조 내지 제188조, 제190조 본문, 제191조, 제377조와 제378조의 규정은 총회의 결의의 내용이 법령에 위반한 것을 이유로 하여 결의무효의 확인을 청구하는 소와 총회의 소집절차 또는 결의방법에 총회결의가 존재한다고 볼 수 없을 정도의 중대한 하자가 있는 것을 이유로 하여 결의부존재의 확인을 청구하는 소에 이를 준용한다.

상법 제381조(부당결의의 취소, 변경의 소)

② 제186조 내지 제188조, 제190조 본문, 제191조, 제377조와 제378조의 규정은 제1항의 소에 준용한다.

상법 제190조(판결의 효력)

설립무효의 판결 또는 설립취소의 판결은 제3자에 대하여도 그 효력이 있다. 그러나 판결확정전에 생긴 회사와 사원 및 제3자간의 권리의무에 영향을 미치지 아니한다.

더 살펴보기 **재량기각**

1. 의 의

원고의 청구가 이유 있다 하더라도 회사의 현황과 제반 사정을 참작하여 당해 법률관계를 무효·취소로 하는 것이 부적당하다고 인정한 때 법원이 재량으로 원고청구 기각판결을 하는 것을 재량기각이라 한다.

2. 재량기각이 가능한 소송

각종 회사의 설립무효 또는 취소의 소(상법 제189조, 제269조, 제287조의6, 제328조 제2항, 제552조 제2항), 주주총회결의의 취소의 소(상법 제379조), 신주발행 무효의 소(상법 제430조), 감자무효의 소(상법 제446조), 합병무효의 소(상법 제240조, 제269조, 제287조의41, 제530조 제2항, 제603조), 분할·분할합병 무효의 소(상법 제530조의11 제1항), 주식교환·이전 무효의 소(상법 제360조의14 제4항, 제360조의23 제3항)에서 재량기각이 가능하다.

3. 하자 보완 요부

주주총회결의 취소의 소에서 재량기각을 하기 위해서는 하자의 보완을 필요로 하지 않지만, 그 이외의 소송에서는 심리 중에 원인이 된 하자가 보완될 것을 요구하고 있다. 그러나 판례는 감자무효의 소와 분할합병무효의 소에서 그 하자가 경미하다는 등의 이유가 있는 경우에는 하자의 보완 없이도 재량기각을 할 수 있다고 하였다(대판 2004.4.27. 2003다29616; 2010.7.22. 2008다37193).

상법 제189조(하자의 보완 등과 청구의 기각)

설립무효의 소 또는 설립취소의 소가 그 심리중에 원인이 된 하자가 보완되고 회사의 현황과 제반사정을 참작하여 설립을 무효 또는 취소하는 것이 부적당하다고 인정한 때에는 법원은 그 청구를 기각할 수 있다.

상법 제379조(법원의 재량에 의한 청구기각)

결의취소의 소가 제기된 경우에 결의의 내용, 회사의 현황과 제반사정을 참작하여 그 취소가 부적당하다고 인정한 때에는 법원은 그 청구를 기각할 수 있다.

답 ②

48 CPA 2017

☑ 확인 Check! ○ △ ✕

甲주식회사는 주주총회를 개최하여 A를 이사로 선임하는 결의와 정관을 변경하는 결의를 하였고, 다음 날 甲회사의 이사회는 A를 대표이사로 선임하였다. 이에 관한 상법상 설명으로 틀린 것은?

① 판례에 의하면 위 주주총회에 참석하여 의결권을 행사한 주주 B는 다른 주주가 소집통지를 받지 못하였음을 이유로 하여 결의취소의 소를 제기할 수 없다.

② 甲회사의 이사나 감사가 아닌 주주 C가 결의취소의 소를 제기한 때에는 법원은 甲회사의 청구에 의하여 C에게 상당한 담보를 제공할 것을 명할 수 있다.

③ A를 이사로 선임하는 결의를 취소하는 판결이 확정되었다면 A가 대표이사로서 甲회사를 대표하여 한 행위는 소급적으로 효력이 상실된다.

④ 甲회사의 정관변경으로 우선주의 배당률이 낮아지는 경우 그 정관변경이 효력을 발생하려면 甲회사의 우선주를 가진 주주들의 종류주주총회의 결의가 있어야 한다.

⑤ 판례에 의하면 甲회사의 대표이사가 아닌 이사가 이사회의 소집결의에 따라서 위 주주총회를 소집한 것이라면 결의취소사유에 불과하고 결의가 부존재한다고 볼 수는 없다.

해설

① [✕] 주주는 다른 주주에 대한 소집절차의 하자를 이유로 주주총회결의 취소의 소를 제기할 수도 있다(대판 2003.7.11. 2001다45584).

② [O] 주주가 결의취소의 소를 제기한 때에는 법원은 회사의 청구에 의하여 상당한 담보를 제공할 것을 명할 수 있다. 그러나 그 주주가 이사 또는 감사인 때에는 그러하지 아니하다(상법 제377조 제1항).

③ [O] 이사 선임의 주주총회결의에 대한 취소판결이 확정된 경우 그 결의에 의하여 이사로 선임된 이사들에 의하여 구성된 이사회에서 선정된 대표이사는 소급하여 그 자격을 상실하고, 그 대표이사가 이사 선임의 주주총회결의에 대한 취소판결이 확정되기 전에 한 행위는 대표권이 없는 자가 한 행위로서 무효가 된다(대판 2004.2.27. 2002다19797).

④ [O] 회사가 종류주식을 발행한 경우에 정관을 변경함으로써 어느 종류주식의 주주에게 손해를 미치게 될 때에는 주주총회의 결의 외에 그 종류주식의 주주의 총회의 결의가 있어야 한다(상법 제435조 제1항).

⑤ [O] 대표이사 아닌 이사가 이사회의 소집 결의에 따라서 주주총회를 소집한 것이라면 위 주주총회에 있어서 소집절차상 하자는 주주총회결의의 취소사유에 불과하고 그것만으로 바로 주주총회결의가 무효이거나 부존재가 된다고 볼 수 없다(대판 1993.9.10. 93도698).

답 ①

49 CPA 2016

☑ 확인Check! ○ △ ×

상법상 비상장회사의 주주총회결의취소의 소에 관한 설명으로 틀린 것은?

① 일부 주주에게 소집통지를 하지 않은 채 절차가 진행되어 이루어진 주주총회결의에 대해서는 소집통지를 받고 주주총회결의에 참가한 주주도 주주총회결의취소의 소를 제기할 수 있다.

② 취소원인이 있는 주주총회결의의 성립 당시에는 주주가 아니었지만 그 후 주주가 된 자도 당해 주주총회결의에 대해 주주총회결의취소의 소를 제기할 수 있다.

③ 이사를 선임하는 주주총회결의에 취소원인이 존재하는 경우 주주총회결의취소의 소를 제기하려면 회사를 피고로 하여야 한다.

④ 상법은 주주총회결의취소의 소 뿐 아니라 주주총회결의무효확인의 소에서도 명문으로 법원의 재량에 의한 청구기각 제도를 인정하고 있다.

⑤ 주주총회결의취소의 소에 대한 취소판결은 대세적 효력이 있으며 소급하여 효력을 갖는다.

해설

① [O] 주주는 다른 주주에 대한 소집절차의 하자를 이유로 주주총회결의 취소의 소를 제기할 수도 있다(대판 2003.7.11. 2001다45584).

② [O] 취소원인이 있는 주주총회결의의 성립 당시에는 주주가 아니었더라도 제소 당시 주주이면 당해 주주총회결의에 대해 주주총회결의취소의 소를 제기할 수 있다. 여기서 주주가 주주총회결의취소의 소를 제기하는 것은 자신의 의결권이 침해되었기 때문이 아니라 부당하게 이루어진 결의에 대한 감시권을 행사하는 것이기 때문이다.

③ [O] 주주총회결의 취소와 결의무효확인판결은 대세적 효력이 있으므로 그와 같은 소송의 피고가 될 수 있는 자는 그 성질상 회사로 한정된다(대판[전합] 1982.9.14. 80다2425).

④ [×] 결의취소의 소가 제기된 경우에 결의의 내용, 회사의 현황과 제반사정을 참작하여 그 취소가 부적당하다고 인정한 때에는 법원은 그 청구를 기각할 수 있다(상법 제379조). 주주총회결의 하자의 소 중 재량기각은 결의취소의 소에서만 인정되고, 결의무효·부존재확인의 소, 부당결의취소·변경의 소에서는 인정되지 않는다.

⑤ [O] 모든 주주총회결의의 하자에 대한 소는 상법 제190조 본문을 준용하므로 원고승소판결에 대세효가 있고, 소급효를 제한하는 상법 제190조 단서는 준용하지 아니하므로 소급효가 있다(상법 제376조 제2항, 제380조, 제381조 제2항, 제190조 본문 참조).

상법 제376조(결의취소의 소)
② 제186조 내지 제188조, 제190조 본문과 제191조의 규정은 제1항의 소에 준용한다.

상법 제380조(결의무효 및 부존재확인의 소)
제186조 내지 제188조, 제190조 본문, 제191조, 제377조와 제378조의 규정은 총회의 결의의 내용이 법령에 위반한 것을 이유로 하여 결의무효의 확인을 청구하는 소와 총회의 소집절차 또는 결의방법에 총회결의가 존재한다고 볼 수 없을 정도의 중대한 하자가 있는 것을 이유로 하여 결의부존재의 확인을 청구하는 소에 이를 준용한다.

상법 제381조(부당결의의 취소, 변경의 소)
② 제186조 내지 제188조, 제190조 본문, 제191조, 제377조와 제378조의 규정은 제1항의 소에 준용한다.

상법 제190조(판결의 효력)
설립무효의 판결 또는 설립취소의 판결은 제3자에 대하여도 그 효력이 있다. 그러나 판결확정전에 생긴 회사와 사원 및 제3자간의 권리의무에 영향을 미치지 아니한다.

답 ④

50 CPA 2015

☑ 확인 Check! ○ △ ×

상법상 비상장주식회사의 주주총회결의 하자에 관한 다음의 설명 중 옳은 것은? (이견이 있으면 판례에 의함)

① 주주총회의 소집통지서에 기재되지 않은 사항에 관한 주주총회 결의에 대하여 주주는 총회결의취소의 소를 제기할 수 있다.
② 정관으로 이사자격을 정한 경우 이를 충족하지 못하는 자에 대한 이사선임 결의에 대하여 이사는 총회결의 무효확인의 소를 제기할 수 있다.
③ 이사선임을 이사회에 위임하는 주주총회결의에 대하여는 주주 또는 감사에 한하여 무효확인의 소를 제기할 수 있다.
④ 총회결의 부존재확인의 소를 제기한 주주가 동시에 이사인 경우 법원은 제소주주에게 상당한 담보를 제공할 것을 명할 수 있다.
⑤ 법원은 총회결의무효확인의 소 또는 부존재확인의 소가 제기된 경우 결의의 내용, 회사의 현황과 제반사정을 참작하여 그 무효 또는 부존재확인이 부적당하다고 인정한 때에는 그 청구를 기각할 수 있다.

▌해설▐

① [O] 주주총회를 소집함에 있어서는 회의의 목적사항을 기재하여 서면으로 그 통지를 발송하게 되어 있으므로 주주총회에 있어서는 원칙적으로 주주총회 소집을 함에 있어서 회의의 목적 사항으로 한 것 이외에는 결의할 수 없으며, 이에 위배된 결의는, 특별한 사정이 없는 한, 상법 제376조 소정의 총회의 소집절차 또는 결의방법이 법령에 위반하는 것으로 보아야 하고, 다만 회사 정관에 주주 전원의 동의가 있으면 미리 주주에게 통지하지 아니한 목적 사항에 관하여도 결의할 수 있다고 되어 있는 때는 예외이나, 그 경우의 주주 전원이란 재적주주 전원을 의미한다고 보아야 할 것이며, 미리 주주에게 통지하지 아니한 사항에 관한 결의에 가담한 주주가 그 결의의 취소를 구함이 곧 신의성실의 원칙 및 금반언의 원칙에 반한다고 볼 수 없다(대판 1979.3.27. 79다19).
② [×] 총회의 소집절차 또는 결의방법이 법령 또는 정관에 위반하거나 현저하게 불공정한 때 또는 그 결의의 내용이 정관에 위반한 때에는 주주・이사 또는 감사는 결의의 날로부터 2월 내에 결의취소의 소를 제기할 수 있다(상법 제376조 제1항). 정관으로 이사자격을 정한 경우 이를 충족하지 못하는 자에 대한 이사선임 결의는 그 결의의 내용이 정관에 위반한 것이므로 이사는 총회결의 취소의 소를 제기할 수 있다.

PART 3

③ [×] 이사의 선임은 주주총회의 전속적 권한으로 정관이나 주주총회결의로도 타인에게 위임할 수 없다(상법 제382조 제1항 참조). 따라서 이사선임을 이사회에 위임하는 주주총회결의는 결의의 내용이 법령에 위반한 것이므로 결의무효확인의 소를 제기할 수 있다(상법 제380조 참조). 다만 결의취소의 소와는 달리 결의무효확인의 소는 제소권자를 제한하는 규정은 없으므로 주주·이사·감사에 한하지 않고 확인의 이익이 있는 한 누구나 소를 제기할 수 있다.

> **상법 제380조(결의무효 및 부존재확인의 소)**
> 제186조 내지 제188조, 제190조 본문, 제191조, 제377조와 제378조의 규정은 총회의 결의의 내용이 법령에 위반한 것을 이유로 하여 결의무효의 확인을 청구하는 소와 총회의 소집절차 또는 결의방법에 총회결의가 존재한다고 볼 수 없을 정도의 중대한 하자가 있는 것을 이유로 하여 결의부존재의 확인을 청구하는 소에 이를 준용한다.
>
> **상법 제382조(이사의 선임, 회사와의 관계 및 사외이사)**
> ① 이사는 주주총회에서 선임한다.

④ [×] 주주가 결의취소의 소를 제기한 때에는 법원은 회사의 청구에 의하여 상당한 담보를 제공할 것을 명할 수 있다. 그러나 그 주주가 이사 또는 감사인 때에는 그러하지 아니하다(상법 제377조 제1항).

⑤ [×] 결의취소의 소가 제기된 경우에 결의의 내용, 회사의 현황과 제반사정을 참작하여 그 취소가 부적당하다고 인정한 때에는 법원은 그 청구를 기각할 수 있다(상법 제379조). 주주총회결의 하자의 소 중 재량기각은 결의취소의 소에서만 인정되고, 결의무효·부존재확인의 소, 부당결의취소·변경의 소에서는 인정되지 않는다.

답 ①

51 세무사 2024

☑ 확인Check! ○ △ ×

상법상 주주총회결의의 하자에 관한 설명으로 옳은 것은?

① 결의취소의 소에서 원고가 승소한 경우 그 판결은 소급효가 있다.

② 결의내용이 정관에 위반한 때 주주는 결의의 날로부터 2주 내에 결의취소의 소를 제기할 수 있다.

③ 주주총회의 소집절차 또는 결의방법에 결의가 존재한다고 볼 수 없을 정도의 중대한 하자가 있는 경우에는 결의무효확인 소의 대상이다.

④ 결의내용이 법령에 위반한 경우에는 결의부존재확인 소의 대상이다.

⑤ 이사인 주주가 결의취소의 소를 제기한 때에는 법원은 회사의 청구에 의하여 상당한 담보를 제공할 것을 명할 수 있다.

해설

① [O] 결의취소의 소에서 원고가 승소한 경우 상법 제190조 본문을 준용하므로 대세효가 있고, 상법 제190조 단서는 준용하지 아니하므로 소급효가 있다(상법 제376조 제2항, 제190조 본문 참조).

② [×] 결의내용이 정관에 위반한 때 주주는 결의의 날로부터 2월 내에 결의취소의 소를 제기할 수 있다(상법 제376조 제1항 참조).

> **상법 제376조(결의취소의 소)**
> ① 총회의 소집절차 또는 결의방법이 법령 또는 정관에 위반하거나 현저하게 불공정한 때 또는 그 결의의 내용이 정관에 위반한 때에는 주주·이사 또는 감사는 결의의 날로부터 2월 내에 결의취소의 소를 제기할 수 있다.
> ② 제186조 내지 제188조, 제190조 본문과 제191조의 규정은 제1항의 소에 준용한다.
>
> **상법 제190조(판결의 효력)**
> 설립무효의 판결 또는 설립취소의 판결은 제3자에 대하여도 그 효력이 있다. 그러나 판결확정전에 생긴 회사와 사원 및 제3자간의 권리의무에 영향을 미치지 아니한다.

③ [×], ④ [×] 제186조 내지 제188조, 제190조 본문, 제191조, 제377조와 제378조의 규정은 총회의 결의의 내용이 법령에 위반한 것을 이유로 하여 결의무효의 확인을 청구하는 소와 총회의 소집절차 또는 결의방법에 총회결의가 존재한다고 볼 수 없을 정도의 중대한 하자가 있는 것을 이유로 하여 결의부존재의 확인을 청구하는 소에 이를 준용한다(상법 제380조).

⑤ [×] 주주가 결의취소의 소를 제기한 때에는 법원은 회사의 청구에 의하여 상당한 담보를 제공할 것을 명할 수 있다. 그러나 그 주주가 이사 또는 감사인 때에는 그러하지 아니하다(상법 제377조 제1항).

답 ①

PART 3

52 세무사 2023

☑ 확인Check! O △ X

상법상 주식회사의 채권자가 제기할 수 없는 소는?

① 위법배당금반환청구의 소
② 합병무효의 소
③ 분할합병 무효의 소
④ 자본금 감소 무효의 소
⑤ 주주총회 결의취소의 소

해설

① [**제소권** O] 제1항(배당가능이익)을 위반하여 이익을 배당한 경우에 회사채권자는 배당한 이익을 회사에 반환할 것을 청구할 수 있다(상법 제462조 제3항).

② [**제소권** O] 합병무효는 각 회사의 주주·이사·감사·청산인·파산관재인 또는 합병을 승인하지 아니한 채권자에 한하여 소만으로 이를 주장할 수 있다(상법 제529조 제1항).

③ [**제소권 O**] 분할 또는 분할합병의 절차에 하자가 있는 경우에는 합병무효의 소에 관한 규정을 준용한다(상법 제530조의 11 제1항, 제529조 참조). 따라서 주주 · 이사 · 감사 · 청산인 · 파산관재인 또는 분할합병을 승인하지 아니한 채권자는 분할합병 무효의 소를 제기할 수 있다.

④ [**제소권 O**] 자본금 감소의 무효는 주주 · 이사 · 감사 · 청산인 · 파산관재인 또는 자본금의 감소를 승인하지 아니한 채권자만이 자본금 감소로 인한 변경등기가 된 날부터 6개월 내에 소만으로 주장할 수 있다(상법 제445조).

⑤ [**제소권 ×**] 총회의 소집절차 또는 결의방법이 법령 또는 정관에 위반하거나 현저하게 불공정한 때 또는 그 결의의 내용이 정관에 위반한 때에는 주주 · 이사 또는 감사는 결의의 날로부터 2월 내에 결의취소의 소를 제기할 수 있다(상법 제376조 제1항).

답 ⑤

53 세무사 2022

☑ 확인 Check! ○ △ ×

상법상 주주총회 결의취소의 소에 관한 설명으로 옳지 않은 것은?

① 총회의 결의방법이 법령에 위반한 때에는 감사는 결의의 날로부터 2월 내에 결의취소의 소를 제기할 수 있다.

② 총회 결의취소의 소는 주주 또는 이사도 제기할 수 있다.

③ 총회의 결의내용이 법령에 위반한 때에는 감사는 결의의 날로부터 2월 내에 결의취소의 소를 제기할 수 있다.

④ 주주가 결의취소의 소를 제기한 때에는 법원은 회사의 청구에 의하여 상당한 담보를 제공할 것을 명할 수 있다.

⑤ 결의취소의 소가 제기된 경우에 결의의 내용, 회사의 현황과 제반사정을 참작하여 그 취소가 부적당하다고 인정한 때에는 법원은 그 청구를 기각할 수 있다.

해설

① [O], ② [O] 총회의 소집절차 또는 결의방법이 법령 또는 정관에 위반하거나 현저하게 불공정한 때 또는 그 결의의 내용이 정관에 위반한 때에는 주주 · 이사 또는 감사는 결의의 날로부터 2월 내에 결의취소의 소를 제기할 수 있다(상법 제376조 제1항).

③ [×] 제186조 내지 제188조, 제190조 본문, 제191조, 제377조와 제378조의 규정은 총회의 결의의 내용이 법령에 위반한 것을 이유로 하여 결의무효의 확인을 청구하는 소와 총회의 소집절차 또는 결의방법에 총회결의가 존재한다고 볼 수 없을 정도의 중대한 하자가 있는 것을 이유로 하여 결의부존재의 확인을 청구하는 소에 이를 준용한다(상법 제380조). 즉, 총회의 결의의 내용이 법령에 위반하는 때에는 결의무효확인의 소를 제기할 수 있다.

④ [O] 주주가 결의취소의 소를 제기한 때에는 법원은 회사의 청구에 의하여 상당한 담보를 제공할 것을 명할 수 있다. 그러나 그 주주가 이사 또는 감사인 때에는 그러하지 아니하다(상법 제377조 제1항).

⑤ [O] 결의취소의 소가 제기된 경우에 결의의 내용, 회사의 현황과 제반사정을 참작하여 그 취소가 부적당하다고 인정한 때에는 법원은 그 청구를 기각할 수 있다(상법 제379조).

답 ③

54 세무사 2021

☑ 확인 Check! ○ △ ×

상법상 주주총회의 부당결의 취소의 소에 관한 설명으로 옳지 않은 것은?

① 총회의 결의에 관하여 특별한 이해관계가 있는 자로서 의결권을 행사하지 못한 주주는 결의가 현저하게 부당하고 의결권을 행사하였더라면 이를 저지할 수 있었을 때에는 결의의 취소의 소를 제기할 수 있다.
② 부당결의 취소의 소는 결의의 날부터 2월 내에 제기할 수 있다.
③ 부당결의 취소의 소가 제기된 경우에 법원은 결의의 내용, 회사의 현황과 제반사정을 참작하여 그 취소가 부적당하다고 인정한 때에는 그 청구를 기각할 수 있다.
④ 원고 승소의 판결이 확정된 경우, 판결의 대세적 효력 및 소급효가 인정된다.
⑤ 원고 패소의 판결이 확정된 경우, 악의 또는 중대한 과실이 있는 원고는 회사에 대하여 손해배상책임을 진다.

▌해설▌

① [O], ② [O] 상법 제381조 제1항
③ [×] 주주총회결의 하자의 소 중 재량기각은 결의취소의 소에서만 인정되고, 결의무효・부존재확인의 소, 부당결의 취소・변경의 소에서는 인정되지 않는다.
④ [O] 상법 제190조 본문을 준용하므로 대세효가 있고, 상법 제190조 단서는 준용하지 아니하므로 소급효가 있다(상법 제381조 제2항, 제190조 참조). 모든 주주총회결의의 하자에 대한 소에서 원고승소판결시 동일하다.
⑤ [O] 패소한 원고에게 악의 또는 중과실이 있는 경우에는 회사에 대하여 연대하여 손해를 배상할 책임을 진다(상법 제381조 제2항, 제191조 참조). 마찬가지로 모든 주주총회결의의 하자에 대한 소에서 동일하다.

상법 제381조(부당결의의 취소, 변경의 소)
① 주주가 제368조 제3항의 규정에 의하여 의결권을 행사할 수 없었던 경우에 결의가 현저하게 부당하고 그 주주가 의결권을 행사하였더라면 이를 저지할 수 있었을 때에는 그 주주는 그 결의의 날로부터 2월 내에 결의의 취소의 소 또는 변경의 소를 제기할 수 있다.

상법 제368조(총회의 결의방법과 의결권의 행사)
③ 총회의 결의에 관하여 특별한 이해관계가 있는 자는 의결권을 행사하지 못한다.

② 제186조 내지 제188조, 제190조 본문, 제191조, 제377조와 제378조의 규정은 제1항의 소에 준용한다.

상법 제190조(판결의 효력)
설립무효의 판결 또는 설립취소의 판결은 제3자에 대하여도 그 효력이 있다. 그러나 판결확정전에 생긴 회사와 사원 및 제3자간의 권리의무에 영향을 미치지 아니한다.

상법 제191조(패소원고의 책임)
설립무효의 소 또는 설립취소의 소를 제기한 자가 패소한 경우에 악의 또는 중대한 과실이 있는 때에는 회사에 대하여 연대하여 손해를 배상할 책임이 있다.

답 ③

PART 3

55 법무사 2024

☑ 확인Check! ○ △ ×

주주총회 소집절차의 하자에 관한 다음 설명 중 가장 옳지 않은 것은?

① 대표이사 아닌 이사가 이사회의 소집 결의에 따라서 주주총회를 소집한 것이라면 위 주주총회에 있어서 소집절차상 하자는 주주총회결의의 취소사유에 불과하고 그것만으로 바로 주주총회결의가 무효이거나 부존재가 된다고 볼 수 없다.

② 정당한 소집권자에 의하여 소집된 주주총회에서 정족수가 넘는 주주의 출석으로 출석주주 전원의 찬성에 의하여 이루어진 결의라면, 설사 일부 주주에게 소집통지를 하지 아니하였거나 법정기간을 준수하지 아니한 서면통지에 의하여 주주총회가 소집되었다 하더라도 그와 같은 주주총회 소집절차상의 하자는 주주총회결의의 부존재 또는 무효사유가 아니라 취소사유에 불과하다.

③ 주주총회의 개회시각이 부득이한 사정으로 당초 소집통지된 시각보다 지연되는 경우에도 사회통념에 비추어 볼 때 정각에 출석한 주주들의 입장에서 변경된 개회시각까지 기다려 참석하는 것이 곤란하지 않을 정도라면 주주총회결의의 부존재 또는 무효사유가 아니라 단순한 취소사유에 불과하다.

④ 주주는 자신이 아닌 다른 주주에 대한 소집절차의 하자를 이유로 주주총회결의 취소의 소를 제기할 수 있다.

⑤ 주주총회에서 총회소집 당시 미리 주주에게 통지하지 아니한 회의의 목적사항 이외의 사항에 관한 결의에 가담한 주주가 주주총회 소집절차 또는 결의방법의 하자를 이유로 그 결의의 취소를 구한다고 하여 곧바로 신의성실의 원칙 및 금반언의 원칙에 반한다고 볼 수 없다.

해설

① [O] 대표이사 아닌 이사가 이사회의 소집 결의에 따라서 주주총회를 소집한 것이라면 위 주주총회에 있어서 소집절차상 하자는 주주총회결의의 취소사유에 불과하고 그것만으로 바로 주주총회결의가 무효이거나 부존재가 된다고 볼 수 없다(대판 1993.9.10. 93도698).

② [O] 정당한 소집권자에 의하여 소집된 주주총회에서 정족수가 넘는 주주의 출석으로 출석주주 전원의 찬성에 의하여 이루어진 결의라면, 설사 일부 주주에게 소집통지를 하지 아니하였거나 법정기간을 준수하지 아니한 서면통지에 의하여 주주총회가 소집되었다 하더라도 그와 같은 주주총회소집절차상의 하자는 주주총회결의의 부존재 또는 무효사유가 아니라 단순한 취소사유에 불과하다(대판 1993.10.12. 92다21692).

③ [×] 주주총회의 개회시각이 부득이한 사정으로 당초 소집통지된 시각보다 지연되는 경우에도 사회통념에 비추어 볼 때 정각에 출석한 주주들의 입장에서 변경된 개회시각까지 기다려 참석하는 것이 곤란하지 않을 정도라면 절차상의 하자가 되지 아니할 것이나, 그 정도를 넘어 개회시각을 사실상 부정확하게 만들고 소집통지된 시각에 출석한 주주들의 참석을 기대하기 어려워 그들의 참석권을 침해하기에 이르렀다면 주주총회의 소집절차가 현저히 불공정하다고 하지 않을 수 없고, 또한 소집통지 및 공고가 적법하게 이루어진 이후에 당초의 소집장소에서 개회를 하여 소집장소를 변경하기로 하는 결의조차 할 수 없는 부득이한 사정이 발생한 경우, 소집권자가 대체 장소를 정한 다음 당초의 소집장소에 출석한 주주들로 하여금 변경된 장소에 모일 수 있도록 상당한 방법으로 알리고 이동에 필요한 조치를 다한 때에 한하여 적법하게 소집장소가 변경되었다고 볼 수 있다(대판 2003.7.11. 2001다45584).

④ [O] 주주는 다른 주주에 대한 소집절차의 하자를 이유로 주주총회결의 취소의 소를 제기할 수도 있다(대판 2003.7.11. 2001다45584).

⑤ [O] 상법 제363조 제1항, 제2항의 규정에 의하면 주주총회를 소집함에 있어서는 회의의 목적사항을 기재하여 서면으로 그 통지를 발송하게 되어 있으므로 주주총회에 있어서는 원칙적으로 주주총회 소집을 함에 있어서 회의의 목적 사항으로 한 것 이외에는 결의할 수 없으며, 이에 위배된 결의는, 특별한 사정이 없는 한, 상법 제376조 소정의 총회의 소집절차 또는 결의방법이 법령에 위반하는 것으로 보아야 하고, 다만 회사 정관에 주주전원의 동의가 있으면 미리 주주에게 통지하지 아니한 목적 사항에 관하여도 결의할 수 있다고 되어 있는 때는 예외이나, 그 경우의 주주 전원이란 재적주주 전원을 의미한다고 보아야 할 것이며, 미리 주주에게 통지하지 아니한 사항에 관한 결의에 가담한 주주가 그 결의의 취소를 구함이 곧 신의성실의 원칙 및 금반언의 원칙에 반한다고 볼 수 없다(대판 1979.3.27. 79다19).

답 ③

56 법무사 2024

☑ 확인Check! ○ △ ✕

주주총회 등에 관한 다음 설명 중 옳지 않은 것을 모두 고른 것은?

ㄱ. 이사 선임의 주주총회 결의에 대한 취소판결이 확정된 경우 그 판결은 장래에 대하여 형성적 효력이 있으므로, 그 결의에 의하여 선임된 이사들로 구성된 이사회에서 선정된 대표이사가 취소판결 확정 전에 한 행위는 유효하다.
ㄴ. 대표이사의 직무집행정지 및 직무대행자선임 가처분이 이루어진 이후 새로운 대표이사가 선임되었다면 새로이 선임된 대표이사는 그 선임결의의 적법 여부에 관계없이 대표이사로서의 권한을 가진다.
ㄷ. 회사 설립무효의 판결 또는 주주총회결의 취소의 판결은 제3자에 대하여도 효력이 미친다.
ㄹ. 동일한 결의에 관하여 주주총회결의부존재확인의 소가 결의의 날로부터 2월 내에 제기되어 있다면, 동일한 하자를 원인으로 하여 결의의 날로부터 2월이 경과한 후 주주총회결의취소소송으로 소를 변경하거나 추가한 경우에도 제소기간을 준수한 것이다.

① ㄱ
② ㄱ, ㄴ
③ ㄴ, ㄷ
④ ㄷ, ㄹ
⑤ ㄱ, ㄴ, ㄹ

해설

ㄱ. [✕] 이사 선임의 주주총회결의에 대한 취소판결이 확정된 경우 그 결의에 의하여 이사로 선임된 이사들에 의하여 구성된 이사회에서 선정된 대표이사는 소급하여 그 자격을 상실하고, 그 대표이사가 이사 선임의 주주총회결의에 대한 취소판결이 확정되기 전에 한 행위는 대표권이 없는 자가 한 행위로서 무효가 된다(대판 2004.2.27. 2002다19797).

ㄴ. [✕] 대표이사의 직무집행정지 및 직무대행자선임의 가처분이 이루어진 이상, 그 후 대표이사가 해임되고 새로운 대표이사가 선임되었다 하더라도 가처분결정이 취소되지 아니하는 한 직무대행자의 권한은 유효하게 존속하는 반면 새로이 선임된 대표이사는 그 선임결의의 적법 여부에 관계없이 대표이사로서의 권한을 가지지 못한다(대판 1992.5.12. 92다5638).

ㄷ. [O] 회사 설립무효의 판결은 상법 제190조를 준용하므로 대세효와 장래효가 있다(상법 제328조 제1항・제2항, 제190조 참조). 반면에 주주총회결의 취소의 판결은 상법 제190조 본문을 준용하므로 대세효가 있지만, 상법 제190조 단서는 준용하지 아니하므로 장래효가 아닌 소급효가 있다(상법 제376조 제1항・제2항, 제190조 참조).

PART 3

상법 제328조(설립무효의 소)

① 회사설립의 무효는 주주·이사 또는 감사에 한하여 회사성립의 날로부터 2년 내에 소만으로 이를 주장할 수 있다.

② 제186조 내지 제193조의 규정은 제1항의 소에 준용한다.

상법 제376조(결의취소의 소)

① 총회의 소집절차 또는 결의방법이 법령 또는 정관에 위반하거나 현저하게 불공정한 때 또는 그 결의의 내용이 정관에 위반한 때에는 주주·이사 또는 감사는 결의의 날로부터 2월 내에 결의취소의 소를 제기할 수 있다.

② 제186조 내지 제188조, 제190조 본문과 제191조의 규정은 제1항의 소에 준용한다.

상법 제190조(판결의 효력)

설립무효의 판결 또는 설립취소의 판결은 제3자에 대하여도 그 효력이 있다. 그러나 판결확정 전에 생긴 회사와 사원 및 제3자 간의 권리의무에 영향을 미치지 아니한다.

ㄹ. [O] 주주총회결의 취소의 소는 상법 제376조에 따라 결의의 날로부터 2월 내에 제기하여야 할 것이나, 동일한 결의에 관하여 부존재확인의 소가 상법 제376조 소정의 제소기간 내에 제기되어 있다면, 동일한 하자를 원인으로 하여 결의의 날로부터 2월이 경과한 후 취소소송으로 소를 변경하거나 추가한 경우에도 부존재확인의 소 제기 시에 제기된 것과 동일하게 취급하여 제소기간을 준수한 것으로 보아야 한다(대판 2003.7.11. 2001다45584).

답 ②

57 법무사 2022

☑ 확인 Check! ○ △ ×

다음 설명 중 가장 옳지 않은 것은?

① 주주총회결의의 효력이 그 회사 아닌 제3자 사이의 소송에 있어 선결문제로 된 경우에는 당사자는 언제든지 당해 소송에서 주주총회결의가 처음부터 무효 또는 부존재하다고 다투어 주장할 수 있는 것이고, 반드시 먼저 회사를 상대로 제소하여야만 하는 것은 아니다.

② 주식회사와 전혀 관계없는 사람이 주주총회의사록을 위조한 경우와 같이 주식회사 내부의 의사결정 자체가 아예 존재하지 않는 경우에 이를 확인하는 판결은 상법 제380조 소정의 주주총회결의부존재확인판결에 해당한다고 보아서는 안 된다.

③ 주주총회결의의 부존재·무효를 확인하거나 결의를 취소하는 판결이 확정되면 당사자 이외의 제3자에게도 그 효력이 미쳐 제3자도 이를 다툴 수 없게 되므로, 주주총회결의의 하자를 다투는 소에 있어서 청구의 인낙이나 그 결의의 부존재·무효를 확인하는 내용의 화해·조정은 할 수 없고, 가사 이러한 내용의 청구인낙 또는 화해·조정이 이루어졌다 하여도 그 인낙조서나 화해·조정조서는 효력이 없다.

④ 이사 선임의 주주총회결의에 대한 취소판결이 확정된 경우 그 결의에 의하여 이사로 선임된 이사들에 의하여 구성된 이사회에서 선정된 대표이사는 소급하여 그 자격을 상실하고, 그 대표이사가 이사 선임의 주주총회결의에 대한 취소판결이 확정되기 전에 한 행위는 대표권이 없는 자가 한 행위로서 무효가 된다.

⑤ 주주총회결의의 부존재 또는 무효 확인을 구하는 소를 여러 사람이 공동으로 제기한 경우 필수적 공동소송이 아니라 통상공동소송에 해당한다.

▌해설▐

① [O] 주주총회결의의 효력이 그 회사 아닌 제3자 사이의 소송에 있어 선결문제로 된 경우에는 당사자는 언제든지 당해 소송에서 주주총회결의가 처음부터 무효 또는 부존재하다고 다투어 주장할 수 있는 것이고, 반드시 먼저 회사를 상대로 제소하여야만 하는 것은 아니며, 이와 같이 제3자 간의 법률관계에 있어서는 상법 제380조, 제190조는 적용되지 아니한다(대판 1992.9.22. 91다5365).

② [O] 상법 제380조가 규정하고 있는 주주총회결의부존재확인판결은, "주주총회의 결의"라는 주식회사 내부의 의사결정이 일단 존재하기는 하지만 그와 같은 의사결정을 위한 주주총회의 소집절차 또는 결의방법에 중대한 하자가 있기 때문에 그 결의를 법률상 유효한 주주총회의 결의라고 볼 수 없음을 확인하는 판결을 의미하는 것으로 해석함이 상당하고, 주식회사와 전혀 관계없는 사람이 주주총회의사록을 위조한 경우와 같이 주식회사 내부의 의사결정 자체가 아예 존재하지 않는 경우에 이를 확인하는 판결도 상법 제380조 소정의 주주총회결의부존재확인판결에 해당한다고 보아 상법 제190조를 준용하여서는 안 된다(대판 1994.3.25. 93다36097).

③ [O] 주주총회결의의 부존재·무효를 확인하거나 결의를 취소하는 판결이 확정되면 당사자 이외의 제3자에게도 그 효력이 미쳐 제3자도 이를 다툴 수 없게 되므로, 주주총회결의의 하자를 다투는 소에 있어서 청구의 인낙이나 그 결의의 부존재·무효를 확인하는 내용의 화해·조정은 할 수 없고, 가사 이러한 내용의 청구인낙 또는 화해·조정이 이루어졌다 하여도 그 인낙조서나 화해·조정조서는 효력이 없다(대판 2004.9.24. 2004다28047).

④ [O] 이사 선임의 주주총회결의에 대한 취소판결이 확정된 경우 그 결의에 의하여 이사로 선임된 이사들에 의하여 구성된 이사회에서 선정된 대표이사는 소급하여 그 자격을 상실하고, 그 대표이사가 이사 선임의 주주총회결의에 대한 취소판결이 확정되기 전에 한 행위는 대표권이 없는 자가 한 행위로서 무효가 된다(대판 2004.2.27. 2002다19797).

⑤ [×] 주주총회결의의 부존재 또는 무효 확인을 구하는 소의 경우, 상법 제380조에 의해 준용되는 상법 제190조 본문에 따라 청구를 인용하는 판결은 제3자에 대하여도 효력이 있다. 이러한 소를 여러 사람이 공동으로 제기한 경우 당사자 1인이 받은 승소판결의 효력이 다른 공동소송인에게 미치므로 공동소송인 사이에 소송법상 합일확정의 필요성이 인정되고, 상법상 회사관계소송에 관한 전속관할이나 병합심리 규정(상법 제186조, 제188조)도 당사자 간 합일확정을 전제로 하는 점 및 당사자의 의사와 소송경제 등을 함께 고려하면, 이는 민사소송법 제67조가 적용되는 필수적 공동소송에 해당한다(대판[전합] 2021.7.22. 2020다284977).

 ⑤

☑ 제7항 종류주주총회

58 CPA 2019

☑ 확인 Check! ○ △ ×

상법상 종류주식과 종류주주총회에 관한 설명으로 틀린 것은?

① 판례에 의하면 어느 종류주식을 가진 주주의 지위가 정관변경에 따라 유리한 면이 있으면서 동시에 불이익한 면을 수반하는 경우 정관변경에 그 종류주주총회의 결의가 필요하다.

② 종류주주총회의 결의는 출석한 주주의 의결권의 3분의 2 이상의 수와 그 종류의 발행주식총수의 3분의 1 이상의 수로써 하여야 한다.

③ 의결권이 없는 종류주식을 가진 주주라도 그 종류주주총회에서는 의결권이 인정된다.

④ 종류주주총회를 소집할 때에는 그 종류주주총회일의 2주 전에 그 종류주식을 가진 각 주주에게 서면으로 통지를 발송하거나 각 주주의 동의를 받아 전자문서로 통지를 발송하여야 한다.

⑤ 판례에 의하면 정관변경에 필요한 종류주주총회의 결의가 아직 이루어지지 않았다면 그 정관변경을 결의한 주주총회결의의 하자를 이유로 그 결의의 무효확인을 구할 수 있다.

해설

① [O] 상법 제435조 제1항은 "회사가 수종의 주식을 발행한 경우에 정관을 변경함으로써 어느 종류의 주주에게 손해를 미치게 될 때에는 주주총회의 결의 외에 그 종류의 주주의 총회의 결의가 있어야 한다"고 규정하고 있는바, 위 규정의 취지는 주식회사가 보통주 이외의 수종의 주식을 발행하고 있는 경우에 보통주를 가진 다수의 주주들이 일방적으로 어느 종류의 주식을 가진 소수주주들에게 손해를 미치는 내용으로 정관을 변경할 수 있게 할 경우에 그 종류의 주식을 가진 소수주주들이 부당한 불이익을 받게 되는 결과를 방지하기 위한 것이므로, 여기서의 '어느 종류의 주주에게 손해를 미치게 될 때'라 함에는, 어느 종류의 주주에게 직접적으로 불이익을 가져오는 경우는 물론이고, 외견상 형식적으로는 평등한 것이라고 하더라도 실질적으로는 불이익한 결과를 가져오는 경우도 포함되며, 나아가 어느 종류의 주주의 지위가 정관의 변경에 따라 유리한 면이 있으면서 불이익한 면을 수반하는 경우도 이에 해당된다(대판 2006.1.27. 2004다44575,44582).

② [O] 상법 제435조 제2항

③ [O] 상법 제435조 제3항

④ [O] 상법 제435조 제3항, 제363조 제1항

> **상법 제435조(종류주주총회)**
>
> ① 회사가 종류주식을 발행한 경우에 정관을 변경함으로써 어느 종류주식의 주주에게 손해를 미치게 될 때에는 주주총회의 결의 외에 그 종류주식의 주주의 총회의 결의가 있어야 한다.
>
> ② 제1항의 결의는 출석한 주주의 의결권의 3분의 2 이상의 수와 그 종류의 발행주식총수의 3분의 1 이상의 수로써 하여야 한다.
>
> ③ 주주총회에 관한 규정은 의결권 없는 종류의 주식에 관한 것을 제외하고 제1항의 총회에 준용한다.
>
> **상법 제363조(소집의 통지)**
>
> ① 주주총회를 소집할 때에는 주주총회일의 2주 전에 각 주주에게 서면으로 통지를 발송하거나 각 주주의 동의를 받아 전자문서로 통지를 발송하여야 한다. 다만, 그 통지가 주주명부상 주주의 주소에 계속 3년간 도달하지 아니한 경우에는 회사는 해당 주주에게 총회의 소집을 통지하지 아니할 수 있다.

⑤ [×] 어느 종류 주주에게 손해를 미치는 내용으로 정관을 변경함에 있어서 그 정관변경에 관한 주주총회의 결의 외에 추가로 요구되는 종류주주총회의 결의는 정관변경이라는 법률효과가 발생하기 위한 하나의 특별요건이라고 할 것이므로, 그와 같은 내용의 정관변경에 관하여 종류주주총회의 결의가 아직 이루어지지 않았다면 그러한 정관변경의 효력이 아직 발생하지 않는 데에 그칠 뿐이고, 그러한 정관변경을 결의한 주주총회결의 자체의 효력에는 아무런 하자가 없다(대판 2006.1.27. 2004다44575).

답 ⑤

59 세무사 2020

☑ 확인 Check! ○ △ ×

상법상 종류주주총회에 관한 설명으로 옳은 것을 모두 고른 것은?

ㄱ. 의결권 없는 종류주식을 가진 주주는 그 종류주식의 주주총회에서 의결권이 있다.
ㄴ. 종류주주총회의 결의는 출석한 주주의 의결권의 3분의 2 이상의 수와 그 종류의 발행주식총수의 2분의 1 이상의 수로써 하여야 한다.
ㄷ. 회사의 주식교환으로 인하여 어느 종류의 주주에게 손해를 미치게 될 경우에는 그 종류주식의 주주의 총회의 결의가 있어야 한다.

① ㄱ
② ㄱ, ㄴ
③ ㄱ, ㄷ
④ ㄴ, ㄷ
⑤ ㄱ, ㄴ, ㄷ

해설

ㄱ. [O] 주주총회에 관한 규정은 의결권 없는 종류의 주식에 관한 것을 제외하고 제1항의 총회(종류주주총회)에 준용한다(상법 제435조 제3항). 따라서 의결권 없는 종류주식을 가진 주주는 그 종류주식의 주주총회에서 의결권이 있다.
ㄴ. [×] 제1항(종류주주총회)의 결의는 출석한 주주의 의결권의 3분의 2 이상의 수와 그 종류의 발행주식총수의 3분의 1 이상의 수로써 하여야 한다(상법 제435조 제2항).
ㄷ. [O] 제344조 제3항에 따라 주식의 종류에 따라 특수하게 정하는 경우와 회사의 분할 또는 분할합병, 주식교환, 주식이전 및 회사의 합병으로 인하여 어느 종류의 주주에게 손해를 미치게 될 경우에는 제435조(종류주주총회)를 준용한다(상법 제436조).

답 ③

제2절 | 이사 · 이사회 · 대표이사

☑ 제1항 이 사

60 CPA 2024 ☑ 확인Check! ○ △ ✕

상법상 비상장주식회사의 이사에 관한 설명으로 틀린 것은?

① 이사의 선임은 상법 또는 정관에 다른 정함이 있는 경우를 제외하고는 주주총회에 출석한 주주의 의결권의 과반수와 발행주식총수의 4분의 1 이상의 수로써 결의하여야 한다.

② 이사의 임기는 3년을 초과하지 못하지만, 정관으로 그 임기 중의 최종의 결산기에 관한 정기주주총회의 종결에 이르기까지 연장할 수 있다.

③ 이사가 그 직무에 관하여 부정행위가 있음에도 불구하고 주주총회에서 이사의 해임을 부결한 때에는 회사채권자는 주주총회의 결의가 있은 날부터 1월 내에 그 이사의 해임을 법원에 청구할 수 있다.

④ 이사해임의 소가 제기된 경우에는 법원은 당사자의 신청에 의하여 가처분으로써 이사의 직무집행을 정지할 수 있다.

⑤ 법률 또는 정관에 정한 이사의 원수를 결한 경우에 필요하다고 인정할 때에는 법원은 이사, 감사 기타의 이해관계인의 청구에 의하여 일시 이사의 직무를 행할 자를 선임할 수 있다.

해설

① [O] 이사의 선임은 주주총회의 보통결의사항이다(상법 제382조 제1항, 제368조 제1항 참조).

> **상법 제382조(이사의 선임, 회사와의 관계 및 사외이사)**
> ① 이사는 주주총회에서 선임한다.
>
> **상법 제368조(총회의 결의방법과 의결권의 행사)**
> ① 회의 결의는 이 법 또는 정관에 다른 정함이 있는 경우를 제외하고는 출석한 주주의 의결권의 과반수와 발행주식총수의 4분의 1 이상의 수로써 하여야 한다.

② [O] 상법 제383조 제2항, 제3항

> **상법 제383조(원수, 임기)**
> ② 이사의 임기는 3년을 초과하지 못한다.
> ③ 제2항의 임기는 정관으로 그 임기 중의 최종의 결산기에 관한 정기주주총회의 종결에 이르기까지 연장할 수 있다.

③ [X] 이사가 그 직무에 관하여 부정행위 또는 법령이나 정관에 위반한 중대한 사실이 있음에도 불구하고 주주총회에서 그 해임을 부결한 때에는 발행주식의 총수의 100분의 3 이상에 해당하는 주식을 가진 주주는 총회의 결의가 있은 날부터 1월 내에 그 이사의 해임을 법원에 청구할 수 있다(상법 제385조 제2항).

④ [O] 이사선임결의의 무효나 취소 또는 이사해임의 소가 제기된 경우에는 법원은 당사자의 신청에 의하여 가처분으로써 이사의 직무집행을 정지할 수 있고 또는 직무대행자를 선임할 수 있다. 급박한 사정이 있는 때에는 본안소송의 제기전에도 그 처분을 할 수 있다(상법 제407조 제1항).

⑤ [O] 상법 제386조 제1항, 제2항

> **상법 제386조(결원의 경우)**
>
> ① 법률 또는 정관에 정한 이사의 원수를 결한 경우에는 임기의 만료 또는 사임으로 인하여 퇴임한 이사는 새로 선임된 이사가 취임할 때까지 이사의 권리의무가 있다.
>
> ② 제1항의 경우에 필요하다고 인정할 때에는 법원은 이사, 감사 기타의 이해관계인의 청구에 의하여 일시 이사의 직무를 행할 자를 선임할 수 있다. 이 경우에는 본점의 소재지에서 그 등기를 하여야 한다.

답 ③

61 CPA 2023

☑ 확인Check! ○ △ ×

상법상 비상장주식회사의 이사 선임에 관한 설명으로 틀린 것은? (정관에 이사선임에 관한 다른 정함이 없음)

① 회사가 발기설립의 방식으로 설립되는 경우에는 발기인이 그 의결권의 과반수로 이사를 선임한다.

② 회사가 모집설립의 방식으로 설립되는 경우에는 창립총회에서 출석한 주식인수인의 의결권의 3분의 2 이상이며 인수된 주식총수의 과반수로 이사를 선임한다.

③ 회사가 설립된 이후에는 원칙적으로 주주총회에서 출석주주 의결권의 과반수와 발행주식총수 4분의 1 이상의 찬성으로 이사를 선임한다.

④ 2인 이상의 이사의 선임을 목적으로 하는 총회의 소집이 있는 때에는 의결권 없는 주식을 제외한 발행주식총수의 100분의3 이상에 해당하는 주식을 가진 주주는 회사에 대하여 집중투표의 방법으로 이사를 선임할 것을 청구할 수 있다.

⑤ 집중투표의 방법으로 이사를 선임하는 경우에는 그 선임결의에 관하여 각 주주는 1주마다 이사 후보자의 수와 동일한 수의 의결권을 가지며, 그 의결권은 이사 후보자 1인 또는 수인에게 집중하여 투표하는 방법으로 행사할 수 있다.

▌해설▐

①, ② [O] 회사설립 시 이사·감사의 선임은 발기설립의 경우에는 발기인이 의결권의 과반수로 선임하고(상법 제296조 제1항 참조), 모집설립의 경우에는 창립총회에서 출석한 주식인수인의 의결권의 3분의 2 이상이며 인수된 주식의 총수의 과반수로 선임한다(상법 제309조, 제312조 참조).

> **상법 제296조(발기설립의 경우의 임원선임)**
>
> ① 전조의 규정에 의한 납입과 현물출자의 이행이 완료된 때에는 발기인은 지체없이 의결권의 과반수로 이사와 감사를 선임하여야 한다.

PART 3

상법 제309조(창립총회의 결의)
창립총회의 결의는 출석한 주식인수인의 의결권의 3분의 2 이상이며 인수된 주식의 총수의 과반수에 해당하는 다수로 하여야 한다.

상법 제312조(임원의 선임)
창립총회에서는 이사와 감사를 선임하여야 한다.

③ [O] 상법 제382조 제1항, 제368조 제1항

상법 제382조(이사의 선임, 회사와의 관계 및 사외이사)
① 이사는 주주총회에서 선임한다.

상법 제368조(총회의 결의방법과 의결권의 행사)
① 총회의 결의는 이 법 또는 정관에 다른 정함이 있는 경우를 제외하고는 출석한 주주의 의결권의 과반수와 발행주식총수의 4분의 1 이상의 수로써 하여야 한다.

④ [O] 2인 이상의 이사의 선임을 목적으로 하는 총회의 소집이 있는 때에는 의결권 없는 주식을 제외한 발행주식총수의 100분의 3 이상에 해당하는 주식을 가진 주주는 정관에서 달리 정하는 경우를 제외하고는 회사에 대하여 집중투표의 방법으로 이사를 선임할 것을 청구할 수 있다(상법 제382조의2 제1항).

⑤ [×] 제1항의 청구(집중투표의 청구)가 있는 경우에 이사의 선임결의에 관하여 각 주주는 1주마다 선임할 이사의 수와 동일한 수의 의결권을 가지며, 그 의결권은 이사 후보자 1인 또는 수인에게 집중하여 투표하는 방법으로 행사할 수 있다(상법 제382조의2 제3항).

답 ⑤

62 CPA 2023

☑ 확인 Check! ○ △ ×

상법상 자본금 10억원인 비상장주식회사 이사에 관한 설명으로 틀린 것은?

① 이사는 이사회의 승인이 없으면 자기 또는 제3자의 계산으로 회사의 영업부류에 속한 거래를 하거나 동종영업을 목적으로 하는 다른 회사의 무한책임사원이 되지 못한다.

② 이사의 임기가 임기 중의 최종 결산기에 관한 정기주주총회가 종결하기 전에 만료할 때에는 이사회 결의에 의하여 정기주주총회의 종결에 이르기까지 임기를 연장할 수 있다.

③ 이사는 재임 중은 물론 퇴임후에도 직무상 알게된 회사의 영업상 비밀을 누설하여서는 아니 된다.

④ 회사는 임기 중에 있는 이사를 언제든지 주주총회 특별결의에 의해 해임할 수 있다.

⑤ 이사가 고의 또는 중대한 과실로 그 임무를 게을리한 때에는 그 이사는 제3자에 대하여 연대하여 손해를 배상할 책임이 있다.

▌해설▌

① [O] 이사는 이사회의 승인이 없으면 자기 또는 제3자의 계산으로 회사의 영업부류에 속한 거래를 하거나 동종영업을 목적으로 하는 다른 회사의 무한책임사원이나 이사가 되지 못한다(상법 제397조 제1항).

② [X] 상법 제383조 제3항

> **상법 제383조(원수, 임기)**
> ② 이사의 임기는 3년을 초과하지 못한다.
> ③ 제2항의 임기는 정관으로 그 임기 중의 최종의 결산기에 관한 정기주주총회의 종결에 이르기까지 연장할 수 있다.

③ [O] 이사는 재임 중 뿐만 아니라 퇴임후에도 직무상 알게된 회사의 영업상 비밀을 누설하여서는 아니 된다(상법 제382조의4).

④ [O] 이사는 언제든지 제434조의 규정에 의한 주주총회의 결의로 이를 해임할 수 있다. 그러나 이사의 임기를 정한 경우에 정당한 이유없이 그 임기만료전에 이를 해임한 때에는 그 이사는 회사에 대하여 해임으로 인한 손해의 배상을 청구할 수 있다(상법 제385조 제1항).

⑤ [O] 이사가 고의 또는 중대한 과실로 그 임무를 게을리한 때에는 그 이사는 제3자에 대하여 연대하여 손해를 배상할 책임이 있다(상법 제401조 제1항).

답 ②

PART 3

63 CPA 2022

☑ 확인 Check! ○ △ ×

상법상 주식회사의 사외이사에 관한 설명으로 옳은 것만을 모두 고른 것은?

ㄱ. 최근 2년 이내에 회사의 상무에 종사한 이사는 그 회사의 사외이사가 될 수 있다.
ㄴ. 모회사의 이사는 자회사의 사외이사가 될 수 없다.
ㄷ. 회사의 최대주주가 자연인인 경우 그 배우자는 그 회사의 사외이사가 될 수 있다.
ㄹ. 금고 이상의 형을 선고받고 그 집행이 끝난 후 2년이 지난 자는 상장회사의 사외이사가 될 수 있다.
ㅁ. 누구의 명의로 하든지 자기의 계산으로 의결권 없는 주식을 제외한 발행주식총수의 100분의 10 이상의 상장회사 주식을 소유한 주주는 그 회사의 사외이사가 될 수 없다.

① ㄴ, ㄹ
② ㄴ, ㅁ
③ ㄱ, ㄹ, ㅁ
④ ㄴ, ㄷ, ㅁ
⑤ ㄴ, ㄹ, ㅁ

▌해설▐

ㄱ. [×] 상법 제382조 제3항 제1호
ㄴ. [O] 상법 제382조 제3항 제5호
ㄷ. [×] 상법 제382조 제3항 제2호
ㄹ. [O] 상법 제542조의8 제2항 제3호
ㅁ. [O] 상법 제542조의8 제2항 제6호

상법 제382조(이사의 선임, 회사와의 관계 및 사외이사)

③ 사외이사(社外理事)는 해당 회사의 상무(常務)에 종사하지 아니하는 이사로서 다음 각 호의 어느 하나에 해당하지 아니하는 자를 말한다. 사외이사가 다음 각 호의 어느 하나에 해당하는 경우에는 그 직을 상실한다.

1. 회사의 상무에 종사하는 이사·집행임원 및 피용자 또는 최근 2년 이내에 회사의 상무에 종사한 이사·감사·집행임원 및 피용자
2. 최대주주가 자연인인 경우 본인과 그 배우자 및 직계존속·비속
3. 최대주주가 법인인 경우 그 법인의 이사·감사·집행임원 및 피용자
4. 이사·감사·집행임원의 배우자 및 직계존속·비속
5. 회사의 모회사 또는 자회사의 이사·감사·집행임원 및 피용자
6. 회사와 거래관계 등 중요한 이해관계에 있는 법인의 이사·감사·집행임원 및 피용자
7. 회사의 이사·집행임원 및 피용자가 이사·집행임원으로 있는 다른 회사의 이사·감사·집행임원 및 피용자

상법 제542조의8(사외이사의 선임)

② 상장회사의 사외이사는 제382조 제3항 각 호 뿐만 아니라 다음 각 호의 어느 하나에 해당되지 아니하여야 하며, 이에 해당하게 된 경우에는 그 직을 상실한다.

1. 미성년자, 피성년후견인 또는 피한정후견인
2. 파산선고를 받고 복권되지 아니한 자
3. 금고 이상의 형을 선고받고 그 집행이 끝나거나 집행이 면제된 후 2년이 지나지 아니한 자
4. 대통령령으로 별도로 정하는 법률을 위반하여 해임되거나 면직된 후 2년이 지나지 아니한 자
5. 상장회사의 주주로서 의결권 없는 주식을 제외한 발행주식총수를 기준으로 본인 및 그와 대통령령으로 정하는 특수한 관계에 있는 자(이하 "특수관계인"이라 한다)가 소유하는 주식의 수가 가장 많은 경우 그 본인(이하 "최대주주"라 한다) 및 그의 특수관계인
6. 누구의 명의로 하든지 자기의 계산으로 의결권 없는 주식을 제외한 발행주식총수의 100분의 10 이상의 주식을 소유하거나 이사·집행임원·감사의 선임과 해임 등 상장회사의 주요 경영사항에 대하여 사실상의 영향력을 행사하는 주주(이하 "주요주주"라 한다) 및 그의 배우자와 직계존속·비속
7. 그 밖에 사외이사로서의 직무를 충실하게 수행하기 곤란하거나 상장회사의 경영에 영향을 미칠 수 있는 자로서 대통령령으로 정하는 자

답 ⑤

64 CPA 2021

☑ 확인 Check! ○ △ ×

상법상 주식회사의 이사에 관한 설명으로 틀린 것은? (이견이 있으면 판례에 의함)

① 이사와 회사의 관계는 민법의 위임에 관한 규정을 준용한다.

② 정관으로 이사가 가질 주식의 수를 정한 경우에 다른 규정이 없는 때에는 이사는 그 수의 주권을 감사에게 공탁하여야 한다.

③ 주주총회에서 이사를 선임하는 경우, 주주총회 선임결의와 별도로 대표이사와 피선임자 사이에 임용계약이 체결되어야 이사의 지위를 취득한다.

④ 이사는 언제든지 주주총회의 특별결의로 이를 해임할 수 있다.

⑤ 2인 이상의 이사의 선임을 목적으로 하는 총회의 소집이 있는 때에는 의결권 없는 주식을 제외한 발행주식총수의 100분의 3 이상에 해당하는 주식을 가진 주주는 정관에서 달리 정하는 경우를 제외하고는 집중투표의 방법으로 이사를 선임할 것을 청구할 수 있다.

❙해설❙

① [O] 회사와 이사의 관계는 「민법」의 위임에 관한 규정을 준용한다(상법 제382조 제2항).

② [O] 정관으로 이사가 가질 주식의 수를 정한 경우에 다른 규정이 없는 때에는 이사는 그 수의 주권을 감사에게 공탁하여야 한다(상법 제387조).

③ [×] 주주총회에서 이사나 감사를 선임하는 경우 선임결의와 피선임자의 승낙만 있으면, 피선임자는 대표이사와 별도의 임용계약을 체결하였는지와 관계없이 이사나 감사의 지위를 취득한다(대판[전합] 2017.3.23. 2016다251215).

④ [O] 이사는 언제든지 제434조의 규정에 의한 주주총회의 결의로 이를 해임할 수 있다. 그러나 이사의 임기를 정한 경우에 정당한 이유없이 그 임기만료전에 이를 해임한 때에는 그 이사는 회사에 대하여 해임으로 인한 손해의 배상을 청구할 수 있다(상법 제385조 제1항).

⑤ [O] 2인 이상의 이사의 선임을 목적으로 하는 총회의 소집이 있는 때에는 의결권 없는 주식을 제외한 발행주식총수의 100분의 3 이상에 해당하는 주식을 가진 주주는 정관에서 달리 정하는 경우를 제외하고는 회사에 대하여 집중투표의 방법으로 이사를 선임할 것을 청구할 수 있다(상법 제382조의2 제1항).

답 ③

65 CPA 2020

☑ 확인Check! ○ △ ×

상법상 비상장 주식회사의 이사에 관한 설명으로 <u>틀린</u> 것은?

① 이사의 선임은 주주총회의 보통결의에 의하고, 그 해임은 주주총회의 특별결의에 의한다.

② 판례에 의하면, 이사가 그 의사에 반하여 해임될 경우 일정한 해직보상금을 지급받기로 약정한 때에는 이는 보수에 포함되지 않으므로, 정관에 그 액을 정하는 규정이나 주주총회의 결의가 없어도 이사는 회사에 대하여 이를 청구할 수 있다.

③ 이사의 임기를 정한 경우에 정당한 이유없이 그 임기만료 전에 이를 해임한 때에는, 그 이사는 회사에 대하여 해임으로 인한 손해배상을 청구할 수 있다.

④ 정관으로 이사가 가질 주식의 수를 정한 경우에, 다른 규정이 없는 때에는 이사는 그 수의 주권을 감사에게 공탁해야 한다.

⑤ 정관에 정한 이사의 원수를 결한 경우, 필요하다고 인정할 때에는 법원은 이사, 감사 기타의 이해관계인의 청구에 의하여 일시 이사의 직무를 행할 자를 선임할 수 있다.

❙ 해설 ❙

① [○] 상법 제382조 제1항, 제385조 제1항

> **상법 제382조(이사의 선임, 회사와의 관계 및 사외이사)**
> ① 이사는 주주총회에서 선임한다.
>
> **상법 제385조(해임)**
> ① 이사는 언제든지 제434조의 규정에 의한 주주총회의 결의로 이를 해임할 수 있다. 그러나 이사의 임기를 정한 경우에 정당한 이유없이 그 임기만료전에 이를 해임한 때에는 그 이사는 회사에 대하여 해임으로 인한 손해의 배상을 청구할 수 있다.

② [×] 주식회사와 이사 사이에 체결된 고용계약에서 이사가 그 의사에 반하여 이사직에서 해임될 경우 퇴직위로금과는 별도로 일정한 금액의 해직보상금을 지급받기로 약정한 경우, 그 해직보상금은 형식상으로는 보수에 해당하지 않는다 하여도 보수와 함께 같은 고용계약의 내용에 포함되어 그 고용계약과 관련하여 지급되는 것일 뿐 아니라, 의사에 반하여 해임된 이사에 대하여 정당한 이유의 유무와 관계없이 지급하도록 되어 있어 이사에게 유리하도록 회사에 추가적인 의무를 부과하는 것인바, 보수에 해당하지 않는다는 이유로 주주총회 결의를 요하지 않는다고 한다면, 이사들이 고용계약을 체결하는 과정에서 개인적인 이득을 취할 목적으로 과다한 해직보상금을 약정하는 것을 막을 수 없게 되어, 이사들의 고용계약과 관련하여 그 사익 도모의 폐해를 방지하여 회사와 주주의 이익을 보호하고자 하는 상법 제388조의 입법 취지가 잠탈되고, 나아가 해직보상금액이 특히 거액일 경우 회사의 자유로운 이사해임권 행사를 저해하는 기능을 하게 되어 이사선임기관인 주주총회의 권한을 사실상 제한함으로써 회사법이 규정하는 주주총회의 기능이 심히 왜곡되는 부당한 결과가 초래되므로, 이사의 보수에 관한 상법 제388조를 준용 내지 유추적용하여 이사는 해직보상금에 관하여도 <u>정관에서 그 액을 정하지 않는 한 주주총회 결의가 있어야만 회사에 대하여 이를 청구할 수 있다</u>(대판 2006.11.23. 2004다49570).

③ [O] 제385조 제1항

④ [O] 정관으로 이사가 가질 주식의 수를 정한 경우에 다른 규정이 없는 때에는 이사는 그 수의 주권을 감사에게 공탁하여야 한다(상법 제387조).

⑤ [O] 상법 제386조 제1항, 제2항

> **상법 제386조(결원의 경우)**
> ① 법률 또는 정관에 정한 이사의 원수를 결한 경우에는 임기의 만료 또는 사임으로 인하여 퇴임한 이사는 새로 선임된 이사가 취임할 때까지 이사의 권리의무가 있다.
> ② 제1항의 경우에 필요하다고 인정할 때에는 법원은 이사, 감사 기타의 이해관계인의 청구에 의하여 일시 이사의 직무를 행할 자를 선임할 수 있다. 이 경우에는 본점의 소재지에서 그 등기를 하여야 한다.

답 ②

66 CPA 2019

☑ 확인Check! ○ △ ✕

상법상 주식회사 이사의 선임 및 해임에 관한 설명으로 틀린 것은?

① 판례에 의하면 주주총회에서의 이사선임결의와 피선임자의 승낙이 있으면 피선임자는 대표이사와 별도의 임용계약을 체결하지 않더라도 이사의 지위를 취득한다.

② 회사가 집중투표제에 의해 이사를 선임하기 위해서는 정관에 집중투표제를 채택하는 규정을 두어야 한다.

③ 최근 사업연도 말 현재의 자산총액이 2조원 이상인 상장회사는 3명 이상의 사외이사를 두어야 하고 사외이사후보추천위원회를 설치하여야 한다.

④ 판례에 의하면 정관에서 이사 임기를 정하지 않은 경우 상법상 이사의 최장기 임기인 3년을 경과하지 않은 동안에 이사가 해임되더라도 그 이사는 그로 인한 손해배상을 청구할 수 없다.

⑤ 회사는 이사의 임기를 정한 경우 정당한 이유가 없더라도 그 임기 만료 전에 주주총회의 특별결의로 그 이사를 해임할 수 있다.

PART 3

해설

① [O] 주주총회에서 이사나 감사를 선임하는 경우 선임결의와 피선임자의 승낙만 있으면, 피선임자는 대표이사와 별도의 임용계약을 체결하였는지와 관계없이 이사나 감사의 지위를 취득한다(대판[전합] 2017.3.23. 2016다251215).

② [X] 2인 이상의 이사의 선임을 목적으로 하는 총회의 소집이 있는 때에는 의결권 없는 주식을 제외한 발행주식총수의 100분의 3 이상에 해당하는 주식을 가진 주주는 정관에서 달리 정하는 경우를 제외하고는 회사에 대하여 집중투표의 방법으로 이사를 선임할 것을 청구할 수 있다(상법 제382조의2 제1항).

③ [O] 상법 제542조의8 제1항 단서·제4항, 상법 시행령 제34조 제2항

상법 제542조의8(사외이사의 선임)

① 상장회사는 자산 규모 등을 고려하여 대통령령으로 정하는 경우를 제외하고는 이사 총수의 4분의 1 이상을 사외이사로 하여야 한다. 다만, 자산 규모 등을 고려하여 대통령령으로 정하는 상장회사의 사외이사는 3명 이상으로 하되, 이사 총수의 과반수가 되도록 하여야 한다.

상법 시행령 제34조(상장회사의 사외이사 등)

② 법 제542조의8 제1항 단서에서 "대통령령으로 정하는 상장회사"란 최근 사업연도 말 현재의 자산총액이 2조원 이상인 상장회사를 말한다.

④ 제1항 단서의 상장회사는 사외이사 후보를 추천하기 위하여 제393조의2의 위원회(이하 이 조에서 "사외이사 후보추천위원회"라 한다)를 설치하여야 한다. 이 경우 사외이사 후보추천위원회는 사외이사가 총위원의 과반수가 되도록 구성하여야 한다.

④ [O] 상법 제385조 제1항에 의하면 "이사는 언제든지 주주총회의 특별결의로 해임할 수 있으나, 이사의 임기를 정한 경우에 정당한 이유 없이 그 임기만료 전에 이를 해임한 때에는 그 이사는 회사에 대하여 해임으로 인한 손해의 배상을 청구할 수 있다"고 규정하고 있는바, 이때 이사의 임기를 정한 경우라 함은 정관 또는 주주총회의 결의로 임기를 정하고 있는 경우를 말하고, 이사의 임기를 정하지 않은 때에는 이사의 임기의 최장기인 3년을 경과하지 않는 동안에 해임되더라도 그로 인한 손해의 배상을 청구할 수 없다고 할 것이고, 회사의 정관에서 상법 제383조 제2항과 동일하게 "이사의 임기는 3년을 초과하지 못한다"고 규정한 것이 이사의 임기를 3년으로 정하는 취지라고 해석할 수는 없다(대판 2001.6.15. 2001다23928).

⑤ [O] 이사는 언제든지 제434조의 규정에 의한 주주총회의 결의로 이를 해임할 수 있다. 그러나 이사의 임기를 정한 경우에 정당한 이유없이 그 임기만료전에 이를 해임한 때에는 그 이사는 회사에 대하여 해임으로 인한 손해의 배상을 청구할 수 있다(상법 제385조 제1항). 즉 회사는 정당한 이유가 없어도 주주총회의 특별결의로 언제든지 이사를 해임할 수 있다. 다만 이사의 임기를 정한 경우에 정당한 이유 없이 그 임기만료 전에 이를 해임한 경우에는 그 이사는 회사에 대하여 해임으로 인한 손해의 배상을 청구할 수 있는 것이다.

답 ②

67 CPA 2015

☑ 확인 Check! ○ △ ✕

상법상 비상장주식회사 이사의 선임을 위한 집중투표방법에 관한 설명으로 옳은 것은?

① 집중투표의 방법은 3인 이상의 이사를 선임하는 경우에 한하여 채택한다.

② 정관에서 허용하는 경우에 한하여 집중투표의 방법으로 이사를 선임할 수 있다.

③ 집중투표는 의결권 없는 주식을 제외한 발행주식총수의 100분의 1 이상에 해당하는 주식을 가진 주주가 회사에 대하여 주주총회일의 7일 전까지 서면 또는 전자문서로 청구하여야 한다.

④ 주주에 의한 서면청구가 있는 경우 회사는 이러한 서면을 주주총회가 종결될 때까지 본점에 비치하고 주주로 하여금 영업시간 내에 열람할 수 있게 하여야 한다.

⑤ 집중투표를 하는 경우 각 주주는 1주마다 이사후보자의 수와 동일한 의결권을 가지며 그 의결권은 이사후보자 1인 또는 수인에게 집중하여 투표하는 방법으로 행사할 수 있다.

해설

① [×] 집중투표의 방법은 2인 이상의 이사를 선임하는 경우에 한하여 채택한다(상법 제382조의2 제1항 참조).

② [×] 정관에서 달리 정하는 경우를 제외하고는 집중투표의 방법으로 이사를 선임할 수 있다(상법 제382조의2 제1항 참조).

③ [×] 집중투표는 의결권 없는 주식을 제외한 발행주식총수의 100분의 3 이상에 해당하는 주식을 가진 주주가 회사에 대하여 주주총회일의 7일 전까지 서면 또는 전자문서로 청구하여야 한다(상법 제382조의2 제1항, 제2항 참조).

④ [O] 상법 제382조의2 제2항, 제6항

⑤ [×] 집중투표를 하는 경우 각 주주는 1주마다 선임할 이사의 수와 동일한 수의 의결권을 가지며 그 의결권은 이사 후보자 1인 또는 수인에게 집중하여 투표하는 방법으로 행사할 수 있다(상법 제382조의2 제3항 참조).

상법 제382조의2(집중투표)

① 2인 이상의 이사의 선임을 목적으로 하는 총회의 소집이 있는 때에는 의결권 없는 주식을 제외한 발행주식총수의 100분의 3 이상에 해당하는 주식을 가진 주주는 정관에서 달리 정하는 경우를 제외하고는 회사에 대하여 집중투표의 방법으로 이사를 선임할 것을 청구할 수 있다.

② 제1항의 청구는 주주총회일의 7일 전까지 서면 또는 전자문서로 하여야 한다.

③ 제1항의 청구가 있는 경우에 이사의 선임결의에 관하여 각 주주는 1주마다 선임할 이사의 수와 동일한 수의 의결권을 가지며, 그 의결권은 이사 후보자 1인 또는 수인에게 집중하여 투표하는 방법으로 행사할 수 있다.

⑥ 제2항의 서면은 총회가 종결될 때까지 이를 본점에 비치하고 주주로 하여금 영업시간내에 열람할 수 있게 하여야 한다.

답 ④

PART 3

68 세무사 2021

상법상 비상장주식회사에서의 집중투표에 관한 설명으로 옳지 않은 것은? (단, 정관에는 집중투표 배제조항이 없음)

① 집중투표에 의한 이사 선임의 청구는 의결권 없는 주식을 제외한 발행주식총수의 100분의 3 이상에 해당하는 주식을 가진 주주가 할 수 있다.

② 집중투표에 의한 이사 선임의 청구는 주주총회일의 7일 전까지 서면 또는 전자문서로 하여야 한다.

③ 집중투표의 청구 서면은 결산기가 종료될 때까지 본점에 비치하고 주주로 하여금 영업시간 내에 열람할 수 있게 하여야 한다.

④ 집중투표의 경우, 각 주주는 1주마다 선임할 이사의 수와 동일한 수의 의결권을 가지며, 그 의결권으로 이사 후보자 1인 또는 수인에게 집중하여 투표할 수 있다.

⑤ 집중투표를 한 경우, 투표의 최다수를 얻은 자부터 순차적으로 이사에 선임되는 것으로 한다.

해설

① [O] 상법 제382조의2 제1항
② [O] 상법 제382조의2 제2항
③ [×] 상법 제382조의2 제6항
④ [O] 상법 제382조의2 제3항
⑤ [O] 상법 제382조의2 제4항

상법 제382조의2(집중투표)

① 2인 이상의 이사의 선임을 목적으로 하는 총회의 소집이 있는 때에는 의결권 없는 주식을 제외한 발행주식총수의 100분의 3 이상에 해당하는 주식을 가진 주주는 정관에서 달리 정하는 경우를 제외하고는 회사에 대하여 집중투표의 방법으로 이사를 선임할 것을 청구할 수 있다.
② 제1항의 청구는 주주총회일의 7일 전까지 서면 또는 전자문서로 하여야 한다.
③ 제1항의 청구가 있는 경우에 이사의 선임결의에 관하여 각 주주는 1주마다 선임할 이사의 수와 동일한 수의 의결권을 가지며, 그 의결권은 이사 후보자 1인 또는 수인에게 집중하여 투표하는 방법으로 행사할 수 있다.
④ 제3항의 규정에 의한 투표의 방법으로 이사를 선임하는 경우에는 투표의 최다수를 얻은 자부터 순차적으로 이사에 선임되는 것으로 한다.
⑥ 제2항의 서면은 총회가 종결될 때까지 이를 본점에 비치하고 주주로 하여금 영업시간내에 열람할 수 있게 하여야 한다.

답 ③

69 CPA 2017

☑ 확인 Check! ○ △ ×

상법상 주식회사의 이사에 관한 설명으로 틀린 것은?

① 이사의 임기는 3년을 초과하지 못하지만 정관으로 그 임기 중의 최종의 결산기에 관한 정기주주총회의 종결에 이르기까지 연장할 수 있다.

② 최대주주가 아니면서 비상장회사의 발행주식총수의 10% 이상의 주식을 소유하는 주요주주와 그 배우자 및 직계존속・비속은 그 회사의 사외이사로 선임될 수 없다.

③ 정관으로 이사가 가질 주식의 수를 정한 경우 다른 규정이 없으면 이사는 그 수의 주권을 감사 또는 감사위원회에 공탁하여야 한다.

④ 가처분으로써 이사의 직무대행자로 선임된 자는 가처분명령에 다른 정함이 있거나 법원의 허가를 얻은 경우 외에는 회사의 상무에 속하지 아니한 행위를 하지 못한다.

⑤ 이사의 사임으로 인하여 법률 또는 정관에서 정한 이사의 원수를 결한 경우 그 사임한 이사는 새로 선임된 이사가 취임할 때까지 이사로서의 권리의무가 있다.

❙해설❙

① [○] 상법 제383조 제2항, 제3항

> **상법 제383조(원수, 임기)**
> ② 이사의 임기는 3년을 초과하지 못한다.
> ③ 제2항의 임기는 정관으로 그 임기 중의 최종의 결산기에 관한 정기주주총회의 종결에 이르기까지 연장할 수 있다.

② [×] 비상장회사의 경우 최대주주와 그 배우자 및 직계존속・비속은 그 회사의 사외이사로 선임될 수 없으나, 최대주주가 아니면서 발행주식총수의 10% 이상의 주식을 소유하는 주요주주와 그 배우자 및 직계존속・비속은 그 회사의 사외이사로 선임될 수 있다. 그러나 상장회사인 경우에는 주요주주와 그 배우자 및 직계존속・비속도 그 회사의 사외이사로 선임될 수 없다(상법 제382조 제3항 제2호, 제542조의8 제2항 제6호 참조).

> **상법 제382조(이사의 선임, 회사와의 관계 및 사외이사)**
> ③ 사외이사(社外理事)는 해당 회사의 상무(常務)에 종사하지 아니하는 이사로서 다음 각 호의 어느 하나에 해당하지 아니하는 자를 말한다. 사외이사가 다음 각 호의 어느 하나에 해당하는 경우에는 그 직을 상실한다.
> 1. 회사의 상무에 종사하는 이사・집행임원 및 피용자 또는 최근 2년 이내에 회사의 상무에 종사한 이사・감사・집행임원 및 피용자
> 2. 최대주주가 자연인인 경우 본인과 그 배우자 및 직계존속・비속
> 3. 최대주주가 법인인 경우 그 법인의 이사・감사・집행임원 및 피용자
> 4. 이사・감사・집행임원의 배우자 및 직계존속・비속
> 5. 회사의 모회사 또는 자회사의 이사・감사・집행임원 및 피용자
> 6. 회사와 거래관계 등 중요한 이해관계에 있는 법인의 이사・감사・집행임원 및 피용자
> 7. 회사의 이사・집행임원 및 피용자가 이사・집행임원으로 있는 다른 회사의 이사・감사・집행임원 및 피용자

PART 3

상법 제542조의8(사외이사의 선임)

② 상장회사의 사외이사는 제382조 제3항 각 호 뿐만 아니라 다음 각 호의 어느 하나에 해당되지 아니하여야 하며, 이에 해당하게 된 경우에는 그 직을 상실한다.

1. 미성년자, 피성년후견인 또는 피한정후견인
2. 파산선고를 받고 복권되지 아니한 자
3. 금고 이상의 형을 선고받고 그 집행이 끝나거나 집행이 면제된 후 2년이 지나지 아니한 자
4. 대통령령으로 별도로 정하는 법률을 위반하여 해임되거나 면직된 후 2년이 지나지 아니한 자
5. 상장회사의 주주로서 의결권 없는 주식을 제외한 발행주식총수를 기준으로 본인 및 그와 대통령령으로 정하는 특수한 관계에 있는 자(이하 "특수관계인"이라 한다)가 소유하는 주식의 수가 가장 많은 경우 그 본인(이하 "최대주주"라 한다) 및 그의 특수관계인
6. 누구의 명의로 하든지 자기의 계산으로 의결권 없는 주식을 제외한 발행주식총수의 100분의 10 이상의 주식을 소유하거나 이사·집행임원·감사의 선임과 해임 등 상장회사의 주요 경영사항에 대하여 사실상의 영향력을 행사하는 주주(이하 "주요주주"라 한다) 및 그의 배우자와 직계존속·비속
7. 그 밖에 사외이사로서의 직무를 충실하게 수행하기 곤란하거나 상장회사의 경영에 영향을 미칠 수 있는 자로서 대통령령으로 정하는 자

③ [O] 상법 제387조, 제415조의2 제7항

상법 제387조(자격주)

정관으로 이사가 가질 주식의 수를 정한 경우에 다른 규정이 없는 때에는 이사는 그 수의 주권을 감사에게 공탁하여야 한다.

상법 제415조의2(감사위원회)

⑦ 제296조·제312조·제367조·제387조·제391조의2 제2항·제394조 제1항·제400조·제402조 내지 제407조·제412조 내지 제414조·제447조의3·제447조의4·제450조·제527조의4·제530조의5 제1항 제9호·제530조의6 제1항 제10호 및 제534조의 규정은 감사위원회에 관하여 이를 준용한다. 이 경우 제530조의5 제1항 제9호 및 제530조의6 제1항 제10호 중 "감사"는 "감사위원회 위원"으로 본다.

④ [O] 전조(직무집행정지, 직무대행자선임)의 직무대행자는 가처분명령에 다른 정함이 있는 경우 외에는 회사의 상무에 속하지 아니한 행위를 하지 못한다. 그러나 법원의 허가를 얻은 경우에는 그러하지 아니하다(상법 제408조 제1항).

⑤ [O] 법률 또는 정관에 정한 이사의 원수를 결한 경우에는 임기의 만료 또는 사임으로 인하여 퇴임한 이사는 새로 선임된 이사가 취임할 때까지 이사의 권리의무가 있다(상법 제386조 제1항).

답 ②

70 CPA 2016

☑ 확인Check! ○ △ ×

상법상 주식회사의 이사의 임기와 정원에 관한 설명으로 틀린 것은?

① 이사의 임기는 정관으로 그 임기 중의 최종의 결산기에 관한 정기주주총회의 종결에 이르기까지 연장할 수 있다.

② 판례에 의하면 '임기 중의 최종의 결산기에 관한 정기주주총회'는 임기 중에 도래하는 최종의 결산기에 관한 정기주주총회를 의미한다.

③ 법률 또는 정관에 정한 이사의 원수를 결한 경우 법원은 이사 등의 청구가 없더라도 직권으로 일시 이사의 직무를 행할 자를 선임할 수 있다.

④ 자본금 총액이 10억원 미만인 회사가 이사를 1명으로 선임한 경우 주주총회가 준비금의 자본금 전입을 결정한다.

⑤ 이사의 결원이 있어 법원이 일시 이사의 직무를 행할 자를 선임한 경우 그 일시이사의 권한은 회사의 상무에 제한되지 않는다.

해설

① [O] 상법 제383조 제3항

> **상법 제383조(원수, 임기)**
> ② 이사의 임기는 3년을 초과하지 못한다.
> ③ 제2항의 임기는 정관으로 그 임기 중의 최종의 결산기에 관한 정기주주총회의 종결에 이르기까지 연장할 수 있다.

② [O] 상법 제383조 제3항은 이사의 임기는 3년을 초과할 수 없도록 규정한 같은 조 제2항에 불구하고 정관으로 그 임기 중의 최종의 결산기에 관한 정기주주총회의 종결에 이르기까지 이를 연장할 수 있다고 규정하고 있는바, 위 규정은 임기가 만료되는 이사에 대하여는 임기 중의 결산에 대한 책임을 지고 주주총회에서 결산서류에 관한 주주들의 질문에 답변하고 변명할 기회를 주는 한편, 회사에 대하여는 정기주주총회를 앞두고 이사의 임기가 만료될 때마다 임시주주총회를 개최하여 이사를 선임하여야 하는 번거로움을 덜어주기 위한 것에 그 취지가 있다. 위와 같은 입법 취지 및 그 규정 내용에 비추어 보면, <u>위 규정상의 '임기 중의 최종의 결산기에 관한 정기주주총회'라 함은 임기 중에 도래하는 최종의 결산기에 관한 정기주주총회를 말하고</u>, 임기 만료 후 최초로 도래하는 결산기에 관한 정기주주총회 또는 최초로 소집되는 정기주주총회를 의미하는 것은 아니므로, 위 규정은 결국 이사의 임기가 최종 결산기의 말일과 당해 결산기에 관한 정기주주총회 사이에 만료되는 경우에 정관으로 그 임기를 정기주주총회 종결일까지 연장할 수 있도록 허용하는 규정이라고 보아야 한다(대판 2010.6.24. 2010다13541).

③ [×] 상법 제386조 제1항, 제2항

> **상법 제386조(결원의 경우)**
> ① 법률 또는 정관에 정한 이사의 원수를 결한 경우에는 임기의 만료 또는 사임으로 인하여 퇴임한 이사는 새로 선임된 이사가 취임할 때까지 이사의 권리의무가 있다.
> ② 제1항의 경우에 필요하다고 인정할 때에는 법원은 <u>이사, 감사 기타의 이해관계인의 청구에 의하여</u> 일시 이사의 직무를 행할 자를 선임할 수 있다. 이 경우에는 본점의 소재지에서 그 등기를 하여야 한다.

PART 3

④ [O] 자본금 10억원 미만의 소규모회사로서 이사가 1명 또는 2명인 경우 이사회가 구성되지 않고, 이사회 결의사항 중 일부는 주주총회 결의로 하고(상법 제383조 제4항 참조), 일부는 이사(대표이사)가 결정한다(상법 제383조 제6항 참조). 대체로 이사의 권한남용이 우려되는 것은 주주총회가 결정하고, 일반적인 집행권한은 이사가 결정하도록 규정하고 있다.

상법 제383조(원수, 임기)

④ 제1항 단서의 경우에는 제302조 제2항 제5호의2, 제317조 제2항 제3호의2, 제335조 제1항 단서 및 제2항, 제335조의2 제1항 · 제3항, 제335조의3 제1항 · 제2항, 제335조의7 제1항, 제340조의3 제1항 제5호, 제356조 제6호의2, 제397조 제1항 · 제2항, 제397조의2 제1항, 제398조, 제416조 본문, 제451조 제2항, 제461조 제1항 본문 및 제3항, 제462조의3 제1항, 제464조의2 제1항, 제469조, 제513조 제2항 본문 및 제516조의2 제2항 본문(준용되는 경우를 포함한다) 중 "이사회"는 각각 "주주총회"로 보며, 제360조의5 제1항 및 제522조의3 제1항 중 "이사회의 결의가 있는 때"는 "제363조 제1항에 따른 주주총회의 소집통지가 있는 때"로 본다.

상법 제461조(준비금의 자본금 전입)

① 회사는 이사회의 결의에 의하여 준비금의 전부 또는 일부를 자본금에 전입할 수 있다. 그러나 정관으로 주주총회에서 결정하기로 정한 경우에는 그러하지 아니하다.

⑤ [O] 일시이사 등은 상법 제407조에 의한 직무대행자와는 달라 본래의 이사나 대표이사와 꼭 같은 권한을 가지며 회사의 상무에 속하지 아니하는 행위도 할 수 있다(대판 1981.9.8. 80다2511).

답 ③

71 세무사 2020

☑ 확인 Check! ○ △ ✕

상법상 주식회사의 이사의 원수와 임기에 관한 설명으로 옳지 않은 것은?

① 이사의 임기는 3년을 초과하지 못한다. 다만, 정관으로 그 임기 중의 최종의 결산기에 관한 정기주주총회의 종결에 이르기까지 연장할 수 있다.

② 자본금 총액이 10억원 미만인 회사는 이사를 1명으로 할 수 있고, 이 경우 주주총회가 준비금의 자본금 전입을 결정한다.

③ 법률 또는 정관에 정한 이사의 원수를 결한 경우, 일시 이사의 직무를 행할 자의 선임을 법원에 청구할 수 있는 자는 이사에 한한다.

④ 법률 또는 정관에 정한 이사의 원수를 결한 경우, 임기의 만료 또는 사임으로 인하여 퇴임한 이사는 새로 선임된 이사가 취임할 때까지 이사의 권리의무가 있다.

⑤ 최근 사업연도 말 현재의 자산총액이 2조원 이상인 상장회사의 사외이사는 3명 이상으로 하되, 이사 총수의 과반수가 되도록 하여야 한다.

해설

① [O] 상법 제383조 제2항, 제3항

> **상법 제383조(원수, 임기)**
> ② 이사의 임기는 3년을 초과하지 못한다.
> ③ 제2항의 임기는 정관으로 그 임기 중의 최종의 결산기에 관한 정기주주총회의 종결에 이르기까지 연장할 수 있다.

② [O] 상법 제383조 제1항 단서·제4항, 제461조 제1항

> **상법 제383조(원수, 임기)**
> ① 이사는 3명 이상이어야 한다. 다만, 자본금 총액이 10억원 미만인 회사는 1명 또는 2명으로 할 수 있다.
> ④ 제1항 단서의 경우에는 제302조 제2항 제5호의2, 제317조 제2항 제3호의2, 제335조 제1항 단서 및 제2항, 제335조의2 제1항·제3항, 제335조의3 제1항·제2항, 제335조의7 제1항, 제340조의3 제1항 제5호, 제356조 제6호의2, 제397조 제1항·제2항, 제397조의2 제1항, 제398조, 제416조 본문, 제451조 제2항, 제461조 제1항 본문 및 제3항, 제462조의3 제1항, 제464조의2 제1항, 제469조, 제513조 제2항 본문 및 제516조의2 제2항 본문(준용되는 경우를 포함한다) 중 "이사회"는 각각 "주주총회"로 보며, 제360조의5 제1항 및 제522조의3 제1항 중 "이사회의 결의가 있는 때"는 "제363조 제1항에 따른 주주총회의 소집통지가 있는 때"로 본다.
>
> **상법 제461조(준비금의 자본금 전입)**
> ① 회사는 이사회의 결의에 의하여 준비금의 전부 또는 일부를 자본금에 전입할 수 있다. 그러나 정관으로 주주총회에서 결정하기로 정한 경우에는 그러하지 아니하다.

③ [×] 상법 제386조 제2항
④ [O] 상법 제386조 제1항

> **상법 제386조(결원의 경우)**
> ① 법률 또는 정관에 정한 이사의 원수를 결한 경우에는 임기의 만료 또는 사임으로 인하여 퇴임한 이사는 새로 선임된 이사가 취임할 때까지 이사의 권리의무가 있다.
> ② 제1항의 경우에 필요하다고 인정할 때에는 법원은 이사, 감사 기타의 이해관계인의 청구에 의하여 일시 이사의 직무를 행할 자를 선임할 수 있다. 이 경우에는 본점의 소재지에서 그 등기를 하여야 한다.

⑤ [O] 상장회사는 자산 규모 등을 고려하여 대통령령으로 정하는 경우를 제외하고는 이사 총수의 4분의 1 이상을 사외이사로 하여야 한다. 다만, 자산 규모 등을 고려하여 대통령령으로 정하는 상장회사(최근 사업연도 말 현재의 자산총액이 2조원 이상인 상장회사)의 사외이사는 3명 이상으로 하되, 이사 총수의 과반수가 되도록 하여야 한다(상법 제542조의8 제1항, 상법 시행령 제34조 제2항).

답 ③

PART 3

72 CPA 2016

☑ 확인Check! ○ △ ×

법원은 가처분으로써 甲주식회사의 대표이사인 A의 직무집행을 정지하고 B를 직무대행자로 선임하였다. 이와 관련한 상법상 설명으로 틀린 것은? (이견이 있으면 판례에 의함)

① 판례에 의하면 그 후에 甲회사가 적법한 절차에 따라 A를 해임하고 C를 새 대표이사로 선임하였더라도 가처분이 취소되지 않는 한 C는 대표이사로서의 권한이 없다.

② 법원은 급박한 사정이 있는 때에는 본안소송의 제기 전에도 직무집행정지와 직무대행자를 선임하는 가처분을 할 수 있다.

③ 판례에 의하면 B를 직무대행자로 선임한 가처분은 제3자에게 효력이 미치지 않는다.

④ B는 가처분에서 다른 정함이 있거나 법원의 허가를 얻지 않으면 甲회사의 상무에 속하지 아니한 행위를 하지 못한다.

⑤ B가 법원의 허가 없이 甲회사의 영업을 양도한 경우 그 영업을 양수받은 자가 선의이면 甲회사는 양수인에 대하여 책임을 져야 한다.

| 해설 |

① [O] 대표이사의 직무집행정지 및 직무대행자선임의 가처분이 이루어진 이상, 그 후 대표이사가 해임되고 새로운 대표이사가 선임되었다 하더라도 가처분결정이 취소되지 아니하는 한 직무대행자의 권한은 유효하게 존속하는 반면 새로이 선임된 대표이사는 그 선임결의의 적법 여부에 관계없이 대표이사로서의 권한을 가지지 못한다(대판 1992.5.12. 92다5638).

② [O] 이사선임결의의 무효나 취소 또는 이사해임의 소가 제기된 경우에는 법원은 당사자의 신청에 의하여 가처분으로써 이사의 직무집행을 정지할 수 있고 또는 직무대행자를 선임할 수 있다. 급박한 사정이 있는 때에는 본안소송의 제기전에도 그 처분을 할 수 있다(상법 제407조 제1항).

③ [×] 대표이사의 직무집행정지 및 직무대행자선임의 가처분은 그 성질상 당사자 사이에서 뿐만 아니라 제3자에게도 효력이 미치므로, 새로이 선임된 대표이사가 위 가처분에 위반하여 회사 대표자의 자격에서 한 법률행위는 결국 제3자에 대한 관계에서도 무효이고 이때 위 가처분에 위반하여 대표권 없는 대표이사와 법률행위를 한 거래상대방은 자신이 선의였음을 들어 위 법률행위의 유효를 주장할 수는 없다(대판 1992.5.12. 92다5638).

④ [O] 상법 제408조 제1항

⑤ [O] 상법 제408조 제2항

> **상법 제408조(직무대행자의 권한)**
> ① 전조(직무집행정지, 직무대행자선임)의 직무대행자는 가처분명령에 다른 정함이 있는 경우 외에는 회사의 상무에 속하지 아니한 행위를 하지 못한다. 그러나 법원의 허가를 얻은 경우에는 그러하지 아니하다.
> ② 직무대행자가 전항의 규정에 위반한 행위를 한 경우에도 회사는 선의의 제3자에 대하여 책임을 진다.

 ③

73 세무사 2021

☑ 확인Check! ○ △ ✕

상법상 주식회사 이사의 직무집행정지 및 직무대행자 선임의 가처분에 관한 설명으로 옳은 것은? 기출수정

① 이사선임결의의 무효나 취소의 소가 제기된 경우, 법원은 직권에 의하여 가처분으로써 이사의 직무집행을 정지할 수 있다.

② 직무집행정지의 가처분이 있는 때에는 본점의 소재지에서 그 등기를 하여야 한다.

③ 법원은 본안소송이 제기되기 전에는 급박한 사정이 있는 때라도 직무집행정지 가처분을 할 수 없다.

④ 가처분으로 선임된 직무대행자는 법원의 허가를 얻은 경우 외에는 회사의 상무에 속하지 아니한 행위를 하지 못한다.

⑤ 가처분으로 선임된 직무대행자가 그 권한을 위반한 경우에도 회사는 선의의 제3자에 대하여 책임을 지지 않는다.

해설

① [✕] 상법 제407조 제1항 본문

② [O] 상법 제407조 제3항

③ [✕] 상법 제407조 제1항 단서

> **상법 제407조(직무집행정지, 직무대행자선임)**
> ① 이사선임결의의 무효나 취소 또는 이사해임의 소가 제기된 경우에는 법원은 당사자의 신청에 의하여 가처분으로써 이사의 직무집행을 정지할 수 있고 또는 직무대행자를 선임할 수 있다. 급박한 사정이 있는 때에는 본안소송의 제기 전에도 그 처분을 할 수 있다.
> ③ 제1항과 제2항의 처분이 있는 때에는 본점의 소재지에서 그 등기를 하여야 한다.

④ [✕] 가처분명령에 다른 정함이 있는 경우와 법원의 허가가 있는 경우에는 회사의 상무에 속하지 아니한 행위를 할 수 있다(상법 제408조 제1항 참조).

⑤ [✕] 상법 제408조 제2항

> **상법 제408조(직무대행자의 권한)**
> ① 전조의 직무대행자는 가처분명령에 다른 정함이 있는 경우 외에는 회사의 상무에 속하지 아니한 행위를 하지 못한다. 그러나 법원의 허가를 얻은 경우에는 그러하지 아니하다.
> ② 직무대행자가 전항의 규정에 위반한 행위를 한 경우에도 회사는 선의의 제3자에 대하여 책임을 진다.

 ②

74 법무사 2023 ☑ 확인 Check! ○ △ ×

주식회사 이사에 대한 직무집행정지가처분 및 그 직무대행자에 관한 다음 설명 중 가장 옳지 않은 것은? 기출수정

① 이사직무집행정지가처분을 신청하기 위해서 이사의 지위를 다투는 본안소송이 반드시 제기되어 있어야 하는 것은 아니다.

② 이사직무집행정지가처분에 있어서 피신청인이 될 수 있는 자는 그 성질상 당해 이사이고, 회사에게는 피신청인의 적격이 없다.

③ 이사직무집행정지가처분이 있는 때에는 본점의 소재지에서 그 등기를 하여야 한다.

④ 직무대행자가 이사회 구성을 변경하는 행위를 안건으로 하는 임시주주총회를 소집하기 위해서는 법원의 허가가 필요하지만, 이사회 구성을 변경하는 행위를 안건으로 하는 정기주주총회의 소집은 직무대행자가 법원의 허가 없이 할 수 있다.

⑤ 대표이사의 직무집행정지 및 직무대행자선임의 가처분이 이루어졌고, 그 후 대표이사가 해임되고 새로운 대표이사가 선임되었어도 그 가처분결정이 취소되지 아니하는 한 새로이 선임된 대표이사는 대표이사로서의 권한을 가지지 못한다.

▌해설▌

① [O], ③ [O] 상법 제407조 제1항, 제3항

> **상법 제407조(직무집행정지, 직무대행자선임)**
> ① 이사선임결의의 무효나 취소 또는 이사해임의 소가 제기된 경우에는 법원은 당사자의 신청에 의하여 가처분으로써 이사의 직무집행을 정지할 수 있고 또는 직무대행자를 선임할 수 있다. 급박한 사정이 있는 때에는 본안소송의 제기전에도 그 처분을 할 수 있다.
> ③ 제1항과 제2항의 처분이 있는 때에는 본점의 소재지에서 그 등기를 하여야 한다.

② [O] 이사직무집행정지가처분에 있어서 피신청인이 될 수 있는 자는 그 성질상 당해 이사이고, 회사에게는 피신청인의 적격이 없다(대판 1982.2.9. 80다2424).

④ [×] 상법 제408조 제1항이 규정하는 회사의 '상무'라 함은 일반적으로 회사에서 일상 행해져야 하는 사무, 회사가 영업을 계속함에 있어서 통상 행하는 영업범위 내의 사무 또는 회사경영에 중요한 영향을 주지 않는 통상의 업무 등을 의미하고, 어느 행위가 구체적으로 이 상무에 속하는가 하는 것은 당해 회사의 기구, 업무의 종류・성질, 기타 제반 사정을 고려하여 객관적으로 판단되어야 할 것인바, 직무대행자가 정기주주총회를 소집함에 있어서도 그 안건에 이사회의 구성 자체를 변경하는 행위나 상법 제374조의 특별결의사항에 해당하는 행위 등 회사의 경영 및 지배에 영향을 미칠 수 있는 것이 포함되어 있다면 그 안건의 범위에서 정기총회의 소집이 상무에 속하지 않는다고 할 것이고, 직무대행자가 정기주주총회를 소집하는 행위가 상무에 속하지 아니함에도 법원의 허가 없이 이를 소집하여 결의한 때에는 소집절차상의 하자로 결의취소사유에 해당한다(대판 2007.6.28. 2006다62362).

⑤ [O] 대표이사의 직무집행정지 및 직무대행자선임의 가처분이 이루어진 이상, 그 후 대표이사가 해임되고 새로운 대표이사가 선임되었다 하더라도 가처분결정이 취소되지 아니하는 한 직무대행자의 권한은 유효하게 존속하는 반면 새로이 선임된 대표이사는 그 선임결의의 적법 여부에 관계없이 대표이사로서의 권한을 가지지 못한다(대판 1992.5.12. 92다5638).

답 ④

75 CPA 2021

☑ 확인Check! ○ △ ✕

상법상 주식회사 이사의 보수에 관한 설명으로 틀린 것은? (이견이 있으면 판례에 의함)

① 이사에 대한 퇴직위로금은 그 직에서 퇴임한 자에 대하여 그 재직 중 직무집행의 대가로 지급되는 보수의 일종이다.

② 법적으로는 이사의 지위를 갖지만 회사와의 약정에 따라 이사로서의 실질적인 직무를 수행하지 않는 이른바 명목상 이사도 특별한 사정이 없으면 정관의 규정 또는 주주총회의 결의에 의하여 결정된 보수의 청구권을 갖는다.

③ 이사의 직무와 그 보수 사이에는 합리적 비례관계가 유지되어야 하며, 회사의 채무 상황이나 영업실적에 비추어 합리적인 수준을 벗어나서 현저히 균형성을 잃을 정도로 과다하여서는 아니 된다.

④ 주주총회의 결의로 이사의 퇴직위로금액이 결정된 경우라도, 퇴임한 특정이사에 대하여 새로운 주주총회에서 그 퇴직위로금을 박탈하는 결의를 하면 그 박탈하는 결의는 효력이 있다.

⑤ 이사의 임기를 정한 경우에 회사가 정당한 이유 없이 임기만료 전에 이사를 해임한 때에는 그 이사는 회사에 대하여 해임으로 인한 손해의 배상을 청구할 수 있으며, 정당한 이유의 존부에 대한 입증책임은 손해배상을 청구하는 이사가 부담한다.

▌해설▐

① [O] 상법 제388조, 제415조에 의하면, 주식회사의 이사와 감사의 보수는 정관에 그 액을 정하지 아니한 때에는 주주총회의 결의로 이를 정한다고 되어 있고, 이사 또는 감사에 대한 퇴직위로금은 그 직에서 퇴임한 자에 대하여 그 재직 중 직무집행의 대가로써 지급되는 보수의 일종으로서 상법 제388조에 규정된 보수에 포함된다(대판 1999.2.24. 97다38930).

② [O] 법적으로는 주식회사 이사·감사의 지위를 갖지만 회사와의 명시적 또는 묵시적 약정에 따라 이사·감사로서의 실질적인 직무를 수행하지 않는 이른바 명목상 이사·감사도 법인인 회사의 기관으로서 회사가 사회적 실체로서 성립하고 활동하는 데 필요한 기초를 제공함과 아울러 상법이 정한 권한과 의무를 갖고 의무 위반에 따른 책임을 부담하는 것은 일반적인 이사·감사와 다를 바 없으므로, 과다한 보수에 대한 사법적 통제의 문제는 별론으로 하더라도, 오로지 보수의 지급이라는 형식으로 회사의 자금을 개인에게 지급하기 위한 방편으로 이사·감사로 선임한 것이라는 등의 특별한 사정이 없는 한, 회사에 대하여 상법 제388조, 제415조에 따라 정관의 규정 또는 주주총회의 결의에 의하여 결정된 보수의 청구권을 갖는다(대판 2015.7.23. 2014다236311).

③ [O] 상법이 정관 또는 주주총회의 결의로 이사의 보수를 정하도록 한 것은 이사들의 고용계약과 관련하여 사익 도모의 폐해를 방지함으로써 회사와 주주 및 회사채권자의 이익을 보호하기 위한 것이므로, 비록 보수와 직무의 상관관계가 상법에 명시되어 있지 않더라도 이사가 회사에 대하여 제공하는 직무와 지급받는 보수 사이에는 합리적 비례관계가 유지되어야 하며, 회사의 채무 상황이나 영업실적에 비추어 합리적인 수준을 벗어나서 현저히 균형성을 잃을 정도로 과다하여서는 아니 된다(대판 2016.1.28. 2014다11888).

④ [✕] 이사의 퇴직위로금은 상법 제388조에 규정된 보수에 포함된다 할 것이므로 위 법조에 근거하여 정관이나 주주총회결의로 그 액이 결정되었다면 주주총회에서 퇴임한 특정이사에 대하여 그 퇴직위로금을 박탈하거나 이를 감액하는 결의를 하였다 하여도 그 효력이 없다(대판 1977.11.22. 77다1742).

⑤ [O] 주식회사 이사의 임기를 정한 경우에 주식회사가 정당한 이유 없이 임기만료 전에 이사를 해임한 때에는 그 이사는 회사에 대하여 해임으로 인한 손해의 배상을 청구할 수 있는데(상법 제385조 제1항 후문), 이러한 경우 '정당한 이유'의 존부에 관한 입증책임은 손해배상을 청구하는 이사가 부담한다(대판 2006.11.23. 2004다49570).

답 ④

PART 3

76 법무사 2024

☑ 확인Check! ○ △ ×

주식회사의 이사의 보수에 관한 다음 설명 중 가장 옳지 않은 것은?

① 주주총회에서 선임된 이사가 회사와의 명시적 또는 묵시적 약정에 따라 업무를 다른 이사 등에게 포괄적으로 위임하고 이사로서의 실질적인 업무를 수행하지 않는 경우에는 회사를 상대로 주주총회 결의에서 정한 보수를 청구할 수 없다.

② 회사에 대한 경영권 상실 등으로 퇴직을 앞둔 이사가 회사에서 최대한 많은 보수를 받기 위하여 그에 동조하는 다른 이사와 함께 이사의 직무내용, 회사의 재무상황이나 영업실적 등에 비추어 지나치게 과다하여 합리적 수준을 현저히 벗어나는 보수 지급 기준을 마련하고 지위를 이용하여 주주총회에 영향력을 행사함으로써 소수주주의 반대에 불구하고 이에 관한 주주총회 결의가 성립되도록 하였다면, 이는 회사를 위하여 직무를 충실하게 수행하여야 하는 상법 제382조의3에서 정한 의무를 위반하여 회사재산의 부당한 유출을 야기함으로써 회사와 주주의 이익을 침해하는 것으로서 회사에 대한 배임행위에 해당하므로, 주주총회 결의를 거쳤다 하더라도 그러한 위법행위가 유효하다 할 수는 없다.

③ 정관 등에서 이사의 퇴직금에 관하여 주주총회의 결의로 정한다고 규정하면서 퇴직금의 액수에 관하여만 정하고 있다면, 퇴직금 중간정산에 관한 주주총회의 결의가 있었음을 인정할 증거가 없는 한 이사는 퇴직금 중간정산금 청구권을 행사할 수 없다.

④ 회사가 정관에서 이사의 퇴직금 지급에 관하여 주주총회의 결의를 거친 임원퇴직금 지급규정에 의한다고 규정하면서 그와 함께 퇴직하는 이사에 대한 퇴직금액의 하한을 구체적으로 정하고 있다면, 주주총회에서 이사의 퇴직금 지급에 관한 규정을 만들지 않거나 퇴직금에 관한 결의를 하지 않았다 하더라도 회사로서는 그와 같은 주주총회 결의 등이 없었음을 이유로 퇴직한 이사에 대하여 정관에 구체적으로 정한 하한의 범위 안에서의 퇴직금의 지급을 거절할 수는 없다.

⑤ 주식회사와 이사 사이에 체결된 고용계약에서 이사가 그 의사에 반하여 이사직에서 해임될 경우 퇴직위로금과는 별도로 일정한 금액의 해직보상금을 지급받기로 약정한 경우, 이사의 보수에 관한 상법 제388조를 준용 내지 유추적용하여 이사는 해직보상금에 관하여도 정관에서 그 액을 정하지 않는 한 주주총회 결의가 있어야만 회사에 대하여 이를 청구할 수 있다.

▌해설▌

① [×] 주식회사의 주주총회에서 이사・감사로 선임된 사람이 주식회사와 계약을 맺고 이사・감사로 취임한 경우에, 상법 제388조, 제415조에 따라 정관 또는 주주총회 결의에서 정한 금액・지급시기・지급방법에 의하여 보수를 받을 수 있다. 이에 비추어 보면, 주주총회에서 선임된 이사・감사가 회사와의 명시적 또는 묵시적 약정에 따라 업무를 다른 이사 등에게 포괄적으로 위임하고 이사・감사로서의 실질적인 업무를 수행하지 않는 경우라 하더라도 이사・감사로서 상법 제399조, 제401조, 제414조 등에서 정한 법적 책임을 지므로, 이사・감사를 선임하거나 보수를 정한 주주총회 결의의 효력이 무효이거나 또는 소극적인 직무 수행이 주주총회에서 이사・감사를 선임하면서 예정하였던 직무 내용과 달라 주주총회에서 한 선임 결의 및 보수지급 결의에 위배되는 배임적인 행위에 해당하는 등의 특별한 사정이 없다면, <u>소극적인 직무 수행 사유만을 가지고 이사・감사로서의 자격을 부정하거나 주주총회 결의에서 정한 보수청구권의 효력을 부정하기는 어렵다</u>(대판 2015.9.10. 2015다213308).

② [O] 상법이 정관 또는 주주총회의 결의로 이사의 보수를 정하도록 한 것은 이사들의 고용계약과 관련하여 사익 도모의 폐해를 방지함으로써 회사와 주주 및 회사채권자의 이익을 보호하기 위한 것이므로, 비록 보수와 직무의 상관관계가 상법에 명시되어 있지 않더라도 이사가 회사에 대하여 제공하는 직무와 지급받는 보수 사이에는 합리적 비례관계가 유지되어야 하며, 회사의 채무 상황이나 영업실적에 비추어 합리적인 수준을 벗어나서 현저히 균형성을 잃을 정도로 과다하여서는 아니 된다. 따라서 회사에 대한 경영권 상실 등으로 퇴직을 앞둔 이사가 회사에서 최대한 많은 보수를 받기 위하여 그에 동조하는 다른 이사와 함께 이사의 직무내용, 회사의 재무상황이나 영업실적 등에 비추어 지나치게 과다하여 합리적 수준을 현저히 벗어나는 보수 지급 기준을 마련하고 지위를 이용하여 주주총회에 영향력을 행사함으로써 소수주주의 반대에 불구하고 이에 관한 주주총회결의가 성립되도록 하였다면, 이는 회사를 위하여 직무를 충실하게 수행하여야 하는 상법 제382조의3에서 정한 의무를 위반하여 회사재산의 부당한 유출을 야기함으로써 회사와 주주의 이익을 침해하는 것으로서 회사에 대한 배임행위에 해당하므로, 주주총회결의를 거쳤다 하더라도 그러한 위법행위가 유효하다 할 수는 없다(대판 2016.1.28. 2014다11888).

③ [O] 이사의 퇴직금은 상법 제388조에 규정된 보수에 포함되고, 퇴직금을 미리 정산하여 지급받는 형식을 취하는 퇴직금 중간정산금도 퇴직금과 성격이 동일하다. 다만 이사에 대한 퇴직금은 성격상 퇴직한 이사에 대해 재직 중 직무집행의 대가로 지급되는 보수의 일종이므로, 이사가 재직하는 한 이사에 대한 퇴직금 지급의무가 발생할 여지가 없고 이사가 퇴직하는 때에 비로소 지급의무가 생긴다. 그런데 퇴직금 중간정산금은 지급시기가 일반적으로 정해져 있는 정기적 보수 또는 퇴직금과 달리 권리자인 이사의 신청을 전제로 이사의 퇴직 전에 지급의무가 발생하게 되므로, 이사가 중간정산의 형태로 퇴직금을 지급받을 수 있는지 여부는 퇴직금의 지급시기와 지급방법에 관한 매우 중요한 요소이다. 따라서 정관 등에서 이사의 퇴직금에 관하여 주주총회의 결의로 정한다고 규정하면서 퇴직금의 액수에 관하여만 정하고 있다면, 퇴직금 중간정산에 관한 주주총회의 결의가 있었음을 인정할 증거가 없는 한 이사는 퇴직금 중간정산금 청구권을 행사할 수 없다(대판 2019.7.4. 2017다17436).

④ [O] 회사가 정관에서 이사의 퇴직금 지급에 관하여 주주총회의 결의를 거친 임원퇴직금 지급규정에 의한다고 규정하면서 그와 함께 퇴직하는 이사에 대한 퇴직금액의 하한을 구체적으로 정하고 있다면, 주주총회에서는 정관에서 정한 퇴직금액을 하한으로 하여 임원퇴직금 지급에 관한 규정을 만들 수 있을 뿐, 퇴직금 청구권을 아예 박탈하는 결의를 하거나 그러한 내용의 규정을 만들 수는 없다고 보아야 한다. 따라서 주주총회에서 이사의 퇴직금 지급에 관한 규정을 만들지 않거나 퇴직금에 관한 결의를 하지 않았다 하더라도 회사로서는 그와 같은 주주총회 결의 등이 없었음을 이유로 퇴직한 이사에 대하여 정관에 구체적으로 정한 하한의 범위 안에서의 퇴직금의 지급을 거절할 수는 없다(대판 2022.7.28. 2022다223273).

⑤ [O] 주식회사와 이사 사이에 체결된 고용계약에서 이사가 그 의사에 반하여 이사직에서 해임될 경우 퇴직위로금과는 별도로 일정한 금액의 해직보상금을 지급받기로 약정한 경우, 그 해직보상금은 형식상으로는 보수에 해당하지 않는다 하여도 보수와 함께 같은 고용계약의 내용에 포함되어 그 고용계약과 관련하여 지급되는 것일 뿐 아니라, 의사에 반하여 해임된 이사에 대하여 정당한 이유의 유무와 관계없이 지급하도록 되어 있어 이사에게 유리하도록 회사에 추가적인 의무를 부과하는 것인바, 보수에 해당하지 않는다는 이유로 주주총회 결의를 요하지 않는다고 한다면, 이사들이 고용계약을 체결하는 과정에서 개인적인 이득을 취할 목적으로 과다한 해직보상금을 약정하는 것을 막을 수 없게 되어, 이사들의 고용계약과 관련하여 그 사익 도모의 폐해를 방지하여 회사와 주주의 이익을 보호하고자 하는 상법 제388조의 입법 취지가 잠탈되고, 나아가 해직보상금액이 특히 거액일 경우 회사의 자유로운 이사해임권 행사를 저해하는 기능을 하게 되어 이사선임기관인 주주총회의 권한을 사실상 제한함으로써 회사법이 규정하는 주주총회의 기능이 심히 왜곡되는 부당한 결과가 초래되므로, 이사의 보수에 관한 상법 제388조를 준용 내지 유추적용하여 이사는 해직보상금에 관하여도 정관에서 그 액을 정하지 않는 한 주주총회 결의가 있어야만 회사에 대하여 이를 청구할 수 있다(대판 2006.11.23. 2004다49570).

답 ①

77 법무사 2022

☑ 확인 Check! ○ △ ×

상법상 주식회사 이사의 선임에 관한 다음 설명 중 가장 옳은 것은?

① 이사는 주주총회에서 특별결의로 선임된다.

② 2인 이상의 이사의 선임을 목적으로 하는 총회의 소집이 있는 때에는 발행주식총수의 100분의 3 이상에 해당하는 주식을 가진 주주는 회사에 대하여 집중투표의 방법으로 이사를 선임할 것을 청구할 수 있다. 이때 100분의 3에는 의결권 없는 주식도 포함한다.

③ 2인 이상의 이사 선임에 관한 집중투표를 배제하는 정관 규정은 효력이 없다.

④ 이사선임결의와 피선임자의 승낙만 있으면 대표이사와 별도의 임용계약을 체결하였는지와 관계없이 이사의 지위를 취득한다.

⑤ 이사의 임기는 3년을 초과하지 못하므로, 임기를 정하지 않은 경우에는 그 임기를 3년으로 본다.

▌해설▌

① [×] 이사는 주주총회에서 선임한다(상법 제382조 제1항). 이사의 선임은 주주총회의 보통결의사항이나 해임은 특별결의 사항이다.

② [×], ③ [×] 2인 이상의 이사의 선임을 목적으로 하는 총회의 소집이 있는 때에는 의결권 없는 주식을 제외한 발행주식총수의 100분의 3 이상에 해당하는 주식을 가진 주주는 정관에서 달리 정하는 경우를 제외하고는 회사에 대하여 집중투표의 방법으로 이사를 선임할 것을 청구할 수 있다(상법 제382조의2 제1항).

④ [○] 주주총회에서 이사나 감사를 선임하는 경우 선임결의와 피선임자의 승낙만 있으면, 피선임자는 대표이사와 별도의 임용계약을 체결하였는지와 관계없이 이사나 감사의 지위를 취득한다(대판[전합] 2017.3.23. 2016다251215).

⑤ [×] 상법 제385조 제1항에 의하면 "이사는 언제든지 주주총회의 특별결의로 해임할 수 있으나, 이사의 임기를 정한 경우에 정당한 이유 없이 그 임기만료 전에 이를 해임한 때에는 그 이사는 회사에 대하여 해임으로 인한 손해의 배상을 청구할 수 있다"고 규정하고 있는바, 이때 이사의 임기를 정한 경우라 함은 정관 또는 주주총회의 결의로 임기를 정하고 있는 경우를 말하고, 이사의 임기를 정하지 않은 때에는 이사의 임기의 최장기인 3년을 경과하지 않는 동안에 해임되더라도 그로 인한 손해의 배상을 청구할 수 없다고 할 것이고, 회사의 정관에서 상법 제383조 제2항과 동일하게 "이사의 임기는 3년을 초과하지 못한다"고 규정한 것이 이사의 임기를 3년으로 정하는 취지라고 해석할 수는 없다(대판 2001.6.15. 2001다23928). 즉, 판례는 회사가 이사의 임기를 정하지 않은 경우에 이사의 임기가 3년이 된다는 의미는 아니라고 한다.

답 ④

78 세무사 2022

☑ 확인Check! ○ △ ✕

상법상 주식회사의 이사에 관한 설명으로 옳지 않은 것은?

① 회사와 이사의 관계는 민법의 위임에 관한 규정을 준용한다.

② 정관으로 이사가 가질 주식의 수를 정한 경우에 다른 규정이 없는 때에는 이사는 그 수의 주권을 법원에 공탁하여야 한다.

③ 자본금 총액이 10억원 이상인 회사의 이사는 3인 이상이어야 한다.

④ 이사의 임기는 2년으로 정할 수 있다.

⑤ 정관에 정한 이사의 원수를 결한 경우에는 임기의 만료로 인하여 퇴임한 이사는 새로 선임된 이사가 취임할 때까지 이사의 권리의무가 있다.

해설

① [O] 회사와 이사의 관계는 「민법」의 위임에 관한 규정을 준용한다(상법 제382조 제2항).

② [✕] 정관으로 이사가 가질 주식의 수를 정한 경우에 다른 규정이 없는 때에는 이사는 그 수의 주권을 감사에게 공탁하여야 한다(상법 제387조).

③ [O] 이사는 3명 이상이어야 한다. 다만, 자본금 총액이 10억원 미만인 회사는 1명 또는 2명으로 할 수 있다(상법 제383조 제1항).

④ [O] 이사의 임기는 3년을 초과하지 못한다(상법 제383조 제2항). 따라서 이사의 임기를 2년으로 정할 수 있다.

⑤ [O] 법률 또는 정관에 정한 이사의 원수를 결한 경우에는 임기의 만료 또는 사임으로 인하여 퇴임한 이사는 새로 선임된 이사가 취임할 때까지 이사의 권리의무가 있다(상법 제386조 제1항).

답 ②

79 세무사 2021

☑ 확인 Check! ○ △ ×

상법상 자본금 총액이 10억원인 주식회사의 이사에 관한 설명으로 옳지 않은 것은?

① 이사는 3명 이상이어야 한다.

② 이사의 임기는 3년을 초과하지 못하지만, 정관으로 그 임기 중의 최종의 결산기에 관한 정기주주총회의 종결에 이르기까지 연장할 수 있다.

③ 회사는 언제든지 주주총회의 특별결의로 이사를 해임할 수 있다.

④ 이사의 임기를 정한 경우에 정당한 이유 없이 그 임기만료 전에 이를 해임한 때에는 그 이사는 회사에 대하여 해임으로 인한 손해의 배상을 청구할 수 있다.

⑤ 정관으로 이사가 가질 주식의 수를 정한 경우에 다른 규정이 없는 때에는 이사는 그 수의 주권을 이사회에 공탁하여야 한다.

해설

① [O] 이사는 3명 이상이어야 한다. 다만, 자본금 총액이 10억원 미만인 회사는 1명 또는 2명으로 할 수 있다(상법 제383조 제1항).

② [O] 상법 제383조 제2항, 제3항

> **상법 제383조(원수, 임기)**
> ② 이사의 임기는 3년을 초과하지 못한다.
> ③ 제2항의 임기는 정관으로 그 임기 중의 최종의 결산기에 관한 정기주주총회의 종결에 이르기까지 연장할 수 있다.

③ [O], ④ [O] 이사는 언제든지 제434조의 규정에 의한 주주총회의 결의로 이를 해임할 수 있다. 그러나 이사의 임기를 정한 경우에 정당한 이유없이 그 임기만료전에 이를 해임한 때에는 그 이사는 회사에 대하여 해임으로 인한 손해의 배상을 청구할 수 있다(상법 제385조 제1항).

⑤ [×] 정관으로 이사가 가질 주식의 수를 정한 경우에 다른 규정이 없는 때에는 이사는 그 수의 주권을 <u>감사에게</u> 공탁하여야 한다(상법 제387조).

 ⑤

80 법무사 2022

☑ 확인 Check! ○ △ ×

다음 설명 중 가장 옳지 않은 것은?

① 상법 제388조는 "이사의 보수는 정관에 그 액을 정하지 아니한 때에는 주주총회의 결의로 이를 정한다"라고 규정하고 있고, 위 규정의 보수에는 연봉, 수당, 상여금 등 명칭을 불문하고 이사의 직무수행에 대한 보상으로 지급되는 모든 대가가 포함된다. 다만 주주총회에서 이사의 보수에 관한 구체적 사항을 이사회에 위임한 경우에는 주주총회에서 이를 직접 정할 수 없다.

② 주식회사의 총주식을 한 사람이 소유하는 이른바 1인회사의 경우, 주주총회 소집절차에 하자가 있거나 주주총회의사록이 작성되지 않았더라도, 1인 주주의 의사가 주주총회의 결의내용과 일치한다면 증거에 의하여 그러한 내용의 결의가 있었던 것으로 볼 수 있다.

③ 회사는 이사회의 결의로 회사를 대표할 이사를 선정하여야 한다. 그러나 정관으로 주주총회에서 이를 선정할 것을 정할 수 있다.

④ 이사회는 각 이사가 소집한다. 그러나 이사회의 결의로 소집할 이사를 정한 때에는 그러하지 아니하다.

⑤ 이사회의 결의는 이사 과반수의 출석과 출석이사의 과반수로 하여야 한다. 그러나 정관으로 그 비율을 높게 정할 수 있다.

▌해설▌

① [×] [1] 상법 제388조는 "이사의 보수는 정관에 그 액을 정하지 아니한 때에는 주주총회의 결의로 이를 정한다"라고 규정하고 있고, 위 규정의 보수에는 연봉, 수당, 상여금 등 명칭을 불문하고 이사의 직무수행에 대한 보상으로 지급되는 모든 대가가 포함된다. 이는 이사가 자신의 보수와 관련하여 개인적 이익을 도모하는 폐해를 방지하여 회사와 주주 및 회사채권자의 이익을 보호하기 위한 강행규정이다. [2] 상법 제361조는 "주주총회는 본법 또는 정관에 정하는 사항에 한하여 결의할 수 있다"라고 규정하고 있는데, 이러한 주주총회 결의사항은 반드시 주주총회가 정해야 하고 정관이나 주주총회의 결의에 의하더라도 이를 다른 기관이나 제3자에게 위임하지 못한다. 따라서 정관 또는 주주총회에서 임원의 보수 총액 내지 한도액만을 정하고 개별 이사에 대한 지급액 등 구체적인 사항을 이사회에 위임하는 것은 가능하지만, 이사의 보수에 관한 사항을 이사회에 포괄적으로 위임하는 것은 허용되지 아니한다. 그리고 주주총회에서 이사의 보수에 관한 구체적 사항을 이사회에 위임한 경우에도 이를 주주총회에서 직접 정하는 것도 상법이 규정한 권한의 범위에 속하는 것으로서 가능하다(대판 2020.6.4. 2016다241515).

② [○] 주식회사의 총주식을 한 사람이 소유하는 이른바 1인회사의 경우에는 그 주주가 유일한 주주로서 주주총회에 출석하면 전원 총회로서 성립하고 그 주주의 의사대로 결의가 될 것이 명백하다. 이러한 이유로 주주총회 소집절차에 하자가 있거나 주주총회의사록이 작성되지 않았더라도, 1인 주주의 의사가 주주총회의 결의내용과 일치한다면 증거에 의하여 그러한 내용의 결의가 있었던 것으로 볼 수 있다(대판 2020.6.4. 2016다241515).

③ [○] 회사는 이사회의 결의로 회사를 대표할 이사를 선정하여야 한다. 그러나 정관으로 주주총회에서 이를 선정할 것을 정할 수 있다(상법 제389조 제1항).

④ [○] 이사회는 각 이사가 소집한다. 그러나 이사회의 결의로 소집할 이사를 정한 때에는 그러하지 아니하다(상법 제390조 제1항).

⑤ [○] 이사회의 결의는 이사 과반수의 출석과 출석이사의 과반수로 하여야 한다. 그러나 정관으로 그 비율을 높게 정할 수 있다(상법 제391조 제1항).

답 ①

PART 3

☑ 제2항 이사회

81 CPA 2021 ☑ 확인Check! ○ △ ×

상법상 주식회사의 이사회에 관한 설명으로 틀린 것은? (이견이 있으면 판례에 의함)

① 이사회는 이사의 직무의 집행을 감독한다.

② 이사회 소집통지를 할 때에는 특별한 사정이 없는 한 주주총회 소집통지의 경우와 달리 회의의 목적사항을 함께 통지할 필요는 없다.

③ 이사회 의사록에는 의사의 안건, 경과요령, 그 결과, 반대하는 자와 그 반대이유를 기재하고, 출석한 이사 및 감사가 기명날인 또는 서명하여야 한다.

④ 이사회의 결의는 원칙적으로 이사과반수의 출석과 출석이사의 과반수로 하여야 하지만, 정관으로 그 비율을 높게 정할 수 있다.

⑤ 이사 자신이 직접 출석하여 이사회의 결의에 참가할 수 없는 경우, 그 이사가 대리인에게 출석을 위임하면 대리인에 의한 출석이 인정된다.

해설

① [O] 이사회는 이사의 직무의 집행을 감독한다(상법 제393조 제2항).

② [O] 이사회 소집통지를 할 때에는, 회사의 정관에 이사들에게 회의의 목적사항을 함께 통지하도록 정하고 있거나 회의의 목적사항을 함께 통지하지 아니하면 이사회에서의 심의・의결에 현저한 지장을 초래하는 등의 특별한 사정이 없는 한, 주주총회 소집통지의 경우와 달리 회의의 목적사항을 함께 통지할 필요는 없다(대판 2011.6.24. 2009다35033).

③ [O] 의사록에는 의사의 안건, 경과요령, 그 결과, 반대하는 자와 그 반대이유를 기재하고 출석한 이사 및 감사가 기명날인 또는 서명하여야 한다(상법 제391조의3 제2항).

④ [O] 이사회의 결의는 이사과반수의 출석과 출석이사의 과반수로 하여야 한다. 그러나 정관으로 그 비율을 높게 정할 수 있다(상법 제391조 제1항).

⑤ [×] 이사회는 주주총회의 경우와는 달리 원칙적으로 이사자신이 직접 출석하여 결의에 참가하여야 하며 대리인에 의한 출석은 인정되지 않고 따라서 이사가 타인에게 출석과 의결권을 위임할 수도 없는 것이니 이에 위배된 이사회의 결의는 무효이며 그 무효임을 주장하는 방법에는 아무런 제한이 없다(대판 1982.7.13. 80다2441).

답 ⑤

82 CPA 2016

☑ 확인 Check! ○ △ ✕

상법의 명문규정에 의하여 주식회사 이사회의 권한사항을 정관에 의해 주주총회의 권한사항으로 정할 수 있도록 허용되는 경우가 아닌 것은? (자본금 10억원 미만의 주식회사는 고려하지 않음)

① 대표이사의 선임
② 정관에 규정되어 있지 아니한 신주발행사항의 결정
③ 회사와 이익상충의 우려가 있는 이사의 자기거래에 대한 승인
④ 법정준비금의 자본금 전입
⑤ 정관에 규정되어 있지 아니한 전환사채발행사항의 결정

해설

① [O] 회사는 이사회의 결의로 회사를 대표할 이사를 선정하여야 한다. 그러나 정관으로 주주총회에서 이를 선정할 것을 정할 수 있다(상법 제389조 제1항).

② [O] 상법 제416조

> **상법 제416조(발행사항의 결정)**
> 회사가 그 성립 후에 주식을 발행하는 경우에는 다음의 사항으로서 정관에 규정이 없는 것은 이사회가 결정한다. 다만, 이 법에 다른 규정이 있거나 정관으로 주주총회에서 결정하기로 정한 경우에는 그러하지 아니하다.
> 1. 신주의 종류와 수
> 2. 신주의 발행가액과 납입기일
> 2의2. 무액면주식의 경우에는 신주의 발행가액 중 자본금으로 계상하는 금액
> 3. 신주의 인수방법
> 4. 현물출자를 하는 자의 성명과 그 목적인 재산의 종류, 수량, 가액과 이에 대하여 부여할 주식의 종류와 수
> 5. 주주가 가지는 신주인수권을 양도할 수 있는 것에 관한 사항
> 6. 주주의 청구가 있는 때에만 신주인수권증서를 발행한다는 것과 그 청구기간

③ [✕] 상법 제398조 제1호

> **상법 제398조(이사 등과 회사 간의 거래)**
> 다음 각 호의 어느 하나에 해당하는 자가 자기 또는 제3자의 계산으로 회사와 거래를 하기 위하여는 미리 이사회에서 해당 거래에 관한 중요사실을 밝히고 이사회의 승인을 받아야 한다. 이 경우 이사회의 승인은 이사 3분의 2 이상의 수로써 하여야 하고, 그 거래의 내용과 절차는 공정하여야 한다.
> 1. 이사 또는 제542조의8 제2항 제6호에 따른 주요주주
> 2. 제1호의 자의 배우자 및 직계존비속
> 3. 제1호의 자의 배우자의 직계존비속
> 4. 제1호부터 제3호까지의 자가 단독 또는 공동으로 의결권 있는 발행주식 총수의 100분의 50 이상을 가진 회사 및 그 자회사
> 5. 제1호부터 제3호까지의 자가 제4호의 회사와 합하여 의결권 있는 발행주식총수의 100분의 50 이상을 가진 회사

④ [O] 회사는 이사회의 결의에 의하여 준비금의 전부 또는 일부를 자본금에 전입할 수 있다. 그러나 정관으로 주주총회에서 결정하기로 정한 경우에는 그러하지 아니하다(상법 제461조 제1항).

PART 3

⑤ [O] 상법 제513조 제2항

> **상법 제513조(전환사채의 발행)**
> ① 회사는 전환사채를 발행할 수 있다.
> ② 제1항의 경우에 다음의 사항으로서 정관에 규정이 없는 것은 이사회가 이를 결정한다. 그러나 정관으로 주주총회에서 이를 결정하기로 정한 경우에는 그러하지 아니하다.
> 1. 전환사채의 총액
> 2. 전환의 조건
> 3. 전환으로 인하여 발행할 주식의 내용
> 4. 전환을 청구할 수 있는 기간
> 5. 주주에게 전환사채의 인수권을 준다는 뜻과 인수권의 목적인 전환사채의 액
> 6. 주주외의 자에게 전환사채를 발행하는 것과 이에 대하여 발행할 전환사채의 액

답 ③

83 세무사 2020

확인 Check! ○ △ ×

상법상 이사회의 권한사항을 정관으로 주주총회에서 정할 수 있도록 명문으로 허용하는 경우가 아닌 것은?

① 대표이사의 선임

② 정관에 규정이 없는 전환사채의 총액에 관한 결정

③ 정관에 규정이 없는 신주의 종류와 수에 관한 결정

④ 준비금의 자본금 전입

⑤ 이사가 자기 또는 제3자의 계산으로 회사와 거래를 하는 것에 대한 승인

해설

① [O] 회사는 이사회의 결의로 회사를 대표할 이사를 선정하여야 한다. 그러나 정관으로 주주총회에서 이를 선정할 것을 정할 수 있다(상법 제389조 제1항).

② [O] 상법 제513조 제2항 제1호

> **상법 제513조(전환사채의 발행)**
> ① 회사는 전환사채를 발행할 수 있다.
> ② 제1항의 경우에 다음의 사항으로서 정관에 규정이 없는 것은 이사회가 이를 결정한다. 그러나 정관으로 주주총회에서 이를 결정하기로 정한 경우에는 그러하지 아니하다.
> 1. 전환사채의 총액
> 2. 전환의 조건
> 3. 전환으로 인하여 발행할 주식의 내용
> 4. 전환을 청구할 수 있는 기간
> 5. 주주에게 전환사채의 인수권을 준다는 뜻과 인수권의 목적인 전환사채의 액
> 6. 주주외의 자에게 전환사채를 발행하는 것과 이에 대하여 발행할 전환사채의 액

③ [O] 상법 제416조 제1호

> **상법 제416조(발행사항의 결정)**
> 회사가 그 성립 후에 주식을 발행하는 경우에는 다음의 사항으로서 정관에 규정이 없는 것은 이사회가 결정한다. 다만, 이 법에 다른 규정이 있거나 정관으로 주주총회에서 결정하기로 정한 경우에는 그러하지 아니하다.
> 1. 신주의 종류와 수
> 2. 신주의 발행가액과 납입기일
>
> 2의2. 무액면주식의 경우에는 신주의 발행가액 중 자본금으로 계상하는 금액
> 3. 신주의 인수방법
> 4. 현물출자를 하는 자의 성명과 그 목적인 재산의 종류, 수량, 가액과 이에 대하여 부여할 주식의 종류와 수
> 5. 주주가 가지는 신주인수권을 양도할 수 있는 것에 관한 사항
> 6. 주주의 청구가 있는 때에만 신주인수권증서를 발행한다는 것과 그 청구기간

④ [O] 회사는 이사회의 결의에 의하여 준비금의 전부 또는 일부를 자본금에 전입할 수 있다. 그러나 정관으로 주주총회에서 결정하기로 정한 경우에는 그러하지 아니하다(상법 제461조 제1항).

⑤ [×] 이사의 자기거래의 승인은 상법에 이사회 권한 사항으로 규정되어 있지만 정관으로 주주총회가 정하도록 할 수 있다는 유보조항을 명시적으로 두고 있지는 않다(상법 제398조 참조). 참고로 판례는 이사와 회사 사이의 이익상반거래에 대한 승인은 주주 전원의 동의가 있다거나 그 승인이 정관에 주주총회의 권한사항으로 정해져 있다는 등의 특별한 사정이 없는 한 이사회의 전결사항이라고 하였다(대판 2007.5.10. 2005다4284).

> **상법 제398조(이사 등과 회사 간의 거래)**
> 다음 각 호의 어느 하나에 해당하는 자가 자기 또는 제3자의 계산으로 회사와 거래를 하기 위하여는 미리 이사회에서 해당 거래에 관한 중요사실을 밝히고 이사회의 승인을 받아야 한다. 이 경우 이사회의 승인은 이사 3분의 2 이상의 수로써 하여야 하고, 그 거래의 내용과 절차는 공정하여야 한다.
> 1. 이사 또는 제542조의8 제2항 제6호에 따른 주요주주
> 2. 제1호의 자의 배우자 및 직계존비속
> 3. 제1호의 자의 배우자의 직계존비속
> 4. 제1호부터 제3호까지의 자가 단독 또는 공동으로 의결권 있는 발행주식 총수의 100분의 50 이상을 가진 회사 및 그 자회사
> 5. 제1호부터 제3호까지의 자가 제4호의 회사와 합하여 의결권 있는 발행주식총수의 100분의 50 이상을 가진 회사

 ⑤

84 세무사 2020

☑ 확인Check! ○ △ ×

상법상 주식회사 이사회의 결의만으로 가능한 사항은?

① 정관의 변경
② 자본금 감소
③ 회사의 해산
④ 지점의 설치·이전 또는 폐지
⑤ 감사의 회사에 대한 책임의 면제

▌해설▐

① [×] 정관의 변경은 주주총회의 특별결의에 의하여야 한다(상법 제433조 제1항, 제434조 참조).

> **상법 제433조(정관변경의 방법)**
> ① 정관의 변경은 주주총회의 결의에 의하여야 한다.
>
> **상법 제434조(정관변경의 특별결의)**
> 제433조 제1항의 결의는 출석한 주주의 의결권의 3분의 2 이상의 수와 발행주식총수의 3분의 1 이상의 수로써 하여야 한다.

② [×] 자본금의 감소는 원칙적으로 주주총회의 특별결의에 의하여야 하지만, 결손 보전 목적의 자본금 감소는 주주총회의 보통결의에 의하여야 한다(상법 제438조 제1항, 제2항 참조).

> **상법 제438조(자본금 감소의 결의)**
> ① 자본금의 감소에는 제434조에 따른 결의가 있어야 한다.
> ② 제1항에도 불구하고 결손의 보전(補塡)을 위한 자본금의 감소는 제368조 제1항의 결의에 의한다.

③ [×] 주식회사의 해산은 주주총회의 특별결의에 의하여 한다(상법 제517조 제2호, 제518조 참조).

> **상법 제517조(해산사유)**
> 주식회사는 다음의 사유로 인하여 해산한다.
> 1. 제227조 제1호, 제4호 내지 제6호에 정한 사유
> 1의2. 제530조의2의 규정에 의한 회사의 분할 또는 분할합병
> 2. 주주총회의 결의
>
> **상법 제518조(해산의 결의)**
> 해산의 결의는 제434조의 규정에 의하여야 한다.

④ [O] 중요한 자산의 처분 및 양도, 대규모 재산의 차입, 지배인의 선임 또는 해임과 지점의 설치·이전 또는 폐지 등 회사의 업무집행은 이사회의 결의로 한다(상법 제393조 제1항).

⑤ [×] 감사의 회사에 대한 책임의 면제는 주주 전원의 동의가 있어야 한다(상법 제415조, 제400조 참조).

> **상법 제415조(준용규정)**
> 제382조 제2항, 제382조의4, 제385조, 제386조, 제388조, 제400조, 제401조, 제403조부터 제406조까지, 제406조의2 및 제407조는 감사에 준용한다.
>
> **상법 제400조(회사에 대한 책임의 감면)**
> ① 제399조에 따른 이사의 책임은 주주 전원의 동의로 면제할 수 있다.
>
> **상법 제399조(회사에 대한 책임)**
> ① 이사가 고의 또는 과실로 법령 또는 정관에 위반한 행위를 하거나 그 임무를 게을리한 경우에는 그 이사는 회사에 대하여 연대하여 손해를 배상할 책임이 있다.

답 ④

85 CPA 2015

☑ 확인 Check! ○ △ ×

상법상 주식회사의 이사회에 관한 설명으로 틀린 것은?

① 이사회는 원칙적으로 각 이사가 소집하지만 이사회 결의로 소집할 이사를 정할 수 있다.
② 이사회를 소집할 때에는 주주총회의 소집과 마찬가지로 회의의 목적사항을 반드시 통지하여야 한다.
③ 이사회결의에 관하여 특별이해관계가 있는 이사의 의결권은 이사회의 성립정족수에는 포함되나 의결정족수의 계산에서는 출석이사 속에 산입하지 않는다.
④ 감사는 필요한 경우 회의의 목적사항과 소집이유를 서면에 적어 이사(소집권자가 있는 경우에는 소집권자)에게 제출하여 이사회 소집을 청구할 수 있다.
⑤ 대표이사 해임을 위한 이사회 결의요건은 정관에서 달리 정하지 않은 이상 이사 과반수의 출석과 출석이사의 과반수로 하여야 한다.

해설

① [○] 이사회는 각 이사가 소집한다. 그러나 이사회의 결의로 소집할 이사를 정한 때에는 그러하지 아니하다(상법 제390조 제1항).
② [×] 이사회 소집통지를 할 때에는, 회사의 정관에 이사들에게 회의의 목적사항을 함께 통지하도록 정하고 있거나 회의의 목적사항을 함께 통지하지 아니하면 이사회에서의 심의·의결에 현저한 지장을 초래하는 등의 특별한 사정이 없는 한, 주주총회 소집통지의 경우와 달리 회의의 목적사항을 함께 통지할 필요는 없다(대판 2011.6.24. 2009다35033).

PART 3

③ [O] 상법 제391조에 의하여 주식회사의 이사회의 결의는 이사 과반수의 출석과 출석이사의 과반수로 하여야 하고(제1항), 이 경우 상법 제368조 제3항과 제371조 제2항의 규정이 준용되는 것인바(제3항), 상법 제368조 제3항과 제371조 제2항은, 총회의 결의에 관하여 특별한 이해관계가 있는 자는 의결권을 행사하지 못하고(제368조 제3항), 이 규정에 의하여 행사할 수 없는 의결권의 수는 출석한 주주의 의결권의 수에 산입하지 아니한다고 규정할 뿐이고(제371조 제2항), 이를 의사정족수에 산입하지 아니한다는 규정은 두고 있지 않다. 따라서 이해관계 있는 이사는 이사회에서 의결권을 행사할 수는 없으나, 의사정족수 산정의 기초가 되는 이사의 수에는 포함된다고 보아야 할 것이고, 다만 결의성립에 필요한 출석이사에는 산입되지 아니한다고 풀이함이 상당하다(대판 1991.5.28. 90다20084).

상법 제391조(이사회의 결의방법)

① 이사회의 결의는 이사과반수의 출석과 출석이사의 과반수로 하여야 한다. 그러나 정관으로 그 비율을 높게 정할 수 있다.

③ 제368조 제3항 및 제371조 제2항의 규정은 제1항의 경우에 이를 준용한다.

상법 제368조(총회의 결의방법과 의결권의 행사)

③ 총회의 결의에 관하여 특별한 이해관계가 있는 자는 의결권을 행사하지 못한다.

상법 제371조(정족수, 의결권수의 계산)

② 총회의 결의에 관하여는 제368조 제3항에 따라 행사할 수 없는 주식의 의결권 수와 제409조 제2항 및 제542조의12 제4항에 따라 그 비율을 초과하는 주식으로서 행사할 수 없는 주식의 의결권 수는 출석한 주주의 의결권의 수에 산입하지 아니한다.

④ [O] 감사는 필요하면 회의의 목적사항과 소집이유를 서면에 적어 이사(소집권자가 있는 경우에는 소집권자를 말한다. 이하 이 조에서 같다)에게 제출하여 이사회 소집을 청구할 수 있다(상법 제412조의4 제1항).

⑤ [O] 이사회에서 대표이사를 선임한 경우(상법 제389조 제1항 참조) 해임의 의사결정은 선임기관이 하는 것이 원칙이므로 대표이사 해임도 이사회에서 하게 된다. 대표이사 해임은 결의요건이 상법상 가중되는 경우가 아니므로 이사회의 결의는 이사 과반수의 출석과 출석이사의 과반수로 하여야 한다(상법 제391조 제1항 참조).

상법 제389조(대표이사)

① 회사는 이사회의 결의로 회사를 대표할 이사를 선정하여야 한다. 그러나 정관으로 주주총회에서 이를 선정할 것을 정할 수 있다.

상법 제391조(이사회의 결의방법)

① 이사회의 결의는 이사 과반수의 출석과 출석이사의 과반수로 하여야 한다. 그러나 정관으로 그 비율을 높게 정할 수 있다.

답 ②

86 세무사 2024

☑ 확인Check! ○ △ ×

상법상 이사회의 소집에 관한 설명으로 옳은 것은?

① 이사회의 결의로 이사회를 소집할 수 있는 이사를 정한 경우에도 대표이사는 소집권자에게 이사회 소집을 요구하지 않고 이사회를 소집할 수 있다.

② 이사회 소집권이 없는 이사가 이사회 소집권 있는 이사에게 이사회 소집을 청구하였음에도 정당한 이유없이 이사회 소집을 거절하는 경우에는 그 이사는 법원에 이사회 소집권자의 재지정을 청구할 수 있다.

③ 집행임원 설치회사의 집행임원이 이사에게 적법하게 이사회 소집을 청구하였음에도 이사가 지체없이 이사회 소집절차를 밟지 않으면 집행임원은 법원의 허가없이 이사회를 소집할 수 있다.

④ 이사회를 소집함에는 회일을 정하고 그 1주간 전에 각 이사 및 감사에 대하여 통지를 발송하여야 하며, 그 기간은 정관으로 단축할 수 있다.

⑤ 감사는 적법하게 이사에게 이사회 소집을 청구했음에도 이사가 지체없이 이사회 소집을 하지 않는 경우에는 감사는 법원의 허가를 얻어 이사회를 소집할 수 있다.

| 해설 |

① [×] 이사회는 각 이사가 소집한다. 그러나 이사회의 결의로 소집할 이사를 정한 때에는 그러하지 아니하다(상법 제390조 제1항).

② [×] 제1항 단서의 규정에 의하여 소집권자로 지정되지 않은 다른 이사는 소집권자인 이사에게 이사회 소집을 요구할 수 있다. 소집권자인 이사가 정당한 이유없이 이사회 소집을 거절하는 경우에는 다른 이사가 이사회를 소집할 수 있다(상법 제390조 제2항).

③ [×] 상법 제408조의7 제1항, 제2항

> **상법 제408조의7(집행임원의 이사회 소집 청구)**
> ① 집행임원은 필요하면 회의의 목적사항과 소집이유를 적은 서면을 이사(소집권자가 있는 경우에는 소집권자를 말한다. 이하 이 조에서 같다)에게 제출하여 이사회 소집을 청구할 수 있다.
> ② 제1항의 청구를 한 후 이사가 지체 없이 이사회 소집의 절차를 밟지 아니하면 소집을 청구한 집행임원은 법원의 허가를 받아 이사회를 소집할 수 있다. 이 경우 이사회 의장은 법원이 이해관계자의 청구에 의하여 또는 직권으로 선임할 수 있다.

④ [O] 이사회를 소집함에는 회일을 정하고 그 1주간 전에 각 이사 및 감사에 대하여 통지를 발송하여야 한다. 그러나 그 기간은 정관으로 단축할 수 있다(상법 제390조 제3항).

⑤ [×] 감사는 적법하게 이사에게 이사회 소집을 청구했음에도 이사가 지체없이 이사회 소집을 하지 않는 경우에는 청구한 감사가 이사회를 소집할 수 있다(상법 제412조의4 제1항, 제2항 참조).

> **상법 제412조의4(감사의 이사회 소집 청구)**
> ① 감사는 필요하면 회의의 목적사항과 소집이유를 서면에 적어 이사(소집권자가 있는 경우에는 소집권자를 말한다. 이하 이 조에서 같다)에게 제출하여 이사회 소집을 청구할 수 있다.
> ② 제1항의 청구를 하였는데도 이사가 지체 없이 이사회를 소집하지 아니하면 그 청구한 감사가 이사회를 소집할 수 있다.

답 ④

PART 3

87 세무사 2023

☑ 확인 Check! ○ △ ✕

상법상 주식회사의 이사 또는 이사회에 관한 설명으로 옳은 것은?

① 자본금 총액이 10억원 미만인 회사의 이사는 3명 이상이어야 한다.
② 이사의 보수는 정관에 그 액을 정하지 아니한 때에는 이사회의 결의로 정한다.
③ 지배인의 선임 또는 해임은 이사회의 결의로 한다.
④ 이사회의 결의는 재임이사 3분의 2 이상의 출석과 출석이사의 과반수로 하여야 한다.
⑤ 주식의 포괄적 교환을 하고자 하는 회사는 주식교환계약서를 작성하면 주주총회의 승인을 얻을 필요는 없다.

해설

① [×] 이사는 3명 이상이어야 한다. 다만, 자본금 총액이 10억원 미만인 회사는 1명 또는 2명으로 할 수 있다(상법 제383조 제1항).
② [×] 이사의 보수는 정관에 그 액을 정하지 아니한 때에는 주주총회의 결의로 이를 정한다(상법 제388조).
③ [O] 중요한 자산의 처분 및 양도, 대규모 재산의 차입, 지배인의 선임 또는 해임과 지점의 설치・이전 또는 폐지 등 회사의 업무집행은 이사회의 결의로 한다(상법 제393조 제1항).
④ [×] 이사회의 결의는 이사과반수의 출석과 출석이사의 과반수로 하여야 한다. 그러나 정관으로 그 비율을 높게 정할 수 있다(상법 제391조 제1항).
⑤ [×] 주식교환을 하고자 하는 회사는 주식교환계약서를 작성하여 주주총회의 승인을 얻어야 한다(상법 제360조의3 제1항). 이 경우 주주총회의 승인은 특별결의에 의한 승인이다(상법 제360조의3 제2항 참조).

답 ③

88 세무사 2022

☑ 확인 Check! ○ △ ✕

상법상 주식회사의 이사회에 관한 설명으로 옳지 않은 것은?

① 이사회의 소집은 각 이사가 하지만, 이사회의 결의로 소집할 이사를 별도로 정할 수 있다.
② 이사회를 소집함에는 회일을 정하고 그 1주간 전에 각 이사 및 감사에 대하여 통지를 발송하여야 한다. 그러나 그 기간은 이사회 결의로 단축할 수 있다.
③ 이사회의 결의는 이사과반수의 출석과 출석이사의 과반수로 하여야 한다. 그러나 정관으로 그 비율을 높게 정할 수 있다.
④ 감사는 이사가 정관에 위반한 행위를 할 염려가 있다고 인정한 때에는 이사회에 이를 보고하여야 한다.
⑤ 지점의 설치・이전 또는 폐지 등 회사의 업무집행은 이사회의 결의로 한다.

▌해설▌

① [O] 이사회는 각 이사가 소집한다. 그러나 이사회의 결의로 소집할 이사를 정한 때에는 그러하지 아니하다(상법 제390조 제1항).

② [×] 이사회를 소집함에는 회일을 정하고 그 1주간 전에 각 이사 및 감사에 대하여 통지를 발송하여야 한다. 그러나 그 기간은 정관으로 단축할 수 있다(상법 제390조 제3항).

③ [O] 이사회의 결의는 이사과반수의 출석과 출석이사의 과반수로 하여야 한다. 그러나 정관으로 그 비율을 높게 정할 수 있다(상법 제391조 제1항).

④ [O] 감사는 이사가 법령 또는 정관에 위반한 행위를 하거나 그 행위를 할 염려가 있다고 인정한 때에는 이사회에 이를 보고하여야 한다(상법 제391조의2 제2항).

⑤ [O] 중요한 자산의 처분 및 양도, 대규모 재산의 차입, 지배인의 선임 또는 해임과 지점의 설치·이전 또는 폐지 등 회사의 업무집행은 이사회의 결의로 한다(상법 제393조 제1항).

답 ②

89 세무사 2021

☑ 확인Check! ○ △ ×

상법상 주식회사 이사회의 결의에 관한 설명으로 옳은 것은? (다툼이 있으면 판례에 따름)

① 이사회의 결의는 이사 과반수의 출석과 출석이사의 과반수로 하며, 그 비율은 정관으로 완화할 수 있다.

② 이사는 이사회의 승인을 얻은 경우에 한하여 타인에게 이사회의 출석과 의결권을 위임할 수 있다.

③ 이사회의 결의무효확인의 소가 인용되어 그 판결이 확정된 경우 대세적 효력이 인정된다.

④ 정관에서 달리 정하는 경우를 제외하고 이사회는 이사의 전부가 직접 회의에 출석하지 아니하고 모든 이사가 음성을 동시에 송수신하는 원격통신수단에 의하여 결의에 참가하는 것을 허용할 수 있다.

⑤ 이사회의 결의에 관하여 특별한 이해관계가 있는 이사라도 이사회의 승인이 있으면 의결권을 행사할 수 있다.

▌해설▌

① [×] 이사회의 결의는 이사과반수의 출석과 출석이사의 과반수로 하여야 한다. 그러나 정관으로 그 비율을 높게 정할 수 있다(상법 제391조 제1항).

② [×] 이사회는 주주총회의 경우와는 달리 원칙적으로 이사자신이 직접 출석하여 결의에 참가하여야 하며 대리인에 의한 출석은 인정되지 않고 따라서 이사가 타인에게 출석과 의결권을 위임할 수도 없는 것이니 이에 위배된 이사회의 결의는 무효이며 그 무효임을 주장하는 방법에는 아무런 제한이 없다(대판 1982.7.13. 80다2441).

③ [×] 이사회의 결의에 하자가 있는 경우에 관하여 상법은 아무런 규정을 두고 있지 아니하나 그 결의에 무효사유가 있는 경우에는 이해관계인은 언제든지 또 어떤 방법에 의하든지 그 무효를 주장할 수 있다고 할 것이지만 이와 같은 무효주장의 방법으로서 이사회결의무효확인소송이 제기되어 승소확정판결을 받은 경우, 그 판결의 효력에 관하여는 주주총회결의무효확인소송 등과는 달리 상법 제190조가 준용될 근거가 없으므로 대세적 효력은 없다(대판 1988.4.25. 87누399).

④ [O] 정관에서 달리 정하는 경우를 제외하고 이사회는 이사의 전부 또는 일부가 직접 회의에 출석하지 아니하고 모든 이사가 음성을 동시에 송수신하는 원격통신수단에 의하여 결의에 참가하는 것을 허용할 수 있다. 이 경우 당해 이사는 이사회에 직접 출석한 것으로 본다(상법 제391조 제2항).

⑤ [×] 상법 제391조 제3항, 제368조 제3항

> **상법 제391조(이사회의 결의방법)**
> ① 이사회의 결의는 이사과반수의 출석과 출석이사의 과반수로 하여야 한다. 그러나 정관으로 그 비율을 높게 정할 수 있다.
> ③ 제368조 제3항 및 제371조 제2항의 규정은 제1항의 경우에 이를 준용한다.
>
> **상법 제368조(총회의 결의방법과 의결권의 행사)**
> ③ 총회의 결의에 관하여 특별한 이해관계가 있는 자는 의결권을 행사하지 못한다.

답 ④

90 세무사 2023

☑ 확인Check! ○ △ ×

상법상 주식회사의 이사회가 이사회내 위원회에 자신의 권한을 위임할 수 있는 사항은?

① 주주총회의 승인을 요하는 사항의 제안
② 대표이사의 선임 및 해임
③ 위원회의 설치와 그 위원의 선임 및 해임
④ 정관에서 이사회의 권한으로 정하는 사항
⑤ 지점의 설치·이전 또는 폐지

해설

⑤ [O] 지점의 설치·이전 또는 폐지는 주식회사의 이사회가 위원회에 위임할 수 있는 사항이다(상법 제393조의2 제2항 참조).

> **상법 제393조의2(이사회내 위원회)**
> ② 이사회는 다음 각 호의 사항을 제외하고는 그 권한을 위원회에 위임할 수 있다.
> 1. 주주총회의 승인을 요하는 사항의 제안
> 2. 대표이사의 선임 및 해임
> 3. 위원회의 설치와 그 위원의 선임 및 해임
> 4. 정관에서 정하는 사항

답 ⑤

91 세무사 2021

☑ 확인 Check! ○ △ ✕

상법상 비상장주식회사의 이사회내 위원회에 관한 설명으로 옳지 않은 것은?

① 이사회는 대표이사의 선임에 관한 권한을 위원회에 위임할 수 있다.

② 감사위원회가 아닌 위원회는 2인 이상의 이사로 구성한다.

③ 위원회는 결의된 사항을 각 이사에게 통지하여야 한다.

④ 이사회는 감사위원회가 아닌 위원회가 결의한 사항에 대하여 다시 결의할 수 있다.

⑤ 이사회는 정관이 정한 바에 따라 위원회를 설치할 수 있다.

해설

① [✕] 상법 제393조의2 제2항 제2호

> **상법 제393조의2(이사회내 위원회)**
> ② 이사회는 다음 각 호의 사항을 제외하고는 그 권한을 위원회에 위임할 수 있다.
> 1. 주주총회의 승인을 요하는 사항의 제안
> 2. 대표이사의 선임 및 해임
> 3. 위원회의 설치와 그 위원의 선임 및 해임
> 4. 정관에서 정하는 사항

② [O] 상법 제393조의2 제3항, 제415조의2 제2항

> **상법 제393조의2(이사회내 위원회)**
> ③ 위원회는 2인 이상의 이사로 구성한다.
>
> **상법 제415조의2(감사위원회)**
> ② 감사위원회는 제393조의2 제3항에도 불구하고 3명 이상의 이사로 구성한다. 다만, 사외이사가 위원의 3분의 2 이상이어야 한다.

③ [O] 상법 제393조의2 제4항

④ [O] 상법 제393조의2 제4항, 제415조의2 제6항

> **상법 제393조의2(이사회내 위원회)**
> ④ 위원회는 결의된 사항을 각 이사에게 통지하여야 한다. 이 경우 이를 통지받은 각 이사는 이사회의 소집을 요구할 수 있으며, 이사회는 위원회가 결의한 사항에 대하여 다시 결의할 수 있다.
>
> **상법 제415조의2(감사위원회)**
> ⑥ 감사위원회에 대하여는 제393조의2 제4항 후단을 적용하지 아니한다.

⑤ [O] 이사회는 정관이 정한 바에 따라 위원회를 설치할 수 있다(상법 제393조의2 제1항).

답 ①

PART 3

92 세무사 2020

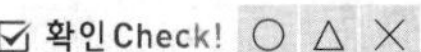

상법상 주식회사의 이사회의 권한 중 이사회내 위원회에 위임할 수 있는 것은?

① 지배인의 선임
② 위원회 위원의 선임
③ 위원회의 설치
④ 대표이사의 선임
⑤ 주주총회의 승인을 요하는 사항의 제안

❙ 해설 ❙

① [O] 지배인의 선임은 주식회사의 이사회가 위원회에 위임할 수 있는 사항이다(상법 제393조의2 제2항 참조).

> **상법 제393조의2(이사회내 위원회)**
> ② 이사회는 다음 각 호의 사항을 제외하고는 그 권한을 위원회에 위임할 수 있다.
> 1. 주주총회의 승인을 요하는 사항의 제안
> 2. 대표이사의 선임 및 해임
> 3. 위원회의 설치와 그 위원의 선임 및 해임
> 4. 정관에서 정하는 사항

답 ①

93 법무사 2024

☑ 확인Check! ○ △ ✕

주식회사의 이사회 결의 등에 관한 다음 설명 중 옳지 않은 것을 모두 고른 것은?

> ㄱ. 이사 등이 자기 또는 제3자의 계산으로 회사와 거래를 하면서 사전에 상법 제398조에서 정한 이사회 승인을 받지 않은 경우 특별한 사정이 없는 한 그 거래는 무효라고 보아야 하지만, 사후에 그 거래행위에 대하여 이사회 승인을 받은 경우에는 무효인 거래행위가 유효로 된다.
> ㄴ. 주식회사의 대표이사가 이사회의 결의를 거쳐야 할 대외적 거래행위에 관하여 이를 거치지 아니한 경우라도, 그 거래 상대방이 그와 같은 이사회 결의가 없었음을 알았거나 알 수 있었을 경우가 아니라면 그 거래행위는 유효하다.
> ㄷ. 주식회사의 정관이나 이사회 규정 등에서 이사회 결의를 거치도록 대표이사의 대표권을 제한한 경우, 거래행위의 상대방인 제3자가 상법 제209조 제2항에 따라 보호받기 위하여는 선의 이외에 무과실까지 필요한 것은 아니지만 그 제3자에게 중대한 과실이 있는 경우에는 그 거래행위가 무효이다.
> ㄹ. 주식회사의 대표이사가 회사를 대표하여 파산신청을 할 경우 원칙적으로 이사회 결의가 필요하지 않다.
> ㅁ. 이사의 자기거래 행위에 대한 이사회의 승인은 이사 3분의 2 이상의 수로써 하여야 한다.

① ㄱ　　② ㄱ, ㄴ
③ ㄴ, ㄹ　　④ ㄱ, ㄹ
⑤ ㄱ, ㄹ, ㅁ

해설

ㄱ. [×] 상법 제398조의 문언 내용을 그 입법 취지와 개정 연혁 등에 비추어 보면, 이사 등이 자기 또는 제3자의 계산으로 회사와 유효하게 거래를 하기 위하여는 미리 상법 제398조에서 정한 이사회 승인을 받아야 하므로 사전에 상법 제398조에서 정한 이사회 승인을 받지 않았다면 특별한 사정이 없는 한 그 거래는 무효라고 보아야 하고, 사후에 그 거래행위에 대하여 이사회 승인을 받았다고 하더라도 특별한 사정이 없는 한 무효인 거래행위가 유효로 되는 것은 아니다(대판 2023.6.29. 2021다291712).

ㄴ. [×], ㄷ. [O] 회사 정관이나 이사회 규정 등에서 이사회 결의를 거치도록 대표이사의 대표권을 제한한 경우(이하 '내부적 제한'이라 한다)에도 선의의 제3자는 상법 제209조 제2항에 따라 보호된다. 거래행위의 상대방인 제3자가 상법 제209조 제2항에 따라 보호받기 위하여 선의 이외에 무과실까지 필요하지는 않지만, 중대한 과실이 있는 경우에는 제3자의 신뢰를 보호할 만한 가치가 없다고 보아 거래행위가 무효라고 해석함이 타당하다. … 대표이사의 대표권을 제한하는 상법 제393조 제1항은 그 규정의 존재를 모르거나 제대로 이해하지 못한 사람에게도 일률적으로 적용된다. 법률의 부지나 법적 평가에 관한 착오를 이유로 그 적용을 피할 수는 없으므로, 이 조항에 따른 제한은 내부적 제한과 달리 볼 수도 있다. 그러나 주식회사의 대표이사가 이 조항에 정한 '중요한 자산의 처분 및 양도, 대규모 재산의 차입 등의 행위'에 관하여 이사회의 결의를 거치지 않고 거래행위를 한 경우에도 거래행위의 효력에 관해서는 위에서 본 내부적 제한의 경우와 마찬가지로 보아야 한다(대판[전합] 2021.2.18. 2015다45451).

ㄹ. [×] 주식회사 이사회의 역할, 파산이 주식회사에 미치는 영향, 회생절차 개시신청과의 균형, 파산신청권자에 대한 규정의 문언과 취지 등에 비추어 보면, 주식회사의 대표이사가 회사를 대표하여 파산신청을 할 경우 대표이사의 업무권한인 일상 업무에 속하지 않는 중요한 업무에 해당하여 이사회 결의가 필요하다고 보아야 하고, 이사에게 별도의 파산신청권이 인정된다고 해서 달리 볼 수 없다(대결 2021.8.26. 2020마5520).

ㅁ. [O] 상법 제398조

> **상법 제398조(이사 등과 회사 간의 거래)**
> 다음 각 호의 어느 하나에 해당하는 자가 자기 또는 제3자의 계산으로 회사와 거래를 하기 위하여는 미리 이사회에서 해당 거래에 관한 중요사실을 밝히고 이사회의 승인을 받아야 한다. 이 경우 이사회의 승인은 이사 3분의 2 이상의 수로써 하여야 하고, 그 거래의 내용과 절차는 공정하여야 한다.
> 1. 이사 또는 제542조의8 제2항 제6호에 따른 주요주주
> 2. 제1호의 자의 배우자 및 직계존비속
> 3. 제1호의 자의 배우자의 직계존비속
> 4. 제1호부터 제3호까지의 자가 단독 또는 공동으로 의결권 있는 발행주식 총수의 100분의 50 이상을 가진 회사 및 그 자회사
> 5. 제1호부터 제3호까지의 자가 제4호의 회사와 합하여 의결권 있는 발행주식총수의 100분의 50 이상을 가진 회사

답 정답 없음

☑ 제3항 대표이사

94 CPA 2023

☑ 확인 Check! ○ △ ×

상법상 자본금 10억원인 비상장주식회사의 이사회와 대표이사에 관한 설명으로 틀린 것은?

① 감사위원회를 설치한 경우 감사위원회 위원은 이사회의 구성원이 아니다.

② 대규모 재산의 차입은 이사회의 결의로 한다.

③ 대표이사는 회사의 영업에 관하여 재판상 또는 재판외의 모든 행위를 할 권한이 있으며, 이 권한에 대한 제한은 선의의 제3자에게 대항하지 못한다.

④ 이사는 3월에 1회 이상 업무의 집행상황을 이사회에 보고하여야 한다.

⑤ 정관으로 주주총회에서 대표이사를 선정할 것을 정할 수 있다.

▌해설▌

① [×] 감사위원회는 제393조의2 제3항에도 불구하고 3명 이상의 이사로 구성한다. 다만, 사외이사가 위원의 3분의 2 이상이어야 한다(상법 제415조의2 제2항). 감사위원회는 이사회 내의 위원회의 하나로서 감사위원은 원칙적으로 이사회가 이사 중에서 선임하고 해임한다. 따라서 감사위원은 이사이므로 당연히 이사회의 구성원이다.

② [○] 중요한 자산의 처분 및 양도, 대규모 재산의 차입, 지배인의 선임 또는 해임과 지점의 설치·이전 또는 폐지 등 회사의 업무집행은 이사회의 결의로 한다(상법 제393조 제1항).

③ [○] 상법 제389조 제3항, 제209조 제1항·제2항

> **상법 제389조(대표이사)**
> ③ 제208조 제2항, 제209조, 제210조와 제386조의 규정은 대표이사에 준용한다.
>
> **상법 제209조(대표사원의 권한)**
> ① 회사를 대표하는 사원은 회사의 영업에 관하여 재판상 또는 재판외의 모든 행위를 할 권한이 있다.
> ② 전항의 권한에 대한 제한은 선의의 제3자에게 대항하지 못한다.

④ [○] 이사는 3월에 1회 이상 업무의 집행상황을 이사회에 보고하여야 한다(상법 제393조 제4항).

⑤ [○] 회사는 이사회의 결의로 회사를 대표할 이사를 선정하여야 한다. 그러나 정관으로 주주총회에서 이를 선정할 것을 정할 수 있다(상법 제389조 제1항).

답 ①

95 CPA 2020

☑ 확인 Check! ○ △ ×

상법상 주식회사의 대표이사 및 이사회에 관한 설명으로 틀린 것은?

① 회사는 이사회의 결의로 대표이사를 선정해야 하는 것이 원칙이나, 정관으로 주주총회에서 이를 선정할 것을 정할 수 있다.

② 수인의 대표이사가 있더라도 공동대표이사가 아니라면 각 대표이사는 회사를 대표한다.

③ 이사회의 결의는 이사 과반수의 출석과 출석이사의 과반수로 하여야 하지만, 정관으로 그 비율을 낮게 하거나 높게 정할 수 있다.

④ 주주는 그 보유주식 수와 관계없이 영업시간 내에 이사회의사록의 열람 또는 등사를 청구할 수 있다.

⑤ 이사회의 결의에 의한 행위로 인하여 이사가 회사에 대하여 손해배상책임을 지는 경우, 그 이사회 결의에 참가한 이사로서 이의를 한 기재가 의사록에 없는 자는 그 결의에 찬성한 것으로 추정한다.

해설

① [O] 상법 제389조 제1항

② [O] 대표이사가 수인이더라도 단독대표가 원칙이나, 공동으로만 회사를 대표할 것을 정할 수도 있다(상법 제389조 제2항 참조).

> **상법 제389조(대표이사)**
> ① 회사는 이사회의 결의로 회사를 대표할 이사를 선정하여야 한다. 그러나 정관으로 주주총회에서 이를 선정할 것을 정할 수 있다.
> ② 전항의 경우에는 수인의 대표이사가 공동으로 회사를 대표할 것을 정할 수 있다.

③ [×] 이사회의 결의는 이사 과반수의 출석과 출석이사의 과반수로 하여야 한다. 그러나 정관으로 그 비율을 높게 정할 수 있다(상법 제391조 제1항).

④ [O] 주주는 영업시간내에 이사회의사록의 열람 또는 등사를 청구할 수 있다(상법 제391조의3 제3항). 이사회의사록 열람 · 등사청구권은 단독주주권이다.

⑤ [O] 상법 제399조 제1항, 제2항, 제3항

> **상법 제399조(회사에 대한 책임)**
> ① 이사가 고의 또는 과실로 법령 또는 정관에 위반한 행위를 하거나 그 임무를 게을리한 경우에는 그 이사는 회사에 대하여 연대하여 손해를 배상할 책임이 있다.
> ② 전항의 행위가 이사회의 결의에 의한 것인 때에는 그 결의에 찬성한 이사도 전항의 책임이 있다.
> ③ 전항의 결의에 참가한 이사로서 이의를 한 기재가 의사록에 없는 자는 그 결의에 찬성한 것으로 추정한다.

답 ③

96 CPA 2022

☑ 확인Check! ○ △ ✕

상법상 자본금이 10억원인 주식회사 대표이사의 권한에 관한 설명으로 틀린 것은?

① 대표이사는 회사의 영업에 관하여 재판상 또는 재판외의 모든 행위를 할 권한이 있다.

② 대표이사의 대표권에 대한 제한은 선의의 제3자에게 대항하지 못한다.

③ 대표이사가 지배인의 선임 또는 해임을 하기 위하여는 이사회의 결의를 얻어야 한다.

④ 감사위원회의 위원이 회사에 대하여 소를 제기하는 경우에는 감사위원회 또는 이사는 법원에 회사를 대표할 자를 선임하여 줄 것을 신청하여야 한다.

⑤ 판례에 의하면, 대표이사가 중요한 자산의 처분에 관하여 이사회의 결의를 거치지 않고 거래한 경우, 그 거래상대방이 이사회 결의 부존재 사실을 경과실로 인식하지 못한 때에는 그 거래행위는 무효이다.

해설

① [O] 상법 제389조 제3항, 제209조 제1항

② [O] 상법 제389조 제3항, 제209조 제2항

> **상법 제389조(대표이사)**
> ③ 제208조 제2항, 제209조, 제210조와 제386조의 규정은 대표이사에 준용한다.
>
> **상법 제209조(대표사원의 권한)**
> ① 회사를 대표하는 사원은 회사의 영업에 관하여 재판상 또는 재판외의 모든 행위를 할 권한이 있다.
> ② 전항의 권한에 대한 제한은 선의의 제3자에게 대항하지 못한다.

③ [O] 중요한 자산의 처분 및 양도, 대규모 재산의 차입, 지배인의 선임 또는 해임과 지점의 설치・이전 또는 폐지 등 회사의 업무집행은 이사회의 결의로 한다(상법 제393조 제1항).

④ [O] 제415조의2의 규정에 의한 감사위원회의 위원이 소의 당사자인 경우에는 감사위원회 또는 이사는 법원에 회사를 대표할 자를 선임하여 줄 것을 신청하여야 한다(상법 제394조 제2항).

⑤ [X] 회사 정관이나 이사회 규정 등에서 이사회 결의를 거치도록 대표이사의 대표권을 제한한 경우(이하 '내부적 제한'이라 한다)에도 선의의 제3자는 상법 제209조 제2항에 따라 보호된다. 거래행위의 상대방인 제3자가 상법 제209조 제2항에 따라 보호받기 위하여 선의 이외에 무과실까지 필요하지는 않지만, 중대한 과실이 있는 경우에는 제3자의 신뢰를 보호할 만한 가치가 없다고 보아 거래행위가 무효라고 해석함이 타당하다. … (중략) … 대표이사의 대표권을 제한하는 상법 제393조 제1항은 그 규정의 존재를 모르거나 제대로 이해하지 못한 사람에게도 일률적으로 적용된다. 법률의 부지나 법적 평가에 관한 착오를 이유로 그 적용을 피할 수는 없으므로, 이 조항에 따른 제한은 내부적 제한과 달리 볼 수도 있다. 그러나 주식회사의 대표이사가 이 조항에 정한 '중요한 자산의 처분 및 양도, 대규모 재산의 차입 등의 행위'에 관하여 이사회의 결의를 거치지 않고 거래행위를 한 경우에도 거래행위의 효력에 관해서는 위 다.에서 본 내부적 제한의 경우와 마찬가지로 보아야 한다(대판[전합] 2021.2.18. 2015다45451).

 ⑤

97 CPA 2016

☑ 확인Check! ○ △ ×

상법상 주식회사의 대표이사의 권한과 책임에 관한 설명으로 틀린 것은? (이견이 있으면 판례에 의함)

① 주식회사가 수인의 대표이사를 둔 경우 원칙적으로 각 대표이사가 단독으로 회사를 대표한다.

② 이사회를 두고 있는 회사의 대표이사가 회사의 중요한 자산을 처분하려면 이사회의 결의가 있어야 한다.

③ 판례에 의하면 대표이사가 대표권의 범위 내에서 자기의 이익을 위하여 대표권을 남용한 행위를 하였더라도 상대방이 선의이고 과실이 없는 경우 회사가 그 무효를 주장할 수 없다.

④ 판례에 의하면 대표이사가 회사의 재산을 횡령하여 기존의 주주가 간접적인 손해를 입은 경우 주주는 그 대표이사를 상대로 자신에게 직접 그 손해를 배상할 것을 청구할 수 있다.

⑤ 판례에 의하면 대표이사가 다른 업무담당이사의 업무집행이 위법하다고 의심할 만한 사유가 있음에도 감시의무를 위반하여 이를 방치하였다면 그로 인한 회사의 손해를 배상할 책임이 있다.

해설

① [O] 대표이사가 수인이더라도 대표이사는 단독대표가 원칙이나, 회사는 수인의 대표이사가 공동으로 회사를 대표할 것을 정할 수도 있다(상법 제389조 제2항 참조).

> **상법 제389조(대표이사)**
> ① 회사는 이사회의 결의로 회사를 대표할 이사를 선정하여야 한다. 그러나 정관으로 주주총회에서 이를 선정할 것을 정할 수 있다.
> ② 전항의 경우에는 수인의 대표이사가 공동으로 회사를 대표할 것을 정할 수 있다.

② [O] 중요한 자산의 처분 및 양도, 대규모 재산의 차입, 지배인의 선임 또는 해임과 지점의 설치·이전 또는 폐지 등 회사의 업무집행은 이사회의 결의로 한다(상법 제393조 제1항).

③ [O] 주식회사의 대표이사가 그 대표권의 범위 내에서 한 행위는 설사 대표이사가 회사의 영리목적과 관계없이 자기 또는 제3자의 이익을 도모할 목적으로 그 권한을 남용한 것이라 할지라도 일단 회사의 행위로서 유효하고, 다만 그 행위의 상대방이 대표이사의 진의를 알았거나 알 수 있었을 때에는 회사에 대하여 무효가 되는 것이다(대판 1997.8.29. 97다18059).

④ [×] 주식회사의 주주가 대표이사의 악의 또는 중대한 과실로 인한 임무해태행위로 직접 손해를 입은 경우에는 이사와 회사에 대하여 상법 제401조, 제389조 제3항, 제210조에 의하여 손해배상을 청구할 수 있으나, 대표이사가 회사재산을 횡령하여 회사재산이 감소함으로써 회사가 손해를 입고 결과적으로 주주의 경제적 이익이 침해되는 손해와 같은 간접적인 손해는 상법 제401조 제1항에서 말하는 손해의 개념에 포함되지 아니하므로 이에 대하여는 위 법조항에 의한 손해배상을 청구할 수 없고, 이와 같은 법리는 주주가 중소기업창업지원법상의 중소기업창업투자회사라고 하여도 다를 바 없다(대판 1993.1.26. 91다36093).

⑤ [O] 주식회사의 이사는 이사회의 일원으로서 이사회에 상정된 의안에 대하여 찬부의 의사표시를 하는 데 그치지 않고, 담당업무는 물론 다른 업무담당이사의 업무집행을 전반적으로 감시할 의무가 있으므로, 주식회사의 이사가 다른 업무담당이사의 업무집행이 위법하다고 의심할 만한 사유가 있음에도 불구하고 이를 방치한 때에는 이사에게 요구되는 선관주의의무 내지 감시의무를 해태한 것이므로 이로 말미암아 회사가 입은 손해에 대하여 배상책임을 면할 수 없다(대판 2007.9.20. 2007다25865).

답 ④

PART 3

98 세무사 2024

☑ 확인Check! ○ △ ✕

상법상 주식회사의 대표이사에 관한 설명으로 옳지 않은 것은?

① 회사는 정관으로 주주총회에서 대표이사를 선정할 것으로 정할 수 있다.
② 정관에 정한 이사의 원수를 결한 경우에 임기의 만료로 퇴임한 이사는 새로 선임된 이사가 취임할 때까지 이사의 권리의무가 있다.
③ 회사가 공동대표이사를 둔 경우에는 제3자의 회사에 대한 의사표시는 공동대표이사 전원에 대하여 이를 하여야만 그 효력이 생긴다.
④ 대표이사가 그 업무집행으로 인하여 타인에게 손해를 가한 때에는 회사는 그 대표이사와 연대하여 손해배상 책임을 부담한다.
⑤ 회사와 대표이사 간의 소송의 경우에는 감사가 회사를 대표한다.

▌해설▐

① [O] 회사는 이사회의 결의로 회사를 대표할 이사를 선정하여야 한다. 그러나 정관으로 주주총회에서 이를 선정할 것을 정할 수 있다(상법 제389조 제1항).
② [O] 상법 제389조 제3항, 제386조 제1항
③ [✕] 회사가 공동대표이사를 둔 경우에는 제3자의 회사에 대한 의사표시는 공동대표이사 1인에 대하여 이를 함으로써 그 효력이 생긴다(상법 제389조 제3항, 제208조 제2항 참조).
④ [O] 상법 제389조 제3항, 제210조

> **상법 제389조(대표이사)**
> ③ 제208조 제2항, 제209조, 제210조와 제386조의 규정은 대표이사에 준용한다.
>
> **상법 제208조(공동대표)**
> ② 전항의 경우에도 제3자의 회사에 대한 의사표시는 공동대표의 권한 있는 사원 1인에 대하여 이를 함으로써 그 효력이 생긴다.
>
> **상법 제210조(손해배상책임)**
> 회사를 대표하는 사원이 그 업무집행으로 인하여 타인에게 손해를 가한 때에는 회사는 그 사원과 연대하여 배상할 책임이 있다.
>
> **상법 제386조(결원의 경우)**
> ① 법률 또는 정관에 정한 이사의 원수를 결한 경우에는 임기의 만료 또는 사임으로 인하여 퇴임한 이사는 새로 선임된 이사가 취임할 때까지 이사의 권리의무가 있다.

⑤ [O] 회사가 이사에 대하여 또는 이사가 회사에 대하여 소를 제기하는 경우에 감사는 그 소에 관하여 회사를 대표한다. 회사가 제403조(주주의 대표소송) 제1항 또는 제406조의2(다중대표소송) 제1항의 청구를 받은 경우에도 또한 같다(상법 제394조 제1항).

답 ③

99 세무사 2022

☑ 확인 Check! ○ △ ×

상법상 주식회사의 대표이사에 관한 설명으로 옳은 것은?

① 대표이사의 선임은 정관으로 정한 경우 이사회의 결의에 의한다.
② 법률 또는 정관에서 정한 대표이사의 원수를 결한 경우 필요하다고 인정할 때에는 법원은 감사의 청구에 의하여 일시 대표이사의 직무를 행할 자를 선임할 수 있다.
③ 대표이사가 정당한 이유없이 이사로서의 임기가 만료되기 전에 주주총회의 결의로 이사직에서 해임된 때에는 그 자는 회사에 대하여 해임으로 인한 손해의 배상을 청구할 수 없다.
④ 대표이사는 회사의 영업에 관하여 재판상 행위를 제외한 모든 행위를 할 권한이 있다.
⑤ 회사가 이사에 대하여 소를 제기하는 경우에 대표이사는 그 소에 관하여 회사를 대표한다.

해설

① [×] 회사는 이사회의 결의로 회사를 대표할 이사를 선정하여야 한다. 그러나 정관으로 주주총회에서 이를 선정할 것을 정할 수 있다(상법 제389조 제1항).
② [○] 상법 제389조 제3항, 제386조 제2항
③ [×] 이사는 언제든지 제434조의 규정에 의한 주주총회의 결의로 이를 해임할 수 있다. 그러나 이사의 임기를 정한 경우에 정당한 이유없이 그 임기만료전에 이를 해임한 때에는 그 이사는 회사에 대하여 해임으로 인한 손해의 배상을 청구할 수 있다(상법 제385조 제1항). 즉, 대표이사도 이사에 해당하므로 이사의 직에서 해임된 경우에는 손해배상 청구가 가능하다. 참고로 판례는 이 규정을 이사회가 대표이사를 해임한 경우에 유추 적용할 것은 아니고, 원고가 대표이사 지위의 해임으로 무보수, 비상근의 이사로 되었다고 하여 달리 볼 것도 아니다라는 입장이다(대판 2004.12.10. 2004다25123 참조).
④ [×] 상법 제389조 제3항, 제209조 제1항

상법 제389조(대표이사)
③ 제208조 제2항, 제209조, 제210조와 제386조의 규정은 대표이사에 준용한다.

상법 제386조(결원의 경우)
① 법률 또는 정관에 정한 이사의 원수를 결한 경우에는 임기의 만료 또는 사임으로 인하여 퇴임한 이사는 새로 선임된 이사가 취임할 때까지 이사의 권리의무가 있다.
② 제1항의 경우에 필요하다고 인정할 때에는 법원은 이사, 감사 기타의 이해관계인의 청구에 의하여 일시 이사의 직무를 행할 자를 선임할 수 있다. 이 경우에는 본점의 소재지에서 그 등기를 하여야 한다.

상법 제209조(대표사원의 권한)
① 회사를 대표하는 사원은 회사의 영업에 관하여 재판상 또는 재판외의 모든 행위를 할 권한이 있다.

⑤ [×] 회사가 이사에 대하여 또는 이사가 회사에 대하여 소를 제기하는 경우에 감사는 그 소에 관하여 회사를 대표한다. 회사가 제403조 제1항 또는 제406조의2 제1항의 청구를 받은 경우에도 또한 같다(상법 제394조 제1항).

답 ②

PART 3

100 세무사 2020

☑ 확인Check! ○ △ ✕

상법상 주식회사의 대표이사에 관한 설명으로 옳지 않은 것은?

① 대표이사가 그 업무집행으로 인하여 타인에게 손해를 가한 때에는 회사는 그 대표이사와 연대하여 배상할 책임이 있다.

② 감사가 설치된 회사에서 이사가 회사에 대하여 소를 제기하는 경우에 감사는 그 소에 관하여 회사를 대표한다.

③ 대표이사는 회사의 영업에 관하여 재판상 또는 재판외의 모든 행위를 할 권한이 있다.

④ 회사를 대표할 권한이 있는 것으로 인정될 만한 명칭을 사용한 이사의 행위에 대하여는 그 이사가 회사를 대표할 권한이 없는 경우에도 회사는 선의의 제3자에 대하여 그 책임을 진다.

⑤ 공동대표이사가 있는 경우 제3자의 회사에 대한 의사표시는 공동대표이사 전원에 대하여 하여야 그 효력이 생긴다.

해설

① [O] 상법 제389조 제3항, 제210조

② [O] 회사가 이사에 대하여 또는 이사가 회사에 대하여 소를 제기하는 경우에 감사는 그 소에 관하여 회사를 대표한다. 회사가 제403조 제1항 또는 제406조의2 제1항의 청구를 받은 경우에도 또한 같다(상법 제394조 제1항).

③ [O] 상법 제389조 제3항, 제209조 제1항

④ [O] 사장, 부사장, 전무, 상무 기타 회사를 대표할 권한이 있는 것으로 인정될 만한 명칭을 사용한 이사의 행위에 대하여는 그 이사가 회사를 대표할 권한이 없는 경우에도 회사는 선의의 제3자에 대하여 그 책임을 진다(상법 제395조).

⑤ [✕] 공동대표이사가 있는 경우 제3자의 회사에 대한 의사표시는 공동대표이사 1인에 대하여 하여도 그 효력이 생긴다(상법 제389조 제3항, 제208조 제2항 참조).

> **상법 제389조(대표이사)**
> ③ 제208조 제2항, 제209조, 제210조와 제386조의 규정은 대표이사에 준용한다.
>
> **상법 제208조(공동대표)**
> ② 전항의 경우에도 제3자의 회사에 대한 의사표시는 공동대표의 권한 있는 사원 1인에 대하여 이를 함으로써 그 효력이 생긴다.
>
> **상법 제209조(대표사원의 권한)**
> ① 회사를 대표하는 사원은 회사의 영업에 관하여 재판상 또는 재판외의 모든 행위를 할 권한이 있다.
>
> **상법 제210조(손해배상책임)**
> 회사를 대표하는 사원이 그 업무집행으로 인하여 타인에게 손해를 가한 때에는 회사는 그 사원과 연대하여 배상할 책임이 있다.

101 CPA 2018

☑ 확인 Check! ○ △ ✕

상법상 주식회사의 표현대표이사에 관한 설명으로 틀린 것은? (이견이 있으면 판례에 의함)

① 회사가 공동대표이사에게 단순한 대표이사라는 명칭을 사용하여 법률행위를 하는 것을 용인한 경우에도 회사는 표현대표이사에 관한 규정에 따른 책임을 질 수 있다.

② 회사가 이사의 자격도 없는 자에게 표현대표이사의 명칭을 사용하게 허락한 경우에는 표현대표이사에 관한 규정이 유추적용된다.

③ 회사가 표현대표이사의 행위에 대하여 책임을 지기 위해서는 표현대표이사의 명칭사용을 명시적으로나 묵시적으로 승인함으로써 대표자격의 외관 현출에 대한 책임이 인정되어야 한다.

④ 회사의 진정한 대표이사가 아닌 지배주주가 표현대표이사의 명칭 사용을 허용한 경우에도 회사의 귀책사유가 인정된다.

⑤ 제3자가 회사의 대표이사가 아닌 이사가 회사를 대표할 권한이 있다고 믿음에 있어서 중대한 과실이 있는 경우 회사는 그 제3자에 대하여 책임을 지지 아니한다.

❙해설❙

① [O] 회사가 공동대표이사에게 단순한 대표이사라는 명칭을 사용하여 법률행위를 하는 것을 용인 내지 방임한 경우에도 회사는 상법 제395조에 의한 표현책임을 면할 수 없다(대판 1992.10.27. 92다19033).

② [O] 상법 제395조가 회사를 대표할 권한이 있는 것으로 인정될 만한 명칭을 사용한 이사의 행위에 대한 회사의 책임을 규정한 것이어서, 표현대표이사가 이사의 자격을 갖출 것을 그 요건으로 하고 있으나, 이 규정은 표시에 의한 금반언의 법리나 외관이론에 따라 대표이사로서의 외관을 신뢰한 제3자를 보호하기 위하여 그와 같은 외관의 존재에 관하여 귀책사유가 있는 회사로 하여금 선의의 제3자에 대하여 그들의 행위에 관한 책임을 지도록 하려는 것이므로, 회사가 이사의 자격이 없는 자에게 표현대표이사의 명칭을 사용하게 허용한 경우는 물론, 이사의 자격도 없는 사람이 임의로 표현대표이사의 명칭을 사용하고 있는 것을 회사가 알면서도 아무런 조치를 취하지 아니한 채 그대로 방치하여 소극적으로 묵인한 경우에도, 위 규정이 유추적용되는 것으로 해석함이 상당하다(대판 1992.7.28. 91다35816).

③ [O] 표현대표자의 행위에 대하여 회사가 책임을 지는 것은 회사가 표현대표자의 명칭 사용을 명시적으로나 묵시적으로 승인할 경우에 한하는 것이고 회사의 명칭 사용 승인 없이 임의로 명칭을 참칭한 자의 행위에 대하여는 비록 그 명칭 사용을 알지 못하고 제지하지 못한 점에 있어 회사에게 과실이 있다고 할지라도 그 회사의 책임으로 돌려 선의의 제3자에 대하여 책임을 지게 할 수 없다(대판 1995.11.21. 94다50908).

④ [✕] 회사가 표현대표를 허용하였다고 하기 위하여는 진정한 대표이사가 이를 허용하거나, 이사 전원이 아닐지라도 적어도 이사회의 결의의 성립을 위하여 회사의 정관에서 정한 이사의 수, 그와 같은 정관의 규정이 없다면 최소한 이사 정원의 과반수의 이사가 적극적 또는 묵시적으로 표현대표를 허용한 경우이어야 한다(대판 1992.9.22. 91다5365).

⑤ [O] 상법 제395조가 규정하는 표현대표이사의 행위로 인한 주식회사의 책임이 성립하기 위하여 법률행위의 상대방이 된 제3자의 선의 이외에 무과실까지도 필요로 하는 것은 아니지만, 그와 같은 제3자의 신뢰는 보호할 만한 가치가 있는 정당한 것이어야 할 것이므로 설령 제3자가 회사의 대표이사가 아닌 이사가 그 거래행위를 함에 있어서 회사를 대표할 권한이 있다고 믿었다 할지라도 그와 같이 믿음에 있어서 중대한 과실이 있는 경우에는 회사는 그 제3자에 대하여는 책임을 지지 아니한다(대판 1999.11.12. 99다19797).

답 ④

PART 3

102 CPA 2015

☑ 확인Check! ○ △ ×

상법상 주식회사의 표현대표이사에 관한 설명으로 틀린 것은? (이견이 있으면 판례에 의함)

① 판례에 의하면 부존재하는 주주총회 결의에 의하여 선임된 이사의 행위에 대하여도 표현대표이사에 관한 상법 제395조를 유추 적용한다.

② 제3자가 회사의 대표이사가 아닌 이사와 거래행위를 함에 있어 그 이사가 회사를 대표할 권한이 있다고 믿었을지라도 그와 같은 믿음에 중대한 과실이 있는 때에는 회사는 그 제3자에 대하여 책임을 지지 않는다.

③ 판례에 의하면 표현대표이사가 회사의 명의로 어음행위를 한 경우 회사가 책임을 지는 선의의 제3자의 범위에는 표현대표이사로부터 직접 어음을 취득한 상대방뿐만 아니라 그로부터 어음을 배서양도 받은 제3취득자도 포함된다.

④ 제3자가 법인등기부 등기를 열람하지 않고 회사와 거래한다면 표현대표이사 성립에 있어서 중대한 과실이 있다.

⑤ 회사가 표현대표이사의 명칭사용을 허락하거나 이를 알고도 용인한 경우 회사는 표현책임을 질 수 있다.

해설

① [O] 판례는 주주가 아님에도 주주인 것처럼 하여 개최한 주주총회 결의에 의하여 선임된 이사의 행위에 대하여 「상법 제395조는 표현대리이사가 이사의 자격을 갖출 것을 형식상의 요건으로 하고 있으나, 위 규정은 법일반에 공통되는 거래의 안전의 보호와 금반언의 원칙에서 나온 것으로서 이사의 자격이 없는 자에게 회사의 표현대표이사의 명칭을 사용케 한 경우나 이사자격없이 표현대표이사의 명칭을 사용하는 것을 회사가 알고도 그대로 두거나 아무런 조치도 쓰지 않고 용인상태에 놓아둔 경우에도 위 규정이 유추적용되는 것으로 해석함이 상당하다」고 하였다(대판 1985.6.11. 84다카963).

② [O] 상법 제395조가 규정하는 표현대표이사의 행위로 인한 주식회사의 책임이 성립하기 위하여 법률행위의 상대방이 된 제3자의 선의 이외에 무과실까지도 필요로 하는 것은 아니지만, 그 규정의 취지는 회사의 대표이사가 아닌 이사가 외관상 회사의 대표권이 있는 것으로 인정될 만한 명칭을 사용하여 거래행위를 하고, 이러한 외관이 생겨난 데에 관하여 회사에 귀책사유가 있는 경우에 그 외관을 믿은 선의의 제3자를 보호함으로써 상거래의 신뢰와 안전을 도모하려는 데에 있다 할 것인바, 그와 같은 제3자의 신뢰는 보호할 만한 가치가 있는 정당한 것이어야 할 것이므로 설령 제3자가 회사의 대표이사가 아닌 이사가 그 거래행위를 함에 있어서 회사를 대표할 권한이 있다고 믿었다 할지라도 그와 같이 믿음에 있어서 중대한 과실이 있는 경우에는 회사는 그 제3자에 대하여는 책임을 지지 아니한다(대판 1999.11.12. 99다19797).

③ [O] 회사를 대표할 권한이 없는 표현대표이사가 다른 대표이사의 명칭을 사용하여 어음행위를 한 경우, 회사가 책임을 지는 선의의 제3자의 범위에는 표현대표이사로부터 직접 어음을 취득한 상대방뿐만 아니라, 그로부터 어음을 다시 배서양도받은 제3취득자도 포함된다(대판 2003.9.26. 2002다65073).

④ [×] 상법 제395조와 상업등기와의 관계를 헤아려 보면, 본조는 상업등기와는 다른 차원에서 회사의 표현책임을 인정한 규정이라고 해야 옳으리니 이 책임을 물음에 상업등기가 있는지 여부는 고려의 대상에 넣어서는 아니 된다(대판 1979.2.13. 77다2436). 따라서 제3자가 법인등기부 등기를 열람하지 않고 회사와 거래하였어도 표현대표이사 성립에 있어서 반드시 중대한 과실이 있다고 볼 수는 없다.

⑤ [O] 상법 제395조가 회사를 대표할 권한이 있는 것으로 인정될 만한 명칭을 사용한 이사의 행위에 대한 회사의 책임을 규정한 것이어서, 표현대표이사가 이사의 자격을 갖출 것을 요건으로 하고 있으나, 이 규정은 표시에 의한 금반언의 법리나 외관이론에 따라 대표이사로서의 외관을 신뢰한 제3자를 보호하기 위하여 그와 같은 외관의 존재에 대하여 귀책사유가 있는 회사로 하여금 선의의 제3자에 대하여 그들의 행위에 관한 책임을 지도록 하려는 것이므로, 회사가 이사의 자격이 없는 자에게 표현대표이사의 명칭을 사용하게 허용한 경우는 물론, 이사의 자격이 없는 사람이 임의로 표현대표이사의 명칭을 사용하고 있는 것을 회사가 알면서도 아무런 조치를 취하지 아니한 채 그대로 방치하여 소극적으로 묵인한 경우에도 위 규정이 유추적용되는 것으로 해석함이 상당하다(대판 1998.3.27. 97다34709).

답 ④

103 법무사 2021

☑ 확인Check! ○ △ ×

표현대표이사에 관한 다음 설명 중 가장 옳지 않은 것은?

① 회사가 표현대표를 허용하였다고 하기 위하여는 진정한 대표이사가 표현대표를 허용하거나, 이사 전원이 아닐지라도 적어도 이사회결의의 성립을 위하여 회사의 정관에서 정한 이사의 수, 그와 같은 정관의 규정이 없다면 최소한 이사 정원의 과반수 이사가 적극적 또는 묵시적으로 표현대표를 허용한 경우이어야 한다.

② 거래의 상대방인 제3자가 회사의 대표이사가 아닌 이사에게 그 거래행위를 함에 있어 회사를 대표할 권한이 있다고 믿었다 할지라도 그와 같이 믿음에 있어서 중대한 과실이 있는 경우에는 회사는 그 제3자에 대하여는 상법 제395조에 의한 책임을 지지 아니한다.

③ 회사를 대표할 권한이 없는 표현대표이사가 다른 대표이사의 명칭을 사용하여 어음행위를 한 경우, 회사가 책임을 지는 선의의 제3자는 표현대표이사로부터 직접 어음을 취득한 상대방에 한하고, 그로부터 어음을 다시 배서양도받은 제3취득자는 포함되지 않는다.

④ 상법 제395조는 표현대표이사가 자기의 명칭을 사용하여 법률행위를 한 경우뿐만 아니라 자기의 명칭을 사용하지 아니하고 다른 대표이사의 명칭을 사용하여 행위를 한 경우에도 유추적용된다.

⑤ 상법 제395조는 회사가 이사의 자격이 없는 자에게 표현대표이사의 명칭을 사용하게 허용한 경우는 물론, 이사의 자격도 없는 사람이 임의로 표현대표이사의 명칭을 사용하고 있는 것을 회사가 알면서도 아무런 조치를 취하지 아니한 채 그대로 방치하여 소극적으로 묵인한 경우에도 유추적용된다.

해설

① [O] 상법 제395조에 의하여 회사가 표현대표이사의 행위에 대하여 책임을 지기 위하여는 표현대표이사의 행위에 대하여 그를 믿었던 제3자가 선의이었어야 하고 또한 회사가 적극적 또는 묵시적으로 표현대표를 허용한 경우에 한한다고 할 것이며, 이 경우 회사가 표현대표를 허용하였다고 하기 위하여는 진정한 대표이사가 이를 허용하거나, 이사 전원이 아닐지라도 적어도 이사회의 결의의 성립을 위하여 회사의 정관에서 정한 이사의 수, 그와 같은 정관의 규정이 없다면 최소한 이사 정원의 과반수의 이사가 적극적 또는 묵시적으로 표현대표를 허용한 경우이어야 할 것이므로, 대표이사로 선임등기된 자가 부적법한 대표이사로서 사실상의 대표이사에 불과한 경우에 있어서는 먼저 위 대표이사의 선임에 있어 회사에 귀책사유가 있는지를 살피고 이에 따라 회사에게 표현대표이사로 인한 책임이 있는지 여부를 가려야 할 것이다(대판 1992.9.22. 91다5365).

PART 3

② [O] 상법 제395조가 규정하는 표현대표이사의 행위로 인한 주식회사의 책임이 성립하기 위하여 제3자의 선의 이외에 무과실까지도 필요로 하는 것은 아니지만, 그 규정의 취지는 회사의 대표이사가 아닌 이사가 외관상 회사의 대표권이 있는 것으로 인정될 만한 명칭을 사용하여 거래행위를 하고, 이러한 외관이 생겨난 데에 관하여 회사에 귀책사유가 있는 경우에 그 외관을 믿은 선의의 제3자를 보호함으로써 상거래의 신뢰와 안전을 도모하려는 데에 있다 할 것인바, 그와 같은 제3자의 신뢰는 보호할 만한 가치가 있는 정당한 것이어야 할 것이므로, 설령 제3자가 회사의 대표이사가 아닌 이사에게 그 거래행위를 함에 있어 회사를 대표할 권한이 있다고 믿었다 할지라도 그와 같이 믿음에 있어서 중대한 과실이 있는 경우에는 회사는 그 제3자에 대하여는 책임을 지지 아니하고, 여기서 제3자의 중대한 과실이라 함은 제3자가 조금만 주의를 기울였더라면 표현대표이사의 행위가 대표권에 기한 것이 아니라는 사정을 알 수 있었음에도 만연히 이를 대표권에 기한 행위라고 믿음으로써 거래통념상 요구되는 주의의무에 현저히 위반하는 것으로서, 공평의 관점에서 제3자를 구태여 보호할 필요가 없다고 봄이 상당하다고 인정되는 상태를 말한다(대판 2003.9.26. 2002다65073).

③ [×] 회사를 대표할 권한이 없는 표현대표이사가 다른 대표이사의 명칭을 사용하여 어음행위를 한 경우, 회사가 책임을 지는 선의의 제3자의 범위에는 표현대표이사로부터 직접 어음을 취득한 상대방뿐만 아니라, 그로부터 어음을 다시 배서양도받은 제3취득자도 포함된다(대판 2003.9.26. 2002다65073).

④ [O] 상법 제395조는 표현대표이사가 자기의 명칭을 사용하여 법률행위를 한 경우는 물론이고 자기의 명칭을 사용하지 아니하고 다른 대표이사의 명칭을 사용하여 행위를 한 경우에도 유추적용되고, 이와 같은 대표권 대행의 경우 제3자의 선의나 중과실은 표현대표이사의 대표권 존부에 대한 것이 아니라 대표이사를 대행하여 법률행위를 할 권한이 있느냐에 대한 것이다(대판 2003.7.22. 2002다40432).

⑤ [O] 상법 제395조가 회사를 대표할 권한이 있는 것으로 인정될 만한 명칭을 사용한 이사의 행위에 대한 회사의 책임을 규정한 것이어서, 표현대표이사가 이사의 자격을 갖출 것을 요건으로 하고 있으나, 이 규정은 표시에 의한 금반언의 법리나 외관이론에 따라 대표이사로서의 외관을 신뢰한 제3자를 보호하기 위하여 그와 같은 외관의 존재에 대하여 귀책사유가 있는 회사로 하여금 선의의 제3자에 대하여 그들의 행위에 관한 책임을 지도록 하려는 것이므로, 회사가 이사의 자격이 없는 자에게 표현대표이사의 명칭을 사용하게 허용한 경우는 물론, 이사의 자격이 없는 사람이 임의로 표현대표이사의 명칭을 사용하고 있는 것을 회사가 알면서도 아무런 조치를 취하지 아니한 채 그대로 방치하여 소극적으로 묵인한 경우에도 위 규정이 유추적용되는 것으로 해석함이 상당하다(대판 1998.3.27. 97다34709).

답 ③

제4항 이사의 의무

104 CPA 2019

확인 Check! ○ △ ×

상법상 주식회사 이사의 의무에 관한 설명으로 옳은 것은?

① 이사가 경업금지의무를 위반한 경우 회사는 그 거래를 안 날로부터 1년 내에 개입권을 행사할 수 있다.

② 자본금 총액이 10억원 미만으로서 2인의 이사를 둔 회사의 이사는 3개월에 1회 이상 업무의 집행상황을 이사회가 아닌 주주총회에 보고하여야 한다.

③ 회사의 사업기회유용금지의무를 위반하여 회사에 손해를 발생시킨 이사 및 승인한 이사는 연대하여 손해를 배상할 책임이 있으며 이로 인해 이사 또는 제3자가 얻은 이익은 손해로 추정한다.

④ 이사는 이사 3분의 2 이상의 수에 의한 이사회의 승인을 얻은 때에 한하여 동종영업을 목적으로 하는 다른 회사의 이사의 직을 겸할 수 있다.

⑤ 이사는 직무상 알게 된 회사의 영업상 비밀을 재임 중에 한하여 누설하여서는 아니 된다.

해설

① [×] 이사가 경업금지의무를 위반한 경우 회사는 그 거래가 있은 날로부터 1년 내에 개입권을 행사할 수 있다(상법 제397조 제1항, 제2항, 제3항 참조).

> **상법 제397조(경업금지)**
> ① 이사는 이사회의 승인이 없으면 자기 또는 제3자의 계산으로 회사의 영업부류에 속한 거래를 하거나 동종영업을 목적으로 하는 다른 회사의 무한책임사원이나 이사가 되지 못한다.
> ② 이사가 제1항의 규정에 위반하여 거래를 한 경우에 회사는 이사회의 결의로 그 이사의 거래가 자기의 계산으로 한 것인 때에는 이를 회사의 계산으로 한 것으로 볼 수 있고 제3자의 계산으로 한 것인 때에는 그 이사에 대하여 이로 인한 이득의 양도를 청구할 수 있다.
> ③ 제2항의 권리는 거래가 있은 날로부터 1년을 경과하면 소멸한다.

② [×] 자본금 총액이 10억원 미만으로서 2인의 이사를 둔 회사의 이사는 3개월에 1회 이상 업무의 집행상황을 보고할 의무가 없다(상법 제383조 제1항·제5항, 제393조 제4항 참조).

> **상법 제383조(원수, 임기)**
> ① 이사는 3명 이상이어야 한다. 다만, 자본금 총액이 10억원 미만인 회사는 1명 또는 2명으로 할 수 있다.
> ⑤ 제1항 단서의 경우에는 제341조 제2항 단서, 제390조, 제391조, 제391조의2, 제391조의3, 제392조, 제393조 제2항부터 제4항까지, 제399조 제2항, 제408조의2 제3항·제4항, 제408조의3 제2항, 제408조의4 제2호, 제408조의5 제1항, 제408조의6, 제408조의7, 제412조의4, 제449조의2, 제462조 제2항 단서, 제526조 제3항, 제527조 제4항, 제527조의2, 제527조의3 제1항 및 제527조의5 제2항은 적용하지 아니한다.
>
> **상법 제393조(이사회의 권한)**
> ④ 이사는 3월에 1회 이상 업무의 집행상황을 이사회에 보고하여야 한다.

PART 3

③ [O] 상법 제397조의2 제1항, 제2항

> **상법 제397조의2(회사의 기회 및 자산의 유용 금지)**
> ① 이사는 이사회의 승인 없이 현재 또는 장래에 회사의 이익이 될 수 있는 다음 각 호의 어느 하나에 해당하는 회사의 사업기회를 자기 또는 제3자의 이익을 위하여 이용하여서는 아니 된다. 이 경우 이사회의 승인은 이사 3분의 2 이상의 수로써 하여야 한다.
> 1. 직무를 수행하는 과정에서 알게 되거나 회사의 정보를 이용한 사업기회
> 2. 회사가 수행하고 있거나 수행할 사업과 밀접한 관계가 있는 사업기회
>
> ② 제1항을 위반하여 회사에 손해를 발생시킨 이사 및 승인한 이사는 연대하여 손해를 배상할 책임이 있으며 이로 인하여 이사 또는 제3자가 얻은 이익은 손해로 추정한다.

④ [×] 이사는 이사회의 승인이 없으면 자기 또는 제3자의 계산으로 회사의 영업부류에 속한 거래를 하거나 동종영업을 목적으로 하는 다른 회사의 무한책임사원이나 이사가 되지 못한다(상법 제397조 제1항). 일반적인 이사회의 결의는 이사과반수의 출석과 출석이사의 과반수로 한다(상법 제391조 제1항 참조).

⑤ [×] 이사는 재임 중 뿐만 아니라 퇴임후에도 직무상 알게된 회사의 영업상 비밀을 누설하여서는 아니 된다(상법 제382조의4).

 ③

105 CPA 2017

☑ 확인Check! ○ △ ×

상법상 주식회사의 이사의 의무에 관한 설명으로 옳은 것은?

① 이사가 이사회의 승인 없이 제3자의 계산으로 회사의 영업부류에 속한 거래를 한 경우 회사는 이사회의 결의로 이를 회사의 계산으로 한 것으로 볼 수 있다.

② 이사가 직무를 수행하는 과정에서 알게 된 회사의 이익이 될 수 있는 사업기회를 자기의 이익을 위하여 이용하기 위해서는 이사 과반수에 의한 이사회의 승인을 받아야 한다.

③ 이사의 배우자가 자기 또는 제3자의 계산으로 회사와 자기거래를 하기 위하여는 미리 이사회에서 그 거래에 관한 중요사실을 밝히고 이사회의 승인을 받아야 한다.

④ 판례에 의하면 이사가 이사회의 승인 없이 한 자기거래는 회사의 이익을 해할 가능성이 크므로 이사와 회사 사이는 물론 제3자에 대하여도 그의 선의와 악의를 묻지 않고 효력이 없다.

⑤ 판례에 의하면 이사가 이사회의 승인 없이 자기거래를 한 경우 회사는 물론 거래의 상대방이나 제3자도 회사의 이익을 위하여 그 거래의 무효를 주장할 수 있다.

▌해설▌

① [×] 이사가 이사회의 승인 없이 제3자의 계산으로 회사의 영업부류에 속한 거래를 한 경우 회사는 이사회의 결의로 그 이사에 대하여 이로 인한 이득의 양도를 청구할 수 있다(상법 제397조 제1항, 제2항 참조).

> **상법 제397조(경업금지)**
> ① 이사는 이사회의 승인이 없으면 자기 또는 제3자의 계산으로 회사의 영업부류에 속한 거래를 하거나 동종영업을 목적으로 하는 다른 회사의 무한책임사원이나 이사가 되지 못한다.
> ② 이사가 제1항의 규정에 위반하여 거래를 한 경우에 회사는 이사회의 결의로 그 이사의 거래가 자기의 계산으로 한 것인 때에는 이를 회사의 계산으로 한 것으로 볼 수 있고 제3자의 계산으로 한 것인 때에는 그 이사에 대하여 이로 인한 이득의 양도를 청구할 수 있다.

② [×] 이사가 직무를 수행하는 과정에서 알게 된 회사의 이익이 될 수 있는 사업기회를 자기의 이익을 위하여 이용하기 위해서는 이사 3분의 2 이상의 수에 의한 이사회의 승인을 받아야 한다(상법 제397조의2 제1항 참조).

> **상법 제397조의2(회사의 기회 및 자산의 유용 금지)**
> ① 이사는 이사회의 승인 없이 현재 또는 장래에 회사의 이익이 될 수 있는 다음 각 호의 어느 하나에 해당하는 회사의 사업기회를 자기 또는 제3자의 이익을 위하여 이용하여서는 아니 된다. 이 경우 이사회의 승인은 이사 3분의 2 이상의 수로써 하여야 한다.
> 1. 직무를 수행하는 과정에서 알게 되거나 회사의 정보를 이용한 사업기회
> 2. 회사가 수행하고 있거나 수행할 사업과 밀접한 관계가 있는 사업기회

③ [O] 상법 제398조 제2호

> **상법 제398조(이사 등과 회사 간의 거래)**
> 다음 각 호의 어느 하나에 해당하는 자가 자기 또는 제3자의 계산으로 회사와 거래를 하기 위하여는 미리 이사회에서 해당 거래에 관한 중요사실을 밝히고 이사회의 승인을 받아야 한다. 이 경우 이사회의 승인은 이사 3분의 2 이상의 수로써 하여야 하고, 그 거래의 내용과 절차는 공정하여야 한다.
> 1. 이사 또는 제542조의8 제2항 제6호에 따른 주요주주
> 2. 제1호의 자의 배우자 및 직계존비속
> 3. 제1호의 자의 배우자의 직계존비속
> 4. 제1호부터 제3호까지의 자가 단독 또는 공동으로 의결권 있는 발행주식 총수의 100분의 50 이상을 가진 회사 및 그 자회사
> 5. 제1호부터 제3호까지의 자가 제4호의 회사와 합하여 의결권 있는 발행주식총수의 100분의 50 이상을 가진 회사

④ [×] 회사의 대표이사가 이사회의 승인 없이 한 이른바 자기거래행위는 회사와 이사 간에서는 무효이지만, 회사가 위 거래가 이사회의 승인을 얻지 못하여 무효라는 것을 제3자에 대하여 주장하기 위해서는 거래의 안전과 선의의 제3자를 보호할 필요상 이사회의 승인을 얻지 못하였다는 것 외에 제3자가 이사회의 승인 없음을 알았다는 사실을 입증하여야 할 것이고, 비록 제3자가 선의였다 하더라도 이를 알지 못한 데 중대한 과실이 있음을 입증한 경우에는 악의인 경우와 마찬가지이다(대판 2004.3.25. 2003다64688).

⑤ [×] 이사와 회사 사이의 거래가 상법 제398조를 위반하였음을 이유로 무효임을 주장할 수 있는 자는 회사에 한정되고 특별한 사정이 없는 한 거래의 상대방이나 제3자는 그 무효를 주장할 이익이 없다고 보아야 하므로, 거래의 상대방인 당해 이사 스스로가 위 규정 위반을 내세워 그 거래의 무효를 주장하는 것은 허용되지 않는다(대판 2012.12.27. 2011다67651).

답 ③

PART 3

106 CPA 2022

☑ 확인Check! ○ △ ✕

상법상 비상장주식회사인 A회사의 이사 甲등이 자기 또는 제3자의 계산으로 A회사와 거래를 한 경우, A회사의 이사회 승인이 필요하지 않은 것은? (주주 전원의 동의 등 특별한 사정이 없는 것을 전제로 하고, 이견이 있으면 판례에 의함)

① 甲이 A회사에 대하여 이자 약정이나 담보 약정 없이 금전을 대여하는 경우
② 甲의 직계비속 乙이 소유하는 부동산을 乙이 A회사에 매도하는 경우
③ 甲의 배우자의 직계존속 丙이 소유하는 부동산을 丙이 A회사에 매도하는 경우
④ 甲의 제3자 丁에 대한 채무에 대하여 A회사가 보증하는 경우
⑤ 甲이 B회사의 의결권 있는 발행주식총수의 100분의 50 이상을 가지는 때에, B회사가 A회사와 거래하는 경우

▌해설▌

① [×] 상법 제398조에서 이사와 회사 사이의 거래에 관하여 이사회의 승인을 얻도록 규정하고 있는 취지는, 이사가 그 지위를 이용하여 회사와 거래를 함으로써 자기 또는 제3자의 이익을 도모하고 회사 나아가 주주에게 불측의 손해를 입히는 것을 방지하고자 함에 있으므로, 회사와 이사 사이에 이해가 충돌될 염려가 있는 이사의 회사에 대한 금전대여행위는 상법 제398조 소정의 이사의 자기거래행위에 해당하여 이사회의 승인을 거쳐야 하고, 다만 이사가 회사에 대하여 담보 약정이나 이자 약정 없이 금전을 대여하는 행위와 같이 성질상 회사와 이사 사이의 이해충돌로 인하여 회사에 불이익이 생길 염려가 없는 경우에는 이사회의 승인을 거칠 필요가 없다(대판 2010.1.14. 2009다55808).

② [O] 상법 제398조 제2호

③ [O] 상법 제398조 제3호

④ [O] 이사 등이 회사와 직접 거래를 하는 직접거래뿐만 아니라 채무보증과 같이 형식적으로는 회사와 제3자 사이의 거래이나 실질적으로는 이사 등에게 이익이 귀속하는 간접거래도 자기거래에 포함된다. 따라서 이사 甲의 제3자 丁에 대한 채무에 대하여 A회사가 보증하는 경우 A회사의 이사회 승인이 필요하다.

⑤ [O] 상법 제398조 제4호

> **상법 제398조(이사 등과 회사 간의 거래)**
> 다음 각 호의 어느 하나에 해당하는 자가 자기 또는 제3자의 계산으로 회사와 거래를 하기 위하여는 미리 이사회에서 해당 거래에 관한 중요사실을 밝히고 이사회의 승인을 받아야 한다. 이 경우 이사회의 승인은 이사 3분의 2 이상의 수로써 하여야 하고, 그 거래의 내용과 절차는 공정하여야 한다.
> 1. 이사 또는 제542조의8 제2항 제6호에 따른 주요주주
> 2. 제1호의 자의 배우자 및 직계존비속
> 3. 제1호의 자의 배우자의 직계존비속
> 4. 제1호부터 제3호까지의 자가 단독 또는 공동으로 의결권 있는 발행주식 총수의 100분의 50 이상을 가진 회사 및 그 자회사
> 5. 제1호부터 제3호까지의 자가 제4호의 회사와 합하여 의결권 있는 발행주식총수의 100분의 50 이상을 가진 회사

답 ①

107 CPA 2021

☑ 확인Check! ○ △ ✕

상법상 주식회사 이사의 의무에 관한 설명으로 틀린 것은? (이견이 있으면 판례에 의함)

① 이사는 이사회의 승인이 없으면 이익충돌의 여지가 있는 동종영업을 목적으로 하는 다른 회사의 무한책임사원이나 이사가 되지 못한다.

② 이사는 이사회의 승인 없이 현재 회사의 이익이 될 수 있으며 회사가 수행하는 사업과 밀접한 관계가 있는 회사의 사업기회를 자기 또는 제3자의 이익을 위하여 이용하여서는 아니 된다.

③ 이사와 회사 사이의 거래인 경우에는 양자 사이의 이해가 상반되지 않고 회사에 불이익을 초래할 우려가 없는 때에도 미리 이사회에서 해당 거래에 관한 중요사실을 밝히고 이사회의 승인을 받아야 한다.

④ 이사는 재임 중 뿐만 아니라 퇴임 후에도 직무상 알게 된 회사의 영업상 비밀을 누설하여서는 아니 된다.

⑤ 이사는 법령과 정관의 규정에 따라 회사를 위하여 그 직무를 충실하게 수행하여야 한다.

해설

① [O] 이사는 이사회의 승인이 없으면 자기 또는 제3자의 계산으로 회사의 영업부류에 속한 거래를 하거나 동종영업을 목적으로 하는 다른 회사의 무한책임사원이나 이사가 되지 못한다(상법 제397조 제1항).

② [O] 상법 제397조의2 제1항 제2호

> **상법 제397조의2(회사의 기회 및 자산의 유용 금지)**
> ① 이사는 이사회의 승인 없이 현재 또는 장래에 회사의 이익이 될 수 있는 다음 각 호의 어느 하나에 해당하는 회사의 사업기회를 자기 또는 제3자의 이익을 위하여 이용하여서는 아니 된다. 이 경우 이사회의 승인은 이사 3분의 2 이상의 수로써 하여야 한다.
> 1. 직무를 수행하는 과정에서 알게 되거나 회사의 정보를 이용한 사업기회
> 2. 회사가 수행하고 있거나 수행할 사업과 밀접한 관계가 있는 사업기회

③ [✕] 상법 제398조 전문이 이사와 회사 사이의 거래에 관하여 이사회의 승인을 얻도록 규정하고 있는 취지는, 이사가 그 지위를 이용하여 회사와 직접 거래를 하거나 이사 자신의 이익을 위하여 회사와 제3자 간에 거래를 함으로써 이사 자신의 이익을 도모하고 회사 및 주주에게 손해를 입히는 것을 방지하고자 하는 것이므로, 이사와 회사 사이의 거래라고 하더라도 양자 사이의 이해가 상반되지 않고 회사에 불이익을 초래할 우려가 없는 때에는 이사회의 승인을 얻을 필요가 없다(대판 2010.3.11. 2007다71271).

④ [O] 이사는 재임 중 뿐만 아니라 퇴임후에도 직무상 알게된 회사의 영업상 비밀을 누설하여서는 아니 된다(상법 제382조의4).

⑤ [O] 이사는 법령과 정관의 규정에 따라 회사를 위하여 그 직무를 충실하게 수행하여야 한다(상법 제382조의3).

답 ③

PART 3

108 CPA 2019

☑ 확인 Check! ○ △ ✕

상법상 주식회사에서 자기 또는 제3자의 계산으로 회사와 거래를 하기 위하여 미리 이사회에서 해당 거래에 관한 중요사실을 밝히고 이사회의 승인을 받아야 하는 자에 해당하지 않는 것은?

① 이사의 배우자

② 이사의 직계존속

③ 이사의 배우자의 직계비속

④ 이사의 직계비속의 배우자

⑤ 이사의 배우자의 직계존속이 의결권 있는 발행주식 총수의 50% 이상을 가진 회사의 자회사

▌해설▐

① [O], ② [O] 상법 제398조 제2호

③ [O] 상법 제398조 제3호

④ [×] 이사의 직계비속의 배우자는 자기거래금지대상에 해당하지 않는다.

⑤ [O] 상법 제398조 제4호

상법 제398조(이사 등과 회사 간의 거래)

다음 각 호의 어느 하나에 해당하는 자가 자기 또는 제3자의 계산으로 회사와 거래를 하기 위하여는 미리 이사회에서 해당 거래에 관한 중요사실을 밝히고 이사회의 승인을 받아야 한다. 이 경우 이사회의 승인은 이사 3분의 2 이상의 수로써 하여야 하고, 그 거래의 내용과 절차는 공정하여야 한다.

1. 이사 또는 제542조의8 제2항 제6호에 따른 주요주주

상법 제542조의8(사외이사의 선임)

② 상장회사의 사외이사는 제382조 제3항 각 호 뿐만 아니라 다음 각 호의 어느 하나에 해당되지 아니하여야 하며, 이에 해당하게 된 경우에는 그 직을 상실한다.

… (중략) …

6. 누구의 명의로 하든지 자기의 계산으로 의결권 없는 주식을 제외한 발행주식총수의 100분의 10 이상의 주식을 소유하거나 이사·집행임원·감사의 선임과 해임 등 상장회사의 주요 경영사항에 대하여 사실상의 영향력을 행사하는 주주(이하 "주요주주"라 한다) 및 그의 배우자와 직계존속·비속

… (하략) …

2. 제1호의 자의 배우자 및 직계존비속
3. 제1호의 자의 배우자의 직계존비속
4. 제1호부터 제3호까지의 자가 단독 또는 공동으로 의결권 있는 발행주식 총수의 100분의 50 이상을 가진 회사 및 그 자회사
5. 제1호부터 제3호까지의 자가 제4호의 회사와 합하여 의결권 있는 발행주식총수의 100분의 50 이상을 가진 회사

답 ④

109 세무사 2024

☑ 확인 Check! ○ △ ×

상법상 이사의 회사의 기회 및 자산의 유용금지 규정에 관한 설명으로 옳지 않은 것은?

① 자본금 총액 10억원 미만의 회사로서 이사가 1명 또는 2명인 경우에 이사는 주주총회의 승인을 얻어 회사의 사업기회를 이용할 수 있다.

② 집행임원 설치회사의 집행임원은 이사회의 승인 없이 회사의 사업기회를 자기 또는 제3자의 이익을 위하여 이용하여서는 아니 된다.

③ 회사의 사업기회를 이용하고자 하는 이사는 그 승인여부를 결정하는 이사회의 결의에서 의결권을 행사하지 못한다.

④ 회사의 사업기회 이용에 관한 이사회의 승인은 이사 3분의 2 이상의 수로써 하여야 한다.

⑤ 이사회의 승인 없이 회사의 사업기회를 유용하여 회사에 손해를 발생시킨 이사는 이를 배상할 책임이 있으며 이로 인하여 이사 또는 제3자가 얻은 이익은 손해로 간주한다.

해설

① [O] 상법 제383조 제1항 단서 · 제4항, 제397조의2 제1항

② [O] 상법 제408조의9, 제397조의2 제1항

③ [O] 상법 제391조 제1항, 제3항, 제368조 제3항

> **상법 제391조(이사회의 결의방법)**
>
> ① 이사회의 결의는 이사과반수의 출석과 출석이사의 과반수로 하여야 한다. 그러나 정관으로 그 비율을 높게 정할 수 있다.
>
> ③ 제368조 제3항 및 제371조 제2항의 규정은 제1항의 경우에 이를 준용한다.
>
> **상법 제368조(총회의 결의방법과 의결권의 행사)**
>
> ③ 총회의 결의에 관하여 특별한 이해관계가 있는 자는 의결권을 행사하지 못한다.

④ [O] 상법 제397조의2 제1항

⑤ [×] 이사회의 승인 없이 회사의 사업기회를 유용하여 회사에 손해를 발생시킨 이사는 이를 배상할 책임이 있으며 이로 인하여 이사 또는 제3자가 얻은 이익은 손해로 추정한다(상법 제397조의2 제2항 참조).

> **상법 제383조(원수, 임기)**
>
> ① 이사는 3명 이상이어야 한다. 다만, 자본금 총액이 10억원 미만인 회사는 1명 또는 2명으로 할 수 있다.
>
> ④ 제1항 단서의 경우에는 제302조 제2항 제5호의2, 제317조 제2항 제3호의2, 제335조 제1항 단서 및 제2항, 제335조의2 제1항 · 제3항, 제335조의3 제1항 · 제2항, 제335조의7 제1항, 제340조의3 제1항 제5호, 제356조 제6호의2, 제397조 제1항 · 제2항, 제397조의2 제1항, 제398조, 제416조 본문, 제451조 제2항, 제461조 제1항 본문 및 제3항, 제462조의3 제1항, 제464조의2 제1항, 제469조, 제513조 제2항 본문 및 제516조의2 제2항 본문(준용되는 경우를 포함한다) 중 "이사회"는 각각 "주주총회"로 보며, 제360조의5 제1항 및 제522조의3 제1항 중 "이사회의 결의가 있는 때"는 "제363조 제1항에 따른 주주총회의 소집통지가 있는 때"로 본다.

PART 3

상법 제397조의2(회사의 기회 및 자산의 유용 금지)

① 이사는 이사회의 승인 없이 현재 또는 장래에 회사의 이익이 될 수 있는 다음 각 호의 어느 하나에 해당하는 회사의 사업기회를 자기 또는 제3자의 이익을 위하여 이용하여서는 아니 된다. 이 경우 이사회의 승인은 이사 3분의 2 이상의 수로써 하여야 한다.

1. 직무를 수행하는 과정에서 알게 되거나 회사의 정보를 이용한 사업기회
2. 회사가 수행하고 있거나 수행할 사업과 밀접한 관계가 있는 사업기회

② 제1항을 위반하여 회사에 손해를 발생시킨 이사 및 승인한 이사는 연대하여 손해를 배상할 책임이 있으며 이로 인하여 이사 또는 제3자가 얻은 이익은 손해로 추정한다.

상법 제408조의9(준용규정)

집행임원에 대해서는 제382조의3, 제382조의4, 제396조, 제397조, 제397조의2, 제398조, 제400조, 제401조의2, 제402조부터 제406조까지, 제406조의2, 제407조, 제408조, 제412조 및 제412조의2를 준용한다.

110 세무사 2023

☑ 확인Check! ○ △ ×

상법상 주식회사에서 이사와 회사의 이익충돌방지에 관한 설명으로 옳지 않은 것은?

① 이사는 이사회의 승인이 없으면 동종영업을 목적으로 하는 다른 회사의 무한책임사원이나 이사가 되지 못한다.

② 이사가 경업금지규정에 위반하여 거래를 한 경우에 회사는 이사회의 결의로 그 이사의 거래가 자기의 계산으로 한 것인 때에는 이를 회사의 계산으로 한 것으로 볼 수 있다.

③ 이사는 이사회의 승인 없이 현재 또는 장래에 회사의 이익이 될 수 있는 것으로서 직무를 수행하는 과정에서 알게 되거나 회사의 정보를 이용한 회사의 사업기회를 제3자의 이익을 위하여 이용하여서는 아니 된다.

④ 이사의 배우자가 자기 또는 제3자의 계산으로 회사와 거래를 하기 위하여는 미리 이사회에 해당 거래에 관한 중요사실을 밝혀야 한다.

⑤ 회사의 기회 및 자산의 유용에 관한 이사회의 승인은 이사 과반수 이상의 수로써 하여야 한다.

▌해설▌

① [O] 상법 제397조 제1항

② [O] 상법 제397조 제2항

상법 제397조(경업금지)

① 이사는 이사회의 승인이 없으면 자기 또는 제3자의 계산으로 회사의 영업부류에 속한 거래를 하거나 동종영업을 목적으로 하는 다른 회사의 무한책임사원이나 이사가 되지 못한다.

② 이사가 제1항의 규정에 위반하여 거래를 한 경우에 회사는 이사회의 결의로 그 이사의 거래가 자기의 계산으로 한 것인 때에는 이를 회사의 계산으로 한 것으로 볼 수 있고 제3자의 계산으로 한 것인 때에는 그 이사에 대하여 이로 인한 이득의 양도를 청구할 수 있다.

③ [O], ⑤ [X] 상법 제397조의2 제1항

상법 제397조의2(회사의 기회 및 자산의 유용 금지)

① 이사는 이사회의 승인 없이 현재 또는 장래에 회사의 이익이 될 수 있는 다음 각 호의 어느 하나에 해당하는 회사의 사업기회를 자기 또는 제3자의 이익을 위하여 이용하여서는 아니 된다. 이 경우 이사회의 승인은 이사 3분의 2 이상의 수로써 하여야 한다.

1. 직무를 수행하는 과정에서 알게 되거나 회사의 정보를 이용한 사업기회
2. 회사가 수행하고 있거나 수행할 사업과 밀접한 관계가 있는 사업기회

④ [O] 상법 제398조 제2호

상법 제398조(이사 등과 회사 간의 거래)

다음 각 호의 어느 하나에 해당하는 자가 자기 또는 제3자의 계산으로 회사와 거래를 하기 위하여는 미리 이사회에서 해당 거래에 관한 중요사실을 밝히고 이사회의 승인을 받아야 한다. 이 경우 이사회의 승인은 이사 3분의 2 이상의 수로써 하여야 하고, 그 거래의 내용과 절차는 공정하여야 한다.

1. 이사 또는 제542조의8 제2항 제6호에 따른 주요주주
2. 제1호의 자의 배우자 및 직계존비속
3. 제1호의 자의 배우자의 직계존비속
4. 제1호부터 제3호까지의 자가 단독 또는 공동으로 의결권 있는 발행주식 총수의 100분의 50 이상을 가진 회사 및 그 자회사
5. 제1호부터 제3호까지의 자가 제4호의 회사와 합하여 의결권 있는 발행주식총수의 100분의 50 이상을 가진 회사

 ⑤

111 세무사 2022

☑ 확인Check! ○ △ ✕

상법상 주식회사 이사의 의무에 관한 설명으로 옳지 않은 것은?

① 이사는 선량한 관리자의 주의의무를 부담한다.

② 이사는 법령과 정관의 규정에 따라 회사를 위하여 그 직무를 충실하게 수행하여야 한다.

③ 이사는 퇴임 후에도 직무상 알게 된 회사의 영업상 비밀을 누설하여서는 아니 된다.

④ 이사는 이사회의 승인이 없어도 동종영업을 목적으로 하는 다른 회사의 이사가 될 수 있다.

⑤ 이사는 회사의 정관, 주주총회의 의사록을 본점과 지점에 비치하여야 한다.

▌해설▐

① [O] 상법 제382조 제2항, 민법 제681조

상법 제382조(이사의 선임, 회사와의 관계 및 사외이사)

② 회사와 이사의 관계는 「민법」의 위임에 관한 규정을 준용한다.

> **민법 제681조(수임인의 선관의무)**
> 수임인은 위임의 본지에 따라 선량한 관리자의 주의로써 위임사무를 처리하여야 한다.

② [O] 이사는 법령과 정관의 규정에 따라 회사를 위하여 그 직무를 충실하게 수행하여야 한다(상법 제382조의3).
③ [O] 이사는 재임 중 뿐만 아니라 퇴임후에도 직무상 알게된 회사의 영업상 비밀을 누설하여서는 아니 된다(상법 제382조의4).
④ [X] 이사는 이사회의 승인이 없으면 자기 또는 제3자의 계산으로 회사의 영업부류에 속한 거래를 하거나 동종영업을 목적으로 하는 다른 회사의 무한책임사원이나 이사가 되지 못한다(상법 제397조 제1항).
⑤ [O] 이사는 회사의 정관, 주주총회의 의사록을 본점과 지점에, 주주명부, 사채원부를 본점에 비치하여야 한다. 이 경우 명의개서대리인을 둔 때에는 주주명부나 사채원부 또는 그 복본을 명의개서대리인의 영업소에 비치할 수 있다(상법 제396조 제1항).

답 ④

112 세무사 2021

☑ 확인 Check! O △ X

상법상 자본금 총액이 10억원인 A주식회사의 이사 甲이 이사회의 승인 없이 제3자인 丙의 계산으로 A회사의 영업부류에 속한 거래를 乙과 한 경우, 이에 관한 설명으로 옳은 것을 모두 고른 것은?

ㄱ. 乙의 선의·악의를 불문하고 甲과 乙사이의 거래행위 자체는 유효하다.
ㄴ. A회사는 경업금지의무 위반을 이유로 甲을 해임할 수 있다.
ㄷ. A회사는 甲에 대하여 그 거래로 인한 손해의 배상을 청구할 수 있다.
ㄹ. A회사는 丙의 계산으로 한 甲의 거래행위를 A회사의 계산으로 한 것으로 볼 수 있다.

① ㄱ, ㄴ, ㄷ
② ㄱ, ㄴ, ㄹ
③ ㄱ, ㄷ, ㄹ
④ ㄴ, ㄷ, ㄹ
⑤ ㄱ, ㄴ, ㄷ, ㄹ

해설

ㄱ. [O] 이사회의 승인을 받지 않고 이사가 경업을 하였더라도 해당 거래 자체는 유효하다.
ㄴ. [O], ㄷ. [O] 이사는 법령을 위반한 것이므로 해임의 정당한 사유가 되고(상법 제385조 참조), 회사에 대하여 그 위반으로 인해 발생할 손해를 배상할 책임이 있다(상법 제399조 참조).

> **상법 제385조(해임)**
> ① 이사는 언제든지 제434조의 규정에 의한 주주총회의 결의로 이를 해임할 수 있다. 그러나 이사의 임기를 정한 경우에 정당한 이유없이 그 임기만료전에 이를 해임한 때에는 그 이사는 회사에 대하여 해임으로 인한 손해의 배상을 청구할 수 있다.

> **상법 제399조(회사에 대한 책임)**
> ① 이사가 고의 또는 과실로 법령 또는 정관에 위반한 행위를 하거나 그 임무를 게을리한 경우에는 그 이사는 회사에 대하여 연대하여 손해를 배상할 책임이 있다.

ㄹ. [×] 이사가 제3자의 계산으로 경업을 한 경우에는 그 이사에게 이득의 양도를 청구할 수 있다(상법 제397조 제2항 참조).

> **상법 제397조(경업금지)**
> ① 이사는 이사회의 승인이 없으면 자기 또는 제3자의 계산으로 회사의 영업부류에 속한 거래를 하거나 동종영업을 목적으로 하는 다른 회사의 무한책임사원이나 이사가 되지 못한다.
> ② 이사가 제1항의 규정에 위반하여 거래를 한 경우에 회사는 이사회의 결의로 그 이사의 거래가 자기의 계산으로 한 것인 때에는 이를 회사의 계산으로 한 것으로 볼 수 있고 제3자의 계산으로 한 것인 때에는 그 이사에 대하여 이로 인한 이득의 양도를 청구할 수 있다.

답 ①

113 법무사 2023

☑ 확인Check! ○ △ ×

상법 제398조(이사 등과 회사 간의 거래)에 관한 다음 설명 중 가장 옳지 않은 것은?

① 상법 제398조는 이사 등이 회사와의 거래에 관하여 이사회 승인을 받기 위하여는 이사회에서 해당 거래에 관한 중요사실을 밝히도록 정하고 있으므로, 만일 이러한 사항들을 밝히지 아니한 채 그 거래가 이익상반거래로서 공정한 것인지에 관한 심의가 이루어진 것이 아니라 통상의 거래로서 이를 허용하는 이사회의 결의가 이루어진 것에 불과한 경우 등에는 상법 제398조가 정하는 이사회 승인이 있다고 할 수 없다.

② 甲이 타인의 명의로 乙 회사가 발행한 주식 총수의 10%(의결권 없는 주식 제외)를 소유한 실질주주인 경우에 甲의 시아버지인 丙이 乙 회사와 거래를 하고자 할 때에는 미리 이사회에서 해당 거래에 관한 중요사실을 밝히고 이사회의 승인을 받을 필요가 없다.

③ 자본금 총액이 10억원 미만으로 이사가 1명 또는 2명인 회사의 이사가 자기 또는 제3자의 계산으로 회사와 거래를 하기 전에 주주총회에서 해당 거래에 관한 중요사실을 밝히고 주주총회의 승인을 받지 않았다면, 특별한 사정이 없는 한 그 거래는 무효라고 보아야 한다.

④ 이사 등이 자기 또는 제3자의 계산으로 회사와 유효하게 거래를 하기 위하여는 미리 상법 제398조에서 정한 이사회 승인을 받아야 하므로 사전에 상법 제398조에서 정한 이사회 승인을 받지 않았다면 특별한 사정이 없는 한 그 거래는 무효라고 보아야 하고, 사후에 그 거래행위에 대하여 이사회 승인을 받았다고 하더라도 특별한 사정이 없는 한 무효인 거래행위가 유효로 되는 것은 아니다.

⑤ 이사가 회사에 대하여 담보 약정을 하는 경우에는 이사회의 승인을 거칠 필요가 없다.

▌해설▌

① [O] 상법 제398조는 이사 등이 회사와의 거래에 관하여 이사회 승인을 받기 위하여는 이사회에서 해당 거래에 관한 중요사실을 밝히도록 정하고 있으므로, 만일 이러한 사항들을 밝히지 아니한 채 그 거래가 이익상반거래로서 공정한 것인지에 관한 심의가 이루어진 것이 아니라 통상의 거래로서 이를 허용하는 이사회의 결의가 이루어진 것에 불과한 경우 등에는 상법 제398조가 정하는 이사회 승인이 있다고 할 수 없다(대판 2023.6.29. 2021다291712).

② [×] 乙 회사의 의결권 없는 주식을 제외한 발행주식총수의 100분의 10을 소유한 甲은 주요주주에 해당하고 시아버지는 배우자의 직계존속에 해당하므로 상법 제398조 제3호에 의하여 시아버지 丙이 회사와 거래를 하는 경우에도 이사회의 승인이 필요하다.

> **상법 제398조(이사 등과 회사 간의 거래)**
> 다음 각 호의 어느 하나에 해당하는 자가 자기 또는 제3자의 계산으로 회사와 거래를 하기 위하여는 미리 이사회에서 해당 거래에 관한 중요사실을 밝히고 이사회의 승인을 받아야 한다. 이 경우 이사회의 승인은 이사 3분의 2 이상의 수로써 하여야 하고, 그 거래의 내용과 절차는 공정하여야 한다.
> 1. 이사 또는 제542조의8 제2항 제6호에 따른 주요주주
>
> > **상법 제542조의8(사외이사의 선임)**
> > ② 상장회사의 사외이사는 제382조 제3항 각 호뿐만 아니라 다음 각 호의 어느 하나에 해당되지 아니하여야 하며, 이에 해당하게 된 경우에는 그 직을 상실한다.
> > 6. 누구의 명의로 하든지 자기의 계산으로 의결권 없는 주식을 제외한 발행주식총수의 100분의 10 이상의 주식을 소유하거나 이사·집행임원·감사의 선임과 해임 등 상장회사의 주요 경영사항에 대하여 사실상의 영향력을 행사하는 주주(이하 "주요주주"라 한다) 및 그의 배우자와 직계 존속·비속
>
> 2. 제1호의 자의 배우자 및 직계존비속
> 3. 제1호의 자의 배우자의 직계존비속
> 4. 제1호부터 제3호까지의 자가 단독 또는 공동으로 의결권 있는 발행주식 총수의 100분의 50 이상을 가진 회사 및 그 자회사
> 5. 제1호부터 제3호까지의 자가 제4호의 회사와 합하여 의결권 있는 발행주식총수의 100분의 50 이상을 가진 회사

③ [O] 상법 제398조는 이사 등이 그 지위를 이용하여 회사와 거래를 함으로써 자기 또는 제3자의 이익을 도모하고 회사와 주주에게 예기치 못한 손해를 끼치는 것을 방지하기 위한 것으로, 이사와 지배주주 등의 사익추구에 대한 통제력을 강화하고자 적용대상을 이사 외의 주요주주 등에게까지 확대하고 이사회 승인을 위한 결의요건도 가중하여 정하였다. 다만 상법 제383조에서 2인 이하의 이사만을 둔 소규모회사의 경우 이사회의 승인을 주주총회의 승인으로 대신하도록 하였다. 이 규정을 해석·적용하는 과정에서 이사 등의 자기거래를 제한하려는 입법 취지가 몰각되지 않도록 해야 한다. 일반적으로 주식회사에서 주주총회의 의결정족수를 충족하는 주식을 가진 주주들이 동의하거나 승인하였다는 사정만으로 주주총회에서 그러한 내용의 주주총회 결의가 있는 것과 마찬가지라고 볼 수 없다. 따라서 자본금 총액이 10억원 미만으로 이사가 1명 또는 2명인 회사의 이사가 자기 또는 제3자의 계산으로 회사와 거래를 하기 전에 주주총회에서 해당 거래에 관한 중요사실을 밝히고 주주총회의 승인을 받지 않았다면, 특별한 사정이 없는 한 그 거래는 무효라고 보아야 한다(대판 2020.7.9. 2019다205398).

④ [O] 상법 제398조의 문언 내용을 그 입법 취지와 개정 연혁 등에 비추어 보면, 이사 등이 자기 또는 제3자의 계산으로 회사와 유효하게 거래를 하기 위하여는 미리 상법 제398조에서 정한 이사회 승인을 받아야 하므로 사전에 상법 제398조에서 정한 이사회 승인을 받지 않았다면 특별한 사정이 없는 한 그 거래는 무효라고 보아야 하고, 사후에 그 거래행위에 대하여 이사회 승인을 받았다고 하더라도 특별한 사정이 없는 한 무효인 거래행위가 유효로 되는 것은 아니다(대판 2023.6.29. 2021다291712).

⑤ [O] 상법 제398조에서 이사와 회사 사이의 거래에 관하여 이사회의 승인을 얻도록 규정하고 있는 취지는, 이사가 그 지위를 이용하여 회사와 거래를 함으로써 자기 또는 제3자의 이익을 도모하고 회사 나아가 주주에게 불측의 손해를 입히는 것을 방지하고자 함에 있으므로, 회사와 이사 사이에 이해가 충돌될 염려가 있는 이사의 회사에 대한 금전대여행위는 상법 제398조 소정의 이사의 자기거래행위에 해당하여 이사회의 승인을 거쳐야 하고, 다만 이사가 회사에 대하여 담보 약정이나 이자 약정 없이 금전을 대여하는 행위와 같이 성질상 회사와 이사 사이의 이해충돌로 인하여 회사에 불이익이 생길 염려가 없는 경우에는 이사회의 승인을 거칠 필요가 없다(대판 2010.1.14. 2009다55808).

답 ②

PART 3

114 법무사 2022

☑확인 Check! ○ △ ✕

이사의 경업금지, 이사와 회사 간의 거래, 이사의 회사에 대한 책임에 관한 다음 설명 중 가장 옳지 않은 것은?

① 이사는 경업 대상 회사의 이사, 대표이사가 되는 경우뿐만 아니라 그 회사의 지배주주가 되어 그 회사의 의사결정과 업무집행에 관여할 수 있게 되는 경우에도 자신이 속한 회사 이사회의 승인을 얻어야 한다.

② 이사의 배우자의 직계존비속이 자기 또는 제3자의 계산으로 회사와 거래를 하기 위하여는 미리 이사회에서 해당 거래에 관한 중요사실을 밝히고 이사회의 승인을 받아야 한다. 이 경우 이사회의 승인은 이사 3분의 2 이상의 수로써 하여야 한다.

③ 이사가 고의 또는 과실로 법령 또는 정관에 위반한 행위를 하거나 그 임무를 게을리한 경우에 그 행위가 이사회의 결의에 의한 것인 때에는 그 결의에 찬성한 이사도 상법 제399조 제1항의 책임이 있다.

④ 위 ③의 이사회 결의에 참가한 이사로서 이의를 한 기재가 의사록에 없는 자는 상법 제399조 제3항에 따라 그 결의에 찬성한 것으로 추정한다.

⑤ 이사가 위 ③의 이사회에 출석하여 결의에 기권하였다고 의사록에 기재된 경우에는 그 결의에 이의하였다고 볼 수 없으므로 상법 제399조 제3항에 따라 그 결의에 찬성한 것으로 추정한다.

해설

① [O] 이사는 경업 대상 회사의 이사, 대표이사가 되는 경우뿐만 아니라 그 회사의 지배주주가 되어 그 회사의 의사결정과 업무집행에 관여할 수 있게 되는 경우에도 자신이 속한 회사 이사회의 승인을 얻어야 하는 것으로 볼 것이다(대판 2013.9.12. 2011다57869).

② [O] 상법 제398조 제3호

> **상법 제398조(이사 등과 회사 간의 거래)**
> 다음 각 호의 어느 하나에 해당하는 자가 자기 또는 제3자의 계산으로 회사와 거래를 하기 위하여는 미리 이사회에서 해당 거래에 관한 중요사실을 밝히고 이사회의 승인을 받아야 한다. 이 경우 이사회의 승인은 이사 3분의 2 이상의 수로써 하여야 하고, 그 거래의 내용과 절차는 공정하여야 한다.
> 1. 이사 또는 제542조의8 제2항 제6호에 따른 주요주주
> 2. 제1호의 자의 배우자 및 직계존비속
> 3. 제1호의 자의 배우자의 직계존비속
> 4. 제1호부터 제3호까지의 자가 단독 또는 공동으로 의결권 있는 발행주식 총수의 100분의 50 이상을 가진 회사 및 그 자회사
> 5. 제1호부터 제3호까지의 자가 제4호의 회사와 합하여 의결권 있는 발행주식총수의 100분의 50 이상을 가진 회사

③ [O], ④ [O] 상법 제399조 제2항, 제3항

> **상법 제399조(회사에 대한 책임)**
> ① 이사가 고의 또는 과실로 법령 또는 정관에 위반한 행위를 하거나 그 임무를 게을리한 경우에는 그 이사는 회사에 대하여 연대하여 손해를 배상할 책임이 있다.
> ② 전항의 행위가 이사회의 결의에 의한 것인 때에는 그 결의에 찬성한 이사도 전항의 책임이 있다.
> ③ 전항의 결의에 참가한 이사로서 이의를 한 기재가 의사록에 없는 자는 그 결의에 찬성한 것으로 추정한다.

⑤ [×] 상법 제399조 제3항은 같은 조 제2항을 전제로 하면서, 이사의 책임을 추궁하는 자로서는 어떤 이사가 이사회 결의에 찬성하였는지를 알기 어려워 증명이 곤란한 경우가 있음을 고려하여 증명책임을 이사에게 전가하는 규정이다. 그렇다면 이사가 이사회에 출석하여 결의에 기권하였다고 의사록에 기재된 경우에 그 이사는 "이의를 한 기재가 의사록에 없는 자"라고 볼 수 없으므로, 상법 제399조 제3항에 따라 이사회 결의에 찬성한 것으로 추정할 수 없고, 따라서 같은 조 제2항의 책임을 부담하지 않는다고 보아야 한다(대판 2019.5.16. 2016다260455).

답 ⑤

115 법무사 2021

☑ 확인Check! ○ △ ✕

주식회사의 이사 등과 회사 간의 거래에 관한 다음 설명 중 옳지 않은 것을 모두 고른 것은?

㉠ 이사회의 승인을 받지 못한 이사와 회사 사이의 이익상반거래에 대하여는, 사전에 주주 전원의 동의가 있다거나 그 승인이 정관에 주주총회의 권한사항으로 정해져 있다는 등의 특별한 사정이 없는 한, 주주총회에서 사후적으로 추인 결의를 하였다 하여 그 거래가 유효하게 될 수는 없다.
㉡ 이사와 회사 사이의 거래가 상법 제398조를 위반하였음을 이유로 무효임을 주장할 수 있는 자는 회사에 한정되고 특별한 사정이 없는 한 거래의 상대방인 당해 이사나 제3자는 그 무효를 주장할 이익이 없다.
㉢ 회사에 대하여 개인적인 채권을 가지고 있는 대표이사가 회사를 위하여 보관하고 있는 회사 소유의 금전으로 자신의 채권 변제에 충당하는 행위는 회사와 이사의 이해가 충돌하는 자기거래행위에 해당하므로 이사회의 승인을 필요로 한다.
㉣ 甲, 乙 두 회사의 대표이사를 겸하고 있던 자에 의하여 甲 회사와 乙 회사 사이에 토지 및 건물에 대한 매매계약이 체결되고 乙 회사 명의로 소유권이전등기가 경료된 경우, 그 매매계약은 원칙적으로 이사회의 승인을 요하는 이사의 자기거래에 해당한다.
㉤ 이사가 자기 또는 제3자의 계산으로 회사와 거래를 하기 위해서는 상법 제398조에 따라 미리 이사회의 승인을 받아야 하고, 이 경우 이사회 승인은 상법 제397조에 따른 경업금지의 해제에 대한 이사회 승인과 동일하게 이사 과반수의 출석과 출석이사의 과반수로 하여야 한다.

① ㉠, ㉡
② ㉠, ㉣
③ ㉡, ㉤
④ ㉢, ㉣
⑤ ㉢, ㉤

해설

㉠ [O] 이사와 회사 사이의 이익상반거래에 대한 승인은 주주 전원의 동의가 있다거나 그 승인이 정관에 주주총회의 권한사항으로 정해져 있다는 등의 특별한 사정이 없는 한 이사회의 전결사항이라 할 것이므로, 이사회의 승인을 받지 못한 이익상반거래에 대하여 아무런 승인 권한이 없는 주주총회에서 사후적으로 추인 결의를 하였다 하여 그 거래가 유효하게 될 수는 없다(대판 2007.5.10. 2005다4284).

㉡ [O] 상법 제398조가 이사와 회사 사이의 거래에 관하여 이사회의 승인을 얻도록 한 것은, 이사가 그 지위를 이용하여 회사와 직접 거래를 하거나 이사 자신의 이익을 위하여 회사와 제3자 사이의 거래를 함으로써 이사 자신의 이익을 도모하고 회사 및 주주에게 손해를 입히는 것을 방지하고자 하는 것이므로, 그 규정 취지에 비추어 이사와 회사 사이의 거래가 상법 제398조를 위반하였음을 이유로 무효임을 주장할 수 있는 자는 회사에 한정되고 특별한 사정이 없는 한 거래의 상대방이나 제3자는 그 무효를 주장할 이익이 없다고 보아야 하므로, 거래의 상대방인 당해 이사 스스로가 위 규정 위반을 내세워 그 거래의 무효를 주장하는 것은 허용되지 않는다 할 것이다(대판 2012.12.27. 2011다67651).

㉢ [X] 회사에 대하여 개인적인 채권을 가지고 있는 대표이사가 회사를 위하여 보관하고 있는 회사 소유의 금전으로 자신의 채권의 변제에 충당하는 행위는 회사와 이사의 이해가 충돌하는 자기거래행위에 해당하지 않는다고 할 것이므로, 대표이사가 이사회의 승인 등의 절차 없이 그와 같이 자신의 회사에 대한 채권을 변제하였더라도 이는 대표이사의 권한 내에서 한 회사채무의 이행행위로서 유효하다(대판 1999.2.23. 98도2296).

PART 3

㉣ [O] 갑, 을 두 회사의 대표이사를 겸하고 있던 자에 의하여 갑 회사와 을 회사 사이에 토지 및 건물에 대한 매매계약이 체결되고 을 회사 명의로 소유권이전등기가 경료된 경우, 그 매매계약은 이른바 '이사의 자기거래'에 해당하고, 달리 특별한 사정이 없는 한 이는 갑 회사와 그 이사와의 사이에 이해충돌의 염려 내지 갑 회사에 불이익을 생기게 할 염려가 있는 거래에 해당하는데, 그 거래에 대하여 갑 회사 이사회의 승인이 없었으므로 그 매매계약의 효력은 을 회사에 대한 관계에 있어서 무효이다(대판 1996.5.28. 95다12101).

㉤ [×] 이사 등과 회사 간의 거래에 대한 이사회의 승인에는 이사 3분의 2 이상의 수가 요구되나, 상법 제397조에 따른 경업금지의 해제에 대한 이사회의 승인에는 가중된 결의요건이 요구되지 아니한다.

상법 제398조(이사 등과 회사 간의 거래)

다음 각 호의 어느 하나에 해당하는 자가 자기 또는 제3자의 계산으로 회사와 거래를 하기 위하여는 미리 이사회에서 해당 거래에 관한 중요사실을 밝히고 이사회의 승인을 받아야 한다. 이 경우 이사회의 승인은 이사 3분의 2 이상의 수로써 하여야 하고, 그 거래의 내용과 절차는 공정하여야 한다.

1. 이사 또는 제542조의8 제2항 제6호에 따른 주요주주

답 ⑤

제5항 이사의 책임

116 CPA 2022

☑ 확인 Check! ○ △ ✕

상법상 주식회사 이사의 회사에 대한 손해배상책임에 관한 설명으로 옳은 것은? (이견이 있으면 판례에 의함)

① 이사가 경과실로 그 임무를 게을리한 경우 이사는 회사에 대하여 손해배상책임을 부담하지 않는다.
② 이사의 회사에 대한 손해배상책임은 주주 전원의 동의가 있더라도 면제할 수 없다.
③ 회사의 손해를 발생시킨 이사의 행위가 이사회의 결의에 의한 경우, 그 결의에 반대한 것으로 의사록에 기재된 이사도 회사에 대하여 손해배상책임을 부담한다.
④ 이사회 결의에 참가한 이사로서 이의를 한 기재가 의사록에 없는 이사에게 손해배상책임을 부과하기 위하여는 그 이사가 결의에 찬성한 사실을 회사가 증명하여야 한다.
⑤ 이사가 이사회에 출석하여 결의에 기권하였다고 의사록에 기재된 경우에는 그 이사가 이의를 한 기재가 의사록에 없는 자라고 볼 수 없으므로, 이사회의 결의에 찬성한 것으로 추정할 수 없다.

해설

① [✕] 이사가 경과실로 그 임무를 게을리한 경우에도 이사는 회사에 대하여 손해배상책임을 부담한다(상법 제399조 제1항 참조).
② [✕] 이사의 회사에 대한 손해배상책임은 주주 전원의 동의로 면제할 수 있다(상법 제400조 제1항 참조).
③ [✕] 회사의 손해를 발생시킨 이사의 행위가 이사회의 결의에 의한 경우, 그 결의에 반대한 것으로 의사록에 기재된 이사는 회사에 대하여 손해배상책임을 부담하지 않는다(상법 제399조 제2항 참조).

> **상법 제399조(회사에 대한 책임)**
> ① 이사가 고의 또는 과실로 법령 또는 정관에 위반한 행위를 하거나 그 임무를 게을리한 경우에는 그 이사는 회사에 대하여 연대하여 손해를 배상할 책임이 있다.
> ② 전항의 행위가 이사회의 결의에 의한 것인 때에는 그 결의에 찬성한 이사도 전항의 책임이 있다.
> ③ 전항의 결의에 참가한 이사로서 이의를 한 기재가 의사록에 없는 자는 그 결의에 찬성한 것으로 추정한다.
>
> **상법 제400조(회사에 대한 책임의 감면)**
> ① 제399조에 따른 이사의 책임은 주주 전원의 동의로 면제할 수 있다.

④ [✕], ⑤ [O] 상법 제399조 제2항은 같은 조 제1항이 규정한 이사의 임무 위반행위가 이사회 결의에 의한 것일 때 결의에 찬성한 이사에 대하여도 손해배상책임을 지우고 있고, 상법 제399조 제3항은 같은 조 제2항을 전제로 하면서, 이사의 책임을 추궁하는 자로서는 어떤 이사가 이사회 결의에 찬성하였는지를 알기 어려워 증명이 곤란한 경우가 있음을 고려하여 증명책임을 이사에게 전가하는 규정이다. 그렇다면 이사가 이사회에 출석하여 결의에 기권하였다고 의사록에 기재된 경우에 그 이사는 "이의를 한 기재가 의사록에 없는 자"라고 볼 수 없으므로, 상법 제399조 제3항에 따라 이사회 결의에 찬성한 것으로 추정할 수 없고, 따라서 같은 조 제2항의 책임을 부담하지 않는다고 보아야 한다(대판 2019.5.16. 2016다260455).

답 ⑤

117 CPA 2021

☑ 확인Check! ○ △ ✕

상법상 비상장 주식회사의 이사의 책임에 관한 설명으로 틀린 것은? (이견이 있으면 판례에 의함)

① 이사가 고의 또는 과실로 그 임무를 게을리한 경우에 지는 회사에 대한 손해배상책임은 주주 전원의 동의로 면제할 수 있다.

② 회사에 대한 영향력을 이용하여 이사에게 업무집행을 지시함으로써 회사에게 책임을 지는 자는 그 지시받은 업무집행행위로 인하여 회사에게 손해배상책임을 지는 이사와 연대하여 그 책임을 진다.

③ 대표이사가 회사재산을 횡령하여 회사가 손해를 입고 결과적으로 주주의 경제적 이익이 침해되는 간접적인 손해는 이사의 제3자에 대한 책임에서의 손해의 개념에 포함된다.

④ 발행주식총수의 100분의 1 이상에 해당하는 주식을 가진 주주는 회사에 대하여 이사의 책임을 추궁하는 소의 제기를 청구할 수 있다.

⑤ 이사가 법령 또는 정관에 위반한 행위를 하여 이로 인하여 회사에 회복할 수 없는 손해가 생길 염려가 있는 경우에는 감사는 회사를 위하여 이사에 대하여 그 행위를 유지할 것을 청구할 수 있다.

해설

① [O] 상법 제399조 제1항, 제400조 제1항

상법 제399조(회사에 대한 책임)

① 이사가 고의 또는 과실로 법령 또는 정관에 위반한 행위를 하거나 그 임무를 게을리한 경우에는 그 이사는 회사에 대하여 연대하여 손해를 배상할 책임이 있다.

상법 제400조(회사에 대한 책임의 감면)

① 제399조에 따른 이사의 책임은 주주 전원의 동의로 면제할 수 있다.

② [O] 상법 제401조의2 제1항 제1호, 제2항

상법 제401조의2(업무집행지시자 등의 책임)

① 다음 각 호의 어느 하나에 해당하는 자가 그 지시하거나 집행한 업무에 관하여 제399조, 제401조, 제403조 및 제406조의2를 적용하는 경우에는 그 자를 "이사"로 본다.

1. 회사에 대한 자신의 영향력을 이용하여 이사에게 업무집행을 지시한 자
2. 이사의 이름으로 직접 업무를 집행한 자
3. 이사가 아니면서 명예회장・회장・사장・부사장・전무・상무・이사 기타 회사의 업무를 집행할 권한이 있는 것으로 인정될 만한 명칭을 사용하여 회사의 업무를 집행한 자

② 제1항의 경우에 회사 또는 제3자에 대하여 손해를 배상할 책임이 있는 이사는 제1항에 규정된 자와 연대하여 그 책임을 진다.

③ [×] 주식회사의 주주가 이사의 악의 또는 중대한 과실로 인한 임무해태행위로 직접 손해를 입은 경우에는 이사에 대하여 상법 제401조에 의하여 손해배상을 청구할 수 있으나, 이사가 회사재산을 횡령하여 회사재산이 감소함으로써 회사가 손해를 입고 결과적으로 주주의 경제적 이익이 침해되는 손해와 같은 간접적인 손해는 상법 제401조 제1항에서 말하는 손해의 개념에 포함되지 아니하므로 이에 대하여는 위 법조항에 의한 손해배상을 청구할 수 없다(대판 2003.10.24. 2003다29661).

④ [O] 발행주식의 총수의 100분의 1 이상에 해당하는 주식을 가진 주주는 회사에 대하여 이사의 책임을 추궁할 소의 제기를 청구할 수 있다(상법 제403조 제1항).

⑤ [O] 이사가 법령 또는 정관에 위반한 행위를 하여 이로 인하여 회사에 회복할 수 없는 손해가 생길 염려가 있는 경우에는 감사 또는 발행주식의 총수의 100분의 1 이상에 해당하는 주식을 가진 주주는 회사를 위하여 이사에 대하여 그 행위를 유지할 것을 청구할 수 있다(상법 제402조).

답 ③

118 CPA 2020

☑ 확인 Check! ○ △ ✕

상법상 주식회사의 이사에 관한 설명으로 틀린 것은? 기출수정

① 회사와 이사의 관계는 민법의 위임에 관한 규정이 준용되므로, 이사는 회사에 대하여 선량한 관리자로서의 주의의무를 부담한다.

② 이사는 법령과 정관의 규정에 따라 회사를 위하여 그 직무를 충실하게 수행하여야 한다.

③ 자본금 총액이 10억원 미만인 회사는 이사를 1명 또는 2명으로 할 수 있다.

④ 판례에 의하면, 이사가 회사에 손해를 발생시킨 경우 회사는 이사의 책임을 그 이사의 최근 1년간의 보수액의 6배 이하의 금액에 대하여 감경할 수 있을 뿐이고, 법원이 재량으로 더 이상 감경할 수는 없다.

⑤ 이사의 임기는 3년을 초과하지 못하지만, 상법상 비상장주식회사 이사의 연임횟수를 제한하는 규정은 없다.

해설

① [O] 상법 제382조 제2항, 민법 제681조

> **상법 제382조(이사의 선임, 회사와의 관계 및 사외이사)**
> ② 회사와 이사의 관계는 「민법」의 위임에 관한 규정을 준용한다.
>
> **민법 제681조(수임인의 선관의무)**
> 수임인은 위임의 본지에 따라 선량한 관리자의 주의로써 위임사무를 처리하여야 한다.

② [O] 이사는 법령과 정관의 규정에 따라 회사를 위하여 그 직무를 충실하게 수행하여야 한다(상법 제382조의3).

③ [O] 이사는 3명 이상이어야 한다. 다만, 자본금 총액이 10억원 미만인 회사는 1명 또는 2명으로 할 수 있다(상법 제383조 제1항).

④ [✕] 이사가 법령 또는 정관에 위반한 행위를 하거나 그 임무를 해태함으로써 회사에 대하여 손해를 배상할 책임이 있는 경우에 그 손해배상의 범위를 정함에 있어서는, 당해 사업의 내용과 성격, 당해 이사의 임무위반의 경위 및 임무위반행위의 태양, 회사의 손해 발생 및 확대에 관여된 객관적인 사정이나 그 정도, 평소 이사의 회사에 대한 공헌도, 임무위반행위로 인한 당해 이사의 이득 유무, 회사의 조직체계의 흠결 유무나 위험관리체제의 구축 여부 등 제반 사정을 참작하여 손해분담의 공평이라는 손해배상제도의 이념에 비추어 그 손해배상액을 제한할 수 있다(대판 2004.12.10. 2002다60467).

⑤ [O] 이사의 임기는 3년을 초과하지 못한다(상법 제383조 제2항). 이사는 임기 만료 후 연임할 수 있으며 상법상 비상장주식회사 이사의 연임 횟수를 제한하는 규정은 없다.

답 ④

PART 3

119 CPA 2017

☑ 확인Check! ○ △ ×

상법상 주식회사의 이사 등의 책임에 관한 설명으로 틀린 것은?

① 판례에 의하면 이사의 회사에 대한 임무해태로 인한 손해배상책임은 위임관계로 인한 채무불이행책임이므로 그 소멸시효기간은 일반채무의 경우와 같이 10년이다.

② 판례에 의하면 이사가 임무를 수행함에 있어서 법령에 위반한 행위를 한 때에는 원칙적으로 경영판단의 원칙이 적용되지 않는다.

③ 고의 또는 중대한 과실로 임무를 게을리한 이사의 행위가 이사회의 결의에 의한 것인 때에는 그 결의에 찬성한 이사도 제3자에 대하여 연대하여 손해를 배상할 책임이 있다.

④ 회사에 대한 자신의 영향력을 이용하여 이사에게 업무집행을 지시하여 고의로 법령에 위반한 행위를 하게 한 자는 회사에 대하여 연대하여 손해를 배상할 책임이 있다.

⑤ 회사는 정관의 규정으로 사외이사의 제3자에 대한 손해배상책임에 관하여 그 행위를 한 날 이전 최근 1년간의 보수액의 3배를 초과하는 금액에 대하여 면제할 수 있다.

| 해설 |

① [O] 주식회사의 이사 또는 감사의 회사에 대한 임무해태로 인한 손해배상책임은 일반불법행위 책임이 아니라 위임관계로 인한 채무불이행 책임이므로 그 소멸시효기간은 일반채무의 경우와 같이 10년이라고 보아야 한다(대판 1985.6.25. 84다카1954).

② [O] 상법 제399조는 이사가 법령에 위반한 행위를 한 경우에 회사에 대하여 손해배상책임을 지도록 규정하고 있는데, 이사가 임무를 수행함에 있어서 위와 같이 법령에 위반한 행위를 한 때에는 그 행위 자체가 회사에 대하여 채무불이행에 해당하므로, 그로 인하여 회사에 손해가 발생한 이상 특별한 사정이 없는 한 손해배상책임을 면할 수 없다. 한편, 이사가 임무를 수행함에 있어서 선량한 관리자의 주의의무를 위반하여 임무위반으로 인한 손해배상책임이 문제되는 경우에도, 통상의 합리적인 금융기관의 임원이 그 당시의 상황에서 적합한 절차에 따라 회사의 최대이익을 위하여 신의성실에 따라 직무를 수행하였고 그 의사결정과정 및 내용이 현저하게 불합리하지 않다면, 그 임원의 행위는 경영판단이 허용되는 재량범위 내에 있다고 할 것이나, 위와 같이 이사가 법령에 위반한 행위에 대하여는 원칙적으로 경영판단의 원칙이 적용되지 않는다(대판 2007.7.26. 2006다33609).

③ [O] 상법 제399조 제1항, 제2항

> **상법 제399조(회사에 대한 책임)**
> ① 이사가 고의 또는 과실로 법령 또는 정관에 위반한 행위를 하거나 그 임무를 게을리한 경우에는 그 이사는 회사에 대하여 연대하여 손해를 배상할 책임이 있다.
> ② 전항의 행위가 이사회의 결의에 의한 것인 때에는 그 결의에 찬성한 이사도 전항의 책임이 있다.

④ [O] 상법 제401조의2 제1항 제1호, 제2항

> **상법 제401조의2(업무집행지시자 등의 책임)**
> ① 다음 각 호의 어느 하나에 해당하는 자가 그 지시하거나 집행한 업무에 관하여 제399조(회사에 대한 책임), 제401조, 제403조 및 제406조의2를 적용하는 경우에는 그 자를 "이사"로 본다.

> 1. 회사에 대한 자신의 영향력을 이용하여 이사에게 업무집행을 지시한 자
> 2. 이사의 이름으로 직접 업무를 집행한 자
> 3. 이사가 아니면서 명예회장・회장・사장・부사장・전무・상무・이사 기타 회사의 업무를 집행할 권한이 있는 것으로 인정될 만한 명칭을 사용하여 회사의 업무를 집행한 자
>
> ② 제1항의 경우에 회사 또는 제3자에 대하여 손해를 배상할 책임이 있는 이사는 제1항에 규정된 자와 연대하여 그 책임을 진다.

⑤ [×] 회사는 정관으로 정하는 바에 따라 제399조(회사에 대한 책임)에 따른 이사의 책임을 이사가 그 행위를 한 날 이전 최근 1년간의 보수액(상여금과 주식매수선택권의 행사로 인한 이익 등을 포함한다)의 6배(사외이사의 경우는 3배)를 초과하는 금액에 대하여 면제할 수 있다. 다만, 이사가 고의 또는 중대한 과실로 손해를 발생시킨 경우와 제397조 제397조의2 및 제398조에 해당하는 경우에는 그러하지 아니하다(상법 제400조 제2항). 즉, 이사의 책임감면규정은 제3자에 대한 손해배상책임이 아니라 회사에 대한 손해배상책임을 제한하는 규정이다.

답 ⑤

PART 3

120 CPA 2016

☑ 확인Check! ○ △ ×

비상장회사인 주식회사의 분식결산에 관여한 자들의 책임에 관한 상법상 설명으로 틀린 것은? (이견이 있으면 판례에 의함)

① 회사는 분식결산을 실행한 대표이사에게 분식결산으로 인하여 납부하게 된 과징금 상당액의 손해를 배상할 것을 청구할 수 있다.

② 판례에 의하면 대표이사는 분식결산을 하는 것이 회사의 이익에 부합한다고 합리적으로 신뢰하고 경영상 판단을 내린 것이라고 주장하더라도 면책될 수 없다.

③ 주주총회에서 분식결산된 재무제표를 승인한 후 2년 내에 다른 결의가 없으면 회사는 대표이사의 책임을 해제한 것으로 본다.

④ 회사는 영향력을 행사하여 대표이사에게 분식결산을 지시한 회장(이사로 등기되지 않음)에게 분식결산으로 인한 손해를 배상할 것을 청구할 수 있다.

⑤ 회사는 회사의 업무를 집행할 권한이 있는 것으로 인정될 만한 '상무'라는 명칭을 사용하여 분식결산을 실행한 자(이사로 등기되지 않음)에게 그로 인한 손해의 배상을 청구할 수 있다.

▌해설▌

① [O] 회사가 기업활동을 함에 있어서 형법상의 범죄를 수단으로 하여서는 안 되므로 뇌물 공여를 금지하는 형법규정은 회사가 기업활동을 함에 있어서 준수하여야 할 것으로서 이사가 회사의 업무를 집행하면서 회사의 자금으로서 뇌물을 공여하였다면 이는 상법 제399조에서 규정하고 있는 법령에 위반된 행위에 해당된다고 할 것이고 이로 인하여 회사가 입은 뇌물액 상당의 손해를 배상할 책임이 있다(대판 2005.10.28. 2003다69638). 마찬가지로 분식결산을 실행한 대표이사는 고의로 법령에 위반한 행위를 한 것이고, 분식결산으로 인하여 납부하게 된 과징금은 이로 인하여 회사에 발생한 손해이므로, 회사는 대표이사에게 손해배상을 청구할 수 있다.

② [O] 상법 제399조는 이사가 법령에 위반한 행위를 한 경우에 회사에 대하여 손해배상책임을 지도록 규정하고 있는바, 이사가 회사에 대하여 손해배상책임을 지는 사유가 되는 법령에 위반한 행위는 이사로서 임무를 수행함에 있어서 준수하여야 할 의무를 개별적으로 규정하고 있는 상법 등의 제 규정과 회사가 기업활동을 함에 있어서 준수하여야 할 제 규정을 위반한 경우가 이에 해당된다고 할 것이고, 이사가 임무를 수행함에 있어서 위와 같은 법령에 위반한 행위를 한 때에는 그 행위 자체가 회사에 대하여 채무불이행에 해당되므로 이로 인하여 회사에 손해가 발생한 이상, 특별한 사정이 없는 한 손해배상책임을 면할 수는 없다 할 것이며, 위와 같은 법령에 위반한 행위에 대하여는 이사가 임무를 수행함에 있어서 선관주의의무를 위반하여 임무해태로 인한 손해배상책임이 문제되는 경우에 고려될 수 있는 경영판단의 원칙은 적용될 여지가 없다(대판 2005.10.28. 2003다69638).

③ [×] 정기총회에서 전조 제1항의 승인(재무제표 등의 승인)을 한 후 2년 내에 다른 결의가 없으면 회사는 이사와 감사의 책임을 해제한 것으로 본다. 그러나 이사 또는 감사의 부정행위에 대하여는 그러하지 아니하다(상법 제450조). 분식결산의 실행은 이사의 부정행위에 해당하므로 주주총회에서 재무제표를 승인한 후 2년 내에 다른 결의가 없었다고 하더라도 책임이 해제되었다고 볼 수 없다.

④ [O] 상법 제401조의2 제1항 제1호, 제399조 제1항

⑤ [O] 상법 제401조의2 제1항 제3호, 제399조 제1항

상법 제401조의2(업무집행지시자 등의 책임)

① 다음 각 호의 어느 하나에 해당하는 자가 그 지시하거나 집행한 업무에 관하여 제399조, 제401조, 제403조 및 제406조의2를 적용하는 경우에는 그 자를 "이사"로 본다.

1. 회사에 대한 자신의 영향력을 이용하여 이사에게 업무집행을 지시한 자
2. 이사의 이름으로 직접 업무를 집행한 자
3. 이사가 아니면서 명예회장·회장·사장·부사장·전무·상무·이사 기타 회사의 업무를 집행할 권한이 있는 것으로 인정될 만한 명칭을 사용하여 회사의 업무를 집행한 자

상법 제399조(회사에 대한 책임)

① 이사가 고의 또는 과실로 법령 또는 정관에 위반한 행위를 하거나 그 임무를 게을리한 경우에는 그 이사는 회사에 대하여 연대하여 손해를 배상할 책임이 있다.

답 ③

121 CPA 2015

☑ 확인 Check! ○ △ ×

상법상 주식회사 이사의 의무와 책임에 관한 설명으로 틀린 것은?

① 이사가 자기거래 금지의무를 위반한 경우 회사는 정관규정으로 이사가 그 행위를 한 날 이전 최근 1년간의 보수액의 6배를 초과하는 금액에 대하여 그 이사의 회사에 대한 손해배상책임을 면제할 수 있다.

② 이사가 고의 또는 중대한 과실로 그 임무를 게을리한 때에는 그 이사는 제3자에 대하여 연대하여 손해를 배상할 책임이 있다.

③ 이사는 이사회의 승인 없이 현재 또는 장래에 회사의 이익이 될 수 있는 회사의 사업기회를 자기 또는 제3자의 이익을 위하여 이용하여서는 안 된다.

④ 이사는 신주발행으로 인한 변경등기 후 아직 인수하지 않은 주식이 있거나 주식인수의 청약이 취소된 때에는 과실유무를 불문하고 이를 공동으로 인수할 책임이 있다.

⑤ 이사는 신주를 인수한 자가 납입기일에 주금을 납입하지 않더라도 납입담보책임을 부담하는 것은 아니다.

해설

① [×] 회사는 정관으로 정하는 바에 따라 제399조에 따른 이사의 책임을 이사가 그 행위를 한 날 이전 최근 1년간의 보수액(상여금과 주식매수선택권의 행사로 인한 이익 등을 포함한다)의 6배(사외이사의 경우는 3배)를 초과하는 금액에 대하여 면제할 수 있다. 다만, 이사가 고의 또는 중대한 과실로 손해를 발생시킨 경우와 제397조(경업금지), 제397조의2(회사의 기회 및 자산의 유용 금지) 및 제398조(이사 등과 회사 간의 거래)에 해당하는 경우에는 그러하지 아니하다(상법 제400조 제2항).

② [O] 이사가 고의 또는 중대한 과실로 그 임무를 게을리한 때에는 그 이사는 제3자에 대하여 연대하여 손해를 배상할 책임이 있다(상법 제401조 제1항).

③ [O] 상법 제397조의2 제1항

> **상법 제397조의2(회사의 기회 및 자산의 유용 금지)**
>
> ① 이사는 이사회의 승인 없이 현재 또는 장래에 회사의 이익이 될 수 있는 다음 각 호의 어느 하나에 해당하는 회사의 사업기회를 자기 또는 제3자의 이익을 위하여 이용하여서는 아니 된다. 이 경우 이사회의 승인은 이사 3분의 2 이상의 수로써 하여야 한다.
>
> 1. 직무를 수행하는 과정에서 알게 되거나 회사의 정보를 이용한 사업기회
> 2. 회사가 수행하고 있거나 수행할 사업과 밀접한 관계가 있는 사업기회

④ [O] 신주의 발행으로 인한 변경등기가 있은 후에 아직 인수하지 아니한 주식이 있거나 주식인수의 청약이 취소된 때에는 이사가 이를 공동으로 인수한 것으로 본다(상법 제428조 제1항).

⑤ [O] 신주의 인수인이 납입기일에 납입 또는 현물출자의 이행을 하지 아니한 때에는 그 권리를 잃는다(상법 제423조 제2항). 회사설립과 달리 신주발행에서는 납입이 이루어지지 않는 경우 따로 실권절차를 두지 않고 바로 실권시킨다. 즉 인수의 효력이 없어지므로 이 경우 이사가 납입담보책임을 지지 않는다.

답 ①

PART 3

122 CPA 2022

상법상 주식회사의 이사의 책임에 관한 설명으로 옳지 않은 것은?

① 이사가 과실로 정관에 위반한 행위를 한 경우에는 그 이사는 회사에 대하여 연대하여 손해를 배상할 책임이 있다.

② 회사에 대한 손해배상책임을 부담하는 이사의 행위가 이사회의 결의에 의한 것인 때에는 그 결의에 찬성한 이사도 회사에 대하여 연대하여 손해를 배상할 책임이 있다.

③ 이사의 이름으로 직접 업무를 집행한 자가 과실로 법령에 위반한 행위를 한 경우에는 그 자는 회사에 대하여 연대하여 손해를 배상할 책임이 있다.

④ 이사가 경과실로 그 임무를 게을리한 때에는 그 이사는 제3자에 대하여 연대하여 손해를 배상할 책임이 있다.

⑤ 이사가 아니면서 명예회장의 명칭을 사용하여 회사의 업무를 집행한 자가 과실로 정관에 위반한 행위를 한 경우에는 그 자는 회사에 대하여 연대하여 손해를 배상할 책임이 있다.

해설

① [○] 상법 제399조 제1항

② [○] 상법 제399조 제2항

> **상법 제399조(회사에 대한 책임)**
> ① 이사가 고의 또는 과실로 법령 또는 정관에 위반한 행위를 하거나 그 임무를 게을리한 경우에는 그 이사는 회사에 대하여 연대하여 손해를 배상할 책임이 있다.
> ② 전항의 행위가 이사회의 결의에 의한 것인 때에는 그 결의에 찬성한 이사도 전항의 책임이 있다.

③ [○] 상법 제401조의2 제1항 제2호, 제399조 제1항

④ [×] 이사가 고의 또는 중대한 과실로 그 임무를 게을리한 때에는 그 이사는 제3자에 대하여 연대하여 손해를 배상할 책임이 있다(상법 제401조 제1항).

⑤ [○] 상법 제401조의2 제1항 제3호, 제399조 제1항

> **상법 제401조의2(업무집행지시자 등의 책임)**
> ① 다음 각 호의 어느 하나에 해당하는 자가 그 지시하거나 집행한 업무에 관하여 제399조(회사에 대한 책임), 제401조(제3자에 대한 책임), 제403조(주주의 대표소송) 및 제406조의2(다중대표소송)를 적용하는 경우에는 그 자를 "이사"로 본다.
> 1. 회사에 대한 자신의 영향력을 이용하여 이사에게 업무집행을 지시한 자
> 2. 이사의 이름으로 직접 업무를 집행한 자
> 3. 이사가 아니면서 명예회장·회장·사장·부사장·전무·상무·이사 기타 회사의 업무를 집행할 권한이 있는 것으로 인정될 만한 명칭을 사용하여 회사의 업무를 집행한 자

답 ④

123 법무사 2024

☑ 확인Check! ○ △ ×

주식회사에서 이사의 책임 등에 관한 다음 설명 중 가장 옳지 않은 것은?

① 상법 제399조 제1항에 따라 주식회사의 이사가 회사에 대한 임무를 게을리하여 발생한 손해배상책임은 위임관계로 인한 채무불이행책임이다.

② 주식회사의 이사가 회사에 대하여 상법 제399조 제1항에 따라 손해배상채무를 부담하는 경우 특별한 사정이 없는 한 임무해태로 인하여 손해가 발생한 시점부터 지체책임을 진다.

③ 이사가 임무를 수행하면서 법령을 위반하는 행위를 한 때는 원칙적으로 경영판단의 원칙이 적용되지 않는다.

④ 상법 제401조에 의한 이사의 제3자에 대한 손해배상책임의 소멸시효기간은 10년이다.

⑤ 이사의 고의 또는 과실에 의한 법령 또는 정관에 위반한 행위 또는 임무 해태가 이사회의 결의에 의한 것인 때에는 그 결의에 찬성한 이사도 연대하여 회사에 대하여 손해를 배상할 책임을 진다.

❙해설❙

① [O], ② [×] 채무이행의 기한이 없는 경우 채무자는 이행청구를 받은 때부터 지체책임이 있다(민법 제387조 제2항). 채무불이행으로 인한 손해배상채무는 특별한 사정이 없는 한 이행기한의 정함이 없는 채무이므로 채무자는 채권자로부터 이행청구를 받은 때부터 지체책임을 진다. 상법 제399조 제1항에 따라 주식회사의 이사가 회사에 대한 임무를 게을리하여 발생한 손해배상책임은 위임관계로 인한 채무불이행책임이다. 따라서 주식회사의 이사가 회사에 대하여 위 조항에 따라 손해배상채무를 부담하는 경우 특별한 사정이 없는 한 이행청구를 받은 때부터 지체책임을 진다(대판 2021.5.7. 2018다275888).

③ [O] 상법 제399조는 이사가 법령에 위반한 행위를 한 경우에 회사에 대하여 손해배상책임을 지도록 규정하고 있는데, 이사가 임무를 수행함에 있어서 위와 같이 법령에 위반한 행위를 한 때에는 그 행위 자체가 회사에 대하여 채무불이행에 해당하므로, 그로 인하여 회사에 손해가 발생한 이상 특별한 사정이 없는 한 손해배상책임을 면할 수 없다. 한편, 이사가 임무를 수행함에 있어서 선량한 관리자의 주의의무를 위반하여 임무위반으로 인한 손해배상책임이 문제되는 경우에도, 통상의 합리적인 금융기관의 임원이 그 당시의 상황에서 적합한 절차에 따라 회사의 최대이익을 위하여 신의성실에 따라 직무를 수행하였고 그 의사결정과정 및 내용이 현저하게 불합리하지 않다면, 그 임원의 행위는 경영판단이 허용되는 재량범위 내에 있다고 할 것이나, 위와 같이 이사가 법령에 위반한 행위에 대하여는 원칙적으로 경영판단의 원칙이 적용되지 않는다(대판 2007.7.26. 2006다33609).

④ [O] 상법 제401조에 기한 이사의 제3자에 대한 손해배상책임이 제3자를 보호하기 위하여 상법이 인정하는 특수한 책임이라는 점을 감안할 때, 일반 불법행위책임의 단기소멸시효를 규정한 민법 제766조 제1항은 적용될 여지가 없고, 일반 채권으로서 민법 제162조 제1항에 따라 그 소멸시효기간은 10년이다(대판 2006.12.22. 2004다63354).

⑤ [O] 상법 제399조 제1항, 제2항

> **상법 제399조(회사에 대한 책임)**
> ① 이사가 고의 또는 과실로 법령 또는 정관에 위반한 행위를 하거나 그 임무를 게을리한 경우에는 그 이사는 회사에 대하여 연대하여 손해를 배상할 책임이 있다.
> ② 전항의 행위가 이사회의 결의에 의한 것인 때에는 그 결의에 찬성한 이사도 전항의 책임이 있다.

124 법무사 2021

☑ 확인Check! ○ △ ×

상법상 주식회사 이사의 회사에 대한 책임에 관한 다음 설명 중 가장 옳지 않은 것은?

① 이사가 고의 또는 과실로 법령 또는 정관에 위반한 행위를 하거나 그 임무를 게을리한 경우에는 회사에 대하여 손해배상책임을 진다.

② 법령 또는 정관 위반 행위가 이사회의 결의에 의한 경우 결의에 찬성한 이사도 손해배상책임을 지고, 나아가 이사회에 참석하지 아니한 경우에도 이사회 불출석 자체가 임무해태에 해당한다면 손해배상책임을 질 수 있다.

③ 이사회 결의에 참여한 이사로서 이의를 한 기재가 의사록에 없는 자는 그 결의에 찬성한 것으로 추정되므로, 당해 결의에 기권하였다고 의사록에 기재되었다면 찬성한 것으로 추정되어 그 이사는 손해배상책임을 진다.

④ 업무집행을 담당하지 않는 비상근이사·사외이사도 업무담당이사의 업무집행이 위법하다고 의심할 만한 사유가 있었음에도 불구하고 감시의무를 위반하여 방치한 때에는 손해배상책임을 진다.

⑤ 회사의 이사에 대한 책임은 총주주의 동의로 면제할 수 있는데, 다수의 주주가 면책에 동의한다 하더라도 총주주에 이르지 못하는 이상 면책되지 않는다.

해설

① [○] 이사가 고의 또는 과실로 법령 또는 정관에 위반한 행위를 하거나 그 임무를 게을리한 경우에는 그 이사는 회사에 대하여 연대하여 손해를 배상할 책임이 있다(상법 제399조 제1항).

② [○], ④ [○] 주식회사의 이사는 이사회의 일원으로서 이사회에 상정된 의안에 대하여 찬부의 의사표시를 하는 데 그치지 않고, 담당업무는 물론 다른 업무담당 이사의 업무집행을 전반적으로 감시할 의무가 있고 이러한 의무는 비상근이사라고 하여 면할 수 있는 것은 아니므로 주식회사의 이사가 이사회에 참석하지도 않고 사후적으로 이사회의 결의를 추인하는 등으로 실질적으로 이사의 임무를 전혀 수행하지 않은 이상 그 자체로서 임무해태가 된다고 할 것이다. 원심이 이러한 취지에서 피고 8, 9에 대하여 임무해태에 따른 손해배상책임을 면할 수 없다고 판단한 것은 수긍할 수 있고 이사책임에 관한 법리오해의 위법이 없다(대판 2008.12.11. 2005다51471).

> **상법 제399조(회사에 대한 책임)**
> ② 전항의 행위가 이사회의 결의에 의한 것인 때에는 그 결의에 찬성한 이사도 전항의 책임이 있다.

③ [×] 상법 제399조 제2항은 같은 조 제1항이 규정한 이사의 임무 위반행위가 이사회 결의에 의한 것일 때 결의에 찬성한 이사에 대하여도 손해배상책임을 지우고 있고, 상법 제399조 제3항은 같은 조 제2항을 전제로 하면서, 이사의 책임을 추궁하는 자로서는 어떤 이사가 이사회 결의에 찬성하였는지를 알기 어려워 증명이 곤란한 경우가 있음을 고려하여 증명책임을 이사에게 전가하는 규정이다. 그렇다면 이사가 이사회에 출석하여 결의에 기권하였다고 의사록에 기재된 경우에 그 이사는 "이의를 한 기재가 의사록에 없는 자"라고 볼 수 없으므로, 상법 제399조 제3항에 따라 이사회 결의에 찬성한 것으로 추정할 수 없고, 따라서 같은 조 제2항의 책임을 부담하지 않는다고 보아야 한다(대판 2019.5.16. 2016다260455).

⑤ [○] 이사의 회사에 대한 손해배상책임은 상법 제400조에 따라 총주주의 동의로만 면제할 수 있을 뿐인데, 피고들의 주장 자체에 의하더라도 총주주에 미달하는 주주 또는 면제할 권한 없는 파산자의 대표이사에 의하여 이루어졌을 뿐임이 명백하다고 하여 피고들의 위 주장을 배척하였는바, 위와 같은 원심의 판단도 옳고, 거기에 상고이유의 주장과 같은 이사에 대한 책임면제에 관한 법리오해의 위법이 있다고 할 수 없다(대판 2004.12.10. 2002다60467).

답 ③

제6항 집행임원

125 CPA 2023

확인 Check! ○ △ ×

상법상 비상장주식회사의 집행임원에 관한 설명으로 틀린 것은?

① 집행임원 설치회사의 경우 대표집행임원과 집행임원의 성명과 주민등록번호는 설립등기사항이다.
② 회사는 회사의 설립・경영 및 기술혁신 등에 기여하거나 기여할 수 있는 집행임원에게 상법상 절차에 따라 주식매수선택권을 부여할 수 있다.
③ 사외이사가 재직 중인 회사의 집행임원이 된 경우에는 그 직을 상실한다.
④ 집행임원 설치회사는 대표이사를 둘 수 있다.
⑤ 회사와 집행임원의 관계는 「민법」 중 위임에 관한 규정을 준용한다.

해설

① [O] 상법 제317조 제2항 제8호, 제9호

> **상법 제317조(설립의 등기)**
> ② 제1항의 설립등기에 있어서는 다음의 사항을 등기하여야 한다.
> … (중략) …
> 8. 사내이사, 사외이사, 그 밖에 상무에 종사하지 아니하는 이사, 감사 및 집행임원의 성명과 주민등록번호
> 9. 회사를 대표할 이사 또는 집행임원의 성명・주민등록번호 및 주소
> … (하략) …

② [O] 회사는 정관으로 정하는 바에 따라 제434조의 주주총회의 결의로 회사의 설립・경영 및 기술혁신 등에 기여하거나 기여할 수 있는 회사의 이사, 집행임원, 감사 또는 피용자에게 미리 정한 가액(이하 "주식매수선택권의 행사가액"이라 한다)으로 신주를 인수하거나 자기의 주식을 매수할 수 있는 권리(이하 "주식매수선택권"이라 한다)를 부여할 수 있다. 다만, 주식매수선택권의 행사가액이 주식의 실질가액보다 낮은 경우에 회사는 그 차액을 금전으로 지급하거나 그 차액에 상당하는 자기의 주식을 양도할 수 있다. 이 경우 주식의 실질가액은 주식매수선택권의 행사일을 기준으로 평가한다(상법 제340조의2 제1항).

③ [O] 상법 제382조 제3항 제1호

> **상법 제382조(이사의 선임, 회사와의 관계 및 사외이사)**
> ③ 사외이사는 해당 회사의 상무(常務)에 종사하지 아니하는 이사로서 다음 각 호의 어느 하나에 해당하지 아니하는 자를 말한다. 사외이사가 다음 각 호의 어느 하나에 해당하는 경우에는 그 직을 상실한다.
> 1. 회사의 상무에 종사하는 이사・집행임원 및 피용자 또는 최근 2년 이내에 회사의 상무에 종사한 이사・감사・집행임원 및 피용자
> 2. 최대주주가 자연인인 경우 본인과 그 배우자 및 직계 존속・비속
> 3. 최대주주가 법인인 경우 그 법인의 이사・감사・집행임원 및 피용자
> 4. 이사・감사・집행임원의 배우자 및 직계존속・비속
> 5. 회사의 모회사 또는 자회사의 이사・감사・집행임원 및 피용자
> 6. 회사와 거래관계 등 중요한 이해관계에 있는 법인의 이사・감사・집행임원 및 피용자
> 7. 회사의 이사・집행임원 및 피용자가 이사・집행임원으로 있는 다른 회사의 이사・감사・집행임원 및 피용자

PART 3

④ [×] 회사는 집행임원을 둘 수 있다. 이 경우 집행임원을 둔 회사(이하 "집행임원 설치회사"라 한다)는 대표이사를 두지 못한다(상법 제408조의2 제1항).
⑤ [O] 집행임원 설치회사와 집행임원의 관계는 「민법」 중 위임에 관한 규정을 준용한다(상법 제408조의2 제2항).

답 ④

126 CPA 2019

☑ 확인 Check! ○ △ ×

상법상 주식회사의 대표이사와 집행임원에 관한 설명으로 옳은 것은?

① 이사가 회사에 대하여 소를 제기한 경우 대표이사가 그 소에 관하여 회사를 대표한다.
② 집행임원 설치회사의 경우 집행임원의 선임 및 해임의 권한은 주주총회에 있다.
③ 집행임원의 임기는 정관에 다른 규정이 없으면 3년으로 한다.
④ 집행임원은 이사회의 요구가 있으면 언제든지 이사회에 출석하여 요구한 사항을 보고하여야 한다.
⑤ 회사는 대표이사의 대표권의 제한을 이유로 선의의 제3자에게 대항할 수 있다.

해설

① [×] 회사가 이사에 대하여 또는 이사가 회사에 대하여 소를 제기하는 경우에 감사는 그 소에 관하여 회사를 대표한다. 회사가 제403조 제1항 또는 제406조의2 제1항의 청구를 받은 경우에도 또한 같다(상법 제394조 제1항).
② [×] 집행임원 설치회사의 경우 집행임원의 선임 및 해임의 권한은 이사회에 있다(상법 제408조의2 제3항 제1호 참조).

> **상법 제408조의2(집행임원 설치회사, 집행임원과 회사의 관계)**
> ③ 집행임원 설치회사의 이사회는 다음의 권한을 갖는다.
> 1. 집행임원과 대표집행임원의 선임·해임
> 2. 집행임원의 업무집행 감독
> 3. 집행임원과 집행임원 설치회사의 소송에서 집행임원 설치회사를 대표할 자의 선임
> 4. 집행임원에게 업무집행에 관한 의사결정의 위임(이 법에서 이사회 권한사항으로 정한 경우는 제외한다)
> 5. 집행임원이 여러 명인 경우 집행임원의 직무 분담 및 지휘·명령관계, 그 밖에 집행임원의 상호관계에 관한 사항의 결정
> 6. 정관에 규정이 없거나 주주총회의 승인이 없는 경우 집행임원의 보수 결정

③ [×] 집행임원의 임기는 정관에 다른 규정이 없으면 2년을 초과하지 못한다(상법 제408조의3 제1항).
④ [O] 상법 제408조의6 제2항

> **상법 제408조의6(집행임원의 이사회에 대한 보고)**
> ① 집행임원은 3개월에 1회 이상 업무의 집행상황을 이사회에 보고하여야 한다.
> ② 집행임원은 제1항의 경우 외에도 이사회의 요구가 있으면 언제든지 이사회에 출석하여 요구한 사항을 보고하여야 한다.

⑤ [×] 회사는 대표이사의 대표권의 제한을 이유로 선의의 제3자에게 대항할 수 없다(상법 제389조 제3항, 제209조 제2항 참조).

> **상법 제389조(대표이사)**
> ③ 제208조 제2항, 제209조, 제210조와 제386조의 규정은 대표이사에 준용한다.
>
> **상법 제209조(대표사원의 권한)**
> ① 회사를 대표하는 사원은 회사의 영업에 관하여 재판상 또는 재판외의 모든 행위를 할 권한이 있다.
> ② 전항의 권한에 대한 제한은 선의의 제3자에게 대항하지 못한다.

답 ④

127 CPA 2018

☑ 확인 Check! ○ △ ×

상법상 주식회사에 집행임원을 설치하는 경우에 관한 설명으로 옳은 것은?

① 집행임원은 주주총회에서 선임되며 회사의 업무집행을 담당한다.
② 2명 이상의 집행임원이 선임된 경우에는 이사회 결의로 회사를 대표할 대표집행임원을 선임하여야 한다.
③ 이사회의 회의를 주관하기 위하여 이사회 의장을 두어야 하고 이 경우 이사회 의장은 사외이사 중에서 선임한다.
④ 집행임원의 임기는 3년을 초과하지 못하지만 정관으로 그 임기 중의 최종의 결산기에 관한 정기주주총회의 종결에 이르기까지 연장할 수 있다.
⑤ 이사회는 집행임원의 업무집행을 감독할 권한을 가지므로 이사를 집행임원으로 선임할 수 없다.

▌해설▐

① [×] 집행임원은 이사회에서 선임되며 회사의 업무집행을 담당한다(상법 제408조의2 제3항 제1호, 제408조의4 제1호 참조).

> **상법 제408조의2(집행임원 설치회사, 집행임원과 회사의 관계)**
> ③ 집행임원 설치회사의 이사회는 다음의 권한을 갖는다.
> 1. 집행임원과 대표집행임원의 선임·해임
> 2. 집행임원의 업무집행 감독
> 3. 집행임원과 집행임원 설치회사의 소송에서 집행임원 설치회사를 대표할 자의 선임
> 4. 집행임원에게 업무집행에 관한 의사결정의 위임(이 법에서 이사회 권한사항으로 정한 경우는 제외한다)
> 5. 집행임원이 여러 명인 경우 집행임원의 직무 분담 및 지휘·명령관계, 그 밖에 집행임원의 상호관계에 관한 사항의 결정
> 6. 정관에 규정이 없거나 주주총회의 승인이 없는 경우 집행임원의 보수 결정
>
> **상법 제408조의4(집행임원의 권한)**
> 집행임원의 권한은 다음 각 호의 사항으로 한다.
> 1. 집행임원 설치회사의 업무집행
> 2. 정관이나 이사회의 결의에 의하여 위임받은 업무집행에 관한 의사결정

② [O] 2명 이상의 집행임원이 선임된 경우에는 이사회 결의로 집행임원 설치회사를 대표할 대표집행임원을 선임하여야 한다. 다만, 집행임원이 1명인 경우에는 그 집행임원이 대표집행임원이 된다(상법 제408조의5 제1항).

③ [×] 집행임원 설치회사는 이사회의 회의를 주관하기 위하여 이사회 의장을 두어야 한다. 이 경우 이사회 의장은 정관의 규정이 없으면 이사회 결의로 선임한다(상법 제408조의2 제4항). 즉, 이사회 의장이 반드시 사외이사일 필요는 없다.

④ [×] 집행임원의 임기는 2년을 초과하지 못하지만 정관으로 그 임기 중의 최종의 결산기에 관한 정기주주총회의 종결한 후 가장 먼저 소집하는 이사회의 종결 시까지 연장할 수 있다(상법 제408조의3 제1항, 제2항 참조).

> **상법 제408조의3(집행임원의 임기)**
> ① 집행임원의 임기는 정관에 다른 규정이 없으면 2년을 초과하지 못한다.
> ② 제1항의 임기는 정관에 그 임기 중의 최종 결산기에 관한 정기주주총회가 종결한 후 가장 먼저 소집하는 이사회의 종결 시까지로 정할 수 있다.

⑤ [×] 상법에 명시적으로 이사와 집행임원의 겸임을 금지하는 규정을 두고 있지 않다. 따라서 이사를 집행임원으로 선임할 수 있다.

답 ②

128 세무사 2024

☑ 확인Check! ○ △ ×

상법상 비상장주식회사인 집행임원 설치회사에 관한 설명으로 옳지 않은 것은?

① 집행임원이 회사에 손해배상책임이 있는 경우에 다른 집행임원도 그 책임이 있으면 다른 집행임원과 연대하여 배상할 책임이 있다.

② 회사는 이사회의 회의를 주관하기 위해서 이사회 의장을 두어야 한다.

③ 회사의 이사회는 집행임원과 회사 간의 소송에서 회사를 대표한다.

④ 2명 이상의 집행임원이 선임된 경우에는 이사회 결의로 회사를 대표할 대표집행임원을 선임하여야 한다.

⑤ 회사에 대한 자신의 영향력을 이용하여 집행임원에게 업무를 지시한 자가 정관에 위배된 행위를 한 경우에는 회사에 대하여 손해배상책임을 부담한다.

해설

① [O] 집행임원이 집행임원 설치회사 또는 제3자에게 손해를 배상할 책임이 있는 경우에 다른 집행임원·이사 또는 감사도 그 책임이 있으면 다른 집행임원·이사 또는 감사와 연대하여 배상할 책임이 있다(상법 제408조의8 제3항).

② [O] 집행임원 설치회사는 이사회의 회의를 주관하기 위하여 이사회 의장을 두어야 한다. 이 경우 이사회 의장은 정관의 규정이 없으면 이사회 결의로 선임한다(상법 제408조의2 제4항).

③ [×] 이사회에서 선임한 자가 집행임원과 회사 간의 소송에서 회사를 대표한다(상법 제408조의2 제3항 제3호 참조).

상법 제408조의2(집행임원 설치회사, 집행임원과 회사의 관계)

③ 집행임원 설치회사의 이사회는 다음의 권한을 갖는다.
1. 집행임원과 대표집행임원의 선임・해임
2. 집행임원의 업무집행 감독
3. 집행임원과 집행임원 설치회사의 소송에서 집행임원 설치회사를 대표할 자의 선임
4. 집행임원에게 업무집행에 관한 의사결정의 위임(이 법에서 이사회 권한사항으로 정한 경우는 제외한다)
5. 집행임원이 여러 명인 경우 집행임원의 직무 분담 및 지휘・명령관계, 그 밖에 집행임원의 상호관계에 관한 사항의 결정
6. 정관에 규정이 없거나 주주총회의 승인이 없는 경우 집행임원의 보수 결정

더 살펴보기 **회사와의 소송에서 회사를 대표할 자**

상대방	이사	감사위원인 이사	퇴임한 이사	집행임원
회사를 대표할 자	감사 (감사위원)	감사위원회 또는 이사의 신청에 의해 법원이 선임한 자	대표이사	이사회가 선임한 자

④ [O] 2명 이상의 집행임원이 선임된 경우에는 이사회 결의로 집행임원 설치회사를 대표할 대표집행임원을 선임하여야 한다. 다만, 집행임원이 1명인 경우에는 그 집행임원이 대표집행임원이 된다(상법 제408조의5 제1항).

⑤ [O] 상법 제408조의8 제1항, 제408조의9, 제401조의2 제1항 제1호

상법 제408조의8(집행임원의 책임)

① 집행임원이 고의 또는 과실로 법령이나 정관을 위반한 행위를 하거나 그 임무를 게을리한 경우에는 그 집행임원은 집행임원 설치회사에 손해를 배상할 책임이 있다.

상법 제408조의9(준용규정)

집행임원에 대해서는 제382조의3, 제382조의4, 제396조, 제397조, 제397조의2, 제398조, 제400조, 제401조의2, 제402조부터 제406조까지, 제406조의2, 제407조, 제408조, 제412조 및 제412조의2를 준용한다.

상법 제401조의2(업무집행지시자 등의 책임)

① 다음 각 호의 어느 하나에 해당하는 자가 그 지시하거나 집행한 업무에 관하여 제399조, 제401조, 제403조 및 제406조의2를 적용하는 경우에는 그 자를 "이사"로 본다.
1. 회사에 대한 자신의 영향력을 이용하여 이사에게 업무집행을 지시한 자
2. 이사의 이름으로 직접 업무를 집행한 자
3. 이사가 아니면서 명예회장・회장・사장・부사장・전무・상무・이사 기타 회사의 업무를 집행할 권한이 있는 것으로 인정될 만한 명칭을 사용하여 회사의 업무를 집행한 자

답 ③

129 세무사 2023

☑ 확인 Check! ○ △ ✕

상법상 주식회사의 직무대행자 및 집행임원에 관한 설명으로 옳지 않은 것은?

① 이사해임의 소가 제기된 경우 법원은 당사자의 신청에 의하여 가처분으로써 직무대행자를 선임할 수 있고, 급박한 사정이 있는 때에는 본안소송의 제기전에도 그 처분을 할 수 있다.

② 직무대행자가 법원의 허가 없이 상무에 속하지 아니한 행위를 하더라도 회사는 선의의 제3자에게 책임을 지지 아니한다.

③ 집행임원의 임기는 정관에 다른 규정이 있으면 2년을 초과할 수 있다.

④ 집행임원은 3개월에 1회 이상 업무의 집행상황을 이사회에 보고하여야 한다.

⑤ 이사는 대표집행임원으로 하여금 피용자의 업무에 관하여 이사회에 보고할 것을 요구할 수 있다.

해설

① [O] 이사선임결의의 무효나 취소 또는 이사해임의 소가 제기된 경우에는 법원은 당사자의 신청에 의하여 가처분으로써 이사의 직무집행을 정지할 수 있고 또는 직무대행자를 선임할 수 있다. 급박한 사정이 있는 때에는 본안소송의 제기전에도 그 처분을 할 수 있다(상법 제407조 제1항).

② [×] 상법 제408조 제1항, 제2항

> **상법 제408조(직무대행자의 권한)**
> ① 전조의 직무대행자는 가처분명령에 다른 정함이 있는 경우 외에는 회사의 상무에 속하지 아니한 행위를 하지 못한다. 그러나 법원의 허가를 얻은 경우에는 그러하지 아니하다.
> ② 직무대행자가 전항의 규정에 위반한 행위를 한 경우에도 회사는 선의의 제3자에 대하여 책임을 진다.

③ [O] 집행임원의 임기는 정관에 다른 규정이 없으면 2년을 초과하지 못한다(상법 제408조의3 제1항).

④ [O] 집행임원은 3개월에 1회 이상 업무의 집행상황을 이사회에 보고하여야 한다(상법 제408조의6 제1항).

⑤ [O] 이사는 대표집행임원으로 하여금 다른 집행임원 또는 피용자의 업무에 관하여 이사회에 보고할 것을 요구할 수 있다(상법 제408조의6 제3항).

답 ②

130 세무사 2022

☑ 확인 Check! ○ △ ✕

상법상 집행임원 설치회사에 관한 설명으로 옳지 않은 것은?

① 대표집행임원은 집행임원들로 구성된 집행임원회의 결의에 의하여 선임한다.

② 집행임원과 집행임원 설치회사 간의 소송에서 집행임원 설치회사를 대표할 자는 이사회에서 선임한다.

③ 집행임원의 임기는 정관에 그 임기 중의 최종 결산기에 관한 정기주주총회가 종결한 후 가장 먼저 소집하는 이사회의 종결 시까지로 정할 수 있다.

④ 집행임원이 고의 또는 과실로 임무를 게을리하여 집행임원 설치회사에 손해가 발생하였다면 집행임원 설치회사의 소수주주는 대표소송에 의하여 집행임원의 손해배상책임을 추궁할 수 있다.

⑤ 집행임원 설치회사는 대표이사를 둘 수 없다.

| 해설 |

① [×] 2명 이상의 집행임원이 선임된 경우에는 이사회 결의로 집행임원 설치회사를 대표할 대표집행임원을 선임하여야 한다. 다만, 집행임원이 1명인 경우에는 그 집행임원이 대표집행임원이 된다(상법 제408조의5 제1항).

② [O] 상법 제408조의2 제3항 제3호

> **상법 제408조의2(집행임원 설치회사, 집행임원과 회사의 관계)**
> ③ 집행임원 설치회사의 이사회는 다음의 권한을 갖는다.
> 1. 집행임원과 대표집행임원의 선임・해임
> 2. 집행임원의 업무집행 감독
> 3. 집행임원과 집행임원 설치회사의 소송에서 집행임원 설치회사를 대표할 자의 선임
> 4. 집행임원에게 업무집행에 관한 의사결정의 위임(이 법에서 이사회 권한사항으로 정한 경우는 제외한다)
> 5. 집행임원이 여러 명인 경우 집행임원의 직무 분담 및 지휘・명령관계, 그 밖에 집행임원의 상호관계에 관한 사항의 결정
> 6. 정관에 규정이 없거나 주주총회의 승인이 없는 경우 집행임원의 보수 결정

③ [O] 상법 제408조의3 제2항

> **상법 제408조의3(집행임원의 임기)**
> ① 집행임원의 임기는 정관에 다른 규정이 없으면 2년을 초과하지 못한다.
> ② 제1항의 임기는 정관에 그 임기 중의 최종 결산기에 관한 정기주주총회가 종결한 후 가장 먼저 소집하는 이사회의 종결 시까지로 정할 수 있다.

④ [O] 상법 제408조의8 제1항, 제408조의9, 제403조

> **상법 제408조의8(집행임원의 책임)**
> ① 집행임원이 고의 또는 과실로 법령이나 정관을 위반한 행위를 하거나 그 임무를 게을리한 경우에는 그 집행임원은 집행임원 설치회사에 손해를 배상할 책임이 있다.
>
> **상법 제408조의9(준용규정)**
> 집행임원에 대해서는 제382조의3, 제382조의4, 제396조, 제397조, 제397조의2, 제398조, 제400조, 제401조의2, 제402조부터 제406조까지, 제406조의2, 제407조, 제408조, 제412조 및 제412조의2를 준용한다.
>
> **상법 제403조(주주의 대표소송)**
> ① 발행주식의 총수의 100분의 1 이상에 해당하는 주식을 가진 주주는 회사에 대하여 이사의 책임을 추궁할 소의 제기를 청구할 수 있다.

⑤ [O] 회사는 집행임원을 둘 수 있다. 이 경우 집행임원을 둔 회사(이하 "집행임원 설치회사"라 한다)는 대표이사를 두지 못한다(상법 제408조의2 제1항).

답 ①

PART 3

☑ 제7항 이사의 업무집행에 대한 주주의 감독

131 CPA 2024

☑ 확인Check! ○ △ ×

상법상 비상장주식회사에서의 대표소송에 관한 설명으로 틀린 것은?

① 발행주식총수의 100분의 1 이상에 해당하는 주식을 가진 주주는 회사에 대하여 이사의 책임을 추궁할 소의 제기를 청구할 수 있다.

② 업무집행지시자의 회사에 대한 손해배상책임을 추궁하기 위한 대표소송은 허용되지 않는다.

③ 대표소송을 제기한 주주가 승소한 때에는 그 주주는 회사에 대하여 소송비용 및 그 밖에 소송으로 인하여 지출한 비용 중 상당한 금액의 지급을 청구할 수 있다.

④ 대표소송을 제기한 주주가 패소한 때에는 악의인 경우 외에는 회사에 대하여 손해를 배상할 책임이 없다.

⑤ 대표소송은 회사의 본점 소재지 지방법원의 관할에 전속한다.

해설

① [O] 발행주식의 총수의 100분의 1 이상에 해당하는 주식을 가진 주주는 회사에 대하여 이사의 책임을 추궁할 소의 제기를 청구할 수 있다(상법 제403조 제1항).

② [×] 상법 제401조의2 제1항

> **상법 제401조의2(업무집행지시자 등의 책임)**
> ① 다음 각 호의 어느 하나에 해당하는 자가 그 지시하거나 집행한 업무에 관하여 제399조, 제401조, 제403조(주주의 대표소송) 및 제406조의2를 적용하는 경우에는 그 자를 "이사"로 본다.
> 1. 회사에 대한 자신의 영향력을 이용하여 이사에게 업무집행을 지시한 자
> 2. 이사의 이름으로 직접 업무를 집행한 자
> 3. 이사가 아니면서 명예회장·회장·사장·부사장·전무·상무·이사 기타 회사의 업무를 집행할 권한이 있는 것으로 인정될 만한 명칭을 사용하여 회사의 업무를 집행한 자

③ [O] 제403조(주주의 대표소송) 제3항과 제4항의 규정에 의하여 소를 제기한 주주가 승소한 때에는 그 주주는 회사에 대하여 소송비용 및 그 밖에 소송으로 인하여 지출한 비용 중 상당한 금액의 지급을 청구할 수 있다. 이 경우 소송비용을 지급한 회사는 이사 또는 감사에 대하여 구상권이 있다(상법 제405조 제1항).

④ [O] 제403조(주주의 대표소송) 제3항과 제4항의 규정에 의하여 소를 제기한 주주가 패소한 때에는 악의인 경우 외에는 회사에 대하여 손해를 배상할 책임이 없다(상법 제405조 제2항).

⑤ [O] 상법 제403조 제7항, 제186조

> **상법 제403조(주주의 대표소송)**
> ⑦ 제176조 제3항, 제4항과 제186조의 규정은 본조의 소에 준용한다.
>
> **상법 제186조(전속관할)**
> 전2조의 소는 본점소재지의 지방법원의 관할에 전속한다.

답 ②

132 CPA 2022

☑ 확인 Check! ○ △ ×

상법상 비상장주식회사에서의 대표소송에 관한 설명으로 틀린 것은? (이견이 있으면 판례에 의함)

① 발행주식총수의 100분의 1 이상에 해당하는 주식을 가진 주주는 회사에 대하여 이사의 책임을 추궁할 소의 제기를 청구할 수 있다.

② 회사는 대표소송을 제기한 주주의 악의를 소명하여 그 주주에게 상당한 담보를 제공하게 할 것을 법원에 청구할 수 있다.

③ 회사가 대표소송에 참가하는 경우 그 참가의 법적 성질은 공동소송참가에 해당한다.

④ 청산인의 회사에 대한 손해배상책임을 추궁하기 위한 대표소송은 허용되지 않는다.

⑤ 모회사 발행주식총수의 100분의 1 이상에 해당하는 주식을 가진 주주는 자회사에 대하여 자회사 이사의 책임을 추궁할 소의 제기를 청구할 수 있다.

해설

① [O] 상법 제403조 제1항

② [O] 상법 제403조 제7항, 제176조 제3항·제4항

> **상법 제403조(주주의 대표소송)**
>
> ① 발행주식의 총수의 100분의 1 이상에 해당하는 주식을 가진 주주는 회사에 대하여 이사의 책임을 추궁할 소의 제기를 청구할 수 있다.
>
> ⑦ 제176조 제3항, 제4항과 제186조의 규정은 본조의 소에 준용한다.
>
> **상법 제176조(회사의 해산명령)**
>
> ③ 이해관계인이 제1항의 청구를 한 때에는 법원은 회사의 청구에 의하여 상당한 담보를 제공할 것을 명할 수 있다.
>
> ④ 회사가 전항의 청구를 함에는 이해관계인의 청구가 악의임을 소명하여야 한다.

③ [O] 주주의 대표소송에 있어서 원고 주주가 원고로서 제대로 소송수행을 하지 못하거나 혹은 상대방이 된 이사와 결탁함으로써 회사의 권리보호에 미흡하여 회사의 이익이 침해될 염려가 있는 경우 그 판결의 효력을 받는 권리귀속주체인 회사가 이를 막거나 자신의 권리를 보호하기 위하여 소송수행권한을 가진 정당한 당사자로서 그 소송에 참가할 필요가 있으며, 회사가 대표소송에 당사자로서 참가하는 경우 소송경제가 도모될 뿐만 아니라 판결의 모순·저촉을 유발할 가능성도 없다는 사정과, 상법 제404조 제1항에서 특별히 참가에 관한 규정을 두어 주주의 대표소송의 특성을 살려 회사의 권익을 보호하려한 입법 취지를 함께 고려할 때, 상법 제404조 제1항에서 규정하고 있는 회사의 참가는 공동소송참가를 의미하는 것으로 해석함이 타당하고, 나아가 이러한 해석이 중복제소를 금지하고 있는 민사소송법 제234조에 반하는 것도 아니다(대판 2002.3.15. 2000다9086).

④ [X] 대표소송은 회사 내부자인 발기인, 업무집행관여자, 이사, 집행임원, 감사, 청산인 등의 경우(상법 제324조, 제401조의2 제1항, 제403조 제1항, 제408조의9, 제415조, 제415조의2 제7항, 제542조 제2항 참조) 뿐만 아니라, 회사 외부자인 불공정한 가액으로 신주를 인수한 자, 주주권의 행사와 관련하여 이익을 공여 받은 자(상법 제424조의2, 제467조의2 참조)의 책임을 추궁하기 위해서도 제기할 수 있다.

PART 3

상법 제542조(준용규정)

② 제362조, 제363조의2, 제366조, 제367조, 제373조, 제376조, 제377조, 제382조 제2항, 제386조, 제388조 내지 제394조, 제396조, 제398조부터 제406조까지, 제406조의2, 제407조, 제408조, 제411조 내지 제413조, 제414조 제3항, 제449조 제3항, 제450조와 제466조는 청산인에 준용한다.

상법 제403조(주주의 대표소송)

① 발행주식의 총수의 100분의 1 이상에 해당하는 주식을 가진 주주는 회사에 대하여 이사의 책임을 추궁할 소의 제기를 청구할 수 있다.

⑤ [O] 모회사 발행주식총수의 100분의 1 이상에 해당하는 주식을 가진 주주는 자회사에 대하여 자회사 이사의 책임을 추궁할 소의 제기를 청구할 수 있다(상법 제406조의2 제1항).

답 ④

133 CPA 2020

☑ 확인Check! ○ △ ×

상법상 비상장 주식회사의 주주의 대표소송에 관한 설명으로 틀린 것은? 기출수정

① 대표소송을 제기한 주주는 소를 제기한 후 지체없이 회사에 대하여 그 소송의 고지를 하여야 한다.
② 대표소송을 제기한 주주는 제소시 뿐만 아니라 사실심 변론종결시까지 발행주식총수의 100분의 1 이상의 주식을 계속 보유하여야 원고적격이 유지된다.
③ 상법상 다중대표소송은 허용된다.
④ 주주가 대표소송을 제기한 경우, 당사자는 법원의 허가를 얻지 않으면 소의 취하, 청구의 포기・인락, 화해를 할 수 없다.
⑤ 대표소송을 제기한 주주가 패소한 때에는 악의인 경우 외에는 회사에 대하여 손해를 배상할 책임이 없다.

해설

① [O] 전조(주주의 대표소송) 제3항과 제4항의 소를 제기한 주주는 소를 제기한 후 지체없이 회사에 대하여 그 소송의 고지를 하여야 한다(상법 제404조 제2항).
② [X] 제3항과 제4항의 소(주주의 대표소송)를 제기한 주주의 보유주식이 제소후 발행주식총수의 100분의 1 미만으로 감소한 경우(발행주식을 보유하지 아니하게 된 경우를 제외한다)에도 제소의 효력에는 영향이 없다(상법 제403조 제5항).
③ [O] 모회사 발행주식총수의 100분의 1 이상에 해당하는 주식을 가진 주주는 자회사에 대하여 자회사 이사의 책임을 추궁할 소의 제기를 청구할 수 있다(상법 제406조의2 제1항).
④ [O] 회사가 제1항의 청구에 따라 소를 제기하거나 주주가 제3항과 제4항의 소(주주의 대표소송)를 제기한 경우 당사자는 법원의 허가를 얻지 아니하고는 소의 취하, 청구의 포기・인락・화해를 할 수 없다(상법 제403조 제6항).
⑤ [O] 제403조(주주의 대표소송) 제3항과 제4항의 규정에 의하여 소를 제기한 주주가 패소한 때에는 악의인 경우 외에는 회사에 대하여 손해를 배상할 책임이 없다(상법 제405조 제2항).

답 ②

134 CPA 2018

☑ 확인Check! ○ △ ×

상법상 주주의 대표소송에 관한 설명으로 틀린 것은?

① 판례에 의하면 타인의 승낙을 얻어 그 타인의 명의로 주식을 취득한 명의차용인은 주주명부에 명의개서를 하지 않더라도 대표소송을 제기할 수 있다.

② 주주는 이사와 통모하여 현저하게 불공정한 발행가액으로 주식을 인수한 자에 대하여 회사를 위하여 공정한 발행가액과의 차액에 상당한 금액의 지급을 청구하는 대표소송을 제기할 수 있다.

③ 회사가 주주의 권리행사와 관련하여 재산상의 이익을 공여한 경우 주주는 회사를 위하여 그 이익을 공여받은 자에 대하여 이의 반환을 청구하는 대표소송을 제기할 수 있다.

④ 감사가 선임된 회사에서 주주가 대표소송의 제기에 앞서 회사에 대하여 이사의 책임을 추궁할 소의 제기를 청구하는 경우 그 청구를 받음에 있어서는 감사가 회사를 대표한다.

⑤ 대표소송에서는 법원의 허가를 얻지 아니하고는 소의 취하, 청구의 포기는 물론 청구의 인락이나 화해도 할 수 없다.

▎해설▎

① [×] 주식을 양수하였으나 아직 주주명부에 명의개서를 하지 아니하여 주주명부에는 양도인이 주주로 기재되어 있는 경우뿐만 아니라, 주식을 인수하거나 양수하려는 자가 타인의 명의를 빌려 회사의 주식을 인수하거나 양수하고 타인의 명의로 주주명부에의 기재까지 마치는 경우에도, 회사에 대한 관계에서는 주주명부상 주주만이 주주로서 의결권 등 주주권을 적법하게 행사할 수 있다(대판[전합] 2017.3.23. 2015다248342).

② [○] 상법 제424조의2 제1항, 제2항

> **상법 제424조의2(불공정한 가액으로 주식을 인수한 자의 책임)**
> ① 이사와 통모하여 현저하게 불공정한 발행가액으로 주식을 인수한 자는 회사에 대하여 공정한 발행가액과의 차액에 상당한 금액을 지급할 의무가 있다.
> ② 제403조(주주의 대표소송) 내지 제406조의 규정은 제1항의 지급을 청구하는 소에 관하여 이를 준용한다.

③ [○] 상법 제467조의2 제1항, 제2항, 제3항

> **상법 제467조의2(이익공여의 금지)**
> ① 회사는 누구에게든지 주주의 권리행사와 관련하여 재산상의 이익을 공여할 수 없다.
> ③ 회사가 제1항의 규정에 위반하여 재산상의 이익을 공여한 때에는 그 이익을 공여받은 자는 이를 회사에 반환하여야 한다. 이 경우 회사에 대하여 대가를 지급한 것이 있는 때에는 그 반환을 받을 수 있다.
> ④ 제403조(주주의 대표소송) 내지 제406조의 규정은 제3항의 이익의 반환을 청구하는 소에 대하여 이를 준용한다.

④ [○] 회사가 이사에 대하여 또는 이사가 회사에 대하여 소를 제기하는 경우에 감사는 그 소에 관하여 회사를 대표한다. 회사가 제403조(주주의 대표소송) 제1항 또는 제406조의2(다중대표소송) 제1항의 청구를 받은 경우에도 또한 같다(상법 제394조 제1항).

⑤ [O] 상법 제403조 제6항

> **상법 제403조(주주의 대표소송)**
> ① 발행주식의 총수의 100분의 1 이상에 해당하는 주식을 가진 주주는 회사에 대하여 이사의 책임을 추궁할 소의 제기를 청구할 수 있다.
> ⑥ 회사가 제1항의 청구에 따라 소를 제기하거나 주주가 제3항과 제4항의 소를 제기한 경우 당사자는 법원의 허가를 얻지 아니하고는 소의 취하, 청구의 포기·인락·화해를 할 수 없다.

답 ①

135 CPA 2016

☑ 확인 Check! ○ △ ×

상법상 주식회사의 이사의 의무와 책임에 관한 설명으로 틀린 것은?

① 회사와 이익상충의 우려가 있는 이사의 자기거래는 미리 이사회에서 그 거래에 관한 중요사실을 밝히고 이사회의 승인을 받아야 한다.

② 이사가 고의 또는 과실로 자기거래에 관한 상법 규정을 위반하여 회사에 손해를 입힌 경우 회사는 그 이사에 대하여 손해배상을 청구할 수 있다.

③ 감사를 두고 있는 회사가 이사에 대하여 손해배상책임을 추궁하는 소를 제기하는 경우 그 소에서 회사를 대표할 자는 감사이다.

④ 주주가 이사를 상대로 적법하게 대표소송을 제기한 경우 그 주주는 법원의 허가를 얻어야만 소를 취하할 수 있다.

⑤ 주주가 이사를 상대로 적법하게 대표소송을 제기한 후 그 주주가 주식을 전혀 보유하지 않게 된 경우에도 그의 제소의 효력에는 영향이 없다.

▌해설▐

① [O] 상법 제398조 제1호

> **상법 제398조(이사 등과 회사 간의 거래)**
> 다음 각 호의 어느 하나에 해당하는 자가 자기 또는 제3자의 계산으로 회사와 거래를 하기 위하여는 미리 이사회에서 해당 거래에 관한 중요사실을 밝히고 이사회의 승인을 받아야 한다. 이 경우 이사회의 승인은 이사 3분의 2 이상의 수로써 하여야 하고, 그 거래의 내용과 절차는 공정하여야 한다.
> 1. 이사 또는 제542조의8 제2항 제6호에 따른 주요주주
> 2. 제1호의 자의 배우자 및 직계존비속
> 3. 제1호의 자의 배우자의 직계존비속
> 4. 제1호부터 제3호까지의 자가 단독 또는 공동으로 의결권 있는 발행주식 총수의 100분의 50 이상을 가진 회사 및 그 자회사
> 5. 제1호부터 제3호까지의 자가 제4호의 회사와 합하여 의결권 있는 발행주식총수의 100분의 50 이상을 가진 회사

② [O] 이사가 고의 또는 과실로 법령 또는 정관에 위반한 행위를 하거나 그 임무를 게을리한 경우에는 그 이사는 회사에 대하여 연대하여 손해를 배상할 책임이 있다(상법 제399조 제1항).

③ [O] 회사가 이사에 대하여 또는 이사가 회사에 대하여 소를 제기하는 경우에 감사는 그 소에 관하여 회사를 대표한다. 회사가 제403조(주주의 대표소송) 제1항 또는 제406조의2(다중대표소송) 제1항의 청구를 받은 경우에도 또한 같다(상법 제394조 제1항).

④ [O] 상법 제403조 제6항

⑤ [×] 주주가 이사를 상대로 적법하게 대표소송을 제기한 후 그 주주가 주식을 전혀 보유하지 않게 된 경우에는 <u>원고적격을 상실한다</u>(상법 제403조 제5항 참조).

> **상법 제403조(주주의 대표소송)**
>
> ① 발행주식의 총수의 100분의 1 이상에 해당하는 주식을 가진 주주는 회사에 대하여 이사의 책임을 추궁할 소의 제기를 청구할 수 있다.
>
> ③ 회사가 전항의 청구를 받은 날로부터 30일 내에 소를 제기하지 아니한 때에는 제1항의 주주는 즉시 회사를 위하여 소를 제기할 수 있다.
>
> ④ 제3항의 기간의 경과로 인하여 회사에 회복할 수 없는 손해가 생길 염려가 있는 경우에는 전항의 규정에 불구하고 제1항의 주주는 즉시 소를 제기할 수 있다.
>
> ⑤ 제3항과 제4항의 소를 제기한 주주의 보유주식이 제소후 발행주식총수의 100분의 1 미만으로 감소한 경우(<u>발행주식을 보유하지 아니하게 된 경우를 제외한다</u>)에도 제소의 효력에는 영향이 없다.
>
> ⑥ 회사가 제1항의 청구에 따라 소를 제기하거나 주주가 제3항과 제4항의 소를 제기한 경우 당사자는 법원의 허가를 얻지 아니하고는 소의 취하, 청구의 포기・인락・화해를 할 수 없다.

 ⑤

136 CPA 2015

☑ 확인 Check! ○ △ ×

상법상 비상장주식회사의 대표소송에 관한 설명으로 <u>틀린</u> 것은?

① 상법상 요건을 갖춘 소수주주는 발기인에 대해서도 대표소송을 제기함으로써 발기인의 회사에 대한 손해배상책임을 물을 수 있다.

② 대표소송에서 소를 제기한 주주가 승소한 경우에는 회사에 대하여 소송비용 및 소송으로 인하여 지출한 비용 중 상당한 금액의 지급을 청구할 수 있다.

③ 대표소송에서 패소한 주주는 경과실이 있는 때에는 회사에 대하여 손해를 배상할 책임이 없다.

④ 대표소송을 제기한 주주의 보유주식이 제소 후 발행주식총수의 100분의 0.5로 감소한 경우 제기된 소송은 당사자적격의 상실로 인하여 각하된다.

⑤ 대표소송에 있어서 원고와 피고가 공모하여 회사의 권리를 사해할 목적으로 판결을 하게 한 때에는 회사는 확정된 종국판결에 대하여 재심의 소를 제기할 수 있다.

▌해설▌

① [O] 상법 제324조, 제403조 제1항

> **상법 제324조(발기인의 책임면제, 주주의 대표소송)**
> 제400조, 제403조부터 제406조까지 및 제406조의2는 발기인에 준용한다.
>
> **상법 제403조(주주의 대표소송)**
> ① 발행주식의 총수의 100분의 1 이상에 해당하는 주식을 가진 주주는 회사에 대하여 이사의 책임을 추궁할 소의 제기를 청구할 수 있다.

② [O] 제403조(주주의 대표소송) 제3항과 제4항의 규정에 의하여 소를 제기한 주주가 승소한 때에는 그 주주는 회사에 대하여 소송비용 및 그 밖에 소송으로 인하여 지출한 비용 중 상당한 금액의 지급을 청구할 수 있다. 이 경우 소송비용을 지급한 회사는 이사 또는 감사에 대하여 구상권이 있다(상법 제405조 제1항).

③ [O] 제403조(주주의 대표소송) 제3항과 제4항의 규정에 의하여 소를 제기한 주주가 패소한 때에는 악의인 경우 외에는 회사에 대하여 손해를 배상할 책임이 없다(상법 제405조 제2항).

④ [X] 제3항과 제4항의 소(주주의 대표소송)를 제기한 주주의 보유주식이 제소후 발행주식총수의 100분의 1 미만으로 감소한 경우(발행주식을 보유하지 아니하게 된 경우를 제외한다)에도 제소의 효력에는 영향이 없다(상법 제403조 제5항).

⑤ [O] 제403조(주주의 대표소송)의 소가 제기된 경우에 원고와 피고의 공모로 인하여 소송의 목적인 회사의 권리를 사해할 목적으로써 판결을 하게 한 때에는 회사 또는 주주는 확정한 종국판결에 대하여 재심의 소를 제기할 수 있다(상법 제406조 제2항).

답 ④

137 세무사 2024

☑ 확인Check! ○ △ ×

상법상 비상장회사 이사의 책임을 추궁하는 주주의 대표소송에 관한 설명으로 옳은 것은?

① 대표소송을 제기한 주주는 법원의 허가없이 소의 취하, 청구의 포기·인락·화해를 할 수 있다.

② 회사는 법원의 허가를 받아 대표소송에 참가할 수 있다.

③ 주주가 주주대표소송의 제기를 회사에 대하여 청구한 때 회사가 그 청구를 받은 날로부터 2주 내에 소를 제기하지 않으면 주주는 즉시 회사를 위하여 소를 제기할 수 있다.

④ 대표소송을 제기한 주주가 패소한 때에는 악의가 없는 경우에 회사에 대하여 손해를 배상할 책임이 없다.

⑤ 대표소송을 제기한 주주가 승소한 경우 그 주주는 회사에 대하여 소송비용만을 청구할 수 있다.

▌해설▌

① [X] 대표소송을 제기한 주주는 법원의 허가없이 소의 취하, 청구의 포기·인락·화해를 할 수 없다(상법 제403조 제6항 참조).

② [X] 회사는 전조(주주의 대표소송) 제3항과 제4항의 소송에 참가할 수 있다(상법 제404조 제1항).

③ [×] 주주가 주주대표소송의 제기를 회사에 대하여 청구한 때 회사가 그 청구를 받은 날로부터 30일 내에 소를 제기하지 않으면 주주는 즉시 회사를 위하여 소를 제기할 수 있다(상법 제403조 제3항 참조).

> **상법 제403조(주주의 대표소송)**
> ① 발행주식의 총수의 100분의 1 이상에 해당하는 주식을 가진 주주는 회사에 대하여 이사의 책임을 추궁할 소의 제기를 청구할 수 있다.
> ② 제1항의 청구는 그 이유를 기재한 서면으로 하여야 한다.
> ③ 회사가 전항의 청구를 받은 날로부터 30일 내에 소를 제기하지 아니한 때에는 제1항의 주주는 즉시 회사를 위하여 소를 제기할 수 있다.
> ⑥ 회사가 제1항의 청구에 따라 소를 제기하거나 주주가 제3항과 제4항의 소를 제기한 경우 당사자는 법원의 허가를 얻지 아니하고는 소의 취하, 청구의 포기·인락·화해를 할 수 없다.

④ [O] 제403조(주주의 대표소송) 제3항과 제4항의 규정에 의하여 소를 제기한 주주가 패소한 때에는 악의인 경우 외에는 회사에 대하여 손해를 배상할 책임이 없다(상법 제405조 제2항).

⑤ [×] 제403조(주주의 대표소송) 제3항과 제4항의 규정에 의하여 소를 제기한 주주가 승소한 때에는 그 주주는 회사에 대하여 소송비용 및 그 밖에 소송으로 인하여 지출한 비용 중 상당한 금액의 지급을 청구할 수 있다. 이 경우 소송비용을 지급한 회사는 이사 또는 감사에 대하여 구상권이 있다(상법 제405조 제1항).

답 ④

138 세무사 2022

☑ 확인Check! ○ △ ×

상법상 비상장회사의 대표소송에 관한 설명으로 옳은 것은? (단, 다중대표소송은 고려하지 않음)

① 회사는 주주가 적법하게 제기한 대표소송에 참가할 수 없다.
② 발행주식의 총수의 100분의 1 이상에 해당하는 주식을 가진 주주가 회사에 대하여 이사의 책임을 추궁할 소의 제기를 청구한 후 즉시 회사가 소를 제기하지 않으면 주주는 대표소송을 제기할 수 있다.
③ 대표소송을 제기한 주주의 보유주식이 제소후에 감소하여 발행주식총수의 1000분의 1을 보유하게 된 경우에도 제소의 효력에는 영향이 없다.
④ 대표소송을 제기한 주주는 법원의 허가 없이도 소의 취하를 할 수 있다.
⑤ 대표소송을 제기한 주주가 패소한 때에는 과실이 있다면 회사에 대하여 손해를 배상할 책임이 있다.

▌해설▐

① [×] 회사는 전조 제3항과 제4항의 소송(대표소송)에 참가할 수 있다(상법 제404조 제1항).
② [×] 상법 제403조 제3항
③ [O] 상법 제403조 제5항
④ [×] 상법 제403조 제6항

PART 3

상법 제403조(주주의 대표소송)

① 발행주식의 총수의 100분의 1 이상에 해당하는 주식을 가진 주주는 회사에 대하여 이사의 책임을 추궁할 소의 제기를 청구할 수 있다.

② 제1항의 청구는 그 이유를 기재한 서면으로 하여야 한다.

③ 회사가 전항의 청구를 받은 날로부터 30일 내에 소를 제기하지 아니한 때에는 제1항의 주주는 즉시 회사를 위하여 소를 제기할 수 있다.

⑤ 제3항과 제4항의 소를 제기한 주주의 보유주식이 제소후 발행주식총수의 100분의 1 미만으로 감소한 경우(발행주식을 보유하지 아니하게 된 경우를 제외한다)에도 제소의 효력에는 영향이 없다.

⑥ 회사가 제1항의 청구에 따라 소를 제기하거나 주주가 제3항과 제4항의 소를 제기한 경우 당사자는 법원의 허가를 얻지 아니하고는 소의 취하, 청구의 포기·인락·화해를 할 수 없다.

⑤ [×] 제403조 제3항과 제4항의 규정에 의하여 소를 제기한 주주가 패소한 때에는 악의인 경우 외에는 회사에 대하여 손해를 배상할 책임이 없다(상법 제405조 제2항).

답 ③

139 세무사 2023

☑ 확인 Check! ○ △ ×

상법상 주식회사의 다중대표소송에 관한 설명으로 옳지 않은 것은?

① 6개월 전부터 계속하여 상장회사인 모회사 발행주식총수의 1만분의 50 이상에 해당하는 주식을 가진 주주는 자회사에 대하여 자회사 이사의 책임을 추궁할 소의 제기를 청구할 수 있다.

② 비상장주식회사인 모회사 발행주식총수의 100분의 1 이상에 해당하는 주식을 가진 주주는 자회사가 자회사 이사의 책임을 추궁할 소의 제기를 청구 받은 날부터 30일 내에 소를 제기하지 아니한 때에는 즉시 자회사를 위하여 다중대표소송을 제기할 수 있다.

③ 다중대표소송을 제기한 비상장회사인 모회사 주주의 보유주식이 제소후 모회사 발행 주식총수의 100분의 1 미만으로 감소한 경우에도 제소의 효력에는 영향이 없다.

④ 다중대표소송을 제기하는 주주는 제소 후 지체없이 자회사에게 그 소송의 고지를 하여야 한다.

⑤ 모회사의 주주가 다중대표소송을 제기하는 경우 자회사는 다중대표소송에 참가할 수 없다.

▌해설▐

① [○] 6개월 전부터 계속하여 상장회사 발행주식총수의 1만분의 50 이상에 해당하는 주식을 보유한 자는 제406조의2(다중대표소송)(제324조, 제408조의9, 제415조 및 제542조에서 준용하는 경우를 포함한다)에 따른 주주의 권리를 행사할 수 있다(상법 제542조의6 제7항).

② [○] 상법 제406조의2 제1항, 제2항

③ [○] 상법 제406조의2 제3항, 제403조 제5항

④ [○] 상법 제406조의2 제3항, 제404조 제2항

⑤ [×] 다중대표소송이 제기된 경우 자회사는 다중대표소송에 참가할 수 있다(상법 제406조의2 제3항, 제404조 제1항 참조).

상법 제406조의2(다중대표소송)

① 모회사 발행주식총수의 100분의 1 이상에 해당하는 주식을 가진 주주는 자회사에 대하여 자회사 이사의 책임을 추궁할 소의 제기를 청구할 수 있다.

② 제1항의 주주는 자회사가 제1항의 청구를 받은 날부터 30일 내에 소를 제기하지 아니한 때에는 즉시 자회사를 위하여 소를 제기할 수 있다.

③ 제1항 및 제2항의 소에 관하여는 제176조 제3항・제4항, 제403조 제2항, 같은 조 제4항부터 제6항까지 및 제404조부터 제406조까지의 규정을 준용한다.

상법 제403조(주주의 대표소송)

⑤ 제3항과 제4항의 소를 제기한 주주의 보유주식이 제소후 발행주식총수의 100분의 1 미만으로 감소한 경우(발행주식을 보유하지 아니하게 된 경우를 제외한다)에도 제소의 효력에는 영향이 없다.

상법 제404조(대표소송과 소송참가, 소송고지)

① 회사는 전조 제3항과 제4항의 소송에 참가할 수 있다.

② 전조 제3항과 제4항의 소를 제기한 주주는 소를 제기한 후 지체없이 회사에 대하여 그 소송의 고지를 하여야 한다.

답 ⑤

PART 3

140 세무사 2021

☑ 확인Check! ○ △ ×

상법상 비상장주식회사(이하 '모회사'라 한다) 주주의 다중대표소송에 관한 설명으로 옳지 않은 것은?

① 모회사 발행주식총수의 100분의 1 이상에 해당하는 주식을 가진 주주는 자회사에 대하여 자회사 이사의 책임을 추궁할 소의 제기를 청구할 수 있다.

② 다중대표소송이 제기된 경우, 소송의 당사자는 법원의 허가를 얻지 아니하고는 소의 취하, 청구의 포기・인락・화해를 할 수 없다.

③ 다중대표소송을 제기한 주주가 패소한 때에는 악의인 경우 외에는 회사에 대하여 손해를 배상할 책임이 없다.

④ 모회사 주주가 자회사 이사의 책임을 추궁할 소의 제기를 청구한 후, 모회사가 보유한 자회사 주식이 그 발행주식총수의 100분의 50 이하로 감소하더라도 전혀 보유하지 않게 된 경우가 아닌 한 제소의 효력에는 영향이 없다.

⑤ 모회사 주주와 자회사 이사의 공모로 인하여 소송의 목적인 자회사의 권리를 사해할 목적으로써 판결을 하게 한 때에도 자회사는 확정한 종국판결에 대하여 재심의 소를 제기할 수 없다.

해설

① [O] 상법 제406조의2 제1항
② [O] 상법 제406조의2 제3항, 제403조 제6항
③ [O] 상법 제406조의2 제3항, 제405조 제2항
④ [O]] 상법 제406조의2 제4항
⑤ [×] 상법 제406조의2 제3항, 제406조 제1항

상법 제406조의2(다중대표소송)

① 모회사 발행주식총수의 100분의 1 이상에 해당하는 주식을 가진 주주는 자회사에 대하여 자회사 이사의 책임을 추궁할 소의 제기를 청구할 수 있다.
② 제1항의 주주는 자회사가 제1항의 청구를 받은 날부터 30일 내에 소를 제기하지 아니한 때에는 즉시 자회사를 위하여 소를 제기할 수 있다.
③ 제1항 및 제2항의 소에 관하여는 제176조 제3항·제4항, 제403조 제2항, 같은 조 제4항부터 제6항까지 및 제404조부터 제406조까지의 규정을 준용한다.

상법 제403조(주주의 대표소송)

⑥ 회사가 제1항의 청구에 따라 소를 제기하거나 주주가 제3항과 제4항의 소를 제기한 경우 당사자는 법원의 허가를 얻지 아니하고는 소의 취하, 청구의 포기·인락·화해를 할 수 없다.

상법 제405조(제소주주의 권리의무)

② 제403조 제3항과 제4항의 규정에 의하여 소를 제기한 주주가 패소한 때에는 악의인 경우 외에는 회사에 대하여 손해를 배상할 책임이 없다.

상법 제406조(대표소송과 재심의 소)

① 제403조의 소가 제기된 경우에 원고와 피고의 공모로 인하여 소송의 목적인 회사의 권리를 사해할 목적으로써 판결을 하게 한 때에는 회사 또는 주주는 확정한 종국판결에 대하여 재심의 소를 제기할 수 있다.

④ 제1항의 청구를 한 후 모회사가 보유한 자회사의 주식이 자회사 발행주식총수의 100분의 50 이하로 감소한 경우(발행주식을 보유하지 아니하게 된 경우를 제외한다)에도 제1항 및 제2항에 따른 제소의 효력에는 영향이 없다.

답 ⑤

141 법무사 2022

☑ 확인 Check! ○ △ ✕

다음 설명 중 가장 옳지 않은 것은?

① 6개월 전부터 계속하여 상장회사인 모회사 발행주식총수의 1만분의 50 이상에 해당하는 주식을 보유한 주주는 자회사에 대하여 자회사 이사의 책임을 추궁할 소의 제기를 청구할 수 있다.

② 주주의 제소청구서에 책임추궁 대상 이사의 성명이 기재되어 있지 않거나 책임발생 원인사실이 다소 개략적으로 기재되어 있더라도, 회사가 그 서면에 기재된 내용, 이사회의사록 등 회사 보유 자료 등을 종합하여 책임추궁 대상 이사, 책임발생 원인사실을 구체적으로 특정할 수 있다면, 그 서면은 상법 제403조 제2항에서 정한 요건을 충족하였다고 보아야 한다.

③ 주주가 대표소송에서 주장한 이사의 손해배상책임이 제소청구서에 적시된 것과 차이가 있더라도 제소청구서의 책임발생 원인사실을 기초로 하면서 법적 평가만을 달리한 것에 불과하다면 그 대표소송은 적법하다.

④ 모회사 발행주식총수의 100분의 1 이상에 해당하는 주식을 가진 주주는 다중대표소송의 제기를 위해 이유를 붙인 서면으로 자회사에 대해 회계의 장부와 서류의 열람 또는 등사를 청구할 수 있다.

⑤ 다중대표소송이 제기된 경우에 원고와 피고의 공모로 인하여 소송의 목적인 회사의 권리를 사해할 목적으로써 판결을 하게 한 때에는 회사 또는 주주는 확정한 종국판결에 대하여 재심의 소를 제기할 수 있다.

▌해설▌

① [O] 상법 제542조의6 제7항, 제406조의2 제1항

> **상법 제542조의6(소수주주권)**
>
> ⑦ 6개월 전부터 계속하여 상장회사 발행주식총수의 1만분의 50 이상에 해당하는 주식을 보유한 자는 제406조의2(제324조, 제408조의9, 제415조 및 제542조에서 준용하는 경우를 포함한다)에 따른 주주의 권리를 행사할 수 있다.
>
> **상법 제406조의2(다중대표소송)**
>
> ① 모회사 발행주식총수의 100분의 1 이상에 해당하는 주식을 가진 주주는 자회사에 대하여 자회사 이사의 책임을 추궁할 소의 제기를 청구할 수 있다.

② [O] 제소청구서에 기재되어야 하는 '이유'에는 권리귀속주체인 회사가 제소 여부를 판단할 수 있도록 책임추궁 대상 이사, 책임발생 원인사실에 관한 내용이 포함되어야 한다. 다만 주주가 언제나 회사의 업무 등에 대해 정확한 지식과 적절한 정보를 가지고 있다고 할 수는 없으므로, 제소청구서에 책임추궁 대상 이사의 성명이 기재되어 있지 않거나 책임발생 원인사실이 다소 개략적으로 기재되어 있더라도, 회사가 제소청구서에 기재된 내용, 이사회의사록 등 회사 보유 자료 등을 종합하여 책임추궁 대상 이사, 책임발생 원인사실을 구체적으로 특정할 수 있다면, 그 제소청구서는 상법 제403조 제2항에서 정한 요건을 충족하였다고 보아야 한다(대판 2021.7.15. 2018다298744).

③ [O] 주주가 아예 상법 제403조 제2항에 따른 서면(이하 '제소청구서'라 한다)을 제출하지 않은 채 대표소송을 제기하거나 제소청구서를 제출하였더라도 대표소송에서 제소청구서에 기재된 책임발생 원인사실과 전혀 무관한 사실관계를 기초로 청구를 하였다면 그 대표소송은 상법 제403조 제4항의 사유가 있다는 등의 특별한 사정이 없는 한 부적법하다. 반면 주주가 대표소송에서 주장한 이사의 손해배상책임이 제소청구서에 적시된 것과 차이가 있더라도 제소청구서의 책임발생 원인사실을 기초로 하면서 법적 평가만을 달리한 것에 불과하다면 그 대표소송은 적법하다. 따라서 주주는 적법하게 제기된 대표소송 계속 중에 제소청구서의 책임발생 원인사실을 기초로 하면서 법적 평가만을 달리한 청구를 추가할 수도 있다(대판 2021.7.15. 2018다298744).

④ [×] 우리 상법은 다중대표소송은 규정하고 있으나 모회사 주주의 자회사에 대한 회계장부열람권, 즉 다중회계장부열람권에 대해서는 규정하고 있지 않다. 발행주식의 총수의 100분의 3 이상에 해당하는 주식을 가진 주주는 이유를 붙인 서면으로 회계의 장부와 서류의 열람 또는 등사를 청구할 수 있으나(상법 제466조 제1항), 이 경우의 열람청구의 주체는 당해 회사의 주주를 의미한다. 판례는 상법 제466조 제1항에서 정하고 있는 소수주주의 열람·등사청구의 대상이 되는 '회계의 장부 및 서류'에는 소수주주가 열람·등사를 구하는 이유와 실질적으로 관련이 있는 회계장부와 그 근거자료가 되는 회계서류를 가리키는 것으로서, 그것이 회계서류인 경우에는 그 작성명의인이 반드시 열람·등사제공의무를 부담하는 회사로 국한되어야 하거나, 원본에 국한되는 것은 아니며, 열람·등사제공의무를 부담하는 회사의 출자 또는 투자로 성립한 자회사의 회계장부라 할지라도 그것이 모자관계에 있는 모회사에 보관되어 있고, 또한 모회사의 회계상황을 파악하기 위한 근거자료로서 실질적으로 필요한 경우에는 모회사의 회계서류로서 모회사 소수주주의 열람·등사청구의 대상이 될 수 있다(대판 2001.10.26. 99다58051)고 하였으나 이는 다중회계장부열람권이 아닌 모회사가 회계장부를 보관하고 있다면 모회사의 회계서류로서 모회사 주주의 열람청구권을 인정한 것이다.

⑤ [O] 상법 제406조의2 제3항, 제406조 제1항

상법 제406조의2(다중대표소송)

① 모회사 발행주식총수의 100분의 1 이상에 해당하는 주식을 가진 주주는 자회사에 대하여 자회사 이사의 책임을 추궁할 소의 제기를 청구할 수 있다.

③ 제1항 및 제2항의 소에 관하여는 제176조 제3항·제4항, 제403조 제2항, 같은 조 제4항부터 제6항까지 및 제404조부터 제406조까지의 규정을 준용한다.

상법 제406조(대표소송과 재심의 소)

① 제403조의 소가 제기된 경우에 원고와 피고의 공모로 인하여 소송의 목적인 회사의 권리를 사해할 목적으로써 판결을 하게 한 때에는 회사 또는 주주는 확정한 종국판결에 대하여 재심의 소를 제기할 수 있다.

답 ④

142 법무사 2021

☑ 확인Check! ○ △ ✕

상법상 주주의 대표소송에 관한 다음 설명 중 가장 옳은 것은?

① 주주의 대표소송은 주주가 타인인 회사의 이익을 위해서 스스로 원고가 되어 소송을 수행하는 것으로 주주가 승소한 경우 그 손해배상액은 주주에게 귀속된다.

② 주주 대표소송을 제기한 주주의 보유주식이 제소 후 발행주식 총수의 100분의 1 미만으로 감소하거나 발행주식을 보유하지 않게 된 경우에도 소가 부적법하게 되는 것은 아니다.

③ 모회사 발행주식 총수의 100분의 1 이상에 해당하는 주식을 가진 주주는 자회사에 대하여 자회사 이사의 책임을 추궁할 소의 제기를 청구할 수 있다.

④ 주주가 대표소송을 제기한 경우에는 법원의 허가 없이 소의 취하・청구의 포기・화해를 할 수 없지만 회사가 주주의 청구에 따라 이사의 책임을 추궁하는 소를 제기한 경우에는 법원의 허가 없이 할 수 있다.

⑤ 주주가 대표소송에서 패소한 경우 자신의 청구가 근거 없다는 것을 알면서 또는 과실로 알지 못하고 제소하였다면 손해배상책임을 진다.

▌해설▐

① [✕] 대표소송의 경우, 실질적으로는 주주가 회사 대표기관의 지위에서 제기하는 소이나, 형식적으로는 주주가 타인인 회사의 이익을 위하여 스스로 원고가 되어 제기하는 소로, 제3자의 소송담당에 해당한다. 따라서 주주인 원고가 받은 판결의 효력은 회사에 미쳐 주주가 승소한 경우, 그 손해배상액은 주주가 아닌 <u>회사에 귀속된다</u>.

② [✕], ④ [✕] 상법 제403조 제5항・제6항

> **상법 제403조(주주의 대표소송)**
>
> ① 발행주식의 총수의 100분의 1 이상에 해당하는 주식을 가진 주주는 회사에 대하여 이사의 책임을 추궁할 소의 제기를 청구할 수 있다.
>
> ② 제1항의 청구는 그 이유를 기재한 서면으로 하여야 한다.
>
> ③ 회사가 전항의 청구를 받은 날로부터 30일 내에 소를 제기하지 아니한 때에는 제1항의 주주는 즉시 회사를 위하여 소를 제기할 수 있다.
>
> ④ 제3항의 기간의 경과로 인하여 회사에 회복할 수 없는 손해가 생길 염려가 있는 경우에는 전항의 규정에 불구하고 제1항의 주주는 즉시 소를 제기할 수 있다.
>
> ⑤ 제3항과 제4항의 소를 제기한 주주의 보유주식이 제소 후 발행주식 총수의 100분의 1 미만으로 감소한 경우(<u>발행주식을 보유하지 아니하게 된 경우를 제외한다</u>)에도 제소의 효력에는 영향이 없다.
>
> ⑥ <u>회사가 제1항의 청구에 따라 소를 제기하거나</u> 주주가 제3항과 제4항의 소를 제기한 경우 당사자는 법원의 허가를 얻지 아니하고는 소의 취하, 청구의 포기・인락・화해를 할 수 없다.

③ [O] 모회사 발행주식 총수의 100분의 1 이상에 해당하는 주식을 가진 주주는 자회사에 대하여 자회사 이사의 책임을 추궁할 소의 제기를 청구할 수 있다(상법 제406조의2 제1항).

⑤ [✕] 제403조 제3항과 제4항의 규정에 의하여 소를 제기한 주주가 패소한 때에는 <u>악의인 경우 외에는 회사에 대하여 손해를 배상할 책임이 없다</u>(상법 제405조 제2항).

답 ③

143 CPA 2024

☑ 확인 Check! ○ △ ×

상법상 주식회사의 감사 또는 감사위원회에 관한 설명으로 틀린 것은?

① 감사의 선임은 주주총회의 보통결의에 의하지만 해임은 주주총회의 특별결의에 의한다.
② 비상장주식회사의 감사위원회 위원의 선임 및 해임에 관한 이사회의 결의는 이사 총수의 3분의 2 이상의 결의로 하여야 한다.
③ 최근 사업연도 말 현재의 자산총액이 2조원 이상인 상장회사의 경우 감사위원회 위원을 선임하거나 해임하는 권한은 주주총회에 있다.
④ 이사회는 감사위원회가 결의한 사항에 대하여 다시 결의할 수 없다.
⑤ 최근 사업연도 말 현재의 자산총액이 1천억원 이상이고 2조원 미만인 상장회사가 감사를 두는 경우에는 상근감사를 1명 이상 두어야 한다.

▌해설▌

① [O] 상법 제409조 제1항, 제415조, 제385조 제1항

상법 제409조(선임)
① 감사는 주주총회에서 선임한다.

상법 제415조(준용규정)
제382조 제2항, 제382조의4, 제385조, 제386조, 제388조, 제400조, 제401조, 제403조부터 제406조까지, 제406조의2 및 제407조는 감사에 준용한다.

상법 제385조(해임)
① 이사는 언제든지 제434조의 규정에 의한 주주총회의 결의로 이를 해임할 수 있다. 그러나 이사의 임기를 정한 경우에 정당한 이유없이 그 임기만료전에 이를 해임한 때에는 그 이사는 회사에 대하여 해임으로 인한 손해의 배상을 청구할 수 있다.

② [×] 비상장주식회사의 감사위원의 선임과 해임은 이사회에서 한다(상법 제415조의2 제1항, 제393조의2 제1항·제2항 제3호 참조). 감사위원의 선임에 관한 이사회 결의는 이사 과반수의 출석과 과반수의 찬성으로 하지만(상법 제391조 제1항 참조), 해임에 관한 이사회의 결의는 이사 총수의 3분의 2 이상으로 하여야 한다(상법 제415조의2 제3항 참조).

상법 제391조(이사회의 결의방법)
① 이사회의 결의는 이사과반수의 출석과 출석이사의 과반수로 하여야 한다. 그러나 정관으로 그 비율을 높게 정할 수 있다.

상법 제393조의2(이사회내 위원회)
① 이사회는 정관이 정한 바에 따라 위원회를 설치할 수 있다.
② 이사회는 다음 각 호의 사항을 제외하고는 그 권한을 위원회에 위임할 수 있다.
1. 주주총회의 승인을 요하는 사항의 제안
2. 대표이사의 선임 및 해임
3. 위원회의 설치와 그 위원의 선임 및 해임
4. 정관에서 정하는 사항

상법 제415조의2(감사위원회)
① 회사는 정관이 정한 바에 따라 감사에 갈음하여 제393조의2의 규정에 의한 위원회로서 감사위원회를 설치할 수 있다. 감사위원회를 설치한 경우에는 감사를 둘 수 없다.
③ 감사위원회의 위원의 해임에 관한 이사회의 결의는 이사 총수의 3분의 2 이상의 결의로 하여야 한다.

③ [O] 제542조의11 제1항의 상장회사(최근 사업연도 말 현재의 자산총액이 2조원 이상인 상장회사)의 경우 제393조의2에도 불구하고 감사위원회위원을 선임하거나 해임하는 권한은 주주총회에 있다(상법 제542조의12 제1항, 제542조의11 제1항, 상법 시행령 제37조 제1항).

④ [O] 상법 제415조의2 제6항, 제393조의2 제4항 후단

상법 제415조의2(감사위원회)
⑥ 감사위원회에 대하여는 제393조의2 제4항 후단을 적용하지 아니한다.

상법 제393조의2(이사회내 위원회)
④ 위원회는 결의된 사항을 각 이사에게 통지하여야 한다. 이 경우 이를 통지받은 각 이사는 이사회의 소집을 요구할 수 있으며, 이사회는 위원회가 결의한 사항에 대하여 다시 결의할 수 있다.

⑤ [O] 대통령령으로 정하는 상장회사(최근 사업연도 말 현재의 자산총액이 1천억원 이상인 상장회사)는 주주총회 결의에 의하여 회사에 상근하면서 감사업무를 수행하는 감사(이하 "상근감사"라고 한다)를 1명 이상 두어야 한다. 다만, 이 절 및 다른 법률에 따라 감사위원회를 설치한 경우(감사위원회 설치 의무가 없는 상장회사가 이 절의 요건을 갖춘 감사위원회를 설치한 경우를 포함한다)에는 그러하지 아니하다(상법 제542조의10 제1항, 상법 시행령 제36조 제1항).

답 ②

144 CPA 2023

☑ 확인Check! ○ △ ✕

상법상 비상장주식회사의 감사 또는 감사위원회에 관한 설명으로 옳은 것은? (이견이 있으면 판례에 의함)

① 감사를 여러 명 선임한 경우 이들은 회의체를 구성하므로 다수결에 의한 결의를 거쳐야 감사업무를 수행할 수 있다.

② 감사 후보자의 승낙을 얻어 그 후보자에 대해 주주총회에서 감사 선임결의가 이루어지면 대표이사와의 임용계약 체결여부와 상관없이 감사 후보자는 감사의 지위를 취득한다.

③ 자회사의 감사는 모회사의 사내이사를 겸직할 수 없다.

④ 이사회는 감사위원회가 결의한 사항에 대하여 다시 결의할 수 있다.

⑤ 회사가 감사위원회 위원에게 소를 제기하는 경우 감사위원회는 법원에 회사를 대표할 자를 선임해 줄 것을 신청할 수 없다.

▌해설▌

① [✕] 회사가 이사에 대하여 소를 제기하는 경우에 감사는 그 소에 관하여 회사를 대표하고, 이 경우 감사는 그 제소여부의 결정, 소의 제기 및 그 취하를 포함한 소송종결에 이르기까지의 모든 소송절차에 관한 권한을 가지는데, 감사가 2인 이상이 있는 경우 각자가 단독으로 회사를 대표하여 그 권한을 행사할 수 있다(대판 2003.3.14. 2003다4112). 즉, 감사는 여러 명이 있더라도 이사회와 같은 협의체를 구성하는 것은 아니고 각자가 독립하여 개별적으로 그 권한을 행사한다.

② [O] 주주총회에서 이사나 감사를 선임하는 경우 선임결의와 피선임자의 승낙만 있으면, 피선임자는 대표이사와 별도의 임용계약을 체결하였는지와 관계없이 이사나 감사의 지위를 취득한다(대판[전합] 2017.3.23. 2016다251215).

③ [✕] 감사는 회사 및 자회사의 이사 또는 지배인 기타의 사용인의 직무를 겸하지 못한다(상법 제411조). 이는 자기감사의 문제가 발생하기 때문이다. 따라서 모자회사의 감사 겸직이나, 자회사 감사가 모회사 이사를 겸직하는 것은 자기감사의 문제가 발생하지 않으므로 허용된다.

④ [✕] 이사회는 감사위원회가 결의한 사항에 대하여 다시 결의할 수 없다(상법 제415조의2 제6항, 제393조의2 제4항 참조).

> **상법 제415조의2(감사위원회)**
> ⑥ 감사위원회에 대하여는 제393조의2 제4항 후단을 적용하지 아니한다.
>
> **상법 제393조의2(이사회내 위원회)**
> ④ 위원회는 결의된 사항을 각 이사에게 통지하여야 한다. 이 경우 이를 통지받은 각 이사는 이사회의 소집을 요구할 수 있으며, 이사회는 위원회가 결의한 사항에 대하여 다시 결의할 수 있다.

⑤ [✕] 제415조의2의 규정에 의한 감사위원회의 위원이 소의 당사자인 경우에는 감사위원회 또는 이사는 법원에 회사를 대표할 자를 선임하여 줄 것을 신청하여야 한다(상법 제394조 제2항).

답 ②

145 CPA 2022

☑ 확인 Check! ○ △ ×

상법상 주식회사 감사의 권한과 의무에 관한 설명으로 틀린 것은?

① 감사는 이사회의 소집청구권을 갖는다.

② 감사록에는 감사의 실시요령과 그 결과를 기재해야 하고, 감사를 실시하지 않은 감사도 기명날인 또는 서명하여야 한다.

③ 감사는 언제든지 이사에 대하여 영업에 관한 보고를 요구하거나 회사의 업무와 재산상태를 조사할 수 있다.

④ 모회사의 감사는 그 직무를 수행하기 위하여 필요한 때에는 자회사에 대하여 영업의 보고를 요구할 수 있다.

⑤ 감사는 이사가 주주총회에 제출할 의안 및 서류를 조사하여 법령 또는 정관에 위반하거나 현저하게 부당한 사항이 있는지의 여부에 관하여 주주총회에 그 의견을 진술하여야 한다.

해설

① [O] 감사는 회의의 목적사항과 소집의 이유를 기재한 서면을 이사회에 제출하여 임시총회의 소집을 청구할 수 있다(상법 제412조의3 제1항).

② [×] 감사록에는 감사의 실시요령과 그 결과를 기재하고 감사를 실시한 감사가 기명날인 또는 서명하여야 한다(상법 제413조의2 제2항).

③ [O] 감사는 언제든지 이사에 대하여 영업에 관한 보고를 요구하거나 회사의 업무와 재산상태를 조사할 수 있다(상법 제412조 제2항).

④ [O] 모회사의 감사는 그 직무를 수행하기 위하여 필요한 때에는 자회사에 대하여 영업의 보고를 요구할 수 있다(상법 제412조의5 제1항).

⑤ [O] 감사는 이사가 주주총회에 제출할 의안 및 서류를 조사하여 법령 또는 정관에 위반하거나 현저하게 부당한 사항이 있는지의 여부에 관하여 주주총회에 그 의견을 진술하여야 한다(상법 제413조).

 ②

146 CPA 2020

☑ 확인Check! ○ △ ×

상법상 주식회사의 감사에 관한 설명으로 틀린 것은?

① 감사는 신주발행무효의 소를 그 제소기간 내에 제기할 수 있고, 이사에 대한 위법행위 유지청구권을 행사할 수도 있다.

② 감사는 회의의 목적사항과 소집의 이유를 기재한 서면을 이사회에 제출하여 임시총회의 소집을 청구할 수 있다.

③ 판례에 의하면, 해임된 이사에 대하여 회사가 소를 제기하는 경우에 감사는 그 소에 관하여 회사를 대표한다.

④ 회사가 임기를 정하지 않은 감사를 정당한 이유없이 해임하더라도, 그 해임된 감사는 회사에 대하여 해임으로 인한 손해배상을 청구할 수 없다.

⑤ 감사는 회사 및 자회사의 이사 또는 지배인 기타의 사용인의 직무를 겸하지 못한다.

해설

① [O] 상법 제402조, 제429조

> **상법 제402조(유지청구권)**
> 이사가 법령 또는 정관에 위반한 행위를 하여 이로 인하여 회사에 회복할 수 없는 손해가 생길 염려가 있는 경우에는 감사 또는 발행주식의 총수의 100분의 1 이상에 해당하는 주식을 가진 주주는 회사를 위하여 이사에 대하여 그 행위를 유지할 것을 청구할 수 있다.
>
> **상법 제429조(신주발행무효의 소)**
> 신주발행의 무효는 주주・이사 또는 감사에 한하여 신주를 발행한 날로부터 6월 내에 소만으로 이를 주장할 수 있다.

② [O] 감사는 회의의 목적사항과 소집의 이유를 기재한 서면을 이사회에 제출하여 임시총회의 소집을 청구할 수 있다(상법 제412조의3 제1항).

③ [×] 상법 제394조 제1항에서는 이사와 회사 사이의 소에 있어서 양자 간에 이해의 충돌이 있기 쉬우므로 그 충돌을 방지하고 공정한 소송수행을 확보하기 위하여 비교적 객관적 지위에 있는 감사로 하여금 그 소에 관하여 회사를 대표하도록 규정하고 있는바, 소송의 목적이 되는 권리관계가 이사의 재직 중에 일어난 사유로 인한 것이라 할지라도 회사가 그 사람을 이사의 자격으로 제소하는 것이 아니고 이사가 이미 이사의 자리를 떠난 경우에 회사가 그 사람을 상대로 제소하는 경우에는 특별한 사정이 없는 한 위 상법 제394조 제1항은 적용되지 않는다. 전 이사들을 상대로 하는 주주대표소송에 회사가 참가하는 경우, 상법 제394조 제1항의 적용이 배제되어 회사를 대표하는 자는 감사가 아닌 대표이사이다(대판 2002.3.15. 2000다90).

④ [O] 감사의 해임으로 인한 손해배상청구는 임기를 정한 경우에 정당한 이유 없이 해임한 경우에 인정된다(상법 제415조, 제385조 제1항 참조).

> **상법 제415조(준용규정)**
> 제382조 제2항, 제382조의4, 제385조, 제386조, 제388조, 제400조, 제401조, 제403조부터 제406조까지, 제406조의2 및 제407조는 감사에 준용한다.

상법 제385조(해임)

① 이사는 언제든지 제434조의 규정에 의한 주주총회의 결의로 이를 해임할 수 있다. 그러나 이사의 임기를 정한 경우에 정당한 이유없이 그 임기만료 전에 이를 해임한 때에는 그 이사는 회사에 대하여 해임으로 인한 손해의 배상을 청구할 수 있다.

⑤ [O] 감사는 회사 및 자회사의 이사 또는 지배인 기타의 사용인의 직무를 겸하지 못한다(상법 제411조).

답 ③

147 CPA 2018

☑ 확인Check! ○ △ ×

상법상 자본금 총액이 10억원 미만인 주식회사에 관한 설명으로 틀린 것은?

① 모집설립을 하는 경우 정관은 공증인의 인증을 받음으로써 효력이 생긴다.

② 발기설립을 하는 경우 납입금 보관금액에 관한 증명서를 은행이나 그 밖의 금융기관의 잔고증명서로 대체할 수 있다.

③ 주주총회 결의의 목적사항에 대하여 주주 전원이 서면으로 동의를 한 때에는 서면에 의한 결의가 있는 것으로 본다.

④ 이사를 1명 또는 2명으로 할 수 있고 이 경우 이사의 자기거래에 대한 승인기관은 이사회가 아닌 주주총회이다.

⑤ 감사를 선임하지 아니한 회사가 이사에 대하여 소를 제기하는 경우에 주주총회에서 회사를 대표할 자를 선임한다.

▌해설▌

① [O] 정관은 공증인의 인증을 받음으로써 효력이 생긴다. 다만, 자본금 총액이 10억원 미만인 회사를 제295조 제1항에 따라 발기설립하는 경우에는 제289조 제1항에 따라 각 발기인이 정관에 기명날인 또는 서명함으로써 효력이 생긴다(상법 제292조). 즉 소규모회사는 발기설립 시 정관의 공증이 면제되나 모집설립의 경우에는 공증인의 인증을 받아야 한다.

② [O] 자본금 총액이 10억원 미만인 회사를 제295조 제1항에 따라 발기설립하는 경우에는 제1항의 증명서를 은행이나 그 밖의 금융기관의 잔고증명서로 대체할 수 있다(상법 제318조 제3항).

③ [O] 자본금 총액이 10억원 미만인 회사는 주주 전원의 동의가 있을 경우에는 소집절차 없이 주주총회를 개최할 수 있고, 서면에 의한 결의로써 주주총회의 결의를 갈음할 수 있다. 결의의 목적사항에 대하여 주주 전원이 서면으로 동의를 한 때에는 서면에 의한 결의가 있는 것으로 본다(상법 제363조 제4항).

④ [O] 상법 제383조 제1항·제4항, 제398조 제1호

상법 제383조(원수, 임기)

① 이사는 3명 이상이어야 한다. 다만, 자본금 총액이 10억원 미만인 회사는 1명 또는 2명으로 할 수 있다.

④ 제1항 단서의 경우에는 제302조 제2항 제5호의2, 제317조 제2항 제3호의2, 제335조 제1항 단서 및 제2항, 제335조의2 제1항·제3항, 제335조의3 제1항·제2항, 제335조의7 제1항, 제340조의3 제1항 제5호, 제356조 제6호의2, 제397조 제1항·제2항, 제397조의2 제1항, 제398조, 제416조 본문, 제451조 제2항, 제461조 제1항 본문 및 제3항, 제462조의3 제1항, 제464조의2 제1항, 제469조, 제513조 제2항 본문 및 제516조의2 제2항 본문(준용되는 경우를 포함한다) 중 "이사회"는 각각 "주주총회"로 보며, 제360조의5 제1항 및 제522조의3 제1항 중 "이사회의 결의가 있는 때"는 "제363조 제1항에 따른 주주총회의 소집통지가 있는 때"로 본다.

상법 제398조(이사 등과 회사 간의 거래)

다음 각 호의 어느 하나에 해당하는 자가 자기 또는 제3자의 계산으로 회사와 거래를 하기 위하여는 미리 이사회에서 해당 거래에 관한 중요사실을 밝히고 이사회의 승인을 받아야 한다. 이 경우 이사회의 승인은 이사 3분의 2 이상의 수로써 하여야 하고, 그 거래의 내용과 절차는 공정하여야 한다.

1. 이사 또는 제542조의8 제2항 제6호에 따른 주요주주
2. 제1호의 자의 배우자 및 직계존비속
3. 제1호의 자의 배우자의 직계존비속
4. 제1호부터 제3호까지의 자가 단독 또는 공동으로 의결권 있는 발행주식 총수의 100분의 50 이상을 가진 회사 및 그 자회사
5. 제1호부터 제3호까지의 자가 제4호의 회사와 합하여 의결권 있는 발행주식총수의 100분의 50 이상을 가진 회사

⑤ [×] 감사를 선임하지 아니한 회사가 이사에 대하여 소를 제기하는 경우에 회사, 이사 또는 이해관계인은 법원에 회사를 대표할 자를 선임하여 줄 것을 신청하여야 한다(상법 제409조 제4항, 제5항 참조).

상법 제409조(선임)

④ 제1항, 제296조 제1항 및 제312조에도 불구하고 자본금의 총액이 10억원 미만인 회사의 경우에는 감사를 선임하지 아니할 수 있다.

⑤ 제4항에 따라 감사를 선임하지 아니한 회사가 이사에 대하여 또는 이사가 그 회사에 대하여 소를 제기하는 경우에 회사, 이사 또는 이해관계인은 법원에 회사를 대표할 자를 선임하여 줄 것을 신청하여야 한다.

답 ⑤

148 CPA 2017

☑ 확인 Check! ○ △ ✕

상법상 주식회사의 감사 및 감사위원회 위원의 선임과 해임에 관한 설명으로 틀린 것은? 기출수정

① 최근 사업연도 말 현재의 자산총액이 1천억원 이상 2조원 미만인 상장회사가 감사를 두는 경우에는 1인 이상을 상근으로 하여야 한다.

② 판례에 의하면 주주총회에서 감사선임결의가 있고 피선임자의 승낙만 있으면 대표이사와 별도의 임용계약을 체결하지 않았더라도 감사로서의 지위를 갖게 된다.

③ 감사의 임기는 취임 후 3년 내의 최종의 결산기에 관한 정기총회의 종결시까지로 한다.

④ 비상장회사의 감사를 해임하는 경우 의결권 없는 주식을 제외한 발행주식총수의 100분의 3을 초과하는 수의 주식을 가진 주주는 그 초과하는 주식에 관하여 의결권을 행사하지 못한다.

⑤ 비상장회사의 감사위원회는 사외이사가 위원의 3분의 2 이상이어야 하고 위원의 해임에 관한 이사회의 결의는 이사 총수의 3분의 2 이상의 결의로 하여야 한다.

해설

① [O] 상법 제542조의10 제1항 · 제542조의11 제1항, 상법 시행령 제36조 제1항 · 제37조 제1항

> **상법 제542조의10(상근감사)**
>
> ① 대통령령으로 정하는 상장회사는 주주총회 결의에 의하여 회사에 상근하면서 감사업무를 수행하는 감사(이하 "상근감사"라고 한다)를 1명 이상 두어야 한다. 다만, 이 절 및 다른 법률에 따라 감사위원회를 설치한 경우(감사위원회 설치 의무가 없는 상장회사가 이 절의 요건을 갖춘 감사위원회를 설치한 경우를 포함한다)에는 그러하지 아니하다.
>
> **상법 시행령 제36조(상근감사)**
>
> ① 법 제542조의10 제1항 본문에서 "대통령령으로 정하는 상장회사"란 최근 사업연도 말 현재의 자산총액이 1천억원 이상인 상장회사를 말한다.
>
> **상법 제542조의11(감사위원회)**
>
> ① 자산 규모 등을 고려하여 대통령령으로 정하는 상장회사는 감사위원회를 설치하여야 한다.
>
> **상법 시행령 제37조(감사위원회)**
>
> ① 법 제542조의11 제1항에서 "대통령령으로 정하는 상장회사"란 최근 사업연도 말 현재의 자산총액이 2조원 이상인 상장회사를 말한다. 다만, 다음 각 호의 어느 하나에 해당하는 상장회사는 제외한다.
>
> … (각 호 생략) …

② [O] 주주총회에서 이사나 감사를 선임하는 경우 선임결의와 피선임자의 승낙만 있으면, 피선임자는 대표이사와 별도의 임용계약을 체결하였는지와 관계없이 이사나 감사의 지위를 취득한다(대판[전합] 2017.3.23. 2016다251215).

③ [O] 감사의 임기는 취임후 3년 내의 최종의 결산기에 관한 정기총회의 종결시까지로 한다(상법 제410조).

④ [×] 비상장회사의 경우 감사 선임 시 의결권 없는 주식을 제외한 발행주식의 총수의 100분의 3을 초과하는 수의 주식을 가진 주주는 그 초과하는 주식에 관하여 의결권이 제한되나, 해임 시에는 이에 대한 제한 규정이 없다(상법 제409조 제2항 참조). 그러나 상장회사의 경우 감사(감위원사)의 선임, 해임 시 모두 의결권 제한규정이 적용된다(상법 제542조의12 제4항, 제7항 참조).

상법 제409조(선임)

② 의결권 없는 주식을 제외한 발행주식의 총수의 100분의 3(정관에서 더 낮은 주식 보유비율을 정할 수 있으며, 정관에서 더 낮은 주식 보유비율을 정한 경우에는 그 비율로 한다)을 초과하는 수의 주식을 가진 주주는 그 초과하는 주식에 관하여 제1항의 감사의 선임에 있어서는 의결권을 행사하지 못한다.

상법 제542조의12(감사위원회의 구성 등)

④ 제1항에 따른 감사위원회위원을 선임 또는 해임할 때에는 상장회사의 의결권 없는 주식을 제외한 발행주식총수의 100분의 3(정관에서 더 낮은 주식 보유비율을 정할 수 있으며, 정관에서 더 낮은 주식 보유비율을 정한 경우에는 그 비율로 한다)을 초과하는 수의 주식을 가진 주주(최대주주인 경우에는 사외이사가 아닌 감사위원회위원을 선임 또는 해임할 때에 그의 특수관계인, 그 밖에 대통령령으로 정하는 자가 소유하는 주식을 합산한다)는 그 초과하는 주식에 관하여 의결권을 행사하지 못한다.

⑦ 제4항은 상장회사가 감사를 선임하거나 해임할 때에 준용한다. 이 경우 주주가 최대주주인 경우에는 그의 특수관계인, 그 밖에 대통령령으로 정하는 자가 소유하는 주식을 합산한다.

⑤ [○] 상법 제415조의2 제2항, 제3항

상법 제415조의2(감사위원회)

② 감사위원회는 제393조의2 제3항에도 불구하고 3명 이상의 이사로 구성한다. 다만, 사외이사가 위원의 3분의 2 이상이어야 한다.

③ 감사위원회의 위원의 해임에 관한 이사회의 결의는 이사 총수의 3분의 2 이상의 결의로 하여야 한다.

답 ④

149 CPA 2016

☑ 확인Check! ○ △ ×

상법상 주식회사의 감사 또는 감사위원회에 관한 설명으로 옳은 것은?

① 자본금의 총액이 10억원 미만인 회사는 감사를 두지 않을 수 있다.

② 최근 사업연도 말 현재의 자산총액이 1천억원 이상인 상장회사는 감사위원회를 둘 수 없고 반드시 상근감사를 두어야 한다.

③ 최근 사업연도 말 현재의 자산총액이 2조원 이상인 상장회사의 감사위원회 위원을 선임하거나 해임하는 권한은 이사회에 있다.

④ 회사가 감사의 임기 내에 정당한 이유 없이 감사를 해임하더라도 그 감사는 회사에 대하여 해임으로 인한 손해배상을 청구할 수 없다.

⑤ 상장회사는 주주총회에서 감사의 보수와 이사의 보수를 단일 안건으로 상정하여 그 총액을 의결할 수 있다.

▌해설▌

① [O] 제1항, 제296조 제1항 및 제312조에도 불구하고 자본금의 총액이 10억원 미만인 회사의 경우에는 감사를 선임하지 아니할 수 있다(상법 제409조 제4항).

② [×] 대통령령으로 정하는 상장회사(최근 사업연도 말 현재의 자산총액이 1천억원 이상인 상장회사)는 주주총회 결의에 의하여 회사에 상근하면서 감사업무를 수행하는 감사(이하 "상근감사"라고 한다)를 1명 이상 두어야 한다. 다만, 이 절 및 다른 법률에 따라 감사위원회를 설치한 경우(감사위원회 설치 의무가 없는 상장회사가 이 절의 요건을 갖춘 감사위원회를 설치한 경우를 포함한다)에는 그러하지 아니하다(상법 제542조의10 제1항, 상법 시행령 제36조 제1항).

③ [×] 최근 사업연도 말 현재의 자산총액이 2조원 이상인 상장회사의 감사위원회 위원을 선임하거나 해임하는 권한은 주주총회에 있다(상법 제542조의11 제1항, 제542조의12 제1항, 상법 시행령 제37조 제1항 참조).

상법 제542조의11(감사위원회)

① 자산 규모 등을 고려하여 대통령령으로 정하는 상장회사는 감사위원회를 설치하여야 한다.

상법 시행령 제37조(감사위원회)

① 법 제542조의11 제1항에서 "대통령령으로 정하는 상장회사"란 최근 사업연도 말 현재의 자산총액이 2조원 이상인 상장회사를 말한다. 다만, 다음 각 호의 어느 하나에 해당하는 상장회사는 제외한다.

… (각 호 생략) …

상법 제542조의12(감사위원회의 구성 등)

① 제542조의11 제1항의 상장회사의 경우 제393조의2에도 불구하고 감사위원회위원을 선임하거나 해임하는 권한은 주주총회에 있다.

④ [×] 상법 제415조, 제385조 제1항

상법 제415조(준용규정)

제382조 제2항, 제382조의4, 제385조, 제386조, 제388조, 제400조, 제401조, 제403조부터 제406조까지, 제406조의2 및 제407조는 감사에 준용한다.

상법 제385조(해임)

① 이사는 언제든지 제434조의 규정에 의한 주주총회의 결의로 이를 해임할 수 있다. 그러나 이사의 임기를 정한 경우에 정당한 이유없이 그 임기만료전에 이를 해임한 때에는 그 이사는 회사에 대하여 해임으로 인한 손해의 배상을 청구할 수 있다.

⑤ [×] 상장회사가 주주총회의 목적사항으로 감사의 선임 또는 감사의 보수결정을 위한 의안을 상정하려는 경우에는 이사의 선임 또는 이사의 보수결정을 위한 의안과는 별도로 상정하여 의결하여야 한다(상법 제542조의12 제5항).

답 ①

150 세무사 2023

☑ 확인Check! ○ △ ✕

상법상 비상장주식회사의 감사에 관한 설명으로 옳지 않은 것은?

① 자본금의 총액이 10억원 미만인 회사의 경우에는 감사를 선임하지 아니할 수 있다.

② 감사는 자회사의 이사의 직무를 겸하지 못한다.

③ 감사는 이사가 주주총회에 제출할 의안 및 서류를 조사하여 현저하게 부당한 사항이 있는지의 여부에 관하여 주주총회에 그 의견을 진술하여야 한다.

④ 감사가 고의로 회사에 손해를 발생시킨 경우에도 회사는 정관으로 정하는 바에 따라 감사가 그 행위를 한 날 이전 최근 1년간의 보수액의 6배를 초과하는 손해배상책임 금액에 대하여 면제할 수 있다.

⑤ 감사의 임기는 취임후 3년 내의 최종의 결산기에 관한 정기총회의 종결시까지로 한다.

▌해설▐

① [O] 제1항, 제296조 제1항 및 제312조에도 불구하고 자본금의 총액이 10억원 미만인 회사의 경우에는 감사를 선임하지 아니할 수 있다(상법 제409조 제4항).

② [O] 감사는 회사 및 자회사의 이사 또는 지배인 기타의 사용인의 직무를 겸하지 못한다(상법 제411조).

③ [O] 감사는 이사가 주주총회에 제출할 의안 및 서류를 조사하여 법령 또는 정관에 위반하거나 현저하게 부당한 사항이 있는지의 여부에 관하여 주주총회에 그 의견을 진술하여야 한다(상법 제413조).

④ [×] 감사가 고의 또는 중대한 과실로 손해를 발생시킨 경우에는 정관에 의한 책임 제한을 할 수 없다(상법 제415조, 제400조 제2항 참조).

> **상법 제415조(준용규정)**
> 제382조 제2항, 제382조의4, 제385조, 제386조, 제388조, 제400조, 제401조, 제403조부터 제406조까지, 제406조의2 및 제407조는 감사에 준용한다.
>
> **상법 제400조(회사에 대한 책임의 감면)**
> ② 회사는 정관으로 정하는 바에 따라 제399조에 따른 이사의 책임을 이사가 그 행위를 한 날 이전 최근 1년간의 보수액(상여금과 주식매수선택권의 행사로 인한 이익 등을 포함한다)의 6배(사외이사의 경우는 3배)를 초과하는 금액에 대하여 면제할 수 있다. 다만, 이사가 고의 또는 중대한 과실로 손해를 발생시킨 경우와 제397조 제397조의2 및 제398조에 해당하는 경우에는 그러하지 아니하다.

⑤ [O] 감사의 임기는 취임후 3년 내의 최종의 결산기에 관한 정기총회의 종결시까지로 한다(상법 제410조).

답 ④

151 세무사 2021

☑ 확인 Check! ○ △ ✕

상법상 주식회사의 감사에 관한 설명으로 옳지 않은 것은?

① 자본금의 총액이 10억원 미만인 회사의 경우에는 감사를 선임하지 아니할 수 있다.
② 정기총회에서 재무제표와 그 부속명세서에 대해 승인한 후 2년 내에 다른 결의가 없으면, 회사는 감사의 부정행위에 따른 책임을 해제한 것으로 본다.
③ 모회사의 감사는 그 직무를 수행하기 위하여 필요한 때에는 자회사에 대하여 영업의 보고를 요구할 수 있다.
④ 감사는 회사 및 자회사의 이사 또는 지배인 기타의 사용인의 직무를 겸하지 못한다.
⑤ 감사는 언제든지 이사에 대하여 영업에 관한 보고를 요구하거나 회사의 업무와 재산상태를 조사할 수 있다.

해설

① [O] 제1항, 제296조 제1항 및 제312조에도 불구하고 자본금의 총액이 10억원 미만인 회사의 경우에는 감사를 선임하지 아니할 수 있다(상법 제409조 제4항).
② [✕] 정기총회에서 전조 제1항의 승인(재무제표 등의 승인)을 한 후 2년 내에 다른 결의가 없으면 회사는 이사와 감사의 책임을 해제한 것으로 본다. 그러나 이사 또는 감사의 부정행위에 대하여는 그러하지 아니하다(상법 제450조).
③ [O] 모회사의 감사는 그 직무를 수행하기 위하여 필요한 때에는 자회사에 대하여 영업의 보고를 요구할 수 있다(상법 제412조의5 제1항).
④ [O] 감사는 회사 및 자회사의 이사 또는 지배인 기타의 사용인의 직무를 겸하지 못한다(상법 제411조). 그러나 감사가 모자회사의 감사를 겸직하거나, 모회사의 이사가 자회사의 감사를 겸직할 수는 있다.
⑤ [O] 감사는 언제든지 이사에 대하여 영업에 관한 보고를 요구하거나 회사의 업무와 재산상태를 조사할 수 있다(상법 제412조 제2항).

답 ②

PART 3

152 세무사 2020

☑ 확인 Check! ○ △ ×

상법상 비상장주식회사의 감사와 감사위원회에 관한 설명으로 옳지 않은 것은?

① 자본금 총액이 10억원 미만인 회사의 경우에는 감사를 선임하지 아니할 수 있다.

② 감사는 자회사의 이사 또는 지배인 기타 사용인의 직무를 겸하지 못한다.

③ 회사는 정관이 정하는 바에 따라 감사위원회를 설치한 경우에는 감사를 둘 수 없다.

④ 감사위원회의 위원의 해임에 관한 이사회의 결의는 이사 총수의 3분의 2 이상의 결의로 하여야 한다.

⑤ 감사위원회의 결의사항을 통지받은 각 이사는 이사회의 소집을 요구할 수 있으며, 이사회는 감사위원회가 결의한 사항에 대하여 다시 결의할 수 있다.

▌해설▌

① [O] 제1항, 제296조 제1항 및 제312조에도 불구하고 자본금의 총액이 10억원 미만인 회사의 경우에는 감사를 선임하지 아니할 수 있다(상법 제409조 제4항).

② [O] 감사는 회사 및 자회사의 이사 또는 지배인 기타의 사용인의 직무를 겸하지 못한다(상법 제411조). 그러나 감사가 모자회사의 감사를 겸직하거나, 모회사의 이사가 자회사의 감사를 겸직할 수는 있다.

③ [O] 회사는 정관이 정한 바에 따라 감사에 갈음하여 제393조의2의 규정에 의한 위원회로서 감사위원회를 설치할 수 있다. 감사위원회를 설치한 경우에는 감사를 둘 수 없다(상법 제415조의2 제1항).

④ [O] 감사위원회의 위원의 해임에 관한 이사회의 결의는 이사 총수의 3분의 2 이상의 결의로 하여야 한다(상법 제415조의2 제3항).

⑤ [×] 이사회는 감사위원회가 결의한 사항에 대하여 다시 결의할 수 없다(상법 제415조의2 제6항 참조). 감사위원회의 독립성을 보장하기 위함이다.

> **상법 제415조의2(감사위원회)**
> ⑥ 감사위원회에 대하여는 제393조의2 제4항 후단을 적용하지 아니한다.
>
> **상법 제393조의2(이사회내 위원회)**
> ④ 위원회는 결의된 사항을 각 이사에게 통지하여야 한다. 이 경우 이를 통지받은 각 이사는 이사회의 소집을 요구할 수 있으며, 이사회는 위원회가 결의한 사항에 대하여 다시 결의할 수 있다.

 ⑤

153 법무사 2023

☑ 확인 Check! ○ △ ✕

주식회사의 감사에 관한 다음 설명 중 가장 옳지 않은 것은?

① 감사는 주주총회에서 선임하는데, 의결권 없는 주식을 제외한 발행주식의 총수의 100분의 3을 초과하는 수의 주식을 가진 주주는 그 초과하는 주식에 관하여 감사 선임에서의 의결권을 행사하지 못하는 것이 원칙이다.

② 주주총회에서 감사 선임결의가 있고, 선임된 사람의 동의가 있었다고 하여 바로 피선임자가 감사의 지위를 취득하게 되는 것은 아니고, 주주총회의 선임결의에 따라 회사의 대표기관이 임용계약의 청약을 하고 피선임자가 이에 승낙을 함으로써 비로소 피선임자가 감사의 지위에 취임하여 그 직무를 수행할 수 있게 된다.

③ 주식회사의 감사는 회사의 필요적 상설기관으로서 회계감사를 비롯하여 이사의 업무집행 전반을 감시할 권한을 갖는 등 상법 기타 법령이나 정관에서 정한 권한과 의무가 있다. 감사는 이러한 권한과 의무를 선량한 관리자의 주의의무를 다하여 이행하여야 하고, 이에 위반하여 그 임무를 해태한 때에는 그로 인하여 회사가 입은 손해를 배상할 책임이 있다.

④ 감사의 소극적인 직무수행 사유만을 가지고 감사로서의 자격을 부정하거나 주주총회 결의에서 정한 보수청구권의 효력을 부정하기는 어렵다. 다만 보수가 합리적인 수준을 벗어나서 현저히 균형성을 잃을 정도로 과다하거나, 오로지 보수의 지급이라는 형식으로 회사의 자금을 개인에게 지급하기 위한 방편으로 감사로 선임하였다는 등의 특별한 사정이 있는 경우에는 보수청구권의 일부 또는 전부에 대한 행사가 제한되고 회사는 합리적이라고 인정되는 범위를 초과하여 지급된 보수의 반환을 구할 수 있다.

⑤ 감사는 필요하면 회의의 목적사항과 소집이유를 서면에 적어 이사 또는 소집권자에게 제출하여 이사회 소집을 청구할 수 있다. 이때 이사가 지체 없이 이사회를 소집하지 아니하면 그 청구한 감사가 이사회를 소집할 수 있다.

PART 3

▌해설▐

① [O] 상법 제409조 제1항, 제2항

> **상법 제409조(선임)**
> ① 감사는 주주총회에서 선임한다.
> ② 의결권 없는 주식을 제외한 발행주식의 총수의 100분의 3(정관에서 더 낮은 주식 보유비율을 정할 수 있으며, 정관에서 더 낮은 주식 보유비율을 정한 경우에는 그 비율로 한다)을 초과하는 수의 주식을 가진 주주는 그 초과하는 주식에 관하여 제1항의 감사의 선임에 있어서는 의결권을 행사하지 못한다.

② [✕] 주주총회에서 이사나 감사를 선임하는 경우, 선임결의와 피선임자의 승낙만 있으면, 피선임자는 대표이사와 별도의 임용계약을 체결하였는지와 관계없이 이사나 감사의 지위를 취득한다(대판[전합] 2017.3.23. 2016다251215).

③ [O] 주식회사의 감사는 회사의 필요적 상설기관으로서 회계감사를 비롯하여 이사의 업무집행 전반을 감시할 권한을 갖는 등 상법 기타 법령이나 정관에서 정한 권한과 의무가 있다. 감사는 이러한 권한과 의무를 선량한 관리자의 주의의무를 다하여 이행하여야 하고, 이에 위반하여 그 임무를 해태한 때에는 그로 인하여 회사가 입은 손해를 배상할 책임이 있다(대판 2019.11.28. 2017다244115).

④ [O] 소극적인 직무수행 사유만을 가지고 이사·감사로서의 자격을 부정하거나 주주총회 결의에서 정한 보수청구권의 효력을 부정하기는 어렵다. 다만 이사·감사의 소극적인 직무수행에 대하여 보수청구권이 인정된다 하더라도, 이사·감사의 보수는 직무수행에 대한 보상으로 지급되는 대가로서 이사·감사가 회사에 대하여 제공하는 반대급부와 지급받는 보수 사이에는 합리적 비례관계가 유지되어야 하므로 보수가 합리적인 수준을 벗어나서 현저히 균형성을 잃을 정도로 과다하거나, 오로지 보수의 지급이라는 형식으로 회사의 자금을 개인에게 지급하기 위한 방편으로 이사·감사로 선임하였다는 등의 특별한 사정이 있는 경우에는 보수청구권의 일부 또는 전부에 대한 행사가 제한되고 회사는 합리적이라고 인정되는 범위를 초과하여 지급된 보수의 반환을 구할 수 있다(대판 2015.9.10. 2015다213308).

⑤ [O] 상법 제412조의4 제1항, 제2항

> **상법 제412조의4(감사의 이사회 소집 청구)**
> ① 감사는 필요하면 회의의 목적사항과 소집이유를 서면에 적어 이사(소집권자가 있는 경우에는 소집권자를 말한다. 이하 이 조에서 같다)에게 제출하여 이사회 소집을 청구할 수 있다.
> ② 제1항의 청구를 하였는데도 이사가 지체 없이 이사회를 소집하지 아니하면 그 청구한 감사가 이사회를 소집할 수 있다.

답 ②

154 법무사 2021

☑ 확인Check! ○ △ ×

상법상 주식회사의 감사 및 감사위원회에 관한 다음 설명 중 가장 옳지 않은 것은?

① 자본금의 총액이 10억원 미만인 회사의 경우에는 감사를 선임하지 않을 수 있다.
② 감사는 주주총회에서 감사의 해임에 관하여 의견을 진술할 수 있다.
③ 회사는 정관이 정한 바에 따라 감사에 갈음하여 제393조의2의 규정에 의한 위원회로서 감사위원회를 설치할 수 있고, 감사위원회를 설치한 경우에도 감사를 함께 둘 수 있다.
④ 감사위원회의 위원의 해임에 관한 이사회의 결의는 이사 총수의 3분의 2 이상의 결의로 하여야 한다.
⑤ 감사위원회는 그 결의로 위원회를 대표할 자를 선정하여야 하고, 이 경우 수인의 위원이 공동으로 위원회를 대표할 것을 정할 수 있다.

해설

① [O] 제1항, 제296조 제1항 및 제312조에도 불구하고 자본금의 총액이 10억원 미만인 회사의 경우에는 감사를 선임하지 아니할 수 있다(상법 제409조 제4항).

② [O] 감사는 주주총회에서 감사의 해임에 관하여 의견을 진술할 수 있다(상법 제409조의2).

③ [×] 회사는 정관이 정한 바에 따라 감사에 갈음하여 제393조의2의 규정에 의한 위원회로서 감사위원회를 설치할 수 있다. 감사위원회를 설치한 경우에는 감사를 둘 수 없다(상법 제415조의2 제1항).

④ [O] 감사위원회의 위원의 해임에 관한 이사회의 결의는 이사 총수의 3분의 2 이상의 결의로 하여야 한다(상법 제415조의2 제3항).

⑤ [O] 감사위원회는 그 결의로 위원회를 대표할 자를 선정하여야 한다. 이 경우 수인의 위원이 공동으로 위원회를 대표할 것을 정할 수 있다(상법 제415조의2 제4항).

답 ③

155 세무사 2023

☑ 확인Check! ○ △ ×

상법상 비상장주식회사의 감사위원회에 관한 설명으로 옳지 않은 것은?

① 감사위원회는 3명 이상의 이사로 구성하되, 사외이사가 위원의 3분의 2 이상이어야 한다.
② 이사회는 감사위원회가 결의한 사항에 대하여 다시 결의할 수 있다.
③ 감사위원회는 이사가 정관에 위반한 행위를 할 염려가 있다고 인정한 때에는 이사회에 보고하여야 한다.
④ 감사위원회의 위원의 해임에 관한 이사회의 결의는 이사 총수의 3분의 2 이상의 결의로 하여야 한다.
⑤ 감사위원회는 그 결의로 위원회를 대표할 자를 선정하여야 한다.

해설

① [O] 감사위원회는 제393조의2 제3항에도 불구하고 3명 이상의 이사로 구성한다. 다만, 사외이사가 위원의 3분의 2 이상이어야 한다(상법 제415조의2 제2항).

② [×] 감사위원회는 이사회로부터 독립하여 업무를 수행하므로 일반적인 이사회내 위원회와 달리 감사위원회가 결의한 사항에 대하여는 이사회가 다시 결의할 수 없다(상법 제415조의2 제6항, 제393조의2 제4항 후단 참조).

> **상법 제415조의2(감사위원회)**
> ⑥ 감사위원회에 대하여는 제393조의2 제4항 후단을 적용하지 아니한다.
>
> **상법 제393조의2(이사회내 위원회)**
> ④ 위원회는 결의된 사항을 각 이사에게 통지하여야 한다. 이 경우 이를 통지받은 각 이사는 이사회의 소집을 요구할 수 있으며, 이사회는 위원회가 결의한 사항에 대하여 다시 결의할 수 있다.

③ [O] 상법 제415조의2 제7항, 제391조의2 제2항

> **상법 제415조의2(감사위원회)**
> ⑦ 제296조 · 제312조 · 제367조 · 제387조 · 제391조의2 제2항 · 제394조 제1항 · 제400조 · 제402조 내지 제407조 · 제412조 내지 제414조 · 제447조의3 · 제447조의4 · 제450조 · 제527조의4 · 제530조의5 제1항 제9호 · 제530조의6 제1항 제10호 및 제534조의 규정은 감사위원회에 관하여 이를 준용한다. 이 경우 제530조의5 제1항 제9호 및 제530조의6 제1항 제10호 중 "감사"는 "감사위원회 위원"으로 본다.
>
> **상법 제391조의2(감사의 이사회출석 · 의견진술권)**
> ② 감사는 이사가 법령 또는 정관에 위반한 행위를 하거나 그 행위를 할 염려가 있다고 인정한 때에는 이사회에 이를 보고하여야 한다.

④ [O] 감사위원회의 위원의 해임에 관한 이사회의 결의는 이사 총수의 3분의 2 이상의 결의로 하여야 한다(상법 제415조의2 제3항).

⑤ [O] 감사위원회는 그 결의로 위원회를 대표할 자를 선정하여야 한다. 이 경우 수인의 위원이 공동으로 위원회를 대표할 것을 정할 수 있다(상법 제415조의2 제4항).

PART 3

156 세무사 2022

☑ 확인 Check! ○ △ ✕

상법상 최근 사업연도 말 현재의 자산총액이 2조원 이상인 상장회사의 감사위원회에 관한 설명으로 옳지 않은 것은?

① 감사위원회 위원을 선임하거나 해임할 권한은 주주총회에 있으나 상법은 정관 규정을 통해 이사회 권한으로 할 수 있도록 허용하고 있다.

② 감사위원회 위원 중 적어도 1명은 주주총회 결의로 다른 이사와 분리하여 감사위원회 위원이 되는 이사로 선임하여야 한다.

③ 주주총회에서 사외이사인 감사위원회 위원을 선임하는 결의를 하는 경우, 정관에서 달리 정하지 않으면 의결권 없는 주식을 제외한 발행주식 총수의 100분의 3을 초과하는 주식을 소유한 주주는 그 초과하는 주식에 관하여 의결권을 행사하지 못한다.

④ 감사위원회는 이사에게 감사보고서를 정기주주총회일의 1주 전까지 제출할 수 있다.

⑤ 전자적 방법으로 의결권을 행사할 수 있도록 한 경우에는 주주총회는 출석한 주주의 의결권의 과반수로써 감사위원회 위원의 선임을 결의할 수 있다.

▌해설▌

① [✕] 감사위원회 위원의 선임・해임은 주주총회의 권한이다. 이를 정관 규정을 통해 이사회 권한으로 하는 상법 규정은 없다(상법 제542조의12 제1항 참조).

② [O] 상법 제542조의12 제2항

③ [O] 상법 제542조의12 제4항

④ [O] 상법 제542조의12 제6항

⑤ [O] 상법 제542조의12 제8항

상법 제542조의11(감사위원회)

① 자산 규모 등을 고려하여 대통령령으로 정하는 상장회사(자산총액이 2조원 이상인 상장회사)는 감사위원회를 설치하여야 한다.

상법 제542조의12(감사위원회의 구성 등)

① 제542조의11 제1항의 상장회사의 경우 제393조의2에도 불구하고 감사위원회위원을 선임하거나 해임하는 권한은 주주총회에 있다.

② 제542조의11 제1항의 상장회사는 주주총회에서 이사를 선임한 후 선임된 이사 중에서 감사위원회위원을 선임하여야 한다. 다만, 감사위원회위원 중 1명(정관에서 2명 이상으로 정할 수 있으며, 정관으로 정한 경우에는 그에 따른 인원으로 한다)은 주주총회 결의로 다른 이사들과 분리하여 감사위원회위원이 되는 이사로 선임하여야 한다.

④ 제1항에 따른 감사위원회위원을 선임 또는 해임할 때에는 상장회사의 의결권 없는 주식을 제외한 발행주식총수의 100분의 3(정관에서 더 낮은 주식 보유비율을 정할 수 있으며, 정관에서 더 낮은 주식 보유비율을 정한 경우에는 그 비율로 한다)을 초과하는 수의 주식을 가진 주주(최대주주인 경우에는 사외이사가 아닌 감사위원회위원을 선임 또는 해임할 때에 그의 특수관계인, 그 밖에 대통령령으로 정하는 자가 소유하는 주식을 합산한다)는 그 초과하는 주식에 관하여 의결권을 행사하지 못한다.

⑥ 상장회사의 감사 또는 감사위원회는 제447조의4 제1항에도 불구하고 이사에게 감사보고서를 주주총회일의 1주 전까지 제출할 수 있다.
⑧ 회사가 제368조의4 제1항에 따라 전자적 방법으로 의결권을 행사할 수 있도록 한 경우에는 제368조 제1항에도 불구하고 출석한 주주의 의결권의 과반수로써 제1항에 따른 감사위원회위원의 선임을 결의할 수 있다.

답 ①

157 세무사 2021

☑ 확인 Check! ○ △ ✕

상법상 비상장주식회사의 감사위원회에 관한 설명으로 옳지 않은 것은?

① 감사위원회를 설치한 회사는 감사를 둘 수 없다.
② 감사위원회에는 사외이사가 위원의 3분의 2 이상이어야 한다.
③ 감사위원회는 이사회의 결의로 그 위원회를 대표할 자를 선정하여야 한다.
④ 감사위원회의 위원의 해임에 관한 이사회의 결의는 이사 총수의 3분의 2 이상의 결의로 하여야 한다.
⑤ 감사위원회는 회사의 비용으로 전문가의 조력을 구할 수 있다.

해설

① [O] 회사는 정관이 정한 바에 따라 감사에 갈음하여 제393조의2의 규정에 의한 위원회로서 감사위원회를 설치할 수 있다. 감사위원회를 설치한 경우에는 감사를 둘 수 없다(상법 제415조의2 제1항).
② [O] 감사위원회는 제393조의2 제3항에도 불구하고 3명 이상의 이사로 구성한다. 다만, 사외이사가 위원의 3분의 2 이상이어야 한다(상법 제415조의2 제2항).
③ [✕] 감사위원회는 그 결의로 위원회를 대표할 자를 선정하여야 한다. 이 경우 수인의 위원이 공동으로 위원회를 대표할 것을 정할 수 있다(상법 제415조의2 제4항).
④ [O] 감사위원회의 위원의 해임에 관한 이사회의 결의는 이사 총수의 3분의 2 이상의 결의로 하여야 한다(상법 제415조의2 제3항).
⑤ [O] 상법 제415조의2 제7항, 제412조 제3항

상법 제415조의2(감사위원회)

⑦ 제296조・제312조・제367조・제387조・제391조의2 제2항・제394조 제1항・제400조・제402조 내지 제407조・제412조 내지 제414조・제447조의3・제447조의4・제450조・제527조의4・제530조의5 제1항 제9호・제530조의6 제1항 제10호 및 제534조의 규정은 감사위원회에 관하여 이를 준용한다. 이 경우 제530조의5 제1항 제9호 및 제530조의6 제1항 제10호 중 "감사"는 "감사위원회 위원"으로 본다.

상법 제412조(감사의 직무와 보고요구, 조사의 권한)

③ 감사는 회사의 비용으로 전문가의 도움을 구할 수 있다.

답 ③

158 CPA 2024

☑ 확인Check! ○ △ ×

상법상 상장주식회사에 대한 특례에 관한 설명으로 옳은 것은?

① 상장회사는 발행주식총수의 100분의 30의 범위에서 주식매수선택권을 부여할 수 있으나 관계 회사의 이사, 집행임원, 감사 또는 피용자에게는 주식매수선택권을 부여할 수 없다.

② 최근 사업연도 말 현재의 자산총액이 5천억원 이상인 상장회사는 준법통제에 관한 기준 및 절차를 마련하여야 하나, 다른 법률에 따라 내부통제기준 및 준법감시인을 두어야 하는 상장회사는 제외한다.

③ 상장회사가 이사·감사의 선임에 관한 사항을 목적으로 하는 주주총회를 소집할 경우 이사·감사 후보자의 약력이나 추천인 등 후보자에 관한 사항을 통지할 의무가 없다.

④ 상장회사는 정관에서 소수주주권에 관한 상장회사 특례보다 단기의 주식 보유기간을 정하거나 높은 주식 보유비율을 정할 수 있다.

⑤ 상장회사가 주요주주를 상대방으로 하거나 그를 위하여 신용공여를 할 경우 이사 3분의 2 이상의 수로써 이사회의 승인을 거치면 유효하다.

▌해설▌

① [×] 상장회사는 발행주식총수의 100분의 20의 범위에서 주식매수선택권을 부여할 수 있으며, 관계 회사의 이사, 집행임원, 감사 또는 피용자에게도 주식매수선택권을 부여할 수 있다(상법 제542조의3 제1항, 제2항 참조).

> **상법 제542조의3(주식매수선택권)**
> ① 상장회사는 제340조의2 제1항 본문에 규정된 자 외에도 대통령령으로 정하는 관계 회사의 이사, 집행임원, 감사 또는 피용자에게 주식매수선택권을 부여할 수 있다. 다만, 제542조의8 제2항 제5호의 최대주주 등 대통령령으로 정하는 자에게는 주식매수선택권을 부여할 수 없다.
> ② 상장회사는 제340조의2 제3항에도 불구하고 발행주식총수의 100분의 20의 범위에서 대통령령으로 정하는 한도까지 주식매수선택권을 부여할 수 있다.

② [O] 상법 제542조의13 제1항, 상법 시행령 제39조

> **상법 제542조의13(준법통제기준 및 준법지원인)**
> ① 자산 규모 등을 고려하여 대통령령으로 정하는 상장회사는 법령을 준수하고 회사경영을 적정하게 하기 위하여 임직원이 그 직무를 수행할 때 따라야 할 준법통제에 관한 기준 및 절차(이하 "준법통제기준"이라 한다)를 마련하여야 한다.
>
> **상법 시행령 제39조(준법통제기준 및 준법지원인 제도의 적용범위)**
> 법 제542조의13 제1항에서 "대통령령으로 정하는 상장회사"란 최근 사업연도 말 현재의 자산총액이 5천억원 이상인 회사를 말한다. 다만, 다른 법률에 따라 내부통제기준 및 준법감시인을 두어야 하는 상장회사는 제외한다.

③ [×] 상장회사가 이사・감사의 선임에 관한 사항을 목적으로 하는 주주총회를 소집통지 또는 공고하는 경우에는 이사・감사 후보자의 성명, 약력, 추천인, 그 밖에 대통령령으로 정하는 후보자에 관한 사항을 통지하거나 공고하여야 한다(상법 제542조의4 제2항).

④ [×] 상장회사는 정관에서 제1항부터 제6항까지 규정된 것(소수주주권에 관한 상장회사에 대한 특례)보다 단기의 주식 보유기간을 정하거나 낮은 주식 보유비율을 정할 수 있다(상법 제542조의6 제8항).

⑤ [×] 상법 제542조의9 제1항 제1호

> **상법 제542조의9(주요주주 등 이해관계자와의 거래)**
> ① 상장회사는 다음 각 호의 어느 하나에 해당하는 자를 상대방으로 하거나 그를 위하여 신용공여(금전 등 경제적 가치가 있는 재산의 대여, 채무이행의 보증, 자금 지원적 성격의 증권 매입, 그 밖에 거래상의 신용위험이 따르는 직접적・간접적 거래로서 대통령령으로 정하는 거래를 말한다. 이하 이 조에서 같다)를 하여서는 아니 된다.
> 1. 주요주주 및 그의 특수관계인
> 2. 이사(제401조의2 제1항 각 호의 어느 하나에 해당하는 자를 포함한다. 이하 이 조에서 같다) 및 집행임원
> 3. 감 사

 ②

159 CPA 2019

☑ 확인 Check! ○ △ ×

상법상 주주총회의 결의에 의하여 상근감사를 두어야 하는 주식회사가 상근감사로 선임할 수 있는 자격이 있는 자로 옳은 것은?

① 미성년자, 피성년후견인 또는 피한정후견인

② 해당 회사의 상무에 종사하는 이사의 직계존속

③ 파산선고를 받고 복권되지 아니한 자

④ 상장회사의 특례에 따른 감사위원회의 위원으로 재임하였던 자

⑤ 금고 이상의 형을 선고받고 그 집행이 끝나거나 집행이 면제된 후 2년이 지나지 아니한 자

▌해설▐

① [×] 상법 제542조의10 제2항 제1호, 제542조의8 제2항 제1호

② [×] 상법 제542조의10 제2항 제3호, 상법 시행령 제36조 제2항 제1호

③ [×] 상법 제542조의10 제2항 제1호, 제542조의8 제2항 제2호

④ [O] 상장회사의 특례에 따른 감사위원회의 위원으로 재임 중이거나 재임하였던 이사는 상근감사가 될 수 있다(상법 제542조의10 제2항 제2호 단서 참조).

⑤ [×] 상법 제542조의10 제2항 제1호, 제542조의8 제2항 제3호

상법 제542조의10(상근감사)

① 대통령령으로 정하는 상장회사는 주주총회 결의에 의하여 회사에 상근하면서 감사업무를 수행하는 감사(이하 "상근감사"라고 한다)를 1명 이상 두어야 한다. 다만, 이 절 및 다른 법률에 따라 감사위원회를 설치한 경우(감사위원회 설치 의무가 없는 상장회사가 이 절의 요건을 갖춘 감사위원회를 설치한 경우를 포함한다)에는 그러하지 아니하다.

② 다음 각 호의 어느 하나에 해당하는 자는 제1항 본문의 상장회사의 상근감사가 되지 못하며, 이에 해당하게 되는 경우에는 그 직을 상실한다.

1. 제542조의8 제2항 제1호부터 제4호까지 및 제6호에 해당하는 자

상법 제542조의8(사외이사의 선임)

② 상장회사의 사외이사는 제382조 제3항 각 호 뿐만 아니라 다음 각 호의 어느 하나에 해당되지 아니하여야 하며, 이에 해당하게 된 경우에는 그 직을 상실한다.

1. 미성년자, 피성년후견인 또는 피한정후견인
2. 파산선고를 받고 복권되지 아니한 자
3. 금고 이상의 형을 선고받고 그 집행이 끝나거나 집행이 면제된 후 2년이 지나지 아니한 자
4. 대통령령으로 별도로 정하는 법률을 위반하여 해임되거나 면직된 후 2년이 지나지 아니한 자
5. 상장회사의 주주로서 의결권 없는 주식을 제외한 발행주식총수를 기준으로 본인 및 그와 대통령령으로 정하는 특수한 관계에 있는 자(이하 "특수관계인"이라 한다)가 소유하는 주식의 수가 가장 많은 경우 그 본인(이하 "최대주주"라 한다) 및 그의 특수관계인
6. 누구의 명의로 하든지 자기의 계산으로 의결권 없는 주식을 제외한 발행주식총수의 100분의 10 이상의 주식을 소유하거나 이사・집행임원・감사의 선임과 해임 등 상장회사의 주요 경영사항에 대하여 사실상의 영향력을 행사하는 주주(이하 "주요주주"라 한다) 및 그의 배우자와 직계 존속・비속
7. 그 밖에 사외이사로서의 직무를 충실하게 수행하기 곤란하거나 상장회사의 경영에 영향을 미칠 수 있는 자로서 대통령령으로 정하는 자

2. 회사의 상무(常務)에 종사하는 이사・집행임원 및 피용자 또는 최근 2년 이내에 회사의 상무에 종사한 이사・집행임원 및 피용자. 다만, 이 절에 따른 감사위원회위원으로 재임 중이거나 재임하였던 이사는 제외한다.
3. 제1호 및 제2호 외에 회사의 경영에 영향을 미칠 수 있는 자로서 대통령령으로 정하는 자

상법 시행령 제36조(상근감사)

② 법 제542조의10 제2항 제3호에서 "대통령령으로 정하는 자"란 다음 각 호의 어느 하나에 해당하는 자를 말한다.

1. 해당 회사의 상무에 종사하는 이사・집행임원의 배우자 및 직계존속・비속
2. 계열회사의 상무에 종사하는 이사・집행임원 및 피용자이거나 최근 2년 이내에 상무에 종사한 이사・집행임원 및 피용자

답 ④

160 CPA 2019

☑ 확인Check! ○ △ ✕

상법상 상장주식회사의 감사·감사위원회에 관한 설명으로 옳은 것은?

① 모회사의 감사는 당해회사 이사의 직을 겸할 수 없으나 자회사의 이사의 직은 겸할 수 있다.
② 감사위원회위원은 경업금지의무나 회사의 사업기회유용금지의무를 부담하지 않는다.
③ 감사는 신주발행유지청구권과 이사에 대한 위법행위유지청구권을 행사할 수 없다.
④ 최근 사업연도 말 현재의 자산총액이 2조원 이상인 상장회사는 주주총회에서 선임된 이사 중에서 이사회 결의를 통해 감사위원회위원을 선임할 수 있다.
⑤ 감사 또는 감사위원회는 이사에게 감사보고서를 주주총회일의 1주 전까지는 제출할 수 있다.

해설

① [✕] 감사는 회사 및 자회사의 이사 또는 지배인 기타의 사용인의 직무를 겸하지 못한다(상법 제411조).
② [✕] 감사와 달리 감사위원회위원은 이사 자격을 전제로 하므로 이사의 의무인 경업금지의무나 회사의 사업기회유용금지의무를 부담한다.
③ [✕] 감사는 신주발행유지청구권을 청구할 수 없으나, 이사에 대한 위법행위유지청구권은 청구할 수 있다(상법 제402조, 제424조 참조).

> **상법 제402조(유지청구권)**
> 이사가 법령 또는 정관에 위반한 행위를 하여 이로 인하여 회사에 회복할 수 없는 손해가 생길 염려가 있는 경우에는 감사 또는 발행주식의 총수의 100분의 1 이상에 해당하는 주식을 가진 주주는 회사를 위하여 이사에 대하여 그 행위를 유지할 것을 청구할 수 있다.
>
> **상법 제424조(유지청구권)**
> 회사가 법령 또는 정관에 위반하거나 현저하게 불공정한 방법에 의하여 주식을 발행함으로써 주주가 불이익을 받을 염려가 있는 경우에는 그 주주는 회사에 대하여 그 발행을 유지할 것을 청구할 수 있다.

④ [✕] 최근 사업연도 말 현재의 자산총액이 2조원 이상인 상장회사는 주주총회에서 선임된 이사 중에서 감사위원회위원을 선임하여야 한다. 다만, 감사위원회위원 중 1명(정관에서 2명 이상으로 정할 수 있으며, 정관으로 정한 경우에는 그에 따른 인원으로 한다)은 주주총회 결의로 다른 이사들과 분리하여 감사위원회위원이 되는 이사로 선임하여야 한다(상법 제542조의11 제1항, 제542조의12 제1항·제2항, 상법 시행령 제37조 제1항 참조).

> **상법 제542조의11(감사위원회)**
> ① 자산 규모 등을 고려하여 대통령령으로 정하는 상장회사는 감사위원회를 설치하여야 한다.
>
> > **상법 시행령 제37조(감사위원회)**
> > ① 법 제542조의11 제1항에서 "대통령령으로 정하는 상장회사"란 최근 사업연도 말 현재의 자산총액이 2조원 이상인 상장회사를 말한다. 다만, 다음 각 호의 어느 하나에 해당하는 상장회사는 제외한다.
> > … (각 호 생략) …

PART 3

상법 제542조의12(감사위원회의 구성 등)

① 제542조의11 제1항의 상장회사의 경우 제393조의2에도 불구하고 감사위원회위원을 선임하거나 해임하는 권한은 주주총회에 있다.

② 제542조의11 제1항의 상장회사는 주주총회에서 이사를 선임한 후 선임된 이사 중에서 감사위원회위원을 선임하여야 한다. 다만, 감사위원회위원 중 1명(정관에서 2명 이상으로 정할 수 있으며, 정관으로 정한 경우에는 그에 따른 인원으로 한다)은 주주총회 결의로 다른 이사들과 분리하여 감사위원회위원이 되는 이사로 선임하여야 한다.

⑤ [O] 상법 제542조의12 제6항

상법 제542조의12(감사위원회의 구성 등)

⑥ 상장회사의 감사 또는 감사위원회는 제447조의4 제1항에도 불구하고 이사에게 감사보고서를 주주총회일의 1주 전까지 제출할 수 있다.

상법 제447조의4(감사보고서)

① 감사는 제447조의3의 서류를 받은 날부터 4주 내에 감사보고서를 이사에게 제출하여야 한다.

답 ⑤

161 CPA 2018

☑ 확인 Check! ○ △ ×

상법상 사외이사를 두어야 하는 상장주식회사의 사외이사에 관한 설명으로 옳은 것은?

① 최근 사업연도 말 현재의 자산총액이 3천억원인 상장회사는 사외이사를 3명 이상으로 하되 이사 총수의 4분의 1 이상이 되도록 하여야 한다.

② 회사의 최대주주가 자연인인 경우 본인과 그 배우자 및 직계 존속·비속은 그 회사의 사외이사가 될 수 없다.

③ 사외이사의 사임으로 인하여 사외이사의 수가 상법상의 이사회의 구성요건에 미달하게 되면 해당 결산기에 관한 정기주주총회에서 그 요건에 합치되도록 사외이사를 선임하여야 한다.

④ 최근 사업연도 말 현재의 자산총액이 7천억원인 상장회사가 주주총회에서 사외이사를 선임하려는 때에는 사외이사 후보추천위원회의 추천을 받은 자 중에서 선임하여야 한다.

⑤ 사외이사 후보추천위원회 설치의무가 있는 회사가 설치하는 사외이사 후보추천위원회는 사외이사가 총위원의 3분의 2 이상이 되도록 구성하여야 한다.

해설

① [×] 최근 사업연도 말 현재의 자산총액이 2조원 미만인 상장회사는 대통령령으로 정하는 경우를 제외하고는 사외이사가 이사 총수의 4분의 1 이상이 되도록 하여야 한다. 사외이사의 수에는 제한이 없다. 반면에 자산총액이 2조원 이상인 상장회사는 사외이사를 3명 이상으로 하되, 이사 총수의 과반수가 되도록 하여야 한다(상법 제542조의8 제1항, 상법 시행령 제34조 제2항 참조).

② [O] 상법 제382조 제3항 제2호, 제542조의8 제2항

상법 제382조(이사의 선임, 회사와의 관계 및 사외이사)

③ 사외이사(社外理事)는 해당 회사의 상무(常務)에 종사하지 아니하는 이사로서 다음 각 호의 어느 하나에 해당하지 아니하는 자를 말한다. 사외이사가 다음 각 호의 어느 하나에 해당하는 경우에는 그 직을 상실한다.

1. 회사의 상무에 종사하는 이사·집행임원 및 피용자 또는 최근 2년 이내에 회사의 상무에 종사한 이사·감사·집행임원 및 피용자
2. 최대주주가 자연인인 경우 본인과 그 배우자 및 직계존속·비속
3. 최대주주가 법인인 경우 그 법인의 이사·감사·집행임원 및 피용자
4. 이사·감사·집행임원의 배우자 및 직계존속·비속
5. 회사의 모회사 또는 자회사의 이사·감사·집행임원 및 피용자
6. 회사와 거래관계 등 중요한 이해관계에 있는 법인의 이사·감사·집행임원 및 피용자
7. 회사의 이사·집행임원 및 피용자가 이사·집행임원으로 있는 다른 회사의 이사·감사·집행임원 및 피용자

상법 제542조의8(사외이사의 선임)

② 상장회사의 사외이사는 제382조 제3항 각 호 뿐만 아니라 다음 각 호의 어느 하나에 해당되지 아니하여야 하며, 이에 해당하게 된 경우에는 그 직을 상실한다.

1. 미성년자, 피성년후견인 또는 피한정후견인
2. 파산선고를 받고 복권되지 아니한 자
3. 금고 이상의 형을 선고받고 그 집행이 끝나거나 집행이 면제된 후 2년이 지나지 아니한 자
4. 대통령령으로 별도로 정하는 법률을 위반하여 해임되거나 면직된 후 2년이 지나지 아니한 자
5. 상장회사의 주주로서 의결권 없는 주식을 제외한 발행주식총수를 기준으로 본인 및 그와 대통령령으로 정하는 특수한 관계에 있는 자(이하 "특수관계인"이라 한다)가 소유하는 주식의 수가 가장 많은 경우 그 본인(이하 "최대주주"라 한다) 및 그의 특수관계인
6. 누구의 명의로 하든지 자기의 계산으로 의결권 없는 주식을 제외한 발행주식총수의 100분의 10 이상의 주식을 소유하거나 이사·집행임원·감사의 선임과 해임 등 상장회사의 주요 경영사항에 대하여 사실상의 영향력을 행사하는 주주(이하 "주요주주"라 한다) 및 그의 배우자와 직계존속·비속
7. 그 밖에 사외이사로서의 직무를 충실하게 수행하기 곤란하거나 상장회사의 경영에 영향을 미칠 수 있는 자로서 대통령령으로 정하는 자

③ [×] 사외이사의 사임으로 인하여 사외이사의 수가 상법상의 이사회의 구성요건에 미달하게 되면 그 사유가 발생한 후 처음으로 소집되는 주주총회에서 그 요건에 합치되도록 사외이사를 선임하여야 한다(상법 제542조의8 제3항 참조).

④ [×] 최근 사업연도 말 현재의 자산총액이 2조원 이상인 상장회사가 주주총회에서 사외이사를 선임하려는 때에는 사외이사 후보추천위원회의 추천을 받은 자 중에서 선임하여야 한다(상법 제542조의8 제1항 단서·제5항, 상법 시행령 제34조 제2항 참조).

⑤ [✕] 사외이사 후보추천위원회 설치의무가 있는 회사가 설치하는 사외이사 후보추천위원회는 사외이사가 총위원의 과반수가 되도록 구성하여야 한다(상법 제542조의8 제1항 단서 · 제4항, 상법 시행령 제34조 제2항 참조).

상법 제542조의8(사외이사의 선임)

① 상장회사는 자산 규모 등을 고려하여 대통령령으로 정하는 경우를 제외하고는 이사 총수의 4분의 1 이상을 사외이사로 하여야 한다. 다만, 자산 규모 등을 고려하여 대통령령으로 정하는 상장회사의 사외이사는 3명 이상으로 하되, 이사 총수의 과반수가 되도록 하여야 한다.

상법 시행령 제34조(상장회사의 사외이사 등)

② 법 제542조의8 제1항 단서에서 "대통령령으로 정하는 상장회사"란 최근 사업연도 말 현재의 자산총액이 2조원 이상인 상장회사를 말한다.

③ 제1항의 상장회사는 사외이사의 사임 · 사망 등의 사유로 인하여 사외이사의 수가 제1항의 이사회의 구성요건에 미달하게 되면 그 사유가 발생한 후 처음으로 소집되는 주주총회에서 제1항의 요건에 합치되도록 사외이사를 선임하여야 한다.

④ 제1항 단서의 상장회사는 사외이사 후보를 추천하기 위하여 제393조의2의 위원회(이하 이 조에서 "사외이사 후보추천위원회"라 한다)를 설치하여야 한다. 이 경우 사외이사 후보추천위원회는 사외이사가 총위원의 과반수가 되도록 구성하여야 한다.

⑤ 제1항 단서에서 규정하는 상장회사가 주주총회에서 사외이사를 선임하려는 때에는 사외이사 후보추천위원회의 추천을 받은 자 중에서 선임하여야 한다. 이 경우 사외이사 후보추천위원회가 사외이사 후보를 추천할 때에는 제363조의2 제1항, 제542조의6 제1항 · 제2항의 권리를 행사할 수 있는 요건을 갖춘 주주가 주주총회일(정기주주총회의 경우 직전연도의 정기주주총회일에 해당하는 해당 연도의 해당일)의 6주 전에 추천한 사외이사 후보를 포함시켜야 한다.

답 ②

162 CPA 2016

☑ 확인Check! ○ △ ✕

최근 사업연도 말 현재의 자산총액이 2조원 이상인 상장회사의 정관변경에 관한 상법상 설명으로 틀린 것은?

① 정관을 변경함으로써 어느 종류주식의 주주에게 손해를 미치게 될 때에는 주주총회의 특별결의 외에 그 종류주식의 주주의 총회의 결의가 있어야 한다.
② 주주에게 정관변경을 위한 주주총회의 소집을 통지할 때에는 그 의안의 요령을 기재하여야 한다.
③ 주주총회에 집중투표를 배제하기 위한 정관변경 의안을 상정하려는 경우 그 밖의 사항의 정관 변경에 관한 의안과 별도로 상정하여야 한다.
④ 집중투표를 배제한 정관규정을 변경하려는 경우 의결권 없는 주식을 제외한 발행주식총수의 3%를 초과하는 수의 주식을 가진 주주는 그 초과하는 주식에 관하여 의결권을 행사하지 못한다.
⑤ 정관의 변경은 이를 등기해야 하며 등기를 함으로써 정관변경의 효력이 발생한다.

▌해설▐

① [O] 상법 제435조 제1항, 제2항

> **상법 제435조(종류주주총회)**
> ① 회사가 종류주식을 발행한 경우에 정관을 변경함으로써 어느 종류주식의 주주에게 손해를 미치게 될 때에는 주주총회의 결의 외에 그 종류주식의 주주의 총회의 결의가 있어야 한다.
> ② 제1항의 결의는 출석한 주주의 의결권의 3분의 2 이상의 수와 그 종류의 발행주식총수의 3분의 1 이상의 수로써 하여야 한다.

② [O] 정관의 변경에 관한 의안의 요령은 제363조(소집의 통지)에 따른 통지에 기재하여야 한다(상법 제433조 제2항).
③ [O] 상법 제542조의7 제2항・제4항, 상법 시행령 제33조
④ [O] 상법 제542조의7 제2항・제3항, 상법 시행령 제33조

> **상법 제542조의7(집중투표에 관한 특례)**
> ② 자산 규모 등을 고려하여 대통령령으로 정하는 상장회사의 의결권 없는 주식을 제외한 발행주식총수의 100분의 1 이상에 해당하는 주식을 보유한 자는 제382조의2에 따라 집중투표의 방법으로 이사를 선임할 것을 청구할 수 있다.
>
> > **상법 시행령 제33조(집중투표에 관한 특례의 대상 회사)**
> > 법 제542조의7 제2항에서 "대통령령으로 정하는 상장회사"란 최근 사업연도 말 현재의 자산총액이 2조원 이상인 상장회사를 말한다.
>
> ③ 제2항의 상장회사가 정관으로 집중투표를 배제하거나 그 배제된 정관을 변경하려는 경우에는 의결권 없는 주식을 제외한 발행주식총수의 100분의 3을 초과하는 수의 주식을 가진 주주는 그 초과하는 주식에 관하여 의결권을 행사하지 못한다. 다만, 정관에서 이보다 낮은 주식 보유비율을 정할 수 있다.
> ④ 제2항의 상장회사가 주주총회의 목적사항으로 제3항에 따른 집중투표 배제에 관한 정관 변경에 관한 의안을 상정하려는 경우에는 그 밖의 사항의 정관 변경에 관한 의안과 별도로 상정하여 의결하여야 한다.

⑤ [×] 정관변경은 주주총회의 결의로 그 효력이 발생하며 변경등기는 대항요건에 불과하다.

답 ⑤

PART 3

163 세무사 2024

☑ 확인Check! ○ △ ×

상법상 자본금 1천억원 미만의 상장회사의 소수주주권 행사를 위한 주식보유비율 중 옳지 않은 것은?

기출수정

① 주주제안권-의결권 없는 주식을 제외한 발행주식총수의 1천분의 20 이상
② 이사의 위법행위 유지청구권-발행주식총수의 10만분의 50 이상
③ 이사해임청구권-발행주식총수의 1만분의 50 이상
④ 회계장부열람권-발행주식총수의 1만분의 10 이상
⑤ 회사의 업무, 재산상태 검사인 선임 청구권-발행주식총수의 1천분의 15 이상

▌해설▌

한국산업인력공단의 최종정답에서는 각 답항 지문에 '~이상' 이라는 문구가 누락되어 전항 정답으로 처리되었으나 (사견), 교재에서는 이를 바로잡고 정답을 ①번으로 하였습니다.

① [×] 6개월 전부터 계속하여 상장회사의 의결권 없는 주식을 제외한 발행주식총수의 1천분의 10(대통령령으로 정하는 상장회사-자본금이 1천억원 이상인 상장회사-의 경우에는 1천분의 5) 이상에 해당하는 주식을 보유한 자는 제363조의2(주주제안권)(제542조에서 준용하는 경우를 포함한다)에 따른 주주의 권리를 행사할 수 있다(상법 제542조의6 제2항, 상법 시행령 제32조).

② [O] 6개월 전부터 계속하여 상장회사 발행주식총수의 10만분의 50(대통령령으로 정하는 상장회사-자본금이 1천억원 이상인 상장회사-의 경우에는 10만분의 25) 이상에 해당하는 주식을 보유한 자는 제402조(유지청구권)(제408조의9 및 제542조에서 준용하는 경우를 포함한다)에 따른 주주의 권리를 행사할 수 있다(상법 제542조의6 제5항, 상법 시행령 제32조).

③ [O] 6개월 전부터 계속하여 상장회사 발행주식총수의 1만분의 50(대통령령으로 정하는 상장회사-자본금이 1천억원 이상인 상장회사-의 경우에는 1만분의 25) 이상에 해당하는 주식을 보유한 자는 제385조(해임)(제415조에서 준용하는 경우를 포함한다) 및 제539(청산인의 해임)조에 따른 주주의 권리를 행사할 수 있다(상법 제542조의6 제3항, 상법 시행령 제32조).

④ [O] 6개월 전부터 계속하여 상장회사 발행주식총수의 1만분의 10(대통령령으로 정하는 상장회사-자본금이 1천억원 이상인 상장회사-의 경우에는 1만분의 5) 이상에 해당하는 주식을 보유한 자는 제466조(주주의 회계장부열람권)(제542조에서 준용하는 경우를 포함한다)에 따른 주주의 권리를 행사할 수 있다(상법 제542조의6 제4항, 상법 시행령 제32조).

⑤ [O] 6개월 전부터 계속하여 상장회사 발행주식총수의 1천분의 15 이상에 해당하는 주식을 보유한 자는 제366조(소수주주에 의한 소집청구)(제542조에서 준용하는 경우를 포함한다) 및 제467조(회사의 업무, 재산상태의 검사)에 따른 주주의 권리를 행사할 수 있다(상법 제542조의6 제1항).

답 ①

164 세무사 2023

☑ 확인 Check! ○ △ ×

상법상 최근 사업연도 말 현재의 자산총액이 2조원 이상인 상장회사에 관한 설명으로 옳지 않은 것은?

① 사외이사는 3명 이상으로 하되, 이사 총수의 4분의 1 이상이 되도록 하여야 한다.
② 회사는 사외이사 후보추천위원회와 감사위원회를 설치하여야 한다.
③ 사외이사 후보추천위원회는 사외이사가 총위원의 과반수가 되도록 구성하여야 한다.
④ 감사위원회 위원을 선임하거나 해임하는 권한은 주주총회에 있다.
⑤ 감사위원회 위원은 이사이므로 경업금지의무와 회사기회유용금지의무를 부담한다.

▌해설▌

① [×] 상장회사는 자산 규모 등을 고려하여 대통령령으로 정하는 경우를 제외하고는 이사 총수의 4분의 1 이상을 사외이사로 하여야 한다. 다만, 자산 규모 등을 고려하여 대통령령으로 정하는 상장회사(최근 사업연도 말 현재의 자산총액이 2조원 이상인 상장회사)의 사외이사는 3명 이상으로 하되, 이사 총수의 과반수가 되도록 하여야 한다(상법 제542조의8 제1항, 상법 시행령 제34조 제2항).

② [O], ③ [O] 위원회의 설치는 임의적이나, 자산총액 2조원 이상의 대규모 상장회사는 사외이사추천위원회(상법 제542조의8 제4항 본문, 상법 시행령 제34조 제2항)와 감사위원회(상법 제542조의11 제1항, 상법 시행령 제37조 제1항)를 설치하여야 한다. 사외이사 후보추천위원회는 사외이사가 총위원의 과반수가 되도록 구성하여야 한다(상법 제542조의8 제4항 단서).

> **상법 제542조의8(사외이사의 선임)**
>
> ④ 제1항 단서의 상장회사는 사외이사 후보를 추천하기 위하여 제393조의2의 위원회(이하 이 조에서 "사외이사 후보추천위원회"라 한다)를 설치하여야 한다. 이 경우 사외이사 후보추천위원회는 사외이사가 총위원의 과반수가 되도록 구성하여야 한다.
>
> > **상법 시행령 제34조(상장회사의 사외이사 등)**
> >
> > ② 법 제542조의8 제1항 단서에서 "대통령령으로 정하는 상장회사"란 최근 사업연도 말 현재의 자산총액이 2조원 이상인 상장회사를 말한다.
>
> **상법 제542조의11(감사위원회)**
>
> ① 자산 규모 등을 고려하여 대통령령으로 정하는 상장회사는 감사위원회를 설치하여야 한다.
>
> > **상법 시행령 제37조(감사위원회)**
> >
> > ① 법 제542조의11 제1항에서 "대통령령으로 정하는 상장회사"란 최근 사업연도 말 현재의 자산총액이 2조원 이상인 상장회사를 말한다. 다만, 다음 각 호의 어느 하나에 해당하는 상장회사는 제외한다.

PART 3

④ [O] 제542조의11 제1항의 상장회사(최근 사업연도 말 현재의 자산총액이 2조원 이상인 상장회사)의 경우 제393조의2에도 불구하고 감사위원회위원을 선임하거나 해임하는 권한은 주주총회에 있다(상법 제542조의12 제1항, 제542조의11 제1항, 상법 시행령 제37조 제1항).

⑤ [O] 감사위원회 위원은 이사이므로(상법 제415조의2 제2항 참조) 경업금지의무, 회사기회유용금지의무, 자기거래금지의무를 부담한다.

> **상법 제415조의2(감사위원회)**
>
> ② 감사위원회는 제393조의2 제3항에도 불구하고 3명 이상의 이사로 구성한다. 다만, 사외이사가 위원의 3분의 2 이상이어야 한다.

답 ①

CHAPTER

05 | 기업재무 등

제1절 | 신주발행

01 CPA 2023

☑ 확인 Check! ○ △ ×

비상장주식회사의 이사회가 신주 발행과 관련하여 주주가 가지는 신주인수권을 양도할 수 있는 것에 관한 사항을 적법하게 정한 경우 상법상 그 법률관계에 관한 설명으로 틀린 것은?

① 이사회는 주주의 청구가 있는 때에만 신주인수권증서를 발행할 수 있다는 것과 그 청구기간을 정할 수 있다.

② 신주인수권증서의 점유자는 적법한 소지인으로 추정된다.

③ 신주인수권증서의 소지인이 신주인수권을 양도하는 경우 신주인수권증서의 교부에 의하여서만 이를 행한다.

④ 신주인수권증서를 점유하는 소지인은 신주인수권증서가 아닌 주식청약서에 의하여 주식의 청약을 할 수 있다.

⑤ 신주인수권증서의 소지인이 신주인수권증서에 기재된 기일까지 주식인수의 청약을 하지 않으면 신주인수권을 상실한다.

| 해설 |

① [O] 상법 제416조 제6호

> **상법 제416조(발행사항의 결정)**
> 회사가 그 성립 후에 주식을 발행하는 경우에는 다음의 사항으로서 정관에 규정이 없는 것은 이사회가 결정한다. 다만, 이 법에 다른 규정이 있거나 정관으로 주주총회에서 결정하기로 정한 경우에는 그러하지 아니하다.
> 1. 신주의 종류와 수
> 2. 신주의 발행가액과 납입기일
> 2의2. 무액면주식의 경우에는 신주의 발행가액 중 자본금으로 계상하는 금액
> 3. 신주의 인수방법
> 4. 현물출자를 하는 자의 성명과 그 목적인 재산의 종류, 수량, 가액과 이에 대하여 부여할 주식의 종류와 수
> 5. 주주가 가지는 신주인수권을 양도할 수 있는 것에 관한 사항
> 6. 주주의 청구가 있는 때에만 신주인수권증서를 발행한다는 것과 그 청구기간

② [O] 상법 제420조의3 제2항, 제336조 제2항

> **상법 제420조의3(신주인수권의 양도)**
> ② 제336조 제2항 및 수표법 제21조의 규정은 신주인수권증서에 관하여 이를 준용한다.
>
> **상법 제336조(주식의 양도방법)**
> ② 주권의 점유자는 이를 적법한 소지인으로 추정한다.

③ [O] 신주인수권의 양도는 신주인수권증서의 교부에 의하여서만 이를 행한다(상법 제420조의3 제1항).

④ [×] 신주인수권증서를 상실한 경우에는 주식청약서에 의하여 주식을 청약할 수 있으나, 신주인수권증서를 점유하는 소지인은 신주인수권증서로 주식의 청약을 하여야 한다(상법 제420조의5 제1항, 제2항 참조).

> **상법 제420조의5(신주인수권증서에 의한 청약)**
> ① 신주인수권증서를 발행한 경우에는 신주인수권증서에 의하여 주식의 청약을 한다. 이 경우에는 제302조 제1항의 규정을 준용한다.
> ② 신주인수권증서를 상실한 자는 주식청약서에 의하여 주식의 청약을 할 수 있다. 그러나 그 청약은 신주인수권증서에 의한 청약이 있는 때에는 그 효력을 잃는다.

⑤ [O] 상법 제419조 제1항 · 제3항, 제420조의2 제2항 제4호

> **상법 제419조(신주인수권자에 대한 최고)**
> ① 회사는 신주의 인수권을 가진 자에 대하여 그 인수권을 가지는 주식의 종류 및 수와 일정한 기일까지 주식인수의 청약을 하지 아니하면 그 권리를 잃는다는 뜻을 통지하여야 한다. 이 경우 제416조 제5호 및 제6호에 규정한 사항의 정함이 있는 때에는 그 내용도 통지하여야 한다.
> ③ 제1항의 통지에도 불구하고 그 기일까지 주식인수의 청약을 하지 아니한 때에는 신주의 인수권을 가진 자는 그 권리를 잃는다.
>
> **상법 제420조의2(신주인수권증서의 발행)**
> ② 신주인수권증서에는 다음 사항과 번호를 기재하고 이사가 기명날인 또는 서명하여야 한다.
> 1. 신주인수권증서라는 뜻의 표시
> 2. 제420조에 규정한 사항
> 3. 신주인수권의 목적인 주식의 종류와 수
> 4. 일정기일까지 주식의 청약을 하지 아니할 때에는 그 권리를 잃는다는 뜻

답 ④

PART 3

02 CPA 2021

☑ 확인Check! ○ △ ×

상법상 신주인수에 관한 설명으로 틀린 것은?

① 신주의 인수인은 회사의 동의없이 자신의 주금납입채무와 그 회사에 대한 채권을 상계할 수 없다.
② 이사는 신주의 인수인으로 하여금 그 배정한 주수에 따라 납입기일에 그 인수한 주식에 대한 인수가액의 전액을 납입시켜야 한다.
③ 신주인수권증서를 상실한 자는 신주인수권증서를 재발급 받지 아니하면 주식청약서에 의한 주식의 청약을 할 수 없다.
④ 신주의 발행으로 인한 변경등기를 한 날로부터 1년을 경과한 후에는 신주를 인수한 자는 주식청약서의 요건의 흠결을 이유로 하여 그 인수의 무효를 주장할 수 없다.
⑤ 신주의 발행으로 인한 변경등기가 있은 후에 아직 인수하지 아니한 주식이 있거나 주식인수의 청약이 취소된 때에는 이사가 이를 공동으로 인수한 것으로 본다.

해설

① [O] 상법 제421조 제2항
② [O] 상법 제421조 제1항

> **상법 제421조(주식에 대한 납입)**
> ① 이사는 신주의 인수인으로 하여금 그 배정한 주수(株數)에 따라 납입기일에 그 인수한 주식에 대한 인수가액의 전액을 납입시켜야 한다.
> ② 신주의 인수인은 회사의 동의 없이 제1항의 납입채무와 주식회사에 대한 채권을 상계할 수 없다.

③ [×] 신주인수권증서를 상실한 자는 주식청약서에 의하여 주식의 청약을 할 수 있다. 그러나 그 청약은 신주인수권증서에 의한 청약이 있는 때에는 그 효력을 잃는다(상법 제420조의5 제2항).
④ [O] 신주의 발행으로 인한 변경등기를 한 날로부터 1년을 경과한 후에는 신주를 인수한 자는 주식청약서 또는 신주인수권증서의 요건의 흠결을 이유로 하여 그 인수의 무효를 주장하거나 사기, 강박 또는 착오를 이유로 하여 그 인수를 취소하지 못한다. 그 주식에 대하여 주주의 권리를 행사한 때에도 같다(상법 제427조).
⑤ [O] 신주의 발행으로 인한 변경등기가 있은 후에 아직 인수하지 아니한 주식이 있거나 주식인수의 청약이 취소된 때에는 이사가 이를 공동으로 인수한 것으로 본다(상법 제428조 제1항).

답 ③

03 CPA 2016

☑ 확인Check! ○ △ ×

甲주식회사의 정관은 신주발행사항은 이사회가 결정한다고 규정하고 있으며, 甲회사는 회사자금을 조달할 목적으로 신주를 발행하면서 주식의 소유비율에 따라 주주들에게 신주를 배정하였다. 이에 관한 상법상 설명으로 옳은 것은?

① 판례에 의하면 甲회사의 정관규정 또는 신주발행에 관한 이사회결의에서 신주인수권의 양도에 관한 사항을 정하지 않았다고 하더라도 신주인수권의 양도가 전혀 허용되지 않는 것은 아니다.

② 甲회사는 주주들이 신주인수의 청약을 하지 않아 실권된 주식을 다시 제3자에게 배정할 수 없다.

③ 이사회 결의에서 신주인수권 양도에 관한 사항을 정한 경우 주주들은 신주인수권증서를 발행받아야 신주인수권을 취득할 수 있다.

④ 주주가 신주를 인수한 후 납입기일까지 납입을 하지 않으면 甲회사가 별도로 해제의 의사표시를 해야 실권이 이루어진다.

⑤ 신주를 인수한 주주가 납입기일에 이행기가 도래한 甲회사에 대한 금전채권을 가지고 있다면 회사의 동의 없이 주주의 일방적 의사표시만으로 주식대금 납입의무와 상계할 수 있다.

▌해설▌

① [O] 상법 제416조 제5호에 의하면, 회사의 정관 또는 이사회의 결의로 주주가 가지는 신주인수권을 양도할 수 있는 것에 관한 사항을 결정하도록 되어 있는바, 신주인수권의 양도성을 제한할 필요성은 주로 회사 측의 신주발행사무의 편의를 위한 것에서 비롯된 것으로 볼 수 있고, 또 상법이 주권발행 전 주식의 양도는 회사에 대하여 효력이 없다고 엄격하게 규정한 것과는 달리 신주인수권의 양도에 대하여는 정관이나 이사회의 결의를 통하여 자유롭게 결정할수 있도록 한 점에 비추어 보면, 회사가 정관이나 이사회의 결의로 신주인수권의 양도에 관한 사항을 결정하지 아니하였다 하여 신주인수권의 양도가 전혀 허용되지 아니하는 것은 아니고, 회사가 그와 같은 양도를 승낙한 경우에는 회사에 대하여도 그 효력이 있다(대판 1995.5.23. 94다36421).

② [×] 회사가 주주배정방식에 의하여 신주를 발행하려는데 주주가 인수를 포기하거나 청약을 하지 아니함으로써 그 인수권을 잃은 때에는 <u>회사는 이사회 결의로 인수가 없는 부분에 대하여 자유로이 이를 제3자에게 처분할 수 있고</u>, 이 경우 실권된 신주를 제3자에게 발행하는 것에 관하여 정관에 반드시 근거 규정이 있어야 하는 것은 아니다(대판 2012.11.15. 2010다49380).

③ [×] 신주인수권증서는 비설권증권으로 <u>신주인수권증서가 작성되어야 주주에게 신주인수권이 발생하는 것은 아니다</u>. 주주의 구체적 신주인수권은 이사회의 신주발행결의가 있으면 신주배정기준일에 확정된다.

④ [×] 신주의 인수인이 납입기일에 <u>납입 또는 현물출자의 이행을 하지 아니한 때에는 그 권리를 잃는다</u>(상법 제423조 제2항). 회사설립과 달리 신주발행에서는 납입이 이루어지지 않는 경우 따로 실권절차를 두지 않고 바로 실권시킨다.

⑤ [×] 상법 제421조 제2항

> **상법 제421조(주식에 대한 납입)**
> ① 이사는 신주의 인수인으로 하여금 그 배정한 주수(株數)에 따라 납입기일에 그 인수한 주식에 대한 인수가액의 전액을 납입시켜야 한다.
> ② 신주의 인수인은 <u>회사의 동의 없이</u> 제1항의 납입채무와 주식회사에 대한 채권을 <u>상계할 수 없다</u>.

 ①

PART 3

04 세무사 2024

☑ 확인 Check! ○ △ ✕

상법상 주주의 신주인수권에 관한 설명으로 옳지 않은 것은?

① 주주는 회사가 신주를 발행하는 경우에 다른 사람에 우선하여 신주를 인수할 수 있다.
② 회사는 신기술의 도입 등 회사의 경영상의 목적을 달성하기 위하여 필요한 경우에 한하여 정관이 정하는 바에 따라 제3자에게 신주를 배정할 수 있다.
③ 주주의 신주인수권은 정관이나 이사회 결의에 의해서 발생한다.
④ 정관 또는 이사회 결의 등으로 신주인수권을 양도할 수 있음을 정한 경우, 주주는 신주인수권을 양도할 수 있다.
⑤ 회사는 정관으로 정하는 바에 따라 전자등록기관의 전자등록부에 신주인수권을 등록할 수 있다.

▍해설▍

① [○] 회사가 신주를 발행하는 경우에 다른 사람에 우선하여 신주를 인수할 수 있는 권리를 추상적 신주인수권이라 한다. 상법상 추상적 신주인수권은 원칙적으로 주주에게 부여하고 있다(상법 제418조 제1항 참조).
② [○] 상법 제418조 제2항

> **상법 제418조(신주인수권의 내용 및 배정일의 지정 · 공고)**
> ① 주주는 그가 가진 주식 수에 따라서 신주의 배정을 받을 권리가 있다.
> ② 회사는 제1항의 규정에 불구하고 정관에 정하는 바에 따라 주주 외의 자에게 신주를 배정할 수 있다. 다만, 이 경우에는 신기술의 도입, 재무구조의 개선 등 회사의 경영상 목적을 달성하기 위하여 필요한 경우에 한한다.

③ [✕] 주주의 추상적 신주인수권은 주주의 자격에 기하여 <u>법률상 당연히 인정</u>되는 것이지(상법 제418조 제1항 참조) 정관이나 이사회 결의에 의해서 발생하는 것이 아니다.
④ [○] 정관 또는 이사회결의로 신주인수권을 양도할 수 있음을 정한 경우에 주주는 회사에 대한 관계에서 유효하게 신주인수권을 양도할 수 있다. 신주발행을 주주총회에서 결정하는 경우에는 주주총회의 결의가 있어야 한다(상법 제416조 제5호 참조). 신주인수권을 양도할 수 있음을 정한 경우 회사는 신주인수권증서를 발행해야 하고(상법 제420조의2 제1항 참조), 신주인수권의 양도는 신주인수권증서의 교부에 의하여서만 할 수 있다(상법 제420조의3 제1항 참조).

> **상법 제416조(발행사항의 결정)**
> 회사가 그 성립 후에 주식을 발행하는 경우에는 다음의 사항으로서 정관에 규정이 없는 것은 이사회가 결정한다. 다만, 이 법에 다른 규정이 있거나 정관으로 주주총회에서 결정하기로 정한 경우에는 그러하지 아니하다.
> … (중략) …
> 5. 주주가 가지는 신주인수권을 양도할 수 있는 것에 관한 사항
> 6. 주주의 청구가 있는 때에만 신주인수권증서를 발행한다는 것과 그 청구기간
>
> **상법 제420조의2(신주인수권증서의 발행)**
> ① 제416조 제5호에 규정한 사항을 정한 경우에 회사는 동조 제6호의 정함이 있는 때에는 그 정함에 따라, 그 정함이 없는 때에는 제419조 제1항의 기일의 2주간 전에 신주인수권증서를 발행하여야 한다.
>
> **상법 제420조의3(신주인수권의 양도)**
> ① 신주인수권의 양도는 신주인수권증서의 교부에 의하여서만 이를 행한다.

⑤ [O] 회사는 신주인수권증서를 발행하는 대신 정관으로 정하는 바에 따라 전자등록기관의 전자등록부에 신주인수권을 등록할 수 있다. 이 경우 제356조의2(주식의 전자등록) 제2항부터 제4항까지의 규정을 준용한다(상법 제420조의4).

답 ③

05 세무사 2021

☑ 확인 Check! O △ X

상법상 주주의 신주인수권에 관한 설명으로 옳지 않은 것은?

① 회사는 정관의 규정이 없더라도 경영상 목적을 달성하기 위하여 필요한 경우에는 주주 외의 자에게 신주를 배정할 수 있다.

② 주주는 그가 가진 주식 수에 따라서 신주의 배정을 받을 권리가 있다.

③ 신주의 인수인은 회사의 동의가 있으면 신주인수가액의 납입채무와 회사에 대한 채권을 상계할 수 있다.

④ 신주인수권증서가 발행된 경우, 신주인수권의 양도는 신주인수권증서의 교부에 의하여서만 이를 행한다.

⑤ 신주인수권증서의 점유자는 이를 적법한 소지인으로 추정한다.

| 해설 |

① [×] 회사는 제1항의 규정에 불구하고 정관에 정하는 바에 따라 주주 외의 자에게 신주를 배정할 수 있다. 다만, 이 경우에는 신기술의 도입, 재무구조의 개선 등 회사의 경영상 목적을 달성하기 위하여 필요한 경우에 한한다(상법 제418조 제2항).

② [O] 주주는 그가 가진 주식 수에 따라서 신주의 배정을 받을 권리가 있다(상법 제418조 제1항).

③ [O] 상법 제421조 제2항

> **상법 제421조(주식에 대한 납입)**
> ① 이사는 신주의 인수인으로 하여금 그 배정한 주수(株數)에 따라 납입기일에 그 인수한 주식에 대한 인수가액의 전액을 납입시켜야 한다.
> ② 신주의 인수인은 회사의 동의 없이 제1항의 납입채무와 주식회사에 대한 채권을 상계할 수 없다.

④ [O] 신주인수권의 양도는 신주인수권증서의 교부에 의하여서만 이를 행한다(상법 제420조의3 제1항).

⑤ [O] 상법 제420조의3 제2항, 제336조 제2항

> **상법 제420조의3(신주인수권의 양도)**
> ② 제336조 제2항 및 수표법 제21조의 규정은 신주인수권증서에 관하여 이를 준용한다.
>
> **상법 제336조(주식의 양도방법)**
> ② 주권의 점유자는 이를 적법한 소지인으로 추정한다.

답 ①

PART 3

06 세무사 2020

☑ 확인Check! ○ △ ✕

상법상 주주의 신주인수권에 관한 설명으로 옳지 않은 것은?

① 신주인수권증서의 점유자는 이를 적법한 소지인으로 추정한다.
② 신주인수권증서를 상실한 자는 주식청약서에 의하여 주식의 청약을 할 수 있다.
③ 신주인수권증서가 발행된 경우 신주인수권의 양도는 신주인수권증서의 교부에 의하여서만 이를 행한다.
④ 주주에게 배당할 이익으로 주식을 소각할 것을 정한 때에는 그 규정을 신주인수권증서에 기재하여야 한다.
⑤ 신주인수권증서에 의한 청약은 주식청약서에 의한 주식의 청약이 있는 때에는 그 효력을 잃는다.

해설

① [O] 상법 제420조의3 제2항, 제336조 제2항

> **상법 제420조의3(신주인수권의 양도)**
> ② 제336조 제2항 및 수표법 제21조의 규정은 신주인수권증서에 관하여 이를 준용한다.
>
> **상법 제336조(주식의 양도방법)**
> ② 주권의 점유자는 이를 적법한 소지인으로 추정한다.

② [O], ⑤ [X] 신주인수권증서를 상실한 자는 주식청약서에 의하여 주식의 청약을 할 수 있다. 그러나 그 청약은 신주인수권증서에 의한 청약이 있는 때에는 그 효력을 잃는다(상법 제420조의5 제2항).
③ [O] 신주인수권의 양도는 신주인수권증서의 교부에 의하여서만 이를 행한다(상법 제420조의3 제1항).
④ [O] 상법 제420조의2 제2항 제2호, 제420조 제2호, 제302조 제2항 제7호

> **상법 제420조의2(신주인수권증서의 발행)**
> ② 신주인수권증서에는 다음 사항과 번호를 기재하고 이사가 기명날인 또는 서명하여야 한다.
> 1. 신주인수권증서라는 뜻의 표시
> 2. 제420조에 규정한 사항
>
> > **상법 제420조(주식청약서)**
> > 이사는 주식청약서를 작성하여 다음의 사항을 적어야 한다.
> > 1. 제289조 제1항 제2호 내지 제4호에 게기한 사항
> > 2. 제302조 제2항 제7호(주주에게 배당할 이익으로 주식을 소각할 것을 정한 때에는 그 규정) · 제9호 및 제10호에 게기한 사항
> > 3. 제416조 제1호 내지 제4호에 게기한 사항
> > 4. 제417조에 따른 주식을 발행한 경우에는 그 발행조건과 미상각액(未償却額)
> > 5. 주주에 대한 신주인수권의 제한에 관한 사항 또는 특정한 제3자에게 이를 부여할 것을 정한 때에는 그 사항
> > 6. 주식발행의 결의연월일
>
> 3. 신주인수권의 목적인 주식의 종류와 수
> 4. 일정기일까지 주식의 청약을 하지 아니할 때에는 그 권리를 잃는다는 뜻

답 ⑤

07 CPA 2024

☑ 확인 Check! ○ △ ✕

상법상 주식의 액면미달 발행에 관한 설명으로 옳은 것은 모두 몇 개인가?

ㄱ. 성립 후 회사가 액면미달의 가액으로 주식을 발행할 경우 주주총회의 특별결의로 최저발행가액을 정하여야 한다.
ㄴ. 성립 후 회사가 액면미달의 가액으로 주식을 발행한 경우 이사는 그 발행조건과 미상각액(未償却額)을 주식청약서에 기재하여야 한다.
ㄷ. 성립 후 회사가 액면미달의 가액으로 주식을 발행한 경우 주식의 발행에 따른 변경등기에는 미상각액을 등기하여야 한다.
ㄹ. 성립 후 회사가 액면미달의 가액으로 주식을 발행할 경우 채권자보호절차를 거쳐야 한다.

① 0개
② 1개
③ 2개
④ 3개
⑤ 4개

해설

ㄱ. [O] 상법 제417조 제1항, 제2항

상법 제417조(액면미달의 발행)
① 회사가 성립한 날로부터 2년을 경과한 후에 주식을 발행하는 경우에는 회사는 제434조의 규정에 의한 주주총회의 결의와 법원의 인가를 얻어서 주식을 액면미달의 가액으로 발행할 수 있다.
② 전항의 주주총회의 결의에서는 주식의 최저발행가액을 정하여야 한다.

ㄴ. [O] 상법 제420조 제4호

상법 제420조(주식청약서)
이사는 주식청약서를 작성하여 다음의 사항을 적어야 한다.
1. 제289조 제1항 제2호 내지 제4호에 게기한 사항
2. 제302조 제2항 제7호ㆍ제9호 및 제10호에 게기한 사항
3. 제416조 제1호 내지 제4호에 게기한 사항
4. 제417조에 따른 주식을 발행한 경우에는 그 발행조건과 미상각액(未償却額)
5. 주주에 대한 신주인수권의 제한에 관한 사항 또는 특정한 제3자에게 이를 부여할 것을 정한 때에는 그 사항
6. 주식발행의 결의연월일

ㄷ. [O] 제417조(액면미달의 발행)에 따른 주식을 발행한 경우에 주식의 발행에 따른 변경등기에는 미상각액을 등기하여야 한다(상법 제426조).
ㄹ. [X] 액면미달발행이더라도 회사의 순자산은 늘어나고 신주의 주주는 기존의 채권자보다 후순위이기 때문에, 액면미달 발행의 경우에 채권자보호절차를 요하지 않는다.

답 ④

PART 3

08 세무사 2023

☑ 확인Check! ○ △ ×

상법상 비상장주식회사에서 액면미달의 주식발행에 관한 설명으로 옳은 것은?

① 회사가 성립한 날로부터 5년을 경과한 후가 아니면 액면미달의 주식발행은 허용되지 않는다.

② 액면미달의 주식발행은 주주총회의 보통결의로 한다.

③ 액면미달로 주식을 발행하는 경우 주식의 발행에 따른 변경등기에는 미상각액을 등기하지 않아도 된다.

④ 회사는 액면미달 발행의 주주총회 결의가 있은 날부터 2주 내에 회사채권자에 대하여 이에 대하여 이의가 있으면 일정한 기간내에 이를 제출할 것을 공고하고 알고 있는 채권자에 대하여는 따로따로 이를 최고하여야 한다.

⑤ 액면미달로 주식을 발행하는 경우 법원의 인가를 얻은 날로부터 1월 내에 발행하여야 하지만, 법원은 이 기간을 연장하여 인가할 수 있다.

해설

① [×], ② [×], ⑤ [○] 상법 제417조 제1항, 제4항

> **상법 제417조(액면미달의 발행)**
> ① 회사가 성립한 날로부터 2년을 경과한 후에 주식을 발행하는 경우에는 회사는 제434조의 규정에 의한 주주총회의 결의와 법원의 인가를 얻어서 주식을 액면미달의 가액으로 발행할 수 있다.
> ④ 제1항의 주식은 법원의 인가를 얻은 날로부터 1월 내에 발행하여야 한다. 법원은 이 기간을 연장하여 인가할 수 있다.

③ [×] 제417조에 따른 주식을 발행한 경우에 주식의 발행에 따른 변경등기에는 미상각액을 등기하여야 한다(상법 제426조).

④ [×] 액면미달발행이더라도 회사의 순자산은 늘어났고 신주의 주주는 기존의 채권자보다 후순위이기 때문에, 액면미달 발행의 경우에 채권자보호절차를 요하지 않는다.

답 ⑤

09 CPA 2024

☑ 확인Check! ○ △ ×

상법상 회사 성립 후 신주 발행에 관한 설명으로 틀린 것은?

① 신주의 발행으로 인한 변경등기가 있은 후에 아직 인수하지 아니한 주식이 있거나 주식인수의 청약이 취소된 때에는 이사가 이를 공동으로 인수한 것으로 본다.

② 회사는 신주인수권증서를 발행하는 대신 정관으로 정하는 바에 따라 전자등록기관의 전자등록부에 신주인수권을 등록할 수 있다.

③ 신주의 인수인은 납입기일에 납입 또는 현물출자의 이행을 하지 아니한 때에는 그 권리를 잃는다.

④ 신주의 인수인은 납입 또는 현물출자의 이행을 한 때에는 납입기일의 다음 날로부터 주주의 권리의무가 있다.

⑤ 현물출자의 목적인 재산의 가액이 자본금의 5분의 1을 초과하지 않을 경우에는 그 재산의 가액이 5천만원을 초과하더라도 법원이 선임한 검사인의 조사 및 공인된 감정인의 감정이 필요하지 않다.

❚ 해설 ❚

① [O] 신주의 발행으로 인한 변경등기가 있은 후에 아직 인수하지 아니한 주식이 있거나 주식인수의 청약이 취소된 때에는 이사가 이를 공동으로 인수한 것으로 본다(상법 제428조 제1항).

② [O] 회사는 신주인수권증서를 발행하는 대신 정관으로 정하는 바에 따라 전자등록기관의 전자등록부에 신주인수권을 등록할 수 있다. 이 경우 제356조의2(주식의 전자등록) 제2항부터 제4항까지의 규정을 준용한다(상법 제420조의4).

③ [O] 신주의 인수인이 납입기일에 납입 또는 현물출자의 이행을 하지 아니한 때에는 그 권리를 잃는다(상법 제423조 제2항).

④ [O] 신주의 인수인은 납입 또는 현물출자의 이행을 한 때에는 납입기일의 다음 날로부터 주주의 권리의무가 있다(상법 제423조 제1항).

⑤ [✕] 현물출자의 목적인 재산의 가액이 자본금의 5분의 1을 초과하지 않고 그 재산의 가액이 5천만원을 초과하지 아니하는 경우 법원이 선임한 검사인의 조사 및 공인된 감정인의 감정이 필요하지 않다(상법 제422조 제1항 · 제2항, 상법 시행령 제14조 제1항 참조).

상법 제422조(현물출자의 검사)

① 현물출자를 하는 자가 있는 경우에는 이사는 제416조 제4호의 사항을 조사하게 하기 위하여 검사인의 선임을 법원에 청구하여야 한다. 이 경우 공인된 감정인의 감정으로 검사인의 조사에 갈음할 수 있다.

② 다음 각 호의 어느 하나에 해당할 경우에는 제1항을 적용하지 아니한다.

1. 제416조 제4호의 현물출자의 목적인 재산의 가액이 자본금의 5분의 1을 초과하지 아니하고 대통령령으로 정한 금액을 초과하지 아니하는 경우

상법 시행령 제14조(현물출자 검사의 면제)

① 법 제422조 제2항 제1호에서 "대통령령으로 정한 금액"이란 5천만원을 말한다.

2. 제416조 제4호의 현물출자의 목적인 재산이 거래소의 시세 있는 유가증권인 경우 제416조 본문에 따라 결정된 가격이 대통령령으로 정한 방법으로 산정된 시세를 초과하지 아니하는 경우
3. 변제기가 돌아온 회사에 대한 금전채권을 출자의 목적으로 하는 경우로서 그 가액이 회사장부에 적혀 있는 가액을 초과하지 아니하는 경우
4. 그 밖에 제1호부터 제3호까지의 규정에 준하는 경우로서 대통령령으로 정하는 경우

답 ⑤

PART 3

10 CPA 2022

☑ 확인 Check! ○ △ ×

상법상 신주발행에 관한 설명으로 틀린 것은? (이견이 있으면 판례에 의함)

① 현물출자자에 대하여 발행하는 신주에 대하여는 일반주주의 신주인수권이 미치지 않는다.

② 신주의 인수인이 현물출자의 이행을 한 때에는 그 이행을 한 날로부터 주주의 권리의무가 있다.

③ 회사는 신주의 인수권을 가진 자에 대하여 그 인수권을 가지는 주식의 종류 및 수와 일정한 기일까지 주식인수의 청약을 하지 아니하면 그 권리를 잃는다는 뜻을 통지하여야 한다.

④ 신주의 인수인은 회사의 동의 없이 신주에 대한 인수가액의 납입채무와 회사에 대한 채권을 상계할 수 없다.

⑤ 회사는 신기술의 도입, 재무구조의 개선 등 회사의 경영상 목적을 달성하기 위하여 필요한 경우에 한하여 정관에 정하는 바에 따라 주주 외에 자에게 신주를 배정할 수 있다.

해설

① [O] 주주의 신주인수권은 주주가 종래 가지고 있던 주식의 수에 비례하여 우선적으로 인수의 배정을 받을 수 있는 권리로서 주주의 자격에 기하여 법률상 당연히 인정되는 것이지만 현물출자자에 대하여 발행하는 신주에 대하여는 일반주주의 신주인수권이 미치지 않는다(대판 1989.3.14. 88누889).

② [×] 신주의 인수인은 납입 또는 현물출자의 이행을 한 때에는 납입기일의 다음 날로부터 주주의 권리의무가 있다(상법 제423조 제1항).

③ [O] 회사는 신주의 인수권을 가진 자에 대하여 그 인수권을 가지는 주식의 종류 및 수와 일정한 기일까지 주식인수의 청약을 하지 아니하면 그 권리를 잃는다는 뜻을 통지하여야 한다. 이 경우 제416조 제5호 및 제6호에 규정한 사항의 정함이 있는 때에는 그 내용도 통지하여야 한다(상법 제419조 제1항).

④ [O] 상법 제421조 제1항, 제2항

> **상법 제421조(주식에 대한 납입)**
> ① 이사는 신주의 인수인으로 하여금 그 배정한 주수(株數)에 따라 납입기일에 그 인수한 주식에 대한 인수가액의 전액을 납입시켜야 한다.
> ② 신주의 인수인은 회사의 동의 없이 제1항의 납입채무와 주식회사에 대한 채권을 상계할 수 없다.

⑤ [O] 상법 제418조 제2항

> **상법 제418조(신주인수권의 내용 및 배정일의 지정 · 공고)**
> ① 주주는 그가 가진 주식 수에 따라서 신주의 배정을 받을 권리가 있다.
> ② 회사는 제1항의 규정에 불구하고 정관에 정하는 바에 따라 주주 외의 자에게 신주를 배정할 수 있다. 다만, 이 경우에는 신기술의 도입, 재무구조의 개선 등 회사의 경영상 목적을 달성하기 위하여 필요한 경우에 한한다.

답 ②

11 CPA 2017

☑ 확인 Check! ○ △ ✕

상법상 주식회사의 신주발행에 관한 설명으로 틀린 것은?

① 신주의 인수인은 납입기일에 인수가액의 전액을 납입하지 않으면 실권절차 없이 바로 인수인으로서의 권리를 잃는다.

② 회사는 신기술의 도입, 재무구조의 개선 등 회사의 경영상 목적을 달성하기 위하여 필요한 경우 정관이 정하는 바에 따라 주주 외의 자에게 신주를 배정할 수 있다.

③ 회사가 성립한 날로부터 2년을 경과한 후에는 주주총회의 특별결의와 법원의 인가를 얻어서 주식을 액면미달의 가액으로 발행할 수 있다.

④ 신주의 인수인은 회사의 동의를 얻더라도 납입채무와 회사에 대한 채권을 상계할 수 없다.

⑤ 신주인수권증서를 상실한 자는 주식청약서에 의하여 주식의 청약을 할 수 있지만 그 청약은 신주인수권증서에 의한 청약이 있는 때에는 그 효력을 잃는다.

▌해설▌

① [O] 신주의 인수인이 납입기일에 납입 또는 현물출자의 이행을 하지 아니한 때에는 그 권리를 잃는다(상법 제423조 제2항). 회사설립과 달리 신주발행에서는 납입이 이루어지지 않는 경우 따로 실권절차를 두지 않고 바로 실권시킨다.

② [O] 상법 제418조 제2항

> **상법 제418조(신주인수권의 내용 및 배정일의 지정 · 공고)**
> ① 주주는 그가 가진 주식 수에 따라서 신주의 배정을 받을 권리가 있다.
> ② 회사는 제1항의 규정에 불구하고 정관에 정하는 바에 따라 주주 외의 자에게 신주를 배정할 수 있다. 다만, 이 경우에는 신기술의 도입, 재무구조의 개선 등 회사의 경영상 목적을 달성하기 위하여 필요한 경우에 한한다.

③ [O] 회사가 성립한 날로부터 2년을 경과한 후에 주식을 발행하는 경우에는 회사는 제434조의 규정에 의한 주주총회의 결의와 법원의 인가를 얻어서 주식을 액면미달의 가액으로 발행할 수 있다(상법 제417조 제1항).

④ [X] 신주의 인수인은 회사의 동의 없이 제1항의 납입채무와 주식회사에 대한 채권을 상계할 수 없다(상법 제421조 제2항).

⑤ [O] 신주인수권증서를 상실한 자는 주식청약서에 의하여 주식의 청약을 할 수 있다. 그러나 그 청약은 신주인수권증서에 의한 청약이 있는 때에는 그 효력을 잃는다(상법 제420조의5 제2항).

답 ④

PART 3

12 CPA 2021

☑ 확인Check! ○ △ ×

상법상 신주발행에 관한 설명으로 틀린 것은? (이견이 있으면 판례에 의함)

① 회사가 현저하게 불공정한 방법에 의하여 주식을 발행함으로써 주주가 불이익을 받을 염려가 있는 경우에, 그 주주는 회사에 대하여 그 발행을 유지할 것을 청구할 수 있다.

② 이사와 통모하여 현저하게 불공정한 발행가액으로 주식을 인수한 자에 대해서 공정한 발행가액과의 차액에 상당한 금액의 지급을 청구하는 주주의 대표소송이 허용된다.

③ 신주의 인수인이 납입기일에 납입하지 아니한 때에는 그 권리를 잃는다.

④ 신주발행무효의 판결이 확정되면 신주는 소급하여 그 효력을 잃는다.

⑤ 회사가 정관이나 이사회 결의로 신주인수권의 양도에 관한 사항을 결정하지 아니하였다 하여도 회사가 신주인수권의 양도를 승낙한 경우에는 그 양도는 회사에 대하여도 효력이 있다.

해설

① [O] 회사가 법령 또는 정관에 위반하거나 현저하게 불공정한 방법에 의하여 주식을 발행함으로써 주주가 불이익을 받을 염려가 있는 경우에는 그 주주는 회사에 대하여 그 발행을 유지할 것을 청구할 수 있다(상법 제424조).

② [O] 상법 제424조의2 제2항, 제403조 제1항

> **상법 제424조의2(불공정한 가액으로 주식을 인수한 자의 책임)**
> ① 이사와 통모하여 현저하게 불공정한 발행가액으로 주식을 인수한 자는 회사에 대하여 공정한 발행가액과의 차액에 상당한 금액을 지급할 의무가 있다.
> ② 제403조 내지 제406조의 규정은 제1항의 지급을 청구하는 소에 관하여 이를 준용한다.
>
> **상법 제403조(주주의 대표소송)**
> ① 발행주식의 총수의 100분의 1 이상에 해당하는 주식을 가진 주주는 회사에 대하여 이사의 책임을 추궁할 소의 제기를 청구할 수 있다.

③ [O] 신주의 인수인이 납입기일에 납입 또는 현물출자의 이행을 하지 아니한 때에는 그 권리를 잃는다(상법 제423조 제2항). 회사설립과 달리 신주발행에서는 납입이 이루어지지 않는 경우 따로 실권절차를 두지 않고 바로 실권시킨다.

④ [×] 신주발행무효의 판결이 확정된 때에는 신주는 장래에 대하여 그 효력을 잃는다(상법 제431조 제1항).

⑤ [O] 상법 제416조 제5호에 의하면, 회사의 정관 또는 이사회의 결의로 주주가 가지는 신주인수권을 양도할 수 있는 것에 관한 사항을 결정하도록 되어있는바, 신주인수권의 양도성을 제한할 필요성은 주로 회사측의 신주발행사무의 편의를 위한 것에서 비롯된 것으로 볼 수 있고, 또 상법이 주권발행 전 주식의 양도는 회사에 대하여 효력이 없다고 엄격하게 규정한 것과는 달리 신주인수권의 양도에 대하여는 정관이나 이사회의 결의를 통하여 자유롭게 결정할수 있도록 한 점에 비추어 보면, 회사가 정관이나 이사회의 결의로 신주인수권의 양도에 관한 사항을 결정하지 아니하였다 하여 신주인수권의 양도가 전혀 허용되지 아니하는 것은 아니고, 회사가 그와 같은 양도를 승낙한 경우에는 회사에 대하여도 그 효력이 있다(대판 1995.5.23. 94다36421).

답 ④

13 CPA 2020

☑ 확인Check! ○ △ ✕

상법상 신주발행에 관한 설명으로 옳은 것은?

① 신주발행 유지청구의 상대방은 현저하게 불공정한 방법으로 주식을 발행하는 회사의 이사이다.

② 신주인수권증서를 상실한 자는 신주인수권증서를 재발급 받아야만 주식의 청약을 할 수 있다.

③ 회사가 성립한 날로부터 1년을 경과한 후에 주식을 발행하는 경우, 회사는 이사회의 결의와 법원의 허가를 얻어서 주식을 액면미달의 가액으로 발행할 수 있다.

④ 판례에 의하면, 회사가 정관이나 이사회의 결의로 신주인수권을 양도할 수 있음을 정하지 않았다면 신주인수권의 양도는 회사의 승낙이 있더라도 회사에 대하여 효력이 없다.

⑤ 신주의 인수인이 납입기일에 납입 또는 현물출자의 이행을 하지 아니한 때에는 그 권리를 잃는다.

해설

① [✕] 회사가 법령 또는 정관에 위반하거나 현저하게 불공정한 방법에 의하여 주식을 발행함으로써 주주가 불이익을 받을 염려가 있는 경우에는 그 주주는 회사에 대하여 그 발행을 유지할 것을 청구할 수 있다(상법 제424조).

② [✕] 신주인수권증서를 상실한 자는 주식청약서에 의하여 주식의 청약을 할 수 있다. 그러나 그 청약은 신주인수권증서에 의한 청약이 있는 때에는 그 효력을 잃는다(상법 제420조의5 제2항).

③ [✕] 회사가 성립한 날로부터 2년을 경과한 후에 주식을 발행하는 경우에는 회사는 제434조의 규정에 의한 주주총회의 결의와 법원의 인가를 얻어서 주식을 액면미달의 가액으로 발행할 수 있다(상법 제417조 제1항).

④ [✕] 상법 제416조 제5호에 의하면, 회사의 정관 또는 이사회의 결의로 주주가 가지는 신주인수권을 양도할 수 있는 것에 관한 사항을 결정하도록 되어 있는바, 신주인수권의 양도성을 제한할 필요성은 주로 회사 측의 신주발행사무의 편의를 위한 것에서 비롯된 것으로 볼 수 있고, 또 상법이 주권발행 전 주식의 양도는 회사에 대하여 효력이 없다고 엄격하게 규정한 것과는 달리 신주인수권의 양도에 대하여는 정관이나 이사회의 결의를 통하여 자유롭게 결정할수 있도록 한 점에 비추어 보면, 회사가 정관이나 이사회의 결의로 신주인수권의 양도에 관한 사항을 결정하지 아니하였다 하여 신주인수권의 양도가 전혀 허용되지 아니하는 것은 아니고, 회사가 그와 같은 양도를 승낙한 경우에는 회사에 대하여도 그 효력이 있다(대판 1995.5.23. 94다36421).

⑤ [○] 신주의 인수인이 납입기일에 납입 또는 현물출자의 이행을 하지 아니한 때에는 그 권리를 잃는다(상법 제423조 제2항). 회사설립과 달리 신주발행에서는 납입이 이루어지지 않은 경우 따로 실권절차를 두지 않고 바로 실권시킨다.

답 ⑤

PART 3

14 CPA 2019

☑ 확인Check! ○ △ ✕

상법상 신주발행에 관한 설명으로 틀린 것은?

① 신주의 발행으로 인한 변경등기가 있은 후에 아직 인수하지 않은 주식이 있거나 주식인수의 청약이 취소된 때에는 이사가 이를 공동으로 인수한 것으로 본다.

② 회사성립 후 주식을 발행하는 경우 신주의 인수방법에 관한 사항에 대하여 정관에 정함이 없으면 반드시 주주총회의 특별결의로 이를 정하여야 한다.

③ 신주의 인수인은 회사의 동의가 있는 경우에 한하여 신주에 대한 납입채무와 회사에 대한 채권을 상계할 수 있다.

④ 회사성립의 날로부터 2년을 경과한 후에 주식을 발행하는 경우 회사는 주주총회의 특별결의와 법원의 인가를 얻어 주식을 액면미달의 가액으로 발행할 수 있다.

⑤ 신주발행무효의 소에서 신주발행을 무효로 하는 판결이 확정된 때에는 판결의 대세적 효력은 인정되나 소급효는 인정되지 않는다.

▌해설▌

① [O] 신주의 발행으로 인한 변경등기가 있은 후에 아직 인수하지 아니한 주식이 있거나 주식인수의 청약이 취소된 때에는 이사가 이를 공동으로 인수한 것으로 본다(상법 제428조 제1항).

② [✕] 상법 제416조 제3호

> **상법 제416조(발행사항의 결정)**
> 회사가 그 성립 후에 주식을 발행하는 경우에는 다음의 사항으로서 정관에 규정이 없는 것은 이사회가 결정한다. 다만, 이 법에 다른 규정이 있거나 정관으로 주주총회에서 결정하기로 정한 경우에는 그러하지 아니하다.
> 1. 신주의 종류와 수
> 2. 신주의 발행가액과 납입기일
> 2의2. 무액면주식의 경우에는 신주의 발행가액 중 자본금으로 계상하는 금액
> 3. 신주의 인수방법
> 4. 현물출자를 하는 자의 성명과 그 목적인 재산의 종류, 수량, 가액과 이에 대하여 부여할 주식의 종류와 수
> 5. 주주가 가지는 신주인수권을 양도할 수 있는 것에 관한 사항
> 6. 주주의 청구가 있는 때에만 신주인수권증서를 발행한다는 것과 그 청구기간

③ [O] 상법 제421조 제2항

> **상법 제421조(주식에 대한 납입)**
> ① 이사는 신주의 인수인으로 하여금 그 배정한 주수(株數)에 따라 납입기일에 그 인수한 주식에 대한 인수가액의 전액을 납입시켜야 한다.
> ② 신주의 인수인은 회사의 동의 없이 제1항의 납입채무와 주식회사에 대한 채권을 상계할 수 없다.

④ [O] 회사가 성립한 날로부터 2년을 경과한 후에 주식을 발행하는 경우에는 회사는 제434조의 규정에 의한 주주총회의 결의와 법원의 인가를 얻어서 주식을 액면미달의 가액으로 발행할 수 있다(상법 제417조 제1항).

⑤ [O] 신주발행무효의 판결은 대세효(상법 제430조, 제190조 본문 참조) 및 장래효가 인정된다(상법 제431조 제1항 참조).

상법 제429조(신주발행무효의 소)
신주발행의 무효는 주주·이사 또는 감사에 한하여 신주를 발행한 날로부터 6월 내에 소만으로 이를 주장할 수 있다.

상법 제430조(준용규정)
제186조 내지 제189조·제190조 본문·제191조·제192조 및 제377조의 규정은 제429조의 소에 관하여 이를 준용한다.

상법 제190조(판결의 효력)
설립무효의 판결 또는 설립취소의 판결은 제3자에 대하여도 그 효력이 있다. 그러나 판결확정전에 생긴 회사와 사원 및 제3자간의 권리의무에 영향을 미치지 아니한다.

상법 제431조(신주발행무효판결의 효력)
① 신주발행무효의 판결이 확정된 때에는 신주는 장래에 대하여 그 효력을 잃는다.

답 ②

15 CPA 2018

☑ 확인 Check! ○ △ ×

상법상 비상장주식회사의 주주의 위법행위유지청구와 신주발행유지청구에 관한 설명으로 틀린 것은?

① 신주발행유지청구는 회사가 법령 또는 정관에 위반하거나 현저하게 불공정한 방법에 의한 신주발행으로 주주가 불이익을 받을 염려가 있는 경우에 할 수 있다.
② 신주발행유지청구는 이사가 아니라 회사에 대하여 신주발행을 유지할 것을 청구하는 것이다.
③ 신주발행유지청구를 할 수 있는 주주는 발행주식총수의 100분의 1 이상에 해당하는 주식을 가진 주주이어야 한다.
④ 위법행위유지청구는 이사가 법령 또는 정관에 위반한 행위를 하여 이로 인하여 회사에 회복할 수 없는 손해가 생길 염려가 있는 경우에 할 수 있다.
⑤ 위법행위유지청구는 회사를 위하여 이사에 대하여 그 행위를 유지할 것을 청구하는 것이다.

해설

① [O], ② [O], ③ [×] 회사가 법령 또는 정관에 위반하거나 현저하게 불공정한 방법에 의하여 주식을 발행함으로써 주주가 불이익을 받을 염려가 있는 경우에는 그 주주는 회사에 대하여 그 발행을 유지할 것을 청구할 수 있다(상법 제424조). 신주발행유지청구권은 단독주주권이다.
④ [O], ⑤ [O] 이사가 법령 또는 정관에 위반한 행위를 하여 이로 인하여 회사에 회복할 수 없는 손해가 생길 염려가 있는 경우에는 감사 또는 발행주식의 총수의 100분의 1 이상에 해당하는 주식을 가진 주주는 회사를 위하여 이사에 대하여 그 행위를 유지할 것을 청구할 수 있다(상법 제402조).

답 ③

PART 3

16 CPA 2018

☑ 확인 Check! ○ △ ×

상법상 2014년 12월 12일 설립된 甲주식회사의 신주발행에 관한 설명으로 틀린 것은?

① 甲회사는 주주총회의 특별결의와 법원의 인가를 얻어서 2016년 11월 15일 주식을 액면미달의 가액으로 발행할 수 있다.

② 신주의 인수인은 회사의 동의 없이 그 납입채무와 회사에 대한 채권을 상계할 수 없다.

③ 신주인수권증서를 상실한 자는 주식청약서에 의하여 주식을 청약할 수 있으나 그 청약은 신주인수권증서에 의한 청약이 있는 때에는 그 효력을 상실한다.

④ 신주발행의 무효는 주주·이사 또는 감사에 한하여 신주를 발행한 날로부터 6월 내에 소만으로 주장할 수 있다.

⑤ 신주발행무효의 소가 제기되고 그 무효의 판결이 확정된 경우 그 판결은 제3자에 대하여도 그 효력이 있고 발행된 신주는 장래에 대하여 그 효력을 잃는다.

▌해설▌

① [×] 회사가 성립한 날로부터 2년을 경과한 후에 주식을 발행하는 경우에는 회사는 제434조의 규정에 의한 주주총회의 결의와 법원의 인가를 얻어서 주식을 액면미달의 가액으로 발행할 수 있다(상법 제417조 제1항). 2016년 11월 15일은 甲주식회사의 성립 후 2년이 경과하지 아니한 때이므로 액면미달발행을 할 수 없다.

② [○] 상법 제421조 제2항

> **상법 제421조(주식에 대한 납입)**
> ① 이사는 신주의 인수인으로 하여금 그 배정한 주수(株數)에 따라 납입기일에 그 인수한 주식에 대한 인수가액의 전액을 납입시켜야 한다.
> ② 신주의 인수인은 회사의 동의 없이 제1항의 납입채무와 주식회사에 대한 채권을 상계할 수 없다.

③ [○] 신주인수권증서를 상실한 자는 주식청약서에 의하여 주식의 청약을 할 수 있다. 그러나 그 청약은 신주인수권증서에 의한 청약이 있는 때에는 그 효력을 잃는다(상법 제420조의5 제2항).

④ [○] 상법 제429조

⑤ [○] 신주발행무효의 판결은 대세효(상법 제430조, 제190조 본문 참조) 및 장래효가 인정된다(상법 제431조 제1항 참조).

> **상법 제429조(신주발행무효의 소)**
> 신주발행의 무효는 주주·이사 또는 감사에 한하여 신주를 발행한 날로부터 6월 내에 소만으로 이를 주장할 수 있다.
>
> **상법 제430조(준용규정)**
> 제186조 내지 제189조·제190조 본문·191조·제192조 및 제377조의 규정은 제429조의 소에 관하여 이를 준용한다.
>
> **상법 제190조(판결의 효력)**
> 설립무효의 판결 또는 설립취소의 판결은 제3자에 대하여도 그 효력이 있다. 그러나 판결확정전에 생긴 회사와 사원 및 제3자간의 권리의무에 영향을 미치지 아니한다.

> **상법 제431조(신주발행무효판결의 효력)**
> ① 신주발행무효의 판결이 확정된 때에는 신주는 장래에 대하여 그 효력을 잃는다.

답 ①

17 CPA 2017

☑ 확인 Check! ○ △ ✕

상법상 신주발행의 하자에 관한 설명으로 틀린 것은?

① 현저하게 불공정한 방법에 의하여 주식을 발행함으로써 주주가 불이익을 받을 염려가 있는 경우 그 주주는 회사에 대하여 그 발행을 유지할 것을 청구할 수 있다.

② 이사와 통모하여 현저하게 불공정한 가액으로 주식을 인수한 자에 대하여 공정한 발행가액과의 차액지급을 청구하는 소에 관하여는 주주대표소송에 관한 규정이 준용된다.

③ 신주발행의 무효는 주주・이사 또는 감사에 한하여 신주를 발행한 날로부터 6월 내에 소만으로 이를 주장할 수 있다.

④ 신주발행무효의 판결이 확정된 경우 신주는 소급하여 그 효력을 상실하므로 확정판결 전에 이루어진 신주의 양도는 무효가 된다.

⑤ 신주발행무효의 판결이 확정된 때에는 회사는 신주의 주주에 대하여 그 납입한 금액을 반환하여야 한다.

해설

① [O] 회사가 법령 또는 정관에 위반하거나 현저하게 불공정한 방법에 의하여 주식을 발행함으로써 주주가 불이익을 받을 염려가 있는 경우에는 그 주주는 회사에 대하여 그 발행을 유지할 것을 청구할 수 있다(상법 제424조).

② [O] 상법 제424조의2 제1항・제2항, 제403조 제1항

> **상법 제424조의2(불공정한 가액으로 주식을 인수한 자의 책임)**
> ① 이사와 통모하여 현저하게 불공정한 발행가액으로 주식을 인수한 자는 회사에 대하여 공정한 발행가액과의 차액에 상당한 금액을 지급할 의무가 있다.
> ② 제403조 내지 제406조의 규정은 제1항의 지급을 청구하는 소에 관하여 이를 준용한다.
>
> **상법 제403조(주주의 대표소송)**
> ① 발행주식의 총수의 100분의 1 이상에 해당하는 주식을 가진 주주는 회사에 대하여 이사의 책임을 추궁할 소의 제기를 청구할 수 있다.

③ [O] 신주발행의 무효는 주주・이사 또는 감사에 한하여 신주를 발행한 날로부터 6월 내에 소만으로 이를 주장할 수 있다(상법 제429조).

④ [✕] 신주발행무효의 판결이 확정된 때에는 신주는 장래에 대하여 그 효력을 잃는다(상법 제431조 제1항).

⑤ [O] 신주발행무효의 판결이 확정된 때에는 회사는 신주의 주주에 대하여 그 납입한 금액을 반환하여야 한다(상법 제432조 제1항).

답 ④

PART 3

18 CPA 2015

☑ 확인Check! ○ △ ✕

상법상 주식회사의 신주발행에 관한 설명으로 옳은 것은?

① 주주의 추상적 신주인수권은 법률상 당연히 인정되는 것이므로 주식과 분리하여 양도할 수 있다.

② 신주인수권증서를 상실한 경우에는 공시최고에 의한 제권판결을 받아야만 신주의 청약을 할 수 있다.

③ 이사와 통모하여 현저하게 불공정한 발행가액으로 주식을 인수한 자에 대한 차액지급을 청구하는 소에 대하여는 주주대표소송에 관한 규정이 준용된다.

④ 신주발행의 무효는 주주, 이사, 감사 또는 회사채권자에 한하여 신주를 발행한 날로부터 6월 내에 소만으로 주장할 수 있다.

⑤ 신주발행유지청구권은 소수주주권이고 그 청구의 상대방은 현저하게 불공정한 방법으로 주식을 발행하는 이사이다.

▌해설▌

① [✕] 추상적 신주인수권은 주주에게만 부여되는 것으로 주주권의 내용을 이루어 주식과 분리하여 양도할 수 없다.

② [✕] 신주인수권증서를 상실한 자는 주식청약서에 의하여 주식의 청약을 할 수 있다. 그러나 그 청약은 신주인수권증서에 의한 청약이 있는 때에는 그 효력을 잃는다(상법 제420조의5 제2항).

③ [○] 상법 제424조의2 제1항·제2항, 제403조 제1항

> **상법 제424조의2(불공정한 가액으로 주식을 인수한 자의 책임)**
>
> ① 이사와 통모하여 현저하게 불공정한 발행가액으로 주식을 인수한 자는 회사에 대하여 공정한 발행가액과의 차액에 상당한 금액을 지급할 의무가 있다.
>
> ② 제403조 내지 제406조의 규정은 제1항의 지급을 청구하는 소에 관하여 이를 준용한다.
>
> **상법 제403조(주주의 대표소송)**
>
> ① 발행주식의 총수의 100분의 1 이상에 해당하는 주식을 가진 주주는 회사에 대하여 이사의 책임을 추궁할 소의 제기를 청구할 수 있다.

④ [✕] 신주발행의 무효는 주주·이사 또는 감사에 한하여 신주를 발행한 날로부터 6월 내에 소만으로 이를 주장할 수 있다(상법 제429조).

⑤ [✕] 회사가 법령 또는 정관에 위반하거나 현저하게 불공정한 방법에 의하여 주식을 발행함으로써 주주가 불이익을 받을 염려가 있는 경우에는 그 주주는 회사에 대하여 그 발행을 유지할 것을 청구할 수 있다(상법 제424조). 즉 신주발행유지청구권은 단독주주권이며 그 상대방은 회사이다.

 ③

19 세무사 2023

☑ 확인Check! ○ △ ×

상법상 비상장주식회사에서 신주발행에 의한 보통의 자본금 증가에 관한 설명으로 옳지 않은 것은?

① 회사는 신주인수권증서를 발행하는 대신 정관으로 정하는 바에 따라 전자등록기관의 전자등록부에 신주인수권을 등록할 수 있다.

② 신주인수권증서를 발행한 경우 신주인수권의 양도는 신주인수권증서의 교부에 의하여서만 이를 행한다.

③ 신주의 인수인은 납입 또는 현물출자의 이행을 한 때에는 납입기일의 다음 날로부터 주주의 권리의무가 있다.

④ 신주의 발행으로 인한 변경등기가 있은 후에 주식인수의 청약이 취소된 때에는 이사와 감사가 이를 공동으로 인수한 것으로 본다.

⑤ 신주발행의 무효는 주주・이사 또는 감사에 한하여 신주를 발행한 날로부터 6월 내에 소만으로 이를 주장할 수 있다.

해설

① [O] 회사는 신주인수권증서를 발행하는 대신 정관으로 정하는 바에 따라 전자등록기관의 전자등록부에 신주인수권을 등록할 수 있다. 이 경우 제356조의2 제2항부터 제4항까지의 규정을 준용한다(상법 제420조의4).

② [O] 신주인수권의 양도는 신주인수권증서의 교부에 의하여서만 이를 행한다(상법 제420조의3 제1항).

③ [O] 신주의 인수인은 납입 또는 현물출자의 이행을 한 때에는 납입기일의 다음 날로부터 주주의 권리의무가 있다(상법 제423조 제1항).

④ [×] 신주의 발행으로 인한 변경등기가 있은 후에 아직 인수하지 아니한 주식이 있거나 주식인수의 청약이 취소된 때에는 이사가 이를 공동으로 인수한 것으로 본다(상법 제428조 제1항).

⑤ [O] 신주발행의 무효는 주주・이사 또는 감사에 한하여 신주를 발행한 날로부터 6월 내에 소만으로 이를 주장할 수 있다(상법 제429조).

답 ④

20 세무사 2022 ☑ 확인 Check! ○ △ ×

상법상 비상장주식회사의 주주배정방식 신주발행에 관한 설명으로 옳지 않은 것은?

① 회사가 성립한 날로부터 2년을 경과한 후에 주식을 발행하는 경우에는 회사는 주주총회 특별결의와 법원의 인가를 얻어서 주식을 액면미달 가액으로 발행할 수 있다.

② 회사가 액면미달 가액으로 주식을 발행한 경우에는 이사는 주식청약서를 작성할 때 그 발행조건과 미상각액을 적어야 한다.

③ 회사가 신주인수권증서를 발행하는 대신 정관으로 정하는 바에 따라 전자등록기관의 전자등록부에 신주인수권을 등록한 경우 신주인수권을 등록한 자는 등록된 신주인수권을 적법하게 보유한 것으로 추정한다.

④ 신주인수인이 납입기일에 납입을 하지 않은 경우 회사가 일정한 기일을 정해 납입을 최고하였음에도 신주인수인이 그 기일 내에 납입을 하지 않으면 그 권리를 잃는다.

⑤ 신주의 발행으로 인한 변경등기가 있은 후에 아직 인수하지 아니한 주식이 있거나 주식인수의 청약이 취소된 때에는 이사가 이를 공동으로 인수한 것으로 본다.

해설

① [O] 회사가 성립한 날로부터 2년을 경과한 후에 주식을 발행하는 경우에는 회사는 제434조의 규정에 의한 주주총회의 결의와 법원의 인가를 얻어서 주식을 액면미달의 가액으로 발행할 수 있다(상법 제417조 제1항).

② [O] 상법 제420조 제4호

> **상법 제420조(주식청약서)**
> 이사는 주식청약서를 작성하여 다음의 사항을 적어야 한다.
> 1. 제289조 제1항 제2호 내지 제4호에 게기한 사항
> 2. 제302조 제2항 제7호·제9호 및 제10호에 게기한 사항
> 3. 제416조 제1호 내지 제4호에 게기한 사항
> 4. 제417조에 따른 주식을 발행한 경우에는 그 발행조건과 미상각액(未償却額)
> 5. 주주에 대한 신주인수권의 제한에 관한 사항 또는 특정한 제3자에게 이를 부여할 것을 정한 때에는 그 사항
> 6. 주식발행의 결의연월일

③ [O] 상법 제420조의4, 제356조의2 제3항

> **상법 제420조의4(신주인수권의 전자등록)**
> 회사는 신주인수권증서를 발행하는 대신 정관으로 정하는 바에 따라 전자등록기관의 전자등록부에 신주인수권을 등록할 수 있다. 이 경우 제356조의2 제2항부터 제4항까지의 규정을 준용한다.
>
> **상법 제356조의2(주식의 전자등록)**
> ③ 전자등록부에 주식을 등록한 자는 그 등록된 주식에 대한 권리를 적법하게 보유한 것으로 추정하며, 이러한 전자등록부를 선의(善意)로, 그리고 중대한 과실 없이 신뢰하고 제2항의 등록에 따라 권리를 취득한 자는 그 권리를 적법하게 취득한다.

④ [×] 신주의 인수인이 납입기일에 납입 또는 현물출자의 이행을 하지 아니한 때에는 그 권리를 잃는다(상법 제423조 제2항). 회사설립과 달리 신주발행에서는 납입이 이루어지지 않는 경우 따로 실권절차를 두지 않고 바로 실권시킨다.
⑤ [O] 신주의 발행으로 인한 변경등기가 있은 후에 아직 인수하지 아니한 주식이 있거나 주식인수의 청약이 취소된 때에는 이사가 이를 공동으로 인수한 것으로 본다(상법 제428조 제1항).

답 ④

21 세무사 2024

☑ 확인 Check! ○ △ ×

상법상 신주의 위법 · 불공정 발행에 관한 설명으로 옳지 않은 것은?

① 회사가 법령에 위반하여 주식을 발행함으로써 주주가 불이익을 받을 염려가 있는 경우에는 그 주주는 회사에 대하여 그 발행을 유지할 것을 청구할 수 있다.
② 이사와 통모하여 현저하게 불공정한 발행가액으로 주식을 인수한 자는 회사에 대하여 공정한 발행가액과의 차액에 상당한 금액을 지급할 의무가 있다.
③ 신주발행으로 인한 변경등기를 한 날로부터 1년을 경과한 후에는 신주를 인수한 자는 주식청약서 요건의 흠결을 이유로 그 인수의 무효를 주장하지 못한다.
④ 신주발행으로 인한 변경등기가 있은 후에 아직 인수하지 아니한 주식은 회사가 인수한 것으로 본다.
⑤ 신주발행무효의 판결이 확정된 때에는 회사는 신주의 주주에 대하여 그 납입한 금액을 반환하여야 한다.

해설

① [O] 회사가 법령 또는 정관에 위반하거나 현저하게 불공정한 방법에 의하여 주식을 발행함으로써 주주가 불이익을 받을 염려가 있는 경우에는 그 주주는 회사에 대하여 그 발행을 유지할 것을 청구할 수 있다(상법 제424조).
② [O] 이사와 통모하여 현저하게 불공정한 발행가액으로 주식을 인수한 자는 회사에 대하여 공정한 발행가액과의 차액에 상당한 금액을 지급할 의무가 있다(상법 제424조의2 제1항).
③ [O] 신주의 발행으로 인한 변경등기를 한 날로부터 1년을 경과한 후에는 신주를 인수한 자는 주식청약서 또는 신주인수권증서의 요건의 흠결을 이유로 하여 그 인수의 무효를 주장하거나 사기, 강박 또는 착오를 이유로 하여 그 인수를 취소하지 못한다. 그 주식에 대하여 주주의 권리를 행사한 때에도 같다(상법 제427조).
④ [×] 신주의 발행으로 인한 변경등기가 있은 후에 아직 인수하지 아니한 주식이 있거나 주식인수의 청약이 취소된 때에는 이사가 이를 공동으로 인수한 것으로 본다(상법 제428조 제1항).
⑤ [O] 신주발행무효의 판결이 확정된 때에는 회사는 신주의 주주에 대하여 그 납입한 금액을 반환하여야 한다(상법 제432조 제1항).

답 ④

22 세무사 2021

☑ 확인Check! ○ △ ×

상법상 주식회사의 신주발행에 관한 설명으로 옳지 않은 것은?

① 이사와 통모하여 현저하게 불공정한 발행가액으로 주식을 인수한 자는 회사에 대하여 공정한 발행가액과의 차액에 상당한 금액을 지급할 의무가 있다.

② 신주의 발행으로 인한 변경등기를 한 날부터 1년을 경과한 후에는 신주를 인수한 자는 신주인수권증서의 요건의 흠결을 이유로 하여 그 인수의 무효를 주장하지 못한다.

③ 신주발행의 무효는 주주・이사 또는 감사에 한하여 신주를 발행한 날부터 6월 내에 소만으로 이를 주장할 수 있다.

④ 신주발행무효의 판결이 확정된 때에는 신주는 소급하여 그 효력을 잃는다.

⑤ 신주발행무효의 판결이 확정된 때에는 회사는 신주의 주주에 대하여 그 납입한 금액을 반환하여야 한다.

해설

① [O] 이사와 통모하여 현저하게 불공정한 발행가액으로 주식을 인수한 자는 회사에 대하여 공정한 발행가액과의 차액에 상당한 금액을 지급할 의무가 있다(상법 제424조의2 제1항).

② [O] 신주의 발행으로 인한 변경등기를 한 날로부터 1년을 경과한 후에는 신주를 인수한 자는 주식청약서 또는 신주인수권증서의 요건의 흠결을 이유로 하여 그 인수의 무효를 주장하거나 사기, 강박 또는 착오를 이유로 하여 그 인수를 취소하지 못한다. 그 주식에 대하여 주주의 권리를 행사한 때에도 같다(상법 제427조).

③ [O] 신주발행의 무효는 주주・이사 또는 감사에 한하여 신주를 발행한 날로부터 6월 내에 소만으로 이를 주장할 수 있다(상법 제429조).

④ [×] 신주발행무효의 판결이 확정된 때에는 신주는 <u>장래에 대하여 그 효력을 잃는다</u>(상법 제431조 제1항).

⑤ [O] 신주발행무효의 판결이 확정된 때에는 회사는 신주의 주주에 대하여 그 납입한 금액을 반환하여야 한다(상법 제432조 제1항).

 ④

23 세무사 2020

☑ 확인 Check! ○ △ ×

상법상 주식회사의 신주발행에 관한 설명으로 옳지 않은 것은?

① 신주의 인수인은 납입 또는 현물출자의 이행을 한 때에는 납입기일의 다음 날부터 주주의 권리의무가 있다.
② 신주인수권 증서가 발행되는 경우 신주인수인은 신주인수권 증서에 기재한 납입장소에서 납입하여야 한다.
③ 신주에 대하여 이미 주주의 권리를 행사한 주주는 신주의 발행으로 인한 변경등기를 한 날부터 1년 내에 한하여 사기, 강박 또는 착오를 이유로 그 인수를 취소할 수 있다.
④ 회사가 정관으로 정하는 바에 따라 전자등록기관의 전자등록부에 신주인수권을 등록한 경우 신주인수권의 양도는 전자등록부에 등록하여야 효력이 발생한다.
⑤ 신주발행의 무효는 주주・이사 또는 감사에 한하여 신주를 발행한 날부터 6개월 내에 소만으로 이를 주장할 수 있다.

해설

① [O] 신주의 인수인은 납입 또는 현물출자의 이행을 한 때에는 납입기일의 다음 날로부터 주주의 권리의무가 있다(상법 제423조 제1항).

② [O] 상법 제425조 제2항, 제305조 제2항

> **상법 제425조(준용규정)**
> ② 제305조 제2항의 규정은 신주인수권증서를 발행하는 경우에 이를 준용한다.
>
> **상법 제305조(주식에 대한 납입)**
> ② 전항의 납입은 주식청약서에 기재한 납입장소에서 하여야 한다.

③ [×] 신주의 발행으로 인한 변경등기를 한 날로부터 1년을 경과한 후에는 신주를 인수한 자는 주식청약서 또는 신주인수권증서의 요건의 흠결을 이유로 하여 그 인수의 무효를 주장하거나 사기, 강박 또는 착오를 이유로 하여 그 인수를 취소하지 못한다. 그 주식에 대하여 주주의 권리를 행사한 때에도 같다(상법 제427조).

④ [O] 상법 제420조의4, 제356조의2 제2항

> **상법 제420조의4(신주인수권의 전자등록)**
> 회사는 신주인수권증서를 발행하는 대신 정관으로 정하는 바에 따라 전자등록기관의 전자등록부에 신주인수권을 등록할 수 있다. 이 경우 제356조의2 제2항부터 제4항까지의 규정을 준용한다.
>
> **상법 제356조의2(주식의 전자등록)**
> ② 전자등록부에 등록된 주식의 양도나 입질은 전자등록부에 등록하여야 효력이 발생한다.

⑤ [O] 신주발행의 무효는 주주・이사 또는 감사에 한하여 신주를 발행한 날로부터 6월 내에 소만으로 이를 주장할 수 있다(상법 제429조).

답 ③

PART 3

24 법무사 2024

☑ 확인Check! ○ △ ×

비상장 주식회사의 신주발행에 관한 다음 설명 중 가장 옳지 않은 것은?

① 발행할 신주의 종류와 수에 관하여 정관에 규정이 없는 경우 이사회에서 이를 결정한다.

② 신주의 인수인이 납입기일에 납입 또는 현물출자를 이행하지 아니한 때에는 그 권리를 잃는다.

③ 신주의 인수인이 납입 또는 현물출자의 이행을 한 경우 주권을 교부받은 날부터 주주의 권리의무가 있다.

④ 신주인수권증서를 상실한 자는 주식청약서에 의하여 주식의 청약을 할 수 있지만 그 청약은 신주인수권증서에 의한 청약이 있는 때에는 그 효력을 잃는다.

⑤ 신주인수권증서가 발행되지 아니한 경우 신주인수권 양도의 제3자에 대한 대항요건으로는 지명채권의 양도와 마찬가지로 확정일자 있는 증서에 의한 양도통지 또는 회사의 승낙이라고 보는 것이 상당하다.

해설

① [O] 상법 제416조 제1호

> **상법 제416조(발행사항의 결정)**
> 회사가 그 성립 후에 주식을 발행하는 경우에는 다음의 사항으로서 정관에 규정이 없는 것은 이사회가 결정한다. 다만, 이 법에 다른 규정이 있거나 정관으로 주주총회에서 결정하기로 정한 경우에는 그러하지 아니하다.
> 1. 신주의 종류와 수
> 2. 신주의 발행가액과 납입기일
> 2의2. 무액면주식의 경우에는 신주의 발행가액 중 자본금으로 계상하는 금액
> 3. 신주의 인수방법
> 4. 현물출자를 하는 자의 성명과 그 목적인 재산의 종류, 수량, 가액과 이에 대하여 부여할 주식의 종류와 수
> 5. 주주가 가지는 신주인수권을 양도할 수 있는 것에 관한 사항
> 6. 주주의 청구가 있는 때에만 신주인수권증서를 발행한다는 것과 그 청구기간

② [O] 신주의 인수인이 납입기일에 납입 또는 현물출자의 이행을 하지 아니한 때에는 그 권리를 잃는다(상법 제423조 제2항). 회사설립과 달리 신주발행에서는 납입이 이루어지지 않는 경우 따로 실권절차를 두지 않고 바로 실권시킨다.

③ [×] 신주의 인수인은 납입 또는 현물출자의 이행을 한 때에는 납입기일의 다음 날로부터 주주의 권리의무가 있다(상법 제423조 제1항).

④ [O] 신주인수권증서를 상실한 자는 주식청약서에 의하여 주식의 청약을 할 수 있다. 그러나 그 청약은 신주인수권증서에 의한 청약이 있는 때에는 그 효력을 잃는다(상법 제420조의5 제2항).

⑤ [O] 주권발행 전의 주식의 양도는 지명채권 양도의 일반원칙에 따르고, 신주인수권증서가 발행되지 아니한 신주인수권의 양도 또한 주권발행 전의 주식양도에 준하여 지명채권 양도의 일반원칙에 따른다고 보아야 하므로, 주권발행 전의 주식양도나 신주인수권증서가 발행되지 아니한 신주인수권 양도의 제3자에 대한 대항요건으로는 지명채권의 양도와 마찬가지로 확정일자 있는 증서에 의한 양도통지 또는 회사의 승낙이라고 보는 것이 상당하고, 주주명부상의 명의개서는 주식 또는 신주인수권의 양수인들 상호 간의 대항요건이 아니라 적법한 양수인이 회사에 대한 관계에서 주주의 권리를 행사하기 위한 대항요건에 지나지 아니한다(대판 1995.5.23. 94다36421).

답 ③

25 법무사 2023

☑ 확인Check! ○ △ ✕

주식회사의 신주발행에 관한 다음 설명 중 가장 옳지 않은 것은?

① 신주발행무효의 소에서 신주를 발행한 날부터 6월의 출소기간이 경과한 후에는 새로운 무효사유를 추가하여 주장할 수 없다.

② 주식회사가 회사의 경영권 분쟁이 현실화된 상황에서 대주주나 경영진 등의 경영권이나 지배권 방어라는 목적을 달성하기 위하여 제3자에게 신주를 배정하는 것은 상법 제418조 제2항을 위반하여 주주의 신주인수권을 침해하는 것이고, 그로 인하여 회사의 지배구조에 심대한 변화가 초래되고 기존 주주들의 회사에 대한 지배권이 현저하게 약화되는 중대한 결과가 발생하는 경우에는 그러한 신주발행은 무효이다.

③ 신주 등의 발행에서 주주배정방식과 제3자배정방식을 구별하는 기준은 회사가 신주 등을 발행하면서 주주들에게 그들의 지분비율에 따라 신주 등을 우선적으로 인수할 기회를 부여하였는지 여부에 따라 객관적으로 결정되어야 하고, 신주 등의 인수권을 부여받은 주주들이 실제로 인수권을 행사함으로써 신주 등을 배정받았는지 여부에 좌우되는 것은 아니다.

④ 회사가 주주배정방식에 의하여 신주를 발행하려는데 주주가 인수를 포기하거나 청약을 하지 아니함으로써 그 인수권을 잃은 때에는 회사가 이사회 결의로 인수가 없는 부분을 제3자에게 처분할 수 있으나, 이 경우에도 실권된 신주를 제3자에게 발행하는 것에 관하여 정관에 반드시 근거 규정 자체는 있어야 한다.

⑤ 주식회사가 액면미달의 가액으로 주식을 발행하기 위해서는 설립등기를 마친 날로부터 2년이 경과한 후여야 하고, 반드시 주식의 최저발행가액을 정한 주주총회의 특별결의와 법원의 인가가 있어야 한다.

▌해설▐

① [O] 상법 제429조는 신주발행의 무효는 주주·이사 또는 감사에 한하여 신주를 발행한 날부터 6월 내에 소만으로 주장할 수 있다고 규정하고 있는데, 이는 신주발행에 수반되는 복잡한 법률관계를 조기에 확정하고자 하는 것으로서, 새로운 무효사유를 출소기간 경과 후에도 주장할 수 있도록 하면 법률관계가 불안정하게 되어 위 규정의 취지가 몰각된다는 점에 비추어, 위 규정은 무효사유의 주장시기도 제한하고 있는 것이라고 해석함이 타당하므로, 신주발행무효의 소에서 신주를 발행한 날부터 6월의 출소기간이 경과한 후에는 새로운 무효사유를 추가하여 주장할 수 없다(대판 2012.11.15. 2010다49380).

② [O] 상법 제418조 제1항, 제2항은 회사가 신주를 발행하는 경우 원칙적으로 기존 주주에게 배정하되 정관에 정한 경우에만 제3자에게 신주배정을 할 수 있게 하면서 그 사유도 신기술의 도입이나 재무구조의 개선 등 경영상 목적을 달성하기 위하여 필요한 경우에 한정함으로써 기존 주주의 신주인수권을 보호하고 있다. 따라서 주식회사가 신주를 발행할 때 회사의 경영상 목적을 달성하기 위하여 필요한 범위 안에서 정관이 정한 사유가 없는데도, 회사의 경영권 분쟁이 현실화된 상황에서 대주주나 경영진 등의 경영권이나 지배권 방어라는 목적을 달성하기 위하여 제3자에게 신주를 배정하는 것은 상법 제418조 제2항을 위반하여 주주의 신주인수권을 침해하는 것이고, 그로 인하여 회사의 지배구조에 심대한 변화가 초래되고 기존 주주들의 회사에 대한 지배권이 현저하게 약화되는 중대한 결과가 발생하는 경우에는 그러한 신주발행은 무효이다. 이러한 법리는 신주인수권부사채를 제3자에게 발행하는 경우에도 마찬가지로 적용된다(대판 2022.10.27. 2021다201054).

③ [O] 신주 등의 발행에서 주주배정방식과 제3자배정방식을 구별하는 기준은 회사가 신주 등을 발행하면서 주주들에게 그들의 지분비율에 따라 신주 등을 우선적으로 인수할 기회를 부여하였는지 여부에 따라 객관적으로 결정되어야 하고, 신주 등의 인수권을 부여받은 주주들이 실제로 인수권을 행사함으로써 신주 등을 배정받았는지 여부에 좌우되는 것은 아니다(대판 2012.11.15. 2010다49380).

PART 3

④ [×] 회사가 주주배정방식에 의하여 신주를 발행하려는데 주주가 인수를 포기하거나 청약을 하지 아니함으로써 그 인수권을 잃은 때에는 회사는 이사회 결의로 인수가 없는 부분에 대하여 자유로이 이를 제3자에게 처분할 수 있고, 이 경우 실권된 신주를 제3자에게 발행하는 것에 관하여 정관에 반드시 근거 규정이 있어야 하는 것은 아니다(대판 2012.11.15. 2010다49380).

⑤ [O] 상법 제417조 제1항, 제2항

> **상법 제417조(액면미달의 발행)**
> ① 회사가 성립한 날로부터 2년을 경과한 후에 주식을 발행하는 경우에는 회사는 제434조의 규정에 의한 주주총회의 결의와 법원의 인가를 얻어서 주식을 액면미달의 가액으로 발행할 수 있다.
> ② 전항의 주주총회의 결의에서는 주식의 최저발행가액을 정하여야 한다.

답 ④

제2절 | 자본의 감소

26 CPA 2022

☑ 확인 Check! ○ △ ×

상법상 주식회사의 자본금감소에 관한 설명으로 틀린 것은? (이견이 있으면 판례에 의함)

① 자본금의 감소에는 원칙적으로 주주총회의 특별결의가 있어야 한다.

② 결손의 보전을 위하여 자본금을 감소하는 경우 채권자보호절차가 필요하지 않다.

③ 주주총회의 자본금감소 결의에 취소 또는 무효의 하자가 있더라도 그 하자가 극히 중대하여 자본금감소가 존재하지 아니하는 정도에 이르는 등의 특별한 사정이 없는 한, 자본금감소의 효력이 발생한 후에는 자본금감소의 무효는 감자무효의 소에 의해서만 다툴 수 있다.

④ 감자무효의 판결은 대세적 효력과 불소급효가 있다.

⑤ 감자무효의 소는 청산인, 파산관재인 또는 자본금의 감소를 승인하지 아니한 채권자도 제기할 수 있으며, 자본금감소로 인한 변경등기가 된 날부터 6개월 내에 소만으로 주장할 수 있다.

해설

① [O] 자본금의 감소에는 제434조에 따른 결의가 있어야 한다(상법 제438조 제1항).

② [O] 자본금 감소의 경우에는 제232조(채권자의 이의)를 준용한다. 다만, 결손의 보전을 위하여 자본금을 감소하는 경우에는 그러하지 아니하다(상법 제439조 제2항).

③ [O] 상법 제445조는 자본감소의 무효는 주주 등이 자본감소로 인한 변경등기가 있은 날로부터 6월 내에 소만으로 주장할 수 있다고 규정하고 있으므로, 설령 주주총회의 자본감소 결의에 취소 또는 무효의 하자가 있다고 하더라도 그 하자가 극히 중대하여 자본감소가 존재하지 아니하는 정도에 이르는 등의 특별한 사정이 없는 한 자본감소의 효력이 발생한 후에는 자본감소 무효의 소에 의해서만 다툴 수 있다(대판 2010.2.11. 2009다83599).

④ [×] 상법 제446조가 소급효를 제한하는 제190조 단서를 제외하고 본문만 준용하고 있으므로 감자무효판결에는 대세효가 있고, 회사법상 일반적인 소와 달리 소급효도 인정된다.

> **상법 제446조(준용규정)**
> 제186조 내지 제189조 · 제190조 본문 · 191조 · 제192조 및 제377조의 규정은 제445조의 소(감자무효의 소)에 관하여 이를 준용한다.
>
> **상법 제190조(판결의 효력)**
> 설립무효의 판결 또는 설립취소의 판결은 제3자에 대하여도 그 효력이 있다. 그러나 판결확정전에 생긴 회사와 사원 및 제3자간의 권리의무에 영향을 미치지 아니한다.

⑤ [O] 자본금 감소의 무효는 주주 · 이사 · 감사 · 청산인 · 파산관재인 또는 자본금의 감소를 승인하지 아니한 채권자만이 자본금 감소로 인한 변경등기가 된 날부터 6개월 내에 소(訴)만으로 주장할 수 있다(상법 제445조).

답 ④

PART 3

27 CPA 2019

☑ 확인Check! ○ △ ✕

상법상 자본금의 감소에 관한 설명으로 옳은 것은?

① 회사가 결손의 보전을 위하여 감자하는 경우 그에 관한 의안의 주요내용은 주주총회 소집통지에 기재하여야 한다.

② 사채권자는 사채권자집회의 결의가 없더라도 자본금 감소에 대한 이의를 제기할 수 있다.

③ 주식병합으로 감자하는 경우 단주가 있는 때에는 그 부분에 대하여 발행한 신주를 경매하여 그 대금을 자본금에 전입하여야 한다.

④ 주식병합으로 감자하는 경우 단주가 있는 때에는 거래소의 시세없는 주식은 법원의 허가가 없어도 회사와 주주가 협의한 가격으로 매각할 수 있다.

⑤ 감자무효는 주주·이사 또는 감사만이 감자로 인한 변경등기가 된 날부터 6개월 내에 소만으로 주장할 수 있다.

해설

① [O] 상법 제438조 제3항

> **상법 제438조(자본금 감소의 결의)**
> ① 자본금의 감소에는 제434조에 따른 결의가 있어야 한다.
> ② 제1항에도 불구하고 결손의 보전(補塡)을 위한 자본금의 감소는 제368조 제1항의 결의에 의한다.
> ③ 자본금의 감소에 관한 의안의 주요내용은 제363조(소집의 통지)에 따른 통지에 적어야 한다.

② [✕] 사채권자는 사채권자집회의 결의가 있어야 자본금 감소에 대한 이의를 제기할 수 있다(상법 제439조 제3항 참조).

> **상법 제439조(자본금 감소의 방법, 절차)**
> ① 자본금 감소의 결의에서는 그 감소의 방법을 정하여야 한다.
> ③ 사채권자가 이의를 제기하려면 사채권자집회의 결의가 있어야 한다. 이 경우에는 법원은 이해관계인의 청구에 의하여 사채권자를 위하여 이의 제기 기간을 연장할 수 있다.

③ [✕], ④ [✕] 병합에 적당하지 아니한 수의 주식이 있는 때에는 그 병합에 적당하지 아니한 부분에 대하여 발행한 신주를 경매하여 각 주수에 따라 그 대금을 종전의 주주에게 지급하여야 한다. 그러나 거래소의 시세있는 주식은 거래소를 통하여 매각하고, 거래소의 시세없는 주식은 법원의 허가를 받아 경매외의 방법으로 매각할 수 있다(상법 제443조 제1항).

⑤ [✕] 자본금 감소의 무효는 주주·이사·감사·청산인·파산관재인 또는 자본금의 감소를 승인하지 아니한 채권자만이 자본금 감소로 인한 변경등기가 된 날부터 6개월 내에 소(訴)만으로 주장할 수 있다(상법 제445조).

 ①

28 CPA 2018

☑ 확인Check! ○ △ ×

상법상 주식회사의 자본금감소 및 감자무효의 소에 관한 설명으로 틀린 것은?

① 결손의 보전을 위하여 자본금을 감소하는 경우에는 주주총회의 결의를 거치지 않아도 된다.
② 자본금감소를 위한 채권자보호절차에서 사채권자가 이의를 제기하려면 사채권자집회의 결의가 있어야 한다.
③ 판례에 의하면 주주총회의 자본금감소결의에 하자가 있더라도 그 하자가 극히 중대하여 자본금감소가 존재하지 아니하는 정도에 이르는 등의 특별한 사정이 없는 한 자본금감소의 효력이 발생한 후에는 감자무효의 소에 의해서만 다툴 수 있다.
④ 자본금감소를 위한 채권자보호절차에서 이의를 제기하지 않은 채권자는 감자무효의 소를 제기할 수 없다.
⑤ 감자무효의 소가 그 심리 중에 원인이 된 하자가 보완되고 회사의 현황과 제반사정을 참작하여 감자를 무효로 하는 것이 부적당하다고 인정한 때에는 법원은 그 청구를 기각할 수 있다.

▌해설▐

① [×] 통상의 자본금 감소는 주주총회의 특별결의가 있어야 하나, 결손보전목적 자본금 감소는 회사재산에 실질적 변함이 없으므로 주주총회 보통결의에 의한다(상법 제438조 제1항, 제2항 참조).

> **상법 제438조(자본금 감소의 결의)**
> ① 자본금의 감소에는 제434조에 따른 결의가 있어야 한다.
> ② 제1항에도 불구하고 결손의 보전(補塡)을 위한 자본금의 감소는 제368조 제1항의 결의에 의한다.

② [O] 사채권자가 이의를 제기하려면 사채권자집회의 결의가 있어야 한다. 이 경우에는 법원은 이해관계인의 청구에 의하여 사채권자를 위하여 이의 제기 기간을 연장할 수 있다(상법 제439조 제3항).
③ [O] 상법 제445조는 자본감소의 무효는 주주 등이 자본감소로 인한 변경등기가 있은 날로부터 6월 내에 소만으로 주장할 수 있다고 규정하고 있으므로, 설령 주주총회의 자본감소 결의에 취소 또는 무효의 하자가 있다고 하더라도 그 하자가 극히 중대하여 자본감소가 존재하지 아니하는 정도에 이르는 등의 특별한 사정이 없는 한 자본감소의 효력이 발생한 후에는 자본감소 무효의 소에 의해서만 다툴 수 있다(대판 2010.2.11. 2009다83599).
④ [O] 자본금감소를 위한 채권자보호절차에서 이의를 제기하지 않은 채권자는 자본금의 감소를 승인한 것으로 보아 감자무효의 소를 제기할 수 없다(상법 제445조, 제439조 제2항, 제232조 제2항 참조).

> **상법 제445조(감자무효의 소)**
> 자본금 감소의 무효는 주주·이사·감사·청산인·파산관재인 또는 자본금의 감소를 승인하지 아니한 채권자만이 자본금 감소로 인한 변경등기가 된 날부터 6개월 내에 소(訴)만으로 주장할 수 있다.
>
> **상법 제439조(자본금 감소의 방법, 절차)**
> ② 자본금 감소의 경우에는 제232조를 준용한다. 다만, 결손의 보전을 위하여 자본금을 감소하는 경우에는 그러하지 아니하다.

PART 3

> **상법 제232조(채권자의 이의)**
> ① 회사는 합병의 결의가 있은 날부터 2주 내에 회사채권자에 대하여 합병에 이의가 있으면 일정한 기간내에 이를 제출할 것을 공고하고 알고 있는 채권자에 대하여는 따로따로 이를 최고하여야 한다. 이 경우 그 기간은 1월 이상이어야 한다.
> ② 채권자가 제1항의 기간내에 이의를 제출하지 아니한 때에는 합병을 승인한 것으로 본다.

⑤ [O] 상법 제446조, 제189조

> **상법 제446조(준용규정)**
> 제186조 내지 제189조·제190조 본문·제191조·제192조 및 제377조의 규정은 제445조의 소(감자무효의 소)에 관하여 이를 준용한다.
>
> **상법 제189조(하자의 보완 등과 청구의 기각)**
> 설립무효의 소 또는 설립취소의 소가 그 심리 중에 원인이 된 하자가 보완되고 회사의 현황과 제반사정을 참작하여 설립을 무효 또는 취소하는 것이 부적당하다고 인정한 때에는 법원은 그 청구를 기각할 수 있다.

답 ①

29 CPA 2016

확인 Check! ○ △ ×

상법상 주식회사의 자본금의 감소에 관한 설명으로 옳은 것은?

① 결손의 보전을 위하여 자본금을 감소하기 위해서는 주주총회의 특별결의가 있어야 한다.
② 회사는 결손의 보전을 위한 자본금의 감소를 결의한 날부터 2주 내에 회사채권자에 대하여 1월 이상의 기간을 정하여 그 기간 내에 이의를 제출할 것을 공고해야 한다.
③ 주주총회는 자본금의 감소를 결의하면서 감소의 방법을 전혀 정하지 않고 추후 이사회가 정하게 할 수 있다.
④ 자본금 감소의 채권자보호절차에서 사채권자가 이의를 제기하려면 사채권자집회의 결의가 있어야 한다.
⑤ 자본금 감소의 무효를 인정하는 판결이 확정되면 그 판결은 제3자에 대하여도 효력이 있지만 소급효는 없다.

해설

① [×] 자본금의 감소에는 주주총회 특별결의가 있어야 하지만(상법 제438조 제1항 참조), 결손의 보전을 위한 자본금의 감소는 회사재산에 실질적 변함이 없으므로 주주총회 보통결의에 의한다(상법 제438조 제2항 참조).

> **상법 제438조(자본금 감소의 결의)**
> ① 자본금의 감소에는 제434조에 따른 결의가 있어야 한다.
> ② 제1항에도 불구하고 결손의 보전을 위한 자본금의 감소는 제368조 제1항의 결의에 의한다.

② [×] 자본금 감소의 경우에는 실제 순자산이 감소하여 채권자의 이해관계에 중대한 영향을 미치므로 채권자보호절차가 요구된다(상법 제439조 제2항 본문 참조). 그러나 결손의 보전을 위한 자본금의 감소는 회사의 순자산에 영향이 없으므로 채권자보호절차를 거칠 필요가 없다(상법 제439조 제2항 단서 참조).

> **상법 제439조(자본금 감소의 방법, 절차)**
> ② 자본금 감소의 경우에는 제232조를 준용한다. 다만, 결손의 보전을 위하여 자본금을 감소하는 경우에는 그러하지 아니하다.
>
> **상법 제232조(채권자의 이의)**
> ① 회사는 합병의 결의가 있은 날부터 2주 내에 회사채권자에 대하여 합병에 이의가 있으면 일정한 기간내에 이를 제출할 것을 공고하고 알고 있는 채권자에 대하여는 따로따로 이를 최고하여야 한다. 이 경우 그 기간은 1월 이상이어야 한다.

③ [×] 자본금 감소의 결의에서는 그 감소의 방법을 정하여야 한다(상법 제439조 제1항).

④ [O] 사채권자가 이의를 제기하려면 사채권자집회의 결의가 있어야 한다. 이 경우에는 법원은 이해관계인의 청구에 의하여 사채권자를 위하여 이의 제기 기간을 연장할 수 있다(상법 제439조 제3항).

⑤ [×] 상법 제446조가 소급효를 제한하는 제190조 단서를 제외하고 본문만 준용하고 있으므로 감자무효판결에는 대세효가 있으며, 회사법상 일반적인 소와 달리 소급효가 인정된다(상법 제446조, 제190조 참조).

> **상법 제446조(준용규정)**
> 제186조 내지 제189조 · 제190조 본문 · 191조 · 제192조 및 제377조의 규정은 제445조(감자무효의 소)의 소에 관하여 이를 준용한다.
>
> **상법 제190조(판결의 효력)**
> 설립무효의 판결 또는 설립취소의 판결은 제3자에 대하여도 그 효력이 있다. 그러나 판결확정전에 생긴 회사와 사원 및 제3자간의 권리의무에 영향을 미치지 아니한다.

답 ④

30 세무사 2023

☑ 확인 Check! ○ △ ✕

상법상 주식회사의 자본금 감소에 관한 설명으로 옳은 것은?

> 甲주식회사는 결손을 보전하기 위하여 임시주주총회에서 자본금 감소를 의결했다. 명의개서 정지, 주주총회 소집결의, 주주총회 승인결의가 있었고 이 과정에서 일부주주의 반대가 있었다.

① 위 사례의 경우에 자본금을 감소하려면 주주총회의 특별결의를 거쳐야 한다.
② 위 사례의 경우에 자본금 감소에 반대한 주주의 주식매수청구권이 인정된다.
③ 위 사례의 경우에 출자의 환급이 없기 때문에 채권자 보호절차를 요하지 않는다.
④ 위 사례의 자본금 감소의 경우에는 회사재산이 감소한다.
⑤ 위 사례의 자본금 감소의 효력은 변경등기함으로써 발생한다.

해설

① [✕] 자본금의 감소에는 주주총회 특별결의가 있어야 하지만(상법 제438조 제1항 참조), 결손의 보전을 위한 자본금의 감소는 회사재산에 실질적 변함이 없으므로 주주총회 보통결의에 의한다(상법 제438조 제2항 참조).

> **상법 제438조(자본금 감소의 결의)**
> ① 자본금의 감소에는 제434조에 따른 결의가 있어야 한다.
> ② 제1항에도 불구하고 결손의 보전을 위한 자본금의 감소는 제368조 제1항의 결의에 의한다.

② [✕] 특별결의사항이더라도 정관변경, 자본금 감소, 분할, 해산 등의 경우에는 반대주주에게 주식매수청구권이 인정되지 않는다.

③ [O] 자본금 감소의 경우에는 실제 순자산이 감소하여 채권자의 이해관계에 중대한 영향을 미치므로 채권자보호절차가 요구된다(상법 제439조 제2항 본문 참조). 그러나 결손의 보전을 위한 자본금의 감소는 회사의 순자산에 영향이 없으므로 채권자보호절차를 거칠 필요가 없다(상법 제439조 제2항 단서 참조).

> **상법 제439조(자본금 감소의 방법, 절차)**
> ② 자본금 감소의 경우에는 제232조를 준용한다. 다만, 결손의 보전을 위하여 자본금을 감소하는 경우에는 그러하지 아니하다.
>
> **상법 제232조(채권자의 이의)**
> ① 회사는 합병의 결의가 있은 날부터 2주 내에 회사채권자에 대하여 합병에 이의가 있으면 일정한 기간내에 이를 제출할 것을 공고하고 알고 있는 채권자에 대하여는 따로따로 이를 최고하여야 한다. 이 경우 그 기간은 1월 이상이어야 한다.

④ [✕] 결손보전 목적의 자본금 감소는 결손을 보전하기 위하여 보전되는 결손액과 같은 금액의 자본금을 무상으로 감소시키는 것을 말한다. 자본금은 감소하지만 회사재산의 감소는 없다.

⑤ [×] 채권자보호 절차가 필요 없는 결손보전 목적의 자본금 감소는 주권제출기간이 만료한 때 효력이 발생한다(상법 제343조 제2항, 제440조, 제441조 참조). 자본금이 감소되면 등기사항에 변경이 생기므로 변경등기를 해야 하지만, 변경등기는 자본금감소의 효력발생과는 관계가 없다.

> **상법 제343조(주식의 소각)**
> ② 자본금감소에 관한 규정에 따라 주식을 소각하는 경우에는 제440조 및 제441조를 준용한다.
>
> **상법 제440조(주식병합의 절차)**
> 주식을 병합할 경우에는 회사는 1월 이상의 기간을 정하여 그 뜻과 그 기간 내에 주권을 회사에 제출할 것을 공고하고 주주명부에 기재된 주주와 질권자에 대하여는 각별로 그 통지를 하여야 한다.
>
> **상법 제441조(동전)**
> 주식의 병합은 전조의 기간이 만료한 때에 그 효력이 생긴다. 그러나 제232조의 규정에 의한 절차가 종료하지 아니한 때에는 그 종료한 때에 효력이 생긴다.

 ③

31 세무사 2022

☑ 확인 Check! ○ △ ×

상법상 주식회사의 자본금감소 무효의 소에 관한 설명으로 옳지 않은 것은?

① 자본금 감소를 승인하지 않은 회사채권자는 자본금감소 무효의 소를 제기할 수 있다.
② 자본금감소 무효의 소는 회사를 피고로 하여 제기해야 한다.
③ 주식병합절차에 따라 자본금을 감소하는 경우 주권제출기간이 만료하기 전에 자본금감소 무효의 소를 제기할 수 없다.
④ 자본금감소 무효판결이 확정된 경우 자본금감소 무효의 소를 제기한 자가 아니라도 자본금감소의 무효를 주장할 수 있다.
⑤ 자본금감소 무효판결이 확정된 경우 그 판결의 효력은 소급하지 않는다.

▌해설▐

① [○] 자본금 감소의 무효는 주주・이사・감사・청산인・파산관재인 또는 자본금의 감소를 승인하지 아니한 채권자만이 자본금 감소로 인한 변경등기가 된 날부터 6개월 내에 소만으로 주장할 수 있다(상법 제445조).
② [○] 피고에 관하여 상법상 규정은 없으나 판결이 대세효를 갖는다는 점을 고려하여 회사만 피고가 될 수 있다는 것이 통설적 입장이다.
③ [○] 자본금감소 무효의 소는 자본금 감소로 인한 변경등기가 된 날부터 6개월 내에만 제기할 수 있다(상법 제445조 참조). 그런데 주식병합절차에 따른 자본금 감소로 인한 변경등기는 등기된 자본금의 액과 발행주식총수의 변경이 있는 경우에 하는 것이고(상법 제317조 제2항 제2호・제3호, 제317조 제4항, 제183조 참조), 주식병합은 주권제출기간이 만료한 때에 효력이 생기지만, 만일 채권자보호절차가 종료되지 아니한 때에는 그 절차가 종료된 때 효력이 생긴다(상법 제440조, 제441조 참조). 결국 주권제출기간이 만료하기 전에는 자본금감소로 인한 변경등기가 없으므로 자본금감소 무효의 소를 제기할 수 없게 된다.

④ [O] 자본금감소 무효판결은 대세효가 있다(상법 제446조, 제190조 본문).
⑤ [×] 상법 제446조가 소급효를 제한하는 제190조 단서를 제외하고 본문만 준용하고 있으므로 회사법상 일반적인 소와 달리 자본금감소 무효판결은 소급효가 있다.

상법 제446조(준용규정)
제186조 내지 제189조 · 제190조 본문 · 제191조 · 제192조 및 제377조의 규정은 제445조의 소에 관하여 이를 준용한다.

상법 제190조(판결의 효력)
설립무효의 판결 또는 설립취소의 판결은 제3자에 대하여도 그 효력이 있다. 그러나 판결확정전에 생긴 회사와 사원 및 제3자간의 권리의무에 영향을 미치지 아니한다.

 ⑤

32 세무사 2021

☑ 확인Check! ○ △ ×

상법상 주식회사의 자본금 감소에 관한 설명으로 옳은 것은?

① 결손의 보전을 위하여 자본금을 감소하는 경우에는 주주총회의 특별결의가 필요하다.
② 자본금의 감소를 승인한 채권자는 자본금 감소로 인한 변경등기가 된 날부터 6개월 내에 소만으로 자본금 감소의 무효를 주장할 수 있다.
③ 자본금 감소 무효의 판결은 대세적 효력이 있으며, 소급효가 인정된다.
④ 사채권자는 사채권자집회의 결의가 없어도 이의를 제기할 수 있다.
⑤ 결손의 보전을 위하여 자본금을 감소하는 경우에는 채권자 보호절차를 거쳐야 한다.

▎해설▐

① [×] 상법 제438조 제2항

상법 제438조(자본금 감소의 결의)
① 자본금의 감소에는 제434조에 따른 결의가 있어야 한다.
② 제1항에도 불구하고 결손의 보전(補塡)을 위한 자본금의 감소는 제368조 제1항의 결의에 의한다.

② [×] 자본금 감소의 무효는 주주 · 이사 · 감사 · 청산인 · 파산관재인 또는 자본금의 감소를 승인하지 아니한 채권자만이 자본금 감소로 인한 변경등기가 된 날부터 6개월 내에 소(訴)만으로 주장할 수 있다(상법 제445조).

③ [O] 상법 제446조가 소급효를 제한하는 제190조 단서를 제외하고 본문만 준용하고 있으므로 감자무효판결에는 대세효가 있으며, 회사법상 일반적인 소와 달리 소급효도 인정된다(상법 제446조, 제190조 참조).

> **상법 제446조(준용규정)**
> 제186조 내지 제189조 · 제190조 본문 · 제191조 · 제192조 및 제377조의 규정은 제445조의 소에 관하여 이를 준용한다.
>
> **상법 제190조(판결의 효력)**
> 설립무효의 판결 또는 설립취소의 판결은 제3자에 대하여도 그 효력이 있다. 그러나 판결확정전에 생긴 회사와 사원 및 제3자간의 권리의무에 영향을 미치지 아니한다.

④ [×] 사채권자가 이의를 제기하려면 사채권자집회의 결의가 있어야 한다. 이 경우에는 법원은 이해관계인의 청구에 의하여 사채권자를 위하여 이의제기 기간을 연장할 수 있다(상법 제439조 제3항).

⑤ [×] 자본금 감소의 경우에는 제232조(채권자이의절차)를 준용한다. 다만, 결손의 보전을 위하여 자본금을 감소하는 경우에는 그러하지 아니하다(상법 제439조 제2항).

답 ③

33 세무사 2020

☑ 확인Check! ○ △ ×

상법상 주식회사의 자본금 감소에 관한 설명으로 옳지 않은 것은?

① 회사가 자본금을 감소하는 경우 주주총회의 특별결의로 그 감소의 방법을 정하여야 한다.
② 주식병합을 통한 자본금 감소의 효력은 본점소재지에서 자본금 변경등기를 한 때에 발생한다.
③ 회사가 결손의 보전을 위하여 자본금을 감소하는 경우에는 채권자이의절차를 거치지 않아도 된다.
④ 회사의 자본금 감소에 대하여 사채권자가 이의를 제기하려면 사채권자집회의 결의가 있어야 한다.
⑤ 자본금 감소의 무효는 주주 · 이사 · 감사 · 청산인 · 파산관재인 또는 자본금의 감소를 승인하지 아니한 채권자만이 자본금 감소로 인한 변경등기가 된 날부터 6개월 내에 소만으로 주장할 수 있다.

▌해설▐

① [O] 자본금의 감소는 원칙적으로 주주총회의 특별결의에 의하여야 하고, 결손 보전 목적의 자본금 감소는 주주총회의 보통결의에 의하여야 한다. 각 결의에서는 그 감소의 방법을 정하여야 한다(상법 제438조 제1항, 제2항 참조).

> **상법 제438조(자본금 감소의 결의)**
> ① 자본금의 감소에는 제434조에 따른 결의가 있어야 한다.
> ② 제1항에도 불구하고 결손의 보전(補塡)을 위한 자본금의 감소는 제368조 제1항의 결의에 의한다.
>
> **상법 제439조(자본금 감소의 방법, 절차)**
> ① 자본금 감소의 결의에서는 그 감소의 방법을 정하여야 한다.

PART 3

② [×] 주식병합을 통한 자본금 감소의 효력은 주권제출기간 만료 시에 발생한다. 다만 채권자보호절차가 종료하지 아니한 때에는 그 종료한 때에 생긴다(상법 제441조 참조).

> **상법 제440조(주식병합의 절차)**
> 주식을 병합할 경우에는 회사는 1월 이상의 기간을 정하여 그 뜻과 그 기간 내에 주권을 회사에 제출할 것을 공고하고 주주명부에 기재된 주주와 질권자에 대하여는 각별로 그 통지를 하여야 한다.
>
> **상법 제441조(동전)**
> 주식의 병합은 전조의 기간이 만료한 때에 그 효력이 생긴다. 그러나 제232조(채권자의 이의)의 규정에 의한 절차가 종료하지 아니한 때에는 그 종료한 때에 효력이 생긴다.

③ [O] 자본금 감소의 경우에는 제232조(채권자의 이의)를 준용한다. 다만, 결손의 보전을 위하여 자본금을 감소하는 경우에는 그러하지 아니하다(상법 제439조 제2항).
④ [O] 사채권자가 이의를 제기하려면 사채권자집회의 결의가 있어야 한다. 이 경우에는 법원은 이해관계인의 청구에 의하여 사채권자를 위하여 이의제기 기간을 연장할 수 있다(상법 제439조 제3항).
⑤ [O] 자본금 감소의 무효는 주주·이사·감사·청산인·파산관재인 또는 자본금의 감소를 승인하지 아니한 채권자만이 자본금 감소로 인한 변경등기가 된 날부터 6개월 내에 소만으로 주장할 수 있다(상법 제445조).

답 ②

34 법무사 2024

☑ 확인 Check! ○ △ ×

자본금 감소에 관한 다음 설명 중 가장 옳지 않은 것은?

① 주식병합을 통한 자본금 감소에 이의가 있는 주주·이사·감사·청산인·파산관재인 또는 자본금의 감소를 승인하지 않은 채권자는 자본금감소로 인한 변경등기가 된 날부터 6개월 내에 감자무효의 소를 제기할 수 있다.
② 주주총회의 자본금 감소 결의에 취소 또는 무효의 하자가 있다고 하더라도 그 하자가 극히 중대하여 자본감소가 존재하지 아니하는 정도에 이르는 등의 특별한 사정이 없는 한 자본감소의 효력이 발생한 후에는 감자무효의 소에 의해서만 다툴 수 있다.
③ 상법은 자본금 감소의 무효와 관련하여 개별적인 무효사유를 열거하고 있지 않으므로, 자본금 감소의 방법 또는 기타 절차가 주주평등의 원칙에 반하는 경우, 기타 법령·정관에 위반하거나 민법상 일반원칙인 신의성실의 원칙에 반하여 현저히 불공정한 경우에 무효소송을 제기할 수 있다.
④ 만일 주주의 주식수에 따라 다른 비율로 주식병합을 하여 차등감자가 이루어진다면 이는 주주평등의 원칙에 반하여 자본금 감소 무효의 원인이 될 수 있다. 또한 주식병합을 통한 자본금 감소가 현저하게 불공정하게 이루어져 권리남용금지의 원칙이나 신의성실의 원칙에 반하는 경우에도 자본금 감소 무효의 원인이 될 수 있다.
⑤ 자본금 감소를 위한 주식소각 절차에 하자가 있다면, 주주 등은 자본금 감소로 인한 변경등기가 된 날부터 6개월 내에 소로써만 무효를 주장할 수 있으므로, 이사가 주식소각 과정에서 법령을 위반하여 회사에 손해를 끼친 사실이 인정될 때에는 감자무효의 판결이 확정되어야 상법 제399조 제1항에 따라 회사에 대하여 손해배상책임을 부담한다.

▍해설▍

① [O], ③ [O], ④ [O] 주식병합을 통한 자본금 감소에 이의가 있는 주주・이사・감사・청산인・파산관재인 또는 자본금의 감소를 승인하지 않은 채권자는 자본금 감소로 인한 변경등기가 된 날부터 6개월 내에 자본금 감소 무효의 소를 제기할 수 있다(상법 제445조). 상법은 자본금 감소의 무효와 관련하여 개별적인 무효사유를 열거하고 있지 않으므로, 자본금 감소의 방법 또는 기타 절차가 주주평등의 원칙에 반하는 경우, 기타 법령・정관에 위반하거나 민법상 일반원칙인 신의성실의 원칙에 반하여 현저히 불공정한 경우에 무효소송을 제기할 수 있다. 즉 주주평등의 원칙은 그가 가진 주식의 수에 따른 평등한 취급을 의미하는데, 만일 주주의 주식수에 따라 다른 비율로 주식병합을 하여 차등감자가 이루어진다면 이는 주주평등의 원칙에 반하여 자본금 감소 무효의 원인이 될 수 있다. 또한 주식병합을 통한 자본금 감소가 현저하게 불공정하게 이루어져 권리남용금지의 원칙이나 신의성실의 원칙에 반하는 경우에도 자본금 감소 무효의 원인이 될 수 있다(대판 2020.11.26. 2018다283315).

② [O] 상법 제445조는 자본감소의 무효는 주주 등이 자본감소로 인한 변경등기가 있은 날로부터 6월 내에 소만으로 주장할 수 있다고 규정하고 있으므로, 설령 주주총회의 자본감소 결의에 취소 또는 무효의 하자가 있다고 하더라도 그 하자가 극히 중대하여 자본감소가 존재하지 아니하는 정도에 이르는 등의 특별한 사정이 없는 한 자본감소의 효력이 발생한 후에는 자본감소 무효의 소에 의해서만 다툴 수 있다(대판 2010.2.11. 2009다83599).

⑤ [X] 이사가 고의 또는 과실로 법령 또는 정관에 위반한 행위를 하거나 그 임무를 게을리한 경우에는 그 이사는 회사에 대하여 연대하여 손해를 배상할 책임이 있다(상법 제399조 제1항). 이사가 임무를 수행함에 있어서 법령을 위반한 행위를 한 때에는 그 행위 자체가 회사에 대하여 채무불이행에 해당하므로, 그로 인하여 회사에 손해가 발생한 이상 특별한 사정이 없는 한 손해배상책임을 면할 수 없다. 자본금 감소를 위한 주식소각 절차에 하자가 있다면, 주주 등은 자본금 감소로 인한 변경등기가 된 날부터 6개월 내에 소로써만 무효를 주장할 수 있다(상법 제445조). 그러나 이사가 주식소각 과정에서 법령을 위반하여 회사에 손해를 끼친 사실이 인정될 때에는 <u>감자무효의 판결이 확정되었는지 여부와 관계없이</u> 상법 제399조 제1항에 따라 회사에 대하여 손해배상책임을 부담한다(대판 2021.7.15. 2018다298744).

35 CPA 2022

☑ 확인Check! ○ △ ×

상법상 주식회사의 사채(社債)에 관한 설명으로 틀린 것은?

① 회사는 원칙적으로 이사회의 결의에 의하여 사채를 발행할 수 있다.

② 사채의 모집이 완료한 때에는 이사는 지체없이 인수인에 대하여 각 사채의 전액 또는 제1회의 납입을 시켜야 한다.

③ 회사가 채권을 기명식에 한할 것을 정한 때에도, 사채권자가 기명식의 채권을 무기명식으로 할 것을 회사에 청구하면 회사는 사채권자의 청구대로 이를 변경하여야 한다.

④ 주주 외의 자에 대하여 신주인수권부사채를 발행하는 경우, 그 발행할 수 있는 신주인수권부사채의 액, 신주인수권의 내용과 신주인수권을 행사할 수 있는 기간에 관하여 정관의 규정이 없으면 주주총회의 특별결의로써 이를 정하여야 한다.

⑤ 이권있는 무기명식의 사채를 상환하는 경우에 이권이 흠결된 때에는 그 이권에 상당한 금액을 상환액으로부터 공제한다.

해설

① [O] 상법 제469조 제1항

> **상법 제469조(사채의 발행)**
> ① 회사는 이사회의 결의에 의하여 사채(社債)를 발행할 수 있다.
> ④ 제1항에도 불구하고 정관으로 정하는 바에 따라 이사회는 대표이사에게 사채의 금액 및 종류를 정하여 1년을 초과하지 아니하는 기간 내에 사채를 발행할 것을 위임할 수 있다.

② [O] 사채의 모집이 완료한 때에는 이사는 지체없이 인수인에 대하여 각 사채의 전액 또는 제1회의 납입을 시켜야 한다(상법 제476조 제1항).

③ [×] 사채권자는 언제든지 기명식의 채권을 무기명식으로, 무기명식의 채권을 기명식으로 할 것을 회사에 청구할 수 있다. 그러나 채권을 기명식 또는 무기명식에 한할 것으로 정한 때에는 그러하지 아니하다(상법 제480조).

④ [O] 주주외의 자에 대하여 신주인수권부사채를 발행하는 경우에 그 발행할 수 있는 신주인수권부사채의 액, 신주인수권의 내용과 신주인수권을 행사할 수 있는 기간에 관하여 정관에 규정이 없으면 제434조의 결의로써 이를 정하여야 한다. 이 경우 제418조 제2항 단서의 규정을 준용한다(상법 제516조의2 제4항).

⑤ [O] 이권있는 무기명식의 사채를 상환하는 경우에 이권이 흠결된 때에는 그 이권에 상당한 금액을 상환액으로부터 공제한다(상법 제486조 제1항).

 ③

36 CPA 2020

☑ 확인 Check! ○ △ ✕

상법상 사채에 관한 설명으로 옳은 것은?

① 사채관리회사는 사채권자를 위하여 사채에 관한 채권을 변제받기 위하여 필요한 재판상 또는 재판 외의 모든 행위를 할 수 있다.

② 사채의 인수인은 그 사채의 사채관리회사가 될 수 있다.

③ 기명사채의 이전은 취득자의 성명과 주소를 사채원부에 기재하고 그 성명을 채권에 기재하지 아니하면, 그 취득자는 회사에 대항하지 못하지만 제3자에게는 대항할 수 있다.

④ 사채의 모집이 완료된 때에는 사채인수인은 사채의 전액을 납입하여야 하고, 이 경우 분할납입은 허용되지 않는다.

⑤ 판례에 의하면, 전환사채발행무효의 소에는 신주발행무효의 소에 관한 6월 내의 제소기간 규정이 유추적용되지 않는다.

해설

① [O] 사채관리회사는 사채권자를 위하여 사채에 관한 채권을 변제받거나 채권의 실현을 보전하기 위하여 필요한 재판상 또는 재판 외의 모든 행위를 할 수 있다(상법 제484조 제1항).

② [×] 사채의 인수인은 그 사채의 사채관리회사가 될 수 없다(상법 제480조의3 제2항).

③ [×] 기명사채의 이전은 취득자의 성명과 주소를 사채원부에 기재하고 그 성명을 채권에 기재하지 아니하면 회사 기타의 제3자에게 대항하지 못한다(상법 제479조 제1항).

④ [×] 사채의 모집이 완료한 때에는 이사는 지체없이 인수인에 대하여 각 사채의 전액 또는 제1회의 납입을 시켜야 한다(상법 제476조 제1항). 사채의 경우에는 주금의 납입과 달리 분할납입이 가능하다.

⑤ [×] 상법은 제516조 제1항에서 신주발행의 유지청구권에 관한 제424조 및 불공정한 가액으로 주식을 인수한 자의 책임에 관한 제424조의2 등을 전환사채의 발행의 경우에 준용한다고 규정하면서도 신주발행무효의 소에 관한 제429조의 준용 여부에 대해서는 아무런 규정을 두고 있지 않으나, 전환사채는 전환권의 행사에 의하여 장차 주식으로 전환될 수 있는 권리가 부여된 사채로서, 이러한 전환사채의 발행은 주식회사의 물적 기초와 기존 주주들의 이해관계에 영향을 미친다는 점에서 사실상 신주를 발행하는 것과 유사하므로, 전환사채의 발행의 경우에도 신주발행무효의 소에 관한 상법 제429조가 유추적용된다(대판 2004.6.25. 2000다37326).

답 ①

37 CPA 2016

☑ 확인Check! ○ △ ✕

상법상 주식회사의 사채발행에 관한 설명으로 옳은 것은?

① 이사회는 정관의 규정에 따라 대표이사에게 사채의 금액 및 종류를 정하여 1년을 초과하지 아니하는 기간 내에 사채를 발행할 것을 위임할 수 있다.

② 사채를 발행하는 회사는 사채권자의 보호를 위하여 반드시 사채관리회사를 정하여 사채의 관리를 위탁해야 한다.

③ 사채의 인수인이 은행인 경우 인수인도 그 사채의 사채관리회사가 될 수 있다.

④ 사채관리회사는 사채권자를 위하여 사채에 관한 채권을 변제받기 위하여 필요한 재판상의 행위를 할 수 없다.

⑤ 사채권자집회의 결의는 사채권자 전원이 찬성하더라도 법원의 인가가 있어야 효력이 발생한다.

해설

① [O] 상법 제469조 제4항

> **상법 제469조(사채의 발행)**
> ① 회사는 이사회의 결의에 의하여 사채(社債)를 발행할 수 있다.
> ④ 제1항에도 불구하고 정관으로 정하는 바에 따라 이사회는 대표이사에게 사채의 금액 및 종류를 정하여 1년을 초과하지 아니하는 기간 내에 사채를 발행할 것을 위임할 수 있다.

② [×] 회사는 사채를 발행하는 경우에 사채관리회사를 정하여 변제의 수령, 채권의 보전, 그 밖에 사채의 관리를 위탁할 수 있다(상법 제480조의2).

③ [×] 은행은 사채관리회사가 될 수 있으나, 사채의 인수인이 되면 그 사채의 사채관리회사가 될 수 없다(상법 제480조의3 제1항, 제2항 참조).

> **상법 제480조의3(사채관리회사의 자격)**
> ① 은행, 신탁회사, 그 밖에 대통령령으로 정하는 자가 아니면 사채관리회사가 될 수 없다.
> ② 사채의 인수인은 그 사채의 사채관리회사가 될 수 없다.

④ [×] 사채관리회사는 사채권자를 위하여 사채에 관한 채권을 변제받거나 채권의 실현을 보전하기 위하여 필요한 재판상 또는 재판 외의 모든 행위를 할 수 있다(상법 제484조 제1항).

⑤ [×] 사채권자집회의 결의는 법원의 인가를 받음으로써 그 효력이 생긴다. 다만, 그 종류의 사채권자 전원이 동의한 결의는 법원의 인가가 필요하지 아니하다(상법 제498조 제1항).

 ①

38 CPA 2017

☑ 확인Check! ○ △ ✕

상법상 주식회사의 사채에 관한 설명으로 옳은 것은?

① 사채를 발행하기 위하여는 주주총회의 결의가 필요하다.
② 사채의 납입에는 분할납입이 가능하지만 사채의 상환에는 분할상환이 인정되지 않는다.
③ 사채의 상환청구권은 5년간 행사하지 아니하면 소멸시효가 완성된다.
④ 사채관리회사가 둘 이상 있을 때에는 그 권한에 속하는 행위는 공동으로 하여야 한다.
⑤ 사채권자는 이사회의 승인을 받아야 기명식의 채권을 무기명식으로 할 것을 회사에 청구할 수 있다.

▌해설▌

① [✕] 회사는 이사회의 결의에 의하여 사채(社債)를 발행할 수 있다(상법 제469조 제1항).
② [✕] 사채의 납입에는 분할납입이 가능하고(상법 제474조 제2항 제9호, 제476조 제1항 참조), 사채의 상환을 분할상환방법으로 하는 것도 인정된다(상법 제474조 제2항 제8호 참조).

> **상법 제474조(공모발행, 사채청약서)**
> ② 사채청약서는 이사가 작성하고 다음의 사항을 적어야 한다.
> … (중략) …
> 8. 사채의 상환과 이자지급의 방법과 기한
> 9. 사채를 수회에 분납할 것을 정한 때에는 그 분납금액과 시기
> … (하략) …
>
> **상법 제476조(납입)**
> ① 사채의 모집이 완료한 때에는 이사는 지체없이 인수인에 대하여 각 사채의 전액 또는 제1회의 납입을 시켜야 한다.

③ [✕] 사채의 상환청구권은 10년간 행사하지 아니하면 소멸시효가 완성한다(상법 제487조 제1항).
④ [O] 사채관리회사가 둘 이상 있을 때에는 그 권한에 속하는 행위는 공동으로 하여야 한다(상법 제485조 제1항).
⑤ [✕] 사채권자는 언제든지 기명식의 채권을 무기명식으로, 무기명식의 채권을 기명식으로 할 것을 회사에 청구할 수 있다. 그러나 채권을 기명식 또는 무기명식에 한할 것으로 정한 때에는 그러하지 아니하다(상법 제480조).

답 ④

PART 3

39 세무사 2022

☑ 확인 Check! ○ △ ×

상법상 비상장주식회사의 사채에 관한 설명으로 옳지 않은 것은?

① 이사는 사채청약서를 작성할 때 회사의 자본금과 준비금 총액을 기재해야 한다.

② 기명사채의 이전은 취득자의 성명과 주소를 사채원부에 기재하고 그 성명을 채권에 기재하지 아니하면 회사 기타의 제3자에게 대항하지 못한다.

③ 특정인이 계약에 의하여 사채 총액을 인수하는 경우 이사는 사채청약서를 작성하여야 한다.

④ 이권 있는 무기명식의 사채를 상환하는 경우에 이권이 흠결된 때에는 그 이권에 상당한 금액을 상환액으로부터 공제한다.

⑤ 사채의 상환청구권은 10년간 행사하지 아니하면 소멸시효가 완성한다.

▌해설▌

① [O] 상법 제474조 제2항 제2호

상법 제474조(공모발행, 사채청약서)

② 사채청약서는 이사가 작성하고 다음의 사항을 적어야 한다.

1. 회사의 상호
2. 자본금과 준비금의 총액
3. 최종의 대차대조표에 의하여 회사에 현존하는 순재산액
4. 사채의 총액
5. 각 사채의 금액
6. 사채발행의 가액 또는 그 최저가액
7. 사채의 이율
8. 사채의 상환과 이자지급의 방법과 기한
9. 사채를 수회에 분납할 것을 정한 때에는 그 분납금액과 시기
10. 채권을 기명식 또는 무기명식에 한한 때에는 그 뜻

10의2. 채권을 발행하는 대신 전자등록기관의 전자등록부에 사채권자의 권리를 등록하는 때에는 그 뜻

11. 전에 모집한 사채가 있는 때에는 그 상환하지 아니한 금액
12. 삭제 〈2011.4.14.〉
13. 사채모집의 위탁을 받은 회사가 있는 때에는 그 상호와 주소

13의2. 사채관리회사가 있는 때에는 그 상호와 주소

13의3. 사채관리회사가 사채권자집회결의에 의하지 아니하고 제484조 제4항 제2호의 행위를 할 수 있도록 정한 때에는 그 뜻

14. 제13호의 위탁을 받은 회사가 그 모집액이 총액에 달하지 못한 경우에 그 잔액을 인수할 것을 약정한 때에는 그 뜻
15. 명의개서대리인을 둔 때에는 그 성명·주소 및 영업소

② [O] 기명사채의 이전은 취득자의 성명과 주소를 사채원부에 기재하고 그 성명을 채권에 기재하지 아니하면 회사 기타의 제3자에게 대항하지 못한다(상법 제479조 제1항).

③ [×] 상법상 사채발행의 방법은 사채청약서의 작성을 요하는 공모발행(상법 제474조 참조)과 발행의 상대방이 특정되므로 사채청약서의 작성이 필요하지 않은 총액인수(상법 제475조 참조)로 나뉜다.

> **상법 제474조(공모발행, 사채청약서)**
> ① 사채의 모집에 응하고자 하는 자는 사채청약서 2통에 그 인수할 사채의 수와 주소를 기재하고 기명날인 또는 서명하여야 한다.
>
> **상법 제475조(총액인수의 방법)**
> 전조의 규정은 계약에 의하여 사채의 총액을 인수하는 경우에는 이를 적용하지 아니한다. 사채모집의 위탁을 받은 회사가 사채의 일부를 인수하는 경우에는 그 일부에 대하여도 같다.

④ [O] 이권있는 무기명식의 사채를 상환하는 경우에 이권이 흠결된 때에는 그 이권에 상당한 금액을 상환액으로부터 공제한다(상법 제486조 제1항).

⑤ [O] 사채의 상환청구권은 10년간 행사하지 아니하면 소멸시효가 완성한다(상법 제487조 제1항).

답 ③

40 세무사 2021

☑ 확인 Check! ○ △ ×

상법상 자본금 총액이 10억원인 주식회사의 사채발행에 관한 설명으로 옳지 않은 것은?

① 회사가 사채를 발행하기 위해서는 주주총회의 승인을 얻어야 한다.

② 회사는 주식이나 그 밖의 다른 유가증권으로 교환 또는 상환할 수 있는 사채를 발행할 수 있다.

③ 사채의 모집이 완료한 때에는 이사는 지체없이 인수인에 대하여 각 사채의 전액 또는 제1회의 납입을 시켜야 한다.

④ 회사는 사채전액의 납입이 완료한 후가 아니면 채권을 발행하지 못한다.

⑤ 회사가 채권을 기명식에 한할 것으로 정한 경우, 사채권자는 기명식의 채권을 무기명식으로 할 것을 회사에 청구할 수 없다.

해설

① [×] 상법 제469조 제1항

② [O] 상법 제469조 제2항 제2호

> **상법 제469조(사채의 발행)**
> ① 회사는 이사회의 결의에 의하여 사채(社債)를 발행할 수 있다.
> ② 제1항의 사채에는 다음 각 호의 사채를 포함한다.
> 1. 이익배당에 참가할 수 있는 사채
> 2. 주식이나 그 밖의 다른 유가증권으로 교환 또는 상환할 수 있는 사채
> 3. 유가증권이나 통화 또는 그 밖에 대통령령으로 정하는 자산이나 지표 등의 변동과 연계하여 미리 정하여진 방법에 따라 상환 또는 지급금액이 결정되는 사채

③ [O] 사채의 모집이 완료한 때에는 이사는 지체없이 인수인에 대하여 각 사채의 전액 또는 제1회의 납입을 시켜야 한다(상법 제476조 제1항).

④ [O] 채권은 사채전액의 납입이 완료한 후가 아니면 이를 발행하지 못한다(상법 제478조 제1항).

⑤ [O] 사채권자는 언제든지 기명식의 채권을 무기명식으로, 무기명식의 채권을 기명식으로 할 것을 회사에 청구할 수 있다. 그러나 채권을 기명식 또는 무기명식에 한할 것으로 정한 때에는 그러하지 아니하다(상법 제480조).

답 ①

41 세무사 2024

☑ 확인Check! ○ △ ×

상법상 사채관리회사에 관한 설명으로 옳지 않은 것은?

① 회사는 사채를 발행하는 경우에 사채관리회사를 정하여 변제의 수령, 채권의 보전, 그 밖에 사채관리를 위탁할 수 있다.

② 사채의 인수인은 그 사채의 사채관리회사가 될 수 없다.

③ 사채관리회사는 사채를 발행한 회사와 사채권자집회의 동의를 받아 사임할 수 있다.

④ 사채관리회사가 그 사무처리에 적임이 아니라고 인정되는 경우 법원은 사채발행회사 또는 사채권자집회의 청구에 의하여 사채관리회사를 해임할 수 있다.

⑤ 사채관리회사가 둘 이상 있을 때에는 그 권한에 속하는 행위를 공동으로 하지 않아도 된다.

▌해설▐

① [O] 회사는 사채를 발행하는 경우에 사채관리회사를 정하여 변제의 수령, 채권의 보전, 그 밖에 사채의 관리를 위탁할 수 있다(상법 제480조의2).

② [O] 사채의 인수인은 그 사채의 사채관리회사가 될 수 없다(상법 제480조의3 제2항).

③ [O] 사채관리회사는 사채를 발행한 회사와 사채권자집회의 동의를 받아 사임할 수 있다. 부득이한 사유가 있어 법원의 허가를 받은 경우에도 같다(상법 제481조).

④ [O] 사채관리회사가 그 사무를 처리하기에 적임이 아니거나 그 밖에 정당한 사유가 있을 때에는 법원은 사채를 발행하는 회사 또는 사채권자집회의 청구에 의하여 사채관리회사를 해임할 수 있다(상법 제482조).

⑤ [×] 사채관리회사가 둘 이상 있을 때에는 그 권한에 속하는 행위는 공동으로 하여야 한다(상법 제485조 제1항).

답 ⑤

42 세무사 2021

☑ 확인Check! ○ △ ✕

상법상 사채관리회사에 관한 설명으로 옳지 않은 것은?

① 사채의 인수인은 그 사채의 사채관리회사가 될 수 없다.
② 사채관리회사는 법원의 허가를 받은 경우에 한하여 사임할 수 있다.
③ 사채관리회사는 사채권자를 위하여 사채에 관한 채권을 변제받으면 지체 없이 그 뜻을 공고하고, 알고 있는 사채권자에게 통지하여야 한다.
④ 사채관리회사가 둘 이상 있을 때에는 그 권한에 속하는 행위는 공동으로 하여야 한다.
⑤ 사채관리회사에게 줄 보수와 그 사무 처리에 필요한 비용은 사채를 발행한 회사와의 계약에 약정된 경우 외에는 법원의 허가를 받아 사채를 발행한 회사로 하여금 부담하게 할 수 있다.

해설

① [O] 사채의 인수인은 그 사채의 사채관리회사가 될 수 없다(상법 제480조의3 제2항).
② [×] 사채관리회사는 사채를 발행한 회사와 사채권자집회의 동의를 받아 사임할 수 있다. 부득이한 사유가 있어 법원의 허가를 받은 경우에도 같다(상법 제481조).
③ [O] 상법 제484조 제2항

> **상법 제484조(사채관리회사의 권한)**
> ① 사채관리회사는 사채권자를 위하여 사채에 관한 채권을 변제받거나 채권의 실현을 보전하기 위하여 필요한 재판상 또는 재판 외의 모든 행위를 할 수 있다.
> ② 사채관리회사는 제1항의 변제를 받으면 지체 없이 그 뜻을 공고하고, 알고 있는 사채권자에게 통지하여야 한다.

④ [O] 사채관리회사가 둘 이상 있을 때에는 그 권한에 속하는 행위는 공동으로 하여야 한다(상법 제485조 제1항).
⑤ [O] 사채관리회사, 대표자 또는 집행자에게 줄 보수와 그 사무 처리에 필요한 비용은 사채를 발행한 회사와의 계약에 약정된 경우 외에는 법원의 허가를 받아 사채를 발행한 회사로 하여금 부담하게 할 수 있다(상법 제507조 제1항).

답 ②

PART 3

43 세무사 2023

☑ 확인Check! ○ △ ✕

상법상 비상장주식회사의 사채권자집회에 관한 설명으로 옳지 않은 것은?

① 수종의 사채를 발행한 경우에 사채권자집회는 각종의 사채에 관하여 이를 소집하여야 한다.
② 해당 종류의 사채권자 전원이 동의한 결의라도 법원의 인가를 받지 않으면 효력이 없다.
③ 사채권자집회의 결의는 그 종류의 사채를 가진 모든 사채권자에게 그 효력이 있다.
④ 각 사채권자는 그가 가지는 해당 종류의 사채 금액의 합계액(상환받은 액은 제외한다)에 따라 의결권을 가진다.
⑤ 사채권자집회에 출석하지 아니한 사채권자는 서면에 의하여 의결권을 행사할 수 있다.

❙해설❙

① [O] 수종의 사채를 발행한 경우에는 사채권자집회는 각종의 사채에 관하여 이를 소집하여야 한다(상법 제509조).

② [×] 사채권자집회의 결의는 법원의 인가를 받음으로써 그 효력이 생긴다. 다만, 그 종류의 사채권자 전원이 동의한 결의는 법원의 인가가 필요하지 아니하다(상법 제498조 제1항).

③ [O] 사채권자집회의 결의는 그 종류의 사채를 가진 모든 사채권자에게 그 효력이 있다(상법 제498조 제2항).

④ [O] 각 사채권자는 그가 가지는 해당 종류의 사채 금액의 합계액(상환받은 액은 제외한다)에 따라 의결권을 가진다(상법 제492조 제1항).

⑤ [O] 사채권자집회에 출석하지 아니한 사채권자는 서면에 의하여 의결권을 행사할 수 있다(상법 제495조 제3항).

 ②

44 CPA 2024

☑ 확인 Check! ○ △ ×

상법상 비상장주식회사에서 주주 외의 자에 대하여 전환사채를 발행하는 경우에 관한 설명으로 틀린 것은?

① 발행할 수 있는 전환사채의 액, 전환의 조건, 전환으로 인하여 발행할 주식의 내용과 전환을 청구할 수 있는 기간에 관하여 정관에 규정이 없으면 주주총회의 보통결의로써 이를 정하여야 한다.

② 전환사채의 발행은 신기술의 도입, 재무구조의 개선 등 회사의 경영상 목적을 달성하기 위하여 필요한 경우에 한한다.

③ 주주총회의 결의로 전환사채의 발행에 관한 사항을 정할 경우 전환사채의 발행에 관한 의안의 요령을 주주총회의 소집통지에 기재하여야 한다.

④ 전환사채의 모집이 완료한 때에는 이사는 지체없이 인수인에 대하여 각 사채의 전액 또는 제1회의 납입을 시켜야 한다.

⑤ 회사가 전환사채를 발행한 때에는 사채의 납입이 완료된 날로부터 2주간 내에 본점의 소재지에서 전환사채의 등기를 하여야 한다.

❙해설❙

① [×] 주주에게 전환사채를 발행하는 경우에는 발행할 수 있는 전환사채의 액, 전환의 조건, 전환으로 인하여 발행할 주식의 내용과 전환을 청구할 수 있는 기간에 관하여 정관에 규정이 없으면 이사회가 이를 정하여야 한다(상법 제513조 제1항, 제2항 참조). 그러나 주주외의 자에게 전환사채를 발행하는 경우에는 발행할 수 있는 전환사채의 액, 전환의 조건, 전환으로 인하여 발행할 주식의 내용과 전환을 청구할 수 있는 기간에 관하여 정관에 규정이 없으면 주주총회의 특별결의로써 이를 정한다(상법 제513조 제3항 참조).

상법 제513조(전환사채의 발행)

① 회사는 전환사채를 발행할 수 있다.

② 제1항의 경우에 다음의 사항으로서 정관에 규정이 없는 것은 이사회가 이를 결정한다. 그러나 정관으로 주주총회에서 이를 결정하기로 정한 경우에는 그러하지 아니하다.

1. 전환사채의 총액
2. 전환의 조건
3. 전환으로 인하여 발행할 주식의 내용
4. 전환을 청구할 수 있는 기간
5. 주주에게 전환사채의 인수권을 준다는 뜻과 인수권의 목적인 전환사채의 액
6. 주주외의 자에게 전환사채를 발행하는 것과 이에 대하여 발행할 전환사채의 액

상법 제513조(전환사채의 발행)

③ 주주외의 자에 대하여 전환사채를 발행하는 경우에 그 발행할 수 있는 전환사채의 액, 전환의 조건, 전환으로 인하여 발행할 주식의 내용과 전환을 청구할 수 있는 기간에 관하여 정관에 규정이 없으면 제434조의 결의로써 이를 정하여야 한다. 이 경우 제418조 제2항 단서의 규정을 준용한다.

② [O] 상법 제513조 제3항, 제418조 제2항 단서

③ [O] 상법 제513조 제4항, 상법 제363조

상법 제513조(전환사채의 발행)

③ 주주외의 자에 대하여 전환사채를 발행하는 경우에 그 발행할 수 있는 전환사채의 액, 전환의 조건, 전환으로 인하여 발행할 주식의 내용과 전환을 청구할 수 있는 기간에 관하여 정관에 규정이 없으면 제434조의 결의로써 이를 정하여야 한다. 이 경우 제418조 제2항 단서의 규정을 준용한다.

상법 제418조(신주인수권의 내용 및 배정일의 지정 · 공고)

② 회사는 제1항의 규정에 불구하고 정관에 정하는 바에 따라 주주 외의 자에게 신주를 배정할 수 있다. 다만, 이 경우에는 신기술의 도입, 재무구조의 개선 등 회사의 경영상 목적을 달성하기 위하여 필요한 경우에 한한다.

④ 제3항의 결의에 있어서 전환사채의 발행에 관한 의안의 요령은 제363조의 규정에 의한 통지에 기재하여야 한다.

상법 제363조(소집의 통지)

① 주주총회를 소집할 때에는 주주총회일의 2주 전에 각 주주에게 서면으로 통지를 발송하거나 각 주주의 동의를 받아 전자문서로 통지를 발송하여야 한다. 다만, 그 통지가 주주명부상 주주의 주소에 계속 3년간 도달하지 아니한 경우에는 회사는 해당 주주에게 총회의 소집을 통지하지 아니할 수 있다.

④ [O] 사채의 모집이 완료한 때에는 이사는 지체없이 인수인에 대하여 각 사채의 전액 또는 제1회의 납입을 시켜야 한다(상법 제476조 제1항).

⑤ [O] 회사가 전환사채를 발행한 때에는 제476조의 규정에 의한 납입이 완료된 날로부터 2주간내에 본점의 소재지에서 전환사채의 등기를 하여야 한다(상법 제514조의2 제1항).

답 ①

PART 3

45 CPA 2021

☑ 확인 Check! ○ △ ✕

상법상 사채에 관한 설명으로 틀린 것은?

① 전환사채의 전환으로 회사의 자본금은 증가하지 않는다.

② 주주 이외의 자에게 신주인수권부사채를 발행하는 경우, 신주인수권의 내용에 관하여 정관에 규정이 없으면 주주총회의 특별결의로써 이를 정하여야 한다.

③ 사채의 모집이 완료한 때에는 이사는 지체없이 인수인에 대하여 각 사채의 전액 또는 제1회의 납입을 시켜야 한다.

④ 정관으로 정하는 바에 따라 이사회는 대표이사에게 사채의 금액 및 종류를 정하여 1년을 초과하지 아니하는 기간 내에 사채를 발행할 것을 위임할 수 있다.

⑤ 사채권자집회의 결의는 법원의 인가를 받음으로써 그 효력이 생기지만, 그 종류의 사채권자 전원이 동의한 결의에는 법원의 인가가 필요하지 않다.

▌해설▌

① [✕] 전환사채의 전환에서도 신주가 발행되므로 자본금은 증가한다(상법 제516조 제2항, 제348조 참조).

> **상법 제516조(준용규정)**
> ② 제339조, 제348조, 제350조 및 제351조의 규정은 사채의 전환의 경우에 이를 준용한다.
>
> **상법 제348조(전환으로 인하여 발행하는 주식의 발행가액)**
> 전환으로 인하여 신주식을 발행하는 경우에는 전환전의 주식의 발행가액을 신주식의 발행가액으로 한다.

② [O] 주주외의 자에 대하여 신주인수권부사채를 발행하는 경우에 그 발행할 수 있는 신주인수권부사채의 액, 신주인수권의 내용과 신주인수권을 행사할 수 있는 기간에 관하여 정관에 규정이 없으면 제434조의 결의로써 이를 정하여야 한다. 이 경우 제418조 제2항 단서의 규정을 준용한다(상법 제516조의2 제4항).

③ [O] 사채의 모집이 완료한 때에는 이사는 지체없이 인수인에 대하여 각 사채의 전액 또는 제1회의 납입을 시켜야 한다(상법 제476조 제1항).

④ [O] 상법 제469조 제4항

> **상법 제469조(사채의 발행)**
> ① 회사는 이사회의 결의에 의하여 사채(社債)를 발행할 수 있다.
> ④ 제1항에도 불구하고 정관으로 정하는 바에 따라 이사회는 대표이사에게 사채의 금액 및 종류를 정하여 1년을 초과하지 아니하는 기간 내에 사채를 발행할 것을 위임할 수 있다.

⑤ [O] 사채권자집회의 결의는 법원의 인가를 받음으로써 그 효력이 생긴다. 다만, 그 종류의 사채권자 전원이 동의한 결의는 법원의 인가가 필요하지 아니하다(상법 제498조 제1항).

답 ①

46 CPA 2019

☑ 확인 Check! ○ △ ✕

상법상 전환사채에 관한 설명으로 옳은 것은?

① 전환청구권은 형성권으로서 전환사채권자가 전환을 청구한 때에 전환의 효력이 발생한다.

② 주주 외의 자에 대하여 전환사채를 발행하는 경우 주주명부폐쇄기간 중에는 전환청구가 금지된다.

③ 주주 외의 자에 대하여 전환사채를 발행하는 경우 회사는 전환으로 인하여 발행할 주식의 종류와 수를 주주에게 통지하여야 한다.

④ 회사가 법령 또는 정관에 위반하거나 현저하게 불공정한 방법에 의하여 전환사채를 발행하는 경우에도 주주의 전환사채발행유지청구권은 인정되지 않는다.

⑤ 회사가 전환사채를 발행한 때에는 그 납입이 완료된 날로부터 본점소재지에서는 2주간 내 지점소재지에서는 3주간 내에 전환사채의 등기를 하여야 한다.

해설

① [O] 전환사채권자가 전환을 청구한 경우에는 그 청구한 때에 효력이 발생한다(상법 제516조 제2항, 제350조 제1항 참조).

② [✕] 주주명부폐쇄기간 중에도 전환청구는 가능하다. 다만 폐쇄기간 중에 전환된 주식의 주주는 그 기간 중의 총회의 결의에 관하여는 의결권을 행사할 수 없다(상법 제516조 제2항, 제350조 제2항 참조).

> **상법 제516조(준용규정)**
>
> ② 제339조, 제348조, 제350조 및 제351조의 규정은 사채의 전환의 경우에 이를 준용한다.
>
> **상법 제350조(전환의 효력발생)**
>
> ① 주식의 전환은 주주가 전환을 청구한 경우에는 그 청구한 때에, 회사가 전환을 한 경우에는 제346조 제3항 제2호의 기간이 끝난 때에 그 효력이 발생한다.
>
> ② 제354조 제1항의 기간(주주명부폐쇄기간) 중에 전환된 주식의 주주는 그 기간 중의 총회의 결의에 관하여는 의결권을 행사할 수 없다.

③ [✕] 신주의 제3자배정의 경우에는 주주에 대하여 별도의 통지를 하고 있으나(상법 제418조 제4항 참조), 전환사채의 제3자배정의 경우에는 이에 대해 규정하고 있지 않다(상법 제513조 제3항, 제4항 참조).

> **상법 제418조(신주인수권의 내용 및 배정일의 지정 · 공고)**
>
> ④ 제2항에 따라 주주 외의 자에게 신주를 배정하는 경우 회사는 제416조 제1호, 제2호, 제2호의2, 제3호 및 제4호에서 정하는 사항을 그 납입기일의 2주 전까지 주주에게 통지하거나 공고하여야 한다.
>
> **상법 제513조(전환사채의 발행)**
>
> ③ 주주외의 자에 대하여 전환사채를 발행하는 경우에 그 발행할 수 있는 전환사채의 액, 전환의 조건, 전환으로 인하여 발행할 주식의 내용과 전환을 청구할 수 있는 기간에 관하여 정관에 규정이 없으면 제434조의 결의로써 이를 정하여야 한다. 이 경우 제418조 제2항 단서의 규정을 준용한다.
>
> ④ 제3항의 결의에 있어서 전환사채의 발행에 관한 의안의 요령은 제363조의 규정에 의한 통지에 기재하여야 한다.

PART 3

④ [×] 회사가 법령 또는 정관에 위반하거나 현저하게 불공정한 방법에 의하여 전환사채를 발행하는 경우 주주의 전환사채발행유지청구권은 인정된다(상법 제516조 제1항, 제424조 참조).

> **상법 제516조(준용규정)**
> ① 제346조 제4항, 제424조 및 제424조의2의 규정은 전환사채의 발행의 경우에 이를 준용한다.
>
> **상법 제424조(유지청구권)**
> 회사가 법령 또는 정관에 위반하거나 현저하게 불공정한 방법에 의하여 주식을 발행함으로써 주주가 불이익을 받을 염려가 있는 경우에는 그 주주는 회사에 대하여 그 발행을 유지할 것을 청구할 수 있다.

⑤ [×] 회사가 전환사채를 발행한 때에는 제476조의 규정에 의한 납입이 완료된 날로부터 2주간내에 본점의 소재지에서 전환사채의 등기를 하여야 한다(상법 제514조의2 제1항).

답 ①

47 세무사 2020

☑ 확인Check! ○ △ ×

상법상 전환사채에 관한 설명으로 옳지 않은 것은? (다툼이 있으면 판례에 따름)

① 회사가 법령 또는 정관에 위반하거나 현저하게 불공정한 방법에 의하여 전환사채를 발행함으로써 주주가 불이익을 받을 염려가 있는 때에는 그 주주는 회사에 대하여 전환사채 발행을 유지할 것을 청구할 수 있다.
② 이사와 통모하여 현저하게 불공정한 발행가액으로 전환사채를 인수한 자는 회사에 대하여 공정한 발행가액과의 차액에 상당한 금액을 지급할 의무가 있다.
③ 전환사채를 발행한 경우 신주발행과 사실상 유사하므로 전환사채발행의 경우에도 신주발행무효의 소에 관한 규정이 유추적용된다.
④ 회사는 정관에 정하는 바에 따라 주주 외의 자에게 전환사채를 발행할 수 있다. 다만, 이 경우에는 신기술의 도입, 재무구조의 개선 등 회사의 경영상 목적을 달성하기 위하여 필요한 경우에 한한다.
⑤ 전환사채권자가 발행회사의 주식으로 전환을 청구한 경우 발행회사가 전환을 승낙한 때에 비로소 전환의 효력이 발생하고 그 시점부터 주주가 된다.

▌해설▌

① [O] 상법 제516조 제1항, 제424조

② [O] 상법 제516조 제1항, 제424조의2 제1항

> **상법 제516조(준용규정)**
> ① 제346조 제4항, 제424조 및 제424조의2의 규정은 전환사채의 발행의 경우에 이를 준용한다.
>
> **상법 제424조(유지청구권)**
> 회사가 법령 또는 정관에 위반하거나 현저하게 불공정한 방법에 의하여 주식을 발행함으로써 주주가 불이익을 받을 염려가 있는 경우에는 그 주주는 회사에 대하여 그 발행을 유지할 것을 청구할 수 있다.
>
> **상법 제424조의2(불공정한 가액으로 주식을 인수한 자의 책임)**
> ① 이사와 통모하여 현저하게 불공정한 발행가액으로 주식을 인수한 자는 회사에 대하여 공정한 발행가액과의 차액에 상당한 금액을 지급할 의무가 있다.

③ [O] 상법은 제516조 제1항에서 신주발행의 유지청구권에 관한 제424조 및 불공정한 가액으로 주식을 인수한 자의 책임에 관한 제424조의2 등을 전환사채의 발행의 경우에 준용한다고 규정하면서도 신주발행무효의 소에 관한 제429조의 준용 여부에 대해서는 아무런 규정을 두고 있지 않으나, 전환사채는 전환권의 행사에 의하여 장차 주식으로 전환될 수 있는 권리가 부여된 사채로서, 이러한 전환사채의 발행은 주식회사의 물적 기초와 기존 주주들의 이해관계에 영향을 미친다는 점에서 사실상 신주를 발행하는 것과 유사하므로, 전환사채의 발행의 경우에도 신주발행무효의 소에 관한 상법 제429조가 유추적용된다고 봄이 상당하다(대판 2004.6.25. 2000다37326).

④ [O] 상법 제513조 제3항, 제418조 제2항 단서

> **상법 제513조(전환사채의 발행)**
> ③ 주주외의 자에 대하여 전환사채를 발행하는 경우에 그 발행할 수 있는 전환사채의 액, 전환의 조건, 전환으로 인하여 발행할 주식의 내용과 전환을 청구할 수 있는 기간에 관하여 정관에 규정이 없으면 제434조의 결의로써 이를 정하여야 한다. 이 경우 제418조 제2항 단서의 규정을 준용한다.
>
> **상법 제418조(신주인수권의 내용 및 배정일의 지정 · 공고)**
> ② 회사는 제1항의 규정에 불구하고 정관에 정하는 바에 따라 주주 외의 자에게 신주를 배정할 수 있다. 다만, 이 경우에는 신기술의 도입, 재무구조의 개선 등 회사의 경영상 목적을 달성하기 위하여 필요한 경우에 한한다.

⑤ [×] 전환사채권자가 발행회사의 주식으로 전환을 청구한 경우 사채권자가 전환을 청구한 때 전환의 효력이 발생한다(상법 제516조 제2항, 제350조 제1항 참조).

> **상법 제516조(준용규정)**
> ② 제339조, 제348조, 제350조 및 제351조의 규정은 사채의 전환의 경우에 이를 준용한다.
>
> **상법 제350조(전환의 효력발생)**
> ① 주식의 전환은 주주가 전환을 청구한 경우에는 그 청구한 때에, 회사가 전환을 한 경우에는 제346조 제3항 제2호의 기간이 끝난 때에 그 효력이 발생한다.

답 ⑤

PART 3

48 CPA 2018

☑ 확인 Check! ○ △ ×

상법상 전환사채와 신주인수권부사채에 관한 설명으로 틀린 것은?

① 주주 외의 자에게 전환사채를 발행하는 경우에는 신기술의 도입, 재무구조의 개선 등 회사의 경영상 목적을 달성하기 위하여 필요한 경우에 한한다.

② 전환사채를 발행한 때에는 전환사채의 납입이 완료된 날로부터 2주간 내에 본점의 소재지에서 전환사채의 등기를 하여야 한다.

③ 전환사채권자가 전환을 청구하는 경우 그 청구한 때에 전환의 효력이 발생한다.

④ 판례에 의하면 신주인수권부사채 발행의 경우에는 신주발행무효의 소에 관한 상법 제429조가 유추적용되지 않는다.

⑤ 각 신주인수권부사채에 부여된 신주인수권의 행사로 인하여 발행할 주식의 발행가액의 합계액은 각 신주인수권부사채의 금액을 초과할 수 없다.

해설

① [O] 상법 제513조 제3항, 제418조 제2항 단서

> **상법 제513조(전환사채의 발행)**
> ③ 주주외의 자에 대하여 전환사채를 발행하는 경우에 그 발행할 수 있는 전환사채의 액, 전환의 조건, 전환으로 인하여 발행할 주식의 내용과 전환을 청구할 수 있는 기간에 관하여 정관에 규정이 없으면 제434조의 결의로써 이를 정하여야 한다. 이 경우 제418조 제2항 단서의 규정을 준용한다.
>
> **상법 제418조(신주인수권의 내용 및 배정일의 지정 · 공고)**
> ② 회사는 제1항의 규정에 불구하고 정관에 정하는 바에 따라 주주 외의 자에게 신주를 배정할 수 있다. 다만, 이 경우에는 신기술의 도입, 재무구조의 개선 등 회사의 경영상 목적을 달성하기 위하여 필요한 경우에 한한다.

② [O] 회사가 전환사채를 발행한 때에는 제476조의 규정에 의한 납입이 완료된 날로부터 2주간내에 본점의 소재지에서 전환사채의 등기를 하여야 한다(상법 제514조의2 제1항).

③ [O] 상법 제516조 제2항, 제350조 제1항

> **상법 제516조(준용규정)**
> ② 제339조, 제348조, 제350조 및 제351조의 규정은 사채의 전환의 경우에 이를 준용한다.
>
> **상법 제350조(전환의 효력발생)**
> ① 주식의 전환은 주주가 전환을 청구한 경우에는 그 청구한 때에, 회사가 전환을 한 경우에는 제346조 제3항 제2호의 기간이 끝난 때에 그 효력이 발생한다.

④ [×] 신주인수권부사채는 미리 확정된 가액으로 일정한 수의 신주 인수를 청구할 수 있는 신주인수권이 부여된 사채로서 신주인수권부사채 발행의 경우에도 주식회사의 물적 기초와 기존 주주들의 이해관계에 영향을 미친다는 점에서 사실상 신주를 발행하는 것과 유사하므로, 신주발행무효의 소에 관한 상법 제429조가 유추적용되고, 신주발행의 무효원인에 관한 법리 또한 마찬가지로 적용된다(대판 2015.12.10. 2015다202919).

⑤ [O] 상법 제516조의2 제3항

답 ④

49 CPA 2015

☑ 확인 Check! ○ △ ✕

상법상 주식회사의 전환사채 또는 신주인수권부사채에 관한 설명으로 틀린 것은?

① 전환사채는 사채권자에게 발행회사의 주식으로 전환할 수 있는 권리가 인정된 사채이다.

② 전환사채의 인수권을 가진 주주는 그가 가진 주식의 수에 따라서 전환사채의 배정을 받을 권리가 있으나 각 전환사채의 금액 중 최저액에 미달하는 단수에 대하여는 그러하지 아니하다.

③ 신주인수권부사채의 신주인수권이란 신주의 발행을 청구할 수 있는 권리를 의미하고 사채권자가 이를 행사하면 회사는 당연히 신주를 발행하여야 한다.

④ 신주인수권부사채는 사채권과 신주인수권증권을 분리하여 발행하는 것이 원칙이다.

⑤ 판례에 의하면 경영권방어만을 목적으로 전환사채를 우호세력에게 제3자배정방식으로 발행하는 것은 무효이다.

▎해설▐

① [O] 전환사채는 사채권자에게 발행회사의 주식으로 전환할 수 있는 권리가 인정된 사채이며 여기서 주식은 신주를 의미한다.

② [O] 전환사채의 인수권을 가진 주주는 그가 가진 주식의 수에 따라서 전환사채의 배정을 받을 권리가 있다. 그러나 각 전환사채의 금액 중 최저액에 미달하는 단수에 대하여는 그러하지 아니하다(상법 제513조의2 제1항).

③ [O] 신주인수권부사채란 사채권자에게 신주인수권이 부여된 사채를 말한다. 여기서 신주인수권이란 신주의 발행을 청구할 수 있는 권리를 의미하며 형성이다. 따라서 사채권자가 이를 행사하면 회사는 당연히 신주를 발행하여야 한다.

④ [✕] 신주인수권부사채는 신주인수권을 분리하여 양도할 수 있는지에 따라 분리형과 비분리형으로 나뉜다. 상법은 양자를 모두 인정하고 있으나, 분리형으로 발행하고자 할 때에는 이사회가 신주인수권만을 양도할 수 있는 것에 관한 사항의 결정을 별도로 하여야 하므로(상법 제516조의2 제2항 제4호 참조) <u>비분리형의 발행이 원칙이라 할 수 있다.</u>

> **상법 제516조의2(신주인수권부사채의 발행)**
> ① 회사는 신주인수권부사채를 발행할 수 있다.
> ② 제1항의 경우에 다음의 사항으로서 정관에 규정이 없는 것은 이사회가 이를 결정한다. 그러나 정관으로 주주총회에서 이를 결정하도록 정한 경우에는 그러하지 아니하다.
> 1. 신주인수권부사채의 총액
> 2. 각 신주인수권부사채에 부여된 신주인수권의 내용
> 3. 신주인수권을 행사할 수 있는 기간
> 4. 신주인수권만을 양도할 수 있는 것에 관한 사항
> 5. 신주인수권을 행사하려는 자의 청구가 있는 때에는 신주인수권부사채의 상환에 갈음하여 그 발행가액으로 제516조의9 제1항의 납입이 있는 것으로 본다는 뜻
> 6. 삭제 〈1995.12.29.〉
> 7. 주주에게 신주인수권부사채의 인수권을 준다는 뜻과 인수권의 목적인 신주인수권부사채의 액
> 8. 주주외의 자에게 신주인수권부사채를 발행하는 것과 이에 대하여 발행할 신주인수권부사채의 액

⑤ [O] 상법 제418조 제1항, 제2항에서는, 회사가 신주를 발행하는 경우 원칙적으로 주주가 가진 주식 수에 따라서 주주에게 배정하되 정관에 정하는 바에 따라 주주 외의 자에게 신주배정을 할 수 있게 하면서 그 사유도 신기술의 도입이나 재무구조의 개선 등 경영상 목적을 달성하기 위하여 필요한 경우로 한정함으로써 기존 주주의 신주인수권을 보호하고 있다. 따라서 주식회사가 신주를 발행할 때 신기술의 도입이나 재무구조의 개선 등 회사의 경영상 목적을 달성하기 위하여 필요한 범위 안에서 정관이 정한 사유가 없는데도, 회사의 경영권 분쟁이 현실화된 상황에서 대주주나 경영진 등의 경영권이나 지배권 방어라는 목적을 달성하기 위하여 제3자에게 신주를 배정하는 것은 상법 제418조 제2항을 위반하여 주주의 신주인수권을 침해하는 것이고, 그로 인하여 회사의 지배구조에 심대한 변화가 초래되고 기존 주주들의 회사에 대한 지배권이 현저하게 약화되는 중대한 결과가 발생하는 경우에는 그러한 신주발행은 무효이다. 이러한 법리는 전환사채를 제3자에게 발행하는 경우에도 마찬가지로 적용되나, 전환사채의 특수성에 따른 고려가 필요하다. 즉 회사가 경영상 목적 없이 대주주 등의 경영권이나 지배권 방어 목적으로 제3자에게 전환사채를 발행하였다면 전환사채의 발행은 무효가 될 수 있고, 전환사채 발행일로부터 6월 내에 위와 같은 사유를 들어 전환사채발행무효의 소로써 다툴 수 있다. 나아가 대주주 등이 위와 같은 경위로 발행된 전환사채를 양수한 다음 전환사채 발행일로부터 6월이 지난 후 전환권을 행사하여 신주를 취득하였다면, 이는 실질적으로 회사가 경영상 목적 없이 대주주 등에게 신주를 발행한 것과 동일하므로 전환권 행사나 그에 따른 신주 발행에 고유한 무효 사유에 준하여 신주발행무효의 소로도 신주 발행의 무효를 주장할 수 있다고 보아야 한다(대판 2022.11.17. 2021다205650).

답 ④

50 세무사 2023

☑ 확인Check! ○ △ ×

상법상 비상장주식회사에서의 전환사채 및 신주인수권부사채에 관한 설명으로 옳은 것은?

① 위 사채 모두 주주외의 자에 대하여 발행하는 경우에는 상법이 정하는 발행사항에 관하여 정관에 규정이 없으면 주주총회의 특별결의로써 이를 정하여야 한다.

② 신주인수권부사채의 경우 대용납입 여부와 상관없이 신주인수권을 행사하면 해당 사채권자는 사채권자로서의 지위를 상실한다.

③ 전환사채의 경우 전환권은 사채와 분리하여 양도할 수 있다.

④ 신주인수권부사채의 경우 신주인수권을 행사하려는 자가 청구서 2통을 회사에 제출하고, 신주의 발행가액의 전액을 납입한 경우 납입한 다음 날로부터 주주가 된다.

⑤ 전환사채의 경우 주주명부 폐쇄기간 중 전환권을 행사하여 주주로 된 자는 그 기간 중의 총회의 결의에 관하여 의결권을 행사할 수 있다.

해설

① [O] 상법 제513조 제3항, 제516조의2 제4항

> **상법 제513조(전환사채의 발행)**
>
> ③ 주주외의 자에 대하여 전환사채를 발행하는 경우에 그 발행할 수 있는 전환사채의 액, 전환의 조건, 전환으로 인하여 발행할 주식의 내용과 전환을 청구할 수 있는 기간에 관하여 정관에 규정이 없으면 제434조의 결의로써 이를 정하여야 한다. 이 경우 제418조 제2항 단서의 규정을 준용한다.

상법 제516조의2(신주인수권부사채의 발행)

④ 주주외의 자에 대하여 신주인수권부사채를 발행하는 경우에 그 발행할 수 있는 신주인수권부사채의 액, 신주인수권의 내용과 신주인수권을 행사할 수 있는 기간에 관하여 정관에 규정이 없으면 제434조의 결의로써 이를 정하여야 한다. 이 경우 제418조 제2항 단서의 규정을 준용한다.

② [×] 신주인수권부 사채는 신주를 인수할 권리가 부착된 사채이므로 신주인수권을 행사하여 주주의 지위를 취득하더라도 사채권자의 지위에는 영향이 없다. 다만 신주인수권부사채의 상환에 갈음하여 그 발행가액으로 신주 발행가액의 납입이 있는 것으로 보는 대용납입의 경우에는 사채권자의 지위를 상실하고 주주의 지위를 취득하게 된다.

③ [×] 신주인수권부사채는 분리형으로 발행하면 신주인수권을 따로 분리하여 양도할 수 있으나(상법 제516조의2 제2항 제4호 참조), 전환사채의 전환권은 사채와 분리하여 양도할 수 없다.

④ [×] 상법 제516조의9 제1항, 제516조의10

상법 제516조의9(신주인수권의 행사)

① 신주인수권을 행사하려는 자는 청구서 2통을 회사에 제출하고, 신주의 발행가액의 전액을 납입하여야 한다.

상법 제516조의10(주주가 되는 시기)

제516조의9 제1항에 따라 신주인수권을 행사한 자는 동항의 납입을 한 때에 주주가 된다. 이 경우 제350조 제2항을 준용한다.

⑤ [×] 상법 제516조 제2항, 제350조 제2항

상법 제516조(준용규정)

② 제339조, 제348조, 제350조 및 제351조의 규정은 사채의 전환의 경우에 이를 준용한다.

상법 제350조(전환의 효력발생)

② 제354조(주주명부의 폐쇄, 기준일) 제1항의 기간 중에 전환된 주식의 주주는 그 기간 중의 총회의 결의에 관하여는 의결권을 행사할 수 없다.

답 ①

51 법무사 2023

☑ 확인Check! ○ △ ✕

전환사채에 관한 다음 설명 중 가장 옳지 않은 것은?

① 전환사채 발행일로부터 6월 내에 전환사채발행무효의 소가 제기되지 않거나 6월 내에 제기된 전환사채발행무효의 소가 적극적 당사자의 패소로 확정되었다면, 이후에는 더 이상 전환사채 발행의 무효를 주장할 수 없으나, 전환권의 행사로 인한 신주발행에 대해서는 상법 제429조를 적용하여 신주발행무효의 소로써 다툴 수 있다. 이때 신주발행무효의 소의 제소기간은 신주발행일로부터 기산하여야 하고, 전환사채 발행일부터 기산되는 것은 아니다.

② 전환사채 발행의 실체가 없음에도 전환사채 발행의 등기가 되어 있는 외관이 존재하는 경우 이를 제거하기 위한 전환사채발행부존재 확인의 소에 있어서는 상법 제429조에 따른 6월의 제소기간의 제한이 적용된다.

③ 전환사채발행유지 청구는 회사가 법령 또는 정관에 위반하거나 현저하게 불공정한 방법에 의하여 전환사채를 발행함으로써 주주가 불이익을 받을 염려가 있는 경우에 회사에 대하여 그 발행의 유지를 청구하는 것으로서, 전환사채 발행의 효력이 생기기 전, 즉 전환사채의 납입기일까지 이를 행사하여야 한다.

④ 전환사채권자가 전환 청구를 한 이후에는 주식전환의 금지를 구할 법률상 이익이 없다.

⑤ 회사가 경영상 목적 없이 대주주 등의 경영권이나 지배권 방어 목적으로 제3자에게 전환사채를 발행하였다면 전환사채의 발행은 무효가 될 수 있고, 전환사채 발행일로부터 6월 내에 위와 같은 사유를 들어 전환사채발행무효의 소로써 다툴 수 있다.

해설

① [O] 전환사채는 전환권의 행사로 장차 주식으로 전환될 수 있는 권리가 부여된 사채이다. 이러한 전환사채의 발행은 주식회사의 물적 기초와 기존 주주들의 이해관계에 영향을 미친다는 점에서 사실상 신주를 발행하는 것과 유사하므로 전환사채 발행의 경우에도 신주발행무효의 소에 관한 상법 제429조가 유추적용된다. 전환사채 발행의 무효는 주주 등이 전환사채를 발행한 날로부터 6월 내에 소만으로 주장할 수 있고, 6월의 출소기간이 지난 뒤에는 새로운 무효 사유를 추가하여 주장할 수 없다. 따라서 전환사채 발행일로부터 6월 내에 전환사채발행무효의 소가 제기되지 않거나 6월 내에 제기된 전환사채발행무효의 소가 적극적 당사자의 패소로 확정되었다면, 이후에는 더 이상 전환사채 발행의 무효를 주장할 수 없다. 다만 전환권의 행사로 인한 신주발행에 대해서는 상법 제429조를 적용하여 신주발행무효의 소로써 다툴 수 있겠지만, 이때에는 특별한 사정이 없는 한 전환사채 발행이 무효라거나 그를 전제로 한 주장은 제기될 수 없고 전환권 행사나 그에 따른 신주발행에 고유한 무효 사유가 있다면 이를 주장할 수 있을 뿐이다(대판 2022.11.17. 2021다205650). 위에서 본 경우 신주발행무효의 소의 제소기간은 신주발행일로부터 기산하여야 하고, 설령 신주발행이 신주인수권부사채에 부여된 신주인수권의 행사 결과에 따른 것이라 할지라도 신주인수권부사채 발행일부터 기산되는 것은 아니다(대판 2022.10.27. 2021다201054).

② [✕] 전환사채 발행의 경우에도 신주발행무효의 소에 관한 상법 제429조가 유추적용되므로 전환사채발행무효 확인의 소에 있어서도 상법 제429조 소정의 6월의 제소기간의 제한이 적용된다 할 것이나, 이와 달리 전환사채 발행의 실체가 없음에도 전환사채 발행의 등기가 되어 있는 외관이 존재하는 경우 이를 제거하기 위한 전환사채발행부존재 확인의 소에 있어서는 상법 제429조 소정의 6월의 제소기간의 제한이 적용되지 아니한다(대판 2004.8.16. 2003다9636).

③ [O], ④ [O] 전환사채발행유지 청구는 회사가 법령 또는 정관에 위반하거나 현저하게 불공정한 방법에 의하여 전환사채를 발행함으로써 주주가 불이익을 받을 염려가 있는 경우에 회사에 대하여 그 발행의 유지를 청구하는 것으로서(상법 제516조 제1항, 제424조), 전환사채 발행의 효력이 생기기 전, 즉 전환사채의 납입기일까지 이를 행사하여야 할 것이고, 한편 전환사채권자가 전환 청구를 하면 회사는 주식을 발행해 주어야 하는데, 전환권은 형성권이므로

전환을 청구한 때에 당연히 전환의 효력이 발생하여 전환사채권자는 그때부터 주주가 되고 사채권자로서의 지위를 상실하게 되므로(상법 제516조, 제350조) 그 이후에는 주식전환의 금지를 구할 법률상 이익이 없게 될 것이다(대판 2004.8.16. 2003다9636).

⑤ [O] 회사가 경영상 목적 없이 대주주 등의 경영권이나 지배권 방어 목적으로 제3자에게 전환사채를 발행하였다면 전환사채의 발행은 무효가 될 수 있고, 전환사채 발행일로부터 6월 내에 위와 같은 사유를 들어 전환사채발행무효의 소로써 다툴 수 있다. 나아가 대주주 등이 위와 같은 경위로 발행된 전환사채를 양수한 다음 전환사채 발행일로부터 6월이 지난 후 전환권을 행사하여 신주를 취득하였다면, 이는 실질적으로 회사가 경영상 목적 없이 대주주 등에게 신주를 발행한 것과 동일하므로 전환권 행사나 그에 따른 신주발행에 고유한 무효 사유에 준하여 신주발행무효의 소로도 신주발행의 무효를 주장할 수 있다고 보아야 한다(대판 2022.11.17. 2021다205650).

답 ②

52 법무사 2021

☑ 확인Check! ○ △ ✕

상법상 전환사채 발행의 하자에 관한 다음 설명 중 가장 옳지 않은 것은?

① 상법상 전환사채의 발행 무효의 주장방법으로 전환사채발행무효의 소가 명문으로 인정되고 그 구체적인 내용에 관하여는 신주발행 무효의 소에 관한 규정을 준용하고 있다.

② 전환사채발행무효확인의 소에 있어서도 신주발행무효의 소와 마찬가지로 6월의 제소기간의 제한이 적용된다.

③ 전환사채발행무효확인의 소에 있어서 전환사채를 발행한 날로부터 6월의 출소기간이 경과한 후에는 새로운 무효사유를 추가할 수 없다.

④ 전환사채인수인이 회사의 지배주주와 특별한 관계에 있는 자라거나 그 전환가액이 발행시점의 주가 등에 비추어 다소 낮은 가격이라는 사유는 일반적으로 이미 발행된 전환사채를 무효화할 만한 원인이 되지 못한다.

⑤ 전환사채발행부존재확인의 소도 인정되고 이 경우 6월의 제소기간 제한은 적용되지 않는다.

해설

① [✕] 상법은 제516조 제1항에서 신주발행의 유지청구권에 관한 제424조 및 불공정한 가액으로 주식을 인수한 자의 책임에 관한 제424조의2 등을 전환사채의 발행의 경우에 준용한다고 규정하면서도, 신주발행무효의 소에 관한 제429조의 준용 여부에 대해서는 아무런 규정을 두고 있지 않으나, 전환사채는 전환권의 행사에 의하여 장차 주식으로 전환될 수 있는 권리가 부여된 사채로서, 이러한 전환사채의 발행은 주식회사의 물적 기초와 기존 주주들의 이해관계에 영향을 미친다는 점에서 사실상 신주를 발행하는 것과 유사하므로, 전환사채 발행의 경우에도 신주발행무효의 소에 관한 상법 제429조가 유추적용된다(대판 2004.8.16. 2003다9636).

② [O], ⑤ [O] 전환사채 발행의 경우에도 신주발행무효의 소에 관한 상법 제429조가 유추적용되므로 전환사채발행무효확인의 소에 있어서도 상법 제429조 소정의 6월의 제소기간의 제한이 적용된다 할 것이나, 이와 달리 전환사채 발행의 실체가 없음에도 전환사채 발행의 등기가 되어 있는 외관이 존재하는 경우 이를 제거하기 위한 전환사채발행부존재확인의 소에 있어서는 상법 제429조 소정의 6월의 제소기간의 제한이 적용되지 아니한다(대판 2004.8.16. 2003다9636).

PART 3

③ [O] 상법 제429조는 신주발행의 무효는 주주·이사 또는 감사에 한하여 신주를 발행한 날로부터 6월 내에 소만으로 이를 주장할 수 있다고 규정하고 있는바, 이는 신주발행에 수반되는 복잡한 법률관계를 조기에 확정하고자 하는 것이므로, 새로운 무효사유를 출소시간의 경과 후에도 주장할 수 있도록 하면 법률관계가 불안정하게 되어 위 규정의 취지가 몰각된다는 점에 비추어 위 규정은 무효사유의 주장시기도 제한하고 있는 것이라고 해석함이 상당하고, 한편 상법 제429조의 유추적용에 의한 전환사채발행무효의 소에 있어서도 전환사채를 발행한 날로부터 6월의 출소기간이 경과한 후에는 새로운 무효사유를 추가하여 주장할 수 없다고 보아야 한다(대판 2004.6.25. 2000다37326).

④ [O] 전환사채의 인수인이 회사의 지배주주와 특별한 관계에 있는 자라거나 그 전환가액이 발행시점의 주가 등에 비추어 다소 낮은 가격이라는 것과 같은 사유는 일반적으로 전환사채발행유지청구의 원인이 될 수 있음은 별론으로 하고 이미 발행된 전환사채 또는 그 전환권의 행사로 발행된 주식을 무효화할 만한 원인이 되지는 못한다(대판 2004.6.25. 2000다37326).

답 ①

53 세무사 2024

☑ 확인 Check! O △ X

상법상 신주인수권부 사채에 관한 설명으로 옳지 않은 것은?

① 각 신주인수권부사채에 부여된 신주인수권의 행사로 인하여 발행할 주식의 발행가액의 합계액은 각 신주인수권부사채의 금액을 초과할 수 있다.

② 주주외의 자에 대하여 신주인수권부사채를 발행하는 경우에 신주인수권의 내용 등에 관하여 정관에 규정이 없으면 주주총회 특별결의로써 정하여야 한다.

③ 신주인수권증권이 발행된 경우에 신주인수권의 양도는 그 증권의 교부에 의하여서만 행한다.

④ 신주인수권을 행사한 자는 신주의 발행가액 전액을 납입한 때에 주주가 된다.

⑤ 신주인수권부사채를 발행하는 경우에는 사채납입이 완료된 때부터 본점소재지에서 2주간 내에 법정사항을 등기하여야 한다.

해설

① [×] 각 신주인수권부사채에 부여된 신주인수권의 행사로 인하여 발행할 주식의 발행가액의 합계액은 각 신주인수권부사채의 금액을 초과할 수 없다(상법 제516조의2 제3항).

② [O] 주주외의 자에 대하여 신주인수권부사채를 발행하는 경우에 그 발행할 수 있는 신주인수권부사채의 액, 신주인수권의 내용과 신주인수권을 행사할 수 있는 기간에 관하여 정관에 규정이 없으면 제434조의 결의로써 이를 정하여야 한다. 이 경우 제418조 제2항 단서의 규정을 준용한다(상법 제516조의2 제4항).

③ [O] 신주인수권증권이 발행된 경우에 신주인수권의 양도는 신주인수권증권의 교부에 의하여서만 이를 행한다(상법 제516조의6 제1항).

④ [O] 상법 제516조의9 제1항, 제516조의10

> **상법 제516조의9(신주인수권의 행사)**
> ① 신주인수권을 행사하려는 자는 청구서 2통을 회사에 제출하고, 신주의 발행가액의 전액을 납입하여야 한다.
>
> **상법 제516조의10(주주가 되는 시기)**
> 제516조의9 제1항에 따라 신주인수권을 행사한 자는 동항의 납입을 한 때에 주주가 된다. 이 경우 제350조 제2항을 준용한다.

⑤ [O] 상법 제516조의8 제1항 · 제2항, 제514조의2 제1항

상법 제516조의8(신주인수권부사채의 등기)
① 회사가 신주인수권부사채를 발행한 때에는 다음의 사항을 등기하여야 한다.
1. 신주인수권부사채라는 뜻
2. 신주인수권의 행사로 인하여 발행할 주식의 발행가액의 총액
3. 각 신주인수권부사채의 금액
4. 각 신주인수권부사채의 납입금액
5. 제516조의2 제2항 제1호 내지 제3호에 정한 사항

② 제514조의2 제1항 · 제3항 및 제4항의 규정은 제1항의 등기에 관하여 이를 준용한다.

상법 제514조의2(전환사채의 등기)
① 회사가 전환사채를 발행한 때에는 제476조의 규정에 의한 납입이 완료된 날로부터 2주간내에 본점의 소재지에서 전환사채의 등기를 하여야 한다.

답 ①

54 세무사 2022

☑ 확인 Check! ○ △ ×

상법상 신주인수권부사채에 관한 설명으로 옳은 것은?

① 주주 외의 자에게 신주인수권부사채를 발행하려는 경우 그에 관한 정관규정 또는 주주총회 특별결의가 있다면 적법하게 발행할 수 있으며, 경영상 목적을 달성하기 위하여 필요한 것인지 여부는 문제되지 않는다.
② 각 신주인수권부사채에 부여된 신주인수권 행사로 인하여 발행할 주식의 발행가액의 합계액은 각 신주인수권부사채의 금액을 초과할 수 있다.
③ 신주인수권증권이 발행된 경우 신주인수권증권의 선의취득은 인정되지 않는다.
④ 회사가 신주인수권부사채를 발행한 때에는 각 신주인수권부사채의 금액, 각 신주인수권부사채의 납입금액 등을 등기해야 한다.
⑤ 주식 양도에 관하여 이사회 승인을 얻도록 하는 정관 규정을 둔 회사가 신주인수권증권을 발행하는 경우에도 주식양도가 제한되는 사정을 채권에 기재해야 한다.

해설

① [×] 주주외의 자에 대하여 신주인수권부사채를 발행하는 경우에 그 발행할 수 있는 신주인수권부사채의 액, 신주인수권의 내용과 신주인수권을 행사할 수 있는 기간에 관하여 정관에 규정이 없으면 제434조의 결의로써 이를 정하여야 한다. 이 경우 제418조 제2항 단서의 규정(다만, 이 경우에는 신기술의 도입, 재무구조의 개선 등 회사의 경영상 목적을 달성하기 위하여 필요한 경우에 한한다)을 준용한다(상법 제516조의2 제4항, 제418조 제2항).

② [×] 각 신주인수권부사채에 부여된 신주인수권의 행사로 인하여 발행할 주식의 발행가액의 합계액은 각 신주인수권부사채의 금액을 초과할 수 없다(상법 제516조의2 제3항).

③ [×] 신주인수권증권이 발행된 경우 신주인수권증권의 선의취득이 인정된다(상법 제516조의6 제2항, 수표법 제21조 참조).

> **상법 제516조의6(신주인수권의 양도)**
> ① 신주인수권증권이 발행된 경우에 신주인수권의 양도는 신주인수권증권의 교부에 의하여서만 이를 행한다.
> ② 제336조 제2항, 제360조 및 수표법 제21조의 규정은 신주인수권증권에 관하여 이를 준용한다.
>
> **수표법 제21조(수표의 선의취득)**
> 어떤 사유로든 수표의 점유를 잃은 자가 있는 경우에 그 수표의 소지인은 그 수표가 소지인출급식일 때 또는 배서로 양도할 수 있는 수표의 소지인이 제19조에 따라 그 권리를 증명할 때에는 그 수표를 반환할 의무가 없다. 그러나 소지인이 악의 또는 중대한 과실로 인하여 수표를 취득한 경우에는 그러하지 아니하다.

④ [O] 상법 제516조의8 제1항 제3호, 제4호

> **상법 제516조의8(신주인수권부사채의 등기)**
> ① 회사가 신주인수권부사채를 발행한 때에는 다음의 사항을 등기하여야 한다.
> 1. 신주인수권부사채라는 뜻
> 2. 신주인수권의 행사로 인하여 발행할 주식의 발행가액의 총액
> 3. 각 신주인수권부사채의 금액
> 4. 각 신주인수권부사채의 납입금액
> 5. 제516조의2 제2항 제1호 내지 제3호에 정한 사항

⑤ [×] 주식 양도에 관하여 이사회 승인을 얻도록 하는 규정은 신주인수권부사채의 채권에 기재하여야 하나(상법 제516조의4 제4호 참조), 신주인수권증권을 발행하는 경우에는 이를 신주인수권증권에 기재하므로(상법 제516조의5 제2항 제5호 참조), 채권에는 기재하지 아니한다(상법 제516조의4 단서 참조).

> **상법 제516조의4(사채청약서 · 채권 · 사채원부의 기재사항)**
> 신주인수권부사채에 있어서는 사채청약서 · 채권 및 사채원부에 다음의 사항을 기재하여야 한다. 그러나 제516조의5 제1항의 신주인수권증권을 발행할 때에는 채권에는 이를 기재하지 아니한다.
> 1. 신주인수권부사채라는 뜻
> 2. 제516조의2 제2항 제2호 내지 제5호에 정한 사항
> 3. 제516조의9에 따라 납입을 맡을 은행이나 그 밖의 금융기관 및 납입장소
> 4. 주식의 양도에 관하여 이사회의 승인을 얻도록 정한 때에는 그 규정
>
> **상법 제516조의5(신주인수권증권의 발행)**
> ② 신주인수권증권에는 다음의 사항과 번호를 기재하고 이사가 기명날인 또는 서명하여야 한다.
> 1. 신주인수권증권이라는 뜻의 표시
> 2. 회사의 상호
> 3. 제516조의2 제2항 제2호 · 제3호 및 제5호에 정한 사항
> 4. 제516조의4 제3호에 정한 사항
> 5. 주식의 양도에 관하여 이사회의 승인을 얻도록 정한 때에는 그 규정

답 ④

55 법무사 2022

☑ 확인Check! ○ △ ✕

신주인수권부사채에 관한 다음 설명 중 가장 옳지 않은 것은?

① 주주 외의 자에 대하여 신주인수권부사채를 발행하는 경우에 그 발행할 수 있는 신주인수권부사채의 액, 신주인수권의 내용과 신주인수권을 행사할 수 있는 기간에 관하여 정관에 규정이 없으면 주주총회에서 출석한 주주의 의결권의 3분의 2 이상의 수와 발행주식총수의 3분의 1 이상의 수로써 이를 정하여야 한다.

② 상법의 규정에 따르면 주주 외의 자에 대하여 신주인수권부사채를 발행하는 경우에 회사는 제516조 제2항에서 정한 신주인수권부사채에 관한 내용을 그 납입기일의 2주 전까지 주주에게 통지하거나 공고하여야 한다.

③ 회사가 법령 또는 정관에 위반하거나 현저하게 불공정한 방법에 의하여 신주인수권부사채를 발행함으로써 주주가 불이익을 받을 염려가 있는 경우에는 그 주주는 회사에 대하여 그 발행을 유지할 것을 청구할 수 있다.

④ 이사와 통모하여 현저하게 불공정한 발행가액으로 신주인수권부사채를 인수한 자는 회사에 대하여 공정한 발행가액과의 차액에 상당한 금액을 지급할 의무가 있다.

⑤ 신주인수권부사채 발행의 무효는 주주・이사 또는 감사에 한하여 신주인수권부사채를 발행한 날로부터 6월 내에 소만으로 이를 주장할 수 있다.

해설

① [O] 주주 외의 자에 대하여 신주인수권부사채를 발행하는 경우에 그 발행할 수 있는 신주인수권부사채의 액, 신주인수권의 내용과 신주인수권을 행사할 수 있는 기간에 관하여 정관에 규정이 없으면 제434조의 결의(출석한 주주의 의결권의 3분의 2 이상의 수와 발행주식총수의 3분의 1 이상의 수)로써 이를 정하여야 한다. 이 경우 제418조 제2항 단서의 규정을 준용한다(상법 제516조의2 제4항).

② [✕] 신주의 제3자배정의 경우에는 신주의 종류와 수, 신주의 인수방법 등 신주의 발행에 관한 사항을 그 납입기일의 2주 전까지 주주에게 통지하거나 공고하여야 하나(상법 제418조 제4항), 전환사채와 신주인수권부사채의 경우에 이를 준용하고 있지 않다.

③ [O], ④ [O] 위법・불공정한 신주인수권부사채 발행에 대한 구제수단으로 유지청구권과 통모인수인의 책임이 인정된다(상법 제516조의11, 제516조 제1항, 제424조, 제424조의2).

상법 제516조의11(준용규정)

제351조의 규정은 신주인수권의 행사가 있는 경우에, 제513조의2 및 제516조 제1항의 규정은 신주인수권부사채에 관하여 이를 준용한다.

상법 제516조(준용규정)

① 제346조 제4항, 제424조 및 제424조의2의 규정은 전환사채의 발행의 경우에 이를 준용한다.

상법 제424조(유지청구권)

회사가 법령 또는 정관에 위반하거나 현저하게 불공정한 방법에 의하여 주식을 발행함으로써 주주가 불이익을 받을 염려가 있는 경우에는 그 주주는 회사에 대하여 그 발행을 유지할 것을 청구할 수 있다.

PART 3

상법 제424조의2(불공정한 가액으로 주식을 인수한 자의 책임)
① 이사와 통모하여 현저하게 불공정한 발행가액으로 주식을 인수한 자는 회사에 대하여 공정한 발행가액과의 차액에 상당한 금액을 지급할 의무가 있다.

⑤ [O] 신주인수권부사채는 미리 확정된 가액으로 일정한 수의 신주 인수를 청구할 수 있는 신주인수권이 부여된 사채로서 신주인수권부사채 발행의 경우에도 주식회사의 물적 기초와 기존 주주들의 이해관계에 영향을 미친다는 점에서 사실상 신주를 발행하는 것과 유사하므로, 신주발행무효의 소에 관한 상법 제429조가 유추적용되고, 신주발행의 무효원인에 관한 법리 또한 마찬가지로 적용된다(대판 2015.12.10. 2015다202919).

상법 제429조(신주발행무효의 소)
신주발행의 무효는 주주·이사 또는 감사에 한하여 신주를 발행한 날로부터 6월 내에 소만으로 이를 주장할 수 있다.

답 ②

제4절 | 회사의 회계

56 CPA 2022 ☑ 확인 Check! ○ △ ×

상법상 비상장주식회사의 회계에 관한 설명으로 틀린 것은? (이견이 있으면 판례에 의함)

① 상법에는 회사의 회계는 상법과 대통령령으로 규정한 것을 제외하고는 일반적으로 공정하고 타당한 회계의 관행에 따른다고 규정되어 있다.
② 이사는 매결산기에 영업보고서를 작성하여 이사회의 승인을 받은 후 정기총회에 제출하여 그 내용을 보고하여야 한다.
③ 회사채권자는 영업시간 내에 언제든지 재무제표를 열람할 수 있으며, 회사가 정한 비용을 지급하고 그 서류의 등본이나 초본의 교부를 청구할 수 있다.
④ 상법상 연결재무제표를 작성할 의무가 없는 회사의 경우, 이사는 정기총회 회일의 1주간 전부터 재무제표와 그 부속명세서 및 영업보고서와 감사보고서를 본점에 5년간, 그 등본을 지점에 3년간 비치하여야 한다.
⑤ 발행주식총수의 100분의 3 이상의 주식을 보유한 주주가 회계장부의 열람을 재판상 청구한 경우, 소송이 계속되는 동안 그 주식보유 요건이 계속 구비될 필요는 없다.

해설

① [O] 상법 제446조의2
② [O] 상법 제447조의2 제1항, 제449조 제2항

> **상법 제447조의2(영업보고서의 작성)**
> ① 이사는 매결산기에 영업보고서를 작성하여 이사회의 승인을 얻어야 한다.
>
> **상법 제449조(재무제표 등의 승인 · 공고)**
> ② 이사는 제447조의2의 서류를 정기총회에 제출하여 그 내용을 보고하여야 한다.

③ [O] 상법 제448조 제2항
④ [O] 상법 제448조 제1항

> **상법 제448조(재무제표 등의 비치 · 공시)**
> ① 이사는 정기총회회일의 1주간 전부터 제447조(재무제표의 작성) 및 제447조의2(영업보고서의 작성)의 서류와 감사보고서를 본점에 5년간, 그 등본을 지점에 3년간 비치하여야 한다.
> ② 주주와 회사채권자는 영업시간내에 언제든지 제1항의 비치서류를 열람할 수 있으며 회사가 정한 비용을 지급하고 그 서류의 등본이나 초본의 교부를 청구할 수 있다.

⑤ [×] 발행주식의 총수의 100분의 3 이상에 해당하는 주식을 가진 주주는 상법 제466조 제1항에 따라 이유를 붙인 서면으로 회계의 장부와 서류의 열람 또는 등사를 청구할 수 있다. 열람과 등사에 시간이 소요되는 경우에는 열람 · 등사를 청구한 주주가 전 기간을 통해 발행주식 총수의 100분의 3 이상의 주식을 보유하여야 하고, 회계장부의 열람 · 등사를 재판상 청구하는 경우에는 소송이 계속되는 동안 위 주식 보유요건을 구비하여야 한다(대판 2017.11.9. 2015다252037).

답 ⑤

57 세무사 2020

☑ 확인 Check! ○ △ ✕

상법상 자본금 총액이 15억원인 주식회사의 회계에 관한 설명으로 옳지 않은 것은?

① 이사회의 결의로 재무제표의 승인이 가능한 회사의 이사는 이사회의 승인을 얻은 재무제표를 주주총회에 보고할 의무가 없다.

② 이사는 영업보고서를 정기주주총회에 제출하여 그 내용을 보고하여야 한다.

③ 이사는 정기주주총회 회일의 6주간 전에 재무제표를 감사 또는 감사위원회에게 제출하여야 한다.

④ 이사가 매결산기에 작성하는 영업보고서는 상법에서 규정하고 있는 재무제표에 포함되지 않는다.

⑤ 정기주주총회에서 재무제표를 승인하는 결의 후 2년 내에 다른 결의가 없으면 회사는 이사와 감사의 책임을 해제한 것으로 본다. 그러나 이사 또는 감사의 부정행위에 대하여는 그러하지 아니하다.

▌해설▐

① [✕] 이사회의 결의로 재무제표의 승인이 가능한 회사의 이사는 이사회의 승인을 얻은 재무제표를 주주총회에 보고하여야 한다(상법 제449조의2 제1항, 제2항 참조).

> **상법 제449조의2(재무제표 등의 승인에 대한 특칙)**
>
> ① 제449조에도 불구하고 회사는 정관으로 정하는 바에 따라 제447조(재무제표의 작성)의 각 서류를 이사회의 결의로 승인할 수 있다. 다만, 이 경우에는 다음 각 호의 요건을 모두 충족하여야 한다.
>
> 1. 제447조의 각 서류가 법령 및 정관에 따라 회사의 재무상태 및 경영성과를 적정하게 표시하고 있다는 외부감사인의 의견이 있을 것
> 2. 감사(감사위원회 설치회사의 경우에는 감사위원을 말한다) 전원의 동의가 있을 것
>
> ② 제1항에 따라 이사회가 승인한 경우에는 이사는 제447조(재무제표의 작성)의 각 서류의 내용을 주주총회에 보고하여야 한다.

② [O] 이사는 제447조의2(영업보고서의 작성)의 서류를 정기총회에 제출하여 그 내용을 보고하여야 한다(상법 제449조 제2항).

③ [O] 상법 제447조의3, 제415조의2 제7항

> **상법 제447조의3(재무제표등의 제출)**
>
> 이사는 정기총회회일의 6주간 전에 제447조(재무제표의 작성) 및 제447조의2(영업보고서의 작성)의 서류를 감사에게 제출하여야 한다.
>
> **상법 제415조의2(감사위원회)**
>
> ⑦ 제296조·제312조·제367조·제387조·제391조의2 제2항·제394조 제1항·제400조·제402조 내지 제407조·제412조 내지 제414조·제447조의3·제447조의4·제450조·제527조의4·제530조의5 제1항 제9호·제530조의6 제1항 제10호 및 제534조의 규정은 감사위원회에 관하여 이를 준용한다. 이 경우 제530조의5 제1항 제9호 및 제530조의6 제1항 제10호 중 "감사"는 "감사위원회 위원"으로 본다.

④ [O] 재무제표란 회사의 재무상태와 경영성과를 표시하는 것으로 대차대조표, 손익계산서, 자본변동표 또는 이익잉여금처분계산서 등을 의미하며 주식회사 등의 외부감사에 관한 법률에 따른 외부감사대상회사의 경우 현금흐름표와 주석이 추가된다(상법 제447조 제1항, 상법 시행령 제16조 제1항 참조). 반면에 영업보고서란 회사의 해당 영업연도의 영업의 경과와 성과 등 숫자로 표현되지 않는 영업에 관한 중요한 사항을 기재한 것을 말한다(상법 제447조의2, 상법 시행령 제17조 참조).

⑤ [O] 정기총회에서 전조 제1항의 승인(재무제표 등의 승인)을 한 후 2년 내에 다른 결의가 없으면 회사는 이사와 감사의 책임을 해제한 것으로 본다. 그러나 이사 또는 감사의 부정행위에 대하여는 그러하지 아니하다(상법 제450조).

답 ①

58 CPA 2023

확인 Check! O △ X

상법상 액면주식을 발행하는 비상장주식회사의 법정준비금에 관한 설명으로 옳은 것은?

① 정관에 따라 주주총회 결의로 법정준비금을 자본금으로 전입하는 경우 주주총회 결의가 있은 때로부터 주주는 신주의 주주가 된다.

② 법정준비금을 자본금으로 전입한 경우 회사의 순자산이 증가한다.

③ 신주 발행을 수반하지 않아도 법정준비금을 자본금으로 전입할 수 있다.

④ 법정준비금을 자본금으로 전입하는 경우 줄어드는 법정준비금과 늘어나는 자본금이 같은 금액일 필요는 없다.

⑤ 법정준비금을 자본금의 결손 보전에 충당하는 경우 회사의 순자산이 회사 밖으로 유출된다.

해설

① [O] 이사회 결의로 준비금의 자본전입을 결정하는 경우, 이사회 결의로 정한 신주배정기준일에 신주의 효력이 발생하지만(상법 제461조 제3항 참조), 주주총회 결의로 결정하는 경우에는 주주총회 결의가 있은 때로부터 신주의 주주가 된다(상법 제461조 제4항 참조).

② [X] 법정준비금의 자본금 전입으로 자본금은 증가하고, 그 증가하는 자본금에 해당하는 만큼 기존 주주에게 신주가 발행되지만 기존 주주들이 별도의 납입을 하지 않고 신주를 취득하므로 실제 회사에 유입되는 자산은 없다. 즉 법정준비금 계정의 금액을 자본금 계정으로 이전하는 것에 불과하여 회사의 순자산에는 변동이 없다.

③ [X] 법정준비금의 자본금 전입의 경우에는 주주에 대하여 그가 가진 주식의 수에 따라 주식을 발행하여야 한다(상법 제461조 제2항 참조).

상법 제461조(준비금의 자본금 전입)

① 회사는 이사회의 결의에 의하여 준비금의 전부 또는 일부를 자본금에 전입할 수 있다. 그러나 정관으로 주주총회에서 결정하기로 정한 경우에는 그러하지 아니하다.

② 제1항의 경우에는 주주에 대하여 그가 가진 주식의 수에 따라 주식을 발행하여야 한다. 이 경우 1주에 미달하는 단수에 대하여는 제443조 제1항의 규정을 준용한다.

③ 제1항의 이사회의 결의가 있은 때에는 회사는 일정한 날을 정하여 그날에 주주명부에 기재된 주주가 제2항의 신주의 주주가 된다는 뜻을 그날의 2주간 전에 공고하여야 한다. 그러나 그날이 제354조 제1항의 기간 중인 때에는 그 기간의 초일의 2주간 전에 이를 공고하여야 한다.

④ 제1항 단서의 경우에 주주는 주주총회의 결의가 있은 때로부터 제2항의 신주의 주주가 된다.

④ [×] 법정준비금의 자본금 전입의 효력이 발생하면 소정의 금액만큼 법정준비금이 감소하고 같은 금액의 자본금이 증가한다.

⑤ [×] 법정준비금에 의한 결손 보전이 이루어지면 자금이 준비금 계정에서 이익잉여금 계정으로 이동하게 된다. 하지만 이는 회계상 계정 간의 이동에 불과하여 회사의 순자산에는 변동이 없다.

답 ①

59 세무사 2024

☑ 확인Check! ○ △ ×

상법상 액면주식을 발행한 회사의 법정준비금에 관한 설명으로 옳지 않은 것은?

① 준비금을 자본금으로 전입하는 경우 전입된 금액을 1주의 액면금액으로 나눈 수의 신주가 발행된다.

② 신설합병의 경우 소멸되는 회사의 법정준비금은 새로 설립되는 회사가 승계할 수 없다.

③ 정관의 정함에 따라 주주총회에서 준비금을 자본금으로 전입하기로 결의한 경우 주주는 그 결의가 있은 때부터 신주의 주주가 된다.

④ 회사는 주식배당의 경우 외에 자본금의 2분의 1이 될 때까지 매 결산기 이익배당액의 10분의 1이상을 이익준비금으로 적립해야 한다.

⑤ 자본금을 결손 보전에 충당하는 경우에는 자본준비금과 이익준비금 중 어느 것이든 사용할 수 있다.

해설

① [O] 준비금의 자본금 전입으로 회사의 자본금이 증가하고, 액면주식의 경우 그 증가하는 자본금액을 액면가로 나눈 수에 해당하는 신주가 발행된다. 이 경우, 발행하는 신주에 대해 기존의 주주들은 별도의 납입을 하지 않고 그가 가진 주식 수에 비례하여 신주를 취득한다(상법 제461조 제2항 참조).

② [×] 합병이나 제530조의2에 따른 분할 또는 분할합병의 경우 소멸 또는 분할되는 회사의 이익준비금이나 그 밖의 법정준비금은 합병·분할·분할합병 후 존속되거나 새로 설립되는 회사가 승계할 수 있다(상법 제459조 제2항).

③ [O] 상법 제461조 제1항, 제4항

> **상법 제461조(준비금의 자본금 전입)**
>
> ① 회사는 이사회의 결의에 의하여 준비금의 전부 또는 일부를 자본금에 전입할 수 있다. 그러나 정관으로 주주총회에서 결정하기로 정한 경우에는 그러하지 아니하다.
>
> ② 제1항의 경우에는 주주에 대하여 그가 가진 주식의 수에 따라 주식을 발행하여야 한다. 이 경우 1주에 미달하는 단수에 대하여는 제443조 제1항의 규정을 준용한다.
>
> ④ 제1항 단서의 경우에 주주는 주주총회의 결의가 있은 때로부터 제2항의 신주의 주주가 된다.

④ [O] 회사는 그 자본금의 2분의 1이 될 때까지 매 결산기 이익배당액의 10분의 1 이상을 이익준비금으로 적립하여야 한다. 다만, 주식배당의 경우에는 그러하지 아니하다(상법 제458조).

⑤ [O] 제458조(이익준비금) 및 제459조(자본준비금)의 준비금은 자본금의 결손 보전에 충당하는 경우 외에는 처분하지 못한다(상법 제460조). 구상법과 달리 현행상법은 준비금의 결손 보전 사용에 순서 제한이 없으므로, 자본준비금과 이익준비금 중 어느 것이든 먼저 결손 보전에 사용할 수 있다.

답 ②

60 CPA 2020

☑ 확인Check! ○ △ ✕

상법상 주식회사의 회계에 관한 설명으로 틀린 것은?

① 이익준비금으로 자본금의 결손 보전에 충당하고도 부족한 경우에만 자본준비금으로 결손 보전에 충당할 수 있다.

② 회사는 주식배당의 경우를 제외하고는 그 자본금의 2분의 1이 될 때까지 매 결산기 이익배당액의 10분의 1 이상을 이익준비금으로 적립하여야 한다.

③ 회사는 정관으로 금전 외의 재산으로 배당을 할 수 있음을 정할 수 있다.

④ 회사는 적립된 자본준비금 및 이익준비금의 총액이 자본금의 1.5배를 초과하는 경우에, 주주총회의 결의에 따라 그 초과한 금액 범위에서 자본준비금과 이익준비금을 감액할 수 있다.

⑤ 연 1회의 결산기를 정한 회사는 영업연도 중 1회에 한하여 이사회 결의로 중간배당을 할 수 있음을 정관으로 정할 수 있다.

▌해설▐

① [✕] 제458조(이익준비금) 및 제459조(자본준비금)의 준비금은 자본금의 결손 보전에 충당하는 경우 외에는 처분하지 못한다(상법 제460조). 구상법과 달리 현행상법은 준비금의 결손 보전 사용에 순서 제한이 없으므로, 자본준비금과 이익준비금 중 어느 것이든 먼저 결손 보전에 사용할 수 있다.

② [○] 회사는 그 자본금의 2분의 1이 될 때까지 매 결산기 이익배당액의 10분의 1 이상을 이익준비금으로 적립하여야 한다. 다만, 주식배당의 경우에는 그러하지 아니하다(상법 제458조).

③ [○] 회사는 정관으로 금전 외의 재산으로 배당을 할 수 있음을 정할 수 있다(상법 제462조의4 제1항).

④ [○] 회사는 적립된 자본준비금 및 이익준비금의 총액이 자본금의 1.5배를 초과하는 경우에 주주총회의 결의에 따라 그 초과한 금액 범위에서 자본준비금과 이익준비금을 감액할 수 있다(상법 제461조의2).

⑤ [○] 연 1회의 결산기를 정한 회사는 영업년도 중 1회에 한하여 이사회의 결의로 일정한 날을 정하여 그날의 주주에 대하여 이익을 배당(이하 이 조에서 "중간배당"이라 한다)할 수 있음을 정관으로 정할 수 있다(상법 제462조의3 제1항).

 답 ①

61 CPA 2017

☑ 확인 Check! ○ △ ×

상법상 주식회사의 회계에 관한 설명으로 틀린 것은?

① 주주는 영업시간 내에 언제든지 재무제표를 열람할 수 있으며 회사가 정한 비용을 지급하고 그 서류의 등본이나 초본의 교부를 청구할 수 있다.

② 회사는 정관이 정하는 바에 따라 주주총회의 결의로 준비금의 전부 또는 일부를 자본금에 전입할 수 있다.

③ 이사는 매 결산기에 영업보고서를 작성하여 주주총회의 승인을 얻어야 한다.

④ 회사는 자본거래에서 발생한 잉여금을 자본준비금으로 적립하여야 한다.

⑤ 회사는 적립된 자본준비금 및 이익준비금의 총액이 자본금의 1.5배를 초과하는 경우 주주총회의 결의에 따라 그 초과한 금액 범위에서 자본준비금과 이익준비금을 감액할 수 있다.

▌해설▐

① [O] 상법 제448조 제2항

> **상법 제448조(재무제표 등의 비치 · 공시)**
> ① 이사는 정기총회회일의 1주간 전부터 제447조(재무제표의 작성) 및 제447조의2(영업보고서의 작성)의 서류와 감사보고서를 본점에 5년간, 그 등본을 지점에 3년간 비치하여야 한다.
> ② 주주와 회사채권자는 영업시간내에 언제든지 제1항의 비치서류를 열람할 수 있으며 회사가 정한 비용을 지급하고 그 서류의 등본이나 초본의 교부를 청구할 수 있다.

② [O] 회사는 이사회의 결의에 의하여 준비금의 전부 또는 일부를 자본금에 전입할 수 있다. 그러나 정관으로 주주총회에서 결정하기로 정한 경우에는 그러하지 아니하다(상법 제461조 제1항).

③ [×] 이사는 매결산기에 영업보고서를 작성하여 이사회의 승인을 얻어야 한다(상법 제447조의2 제1항). 참고로 재무제표는 이사회의 승인 후 정기주주총회의 승인을 받아야 하나, 영업보고서는 이사회의 승인 후 정기주주총회에 보고만 하면된다(상법 제447조 제1항, 제447조의2 제1항, 제449조 제1항 · 제2항 참조).

④ [O] 회사는 자본거래에서 발생한 잉여금을 대통령령으로 정하는 바에 따라 자본준비금으로 적립하여야 한다(상법 제459조 제1항).

⑤ [O] 회사는 적립된 자본준비금 및 이익준비금의 총액이 자본금의 1.5배를 초과하는 경우에 주주총회의 결의에 따라 그 초과한 금액 범위에서 자본준비금과 이익준비금을 감액할 수 있다(상법 제461조의2).

 ③

62 CPA 2022

☑ 확인 Check! ○ △ ✕

상법상 비상장주식회사의 자본금, 준비금, 배당에 관한 설명으로 틀린 것은?

① 회사가 무액면주식을 발행하는 경우, 주식의 발행가액 중 자본금으로 계상하지 아니하는 금액은 자본준비금으로 계상하여야 한다.

② 준비금의 자본금 전입을 정관으로 주주총회에서 결정하기로 정한 회사가 아닌 경우, 회사는 이사회의 결의에 의하여 준비금의 전부를 자본금에 전입할 수 있다.

③ 회사는 적립된 자본준비금 및 이익준비금의 총액이 자본금의 1.5배를 초과하는 경우에는 이사회의 결의에 따라 그 초과한 금액의 범위에서 자본준비금과 이익준비금을 감액할 수 있다.

④ 주식배당은 이익배당총액의 2분의 1에 상당하는 금액을 초과하지 못한다.

⑤ 주식배당이 있을 경우, 주식의 등록질권자의 권리는 주주가 주식배당으로 받을 주식에 미친다.

해설

① [O] 회사가 무액면주식을 발행하는 경우 회사의 자본금은 주식 발행가액의 2분의 1 이상의 금액으로서 이사회(제416조 단서에서 정한 주식발행의 경우에는 주주총회를 말한다)에서 자본금으로 계상하기로 한 금액의 총액으로 한다. 이 경우 주식의 발행가액 중 자본금으로 계상하지 아니하는 금액은 자본준비금으로 계상하여야 한다(상법 제451조 제2항).

② [O] 회사는 이사회의 결의에 의하여 준비금의 전부 또는 일부를 자본금에 전입할 수 있다. 그러나 정관으로 주주총회에서 결정하기로 정한 경우에는 그러하지 아니하다(상법 제461조 제1항).

③ [X] 회사는 적립된 자본준비금 및 이익준비금의 총액이 자본금의 1.5배를 초과하는 경우에 주주총회의 결의에 따라 그 초과한 금액 범위에서 자본준비금과 이익준비금을 감액할 수 있다(상법 제461조의2).

④ [O] 상법 제462조의2 제1항

⑤ [O] 상법 제462조의2 제6항, 제340조 제1항

상법 제462조의2(주식배당)

① 회사는 주주총회의 결의에 의하여 이익의 배당을 새로이 발행하는 주식으로써 할 수 있다. 그러나 주식에 의한 배당은 이익배당총액의 2분의 1에 상당하는 금액을 초과하지 못한다.

⑥ 제340조 제1항의 질권자의 권리는 제1항의 규정에 의한 주주가 받을 주식에 미친다. 이 경우 제340조 제3항의 규정을 준용한다.

상법 제340조(주식의 등록질)

① 주식을 질권(質權)의 목적으로 한 경우에 회사가 질권설정자의 청구에 따라 그 성명과 주소를 주주명부에 덧붙여 쓰고 그 성명을 주권(株券)에 적은 경우에는 질권자는 회사로부터 이익배당, 잔여재산의 분배 또는 제339조에 따른 금전의 지급을 받아 다른 채권자에 우선하여 자기채권의 변제에 충당할 수 있다.

답 ③

PART 3

63 세무사 2023

☑ 확인Check! ○ △ ×

상법상 비상장주식회사의 회계에 관한 설명으로 옳은 것은?

① 준비금의 자본금전입은 정관에서 이사회 결의로 결정한다는 규정이 없는 한 주주총회결의로 정한다.

② 회사는 그 자본금의 2분의 1이 될 때까지 매 결산기 이익배당액의 10분의 1 이상을 이익준비금으로 적립하여야 하지만 주식배당의 경우에는 그러하지 아니하다.

③ 회사채권자는 법원의 허가를 얻은 경우에 한해 본점에서 비치하고 있는 재무제표를 열람할 수 있다.

④ 법정준비금은 자본금의 결손 보전에 충당할 수 없다.

⑤ 정기주주총회에서 재무제표 등을 승인한 후 2년 내에 다른 결의가 없으면 비록 이사에게 부정행위가 있더라도 회사는 이사와 감사의 책임을 해제한 것으로 본다.

해설

① [×] 회사는 이사회의 결의에 의하여 준비금의 전부 또는 일부를 자본금에 전입할 수 있다. 그러나 정관으로 주주총회에서 결정하기로 정한 경우에는 그러하지 아니하다(상법 제461조 제1항). 즉 준비금의 자본금전입은 정관에서 주주총회의 결의로 결정한다는 규정이 없는 한 이사회 결의로 정한다.

② [○] 회사는 그 자본금의 2분의 1이 될 때까지 매 결산기 이익배당액의 10분의 1 이상을 이익준비금으로 적립하여야 한다. 다만, 주식배당의 경우에는 그러하지 아니하다(상법 제458조).

③ [×] 주주와 회사채권자는 영업시간내에 언제든지 제1항의 비치서류(재무제표, 영업보고서, 감사보고서)를 열람할 수 있으며 회사가 정한 비용을 지급하고 그 서류의 등본이나 초본의 교부를 청구할 수 있다(상법 제448조 제2항).

④ [×] 제458조 및 제459조의 준비금(이익준비금, 자본준비금)은 자본금의 결손 보전에 충당하는 경우 외에는 처분하지 못한다(상법 제460조).

⑤ [×] 정기총회에서 전조 제1항의 승인(재무제표의 승인)을 한 후 2년 내에 다른 결의가 없으면 회사는 이사와 감사의 책임을 해제한 것으로 본다. 그러나 이사 또는 감사의 부정행위에 대하여는 그러하지 아니하다(상법 제450조).

답 ②

64 세무사 2022

☑ 확인 Check! ○ △ ×

상법상 주식회사의 자본금과 준비금에 관한 설명으로 옳지 않은 것은?

① 무액면주식을 발행하는 회사의 자본금의 액은 설립등기사항이 아니다.

② 회사의 자본금에 결손이 생긴 경우 준비금을 결손보전에 충당할 수 있다.

③ 회사는 적립된 자본준비금 및 이익준비금의 총액이 자본금의 1.5배를 초과하는 경우에 주주총회의 결의에 따라 그 초과한 금액 범위에서 자본준비금과 이익준비금을 감액할 수 있다.

④ 준비금의 자본금 전입은 이사회가 결의할 사항이지만 정관에 의하여 주주총회의 결의사항으로 할 수 있다.

⑤ 이사회결의에 의하여 준비금을 자본금으로 전입하는 경우 전입의 효력 발생시기는 이사회에서 정한 신주배정기준일이다.

해설

① [×] 자본금은 주식회사의 설립등기사항이다(상법 제317조 제2항 제2호 참조). 회사가 무액면주식을 발행하는 경우 회사의 자본금은 주식 발행가액의 2분의 1 이상의 금액으로서 이사회(제416조 단서에서 정한 주식발행의 경우에는 주주총회를 말한다)에서 자본금으로 계상하기로 한 금액의 총액으로 한다(상법 제451조 제2항 본문).

② [O] 제458조(이익준비금) 및 제459조(자본준비금)의 준비금은 자본금의 결손 보전에 충당하는 경우 외에는 처분하지 못한다(상법 제460조).

③ [O] 회사는 적립된 자본준비금 및 이익준비금의 총액이 자본금의 1.5배를 초과하는 경우에 주주총회의 결의에 따라 그 초과한 금액 범위에서 자본준비금과 이익준비금을 감액할 수 있다(상법 제461조의2).

④ [O] 상법 제461조 제1항

⑤ [O] 이사회 결의로 준비금의 자본전입을 결정하는 경우, 이사회 결의로 정한 신주배정기준일에 신주의 효력이 발생하지만(상법 제461조 제3항 참조), 주주총회 결의로 결정하는 경우에는 주주총회 결의가 있은 때로부터 신주의 주주가 된다(상법 제461조 제4항 참조).

상법 제461조(준비금의 자본금 전입)

① 회사는 이사회의 결의에 의하여 준비금의 전부 또는 일부를 자본금에 전입할 수 있다. 그러나 정관으로 주주총회에서 결정하기로 정한 경우에는 그러하지 아니하다.

③ 제1항의 이사회의 결의가 있은 때에는 회사는 일정한 날을 정하여 그날에 주주명부에 기재된 주주가 제2항의 신주의 주주가 된다는 뜻을 그날의 2주간 전에 공고하여야 한다. 그러나 그날이 제354조 제1항의 기간 중인 때에는 그 기간의 초일의 2주간 전에 이를 공고하여야 한다.

④ 제1항 단서의 경우에 주주는 주주총회의 결의가 있은 때로부터 제2항의 신주의 주주가 된다.

답 ①

PART 3

65 CPA 2024

☑ 확인Check! ○ △ ×

상법상 자본금 10억원 이상인 비상장주식회사의 이익배당 등에 관한 설명으로 틀린 것은?

① 회사는 현물배당을 정관으로 정할 수 있으며 현물배당을 결정한 경우 일정 수 미만의 주식을 보유한 주주에게 현물 대신 금전을 지급하는 것을 정할 수 있다.

② 연 1회의 결산기를 정한 회사는 영업년도 중 1회에 한하여 이사회의 결의로 일정한 날을 정하여 그날의 주주에 대하여 이익을 배당할 수 있음을 정관으로 정할 수 있다.

③ 주식배당의 경우 회사는 주주총회의 결의에 의하여 이익의 배당을 자기주식으로써 할 수 있다.

④ 주식배당은 주식의 권면액으로 하며, 회사가 종류주식을 발행한 때에는 각각 그와 같은 종류의 주식으로 할 수 있다.

⑤ 상법 제462조 제1항의 배당가능이익 한도를 위반하여 금전으로 이익을 배당한 경우에 회사채권자는 배당한 이익을 회사에 반환할 것을 청구할 수 있다.

▌해설▌

① [O] 상법 제462조의4 제1항, 제2항 제2호

> **상법 제462조의4(현물배당)**
> ① 회사는 정관으로 금전 외의 재산으로 배당을 할 수 있음을 정할 수 있다.
> ② 제1항에 따라 배당을 결정한 회사는 다음 사항을 정할 수 있다.
> 1. 주주가 배당되는 금전 외의 재산 대신 금전의 지급을 회사에 청구할 수 있도록 한 경우에는 그 금액 및 청구할 수 있는 기간
> 2. 일정 수 미만의 주식을 보유한 주주에게 금전 외의 재산 대신 금전을 지급하기로 한 경우에는 그 일정 수 및 금액

② [O] 연 1회의 결산기를 정한 회사는 영업년도 중 1회에 한하여 이사회의 결의로 일정한 날을 정하여 그날의 주주에 대하여 이익을 배당(이하 이 조에서 "중간배당"이라 한다)할 수 있음을 정관으로 정할 수 있다(상법 제462조의3 제1항).

③ [×] 주식배당의 경우 회사는 주주총회의 결의에 의하여 이익의 배당을 새로이 발행하는 주식으로써 할 수 있다. 회사가 이미 가지고 있는 자기주식으로 하는 배당은 현물배당이지 주식배당은 아니다(상법 제462조의2 제1항 참조).

④ [O] 상법 제462조의2 제2항

> **상법 제462조의2(주식배당)**
> ① 회사는 주주총회의 결의에 의하여 이익의 배당을 새로이 발행하는 주식으로써 할 수 있다. 그러나 주식에 의한 배당은 이익배당총액의 2분의 1에 상당하는 금액을 초과하지 못한다.
> ② 제1항의 배당은 주식의 권면액으로 하며, 회사가 종류주식을 발행한 때에는 각각 그와 같은 종류의 주식으로 할 수 있다.

⑤ [O] 상법 제462조 제1항, 제3항

> **상법 제462조(이익의 배당)**
> ① 회사는 대차대조표의 순자산액으로부터 다음의 금액을 공제한 액을 한도로 하여 이익배당을 할 수 있다.
> 1. 자본금의 액
> 2. 그 결산기까지 적립된 자본준비금과 이익준비금의 합계액

3. 그 결산기에 적립하여야 할 이익준비금의 액
4. 대통령령으로 정하는 미실현이익
③ 제1항을 위반하여 이익을 배당한 경우에 회사채권자는 배당한 이익을 회사에 반환할 것을 청구할 수 있다.

 ③

66 세무사 2024

☑ 확인Check! ○ △ ×

상법상 회사가 이익배당을 할 경우 대차대조표의 순자산액으로부터 공제하여야 하는 항목을 모두 고른 것은?

ㄱ. 자본금의 액
ㄴ. 그 결산기까지 적립된 자본준비금과 이익준비금의 합계액
ㄷ. 그 결산기까지 적립된 임의준비금의 합계액
ㄹ. 자산 및 부채에 대한 평가로 인하여 증가한 대차대조표상의 순자산액으로서 미실현손실과 상계된 금액
ㅁ. 그 결산기에 적립하여야 할 이익준비금의 액

① ㄱ, ㄴ, ㄷ
② ㄱ, ㄴ, ㅁ
③ ㄱ, ㄷ, ㅁ
④ ㄴ, ㄹ, ㅁ
⑤ ㄷ, ㄹ, ㅁ

해설

ㄱ. [O] 상법 제462조 제1항 제1호
ㄴ. [O], ㄷ. [X] 상법 제462조 제1항 제2호
ㄹ. [X] 상법 제462조 제1항 제4호, 상법 시행령 제19조 제1항
ㅁ. [O] 상법 제462조 제1항 제3호

상법 제462조(이익의 배당)
① 회사는 대차대조표의 순자산액으로부터 다음의 금액을 공제한 액을 한도로 하여 이익배당을 할 수 있다.
1. 자본금의 액
2. 그 결산기까지 적립된 자본준비금과 이익준비금의 합계액
3. 그 결산기에 적립하여야 할 이익준비금의 액
4. 대통령령으로 정하는 미실현이익

상법 시행령 제19조(미실현이익의 범위)
① 법 제462조 제1항 제4호에서 "대통령령으로 정하는 미실현이익"이란 법 제446조의2의 회계 원칙에 따른 자산 및 부채에 대한 평가로 인하여 증가한 대차대조표상의 순자산액으로서, 미실현손실과 상계하지 아니한 금액을 말한다.

 ②

67 CPA 2023

☑ 확인 Check! ○ △ ×

상법상 액면주식을 발행한 비상장주식회사의 주식배당에 관한 설명으로 옳은 것은?

① 재무제표를 이사회 결의로 승인할 수 있도록 정관 규정을 둔 회사의 경우 주식배당은 이사회 결의로 할 수 있다.

② 주식배당은 회사가 보유하고 있는 자기주식을 교부함으로써 행할 수 있다.

③ 주식배당을 통해 자본금이 증가하면, 그 금액만큼 회사의 법정준비금이 감소한다.

④ 주식배당이 완료된 후에도 변경등기는 필요하지 않다.

⑤ 주식으로 배당을 받은 주주는 주식배당의 결의가 있는 주주총회가 종결한 때부터 신주의 주주가 된다.

▌해설▐

① [×] 재무제표를 이사회 결의로 승인할 수 있도록 정관 규정을 둔 회사의 경우 이익배당은 이사회 결의로 할 수 있다(상법 제462조 제2항 참조). 그러나 주식배당은 주주총회의 결의에 의하여야 하고 이사회 결의로는 할 수 없다(상법 제462조의2 제1항 참조).

> **상법 제462조(이익의 배당)**
> ② 이익배당은 주주총회의 결의로 정한다. 다만, 제449조의2 제1항에 따라 재무제표를 이사회가 승인하는 경우에는 이사회의 결의로 정한다.

② [×] 주식배당은 새로이 발행하는 주식(신주발행)으로 한다(상법 제462조의2 제1항 참조). 회사가 보유한 자기주식을 지급하는 것은 현물배당이지 주식배당이 아니다.

> **상법 제462조의2(주식배당)**
> ① 회사는 주주총회의 결의에 의하여 이익의 배당을 새로이 발행하는 주식으로써 할 수 있다. 그러나 주식에 의한 배당은 이익배당총액의 2분의 1에 상당하는 금액을 초과하지 못한다.

③ [×] 주식배당은 이익의 배당을 주식으로 하는 것이므로 배당가능이익을 그 재원으로 한다. 따라서 주식배당을 통해 자본금이 증가하더라도 배당가능이익이 감소하는 것이지 법정준비금이 감소하지는 않는다.

④ [×] 주식배당을 하면 발행주식의 총수 및 그 종류와 각종 주식의 내용과 수 및 자본금의 총액에 변경이 생기므로 주식배당의 효력이 발생하는 주주총회결의일로부터 2주간 내에 본점소재지에서 그 변경등기를 해야 한다(상법 제317조 제2항 제2호・제3호, 제317조 제4항, 제183조).

> **상법 제317조(설립의 등기)**
> ② 제1항의 설립등기에 있어서는 다음의 사항을 등기하여야 한다.
> 1. 제289조 제1항 제1호 내지 제4호, 제6호와 제7호에 게기한 사항
> 2. 자본금의 액
> 3. 발행주식의 총수, 그 종류와 각종주식의 내용과 수
>
> … (중략) …
>
> ④ 제181조 내지 제183조의 규정은 주식회사의 등기에 준용한다.

> **상법 제183조(변경등기)**
> 제180조 각 호의 사항이 변경되었을 때에는 본점의 소재지에서 2주일 내에 변경등기를 하여야 한다.

⑤ [O] 주식으로 배당을 받은 주주는 제1항의 결의(주식배당의 결의)가 있는 주주총회가 종결한 때부터 신주의 주주가 된다(상법 제462조의2 제4항).

답 ⑤

68 CPA 2017

☑ 확인 Check! ○ △ ✕

상법상 비상장주식회사의 이익배당에 관한 설명으로 틀린 것은?

① 이익배당은 각 주주가 가진 주식 수에 따라 하여야 하지만 이익배당에 관한 종류주식의 경우에는 다르게 정할 수 있다.

② 주주총회의 결의에 의하여 이익배당을 새로이 발행하는 주식으로써 하는 경우 그 배당은 이익배당총액의 2분의 1에 상당하는 금액을 초과하지 못한다.

③ 회사가 이익배당안을 결의한 경우 주주의 배당금 지급청구권은 주식과 독립하여 양도할 수 있고 5년의 소멸시효가 적용된다.

④ 판례에 의하면 대주주가 스스로 배당받을 권리를 포기하거나 소액주주의 배당률보다 낮게 하기 위하여 주주총회에서 차등배당을 하기로 한 결의는 유효하다.

⑤ 회사가 정관으로 금전 외의 재산으로 배당할 것을 정한 경우 일정 수 미만의 주식을 보유한 주주에게 금전 외의 재산 대신 금전을 지급하기로 정할 수 없다.

▌해설▐

① [O] 상법 제464조, 제344조 제1항

> **상법 제464조(이익배당의 기준)**
> 이익배당은 각 주주가 가진 주식의 수에 따라 한다. 다만, 제344조 제1항을 적용하는 경우에는 그러하지 아니하다.
>
> **상법 제344조(종류주식)**
> ① 회사는 이익의 배당, 잔여재산의 분배, 주주총회에서의 의결권의 행사, 상환 및 전환 등에 관하여 내용이 다른 종류의 주식(이하 "종류주식"이라 한다)을 발행할 수 있다.

PART 3

② [O] 회사는 주주총회의 결의에 의하여 이익의 배당을 새로이 발행하는 주식으로써 할 수 있다. 그러나 주식에 의한 배당은 이익배당총액의 2분의 1에 상당하는 금액을 초과하지 못한다(상법 제462조의2 제1항).

③ [O] 주주총회 또는 이사회의 이익배당안 결의로 인하여 각 주주에게 발생하는 구체적 배당금 지급청구권은 회사에 대한 채권적 청구권으로서 주식과 독립하여 양도・압류・전부명령의 대상이 될 수 있다. 구체적 배당금 지급청구권의 소멸시효기간은 5년이다(상법 제464조의2 제2항 참조).

> **상법 제464조의2(이익배당의 지급시기)**
> ① 회사는 제464조에 따른 이익배당을 제462조 제2항의 주주총회나 이사회의 결의 또는 제462조의3 제1항의 결의를 한 날부터 1개월 내에 하여야 한다. 다만, 주주총회 또는 이사회에서 배당금의 지급시기를 따로 정한 경우에는 그러하지 아니하다.
> ② 제1항의 배당금의 지급청구권은 5년간 이를 행사하지 아니하면 소멸시효가 완성한다.

④ [O] 주주총회에서 대주주에게는 30프로, 소주주에게는 33프로의 이익배당을 하기로 결의한 것은 대주주가 자기들이 배당받을 몫의 일부를 떼내어 소주주들에게 고루 나누어 주기로 한 것이니, 이는 주주가 스스로 그 배당받을 권리를 포기하거나 양도하는 것과 마찬가지여서 상법 제464조에 위반된다고 할 수 없다(대판 1980.8.26. 80다1263).

⑤ [X] 상법 제462조의4 제1항, 제2항 제2호

> **상법 제462조의4(현물배당)**
> ① 회사는 정관으로 금전 외의 재산으로 배당을 할 수 있음을 정할 수 있다.
> ② 제1항에 따라 배당을 결정한 회사는 다음 사항을 정할 수 있다.
> 1. 주주가 배당되는 금전 외의 재산 대신 금전의 지급을 회사에 청구할 수 있도록 한 경우에는 그 금액 및 청구할 수 있는 기간
> 2. 일정 수 미만의 주식을 보유한 주주에게 <u>금전 외의 재산 대신 금전을 지급하기로 한 경우</u>에는 그 일정 수 및 금액

 ⑤

69 CPA 2015

☑ 확인Check! ○ △ ✕

상법상 액면주식을 발행한 주식회사의 주식배당에 관한 설명으로 옳은 것은?

① 주식배당은 회사가 신주를 발행하지 않고 이미 가지고 있는 자기주식으로써 할 수도 있다.
② 주식배당에 의한 신주의 발행가액은 주주총회의 특별결의로 주식의 시가로 결정할 수 있다.
③ 주식배당을 받은 주주는 주주총회의 주식배당 결의가 있은 영업연도말에 신주의 주주가 된다.
④ 이사는 주식배당에 관한 주주총회의 결의가 있는 때 지체 없이 배당받을 주주와 주주명부에 기재된 질권자에게 그 주주가 받을 주식의 종류와 수를 통지하여야 한다.
⑤ 주식의 등록질의 경우 질권자는 주식배당에 의해 주주가 받을 주식에 대하여 질권을 행사할 수는 없다.

▌해설▌

① [✕] 주식배당은 새로이 발행하는 주식으로 하는 이익배당을 말하며, 회사가 이미 가지고 있는 자기주식으로 하는 배당은 현물배당이지 주식배당은 아니다(상법 제462조의2 제1항 참조).
② [✕] 주식배당은 주주총회의 보통결의로 하며(상법 제462조의2 제1항 참조), 주식배당에 의한 신주의 발행가액은 권면액으로 한다(상법 제462조의2 제2항 참조).
③ [✕] 주식배당을 받은 주주는 주식배당의 결의가 있는 주주총회가 종결한 때부터 신주의 주주가 된다(상법 제462조의2 제4항 참조).
④ [O] 상법 제462조의2 제5항
⑤ [✕] 주식의 등록질의 경우 질권자는 주식배당에 의해 주주가 받을 주식에 대하여 질권을 행사할 수 있다(상법 제462조의2 제6항, 제340조 제1항 참조).

상법 제462조의2(주식배당)
① 회사는 주주총회의 결의에 의하여 이익의 배당을 새로이 발행하는 주식으로써 할 수 있다. 그러나 주식에 의한 배당은 이익배당총액의 2분의 1에 상당하는 금액을 초과하지 못한다.
② 제1항의 배당은 주식의 권면액으로 하며, 회사가 종류주식을 발행한 때에는 각각 그와 같은 종류의 주식으로 할 수 있다.
④ 주식으로 배당을 받은 주주는 제1항의 결의가 있는 주주총회가 종결한 때부터 신주의 주주가 된다.
⑤ 이사는 제1항의 결의가 있는 때에는 지체없이 배당을 받을 주주와 주주명부에 기재된 질권자에게 그 주주가 받을 주식의 종류와 수를 통지하여야 한다.
⑥ 제340조 제1항의 질권자의 권리는 제1항의 규정에 의한 주주가 받을 주식에 미친다. 이 경우 제340조 제3항의 규정을 준용한다.

상법 제340조(주식의 등록질)
① 주식을 질권(質權)의 목적으로 한 경우에 회사가 질권설정자의 청구에 따라 그 성명과 주소를 주주명부에 덧붙여 쓰고 그 성명을 주권(株券)에 적은 경우에는 질권자는 회사로부터 이익배당, 잔여재산의 분배 또는 제339조에 따른 금전의 지급을 받아 다른 채권자에 우선하여 자기채권의 변제에 충당할 수 있다.

답 ④

PART 3

70 세무사 2023

☑ 확인 Check! ○ △ ✕

상법상 비상장주식회사의 주식배당에 관한 설명으로 옳지 않은 것은?

① 회사는 주주총회의 결의에 의하여 이익배당을 새로이 발행하는 주식으로써 할 수 있다.
② 이사는 주식배당에 관한 주주총회의 결의가 있는 때에는 지체 없이 배당을 받을 주주와 주주명부에 기재된 질권자에게 그 주주가 받을 주식의 종류와 수를 통지하여야 한다.
③ 주식배당은 이익배당총액의 2분의 1에 상당하는 금액을 초과하지 못한다.
④ 주식배당은 주식의 권면액으로 한다.
⑤ 주식배당을 받은 주주는 주주총회가 종결되고 1개월이 지난 후부터 신주의 주주가 될 수 있다.

해설

① [O], ③ [O] 상법 제462조의2 제1항
② [O] 상법 제462조의2 제5항
④ [O] 상법 제462조의2 제2항
⑤ [×] 상법 제462조의2 제4항

> **상법 제462조의2(주식배당)**
> ① 회사는 주주총회의 결의에 의하여 이익의 배당을 새로이 발행하는 주식으로써 할 수 있다. 그러나 주식에 의한 배당은 이익배당총액의 2분의 1에 상당하는 금액을 초과하지 못한다.
> ② 제1항의 배당은 주식의 권면액으로 하며, 회사가 종류주식을 발행한 때에는 각각 그와 같은 종류의 주식으로 할 수 있다.
> ④ 주식으로 배당을 받은 주주는 제1항의 결의가 있는 주주총회가 종결한 때부터 신주의 주주가 된다.
> ⑤ 이사는 제1항의 결의가 있는 때에는 지체없이 배당을 받을 주주와 주주명부에 기재된 질권자에게 그 주주가 받을 주식의 종류와 수를 통지하여야 한다.

답 ⑤

71 세무사 2023

☑ 확인Check! ○ △ ✕

상법상 액면주식을 발행하는 비상장주식회사의 배당에 관한 설명으로 옳지 않은 것은?

① 중간배당은 연 1회의 결산기를 정한 회사에 한해서만 허용된다.

② 주식배당은 이익배당총액의 2분의 1에 상당하는 금액을 초과하지 못한다.

③ 회사가 각 주주가 가진 주식의 수에 따라 이익배당을 하는 경우 배당금 지급청구권의 소멸시효는 10년이다.

④ 회사가 배당가능이익이 없음에도 주주에게 현금배당한 경우 회사채권자는 배당한 이익을 회사에 반환할 것을 청구할 수 있다.

⑤ 회사는 정관으로 현물배당을 할 수 있음을 정할 수 있다.

해설

① [O] 연 1회의 결산기를 정한 회사는 영업년도 중 1회에 한하여 이사회의 결의로 일정한 날을 정하여 그날의 주주에 대하여 이익을 배당(이하 이 조에서 "중간배당"이라 한다)할 수 있음을 정관으로 정할 수 있다(상법 제462조의3 제1항).

② [O] 회사는 주주총회의 결의에 의하여 이익의 배당을 새로이 발행하는 주식으로써 할 수 있다. 그러나 주식에 의한 배당은 이익배당총액의 2분의 1에 상당하는 금액을 초과하지 못한다(상법 제462조의2 제1항).

③ [✕] 제1항의 배당금의 지급청구권은 5년간 이를 행사하지 아니하면 소멸시효가 완성한다(상법 제464조의2 제2항).

④ [O] 상법 제462조 제1항, 제3항

> **상법 제462조(이익의 배당)**
> ① 회사는 대차대조표의 순자산액으로부터 다음의 금액을 공제한 액을 한도로 하여 이익배당을 할 수 있다.
> 1. 자본금의 액
> 2. 그 결산기까지 적립된 자본준비금과 이익준비금의 합계액
> 3. 그 결산기에 적립하여야 할 이익준비금의 액
> 4. 대통령령으로 정하는 미실현이익
>
> ③ 제1항을 위반하여 이익을 배당한 경우에 회사채권자는 배당한 이익을 회사에 반환할 것을 청구할 수 있다.

⑤ [O] 회사는 정관으로 금전 외의 재산으로 배당을 할 수 있음을 정할 수 있다(상법 제462조의4 제1항).

답 ③

72 세무사 2021

☑ 확인 Check! ○ △ ×

상법상 주식회사의 이익배당에 관한 설명으로 옳지 않은 것은?

① 회사는 정관으로 금전 외의 재산으로 배당을 할 수 있음을 정할 수 있다.
② 상법 규정에 따른 배당가능이익을 초과하여 이익배당을 한 경우, 회사채권자는 배당한 이익을 회사에 반환할 것을 청구할 수 있다.
③ 이익배당은 주주총회의 결의로 정하여야 하지만, 재무제표를 상법 규정에 따라 이사회가 승인하는 경우에는 이사회의 결의로 정한다.
④ 이익배당에 관하여 내용이 다른 종류주식이 아닌 한, 이익배당은 각 주주가 가진 주식의 수에 따라 한다.
⑤ 년 2회의 결산기를 정한 회사는 중간배당을 할 수 있음을 정관으로 정할 수 있다.

▍해설▍

① [O] 회사는 정관으로 금전 외의 재산으로 배당을 할 수 있음을 정할 수 있다(상법 제462조의4 제1항).
② [O] 상법 제462조 제3항

> **상법 제462조(이익의 배당)**
> ① 회사는 대차대조표의 순자산액으로부터 다음의 금액을 공제한 액을 한도로 하여 이익배당을 할 수 있다.
> 1. 자본금의 액
> 2. 그 결산기까지 적립된 자본준비금과 이익준비금의 합계액
> 3. 그 결산기에 적립하여야 할 이익준비금의 액
> 4. 대통령령으로 정하는 미실현이익
>
> ③ 제1항을 위반하여 이익을 배당한 경우에 회사채권자는 배당한 이익을 회사에 반환할 것을 청구할 수 있다.

③ [O] 이익배당은 주주총회의 결의로 정한다. 다만, 제449조의2 제1항에 따라 재무제표를 이사회가 승인하는 경우에는 이사회의 결의로 정한다(상법 제462조 제2항).
④ [O] 상법 제464조, 제344조 제1항
⑤ [×] 연 1회의 결산기를 정한 회사는 영업년도 중 1회에 한하여 이사회의 결의로 일정한 날을 정하여 그날의 주주에 대하여 이익을 배당(이하 이 조에서 "중간배당"이라 한다)할 수 있음을 정관으로 정할 수 있다(상법 제462조의3 제1항).

 ⑤

73 세무사 2020

☑ 확인 Check! ○ △ ✕

상법상 주식회사의 이익배당에 관한 설명으로 옳지 않은 것은?

① 주식배당은 이익배당총액의 2분의 1에 상당하는 금액을 초과하지 못한다.

② 연 1회의 결산기를 정한 회사는 영업년도 중 1회에 한하여 이사회의 결의로 일정한 날을 정하여 그날의 주주에 대하여 이익을 배당할 수 있음을 정관으로 정할 수 있다.

③ 배당가능이익이 없음에도 이익배당을 한 경우 회사채권자는 배당한 이익을 회사에 반환할 것을 청구할 수 있다.

④ 주식배당을 하는 경우 그 자본금의 2분의 1이 될 때까지 주식으로 배당할 이익의 금액의 10분의 1 이상의 금액을 이익준비금으로 적립하여야 한다.

⑤ 이익배당우선주식을 보유한 주주에 대하여 주식배당을 하는 경우 그 주주에게 같은 종류의 이익배당우선주식으로 배당할 수 있다.

▌해설▐

① [O] 상법 제462조의2 제1항

② [O] 연 1회의 결산기를 정한 회사는 영업년도 중 1회에 한하여 이사회의 결의로 일정한 날을 정하여 그날의 주주에 대하여 이익을 배당(이하 이 조에서 "중간배당"이라 한다)할 수 있음을 정관으로 정할 수 있다(상법 제462조의3 제1항).

③ [O] 상법 제462조 제1항, 제3항

> **상법 제462조(이익의 배당)**
> ① 회사는 대차대조표의 순자산액으로부터 다음의 금액을 공제한 액을 한도로 하여 이익배당을 할 수 있다.
> 1. 자본금의 액
> 2. 그 결산기까지 적립된 자본준비금과 이익준비금의 합계액
> 3. 그 결산기에 적립하여야 할 이익준비금의 액
> 4. 대통령령으로 정하는 미실현이익
>
> ③ 제1항을 위반하여 이익을 배당한 경우에 회사채권자는 배당한 이익을 회사에 반환할 것을 청구할 수 있다.

④ [✕] 회사는 그 자본금의 2분의 1이 될 때까지 매 결산기 이익배당액의 10분의 1 이상을 이익준비금으로 적립하여야 한다. 다만, 주식배당의 경우에는 그러하지 아니하다(상법 제458조).

⑤ [O] 상법 제462조의2 제2항

> **상법 제462조의2(주식배당)**
> ① 회사는 주주총회의 결의에 의하여 이익의 배당을 새로이 발행하는 주식으로써 할 수 있다. 그러나 주식에 의한 배당은 이익배당총액의 2분의 1에 상당하는 금액을 초과하지 못한다.
> ② 제1항의 배당은 주식의 권면액으로 하며, 회사가 종류주식을 발행한 때에는 각각 그와 같은 종류의 주식으로 할 수 있다.

답 ④

PART 3

74 세무사 2022

☑ 확인Check! ○ △ ×

상법상 주식배당에 관한 설명으로 옳지 않은 것은?

① 회사는 주주총회의 결의에 의하여 이익의 배당을 새로이 발행하는 주식으로써 할 수 있다.
② 주식배당의 경우 배당액의 10분의 1 이상을 이익준비금으로 적립해야 한다.
③ 주식으로 배당을 받은 주주는 주식배당을 결의하는 주주총회가 종결한 때부터 신주의 주주가 된다.
④ 회사가 종류주식을 발행한 때에는 각각 그와 같은 종류의 주식으로 주식배당을 할 수 있다.
⑤ 주식에 대한 등록질권자의 권리는 주주가 주식배당에 의하여 새로이 발행받을 주식에 미친다.

해설

① [O] 상법 제462조의2 제1항
② [×] 회사는 그 자본금의 2분의 1이 될 때까지 매 결산기 이익배당액의 10분의 1 이상을 이익준비금으로 적립하여야 한다. 다만, 주식배당의 경우에는 그러하지 아니하다(상법 제458조).
③ [O] 상법 제462조의2 제4항
④ [O] 상법 제462조의2 제2항
⑤ [O] 상법 제462조의2 제6항

상법 제462조의2(주식배당)
① 회사는 주주총회의 결의에 의하여 이익의 배당을 새로이 발행하는 주식으로써 할 수 있다. 그러나 주식에 의한 배당은 이익배당총액의 2분의 1에 상당하는 금액을 초과하지 못한다.
② 제1항의 배당은 주식의 권면액으로 하며, 회사가 종류주식을 발행한 때에는 각각 그와 같은 종류의 주식으로 할 수 있다.
④ 주식으로 배당을 받은 주주는 제1항의 결의가 있는 주주총회가 종결한 때부터 신주의 주주가 된다.
⑥ 제340조(주식의 등록질) 제1항의 질권자의 권리는 제1항의 규정에 의한 주주가 받을 주식에 미친다. 이 경우 제340조 제3항의 규정을 준용한다.

 ②

75 세무사 2022 ☑ 확인Check! ○ △ ✕

상법상 주식회사의 현물배당에 관한 설명으로 옳지 않은 것은?

① 연 1회의 결산기를 정한 회사는 영업년도 중 1회에 한하여 중간배당을 할 수 있으며, 이 경우 현물배당이 가능하다.
② 현물배당 방식으로 배당을 행하기 위해서는 현물배당을 할 수 있도록 허용하는 정관규정이 있어야 한다.
③ 현물배당은 주주총회의 결의로 정하지만, 정관에 의하여 재무제표를 이사회가 승인하는 회사의 경우에는 이사회 결의로 정한다.
④ 현물배당을 결정한 회사는 주주가 배당되는 현물 대신 금전의 지급을 회사에 청구할 수 있도록 한 경우에는 그 금액 및 청구할 수 있는 기간을 정할 수 있다.
⑤ 회사는 현물배당을 할 때 일정 수 미만의 주식을 보유한 주주에게 현물 대신 금전을 지급할 것을 정할 수 없다.

▌해설▌

① [○] 연 1회의 결산기를 정한 회사는 영업년도 중 1회에 한하여 이사회의 결의로 일정한 날을 정하여 그날의 주주에 대하여 이익을 배당(이하 이 조에서 "중간배당"이라 한다)할 수 있음을 정관으로 정할 수 있다(상법 제462조의3 제1항). 이렇듯 중간배당은 이사회의 결의로 정하기 때문에 주주총회 결의로만 정하는 주식배당은 불가능하고(상법 제462조의2 제1항 참조), 이사회 결의로도 가능한 현물배당 또는 금전배당으로 할 수 있다.
② [○] 제462조의4 제1항
③ [○] 이익배당은 주주총회의 결의로 정한다. 다만, 제449조의2 제1항에 따라 재무제표를 이사회가 승인하는 경우에는 이사회의 결의로 정한다(상법 제462조 제2항). 현물배당을 하기 위해서는 이러한 이익배당을 결정하는 주주총회 또는 이사회 결의에서 현물배당을 하기로 정하여야 한다.
④ [○] 제462조의4 제2항 제1호
⑤ [✕] 제462조의4 제2항 제2호

> **상법 제462조의4(현물배당)**
> ① 회사는 정관으로 금전 외의 재산으로 배당을 할 수 있음을 정할 수 있다.
> ② 제1항에 따라 배당을 결정한 회사는 다음 사항을 정할 수 있다.
> 1. 주주가 배당되는 금전 외의 재산 대신 금전의 지급을 회사에 청구할 수 있도록 한 경우에는 그 금액 및 청구할 수 있는 기간
> 2. 일정 수 미만의 주식을 보유한 주주에게 금전 외의 재산 대신 금전을 지급하기로 한 경우에는 그 일정 수 및 금액

답 ⑤

PART 3

76 법무사 2023

☑ 확인 Check! ○ △ ✕

주주의 이익배당청구권에 관한 다음 설명 중 가장 옳지 않은 것은?

① 회사는 상법 제464조에 따른 이익배당을 원칙적으로 이익배당을 결의한 주주총회나 이사회의 결의를 한 날로부터 1개월 내에 하여야 하고, 주주의 배당금지급청구권은 5년간 이를 행사하지 아니하면 소멸시효가 완성된다.

② 이익잉여금처분계산서가 주주총회에서 승인됨으로써 이익배당이 확정될 때까지는 주주에게 구체적이고 확정적인 배당금지급청구권이 인정되지 아니한다.

③ 정관에서 회사에 배당의무를 부과하면서 배당금의 지급조건이나 배당금액을 산정하는 방식 등을 구체적으로 정하고 있어 그에 따라 개별 주주에게 배당할 금액이 일의적으로 산정되고, 대표이사나 이사회가 경영판단에 따라 배당금 지급 여부나 시기, 배당금액 등을 달리 정할 수 있도록 하는 규정이 없다면, 정관에서 정한 지급조건이 갖추어지는 때에 주주에게 구체적이고 확정적인 배당금지급청구권이 인정될 수 있다. 이러한 경우 회사는 주주총회에서 이익배당에 관한 결의가 이루어지지 않았더라도 주주에게 이익배당금의 지급을 거절할 수 없다.

④ 상법 제467조의2 제1항은 "회사는 누구에게든지 주주의 권리행사와 관련하여 재산상의 이익을 공여할 수 없다"라고 규정하고 있는데, 위 규정에서 정한 '주주의 권리'에 주주총회에서의 의결권, 대표소송 제기권, 주주총회결의에 관한 각종 소권 등과 같은 공익권은 포함되나, 이익배당청구권, 잔여재산분배청구권, 신주인수권 등과 같은 자익권은 포함되지 않는다.

⑤ 주주총회에서 특정 주주를 제외한 나머지 주주들에 대하여만 배당금을 지급하기로 하는 내용으로 이익배당 결의가 이루어졌을 경우 그와 같은 결의는 주주평등의 원칙에 반하는 것으로서 무효이다. 이 경우 이익배당에서 제외된 주주가 주주평등의 원칙을 내세워 회사를 상대로 다른 주주에게 지급된 이익배당금과 동일한 비율로 계산된 이익배당금의 지급을 구할 수는 없다.

▌해설▌

① [O] 상법 제464조의2 제1항, 제2항

> **상법 제464조의2(이익배당의 지급시기)**
> ① 회사는 제464조에 따른 이익배당을 제462조 제2항의 주주총회나 이사회의 결의 또는 제462조의3 제1항의 결의를 한 날부터 1개월 내에 하여야 한다. 다만, 주주총회 또는 이사회에서 배당금의 지급시기를 따로 정한 경우에는 그러하지 아니하다.
> ② 제1항의 배당금의 지급청구권은 5년간 이를 행사하지 아니하면 소멸시효가 완성한다.

② [O], ③ [O] 주주의 이익배당청구권은 장차 이익배당을 받을 수 있다는 의미의 권리에 지나지 아니하여 이익잉여금처분계산서가 주주총회에서 승인됨으로써 이익배당이 확정될 때까지는 주주에게 구체적이고 확정적인 배당금지급청구권이 인정되지 아니한다. 다만 정관에서 회사에 배당의무를 부과하면서 배당금의 지급조건이나 배당금액을 산정하는 방식 등을 구체적으로 정하고 있어 그에 따라 개별 주주에게 배당할 금액이 일의적으로 산정되고, 대표이사나 이사회가 경영판단에 따라 배당금 지급 여부나 시기, 배당금액 등을 달리 정할 수 있도록 하는 규정이 없다면, 예외적으로 정관에서 정한 지급조건이 갖추어지는 때에 주주에게 구체적이고 확정적인 배당금지급청구권이 인정될 수 있다. 그리고 이러한 경우 회사는 주주총회에서 이익배당에 관한 결의를 하지 않았다거나 정관과 달리 이익배당을 거부하는 결의를 하였다는 사정을 들어 주주에게 이익배당금의 지급을 거절할 수 없다(대판 2022.8.19. 2020다263574).

④ [×] 상법 제467조의2 제1항에서 정한 '주주의 권리'란 법률과 정관에 따라 주주로서 행사할 수 있는 모든 권리를 의미하고, 주주총회에서의 의결권, 대표소송 제기권, 주주총회결의에 관한 각종 소권 등과 같은 공익권뿐만 아니라 이익배당청구권, 잔여재산분배청구권, 신주인수권 등과 같은 자익권도 포함하지만, 회사에 대한 계약상의 특수한 권리는 포함되지 아니한다. 그리고 '주주의 권리행사와 관련하여'란 주주의 권리행사에 영향을 미치기 위한 것을 의미한다(대판 2017.1.12. 2015다68355).

⑤ [O] 주주총회에서 특정 주주를 제외한 나머지 주주들에 대하여만 배당금을 지급하기로 하는 내용으로 이익배당 결의가 이루어졌을 경우 그와 같은 결의는 주주평등의 원칙에 반하는 것으로서 무효이다. 따라서 무효인 배당결의에 기해서는 이익배당청구권이 발생하지 않기 때문에 이익배당에서 제외된 주주는 주주평등에 근거하여 회사를 상대로 다른 주주에게 지급된 이익배당금과 동일한 비율로 계산된 이익배당금의 지급을 구할 수는 없다.

> 주주의 이익배당청구권은 주주의 고유권으로 이를 함부로 박탈하거나 제한할 수 없는 것이므로 주주평등의 원칙에 반하는 이익배당결의는 무효라 할 것이다. 그러나 이익배당의 결정은 주주총회의 권한에 전속하기 때문에 주주총회 결의에 의하여 비로소 그 내용이 구체적으로 확정되는 것이고, 이익배당이 확정되기 전에는 주주의 이익배당청구권은 일종의 기대권을 내용으로 하는 추상적 권리에 지나지 않는다 할 것이므로 당연무효인 위 결의 이외에 10,000주 이상의 주주를 포함한 모든 주주에 대한 별도의 배당결의가 없음을 원고가 자인하는 이 사건에 있어서 원고의 권리는 추상적 권리에 지나지 않고, 현행상법상 법원이 주주총회에 가름하여 이사회에서 제출한 이익금 처분안을 수정하여 주주의 구체적 이익배당을 확정지을 길이 없고, 주주가 이익배당에 관한 주주총회의 결의를 강요할 수도 없는 것이므로 결국 원고에게는 확정적인 이익배당 청구권이 없고, 또 적법한 이익배당에 관한 주주총회의 결의가 없다 하여 상법상의 채무불이행 또는 불법행위도 될 수 없다 할 것이고 보면, 원고에게 이익배당청구권이 있음을 전제로 한 위 청구 역시 이유 없다 할 것이다(서울고법 1976.6.11. 75나1555).

답 ④

PART 3

77 법무사 2023

☑ 확인 Check! ○ △ ×

중간배당에 관한 다음 설명 중 가장 옳지 않은 것은?

① 연 2회 이상의 결산기를 정한 회사는 상법 제462조의3에 따른 중간배당을 할 수 없다.

② 중간배당에 관한 이사회의 결의가 있는 경우, 같은 영업연도 중 다시 중간배당에 관한 이사회 결의를 하는 것은 허용되지 않으나, 같은 영업연도 중이라도 중간배당 지급청구권의 내용을 수정하는 이사회 결의는 허용된다.

③ 배당가능이익이 없는데도 중간배당이 실시된 경우, 위법배당에 따른 부당이득반환청구권은 민법 제162조 제1항이 적용되어 10년의 민사소멸시효에 걸린다.

④ 상법 제462조의3에 따른 중간배당의 횟수는 영업연도 중 1회로 제한된다.

⑤ 당해 결산기 대차대조표상의 순자산액이 상법 제462조 제1항에 규정된 이익배당의 법정한도에 미치지 못함에도 불구하고 중간배당을 한 경우 이사는 회사에 대하여 연대하여 그 차액(배당액이 그 차액보다 적을 경우에는 배당액)을 배상할 책임이 있다.

| 해설 |

① [O], ④ [O] 상법 제462조의3 제1항은 중간배당에 관하여 '연 1회의 결산기를 정한 회사는 영업연도 중 1회에 한하여 이사회의 결의로 일정한 날을 정하여 그날의 주주에 대하여 이익을 배당할 수 있음을 정관으로 정할 수 있다'고 규정하고 있다. 이에 따라 연 1회의 결산기를 정한 회사의 경우 정관에 정함이 있으면 이사회 결의로 중간배당을 실시할 수 있고 그 횟수는 영업연도 중 1회로 제한된다(대판 2022.9.7. 2022다223778).

② [×] 중간배당에 관한 이사회의 결의가 성립하면 추상적으로 존재하던 중간배당청구권이 구체적인 중간배당금 지급청구권으로 확정되므로, 상법 제462조의3이 정하는 중간배당에 관한 이사회 결의가 있으면 중간배당금이 지급되기 전이라도 당해 영업연도 중 1회로 제한된 중간배당은 이미 결정된 것이고, 같은 영업연도 중 다시 중간배당에 관한 이사회 결의를 하는 것은 허용되지 않는다. 이사회 결의로 주주의 중간배당금 지급청구권이 구체적으로 확정된 이상 그 청구권의 내용을 수정 내지 변경하는 내용의 이사회 결의도 허용될 수 없다(대판 2022.9.7. 2022다223778).

③ [O] 이익의 배당이나 중간배당은 회사가 획득한 이익을 내부적으로 주주에게 분배하는 행위로서 회사가 영업으로 또는 영업을 위하여 하는 상행위가 아니므로 배당금지급청구권은 상법 제64조가 적용되는 상행위로 인한 채권이라고 볼 수 없다. 이에 따라 위법배당에 따른 부당이득반환청구권 역시 근본적으로 상행위에 기초하여 발생한 것이라고 볼 수 없다. 특히 배당가능이익이 없는데도 이익의 배당이나 중간배당이 실시된 경우 회사나 채권자가 주주로부터 배당금을 회수하는 것은 회사의 자본충실을 도모하고 회사 채권자를 보호하는 데 필수적이므로, 회수를 위한 부당이득반환청구권 행사를 신속하게 확정할 필요성이 크다고 볼 수 없다. 따라서 위법배당에 따른 부당이득반환청구권은 민법 제162조 제1항이 적용되어 10년의 민사 소멸시효에 걸린다고 보아야 한다(대판 2021.6.24. 2020다208621).

⑤ [O] 당해 결산기 대차대조표상의 순자산액이 제462조 제1항 각 호의 금액의 합계액에 미치지 못함에도 불구하고 중간배당을 한 경우 이사는 회사에 대하여 연대하여 그 차액(배당액이 그 차액보다 적을 경우에는 배당액)을 배상할 책임이 있다. 다만, 이사가 제3항의 우려가 없다고 판단함에 있어 주의를 게을리하지 아니하였음을 증명한 때에는 그러하지 아니하다(상법 제462조의3 제4항).

답 ②

78 법무사 2022

☑ 확인Check! ○ △ ×

상법상 주식회사의 배당에 관한 다음 설명 중 가장 옳은 것은?

① 이익배당을 할 수 있는 금액을 계산할 때에는 대통령령으로 정하는 미실현이익을 공제하지 않는다.
② 이익배당의 의사결정은 주주총회의 결의로만 정할 수 있다.
③ 배당가능이익에 관한 제한을 위반하여 이익을 배당한 경우에도 무효라고 할 수는 없으므로 회사채권자는 배당한 이익을 회사에 반환할 것을 청구할 수는 없다.
④ 이익의 배당은 새로이 발행하는 주식으로써 할 수도 있고 그 경우 이익배당총액 상당까지 할 수 있다.
⑤ 주식배당의 의사결정은 주주총회의 결의로만 정할 수 있다.

▌해설▐

① [×], ② [×], ③ [×] 상법 제462조 제1항 제4호, 제2항, 제3항

> **상법 제462조(이익의 배당)**
> ① 회사는 대차대조표의 순자산액으로부터 다음의 금액을 공제한 액을 한도로 하여 이익배당을 할 수 있다.
> 1. 자본금의 액
> 2. 그 결산기까지 적립된 자본준비금과 이익준비금의 합계액
> 3. 그 결산기에 적립하여야 할 이익준비금의 액
> 4. 대통령령으로 정하는 미실현이익
>
> ② 이익배당은 주주총회의 결의로 정한다. 다만, 제449조의2 제1항에 따라 재무제표를 이사회가 승인하는 경우에는 이사회의 결의로 정한다.
> ③ 제1항을 위반하여 이익을 배당한 경우에 회사채권자는 배당한 이익을 회사에 반환할 것을 청구할 수 있다.

④ [×], ⑤ [○] 회사는 주주총회의 결의에 의하여 이익의 배당을 새로이 발행하는 주식으로써 할 수 있다. 그러나 주식에 의한 배당은 이익배당총액의 2분의 1에 상당하는 금액을 초과하지 못한다(상법 제462조의2 제1항).

답 ⑤

79 CPA 2024

☑ 확인 Check! ○ △ ×

상법상 비상장주식회사에 대한 회계장부 열람등사청구권에 관한 설명으로 틀린 것은? (이견이 있으면 판례에 의함)

① 회계장부 열람등사청구권은 발행주식총수의 100분의 3 이상에 해당하는 주식을 가진 주주가 행사할 수 있다.
② 회계장부 열람등사청구권의 대상이 되는 것은 회계의 장부와 서류이다.
③ 회계장부 열람등사청구는 이유를 붙인 서면으로 해야 한다.
④ 회계장부 열람등사청구권의 행사가 회사업무의 운영 또는 주주 공동의 이익을 해치지 않는다면, 회사에 지나치게 불리한 시기를 택하여 이를 행사하더라도 청구의 목적은 정당하다.
⑤ 회사는 회계장부 열람등사청구권을 행사한 주주의 청구가 부당함을 증명하지 아니하면 이를 거부하지 못한다.

▌해설▐

① [○], ② [○], ③ [○] 상법 제466조 제1항

④ [×] 상법 제391조의3 제3항, 제466조 제1항에서 규정하고 있는 주주의 이사회의 의사록 또는 회계의 장부와 서류 등에 대한 열람·등사청구가 있는 경우, 회사는 그 청구가 부당함을 증명하여 이를 거부할 수 있는바, 주주의 열람·등사권 행사가 부당한 것인지 여부는 그 행사에 이르게 된 경위, 행사의 목적, 악의성 유무 등 제반 사정을 종합적으로 고려하여 판단하여야 할 것이고, 특히 주주의 이와 같은 열람·등사권의 행사가 회사업무의 운영 또는 주주 공동의 이익을 해치거나 주주가 회사의 경쟁자로서 그 취득한 정보를 경업에 이용할 우려가 있거나, 또는 회사에 지나치게 불리한 시기를 택하여 행사하는 경우 등에는 정당한 목적을 결하여 부당한 것이라고 보아야 한다(대결 2004.12.24. 2003마1575).

PART 3

⑤ [O] 상법 제466조 제2항

> **상법 제466조(주주의 회계장부열람권)**
> ① 발행주식의 총수의 100분의 3 이상에 해당하는 주식을 가진 주주는 이유를 붙인 서면으로 회계의 장부와 서류의 열람 또는 등사를 청구할 수 있다.
> ② 회사는 제1항의 주주의 청구가 부당함을 증명하지 아니하면 이를 거부하지 못한다.

답 ④

80 CPA 2021

확인Check! ○ △ ×

상법상 비상장 주식회사에서 발행주식총수의 100분의 3에 해당하는 주식을 가진 주주가 행사할 수 있는 권리가 아닌 것은? (의결권 배제·제한에 관한 종류주식은 발행되지 않음)

① 해산판결청구권
② 주주제안권
③ 청산인해임청구권
④ 감사해임청구권
⑤ 회계장부열람청구권

해설

① [×] 상법 제520조 제1항

> **상법 제520조(해산판결)**
> ① 다음의 경우에 부득이한 사유가 있는 때에는 발행주식의 총수의 100분의 10 이상에 해당하는 주식을 가진 주주는 회사의 해산을 법원에 청구할 수 있다.
> 1. 회사의 업무가 현저한 정돈상태를 계속하여 회복할 수 없는 손해가 생긴 때 또는 생길 염려가 있는 때
> 2. 회사재산의 관리 또는 처분의 현저한 실당으로 인하여 회사의 존립을 위태롭게 한 때

② [O] 의결권 없는 주식을 제외한 발행주식총수의 100분의 3 이상에 해당하는 주식을 가진 주주는 이사에게 주주총회일(정기주주총회의 경우 직전 연도의 정기주주총회일에 해당하는 그 해의 해당일. 이하 이 조에서 같다)의 6주 전에 서면 또는 전자문서로 일정한 사항을 주주총회의 목적사항으로 할 것을 제안(이하 '주주제안'이라 한다)할 수 있다(상법 제363조의2 제1항).

③ [O] 청산인이 그 업무를 집행함에 현저하게 부적임하거나 중대한 임무에 위반한 행위가 있는 때에는 발행주식의 총수의 100분의 3 이상에 해당하는 주식을 가진 주주는 법원에 그 청산인의 해임을 청구할 수 있다(상법 제539조 제2항).

④ [O] 상법 제415조, 제385조 제2항

> **상법 제415조(준용규정)**
> 제382조 제2항, 제382조의4, 제385조, 제386조, 제388조, 제400조, 제401조, 제403조부터 제406조까지, 제406조의2 및 제407조는 감사에 준용한다.
>
> **상법 제385조(해임)**
> ② 이사가 그 직무에 관하여 부정행위 또는 법령이나 정관에 위반한 중대한 사실이 있음에도 불구하고 주주총회에서 그 해임을 부결한 때에는 발행주식의 총수의 100분의 3 이상에 해당하는 주식을 가진 주주는 총회의 결의가 있은 날부터 1월 내에 그 이사의 해임을 법원에 청구할 수 있다.

⑤ [O] 발행주식의 총수의 100분의 3 이상에 해당하는 주식을 가진 주주는 이유를 붙인 서면으로 회계의 장부와 서류의 열람 또는 등사를 청구할 수 있다(상법 제466조 제1항).

답 ①

PART 3

81 CPA 2019

☑ 확인Check! ○ △ ×

상법상 회사에 대한 주주의 회계감독권 중 단독주주권이 아닌 것은?

① 회계장부 열람권
② 영업보고서 열람권
③ 대차대조표 열람권
④ 손익계산서 열람권
⑤ 감사보고서 열람권

해설

① [×] 발행주식의 총수의 100분의 3 이상에 해당하는 주식을 가진 주주는 이유를 붙인 서면으로 회계의 장부와 서류의 열람 또는 등사를 청구할 수 있다(상법 제466조 제1항).
② [O] 영업보고서 열람권은 단독주주권이다(상법 제447조의2 제1항, 제448조 제1항 · 제2항 참조).
③ [O] 대차대조표 열람권은 단독주주권이다(상법 제447조 제1항 제1호, 제448조 제1항 · 제2항 참조).
④ [O] 손익계산서 열람권은 단독주주권이다(상법 제447조 제1항 제2호, 제448조 제1항 · 제2항 참조).

⑤ [O] 감사보고서 열람권은 단독주주권이다(상법 제448조 제1항, 제2항 참조).

> **상법 제447조(재무제표의 작성)**
> ① 이사는 결산기마다 다음 각 호의 서류와 그 부속명세서를 작성하여 이사회의 승인을 받아야 한다.
> 1. 대차대조표
> 2. 손익계산서
> 3. 그 밖에 회사의 재무상태와 경영성과를 표시하는 것으로서 대통령령으로 정하는 서류
>
> **상법 제447조의2(영업보고서의 작성)**
> ① 이사는 매결산기에 영업보고서를 작성하여 이사회의 승인을 얻어야 한다.
>
> **상법 제448조(재무제표 등의 비치 · 공시)**
> ① 이사는 정기총회회일의 1주간 전부터 제447조 및 제447조의2의 서류와 감사보고서를 본점에 5년간, 그 등본을 지점에 3년간 비치하여야 한다.
> ② 주주와 회사채권자는 영업시간내에 언제든지 제1항의 비치서류를 열람할 수 있으며 회사가 정한 비용을 지급하고 그 서류의 등본이나 초본의 교부를 청구할 수 있다.

답 ①

82 CPA 2018

☑ 확인 Check! ○ △ ×

상법상 주식회사의 서류의 비치와 열람에 관한 설명으로 틀린 것은?

① 주주는 영업시간 내에 이사회의사록의 열람을 청구할 수 있고 회사는 그 청구에 대하여 이유를 붙여 거절할 수 있다.

② 주주총회의사록은 본점과 지점에 비치해야 하고 회사채권자는 영업시간 내에 언제든지 이의 열람을 청구할 수 있다.

③ 감사보고서는 정기총회회일의 1주간 전부터 본점에 5년간 비치하여야 하고 주주는 영업시간 내에 언제든지 이를 열람할 수 있다.

④ 회사채권자는 이유를 붙인 서면으로 회계의 장부와 서류의 열람을 청구할 수 있다.

⑤ 합병계약서는 합병을 한 날 이후 6개월이 경과하는 날까지 본점에 비치하여야 하고 회사채권자는 영업시간 내에 언제든지 이의 열람을 청구할 수 있다.

해설

① [O] 상법 제391조의3 제3항, 제4항

> **상법 제391조의3(이사회의 의사록)**
> ③ 주주는 영업시간내에 이사회의사록의 열람 또는 등사를 청구할 수 있다.
> ④ 회사는 제3항의 청구에 대하여 이유를 붙여 이를 거절할 수 있다. 이 경우 주주는 법원의 허가를 얻어 이사회의사록을 열람 또는 등사할 수 있다.

② [O] 상법 제396조 제1항, 제2항

> **상법 제396조(정관 등의 비치, 공시의무)**
> ① 이사는 회사의 정관, 주주총회의 의사록을 본점과 지점에, 주주명부, 사채원부를 본점에 비치하여야 한다. 이 경우 명의개서대리인을 둔 때에는 주주명부나 사채원부 또는 그 복본을 명의개서대리인의 영업소에 비치할 수 있다.
> ② 주주와 회사채권자는 영업시간 내에 언제든지 제1항의 서류의 열람 또는 등사를 청구할 수 있다.

③ [O] 상법 제448조 제1항, 제2항

> **상법 제448조(재무제표 등의 비치·공시)**
> ① 이사는 정기총회회일의 1주간 전부터 제447조 및 제447조의2의 서류와 감사보고서를 본점에 5년간, 그 등본을 지점에 3년간 비치하여야 한다.
> ② 주주와 회사채권자는 영업시간내에 언제든지 제1항의 비치서류를 열람할 수 있으며 회사가 정한 비용을 지급하고 그 서류의 등본이나 초본의 교부를 청구할 수 있다.

④ [X] 발행주식의 총수의 100분의 3 이상에 해당하는 주식을 가진 주주는 이유를 붙인 서면으로 회계의 장부와 서류의 열람 또는 등사를 청구할 수 있다(상법 제466조 제1항). 회사채권자에게는 회계장부열람권이 인정되지 않는다.

⑤ [O] 상법 제522조의2 제1항 제1호, 제2항

> **상법 제522조의2(합병계약서 등의 공시)**
> ① 이사는 제522조 제1항의 주주총회 회일의 2주 전부터 합병을 한 날 이후 6개월이 경과하는 날까지 다음 각 호의 서류를 본점에 비치하여야 한다.
> 1. 합병계약서
> 2. 합병을 위하여 신주를 발행하거나 자기주식을 이전하는 경우에는 합병으로 인하여 소멸하는 회사의 주주에 대한 신주의 배정 또는 자기주식의 이전에 관하여 그 이유를 기재한 서면
> 3. 각 회사의 최종의 대차대조표와 손익계산서
>
> ② 주주 및 회사채권자는 영업시간내에는 언제든지 제1항 각 호의 서류의 열람을 청구하거나, 회사가 정한 비용을 지급하고 그 등본 또는 초본의 교부를 청구할 수 있다.

답 ④

83 CPA 2016

☑ 확인Check! ○ △ ×

주식회사와 관련된 서류 중 주주의 열람 또는 등사 청구에 대하여 회사가 이유를 붙여 거절하거나 청구가 부당함을 증명하여 거절할 수 있음을 상법에서 명문의 규정으로 허용하는 것으로만 묶은 것은?

(가) 주주명부
(나) 이사회의사록
(다) 회계의 장부와 서류
(라) 재무제표
(마) 주주총회의사록

① (가), (나)
② (나), (다)
③ (다), (라)
④ (라), (마)
⑤ (가), (마)

해설

(가) [×], (마) [×] 주주명부, 주주총회의사록에 대한 주주의 열람 또는 등사 청구에 대하여 회사가 거절할 수 있다는 상법상 명문의 규정은 없다(상법 제396조 제1항, 제2항 참조). 그러나 판례는 「주주 또는 회사채권자가 상법 제396조 제2항에 의하여 주주명부 등의 열람등사청구를 한 경우 회사는 그 청구에 정당한 목적이 없는 등의 특별한 사정이 없는 한 이를 거절할 수 없고, 이 경우 정당한 목적이 없다는 점에 관한 증명책임은 회사가 부담한다(대판 2010.7.22. 2008다37193)」고 하여 회사가 청구의 부당함을 증명하여 거절할 수 있다는 입장이다.

상법 제396조(정관 등의 비치, 공시의무)
① 이사는 회사의 정관, 주주총회의 의사록을 본점과 지점에, 주주명부, 사채원부를 본점에 비치하여야 한다. 이 경우 명의개서대리인을 둔 때에는 주주명부나 사채원부 또는 그 복본을 명의개서대리인의 영업소에 비치할 수 있다.
② 주주와 회사채권자는 영업시간 내에 언제든지 제1항의 서류의 열람 또는 등사를 청구할 수 있다.

(나) [O] 상법 제391조의3 제4항

상법 제391조의3(이사회의 의사록)
③ 주주는 영업시간내에 이사회의사록의 열람 또는 등사를 청구할 수 있다.
④ 회사는 제3항의 청구에 대하여 이유를 붙여 이를 거절할 수 있다. 이 경우 주주는 법원의 허가를 얻어 이사회의사록을 열람 또는 등사할 수 있다.

(다) [O] 상법 제466조 제2항

상법 제466조(주주의 회계장부열람권)
① 발행주식의 총수의 100분의 3 이상에 해당하는 주식을 가진 주주는 이유를 붙인 서면으로 회계의 장부와 서류의 열람 또는 등사를 청구할 수 있다.
② 회사는 제1항의 주주의 청구가 부당함을 증명하지 아니하면 이를 거부하지 못한다.

(라) [×] 주주와 회사채권자의 재무제표, 영업보고서, 감사보고서에 대한 열람 또는 등사 청구에 대하여 회사가 거절할 수 있다는 상법상 명문의 규정은 없다(상법 제448조 제2항 참조).

> **상법 제448조(재무제표 등의 비치 · 공시)**
> ① 이사는 정기총회회일의 1주간 전부터 제447조(재무제표의 작성) 및 제447조의2(영업보고서의 작성)의 서류와 감사보고서를 본점에 5년간, 그 등본을 지점에 3년간 비치하여야 한다.
> ② 주주와 회사채권자는 영업시간내에 언제든지 제1항의 비치서류를 열람할 수 있으며 회사가 정한 비용을 지급하고 그 서류의 등본이나 초본의 교부를 청구할 수 있다.

답 ②

84 법무사 2023

☑ 확인Check! ○ △ ×

주주의 회계장부 등에 대한 열람 · 등사권(상법 제466조)에 관한 다음 설명 중 가장 옳지 않은 것은?

① 회계장부의 열람 또는 등사를 청구할 수 있는 자는 발행주식총수의 100분의 3 이상에 해당하는 주식을 가진 주주이다.

② 회계장부열람 · 등사권은 이유를 붙인 서면에 의해 행사되어야 하고, 그 서면에는 특별한 사정이 없는 한 열람 · 등사청구를 하는 이유를 뒷받침하는 자료가 첨부되어야 한다.

③ 주식매수청구권을 행사한 주주도 회사로부터 주식의 매매대금을 지급받지 아니하고 있는 동안에는 특별한 사정이 없는 한 주주로서의 권리를 행사하기 위하여 필요한 경우에는 회계장부열람 · 등사권을 가진다.

④ 회계장부 열람 · 등사청구의 대상이 되는 '회계의 장부 및 서류'는 소수주주가 열람 · 등사를 구하는 이유와 실질적으로 관련이 있는 회계장부와 그 근거자료가 되는 회계서류이다.

⑤ 열람 · 등사제공의무를 부담하는 회사의 출자 또는 투자로 성립한 자회사의 회계장부가 모회사에 보관되어 있고, 모회사의 회계상황을 파악하기 위한 근거자료로서 실질적으로 필요한 경우에는 모회사 소수주주의 열람 · 등사청구의 대상이 될 수 있다.

PART 3

해설

① [○] 발행주식의 총수의 100분의 3 이상에 해당하는 주식을 가진 주주는 이유를 붙인 서면으로 회계의 장부와 서류의 열람 또는 등사를 청구할 수 있다(상법 제466조 제1항).

② [×] 상법 제466조 제1항은 '이유를 붙인 서면'으로 열람 · 등사를 청구할 수 있다고 정한다. 그 이유는 주주가 회계장부와 서류를 열람 · 등사하는 것이 회사의 회계운영상 중대한 일이므로 그 절차가 신중하게 진행될 필요가 있고, 또 회사가 열람 · 등사에 응할 의무의 존부나 열람 · 등사 대상인 회계장부와 서류의 범위 등을 손쉽게 판단할 수 있도록 할 필요가 있기 때문이다. 주주가 제출하는 열람 · 등사청구서에 붙인 '이유'는 회사가 열람 · 등사에 응할 의무의 존부를 판단하거나 열람 · 등사에 제공할 회계장부와 서류의 범위 등을 확인할 수 있을 정도로 열람 · 등사청구권 행사에 이르게 된 경위와 행사의 목적 등이 구체적으로 기재되면 충분하고, 더 나아가 그 이유가 사실일지도 모른다는 합리적 의심이 생기게 할 정도로 기재하거나 그 이유를 뒷받침하는 자료를 첨부할 필요는 없다. 이와 달리 주주가 열람 · 등사청구서에 이유가 사실일지도 모른다는 합리적 의심이 생기게 할 정도로 기재해야 한다면, 회사의 업무 등에 관하여 적절한 정보를 가지고 있지 않는 주주에게 과중한 부담을 줌으로써 주주의 권리를 크게 제한하게 되고, 그에 따라 주주가 회사의 업무 등에 관한 정보를 확인할 수 있도록 열람 · 등사청구권을 부여한 상법의 취지에 반하는 결과가 초래되어 부당하다(대판 2022.5.13. 2019다270163).

③ [O] 주식매수청구권을 행사한 주주도 회사로부터 주식의 매매대금을 지급받지 아니하고 있는 동안에는 주주로서의 지위를 여전히 가지고 있으므로 특별한 사정이 없는 한 주주로서의 권리를 행사하기 위하여 필요한 경우에는 위와 같은 회계장부열람·등사권을 가진다(대판 2018.2.28. 2017다270916).

④ [O], ⑤ [O] 상법 제466조 제1항에서 정하고 있는 소수주주의 열람·등사청구의 대상이 되는 '회계의 장부 및 서류'에는 소수주주가 열람·등사를 구하는 이유와 실질적으로 관련이 있는 회계장부와 그 근거자료가 되는 회계서류를 가리키는 것으로서, 그것이 회계서류인 경우에는 그 작성명의인이 반드시 열람·등사제공의무를 부담하는 회사로 국한되어야 하거나, 원본에 국한되는 것은 아니며, 열람·등사제공의무를 부담하는 회사의 출자 또는 투자로 성립한 자회사의 회계장부라 할지라도 그것이 모자관계에 있는 모회사에 보관되어 있고, 또한 모회사의 회계상황을 파악하기 위한 근거자료로서 실질적으로 필요한 경우에는 모회사의 회계서류로서 모회사 소수주주의 열람·등사청구의 대상이 될 수 있다(대판 2001.10.26. 99다58051).

답 ②

85 법무사 2021

☑ 확인 Check! ○ △ ×

상법상 주식회사 주주의 회계장부 및 주주명부 열람·등사청구에 관한 다음 설명 중 가장 옳지 않은 것은?

① 발행주식 총수의 100분의 3 이상에 해당하는 주식을 가진 상태에서 회계장부와 서류 열람 등을 재판상으로 청구하였더라도 소송계속 중 신주발행 등으로 위 요건에 미달하게 된 경우에는 당사자적격이 상실된다.

② 주식매수청구권을 행사한 주주도 회사로부터 아직 대금을 지급받지 않고 있다면 여전히 주주로서의 지위를 가지므로 주주권 행사에 필요하다면 회계장부의 열람·등사를 청구할 수 있다.

③ 주주가 열람·등사를 청구하기 위해서는 이유를 붙인 서면을 미리 회사에 제출하여야 하고, 구두에 의한 청구나 이유를 기재하지 않은 청구는 효력이 없다.

④ 회사는 주주의 회계장부 열람·등사청구가 부당함을 입증하여 이를 거부할 수 있고, 주주명부에 대한 열람·등사청구에 대하여도 그 청구에 정당한 목적이 없음을 입증하여 거부할 수 있다.

⑤ 회계장부의 열람·등사청구권을 피보전권리로 한 당해 회계장부의 열람·등사를 명하는 가처분은 사실상 본안소송의 목적을 완전히 달성하게 되는 결과가 되므로 허용되지 않는다.

| 해설 |

① [O] 발행주식의 총수의 100분의 3 이상에 해당하는 주식을 가진 주주는 상법 제466조 제1항에 따라 이유를 붙인 서면으로 회계의 장부와 서류의 열람 또는 등사를 청구할 수 있다. 열람과 등사에 시간이 소요되는 경우에는 열람·등사를 청구한 주주가 전 기간을 통해 발행주식 총수의 100분의 3 이상의 주식을 보유하여야 하고, 회계장부의 열람·등사를 재판상 청구하는 경우에는 소송이 계속되는 동안 위 주식 보유요건을 구비하여야 한다(대판 2017.11.9. 2015다252037).

② [O] 주식매수청구권을 행사한 주주도 회사로부터 주식의 매매대금을 지급받지 아니하고 있는 동안에는 주주로서의 지위를 여전히 가지고 있으므로 특별한 사정이 없는 한 주주로서의 권리를 행사하기 위하여 필요한 경우에는 위와 같은 회계장부열람·등사권을 가진다. 주주가 주식의 매수가액을 결정하기 위한 경우뿐만 아니라 회사의 이사에 대하여 대표소송을 통한 책임추궁이나 유지청구, 해임청구를 하는 등 주주로서의 권리를 행사하기 위하여 필요하다고 인정되는 경우에는 특별한 사정이 없는 한 그 청구는 회사의 경영을 감독하여 회사와 주주의 이익을 보호하기 위한 것이므로, 주식매수청구권을 행사하였다는 사정만으로 청구가 정당한 목적을 결하여 부당한 것이라고 볼 수 없다(대판 2018.2.28. 2017다270916).

③ [O] 주식회사 소수주주가 상법 제466조 제1항의 규정에 따라 회사에 대하여 회계의 장부와 서류의 열람 또는 등사를 청구하기 위하여는 이유를 붙인 서면으로 하여야 하는바, 회계의 장부와 서류를 열람 또는 등사시키는 것은 회계운영상 중대한 일이므로 그 절차를 신중하게 함과 동시에 상대방인 회사에게 열람 및 등사에 응하여야 할 의무의 존부 또는 열람 및 등사를 허용하지 않으면 안 될 회계의 장부 및 서류의 범위 등의 판단을 손쉽게 하기 위하여 그 이유는 구체적으로 기재하여야 한다(대판 1999.12.21. 99다137).

④ [O] 상법 제466조 제1항에서 규정하고 있는 주주의 회계장부와 서류 등에 대한 열람・등사청구가 있는 경우 회사는 청구가 부당함을 증명하여 이를 거부할 수 있고, 주주의 열람・등사권 행사가 부당한 것인지는 행사에 이르게 된 경위, 행사의 목적, 악의성 유무 등 제반 사정을 종합적으로 고려하여 판단하여야 한다(대판 2018.2.28. 2017다270916). 상법 제396조 제2항에서 규정하고 있는 주주 또는 회사채권자의 주주명부 등에 대한 열람등사청구는 회사가 그 청구의 목적이 정당하지 아니함을 주장・입증하는 경우에는 이를 거부할 수 있다(대결 1997.3.19. 97그7).

⑤ [×] 상법 제466조 제1항 소정의 소수주주의 회계장부열람등사청구권을 피보전권리로 하여 당해 장부 등의 열람・등사를 명하는 가처분이 실질적으로 본안소송의 목적을 달성하여 버리는 면이 있다고 할지라도, 나중에 본안소송에서 패소가 확정되면 손해배상청구권이 인정되는 등으로 법률적으로는 여전히 잠정적인 면을 가지고 있기 때문에 임시적인 조치로서 이러한 회계장부열람등사청구권을 피보전권리로 하는 가처분도 허용된다고 볼 것이고, 이러한 가처분을 허용함에 있어서는 피신청인인 회사에 대하여 직접 열람・등사를 허용하라는 명령을 내리는 방법뿐만 아니라, 열람・등사의 대상 장부 등에 관하여 훼손, 폐기, 은닉, 개찬이 행하여질 위험이 있는 때에는 이를 방지하기 위하여 그 장부 등을 집행관에게 이전 보관시키는 가처분을 허용할 수도 있다(대판 1999.12.21. 99다137).

답 ⑤

PART 3

제5절 | 정관의 변경

86 세무사 2024 ☑ 확인 Check! ○ △ ×

상법상 정관변경에 관한 설명으로 옳지 않은 것은?

① 정관변경을 위해 주주총회를 소집할 경우 정관변경에 관한 의안의 요령을 소집통지서에 기재하여야 한다.
② 정관변경의 총회결의는 출석한 주주의 의결권의 3분의 2 이상의 수와 발행주식총수의 과반수로 하여야 한다.
③ 정관변경으로 어느 종류주식의 주주에게 손해를 미치게 될 때에는 주주총회의 정관변경 결의 외에 그 종류주식의 주주의 총회의 결의가 있어야 한다.
④ 정관변경으로 인하여 등기사항의 변경이 발생하는 경우에는 변경등기를 하여야 한다.
⑤ 회사가 발행할 주식의 총수를 변경하기 위해서는 정관변경이 필요하다.

해설

① [O] 상법 제433조 제1항, 제2항
② [×] 상법 제434조

> **상법 제433조(정관변경의 방법)**
> ① 정관의 변경은 주주총회의 결의에 의하여야 한다.
> ② 정관의 변경에 관한 의안의 요령은 제363조에 따른 통지에 기재하여야 한다.
>
> **상법 제434조(정관변경의 특별결의)**
> 제433조 제1항의 결의는 출석한 주주의 의결권의 3분의 2 이상의 수와 발행주식총수의 3분의 1 이상의 수로써 하여야 한다.

③ [O] 회사가 종류주식을 발행한 경우에 정관을 변경함으로써 어느 종류주식의 주주에게 손해를 미치게 될 때에는 주주총회의 결의 외에 그 종류주식의 주주의 총회의 결의가 있어야 한다(상법 제435조 제1항).
④ [O] 정관변경 자체는 등기할 필요가 없으나, 정관변경으로 등기사항이 변동된 때에는 본점의 소재지에서 2주일 내에 변경등기를 하여야 한다(상법 제317조 제4항, 제183조 참조).

> **상법 제317조(설립의 등기)**
> ④ 제181조 내지 제183조의 규정은 주식회사의 등기에 준용한다.
>
> **상법 제183조(변경등기)**
> 제180조 각 호의 사항이 변경되었을 때에는 본점의 소재지에서 2주일 내에 변경등기를 하여야 한다.

⑤ [O] 회사가 발행할 주식의 총수는 정관의 절대적 기재사항이므로(상법 제289조 제1항 제3호 참조), 이것을 변경하기 위해서는 정관변경이 필요하다.

답 ②

87 세무사 2023

☑ 확인 Check! ○ △ ✕

상법상 주식회사의 정관변경에 관한 설명으로 옳지 않은 것은?

① 주식회사 성립 후 신주발행권한을 이사회에서 주주총회로 변경하는 정관변경은 유효하다.
② 주식회사의 정관변경은 주주총회의 특별결의에 의한다.
③ 회사가 종류주식을 발행한 경우 정관을 변경함으로써 어느 종류주식의 주주에게 손해를 미치게 될 때에는 주주총회의 결의 외에 그 종류주식의 주주총회의 결의가 있어야 한다.
④ 신설합병의 창립총회에서는 합병계약의 취지에 반하는 정관변경도 결의할 수 있다.
⑤ 정관변경으로 등기사항이 변동된 때에는 변경등기를 하여야 한다.

해설

① [O] 회사가 그 성립 후에 주식을 발행하는 경우에는 다음의 사항으로서 정관에 규정이 없는 것은 이사회가 결정한다. 다만, 이 법에 다른 규정이 있거나 정관으로 주주총회에서 결정하기로 정한 경우에는 그러하지 아니하다(상법 제416조).

② [O] 상법 제433조 제1항, 제434조

> **상법 제433조(정관변경의 방법)**
> ① 정관의 변경은 주주총회의 결의에 의하여야 한다.
>
> **상법 제434조(정관변경의 특별결의)**
> 제433조 제1항의 결의는 출석한 주주의 의결권의 3분의 2 이상의 수와 발행주식총수의 3분의 1 이상의 수로써 하여야 한다.

③ [O] 회사가 종류주식을 발행한 경우에 정관을 변경함으로써 어느 종류주식의 주주에게 손해를 미치게 될 때에는 주주총회의 결의 외에 그 종류주식의 주주의 총회의 결의가 있어야 한다(상법 제435조 제1항).

④ [X] (신설합병) 창립총회에서는 정관변경의 결의를 할 수 있다. 그러나 <u>합병계약의 취지에 위반하는 결의는 하지 못한다</u>(상법 제527조 제2항).

⑤ [O] 정관변경 자체는 등기할 필요가 없으나, 정관변경으로 등기사항이 변동된 때에는 본점의 소재지에서 2주일 내에 변경등기를 하여야 한다(상법 제317조 제4항, 제183조 참조).

> **상법 제317조(설립의 등기)**
> ④ 제181조 내지 제183조의 규정은 주식회사의 등기에 준용한다.
>
> **상법 제183조(변경등기)**
> 제180조 각 호의 사항이 변경되었을 때에는 본점의 소재지에서 2주일 내에 변경등기를 하여야 한다.

답 ④

PART 3

CHAPTER

06 | 기업구조조정

제1절 | 주식회사의 합병

01 CPA 2024

☑ 확인Check! ○ △ ×

상법상 비상장주식회사의 합병에 관한 설명으로 틀린 것은?

① 존속회사는 소멸회사의 주주에게 합병 대가의 전부 또는 일부로서 금전이나 그 밖의 재산을 제공할 수 있다.

② 회사는 합병으로 인한 경우 배당가능이익이 없더라도 자기의 주식을 취득할 수 있다.

③ 간이합병의 경우 존속회사, 소멸회사 모두 채권자보호절차를 거쳐야 한다.

④ 소규모합병의 경우 그 합병에 반대하는 소멸회사의 주주에게는 주식매수청구권이 인정되지 않는다.

⑤ 합병무효는 각 회사의 주주・이사・감사・청산인・파산관재인 또는 합병을 승인하지 아니한 채권자에 한하여 소만으로 이를 주장할 수 있다.

해설

① [○] 합병 후 존속하는 회사는 합병으로 소멸하는 회사의 주주에게 합병의 대가의 전부 또는 일부를 주식 이외의 금전이나 기타의 재산을 제공할 수 있는데(상법 제523조 제4호 참조), 이를 교부금합병이라 한다.

> **상법 제523조(흡수합병의 합병계약서)**
> 합병할 회사의 일방이 합병 후 존속하는 경우에는 합병계약서에 다음의 사항을 적어야 한다.
> … (중략) …
> 3. 존속하는 회사가 합병을 하면서 신주를 발행하거나 자기주식을 이전하는 경우에는 발행하는 신주 또는 이전하는 자기주식의 총수, 종류와 수 및 합병으로 인하여 소멸하는 회사의 주주에 대한 신주의 배정 또는 자기주식의 이전에 관한 사항
> 4. 존속하는 회사가 합병으로 소멸하는 회사의 주주에게 제3호에도 불구하고 그 대가의 전부 또는 일부로서 금전이나 그 밖의 재산을 제공하는 경우에는 그 내용 및 배정에 관한 사항
> … (하략) …

② [O] 상법 제341조 제1항 단서, 제341조의2 제1호

> **상법 제341조(자기주식의 취득)**
> ① 회사는 다음의 방법에 따라 자기의 명의와 계산으로 자기의 주식을 취득할 수 있다. 다만, 그 취득가액의 총액은 직전 결산기의 대차대조표상의 순자산액에서 제462조 제1항 각 호의 금액을 뺀 금액을 초과하지 못한다.
> 1. 거래소에서 시세(時勢)가 있는 주식의 경우에는 거래소에서 취득하는 방법
> 2. 제345조 제1항의 주식의 상환에 관한 종류주식의 경우 외에 각 주주가 가진 주식 수에 따라 균등한 조건으로 취득하는 것으로서 대통령령으로 정하는 방법
>
> **상법 제341조의2(특정목적에 의한 자기주식의 취득)**
> 회사는 다음 각 호의 어느 하나에 해당하는 경우에는 제341조에도 불구하고 자기의 주식을 취득할 수 있다.
> 1. 회사의 합병 또는 다른 회사의 영업전부의 양수로 인한 경우
> 2. 회사의 권리를 실행함에 있어 그 목적을 달성하기 위하여 필요한 경우
> 3. 단주(端株)의 처리를 위하여 필요한 경우
> 4. 주주가 주식매수청구권을 행사한 경우

③ [O] 간이합병과 소규모합병의 경우에도 채권자보호절차를 거쳐야 하고, 이 경우 이사회 승인결의를 주주총회 승인결의로 본다(상법 제527조의5 제2항 참조).

> **상법 제527조의5(채권자보호절차)**
> ① 회사는 제522조의 주주총회의 승인결의가 있은 날부터 2주 내에 채권자에 대하여 합병에 이의가 있으면 1월이상의 기간내에 이를 제출할 것을 공고하고 알고 있는 채권자에 대하여는 따로따로 이를 최고하여야 한다.
> ② 제1항의 규정을 적용함에 있어서 제527조의2(간이합병) 및 제527조의3(소규모합병) 의 경우에는 이사회의 승인결의를 주주총회의 승인결의로 본다.

④ [×] 일반적인 합병의 경우 반대주주에게 주식매수청구권이 인정된다(상법 제522조의3 참조). 하지만 소규모합병의 경우 존속회사의 주주는 합병에 반대하더라도 주식매수청구권을 행사할 수 없다(상법 제527조의3 제5항 참조). 그러나 소멸회사의 반대주주에게는 이를 배제하는 규정이 없으므로 원칙으로 돌아가 주식매수청구권이 인정된다.

> **상법 제527조의3(소규모합병)**
> ① 합병 후 존속하는 회사가 합병으로 인하여 발행하는 신주 및 이전하는 자기주식의 총수가 그 회사의 발행주식총수의 100분의 10을 초과하지 아니하는 경우에는 그 존속하는 회사의 주주총회의 승인은 이를 이사회의 승인으로 갈음할 수 있다. 다만, 합병으로 인하여 소멸하는 회사의 주주에게 제공할 금전이나 그 밖의 재산을 정한 경우에 그 금액 및 그 밖의 재산의 가액이 존속하는 회사의 최종 대차대조표상으로 현존하는 순자산액의 100분의 5를 초과하는 경우에는 그러하지 아니하다.
> ⑤ 제1항 본문의 경우에는 제522조의3의 규정은 이를 적용하지 아니한다.
>
> **상법 제522조의3(합병반대주주의 주식매수청구권)**
> ① 제522조 제1항에 따른 결의사항에 관하여 이사회의 결의가 있는 때에 그 결의에 반대하는 주주(의결권이 없거나 제한되는 주주를 포함한다. 이하 이 조에서 같다)는 주주총회 전에 회사에 대하여 서면으로 그 결의에 반대하는 의사를 통지한 경우에는 그 총회의 결의일부터 20일 이내에 주식의 종류와 수를 기재한 서면으로 회사에 대하여 자기가 소유하고 있는 주식의 매수를 청구할 수 있다.

⑤ [O] 합병무효는 각 회사의 주주・이사・감사・청산인・파산관재인 또는 합병을 승인하지 아니한 채권자에 한하여 소만으로 이를 주장할 수 있다(상법 제529조 제1항).

답 ④

02 CPA 2023

☑ 확인 Check! ○ △ ×

A주식회사가 B주식회사를 흡수합병하면서 B회사의 주주들에게 A회사의 자기주식과 금전으로만 합병의 대가를 지급하기로 한 경우 상법상 합병계약서에 기재할 사항에 해당하지 않는 것은? (A회사와 B회사는 비상장회사이며, 간이·소규모합병은 고려하지 않음)

① A회사 및 B회사에서 합병의 승인결의를 할 주주총회의 기일
② 합병을 할 날
③ A회사가 합병으로 인하여 정관을 변경하기로 정한 때에는 그 규정
④ A회사 및 B회사가 합병으로 이익배당을 할 때에는 그 한도액
⑤ A회사의 증가할 자본금에 관한 사항

해설

① [O] 상법 제523조 제5호
② [O] 상법 제523조 제6호
③ [O] 상법 제523조 제7호
④ [O] 상법 제523조 제8호
⑤ [×] A주식회사가 합병의 대가로 신주를 발행하는 경우가 아니기 때문에 자본금이 증가하지 않는다. 따라서 상법 제523조 제2호의 증가할 자본금에 관한 사항은 합병계약서에 기재할 사항에 해당하지 않는다.

상법 제523조(흡수합병의 합병계약서)
합병할 회사의 일방이 합병 후 존속하는 경우에는 합병계약서에 다음의 사항을 적어야 한다.
1. 존속하는 회사가 합병으로 인하여 그 발행할 주식의 총수를 증가하는 때에는 그 증가할 주식의 총수, 종류와 수
2. 존속하는 회사의 자본금 또는 준비금이 증가하는 경우에는 증가할 자본금 또는 준비금에 관한 사항
3. 존속하는 회사가 합병을 하면서 신주를 발행하거나 자기주식을 이전하는 경우에는 발행하는 신주 또는 이전하는 자기주식의 총수, 종류와 수 및 합병으로 인하여 소멸하는 회사의 주주에 대한 신주의 배정 또는 자기주식의 이전에 관한 사항
4. 존속하는 회사가 합병으로 소멸하는 회사의 주주에게 제3호에도 불구하고 그 대가의 전부 또는 일부로서 금전이나 그 밖의 재산을 제공하는 경우에는 그 내용 및 배정에 관한 사항
5. 각 회사에서 합병의 승인결의를 할 사원 또는 주주의 총회의 기일
6. 합병을 할 날
7. 존속하는 회사가 합병으로 인하여 정관을 변경하기로 정한 때에는 그 규정
8. 각 회사가 합병으로 이익배당을 할 때에는 그 한도액
9. 합병으로 인하여 존속하는 회사에 취임할 이사와 감사 또는 감사위원회의 위원을 정한 때에는 그 성명 및 주민등록번호

답 ⑤

03 CPA 2022

☑ 확인 Check! ○ △ ✕

상법상 비상장주식회사의 합병에 관한 설명으로 틀린 것은? (이견이 있으면 판례에 의함)

① 소규모합병의 경우 존속회사의 주주는 물론이고 소멸회사의 주주에게도 합병반대주주의 주식매수청구권이 인정되지 않는다.

② 존속회사가 소멸회사의 주주에게 합병 대가의 전부 또는 일부를 존속회사의 모회사주식으로 제공하는 경우 존속회사는 그 지급을 위하여 모회사주식을 취득할 수 있다.

③ 합병 후 존속하는 회사가 주식회사인 경우에, 합병할 회사의 일방이 합명회사 또는 합자회사인 때에는 총사원의 동의를 얻어 합병계약서를 작성하여야 한다.

④ 합병무효의 소는 합병의 등기가 있은 날로부터 6월 내에 제기하여야 한다.

⑤ 현저하게 불공정한 합병비율을 정한 합병계약은 사법관계를 지배하는 신의성실의 원칙이나 공평의 원칙에 비추어 무효이므로, 합병할 각 회사의 주주는 합병무효의 소로써 합병의 무효를 구할 수 있다.

▌해설▐

① [✕] 일반적인 합병의 경우 반대주주에게 주식매수청구권이 인정된다(상법 제522조의3 참조). 하지만 소규모합병의 경우 존속회사의 주주는 합병에 반대하더라도 주식매수청구권을 행사할 수 없다(상법 제527조의3 제5항 참조). 그러나 소멸회사의 반대주주에게는 이를 배제하는 규정이 없으므로 원칙으로 돌아가 주식매수청구권이 인정된다.

> **상법 제527조의3(소규모합병)**
>
> ① 합병 후 존속하는 회사가 합병으로 인하여 발행하는 신주 및 이전하는 자기주식의 총수가 그 회사의 발행주식총수의 100분의 10을 초과하지 아니하는 경우에는 그 존속하는 회사의 주주총회의 승인은 이를 이사회의 승인으로 갈음할 수 있다. 다만, 합병으로 인하여 소멸하는 회사의 주주에게 제공할 금전이나 그 밖의 재산을 정한 경우에 그 금액 및 그 밖의 재산의 가액이 존속하는 회사의 최종 대차대조표상으로 현존하는 순자산액의 100분의 5를 초과하는 경우에는 그러하지 아니하다.
>
> ⑤ 제1항 본문의 경우에는 제522조의3의 규정은 이를 적용하지 아니한다.
>
> **상법 제522조의3(합병반대주주의 주식매수청구권)**
>
> ① 제522조 제1항에 따른 결의사항에 관하여 이사회의 결의가 있는 때에 그 결의에 반대하는 주주(의결권이 없거나 제한되는 주주를 포함한다. 이하 이 조에서 같다)는 주주총회 전에 회사에 대하여 서면으로 그 결의에 반대하는 의사를 통지한 경우에는 그 총회의 결의일부터 20일 이내에 주식의 종류와 수를 기재한 서면으로 회사에 대하여 자기가 소유하고 있는 주식의 매수를 청구할 수 있다.
>
> ② 제527조의2 제2항의 공고 또는 통지를 한 날부터 2주 내에 회사에 대하여 서면으로 합병에 반대하는 의사를 통지한 주주는 그 기간이 경과한 날부터 20일 이내에 주식의 종류와 수를 기재한 서면으로 회사에 대하여 자기가 소유하고 있는 주식의 매수를 청구할 수 있다.

② [○] 제342조의2(자회사에 의한 모회사주식의 취득금지)에도 불구하고 제523조(흡수합병의 합병계약서) 제4호에 따라 소멸하는 회사의 주주에게 제공하는 재산이 존속하는 회사의 모회사주식을 포함하는 경우에는 존속하는 회사는 그 지급을 위하여 모회사주식을 취득할 수 있다(상법 제523조의2 제1항).

③ [○] 합병후 존속하는 회사 또는 합병으로 인하여 설립되는 회사가 주식회사인 경우에 합병할 회사의 일방 또는 쌍방이 합명회사 또는 합자회사인 때에는 총사원의 동의를 얻어 합병계약서를 작성하여야 한다(상법 제525조 제1항).

PART 3

④ [O] 상법 제529조 제2항

> **상법 제529조(합병무효의 소)**
> ① 합병무효는 각 회사의 주주・이사・감사・청산인・파산관재인 또는 합병을 승인하지 아니한 채권자에 한하여 소만으로 이를 주장할 수 있다.
> ② 제1항의 소는 제528조의 등기(합병의 등기)가 있은 날로부터 6월 내에 제기하여야 한다.

⑤ [O] 합병비율을 정하는 것은 합병계약의 가장 중요한 내용이고, 그 합병비율은 합병할 각 회사의 재산 상태와 그에 따른 주식의 실제적 가치에 비추어 공정하게 정함이 원칙이며, 만일 그 비율이 합병할 각 회사의 일방에게 불리하게 정해진 경우에는 그 회사의 주주가 합병 전 회사의 재산에 대하여 가지고 있던 지분비율을 합병 후에 유지할 수 없게 됨으로써 실질적으로 주식의 일부를 상실케 되는 결과를 초래하므로, 현저하게 불공정한 합병비율을 정한 합병계약은 사법관계를 지배하는 신의성실의 원칙이나 공평의 원칙 등에 비추어 무효이고, 따라서 합병비율이 현저하게 불공정한 경우 합병할 각 회사의 주주 등은 상법 제529조에 의하여 소로써 합병의 무효를 구할 수 있다(대판 2008.1.10. 2007다64136).

답 ①

04 CPA 2021

☑ 확인Check! ○ △ ✕

상법상 회사의 합병에 관한 설명으로 틀린 것은? (이견이 있으면 판례에 의함)

① 해산 후의 회사는 존립 중의 회사를 존속회사로 하는 경우에 한하여 합병할 수 있다.

② 유한회사가 주식회사와 합병하는 경우에 합병 후 존속하는 회사가 유한회사인 때에는 법원의 인가를 얻지 아니하면 합병의 효력이 없다.

③ 소규모합병의 경우 그 합병에 반대하는 존속회사의 주주에게는 주식매수청구권이 인정되지 않는다.

④ 합병승인을 위한 주주총회 결의에 무효사유가 있는 경우, 합병등기 전에는 주주총회 결의무효확인의 소를 제기할 수 있지만 합병등기 후에는 합병무효의 소만 인정된다.

⑤ 합병을 무효로 한 판결이 확정된 때에는, 합병을 한 회사는 합병 후 존속한 회사의 합병 후 부담한 채무에 대하여 연대하여 변제할 책임이 있다.

해설

① [O] 해산후의 회사는 존립 중의 회사를 존속하는 회사로 하는 경우에 한하여 합병을 할 수 있다(상법 제174조 제3항).

② [✕] 유한회사가 주식회사와 합병하는 경우에 합병후 존속하는 회사 또는 합병으로 인하여 설립되는 회사가 <u>주식회사인 때에는</u> 법원의 인가를 얻지 아니하면 합병의 효력이 없다(상법 제600조 제1항). 주식회사 설립에 관한 엄격한 규제를 피하기 위한 방법으로 유한회사 설립 후 주식회사와 합병하는 것을 방지하기 위한 것이다.

③ [O] 상법 제527조의3 제5항

> **상법 제527조의3(소규모합병)**
> ① 합병 후 존속하는 회사가 합병으로 인하여 발행하는 신주 및 이전하는 자기주식의 총수가 그 회사의 발행주식총수의 100분의 10을 초과하지 아니하는 경우에는 그 존속하는 회사의 주주총회의 승인은 이를 이사회의 승인으로 갈음할 수 있다. 다만, 합병으로 인하여 소멸하는 회사의 주주에게 제공할 금전이나 그 밖의 재산을 정한 경우에 그 금액 및 그 밖의 재산의 가액이 존속하는 회사의 최종 대차대조표상으로 현존하는 순자산액의 100분의 5를 초과하는 경우에는 그러하지 아니하다.
> ⑤ 제1항 본문의 경우에는 제522조의3(합병반대주주의 주식매수청구권)의 규정은 이를 적용하지 아니한다.

④ [O] 회사합병에 있어서 합병등기에 의하여 합병의 효력이 발생한 후에는 합병무효의 소를 제기하는 외에 합병결의무효확인청구만을 독립된 소로서 구할 수 없다(대판 1993.5.27, 92누14908).

⑤ [O] 상법 제530조 제2항, 제239조 제1항

> **상법 제530조(준용규정)**
> ② 제234조, 제235조, 제237조 내지 제240조, 제329조의2, 제374조 제2항, 제374조의2 제2항 내지 제5항 및 제439조 제3항의 규정은 주식회사의 합병에 관하여 이를 준용한다.
>
> **상법 제239조(무효판결확정과 회사의 권리의무의 귀속)**
> ① 합병을 무효로 한 판결이 확정된 때에는 합병을 한 회사는 합병후 존속한 회사 또는 합병으로 인하여 설립된 회사의 합병후 부담한 채무에 대하여 연대하여 변제할 책임이 있다.

 ②

PART 3

05 CPA 2020

☑ 확인 Check! ○ △ ✕

상법상 주식회사의 합병에 관한 설명으로 옳은 것은?

① 간이합병에 반대하는 소멸회사의 주주에게는 주식매수청구권이 인정되지 않는다.

② 존속회사가 소멸회사의 주주에게 제공하기 위하여 취득한 존속회사의 모회사주식 중 합병등기 후 남아 있는 주식은 즉시 처분하여야 한다.

③ 소멸회사의 주주에게 제공할 금액 및 기타 재산의 가액이 존속회사의 최종 대차대조표상으로 현존하는 순자산액의 100분의 5를 초과하는 경우에는, 존속회사의 주주총회의 특별결의가 있어야 합병이 가능하다.

④ 소규모합병의 경우에는 존속회사는 채권자보호절차를 거치지 않아도 된다.

⑤ 존속회사는 소멸회사의 주주에게 합병대가의 일부로서 금전이나 그 밖의 재산을 제공할 수는 있으나, 합병대가의 전부를 금전이나 그 밖의 재산으로 제공할 수는 없다.

해설

① [×] 간이합병에 반대하는 소멸회사의 주주에게는 주식매수청구권이 인정된다(상법 제522조의3 제2항, 제527조의2 제1항, 제2항 참조).

> **상법 제522조의3(합병반대주주의 주식매수청구권)**
>
> ② 제527조의2 제2항의 공고 또는 통지를 한 날부터 2주 내에 회사에 대하여 서면으로 합병에 반대하는 의사를 통지한 주주는 그 기간이 경과한 날부터 20일 이내에 주식의 종류와 수를 기재한 서면으로 회사에 대하여 자기가 소유하고 있는 주식의 매수를 청구할 수 있다.
>
> **상법 제527조의2(간이합병)**
>
> ① 합병할 회사의 일방이 합병후 존속하는 경우에 합병으로 인하여 소멸하는 회사의 총주주의 동의가 있거나 그 회사의 발행주식총수의 100분의 90이상을 합병후 존속하는 회사가 소유하고 있는 때에는 합병으로 인하여 소멸하는 회사의 주주총회의 승인은 이를 이사회의 승인으로 갈음할 수 있다.
>
> ② 제1항의 경우에 합병으로 인하여 소멸하는 회사는 합병계약서를 작성한 날부터 2주 내에 주주총회의 승인을 얻지 아니하고 합병을 한다는 뜻을 공고하거나 주주에게 통지하여야 한다. 다만, 총주주의 동의가 있는 때에는 그러하지 아니하다.

② [×] 존속회사가 소멸회사의 주주에게 제공하기 위하여 취득한 존속회사의 모회사주식 중 합병등기 후 남아 있는 주식은 합병의 효력이 발생하는 날(합병등기일)부터 6개월 이내에 처분하여야 한다(상법 제523조의2 제1항, 제2항 참조).

> **상법 제523조의2(합병대가가 모회사주식인 경우의 특칙)**
>
> ① 제342조의2(자회사에 의한 모회사주식의 취득금지)에도 불구하고 제523조(흡수합병의 합병계약서) 제4호에 따라 소멸하는 회사의 주주에게 제공하는 재산이 존속하는 회사의 모회사주식을 포함하는 경우에는 존속하는 회사는 그 지급을 위하여 모회사주식을 취득할 수 있다.
>
> ② 존속하는 회사는 제1항에 따라 취득한 모회사의 주식을 합병 후에도 계속 보유하고 있는 경우 합병의 효력이 발생하는 날부터 6개월 이내에 그 주식을 처분하여야 한다.

③ [O] 합병 후 존속하는 회사가 합병으로 인하여 발행하는 신주 및 이전하는 자기주식의 총수가 그 회사의 발행주식총수의 100분의 10을 초과하지 아니하는 경우에는 그 존속하는 회사의 주주총회의 승인은 이를 이사회의 승인으로 갈음할 수 있다. 다만, 합병으로 인하여 소멸하는 회사의 주주에게 제공할 금전이나 그 밖의 재산을 정한 경우에 그 금액 및 그 밖의 재산의 가액이 존속하는 회사의 최종 대차대조표상으로 현존하는 순자산액의 100분의 5를 초과하는 경우에는 그러하지 아니하다(상법 제527조의3 제1항).

④ [×] 합병은 존속회사와 소멸회사의 채권자의 이해관계에 영향을 미치므로 채권자보호절차를 거쳐야 한다(상법 제527조의5 제1항 참조). 이는 간이합병・소규모합병의 경우도 마찬가지이다(상법 제527조의5 제2항 참조).

> **상법 제527조의5(채권자보호절차)**
>
> ① 회사는 제522조의 주주총회의 승인결의가 있은 날부터 2주 내에 채권자에 대하여 합병에 이의가 있으면 1월이상의 기간내에 이를 제출할 것을 공고하고 알고 있는 채권자에 대하여는 따로따로 이를 최고하여야 한다.
>
> ② 제1항의 규정을 적용함에 있어서 제527조의2(간이합병) 및 제527조의3(소규모합병)의 경우에는 이사회의 승인결의를 주주총회의 승인결의로 본다.

⑤ [×] 존속하는 회사가 합병으로 소멸하는 회사의 주주에게 그 대가의 전부나 일부를 금전이나 그 밖의 재산으로 제공할 수 있다(상법 제523조 제4호 참조).

상법 제523조(흡수합병의 합병계약서)

합병할 회사의 일방이 합병 후 존속하는 경우에는 합병계약서에 다음의 사항을 적어야 한다.

1. 존속하는 회사가 합병으로 인하여 그 발행할 주식의 총수를 증가하는 때에는 그 증가할 주식의 총수, 종류와 수
2. 존속하는 회사의 자본금 또는 준비금이 증가하는 경우에는 증가할 자본금 또는 준비금에 관한 사항
3. 존속하는 회사가 합병을 하면서 신주를 발행하거나 자기주식을 이전하는 경우에는 발행하는 신주 또는 이전하는 자기주식의 총수, 종류와 수 및 합병으로 인하여 소멸하는 회사의 주주에 대한 신주의 배정 또는 자기주식의 이전에 관한 사항
4. 존속하는 회사가 합병으로 소멸하는 회사의 주주에게 제3호에도 불구하고 그 대가의 전부 또는 일부로서 금전이나 그 밖의 재산을 제공하는 경우에는 그 내용 및 배정에 관한 사항
5. 각 회사에서 합병의 승인결의를 할 사원 또는 주주의 총회의 기일
6. 합병을 할 날
7. 존속하는 회사가 합병으로 인하여 정관을 변경하기로 정한 때에는 그 규정
8. 각 회사가 합병으로 이익배당을 할 때에는 그 한도액
9. 합병으로 인하여 존속하는 회사에 취임할 이사와 감사 또는 감사위원회의 위원을 정한 때에는 그 성명 및 주민등록번호

답 ③

PART 3

06 CPA 2018

☑ 확인Check! ○ △ ×

상법상 주식회사의 합병에 관한 설명으로 틀린 것은?

① 합병계약서를 승인하기 위하여 주주총회를 소집하는 경우 소집통지에 합병계약의 요령을 기재하여야 한다.

② 소멸회사의 주주에게 제공하는 재산이 존속회사의 모회사주식을 포함하는 경우에는 존속회사는 그 지급을 위하여 모회사주식을 취득할 수 있다.

③ 소멸회사의 발행주식총수의 100분의 90 이상을 존속회사가 소유하고 있는 때에는 소멸회사의 주주총회의 승인은 이를 이사회의 승인으로 갈음할 수 있다.

④ 존속회사가 합병으로 인하여 발행하는 신주 및 이전하는 자기주식의 총수가 그 회사의 발행주식총수의 100분의 10을 초과하지 아니하는 경우에는 채권자보호절차를 거치지 않아도 된다.

⑤ 존속회사 또는 신설회사가 합병으로 인하여 전환사채 또는 신주인수권부사채를 승계한 때에는 합병의 등기와 동시에 사채의 등기를 하여야 한다.

해설

① [O] 상법 제522조 제2항

> **상법 제522조(합병계약서와 그 승인결의)**
> ① 회사가 합병을 함에는 합병계약서를 작성하여 주주총회의 승인을 얻어야 한다.
> ② 합병계약의 요령은 제363조(소집의 통지)에 정한 통지에 기재하여야 한다.
> ③ 제1항의 승인결의는 제434조의 규정에 의하여야 한다.

② [O] 제342조의2(자회사에 의한 모회사주식의 취득금지)에도 불구하고 제523조(흡수합병의 합병계약서) 제4호에 따라 소멸하는 회사의 주주에게 제공하는 재산이 존속하는 회사의 모회사주식을 포함하는 경우에는 존속하는 회사는 그 지급을 위하여 모회사주식을 취득할 수 있다(상법 제523조의2 제1항).

③ [O] 합병할 회사의 일방이 합병후 존속하는 경우에 합병으로 인하여 소멸하는 회사의 총주주의 동의가 있거나 그 회사의 발행주식총수의 100분의 90이상을 합병후 존속하는 회사가 소유하고 있는 때에는 합병으로 인하여 소멸하는 회사의 주주총회의 승인은 이를 이사회의 승인으로 갈음할 수 있다(상법 제527조의2 제1항).

④ [×] 합병은 존속회사와 소멸회사의 채권자의 이해관계에 영향을 미치므로 채권자보호절차를 거쳐야 한다(상법 제527조의5 제1항 참조). 간이합병·소규모합병의 경우에도 이는 마찬가지이므로 채권자보호절차를 거쳐야 한다. 다만 이사회의 승인결의를 주주총회의 승인결의로 본다(상법 제527조의3 제1항, 제527조의5 제2항 참조).

> **상법 제527조의3(소규모합병)**
> ① 합병 후 존속하는 회사가 합병으로 인하여 발행하는 신주 및 이전하는 자기주식의 총수가 그 회사의 발행주식총수의 100분의 10을 초과하지 아니하는 경우에는 그 존속하는 회사의 주주총회의 승인은 이를 이사회의 승인으로 갈음할 수 있다. 다만, 합병으로 인하여 소멸하는 회사의 주주에게 제공할 금전이나 그 밖의 재산을 정한 경우에 그 금액 및 그 밖의 재산의 가액이 존속하는 회사의 최종 대차대조표상으로 현존하는 순자산액의 100분의 5를 초과하는 경우에는 그러하지 아니하다.
>
> **상법 제527조의5(채권자보호절차)**
> ① 회사는 제522조의 주주총회의 승인결의가 있은 날부터 2주 내에 채권자에 대하여 합병에 이의가 있으면 1월이상의 기간내에 이를 제출할 것을 공고하고 알고 있는 채권자에 대하여는 따로따로 이를 최고하여야 한다.
> ② 제1항의 규정을 적용함에 있어서 제527조의2 및 제527조의3의 경우에는 이사회의 승인결의를 주주총회의 승인결의로 본다.

⑤ [O] 상법 제528조 제2항

> **상법 제528조(합병의 등기)**
> ① 회사가 합병을 한 때에는 제526조의 주주총회가 종결된 날 또는 보고를 갈음하는 공고일, 제527조의 창립총회가 종결된 날 또는 보고를 갈음하는 공고일부터 2주일 내에 본점의 소재지에서 합병 후 존속하는 회사의 변경등기, 합병으로 인하여 소멸하는 회사의 해산등기, 합병으로 인하여 설립되는 회사의 설립등기를 하여야 한다.
> ② 합병후 존속하는 회사 또는 합병으로 인하여 설립된 회사가 합병으로 인하여 전환사채 또는 신주인수권부사채를 승계한 때에는 제1항의 등기와 동시에 사채의 등기를 하여야 한다.

답 ④

07 CPA 2017

☑ 확인 Check! ○ △ ×

상법상 회사의 합병에 관한 설명으로 틀린 것은?

① 흡수합병의 경우 존속회사는 소멸회사의 주주에게 합병대가의 전부 또는 일부로서 금전이나 그 밖의 재산을 제공할 수 있다.

② 간이합병에 반대하는 소멸회사의 주주로서 의결권이 없거나 제한되는 주주는 주식매수청구권을 행사할 수 없다.

③ 소멸회사의 주주에게 제공할 금전의 금액이 존속회사의 최종 대차대조표상으로 현존하는 순자산액의 100분의 5를 초과하는 경우에는 소규모합병을 할 수 없다.

④ 판례에 의하면 주주는 합병비율이 현저하게 불공정한 경우 합병무효의 소를 제기할 수 있다.

⑤ 자회사가 흡수합병을 하는 경우 소멸회사의 주주에게 제공하는 합병대가가 존속회사의 모회사주식을 포함하는 때에는 존속회사는 그 지급을 위하여 모회사주식을 취득할 수 있다.

▌해설▐

① [○] 합병 후 존속하는 회사는 합병으로 소멸하는 회사의 주주에게 합병의 대가의 전부 또는 일부를 주식 이외의 금전이나 기타의 재산을 제공할 수 있는데(상법 제523조 제4호 참조), 이를 교부금합병이라 한다.

> **상법 제523조(흡수합병의 합병계약서)**
> 합병할 회사의 일방이 합병 후 존속하는 경우에는 합병계약서에 다음의 사항을 적어야 한다.
> … (중략) …
> 3. 존속하는 회사가 합병을 하면서 신주를 발행하거나 자기주식을 이전하는 경우에는 발행하는 신주 또는 이전하는 자기주식의 총수, 종류와 수 및 합병으로 인하여 소멸하는 회사의 주주에 대한 신주의 배정 또는 자기주식의 이전에 관한 사항
> 4. 존속하는 회사가 합병으로 소멸하는 회사의 주주에게 제3호에도 불구하고 그 대가의 전부 또는 일부로서 금전이나 그 밖의 재산을 제공하는 경우에는 그 내용 및 배정에 관한 사항
> … (하략) …

② [×] 합병반대 주주에게는 주식매수청구권이 인정되는데 이에는 의결권이 없거나 제한되는 주주를 포함한다. 간이합병에 반대하는 주주의 경우도 마찬가지이다(상법 제522조의3 제1항·제2항, 제527조의2 제1항·제2항 참조).

> **상법 제522조의3(합병반대주주의 주식매수청구권)**
> ① 제522조 제1항에 따른 결의사항에 관하여 이사회의 결의가 있는 때에 그 결의에 반대하는 주주(의결권이 없거나 제한되는 주주를 포함한다. 이하 이 조에서 같다)는 주주총회 전에 회사에 대하여 서면으로 그 결의에 반대하는 의사를 통지한 경우에는 그 총회의 결의일부터 20일 이내에 주식의 종류와 수를 기재한 서면으로 회사에 대하여 자기가 소유하고 있는 주식의 매수를 청구할 수 있다.
> ② 제527조의2 제2항의 공고 또는 통지를 한 날부터 2주 내에 회사에 대하여 서면으로 합병에 반대하는 의사를 통지한 주주는 그 기간이 경과한 날부터 20일 이내에 주식의 종류와 수를 기재한 서면으로 회사에 대하여 자기가 소유하고 있는 주식의 매수를 청구할 수 있다.

PART 3

상법 제527조의2(간이합병)

① 합병할 회사의 일방이 합병후 존속하는 경우에 합병으로 인하여 소멸하는 회사의 총주주의 동의가 있거나 그 회사의 발행주식총수의 100분의 90이상을 합병후 존속하는 회사가 소유하고 있는 때에는 합병으로 인하여 소멸하는 회사의 주주총회의 승인은 이를 이사회의 승인으로 갈음할 수 있다.

② 제1항의 경우에 합병으로 인하여 소멸하는 회사는 합병계약서를 작성한 날부터 2주 내에 주주총회의 승인을 얻지 아니하고 합병을 한다는 뜻을 공고하거나 주주에게 통지하여야 한다. 다만, 총주주의 동의가 있는 때에는 그러하지 아니하다.

③ [O] 합병 후 존속하는 회사가 합병으로 인하여 발행하는 신주 및 이전하는 자기주식의 총수가 그 회사의 발행주식총수의 100분의 10을 초과하지 아니하는 경우에는 그 존속하는 회사의 주주총회의 승인은 이를 이사회의 승인으로 갈음할 수 있다. 다만, 합병으로 인하여 소멸하는 회사의 주주에게 제공할 금전이나 그 밖의 재산을 정한 경우에 그 금액 및 그 밖의 재산의 가액이 존속하는 회사의 최종 대차대조표상으로 현존하는 순자산액의 100분의 5를 초과하는 경우에는 그러하지 아니하다(상법 제527조의3 제1항).

④ [O] 합병비율을 정하는 것은 합병계약의 가장 중요한 내용이고, 그 합병비율은 합병할 각 회사의 재산 상태와 그에 따른 주식의 실제적 가치에 비추어 공정하게 정함이 원칙이며, 만일 그 비율이 합병할 각 회사의 일방에게 불리하게 정해진 경우에는 그 회사의 주주가 합병 전 회사의 재산에 대하여 가지고 있던 지분비율을 합병 후에 유지할 수 없게 됨으로써 실질적으로 주식의 일부를 상실케 되는 결과를 초래하므로, 현저하게 불공정한 합병비율을 정한 합병계약은 사법관계를 지배하는 신의성실의 원칙이나 공평의 원칙 등에 비추어 무효이고, 따라서 합병비율이 현저하게 불공정한 경우 합병할 각 회사의 주주 등은 상법 제529조에 의하여 소로써 합병의 무효를 구할 수 있다(대판 2008.1.10. 2007다64136).

⑤ [O] 제342조의2(자회사에 의한 모회사주식의 취득금지)에도 불구하고 제523조(흡수합병의 합병계약서) 제4호에 따라 소멸하는 회사의 주주에게 제공하는 재산이 존속하는 회사의 모회사주식을 포함하는 경우에는 존속하는 회사는 그 지급을 위하여 모회사주식을 취득할 수 있다(상법 제523조의2 제1항).

답 ②

08 CPA 2016

☑ 확인Check! ○ △ ×

상법상 주식회사의 합병에 관한 설명으로 틀린 것은?

① 회사가 주주에게 합병계약서를 승인하기 위한 주주총회의 소집을 통지할 때에는 소집통지서에 합병계약의 요령을 기재하여야 한다.

② 간이합병의 경우 소멸회사의 주주총회는 이사회승인으로 갈음하므로 소멸회사의 주주는 주식매수청구권을 행사할 수 없다.

③ 소멸회사의 주주에게 제공하는 재산이 존속회사의 모회사의 주식을 포함하는 경우 존속회사는 그 지급을 위하여 모회사의 주식을 취득할 수 있다.

④ 회사는 합병계약서를 승인하는 주주총회의 결의가 있은 날부터 2주 내에 채권자에 대하여 합병에 이의가 있으면 1월 이상으로 정한 기간 내에 이를 제출할 것을 공고해야 한다.

⑤ 존속회사의 이사로서 합병 전에 취임한 자는 합병계약서에 다른 정함이 있는 경우를 제외하고는 합병 후 최초로 도래하는 결산기의 정기총회가 종료하는 때에 퇴임한다.

| 해설 |

① [O] 상법 제522조 제2항

> **상법 제522조(합병계약서와 그 승인결의)**
> ① 회사가 합병을 함에는 합병계약서를 작성하여 주주총회의 승인을 얻어야 한다.
> ② 합병계약의 요령은 제363조에 정한 통지에 기재하여야 한다.
>
> **상법 제363조(소집의 통지)**
> ① 주주총회를 소집할 때에는 주주총회일의 2주 전에 각 주주에게 서면으로 통지를 발송하거나 각 주주의 동의를 받아 전자문서로 통지를 발송하여야 한다. 다만, 그 통지가 주주명부상 주주의 주소에 계속 3년간 도달하지 아니한 경우에는 회사는 해당 주주에게 총회의 소집을 통지하지 아니할 수 있다.

② [×] 상법 제522조의3 제2항, 제527조의2 제1항・제2항

> **상법 제522조의3(합병반대주주의 주식매수청구권)**
> ② 제527조의2 제2항의 공고 또는 통지를 한 날부터 2주 내에 회사에 대하여 서면으로 합병에 반대하는 의사를 통지한 주주는 그 기간이 경과한 날부터 20일 이내에 주식의 종류와 수를 기재한 서면으로 회사에 대하여 자기가 소유하고 있는 주식의 매수를 청구할 수 있다.
>
> **상법 제527조의2(간이합병)**
> ① 합병할 회사의 일방이 합병후 존속하는 경우에 합병으로 인하여 소멸하는 회사의 총주주의 동의가 있거나 그 회사의 발행주식총수의 100분의 90이상을 합병후 존속하는 회사가 소유하고 있는 때에는 합병으로 인하여 소멸하는 회사의 주주총회의 승인은 이를 이사회의 승인으로 갈음할 수 있다.
> ② 제1항의 경우에 합병으로 인하여 소멸하는 회사는 합병계약서를 작성한 날부터 2주 내에 주주총회의 승인을 얻지 아니하고 합병을 한다는 뜻을 공고하거나 주주에게 통지하여야 한다. 다만, 총주주의 동의가 있는 때에는 그러하지 아니하다.

PART 3

③ [O] 제342조의2(자회사에 의한 모회사주식의 취득금지)에도 불구하고 제523조(흡수합병의 합병계약서) 제4호에 따라 소멸하는 회사의 주주에게 제공하는 재산이 존속하는 회사의 모회사주식을 포함하는 경우에는 존속하는 회사는 그 지급을 위하여 모회사주식을 취득할 수 있다(상법 제523조의2 제1항).

④ [O] 회사는 제522조(합병계약서와 그 승인결의)의 주주총회의 승인결의가 있은 날부터 2주 내에 채권자에 대하여 합병에 이의가 있으면 1월이상의 기간내에 이를 제출할 것을 공고하고 알고 있는 채권자에 대하여는 따로따로 이를 최고하여야 한다(상법 제527조의5 제1항).

⑤ [O] 합병을 하는 회사의 일방이 합병후 존속하는 경우에 존속하는 회사의 이사 및 감사로서 합병전에 취임한 자는 합병계약서에 다른 정함이 있는 경우를 제외하고는 합병후 최초로 도래하는 결산기의 정기총회가 종료하는 때에 퇴임한다(상법 제527조의4 제1항).

답 ②

09 세무사 2021

☑ 확인 Check! ○ △ ×

상법상 주식회사의 소규모합병에 관한 설명으로 옳은 것을 모두 고른 것은?

ㄱ. 소규모합병의 경우에는 채권자 보호절차를 거쳐야 한다.
ㄴ. 존속회사의 반대주주는 주식매수청구권을 행사할 수 없다.
ㄷ. 존속회사 발행주식총수의 100분의 10을 소유한 주주가 회사에 대해 서면으로 합병에 반대하는 의사를 통지한 때에는 소규모합병을 할 수 없다.

① ㄱ
② ㄱ, ㄴ
③ ㄱ, ㄷ
④ ㄴ, ㄷ
⑤ ㄱ, ㄴ, ㄷ

▌해설▐

ㄱ. [O] 합병은 존속회사와 소멸회사의 채권자의 이해관계에 영향을 미치므로 채권자보호절차를 거쳐야 한다(상법 제527조의5 제1항 참조). 간이합병 · 소규모합병의 경우에도 이는 마찬가지이므로 채권자보호절차를 거쳐야 한다. 다만 이사회의 승인결의를 주주총회의 승인결의로 본다(상법 제527조의5 제2항 참조).

> **상법 제527조의5(채권자보호절차)**
> ① 회사는 제522조의 주주총회의 승인결의가 있은 날부터 2주 내에 채권자에 대하여 합병에 이의가 있으면 1월이상의 기간내에 이를 제출할 것을 공고하고 알고 있는 채권자에 대하여는 따로따로 이를 최고하여야 한다.
> ② 제1항의 규정을 적용함에 있어서 제527조의2(간이합병) 및 제527조의3(소규모합병)의 경우에는 이사회의 승인결의를 주주총회의 승인결의로 본다.

ㄴ. [O] 상법 제527조의3 제5항
ㄷ. [×] 상법 제527조의3 제4항

> **상법 제527조의3(소규모합병)**
> ① 합병 후 존속하는 회사가 합병으로 인하여 발행하는 신주 및 이전하는 자기주식의 총수가 그 회사의 발행주식총수의 100분의 10을 초과하지 아니하는 경우에는 그 존속하는 회사의 주주총회의 승인은 이를 이사회의 승인으로 갈음할 수 있다. 다만, 합병으로 인하여 소멸하는 회사의 주주에게 제공할 금전이나 그 밖의 재산을 정한 경우에 그 금액 및 그 밖의 재산의 가액이 존속하는 회사의 최종 대차대조표상으로 현존하는 순자산액의 100분의 5를 초과하는 경우에는 그러하지 아니하다.
> ③ 제1항의 경우에 존속하는 회사는 합병계약서를 작성한 날부터 2주 내에 소멸하는 회사의 상호 및 본점의 소재지, 합병을 할 날, 주주총회의 승인을 얻지 아니하고 합병을 한다는 뜻을 공고하거나 주주에게 통지하여야 한다.
> ④ 합병후 존속하는 회사의 발행주식총수의 100분의 20 이상에 해당하는 주식을 소유한 주주가 제3항의 규정에 의한 공고 또는 통지를 한 날부터 2주 내에 회사에 대하여 서면으로 제1항의 합병에 반대하는 의사를 통지한 때에는 제1항 본문의 규정에 의한 합병을 할 수 없다.
> ⑤ 제1항 본문의 경우에는 제522조의3(합병반대주주의 주식매수청구권)의 규정은 이를 적용하지 아니한다.

답 ②

10 법무사 2024

☑ 확인Check! ○ △ ×

상법상 간이합병·소규모합병에 관한 다음 설명 중 가장 옳지 않은 것은?

① 주식회사 간 흡수합병의 경우 소멸회사 총주주의 동의가 있거나 그 회사 발행주식총수의 90% 이상을 합병 후 존속회사가 소유하고 있는 때에는 소멸회사 주주총회 승인을 이사회 승인으로 갈음할 수 있다.

② 소규모합병의 경우 존속하는 회사의 합병계약서에는 주주총회의 승인을 얻지 아니하고 합병을 한다는 뜻을 기재하여야 한다.

③ 소규모합병의 경우 존속하는 회사는 합병계약서를 작성한 날부터 2주 내에 소멸하는 회사의 상호 및 본점의 소재지, 합병을 할 날, 주주총회의 승인을 얻지 아니하고 합병을 한다는 뜻을 공고하거나 주주에게 통지하여야 한다.

④ 소규모합병 및 간이합병의 경우 모두 합병에 반대하는 의사를 통지한 반대주주에게 주식매수청구권이 인정되지 아니한다.

⑤ 소멸회사의 주주에게 지급할 금액이나 그 밖의 재산을 정한 경우 그 금액 및 그 밖의 재산의 가액이 존속회사의 최종 대차대조표상으로 현존하는 순자산액의 100분의 5를 초과하는 때에는 주주총회의 특별결의를 거쳐야 한다.

해설

① [O] 상법 제527조의2 제1항
② [O] 상법 제527조의3 제1항, 제2항
③ [O] 상법 제527조의3 제1항, 제3항
④ [×] 간이합병의 경우 반대주주의 주식매수청구권이 인정되나(상법 제522조의3 제2항, 제527조의2 제2항 참조), 소규모합병의 경우 존속회사의 주주는 합병에 반대하더라도 주식매수청구권을 행사할 수 없다(상법 제527조의3 제5항 참조).
⑤ [O] 상법 제527조의3 제1항 후단

상법 제522조의3(합병반대주주의 주식매수청구권)

① 제522조 제1항에 따른 결의사항에 관하여 이사회의 결의가 있는 때에 그 결의에 반대하는 주주(의결권이 없거나 제한되는 주주를 포함한다. 이하 이 조에서 같다)는 주주총회 전에 회사에 대하여 서면으로 그 결의에 반대하는 의사를 통지한 경우에는 그 총회의 결의일부터 20일 이내에 주식의 종류와 수를 기재한 서면으로 회사에 대하여 자기가 소유하고 있는 주식의 매수를 청구할 수 있다.
② 제527조의2 제2항의 공고 또는 통지를 한 날부터 2주 내에 회사에 대하여 서면으로 합병에 반대하는 의사를 통지한 주주는 그 기간이 경과한 날부터 20일 이내에 주식의 종류와 수를 기재한 서면으로 회사에 대하여 자기가 소유하고 있는 주식의 매수를 청구할 수 있다.

상법 제527조의2(간이합병)

① 합병할 회사의 일방이 합병 후 존속하는 경우에 합병으로 인하여 소멸하는 회사의 총주주의 동의가 있거나 그 회사의 발행주식총수의 100분의 90이상을 합병 후 존속하는 회사가 소유하고 있는 때에는 합병으로 인하여 소멸하는 회사의 주주총회의 승인은 이를 이사회의 승인으로 갈음할 수 있다.
② 제1항의 경우에 합병으로 인하여 소멸하는 회사는 합병계약서를 작성한 날부터 2주 내에 주주총회의 승인을 얻지 아니하고 합병을 한다는 뜻을 공고하거나 주주에게 통지하여야 한다. 다만, 총주주의 동의가 있는 때에는 그러하지 아니하다.

PART 3

상법 제527조의3(소규모합병)

① 합병 후 존속하는 회사가 합병으로 인하여 발행하는 신주 및 이전하는 자기주식의 총수가 그 회사의 발행주식총수의 100분의 10을 초과하지 아니하는 경우에는 그 존속하는 회사의 주주총회의 승인은 이를 이사회의 승인으로 갈음할 수 있다. 다만, 합병으로 인하여 소멸하는 회사의 주주에게 제공할 금전이나 그 밖의 재산을 정한 경우에 그 금액 및 그 밖의 재산의 가액이 존속하는 회사의 최종 대차대조표상으로 현존하는 순자산액의 100분의 5를 초과하는 경우에는 그러하지 아니하다.

② 제1항의 경우에 존속하는 회사의 합병계약서에는 주주총회의 승인을 얻지 아니하고 합병을 한다는 뜻을 기재하여야 한다.

③ 제1항의 경우에 존속하는 회사는 합병계약서를 작성한 날부터 2주 내에 소멸하는 회사의 상호 및 본점의 소재지, 합병을 할 날, 주주총회의 승인을 얻지 아니하고 합병을 한다는 뜻을 공고하거나 주주에게 통지하여야 한다.

⑤ 제1항 본문의 경우에는 제522조의3의 규정은 이를 적용하지 아니한다.

 ④

11 법무사 2023

☑ 확인 Check! ○ △ ✕

주식회사의 합병에 관한 다음 설명 중 가장 옳지 않은 것은?

① 합병은 주로 흡수합병과 신설합병으로 구별되고, 권리와 의무가 합병 후 존속회사 또는 합병으로 신설되는 회사에 법률상 포괄승계되는 측면에서 영업양도와 유사하다.

② 회사는 합병계약서를 작성하여 주주총회 승인결의를 얻어야 하고, 그 결의가 있은 날로부터 2주 내에 채권자에 대하여 합병에 관한 이의제출의 기회를 부여해야 한다. 이때 적법한 최고를 받은 채권자가 기한 내에 이의를 제기하지 아니하면 합병을 승인한 것으로 간주되고, 이후 합병무효의 소를 제기할 수 없다.

③ 회사의 합병은 합병 후 존속하는 회사 또는 합병으로 인하여 설립되는 회사가 그 본점 소재지에서 합병의 등기를 마쳐야만 소멸된 회사의 권리의무를 승계하는 효력이 생긴다.

④ 현저하게 불공정한 합병비율을 정한 합병계약은 사법관계를 지배하는 신의성실의 원칙이나 공평의 원칙 등에 비추어 무효이고, 따라서 합병비율이 현저하게 불공정한 경우 합병할 각 회사의 주주 등은 상법 제529조(합병무효의 소)에 의하여 소로써 합병의 무효를 구할 수 있다.

⑤ 합병무효의 소는 합병의 등기가 있은 날로부터 6월 내에 제기하여야 한다.

해설

① [✕] 영업양도는 채권계약이므로 양도인이 재산이전의무를 이행함에 있어서는 상속이나 회사의 합병의 경우와 같이 포괄적 승계가 인정되지 않고 특정 승계의 방법에 의하여 재산의 종류에 따라 개별적으로 이전행위를 하여야 할 것인바, 그 이전에 있어 양도인의 제3자에 대한 매매계약 해제에 따른 원상회복청구권은 지명채권이므로 그 양도에는 양도인의 채무자에 대한 통지나 채무자의 승낙이 있어야 채무자에게 대항할 수 있다(대판 1991.10.8. 91다22018). 즉 합병은 주로 흡수합병과 신설합병으로 구별되고, 권리와 의무가 합병 후 존속회사 또는 합병으로 신설되는 회사에 법률상 포괄승계되나(상법 제235조 참조), 영업양도는 특정승계의 방법으로 개별적 이전행위를 해야 하는 점에서 다르다.

② [O] 상법 제522조 제1항, 제527조의5 제1항 · 제3항, 제232조 제2항, 제529조 제1항

상법 제522조(합병계약서와 그 승인결의)

① 회사가 합병을 함에는 합병계약서를 작성하여 주주총회의 승인을 얻어야 한다.

상법 제527조의5(채권자보호절차)

① 회사는 제522조의 주주총회의 승인결의가 있은 날부터 2주 내에 채권자에 대하여 합병에 이의가 있으면 1월 이상의 기간 내에 이를 제출할 것을 공고하고 알고 있는 채권자에 대하여는 따로따로 이를 최고하여야 한다.

③ 제232조 제2항 및 제3항의 규정은 제1항 및 제2항의 경우에 이를 준용한다.

상법 제232조(채권자의 이의)

② 채권자가 제1항의 기간 내에 이의를 제출하지 아니한 때에는 합병을 승인한 것으로 본다.

상법 제529조(합병무효의 소)

① 합병무효는 각 회사의 주주 · 이사 · 감사 · 청산인 · 파산관재인 또는 합병을 승인하지 아니한 채권자에 한하여 소만으로 이를 주장할 수 있다.

③ [O] 합병등기는 합병의 효력발생요건으로 존속회사 또는 설립회사가 합병에 관한 등기를 함으로써 합병의 효력이 생긴다(상법 제530조 제2항, 제234조).

상법 제530조(준용규정)

② 제234조, 제235조, 제237조 내지 제240조, 제329조의2, 제374조 제2항, 제374조의2 제2항 내지 제5항 및 제439조 제3항의 규정은 주식회사의 합병에 관하여 이를 준용한다.

상법 제234조(합병의 효력발생)

회사의 합병은 합병후 존속하는 회사 또는 합병으로 인하여 설립되는 회사가 그 본점소재지에서 전조의 등기를 함으로써 그 효력이 생긴다.

④ [O] 합병비율을 정하는 것은 합병계약의 가장 중요한 내용이고, 현저하게 불공정한 합병비율을 정한 합병계약은 사법관계를 지배하는 신의성실의 원칙이나 공평의 원칙 등에 비추어 무효이고, 따라서 합병비율이 현저하게 불공정한 경우 합병할 각 회사의 주주 등은 상법 제529조에 의하여 소로써 합병의 무효를 구할 수 있다(대판 2008.1.10. 2007다64136).

⑤ [O] 상법 제529조 제2항

상법 제529조(합병무효의 소)

① 합병무효는 각 회사의 주주 · 이사 · 감사 · 청산인 · 파산관재인 또는 합병을 승인하지 아니한 채권자에 한하여 소만으로 이를 주장할 수 있다.

② 제1항의 소는 제528조의 등기(합병의 등기)가 있은 날로부터 6월 내에 제기하여야 한다.

답 ①

PART 3

제2절 | 주식회사의 분할

12 CPA 2023

☑ 확인Check! ○ △ ×

상법상 비상장주식회사의 분할 또는 분할합병에 관한 설명으로 옳은 것은? (인적 분할임을 가정함)

① 분할합병의 상법상 절차를 종료한 분할승계회사의 이사회는 공고로써 분할승계회사의 주주총회에 대한 분할합병 관련 사항의 보고를 갈음할 수 있다.

② 분할회사의 주주는 분할등기가 이루어지기 전이라도 분할계획서에서 정하여진 분할을 할 날에 단순분할신설회사의 주주가 된다.

③ 분할합병에서 분할승계회사는 분할회사의 주주에게 신주를 발행하거나 자기주식을 이전하지 않고 그 대가의 전부를 금전이나 그 밖의 재산으로 지급할 수는 없다.

④ 분할회사가 주주총회 특별결의에 의하여 단순분할신설회사가 분할계획서에서 승계하기로 정한 채무에 대한 책임만을 부담하는 것으로 정한 경우 분할회사는 채권자보호절차를 거칠 필요가 없다.

⑤ 분할합병 무효판결이 확정된 경우 분할승계회사가 분할합병 후에 취득한 재산은 분할승계회사의 단독 소유로 한다.

해설

① [O] 상법 제530조의11 제1항, 제526조 제1항・제3항

> **상법 제530조의11(준용규정)**
> ① 분할 또는 분할합병의 경우에는 제234조, 제237조부터 제240조까지, 제329조의2, 제440조부터 제443조까지, 제526조, 제527조, 제527조의6, 제528조 및 제529조를 준용한다. 다만, 제527조의 설립위원은 대표이사로 한다.
>
> **상법 제526조(흡수합병의 보고총회)**
> ① 합병을 하는 회사의 일방이 합병후 존속하는 경우에는 그 이사는 제527조의5의 절차의 종료후, 합병으로 인한 주식의 병합이 있을 때에는 그 효력이 생긴 후, 병합에 적당하지 아니한 주식이 있을 때에는 합병후, 존속하는 회사에 있어서는 제443조의 처분을 한 후, 소규모합병의 경우에는 제527조의3 제3항 및 제4항의 절차를 종료한 후 지체없이 주주총회를 소집하고 합병에 관한 사항을 보고하여야 한다.
> ③ 제1항의 경우에 이사회는 공고로써 주주총회에 대한 보고에 갈음할 수 있다.

② [×] 회사분할은 분할등기를 함으로써 효력이 발생한다(상법 제530조의11 제1항, 제234조 참조). 분할신주의 효력발생도 마찬가지이다.

> **상법 제530조의11(준용규정)**
> ① 분할 또는 분할합병의 경우에는 제234조, 제237조부터 제240조까지, 제329조의2, 제440조부터 제443조까지, 제526조, 제527조, 제527조의6, 제528조 및 제529조를 준용한다. 다만, 제527조의 설립위원은 대표이사로 한다.

상법 제234조(합병의 효력발생)

회사의 합병은 합병후 존속하는 회사 또는 합병으로 인하여 설립되는 회사가 그 본점소재지에서 전조의 등기를 함으로써 그 효력이 생긴다.

③ [×] 분할합병에서 분할승계회사는 분할회사의 주주에게 신주를 발행하거나 자기주식을 이전하지 않고 그 대가의 전부를 금전이나 그 밖의 재산으로 지급할 수 있다(상법 제530조의6 제1항 제4호 참조). 즉, 교부금분할합병이 인정된다.

상법 제530조의6(분할합병계약서의 기재사항 및 분할합병대가가 모회사주식인 경우의 특칙)

① 분할회사의 일부가 다른 회사와 합병하여 그 다른 회사(이하 "분할합병의 상대방 회사"라 한다)가 존속하는 경우에는 분할합병계약서에 다음 각 호의 사항을 기재하여야 한다.

3. 분할승계회사가 분할합병을 하면서 신주를 발행하거나 자기주식을 이전하는 경우에는 분할회사의 주주에 대한 분할승계회사의 신주의 배정 또는 자기주식의 이전에 관한 사항 및 주식의 병합 또는 분할을 하는 경우에는 그에 관한 사항
4. 분할승계회사가 분할회사의 주주에게 제3호에도 불구하고 그 대가의 전부 또는 일부로서 금전이나 그 밖의 재산을 제공하는 경우에는 그 내용 및 배정에 관한 사항

④ [×] 분할회사가 주주총회 특별결의에 의하여 단순분할신설회사가 분할계획서에서 승계하기로 정한 채무에 대한 책임만을 부담하는 것으로 정한 경우 분할회사는 채권자보호절차를 거쳐야 한다(상법 제530조의9 제2항 · 제4항, 제527조의5 제1항 참조).

상법 제530조의9(분할 및 분할합병 후의 회사의 책임)

① 분할회사, 단순분할신설회사, 분할승계회사 또는 분할합병신설회사는 분할 또는 분할합병 전의 분할회사 채무에 관하여 연대하여 변제할 책임이 있다.

② 제1항에도 불구하고 분할회사가 제530조의3 제2항에 따른 결의로 분할에 의하여 회사를 설립하는 경우에는 단순분할신설회사는 분할회사의 채무 중에서 분할계획서에 승계하기로 정한 채무에 대한 책임만을 부담하는 것으로 정할 수 있다. 이 경우 분할회사가 분할 후에 존속하는 경우에는 단순분할신설회사가 부담하지 아니하는 채무에 대한 책임만을 부담한다.

④ 제2항의 경우에는 제439조 제3항 및 제527조의5를 준용한다.

상법 제527조의5(채권자보호절차)

① 회사는 제522조의 주주총회의 승인결의가 있은 날부터 2주 내에 채권자에 대하여 합병에 이의가 있으면 1월이상의 기간내에 이를 제출할 것을 공고하고 알고 있는 채권자에 대하여는 따로따로 이를 최고하여야 한다.

⑤ [×] 분할합병 무효판결이 확정된 경우 분할승계회사가 분할합병 후에 취득한 재산은 분할회사와 분할승계회사의 공유로 한다(상법 제530조의11 제1항, 제239조 제2항 참조).

상법 제530조의11(준용규정)

① 분할 또는 분할합병의 경우에는 제234조, 제237조부터 제240조까지, 제329조의2, 제440조부터 제443조까지, 제526조, 제527조, 제527조의6, 제528조 및 제529조를 준용한다. 다만, 제527조의 설립위원은 대표이사로 한다.

상법 제239조(무효판결확정과 회사의 권리의무의 귀속)

① 합병을 무효로 한 판결이 확정된 때에는 합병을 한 회사는 합병후 존속한 회사 또는 합병으로 인하여 설립된 회사의 합병후 부담한 채무에 대하여 연대하여 변제할 책임이 있다.

② 합병후 존속한 회사 또는 합병으로 인하여 설립한 회사의 합병후 취득한 재산은 합병을 한 회사의 공유로 한다.

답 ①

PART 3

13 CPA 2020

☑ 확인 Check! ○ △ ×

상법상 주식회사의 분할에 관한 설명으로 틀린 것은?

① 분할의 승인을 위한 주주총회의 특별결의에 관하여는 의결권이 배제되는 주주도 의결권이 있다.

② 단순분할에 반대하는 분할회사의 주주에게는 주식매수청구권이 인정되지 않는다.

③ 분할회사가 단순분할에 의하여 설립되는 회사의 주식의 총수를 취득하는 경우, 이에 반대하는 주주에게는 주식매수청구권이 인정되지 않는다.

④ 단순분할신설회사가 분할회사의 분할 전 채무에 대해 연대책임을 지는 경우, 분할회사는 이의를 제기하는 채권자에 대해서 변제 또는 상당한 담보를 제공하거나 이를 목적으로 하여 상당한 재산을 신탁회사에 신탁하여야 한다.

⑤ 단순분할신설회사는 분할회사의 권리와 의무를 분할계획서에서 정하는 바에 따라 승계한다.

해설

① [○] 상법 제530조의3 제1항, 제2항, 제3항

> **상법 제530조의3(분할계획서ㆍ분할합병계약서의 승인)**
> ① 회사가 분할 또는 분할합병을 하는 때에는 분할계획서 또는 분할합병계약서를 작성하여 주주총회의 승인을 얻어야 한다.
> ② 제1항의 승인결의는 제434조의 규정에 의하여야 한다.
> ③ 제2항의 결의에 관하여는 제344조의3 제1항에 따라 의결권이 배제되는 주주도 의결권이 있다.

② [○], ③ [○] 단순분할의 경우에는 주주의 권리가 분할 후 신설회사에 그대로 미쳐 주주의 이해관계에 큰 변화가 있는 것이 아니므로 반대주주의 주식매수청구권이 인정되지 않는다. 이는 주주가 분할에 의하여 설립되는 회사의 주식의 총수를 취득하는 인적 분할뿐만 아니라, 분할회사가 분할에 의하여 설립되는 회사의 주식의 총수를 취득하는 물적 분할의 경우에도 마찬가지이다. 참고로 분할합병의 경우에는 반대주주의 주식매수청구권이 인정된다(상법 제530조의11 제2항, 제522조의3 참조).

④ [×] 이의를 제기하는 채권자에 대해서 변제 또는 상당한 담보를 제공하거나 이를 목적으로 하여 상당한 재산을 신탁회사에 신탁하는 것은 채권자보호절차에서 요구되는 것이다(상법 제527조의5 제1항ㆍ제3항, 제232조 제3항 참조). 단순분할신설회사가 분할회사의 분할 전 채무에 대해 연대책임을 지는 경우에는 채권자의 이익을 해할 우려가 없으므로 채권자보호절차가 불필요하나, 연대책임을 배제하는 경우에는 채권자 보호절차가 필요하다(상법 제530조의9 제1항, 제2항, 제4항 참조).

> **상법 제530조의9(분할 및 분할합병 후의 회사의 책임)**
> ① 분할회사, 단순분할신설회사, 분할승계회사 또는 분할합병신설회사는 분할 또는 분할합병 전의 분할회사 채무에 관하여 연대하여 변제할 책임이 있다.
> ② 제1항에도 불구하고 분할회사가 제530조의3 제2항에 따른 결의로 분할에 의하여 회사를 설립하는 경우에는 단순분할신설회사는 분할회사의 채무 중에서 분할계획서에 승계하기로 정한 채무에 대한 책임만을 부담하는 것으로 정할 수 있다. 이 경우 분할회사가 분할 후에 존속하는 경우에는 단순분할신설회사가 부담하지 아니하는 채무에 대한 책임만을 부담한다.
> ④ 제2항의 경우에는 제439조 제3항 및 제527조의5를 준용한다.

상법 제527조의5(채권자보호절차)

① 회사는 제522조의 주주총회의 승인결의가 있은 날부터 2주 내에 채권자에 대하여 합병에 이의가 있으면 1월이상의 기간내에 이를 제출할 것을 공고하고 알고 있는 채권자에 대하여는 따로따로 이를 최고하여야 한다.
③ 제232조 제2항 및 제3항의 규정은 제1항 및 제2항의 경우에 이를 준용한다.

상법 제232조(채권자의 이의)

③ 이의를 제출한 채권자가 있는 때에는 회사는 그 채권자에 대하여 변제 또는 상당한 담보를 제공하거나 이를 목적으로 하여 상당한 재산을 신탁회사에 신탁하여야 한다.

⑤ [O] 단순분할신설회사, 분할승계회사 또는 분할합병신설회사는 분할회사의 권리와 의무를 분할계획서 또는 분할합병계약서에서 정하는 바에 따라 승계한다(상법 제530조의10).

답 ④

14 CPA 2018

☑ 확인 Check! ○ △ ×

상법상 주식회사의 분할에 관한 설명으로 옳은 것은?

① 인적 분할에 의하여 1개 또는 수개의 회사를 설립하는 단순분할의 경우 이에 반대하는 주주는 주식매수청구를 할 수 있다.
② 물적 분할에 의하여 설립되는 회사의 주식의 총수를 분할회사가 취득하는 단순분할의 경우 이에 반대하는 주주는 주식매수청구를 할 수 있다.
③ 분할계획서를 승인하는 주주총회의 결의에 있어 의결권이 배제되는 주주는 의결권을 행사할 수 없다.
④ 인적 분할의 경우 단순분할신설회사의 주식의 총수를 분할회사의 주주가 취득하므로 단순분할신설회사의 이사는 분할에 관한 사항을 기재한 서면을 일정기간 본점에 비치할 의무가 없다.
⑤ 단순분할신설회사는 분할회사의 권리와 의무를 분할계획서에서 정하는 바에 따라 승계한다.

PART 3

해설

① [×], ② [×] 합병(상법 제522조의3), 분할합병(상법 제530조의11 제2항)의 경우에는 반대주주의 주식매수청구권이 인정되나, 단순분할의 경우에는 주식매수청구권이 인정되지 않는다.

더 살펴보기 | 주식매수청구권 인정 여부

인정되는 경우	부정되는 경우
• 주식의 포괄적 교환 및 이전(상법 제360조의5, 제360조의22) • 영업양도·양수 등(상법 제374조의2) • 합병(상법 제522조의3) • 간이합병(상법 제527조의2) • 분할합병(상법 제530조의11)	• 정관변경 • 자본금 감소 • 주식분할 • 해 산 • 분 할 • 소규모 (흡수)합병의 존속회사의 주주 • 소규모 분할(흡수)합병의 존속회사의 주주 • 소규모 주식교환의 완전모회사의 주주

③ [×] 단순분할 · 분할합병의 결의에는 의결권이 배제되는 주주에게도 의결권이 있다(상법 제530조의3 제3항 참조). 그러나 합병, 주식교환 · 이전의 결의의 경우에는 의결권이 배제되는 주주에게 의결권을 인정하는 규정이 없다.

> **상법 제530조의3(분할계획서 · 분할합병계약서의 승인)**
> ① 회사가 분할 또는 분할합병을 하는 때에는 분할계획서 또는 분할합병계약서를 작성하여 주주총회의 승인을 얻어야 한다.
> ② 제1항의 승인결의는 제434조의 규정에 의하여야 한다.
> ③ 제2항의 결의에 관하여는 제344조의3 제1항에 따라 의결권이 배제되는 주주도 의결권이 있다.

④ [×] 이사의 분할에 관한 서류의 사후공시 의무는 인적 분할 · 물적 분할 불문하고 인정된다(상법 제530조의11 제1항, 제527조의6 제1항 참조).

> **상법 제530조의11(준용규정)**
> ① 분할 또는 분할합병의 경우에는 제234조, 제237조부터 제240조까지, 제329조의2, 제440조부터 제443조까지, 제526조, 제527조, 제527조의6, 제528조 및 제529조를 준용한다. 다만, 제527조의 설립위원은 대표이사로 한다.
>
> **상법 제527조의6(합병에 관한 서류의 사후공시)**
> ① 이사는 제527조의5에 규정한 절차의 경과, 합병을 한 날, 합병으로 인하여 소멸하는 회사로부터 승계한 재산의 가액과 채무액 기타 합병에 관한 사항을 기재한 서면을 합병을 한 날부터 6월간 본점에 비치하여야 한다.

⑤ [O] 단순분할신설회사, 분할승계회사 또는 분할합병신설회사는 분할회사의 권리와 의무를 분할계획서 또는 분할합병계약서에서 정하는 바에 따라 승계한다(상법 제530조의10).

답 ⑤

15 CPA 2017

☑ 확인Check! ○ △ ×

상법상 주식회사의 분할에 관한 설명으로 틀린 것은?

① 회사는 분할에 의하여 1개 또는 수개의 존립 중의 회사와 합병할 수 있다.

② 회사분할의 승인을 위한 주주총회 특별결의에 관하여는 의결권이 배제되는 종류주식을 가진 주주도 의결권이 있다.

③ 회사의 분할은 분할계획서에 정한 분할을 할 날에 그 효력이 발생한다.

④ 분할계획서에 다른 정함이 없으면 분할회사와 단순분할신설회사는 분할 전의 분할회사 채무에 관하여 연대하여 변제할 책임이 있다.

⑤ 분할합병으로 인하여 분할합병에 관련되는 각 회사의 주주의 부담이 가중되는 경우에는 주주총회의 특별결의 및 종류주주총회의 결의 이외에 그 주주 전원의 동의가 있어야 한다.

▌해설▌

① [O] 회사는 분할에 의하여 1개 또는 수개의 존립 중의 회사와 합병(이하 "분할합병"이라 한다)할 수 있다(상법 제530조의2 제2항).

② [O] 분할합병의 결의에는 의결권이 배제되는 주주에게도 의결권이 있다(상법 제530조의3 제3항 참조). 그러나 합병, 주식교환·이전의 결의의 경우에는 의결권이 배제되는 주주에게 의결권을 인정하는 규정이 없다.

> **상법 제530조의3(분할계획서 · 분할합병계약서의 승인)**
> ① 회사가 분할 또는 분할합병을 하는 때에는 분할계획서 또는 분할합병계약서를 작성하여 주주총회의 승인을 얻어야 한다.
> ② 제1항의 승인결의는 제434조의 규정에 의하여야 한다.
> ③ 제2항의 결의에 관하여는 제344조의3 제1항에 따라 의결권이 배제되는 주주도 의결권이 있다.

③ [×] 회사의 분할은 <u>분할등기</u>를 함으로써 효력이 발생한다(상법 제530조의11 제1항, 제234조 참조).

> **상법 제530조의11(준용규정)**
> ① 분할 또는 분할합병의 경우에는 <u>제234조</u>, 제237조부터 제240조까지, 제329조의2, 제440조부터 제443조까지, 제526조, 제527조, 제527조의6, 제528조 및 제529조를 준용한다. 다만, 제527조의 설립위원은 대표이사로 한다.
>
> **상법 제234조(합병의 효력발생)**
> 회사의 합병은 합병후 존속하는 회사 또는 합병으로 인하여 설립되는 회사가 그 본점소재지에서 전조의 등기를 함으로써 그 효력이 생긴다.

④ [O] 분할 또는 분할합병 전의 분할회사 채무에 관하여 분할회사, 단순분할신설회사, 분할승계회사 또는 분할합병신설회사는 연대책임을 지는 것이 원칙이나(상법 제530조의9 제1항 참조), 분할회사 주주총회의 특별결의로 분할계획서나 분할합병계약서에서 정한 채무는 신설회사나 승계회사가 부담하고 나머지는 존속하는 분할회사가 부담하는 것으로 정할 수 있다(상법 제530조의9 제2항, 제3항 참조).

> **상법 제530조의9(분할 및 분할합병 후의 회사의 책임)**
> ① 분할회사, 단순분할신설회사, 분할승계회사 또는 분할합병신설회사는 분할 또는 분할합병 전의 분할회사 채무에 관하여 연대하여 변제할 책임이 있다.
> ② 제1항에도 불구하고 분할회사가 제530조의3 제2항에 따른 결의로 분할에 의하여 회사를 설립하는 경우에는 단순분할신설회사는 분할회사의 채무 중에서 분할계획서에 승계하기로 정한 채무에 대한 책임만을 부담하는 것으로 정할 수 있다. 이 경우 분할회사가 분할 후에 존속하는 경우에는 단순분할신설회사가 부담하지 아니하는 채무에 대한 책임만을 부담한다.
> ③ 분할합병의 경우에 분할회사는 제530조의3 제2항에 따른 결의로 분할합병에 따른 출자를 받는 분할승계회사 또는 분할합병신설회사가 분할회사의 채무 중에서 분할합병계약서에 승계하기로 정한 채무에 대한 책임만을 부담하는 것으로 정할 수 있다. 이 경우 제2항 후단을 준용한다.

⑤ [O] 회사의 분할 또는 분할합병으로 인하여 분할 또는 분할합병에 관련되는 각 회사의 주주의 부담이 가중되는 경우에는 제1항 및 제436조의 결의외에 그 주주 전원의 동의가 있어야 한다(상법 제530조의3 제6항).

답 ③

PART 3

16 CPA 2016

☑ 확인Check! ○ △ ✕

무역업과 건설업을 하는 甲주식회사는 건설업 부문을 분할하여 새로 乙주식회사를 설립하는 분할을 하려고 한다. 이와 관련한 상법상 설명으로 틀린 것은?

① 甲회사가 분할을 하기 위해서는 분할계획서에 대한 甲회사의 주주총회의 특별결의에 의한 승인이 필요하다.
② 甲회사가 분할을 하기 위해서는 반드시 채권자보호절차를 거쳐야 한다.
③ 乙회사는 분할 전의 甲회사의 채무에 관하여 원칙적으로 甲회사와 연대하여 변제할 책임이 있다.
④ 분할로 인하여 설립되는 乙회사는 甲회사의 권리와 의무를 분할계획서가 정하는 바에 따라서 승계한다.
⑤ 甲회사의 감사는 분할등기가 있은 날로부터 6월 내에 분할무효의 소를 제기할 수 있다.

해설

① [O] 상법 제530조의3 제1항, 제2항

상법 제530조의3(분할계획서 · 분할합병계약서의 승인)
① 회사가 분할 또는 분할합병을 하는 때에는 분할계획서 또는 분할합병계약서를 작성하여 주주총회의 승인을 얻어야 한다.
② 제1항의 승인결의는 제434조의 규정에 의하여야 한다.

② [×], ③ [O] 단순분할의 경우 분할회사와 신설회사는 분할 전 분할회사의 채무에 대하여 연대책임을 지며 이 경우에는 채권자보호절차를 거칠 필요가 없다(상법 제530조의9 제1 참조). 그러나 이러한 연대책임이 배제되는 경우에는 채권자보호절차를 거쳐야 한다(상법 제530조의9 제2항 · 제4항, 제527조의5 제1항 참조). 참고로 분할합병의 경우에는 연대책임의 배제와 상관없이 항상 채권자보호절차를 거쳐야 한다(상법 제530의11 제2항 참조).

상법 제530조의9(분할 및 분할합병 후의 회사의 책임)
① 분할회사, 단순분할신설회사, 분할승계회사 또는 분할합병신설회사는 분할 또는 분할합병 전의 분할회사 채무에 관하여 연대하여 변제할 책임이 있다.
② 제1항에도 불구하고 분할회사가 제530조의3 제2항에 따른 결의로 분할에 의하여 회사를 설립하는 경우에는 단순분할신설회사는 분할회사의 채무 중에서 분할계획서에 승계하기로 정한 채무에 대한 책임만을 부담하는 것으로 정할 수 있다. 이 경우 분할회사가 분할 후에 존속하는 경우에는 단순분할신설회사가 부담하지 아니하는 채무에 대한 책임만을 부담한다.
③ 분할합병의 경우에 분할회사는 제530조의3 제2항에 따른 결의로 분할합병에 따른 출자를 받는 분할승계회사 또는 분할합병신설회사가 분할회사의 채무 중에서 분할합병계약서에 승계하기로 정한 채무에 대한 책임만을 부담하는 것으로 정할 수 있다. 이 경우 제2항 후단을 준용한다.
④ 제2항의 경우에는 제439조 제3항 및 제527조의5를 준용한다.

상법 제530조의11(준용규정)
② 제374조 제2항, 제439조 제3항, 제522조의3, 제527조의2, 제527조의3 및 제527조의5의 규정은 분할합병의 경우에 이를 준용한다.

상법 제527조의5(채권자보호절차)
① 회사는 제522조의 주주총회의 승인결의가 있은 날부터 2주 내에 채권자에 대하여 합병에 이의가 있으면 1월이상의 기간내에 이를 제출할 것을 공고하고 알고 있는 채권자에 대하여는 따로따로 이를 최고하여야 한다.

④ [O] 단순분할신설회사, 분할승계회사 또는 분할합병신설회사는 분할회사의 권리와 의무를 분할계획서 또는 분할합병계약서에서 정하는 바에 따라 승계한다(상법 제530조의10).

⑤ [O] 상법 제530조의11 제1항, 제529조 제1항・제2항

상법 제530조의11(준용규정)

① 분할 또는 분할합병의 경우에는 제234조, 제237조부터 제240조까지, 제329조의2, 제440조부터 제443조까지, 제526조, 제527조, 제527조의6, 제528조 및 제529조를 준용한다. 다만, 제527조의 설립위원은 대표이사로 한다.

상법 제529조(합병무효의 소)

① 합병무효는 각 회사의 주주・이사・감사・청산인・파산관재인 또는 합병을 승인하지 아니한 채권자에 한하여 소만으로 이를 주장할 수 있다.

② 제1항의 소는 제528조의 등기가 있은 날로부터 6월 내에 제기하여야 한다.

답 ②

17 세무사 2023

☑ 확인Check! ○ △ ✕

상법상 비상장주식회사의 분할에 관한 설명으로 옳지 않은 것은?

① 분할회사의 출자만으로 회사가 설립되는 경우 현물출자에 대한 검사인의 조사는 필요 없다.

② 해산후의 회사는 존립 중의 회사를 존속하는 회사로 하거나 새로 회사를 설립하는 경우에 한하여 분할 또는 분할합병할 수 있다.

③ 분할회사의 일부가 다른 회사와 합병하여 그 다른 회사가 존속하는 경우 그 분할승계회사의 모회사 주식을 분할회사의 주주에게 분할의 대가로 교부할 수 있음을 분할합병계약서에 정할 수 있다.

④ 분할회사의 채무 중에서 단순분할신설회사가 승계할 책임을 일정한 범위 내로 제한하는 것은 허용되지 않는다.

⑤ 단순분할신설회사, 분할승계회사 또는 분할합병신설회사는 분할회사의 권리와 의무를 분할계획서 또는 분할합병계약서에서 정하는 바에 따라 승계한다.

해설

① [O] 제530조의2(회사의 분할・분할합병)에 따른 회사의 설립에 관하여는 이 장 제1절의 회사설립에 관한 규정을 준용한다. 다만, 분할되는 회사(이하 "분할회사"라 한다)의 출자만으로 회사가 설립되는 경우에는 제299조(검사인의 조사, 보고)를 적용하지 아니한다(상법 제530조의4). 이는 분할회사 또는 그 주주 이외에 현물출자에 관한 새로운 이해관계가 생기지 않기 때문이다.

② [O] 해산 후의 회사는 존립 중의 회사를 존속하는 회사로 하거나 새로 회사를 설립하는 경우에 한하여 분할 또는 분할합병할 수 있다(상법 제530조의2 제4항).

③ [O] 2015년 상법개정으로 승계회사가 자신의 모회사의 주식을 분할대가로 지급하는 삼각분할합병이 가능하게 되었다(상법 제530조의6 제1항 제4호, 제4항).

> **상법 제530조의6(분할합병계약서의 기재사항 및 분할합병대가가 모회사주식인 경우의 특칙)**
> ① 분할회사의 일부가 다른 회사와 합병하여 그 다른 회사(이하 "분할합병의 상대방 회사"라 한다)가 존속하는 경우에는 분할합병계약서에 다음 각 호의 사항을 기재하여야 한다.
> … (중략) …
> 4. 분할승계회사가 분할회사의 주주에게 제3호에도 불구하고 그 대가의 전부 또는 일부로서 금전이나 그 밖의 재산을 제공하는 경우에는 그 내용 및 배정에 관한 사항
> … (하략) …
> ④ 제342조의2 제1항에도 불구하고 제1항 제4호에 따라 분할회사의 주주에게 제공하는 재산이 분할승계회사의 모회사 주식을 포함하는 경우에는 분할승계회사는 그 지급을 위하여 모회사 주식을 취득할 수 있다.

④ [X] 상법 제530조의9 제2항

> **상법 제530조의9(분할 및 분할합병 후의 회사의 책임)**
> ① 분할회사, 단순분할신설회사, 분할승계회사 또는 분할합병신설회사는 분할 또는 분할합병 전의 분할회사 채무에 관하여 연대하여 변제할 책임이 있다.
> ② 제1항에도 불구하고 분할회사가 제530조의3 제2항에 따른 결의(주주총회 특별결의)로 분할에 의하여 회사를 설립하는 경우에는 단순분할신설회사는 분할회사의 채무 중에서 분할계획서에 승계하기로 정한 채무에 대한 책임만을 부담하는 것으로 정할 수 있다. 이 경우 분할회사가 분할 후에 존속하는 경우에는 단순분할신설회사가 부담하지 아니하는 채무에 대한 책임만을 부담한다.

⑤ [O] 단순분할신설회사, 분할승계회사 또는 분할합병신설회사는 분할회사의 권리와 의무를 분할계획서 또는 분할합병계약서에서 정하는 바에 따라 승계한다(상법 제530조의10).

답 ④

18 세무사 2022

☑ 확인 Check! ○ △ ×

상법상 주식회사의 분할에 관한 설명으로 옳지 않은 것은?

① 회사가 분할합병을 할 경우 분할합병계약서를 작성하여 주주총회의 특별결의에 의한 승인을 얻어야 한다.
② 단순분할신설회사는 분할회사의 권리와 의무를 분할계획서에서 정하는 바에 따라 승계하게 된다.
③ 분할되는 회사가 분할로 인하여 설립되는 회사의 주식의 총수를 취득하는 방식의 분할이 인정된다.
④ 분할회사의 주주에게 분할합병의 대가로 제공하는 재산이 분할승계회사의 모회사의 주식을 포함할 경우에도 분할승계회사는 그 모회사의 주식을 취득할 수 없다.
⑤ 분할합병의 경우 분할회사는 주주총회의 특별결의로 분할합병에 따른 출자를 받는 분할승계회사 또는 분할합병신설회사가 분할회사의 채무 중 분할합병계약서에 승계하기로 정한 채무에 대한 책임만을 부담하는 것으로 정할 수 있다.

▌해설▌

① [O] 상법 제530조의3 제1항, 제2항

> **상법 제530조의3(분할계획서 · 분할합병계약서의 승인)**
> ① 회사가 분할 또는 분할합병을 하는 때에는 분할계획서 또는 분할합병계약서를 작성하여 주주총회의 승인을 얻어야 한다.
> ② 제1항의 승인결의는 제434조의 규정에 의하여야 한다.

② [O] 단순분할신설회사, 분할승계회사 또는 분할합병신설회사는 분할회사의 권리와 의무를 분할계획서 또는 분할합병계약서에서 정하는 바에 따라 승계한다(상법 제530조의10).

③ [O] 인적 분할이란 신설회사 또는 승계회사가 발행하는 분할신주를 분할회사의 주주에게 교부하는 것이고, 물적 분할이란 신설회사 또는 승계회사가 발행하는 분할신주를 분할회사에게 교부하는 것이다. 상법은 제530조의2 이하에서 인적 분할에 대해 규정하고 이를 물적 분할에 준용하고 있다(상법 제530조의12 참조).

> **상법 제530조의12(물적 분할)**
> 이 절의 규정은 분할되는 회사가 분할 또는 분할합병으로 인하여 설립되는 회사의 주식의 총수를 취득하는 경우에 이를 준용한다.

④ [×] 제342조의2 제1항에도 불구하고 제1항 제4호에 따라 분할회사의 주주에게 제공하는 재산이 분할승계회사의 모회사 주식을 포함하는 경우에는 <u>분할승계회사는 그 지급을 위하여 모회사 주식을 취득할 수 있다</u>(상법 제530조의6 제4항). 이러한 방법을 통하여 삼각분할합병을 할 수 있다.

⑤ [O] 분할 또는 분할합병 전의 분할회사 채무에 관하여 분할회사, 단순분할신설회사, 분할승계회사 또는 분할합병신설회사는 연대책임을 지는 것이 원칙이나(상법 제530조의9 제1항 참조), 분할회사 주주총회의 특별결의로 분할계획서나 분할합병계약서에서 정한 채무는 신설회사나 승계회사가 부담하고 나머지는 존속하는 분할회사가 부담하는 것으로 정할 수 있다(상법 제530조의9 제2항, 제3항 참조).

> **상법 제530조의9(분할 및 분할합병 후의 회사의 책임)**
> ① 분할회사, 단순분할신설회사, 분할승계회사 또는 분할합병신설회사는 분할 또는 분할합병 전의 분할회사 채무에 관하여 연대하여 변제할 책임이 있다.
> ② 제1항에도 불구하고 분할회사가 제530조의3 제2항에 따른 결의로 분할에 의하여 회사를 설립하는 경우에는 단순분할신설회사는 분할회사의 채무 중에서 분할계획서에 승계하기로 정한 채무에 대한 책임만을 부담하는 것으로 정할 수 있다. 이 경우 분할회사가 분할 후에 존속하는 경우에는 단순분할신설회사가 부담하지 아니하는 채무에 대한 책임만을 부담한다.
> ③ 분할합병의 경우에 분할회사는 제530조의3 제2항에 따른 결의(주주총회 특별결의)로 분할합병에 따른 출자를 받는 분할승계회사 또는 분할합병신설회사가 분할회사의 채무 중에서 분할합병계약서에 승계하기로 정한 채무에 대한 책임만을 부담하는 것으로 정할 수 있다. 이 경우 제2항 후단을 준용한다.

답 ④

19 세무사 2021

☑ 확인Check! ○ △ ×

상법상 주식회사의 분할합병에 관한 설명으로 옳지 않은 것은?

① 의결권이 배제되는 주식의 주주는 분할합병을 승인하는 주주총회에서 의결권이 없다.

② 분할합병을 한 경우, 합병으로 설립된 회사는 설립등기를 하여야 하고, 합병으로 소멸하는 회사는 해산등기를 하여야 한다.

③ 분할회사와 분할승계회사는 각각 채권자 보호절차를 거쳐야 한다.

④ 신설분할합병의 경우에는 분할합병신설회사의 대표이사가 창립총회를 소집하여야 한다.

⑤ 분할합병으로 인하여 분할합병에 관련되는 각 회사의 주주의 부담이 가중되는 경우에는 주주총회의 승인 및 종류주주총회의 결의 외에 그 주주 전원의 동의가 있어야 한다.

해설

① [×] 분할합병의 결의에는 의결권이 배제되는 주주에게도 의결권이 있다(상법 제530조의3 제3항 참조). 그러나 합병, 주식교환・이전의 결의의 경우에는 의결권이 배제되는 주주에게 의결권을 인정하는 규정이 없다.

> **상법 제530조의3(분할계획서・분할합병계약서의 승인)**
> ① 회사가 분할 또는 분할합병을 하는 때에는 분할계획서 또는 분할합병계약서를 작성하여 주주총회의 승인을 얻어야 한다.
> ② 제1항의 승인결의는 제434조의 규정에 의하여야 한다.
> ③ 제2항의 결의에 관하여는 제344조의3 제1항에 따라 의결권이 배제되는 주주도 의결권이 있다.

② [O] 상법 제530조의11 제1항, 제528조 제1항

> **상법 제530조의11(준용규정)**
> ① 분할 또는 분할합병의 경우에는 제234조, 제237조부터 제240조까지, 제329조의2, 제440조부터 제443조까지, 제526조, 제527조, 제527조의6, 제528조 및 제529조를 준용한다. 다만, 제527조의 설립위원은 대표이사로 한다.
>
> **상법 제528조(합병의 등기)**
> ① 회사가 합병을 한 때에는 제526조의 주주총회가 종결된 날 또는 보고를 갈음하는 공고일, 제527조의 창립총회가 종결된 날 또는 보고를 갈음하는 공고일부터 2주일 내에 본점의 소재지에서 합병 후 존속하는 회사의 변경등기, 합병으로 인하여 소멸하는 회사의 해산등기, 합병으로 인하여 설립되는 회사의 설립등기를 하여야 한다.

③ [O] 분할합병의 경우 채권자보호절차를 거쳐야 한다(상법 제530조의11 제2항, 제527조의5 참조). 분할회사의 채권자는 책임재산의 감소의 위험이 있고, 분할승계회사의 채권자는 회사가 부실재산을 이전받을 위험이 있기 때문이다.

> **상법 제530조의11(준용규정)**
> ② 제374조 제2항, 제439조 제3항, 제522조의3, 제527조의2, 제527조의3 및 제527조의5(채권자보호절차)의 규정은 분할합병의 경우에 이를 준용한다.

④ [O] 상법 제530조의11 제1항, 제527조 제1항

상법 제530조의11(준용규정)

① 분할 또는 분할합병의 경우에는 제234조, 제237조부터 제240조까지, 제329조의2, 제440조부터 제443조까지, 제526조, 제527조, 제527조의6, 제528조 및 제529조를 준용한다. 다만, 제527조의 설립위원은 대표이사로 한다.

상법 제527조(신설합병의 창립총회)

① 합병으로 인하여 회사를 설립하는 경우에는 설립위원은 제527조의5의 절차의 종료후, 합병으로 인한 주식의 병합이 있을 때에는 그 효력이 생긴 후, 병합에 적당하지 아니한 주식이 있을 때에는 제443조의 처분을 한 후 지체없이 창립총회를 소집하여야 한다.

⑤ [O] 회사의 분할 또는 분할합병으로 인하여 분할 또는 분할합병에 관련되는 각 회사의 주주의 부담이 가중되는 경우에는 제1항 및 제436조의 결의외에 그 주주 전원의 동의가 있어야 한다(상법 제530조의3 제6항).

답 ①

PART 3

제3절 | 주식의 포괄적 교환 · 이전

20 CPA 2023

☑ 확인Check! ○ △ ×

상법상 A주식회사가 B주식회사를 완전자회사로 만드는 주식의 포괄적 교환을 하는 경우에 관한 설명으로 옳은 것은? (A회사와 B회사는 비상장회사이며, 간이 · 소규모 주식교환은 고려하지 않음)

① 주식교환계약서에 대해 B회사의 주주총회 특별결의에 의한 승인이 필요하지만 A회사의 주주총회 특별결의에 의한 승인은 필요하지 않다.

② 주식의 포괄적 교환절차가 완료되면 B회사가 보유하고 있던 A회사 주식은 A회사에게 이전된다.

③ A회사는 주식의 포괄적 교환에 의하여 B회사의 주식 전부를 취득하는 대가로 B회사의 주주에게 금전을 제공할 수는 없다.

④ B회사가 주주총회 특별결의로 주식교환계약서를 승인한 후 B회사 주주에게 주권을 제출할 것을 통지한 경우 B회사 주주가 주권을 제출하면 그 시점에 주권은 무효가 된다.

⑤ 주식교환무효의 소에서 주식교환 무효판결이 확정된 경우 A회사는 주식교환을 위하여 A회사로부터 신주를 발행받았거나 A회사의 자기주식을 이전받은 B회사의 주주에게 B회사 주식을 이전해야 한다.

▌해설▌

① [×] 주식교환계약서에 대해 A회사와 B회사 모두 주주총회 특별결의에 의한 승인이 필요하다(상법 제360조의3 제1항, 제2항 참조).

> **상법 제360조의3(주식교환계약서의 작성과 주주총회의 승인 및 주식교환대가가 모회사 주식인 경우의 특칙)**
> ① 주식교환을 하고자 하는 회사는 주식교환계약서를 작성하여 주주총회의 승인을 얻어야 한다.
> ② 제1항의 승인결의는 제434조의 규정에 의하여야 한다.

② [×] 주식의 포괄적 교환절차가 완료되면 B회사의 주주가 보유하고 있던 B회사의 주식이 A회사에게 이전된다(상법 제360조의2 제2항 참조). B회사가 보유하고 있던 A회사 주식은 B회사의 재산으로서 주식의 포괄적 교환 후에도 B회사가 보유한다. 다만 6개월 이내에 처분해야 한다(상법 제342조의2 제1항 제1호, 제2항 참조).

> **상법 제360조의2(주식의 포괄적 교환에 의한 완전모회사의 설립)**
> ② 주식의 포괄적 교환(이하 이 관에서 "주식교환"이라 한다)에 의하여 완전자회사가 되는 회사의 주주가 가지는 그 회사의 주식은 주식을 교환하는 날에 주식교환에 의하여 완전모회사가 되는 회사에 이전하고, 그 완전자회사가 되는 회사의 주주는 그 완전모회사가 되는 회사가 주식교환을 위하여 발행하는 신주의 배정을 받거나 그 회사 자기주식의 이전을 받음으로써 그 회사의 주주가 된다.
>
> **상법 제342조의2(자회사에 의한 모회사주식의 취득)**
> ① 다른 회사의 발행주식의 총수의 100분의 50을 초과하는 주식을 가진 회사(이하 "모회사"라 한다)의 주식은 다음의 경우를 제외하고는 그 다른 회사(이하 "자회사"라 한다)가 이를 취득할 수 없다.
> 1. 주식의 포괄적 교환, 주식의 포괄적 이전, 회사의 합병 또는 다른 회사의 영업전부의 양수로 인한 때
> 2. 회사의 권리를 실행함에 있어 그 목적을 달성하기 위하여 필요한 때
>
> ② 제1항 각 호의 경우 자회사는 그 주식을 취득한 날로부터 6월 이내에 모회사의 주식을 처분하여야 한다.

③ [×] A회사는 주식의 포괄적 교환에 의하여 B회사의 주식 전부를 취득하는 대가로 B회사의 주주에게 금전을 제공할 수 있다(상법 제360조의3 제3항 제4호 참조). 즉, 교부금주식교환이 허용된다.

> **상법 제360조의3(주식교환계약서의 작성과 주주총회의 승인 및 주식교환대가가 모회사 주식인 경우의 특칙)**
> ③ 주식교환계약서에는 다음 각 호의 사항을 적어야 한다.
> 1. 완전모회사가 되는 회사가 주식교환으로 인하여 정관을 변경하는 경우에는 그 규정
> 2. 완전모회사가 되는 회사가 주식교환을 위하여 신주를 발행하거나 자기주식을 이전하는 경우에는 발행하는 신주 또는 이전하는 자기주식의 총수·종류, 종류별 주식의 수 및 완전자회사가 되는 회사의 주주에 대한 신주의 배정 또는 자기주식의 이전에 관한 사항
> 3. 완전모회사가 되는 회사의 자본금 또는 준비금이 증가하는 경우에는 증가할 자본금 또는 준비금에 관한 사항
> 4. 완전자회사가 되는 회사의 주주에게 제2호에도 불구하고 그 대가의 전부 또는 일부로서 금전이나 그 밖의 재산을 제공하는 경우에는 그 내용 및 배정에 관한 사항
> 5. 각 회사가 제1항의 결의를 할 주주총회의 기일
> 6. 주식교환을 할 날
> 7. 각 회사가 주식교환을 할 날까지 이익배당을 할 때에는 그 한도액
> 8. 삭제 〈2015.12.1.〉
> 9. 완전모회사가 되는 회사에 취임할 이사와 감사 또는 감사위원회의 위원을 정한 때에는 그 성명 및 주민등록번호

④ [×] B회사가 주주총회 특별결의로 주식교환계약서를 승인한 후 B회사 주주에게 주권을 제출할 것을 통지한 경우 주식교환의 날에 주권은 무효가 된다(상법 제360조의8 제1항 제3호 참조).

> **상법 제360조의8(주권의 실효절차)**
> ① 주식교환에 의하여 완전자회사가 되는 회사는 주주총회에서 제360조의3 제1항의 규정에 의한 승인을 한 때에는 다음 각 호의 사항을 주식교환의 날 1월전에 공고하고, 주주명부에 기재된 주주와 질권자에 대하여 따로 따로 그 통지를 하여야 한다.
> 1. 제360조의3 제1항의 규정에 의한 승인을 한 뜻
> 2. 주식교환의 날의 전날까지 주권을 회사에 제출하여야 한다는 뜻
> 3. 주식교환의 날에 주권이 무효가 된다는 뜻

⑤ [O] 주식교환을 무효로 하는 판결이 확정된 때에는 완전모회사가 된 회사는 주식교환을 위하여 발행한 신주 또는 이전한 자기주식의 주주에 대하여 그가 소유하였던 완전자회사가 된 회사의 주식을 이전하여야 한다(상법 제360조의14 제3항).

답 ⑤

PART 3

21 세무사 2024

☑ 확인Check! ○ △ ×

A주식회사는 B주식회사의 모회사인데, B회사가 C주식회사를 완전자회사로 하기 위한 주식의 포괄적 교환을 행하는 경우에 관한 설명으로 옳지 않은 것은?

① B회사가 C회사의 주주에게 A회사의 주식을 교환대가로 지급하고 교환절차를 완료하면 C회사의 주주는 A회사의 주주가 된다.

② B회사와 C회사는 주식의 포괄적 교환계약서에 대해 각각 주주총회 특별결의에 의한 승인을 얻어야 한다.

③ B회사가 C회사의 주주에게 A회사의 주식을 교환대가로 지급하고 교환절차를 완료하더라도 C회사가 A회사의 자회사가 되는 것은 아니다.

④ B회사가 자기주식만으로 C회사의 주주에게 교환대가를 지급하고 교환절차를 완료하였다면 교환으로 인하여 B회사의 자본금이 증가하지는 않는다.

⑤ B회사와 C회사 사이의 포괄적 주식교환의 효력은 주식을 교환하는 날에 발생한다.

▌해설▐

① [O] 완전자회사가 되는 회사의 주주는 그 완전모회사가 되는 회사가 주식교환을 위하여 발행하는 신주의 배정을 받거나 그 회사 자기주식의 이전을 받음으로써 그 회사의 주주가 된다(상법 제360조의2 제2항 참조). 그런데 완전모회사가 되는 회사가 완전자회사가 되는 회사의 주주에게 대가의 전부 또는 일부로서 금전이나 그 밖의 재산을 제공할 수도 있는데(상법 제360조의3 제3항 제4호 참조), 이러한 재산에는 완전모회사가 되는 회사의 모회사 주식도 해당한다(상법 제360조의3 제6항 참조). 따라서 완전모회사가 되는 회사가 완전자회사가 되는 회사의 주주에게 교환대가의 전부를 자신의 모회사의 주식으로 제공하는 방식의 주식교환인 삼각주식교환이 가능하다. 이러한 삼각주식교환을 통하여 완전자회사가 되는 회사의 주주인 C회사의 주주는 완전모회사가 되는 회사의 모회사인 A회사의 주주가 된다.

> **상법 제360조의2(주식의 포괄적 교환에 의한 완전모회사의 설립)**
>
> ② 주식의 포괄적 교환(이하 이 관에서 "주식교환"이라 한다)에 의하여 완전자회사가 되는 회사의 주주가 가지는 그 회사의 주식은 주식을 교환하는 날에 주식교환에 의하여 완전모회사가 되는 회사에 이전하고, 그 완전자회사가 되는 회사의 주주는 그 완전모회사가 되는 회사가 주식교환을 위하여 발행하는 신주의 배정을 받거나 그 회사 자기주식의 이전을 받음으로써 그 회사의 주주가 된다.
>
> **상법 제360조의3(주식교환계약서의 작성과 주주총회의 승인 및 주식교환대가가 모회사 주식인 경우의 특칙)**
>
> ③ 주식교환계약서에는 다음 각 호의 사항을 적어야 한다.
>
> … (중략) …
>
> 4. 완전자회사가 되는 회사의 주주에게 제2호에도 불구하고 그 대가의 전부 또는 일부로서 금전이나 그 밖의 재산을 제공하는 경우에는 그 내용 및 배정에 관한 사항
>
> … (중략) …
>
> ⑥ 제342조의2 제1항에도 불구하고 제3항 제4호에 따라 완전자회사가 되는 회사의 주주에게 제공하는 재산이 완전모회사가 되는 회사의 모회사 주식을 포함하는 경우에는 완전모회사가 되는 회사는 그 지급을 위하여 그 모회사의 주식을 취득할 수 있다.

② [O] 상법 제360조의3 제1항, 제2항

> **상법 제360조의3(주식교환계약서의 작성과 주주총회의 승인 및 주식교환대가가 모회사 주식인 경우의 특칙)**
> ① 주식교환을 하고자 하는 회사는 주식교환계약서를 작성하여 주주총회의 승인을 얻어야 한다.
> ② 제1항의 승인결의는 제434조의 규정에 의하여야 한다.

③ [×] 다른 회사의 발행주식의 총수의 100분의 50을 초과하는 주식을 모회사 및 자회사 또는 자회사가 가지고 있는 경우 그 다른 회사는 이 법의 적용에 있어 그 모회사의 자회사로 본다(상법 제342조의2 제3항). 주식교환의 대가로 모회사(A회사)의 주식이 다른 회사(C회사)에게 지급되었더라도 자회사(B회사)가 다른 회사(C회사)의 완전모회사 된 경우 다른 회사(C회사)는 모회사(A회사)의 자회사가 된다.

④ [O] B 주식회사가 신주발행 없이 자기주식만을 C 주식회사의 주주들에게 교환대가로 지급하고 교환절차를 완료하였다면 B 주식회사의 발행주식총수에 변화가 없으므로 B 주식회사의 자본금에는 변동이 없다.

⑤ [O] 주식의 포괄적 교환에 의하여 완전자회사가 되는 회사의 주주가 가지는 그 회사의 주식은 주식을 교환하는 날에 주식교환에 의하여 완전모회사가 되는 회사에 이전하므로(상법 제360조의2 제2항 참조) 주식을 교환하는 날에 주식교환의 효력이 발생한다. 반면에 주식이전의 경우에는 설립등기가 창설적 효력을 가지므로 설립등기일에 주식이전의 효력이 발생한다(상법 제360조의21 참조).

답 ③

PART 3

22 세무사 2021

☑ 확인 Check! ○ △ ×

상법상 주식의 포괄적 교환에 관한 설명으로 옳지 않은 것은?

① 주식교환의 무효는 각 회사의 주주・이사・감사・감사위원회의 위원 또는 청산인에 한하여 주식교환의 날부터 6월 내에 소만으로 이를 주장할 수 있다.

② 완전자회사가 되는 회사의 발행주식총수의 100분의 90 이상을 완전모회사가 되는 회사가 소유하고 있는 때에는 완전자회사가 되는 회사의 주주총회의 승인은 이를 이사회의 승인으로 갈음할 수 있다.

③ 주식교환을 무효로 하는 판결이 확정된 때에는 완전모회사가 된 회사는 주식교환을 위하여 발행한 신주 또는 이전한 자기주식의 주주에 대하여 그가 소유하였던 완전자회사가 된 회사의 주식을 이전하여야 한다.

④ 주식교환을 하고자 하는 회사는 주식교환계약서를 작성하여 주주총회의 승인을 얻은 후 채권자 보호절차를 거쳐야 한다.

⑤ 주식교환에 의하여 완전모회사가 되는 회사의 이사 및 감사로서 주식교환전에 취임한 자는 주식교환계약서에 다른 정함이 있는 경우를 제외하고는 주식교환후 최초로 도래하는 결산기에 관한 정기총회가 종료하는 때에 퇴임한다.

▌해설▌

① [O] 주식교환의 무효는 각 회사의 주주・이사・감사・감사위원회의 위원 또는 청산인에 한하여 주식교환의 날부터 6월 내에 소만으로 이를 주장할 수 있다(상법 제360조의14 제1항).

② [O] 완전자회사가 되는 회사의 총주주의 동의가 있거나 그 회사의 발행주식총수의 100분의 90 이상을 완전모회사가 되는 회사가 소유하고 있는 때에는 완전자회사가 되는 회사의 주주총회의 승인은 이를 이사회의 승인으로 갈음할 수 있다(상법 제360조의9 제1항).

③ [O] 주식교환을 무효로 하는 판결이 확정된 때에는 완전모회사가 된 회사는 주식교환을 위하여 발행한 신주 또는 이전한 자기주식의 주주에 대하여 그가 소유하였던 완전자회사가 된 회사의 주식을 이전하여야 한다(상법 제360조의14 제3항).

④ [×] 주식교환을 하고자 하는 회사는 주식교환계약서를 작성하여 주주총회의 승인을 얻어야 한다(상법 제360조의3 제1항). 그러나 완전모회사가 되는 회사는 신주를 지급한 경우에는 신주의 발행으로 자본금이 증가하게 되고 자기주식을 지급하는 경우에는 주식 소유자만 변동이 있을 뿐 자본금에 변동이 없으며, 완전자회사가 되는 회사의 경우도 주식 소유자만 변동이 있을 뿐이므로 회사채권자를 해할 염려가 없다. 따라서 주식의 포괄적 교환에서는 합병과 달리 <u>회사채권자의 보호절차를 거치지 않는다</u>.

⑤ [O] 주식교환에 의하여 완전모회사가 되는 회사의 이사 및 감사로서 주식교환전에 취임한 자는 주식교환계약서에 다른 정함이 있는 경우를 제외하고는 주식교환후 최초로 도래하는 결산기에 관한 정기총회가 종료하는 때에 퇴임한다(상법 제360조의13).

답 ④

23 CPA 2022

☑ 확인Check! ○ △ ×

상법상 주식의 포괄적 교환 또는 포괄적 이전에 관한 설명으로 <u>틀린</u> 것은?

① 주식이전 무효의 판결은 대세적 효력과 불소급효가 있다.

② 간이주식교환도 아니고 소규모 주식교환도 아닌 경우, 주식의 포괄적 교환을 하고자 하는 회사는 주식교환계약서를 작성하여 주주총회의 특별결의로 승인을 얻어야 한다.

③ 의결권 없는 주식을 가진 주주는 주식교환계약서를 승인하는 주주총회의 결의에 반대하는 경우, 상법상 다른 요건을 갖추더라도 반대주주의 주식매수청구권을 행사할 수 없다.

④ 주식이전으로 인하여 어느 종류의 주주에게 손해를 미치게 될 경우에는 주주총회의 결의 외에 그 종류주식의 주주의 총회의 결의가 있어야 한다.

⑤ 주식교환무효의 소는 완전모회사가 되는 회사의 본점소재지의 지방법원의 관할에 전속한다.

해설

① [O] 상법 제360조의23 제3항・제4항, 제190조

> **상법 제360조의23(주식이전무효의 소)**
> ③ 주식이전을 무효로 하는 판결이 확정된 때에는 완전모회사가 된 회사는 주식이전을 위하여 발행한 주식의 주주에 대하여 그가 소유하였던 완전자회사가 된 회사의 주식을 이전하여야 한다.
> ④ 제187조 내지 제193조 및 제377조의 규정은 제1항의 소에, 제339조 및 제340조 제3항의 규정은 제3항의 경우에 각각 이를 준용한다.
>
> **상법 제190조(판결의 효력)**
> 설립무효의 판결 또는 설립취소의 판결은 제3자에 대하여도 그 효력이 있다. 그러나 판결확정전에 생긴 회사와 사원 및 제3자간의 권리의무에 영향을 미치지 아니한다.

② [O] 상법 제360조의3 제1항, 제2항

> **상법 제360조의3(주식교환계약서의 작성과 주주총회의 승인 및 주식교환대가가 모회사 주식인 경우의 특칙)**
> ① 주식교환을 하고자 하는 회사는 주식교환계약서를 작성하여 주주총회의 승인을 얻어야 한다.
> ② 제1항의 승인결의는 제434조의 규정에 의하여야 한다.

③ [×] 제360조의3 제1항의 규정에 의한 승인사항에 관하여 이사회의 결의가 있는 때에 그 결의에 반대하는 주주(의결권이 없거나 제한되는 주주를 포함한다. 이하 이 조에서 같다)는 주주총회전에 회사에 대하여 서면으로 그 결의에 반대하는 의사를 통지한 경우에는 그 총회의 결의일부터 20일 이내에 주식의 종류와 수를 기재한 서면으로 회사에 대하여 자기가 소유하고 있는 주식의 매수를 청구할 수 있다(상법 제360조의5 제1항).

④ [O] 상법 제435조 제1항, 제436조

> **상법 제435조(종류주주총회)**
> ① 회사가 종류주식을 발행한 경우에 정관을 변경함으로써 어느 종류주식의 주주에게 손해를 미치게 될 때에는 주주총회의 결의 외에 그 종류주식의 주주의 총회의 결의가 있어야 한다.
>
> **상법 제436조(준용규정)**
> 제344조 제3항에 따라 주식의 종류에 따라 특수하게 정하는 경우와 회사의 분할 또는 분할합병, 주식교환, 주식이전 및 회사의 합병으로 인하여 어느 종류의 주주에게 손해를 미치게 될 경우에는 제435조를 준용한다.

⑤ [O] 상법 제360조의14 제2항

> **상법 제360조의14(주식교환무효의 소)**
> ① 주식교환의 무효는 각 회사의 주주・이사・감사・감사위원회의 위원 또는 청산인에 한하여 주식교환의 날부터 6월 내에 소만으로 이를 주장할 수 있다.
> ② 제1항의 소는 완전모회사가 되는 회사의 본점소재지의 지방법원의 관할에 전속한다.

답 ③

PART 3

24 CPA 2021

☑ 확인 Check! ○ △ ✕

상법상 주식의 포괄적 교환 및 포괄적 이전에 관한 설명으로 틀린 것은?

① 주식의 포괄적 교환에 의하여 완전자회사가 되는 회사의 주주가 가지는 그 회사의 주식은 주식을 교환하는 날에 주식교환에 의하여 완전모회사가 되는 회사에 이전한다.

② 주식의 포괄적 교환을 하는 회사는 채권자보호절차가 필요하다.

③ 주식이전 무효의 판결이 확정되면 완전모회사는 해산의 경우에 준하여 청산하여야 한다.

④ 간이주식교환의 경우에 완전자회사가 되는 회사의 주주총회의 승인은 이를 이사회의 승인으로 갈음할 수 있다.

⑤ 주식이전은 이로 인하여 설립한 완전모회사가 그 본점소재지에서 2주 내에 주식이전에 의한 등기를 함으로써 효력이 발생한다.

▌해설▌

① [○] 주식의 포괄적 교환(이하 이 관에서 "주식교환"이라 한다)에 의하여 완전자회사가 되는 회사의 주주가 가지는 그 회사의 주식은 주식을 교환하는 날에 주식교환에 의하여 완전모회사가 되는 회사에 이전하고, 그 완전자회사가 되는 회사의 주주는 그 완전모회사가 되는 회사가 주식교환을 위하여 발행하는 신주의 배정을 받거나 그 회사 자기주식의 이전을 받음으로써 그 회사의 주주가 된다(상법 제360조의2 제2항).

② [✕] 완전모회사가 되는 회사는 신주를 지급한 경우에는 신주의 발행으로 자본금이 증가하게 되고 자기주식을 지급하는 경우에는 주식 소유자만 변동이 있을 뿐 자본금에 변동이 없으며, 완전자회사가 되는 회사의 경우도 주식 소유자만 변동이 있을 뿐이므로 회사채권자를 해할 염려가 없다. 따라서 주식의 포괄적 교환에서는 합병과 달리 <u>회사채권자의 보호절차를 거치지 않는다</u>.

③ [○] 상법 제360조의23 제4항, 제193조 제1항

> **상법 제360조의23(주식이전무효의 소)**
> ① 주식이전의 무효는 각 회사의 주주・이사・감사・감사위원회의 위원 또는 청산인에 한하여 주식이전의 날부터 6월 내에 소만으로 이를 주장할 수 있다.
> ④ 제187조 내지 <u>제193조</u> 및 제377조의 규정은 제1항의 소에, 제339조 및 제340조 제3항의 규정은 제3항의 경우에 각각 이를 준용한다.
>
> **상법 제193조(설립무효, 취소판결의 효과)**
> ① 설립무효의 판결 또는 설립취소의 판결이 확정된 때에는 해산의 경우에 준하여 청산하여야 한다.

④ [○] 완전자회사가 되는 회사의 총주주의 동의가 있거나 그 회사의 발행주식총수의 100분의 90 이상을 완전모회사가 되는 회사가 소유하고 있는 때에는 완전자회사가 되는 회사의 주주총회의 승인은 이를 이사회의 승인으로 갈음할 수 있다(상법 제360조의9 제1항).

⑤ [○] 상법 제360조의20, 제360조의21

> **상법 제360조의20(주식이전에 의한 등기)**
> 주식이전을 한 때에는 설립한 완전모회사의 본점의 소재지에서 2주일 내에 제317조 제2항에서 정하는 사항을 등기하여야 한다.

> **상법 제360조의21(주식이전의 효력발생시기)**
> 주식이전은 이로 인하여 설립한 완전모회사가 그 본점소재지에서 제360조의20의 규정에 의한 등기를 함으로써 그 효력이 발생한다.

 ②

25 CPA 2018

☑ 확인 Check! ○ △ ×

甲주식회사는 주식의 포괄적 이전에 의하여 乙주식회사를 설립하여 乙회사의 완전자회사가 되고 乙회사는 甲회사의 완전모회사가 되고자 한다. 상법상 이에 관한 설명으로 옳은 것을 모두 고른 것은?

> ㉠ 甲회사는 乙회사가 주식이전에 있어서 발행하는 주식의 종류와 수 및 甲회사의 주주에 대한 주식의 배정에 관한 사항을 정하여 주주총회의 특별결의에 의한 승인을 받아야 한다.
> ㉡ 주식이전으로 인하여 甲회사의 주주의 부담이 가중되는 경우에는 주주총회의 특별결의에 의한 승인이 있으면 그 주주 전원의 동의는 필요하지 않다.
> ㉢ 乙회사의 자본금은 주식이전의 날에 甲회사에 현존하는 순자산액에서 甲회사의 주주에게 제공할 금전 및 그 밖의 재산의 가액을 뺀 액을 초과하지 못한다.
> ㉣ 甲회사는 주주총회에서 주식이전을 결의한 때에는 주식이전의 날에 주권이 무효가 된다는 뜻 등의 사항을 주주명부에 기재된 주주와 질권자에게 통지 또는 공고하여야 한다.
> ㉤ 주식이전의 무효는 각 회사의 주주·이사·감사·감사위원회의 위원 또는 청산인에 한하여 주식이전의 날부터 6월 내에 소만으로 이를 주장할 수 있다.

① ㉠, ㉡
② ㉡, ㉢
③ ㉠, ㉢, ㉤
④ ㉠, ㉡, ㉣, ㉤
⑤ ㉠, ㉡, ㉢, ㉣, ㉤

PART 3

▌해설▐

ㄱ. [O] 상법 제360조의16 제1항 제2호, 제2항
ㄴ. [X] 상법 제360조의16 제4항

> **상법 제360조의16(주주총회에 의한 주식이전의 승인)**
> ① 주식이전을 하고자 하는 회사는 다음 각 호의 사항을 적은 주식이전계획서를 작성하여 주주총회의 승인을 받아야 한다.
> 1. 설립하는 완전모회사의 정관의 규정
> 2. 설립하는 완전모회사가 주식이전에 있어서 발행하는 주식의 종류와 수 및 완전자회사가 되는 회사의 주주에 대한 주식의 배정에 관한 사항
> 3. 설립하는 완전모회사의 자본금 및 자본준비금에 관한 사항

4. 완전자회사가 되는 회사의 주주에게 제2호에도 불구하고 금전이나 그 밖의 재산을 제공하는 경우에는 그 내용 및 배정에 관한 사항
5. 주식이전을 할 시기
6. 완전자회사가 되는 회사가 주식이전의 날까지 이익배당을 할 때에는 그 한도액
7. 설립하는 완전모회사의 이사와 감사 또는 감사위원회의 위원의 성명 및 주민등록번호
8. 회사가 공동으로 주식이전에 의하여 완전모회사를 설립하는 때에는 그 뜻

② 제1항의 승인결의는 제434조의 규정에 의하여야 한다.

④ 주식이전으로 인하여 주식이전에 관련되는 각 회사의 주주의 부담이 가중되는 경우에는 제1항 및 제436조의 결의 외에 그 주주 전원의 동의가 있어야 한다.

ㄷ. [O] 설립하는 완전모회사의 자본금은 주식이전의 날에 완전자회사가 되는 회사에 현존하는 순자산액에서 그 회사의 주주에게 제공할 금전 및 그 밖의 재산의 가액을 뺀 액을 초과하지 못한다(상법 제360조의18).

ㄹ. [×] 甲회사는 주주총회에서 주식이전을 결의한 때에는 주식이전의 날에 주권이 무효가 된다는 뜻 등의 사항을 공고하고, 주주명부에 기재된 주주와 질권자에게 통지하여야 한다(상법 제360조의19 제1항 제3호 참조).

상법 제360조의19(주권의 실효절차)

① 주식이전에 의하여 완전자회사가 되는 회사는 제360조의16 제1항의 규정에 의한 결의를 한 때에는 다음 각 호의 사항을 공고하고, 주주명부에 기재된 주주와 질권자에 대하여 따로 따로 그 통지를 하여야 한다.
1. 제360조의16 제1항의 규정에 의한 결의를 한 뜻
2. 1월을 초과하여 정한 기간내에 주권을 회사에 제출하여야 한다는 뜻
3. 주식이전의 날에 주권이 무효가 된다는 뜻

ㅁ. [O] 주식이전의 무효는 각 회사의 주주・이사・감사・감사위원회의 위원 또는 청산인에 한하여 주식이전의 날부터 6월 내에 소만으로 이를 주장할 수 있다(상법 제360조의23 제1항).

답 ③

26 세무사 2022

☑ 확인 Check! ○ △ ×

상법상 주식의 포괄적 이전에 관한 설명으로 옳은 것은?

① 주주총회 및 종류주주총회에서 주식이전계획서가 승인된 경우에는, 주식이전으로 인하여 주식이전에 관련되는 각 회사의 주주의 부담이 가중되더라도 그 주주의 동의가 필요하지 아니하다.

② 주식이전으로 설립하는 완전모회사의 자본금은 주식이전의 날에 완전자회사가 되는 회사에 현존하는 순자산액에서 그 회사의 주주에게 제공할 금전 및 그 밖의 재산의 가액을 뺀 액을 초과하지 못한다.

③ 주식이전의 경우 자회사는 모회사의 주식을 취득할 수 있으나 그 주식을 취득한 날로부터 3월 이내에 모회사의 주식을 처분하여야 한다.

④ 주식이전은 이로 인하여 설립한 완전모회사가 그 본점소재지 및 지점소재지 모두에서 회사의 설립등기를 행함으로써 그 효력이 발생한다.

⑤ 주식이전을 무효로 하는 판결이 확정된 때에는 해당 주식이전은 당연 무효이므로 완전 모회사가 된 회사는 주식이전을 위하여 발행한 주식의 주주에 대하여 그가 소유하였던 완전자회사가 된 회사의 주식을 이전하지 않아도 된다.

해설

① [×] 주식이전으로 인하여 주식이전에 관련되는 각 회사의 주주의 부담이 가중되는 경우에는 제1항(주주총회) 및 제436조(종류주주총회)의 결의 외에 그 주주 전원의 동의가 있어야 한다(상법 제360조의16 제4항).

② [O] 설립하는 완전모회사의 자본금은 주식이전의 날에 완전자회사가 되는 회사에 현존하는 순자산액에서 그 회사의 주주에게 제공할 금전 및 그 밖의 재산의 가액을 뺀 액을 초과하지 못한다(상법 제360조의18).

③ [×] 주식이전의 경우 자회사는 모회사의 주식을 취득할 수 있으나 그 주식을 취득한 날로부터 6월 이내에 모회사의 주식을 처분하여야 한다(상법 제342조의2 제1항 제1호, 제2항 참조).

> **상법 제342조의2(자회사에 의한 모회사주식의 취득)**
> ① 다른 회사의 발행주식의 총수의 100분의 50을 초과하는 주식을 가진 회사(이하 "母會社"라 한다)의 주식은 다음의 경우를 제외하고는 그 다른 회사(이하 "子會社"라 한다)가 이를 취득할 수 없다.
> 1. 주식의 포괄적 교환, 주식의 포괄적 이전, 회사의 합병 또는 다른 회사의 영업전부의 양수로 인한 때
> 2. 회사의 권리를 실행함에 있어 그 목적을 달성하기 위하여 필요한 때
>
> ② 제1항 각 호의 경우 자회사는 그 주식을 취득한 날로부터 6월 이내에 모회사의 주식을 처분하여야 한다.

④ [×] 주식이전은 이로 인하여 설립한 완전모회사가 그 본점소재지에서 제360조의20의 규정에 의한 등기를 함으로써 그 효력이 발생한다(상법 제360조의21).

⑤ [×] 주식이전을 무효로 하는 판결이 확정된 때에는 완전모회사가 된 회사는 주식이전을 위하여 발행한 주식의 주주에 대하여 그가 소유하였던 완전자회사가 된 회사의 주식을 이전하여야 한다(상법 제360조의23 제3항).

답 ②

PART 3

27 CPA 2020

☑ 확인 Check! ○ △ ×

상법상 주식의 포괄적 교환 및 이전, 조직변경에 관한 설명으로 틀린 것은?

① 주식의 포괄적 이전에 의해 설립되는 완전모회사의 자본금은 주식이전의 날에 완전자회사로 되는 회사에 현존하는 순자산액에서 완전자회사의 주주에게 제공할 금전 및 그 밖의 재산의 가액을 뺀 액을 초과하지 못한다.

② 간이주식교환의 경우 완전자회사가 되는 회사의 주주총회의 승인은 이사회의 승인으로 갈음할 수 있고, 이에 반대하는 완전자회사가 되는 회사의 주주는 주식매수청구권을 행사할 수 있다.

③ 주식의 포괄적 교환 및 이전을 위해서는 채권자 보호절차가 필요하다.

④ 주식회사에서 유한회사로의 조직변경을 위해서는 법원의 인가가 필요하지 않으나, 유한회사에서 주식회사로의 조직변경을 위해서는 법원의 인가가 필요하다.

⑤ 주식회사에서 유한책임회사로의 조직변경은 허용되나, 유한회사에서 유한책임회사로의 조직변경은 허용되지 않는다.

▌해설▌

① [O] 설립하는 완전모회사의 자본금은 주식이전의 날에 완전자회사가 되는 회사에 현존하는 순자산액에서 그 회사의 주주에게 제공할 금전 및 그 밖의 재산의 가액을 뺀 액을 초과하지 못한다(상법 제360조의18).

② [O] 상법 제360조의5 제2항, 제360조의9 제1항 · 제2항

> **상법 제360조의5(반대주주의 주식매수청구권)**
>
> ② 제360조의9 제2항의 공고 또는 통지를 한 날부터 2주 내에 회사에 대하여 서면으로 주식교환에 반대하는 의사를 통지한 주주는 그 기간이 경과한 날부터 20일 이내에 주식의 종류와 수를 기재한 서면으로 회사에 대하여 자기가 소유하고 있는 주식의 매수를 청구할 수 있다.
>
> **상법 제360조의9(간이주식교환)**
>
> ① 완전자회사가 되는 회사의 총주주의 동의가 있거나 그 회사의 발행주식총수의 100분의 90 이상을 완전모회사가 되는 회사가 소유하고 있는 때에는 완전자회사가 되는 회사의 주주총회의 승인은 이를 이사회의 승인으로 갈음할 수 있다.
>
> ② 제1항의 경우에 완전자회사가 되는 회사는 주식교환계약서를 작성한 날부터 2주 내에 주주총회의 승인을 얻지 아니하고 주식교환을 한다는 뜻을 공고하거나 주주에게 통지하여야 한다. 다만, 총주주의 동의가 있는 때에는 그러하지 아니하다.

③ [×] 주식의 포괄적 교환 및 이전의 경우에는 주식 소유자만 변동이 있을 뿐이어서 회사채권자를 해할 염려가 없으므로 합병과 달리 회사채권자 보호절차를 거치지 않는다.

④ [O] 유한회사나 유한책임회사가 주식회사로 조직변경을 하려면 법원의 인가를 얻어야 한다. 이는 엄격한 주식회사의 설립절차를 회피하는 방법으로 조직변경을 이용하는 것을 막기 위한 것이다(상법 제287조의44, 제607조 제3항 참조). 그러나 주식회사가 유한회사로 조직변경하는 경우에는 법원의 인가가 요구되지 않는다.

> **상법 제607조(유한회사의 주식회사로의 조직변경)**
>
> ① 유한회사는 총사원의 일치에 의한 총회의 결의로 주식회사로 조직을 변경할 수 있다. 다만, 회사는 그 결의를 정관으로 정하는 바에 따라 제585조의 사원총회의 결의로 할 수 있다.
>
> ③ 제1항의 조직변경은 법원의 인가를 받지 아니하면 효력이 없다.

⑤ [O] 조직변경은 합명회사와 합자회사 상호 간(상법 제242조, 제286조 참조), 주식회사와 유한회사 상호 간(상법 제604조 제1항, 제607조 제1항 참조), 주식회사와 유한책임회사 상호 간(상법 제287조의43 제1항, 제2항 참조)에만 허용되고, 유한책임회사와 유한회사 상호 간의 조직변경은 허용되지 않는다.

> **상법 제287조의43(조직의 변경)**
>
> ① 주식회사는 총회에서 총주주의 동의로 결의한 경우에는 그 조직을 변경하여 이 장에 따른 유한책임회사로 할 수 있다.
>
> ② 유한책임회사는 총사원의 동의에 의하여 주식회사로 변경할 수 있다.

답 ③

28 CPA 2019

☑ 확인Check! ○ △ ×

상법상 다음 각 주식의 효력발생시기에 관한 설명으로 틀린 것은?

① 회사가 전환권을 가진 전환주식을 전환하여 발행하는 주식-주권제출기간이 끝난 때
② 전환권을 가진 주주가 전환주식의 전환을 청구하여 발행되는 주식-전환을 청구한 때
③ 신주인수권부사채권자가 회사에 신주인수권을 행사하여 발행되는 신주-신주의 발행가액의 전액을 납입한 때
④ 완전모회사가 되는 회사가 포괄적 주식교환을 위하여 완전자회사가 되는 회사의 주주에게 발행하는 신주-주식교환계약서에서 정한 주식교환을 할 날
⑤ 완전모회사가 되는 회사가 포괄적 주식이전을 위하여 완전자회사가 되는 회사의 주주에게 발행하는 주식-주식이전계획서에서 정한 주식이전을 할 날

해설

① [O], ② [O] 주식의 전환은 주주가 전환을 청구한 경우에는 그 청구한 때에, 회사가 전환을 한 경우에는 제346조 제3항 제2호의 기간(주권제출기간 만료 시)이 끝난 때에 그 효력이 발생한다(상법 제350조 제1항).
③ [O] 상법 제516조의9 제1항, 제516조의10

> **상법 제516조의9(신주인수권의 행사)**
> ① 신주인수권을 행사하려는 자는 청구서 2통을 회사에 제출하고, 신주의 발행가액의 전액을 납입하여야 한다.
>
> **상법 제516조의10(주주가 되는 시기)**
> 제516조의9 제1항에 따라 신주인수권을 행사한 자는 동항의 납입을 한 때에 주주가 된다. 이 경우 제350조 제2항을 준용한다.

④ [O] 주식의 포괄적 교환(이하 이 관에서 "주식교환"이라 한다)에 의하여 완전자회사가 되는 회사의 주주가 가지는 그 회사의 주식은 주식을 교환하는 날에 주식교환에 의하여 완전모회사가 되는 회사에 이전하고, 그 완전자회사가 되는 회사의 주주는 그 완전모회사가 되는 회사가 주식교환을 위하여 발행하는 신주의 배정을 받거나 그 회사 자기주식의 이전을 받음으로써 그 회사의 주주가 된다(상법 제360조의2 제2항).
⑤ [×] 주식이전은 이로 인하여 설립한 완전모회사가 그 본점소재지에서 제360조의20의 규정에 의한 등기를 함으로써 그 효력이 발생한다(상법 제360조의21). 주식의 포괄적 이전으로 인하여 신설회사의 설립등기가 이루어지는데, 설립등기의 경우 창설적 효력을 가지므로 주식의 포괄적 교환과 달리 설립등기일에 주식이전의 효력이 발생하는 것이다.

답 ⑤

PART 3

29 법무사 2021

☑ 확인 Check! ○ △ ✕

상법상 주식의 포괄적 교환(이 문제에서 '주식교환'이라고 한다)에 관한 다음 설명 중 가장 옳은 것은?

① 회사의 채권자는 주식교환의 날로부터 6개월 내에 소만으로 주식교환의 무효를 주장할 수 있다.

② 주식교환에 의하여 완전자회사가 되는 회사의 주주는 완전모회사가 되는 회사가 주식교환을 위하여 발행하는 신주의 배정을 받거나 그 회사 자기주식의 이전을 받음으로써 그 회사의 주주가 된다.

③ 완전모회사가 되는 회사가 완전자회사가 되는 회사의 주주들에게 주식교환의 대가로 이전하기 위하여 취득한 그 모회사의 주식이 주식교환 후에도 남은 경우 완전모회사가 되는 회사는 이를 처분할 의무가 없다.

④ 주식교환에 의하여 완전모회사가 되는 회사의 이사로서 주식교환 이전에 취임한 자는 주식교환계약서에 다른 정함이 있는 경우를 제외하고는 주식교환이 이루어진 영업연도가 종료된 때 퇴임한다.

⑤ 완전자회사가 되는 회사의 총주주의 동의가 있거나 그 회사의 발행주식 총수의 100분의 90 이상을 완전모회사가 되는 회사가 소유하고 있는 때에는 완전자회사가 되는 회사의 주주총회의 승인이나 이사회의 승인은 필요하지 않다.

해설

① [✕] 주식교환의 무효는 각 회사의 주주 · 이사 · 감사 · 감사위원회의 위원 또는 청산인에 한하여 주식교환의 날부터 6월 내에 소만으로 이를 주장할 수 있다(상법 제360조의14 제1항).

② [O] 주식의 포괄적 교환(이하 "주식교환"이라 한다)에 의하여 완전자회사가 되는 회사의 주주가 가지는 그 회사의 주식은 주식을 교환하는 날에 주식교환에 의하여 완전모회사가 되는 회사에 이전하고, 그 완전자회사가 되는 회사의 주주는 그 완전모회사가 되는 회사가 주식교환을 위하여 발행하는 신주의 배정을 받거나 그 회사 자기주식의 이전을 받음으로써 그 회사의 주주가 된다(상법 제360조의2 제2항).

③ [✕] 상법 제360조의3 제7항

> **상법 제360조의3(주식교환계약서의 작성과 주주총회의 승인 및 주식교환대가가 모회사 주식인 경우의 특칙)**
>
> ⑥ 제342조의2 제1항에도 불구하고 제3항 제4호에 따라 완전자회사가 되는 회사의 주주에게 제공하는 재산이 완전모회사가 되는 회사의 모회사 주식을 포함하는 경우에는 완전모회사가 되는 회사는 그 지급을 위하여 그 모회사의 주식을 취득할 수 있다.
>
> ⑦ 완전모회사가 되는 회사는 제6항에 따라 취득한 그 회사의 모회사 주식을 주식교환 후에도 계속 보유하고 있는 경우 주식교환의 효력이 발생하는 날부터 6개월 이내에 그 주식을 처분하여야 한다.

④ [✕] 주식교환에 의하여 완전모회사가 되는 회사의 이사 및 감사로서 주식교환 전에 취임한 자는 주식교환계약서에 다른 정함이 있는 경우를 제외하고는 주식교환 후 최초로 도래하는 결산기에 관한 정기총회가 종료하는 때에 퇴임한다(상법 제360조의13).

⑤ [✕] 완전자회사가 되는 회사의 총주주의 동의가 있거나 그 회사의 발행주식 총수의 100분의 90 이상을 완전모회사가 되는 회사가 소유하고 있는 때에는 완전자회사가 되는 회사의 주주총회의 승인은 이를 이사회의 승인으로 갈음할 수 있다(상법 제360조의9).

답 ②

CHAPTER 07

주식회사 외의 회사

제1절 | 합명회사

01 CPA 2024

☑ 확인 Check! ○ △ ✕

상법상 정관으로 업무집행사원을 정하고 있지 아니한 합명회사에 관한 설명으로 옳은 것은?

① 회사의 사원 뿐 아니라 회사채권자도 설립무효의 소를 제기할 수 있다.

② 회사는 정관 또는 총사원의 동의로 수인의 사원이 공동으로 회사를 대표할 것을 정할 수 있다.

③ 회사가 총사원의 동의로 해산하는 경우 해산등기가 이루어지면 회사는 소멸한다.

④ 노무를 출자의 목적으로 한 사원이 퇴사한 경우 정관에 정함이 있어야 회사로부터 지분의 환급을 받을 수 있다.

⑤ 회사가 정관으로 존립기간을 정하고 있지 아니한 경우 사원은 부득이한 사유가 있는지 여부를 불문하고 언제든지 퇴사할 수 있다.

해설

① [✕] (합명)회사의 설립의 무효는 그 사원에 한하여, 설립의 취소는 그 취소권있는 자에 한하여 회사성립의 날로부터 2년 내에 소만으로 이를 주장할 수 있다(상법 제184조 제1항).

② [○] (합명)회사는 정관 또는 총사원의 동의로 수인의 사원이 공동으로 회사를 대표할 것을 정할 수 있다(상법 제208조 제1항).

③ [✕] (합명)회사는 해산된 후에도 청산의 목적 범위 내에서 존속하고(상법 제245조), 청산절차를 거쳐 청산을 사실상 종결하였을 때 권리능력이 소멸한다.

④ [✕] 퇴사한 사원은 노무 또는 신용으로 출자의 목적으로 한 경우에도 그 지분의 환급을 받을 수 있다. 그러나 정관에 다른 규정이 있는 때에는 그러하지 아니하다(상법 제222조).

⑤ [✕] 회사가 정관으로 존립기간을 정하고 있지 아니한 경우 사원은 영업년도말에 한하여 퇴사할 수 있다. 그러나 사원이 부득이한 사유가 있을 때에는 언제든지 퇴사할 수 있다(상법 제217조 제1항, 제2항 참조).

상법 제217조(사원의 퇴사권)

① 정관으로 회사의 존립기간을 정하지 아니하거나 어느 사원의 종신까지 존속할 것을 정한 때에는 사원은 영업년도말에 한하여 퇴사할 수 있다. 그러나 6월전에 이를 예고하여야 한다.

② 사원이 부득이한 사유가 있을 때에는 언제든지 퇴사할 수 있다.

답 ②

02 CPA 2022 ☑ 확인Check! ○ △ ×

상법상 회사에 관한 설명으로 틀린 것은?

① 주식회사는 합명회사의 사원이 되지 못한다.
② 합자회사의 주소는 본점소재지에 있는 것으로 한다.
③ 법원은 유한회사가 정당한 사유없이 설립 후 1년 내에 영업을 개시하지 아니하면 직권으로 회사의 해산을 명할 수 있다.
④ 존립 중의 유한회사가 합명회사와 합병하는 경우에 합병 후 존속하는 회사는 유한회사이어야 한다.
⑤ 합명회사의 사원이 회사 채무에 관하여 변제의 청구를 받은 때에는 회사가 그 채권자에 대하여 상계할 권리가 있더라도 그 사원은 그 변제를 거부할 수 없다.

해설

① [O] 회사는 다른 회사의 무한책임사원이 되지 못한다(상법 제173조).
② [O] 회사의 주소는 본점소재지에 있는 것으로 한다(상법 제171조).
③ [O] 상법 제176조 제1항 제2호

> **상법 제176조(회사의 해산명령)**
> ① 법원은 다음의 사유가 있는 경우에는 이해관계인이나 검사의 청구에 의하여 또는 직권으로 회사의 해산을 명할 수 있다.
> 1. 회사의 설립목적이 불법한 것인 때
> 2. 회사가 정당한 사유없이 설립후 1년 내에 영업을 개시하지 아니하거나 1년 이상 영업을 휴지하는 때
> 3. 이사 또는 회사의 업무를 집행하는 사원이 법령 또는 정관에 위반하여 회사의 존속을 허용할 수 없는 행위를 한 때

④ [O] 합병을 하는 회사의 일방 또는 쌍방이 주식회사, 유한회사 또는 유한책임회사인 경우에는 합병 후 존속하는 회사나 합병으로 설립되는 회사는 주식회사, 유한회사 또는 유한책임회사이어야 한다(상법 제174조 제2항).
⑤ [×] 상법 제214조 제1항, 제2항

> **상법 제214조(사원의 항변)**
> ① 사원이 회사채무에 관하여 변제의 청구를 받은 때에는 회사가 주장할 수 있는 항변으로 그 채권자에게 대항할 수 있다.
> ② 회사가 그 채권자에 대하여 상계, 취소 또는 해제할 권리가 있는 경우에는 사원은 전항의 청구에 대하여 변제를 거부할 수 있다.

답 ⑤

03 CPA 2019

☑ 확인 Check! ○ △ ×

상법상 합명회사에 관한 설명으로 옳은 것은?

① 회사설립의 취소는 취소권 있는 사원에 한하여 회사성립의 날로부터 2년 내에 소만으로 이를 주장할 수 있다.

② 사원의 일부가 업무집행사원인 경우에 각 업무집행사원의 업무집행행위에 대하여 다른 업무집행사원의 이의가 있는 때에는 곧 그 행위를 중지하고 사원 전원의 과반수의 결의에 의하여야 한다.

③ 사원이 사망한 경우 정관에 금지규정이 없는 이상 그 상속인이 회사에 대한 피상속인의 권리의무를 승계하여 사원이 된다.

④ 사원은 다른 사원 전원의 동의가 없으면 업무집행권 또는 회사대표권을 가지는지 여부에 관계없이 경업이 금지된다.

⑤ 판례에 의하면 사원의 지위를 취득하는 시점은 총사원의 동의가 있는 때가 아니라 정관의 기재가 실제로 변경된 때로 본다.

해설

① [×] 회사의 설립의 무효는 그 사원에 한하여, 설립의 취소는 그 취소권있는 자에 한하여 회사성립의 날로부터 2년 내에 소만으로 이를 주장할 수 있다(상법 제184조 제1항).

② [×] 수인의 업무집행사원이 있는 경우에 그 각 사원의 업무집행에 관한 행위에 대하여 다른 업무집행사원의 이의가 있는 때에는 곧 그 행위를 중지하고 업무집행사원 과반수의 결의에 의하여야 한다(상법 제201조 제2항).

③ [×] 사원이 사망한 경우 원칙적으로 퇴사원인이 된다. 다만 정관으로 정한 경우에는 그 상속인이 회사에 대한 피상속인의 권리의무를 승계하여 사원이 될 수 있다(상법 제218조 제3호, 제219조 제1항 참조).

> **상법 제218조(퇴사원인)**
> 사원은 전조의 경우 외에 다음의 사유로 인하여 퇴사한다.
> 1. 정관에 정한 사유의 발생
> 2. 총사원의 동의
> 3. 사 망
>
> … (하략) …
>
> **상법 제219조(사원사망 시 권리승계의 통지)**
> ① 정관으로 사원이 사망한 경우에 그 상속인이 회사에 대한 피상속인의 권리의무를 승계하여 사원이 될 수 있음을 정한 때에는 상속인은 상속의 개시를 안 날로부터 3월 내에 회사에 대하여 승계 또는 포기의 통지를 발송하여야 한다.

④ [O] 사원은 다른 사원의 동의가 없으면 자기 또는 제3자의 계산으로 회사의 영업부류에 속하는 거래를 하지 못하며 동종영업을 목적으로 하는 다른 회사의 무한책임사원 또는 이사가 되지 못한다(상법 제198조 제1항).

⑤ [×] 합자회사의 성립 후에 신입사원이 입사하여 사원으로서의 지위를 취득하기 위하여는 정관변경을 요하고 따라서 총사원의 동의를 얻어야 하지만, 정관변경은 회사의 내부관계에서는 총사원의 동의만으로 그 효력을 발생하는 것이므로 신입사원은 총사원의 동의가 있으면 정관인 서면의 경정이나 등기부에의 기재를 기다리지 않고 그 동의가 있는 시점에 곧바로 사원으로서의 지위를 취득한다(대판 1996.10.29. 96다19321).

답 ④

04 CPA 2018

☑ 확인 Check! ○ △ ×

상법상 회사의 사원에 관한 설명으로 틀린 것은?

① 합명회사는 정관의 규정에 의하여도 출자의무가 없는 사원을 인정할 수 없다.

② 합명회사 사원의 입사는 정관기재사항으로서 입사의 시점은 총사원의 동의가 있는 때가 아니라 그 변경내용을 등기한 때로 본다.

③ 유한책임회사의 사원의 지분을 압류한 채권자는 6개월 전에 예고하고 영업연도말에 그 사원을 퇴사시킬 수 있다.

④ 유한책임회사의 사원이 경업금지의무를 위반한 경우 회사는 다른 사원 과반수의 결의에 의하여 그 사원의 제명의 선고를 법원에 청구할 수 있다.

⑤ 유한회사의 사원은 지분의 전부 또는 일부를 타인에게 양도할 수 있으며 지분의 상속도 인정된다.

▌해설▌

① [O] 합명회사의 사원은 반드시 출자를 하여야 하며 정관으로도 출자의무를 면제할 수는 없다(상법 제179조 제4호 참조).

> **상법 제179조(정관의 절대적 기재사항)**
> 정관에는 다음의 사항을 기재하고 총사원이 기명날인 또는 서명하여야 한다.
> 1. 목 적
> 2. 상 호
> 3. 사원의 성명・주민등록번호 및 주소
> 4. 사원의 출자의 목적과 그 가격 또는 평가의 표준
> 5. 본점의 소재지
> 6. 정관의 작성년월일

② [×] 합자회사의 성립 후에 신입사원이 입사하여 사원으로서의 지위를 취득하기 위하여는 정관변경을 요하고 따라서 총사원의 동의를 얻어야 하지만, 정관변경은 회사의 내부관계에서는 총사원의 동의만으로 그 효력을 발생하는 것이므로 신입사원은 총사원의 동의가 있으면 정관인 서면의 경정이나 등기부에의 기재를 기다리지 않고 그 동의가 있는 시점에 곧바로 사원으로서의 지위를 취득한다(대판 1996.10.29. 96다19321).

③ [O] 상법 제287조의29, 제224조 제1항

> **상법 제287조의29(지분압류채권자에 의한 퇴사)**
> 사원의 지분을 압류한 채권자가 그 사원을 퇴사시키는 경우에는 제224조를 준용한다.
>
> **상법 제224조(지분 압류채권자에 의한 퇴사청구)**
> ① 사원의 지분을 압류한 채권자는 영업년도말에 그 사원을 퇴사시킬 수 있다. 그러나 회사와 그 사원에 대하여 6월전에 그 예고를 하여야 한다.

④ [O] 상법 제287조의27, 제220조 제1항 제2호, 제198조 제1항

> **상법 제287조의27(제명의 선고)**
> 사원의 제명에 관하여는 제220조를 준용한다. 다만, 사원의 제명에 필요한 결의는 정관으로 달리 정할 수 있다.
>
> **상법 제220조(제명의 선고)**
> ① 사원에게 다음의 사유가 있는 때에는 회사는 다른 사원 과반수의 결의에 의하여 그 사원의 제명의 선고를 법원에 청구할 수 있다.
> 1. 출자의 의무를 이행하지 아니한 때
> 2. 제198조 제1항의 규정에 위반한 행위가 있는 때
> 3. 회사의 업무집행 또는 대표에 관하여 부정한 행위가 있는 때, 권한없이 업무를 집행하거나 회사를 대표한 때
> 4. 기타 중요한 사유가 있는 때
>
> **상법 제198조(사원의 경업의 금지)**
> ① 사원은 다른 사원의 동의가 없으면 자기 또는 제3자의 계산으로 회사의 영업부류에 속하는 거래를 하지 못하며 동종영업을 목적으로 하는 다른 회사의 무한책임사원 또는 이사가 되지 못한다.

⑤ [O] (유한회사의) 사원은 그 지분의 전부 또는 일부를 양도하거나 상속할 수 있다. 다만, 정관으로 지분의 양도를 제한할 수 있다(상법 제556조).

답 ②

PART 3

05 CPA 2017

☑ 확인Check! ○ △ ✕

상법상 각종 회사에 관한 설명으로 옳은 것은?

① 합명회사의 사원이 그 채권자를 해할 것을 알고 회사를 설립한 때에는 채권자는 그 사원과 회사에 대한 소로 회사의 설립취소를 청구할 수 있다.

② 합자회사의 유한책임사원이 사망한 경우 정관에 정함이 없으면 그 상속인은 그 지분을 승계하여 사원이 될 수 없다.

③ 유한책임회사의 사원은 업무를 집행하는 사원이 없는 경우에는 사원 과반수의 동의를 받아야 그 지분의 전부 또는 일부를 타인에게 양도할 수 있다.

④ 유한회사의 각 사원은 이사가 법령 또는 정관에 위반한 행위를 하여 이로 인하여 회사에 회복할 수 없는 손해가 생길 염려가 있는 경우에는 회사를 위하여 이사에 대하여 그 행위를 유지할 것을 청구할 수 있다.

⑤ 상법상의 외국회사는 다른 법률의 적용에 있어서는 법률에 다른 규정이 있는 경우 외에는 대한민국에서 성립된 주식회사로 본다.

▌해설▐

① [O] 사원이 그 채권자를 해할 것을 알고 회사를 설립한 때에는 채권자는 그 사원과 회사에 대한 소로 회사의 설립취소를 청구할 수 있다(상법 제185조).

② [×] 유한책임사원이 사망한 때에는 그 상속인이 그 지분을 승계하여 사원이 된다(상법 제283조 제1항).

③ [×] 상법 제287조의8 제1항, 제2항

> **상법 제287조의8(지분의 양도)**
> ① 사원은 다른 사원의 동의를 받지 아니하면 그 지분의 전부 또는 일부를 타인에게 양도하지 못한다.
> ② 제1항에도 불구하고 업무를 집행하지 아니한 사원은 업무를 집행하는 사원 전원의 동의가 있으면 지분의 전부 또는 일부를 타인에게 양도할 수 있다. 다만, 업무를 집행하는 사원이 없는 경우에는 사원 전원의 동의를 받아야 한다.

④ [×] 이사가 법령 또는 정관에 위반한 행위를 하여 이로 인하여 회사에 회복할 수 없는 손해가 생길 염려가 있는 경우에는 감사 또는 자본금 총액의 100분의 3 이상에 해당하는 출자좌수를 가진 사원은 회사를 위하여 이사에 대하여 그 행위를 유지할 것을 청구할 수 있다(상법 제564조의2).

⑤ [×] 외국회사는 다른 법률의 적용에 있어서는 법률에 다른 규정이 있는 경우 외에는 대한민국에서 성립된 동종 또는 가장 유사한 회사로 본다(상법 제621조).

답 ①

06 CPA 2016

☑ 확인 Check! ○ △ ×

상법상 합명회사에 관한 설명으로 옳은 것은? 기출수정

① 합명회사의 원시정관은 공증인의 인증을 받지 않으면 법적 효력이 발생하지 않는다.

② 미성년자가 법정대리인의 동의 없이 설립행위에 참가한 경우 이는 회사설립취소의 소의 원인이 되지 않는다.

③ 업무집행에 관한 의사결정은 원칙적으로 총사원의 과반수로 정하고 따로 업무집행사원을 정한 때에는 업무집행사원 전원의 동의로 정하여야 한다.

④ 사원은 다른 사원 과반수의 결의가 있는 때에 한하여 자기 또는 제3자의 계산으로 회사와 거래를 할 수 있다.

⑤ 정관으로 회사의 존립기간을 정하지 아니하거나 어느 사원의 종신까지 존속할 것을 정한 경우에는 사원은 원칙적으로 6월 전에 예고하고 언제든지 퇴사할 수 있다.

▌해설▌

① [×] 주식회사와 유한회사의 경우에는 공증인의 인증을 받아야 정관의 효력이 발생하나(상법 제292조, 제543조 제3항 참조), 합명회사, 합자회사, 유한책임회사의 경우에는 정관에 공증인의 인증을 요하지 않는다.

> **상법 제292조(정관의 효력발생)**
> (주식회사) 정관은 공증인의 인증을 받음으로써 효력이 생긴다. 다만, 자본금 총액이 10억원 미만인 회사를 제295조 제1항에 따라 발기설립하는 경우에는 제289조 제1항에 따라 각 발기인이 정관에 기명날인 또는 서명함으로써 효력이 생긴다.
>
> **상법 제543조(정관의 작성, 절대적 기재사항)**
> ③ 제292조의 규정은 유한회사에 준용한다.

② [×] 사원의 설립행위에 취소사유 되는 주관적 하자가 있는 경우 설립취소의 소가 인정되는데(상법 제184조 제1항 · 제2항, 민법 제140조 참조), 제한능력자인 미성년자의 법정대리인 동의 없는 설립행위 참가는 취소사유가 되는 주관적 하자에 해당한다.

> **상법 제184조(설립무효, 취소의 소)**
> ① 회사의 설립의 무효는 그 사원에 한하여, 설립의 취소는 그 취소권있는 자에 한하여 회사성립의 날로부터 2년 내에 소만으로 이를 주장할 수 있다.
> ② 민법 제140조의 규정은 전항의 설립의 취소에 준용한다.
>
> **민법 제140조(법률행위의 취소권자)**
> 취소할 수 있는 법률행위는 제한능력자, 착오로 인하거나 사기 · 강박에 의하여 의사표시를 한 자, 그의 대리인 또는 승계인만이 취소할 수 있다.

③ [×] 합명회사의 업무집행은 정관 또는 상법에 규정이 없으면 총사원의 과반수로 결정하고, 업무집행사원을 정한 때에는 이들의 과반수로 결정한다(상법 제195조, 민법 제706조 제2항 참조).

> 상법 제195조(준용법규)
> 합명회사의 내부관계에 관하여는 정관 또는 본법에 다른 규정이 없으면 조합에 관한 민법의 규정을 준용한다.
>
> **민법 제706조(사무집행의 방법)**
> ② 조합의 업무집행은 조합원의 과반수로써 결정한다. 업무집행자 수인인 때에는 그 과반수로써 결정한다.

④ [○] 사원은 다른 사원 과반수의 결의가 있는 때에 한하여 자기 또는 제3자의 계산으로 회사와 거래를 할 수 있다. 이 경우에는 민법 제124조의 규정을 적용하지 아니한다(상법 제199조).

⑤ [×] 상법 제217조 제1항

> **상법 제217조(사원의 퇴사권)**
> ① 정관으로 회사의 존립기간을 정하지 아니하거나 어느 사원의 종신까지 존속할 것을 정한 때에는 사원은 영업년도 말에 한하여 퇴사할 수 있다. 그러나 6월전에 이를 예고하여야 한다.
> ② 사원이 부득이한 사유가 있을 때에는 언제든지 퇴사할 수 있다.

답 ④

07 세무사 2024

☑ 확인Check! ○ △ ×

상법상 합명회사에 관한 설명으로 옳지 않은 것은?

① 회사설립의 무효는 그 사원에 한하여 회사성립의 날로부터 2년 내에 소만으로 주장할 수 있다.

② 사원이 채권자를 해할 것을 알고 회사를 설립한 때에는 채권자는 회사만을 상대로 하여 회사의 설립취소소송을 제기할 수 있다.

③ 설립등기사항에는 사원의 성명・주민등록번호 및 주소도 포함되지만, 회사를 대표할 사원을 정한 때에는 그 외의 사원의 주소는 제외한다.

④ 회사는 정관 또는 총사원의 동의로 수인의 사원이 공동으로 회사를 대표할 것을 정할 수 있다.

⑤ 수개의 설립무효의 소가 제기된 때에는 법원은 이를 병합심리 하여야 한다.

▌해설▐

① [O] 회사의 설립의 무효는 그 사원에 한하여, 설립의 취소는 그 취소권 있는 자에 한하여 회사성립의 날로부터 2년 내에 소만으로 이를 주장할 수 있다(상법 제184조 제1항).

② [×] 사원이 그 채권자를 해할 것을 알고 회사를 설립한 때에는 채권자는 그 사원과 회사에 대한 소로 회사의 설립취소를 청구할 수 있다(상법 제185조).

③ [O] 상법 제180조 제1호

> **상법 제180조(설립의 등기)**
> 합명회사의 설립등기에 있어서는 다음의 사항을 등기하여야 한다.
> 1. 제179조 제1호 내지 제3호(목적, 상호, 사원의 성명・주민등록번호 및 주소) 및 제5호(본점의 소재지)의 사항과 지점을 둔 때에는 그 소재지. 다만, 회사를 대표할 사원을 정한 때에는 그 외의 사원의 주소를 제외한다.
> 2. 사원의 출자의 목적, 재산출자에는 그 가격과 이행한 부분
> 3. 존립기간 기타 해산사유를 정한 때에는 그 기간 또는 사유
> 4. 회사를 대표할 사원을 정한 경우에는 그 성명・주소 및 주민등록번호
> 5. 수인의 사원이 공동으로 회사를 대표할 것을 정한 때에는 그 규정

④ [O] 회사는 정관 또는 총사원의 동의로 수인의 사원이 공동으로 회사를 대표할 것을 정할 수 있다(상법 제208조 제1항).

⑤ [O] 수개의 설립무효의 소 또는 설립취소의 소가 제기된 때에는 법원은 이를 병합심리하여야 한다(상법 제188조).

 ②

08 세무사 2023

☑ 확인Check! ○ △ ×

상법상 합명회사에 관한 설명으로 옳지 않은 것은?

① 회사의 설립에는 2인 이상의 사원이 공동으로 정관을 작성하여야 한다.
② 사원은 다른 사원의 동의를 얻지 아니하면 그 지분의 전부 또는 일부를 타인에게 양도하지 못한다.
③ 총사원의 과반수 이상의 동의로 사원의 1인 또는 수인을 업무집행사원으로 정한 때에는 그 사원이 회사의 업무를 집행할 권리와 의무를 가진다.
④ 사원은 다른 사원의 동의가 없으면 자기 또는 제3자의 계산으로 회사의 영업부류에 속하는 거래를 하지 못하며 동종영업을 목적으로 하는 다른 회사의 무한책임사원 또는 이사가 되지 못한다.
⑤ 회사의 재산으로 회사의 채무를 완제할 수 없는 때에는 각 사원은 연대하여 변제할 책임이 있다.

해설

① [O] 합명회사의 설립에는 2인 이상의 사원이 공동으로 정관을 작성하여야 한다(상법 제178조).
② [O] 사원은 다른 사원의 동의를 얻지 아니하면 그 지분의 전부 또는 일부를 타인에게 양도하지 못한다(상법 제197조).
③ [×] 정관으로 사원의 1인 또는 수인을 업무집행사원으로 정한 때에는 그 사원이 회사의 업무를 집행할 권리와 의무가 있다(상법 제201조 제1항).
④ [O] 사원은 다른 사원의 동의가 없으면 자기 또는 제3자의 계산으로 회사의 영업부류에 속하는 거래를 하지 못하며 동종영업을 목적으로 하는 다른 회사의 무한책임사원 또는 이사가 되지 못한다(상법 제198조 제1항).
⑤ [O]] 회사의 재산으로 회사의 채무를 완제할 수 없는 때에는 각 사원은 연대하여 변제할 책임이 있다(상법 제212조 제1항).

답 ③

PART 3

09 세무사 2022

☑ 확인 Check! ○ △ ✕

상법상 합명회사에 관한 설명으로 옳지 않은 것은?

① 회사를 설립하기 위해서는 2인 이상의 사원이 공동으로 정관을 작성해야 한다.
② 회사의 정관에는 절대적 기재사항을 기재하고 총사원의 기명날인 또는 서명이 있어야 한다.
③ 사원이 그 채권자를 해할 것을 알고 회사를 설립한 때에는 채권자는 그 사원과 회사에 대한 소로 회사의 설립취소를 청구할 수 있다.
④ 사원은 그 보유지분의 일부에 대해서는 다른 사원의 동의가 없어도 타인에게 양도할 수 있다.
⑤ 사원은 다른 사원 과반수의 결의가 있는 때에 한하여 자기 또는 제3자의 계산으로 회사와 거래를 할 수 있다.

해설

① [O] 합명회사의 설립에는 2인 이상의 사원이 공동으로 정관을 작성하여야 한다(상법 제178조).
② [O] 상법 제179조

> **상법 제179조(정관의 절대적 기재사항)**
> 정관에는 다음의 사항을 기재하고 총사원이 기명날인 또는 서명하여야 한다.
> 1. 목 적
> 2. 상 호
> 3. 사원의 성명·주민등록번호 및 주소
> 4. 사원의 출자의 목적과 그 가격 또는 평가의 표준
> 5. 본점의 소재지
> 6. 정관의 작성연월일

③ [O] 사원이 그 채권자를 해할 것을 알고 회사를 설립한 때에는 채권자는 그 사원과 회사에 대한 소로 회사의 설립취소를 청구할 수 있다(상법 제185조).
④ [×] 사원은 다른 사원의 동의를 얻지 아니하면 그 지분의 전부 또는 일부를 타인에게 양도하지 못한다(상법 제197조).
⑤ [O] 사원은 다른 사원 과반수의 결의가 있는 때에 한하여 자기 또는 제3자의 계산으로 회사와 거래를 할 수 있다. 이 경우에는 민법 제124조의 규정을 적용하지 아니한다(상법 제199조). 참고로 사원의 경업은 다른 모든 사원의 동의가 있어야 한다(상법 제198조 제1항 참조).

답 ④

10 세무사 2021

☑ 확인 Check! ○ △ ×

상법상 합명회사에 관한 설명으로 옳지 않은 것은?

① 사원은 다른 사원의 동의를 얻지 아니하면 그 지분의 전부 또는 일부를 타인에게 양도하지 못한다.
② 정관으로 지분을 상속할 수 있음을 정한 때에는 사원의 상속인은 상속의 개시를 안 날부터 3월 내에 회사에 대하여 승계 또는 포기의 통지를 발송하여야 한다.
③ 회사성립 후에 가입한 사원은 그 가입 전에 생긴 회사 채무에 대하여 책임이 없다.
④ 정관 또는 총사원의 동의로 회사를 대표할 업무집행사원을 정한 경우에는 그 업무집행사원이 회사를 대표한다.
⑤ 회사의 재산으로 회사 채무를 완제할 수 없는 때에는 각 사원은 연대하여 변제할 책임이 있다.

▌해설▐

① [○] 사원은 다른 사원의 동의를 얻지 아니하면 그 지분의 전부 또는 일부를 타인에게 양도하지 못한다(상법 제197조).
② [○] 정관으로 사원이 사망한 경우에 그 상속인이 회사에 대한 피상속인의 권리의무를 승계하여 사원이 될 수 있음을 정한 때에는 상속인은 상속의 개시를 안 날로부터 3월 내에 회사에 대하여 승계 또는 포기의 통지를 발송하여야 한다(상법 제219조 제1항).
③ [×] 회사성립후에 가입한 사원은 그 가입전에 생긴 회사채무에 대하여 다른 사원과 동일한 책임을 진다(상법 제213조).
④ [○] 정관으로 업무집행사원을 정하지 아니한 때에는 각 사원은 회사를 대표한다. 수인의 업무집행사원을 정한 경우에 각 업무집행사원은 회사를 대표한다. 그러나 정관 또는 총사원의 동의로 업무집행사원 중 특히 회사를 대표할 자를 정할 수 있다(상법 제207조).
⑤ [○] 회사의 재산으로 회사의 채무를 완제할 수 없는 때에는 각 사원은 연대하여 변제할 책임이 있다(상법 제212조 제1항).

 ③

11 세무사 2020

☑ 확인Check! ○ △ ✕

상법상 합명회사에 관한 설명으로 옳은 것을 모두 고른 것은? (다툼이 있으면 판례에 따름)

ㄱ. 회사가 사원에 대하여 소를 제기하는 경우 회사를 대표할 사원이 없을 때에는 법원에 청구하여 대표자를 선정해야 한다.
ㄴ. 회사는 총사원의 동의로 수인의 사원이 공동으로 회사를 대표할 것을 정할 수 있다.
ㄷ. 채무자인 사원의 지분을 압류한 채권자가 영업연도말에 그 사원을 퇴사시키기 위해서는 다른 사원 전원의 동의를 얻어야 한다.
ㄹ. 사원은 다른 사원 과반수의 결의가 있는 때에 한하여 자기 또는 제3자의 계산으로 회사와 거래를 할 수 있다.

① ㄱ, ㄷ
② ㄴ, ㄷ
③ ㄴ, ㄹ
④ ㄱ, ㄷ, ㄹ
⑤ ㄴ, ㄷ, ㄹ

▌해설▌

ㄱ. [✕] 회사가 사원에 대하여 또는 사원이 회사에 대하여 소를 제기하는 경우에 회사를 대표할 사원이 없을 때에는 다른 사원 과반수의 결의로 선정하여야 한다(상법 제211조).
ㄴ. [O] 회사는 정관 또는 총사원의 동의로 수인의 사원이 공동으로 회사를 대표할 것을 정할 수 있다(상법 제208조 제1항).
ㄷ. [✕] 사원의 지분을 압류한 채권자는 영업년도말에 그 사원을 퇴사시킬 수 있다. 그러나 회사와 그 사원에 대하여 6월전에 그 예고를 하여야 한다(상법 제224조 제1항). 다른 사원의 동의를 받을 필요는 없다.
ㄹ. [O] 사원은 다른 사원 과반수의 결의가 있는 때에 한하여 자기 또는 제3자의 계산으로 회사와 거래를 할 수 있다. 이 경우에는 민법 제124조의 규정을 적용하지 아니한다(상법 제199조).

답 ③

12 법무사 2023

☑ 확인 Check! ○ △ ✕

합명회사에 관한 다음 설명 중 가장 옳은 것은?

① 상법상 합명회사의 사원 또는 업무집행사원의 업무집행권한을 상실시키는 것은 상법 제205조 제1항에 따라 다른 사원의 청구에 의하여 법원의 선고로써 권한을 상실시키는 방법에 의해서만 가능하다.

② 합명회사의 사원은 회사채권자에 대하여 직접·연대·무한책임을 부담하지만, 업무집행권한 상실제도를 통하여 업무집행에 현저히 부적합하거나 중대하게 의무를 위반한 사원이나 업무집행사원을 업무집행에서 배제함으로써 자신의 책임이 부당하게 발생·증대되는 것으로부터 자신을 보호할 수 있다.

③ 합명회사 사원의 책임은 '회사의 재산으로 회사의 채무를 완제할 수 없는 때' 또는 '회사재산에 대한 강제집행이 주효하지 못한 때'에 비로소 발생한다.

④ 합명회사의 청산 중에 사원의 퇴사가 허용된다.

⑤ 상법은 합명회사의 경우 표현책임에 관한 규정을 두고 있지 아니하므로, 합명회사의 사원이 아닌 자가 타인에게 자기를 사원이라고 오인시키는 행위를 하였더라도 오인으로 인하여 회사와 거래한 자에 대하여 사원과 책임을 부담하는 것은 아니다.

▌해설▐

① [✕] 상법상 합명회사의 사원 또는 업무집행사원의 업무집행권한을 상실시키는 방법으로는 다음의 두 가지를 상정할 수 있다. 첫째, 상법 제205조 제1항에 따라 다른 사원의 청구에 의하여 법원의 선고로써 권한을 상실시키는 방법이다. 둘째, 상법 제195조에 의하여 준용되는 민법 제708조에 따라 법원의 선고절차를 거치지 않고 총사원이 일치하여 업무집행사원을 해임함으로써 권한을 상실시키는 방법이다. 위 두 가지 방법은 요건과 절차가 서로 다르므로, 상법 제205조 제1항이 민법 제708조의 준용을 배제하고 있다고 보기 어렵다. 따라서 정관에서 달리 정하고 있지 않는 이상, 합명회사의 사원은 두 가지 방법 중 어느 하나의 방법으로 다른 사원 또는 업무집행사원의 업무집행권한을 상실시킬 수 있다(대판 2015.5.29. 2014다51541).

② [O] 합명회사의 사원은 회사채권자에 대하여 직접·연대·무한책임을 진다. 만약 다른 사원 또는 업무집행사원이 업무집행에 현저히 부적합하거나 중대하게 의무를 위반하는 경우에는 그로 인하여 자신의 책임이 발생·증대될 우려가 있으므로, 다른 사원 또는 업무집행사원을 업무집행에서 배제할 수 있는지는 각 사원의 이해관계에 큰 영향을 미친다. 합명회사의 사원은 업무집행권한 상실제도를 통하여 업무집행에 현저히 부적합하거나 중대하게 의무를 위반한 사원이나 업무집행사원을 업무집행에서 배제함으로써 자신의 책임이 부당하게 발생·증대되는 것으로부터 자신을 보호할 수 있다. 따라서 업무집행권한 상실에 관한 정관이나 관련 법률 규정을 해석할 때에는 위와 같은 사원의 권리가 합리적 근거 없이 제한되지 않도록 신중하게 해석하여야 한다(대판 2015.5.29. 2014다51541).

③ [✕] 합명회사는 실질적으로 조합적 공동기업체여서 회사의 채무는 실질적으로 각 사원의 공동채무이므로, 합명회사 사원의 책임은 회사가 채무를 부담하면 법률의 규정에 기해 당연히 발생하는 것이고, '회사의 재산으로 회사의 채무를 완제할 수 없는 때' 또는 '회사재산에 대한 강제집행이 주효하지 못한 때'에 비로소 발생하는 것은 아니며, 이는 회사 채권자가 그와 같은 경우에 해당함을 증명하여 합명회사의 사원에게 보충적으로 책임의 이행을 청구할 수 있다는 책임이행의 요건을 정한 것으로 봄이 타당하다(대판 2009.5.28. 2006다65903).

④ [✕] 합명회사의 청산절차에서는 사원의 퇴사가 허용되지 아니하므로 소외 1의 위 퇴사는 효력이 없다(대판 2005.7.15. 2003다46963).

⑤ [✕] 사원이 아닌 자가 타인에게 자기를 사원이라고 오인시키는 행위를 하였을 때에는 오인으로 인하여 회사와 거래한 자에 대하여 사원과 동일한 책임을 진다(상법 제215조).

답 ②

PART 3

제2절 | 합자회사

13 CPA 2022

☑ 확인Check! ○ △ ✕

상법상 합자회사에 관한 설명으로 틀린 것은?

① 합자회사의 정관에는 각 사원의 무한책임 또는 유한책임인 것을 기재하여야 한다.

② 유한책임사원은 신용 또는 노무를 출자의 목적으로 하지 못한다.

③ 회사의 지배인 선임과 해임은 업무집행사원이 있는 경우에도 무한책임사원 전원의 동의가 있어야 한다.

④ 회사는 유한책임사원의 전원이 퇴사한 때에는 해산된다.

⑤ 유한책임사원이 사망한 때에는 그 상속인이 그 지분을 승계하여 사원이 된다.

❙해설❙

① [○] 합자회사의 정관에는 제179조에 게기한 사항외에 각 사원의 무한책임 또는 유한책임인 것을 기재하여야 한다(상법 제270조).

② [○] 유한책임사원은 신용 또는 노무를 출자의 목적으로 하지 못한다(상법 제272조).

③ [×] 지배인의 선임과 해임은 업무집행사원이 있는 경우에도 무한책임사원 과반수의 결의에 의하여야 한다(상법 제274조).

④ [○] 합자회사는 무한책임사원 또는 유한책임사원의 전원이 퇴사한 때에는 해산된다(상법 제285조 제1항).

⑤ [○] 유한책임사원이 사망한 때에는 그 상속인이 그 지분을 승계하여 사원이 된다(상법 제283조 제1항).

답 ③

14 CPA 2021

☑ 확인Check! ○ △ ✕

상법상 합명회사와 합자회사에 관한 설명으로 옳은 것은?

① 합명회사의 사원은 신용 또는 노무를 출자의 목적으로 하지 못한다.

② 합명회사의 사원이 회사채무에 관하여 변제의 청구를 받은 때에는 회사가 주장할 수 있는 항변으로 그 채권자에게 대항할 수 없다.

③ 합명회사 성립 후에 가입한 사원은 그 가입 전에 생긴 회사채무에 대해서는 다른 사원과 동일한 책임을 지지 않는다.

④ 합자회사의 유한책임사원은 다른 사원의 동의없이 자기 또는 제3자의 계산으로 회사의 영업부류에 속하는 거래를 할 수 있다.

⑤ 합자회사의 유한책임사원은 사원 전원의 동의가 있어야만 그 지분의 전부 또는 일부를 타인에게 양도할 수 있다.

해설

① [×] 합명회사의 사원은 무한책임을 지므로 노무 또는 신용의 출자도 가능하다(상법 제222조 참조).

> **상법 제222조(지분의 환급)**
> 퇴사한 사원은 노무 또는 신용으로 출자의 목적으로 한 경우에도 그 지분의 환급을 받을 수 있다. 그러나 정관에 다른 규정이 있는 때에는 그러하지 아니하다.

② [×] (합명회사의) 사원이 회사채무에 관하여 변제의 청구를 받은 때에는 회사가 주장할 수 있는 항변으로 그 채권자에게 대항할 수 있다(상법 제214조 제1항).

③ [×] (합명)회사 성립 후에 가입한 사원은 그 가입전에 생긴 회사채무에 대하여 다른 사원과 동일한 책임을 진다(상법 제213조).

④ [O] 유한책임사원은 다른 사원의 동의없이 자기 또는 제3자의 계산으로 회사의 영업부류에 속하는 거래를 할 수 있고 동종영업을 목적으로 하는 다른 회사의 무한책임사원 또는 이사가 될 수 있다(상법 제275조).

⑤ [×] 유한책임사원은 무한책임사원 전원의 동의가 있으면 그 지분의 전부 또는 일부를 타인에게 양도할 수 있다. 지분의 양도에 따라 정관을 변경하여야 할 경우에도 같다(상법 제276조).

답 ④

15 CPA 2020

☑ 확인Check! ○ △ ×

상법상 합자회사에 관한 설명으로 옳은 것은?

① 중요한 사유가 있는 때에는 유한책임사원은 언제든지 법원의 허가를 얻어 회사의 업무와 재산상태를 검사할 수 있다.

② 무한책임사원은 신용 또는 노무를 출자의 목적으로 하지 못한다.

③ 유한책임사원은 사원 전원의 동의가 있어야만 그 지분의 전부를 양도할 수 있다.

④ 지배인의 선임과 해임은 사원 전원의 과반수의 결의에 의한다.

⑤ 무한책임사원 전원의 동의만으로 합명회사로의 조직변경이 가능하다.

해설

① [O] 상법 제277조 제2항

> **상법 제277조(유한책임사원의 감시권)**
> ① 유한책임사원은 영업년도말에 있어서 영업시간 내에 한하여 회사의 회계장부・대차대조표 기타의 서류를 열람할 수 있고 회사의 업무와 재산상태를 검사할 수 있다.
> ② 중요한 사유가 있는 때에는 유한책임사원은 언제든지 법원의 허가를 얻어 제1항의 열람과 검사를 할 수 있다.

② [×] 합자회사에서 자금조달의 목적으로 참가시킨 유한책임사원은 신용 또는 노무를 출자의 목적으로 하지 못한다(상법 제272조). 그러나 합명회사의 사원과 같이 무한책임을 지는 무한책임사원은 신용 또는 노무를 출자의 목적으로 할 수 있다(상법 제269조, 제222조 참조).

> **상법 제269조(준용규정)**
> 합자회사에는 본장에 다른 규정이 없는 사항은 합명회사에 관한 규정을 준용한다.
>
> **상법 제222조(지분의 환급)**
> 퇴사한 사원은 노무 또는 신용으로 출자의 목적으로 한 경우에도 그 지분의 환급을 받을 수 있다. 그러나 정관에 다른 규정이 있는 때에는 그러하지 아니하다.

③ [×] 유한책임사원은 무한책임사원 전원의 동의가 있으면 그 지분의 전부 또는 일부를 타인에게 양도할 수 있다. 지분의 양도에 따라 정관을 변경하여야 할 경우에도 같다(상법 제276조).

④ [×] 지배인의 선임과 해임은 업무집행사원이 있는 경우에도 무한책임사원 과반수의 결의에 의하여야 한다(상법 제274조).

⑤ [×] 합자회사는 사원전원의 동의로 그 조직을 합명회사로 변경하여 계속할 수 있다(상법 제286조 제1항).

답 ①

16 CPA 2018

확인 Check! ○ △ ×

상법상 합자회사에 관한 설명으로 옳은 것은? 기출수정

① 무한책임사원은 다른 무한책임사원의 동의가 있으면 그 지분의 전부 또는 일부를 타인에게 양도할 수 있다.

② 유한책임사원은 언제든지 영업시간 내에 한하여 회사의 회계장부와 대차대조표 및 기타의 서류를 열람할 수 있고 회사의 업무와 재산상태를 검사할 수 있다.

③ 업무집행사원이 업무를 집행함에 현저하게 부적임하거나 중대한 의무에 위반한 행위가 있는 때에는 유한책임사원도 법원에 업무집행권한의 상실선고를 청구할 수 있다.

④ 무한책임사원은 다른 무한책임사원 과반수의 결의가 있는 때에 한하여 자기 또는 제3자의 계산으로 회사와 거래를 할 수 있다.

⑤ 유한책임사원은 성년후견개시심판 또는 파산선고를 받는 경우에도 법률상 당연히 퇴사하지 아니한다.

해설

① [×] 무한책임사원의 지분 양도에는 유한책임사원을 포함한 다른 사원 전원의 동의가 있어야 하나(상법 제269조, 제197조 참조), 유한책임사원은 무한책임사원 전원의 동의가 있으면 지분을 양도할 수 있다(상법 제276조 참조).

> **상법 제269조(준용규정)**
> 합자회사에는 본장에 다른 규정이 없는 사항은 합명회사에 관한 규정을 준용한다.
>
> **상법 제197조(지분의 양도)**
> (합명회사) 사원은 다른 사원의 동의를 얻지 아니하면 그 지분의 전부 또는 일부를 타인에게 양도하지 못한다.
>
> **상법 제276조(유한책임사원의 지분양도)**
> 유한책임사원은 무한책임사원 전원의 동의가 있으면 그 지분의 전부 또는 일부를 타인에게 양도할 수 있다. 지분의 양도에 따라 정관을 변경하여야 할 경우에도 같다.

② [×] 상법 제277조 제1항, 제2항

> **상법 제277조(유한책임사원의 감시권)**
> ① 유한책임사원은 영업년도말에 있어서 영업시간 내에 한하여 회사의 회계장부・대차대조표 기타의 서류를 열람할 수 있고 회사의 업무와 재산상태를 검사할 수 있다.
> ② 중요한 사유가 있는 때에는 유한책임사원은 언제든지 법원의 허가를 얻어 제1항의 열람과 검사를 할 수 있다.

③ [O] 상법 제269조, 제205조

> **상법 제269조(준용규정)**
> 합자회사에는 본장에 다른 규정이 없는 사항은 합명회사에 관한 규정을 준용한다.
>
> **상법 제205조(업무집행사원의 권한상실선고)**
> ① (합명회사) 사원이 업무를 집행함에 현저하게 부적임하거나 중대한 의무에 위반한 행위가 있는 때에는 법원은 사원의 청구에 의하여 업무집행권한의 상실을 선고할 수 있다.

④ [×] 무한책임사원은 다른 사원 과반수의 결의가 있는 때에 한하여 자기 또는 제3자의 계산으로 회사와 거래를 할 수 있다(상법 제269조, 제199조 참조).

> **상법 제269조(준용규정)**
> 합자회사에는 본장에 다른 규정이 없는 사항은 합명회사에 관한 규정을 준용한다.
>
> **상법 제199조(사원의 자기거래)**
> (합명회사) 사원은 다른 사원 과반수의 결의가 있는 때에 한하여 자기 또는 제3자의 계산으로 회사와 거래를 할 수 있다. 이 경우에는 민법 제124조의 규정을 적용하지 아니한다.

⑤ [×] 유한책임사원은 성년후견개시심판 받는 경우에도 법률상 당연히 퇴사하지 아니한다. 그러나 파산선고를 받은 경우에는 퇴사한다(상법 제269조, 제218조 제5호, 제284조).

상법 제269조(준용규정)
합자회사에는 본장에 다른 규정이 없는 사항은 합명회사에 관한 규정을 준용한다.

상법 제218조(퇴사원인)
(합명회사) 사원은 전조의 경우 외에 다음의 사유로 인하여 퇴사한다.
1. 정관에 정한 사유의 발생
2. 총사원의 동의
3. 사 망
4. 성년후견개시
5. 파 산
6. 제 명

상법 제284조(유한책임사원의 성년후견개시)
유한책임사원은 성년후견개시 심판을 받은 경우에도 퇴사되지 아니한다.

 ③

17 세무사 2024

☑ 확인 Check! ○ △ ×

상법상 합자회사에 관한 설명으로 옳은 것은?

① 유한책임사원은 신용을 출자의 목적으로 할 수 있다.
② 무한책임사원은 정관에 정함이 있어야 각자 회사의 업무를 집행할 권리와 의무가 있다.
③ 유한책임사원은 무한책임사원의 동의를 얻어야 자기 또는 제3자의 계산으로 회사의 동종영업에 속하는 거래를 할 수 있다.
④ 지배인의 선임과 해임은 업무집행사원이 있는 경우에도 무한책임사원 과반수의 결의에 의하여야 한다.
⑤ 유한책임사원의 사망으로 그 지분을 수인의 상속인이 상속하는 경우 그 사원의 권리행사는 공동으로 한다.

해설

① [×] 유한책임사원은 신용 또는 노무를 출자의 목적으로 하지 못한다(상법 제272조).
② [×] 무한책임사원은 정관에 다른 규정이 없는 때에는 각자가 회사의 업무를 집행할 권리와 의무가 있다(상법 제273조).
③ [×] 유한책임사원은 다른 사원의 동의없이 자기 또는 제3자의 계산으로 회사의 영업부류에 속하는 거래를 할 수 있고 동종영업을 목적으로 하는 다른 회사의 무한책임사원 또는 이사가 될 수 있다(상법 제275조).

④ [O] 지배인의 선임과 해임은 업무집행사원이 있는 경우에도 무한책임사원 과반수의 결의에 의하여야 한다(상법 제274조).

⑤ [×] 상법 제283조 제1항, 제2항

> **상법 제283조(유한책임사원의 사망)**
> ① 유한책임사원이 사망한 때에는 그 상속인이 그 지분을 승계하여 사원이 된다.
> ② 전항의 경우에 상속인이 수인인 때에는 사원의 권리를 행사할 자 1인을 정하여야 한다. 이를 정하지 아니한 때에는 회사의 통지 또는 최고는 그중의 1인에 대하여 하면 전원에 대하여 그 효력이 있다.

답 ④

18 세무사 2023

☑ 확인 Check! ○ △ ×

상법상 합자회사의 유한책임사원에 관한 설명으로 옳은 것은?

① 유한책임사원은 회사의 대표행위를 하지 못한다.

② 유한책임사원이 타인에게 자기를 무한책임사원이라고 오인시키는 행위를 한 때에는 오인으로 인하여 회사와 거래를 한 자에 대하여도 유한책임의 한도 내에서 책임을 진다.

③ 유한책임사원은 다른 사원의 동의없이 동종영업을 목적으로 하는 다른 회사의 무한책임사원 또는 이사가 될 수 없다.

④ 유한책임사원은 총사원의 동의가 없으면 그 지분의 전부 또는 일부를 타인에게 양도할 수 없다.

⑤ 유한책임사원은 성년후견개시 심판을 받은 경우에는 퇴사한다.

해설

① [O] 유한책임사원은 회사의 업무집행이나 대표행위를 하지 못한다(상법 제278조).

② [×] 유한책임사원이 타인에게 자기를 무한책임사원이라고 오인시키는 행위를 한 때에는 오인으로 인하여 회사와 거래를 한 자에 대하여 무한책임사원과 동일한 책임이 있다(상법 제281조 제1항).

③ [×] 유한책임사원은 다른 사원의 동의없이 자기 또는 제3자의 계산으로 회사의 영업부류에 속하는 거래를 할 수 있고 동종영업을 목적으로 하는 다른 회사의 무한책임사원 또는 이사가 될 수 있다(상법 제275조).

④ [×] 유한책임사원은 무한책임사원 전원의 동의가 있으면 그 지분의 전부 또는 일부를 타인에게 양도할 수 있다. 지분의 양도에 따라 정관을 변경하여야 할 경우에도 같다(상법 제276조).

⑤ [×] 유한책임사원은 성년후견개시 심판을 받은 경우에도 퇴사되지 아니한다(상법 제284조).

답 ①

PART 3

19 세무사 2022

☑ 확인Check! ○ △ ✕

상법상 합자회사에 관한 설명으로 옳지 않은 것은?

① 회사는 무한책임사원 및 유한책임사원으로 조직되며 그 사원의 총수는 2인 이상이어야 한다.
② 무한책임사원은 정관에 다른 규정이 없는 때에는 각자가 회사의 업무를 집행할 권리와 의무가 있다.
③ 지배인의 선임과 해임은 업무집행사원이 있는 경우에도 무한책임사원과 유한책임사원 전원의 결의로 해야 한다.
④ 유한책임사원이 보유하고 있는 지분의 일부를 타인에게 양도하려면 무한책임사원 전원의 동의가 있어야 한다.
⑤ 유한책임사원은 성년후견개시의 심판을 받은 경우에도 퇴사되지 아니한다.

해설

① [O] 합자회사는 무한책임사원과 유한책임사원으로 조직하며(상법 제268조), 합자회사는 사원이 1인으로 된 때 해산한다(상법 제269조, 제227조 제3호 참조). 따라서 합자회사의 사원의 총수는 2인 이상이어야 한다.

> **상법 제268조(회사의 조직)**
> 합자회사는 무한책임사원과 유한책임사원으로 조직한다.
>
> **상법 제269조(준용규정)**
> 합자회사에는 본장에 다른 규정이 없는 사항은 합명회사에 관한 규정을 준용한다.
>
> **상법 제227조(해산원인)**
> 회사는 다음의 사유로 인하여 해산한다.
> 1. 존립기간의 만료 기타 정관으로 정한 사유의 발생
> 2. 총사원의 동의
> 3. 사원이 1인으로 된 때
> 4. 합 병
> 5. 파 산
> 6. 법원의 명령 또는 판결

② [O] 무한책임사원은 정관에 다른 규정이 없는 때에는 각자가 회사의 업무를 집행할 권리와 의무가 있다(상법 제273조).
③ [X] 지배인의 선임과 해임은 업무집행사원이 있는 경우에도 무한책임사원 과반수의 결의에 의하여야 한다(상법 제274조).
④ [O] 유한책임사원은 무한책임사원 전원의 동의가 있으면 그 지분의 전부 또는 일부를 타인에게 양도할 수 있다. 지분의 양도에 따라 정관을 변경하여야 할 경우에도 같다(상법 제276조).
⑤ [O] 유한책임사원은 성년후견개시 심판을 받은 경우에도 퇴사되지 아니한다(상법 제284조). 또한 유한책임사원의 사망의 경우에도 퇴사원인이 되지 않고 그 상속인이 승계한다(상법 제283조 제1항 참조). 반면에 무한책임사원의 사망, 피성년후견개시는 퇴사원인이 된다(상법 제269조, 제218조 참조).

답 ③

20 세무사 2021

☑ 확인 Check! ○ △ ✕

상법상 무한책임사원 A와 유한책임사원 B로만 구성된 합자회사에 관한 설명으로 옳지 않은 것은?

① B는 신용 또는 노무를 출자의 목적으로 하지 못한다.
② B도 업무집행이나 대표행위를 할 수 있다.
③ A의 지분양도에는 사원 전원의 동의를 요하지만, B의 지분양도에는 A의 동의만 있으면 된다.
④ 사원 전원의 동의로 정관을 변경함으로써 A를 유한책임사원으로, B를 무한책임사원으로 변경할 수 있다.
⑤ B가 사망한 때에는 상속인이 그 지분을 승계하여 사원이 된다.

해설

① [O] 유한책임사원은 신용 또는 노무를 출자의 목적으로 하지 못한다(상법 제272조).
② [X] 유한책임사원은 회사의 업무집행이나 대표행위를 하지 못한다(상법 제278조).
③ [O] 무한책임사원의 지분 양도에는 유한책임사원을 포함한 다른 사원 전원의 동의가 있어야 하나(상법 제269조, 제197조 참조), 유한책임사원은 무한책임사원 전원의 동의가 있으면 지분을 양도할 수 있다(상법 제276조 참조).

> **상법 제269조(준용규정)**
> 합자회사에는 본장에 다른 규정이 없는 사항은 합명회사에 관한 규정을 준용한다.
>
> > **상법 제197조(지분의 양도)**
> > (합명회사) 사원은 다른 사원의 동의를 얻지 아니하면 그 지분의 전부 또는 일부를 타인에게 양도하지 못한다.
>
> **상법 제276조(유한책임사원의 지분양도)**
> 유한책임사원은 무한책임사원 전원의 동의가 있으면 그 지분의 전부 또는 일부를 타인에게 양도할 수 있다. 지분의 양도에 따라 정관을 변경하여야 할 경우에도 같다.

④ [O] 상법 제270조는 합자회사 정관에는 각 사원이 무한책임사원인지 또는 유한책임사원인지를 기재하도록 규정하고 있으므로, 정관에 기재된 합자회사 사원의 책임 변경은 정관변경의 절차에 의하여야 하고, 이를 위해서는 정관에 그 의결정족수 내지 동의정족수 등에 관하여 별도로 정하고 있다는 등의 특별한 사정이 없는 한 상법 제269조에 의하여 준용되는 상법 제204조에 따라 총 사원의 동의가 필요하다(대판 2010.9.30. 2010다21337).
⑤ [O] 유한책임사원이 사망한 때에는 그 상속인이 그 지분을 승계하여 사원이 된다(상법 제283조 제1항).

답 ②

PART 3

21 세무사 2020

확인Check! ○ △ ×

상법상 합자회사에 관한 설명으로 옳지 않은 것은?

① 업무집행사원이 있는 경우에도 지배인의 선임과 해임은 무한책임사원 과반수 결의에 의하여야 한다.
② 유한책임사원은 무한책임사원 전원의 동의가 있으면 지분을 타인에게 양도할 수 있다.
③ 유한책임사원은 그 출자가액에서 이미 이행한 부분을 공제한 가액을 한도로 하여 회사채무를 변제할 책임이 있다.
④ 유한책임사원이 성년후견개시 심판을 받은 경우에는 퇴사하여야 한다.
⑤ 유한책임사원이 사망한 때에 그 상속인이 지분을 승계하여 사원이 된다.

해설

① [○] 지배인의 선임과 해임은 업무집행사원이 있는 경우에도 무한책임사원 과반수의 결의에 의하여야 한다(상법 제274조).
② [○] 유한책임사원은 무한책임사원 전원의 동의가 있으면 그 지분의 전부 또는 일부를 타인에게 양도할 수 있다. 지분의 양도에 따라 정관을 변경하여야 할 경우에도 같다(상법 제276조).
③ [○] 유한책임사원은 그 출자가액에서 이미 이행한 부분을 공제한 가액을 한도로 하여 회사채무를 변제할 책임이 있다(상법 제279조 제1항). 즉, 합자회사에서 유한책임사원은 직접 · 유한책임을 부담한다.
④ [×] 유한책임사원은 성년후견개시 심판을 받은 경우에도 퇴사되지 아니한다(상법 제284조).
⑤ [○] 유한책임사원이 사망한 때에는 그 상속인이 그 지분을 승계하여 사원이 된다(상법 제283조 제1항).

답 ④

제3절 | 유한회사

22 CPA 2024

☑ 확인Check! ○ △ ×

상법상 유한회사의 사원총회에 관한 설명으로 틀린 것은?

① 사원총회를 소집할 때에는 사원총회일의 1주 전에 각 사원에게 서면으로 통지서를 발송하거나 각 사원의 동의를 받아 전자문서로 통지서를 발송하여야 한다.
② 정관에 다른 정함이 없는 경우 자본금 총액의 100분의 3 이상에 해당하는 출자좌수를 가진 사원은 회의의 목적사항과 소집의 이유를 기재한 서면을 이사에게 제출하여 총회의 소집을 청구할 수 있다.
③ 총사원의 의결권의 과반수의 동의가 있을 때에는 소집절차 없이 총회를 열 수 있으며 총회의 결의를 하여야 할 경우 서면에 의한 결의를 할 수 있다.
④ 사원총회의 결의는 정관 또는 상법에 다른 규정이 있는 경우 외에는 총사원의 의결권의 과반수를 가지는 사원이 출석하고 그 의결권의 과반수로써 하여야 한다.
⑤ 각 사원은 출자1좌마다 1개의 의결권을 가지나 정관으로 의결권의 수에 관하여 다른 정함을 할 수 있다.

해설

① [O] 사원총회를 소집할 때에는 사원총회일의 1주 전에 각 사원에게 서면으로 통지서를 발송하거나 각 사원의 동의를 받아 전자문서로 통지서를 발송하여야 한다(상법 제571조 제2항).
② [O] 상법 제572조 제1항, 제2항

> **상법 제572조(소수사원에 의한 총회소집청구)**
> ① 자본금 총액의 100분의 3 이상에 해당하는 출자좌수를 가진 사원은 회의의 목적사항과 소집의 이유를 기재한 서면을 이사에게 제출하여 총회의 소집을 청구할 수 있다.
> ② 전항의 규정은 정관으로 다른 정함을 할 수 있다.

③ [×] 총사원의 동의가 있을 때에는 소집절차 없이 총회를 열 수 있으며 총회의 결의를 하여야 할 경우 서면에 의한 결의를 할 수 있다(상법 제573조, 제577조 제1항 참조).

> **상법 제573조(소집절차의 생략)**
> 총사원의 동의가 있을 때에는 소집절차없이 총회를 열 수 있다.
>
> **상법 제577조(서면에 의한 결의)**
> ① 총회의 결의를 하여야 할 경우에 총사원의 동의가 있는 때에는 서면에 의한 결의를 할 수 있다.

④ [O] 사원총회의 결의는 정관 또는 본법에 다른 규정이 있는 경우 외에는 총사원의 의결권의 과반수를 가지는 사원이 출석하고 그 의결권의 과반수로써 하여야 한다(상법 제574조).
⑤ [O] 각 사원은 출자1좌마다 1개의 의결권을 가진다. 그러나 정관으로 의결권의 수에 관하여 다른 정함을 할 수 있다(상법 제575조).

답 ③

PART 3

23 CPA 2023

☑ 확인Check! ○ △ ×

상법상 회사의 업무집행 또는 대표에 관한 설명으로 옳은 것만을 모두 고른 것은? (이견이 있으면 판례에 의함)

ㄱ. 유한회사에서 이사가 수인인 경우 정관에 다른 정함이 없으면 지점의 설치·이전 또는 폐지는 이사 과반수의 결의에 의하여야 한다.
ㄴ. 유한책임회사는 정관으로 사원이 아닌 자를 업무집행자로 정할 수 없다.
ㄷ. 합자회사의 무한책임사원은 정관에 다른 규정이 없는 때에는 각자가 회사의 업무를 집행할 권리와 의무가 있다.
ㄹ. 합자회사의 유한책임사원은 정관 또는 총사원의 동의로써 회사대표자로 지정되면 업무집행권과 대표권을 가질 수 있다.
ㅁ. 합명회사에서 수인의 업무집행사원을 정한 경우에 정관 또는 총사원의 동의로 특히 회사를 대표할 자를 정할 수 있다.

① ㄱ, ㄴ
② ㄱ, ㄷ
③ ㄱ, ㄷ, ㅁ
④ ㄴ, ㄷ, ㄹ
⑤ ㄴ, ㄹ, ㅁ

해설

ㄱ. [O] (유한회사에서) 이사가 수인인 경우에 정관에 다른 정함이 없으면 회사의 업무집행, 지배인의 선임 또는 해임과 지점의 설치·이전 또는 폐지는 이사 과반수의 결의에 의하여야 한다(상법 제564조 제1항).
ㄴ. [×] 유한책임회사는 정관으로 사원 또는 사원이 아닌 자를 업무집행자로 정하여야 한다(상법 제287조의12 제1항).
ㄷ. [O] (합자회사의) 무한책임사원은 정관에 다른 규정이 없는 때에는 각자가 회사의 업무를 집행할 권리와 의무가 있다(상법 제273조).
ㄹ. [×] 합자회사의 유한책임사원이 정관 또는 총사원의 동의로서 회사의 대표자로 지정되어 그와 같은 등기까지 경유되었다 하더라도 회사대표권을 가질 수 없다(대판 1966.1.25. 65다2128).

> **상법 제278조(유한책임사원의 업무집행, 회사대표의 금지)**
> 유한책임사원은 회사의 업무집행이나 대표행위를 하지 못한다.

ㅁ. [O] (합명회사에서) 정관으로 업무집행사원을 정하지 아니한 때에는 각 사원은 회사를 대표한다. 수인의 업무집행사원을 정한 경우에 각 업무집행사원은 회사를 대표한다. 그러나 정관 또는 총사원의 동의로 업무집행사원 중 특히 회사를 대표할 자를 정할 수 있다(상법 제207조).

답 ③

24 CPA 2021

☑ 확인 Check! ○ △ ✕

상법상 유한회사에 관한 설명으로 옳은 것은?

① 금전출자에 의한 자본금 증가의 경우에 출자의 인수를 한 자는 그 자본금 증가의 등기일로부터 이익배당에 관하여 사원과 동일한 권리를 가진다.

② 이사가 회사에 대하여 소를 제기하는 경우에는 감사만 그 소에 관하여 회사를 대표한다.

③ 이사가 수인인 경우 정관에 다른 정함이 없으면 각 이사가 회사를 대표한다.

④ 현물출자의 목적인 재산의 자본금 증가 당시의 실가가 자본금 증가의 결의에 의하여 정한 가격에 현저하게 부족한 때에는 그 결의에 동의한 사원은 회사에 대하여 그 부족액을 연대하여 지급할 책임이 있다.

⑤ 회사의 설립취소는 그 사원·이사·감사에 한하여 회사설립일로부터 2년 내에 소만으로 이를 주장할 수 있다.

▌해설▌

① [✕] 자본금 증가의 경우에 출자의 인수를 한 자는 출자의 납입의 기일 또는 현물출자의 목적인 재산의 급여의 기일로부터 이익배당에 관하여 사원과 동일한 권리를 가진다(상법 제590조).

② [✕] 회사가 이사에 대하여 또는 이사가 회사에 대하여 소를 제기하는 경우에는 사원총회는 그 소에 관하여 회사를 대표할 자를 선정하여야 한다(상법 제563조).

③ [✕] 이사가 수인인 경우에 정관에 다른 정함이 없으면 사원총회에서 회사를 대표할 이사를 선정하여야 한다(상법 제562조 제2항).

④ [O] 상법 제593조 제1항, 제586조 제1호

> **상법 제593조(현물출자등에 관한 사원의 책임)**
> ① 제586조 제1호와 제2호의 재산의 자본금 증가당시의 실가가 자본금 증가의 결의에 의하여 정한 가격에 현저하게 부족한 때에는 그 결의에 동의한 사원은 회사에 대하여 그 부족액을 연대하여 지급할 책임이 있다.
>
> **상법 제586조(자본금 증가의 결의)**
> 다음 각 호의 사항은 정관에 다른 정함이 없더라도 자본금 증가의 결의에서 정할 수 있다.
> 1. 현물출자를 하는 자의 성명과 그 목적인 재산의 종류, 수량, 가격과 이에 대하여 부여할 출자좌수
> 2. 본금 증가 후에 양수할 것을 약정한 재산의 종류, 수량, 가격과 그 양도인의 성명
> 3. 증가할 자본금에 대한 출자의 인수권을 부여할 자의 성명과 그 권리의 내용

⑤ [✕] 회사의 설립의 무효는 그 사원, 이사와 감사에 한하여 설립의 취소는 그 취소권있는 자에 한하여 회사설립의 날로부터 2년 내에 소만으로 이를 주장할 수 있다(상법 제552조 제1항).

답 ④

25 CPA 2020

☑ 확인Check! ○ △ ✕

상법상 유한회사에 관한 설명으로 틀린 것은?

① 이사가 수인인 경우에 정관에 다른 정함이 없으면 사원총회에서 회사를 대표할 이사를 선정하여야 한다.

② 현물출자의 목적인 재산의 회사성립 당시의 실가(實價)가 정관에 정한 가격에 현저하게 부족한 때에는, 회사성립 당시의 사원은 회사에 대하여 그 부족액을 연대하여 지급할 책임이 있다.

③ 회사설립의 무효는 그 사원, 이사와 감사에 한하여 회사성립의 날로부터 2년 내에 소만으로 이를 주장할 수 있다.

④ 정관으로 이사를 정하지 아니한 때에는 회사성립 전에 사원총회를 열어 이를 선임하여야 한다.

⑤ 감사가 없는 경우, 이사는 이사 전원의 승인이 있는 때에 한하여 자기 또는 제3자의 계산으로 회사와 거래를 할 수 있다.

▌해설▌

① [O] 이사가 수인인 경우에 정관에 다른 정함이 없으면 사원총회에서 회사를 대표할 이사를 선정하여야 한다(상법 제562조 제2항).

② [O] 상법 제550조 제1항, 제544조 제1호

> **상법 제550조(현물출자 등에 관한 회사성립시의 사원의 책임)**
>
> ① 제544조 제1호와 제2호의 재산의 회사성립당시의 실가가 정관에 정한 가격에 현저하게 부족한 때에는 회사성립당시의 사원은 회사에 대하여 그 부족액을 연대하여 지급할 책임이 있다.
>
> **상법 제544조(변태설립사항)**
>
> 다음의 사항은 정관에 기재함으로써 그 효력이 있다.
>
> 1. 현물출자를 하는 자의 성명과 그 목적인 재산의 종류, 수량, 가격과 이에 대하여 부여하는 출자좌수
> 2. 회사의 설립후에 양수할 것을 약정한 재산의 종류, 수량, 가격과 그 양도인의 성명
> 3. 회사가 부담할 설립비용

③ [O] 회사의 설립의 무효는 그 사원, 이사와 감사에 한하여 설립의 취소는 그 취소권있는 자에 한하여 회사설립의 날로부터 2년 내에 소만으로 이를 주장할 수 있다(상법 제552조 제1항).

④ [O] 정관으로 이사를 정하지 아니한 때에는 회사성립전에 사원총회를 열어 이를 선임하여야 한다(상법 제547조 제1항).

⑤ [X] 이사는 감사가 있는 때에는 그 승인이, 감사가 없는 때에는 사원총회의 승인이 있는 때에 한하여 자기 또는 제3자의 계산으로 회사와 거래를 할 수 있다. 이 경우에는 민법 제124조의 규정을 적용하지 아니한다(상법 제564조 제3항).

답 ⑤

26 CPA 2017

☑ 확인 Check! ○ △ ✕

상법상 유한회사에 관한 설명으로 옳은 것은?

① 이사가 수인인 경우에 정관에 다른 정함이 없으면 이사회에서 회사를 대표할 이사를 선정하여야 한다.
② 이사는 감사가 있는 경우에도 사원총회의 승인이 있는 때에 한하여 자기 또는 제3자의 계산으로 회사와 거래를 할 수 있다.
③ 유한회사는 정관으로 정한 경우에 사원총회의 특별결의로 주식회사로 그 조직을 변경할 수 있다.
④ 유한회사는 사원총회의 특별결의에 의하여 자본금을 증가할 수 있으며 그 결의를 한 때에 자본금증가의 효력이 생긴다.
⑤ 자본금증가 후에 아직 인수되지 아니한 출자가 있는 때에는 자본금증가결의에 동의한 사원과 이사, 감사가 인수되지 아니한 출자를 공동으로 인수한 것으로 본다.

해설

① [✕] 이사가 수인인 경우에 정관에 다른 정함이 없으면 사원총회에서 회사를 대표할 이사를 선정하여야 한다(상법 제562조 제2항). 상법상 유한회사에는 이사회가 없다.

② [✕] 이사는 감사가 있는 때에는 그 승인이, 감사가 없는 때에는 사원총회의 승인이 있는 때에 한하여 자기 또는 제3자의 계산으로 회사와 거래를 할 수 있다. 이 경우에는 민법 제124조의 규정을 적용하지 아니한다(상법 제564조 제3항).

③ [O] 유한회사는 총사원의 일치에 의한 총회의 결의로 주식회사로 조직을 변경할 수 있다. 다만, 회사는 그 결의를 정관으로 정하는 바에 따라 제585조(정관변경의 특별결의)의 사원총회의 결의로 할 수 있다(상법 제607조 제1항).

④ [✕] 유한회사의 자본금증가는 정관변경사항이므로 사원총회의 특별결의에 의하여 할 수 있으며, 자본금 증가의 등기를 한 때에 자본금증가의 효력이 생긴다(상법 제584조, 제585조 제1항, 제591조, 제592조 참조).

> **상법 제584조(정관변경의 방법)**
> 정관을 변경함에는 사원총회의 결의가 있어야 한다.
>
> **상법 제585조(정관변경의 특별결의)**
> ① 전조의 결의는 총사원의 반수 이상이며 총사원의 의결권의 4분의 3 이상을 가지는 자의 동의로 한다.
>
> **상법 제591조(자본금 증가의 등기)**
> 유한회사는 자본금 증가로 인한 출자 전액의 납입 또는 현물출자의 이행이 완료된 날부터 2주 내에 본점소재지에서 자본금 증가로 인한 변경등기를 하여야 한다.
>
> **상법 제592조(자본금 증가의 효력발생)**
> 자본금의 증가는 본점소재지에서 제591조의 등기를 함으로써 효력이 생긴다.

⑤ [✕] 자본금 증가후에 아직 인수되지 아니한 출자가 있는 때에는 이사와 감사가 공동으로 이를 인수한 것으로 본다(상법 제594조 제1항).

답 ③

PART 3

27 CPA 2015

☑ 확인Check! ○ △ ×

상법상 유한회사에 관한 설명으로 틀린 것은?

① 정관규정에 따라 감사를 둔 경우 소수사원은 감사해임의 소를 제기할 수 없다.
② 주식회사와 달리 설립취소의 소가 인정되며 그 절차는 합명회사와 같다.
③ 사후증자에는 정관변경을 위한 특별결의와 같은 요건의 의결정족수가 필요하다.
④ 사원의 권리행사와 관련하여 주식회사의 주주에 대한 이익공여금지규정이 준용된다.
⑤ 유한회사는 분할 또는 분할합병 할 수 없으므로 이를 이유로 해산할 수 없다.

해설

① [O] 유한회사 감사의 경우 상법 제570조에서 주식회사 이사의 해임결의에 관한 제385조 제1항을 준용하고 있으므로 사원총회의 결의로 사원을 해임할 수 있으나, 주식회사 이사의 소수주주에 의한 해임청구에 관한 제385조 제2항은 준용하고 있지 않으므로 소수사원에 의한 해임의 소가 인정되지 않는다.

> **상법 제570조(준용규정)**
> 제382조, 제385조 제1항, 제386조, 제388조, 제400조, 제407조, 제411조, 제413조, 제414조와 제565조의 규정은 감사에 준용한다.
>
> **상법 제385조(해임)**
> ① 이사는 언제든지 제434조의 규정에 의한 주주총회의 결의로 이를 해임할 수 있다. 그러나 이사의 임기를 정한 경우에 정당한 이유없이 그 임기만료전에 이를 해임한 때에는 그 이사는 회사에 대하여 해임으로 인한 손해의 배상을 청구할 수 있다.
> ② 이사가 그 직무에 관하여 부정행위 또는 법령이나 정관에 위반한 중대한 사실이 있음에도 불구하고 주주총회에서 그 해임을 부결한 때에는 발행주식의 총수의 100분의 3 이상에 해당하는 주식을 가진 주주는 총회의 결의가 있은 날부터 1월 내에 그 이사의 해임을 법원에 청구할 수 있다.

② [O] 상법 제552조 제1항, 제2항

> **상법 제552조(설립무효, 취소의 소)**
> ① (유한)회사의 설립의 무효는 그 사원, 이사와 감사에 한하여 설립의 취소는 그 취소권있는 자에 한하여 회사설립의 날로부터 2년 내에 소만으로 이를 주장할 수 있다.
> ② 제184조 제2항과 제185조 내지 제193조의 규정은 전항의 소에 준용한다.

③ [O] 증자 후 2년 내에 증자 전부터 존재하는 재산으로서 영업을 위하여 계속하여 사용할 것을 증자 후 자본금의 1/20 이상에 상당하는 대가로 취득하는 계약을 체결하는 것을 사후증자라고 하는데 이 경우 사원총회의 특별결의가 필요하다(상법 제596조, 제576조 제2항, 제585조 제1항 참조).

> **상법 제596조(준용규정)**
> 제421조 제2항, 제548조와 제576조 제2항의 규정은 자본금 증가의 경우에 준용한다.

상법 제576조(유한회사의 영업양도 등에 특별결의를 받아야 할 사항)

① 유한회사가 제374조 제1항 제1호부터 제3호까지의 규정에 해당되는 행위를 하려면 제585조에 따른 총회의 결의가 있어야 한다.

② 전항의 규정은 유한회사가 그 성립후 2년 내에 성립전으로부터 존재하는 재산으로서 영업을 위하여 계속하여 사용할 것을 자본금의 20분의 1 이상에 상당한 대가로 취득하는 계약을 체결하는 경우에 준용한다.

상법 제585조(정관변경의 특별결의)

① 전조의 결의는 총사원의 반수 이상이며 총사원의 의결권의 4분의 3 이상을 가지는 자의 동의로 한다.

④ [×] 주식회사의 주주에 대한 이익공여금지규정(상법 제467조의2)은 유한회사에 준용하는 규정이 없다(상법 제583조 참조).

상법 제583조(준용규정)

① 유한회사의 계산에 대하여는 제449조 제1항 · 제2항, 제450조, 제458조부터 제460조까지, 제462조, 제462조의3 및 제466조를 준용한다.

② 제468조의 규정은 유한회사와 피용자간에 고용관계로 인하여 생긴 채권에 준용한다.

⑤ [O] 상법상 회사의 분할은 주식회사에서만 인정된다.

답 ④

PART 3

28 세무사 2024

확인Check! ○ △ ×

상법상 감사를 둔 유한회사에 관한 설명으로 옳은 것은?

① 감사는 언제든지 회사의 업무와 재산상태를 조사할 수 있고 이사에 대해서 영업에 관한 보고를 요구할 수 있다.

② 지분의 이전은 취득자의 성명, 주소와 그 출자좌수에 관해 변경등기를 해야 회사와 제3자에게 대항할 수 있다.

③ 회사가 이사에 대해 소를 제기하는 경우에는 감사는 회사를 대표할 자의 지정을 법원에 신청해야 한다.

④ 이사는 매결산기에 대차대조표와 손익계산서 등을 작성하여 정기총회 회일로부터 2주간 전에 감사에게 제출해야 한다.

⑤ 사원총회 결의의 목적사항에 대해서 서면 또는 구두로 총사원이 동의한 때에는 서면에 의한 결의가 있는 것으로 추정한다.

해설

① [O] 감사는 언제든지 회사의 업무와 재산상태를 조사할 수 있고 이사에 대하여 영업에 관한 보고를 요구할 수 있다(상법 제569조).

② [X] 지분의 이전은 취득자의 성명, 주소와 그 목적이 되는 출자좌수를 사원명부에 기재하지 아니하면 이로써 회사와 제3자에게 대항하지 못한다(상법 제557조).

③ [X] 회사가 이사에 대하여 또는 이사가 회사에 대하여 소를 제기하는 경우에는 사원총회는 그 소에 관하여 회사를 대표할 자를 선정하여야 한다(상법 제563조).

④ [X] 상법 제579조 제1항, 제2항

> **상법 제579조(재무제표의 작성)**
> ① 이사는 매결산기에 다음의 서류와 그 부속명세서를 작성하여야 한다.
> 1. 대차대조표
> 2. 손익계산서
> 3. 그 밖에 회사의 재무상태와 경영성과를 표시하는 것으로서 제447조 제1항 제3호에 따른 서류
>
> ② 감사가 있는 때에는 이사는 정기총회 회일로부터 4주간 전에 제1항의 서류를 감사에게 제출하여야 한다.

⑤ [X] 결의의 목적사항에 대하여 총사원이 서면으로 동의를 한 때에는 서면에 의한 결의가 있은 것으로 본다(상법 제577조 제2항).

답 ①

29 세무사 2023

☑ 확인 Check! ○ △ X

상법상 유한회사에 관한 설명으로 옳은 것은?

① 사원의 지분에 관하여 무기명식으로 증권을 발행하지 못한다.

② 사원의 지분은 질권의 목적으로 할 수 있고, 주식과 같이 약식질도 인정된다.

③ 정관으로 사원의 지분의 양도를 제한할 수 없다.

④ 이사가 수인인 경우에 정관에 다른 정함이 없으면 회사의 업무집행은 이사의 과반수 출석과 출석이사의 과반수의 결의에 의한다.

⑤ 정관변경의 특별결의는 총사원의 반수 이상이며 총사원의 의결권의 3분의 2 이상을 가지는 자의 동의로 한다.

해설

① [O] 유한회사는 사원의 지분에 관하여 지시식 또는 무기명식의 증권을 발행하지 못한다(상법 제555조).

② [X] 지분은 질권의 목적으로 할 수 있다(상법 제559조 제1항). 다만 주식의 입질과 달리 약식질은 인정되지 않고 등록질만 인정된다(상법 제559조 제2항, 제557조 참조). 또한 상법 제560조는 주식의 등록질에 관한 제340조는 준용하고 있지만 약식질에 관한 제338조는 준용하고 있지 않다.

상법 제559조(지분의 입질)
① 지분은 질권의 목적으로 할 수 있다.
② 제556조와 제557조의 규정은 지분의 입질에 준용한다.

상법 제557조(지분이전의 대항요건)
지분의 이전은 취득자의 성명, 주소와 그 목적이 되는 출자좌수를 사원명부에 기재하지 아니하면 이로써 회사와 제3자에게 대항하지 못한다.

상법 제560조(준용규정)
① 사원의 지분에 대하여는 제339조, 제340조 제1항·제2항, 제341조의2, 제341조의3, 제342조 및 제343조 제1항을 준용한다.

③ [×] 사원은 그 지분의 전부 또는 일부를 양도하거나 상속할 수 있다. 다만, 정관으로 지분의 양도를 제한할 수 있다(상법 제556조).
④ [×] 이사가 수인인 경우에 정관에 다른 정함이 없으면 회사의 업무집행, 지배인의 선임 또는 해임과 지점의 설치·이전 또는 폐지는 이사 과반수의 결의에 의하여야 한다(상법 제564조 제1항).
⑤ [×] 상법 제584조, 제585조 제1항

상법 제584조(정관변경의 방법)
정관을 변경함에는 사원총회의 결의가 있어야 한다.

상법 제585조(정관변경의 특별결의)
① 전조의 결의는 총사원의 반수 이상이며 총사원의 의결권의 4분의 3 이상을 가지는 자의 동의로 한다.

답 ①

PART 3

30 세무사 2021

☑ 확인 Check! ○ △ ×

상법상 유한회사에 관한 설명으로 옳은 것은?

① 자본금은 최소 1,000만원이어야 한다.
② 사원 총수는 50인을 초과할 수 없다.
③ 사원이 그 지분의 전부를 양도하려는 경우, 정관의 규정이 없는 한 사원총회의 승인을 얻어야 한다.
④ 사원이 1인으로 된 때에는 해산사유가 된다.
⑤ 이사가 자기 또는 제3자의 계산으로 회사와 거래하려는 경우, 감사가 없는 때에는 사원총회의 승인을 얻어야 한다.

해설

① [×] 유한회사의 최저자본금 규정은 상법 개정으로 삭제되어 최저자본금에 관한 제한은 없다. 참고로 주식회사의 최저자본금 규정도 삭제되었다.
② [×] 유한회사의 사원 원수 상한에 관한 규정은 상법 개정으로 삭제되어 그에 관한 제한은 없다.

③ [×] (유한회사의) 사원은 그 지분의 전부 또는 일부를 양도하거나 상속할 수 있다. 다만, 정관으로 지분의 양도를 제한할 수 있다(상법 제556조).

④ [×] 합명회사와 합자회사는 사원이 1인이 된 때가 해산사유가 되나(상법 제227조 제3호, 제269조 참조), 주식회사, 유한회사, 유한책임회사는 사원이 1인이 된 때에도 해산사유가 아니다.

⑤ [O] 이사는 감사가 있는 때에는 그 승인이, 감사가 없는 때에는 사원총회의 승인이 있는 때에 한하여 자기 또는 제3자의 계산으로 회사와 거래를 할 수 있다. 이 경우에는 민법 제124조의 규정을 적용하지 아니한다(상법 제564조 제3항).

답 ⑤

31 세무사 2020

☑ 확인 Check! ○ △ ×

상법상 유한회사에 관한 설명으로 옳지 않은 것은?

① 회사는 정관으로 정하는 바에 따라 사원의 지분양도를 제한할 수 있다.

② 회사는 자본금을 증가할 때 광고 기타의 방법에 의하여 출자의 인수인을 공모할 수 없다.

③ 회사가 총회의 결의를 하여야 하는 경우에 총사원의 동의가 있는 때에는 서면에 의한 결의를 할 수 있다.

④ 자본금 증가의 경우에 출자의 인수를 한 자는 자본금 증가의 변경등기일로부터 이익배당에 관하여 사원과 동일한 권리를 가진다.

⑤ 회사가 존립기간의 만료로 해산한 경우에 사원총회의 특별결의로 회사를 계속할 수 있다.

해설

① [O] 사원은 그 지분의 전부 또는 일부를 양도하거나 상속할 수 있다. 다만, 정관으로 지분의 양도를 제한할 수 있다(상법 제556조).

② [O] 유한회사는 광고 기타의 방법에 의하여 인수인을 공모하지 못한다(상법 제589조 제2항).

③ [O] 총회의 결의를 하여야 할 경우에 총사원의 동의가 있는 때에는 서면에 의한 결의를 할 수 있다(상법 제577조 제1항).

④ [×] 자본금 증가의 경우에 출자의 인수를 한 자는 출자의 납입의 기일 또는 현물출자의 목적인 재산의 급여의 기일로부터 이익배당에 관하여 사원과 동일한 권리를 가진다(상법 제590조).

⑤ [O] 상법 제610조 제1항, 제227조 제1호, 제585조 제1항

상법 제610조(회사의 계속)

① 제227조 제1호 또는 전조 제1항 제2호의 사유로 인하여 회사가 해산한 경우에는 제585조의 규정에 의한 사원총회의 결의로써 회사를 계속할 수 있다.

상법 제227조(해산원인)

회사는 다음의 사유로 인하여 해산한다.

1. 존립기간의 만료 기타 정관으로 정한 사유의 발생

… (중략) …

상법 제585조(정관변경의 특별결의)

① 전조의 결의는 총사원의 반수 이상이며 총사원의 의결권의 4분의 3 이상을 가지는 자의 동의로 한다.

답 ④

32 법무사 2023

☑ 확인 Check! ○ △ ×

유한회사에 관한 다음 설명 중 가장 옳지 않은 것은?

① 유한회사의 정관에서 특정 이사의 보수액을 구체적으로 정한 경우, 보수액은 임용계약의 내용이 되어 당사자인 회사와 이사 쌍방을 구속하므로, 특별한 사정이 없는 한 유한회사의 사원총회에서 임용계약의 내용으로 이미 편입된 이사의 보수를 감액하거나 박탈하는 결의를 하더라도, 이러한 사원총회 결의는 결의 자체의 효력과 관계없이 이사의 보수청구권에 아무런 영향을 미치지 못한다.

② 유한회사의 사원총회에서 선임된 이사가 회사와의 명시적 또는 묵시적 약정에 따라 그 업무를 다른 이사 등에게 포괄적으로 위임하고 이사로서의 실질적인 업무를 수행하지 않은 경우라 하더라도 특별한 사정이 없는 한 소극적인 직무수행 사유만을 가지고 그 이사로서의 자격을 부정하거나 사원총회 결의에서 정한 보수청구권의 효력을 부정하기는 어렵다.

③ 유한회사 성립 후에 출자금액의 납입 또는 현물출자의 이행이 완료되지 아니하였음이 발견된 때에 회사성립 당시의 사원, 이사와 감사는 회사에 대하여 그 납입되지 아니한 금액 또는 이행되지 아니한 현물의 가액을 연대하여 지급할 책임이 있는데, 이때 사원의 책임은 면제하지 못하나, 이사와 감사의 책임은 총사원의 동의가 있으면 면제할 수 있다.

④ 유한회사 사원의 지분은 사원이 회사에 대하여 가지는 권리의무의 총체 즉 사원권으로서 신분상의 권리와 아울러 재산상의 권리를 포함하고 있는 것이므로 재산상의 가치를 가지고 이를 현금화하는 것이 가능하므로 강제집행의 대상이 되고, 피전부채권으로서의 적격도 있다.

⑤ 유한회사의 사원권에 관한 명의신탁 해지로 명의신탁자가 사원권을 회복하기 위하여는 사원총회의 특별결의가 있는 때에 한하여 그 효력이 생기고, 해지의 의사표시만에 의하여 수탁된 지분이 바로 명의신탁자에게 복귀하는 것은 아니다.

PART 3

해설

① [O] 유한회사에서 상법 제567조, 제388조에 따라 정관 또는 사원총회 결의로 특정 이사의 보수액을 구체적으로 정하였다면, 보수액은 임용계약의 내용이 되어 당사자인 회사와 이사 쌍방을 구속하므로, 이사가 보수의 변경에 대하여 명시적으로 동의하였거나, 적어도 직무의 내용에 따라 보수를 달리 지급하거나 무보수로 하는 보수체계에 관한 내부규정이나 관행이 존재함을 알면서 이사직에 취임한 경우와 같이 직무내용의 변동에 따른 보수의 변경을 감수한다는 묵시적 동의가 있었다고 볼만한 특별한 사정이 없는 한, 유한회사가 이사의 보수를 일방적으로 감액하거나 박탈할 수 없다. 따라서 유한회사의 사원총회에서 임용계약의 내용으로 이미 편입된 이사의 보수를 감액하거나 박탈하는 결의를 하더라도, 이러한 사원총회 결의는 결의 자체의 효력과 관계없이 이사의 보수청구권에 아무런 영향을 미치지 못한다(대판 2017.3.30. 2016다21643).

② [O] 유한회사의 사원총회에서 이사로 선임된 사람이 회사와 계약을 맺고 이사로 취임한 경우에, 상법 제388조, 제567조에 따라 정관 또는 사원총회에서 정한 금액·지급시기·지급방법에 의하여 보수를 받을 수 있다. 이에 비추어 보면, 비록 사원총회에서 선임된 이사가 회사와의 명시적 또는 묵시적 약정에 따라 그 업무를 다른 이사 등에게 포괄적으로 위임하고 이사로서의 실질적인 업무를 수행하지 않은 경우라 하더라도 이사로서 상법 제399조, 제401조, 제567조 등에서 정한 법적 책임을 지므로, 그 이사를 선임하거나 보수를 정한 사원총회 결의의 효력이 무효이거나 또한 위와 같은 소극적인 직무 수행이 사원총회에서 그 이사를 선임하면서 예정하였던 직무 내용과

달라 사원총회에서 한 선임 결의 및 보수지급 결의에 위배되는 배임적인 행위에 해당하는 등의 특별한 사정이 없다면, 위와 같은 소극적인 직무 수행 사유만을 가지고 그 이사로서의 자격을 부정하거나 사원총회 결의에서 정한 보수청구권의 효력을 부정하기는 어렵다(대판 2015.8.27. 2015다200524).

③ [O] 상법 제551조 제1항, 제2항, 제3항

> **상법 제551조(출자미필액에 대한 회사성립 시의 사원 등의 책임)**
> ① 회사성립 후에 출자금액의 납입 또는 현물출자의 이행이 완료되지 아니하였음이 발견된 때에는 회사성립 당시의 사원, 이사와 감사는 회사에 대하여 그 납입되지 아니한 금액 또는 이행되지 아니한 현물의 가액을 연대하여 지급할 책임이 있다.
> ② 전항의 사원의 책임은 면제하지 못한다.
> ③ 제1항의 이사와 감사의 책임은 총사원의 동의가 없으면 면제하지 못한다.

④ [×] 사원의 지분에 대한 압류는 사원의 장래 이익의 배당 및 지분환급청구권에도 그 효력이 미치고(상법 제223조, 제269조), 그 밖에 해산한 경우에 생기는 사원의 잔여재산분배청구권에도 미친다(상법 제260조, 제269조, 제287조의45). 이러한 청구권은 구체적으로 발생할 때까지 액수가 정해져 있지 않으므로 액수가 정해질 때까지 추심할 수 없고, 사원의 지분은 금전채권이 아니므로 전부명령의 방법도 취할 수 없다(대결 2004.7.5. 2004마463 참조).

> 전부명령은 압류된 채권을 지급에 갈음하여 압류채권자에게 이전시키고 그것으로 채무자가 변제를 한 것으로 간주하는 제도이므로 그 대상인 피압류채권은 금전채권이어야 하고, 또한 양도성이 있어야 하는데, 이 사건 피압류채권인 유한회사의 지분은 민사집행법 제229조 제1항이 정한 금전채권에 해당하지 아니하고, 사원총회의 결의가 있는 경우에 한하여 지분을 양도할 수 있으며 다만 사원 상호 간의 양도에 대하여는 정관으로 달리 정할 수 있을 뿐이어서(상법 제556조) 피전부채권으로서의 적격이 없고, 유한회사의 지분을 압류한 채권자로서는 총사원의 승낙서를 첨부하여 민사집행법 제241조가 정한 양도명령이나 매각명령의 방법으로 유한회사 지분을 현금화하여 채권의 만족을 얻거나, 사원의 이익배당청구권(상법 제580조)과 잔여재산분배청구권(상법 제612조)이 구체화되어 그 행사를 할 수 있는 시기가 도래할 경우 그 채권에 대하여 추심명령이나 전부명령 등의 현금화절차를 거쳐 채권의 만족을 얻을 수 있을 뿐이다(대결 2004.7.5. 2004마463).

⑤ [O] 상법 제556조 제1항의 규정 취지는 소수의 사원으로 구성되고 사원의 개성이 중시되며 사원 상호 간의 긴밀한 신뢰관계를 기초로 하는 유한회사에 있어서 사원이 그 지분을 자유롭게 양도할 수 있도록 허용하게 되면 회사에 우호적이지 않은 자가 사원이 될 수 있어 경영의 원활과 사원 상호 간의 신뢰관계를 저해하게 되는 결과 유한회사가 가지는 폐쇄성·비공개성에 반하게 되므로 이를 방지하기 위한 것이라 할 것인바, 유한회사의 지분(사원권)에 관한 명의신탁 해지의 경우에도 사원의 변경을 가져오므로 위 규정을 유추적용하여 사원총회의 특별결의가 있어야 그 효력이 생긴다고 보는 것이 법의 취지에 비추어 상당하다고 할 것이고, 따라서 해지의 의사표시만에 의하여 수탁된 지분이 바로 명의신탁자에게 복귀하는 것은 아니다(대판 1997.6.27. 95다20140).

답 ④

33 CPA 2024

☑ 확인Check! ○ △ ×

상법상 유한책임회사에 관한 설명으로 틀린 것은?

① 사원은 신용이나 노무를 출자의 목적으로 하지 못하며 정관의 작성 후 설립등기를 하는 때까지 금전이나 그 밖의 재산의 출자를 전부 이행하여야 한다.

② 회사는 그 지분의 전부 또는 일부를 양수할 수 없으며 회사가 지분을 취득하는 경우 그 지분은 취득한 때에 소멸한다.

③ 업무집행자는 사원 과반수의 동의를 받지 아니하고는 같은 종류의 영업을 목적으로 하는 다른 회사의 업무집행자·이사 또는 집행임원이 되지 못한다.

④ 정관에 다른 규정이 없는 경우 정관을 변경하려면 총사원의 동의가 있어야 한다.

⑤ 회사의 내부관계에 관하여는 정관이나 상법에 다른 규정이 없으면 합명회사에 관한 규정을 준용한다.

해설

① [O] 상법 제287조의4 제1항, 제2항

> **상법 제287조의4(설립 시의 출자의 이행)**
> ① 사원은 신용이나 노무를 출자의 목적으로 하지 못한다.
> ② 사원은 정관의 작성 후 설립등기를 하는 때까지 금전이나 그 밖의 재산의 출자를 전부 이행하여야 한다.

② [O] 상법 제287조의9 제1항, 제2항

> **상법 제287조의9(유한책임회사에 의한 지분양수의 금지)**
> ① 유한책임회사는 그 지분의 전부 또는 일부를 양수할 수 없다.
> ② 유한책임회사가 지분을 취득하는 경우에 그 지분은 취득한 때에 소멸한다.

③ [×] 업무집행자는 사원 전원의 동의를 받지 아니하고는 자기 또는 제3자의 계산으로 회사의 영업부류에 속한 거래를 하지 못하며, 같은 종류의 영업을 목적으로 하는 다른 회사의 업무집행자·이사 또는 집행임원이 되지 못한다(상법 제287조의10 제1항).

④ [O] 정관에 다른 규정이 없는 경우 정관을 변경하려면 총사원의 동의가 있어야 한다(상법 제287조의16).

⑤ [O] 유한책임회사의 내부관계에 관하여는 정관이나 이 법에 다른 규정이 없으면 합명회사에 관한 규정을 준용한다(상법 제287조의18).

답 ③

34 CPA 2022

☑ 확인 Check! ○ △ ×

상법상 유한책임회사에 관한 설명으로 틀린 것은?

① 사원의 책임은 상법에 다른 규정이 있는 경우 외에는 그 출자금액을 한도로 한다.
② 사원의 성명・주민등록번호 및 주소는 정관에 반드시 기재되어야 하므로 1인 사원만으로 회사를 설립할 수 없다.
③ 회사 성립 후에 업무집행자를 변경하려면 정관변경의 절차가 필요하다.
④ 회사를 대표하는 업무집행자가 그 업무집행으로 타인에게 손해를 입힌 경우에 회사는 그 업무집행자와 연대하여 그 손해를 배상할 책임이 있다.
⑤ 회사가 잉여금을 한도로 하여 분배할 수 있다는 상법 규정을 위반하여 잉여금을 분배한 경우에는 회사의 채권자는 그 잉여금을 분배받은 자에 대하여 회사에 반환할 것을 청구할 수 있다.

해설

① [O] (유한책임회사에서) 사원의 책임은 이 법에 다른 규정이 있는 경우 외에는 그 출자금액을 한도로 한다(상법 제287조의7).
② [×] 유한책임회사에서 사원의 성명・주민등록번호 및 주소는 정관에 반드시 기재되어야 하나(상법 제287조의3 제1호, 제179조 제3호 참조), 1인 사원만으로 회사를 설립할 수 있다(상법 제287조의2 참조).

> **상법 제287조의2(정관의 작성)**
> 유한책임회사를 설립할 때에는 사원은 정관을 작성하여야 한다.
>
> **상법 제287조의3(정관의 기재사항)**
> 정관에는 다음 각 호의 사항을 적고 각 사원이 기명날인하거나 서명하여야 한다.
> 1. 제179조 제1호부터 제3호까지, 제5호 및 제6호에서 정한 사항(목적, 상호, 사원의 성명・주민등록번호 및 주소, 본점의 소재지, 정관의 작성년월일)
> 2. 사원의 출자의 목적 및 가액
> 3. 자본금의 액
> 4. 업무집행자의 성명(법인인 경우에는 명칭) 및 주소

③ [O] 업무집행자의 성명(법인인 경우에는 명칭) 및 주소는 정관기재사항이므로(상법 제287조의3 제4호 참조), 회사 성립 후에 업무집행자를 변경하려면 정관변경의 절차가 필요하다.
④ [O] 유한책임회사를 대표하는 업무집행자가 그 업무집행으로 타인에게 손해를 입힌 경우에는 회사는 그 업무집행자와 연대하여 배상할 책임이 있다(상법 제287조의20).
⑤ [O] 상법 제287조의37 제1항, 제2항

> **상법 제287조의37(잉여금의 분배)**
> ① 유한책임회사는 대차대조표상의 순자산액으로부터 자본금의 액을 뺀 액(이하 이 조에서 "잉여금"이라 한다)을 한도로 하여 잉여금을 분배할 수 있다.
> ② 제1항을 위반하여 잉여금을 분배한 경우에는 유한책임회사의 채권자는 그 잉여금을 분배받은 자에 대하여 회사에 반환할 것을 청구할 수 있다.

답 ②

35 CPA 2021

☑ 확인 Check! ○ △ ✕

상법상 유한책임회사에 관한 설명으로 옳은 것은?

① 유한책임회사는 정관을 변경함으로써 새로운 사원을 가입시킬 수 있다.
② 유한책임회사는 그 지분의 전부 또는 일부를 양수할 수 있다.
③ 사원의 지분을 압류한 채권자는 그 사원을 퇴사시킬 수 없다.
④ 유한책임회사는 총사원의 동의에 의하여 유한회사로 조직변경을 할 수 있다.
⑤ 사원이 아닌 자가 정관에 의해 업무집행자가 된 경우 유한책임회사를 대표할 수 없다.

▎해설▎

① [O] 유한책임회사는 정관을 변경함으로써 새로운 사원을 가입시킬 수 있다(상법 제287조의23 제1항).
② [×] 유한책임회사는 그 지분의 전부 또는 일부를 양수할 수 없다(상법 제287조의9 제1항).
③ [×] 상법 제287조의29, 제224조 제1항

> **상법 제287조의29(지분압류채권자에 의한 퇴사)**
> 사원의 지분을 압류한 채권자가 그 사원을 퇴사시키는 경우에는 제224조를 준용한다.
>
> **상법 제224조(지분 압류채권자에 의한 퇴사청구)**
> ① 사원의 지분을 압류한 채권자는 영업년도말에 그 사원을 퇴사시킬 수 있다. 그러나 회사와 그 사원에 대하여 6월전에 그 예고를 하여야 한다.

④ [×] 조직변경은 합명회사와 합자회사 상호 간(상법 제242조, 제286조 참조), 주식회사와 유한회사 상호 간(상법 제604조 제1항, 제607조 제1항 참조), 주식회사와 유한책임회사 상호 간(상법 제287조의43 참조)에만 허용되고, 유한책임회사와 유한회사 상호 간의 조직변경은 허용되지 않는다.
⑤ [×] 사원이 아닌 자가 정관에 의해 업무집행자가 된 경우 유한책임회사를 대표할 수 있다(상법 제287조의12 제1항, 제287조의19 제1항 참조).

> **상법 제287조의12(업무의 집행)**
> ① 유한책임회사는 정관으로 사원 또는 사원이 아닌 자를 업무집행자로 정하여야 한다.
>
> **상법 제287조의19(유한책임회사의 대표)**
> ① 업무집행자는 유한책임회사를 대표한다.

답 ①

PART 3

36 CPA 2019

확인Check! ○ △ ×

상법상 유한책임회사에 관한 설명으로 옳은 것은? 기출수정

① 채권자는 퇴사하는 사원에게 환급하는 금액이 잉여금을 초과하는 경우 그 환급에 대하여 회사에 이의를 제기할 수 없다.

② 업무를 집행하지 않는 사원은 업무를 집행하는 사원의 과반수동의가 있으면 그 지분의 전부 또는 일부를 타인에게 양도할 수 있다.

③ 회사는 사원 전원의 동의로 그 지분의 일부를 취득할 수 있으며 회사가 지분을 취득하는 경우 그 지분은 지체없이 처분하여야 한다.

④ 업무집행자는 다른 사원 과반수의 동의가 있는 경우에만 자기 또는 제3자의 계산으로 회사의 영업부류에 속한 거래를 할 수 있다.

⑤ 업무집행자의 업무집행을 정지하거나 직무대행자를 선임하는 가처분을 하거나 그 가처분을 변경 또는 취소하는 경우에는 본점이 있는 곳의 등기소에서 등기하여야 한다.

해설

① [×] 유한책임회사의 채권자는 퇴사하는 사원에게 환급하는 금액이 제287조의37에 따른 잉여금을 초과한 경우에는 그 환급에 대하여 회사에 이의를 제기할 수 있다(상법 제287조의30 제1항).

② [×] 상법 제287조의8 제2항

> **상법 제287조의8(지분의 양도)**
> ① 사원은 다른 사원의 동의를 받지 아니하면 그 지분의 전부 또는 일부를 타인에게 양도하지 못한다.
> ② 제1항에도 불구하고 업무를 집행하지 아니한 사원은 업무를 집행하는 사원 전원의 동의가 있으면 지분의 전부 또는 일부를 타인에게 양도할 수 있다. 다만, 업무를 집행하는 사원이 없는 경우에는 사원 전원의 동의를 받아야 한다.

③ [×] 상법 제287조의9 제1항, 제2항

> **상법 제287조의9(유한책임회사에 의한 지분양수의 금지)**
> ① 유한책임회사는 그 지분의 전부 또는 일부를 양수할 수 없다.
> ② 유한책임회사가 지분을 취득하는 경우에 그 지분은 취득한 때에 소멸한다.

④ [×] 업무집행자는 사원 전원의 동의를 받지 아니하고는 자기 또는 제3자의 계산으로 회사의 영업부류에 속한 거래를 하지 못하며, 같은 종류의 영업을 목적으로 하는 다른 회사의 업무집행자·이사 또는 집행임원이 되지 못한다(상법 제287조의10 제1항).

⑤ [○] 상법 제287조의18, 제183조의2

> **상법 제287조의18(준용규정)**
> 유한책임회사의 내부관계에 관하여는 정관이나 이 법에 다른 규정이 없으면 합명회사에 관한 규정을 준용한다.

상법 제183조의2(업무집행정지가처분 등의 등기)
사원의 업무집행을 정지하거나 직무대행자를 선임하는 가처분을 하거나 그 가처분을 변경·취소하는 경우에는 본점이 있는 곳의 등기소에서 이를 등기하여야 한다.

답 ⑤

37 CPA 2016

☑ 확인 Check! ○ △ ×

상법상 유한책임회사와 유한회사에 관한 설명으로 옳은 것은? 기출수정

① 유한책임회사의 사원은 노무나 신용의 출자가 가능하나 유한회사사원의 경우에는 노무나 신용의 출자가 허용되지 않는다.
② 유한책임회사의 사원은 출자의 전액을 현실적으로 납입할 필요가 없으나 유한회사의 사원은 출자의 전액을 현실적으로 납입하여야 한다.
③ 사원이 사망한 경우 유한책임회사는 원칙적으로 지분이 상속되나 유한회사의 경우에는 지분의 상속이 허용되지 않는다.
④ 유한책임회사와 유한회사의 사원이 성년후견개시결정을 받더라도 상법상의 퇴사사유가 되지 않는다.
⑤ 대표소송의 제기권은 유한책임회사의 경우에는 단독사원권이나 유한회사의 경우에는 자본금 총액의 100분의 3 이상에 해당하는 출자좌수를 요구하는 소수사원권이다.

▌해설▐

① [×] 대외적으로 채권자에게 무한책임을 지는 합명회사의 사원과 합자회사의 무한책임사원은 노무와 신용을 출자의 목적으로 할 수 있으나, 유한책임을 지는 합자회사의 유한책임사원, 유한회사와 유한책임회사의 사원, 주식회사의 주주는 노무와 신용을 출자의 목적으로 할 수 없다.

상법 제287조의4(설립 시의 출자의 이행)
① (유한책임회사의) 사원은 신용이나 노무를 출자의 목적으로 하지 못한다.

상법 제546조(출자 1좌의 금액의 제한)
(유한회사에서) 출자 1좌의 금액은 100원 이상으로 균일하게 하여야 한다.

상법 제548조(출자의 납입)
① (유한회사의) 이사는 사원으로 하여금 출자전액의 납입 또는 현물출자의 목적인 재산전부의 급여를 시켜야 한다.

② [×] 유한책임회사의 사원과 유한회사의 사원은 모두 출자의 전액을 현실적으로 납입하여야 한다(상법 제287조의4 제2항, 제548조 제1항 참조).

상법 제287조의4(설립 시의 출자의 이행)
② (유한책임회사의) 사원은 정관의 작성 후 설립등기를 하는 때까지 금전이나 그 밖의 재산의 출자를 전부 이행하여야 한다.

상법 제548조(출자의 납입)
① (유한회사의) 이사는 사원으로 하여금 출자전액의 납입 또는 현물출자의 목적인 재산전부의 급여를 시켜야 한다.

③ [×] 사원이 사망한 경우 유한책임회사는 원칙적으로 퇴사원인이 되고 정관에 다른 규정이 없는 한 지분의 상속이 허용되지 않으나, 유한회사의 경우에는 지분이 상속된다(상법 제287조의25, 제287조의26, 제218조 제3호, 제219조 제1항, 제556조 참조).

④ [×] 유한회사의 사원이 성년후견개시결정을 받더라도 상법상의 퇴사사유가 되지 않는다. 그러나 유한책임회사의 사원은 성년후견개시결정을 받으면 상법상의 퇴사사유가 된다(상법 제287조의25 , 제218조 제4호 참조).

상법 제287조의25(퇴사 원인)
(유한책임회사의) 사원의 퇴사 원인에 관하여는 제218조를 준용한다.

상법 제287조의26(사원사망 시 권리승계의 통지)
(유한책임회사의) 사원이 사망한 경우에는 제219조를 준용한다.

상법 제218조(퇴사원인)
사원은 전조의 경우 외에 다음의 사유로 인하여 퇴사한다.
1. 정관에 정한 사유의 발생
2. 총사원의 동의
3. 사 망
4. 성년후견개시
5. 파 산
6. 제 명

상법 제219조(사원사망 시 권리승계의 통지)
① 정관으로 사원이 사망한 경우에 그 상속인이 회사에 대한 피상속인의 권리의무를 승계하여 사원이 될 수 있음을 정한 때에는 상속인은 상속의 개시를 안 날로부터 3월 내에 회사에 대하여 승계 또는 포기의 통지를 발송하여야 한다.

상법 제556조(지분의 양도)
(유한회사의) 사원은 그 지분의 전부 또는 일부를 양도하거나 상속할 수 있다. 다만, 정관으로 지분의 양도를 제한할 수 있다.

⑤ [O] 상법 제287조의22 제1항, 제565조 제1항

상법 제287조의22(대표소송)
① (유한책임회사의) 사원은 회사에 대하여 업무집행자의 책임을 추궁하는 소의 제기를 청구할 수 있다.

상법 제565조(사원의 대표소송)
① (유한회사의) 자본금 총액의 100분의 3 이상에 해당하는 출자좌수를 가진 사원은 회사에 대하여 이사의 책임을 추궁할 소의 제기를 청구할 수 있다.

답 ⑤

38 CPA 2015

☑ 확인Check! ○ △ ×

상법상 유한책임회사에 관한 설명으로 옳은 것은?

① 유한책임회사는 주식회사 또는 유한회사로 조직변경 할 수 있다.
② 업무집행자 중 사원이 아닌 자는 설립무효의 소의 제소권자가 아니다.
③ 잉여금은 각 사원이 출자한 가액에 비례하여 분배하며 정관에 달리 정할 수 없다.
④ 사원이 부득이한 사유가 있을 때에는 언제든지 퇴사할 수 있으나 지분압류채권자에 의한 퇴사청구는 인정하지 않는다.
⑤ 사원이 아닌 자도 업무집행자인 때에는 대표로 될 수도 있다.

해설

① [×] 주식회사와 유한책임회사 상호 간(상법 제287조의43 제1항, 제2항 참조)의 조직변경은 허용되나, 유한책임회사와 유한회사 상호 간의 조직변경은 허용되지 않는다.

> **상법 제287조의43(조직의 변경)**
> ① 주식회사는 총회에서 총주주의 동의로 결의한 경우에는 그 조직을 변경하여 이 장에 따른 유한책임회사로 할 수 있다.
> ② 유한책임회사는 총사원의 동의에 의하여 주식회사로 변경할 수 있다.

② [×] 사원 및 업무집행자가 설립무효의 소의 제소권자이다(상법 제287조의6, 제184조 제1항 참조).

> **상법 제287조의6(준용규정)**
> 유한책임회사의 설립의 무효와 취소에 관하여는 제184조부터 제194조까지의 규정을 준용한다. 이 경우 제184조 중 "사원"은 "사원 및 업무집행자"로 본다.
>
> **상법 제184조(설립무효, 취소의 소)**
> ① 회사의 설립의 무효는 그 사원에 한하여, 설립의 취소는 그 취소권있는 자에 한하여 회사성립의 날로부터 2년내에 소만으로 이를 주장할 수 있다.

③ [×] 잉여금은 정관에 다른 규정이 없으면 각 사원이 출자한 가액에 비례하여 분배한다(상법 제287조의37 제4항).
④ [×] 유한책임회사 사원은 부득이한 사유가 있더라도 언제든지 퇴사할 수는 없으나, 지분압류채권자에 의한 퇴사청구는 인정된다(상법 제287조의24, 제217조 제1항, 제287조의29, 제224조 참조).

*상법 제287조의24에서 제217조 제1항만을 준용하고 제2항은 준용하고 있지 않음에 주의!!

> **상법 제287조의24(사원의 퇴사권)**
> 사원의 퇴사에 관하여는 정관으로 달리 정하지 아니하는 경우에는 제217조 제1항을 준용한다.
>
> **상법 제217조(사원의 퇴사권)**
> ① 정관으로 회사의 존립기간을 정하지 아니하거나 어느 사원의 종신까지 존속할 것을 정한 때에는 사원은 영업년도말에 한하여 퇴사할 수 있다. 그러나 6월전에 이를 예고하여야 한다.
> ② 사원이 부득이한 사유가 있을 때에는 언제든지 퇴사할 수 있다.

PART 3

> **상법 제287조의29(지분압류채권자에 의한 퇴사)**
> 사원의 지분을 압류한 채권자가 그 사원을 퇴사시키는 경우에는 제224조를 준용한다.
>
> > **상법 제224조(지분 압류채권자에 의한 퇴사청구)**
> > ① 사원의 지분을 압류한 채권자는 영업년도말에 그 사원을 퇴사시킬 수 있다. 그러나 회사와 그 사원에 대하여 6월전에 그 예고를 하여야 한다.

⑤ [O] 사원이 아닌 자도 정관에 의해 업무집행자가 된 경우 유한책임회사를 대표할 수 있다(상법 제287조의12 제1항, 제287조의19 제1항 참조).

> **상법 제287조의12(업무의 집행)**
> ① 유한책임회사는 정관으로 사원 또는 사원이 아닌 자를 업무집행자로 정하여야 한다.
>
> **상법 제287조의19(유한책임회사의 대표)**
> ① 업무집행자는 유한책임회사를 대표한다.

답 ⑤

39 세무사 2024

☑ 확인Check! ○ △ ×

상법상 유한책임회사에 관한 설명으로 옳은 것을 모두 고른 것은?

> ㄱ. 유한책임회사는 그 지분의 전부 또는 일부를 양수할 수 있다.
> ㄴ. 사원은 다른 사원의 동의를 받지 아니하면 그 지분의 전부를 타인에게 양도하지 못한다.
> ㄷ. 2명 이상의 업무집행자를 정한 경우에는 업무집행자 각자가 회사의 업무를 집행할 권리와 의무가 있다.
> ㄹ. 업무집행자는 다른 사원 과반수의 결의가 있은 경우에만 자기 또는 제3자의 계산으로 회사와 거래를 할 수 있다.
> ㅁ. 정관에 다른 규정이 없는 경우 정관을 변경하려면 사원 과반수의 동의로 해야 한다.

① ㄱ, ㄴ, ㄷ
② ㄱ, ㄴ, ㅁ
③ ㄴ, ㄷ, ㄹ
④ ㄴ, ㄹ, ㅁ
⑤ ㄷ, ㄹ, ㅁ

▌해설▌

ㄱ. [×] 유한책임회사는 그 지분의 전부 또는 일부를 양수할 수 없다(상법 제287조의9 제1항).
ㄴ. [O] 사원은 다른 사원의 동의를 받지 아니하면 그 지분의 전부 또는 일부를 타인에게 양도하지 못한다(상법 제287조의8 제1항).
ㄷ. [O] 1명 또는 둘 이상의 업무집행자를 정한 경우에는 업무집행자 각자가 회사의 업무를 집행할 권리와 의무가 있다. 이 경우에는 제201조 제2항을 준용한다(상법 제287조의12 제2항).
ㄹ. [O] 업무집행자는 다른 사원 과반수의 결의가 있는 경우에만 자기 또는 제3자의 계산으로 회사와 거래를 할 수 있다. 이 경우에는 「민법」 제124조를 적용하지 아니한다(상법 제287조의11).
ㅁ. [×] 정관에 다른 규정이 없는 경우 정관을 변경하려면 총사원의 동의가 있어야 한다(상법 제287조의16).

답 ③

40 세무사 2023

확인 Check! ○ △ ×

상법상 유한책임회사에 관한 설명으로 옳지 않은 것은?

① 유한책임회사는 정관을 변경함으로써 새로운 사원을 가입시킬 수 있다.
② 유한책임회사는 그 지분의 전부를 양수할 수 있다.
③ 유한책임회사는 정관변경의 방법으로 자본금을 감소할 수 있다.
④ 유한책임회사를 대표하는 업무집행자가 그 업무집행으로 타인에게 손해를 입힌 경우에는 회사는 그 업무집행자와 연대하여 배상할 책임이 있다.
⑤ 업무집행자는 다른 사원의 과반수의 결의가 있는 경우에만 자기 또는 제3자의 계산으로 회사와 거래할 수 있다.

▌해설▌

① [O] 유한책임회사는 정관을 변경함으로써 새로운 사원을 가입시킬 수 있다(상법 제287조의23 제1항). 사원은 정관의 기재사항이기 때문이다(상법 제287조의3 제1호 참조).
② [×] 유한책임회사는 그 지분의 전부 또는 일부를 양수할 수 없다(상법 제287조의9 제1항).
③ [O] 유한책임회사는 정관 변경의 방법으로 자본금을 감소할 수 있다(상법 제287조의36 제1항).
④ [O] 유한책임회사를 대표하는 업무집행자가 그 업무집행으로 타인에게 손해를 입힌 경우에는 회사는 그 업무집행자와 연대하여 배상할 책임이 있다(상법 제287조의20).
⑤ [O] 업무집행자는 다른 사원 과반수의 결의가 있는 경우에만 자기 또는 제3자의 계산으로 회사와 거래를 할 수 있다. 이 경우에는 「민법」 제124조를 적용하지 아니한다(상법 제287조의11). 참고로 업무집행자의 경업승인은 총사원의 동의가 필요하다(상법 제287조의10 제1항 참조).

답 ②

41 세무사 2022

☑ 확인Check! ○ △ ×

상법상 유한책임회사에 관한 설명으로 옳지 않은 것은? (단, 정관에 달리 정함이 없음)

① 사원은 노무를 출자의 목적으로 할 수 없지만 신용은 출자의 목적으로 할 수 있다.
② 2인 이상의 업무집행자를 정한 경우에는 업무집행자 각자가 회사의 업무를 집행할 권리와 의무가 있다.
③ 총사원의 동의가 있어야만 정관을 변경할 수 있다.
④ 업무집행자가 2인 이상인 경우에는 총사원의 동의로 회사를 대표할 업무집행자를 정할 수 있다.
⑤ 퇴사 사원은 그 지분의 환급을 금전으로 받을 수 있다.

해설

① [×] (유한책임회사) 사원은 신용이나 노무를 출자의 목적으로 하지 못한다(상법 제287조의4 제1항).
② [○] 1명 또는 둘 이상의 업무집행자를 정한 경우에는 업무집행자 각자가 회사의 업무를 집행할 권리와 의무가 있다. 이 경우에는 제201조 제2항을 준용한다(상법 제287조의12 제2항).
③ [○] 정관에 다른 규정이 없는 경우 정관을 변경하려면 총사원의 동의가 있어야 한다(상법 제287조의16).
④ [○] 업무집행자가 둘 이상인 경우 정관 또는 총사원의 동의로 유한책임회사를 대표할 업무집행자를 정할 수 있다(상법 제287조의19 제2항).
⑤ [○] 퇴사 사원은 그 지분의 환급을 금전으로 받을 수 있다(상법 제287조의28 제1항).

답 ①

42 세무사 2021

☑ 확인Check! ○ △ ×

상법상 유한책임회사에 관한 설명으로 옳지 않은 것은?

① 유한책임회사는 그 지분의 전부 또는 일부를 양수할 수 없다.
② 유한책임회사는 정관으로 사원 또는 사원이 아닌 자를 업무집행자로 정하여야 한다.
③ 유한책임회사의 내부관계에 관하여는 정관이나 상법에 다른 규정이 없으면 유한회사에 관한 규정을 준용한다.
④ 자본금 감소 후의 자본금의 액이 순자산액 이상인 경우에는 채권자 이의절차를 거칠 필요가 없다.
⑤ 유한책임회사를 주식회사로 조직변경할 경우에는 법원의 인가를 받지 아니하면 효력이 없다.

해설

① [○] 유한책임회사는 그 지분의 전부 또는 일부를 양수할 수 없다(상법 제287조의9 제1항).
② [○] 유한책임회사는 정관으로 사원 또는 사원이 아닌 자를 업무집행자로 정하여야 한다(상법 제287조의12 제1항).
③ [×] 유한책임회사의 내부관계에 관하여는 정관이나 이 법에 다른 규정이 없으면 합명회사에 관한 규정을 준용한다(상법 제287조의18).

④ [O] 상법 제287조의36 제2항

상법 제287조의36(자본금의 감소)
① 유한책임회사는 정관 변경의 방법으로 자본금을 감소할 수 있다.
② 제1항의 경우에는 제232조(채권자의 이의)를 준용한다. 다만, 감소 후의 자본금의 액이 순자산액 이상인 경우에는 그러하지 아니하다.

⑤ [O] 유한회사나 유한책임회사가 주식회사로 조직변경을 하려면 법원의 인가를 얻어야 한다(상법 제287조의44, 제607조 제3항 참조). 이는 엄격한 주식회사의 설립절차를 회피하는 방법으로 조직변경을 이용하는 것을 막기 위한 것이다.

상법 제287조의44(준용규정)
유한책임회사의 조직의 변경에 관하여는 제232조 및 제604조부터 제607조까지의 규정을 준용한다.

상법 제607조(유한회사의 주식회사로의 조직변경)
① 유한회사는 총사원의 일치에 의한 총회의 결의로 주식회사로 조직을 변경할 수 있다. 다만, 회사는 그 결의를 정관으로 정하는 바에 따라 제585조의 사원총회의 결의로 할 수 있다.
③ 제1항의 조직변경은 법원의 인가를 받지 아니하면 효력이 없다.

답 ③

PART 3

43 세무사 2020

☑ 확인Check! ○ △ ✕

상법상 유한책임회사에 관한 설명으로 옳은 것은?

① 사원은 정관 작성 후 설립등기를 하는 때까지 금전이나 그 밖의 재산의 출자 중 일부만 이행하여도 된다.
② 자본금의 액은 정관의 절대적 기재사항이나 설립등기사항은 아니다.
③ 유한책임회사에는 설립취소의 소가 허용되지 않는다.
④ 정관변경을 통해 새로 가입한 사원이 출자에 관한 납입을 하지 아니한 경우에는 그 납입을 마친 때에 사원이 된다.
⑤ 사원의 지분의 압류는 잉여금의 배당을 청구하는 권리에 대해서는 그 효력이 없다.

해설

① [✕] 사원은 정관의 작성 후 설립등기를 하는 때까지 금전이나 그 밖의 재산의 출자를 전부 이행하여야 한다(상법 제287조의4 제2항).

② [✕] 유한책임회사에서 자본금의 액은 정관의 절대적 기재사항이자(상법 제287조의3 제3호 참조) 설립등기사항이다(상법 제287조의5 제1항 제3호 참조).

상법 제287조의3(정관의 기재사항)
정관에는 다음 각 호의 사항을 적고 각 사원이 기명날인하거나 서명하여야 한다.
1. 제179조 제1호부터 제3호까지, 제5호 및 제6호에서 정한 사항
2. 사원의 출자의 목적 및 가액
3. 자본금의 액
4. 업무집행자의 성명(법인인 경우에는 명칭) 및 주소

상법 제287조의5(설립의 등기 등)
① 유한책임회사는 본점의 소재지에서 다음 각 호의 사항을 등기함으로써 성립한다.
1. 제179조 제1호·제2호 및 제5호에서 정한 사항과 지점을 둔 경우에는 그 소재지
2. 제180조 제3호에서 정한 사항
3. 자본금의 액
4. 업무집행자의 성명, 주소 및 주민등록번호(법인인 경우에는 명칭, 주소 및 법인등록번호). 다만, 유한책임회사를 대표할 업무집행자를 정한 경우에는 그 외의 업무집행자의 주소는 제외한다.
5. 유한책임회사를 대표할 자를 정한 경우에는 그 성명 또는 명칭과 주소
6. 정관으로 공고방법을 정한 경우에는 그 공고방법
7. 둘 이상의 업무집행자가 공동으로 회사를 대표할 것을 정한 경우에는 그 규정

③ [×] 유한책임회사에서는 설립무효의 소 뿐만 아니라 설립취소의 소도 인정된다(상법 제287조의6, 제184조 제1항 참조). 주식회사의 경우에는 설립무효의 소만이 가능하며 설립취소의 소가 인정되지 않는다.

상법 제287조의6(준용규정)
유한책임회사의 설립의 무효와 취소에 관하여는 제184조부터 제194조까지의 규정을 준용한다. 이 경우 제184조 중 "사원"은 "사원 및 업무집행자"로 본다.

상법 제184조(설립무효, 취소의 소)
① 회사의 설립의 무효는 그 사원에 한하여, 설립의 취소는 그 취소권있는 자에 한하여 회사성립의 날로부터 2년 내에 소만으로 이를 주장할 수 있다.

④ [O] 상법 제287조의23 제2항 단서

상법 제287조의23(사원의 가입)
① 유한책임회사는 정관을 변경함으로써 새로운 사원을 가입시킬 수 있다.
② 제1항에 따른 사원의 가입은 정관을 변경한 때에 효력이 발생한다. 다만, 정관을 변경한 때에 해당 사원이 출자에 관한 납입 또는 재산의 전부 또는 일부의 출자를 이행하지 아니한 경우에는 그 납입 또는 이행을 마친 때에 사원이 된다.

⑤ [×] 사원의 지분의 압류는 잉여금의 배당을 청구하는 권리에 대하여도 그 효력이 있다(상법 제287조의37 제6항).

답 ④

44 법무사 2022

☑ 확인 Check! ○ △ ×

유한책임회사에 관한 다음 설명 중 가장 옳지 않은 것은?

① 유한책임회사의 설립 시 사원은 신용이나 노무를 출자의 목적으로 하지 못한다.

② 유한책임회사의 사원은 다른 사원의 동의를 받지 아니하면 그 지분의 전부 또는 일부를 타인에게 양도하지 못한다.

③ 유한책임회사는 법인을 업무집행자로 선임할 수 있고, 이 경우 그 법인은 해당 업무집행자의 직무를 행할 자를 선임하여야 한다.

④ 유한책임회사는 총사원의 동의에 의하여 유한회사로 변경할 수 있다.

⑤ 유한책임회사의 업무집행자는 결산기마다 대차대조표, 손익계산서, 그 밖에 유한책임회사의 재무상태와 경영성과를 표시하는 것으로서 대통령령으로 정하는 서류를 작성하여야 한다.

▌해설▐

① [O] (유한책임회사의) 사원은 신용이나 노무를 출자의 목적으로 하지 못한다(상법 제287조의4 제1항).

② [O] (유한책임회사의) 사원은 다른 사원의 동의를 받지 아니하면 그 지분의 전부 또는 일부를 타인에게 양도하지 못한다(상법 제287조의8 제1항).

③ [O] 법인이 업무집행자인 경우에는 그 법인은 해당 업무집행자의 직무를 행할 자를 선임하고, 그 자의 성명과 주소를 다른 사원에게 통지하여야 한다(상법 제287조의15 제1항).

④ [×] 유한책임회사는 총사원의 동의에 의하여 주식회사로 변경할 수 있다(상법 제287조의43 제2항). 회사의 조직변경은 성질이 비슷한 합명회사와 합자회사 상호 간(상법 제242조, 제286조), 주식회사와 유한회사 상호 간(상법 제604조 제1항, 제607조 제1항), 주식회사와 유한책임회사 상호 간(상법 제287조의43)에만 허용된다.

⑤ [O] (유한책임회사의) 업무집행자는 결산기마다 대차대조표, 손익계산서, 그 밖에 유한책임회사의 재무상태와 경영성과를 표시하는 것으로서 대통령령으로 정하는 서류를 작성하여야 한다(상법 제287조의33).

답 ④

45 법무사 2022

☑ 확인Check! ○ △ ×

다음 중 유한책임회사 설립등기사항을 모두 고른 것은?

> ㉠ 목적, 상호, 본점의 소재지, 지점을 둔 경우에는 그 소재지
> ㉡ 존립기간 기타 해산사유를 정한 때에는 그 기간 또는 사유
> ㉢ 자본금의 액
> ㉣ 사원의 성명・주민등록번호
> ㉤ 유한책임회사를 대표할 자를 정한 경우에는 그 성명 또는 명칭과 주소

① ㉠, ㉡, ㉤
② ㉠, ㉣, ㉤
③ ㉠, ㉡, ㉢, ㉣
④ ㉠, ㉡, ㉢, ㉤
⑤ ㉠, ㉡, ㉢, ㉣, ㉤

해설

㉠ [O], ㉡ [O], ㉢ [O], ㉣ [×], ㉤ [O] 업무집행자의 인적사항은 설립등기사항이나, 사원의 인적사항은 설립등기사항이 아니다.

> **상법 제287조의5(설립의 등기 등)**
> ① 유한책임회사는 본점의 소재지에서 다음 각 호의 사항을 등기함으로써 성립한다.
> 1. 제179조 제1호(목적)・제2호(상호) 및 제5호(본점의 소재지)에서 정한 사항과 지점을 둔 경우에는 그 소재지(㉠)
> 2. 제180조 제3호(존립기간 기타 해산사유를 정한 때에는 그 기간 또는 사유)에서 정한 사항(㉡)
> 3. 자본금의 액(㉢)
> 4. 업무집행자의 성명, 주소 및 주민등록번호(법인인 경우에는 명칭, 주소 및 법인등록번호). 다만, 유한책임회사를 대표할 업무집행자를 정한 경우에는 그 외의 업무집행자의 주소는 제외한다.
> 5. 유한책임회사를 대표할 자를 정한 경우에는 그 성명 또는 명칭과 주소(㉤)
> 6. 정관으로 공고방법을 정한 경우에는 그 공고방법
> 7. 둘 이상의 업무집행자가 공동으로 회사를 대표할 것을 정한 경우에는 그 규정

답 ④

제5절 | 외국회사

46 세무사 2015 ☑ 확인 Check! ○ △ ✕

상법상 외국회사에 관한 설명으로 옳지 않은 것은?

① 외국회사가 대한민국에서 영업을 하려면 대한민국에서의 대표자를 정하고 대한민국 내에 영업소를 설치하거나 대표자 중 1명 이상이 대한민국에 그 주소를 두어야 한다.

② 외국에서 설립된 회사라도 대한민국에서 영업할 것을 주된 목적으로 하는 때에는 대한민국에서 설립된 회사와 같은 규정에 따라야 한다.

③ 외국회사는 다른 법률의 적용에 있어서는 법률에 다른 규정이 있는 경우 외에는 대한민국에서 성립된 동종 또는 가장 유사한 회사로 본다.

④ 외국회사가 대한민국에 영업소를 설치한 경우에 그 설치목적이 불법한 것인 때에는 법원은 이해관계인 또는 검사의 청구에 의하여 그 영업소의 폐쇄를 명할 수 있다.

⑤ 외국회사는 대한민국 영업소의 소재지에서 소정의 등기를 하기 전이라도 정관에서 정한 영업범위 내에서는 계속하여 거래할 수 있다.

▌해설▌

① [○] 외국회사가 대한민국에서 영업을 하려면 대한민국에서의 대표자를 정하고 대한민국 내에 영업소를 설치하거나 대표자 중 1명 이상이 대한민국에 그 주소를 두어야 한다(상법 제614조 제1항).

② [○] 외국에서 설립된 회사라도 대한민국에 그 본점을 설치하거나 대한민국에서 영업할 것을 주된 목적으로 하는 때에는 대한민국에서 설립된 회사와 같은 규정에 따라야 한다(상법 제617조).

③ [○] 외국회사는 다른 법률의 적용에 있어서는 법률에 다른 규정이 있는 경우 외에는 대한민국에서 성립된 동종 또는 가장 유사한 회사로 본다(상법 제621조).

④ [○] 상법 제619조 제1항 제1호

> **상법 제619조(영업소폐쇄명령)**
>
> ① 외국회사가 대한민국에 영업소를 설치한 경우에 다음의 사유가 있는 때에는 법원은 이해관계인 또는 검사의 청구에 의하여 그 영업소의 폐쇄를 명할 수 있다.
>
> 1. 영업소의 설치목적이 불법한 것인 때
> 2. 영업소의 설치등기를 한 후 정당한 사유없이 1년 내에 영업을 개시하지 아니하거나 1년 이상 영업을 휴지한 때 또는 정당한 사유없이 지급을 정지한 때
> 3. 회사의 대표자 기타 업무를 집행하는 자가 법령 또는 선량한 풍속 기타 사회질서에 위반한 행위를 한 때

⑤ [×] 외국회사는 그 영업소의 소재지에서 제614조(대표자, 영업소의 설정과 등기)의 규정에 의한 등기를 하기 전에는 계속하여 거래를 하지 못한다(상법 제616조 제1항).

답 ⑤

PART 3

나는 젊었을 때, 10번 시도하면 9번 실패했다.

그래서 10번씩 시도했다.

– 조지 버나드 쇼 –

2025 시대에듀 공인회계사 1차 객관식 상법 (기업법Ⅰ)

초 판 발 행	2025년 01월 10일(인쇄 2024년 11월 19일)
발 행 인	박영일
책 임 편 집	이해욱
편 저	김주한 · 시대법학연구소
편 집 진 행	김성열 · 이재성
표지디자인	김도연
편집디자인	표미영 · 채현주
발 행 처	(주)시대고시기획
출 판 등 록	제10-1521호
주 소	서울시 마포구 큰우물로 75 [도화동 538 성지 B/D] 9F
전 화	1600-3600
팩 스	02-701-8823
홈 페 이 지	www.sdedu.co.kr
I S B N	979-11-383-8196-3 (13360)
정 가	30,000원